Europäisches Zivilverfahrensrecht
European Law of Civil Proceedings
Droit européen sur la procédure civile

Europäisches Zivilverfahrensrecht
Verordnungen, Richtlinien und Empfehlungen

European Law of Civil Proceedings
Regulations, Directives and Recommendations

Droit européen sur la procédure civile
Règlements, Directives et Recommandations

herausgegeben von / edited by / édité par
Ulrich Magnus

ISBN 3-935808-09-7

Die Deutsche Bibliothek verzeichnet diese Publikation in der Deutschen Nationalbibliografie; detaillierte bibliografische Daten sind im Intenet über http://dnb.ddb.de abrufbar.

© 2002 by Sellier. European Law Publishers GmbH, München.

Dieses Werk einschließlich aller seiner Teile ist urheberrechtlich geschützt. Jede Verwertung außerhalb der engen Grenzen des Urheberrechtsgesetzes ist ohne Zustimmung des Verlages unzulässig und strafbar. Das gilt insbesondere für Vervielfältigungen, Übersetzungen, Mikroverfilmungen und die Einspeicherung und Verarbeitung in elektronischen Systemen.

Gestaltung und Herstellung: Sandra Sellier, München. Satz: Selignow Verlagsservice, Berlin. Druck und Bindung: Kösel, Kempten. Gedruckt auf säurefreiem, alterungsbeständigem Papier. Printed in Germany

Inhaltsverzeichnis
Table of contents
Table des matières

Vorwort	XII
Preface	XIII
Préface	XIV

Texte in deutscher Sprache

I. Grundrechte

Charta der **Grundrechte** der Europäischen Union (2000/C 364/01)   1

II. Zuständigkeit und Anerkennung

1. Zivil- und Handelssachen

a) Verordnung des Rates vom 22. Dezember 2000 über die **gerichtliche Zuständigkeit und die Anerkennung und Vollstreckung von Entscheidungen in Zivil- und Handelssachen** (Nr. 44/2001/EG)   11

b) Brüsseler EWG-Übereinkommen vom 27. September 1968 über die **gerichtliche Zuständigkeit und die Vollstreckung gerichtlicher Entscheidungen in Zivil- und Handelssachen** (konsolidierte Fassung)   40

c) Luganer Übereinkommen vom 16. September 1988 über die **gerichtliche Zuständigkeit und die Vollstreckung gerichtlicher Entscheidungen in Zivil- und Handelssachen**   72

d) Vorschlag für eine Verordnung des Rates vom 18. April 2002 zur **Einführung eines europäischen Vollstreckungstitels für unbestrittene Forderungen** (KOM/2002/0159 endg.)   104

e) Entscheidung des Rates vom 28. Mai 2001 über die **Einrichtung eines Europäischen Justiziellen Netzes für Zivil- und Handelssachen** (Nr. 2001/470/EG)   130

2. Ehe- und Kindschaftssachen

a) Verordnung des Rates vom 29. Mai 2000 über die **Zuständigkeit und die Anerkennung und Vollstreckung von Entscheidungen in Ehesachen und in Verfahren betreffend die elterliche Verantwortung für die gemeinsamen Kinder der Ehegatten** (Nr. 1347/2000/EG)   140

b) Vorschlag für eine Verordnung des Rates vom 17. Mai 2002 über die **Zuständigkeit und die Anerkennung und Vollstreckung von Entscheidungen in Ehesachen und in Verfahren betreffend die elterliche Verantwortung** zur Aufhebung der Verordnung (EG) Nr. 1347/2000 und zur Änderung der Verordnung (EG) Nr. 44/2001 in Bezug auf Unterhaltssachen (KOM/2002/0222 endg.) 160

III. Zustellung

1. Verordnung des Rates vom 29. Mai 2000 über die **Zustellung gerichtlicher und außergerichtlicher Schriftstücke in Zivil- oder Handelssachen** in den Mitgliedstaaten (Nr. 1348/2000/EG) 191

2. Angaben der Mitgliedstaaten gemäß Artikel 23 der Verordnung (EG) Nr. 1348/2000 des Rates vom 29. Mai 2000 über die **Zustellung gerichtlicher und außergerichtlicher Schriftstücke in Zivil- oder Handelssachen** in den Mitgliedstaaten (konsolidierte Fassung) 206

3. Entscheidung der Kommission vom 25. September 2001 zur **Erstellung eines Handbuchs über die Empfangsstellen und eines Glossars über die Schriftstücke,** die nach Maßgabe der Verordnung (EG) Nr. 1348/2000 des Rates über die Zustellung gerichtlicher und außergerichtlicher Schriftstücke in Zivil- und Handelssachen in den Mitgliedstaaten **zugestellt werden können** (Nr. 2001/781/EG) 231

IV. Prozesskostenhilfe

Vorschlag für eine Richtlinie des Rates vom 18. Januar 2002 zur Verbesserung des Zugangs zum Recht bei Streitsachen mit grenzübergreifendem Bezug durch die Festlegung gemeinsamer Mindestvorschriften für die **Prozesskostenhilfe** und für andere mit Zivilverfahren verbundene finanzielle Aspekte (KOM/2002/0013 endg.) 233

V. Beweis

Verordnung des Rates vom 28. Mai 2001 über die Zusammenarbeit zwischen den Gerichten der Mitgliedstaaten auf dem Gebiet der **Beweisaufnahme in Zivil- oder Handelssachen** (Nr. 1206/2001/EG) 241

VI. Unterlassungsklagen

Richtlinie des Europäischen Parlaments und des Rates vom 19. Mai 1998 über **Unterlassungsklagen zum Schutz der Verbraucherinteressen** (98/27/EG) 263

VII. Insolvenzverfahren

1. Verordnung des Rates vom 29. Mai 2000 über **Insolvenzverfahren** (Nr. 1346/2000/EG) 269

2. Richtlinie des Europäischen Parlaments und des Rates vom 19. März 2001 über die **Sanierung und Liquidation von Versicherungsunternehmen** (2001/17/EG) — 291

3. Richtlinie des Europäischen Parlaments und des Rates vom 4. April 2001 über die **Sanierung und Liquidation von Kreditinstituten** (2001/24/EG) — 309

VIII. Schlichtung

Empfehlung der Kommission vom 4. April 2001 über die Grundsätze für an der **einvernehmlichen Beilegung von Verbraucherrechtsstreitigkeiten** beteiligte außergerichtliche Einrichtungen (bekannt gegeben unter Aktenzeichen K(2001) 1016) — 325

Texts in English

I. Fundamental rights

Charter of **fundamental rights** of the European Union (2000/C 364/01) — 333

II. Jurisdiction and recognition

1. Civil and commercial matters

a) Council Regulation of 22 December 2000 on **jurisdiction and the recognition and enforcement of judgments in civil and commercial matters** (No 44/2001/EC) — 343

b) Brussels Convention of 27 September 1968 on **jurisdiction and the enforcement of judgments in civil and commercial matters** (consolidated version) — 369

c) Lugano Convention of 16 September 1988 on **jurisdiction and enforcement of judgments in civil and commercial matters** — 398

d) Proposal for a council regulation of 18 April 2002 creating a **European enforcement order for uncontested claims** (COM/2002/0159 final) — 426

e) Council Decision of 28 May 2001 establishing a **European Judicial Network in civil and commercial matters** (No 2001/470/EC) — 450

2. Matrimonial matters and matters of parental responsibility

a) Council Regulation of 29 May 2000 on **jurisdiction and the recognition and enforcement of judgments in matrimonial matters and in matters of parental responsibility for children of both spouses** (No 1347/2000/EC) — 454

VIII

b) Proposal for a Council Regulation of 17 May 2002 concerning **jurisdiction and the recognition and enforcement of judgments in matrimonial matters and in matters of parental responsibility** repealing Regulation (EC) No 1347/2000 and amending Regulation (EC) No 44/2001 in matters relating to maintenance (COM/2002/0222 final)   472

III. Service

1. Council Regulation of 29 May 2000 on the **service** in the Member States of judicial and extrajudicial documents in civil or commercial matters (No 1348/2000/EC)   501

2. **Information communicated by Member States** under Article 23 of Council Regulation (EC) No 1348/2000 of 29 May 2000 **on the service** in the Member States of judicial and extrajudicial documents in civil or commercial Matters (consolidated version)   515

3. Commission Decision of 25 September 2001 adopting **a manual of receiving agencies and a glossary of documents that may be served** under Council Regulation (EC) No 1348/2000 on the service in the Member States of judicial and extrajudicial documents in civil or commercial matters (2001/781/EC)   539

IV. Legal aid

Proposal for a Council Directive of 18 January 2002 to improve access to justice in cross-border disputes by establishing minimum common rules relating to **legal aid** and other financial aspects of civil proceedings (COM/2002/0013 final)   541

V. Evidence

Council Regulation of 28 May 2001 on cooperation between the courts of the Member States in the taking of **evidence in civil or commercial matters** (No 1206/2001/EC)   549

VI. Actions for injunction

Directive of the European Parliament and of the Council of 19 May 1998 on **injunctions for the protection of consumers' interests** (98/27/EC)   569

VII. Insolvency proceedings

1. Council Regulation of 29 May 2000 on **insolvency proceedings** (No 1346/2000/EC)   575

2. Directive of the European Parliament and of the Council of 19 March 2001 on the **reorganisation and winding-up of insurance undertakings** (2001/17/EC)   596

3. Directive of the European Parliament and of the Council of 4 April 2001 on the **reorganisation and winding up of credit institutions** (2001/24/EC)   612

VIII. Mediation

Commission Recommendation of 4 April 2001 on the principles for out-of-court bodies involved in the **consensual resolution of consumer disputes** (notified under document number C(2001) 1016)   627

Textes en langue française

I. Droits fondamentaux

Charte des **droits fondamentaux** de l'Union européenne (2000/C 364/01)   633

II. Compétence, reconnaissance et exécution

1. Matières civiles et commerciales

a) Règlement du Conseil du 22 décembre 2000 concernant la **compétence judiciaire, la reconnaissance et l'exécution des décisions en matière civile et commerciale** (n° 44/2001/CE)   643

b) Convention de Bruxelles du 27 septembre 1968 sur **la compétence judiciaire et l'exécution des décisions en matière civile et commerciale** (version consolidée)   669

c) Convention de Lugano du 16 septembre 1988 concernant **la compétence judiciaire et l'exécution des décisions en matière civile et commerciale**   698

d) Proposition de Règlement du Conseil du 18 avril 2002 portant **création d'un titre exécutoire européen pour les créances incontestées** (COM/2002/0159 final)   727

e) Décision du Conseil du 28 mai 2001 relative à la **création d'un réseau judiciaire européen en matière civile et commerciale** (n° 2001/470/CE)   752

2. Matières matrimoniales et de responsabilité parentale

a) Règlement du Conseil du 29 mai 2000 relatif à la **compétence, la reconnaissance et l'exécution des décisions en matière matrimoniale et en matière de responsabilité parentale des enfants communs** (n° 1347/2000/CE)   762

b) Proposition de Règlement du Conseil du 17 mai 2002 relatif à la **compétence, la reconnaissance et l'exécution des décisions en matière matrimoniale et en matière de responsabilité parentale** abrogeant le règlement (CE) n° 1347/2000 et modifiant le règlement (CE) n° 44/

2001 en ce qui concerne les questions alimentaires (COM/2002/0222 final) 780

III. Signification et notification

1. Règlement du Conseil du 29 mai 2000 relatif **à la signification et à la notification dans les États membres des actes judiciaires et extrajudiciaires en matière civile et commerciale** (n° 1348/2000/CE) 809

2. **Communications des Etats membres** conformément à l'article 23 du règlement (CE) N° 1348/2000 du Conseil du 29 mai 2000 **relatif à la signification et à la notification dans les Etats membres des actes judiciaires et extrajudiciaires en matière civile et commerciale** (Version consolidée) 824

3. Décision de la Commission, du 25 septembre 2001, **établissant un manuel d'entités requises et un répertoire des actes susceptibles d'être notifiés ou signifiés**, en application du règlement (CE) n° 1348/2000 du Conseil relatif à la signification et à la notification dans les États membres des actes judiciaires et extrajudiciaires en matière civile et commerciale (2001/781/CE) 849

IV. Aide judiciaire

Proposition de directive du Conseil du 18 janvier 2002 visant à améliorer l'accès à la justice dans les affaires transfrontalières, par l'établissement de règles minimales communes relatives à **l'aide judiciaire** et à d'autres aspects financiers des procédures civiles (COM/2002/0013 final) 851

V. Preuve

Règlement du Conseil du 28 mai 2001 relatif à la coopération entre les juridictions des États membres dans le domaine de l'obtention des **preuves en matière civile ou commerciale** (n° 1206/2001/CE) 859

VI. Actions en cessation

Directive du Parlement européen et du Conseil du 19 mai 1998 relative aux **actions en cessation en matière de protection des intérêts des consommateurs** (98/27/CE) 881

VII. Procédures d'insolvabilité

1. Règlement du Conseil du 29 mai 2000 relatif aux **procédures d'insolvabilité** (n° 1346/2000/CE) 887

2. Directive du Parlement européen et du Conseil du 19 mars 2001 concernant **l'assainissement et la liquidation des entreprises d'assurance** (2001/17/CE) 908

3. Directive du Parlement européen et du Conseil du 4 avril 2001 concernant **l'assainissement et la liquidation des établissements de crédit** (2001/24/CE) 925

VIII. Conciliation

Recommandation de la Commission du 4 avril 2001 relative aux principes applicables aux organes extrajudiciaires chargés de la **résolution consensuelle des litiges de consommation** (notifiée sous le numéro C(2001) 1016) 939

Vorwort

Die vorliegende Sammlung enthält die europäischen Rechtsakte zum Zivilverfahrensrecht. Dieses Rechtsgebiet hat in jüngster Zeit eine rasante Entwicklung genommen, die durch den Amsterdamer Vertrag von 1997 ermöglicht wurde. Aus wenigen staatsvertraglichen Regelungen ist in kurzem ein dichtes Netz aus Verordnungen, Richtlinien und Empfehlungen geworden, die der Schaffung eines einheitlichen Raums der Freiheit, der Sicherheit und des Rechts in der europäischen Union dienen (Art. 61 EGV). Die Verfolgung und Durchsetzung zivilrechtlicher Ansprüche in der EU wird mit den neuen Regelungen erheblich erleichtert. Da die neuen Gemeinschaftsrechtsakte überwiegend als Verordnungen ergangen sind, gelten sie unmittelbar. Für die Praxis wird insbesondere hilfreich sein, dass für die grenzüberschreitende Annerkennung, Zustellung und Beweisaufnahme nunmehr europaweit einheitliche Formulare in den – hier mit abgedruckten – Anhängen der jeweiligen Verordnungen vorgesehen sind, die in allen Mitgliedstaaten übereinstimmend Verwendung finden.

Die Sammlung soll es dem Rechtsanwender ermöglichen, alle diese Instrumente und Hilfsmittel mit einem Griff in der Hand zu haben. Der einheitlichen Auslegung dient die Dreisprachigkeit der Sammlung. Die europäisch-einheitliche gemeinschaftskonforme Auslegung erfordert zunächst immer einen Blick in die Textfassungen der anderen Staaten. Und es ist kein Geheimnis, dass dabei der englischen und französischen Fassung als der regelmäßigen Ausgangssprache besonderes Augenmerk zu widmen ist.

Aber auch für Lehre und Forschung ist die Sammlung gedacht. Längst hat sich das Europäische Zivilverfahrensrecht zu einem eigenen Lehr- und Forschungsgebiet entwickelt. Eine mehrsprachige Zusammenstellung der einschlägigen Rechtsgrundlagen fehlte bisher. Die vorliegende Sammlung will diese Lücke schließen.

Meiner Mitarbeiterin *Claire Reifner* danke ich für ihre wertvolle Hilfe bei der Erstellung der Sammlung.

Hamburg, im Juni 2002　　　　　　　　　　　　　　　　　　　　*Ulrich Magnus*

Preface

This collection contains the European legislation on the law of civil proceedings. This area of law has been undergoing a rapid development after the Treaty of Amsterdam of 1997. Starting out with only a few regulations deriving from some treaties, a dense net of Regulations, Directives and Recommendations has been set up in a very short period of time. This net serves to create a uniform space of liberty, security and rights in the European Union (Art. 61 of the EC Treaty). The new provisions will considerably help the parties involved to pursue and enforce their private law claims. The new acts of European law were mostly enacted as Regulations, which are directly applicable. Especially in cross-border cases the existence of the same forms for recognition of judgements, service and taking of evidence – printed in the Annexes of the regulations in this collection – in every Member State will be very helpful for the practical application of these acts.

This collection is supposed to provide legal practitioners with all the necessary information for their work in the area of civil proceedings in just one volume. The trilingual text is an essential tool to help interpret the different provisions correctly in a European context. A uniform European law interpretation is unthinkable without cross-referencing to the versions of the texts in the other languages. The English and the French texts are of special importance, as those are the official languages in which the texts have been discussed and created.

Beyond this the collection is meant to be used in research and teaching. The European law of civil proceedings has been the subject of its own research and teaching for quite some time. Surprisingly, a multilingual collection of the relevant provisions has been missing up to now; a gap, that this collection hopes to close.

I am indebted to my assistant *Claire Reifner*, who helped putting this collection together.

Hamburg, June 2002   *Ulrich Magnus*

Préface

Le présent recueil contient les actes uniques européens sur la procédure civile. Ces derniers temps ce domaine juridique a connu un rapide développement, qui a été rendu possible grâce au contrat d'Amsterdam de 1997. C'est de seulement quelques convention qu'est né tout un réseau de réglementations, de directives et de recommandations, qui en permis la création d'un espace commun de la liberté, la sécurité et le droit de l'Union Européenne (Article 61 du traité CE). La poursuite et la réalisation du droit civil dans l'Union Européenne sont considérablement facilitées avec les nouvelles réglementations. Les nouveaux actes des droits communautaires ont été promulgués surtout comme des règlements et de ce fait ils s'appliquent directement. Dans la pratique il sera particulièrement d'aide qu'à présent des imprimés uniformes en Europe pour la reconnaissance, la signification et la notification, et l'obtention des preuves. Les imprimés – contenus dans ce recueil – se trouvent dans les annexes des règlements respectifs, qui seront utilisés d'un commun accord dans tous les États membres.

Ce recueil offre un usage pratique simplifié. La présentation en trois langues permet une interprétation uniforme. L'interprétation européenne uniforme communautaire requiert d'abord toujours la lecture de la rédaction des texte des autres membres. Il va de soi qu'il faut apporter une attention particulière à la rédaction en anglais et en français comme étant généralement la langue d'origine.

Mais ce recueil est aussi d'importance pour l'enseignement et la recherche. Le droit de la procédure civile européenne s'est développé depuis longtemps en un domaine propre d'enseignement et de recherche. Il manquait jusqu'à présent une récollection en plusieurs langues sur les bases juridiques importantes. Le présent recueil apporte un remède à ce manque.

Je remercie particulièrement ma collaboratrice, *Claire Reifner*, pour sa précieuse aide à l'élaboration de ce recueil.

Hambourg, juin 2002 *Ulrich Magnus*

Texte in deutscher Sprache

I. Grundrechte

Charta der Grundrechte der Europäischen Union (2000/C 364/01)
Amtsblatt Nr. C 364 vom 18/12/2000 S. 1–22

PRÄAMBEL
Die Völker Europas sind entschlossen, auf der Grundlage gemeinsamer Werte eine friedliche Zukunft zu teilen, indem sie sich zu einer immer engeren Union verbinden.
In dem Bewusstsein ihres geistig-religiösen und sittlichen Erbes gründet sich die Union auf die unteilbaren und universellen Werte der Würde des Menschen, der Freiheit, der Gleichheit und der Solidarität. Sie beruht auf den Grundsätzen der Demokratie und der Rechtsstaatlichkeit. Sie stellt die Person in den Mittelpunkt ihres Handelns, indem sie die Unionsbürgerschaft und einen Raum der Freiheit, der Sicherheit und des Rechts begründet.
Die Union trägt zur Erhaltung und zur Entwicklung dieser gemeinsamen Werte unter Achtung der Vielfalt der Kulturen und Traditionen der Völker Europas sowie der nationalen Identität der Mitgliedstaaten und der Organisation ihrer staatlichen Gewalt auf nationaler, regionaler und lokaler Ebene bei. Sie ist bestrebt, eine ausgewogene und nachhaltige Entwicklung zu fördern und stellt den freien Personen-, Waren-, Dienstleistungs- und Kapitalverkehr sowie die Niederlassungsfreiheit sicher.
Zu diesem Zweck ist es notwendig, angesichts der Weiterentwicklung der Gesellschaft, des sozialen Fortschritts und der wissenschaftlichen und technologischen Entwicklungen den Schutz der Grundrechte zu stärken, indem sie in einer Charta sichtbarer gemacht werden.
Diese Charta bekräftigt unter Achtung der Zuständigkeiten und Aufgaben der Gemeinschaft und der Union und des Subsidiaritätsprinzips die Rechte, die sich vor allem aus den gemeinsamen Verfassungstraditionen und den gemeinsamen internationalen Verpflichtungen der Mitgliedstaaten, aus dem Vertrag über die Europäische Union und den Gemeinschaftsverträgen, aus der Europäischen Konvention zum Schutze der Menschenrechte und Grundfreiheiten, aus den von der Gemeinschaft und dem Europarat beschlossenen Sozialchartas sowie aus der Rechtsprechung des Gerichtshofs der Europäischen Gemeinschaften und des Europäischen Gerichtshofs für Menschenrechte ergeben.
Die Ausübung dieser Rechte ist mit Verantwortlichkeiten und Pflichten sowohl gegenüber den Mitmenschen als auch gegenüber der menschlichen Gemeinschaft und den künftigen Generationen verbunden.
Daher erkennt die Union die nachstehend aufgeführten Rechte, Freiheiten und Grundsätze an.

KAPITEL I. WÜRDE DES MENSCHEN

Artikel 1. Würde des Menschen
Die Würde des Menschen ist unantastbar. Sie ist zu achten und zu schützen.

Artikel 2. Recht auf Leben
(1) Jede Person hat das Recht auf Leben.
(2) Niemand darf zur Todesstrafe verurteilt oder hingerichtet werden.

Artikel 3. Recht auf Unversehrtheit
(1) Jede Person hat das Recht auf körperliche und geistige Unversehrtheit.
(2) Im Rahmen der Medizin und der Biologie muss insbesondere Folgendes beachtet werden:
– die freie Einwilligung der betroffenen Person nach vorheriger Aufklärung entsprechend den gesetzlich festgelegten Modalitäten,
– das Verbot eugenischer Praktiken, insbesondere derjenigen, welche die Selektion von Personen zum Ziel haben,
– das Verbot, den menschlichen Körper und Teile davon als solche zur Erzielung von Gewinnen zu nutzen,
– das Verbot des reproduktiven Klonens von Menschen.

Artikel 4. Verbot der Folter und unmenschlicher oder erniedrigender Strafe oder Behandlung
Niemand darf der Folter oder unmenschlicher oder erniedrigender Strafe oder Behandlung unterworfen werden.

Artikel 5. Verbot der Sklaverei und der Zwangsarbeit
(1) Niemand darf in Sklaverei oder Leibeigenschaft gehalten werden.
(2) Niemand darf gezwungen werden, Zwangs- oder Pflichtarbeit zu verrichten.
(3) Menschenhandel ist verboten.

KAPITEL II. FREIHEITEN

Artikel 6. Recht auf Freiheit und Sicherheit
Jede Person hat das Recht auf Freiheit und Sicherheit.

Artikel 7. Achtung des Privat- und Familienlebens
Jede Person hat das Recht auf Achtung ihres Privat- und Familienlebens, ihrer Wohnung sowie ihrer Kommunikation.

Artikel 8. Schutz personenbezogener Daten
(1) Jede Person hat das Recht auf Schutz der sie betreffenden personenbezogenen Daten.
(2) Diese Daten dürfen nur nach Treu und Glauben für festgelegte Zwecke und mit Einwilligung der betroffenen Person oder auf einer sonstigen gesetzlich geregelten legitimen Grundlage verarbeitet werden. Jede Person hat das Recht, Auskunft über die sie betreffenden erhobenen Daten zu erhalten und die Berichtigung der Daten zu erwirken.

(3) Die Einhaltung dieser Vorschriften wird von einer unabhängigen Stelle überwacht.

Artikel 9. Recht, eine Ehe einzugehen und eine Familie zu gründen
Das Recht, eine Ehe einzugehen, und das Recht, eine Familie zu gründen, werden nach den einzelstaatlichen Gesetzen gewährleistet, welche die Ausübung dieser Rechte regeln.

Artikel 10. Gedanken-, Gewissens- und Religionsfreiheit
(1) Jede Person hat das Recht auf Gedanken-, Gewissens- und Religionsfreiheit. Dieses Recht umfasst die Freiheit, seine Religion oder Weltanschauung zu wechseln, und die Freiheit, seine Religion oder Weltanschauung einzeln oder gemeinsam mit anderen öffentlich oder privat durch Gottesdienst, Unterricht, Bräuche und Riten zu bekennen.
(2) Das Recht auf Wehrdienstverweigerung aus Gewissensgründen wird nach den einzelstaatlichen Gesetzen anerkannt, welche die Ausübung dieses Rechts regeln.

Artikel 11. Freiheit der Meinungsäußerung und Informationsfreiheit
(1) Jede Person hat das Recht auf freie Meinungsäußerung. Dieses Recht schließt die Meinungsfreiheit und die Freiheit ein, Informationen und Ideen ohne behördliche Eingriffe und ohne Rücksicht auf Staatsgrenzen zu empfangen und weiterzugeben.
(2) Die Freiheit der Medien und ihre Pluralität werden geachtet.

Artikel 12. Versammlungs- und Vereinigungsfreiheit
(1) Jede Person hat das Recht, sich insbesondere im politischen, gewerkschaftlichen und zivilgesellschaftlichen Bereich auf allen Ebenen frei und friedlich mit anderen zu versammeln und frei mit anderen zusammenzuschließen, was das Recht jeder Person umfasst, zum Schutz ihrer Interessen Gewerkschaften zu gründen und Gewerkschaften beizutreten.
(2) Politische Parteien auf der Ebene der Union tragen dazu bei, den politischen Willen der Unionsbürgerinnen und Unionsbürger zum Ausdruck zu bringen.

Artikel 13. Freiheit von Kunst und Wissenschaft
Kunst und Forschung sind frei. Die akademische Freiheit wird geachtet.

Artikel 14. Recht auf Bildung
(1) Jede Person hat das Recht auf Bildung sowie auf Zugang zur beruflichen Ausbildung und Weiterbildung.
(2) Dieses Recht umfasst die Möglichkeit, unentgeltlich am Pflichtschulunterricht teilzunehmen.
(3) Die Freiheit zur Gründung von Lehranstalten unter Achtung der demokratischen Grundsätze sowie das Recht der Eltern, die Erziehung und den Unterricht ihrer Kinder entsprechend ihren eigenen religiösen, weltanschaulichen und erzieherischen Überzeugungen sicherzustellen, werden nach den einzelstaatlichen Gesetzen geachtet, welche ihre Ausübung regeln.

Artikel 15. Berufsfreiheit und Recht zu arbeiten
(1) Jede Person hat das Recht, zu arbeiten und einen frei gewählten oder angenommenen Beruf auszuüben.
(2) Alle Unionsbürgerinnen und Unionsbürger haben die Freiheit, in jedem Mitgliedstaat Arbeit zu suchen, zu arbeiten, sich niederzulassen oder Dienstleistungen zu erbringen.
(3) Die Staatsangehörigen dritter Länder, die im Hoheitsgebiet der Mitgliedstaaten arbeiten dürfen, haben Anspruch auf Arbeitsbedingungen, die denen der Unionsbürgerinnen und Unionsbürger entsprechen.

Artikel 16. Unternehmerische Freiheit
Die unternehmerische Freiheit wird nach dem Gemeinschaftsrecht und den einzelstaatlichen Rechtsvorschriften und Gepflogenheiten anerkannt.

Artikel 17. Eigentumsrecht
(1) Jede Person hat das Recht, ihr rechtmäßig erworbenes Eigentum zu besitzen, zu nutzen, darüber zu verfügen und es zu vererben. Niemandem darf sein Eigentum entzogen werden, es sei denn aus Gründen des öffentlichen Interesses in den Fällen und unter den Bedingungen, die in einem Gesetz vorgesehen sind, sowie gegen eine rechtzeitige angemessene Entschädigung für den Verlust des Eigentums. Die Nutzung des Eigentums kann gesetzlich geregelt werden, soweit dies für das Wohl der Allgemeinheit erforderlich ist.
(2) Geistiges Eigentum wird geschützt.

Artikel 18. Asylrecht
Das Recht auf Asyl wird nach Maßgabe des Genfer Abkommens vom 28. Juli 1951 und des Protokolls vom 31. Januar 1967 über die Rechtsstellung der Flüchtlinge sowie gemäß dem Vertrag zur Gründung der Europäischen Gemeinschaft gewährleistet.

Artikel 19. Schutz bei Abschiebung, Ausweisung und Auslieferung
(1) Kollektivausweisungen sind nicht zulässig.
(2) Niemand darf in einen Staat abgeschoben oder ausgewiesen oder an einen Staat ausgeliefert werden, in dem für sie oder ihn das ernsthafte Risiko der Todesstrafe, der Folter oder einer anderen unmenschlichen oder erniedrigenden Strafe oder Behandlung besteht.

KAPITEL III. GLEICHHEIT

Artikel 20. Gleichheit vor dem Gesetz
Alle Personen sind vor dem Gesetz gleich.

Artikel 21. Nichtdiskriminierung
(1) Diskriminierungen, insbesondere wegen des Geschlechts, der Rasse, der Hautfarbe, der ethnischen oder sozialen Herkunft, der genetischen Merkmale, der Sprache, der Religion oder der Weltanschauung, der politischen oder sonstigen Anschauung, der Zugehörigkeit zu einer nationalen Minderheit, des Vermögens, der Geburt, einer Behinderung, des Alters oder der sexuellen Ausrichtung, sind verboten.

(2) Im Anwendungsbereich des Vertrags zur Gründung der Europäischen Gemeinschaft und des Vertrags über die Europäische Union ist unbeschadet der besonderen Bestimmungen dieser Verträge jede Diskriminierung aus Gründen der Staatsangehörigkeit verboten.

Artikel 22. Vielfalt der Kulturen, Religionen und Sprachen
Die Union achtet die Vielfalt der Kulturen, Religionen und Sprachen.

Artikel 23. Gleichheit von Männern und Frauen
Die Gleichheit von Männern und Frauen ist in allen Bereichen, einschließlich der Beschäftigung, der Arbeit und des Arbeitsentgelts, sicherzustellen.
Der Grundsatz der Gleichheit steht der Beibehaltung oder der Einführung spezifischer Vergünstigungen für das unterrepräsentierte Geschlecht nicht entgegen.

Artikel 24. Rechte des Kindes
(1) Kinder haben Anspruch auf den Schutz und die Fürsorge, die für ihr Wohlergehen notwendig sind. Sie können ihre Meinung frei äußern. Ihre Meinung wird in den Angelegenheiten, die sie betreffen, in einer ihrem Alter und ihrem Reifegrad entsprechenden Weise berücksichtigt.
(2) Bei allen Kinder betreffenden Maßnahmen öffentlicher oder privater Einrichtungen muss das Wohl des Kindes eine vorrangige Erwägung sein.
(3) Jedes Kind hat Anspruch auf regelmäßige persönliche Beziehungen und direkte Kontakte zu beiden Elternteilen, es sei denn, dies steht seinem Wohl entgegen.

Artikel 25. Rechte älterer Menschen
Die Union anerkennt und achtet das Recht älterer Menschen auf ein würdiges und unabhängiges Leben und auf Teilnahme am sozialen und kulturellen Leben.

Artikel 26. Integration von Menschen mit Behinderung
Die Union anerkennt und achtet den Anspruch von Menschen mit Behinderung auf Maßnahmen zur Gewährleistung ihrer Eigenständigkeit, ihrer sozialen und beruflichen Eingliederung und ihrer Teilnahme am Leben der Gemeinschaft.

KAPITEL IV. SOLIDARITÄT

Artikel 27. Recht auf Unterrichtung und Anhörung der Arbeitnehmerinnen und Arbeitnehmer im Unternehmen
Für die Arbeitnehmerinnen und Arbeitnehmer oder ihre Vertreter muss auf den geeigneten Ebenen eine rechtzeitige Unterrichtung und Anhörung in den Fällen und unter den Voraussetzungen gewährleistet sein, die nach dem Gemeinschaftsrecht und den einzelstaatlichen Rechtsvorschriften und Gepflogenheiten vorgesehen sind.

Artikel 28. Recht auf Kollektivverhandlungen und Kollektivmaßnahmen
Die Arbeitnehmerinnen und Arbeitnehmer sowie die Arbeitgeberinnen und Arbeitgeber oder ihre jeweiligen Organisationen haben nach dem Gemeinschaftsrecht und den einzelstaatlichen Rechtsvorschriften und Gepflogenheiten das Recht, Tarifverträge auf den geeigneten Ebenen auszuhandeln und zu schließen so-

wie bei Interessenkonflikten kollektive Maßnahmen zur Verteidigung ihrer Interessen, einschließlich Streiks, zu ergreifen.

Artikel 29. Recht auf Zugang zu einem Arbeitsvermittlungsdienst
Jede Person hat das Recht auf Zugang zu einem unentgeltlichen Arbeitsvermittlungsdienst.

Artikel 30. Schutz bei ungerechtfertigter Entlassung
Jede Arbeitnehmerin und jeder Arbeitnehmer hat nach dem Gemeinschaftsrecht und den einzelstaatlichen Rechtsvorschriften und Gepflogenheiten Anspruch auf Schutz vor ungerechtfertigter Entlassung.

Artikel 31. Gerechte und angemessene Arbeitsbedingungen
(1) Jede Arbeitnehmerin und jeder Arbeitnehmer hat das Recht auf gesunde, sichere und würdige Arbeitsbedingungen.
(2) Jede Arbeitnehmerin und jeder Arbeitnehmer hat das Recht auf eine Begrenzung der Höchstarbeitszeit, auf tägliche und wöchentliche Ruhezeiten sowie auf bezahlten Jahresurlaub.

Artikel 32. Verbot der Kinderarbeit und Schutz der Jugendlichen am Arbeitsplatz
Kinderarbeit ist verboten. Unbeschadet günstigerer Vorschriften für Jugendliche und abgesehen von begrenzten Ausnahmen darf das Mindestalter für den Eintritt in das Arbeitsleben das Alter, in dem die Schulpflicht endet, nicht unterschreiten. Zur Arbeit zugelassene Jugendliche müssen ihrem Alter angepasste Arbeitsbedingungen erhalten und vor wirtschaftlicher Ausbeutung und vor jeder Arbeit geschützt werden, die ihre Sicherheit, ihre Gesundheit, ihre körperliche, geistige, sittliche oder soziale Entwicklung beeinträchtigen oder ihre Erziehung gefährden könnte.

Artikel 33. Familien- und Berufsleben
(1) Der rechtliche, wirtschaftliche und soziale Schutz der Familie wird gewährleistet.
(2) Um Familien- und Berufsleben miteinander in Einklang bringen zu können, hat jede Person das Recht auf Schutz vor Entlassung aus einem mit der Mutterschaft zusammenhängenden Grund sowie den Anspruch auf einen bezahlten Mutterschaftsurlaub und auf einen Elternurlaub nach der Geburt oder Adoption eines Kindes.

Artikel 34. Soziale Sicherheit und soziale Unterstützung
(1) Die Union anerkennt und achtet das Recht auf Zugang zu den Leistungen der sozialen Sicherheit und zu den sozialen Diensten, die in Fällen wie Mutterschaft, Krankheit, Arbeitsunfall, Pflegebedürftigkeit oder im Alter sowie bei Verlust des Arbeitsplatzes Schutz gewährleisten, nach Maßgabe des Gemeinschaftsrechts und der einzelstaatlichen Rechtsvorschriften und Gepflogenheiten.
(2) Jede Person, die in der Union ihren rechtmäßigen Wohnsitz hat und ihren Aufenthalt rechtmäßig wechselt, hat Anspruch auf die Leistungen der sozialen Sicherheit und die sozialen Vergünstigungen nach dem Gemeinschaftsrecht und den einzelstaatlichen Rechtsvorschriften und Gepflogenheiten.
(3) Um die soziale Ausgrenzung und die Armut zu bekämpfen, anerkennt und ach-

tet die Union das Recht auf eine soziale Unterstützung und eine Unterstützung für die Wohnung, die allen, die nicht über ausreichende Mittel verfügen, ein menschenwürdiges Dasein sicherstellen sollen, nach Maßgabe des Gemeinschaftsrechts und der einzelstaatlichen Rechtsvorschriften und Gepflogenheiten.

Artikel 35. Gesundheitsschutz
Jede Person hat das Recht auf Zugang zur Gesundheitsvorsorge und auf ärztliche Versorgung nach Maßgabe der einzelstaatlichen Rechtsvorschriften und Gepflogenheiten. Bei der Festlegung und Durchführung aller Politiken und Maßnahmen der Union wird ein hohes Gesundheitsschutzniveau sichergestellt.

Artikel 36. Zugang zu Dienstleistungen von allgemeinem wirtschaftlichen Interesse
Die Union anerkennt und achtet den Zugang zu Dienstleistungen von allgemeinem wirtschaftlichen Interesse, wie er durch die einzelstaatlichen Rechtsvorschriften und Gepflogenheiten im Einklang mit dem Vertrag zur Gründung der Europäischen Gemeinschaft geregelt ist, um den sozialen und territorialen Zusammenhalt der Union zu fördern.

Artikel 37. Umweltschutz
Ein hohes Umweltschutzniveau und die Verbesserung der Umweltqualität müssen in die Politiken der Union einbezogen und nach dem Grundsatz der nachhaltigen Entwicklung sichergestellt werden.

Artikel 38. Verbraucherschutz
Die Politiken der Union stellen ein hohes Verbraucherschutzniveau sicher.

KAPITEL V. BÜRGERRECHTE

Artikel 39. Aktives und passives Wahlrecht bei den Wahlen zum Europäischen Parlament
(1) Die Unionsbürgerinnen und Unionsbürger besitzen in dem Mitgliedstaat, in dem sie ihren Wohnsitz haben, das aktive und passive Wahlrecht bei den Wahlen zum Europäischen Parlament, wobei für sie dieselben Bedingungen gelten wie für die Angehörigen des betreffenden Mitgliedstaats.
(2) Die Mitglieder des Europäischen Parlaments werden in allgemeiner, unmittelbarer, freier und geheimer Wahl gewählt.

Artikel 40. Aktives und passives Wahlrecht bei den Kommunalwahlen
Die Unionsbürgerinnen und Unionsbürger besitzen in dem Mitgliedstaat, in dem sie ihren Wohnsitz haben, das aktive und passive Wahlrecht bei Kommunalwahlen, wobei für sie dieselben Bedingungen gelten wie für die Angehörigen des betreffenden Mitgliedstaats.

Artikel 41. Recht auf eine gute Verwaltung
(1) Jede Person hat ein Recht darauf, dass ihre Angelegenheiten von den Organen und Einrichtungen der Union unparteiisch, gerecht und innerhalb einer angemessenen Frist behandelt werden.

(2) Dieses Recht umfasst insbesondere
– das Recht einer jeden Person, gehört zu werden, bevor ihr gegenüber eine für sie nachteilige individuelle Maßnahme getroffen wird;
– das Recht einer jeden Person auf Zugang zu den sie betreffenden Akten unter Wahrung des legitimen Interesses der Vertraulichkeit sowie des Berufs- und Geschäftsgeheimnisses;
– die Verpflichtung der Verwaltung, ihre Entscheidungen zu begründen.
(3) Jede Person hat Anspruch darauf, dass die Gemeinschaft den durch ihre Organe oder Bediensteten in Ausübung ihrer Amtstätigkeit verursachten Schaden nach den allgemeinen Rechtsgrundsätzen ersetzt, die den Rechtsordnungen der Mitgliedstaaten gemeinsam sind.
(4) Jede Person kann sich in einer der Sprachen der Verträge an die Organe der Union wenden und muss eine Antwort in derselben Sprache erhalten.

Artikel 42. Recht auf Zugang zu Dokumenten
Die Unionsbürgerinnen und Unionsbürger sowie jede natürliche oder juristische Person mit Wohnsitz oder satzungsmäßigem Sitz in einem Mitgliedstaat haben das Recht auf Zugang zu den Dokumenten des Europäischen Parlaments, des Rates und der Kommission.

Artikel 43. Der Bürgerbeauftragte
Die Unionsbürgerinnen und Unionsbürger sowie jede natürliche oder juristische Person mit Wohnsitz oder satzungsmäßigem Sitz in einem Mitgliedstaat haben das Recht, den Bürgerbeauftragten der Union im Fall von Missständen bei der Tätigkeit der Organe und Einrichtungen der Gemeinschaft, mit Ausnahme des Gerichtshofs und des Gerichts erster Instanz in Ausübung ihrer Rechtsprechungsbefugnisse, zu befassen.

Artikel 44. Petitionsrecht
Die Unionsbürgerinnen und Unionsbürger sowie jede natürliche oder juristische Person mit Wohnsitz oder satzungsmäßigem Sitz in einem Mitgliedstaat haben das Recht, eine Petition an das Europäische Parlament zu richten.

Artikel 45. Freizügigkeit und Aufenthaltsfreiheit
(1) Die Unionsbürgerinnen und Unionsbürger haben das Recht, sich im Hoheitsgebiet der Mitgliedstaaten frei zu bewegen und aufzuhalten.
(2) Staatsangehörigen dritter Länder, die sich rechtmäßig im Hoheitsgebiet eines Mitgliedstaats aufhalten, kann gemäß dem Vertrag zur Gründung der Europäischen Gemeinschaft Freizügigkeit und Aufenthaltsfreiheit gewährt werden.

Artikel 46. Diplomatischer und konsularischer Schutz
Die Unionsbürgerinnen und Unionsbürger genießen im Hoheitsgebiet eines Drittlandes, in dem der Mitgliedstaat, dessen Staatsangehörigkeit sie besitzen, nicht vertreten ist, den Schutz der diplomatischen und konsularischen Stellen eines jeden Mitgliedstaats unter denselben Bedingungen wie Staatsangehörige dieses Staates.

KAPITEL VI. JUSTIZIELLE RECHTE

Artikel 47. Recht auf einen wirksamen Rechtsbehelf und ein unparteiisches Gericht

Jede Person, deren durch das Recht der Union garantierte Rechte oder Freiheiten verletzt worden sind, hat das Recht, nach Maßgabe der in diesem Artikel vorgesehenen Bedingungen bei einem Gericht einen wirksamen Rechtsbehelf einzulegen.

Jede Person hat ein Recht darauf, dass ihre Sache von einem unabhängigen, unparteiischen und zuvor durch Gesetz errichteten Gericht in einem fairen Verfahren, öffentlich und innerhalb angemessener Frist verhandelt wird. Jede Person kann sich beraten, verteidigen und vertreten lassen.

Personen, die nicht über ausreichende Mittel verfügen, wird Prozesskostenhilfe bewilligt, soweit diese Hilfe erforderlich ist, um den Zugang zu den Gerichten wirksam zu gewährleisten.

Artikel 48. Unschuldsvermutung und Verteidigungsrechte

(1) Jede angeklagte Person gilt bis zum rechtsförmlich erbrachten Beweis ihrer Schuld als unschuldig.

(2) Jeder angeklagten Person wird die Achtung der Verteidigungsrechte gewährleistet.

Artikel 49. Grundsätze der Gesetzmäßigkeit und der Verhältnismäßigkeit im Zusammenhang mit Straftaten und Strafen

(1) Niemand darf wegen einer Handlung oder Unterlassung verurteilt werden, die zur Zeit ihrer Begehung nach innerstaatlichem oder internationalem Recht nicht strafbar war. Es darf auch keine schwerere Strafe als die zur Zeit der Begehung angedrohte Strafe verhängt werden. Wird nach Begehung einer Straftat durch Gesetz eine mildere Strafe eingeführt, so ist diese zu verhängen.

(2) Dieser Artikel schließt nicht aus, dass eine Person wegen einer Handlung oder Unterlassung verurteilt oder bestraft wird, die zur Zeit ihrer Begehung nach den allgemeinen, von der Gesamtheit der Nationen anerkannten Grundsätzen strafbar war.

(3) Das Strafmaß darf gegenüber der Straftat nicht unverhältnismäßig sein.

Artikel 50. Recht, wegen derselben Straftat nicht zweimal strafrechtlich verfolgt oder bestraft zu werden

Niemand darf wegen einer Straftat, derentwegen er bereits in der Union nach dem Gesetz rechtskräftig verurteilt oder freigesprochen worden ist, in einem Strafverfahren erneut verfolgt oder bestraft werden.

KAPITEL VII. ALLGEMEINE BESTIMMUNGEN

Artikel 51. Anwendungsbereich

(1) Diese Charta gilt für die Organe und Einrichtungen der Union unter Einhaltung des Subsidiaritätsprinzips und für die Mitgliedstaaten ausschließlich bei der Durchführung des Rechts der Union. Dementsprechend achten sie die Rechte, halten sie sich an die Grundsätze und fördern sie deren Anwendung gemäß ihren jeweiligen Zuständigkeiten.

(2) Diese Charta begründet weder neue Zuständigkeiten noch neue Aufgaben für die Gemeinschaft und für die Union, noch ändert sie die in den Verträgen festgelegten Zuständigkeiten und Aufgaben.

Artikel 52. Tragweite der garantierten Rechte
(1) Jede Einschränkung der Ausübung der in dieser Charta anerkannten Rechte und Freiheiten muss gesetzlich vorgesehen sein und den Wesensgehalt dieser Rechte und Freiheiten achten. Unter Wahrung des Grundsatzes der Verhältnismäßigkeit dürfen Einschränkungen nur vorgenommen werden, wenn sie notwendig sind und den von der Union anerkannten dem Gemeinwohl dienenden Zielsetzungen oder den Erfordernissen des Schutzes der Rechte und Freiheiten anderer tatsächlich entsprechen.
(2) Die Ausübung der durch diese Charta anerkannten Rechte, die in den Gemeinschaftsverträgen oder im Vertrag über die Europäische Union begründet sind, erfolgt im Rahmen der darin festgelegten Bedingungen und Grenzen.
(3) So weit diese Charta Rechte enthält, die den durch die Europäische Konvention zum Schutze der Menschenrechte und Grundfreiheiten garantierten Rechten entsprechen, haben sie die gleiche Bedeutung und Tragweite, wie sie ihnen in der genannten Konvention verliehen wird. Diese Bestimmung steht dem nicht entgegen, dass das Recht der Union einen weiter gehenden Schutz gewährt.

Artikel 53. Schutzniveau
Keine Bestimmung dieser Charta ist als eine Einschränkung oder Verletzung der Menschenrechte und Grundfreiheiten auszulegen, die in dem jeweiligen Anwendungsbereich durch das Recht der Union und das Völkerrecht sowie durch die internationalen Übereinkommen, bei denen die Union, die Gemeinschaft oder alle Mitgliedstaaten Vertragsparteien sind, darunter insbesondere die Europäische Konvention zum Schutze der Menschenrechte und Grundfreiheiten, sowie durch die Verfassungen der Mitgliedstaaten anerkannt werden.

Artikel 54. Verbot des Missbrauchs der Rechte
Keine Bestimmung dieser Charta ist so auszulegen, als begründe sie das Recht, eine Tätigkeit auszuüben oder eine Handlung vorzunehmen, die darauf abzielt, die in der Charta anerkannten Rechte und Freiheiten abzuschaffen oder sie stärker einzuschränken, als dies in der Charta vorgesehen ist.

II. Zuständigkeit und Anerkennung

1. Zivil- und Handelssachen

a) Verordnung des Rates vom 22. Dezember 2000 über die gerichtliche Zuständigkeit und die Anerkennung und Vollstreckung von Entscheidungen in Zivil- und Handelssachen (Nr. 44/2001/EG)
Amtsblatt Nr. L 012 vom 16/01/2001 S. 1–23

*DER RAT DER EUROPÄISCHEN UNION –
gestützt auf den Vertrag zur Gründung der Europäischen Gemeinschaft, insbesondere auf Artikel 61 Buchstabe c und Artikel 67 Absatz 1,
auf Vorschlag der Kommission[1],
nach Stellungnahme des Europäischen Parlaments[2],
nach Stellungnahme des Wirtschafts- und Sozialausschusses[3],
in Erwägung nachstehender Gründe:
(1) Die Gemeinschaft hat sich zum Ziel gesetzt, einen Raum der Freiheit, der Sicherheit und des Rechts, in dem der freie Personenverkehr gewährleistet ist, zu erhalten und weiterzuentwickeln. Zum schrittweisen Aufbau dieses Raums hat die Gemeinschaft unter anderem im Bereich der justiziellen Zusammenarbeit in Zivilsachen die für das reibungslose Funktionieren des Binnenmarkts erforderlichen Maßnahmen zu erlassen.
(2) Die Unterschiede zwischen bestimmten einzelstaatlichen Vorschriften über die gerichtliche Zuständigkeit und die Anerkennung von Entscheidungen erschweren das reibungslose Funktionieren des Binnenmarkts. Es ist daher unerlässlich, Bestimmungen zu erlassen, um die Vorschriften über die internationale Zuständigkeit in Zivil- und Handelssachen zu vereinheitlichen und die Formalitäten im Hinblick auf eine rasche und unkomplizierte Anerkennung und Vollstreckung von Entscheidungen aus den durch diese Verordnung gebundenen Mitgliedstaaten zu vereinfachen.
(3) Dieser Bereich fällt unter die justizielle Zusammenarbeit in Zivilsachen im Sinne von Artikel 65 des Vertrags.
(4) Nach dem in Artikel 5 des Vertrags niedergelegten Subsidiaritäts- und Verhältnismäßigkeitsprinzip können die Ziele dieser Verordnung auf der Ebene der Mitgliedstaaten nicht ausreichend erreicht werden; sie können daher besser auf Gemeinschaftsebene erreicht werden. Diese Verordnung beschränkt sich auf das zur Erreichung dieser Ziele notwendige Mindestmaß und geht nicht über das dazu Erforderliche hinaus.
(5) Am 27. September 1968 schlossen die Mitgliedstaaten auf der Grundlage von Artikel 293 vierter Gedankenstrich des Vertrags das Übereinkommen von Brüssel über die gerichtliche Zuständigkeit und die Vollstreckung gerichtlicher Entscheidungen in Zivil- und Handelssachen, dessen Fassung durch die Übereinkommen über den Beitritt der*

---

[1] ABl. C 376 vom 28.12.1999, S. 1.
[2] Stellungnahme vom 21.9.2000 (noch nicht im Amtsblatt veröffentlicht).
[3] ABl. C 117 vom 26.4.2000, S. 6.

neuen Mitgliedstaaten zu diesem Übereinkommen[4] geändert wurde (nachstehend „Brüsseler Übereinkommen" genannt). Am 16. September 1988 schlossen die Mitgliedstaaten und die EFTA-Staaten das Übereinkommen von Lugano über die gerichtliche Zuständigkeit und die Vollstreckung gerichtlicher Entscheidungen in Zivil- und Handelssachen, das ein Parallelübereinkommen zu dem Brüsseler Übereinkommen von 1968 darstellt. Diese Übereinkommen waren inzwischen Gegenstand einer Revision; der Rat hat dem Inhalt des überarbeiteten Textes zugestimmt. Die bei dieser Revision erzielten Ergebnisse sollten gewahrt werden.

(6) Um den freien Verkehr der Entscheidungen in Zivil- und Handelssachen zu gewährleisten, ist es erforderlich und angemessen, dass die Vorschriften über die gerichtliche Zuständigkeit und die Anerkennung und Vollstreckung von Entscheidungen im Wege eines Gemeinschaftsrechtsakts festgelegt werden, der verbindlich und unmittelbar anwendbar ist.

(7) Der sachliche Anwendungsbereich dieser Verordnung sollte sich, von einigen genau festgelegten Rechtsgebieten abgesehen, auf den wesentlichen Teil des Zivil- und Handelsrechts erstrecken.

(8) Rechtsstreitigkeiten, die unter diese Verordnung fallen, müssen einen Anknüpfungspunkt an das Hoheitsgebiet eines der Mitgliedstaaten aufweisen, die durch diese Verordnung gebunden sind. Gemeinsame Zuständigkeitsvorschriften sollten demnach grundsätzlich dann Anwendung finden, wenn der Beklagte seinen Wohnsitz in einem dieser Mitgliedstaaten hat.

(9) Beklagte ohne Wohnsitz in einem Mitgliedstaat unterliegen im Allgemeinen den nationalen Zuständigkeitsvorschriften, die im Hoheitsgebiet des Mitgliedstaats gelten, in dem sich das angerufene Gericht befindet, während Beklagte mit Wohnsitz in einem Mitgliedstaat, der durch diese Verordnung nicht gebunden ist, weiterhin dem Brüsseler Übereinkommen unterliegen.

(10) Um den freien Verkehr gerichtlicher Entscheidungen zu gewährleisten, sollten die in einem durch diese Verordnung gebundenen Mitgliedstaat ergangenen Entscheidungen in einem anderen durch diese Verordnung gebundenen Mitgliedstaat anerkannt und vollstreckt werden, und zwar auch dann, wenn der Vollstreckungsschuldner seinen Wohnsitz in einem Drittstaat hat.

(11) Die Zuständigkeitsvorschriften müssen in hohem Maße vorhersehbar sein und sich grundsätzlich nach dem Wohnsitz des Beklagten richten, und diese Zuständigkeit muss stets gegeben sein außer in einigen genau festgelegten Fällen, in denen aufgrund des Streitgegenstands oder der Vertragsfreiheit der Parteien ein anderes Anknüpfungskriterium gerechtfertigt ist. Der Sitz juristischer Personen muss in der Verordnung selbst definiert sein, um die Transparenz der gemeinsamen Vorschriften zu stärken und Kompetenzkonflikte zu vermeiden.

(12) Der Gerichtsstand des Wohnsitzes des Beklagten muss durch alternative Gerichtsstände ergänzt werden, die entweder aufgrund der engen Verbindung zwischen Gericht und Rechtsstreit oder im Interesse einer geordneten Rechtspflege zuzulassen sind.

(13) Bei Versicherungs-, Verbraucher- und Arbeitssachen sollte die schwächere Partei durch Zuständigkeitsvorschriften geschützt werden, die für sie günstiger sind als die allgemeine Regelung.

---

[4] ABl. L 299 vom 31.12.1972, S. 32; ABl. L 304 vom 30.10.1978, S. 1; ABl. L 388 vom 31.12.1982, S. 1; ABl. L 285 vom 3.10.1989, S. 1; ABl. C 15 vom 15.1.1997, S. 1; siehe konsolidierte Fassung in ABl. C 27 vom 26.1.1998, S. 1.

1. a) EuGVO

(14) Vorbehaltlich der in dieser Verordnung festgelegten ausschließlichen Zuständigkeiten muss die Vertragsfreiheit der Parteien hinsichtlich der Wahl des Gerichtsstands, außer bei Versicherungs-, Verbraucher- und Arbeitssachen, wo nur eine begrenztere Vertragsfreiheit zulässig ist, gewahrt werden.

(15) Im Interesse einer abgestimmten Rechtspflege müssen Parallelverfahren so weit wie möglich vermieden werden, damit nicht in zwei Mitgliedstaaten miteinander unvereinbare Entscheidungen ergehen. Es sollte eine klare und wirksame Regelung zur Klärung von Fragen der Rechtshängigkeit und der im Zusammenhang stehenden Verfahren sowie zur Verhinderung von Problemen vorgesehen werden, die sich aus der einzelstaatlich unterschiedlichen Festlegung des Zeitpunkts ergeben, von dem an ein Verfahren als rechtshängig gilt. Für die Zwecke dieser Verordnung sollte dieser Zeitpunkt autonom festgelegt werden.

(16) Das gegenseitige Vertrauen in die Justiz im Rahmen der Gemeinschaft rechtfertigt, dass die in einem Mitgliedstaat ergangenen Entscheidungen, außer im Falle der Anfechtung, von Rechts wegen, ohne ein besonderes Verfahren, anerkannt werden.

(17) Aufgrund dieses gegenseitigen Vertrauens ist es auch gerechtfertigt, dass das Verfahren, mit dem eine in einem anderen Mitgliedstaat ergangene Entscheidung für vollstreckbar erklärt wird, rasch und effizient vonstatten geht. Die Vollstreckbarerklärung einer Entscheidung muss daher fast automatisch nach einer einfachen formalen Prüfung der vorgelegten Schriftstücke erfolgen, ohne dass das Gericht die Möglichkeit hat, von Amts wegen eines der in dieser Verordnung vorgesehenen Vollstreckungshindernisse aufzugreifen.

(18) Zur Wahrung seiner Verteidigungsrechte muss der Schuldner jedoch gegen die Vollstreckbarerklärung einen Rechtsbehelf im Wege eines Verfahrens mit beiderseitigem rechtlichen Gehör einlegen können, wenn er der Ansicht ist, dass einer der Gründe für die Versagung der Vollstreckung vorliegt. Die Möglichkeit eines Rechtsbehelfs muss auch für den Antragsteller gegeben sein, falls sein Antrag auf Vollstreckbarerklärung abgelehnt worden ist.

(19) Um die Kontinuität zwischen dem Brüsseler Übereinkommen und dieser Verordnung zu wahren, sollten Übergangsvorschriften vorgesehen werden. Dies gilt auch für die Auslegung der Bestimmungen des Brüsseler Übereinkommens durch den Gerichtshof der Europäischen Gemeinschaften. Ebenso sollte das Protokoll von 1971[5] auf Verfahren, die zum Zeitpunkt des Inkrafttretens dieser Verordnung bereits anhängig sind, anwendbar bleiben.

(20) Das Vereinigte Königreich und Irland haben gemäß Artikel 3 des dem Vertrag über die Europäische Union und dem Vertrag zur Gründung der Europäischen Gemeinschaft beigefügten Protokolls über die Position des Vereinigten Königreichs und Irlands schriftlich mitgeteilt, dass sie sich an der Annahme und Anwendung dieser Verordnung beteiligen möchten.

(21) Dänemark beteiligt sich gemäß den Artikeln 1 und 2 des dem Vertrag über die Europäische Union und dem Vertrag zur Gründung der Europäischen Gemeinschaft beigefügten Protokolls über die Position Dänemarks nicht an der Annahme dieser Verordnung, die daher für Dänemark nicht bindend und ihm gegenüber nicht anwendbar ist.

(22) Da in den Beziehungen zwischen Dänemark und den durch diese Verordnung gebundenen Mitgliedstaaten das Brüsseler Übereinkommen in Geltung ist, ist dieses sowie das Protokoll von 1971 im Verhältnis zwischen Dänemark und den durch diese Verordnung gebundenen Mitgliedstaaten weiterhin anzuwenden.

---

[5] ABl. L 204 vom 2.8.1975, S. 28; ABl. L 304 vom 30.10.1978, S. 1; ABl. L 388 vom 31.12.1982, S. 1; ABl. L 285 vom 3.10.1989, S. 1; ABl. C 15 vom 15.1.1997, S. 1; siehe konsolidierte Fassung in ABl. C 27 vom 26.1.1998, S. 28.

(23) Das Brüsseler Übereinkommen gilt auch weiter hinsichtlich der Hoheitsgebiete der Mitgliedstaaten, die in seinen territorialen Anwendungsbereich fallen und die aufgrund der Anwendung von Artikel 299 des Vertrags von der vorliegenden Verordnung ausgeschlossen sind.

(24) Im Interesse der Kohärenz ist ferner vorzusehen, dass die in spezifischen Gemeinschaftsrechtsakten enthaltenen Vorschriften über die Zuständigkeit und die Anerkennung von Entscheidungen durch diese Verordnung nicht berührt werden.

(25) Um die internationalen Verpflichtungen, die die Mitgliedstaaten eingegangen sind, zu wahren, darf sich diese Verordnung nicht auf von den Mitgliedstaaten geschlossene Übereinkommen in besonderen Rechtsgebieten auswirken.

(26) Um den verfahrensrechtlichen Besonderheiten einiger Mitgliedstaaten Rechnung zu tragen, sollten die in dieser Verordnung vorgesehenen Grundregeln, soweit erforderlich, gelockert werden. Hierzu sollten bestimmte Vorschriften aus dem Protokoll zum Brüsseler Übereinkommen in die Verordnung übernommen werden.

(27) Um in einigen Bereichen, für die in dem Protokoll zum Brüsseler Übereinkommen Sonderbestimmungen enthalten waren, einen reibungslosen Übergang zu ermöglichen, sind in dieser Verordnung für einen Übergangszeitraum Bestimmungen vorgesehen, die der besonderen Situation in einigen Mitgliedstaaten Rechnung tragen.

(28) Spätestens fünf Jahre nach dem Inkrafttreten dieser Verordnung unterbreitet die Kommission einen Bericht über deren Anwendung. Dabei kann sie erforderlichenfalls auch Anpassungsvorschläge vorlegen.

(29) Die Anhänge I bis IV betreffend die innerstaatlichen Zuständigkeitsvorschriften, die Gerichte oder sonst befugten Stellen und die Rechtsbehelfe sind von der Kommission anhand der von dem betreffenden Mitgliedstaat mitgeteilten Änderungen zu ändern. Änderungen der Anhänge V und VI sind gemäß dem Beschluss 1999/468/EG des Rates vom 28. Juni 1999 zur Festlegung der Modalitäten für die Ausübung der der Kommission übertragenen Durchführungsbefugnisse[6] zu beschließen –
HAT FOLGENDE VERORDNUNG ERLASSEN:

KAPITEL I. ANWENDUNGSBEREICH

Artikel 1
(1) Diese Verordnung ist in Zivil- und Handelssachen anzuwenden, ohne dass es auf die Art der Gerichtsbarkeit ankommt. Sie erfasst insbesondere nicht Steuer- und Zollsachen sowie verwaltungsrechtliche Angelegenheiten.
(2) Sie ist nicht anzuwenden auf:
a) den Personenstand, die Rechts- und Handlungsfähigkeit sowie die gesetzliche Vertretung von natürlichen Personen, die ehelichen Güterstände, das Gebiet des Erbrechts einschließlich des Testamentsrechts;
b) Konkurse, Vergleiche und ähnliche Verfahren;
c) die soziale Sicherheit;
d) die Schiedsgerichtsbarkeit.
(3) In dieser Verordnung bedeutet der Begriff „Mitgliedstaat" jeden Mitgliedstaat mit Ausnahme des Königreichs Dänemark.

---

[6] ABl. L 184 vom 17.7.1999, S. 23.

KAPITEL II. ZUSTÄNDIGKEIT

Abschnitt 1. Allgemeine Vorschriften

Artikel 2
(1) Vorbehaltlich der Vorschriften dieser Verordnung sind Personen, die ihren Wohnsitz im Hoheitsgebiet eines Mitgliedstaats haben, ohne Rücksicht auf ihre Staatsangehörigkeit vor den Gerichten dieses Mitgliedstaats zu verklagen.
(2) Auf Personen, die nicht dem Mitgliedstaat, in dem sie ihren Wohnsitz haben, angehören, sind die für Inländer maßgebenden Zuständigkeitsvorschriften anzuwenden.

Artikel 3
(1) Personen, die ihren Wohnsitz im Hoheitsgebiet eines Mitgliedstaats haben, können vor den Gerichten eines anderen Mitgliedstaats nur gemäß den Vorschriften der Abschnitte 2 bis 7 dieses Kapitels verklagt werden.
(2) Gegen diese Personen können insbesondere nicht die in Anhang I aufgeführten innerstaatlichen Zuständigkeitsvorschriften geltend gemacht werden.

Artikel 4
(1) Hat der Beklagte keinen Wohnsitz im Hoheitsgebiet eines Mitgliedstaats, so bestimmt sich vorbehaltlich der Artikel 22 und 23 die Zuständigkeit der Gerichte eines jeden Mitgliedstaats nach dessen eigenen Gesetzen.
(2) Gegenüber einem Beklagten, der keinen Wohnsitz im Hoheitsgebiet eines Mitgliedstaats hat, kann sich jede Person, die ihren Wohnsitz im Hoheitsgebiet eines Mitgliedstaats hat, in diesem Staat auf die dort geltenden Zuständigkeitsvorschriften, insbesondere auf die in Anhang I aufgeführten Vorschriften, wie ein Inländer berufen, ohne dass es auf ihre Staatsangehörigkeit ankommt.

Abschnitt 2. Besondere Zuständigkeiten

Artikel 5
Eine Person, die ihren Wohnsitz im Hoheitsgebiet eines Mitgliedstaats hat, kann in einem anderen Mitgliedstaat verklagt werden:
1. a) wenn ein Vertrag oder Ansprüche aus einem Vertrag den Gegenstand des Verfahrens bilden, vor dem Gericht des Ortes, an dem die Verpflichtung erfüllt worden ist oder zu erfüllen wäre;
b) im Sinne dieser Vorschrift – und sofern nichts anderes vereinbart worden ist – ist der Erfüllungsort der Verpflichtung
– für den Verkauf beweglicher Sachen der Ort in einem Mitgliedstaat, an dem sie nach dem Vertrag geliefert worden sind oder hätten geliefert werden müssen;
– für die Erbringung von Dienstleistungen der Ort in einem Mitgliedstaat, an dem sie nach dem Vertrag erbracht worden sind oder hätten erbracht werden müssen;
c) ist Buchstabe b) nicht anwendbar, so gilt Buchstabe a);
2. wenn es sich um eine Unterhaltssache handelt, vor dem Gericht des Ortes, an dem der Unterhaltsberechtigte seinen Wohnsitz oder seinen gewöhnlichen Aufenthalt hat, oder im Falle einer Unterhaltssache, über die im Zusammenhang mit einem Verfahren in Bezug auf den Personenstand zu entscheiden ist, vor dem nach

seinem Recht für dieses Verfahren zuständigen Gericht, es sei denn, diese Zuständigkeit beruht lediglich auf der Staatsangehörigkeit einer der Parteien;
3. wenn eine unerlaubte Handlung oder eine Handlung, die einer unerlaubten Handlung gleichgestellt ist, oder wenn Ansprüche aus einer solchen Handlung den Gegenstand des Verfahrens bilden, vor dem Gericht des Ortes, an dem das schädigende Ereignis eingetreten ist oder einzutreten droht;
4. wenn es sich um eine Klage auf Schadensersatz oder auf Wiederherstellung des früheren Zustands handelt, die auf eine mit Strafe bedrohte Handlung gestützt wird, vor dem Strafgericht, bei dem die öffentliche Klage erhoben ist, soweit dieses Gericht nach seinem Recht über zivilrechtliche Ansprüche erkennen kann;
5. wenn es sich um Streitigkeiten aus dem Betrieb einer Zweigniederlassung, einer Agentur oder einer sonstigen Niederlassung handelt, vor dem Gericht des Ortes, an dem sich diese befindet;
6. wenn sie in ihrer Eigenschaft als Begründer, trustee oder Begünstigter eines trust in Anspruch genommen wird, der aufgrund eines Gesetzes oder durch schriftlich vorgenommenes oder schriftlich bestätigtes Rechtsgeschäft errichtet worden ist, vor den Gerichten des Mitgliedstaats, in dessen Hoheitsgebiet der trust seinen Sitz hat;
7. wenn es sich um eine Streitigkeit wegen der Zahlung von Berge- und Hilfslohn handelt, der für Bergungs- oder Hilfeleistungsarbeiten gefordert wird, die zugunsten einer Ladung oder einer Frachtforderung erbracht worden sind, vor dem Gericht, in dessen Zuständigkeitsbereich diese Ladung oder die entsprechende Frachtforderung
a) mit Arrest belegt worden ist, um die Zahlung zu gewährleisten, oder
b) mit Arrest hätte belegt werden können, jedoch dafür eine Bürgschaft oder eine andere Sicherheit geleistet worden ist;
diese Vorschrift ist nur anzuwenden, wenn behauptet wird, dass der Beklagte Rechte an der Ladung oder an der Frachtforderung hat oder zur Zeit der Bergungs- oder Hilfeleistungsarbeiten hatte.

Artikel 6
Eine Person, die ihren Wohnsitz im Hoheitsgebiet eines Mitgliedstaats hat, kann auch verklagt werden:
1. wenn mehrere Personen zusammen verklagt werden, vor dem Gericht des Ortes, an dem einer der Beklagten seinen Wohnsitz hat, sofern zwischen den Klagen eine so enge Beziehung gegeben ist, dass eine gemeinsame Verhandlung und Entscheidung geboten erscheint, um zu vermeiden, dass in getrennten Verfahren widersprechende Entscheidungen ergehen könnten;
2. wenn es sich um eine Klage auf Gewährleistung oder um eine Interventionsklage handelt, vor dem Gericht des Hauptprozesses, es sei denn, dass die Klage nur erhoben worden ist, um diese Person dem für sie zuständigen Gericht zu entziehen;
3. wenn es sich um eine Widerklage handelt, die auf denselben Vertrag oder Sachverhalt wie die Klage selbst gestützt wird, vor dem Gericht, bei dem die Klage selbst anhängig ist;
4. wenn ein Vertrag oder Ansprüche aus einem Vertrag den Gegenstand des Verfahrens bilden und die Klage mit einer Klage wegen dinglicher Rechte an unbeweglichen Sachen gegen denselben Beklagten verbunden werden kann, vor dem Gericht des Mitgliedstaats, in dessen Hoheitsgebiet die unbewegliche Sache belegen ist.

Artikel 7
Ist ein Gericht eines Mitgliedstaats nach dieser Verordnung zur Entscheidung in Verfahren wegen einer Haftpflicht aufgrund der Verwendung oder des Betriebs eines Schiffes zuständig, so entscheidet dieses oder ein anderes an seiner Stelle durch das Recht dieses Mitgliedstaats bestimmtes Gericht auch über Klagen auf Beschränkung dieser Haftung.

Abschnitt 3. Zuständigkeit für Versicherungssachen

Artikel 8
Für Klagen in Versicherungssachen bestimmt sich die Zuständigkeit unbeschadet des Artikels 4 und des Artikels 5 Nummer 5 nach diesem Abschnitt.

Artikel 9
(1) Ein Versicherer, der seinen Wohnsitz im Hoheitsgebiet eines Mitgliedstaats hat, kann verklagt werden:
a) vor den Gerichten des Mitgliedstaats, in dem er seinen Wohnsitz hat,
b) in einem anderen Mitgliedstaat bei Klagen des Versicherungsnehmers, des Versicherten oder des Begünstigten vor dem Gericht des Ortes, an dem der Kläger seinen Wohnsitz hat, oder
c) falls es sich um einen Mitversicherer handelt, vor dem Gericht eines Mitgliedstaats, bei dem der federführende Versicherer verklagt wird.
(2) Hat der Versicherer im Hoheitsgebiet eines Mitgliedstaats keinen Wohnsitz, besitzt er aber in einem Mitgliedstaat eine Zweigniederlassung, Agentur oder sonstige Niederlassung, so wird er für Streitigkeiten aus ihrem Betrieb so behandelt, wie wenn er seinen Wohnsitz im Hoheitsgebiet dieses Mitgliedstaats hätte.

Artikel 10
Bei der Haftpflichtversicherung oder bei der Versicherung von unbeweglichen Sachen kann der Versicherer außerdem vor dem Gericht des Ortes, an dem das schädigende Ereignis eingetreten ist, verklagt werden. Das Gleiche gilt, wenn sowohl bewegliche als auch unbewegliche Sachen in ein und demselben Versicherungsvertrag versichert und von demselben Schadensfall betroffen sind.

Artikel 11
(1) Bei der Haftpflichtversicherung kann der Versicherer auch vor das Gericht, bei dem die Klage des Geschädigten gegen den Versicherten anhängig ist, geladen werden, sofern dies nach dem Recht des angerufenen Gerichts zulässig ist.
(2) Auf eine Klage, die der Geschädigte unmittelbar gegen den Versicherer erhebt, sind die Artikel 8, 9 und 10 anzuwenden, sofern eine solche unmittelbare Klage zulässig ist.
(3) Sieht das für die unmittelbare Klage maßgebliche Recht die Streitverkündung gegen den Versicherungsnehmer oder den Versicherten vor, so ist dasselbe Gericht auch für diese Personen zuständig.

Artikel 12
(1) Vorbehaltlich der Bestimmungen des Artikels 11 Absatz 3 kann der Versicherer nur vor den Gerichten des Mitgliedstaats klagen, in dessen Hoheitsgebiet der

Beklagte seinen Wohnsitz hat, ohne Rücksicht darauf, ob dieser Versicherungsnehmer, Versicherter oder Begünstigter ist.
(2) Die Vorschriften dieses Abschnitts lassen das Recht unberührt, eine Widerklage vor dem Gericht zu erheben, bei dem die Klage selbst gemäß den Bestimmungen dieses Abschnitts anhängig ist.

Artikel 13
Von den Vorschriften dieses Abschnitts kann im Wege der Vereinbarung nur abgewichen werden:
1. wenn die Vereinbarung nach der Entstehung der Streitigkeit getroffen wird,
2. wenn sie dem Versicherungsnehmer, Versicherten oder Begünstigten die Befugnis einräumt, andere als die in diesem Abschnitt angeführten Gerichte anzurufen,
3. wenn sie zwischen einem Versicherungsnehmer und einem Versicherer, die zum Zeitpunkt des Vertragsabschlusses ihren Wohnsitz oder gewöhnlichen Aufenthalt in demselben Mitgliedstaat haben, getroffen ist, um die Zuständigkeit der Gerichte dieses Staates auch für den Fall zu begründen, dass das schädigende Ereignis im Ausland eintritt, es sei denn, dass eine solche Vereinbarung nach dem Recht dieses Staates nicht zulässig ist,
4. wenn sie von einem Versicherungsnehmer geschlossen ist, der seinen Wohnsitz nicht in einem Mitgliedstaat hat, ausgenommen soweit sie eine Versicherung, zu deren Abschluss eine gesetzliche Verpflichtung besteht, oder die Versicherung von unbeweglichen Sachen in einem Mitgliedstaat betrifft, oder
5. wenn sie einen Versicherungsvertrag betrifft, soweit dieser eines oder mehrere der in Artikel 14 aufgeführten Risiken deckt.

Artikel 14
Die in Artikel 13 Nummer 5 erwähnten Risiken sind die folgenden:
1. sämtliche Schäden
a) an Seeschiffen, Anlagen vor der Küste und auf hoher See oder Luftfahrzeugen aus Gefahren, die mit ihrer Verwendung zu gewerblichen Zwecken verbunden sind,
b) an Transportgütern, ausgenommen Reisegepäck der Passagiere, wenn diese Güter ausschließlich oder zum Teil mit diesen Schiffen oder Luftfahrzeugen befördert werden;
2. Haftpflicht aller Art, mit Ausnahme der Haftung für Personenschäden an Passagieren oder Schäden an deren Reisegepäck,
a) aus der Verwendung oder dem Betrieb von Seeschiffen, Anlagen oder Luftfahrzeugen gemäß Nummer 1 Buchstabe a), es sei denn, dass – was die letztgenannten betrifft – nach den Rechtsvorschriften des Mitgliedstaats, in dem das Luftfahrzeug eingetragen ist, Gerichtsstandsvereinbarungen für die Versicherung solcher Risiken untersagt sind,
b) für Schäden, die durch Transportgüter während einer Beförderung im Sinne von Nummer 1 Buchstabe b) verursacht werden;
3. finanzielle Verluste im Zusammenhang mit der Verwendung oder dem Betrieb von Seeschiffen, Anlagen oder Luftfahrzeugen gemäß Nummer 1 Buchstabe a), insbesondere Fracht- oder Charterverlust;
4. irgendein zusätzliches Risiko, das mit einem der unter den Nummern 1 bis 3 genannten Risiken in Zusammenhang steht;

5. unbeschadet der Nummern 1 bis 4 alle „Großrisiken" entsprechend der Begriffsbestimmung in der Richtlinie 73/239/EWG des Rates[7], geändert durch die Richtlinie 88/357/EWG[8] und die Richtlinie 90/618/EWG[9], in der jeweils geltenden Fassung.

Abschnitt 4. Zuständigkeit bei Verbrauchersachen

Artikel 15
(1) Bilden ein Vertrag oder Ansprüche aus einem Vertrag, den eine Person, der Verbraucher, zu einem Zweck geschlossen hat, der nicht der beruflichen oder gewerblichen Tätigkeit dieser Person zugerechnet werden kann, den Gegenstand des Verfahrens, so bestimmt sich die Zuständigkeit unbeschadet des Artikels 4 und des Artikels 5 Nummer 5 nach diesem Abschnitt,
a) wenn es sich um den Kauf beweglicher Sachen auf Teilzahlung handelt,
b) wenn es sich um ein in Raten zurückzuzahlendes Darlehen oder ein anderes Kreditgeschäft handelt, das zur Finanzierung eines Kaufs derartiger Sachen bestimmt ist, oder
c) in allen anderen Fällen, wenn der andere Vertragspartner in dem Mitgliedstaat, in dessen Hoheitsgebiet der Verbraucher seinen Wohnsitz hat, eine berufliche oder gewerbliche Tätigkeit ausübt oder eine solche auf irgend einem Wege auf diesen Mitgliedstaat oder auf mehrere Staaten, einschließlich dieses Mitgliedstaats, ausrichtet und der Vertrag in den Bereich dieser Tätigkeit fällt.
(2) Hat der Vertragspartner des Verbrauchers im Hoheitsgebiet eines Mitgliedstaats keinen Wohnsitz, besitzt er aber in einem Mitgliedstaat eine Zweigniederlassung, Agentur oder sonstige Niederlassung, so wird er für Streitigkeiten aus ihrem Betrieb so behandelt, wie wenn er seinen Wohnsitz im Hoheitsgebiet dieses Staates hätte.
(3) Dieser Abschnitt ist nicht auf Beförderungsverträge mit Ausnahme von Reiseverträgen, die für einen Pauschalpreis kombinierte Beförderungs- und Unterbringungsleistungen vorsehen, anzuwenden.

Artikel 16
(1) Die Klage eines Verbrauchers gegen den anderen Vertragspartner kann entweder vor den Gerichten des Mitgliedstaats erhoben werden, in dessen Hoheitsgebiet dieser Vertragspartner seinen Wohnsitz hat, oder vor dem Gericht des Ortes, an dem der Verbraucher seinen Wohnsitz hat.
(2) Die Klage des anderen Vertragspartners gegen den Verbraucher kann nur vor den Gerichten des Mitgliedstaats erhoben werden, in dessen Hoheitsgebiet der Verbraucher seinen Wohnsitz hat.
(3) Die Vorschriften dieses Artikels lassen das Recht unberührt, eine Widerklage vor dem Gericht zu erheben, bei dem die Klage selbst gemäß den Bestimmungen dieses Abschnitts anhängig ist.

---

[7] ABl. L 228 vom 16.8.1973, S. 3. Richtlinie zuletzt geändert durch die Richtlinie 2000/26/EG des Europäischen Parlaments und des Rates (ABl. L 181 vom 20.7.2000, S. 65).
[8] ABl. L 172 vom 4.7.1988, S. 1. Richtlinie zuletzt geändert durch die Richtlinie 2000/26/EG.
[9] ABl. L 330 vom 29.11.1990, S. 44.

Artikel 17
Von den Vorschriften dieses Abschnitts kann im Wege der Vereinbarung nur abgewichen werden:
1. wenn die Vereinbarung nach der Entstehung der Streitigkeit getroffen wird,
2. wenn sie dem Verbraucher die Befugnis einräumt, andere als die in diesem Abschnitt angeführten Gerichte anzurufen, oder
3. wenn sie zwischen einem Verbraucher und seinem Vertragspartner, die zum Zeitpunkt des Vertragsabschlusses ihren Wohnsitz oder gewöhnlichen Aufenthalt in demselben Mitgliedstaat haben, getroffen ist und die Zuständigkeit der Gerichte dieses Mitgliedstaats begründet, es sei denn, dass eine solche Vereinbarung nach dem Recht dieses Mitgliedstaats nicht zulässig ist.

Abschnitt 5. Zuständigkeit für individuelle Arbeitsverträge

Artikel 18
(1) Bilden ein individueller Arbeitsvertrag oder Ansprüche aus einem individuellen Arbeitsvertrag den Gegenstand des Verfahrens, so bestimmt sich die Zuständigkeit unbeschadet des Artikels 4 und des Artikels 5 Nummer 5 nach diesem Abschnitt.
(2) Hat der Arbeitgeber, mit dem der Arbeitnehmer einen individuellen Arbeitsvertrag geschlossen hat, im Hoheitsgebiet eines Mitgliedstaats keinen Wohnsitz, besitzt er aber in einem Mitgliedstaat eine Zweigniederlassung, Agentur oder sonstige Niederlassung, so wird er für Streitigkeiten aus ihrem Betrieb so behandelt, wie wenn er seinen Wohnsitz im Hoheitsgebiet dieses Mitgliedstaats hätte.

Artikel 19
Ein Arbeitgeber, der seinen Wohnsitz im Hoheitsgebiet eines Mitgliedstaats hat, kann verklagt werden:
1. vor den Gerichten des Mitgliedstaats, in dem er seinen Wohnsitz hat, oder
2. in einem anderen Mitgliedstaat
a) vor dem Gericht des Ortes, an dem der Arbeitnehmer gewöhnlich seine Arbeit verrichtet oder zuletzt gewöhnlich verrichtet hat, oder
b) wenn der Arbeitnehmer seine Arbeit gewöhnlich nicht in ein und demselben Staat verrichtet oder verrichtet hat, vor dem Gericht des Ortes, an dem sich die Niederlassung, die den Arbeitnehmer eingestellt hat, befindet bzw. befand.

Artikel 20
(1) Die Klage des Arbeitgebers kann nur vor den Gerichten des Mitgliedstaats erhoben werden, in dessen Hoheitsgebiet der Arbeitnehmer seinen Wohnsitz hat.
(2) Die Vorschriften dieses Abschnitts lassen das Recht unberührt, eine Widerklage vor dem Gericht zu erheben, bei dem die Klage selbst gemäß den Bestimmungen dieses Abschnitts anhängig ist.

Artikel 21
Von den Vorschriften dieses Abschnitts kann im Wege der Vereinbarung nur abgewichen werden,
1. wenn die Vereinbarung nach der Entstehung der Streitigkeit getroffen wird oder
2. wenn sie dem Arbeitnehmer die Befugnis einräumt, andere als die in diesem Abschnitt angeführten Gerichte anzurufen.

Abschnitt 6. Ausschließliche Zuständigkeiten

Artikel 22
Ohne Rücksicht auf den Wohnsitz sind ausschließlich zuständig:
1. für Klagen, welche dingliche Rechte an unbeweglichen Sachen sowie die Miete oder Pacht von unbeweglichen Sachen zum Gegenstand haben, die Gerichte des Mitgliedstaats, in dem die unbewegliche Sache belegen ist.
Jedoch sind für Klagen betreffend die Miete oder Pacht unbeweglicher Sachen zum vorübergehenden privaten Gebrauch für höchstens sechs aufeinander folgende Monate auch die Gerichte des Mitgliedstaats zuständig, in dem der Beklagte seinen Wohnsitz hat, sofern es sich bei dem Mieter oder Pächter um eine natürliche Person handelt und der Eigentümer sowie der Mieter oder Pächter ihren Wohnsitz in demselben Mitgliedstaat haben;
2. für Klagen, welche die Gültigkeit, die Nichtigkeit oder die Auflösung einer Gesellschaft oder juristischen Person oder die Gültigkeit der Beschlüsse ihrer Organe zum Gegenstand haben, die Gerichte des Mitgliedstaats, in dessen Hoheitsgebiet die Gesellschaft oder juristische Person ihren Sitz hat. Bei der Entscheidung darüber, wo der Sitz sich befindet, wendet das Gericht die Vorschriften seines Internationalen Privatrechts an;
3. für Klagen, welche die Gültigkeit von Eintragungen in öffentliche Register zum Gegenstand haben, die Gerichte des Mitgliedstaats, in dessen Hoheitsgebiet die Register geführt werden;
4. für Klagen, welche die Eintragung oder die Gültigkeit von Patenten, Marken, Mustern und Modellen sowie ähnlicher Rechte, die einer Hinterlegung oder Registrierung bedürfen, zum Gegenstand haben, die Gerichte des Mitgliedstaats, in dessen Hoheitsgebiet die Hinterlegung oder Registrierung beantragt oder vorgenommen worden ist oder aufgrund eines Gemeinschaftsrechtsakts oder eines zwischenstaatlichen Übereinkommens als vorgenommen gilt.
Unbeschadet der Zuständigkeit des Europäischen Patentamts nach dem am 5. Oktober 1973 in München unterzeichneten Übereinkommen über die Erteilung europäischer Patente sind die Gerichte eines jeden Mitgliedstaats ohne Rücksicht auf den Wohnsitz der Parteien für alle Verfahren ausschließlich zuständig, welche die Erteilung oder die Gültigkeit eines europäischen Patents zum Gegenstand haben, das für diesen Staat erteilt wurde;
5. für Verfahren, welche die Zwangsvollstreckung aus Entscheidungen zum Gegenstand haben, die Gerichte des Mitgliedstaats, in dessen Hoheitsgebiet die Zwangsvollstreckung durchgeführt werden soll oder durchgeführt worden ist.

Abschnitt 7. Vereinbarung über die Zuständigkeit

Artikel 23
(1) Haben die Parteien, von denen mindestens eine ihren Wohnsitz im Hoheitsgebiet eines Mitgliedstaats hat, vereinbart, dass ein Gericht oder die Gerichte eines Mitgliedstaats über eine bereits entstandene Rechtsstreitigkeit oder über eine künftige aus einem bestimmten Rechtsverhältnis entspringende Rechtsstreitigkeit entscheiden sollen, so sind dieses Gericht oder die Gerichte dieses Mitgliedstaats zuständig. Dieses Gericht oder die Gerichte dieses Mitgliedstaats sind ausschließ-

lich zuständig, sofern die Parteien nichts anderes vereinbart haben. Eine solche Gerichtsstandsvereinbarung muss geschlossen werden
a) schriftlich oder mündlich mit schriftlicher Bestätigung,
b) in einer Form, welche den Gepflogenheiten entspricht, die zwischen den Parteien entstanden sind, oder
c) im internationalen Handel in einer Form, die einem Handelsbrauch entspricht, den die Parteien kannten oder kennen mussten und den Parteien von Verträgen dieser Art in dem betreffenden Geschäftszweig allgemein kennen und regelmäßig beachten.
(2) Elektronische Übermittlungen, die eine dauerhafte Aufzeichnung der Vereinbarung ermöglichen, sind der Schriftform gleichgestellt.
(3) Wenn eine solche Vereinbarung von Parteien geschlossen wurde, die beide ihren Wohnsitz nicht im Hoheitsgebiet eines Mitgliedstaats haben, so können die Gerichte der anderen Mitgliedstaaten nicht entscheiden, es sei denn, das vereinbarte Gericht oder die vereinbarten Gerichte haben sich rechtskräftig für unzuständig erklärt.
(4) Ist in schriftlich niedergelegten trust-Bedingungen bestimmt, dass über Klagen gegen einen Begründer, trustee oder Begünstigten eines trust ein Gericht oder die Gerichte eines Mitgliedstaats entscheiden sollen, so ist dieses Gericht oder sind diese Gerichte ausschließlich zuständig, wenn es sich um Beziehungen zwischen diesen Personen oder ihre Rechte oder Pflichten im Rahmen des trust handelt.
(5) Gerichtsstandsvereinbarungen und entsprechende Bestimmungen in trust-Bedingungen haben keine rechtliche Wirkung, wenn sie den Vorschriften der Artikel 13, 17 und 21 zuwiderlaufen oder wenn die Gerichte, deren Zuständigkeit abbedungen wird, aufgrund des Artikels 22 ausschließlich zuständig sind.

Artikel 24
Sofern das Gericht eines Mitgliedstaats nicht bereits nach anderen Vorschriften dieser Verordnung zuständig ist, wird es zuständig, wenn sich der Beklagte vor ihm auf das Verfahren einlässt. Dies gilt nicht, wenn der Beklagte sich einlässt, um den Mangel der Zuständigkeit geltend zu machen oder wenn ein anderes Gericht aufgrund des Artikels 22 ausschließlich zuständig ist.

Abschnitt 8. Prüfung der Zuständigkeit und der Zulässigkeit des Verfahrens

Artikel 25
Das Gericht eines Mitgliedstaats hat sich von Amts wegen für unzuständig zu erklären, wenn es wegen einer Streitigkeit angerufen wird, für die das Gericht eines anderen Mitgliedstaats aufgrund des Artikels 22 ausschließlich zuständig ist.

Artikel 26
(1) Lässt sich der Beklagte, der seinen Wohnsitz im Hoheitsgebiet eines Mitgliedstaats hat und der vor den Gerichten eines anderen Mitgliedstaats verklagt wird, auf das Verfahren nicht ein, so hat sich das Gericht von Amts wegen für unzuständig zu erklären, wenn seine Zuständigkeit nicht nach dieser Verordnung begründet ist.

(2) Das Gericht hat das Verfahren so lange auszusetzen, bis festgestellt ist, dass es dem Beklagten möglich war, das verfahrenseinleitende Schriftstück oder ein gleichwertiges Schriftstück so rechtzeitig zu empfangen, dass er sich verteidigen konnte oder dass alle hierzu erforderlichen Maßnahmen getroffen worden sind.
(3) An die Stelle von Absatz 2 tritt Artikel 19 der Verordnung (EG) Nr. 1348/2000 des Rates vom 29. Mai 2000 über die Zustellung gerichtlicher und außergerichtlicher Schriftstücke in Zivil- oder Handelssachen in den Mitgliedstaaten[10], wenn das verfahrenseinleitende Schriftstück oder ein gleichwertiges Schriftstück nach der genannten Verordnung von einem Mitgliedstaat in einen anderen zu übermitteln war.
(4) Sind die Bestimmungen der Verordnung (EG) Nr. 1348/2000 nicht anwendbar, so gilt Artikel 15 des Haager Übereinkommens vom 15. November 1965 über die Zustellung gerichtlicher und außergerichtlicher Schriftstücke im Ausland in Zivil- und Handelssachen, wenn das verfahrenseinleitende Schriftstück oder ein gleichwertiges Schriftstück nach dem genannten Übereinkommen zu übermitteln war.

Abschnitt 9. Rechtshängigkeit und im Zusammenhang stehende Verfahren

Artikel 27
(1) Werden bei Gerichten verschiedener Mitgliedstaaten Klagen wegen desselben Anspruchs zwischen denselben Parteien anhängig gemacht, so setzt das später angerufene Gericht das Verfahren von Amts wegen aus, bis die Zuständigkeit des zuerst angerufenen Gerichts feststeht.
(2) Sobald die Zuständigkeit des zuerst angerufenen Gerichts feststeht, erklärt sich das später angerufene Gericht zugunsten dieses Gerichts für unzuständig.

Artikel 28
(1) Sind bei Gerichten verschiedener Mitgliedstaaten Klagen, die im Zusammenhang stehen, anhängig, so kann jedes später angerufene Gericht das Verfahren aussetzen.
(2) Sind diese Klagen in erster Instanz anhängig, so kann sich jedes später angerufene Gericht auf Antrag einer Partei auch für unzuständig erklären, wenn das zuerst angerufene Gericht für die betreffenden Klagen zuständig ist und die Verbindung der Klagen nach seinem Recht zulässig ist.
(3) Klagen stehen im Sinne dieses Artikels im Zusammenhang, wenn zwischen ihnen eine so enge Beziehung gegeben ist, dass eine gemeinsame Verhandlung und Entscheidung geboten erscheint, um zu vermeiden, dass in getrennten Verfahren widersprechende Entscheidungen ergehen könnten.

Artikel 29
Ist für die Klagen die ausschließliche Zuständigkeit mehrerer Gerichte gegeben, so hat sich das zuletzt angerufene Gericht zugunsten des zuerst angerufenen Gerichts für unzuständig zu erklären.

---

[10] ABl. L 160 vom 30.6.2000, S. 37.

Artikel 30
Für die Zwecke dieses Abschnitts gilt ein Gericht als angerufen:
1. zu dem Zeitpunkt, zu dem das verfahrenseinleitende Schriftstück oder ein gleichwertiges Schriftstück bei Gericht eingereicht worden ist, vorausgesetzt, dass der Kläger es in der Folge nicht versäumt hat, die ihm obliegenden Maßnahmen zu treffen, um die Zustellung des Schriftstücks an den Beklagten zu bewirken, oder
2. falls die Zustellung an den Beklagten vor Einreichung des Schriftstücks bei Gericht zu bewirken ist, zu dem Zeitpunkt, zu dem die für die Zustellung verantwortliche Stelle das Schriftstück erhalten hat, vorausgesetzt, dass der Kläger es in der Folge nicht versäumt hat, die ihm obliegenden Maßnahmen zu treffen, um das Schriftstück bei Gericht einzureichen.

Abschnitt 10. Einstweilige Maßnahmen einschließlich solcher, die auf eine Sicherung gerichtet sind

Artikel 31
Die im Recht eines Mitgliedstaats vorgesehenen einstweiligen Maßnahmen einschließlich solcher, die auf eine Sicherung gerichtet sind, können bei den Gerichten dieses Staates auch dann beantragt werden, wenn für die Entscheidung in der Hauptsache das Gericht eines anderen Mitgliedstaats aufgrund dieser Verordnung zuständig ist.

KAPITEL III. ANERKENNUNG UND VOLLSTRECKUNG

Artikel 32
Unter „Entscheidung" im Sinne dieser Verordnung ist jede von einem Gericht eines Mitgliedstaats erlassene Entscheidung zu verstehen, ohne Rücksicht auf ihre Bezeichnung wie Urteil, Beschluss, Zahlungsbefehl oder Vollstreckungsbescheid, einschließlich des Kostenfestsetzungsbeschlusses eines Gerichtsbediensteten.

Abschnitt 1. Anerkennung

Artikel 33
(1) Die in einem Mitgliedstaat ergangenen Entscheidungen werden in den anderen Mitgliedstaaten anerkannt, ohne dass es hierfür eines besonderen Verfahrens bedarf.
(2) Bildet die Frage, ob eine Entscheidung anzuerkennen ist, als solche den Gegenstand eines Streites, so kann jede Partei, welche die Anerkennung geltend macht, in dem Verfahren nach den Abschnitten 2 und 3 dieses Kapitels die Feststellung beantragen, dass die Entscheidung anzuerkennen ist.
(3) Wird die Anerkennung in einem Rechtsstreit vor dem Gericht eines Mitgliedstaats, dessen Entscheidung von der Anerkennung abhängt, verlangt, so kann dieses Gericht über die Anerkennung entscheiden.

Artikel 34
Eine Entscheidung wird nicht anerkannt, wenn
1. die Anerkennung der öffentlichen Ordnung (ordre public) des Mitgliedstaats, in dem sie geltend gemacht wird, offensichtlich widersprechen würde;

2. dem Beklagten, der sich auf das Verfahren nicht eingelassen hat, das verfahrenseinleitende Schriftstück oder ein gleichwertiges Schriftstück nicht so rechtzeitig und in einer Weise zugestellt worden ist, dass er sich verteidigen konnte, es sei denn, der Beklagte hat gegen die Entscheidung keinen Rechtsbehelf eingelegt, obwohl er die Möglichkeit dazu hatte;
3. sie mit einer Entscheidung unvereinbar ist, die zwischen denselben Parteien in dem Mitgliedstaat, in dem die Anerkennung geltend gemacht wird, ergangen ist;
4. sie mit einer früheren Entscheidung unvereinbar ist, die in einem anderen Mitgliedstaat oder in einem Drittstaat zwischen denselben Parteien in einem Rechtsstreit wegen desselben Anspruchs ergangen ist, sofern die frühere Entscheidung die notwendigen Voraussetzungen für ihre Anerkennung in dem Mitgliedstaat erfüllt, in dem die Anerkennung geltend gemacht wird.

Artikel 35
(1) Eine Entscheidung wird ferner nicht anerkannt, wenn die Vorschriften der Abschnitte 3, 4 und 6 des Kapitels II verletzt worden sind oder wenn ein Fall des Artikels 72 vorliegt.
(2) Das Gericht oder die sonst befugte Stelle des Mitgliedstaats, in dem die Anerkennung geltend gemacht wird, ist bei der Prüfung, ob eine der in Absatz 1 angeführten Zuständigkeiten gegeben ist, an die tatsächlichen Feststellungen gebunden, aufgrund deren das Gericht des Ursprungsmitgliedstaats seine Zuständigkeit angenommen hat.
(3) Die Zuständigkeit der Gerichte des Ursprungsmitgliedstaats darf, unbeschadet der Bestimmungen des Absatzes 1, nicht nachgeprüft werden. Die Vorschriften über die Zuständigkeit gehören nicht zur öffentlichen Ordnung (ordre public) im Sinne des Artikels 34 Nummer 1.

Artikel 36
Die ausländische Entscheidung darf keinesfalls in der Sache selbst nachgeprüft werden.

Artikel 37
(1) Das Gericht eines Mitgliedstaats, vor dem die Anerkennung einer in einem anderen Mitgliedstaat ergangenen Entscheidung geltend gemacht wird, kann das Verfahren aussetzen, wenn gegen die Entscheidung ein ordentlicher Rechtsbehelf eingelegt worden ist.
(2) Das Gericht eines Mitgliedstaats, vor dem die Anerkennung einer in Irland oder im Vereinigten Königreich ergangenen Entscheidung geltend gemacht wird, kann das Verfahren aussetzen, wenn die Vollstreckung der Entscheidung im Ursprungsmitgliedstaat wegen der Einlegung eines Rechtsbehelfs einstweilen eingestellt ist.

Abschnitt 2. Vollstreckung

Artikel 38
(1) Die in einem Mitgliedstaat ergangenen Entscheidungen, die in diesem Staat vollstreckbar sind, werden in einem anderen Mitgliedstaat vollstreckt, wenn sie dort auf Antrag eines Berechtigten für vollstreckbar erklärt worden sind.

(2) Im Vereinigten Königreich jedoch wird eine derartige Entscheidung in England und Wales, in Schottland oder in Nordirland vollstreckt, wenn sie auf Antrag eines Berechtigten zur Vollstreckung in dem betreffenden Teil des Vereinigten Königreichs registriert worden ist.

Artikel 39
(1) Der Antrag ist an das Gericht oder die sonst befugte Stelle zu richten, die in Anhang II aufgeführt ist.
(2) Die örtliche Zuständigkeit wird durch den Wohnsitz des Schuldners oder durch den Ort, an dem die Zwangsvollstreckung durchgeführt werden soll, bestimmt.

Artikel 40
(1) Für die Stellung des Antrags ist das Recht des Vollstreckungsmitgliedstaats maßgebend.
(2) Der Antragsteller hat im Bezirk des angerufenen Gerichts ein Wahldomizil zu begründen. Ist das Wahldomizil im Recht des Vollstreckungsmitgliedstaats nicht vorgesehen, so hat der Antragsteller einen Zustellungsbevollmächtigten zu benennen.
(3) Dem Antrag sind die in Artikel 53 angeführten Urkunden beizufügen.

Artikel 41
Sobald die in Artikel 53 vorgesehenen Förmlichkeiten erfüllt sind, wird die Entscheidung unverzüglich für vollstreckbar erklärt, ohne dass eine Prüfung nach den Artikeln 34 und 35 erfolgt. Der Schuldner erhält in diesem Abschnitt des Verfahrens keine Gelegenheit, eine Erklärung abzugeben.

Artikel 42
(1) Die Entscheidung über den Antrag auf Vollstreckbarerklärung wird dem Antragsteller unverzüglich in der Form mitgeteilt, die das Recht des Vollstreckungsmitgliedstaats vorsieht.
(2) Die Vollstreckbarerklärung und, soweit dies noch nicht geschehen ist, die Entscheidung werden dem Schuldner zugestellt.

Artikel 43
(1) Gegen die Entscheidung über den Antrag auf Vollstreckbarerklärung kann jede Partei einen Rechtsbehelf einlegen.
(2) Der Rechtsbehelf wird bei dem in Anhang III aufgeführten Gericht eingelegt.
(3) Über den Rechtsbehelf wird nach den Vorschriften entschieden, die für Verfahren mit beiderseitigem rechtlichen Gehör maßgebend sind.
(4) Lässt sich der Schuldner auf das Verfahren vor dem mit dem Rechtsbehelf des Antragstellers befassten Gericht nicht ein, so ist Artikel 26 Absätze 2 bis 4 auch dann anzuwenden, wenn der Schuldner seinen Wohnsitz nicht im Hoheitsgebiet eines Mitgliedstaats hat.
(5) Der Rechtsbehelf gegen die Vollstreckbarerklärung ist innerhalb eines Monats nach ihrer Zustellung einzulegen. Hat der Schuldner seinen Wohnsitz im Hoheitsgebiet eines anderen Mitgliedstaats als dem, in dem die Vollstreckbarerklärung ergangen ist, so beträgt die Frist für den Rechtsbehelf zwei Monate und beginnt von dem Tage an zu laufen, an dem die Vollstreckbarerklärung ihm entweder in Person

oder in seiner Wohnung zugestellt worden ist. Eine Verlängerung dieser Frist wegen weiter Entfernung ist ausgeschlossen.

Artikel 44
Gegen die Entscheidung, die über den Rechtsbehelf ergangen ist, kann nur ein Rechtsbehelf nach Anhang IV eingelegt werden.

Artikel 45
(1) Die Vollstreckbarerklärung darf von dem mit einem Rechtsbehelf nach Artikel 43 oder Artikel 44 befassten Gericht nur aus einem der in den Artikeln 34 und 35 aufgeführten Gründe versagt oder aufgehoben werden. Das Gericht erlässt seine Entscheidung unverzüglich.
(2) Die ausländische Entscheidung darf keinesfalls in der Sache selbst nachgeprüft werden.

Artikel 46
(1) Das nach Artikel 43 oder Artikel 44 mit dem Rechtsbehelf befasste Gericht kann auf Antrag des Schuldners das Verfahren aussetzen, wenn gegen die Entscheidung im Ursprungsmitgliedstaat ein ordentlicher Rechtsbehelf eingelegt oder die Frist für einen solchen Rechtsbehelf noch nicht verstrichen ist; in letzterem Fall kann das Gericht eine Frist bestimmen, innerhalb deren der Rechtsbehelf einzulegen ist.
(2) Ist die Entscheidung in Irland oder im Vereinigten Königreich ergangen, so gilt jeder im Ursprungsmitgliedstaat statthafte Rechtsbehelf als ordentlicher Rechtsbehelf im Sinne von Absatz 1.
(3) Das Gericht kann auch die Zwangsvollstreckung von der Leistung einer Sicherheit, die es bestimmt, abhängig machen.

Artikel 47
(1) Ist eine Entscheidung nach dieser Verordnung anzuerkennen, so ist der Antragsteller nicht daran gehindert, einstweilige Maßnahmen einschließlich solcher, die auf eine Sicherung gerichtet sind, nach dem Recht des Vollstreckungsmitgliedstaats in Anspruch zu nehmen, ohne dass es einer Vollstreckbarerklärung nach Artikel 41 bedarf.
(2) Die Vollstreckbarerklärung gibt die Befugnis, solche Maßnahmen zu veranlassen.
(3) Solange die in Artikel 43 Absatz 5 vorgesehene Frist für den Rechtsbehelf gegen die Vollstreckbarerklärung läuft und solange über den Rechtsbehelf nicht entschieden ist, darf die Zwangsvollstreckung in das Vermögen des Schuldners nicht über Maßnahmen zur Sicherung hinausgehen.

Artikel 48
(1) Ist durch die ausländische Entscheidung über mehrere mit der Klage geltend gemachte Ansprüche erkannt und kann die Vollstreckbarerklärung nicht für alle Ansprüche erteilt werden, so erteilt das Gericht oder die sonst befugte Stelle sie für einen oder mehrere dieser Ansprüche.
(2) Der Antragsteller kann beantragen, dass die Vollstreckbarerklärung nur für einen Teil des Gegenstands der Verurteilung erteilt wird.

Artikel 49
Ausländische Entscheidungen, die auf Zahlung eines Zwangsgelds lauten, sind im Vollstreckungsmitgliedstaat nur vollstreckbar, wenn die Höhe des Zwangsgelds durch die Gerichte des Ursprungsmitgliedstaats endgültig festgesetzt ist.

Artikel 50
Ist dem Antragsteller im Ursprungsmitgliedstaat ganz oder teilweise Prozesskostenhilfe oder Kosten- und Gebührenbefreiung gewährt worden, so genießt er in dem Verfahren nach diesem Abschnitt hinsichtlich der Prozesskostenhilfe oder der Kosten- und Gebührenbefreiung die günstigste Behandlung, die das Recht des Vollstreckungsmitgliedstaats vorsieht.

Artikel 51
Der Partei, die in einem Mitgliedstaat eine in einem anderen Mitgliedstaat ergangene Entscheidung vollstrecken will, darf wegen ihrer Eigenschaft als Ausländer oder wegen Fehlens eines inländischen Wohnsitzes oder Aufenthalts eine Sicherheitsleistung oder Hinterlegung, unter welcher Bezeichnung es auch sei, nicht auferlegt werden.

Artikel 52
Im Vollstreckungsmitgliedstaat dürfen im Vollstreckbarerklärungsverfahren keine nach dem Streitwert abgestuften Stempelabgaben oder Gebühren erhoben werden.

Abschnitt 3. Gemeinsame Vorschriften

Artikel 53
(1) Die Partei, die die Anerkennung einer Entscheidung geltend macht oder eine Vollstreckbarerklärung beantragt, hat eine Ausfertigung der Entscheidung vorzulegen, die die für ihre Beweiskraft erforderlichen Voraussetzungen erfüllt.
(2) Unbeschadet des Artikels 55 hat die Partei, die eine Vollstreckbarerklärung beantragt, ferner die Bescheinigung nach Artikel 54 vorzulegen.

Artikel 54
Das Gericht oder die sonst befugte Stelle des Mitgliedstaats, in dem die Entscheidung ergangen ist, stellt auf Antrag die Bescheinigung unter Verwendung des Formblatts in Anhang V dieser Verordnung aus.

Artikel 55
(1) Wird die Bescheinigung nach Artikel 54 nicht vorgelegt, so kann das Gericht oder die sonst befugte Stelle eine Frist bestimmen, innerhalb deren die Bescheinigung vorzulegen ist, oder sich mit einer gleichwertigen Urkunde begnügen oder von der Vorlage der Bescheinigung befreien, wenn es oder sie eine weitere Klärung nicht für erforderlich hält.
(2) Auf Verlangen des Gerichts oder der sonst befugten Stelle ist eine Übersetzung der Urkunden vorzulegen. Die Übersetzung ist von einer hierzu in einem der Mitgliedstaaten befugten Person zu beglaubigen.

Artikel 56
Die in Artikel 53 und in Artikel 55 Absatz 2 angeführten Urkunden sowie die Urkunde über die Prozessvollmacht, falls eine solche erteilt wird, bedürfen weder der Legalisation noch einer ähnlichen Förmlichkeit.

KAPITEL IV. ÖFFENTLICHE URKUNDEN UND PROZESSVERGLEICHE

Artikel 57
(1) Öffentliche Urkunden, die in einem Mitgliedstaat aufgenommen und vollstreckbar sind, werden in einem anderen Mitgliedstaat auf Antrag in dem Verfahren nach den Artikeln 38 ff. für vollstreckbar erklärt. Die Vollstreckbarerklärung ist von dem mit einem Rechtsbehelf nach Artikel 43 oder Artikel 44 befassten Gericht nur zu versagen oder aufzuheben, wenn die Zwangsvollstreckung aus der Urkunde der öffentlichen Ordnung (ordre public) des Vollstreckungsmitgliedstaats offensichtlich widersprechen würde.
(2) Als öffentliche Urkunden im Sinne von Absatz 1 werden auch vor Verwaltungsbehörden geschlossene oder von ihnen beurkundete Unterhaltsvereinbarungen oder -verpflichtungen angesehen.
(3) Die vorgelegte Urkunde muss die Voraussetzungen für ihre Beweiskraft erfüllen, die in dem Mitgliedstaat, in dem sie aufgenommen wurde, erforderlich sind.
(4) Die Vorschriften des Abschnitts 3 des Kapitels III sind sinngemäß anzuwenden. Die befugte Stelle des Mitgliedstaats, in dem eine öffentliche Urkunde aufgenommen worden ist, stellt auf Antrag die Bescheinigung unter Verwendung des Formblatts in Anhang VI dieser Verordnung aus.

Artikel 58
Vergleiche, die vor einem Gericht im Laufe eines Verfahrens geschlossen und in dem Mitgliedstaat, in dem sie errichtet wurden, vollstreckbar sind, werden in dem Vollstreckungsmitgliedstaat unter denselben Bedingungen wie öffentliche Urkunden vollstreckt. Das Gericht oder die sonst befugte Stelle des Mitgliedstaats, in dem ein Prozessvergleich geschlossen worden ist, stellt auf Antrag die Bescheinigung unter Verwendung des Formblatts in Anhang V dieser Verordnung aus.

KAPITEL V. ALLGEMEINE VORSCHRIFTEN

Artikel 59
(1) Ist zu entscheiden, ob eine Partei im Hoheitsgebiet des Mitgliedstaats, dessen Gerichte angerufen sind, einen Wohnsitz hat, so wendet das Gericht sein Recht an.
(2) Hat eine Partei keinen Wohnsitz in dem Mitgliedstaat, dessen Gerichte angerufen sind, so wendet das Gericht, wenn es zu entscheiden hat, ob die Partei einen Wohnsitz in einem anderen Mitgliedstaat hat, das Recht dieses Mitgliedstaats an.

Artikel 60
(1) Gesellschaften und juristische Personen haben für die Anwendung dieser Verordnung ihren Wohnsitz an dem Ort, an dem sich
a) ihr satzungsmäßiger Sitz,
b) ihre Hauptverwaltung oder

c) ihre Hauptniederlassung
befindet.
(2) Im Falle des Vereinigten Königreichs und Irlands ist unter dem Ausdruck „satzungsmäßiger Sitz" das registered office oder, wenn ein solches nirgendwo besteht, der place of incorporation (Ort der Erlangung der Rechtsfähigkeit) oder, wenn ein solcher nirgendwo besteht, der Ort, nach dessen Recht die formation (Gründung) erfolgt ist, zu verstehen.
(3) Um zu bestimmen, ob ein trust seinen Sitz in dem Vertragsstaat hat, bei dessen Gerichten die Klage anhängig ist, wendet das Gericht sein Internationales Privatrecht an.

Artikel 61
Unbeschadet günstigerer innerstaatlicher Vorschriften können Personen, die ihren Wohnsitz im Hoheitsgebiet eines Mitgliedstaats haben und die vor den Strafgerichten eines anderen Mitgliedstaats, dessen Staatsangehörigkeit sie nicht besitzen, wegen einer fahrlässig begangenen Straftat verfolgt werden, sich von hierzu befugten Personen vertreten lassen, selbst wenn sie persönlich nicht erscheinen. Das Gericht kann jedoch das persönliche Erscheinen anordnen; wird diese Anordnung nicht befolgt, so braucht die Entscheidung, die über den Anspruch aus einem Rechtsverhältnis des Zivilrechts ergangen ist, ohne dass sich der Angeklagte verteidigen konnte, in den anderen Mitgliedstaaten weder anerkannt noch vollstreckt zu werden.

Artikel 62
Bei den summarischen Verfahren betalningsföreläggande (Mahnverfahren) und handräckning (Beistandsverfahren) in Schweden umfasst der Begriff „Gericht" auch die schwedische kronofogdemyndighet (Amt für Beitreibung).

Artikel 63
(1) Eine Person, die ihren Wohnsitz im Hoheitsgebiet Luxemburgs hat und vor dem Gericht eines anderen Mitgliedstaats aufgrund des Artikels 5 Nummer 1 verklagt wird, hat die Möglichkeit, die Unzuständigkeit dieses Gerichts geltend zu machen, wenn sich der Bestimmungsort für die Lieferung beweglicher Sachen oder die Erbringung von Dienstleistungen in Luxemburg befindet.
(2) Befindet sich der Bestimmungsort für die Lieferung beweglicher Sachen oder die Erbringung von Dienstleistungen nach Absatz 1 in Luxemburg, so ist eine Gerichtsstandsvereinbarung nur rechtswirksam, wenn sie schriftlich oder mündlich mit schriftlicher Bestätigung im Sinne von Artikel 23 Absatz 1 Buchstabe a) angenommen wurde.
(3) Der vorliegende Artikel ist nicht anwendbar auf Verträge über Finanzdienstleistungen.
(4) Dieser Artikel gilt für die Dauer von sechs Jahren ab Inkrafttreten dieser Verordnung.

Artikel 64
(1) Bei Streitigkeiten zwischen dem Kapitän und einem Mitglied der Mannschaft eines in Griechenland oder in Portugal eingetragenen Seeschiffs über die Heuer oder sonstige Bedingungen des Dienstverhältnisses haben die Gerichte eines Mitgliedstaats zu überprüfen, ob der für das Schiff zuständige diplomatische oder kon-

sularische Vertreter von der Streitigkeit unterrichtet worden ist. Sie können entscheiden, sobald dieser Vertreter unterrichtet ist.
(2) Dieser Artikel gilt für die Dauer von sechs Jahren ab Inkrafttreten dieser Verordnung.

Artikel 65
(1) Die in Artikel 6 Nummer 2 und Artikel 11 für eine Gewährleistungs- oder Interventionsklage vorgesehene Zuständigkeit kann weder in Deutschland noch in Österreich geltend gemacht werden. Jede Person, die ihren Wohnsitz in einem anderen Mitgliedstaat hat, kann vor Gericht geladen werden
a) in Deutschland nach den §§ 68 und 72 bis 74 der Zivilprozessordnung, die für die Streitverkündung gelten,
b) in Österreich nach § 21 der Zivilprozessordnung, der für die Streitverkündung gilt.
(2) Entscheidungen, die in den anderen Mitgliedstaaten aufgrund des Artikels 6 Nummer 2 und des Artikels 11 ergangen sind, werden in Deutschland und in Österreich nach Kapitel III anerkannt und vollstreckt. Die Wirkungen, welche die in diesen Staaten ergangenen Entscheidungen nach Absatz 1 gegenüber Dritten haben, werden auch in den anderen Mitgliedstaaten anerkannt.

KAPITEL VI. ÜBERGANGSVORSCHRIFTEN

Artikel 66
(1) Die Vorschriften dieser Verordnung sind nur auf solche Klagen und öffentliche Urkunden anzuwenden, die erhoben bzw. aufgenommen worden sind, nachdem diese Verordnung in Kraft getreten ist.
(2) Ist die Klage im Ursprungsmitgliedstaat vor dem Inkrafttreten dieser Verordnung erhoben worden, so werden nach diesem Zeitpunkt erlassene Entscheidungen nach Maßgabe des Kapitels III anerkannt und zur Vollstreckung zugelassen,
a) wenn die Klage im Ursprungsmitgliedstaat erhoben wurde, nachdem das Brüsseler Übereinkommen oder das Übereinkommen von Lugano sowohl im Ursprungsmitgliedstaat als auch in dem Mitgliedstaat, in dem die Entscheidung geltend gemacht wird, in Kraft getreten war;
b) in allen anderen Fällen, wenn das Gericht aufgrund von Vorschriften zuständig war, die mit den Zuständigkeitsvorschriften des Kapitels II oder eines Abkommens übereinstimmen, das im Zeitpunkt der Klageerhebung zwischen dem Ursprungsmitgliedstaat und dem Mitgliedstaat, in dem die Entscheidung geltend gemacht wird, in Kraft war.

KAPITEL VII. VERHÄLTNIS ZU ANDEREN RECHTSINSTRUMENTEN

Artikel 67
Diese Verordnung berührt nicht die Anwendung der Bestimmungen, die für besondere Rechtsgebiete die gerichtliche Zuständigkeit oder die Anerkennung und Vollstreckung von Entscheidungen regeln und in gemeinschaftlichen Rechtsakten oder in dem in Ausführung dieser Akte harmonisierten einzelstaatlichen Recht enthalten sind.

Artikel 68

(1) Diese Verordnung tritt im Verhältnis zwischen den Mitgliedstaaten an die Stelle des Brüsseler Übereinkommens, außer hinsichtlich der Hoheitsgebiete der Mitgliedstaaten, die in den territorialen Anwendungsbereich dieses Übereinkommens fallen und aufgrund der Anwendung von Artikel 299 des Vertrags zur Gründung der Europäischen Gemeinschaft von der vorliegenden Verordnung ausgeschlossen sind.

(2) Soweit diese Verordnung die Bestimmungen des Brüsseler Übereinkommens zwischen den Mitgliedstaaten ersetzt, gelten Verweise auf dieses Übereinkommen als Verweise auf die vorliegende Verordnung.

Artikel 69

Diese Verordnung ersetzt unbeschadet des Artikels 66 Absatz 2 und des Artikels 70 im Verhältnis zwischen den Mitgliedstaaten die nachstehenden Abkommen und Verträge:

– das am 8. Juli 1899 in Paris unterzeichnete belgisch-französische Abkommen über die gerichtliche Zuständigkeit, die Anerkennung und die Vollstreckung von gerichtlichen Entscheidungen, Schiedssprüchen und öffentlichen Urkunden;

– das am 28. März 1925 in Brüssel unterzeichnete belgisch-niederländische Abkommen über die Zuständigkeit der Gerichte, den Konkurs sowie die Anerkennung und die Vollstreckung von gerichtlichen Entscheidungen, Schiedssprüchen und öffentlichen Urkunden;

– das am 3. Juni 1930 in Rom unterzeichnete französisch-italienische Abkommen über die Vollstreckung gerichtlicher Urteile in Zivil- und Handelssachen;

– das am 9. März 1936 in Rom unterzeichnete deutsch-italienische Abkommen über die Anerkennung und Vollsteckung gerichtlicher Entscheidungen in Zivil- und Handelssachen;

– das am 25. Oktober 1957 in Wien unterzeichnete belgisch-österreichische Abkommen über die gegenseitige Anerkennung und Vollstreckung von gerichtlichen Entscheidungen und öffentlichen Urkunden betreffend Unterhaltsverpflichtungen;

– das am 30. Juni 1958 in Bonn unterzeichnete deutsch-belgische Abkommen über die gegenseitige Anerkennung und Vollstreckung von gerichtlichen Entscheidungen, Schiedssprüchen und öffentlichen Urkunden in Zivil- und Handelssachen;

– das am 17. April 1959 in Rom unterzeichnete niederländisch-italienische Abkommen über die Anerkennung und Vollstreckung gerichtlicher Entscheidungen in Zivil- und Handelssachen;

– den am 6. Juni 1959 in Wien unterzeichneten deutsch-österreichischen Vertrag über die gegenseitige Anerkennung und Vollstreckung von gerichtlichen Entscheidungen, Vergleichen und öffentlichen Urkunden in Zivil- und Handelssachen;

– das am 16. Juni 1959 in Wien unterzeichnete belgisch-österreichische Abkommen über die gegenseitige Anerkennung und Vollstreckung von gerichtlichen Entscheidungen, Schiedssprüchen und öffentlichen Urkunden auf dem Gebiet des Zivil- und Handelsrechts;

– den am 4. November 1961 in Athen unterzeichneten Vertrag zwischen der Bundesrepublik Deutschland und dem Königreich Griechenland über die gegenseitige

1. a) EuGVO

Anerkennung und Vollstreckung von gerichtlichen Entscheidungen, Vergleichen und öffentlichen Urkunden in Zivil- und Handelssachen;
– das am 6. April 1962 in Rom unterzeichnete belgisch-italienische Abkommen über die Anerkennung und Vollstreckung von gerichtlichen Entscheidungen und anderen vollstreckbaren Titeln in Zivil- und Handelssachen;
– den am 30. August 1962 in Den Haag unterzeichneten deutsch-niederländischen Vertrag über gegenseitige Anerkennung und Vollstreckung gerichtlicher Entscheidungen und anderer Schuldtitel in Zivil- und Handelssachen;
– das am 6. Februar 1963 in Den Haag unterzeichnete niederländisch-österreichische Abkommen über die gegenseitige Anerkennung und Vollstreckung von gerichtlichen Entscheidungen und öffentlichen Urkunden auf dem Gebiet des Zivil- und Handelsrechts;
– das am 15. Juli 1966 in Wien unterzeichnete französisch-österreichische Abkommen über die Anerkennung und die Vollstreckung von gerichtlichen Entscheidungen und öffentlichen Urkunden auf dem Gebiet des Zivil- und Handelsrechts;
– das am 28. Mai 1969 in Paris unterzeichnete französisch-spanische Abkommen über die Anerkennung und Vollstreckung von gerichtlichen Entscheidungen und Schiedssprüchen in Zivil- und Handelssachen;
– das am 29. Juli 1971 in Luxemburg unterzeichnete luxemburgisch-österreichische Abkommen über die Anerkennung und die Vollstreckung von gerichtlichen Entscheidungen und öffentlichen Urkunden auf dem Gebiet des Zivil- und Handelsrechts;
– das am 16. November 1971 in Rom unterzeichnete italienisch-österreichische Abkommen über die Anerkennung und Vollstreckung von gerichtlichen Entscheidungen in Zivil- und Handelssachen, von gerichtlichen Vergleichen und von Notariatsakten;
– das am 22. Mai 1973 in Madrid unterzeichnete italienisch-spanische Abkommen über die Rechtshilfe und die Anerkennung und Vollstreckung gerichtlicher Entscheidungen in Zivil- und Handelssachen;
– das am 11. Oktober 1977 in Kopenhagen unterzeichnete Übereinkommen zwischen Dänemark, Finnland, Island, Norwegen und Schweden über die Anerkennung und Vollstreckung gerichtlicher Entscheidungen in Zivilsachen;
– das am 16. September 1982 in Stockholm unterzeichnete österreichisch-schwedische Abkommen über die Anerkennung und die Vollstreckung von Entscheidungen in Zivilsachen;
– den am 14. November 1983 in Bonn unterzeichneten deutsch-spanischen Vertrag über die Anerkennung und Vollstreckung von gerichtlichen Entscheidungen und Vergleichen sowie vollstreckbaren öffentlichen Urkunden in Zivil- und Handelssachen;
– das am 17. Februar 1984 in Wien unterzeichnete österreichisch-spanische Abkommen über die Anerkennung und die Vollstreckung von gerichtlichen Entscheidungen, Vergleichen und vollstreckbaren öffentlichen Urkunden in Zivil- und Handelssachen;
– das am 17. November 1986 in Wien unterzeichnete finnisch-österreichische Abkommen über die Anerkennung und die Vollstreckung von Entscheidungen in Zivilsachen;
und, insoweit als er in Kraft ist,

– den am 24. November 1961 in Brüssel unterzeichneten belgisch-niederländisch-luxemburgischen Vertrag über die gerichtliche Zuständigkeit, den Konkurs, die Anerkennung und die Vollstreckung von gerichtlichen Entscheidungen, Schiedssprüchen und öffentlichen Urkunden.

Artikel 70

(1) Die in Artikel 69 angeführten Abkommen und Verträge behalten ihre Wirksamkeit für die Rechtsgebiete, auf die diese Verordnung nicht anzuwenden ist.
(2) Sie bleiben auch weiterhin für die Entscheidungen und die öffentlichen Urkunden wirksam, die vor Inkrafttreten dieser Verordnung ergangen oder aufgenommen sind.

Artikel 71

(1) Diese Verordnung lässt Übereinkommen unberührt, denen die Mitgliedstaaten angehören und die für besondere Rechtsgebiete die gerichtliche Zuständigkeit, die Anerkennung oder die Vollstreckung von Entscheidungen regeln.
(2) Um eine einheitliche Auslegung des Absatzes 1 zu sichern, wird dieser Absatz in folgender Weise angewandt:
a) Diese Verordnung schließt nicht aus, dass ein Gericht eines Mitgliedstaats, der Vertragspartei eines Übereinkommens über ein besonderes Rechtsgebiet ist, seine Zuständigkeit auf ein solches Übereinkommen stützt, und zwar auch dann, wenn der Beklagte seinen Wohnsitz im Hoheitsgebiet eines Mitgliedstaats hat, der nicht Vertragspartei eines solchen Übereinkommens ist. In jedem Fall wendet dieses Gericht Artikel 26 dieser Verordnung an.
b) Entscheidungen, die in einem Mitgliedstaat von einem Gericht erlassen worden sind, das seine Zuständigkeit auf ein Übereinkommen über ein besonderes Rechtsgebiet gestützt hat, werden in den anderen Mitgliedstaaten nach dieser Verordnung anerkannt und vollstreckt.
Sind der Ursprungsmitgliedstaat und der ersuchte Mitgliedstaat Vertragsparteien eines Übereinkommens über ein besonderes Rechtsgebiet, welches die Voraussetzungen für die Anerkennung und Vollstreckung von Entscheidungen regelt, so gelten diese Voraussetzungen. In jedem Fall können die Bestimmungen dieser Verordnung über das Verfahren zur Anerkennung und Vollstreckung von Entscheidungen angewandt werden.

Artikel 72

Diese Verordnung lässt Vereinbarungen unberührt, durch die sich die Mitgliedstaaten vor Inkrafttreten dieser Verordnung nach Artikel 59 des Brüsseler Übereinkommens verpflichtet haben, Entscheidungen der Gerichte eines anderen Vertragsstaats des genannten Übereinkommens gegen Beklagte, die ihren Wohnsitz oder gewöhnlichen Aufenthalt im Hoheitsgebiet eines dritten Staates haben, nicht anzuerkennen, wenn die Entscheidungen in den Fällen des Artikels 4 des genannten Übereinkommens nur in einem der in Artikel 3 Absatz 2 des genannten Übereinkommens angeführten Gerichtsstände ergehen können.

KAPITEL VIII. SCHLUSSVORSCHRIFTEN

Artikel 73
Die Kommission legt dem Europäischen Parlament, dem Rat und dem Wirtschafts- und Sozialausschuss spätestens fünf Jahre nach Inkrafttreten dieser Verordnung einen Bericht über deren Anwendung vor. Diesem Bericht sind gegebenenfalls Vorschläge zur Anpassung der Verordnung beizufügen.

Artikel 74
(1) Die Mitgliedstaaten notifizieren der Kommission die Texte, durch welche die Listen in den Anhängen I bis IV geändert werden. Die Kommission passt die betreffenden Anhänge entsprechend an.
(2) Aktualisierungen oder technische Anpassungen der in den Anhängen V und VI wiedergegebenen Formblätter werden nach dem in Artikel 75 Absatz 2 genannten Beratungsverfahren beschlossen.

Artikel 75
(1) Die Kommission wird von einem Ausschuss unterstützt.
(2) Wird auf diesen Absatz Bezug genommen, so gelten die Artikel 3 und 7 des Beschlusses 1999/468/EG.
(3) Der Ausschuss gibt sich eine Geschäftsordnung.

Artikel 76
Diese Verordnung tritt am 1. März 2002 in Kraft.

ANHANG I

Innerstaatliche Zuständigkeitsvorschriften im Sinne von Artikel 3 Absatz 2 und Artikel 4 Absatz 2

Die innerstaatlichen Zuständigkeitsvorschriften im Sinne von Artikel 3 Absatz 2 und Artikel 4 Absatz 2 sind die folgenden:
– in Belgien: Artikel 15 des Zivilgesetzbuches (Code civil – Burgerlijk Wetboek) sowie Artikel 638 der Zivilprozessordnung (Code judiciaire – Gerechtelijk Wetboek);
– in Deutschland: § 23 der Zivilprozessordnung;
– in Griechenland: Artikel 40 der Zivilprozessordnung (Κώδικας Πολιτικής Δικονομίας);
– in Frankreich: Artikel 14 und 15 des Zivilgesetzbuches (Code civil);
– in Irland: Vorschriften, nach denen die Zuständigkeit durch Zustellung eines verfahrenseinleitenden Schriftstücks an den Beklagten während dessen vorübergehender Anwesenheit in Irland begründet wird;
– in Italien: Artikel 3 und 4 des Gesetzes Nr. 218 vom 31. Mai 1995;
– in Luxemburg: Artikel 14 und 15 des Zivilgesetzbuches (Code civil);
– in den Niederlanden: Artikel 126 Absatz 3 und Artikel 127 der Zivilprozessordnung (Wetboek van Burgerlijke Rechtsvordering);
– in Österreich: § 99 der Jurisdiktionsnorm;
– in Portugal: Artikel 65 und Artikel 65 A der Zivilprozessordnung (Código de Processo Civil) und Artikel 11 der Arbeitsprozessordnung (Código de Processo de Trabalho);

– in Finnland: Kapitel 10 § 1 Absatz 1 Sätze 2, 3 und 4 der Prozessordnung (oikeudenkäymiskaari/rättegångsbalken);
– in Schweden: Kapitel 10 § 3 Absatz 1 Satz 1 der Prozessordnung (rättegångsbalken).
– im Vereinigten Königreich: Vorschriften, nach denen die Zuständigkeit begründet wird durch:
a) die Zustellung eines verfahrenseinleitenden Schriftstücks an den Beklagten während dessen vorübergehender Anwesenheit im Vereinigten Königreich;
b) das Vorhandensein von Vermögenswerten des Beklagten im Vereinigten Königreich oder
c) die Beschlagnahme von Vermögenswerten im Vereinigten Königreich durch den Kläger.

ANHANG II

Anträge nach Artikel 39 sind bei folgenden Gerichten oder sonst befugten Stellen einzubringen:
– in Belgien beim tribunal de première instance oder bei der rechtbank van eerste aanleg oder beim erstinstanzlichen Gericht;
– in Deutschland beim Vorsitzenden einer Kammer des Landgerichts;
– in Griechenland beim „Μονομελές Πρωτοδικείο";
– in Spanien beim Juzgado de Primera Instancia;
– in Irland beim High Court;
– in Frankreich beim Präsidenten des tribunal de grande instance;
– in Italien bei der Corte d'appello;
– in Luxemburg beim Präsidenten des tribunal d'arrondissement;
– in den Niederlanden beim Präsidenten der arrondissementsrechtbank;
– in Österreich beim Bezirksgericht;
– in Portugal beim Tribunal de Comarca;
– in Finnland beim käräjäoikeus/tingsrätt;
– in Schweden beim Svea hovrätt;
– im Vereinigten Königreich:
a) in England und Wales beim High Court of Justice oder für Entscheidungen in Unterhaltssachen beim Magistrates' Court über den Secretary of State;
b) in Schottland beim Court of Session oder für Entscheidungen in Unterhaltssachen beim Sheriff Court über den Secretary of State;
c) in Nordirland beim High Court of Justice oder für Entscheidungen in Unterhaltssachen beim Magistrates' Court über den Secretary of State.
d) In Gibraltar beim Supreme Court of Gibraltar oder für Entscheidungen in Unterhaltssachen beim Magistrates' Court über den Attorney General of Gibraltar.

ANHANG III

Die Rechtsbehelfe nach Artikel 43 Absatz 2 sind bei folgenden Gerichten der Mitgliedstaaten einzulegen:
– in Belgien:
a) im Falle des Schuldners beim tribunal de première instance oder bei der rechtbank van eerste aanleg oder beim erstinstanzlichen Gericht;
b) im Falle des Antragstellers bei der cour d'appel oder beim hof van beroep;
– in Deutschland beim Oberlandesgericht;

1.a) EuGVO

– in Griechenland beim „εφετείο";
– in Spanien bei der Audiencia Provincial;
– in Frankreich bei der cour d'appel;
– in Irland beim High Court;
– in Italien bei der corte d'appello;
– in Luxemburg bei der Cour supérieure de Justice als Berufungsinstanz für Zivilsachen;
– in den Niederlanden:
a) im Falle des Schuldners bei der arrondissementsrechtbank,
b) im Falle des Antragstellers beim gerechtshof;
– in Österreich beim Bezirksgericht;
– in Portugal beim Tribunal de Relação;
– in Finnland hovioikeus/hovrätt;
– in Schweden beim Svea hovrätt;
– im Vereinigten Königreich:
a) in England und Wales beim High Court of Justice oder für Entscheidungen in Unterhaltssachen beim Magistrates' Court;
b) in Schottland beim Court of Session oder für Entscheidungen in Unterhaltssachen beim Sheriff Court;
c) in Nordirland beim High Court of Justice oder für Entscheidungen in Unterhaltssachen beim Magistrates' Court;
d) in Gibraltar beim Supreme Court of Gibraltar oder für Entscheidungen in Unterhaltssachen beim Magistrates' Court.

ANHANG IV

Nach Artikel 44 können folgende Rechtsbehelfe eingelegt werden:
– in Belgien, Griechenland, Spanien, Frankreich, Italien, Luxemburg und den Niederlanden: die Kassationsbeschwerde,
– in Deutschland: die Rechtsbeschwerde,
– in Irland: ein auf Rechtsfragen beschränkter Rechtsbehelf beim Supreme Court,
– in Österreich: der Revisionsrekurs,
– in Portugal: ein auf Rechtsfragen beschränkter Rechtsbehelf,
– in Finnland: ein Rechtsbehelf beim korkein oikeus/högsta domstolen,
– in Schweden: ein Rechtsbehelf beim Högsta domstolen,
– im Vereinigten Königreich: ein einziger auf Rechtsfragen beschränkter Rechtsbehelf.

ANHANG V

Bescheinigung nach den Artikeln 54 und 58 der Verordnung betreffend gerichtliche Entscheidungen und Prozessvergleiche

(Deutsch, alemán, allemand, tedesco, ...)

1. Ursprungsmitgliedstaat
2. Gericht oder sonst befugte Stelle, das/die die vorliegende Bescheinigung ausgestellt hat
   2.1. Name
   2.2. Anschrift

2.3. Tel./Fax/E-mail
3. Gericht, das die Entscheidung erlassen hat/vor dem der Prozessvergleich geschlossen wurde
   3.1. Bezeichnung des Gerichts
   3.2. Gerichtsort
4. Entscheidung/Prozessvergleich
   4.1. Datum
   4.2. Aktenzeichen
   4.3. Die Parteien der Entscheidung/des Prozessvergleichs
      4.3.1. Name(n) des (der) Kläger(s)
      4.3.2. Name(n) des (der) Beklagten
      4.3.3. gegebenenfalls Name(n) (der) anderen(r) Partei(en)
   4.4. Datum der Zustellung des verfahrenseinleitenden Schriftstücks, wenn die Entscheidung in einem Verfahren erging, auf das sich der Beklagte nicht eingelassen hat
   4.5. Wortlaut des Urteilsspruchs/des Prozessvergleichs in der Anlage zu dieser Bescheinigung

5. Namen der Parteien, denen Prozesskostenhilfe gewährt wurde

Die Entscheidung/der Prozessvergleich ist im Ursprungsmitgliedstaat vollstreckbar (Artikel 38 und 58 der Verordnung) gegen:
Name:

Geschehen zu:
am:
Unterschrift und/oder Dienstsiegel:

ANHANG VI

Bescheinigung nach Artikel 57 Absatz 4 der Verordnung betreffend öffentliche Urkunden

(Deutsch, alemán, allemand, tedesco, ...)

1. Ursprungsmitgliedstaat
2. Befugte Stelle, die die vorliegende Bescheinigung ausgestellt hat
   2.1. Name
   2.2. Anschrift
   2.3. Tel./Fax/E-Mail
3. Befugte Stelle, aufgrund deren Mitwirkung eine öffentliche Urkunde vorliegt
   3.1. Stelle, die an der Aufnahme der öffentlichen Urkunde beteiligt war (falls zutreffend)
      3.1.1. Name und Bezeichnung dieser Stelle
      3.1.2. Sitz dieser Stelle

1. a) EuGVO

    3.2. Stelle, die die öffentliche Urkunde registriert hat (falls zutreffend)
        3.2.1. Art der Stelle
        3.2.2. Sitz dieser Stelle
4. Öffentliche Urkunde
    4.1. Bezeichnung der Urkunde
    4.2. Datum
        4.2.1. an dem die Urkunde aufgenommen wurde
        4.2.2. falls abweichend: an dem die Urkunde registriert wurde
    4.3. Aktenzeichen
    4.4. Die Parteien der Urkunde
        4.4.1. Name des Gläubigers
        4.4.2. Name des Schuldners
5. Wortlaut der vollstreckbaren Verpflichtung in der Anlage zu dieser Bescheinigung

Die öffentliche Urkunde ist im Ursprungsmitgliedstaat gegen den Schuldner vollstreckbar (Artikel 57 Absatz 1 der Verordnung)

Geschehen zu:
am:
Unterschrift und/oder Dienstsiegel:

b) Brüsseler EWG-Übereinkommen vom 27. September 1968 über die gerichtliche Zuständigkeit und die Vollstreckung gerichtlicher Entscheidungen in Zivil- und Handelssachen (konsolidierte Fassung)[1]

Amtsblatt Nr. C 27 vom 26/01/1998 S. 1–27

PRÄAMBEL[2]

DIE HOHEN VERTRAGSPARTEIEN DES VERTRAGES ZUR GRÜNDUNG DER EUROPÄISCHEN WIRTSCHAFTSGEMEINSCHAFT –

IN DEM WUNSCH, Artikel 220 des genannten Vertrags auszuführen, in dem sie sich verpflichtet haben, die Vereinfachung der Förmlichkeiten für die gegenseitige Anerkennung und Vollstreckung gerichtlicher Entscheidungen sicherzustellen,

IN DEM BESTREBEN, innerhalb der Gemeinschaft den Rechtsschutz der dort ansässigen Personen zu verstärken,

IN DER ERWÄGUNG, dass es zu diesem Zweck geboten ist, die internationale Zuständigkeit ihrer Gerichte festzulegen, die Anerkennung von Entscheidungen zu erleichtern und ein beschleunigtes Verfahren einzuführen, um die Vollstreckung von Entscheidungen sowie von öffentlichen Urkunden und gerichtlichen Vergleichen sicherzustellen,

HABEN BESCHLOSSEN, dieses Übereinkommen zu schließen, und haben zu diesem Zweck zu ihren Bevollmächtigten ernannt: (von den Mitgliedstaaten ernannte Bevollmächtigte)

DIESE im Rat vereinigten Bevollmächtigten SIND nach Austausch ihrer in guter und gehöriger Form befundenen Vollmachten WIE FOLGT ÜBEREINGEKOMMEN:

TITEL I. ANWENDUNGSBEREICH

Artikel 1

Dieses Übereinkommen ist in Zivil- und Handelssachen anzuwenden, ohne dass es

---

[1] Text in der Fassung des Übereinkommens vom 9. Oktober 1978 über den Beitritt des Königreichs Dänemark, Irlands und des Vereinigten Königreichs Großbritannien und Nordirland – nachstehend „Beitrittsübereinkommen von 1978" genannt –, des Übereinkommens vom 25. Oktober 1982 über den Beitritt der Republik Griechenland – nachstehend „Beitrittsübereinkommen von 1982" genannt –, des Übereinkommens vom 26. Mai 1989 über den Beitritt des Königreichs Spanien und der Portugiesischen Republik – nachstehend „Beitrittsübereinkommen von 1989" genannt – und des Übereinkommens vom 29. November 1996 über den Beitritt der Republik Österreich, der Republik Finnland und des Königreichs Schweden – nachstehend „Beitrittsübereinkommen von 1996" genannt.

[2] Die Präambel des Beitrittsübereinkommens von 1989 enthält folgenden Wortlaut:
„IN DEM BEWUSSTSEIN, dass die Mitgliedstaaten der Gemeinschaft und die Mitgliedstaaten der Europäischen Freihandelsassoziation am 16. September 1988 in Lugano das Übereinkommen über die gerichtliche Zuständigkeit und die Vollstreckung gerichtlicher Entscheidungen in Zivil- und Handelssachen geschlossen haben, mit dem die Grundsätze des Brüsseler Übereinkommens auf die Staaten ausgedehnt werden, die Vertragsparteien des genannten Übereinkommens werden –."

1.b) EuGVÜ 41

auf die Art der Gerichtsbarkeit ankommt. Es erfasst insbesondere nicht Steuer- und Zollsachen sowie verwaltungsrechtliche Angelegenheiten[3].
Es ist nicht anzuwenden auf:
1. den Personenstand, die Rechts- und Handlungsfähigkeit sowie die gesetzliche Vertretung von natürlichen Personen, die ehelichen Güterstände, das Gebiet des Erbrechts einschließlich des Testamentsrechts;
2. Konkurse, Vergleiche und ähnliche Verfahren;
3. die soziale Sicherheit;
4. die Schiedsgerichtsbarkeit.

TITEL II. ZUSTÄNDIGKEIT

1. Abschnitt. Allgemeine Vorschriften

Artikel 2
Vorbehaltlich der Vorschriften dieses Übereinkommens sind Personen, die ihren Wohnsitz in dem Hoheitsgebiet eines Vertragsstaats haben, ohne Rücksicht auf ihre Staatsangehörigkeit vor den Gerichten dieses Staates zu verklagen.
Auf Personen, die nicht dem Staat, in dem sie ihren Wohnsitz haben, angehören, sind die für Inländer maßgebenden Zuständigkeitsvorschriften anzuwenden.

Artikel 3
Personen, die ihren Wohnsitz in dem Hoheitsgebiet eines Vertragsstaats haben, können vor den Gerichten eines anderen Vertragsstaates nur gemäß den Vorschriften des 2. bis 6. Abschnitts verklagt werden.
Insbesondere können gegen diese Personen nicht geltend gemacht werden:
– in Belgien: Artikel 15 des Zivilgesetzbuches (Code civil – Burgerlijk Wetboek) sowie Artikel 638 der Zivilprozessordnung (Code judiciaire – Gerechtelijk Wetboek);
– in Dänemark: Artikel 246 Absätze 2 und 3 der Zivilprozessordnung (Lov om rettens pleje)[4];
– in der Bundesrepublik Deutschland: § 23 der Zivilprozessordnung;
– in Griechenland: Artikel 40 der Zivilprozessordnung (Κώδικας Πολιτικής Δικονομίας);
– in Frankreich: Artikel 14 und 15 des Zivilgesetzbuches (Code civil);
– in Irland: Vorschriften, nach denen die Zuständigkeit durch Zustellung eines das Verfahren einleitenden Schriftstücks an den Beklagten während dessen vorübergehender Anwesenheit in Irland begründet wird;
– in Italien: Artikel 2 und Artikel 4 Nummern 1 und 2 der Zivilprozessordnung (Codice di procedura civile);
– in Luxemburg: Artikel 14 und 15 des Zivilgesetzbuches (Code civil);
– in den Niederlanden: Artikel 126 Absatz 3 und Artikel 127 der Zivilprozessordnung (Wetboek van Burgerlijke Rechtsvordering);
– in Österreich: § 99 der Jurisdiktionsnorm;

---

[3] Satz 2 angefügt gemäß Artikel 3 des Beitrittsübereinkommens von 1978.
[4] Änderung aufgrund einer Mitteilung vom 8. Februar 1988 gemäß Artikel VI des beigefügten Protokolls, bestätigt durch das Beitrittsübereinkommen von 1989, Anhang I Buchstabe b) Nummer 1.

– in Portugal: Artikel 65 Absatz 1 Buchstabe c), Artikel 65 Absatz 2 und Artikel 65a Buchstabe c) der Zivilprozessordnung (Código de Processo Civil) und Artikel 11 der Arbeitsprozessordnung (Código de Processo de Trabalho);
– in Finnland: Kapitel 10 § 1 Absatz 1 Sätze 2, 3 und 4 der Prozessordnung (oikeudenkäymiskaari/rättegångsbalken);
– in Schweden: Kapitel 10 § 3 Absatz 1 Satz 1 der Prozessordnung (rättegångsbalken);
– im Vereinigten Königreich: Vorschriften, nach denen die Zuständigkeit begründet wird durch:
a) die Zustellung eines das Verfahren einleitenden Schriftstücks an den Beklagten während dessen vorübergehender Anwesenheit im Vereinigten Königreich;
b) das Vorhandensein von Vermögenswerten des Beklagten im Vereinigten Königreich oder
c) die Beschlagnahme von Vermögen im Vereinigten Königreich durch den Kläger.[5]

Artikel 4
Hat der Beklagte keinen Wohnsitz in dem Hoheitsgebiet eines Vertragsstaats, so bestimmt sich, vorbehaltlich des Artikels 16, die Zuständigkeit der Gerichte eines jeden Vertragsstaats nach seinen eigenen Gesetzen.
Gegenüber einem Beklagten, der keinen Wohnsitz in dem Hoheitsgebiet eines Vertragsstaats hat, kann sich jede Person, die ihren Wohnsitz in dem Hoheitsgebiet eines Vertragsstaats hat, in diesem Staat auf die dort geltenden Zuständigkeitsvorschriften, insbesondere auf die in Artikel 3 Absatz 2 angeführten Vorschriften, wie ein Inländer berufen, ohne dass es auf ihre Staatsangehörigkeit ankommt.

2. Abschnitt. Besondere Zuständigkeiten

Artikel 5
Eine Person, die ihren Wohnsitz in dem Hoheitsgebiet eines Vertragsstaats hat, kann in einem anderen Vertragsstaat verklagt werden:
1. wenn ein Vertrag oder Ansprüche aus einem Vertrag den Gegenstand des Verfahrens bilden, vor dem Gericht des Ortes, an dem die Verpflichtung erfüllt worden ist oder zu erfüllen wäre; wenn ein individueller Arbeitsvertrag oder Ansprüche aus einem individuellen Arbeitsvertrag den Gegenstand des Verfahrens bilden, vor dem Gericht des Ortes, an dem der Arbeitnehmer gewöhnlich seine Arbeit verrichtet; verrichtet der Arbeitnehmer seine Arbeit gewöhnlich nicht in ein und demselben Staat, so kann der Arbeitgeber auch vor dem Gericht des Ortes verklagt werden, in dem sich die Niederlassung, die den Arbeitnehmer eingestellt hat, befindet bzw. befand[6];
2. wenn es sich um eine Unterhaltssache handelt, vor dem Gericht des Ortes, an dem der Unterhaltsberechtigte seinen Wohnsitz oder seinen gewöhnlichen Aufenthalt hat, oder im Falle einer Unterhaltssache, über die im Zusammenhang mit einem Verfahren in bezug auf den Personenstand zu entscheiden ist, vor dem nach

---

[5] Absatz 2 geändert gemäß Artikel 4 des Beitrittsübereinkommens von 1978, Artikel 3 des Beitrittsübereinkommens von 1982, Artikel 3 des Beitrittsübereinkommens von 1989 und Artikel 2 des Beitrittsübereinkommens von 1996.
[6] Nummer 1 geändert gemäß Artikel 4 des Beitrittsübereinkommens von 1989.

1. b) EuGVÜ

seinem Recht für dieses Verfahren zuständigen Gericht, es sei denn, diese Zuständigkeit beruht lediglich auf der Staatsangehörigkeit einer der Parteien[7];

3. wenn eine unerlaubte Handlung oder eine Handlung, die einer unerlaubten Handlung gleichgestellt ist, oder wenn Ansprüche aus einer solchen Handlung den Gegenstand des Verfahrens bilden, vor dem Gericht des Ortes, an dem das schädigende Ereignis eingetreten ist;

4. wenn es sich um eine Klage auf Schadensersatz oder auf Wiederherstellung des früheren Zustands handelt, die auf eine mit Strafe bedrohte Handlung gestützt wird, vor dem Strafgericht, bei dem die öffentliche Klage erhoben ist, soweit dieses Gericht nach seinem Recht über zivilrechtliche Ansprüche erkennen kann;

5. wenn es sich um Streitigkeiten aus dem Betrieb einer Zweigniederlassung, einer Agentur oder einer sonstigen Niederlassung handelt, vor dem Gericht des Ortes, an dem sich diese befindet;

6. wenn sie in ihrer Eigenschaft als Begründer, trustee oder Begünstigter eines trust in Anspruch genommen wird, der aufgrund eines Gesetzes oder durch schriftlich vorgenommenes oder schriftlich bestätigtes Rechtsgeschäft errichtet worden ist, vor den Gerichten des Vertragsstaats, auf dessen Hoheitsgebiet der trust seinen Sitz hat[8];

7. wenn es sich um eine Streitigkeit wegen der Zahlung von Berge- und Hilfslohn handelt, der für Bergungs- oder Hilfeleistungsarbeiten gefordert wird, die zugunsten einer Ladung oder einer Frachtforderung erbracht worden sind, vor dem Gericht, in dessen Zuständigkeitsbereich diese Ladung oder die entsprechende Frachtforderung

a) mit Arrest belegt worden ist, um die Zahlung zu gewährleisten, oder
b) mit Arrest hätte belegt werden können, jedoch dafür eine Bürgschaft oder eine andere Sicherheit geleistet worden ist;

diese Vorschrift ist nur anzuwenden, wenn behauptet wird, dass der Beklagte Rechte an der Ladung oder an der Frachtforderung hat oder zur Zeit der Bergungs- oder Hilfeleistungsarbeiten hatte[9].

Artikel 6
Eine Person, die ihren Wohnsitz in dem Hoheitsgebiet eines Vertragsstaats hat, kann auch verklagt werden:

1. wenn mehrere Personen zusammen verklagt werden, vor dem Gericht, in dessen Bezirk einer der Beklagten seinen Wohnsitz hat;

2. wenn es sich um eine Klage auf Gewährleistung oder um eine Interventionsklage handelt, vor dem Gericht des Hauptprozesses, es sei denn, dass die Klage nur erhoben worden ist, um diese Person dem für sie zuständigen Gericht zu entziehen;

3. wenn es sich um eine Widerklage handelt, die auf denselben Vertrag oder Sachverhalt wie die Klage selbst gestützt wird, vor dem Gericht, bei dem die Klage selbst anhängig ist;

4. wenn ein Vertrag oder Ansprüche aus einem Vertrag den Gegenstand des Verfahrens bilden und die Klage mit einer Klage wegen dinglicher Rechte an unbe-

---

[7] Nummer 2 geändert gemäß Artikel 5 Absatz 3 des Beitrittsübereinkommens von 1978.
[8] Nummer 6 eingefügt gemäß Artikel 5 Absatz 4 des Beitrittsübereinkommens von 1978.
[9] Nummer 7 eingefügt gemäß Artikel 5 Absatz 4 des Beitrittsübereinkommens von 1978.

weglichen Sachen gegen denselben Beklagten verbunden werden kann, vor dem Gericht des Vertragsstaats, in dem die unbewegliche Sache belegen ist.[10]

Artikel 6a[11]
Ist ein Gericht eines Vertragsstaats nach diesem Übereinkommen zur Entscheidung in Verfahren wegen einer Haftpflicht aufgrund der Verwendung oder des Betriebs eines Schiffes zuständig, so entscheidet dieses oder ein anderes, an seiner Stelle durch das Recht dieses Staates bestimmtes Gericht auch über Klagen auf Beschränkung dieser Haftung.

3. Abschnitt. Zuständigkeit für Versicherungssachen

Artikel 7
Für Klagen in Versicherungssachen bestimmt sich die Zuständigkeit vorbehaltlich des Artikels 4 und des Artikels 5 Nummer 5 nach diesem Abschnitt.

Artikel 8[12]
Der Versicherer, der seinen Wohnsitz in dem Hoheitsgebiet eines Vertragsstaats hat, kann verklagt werden:
1. vor den Gerichten des Staates, in dem er seinen Wohnsitz hat,
2. in einem anderen Vertragsstaat vor dem Gericht des Bezirks, in dem der Versicherungsnehmer seinen Wohnsitz hat, oder
3. falls es sich um einen Mitversicherer handelt, vor dem Gericht eines Vertragsstaats, bei dem der federführende Versicherer verklagt wird.
Hat ein Versicherer in dem Hoheitsgebiet eines Vertragsstaats keinen Wohnsitz, besitzt er aber in einem Vertragsstaat eine Zweigniederlassung, Agentur oder sonstige Niederlassung, so wird er für Streitigkeiten aus ihrem Betrieb so behandelt, wie wenn er seinen Wohnsitz in dem Hoheitsgebiet dieses Staates hätte.

Artikel 9
Bei der Haftpflichtversicherung oder bei der Versicherung von unbeweglichen Sachen kann der Versicherer außerdem vor dem Gericht des Ortes, an dem das schädigende Ereignis eingetreten ist, verklagt werden. Das gleiche gilt, wenn sowohl bewegliche als auch unbewegliche Sachen in ein und demselben Versicherungsvertrag versichert und von demselben Schadensfall betroffen sind.

Artikel 10
Bei der Haftpflichtversicherung kann der Versicherer auch vor das Gericht, bei dem die Klage des Geschädigten gegen den Versicherten anhängig ist, geladen werden, sofern dies nach dem Recht des angerufenen Gerichts zulässig ist.
Auf eine Klage, die der Verletzte unmittelbar gegen den Versicherer erhebt, sind die Artikel 7 bis 9 anzuwenden, sofern eine solche unmittelbare Klage zulässig ist. Sieht das für die unmittelbare Klage maßgebliche Recht die Streitverkündung ge-

---

[10] Nummer 4 eingefügt gemäß Artikel 5 des Beitrittsübereinkommens von 1989.
[11] Artikel eingefügt gemäß Artikel 6 des Beitrittsübereinkommens von 1978.
[12] Wortlaut geändert gemäß Artikel 7 des Beitrittsübereinkommens von 1978.

1. b) EuGVÜ

gen den Versicherungsnehmer oder den Versicherten vor, so ist dasselbe Gericht auch für diese Personen zuständig.

Artikel 11
Vorbehaltlich der Bestimmungen des Artikels 10 Absatz 3 kann der Versicherer nur vor den Gerichten des Vertragsstaats klagen, in dessen Hoheitsgebiet der Beklagte seinen Wohnsitz hat, ohne Rücksicht darauf, ob dieser Versicherungsnehmer, Versicherter oder Begünstigter ist.
Die Vorschriften dieses Abschnitts lassen das Recht unberührt, eine Widerklage vor dem Gericht zu erheben, bei dem die Klage selbst gemäß den Bestimmungen dieses Abschnitts anhängig ist.

Artikel 12[13][14]
Von den Vorschriften dieses Abschnitts kann im Wege der Vereinbarung nur abgewichen werden:
1. wenn die Vereinbarung nach der Entstehung der Streitigkeit getroffen wird,
2. wenn sie dem Versicherungsnehmer, Versicherten oder Begünstigten die Befugnis einräumt, andere als die in diesem Abschnitt angeführten Gerichte anzurufen,
3. wenn sie zwischen einem Versicherungsnehmer und einem Versicherer, die zum Zeitpunkt des Vertragsabschlusses ihren Wohnsitz oder gewöhnlichen Aufenthalt in demselben Vertragsstaat haben, getroffen ist, um die Zuständigkeit der Gerichte dieses Staates auch für den Fall zu begründen, dass das schädigende Ereignis im Ausland eingetreten ist, es sei denn, dass eine solche Vereinbarung nach dem Recht dieses Staates nicht zulässig ist,
4. wenn sie von einem Versicherungsnehmer abgeschlossen ist, der seinen Wohnsitz nicht in einem Vertragsstaat hat, ausgenommen soweit sie eine Versicherung, zu deren Abschluss eine gesetzliche Verpflichtung besteht, oder die Versicherung von unbeweglichen Sachen in einem Vertragsstaat betrifft, oder
5. wenn sie einen Versicherungsvertrag betrifft, soweit dieser eines oder mehrere der in Artikel 12a aufgeführten Risiken deckt.

Artikel 12a[15]
Die in Artikel 12 Nummer 5 erwähnten Risiken sind die folgenden:
1. sämtliche Schäden
a) an Seeschiffen, Anlagen vor der Küste und auf hoher See oder Luftfahrzeugen aus Gefahren, die mit ihrer Verwendung zu gewerblichen Zwecken verbunden sind,
b) an Transportgütern, ausgenommen Reisegepäck der Passagiere, wenn diese Güter ausschließlich oder zum Teil mit diesen Schiffen oder Luftfahrzeugen befördert werden;
2. Haftpflicht aller Art, mit Ausnahme der Haftung für Personenschäden an Passagieren oder Schäden an deren Reisegepäck,
a) aus der Verwendung oder dem Betrieb von Seeschiffen, Anlagen oder Luftfahrzeugen gemäß Nummer 1 Buchstabe a), es sei denn, dass nach den Rechtsvor-

---

[13] Wortlaut geändert gemäß Artikel 8 des Beitrittsübereinkommens von 1978.
[14] Redaktionelle Anpassung des deutschen Wortlauts gemäß Anhang I Buchstabe b) Nummer 2 des Beitrittsübereinkommens von 1989.
[15] Artikel eingefügt gemäß Artikel 9 des Beitrittsübereinkommens von 1978.

schriften des Vertragsstaats, in dem das Luftfahrzeug eingetragen ist, Gerichtsstandsvereinbarungen für die Versicherung solcher Risiken untersagt sind,
b) für Schäden, die durch Transportgüter während einer Beförderung im Sinne der Nummer 1 Buchstabe b) verursacht werden;
3. finanzielle Verluste im Zusammenhang mit der Verwendung oder dem Betrieb von Seeschiffen, Anlagen oder Luftfahrzeugen gemäß Nummer 1 Buchstabe a), insbesondere Fracht- oder Charterverlust;
4. irgendein zusätzliches Risiko, das mit einem der unter Nummern 1 bis 3 genannten Risiken in Zusammenhang steht.

4. Abschnitt. Zuständigkeit für Verbrauchersachen[16][17]

Artikel 13
Für Klagen aus einem Vertrag, den eine Person zu einem Zweck abgeschlossen hat, der nicht der beruflichen oder gewerblichen Tätigkeit dieser Person (Verbraucher) zugerechnet werden kann, bestimmt sich die Zuständigkeit, unbeschadet des Artikels 4 und des Artikels 5 Nummer 5, nach diesem Abschnitt,
1. wenn es sich um den Kauf beweglicher Sachen auf Teilzahlung handelt,
2. wenn es sich um ein in Raten zurückzuzahlendes Darlehen oder ein anderes Kreditgeschäft handelt, das zur Finanzierung eines Kaufs derartiger Sachen bestimmt ist, oder
3. für andere Verträge, wenn sie die Erbringung einer Dienstleistung oder die Lieferung beweglicher Sachen zum Gegenstand haben, sofern
a) dem Vertragsabschluß in dem Staat des Wohnsitzes des Verbrauchers ein ausdrückliches Angebot oder eine Werbung vorausgegangen ist und
b) der Verbraucher in diesem Staat die zum Abschluss des Vertrages erforderlichen Rechtshandlungen vorgenommen hat.
Hat der Vertragspartner des Verbrauchers in dem Hoheitsgebiet eines Vertragsstaats keinen Wohnsitz, besitzt er aber in einem Vertragsstaat eine Zweigniederlassung, Agentur oder sonstige Niederlassung, so wird er für Streitigkeiten aus ihrem Betrieb so behandelt, wie wenn er seinen Wohnsitz in dem Hoheitsgebiet dieses Staates hätte.
Dieser Abschnitt ist nicht auf Beförderungsverträge anzuwenden.

Artikel 14[18]
Die Klage eines Verbrauchers gegen den anderen Vertragspartner kann entweder vor den Gerichten des Vertragsstaats erhoben werden, in dessen Hoheitsgebiet dieser Vertragspartner seinen Wohnsitz hat, oder vor den Gerichten des Vertragsstaats, in dessen Hoheitsgebiet der Verbraucher seinen Wohnsitz hat.
Die Klage des anderen Vertragspartners gegen den Verbraucher kann nur vor den Gerichten des Vertragsstaats erhoben werden, in dessen Hoheitsgebiet der Verbraucher seinen Wohnsitz hat.

---

[16] Wortlaut geändert gemäß Artikel 10 des Beitrittsübereinkommens von 1978.
[17] Redaktionelle Anpassung des deutschen Wortlauts gemäß Anhang I Buchstabe b) Nummer 3 des Beitrittsübereinkommens von 1989.
[18] Redaktionelle Anpassungen des deutschen Wortlauts gemäß Anhang I Buchstabe b) Nummern 4 und 5 des Beitrittsübereinkommens von 1989.

1.b) EuGVÜ

Diese Vorschriften lassen das Recht unberührt, eine Widerklage vor dem Gericht zu erheben, bei dem die Klage selbst gemäß den Bestimmungen dieses Abschnitts anhängig ist.

Artikel 15[19]
Von den Vorschriften dieses Abschnitts kann im Wege der Vereinbarung nur abgewichen werden:
1. wenn die Vereinbarung nach der Entstehung der Streitigkeit getroffen wird,
2. wenn sie dem Verbraucher die Befugnis einräumt, andere als die in diesem Abschnitt angeführten Gerichte anzurufen, oder
3. wenn sie zwischen einem Verbraucher und seinem Vertragspartner getroffen ist, die zum Zeitpunkt des Vertragsabschlusses ihren Wohnsitz oder gewöhnlichen Aufenthalt in demselben Vertragsstaat haben, und die Zuständigkeit der Gerichte dieses Staates begründet, es sei denn, dass eine solche Vereinbarung nach dem Recht dieses Staates nicht zulässig ist.

5. Abschnitt. Ausschließliche Zuständigkeiten

Artikel 16[20]
Ohne Rücksicht auf den Wohnsitz sind ausschließlich zuständig:
1.a) für Klagen, welche dingliche Rechte an unbeweglichen Sachen sowie die Miete oder Pacht von unbeweglichen Sachen zum Gegenstand haben, die Gerichte des Vertragsstaats, in dem die unbewegliche Sache belegen ist;
b) für Klagen betreffend die Miete oder Pacht unbeweglicher Sachen zum vorübergehenden privaten Gebrauch für höchstens sechs aufeinanderfolgende Monate sind jedoch auch die Gerichte des Vertragsstaats zuständig, in dem der Beklagte seinen Wohnsitz hat, sofern der Eigentümer und der Mieter oder Pächter natürliche Personen sind und ihren Wohnsitz in demselben Vertragsstaat haben[21];
2. für Klagen, welche die Gültigkeit, die Nichtigkeit oder die Auflösung einer Gesellschaft oder juristischen Person oder der Beschlüsse ihrer Organe zum Gegenstand haben, die Gerichte des Vertragsstaats, in dessen Hoheitsgebiet die Gesellschaft oder juristische Person ihren Sitz hat;
3. für Klagen, welche die Gültigkeit von Eintragungen in öffentliche Register zum Gegenstand haben, die Gerichte des Vertragsstaats, in dessen Hoheitsgebiet die Register geführt werden;
4. für Klagen, welche die Eintragung oder die Gültigkeit von Patenten, Warenzeichen, Mustern und Modellen sowie ähnlicher Rechte, die einer Hinterlegung oder Registrierung bedürfen, zum Gegenstand haben, die Gerichte des Vertragsstaats, in dessen Hoheitsgebiet die Hinterlegung oder Registrierung beantragt oder vorgenommen worden ist oder aufgrund eines zwischenstaatlichen Übereinkommens als vorgenommen gilt;
5. für Verfahren, welche die Zwangsvollstreckung aus Entscheidungen zum Gegen-

---

[19] Redaktionelle Anpassung des deutschen Wortlauts gemäß Anhang I Buchstabe b) Nummer 6 des Beitrittsübereinkommens von 1989.
[20] Redaktionelle Anpassung des deutschen Wortlauts gemäß Anhang I Buchstabe b) Nummer 7 des Beitrittsübereinkommens von 1989.
[21] Nummer 1 geändert gemäß Artikel 6 des Beitrittsübereinkommens von 1989.

stand haben, die Gerichte des Vertragsstaats, in dessen Hoheitsgebiet die Zwangsvollstreckung durchgeführt werden soll oder durchgeführt worden ist.

6. Abschnitt. Vereinbarung über die Zuständigkeit

Artikel 17[22]

Haben die Parteien, von denen mindestens eine ihren Wohnsitz in dem Hoheitsgebiet eines Vertragsstaats hat, vereinbart, dass ein Gericht oder die Gerichte eines Vertragsstaats über eine bereits entstandene Rechtsstreitigkeit oder über eine künftige aus einem bestimmten Rechtsverhältnis entspringende Rechtsstreitigkeit entscheiden sollen, so sind dieses Gericht oder die Gerichte dieses Staates ausschließlich zuständig. Eine solche Gerichtsvereinbarung muss geschlossen werden
a) schriftlich oder mündlich mit schriftlicher Bestätigung,
b) in einer Form, welche den Gepflogenheiten entspricht, die zwischen den Parteien entstanden sind, oder
c) im internationalen Handel in einer Form, die einem Handelsbrauch entspricht, den die Parteien kannten oder kennen mussten und den Parteien von Verträgen dieser Art in dem betreffenden Geschäftszweig allgemein kennen und regelmäßig beachten.

Wenn eine solche Vereinbarung von Parteien geschlossen wurde, die beide ihren Wohnsitz nicht im Hoheitsgebiet eines Vertragsstaats haben, so können die Gerichte der anderen Vertragsstaaten nicht entscheiden, es sei denn, das vereinbarte Gericht oder die vereinbarten Gerichte haben sich rechtskräftig für unzuständig erklärt.

Ist in schriftlich niedergelegten trust-Bedingungen bestimmt, dass über Klagen gegen einen Begründer, trustee oder Begünstigungen eines trust ein Gericht oder die Gerichte eines Vertragsstaats entscheiden sollen, so ist dieses Gericht oder sind diese Gerichte ausschließlich zuständig, wenn es sich um Beziehungen zwischen diesen Personen oder ihre Rechte oder Pflichten im Rahmen des trust handelt.

Gerichtsstandsvereinbarungen und entsprechende Bestimmungen in trust-Bedingungen haben keine rechtliche Wirkung, wenn sie den Vorschriften der Artikel 12 oder 15 zuwiderlaufen oder wenn die Gerichte, deren Zuständigkeit abbedungen wird, aufgrund des Artikels 16 ausschließlich zuständig sind.

Ist eine Gerichtsstandsvereinbarung nur zugunsten einer der Parteien getroffen worden, so behält diese das Recht, jedes andere Gericht anzurufen, das aufgrund dieses Übereinkommens zuständig ist.

Bei individuellen Arbeitsverträgen haben Gerichtsstandsvereinbarungen nur dann rechtliche Wirkung, wenn sie nach der Entstehung der Streitigkeit getroffen werden oder wenn der Arbeitnehmer sie geltend macht, um ein anderes Gericht als das am Wohnsitz des Beklagten oder das in Artikel 5 Nummer 1 bezeichnete anzurufen.

Artikel 18

Sofern das Gericht eines Vertragsstaats nicht bereits nach anderen Vorschriften dieses Übereinkommens zuständig ist, wird es zuständig, wenn sich der Beklagte

---

[22] Wortlaut geändert gemäß Artikel 11 des Beitrittsübereinkommens von 1978 und gemäß Artikel 7 des Beitrittsübereinkommens von 1989.

vor ihm auf das Verfahren einlässt. Dies gilt nicht, wenn der Beklagte sich nur einlässt, um den Mangel der Zuständigkeit geltend zu machen oder wenn ein anderes Gericht aufgrund des Artikels 16 ausschließlich zuständig ist.

7. Abschnitt. Prüfung der Zuständigkeit und der Zulässigkeit des Verfahrens

Artikel 19
Das Gericht eines Vertragsstaats hat sich von Amts wegen für unzuständig zu erklären, wenn es wegen einer Streitigkeit angerufen wird, für die das Gericht eines anderen Vertragsstaats aufgrund des Artikels 16 ausschließlich zuständig ist.

Artikel 20[23]
Lässt sich der Beklagte, der seinen Wohnsitz in dem Hoheitsgebiet eines Vertragsstaats hat und der vor den Gerichten eines anderen Vertragsstaats verklagt wird, auf das Verfahren nicht ein, so hat sich das Gericht von Amts wegen für unzuständig zu erklären, wenn seine Zuständigkeit nicht aufgrund der Bestimmungen dieses Übereinkommens begründet ist.
Das Gericht hat die Entscheidung so lange auszusetzen, bis festgestellt ist, dass es dem Beklagten möglich war, das den Rechtsstreit einleitende Schriftstück oder ein gleichwertiges Schriftstück so rechtzeitig zu empfangen, dass er sich verteidigen konnte oder dass alle hierzu erforderlichen Maßnahmen getroffen worden sind[24].
An die Stelle des vorstehenden Absatzes tritt Artikel 15 des Haager Übereinkommens vom 15. November 1965 über die Zustellung gerichtlicher und außergerichtlicher Schriftstücke im Ausland in Zivil- oder Handelssachen, wenn das den Rechtsstreit einleitende Schriftstück gemäß dem erwähnten Übereinkommen zu übermitteln war.

8. Abschnitt. Rechtshängigkeit und im Zusammenhang stehende Verfahren

Artikel 21[25]
Werden bei Gerichten verschiedener Vertragsstaaten Klagen wegen desselben Anspruchs zwischen denselben Parteien anhängig gemacht, so setzt das später angerufene Gericht das Verfahren von Amts wegen aus, bis die Zuständigkeit des zuerst angerufenen Gerichts feststeht.
Sobald die Zuständigkeit des zuerst angerufenen Gerichts feststeht, erklärt sich das später angerufene Gericht zugunsten dieses Gerichts für unzuständig.

Artikel 22[26]
Werden bei Gerichten verschiedener Vertragsstaaten Klagen, die im Zusammen-

---

[23] Redaktionelle Anpassung des deutschen Wortlauts gemäß Anhang I Buchstabe b) Nummer 8 des Beitrittsübereinkommens von 1989.
[24] Absatz 2 geändert gemäß Artikel 12 des Beitrittsübereinkommens von 1978.
[25] Wortlaut geändert gemäß Artikel 8 des Beitrittsübereinkommens von 1989.
[26] Redaktionelle Anpassung des deutschen Wortlauts gemäß Anhang I Buchstabe b) Nummer 9 des Beitrittsübereinkommens von 1989.

hang stehen, erhoben, so kann das später angerufene Gericht das Verfahren aussetzen, solange beide Klagen im ersten Rechtszug anhängig sind.

Das später angerufene Gericht kann sich auf Antrag einer Partei auch für unzuständig erklären, wenn die Verbindung im Zusammenhang stehender Verfahren nach seinem Recht zulässig ist und das zuerst angerufene Gericht für beide Klagen zuständig ist.

Klagen stehen im Sinne dieses Artikels im Zusammenhang, wenn zwischen ihnen eine so enge Beziehung gegeben ist, dass eine gemeinsame Verhandlung und Entscheidung geboten erscheint, um zu vermeiden, dass in getrennten Verfahren widersprechende Entscheidungen ergehen könnten.

Artikel 23
Ist für die Klagen die ausschließliche Zuständigkeit mehrerer Gerichte gegeben, so hat sich das zuletzt angerufene Gericht zugunsten des zuerst angerufenen Gerichts für unzuständig zu erklären.

9. Abschnitt. Einstweilige Maßnahmen einschließlich solcher, die auf eine Sicherung gerichtet sind

Artikel 24
Die in dem Recht eines Vertragsstaats vorgesehenen einstweiligen Maßnahmen einschließlich solcher, die auf eine Sicherung gerichtet sind, können bei den Gerichten dieses Staates auch dann beantragt werden, wenn für die Entscheidung in der Hauptsache das Gericht eines anderen Vertragsstaats aufgrund dieses Übereinkommens zuständig ist.

TITEL III. ANERKENNUNG UND VOLLSTRECKUNG

Artikel 25
Unter „Entscheidung" im Sinne dieses Übereinkommens ist jede von einem Gericht eines Vertragsstaats erlassene Entscheidung zu verstehen, ohne Rücksicht auf ihre Bezeichnung wie Urteil, Beschluss oder Vollstreckungsbefehl, einschließlich des Kostenfestsetzungsbeschlusses eines Urkundsbeamten.

1. Abschnitt. Anerkennung

Artikel 26
Die in einem Vertragsstaat ergangenen Entscheidungen werden in den anderen Vertragsstaaten anerkannt, ohne dass es hierfür eines besonderen Verfahrens bedarf.

Bildet die Frage, ob eine Entscheidung anzuerkennen ist, als solche den Gegenstand eines Streites, so kann jede Partei, welche die Anerkennung geltend macht, in dem Verfahren nach dem 2. und 3. Abschnitt dieses Titels die Feststellung beantragen, dass die Entscheidung anzuerkennen ist.

Wird die Anerkennung in einem Rechtsstreit vor dem Gericht eines Vertragsstaats, dessen Entscheidung von der Anerkennung abhängt, verlangt, so kann dieses Gericht über die Anerkennung entscheiden.

Artikel 27[27]
Eine Entscheidung wird nicht anerkannt:
1. wenn die Anerkennung der öffentlichen Ordnung des Staates, in dem sie geltend gemacht wird, widersprechen würde;
2. wenn dem Beklagten, der sich auf das Verfahren nicht eingelassen hat, das dieses Verfahren einleitende Schriftstück oder ein gleichwertiges Schriftstück nicht ordnungsgemäß und nicht so rechtzeitig zugestellt worden ist, dass er sich verteidigen konnte[28];
3. wenn die Entscheidung mit einer Entscheidung unvereinbar ist, die zwischen denselben Parteien in dem Staat, in dem die Anerkennung geltend gemacht wird, ergangen ist;
4. wenn das Gericht des Ursprungsstaats bei seiner Entscheidung hinsichtlich einer Vorfrage, die den Personenstand, die Rechts- und Handlungsfähigkeit sowie die gesetzliche Vertretung einer natürlichen Person, die ehelichen Güterstände oder das Gebiet des Erbrechts einschließlich des Testamentsrechts betrifft, sich in Widerspruch zu einer Vorschrift des internationalen Privatrechts des Staates, in dem die Anerkennung geltend gemacht wird, gesetzt hat, es sei denn, dass die Entscheidung nicht zu einem anderen Ergebnis geführt hätte, wenn die Vorschriften des internationalen Privatrechts dieses Staates angewandt worden wären;
5. wenn die Entscheidung mit einer früheren Entscheidung unvereinbar ist, die in einem Nichtvertragsstaat zwischen denselben Parteien in einem Rechtsstreit wegen desselben Anspruchs ergangen ist, sofern diese Entscheidung die notwendigen Voraussetzungen für ihre Anerkennung in dem Staat erfüllt, in dem die Anerkennung geltend gemacht wird[29].

Artikel 28[30]
Eine Entscheidung wird ferner nicht anerkannt, wenn die Vorschriften des 3., 4. und 5. Abschnitts des Titels II verletzt worden sind oder wenn ein Fall des Artikels 59 vorliegt.
Das Gericht oder die Behörde des Staates, in dem die Anerkennung geltend gemacht wird, ist bei der Prüfung, ob eine der im vorstehenden Absatz angeführten Zuständigkeiten gegeben ist, an die tatsächlichen Feststellungen gebunden, aufgrund deren das Gericht des Ursprungsstaats seine Zuständigkeit angenommen hat.
Die Zuständigkeit der Gerichte des Ursprungsstaats darf, unbeschadet der Bestimmungen des ersten Absatzes, nicht nachgeprüft werden; die Vorschriften über die Zuständigkeit gehören nicht zur öffentlichen Ordnung im Sinne des Artikels 27 Nummer 1.

Artikel 29[31]
Die ausländische Entscheidung darf keinesfalls in der Sache selbst nachgeprüft werden.

---

[27] Redaktionelle Anpassungen des deutschen Wortlauts gemäß Anhang I Buchstabe b) Nummern 10 und 11 des Beitrittsübereinkommens von 1989.
[28] Nummer 2 geändert gemäß Artikel 13 Abatz 1 des Beitrittsübereinkommens von 1978.
[29] Nummer 5 eingefügt gemäß Artikel 13 Absatz 2 des Beitrittsübereinkommens von 1978.
[30] Redaktionelle Anpassung des deutschen Wortlauts gemäß Anhang I Buchstabe b) Nummer 12 des Beitrittsübereinkommens von 1989.
[31] Redaktionelle Anpassung des deutschen Wortlauts gemäß Anhang I Buchstabe b) Nummer 13 des Beitrittsübereinkommens von 1989.

Artikel 30[32]
Das Gericht eines Vertragsstaats, in dem die Anerkennung einer in einem anderen Vertragsstaat ergangenen Entscheidung geltend gemacht wird, kann das Verfahren aussetzen, wenn gegen die Entscheidung ein ordentlicher Rechtsbehelf eingelegt worden ist.
Das Gericht eines Vertragsstaats, vor dem die Anerkennung einer in Irland oder im Vereinigten Königreich ergangenen Entscheidung geltend gemacht wird, kann das Verfahren aussetzen, wenn die Vollstreckung der Entscheidung im Ursprungsstaat wegen der Einlegung eines Rechtsbehelfs einstweilen eingestellt ist[33].

2. Abschnitt. Vollstreckung

Artikel 31
Die in einem Vertragsstaat ergangenen Entscheidungen, die in diesem Staat vollstreckbar sind, werden in einem anderen Vertragsstaat vollstreckt, wenn sie dort auf Antrag eines Berechtigten für vollstreckbar erklärt worden sind[34].
Im Vereinigten Königreich wird eine derartige Entscheidung jedoch in England und Wales, in Schottland oder in Nordirland vollstreckt, wenn sie auf Antrag eines Berechtigten zur Vollstreckung in dem betreffenden Teil des Vereinigten Königreiches registriert worden ist[35].

Artikel 32[36]
(1) Der Antrag ist zu richten an:
– in Belgien an das „tribunal de première instance" oder an die „rechtbank van eerste aanleg";
– in Dänemark an das „byret"[37];
– in der Bundesrepublik Deutschland an den Vorsitzenden einer Kammer des Landgerichts;
– in Griechenland an das „Μονομελές Πρωτοδικείο";
– in Spanien an das „Juzgado de Primera Instancia";
– in Frankreich an den Präsidenten des „tribunal de grande instance";
– in Irland an den „High Court";
– in Italien an die „corte d'appello";
– in Luxemburg an den Präsidenten des „tribunal d'arrondissement";
– in den Niederlanden an den Präsidenten der „arrondissementsrechtbank";
– in Österreich an das Bezirksgericht;
– in Portugal an das „Tribunal Judicial de Círculo";
– in Finnland an das „Käräjäoikeus/tingsrätt";

---

[32] Redaktionelle Anpassung des deutschen Wortlauts gemäß Anhang I Buchstabe b) Nummer 14 des Beitrittsübereinkommens von 1989.
[33] Absatz 2 eingefügt gemäß Artikel 14 des Beitrittsübereinkommens von 1978.
[34] Wortlaut geändert gemäß Artikel 9 des Beitrittsübereinkommens von 1989.
[35] Absatz 2 eingefügt gemäß Artikel 15 des Beitrittsübereinkommens von 1978.
[36] Redaktionelle Anpassung des deutschen Wortlauts gemäß Anhang I Buchstabe b) Nummer 16 des Beitrittsübereinkommens von 1989.
[37] Änderung aufgrund einer Mitteilung vom 8. Februar 1988 gemäß Artikel VI des beigefügten Protokolls, bestätigt durch das Beitrittsübereinkommen von 1989, Anhang I Buchstabe b) Nummer 15.

1. b) EuGVÜ

– in Schweden an das „Svea hovrätt";
– im Vereinigten Königreich:
a) in England und Wales an den „High Court of Justice" oder für Entscheidungen in Unterhaltssachen an den „Magistrates' Court" über den „Secretary of State";
b) in Schottland an den „Court of Session" oder für Entscheidungen in Unterhaltssachen an den „Sheriff Court" über den „Secretary of State";
c) in Nordirland an den „High Court of Justice" oder für Entscheidungen in Unterhaltssachen an den „Magistrates' Court" über den „Secretary of State"[38].
(2) Die örtliche Zuständigkeit wird durch den Wohnsitz des Schuldners bestimmt. Hat dieser keinen Wohnsitz im Hoheitsgebiet des Vollstreckungsstaats, so ist das Gericht zuständig, in dessen Bezirk die Zwangsvollstreckung durchgeführt werden soll.

Artikel 33
Für die Stellung des Antrags ist das Recht des Vollstreckungsstaats maßgebend.
Der Antragsteller hat im Bezirk des angerufenen Gerichts ein Wahldomizil zu begründen. Ist das Wahldomizil im Recht des Vollstreckungsstaats nicht vorgesehen, so hat der Antragsteller einen Zustellungsbevollmächtigten zu benennen.
Dem Antrag sind die in den Artikeln 46 und 47 angeführten Urkunden beizufügen.

Artikel 34[39]
Das mit dem Antrag befasste Gericht erlässt seine Entscheidung unverzüglich, ohne dass der Schuldner in diesem Abschnitt des Verfahrens Gelegenheit erhält, eine Erklärung abzugeben.
Der Antrag kann nur aus einem der in den Artikeln 27 und 28 angeführten Gründe abgelehnt werden.
Die ausländische Entscheidung darf keinesfalls in der Sache selbst nachgeprüft werden.

Artikel 35
Die Entscheidung, die über den Antrag ergangen ist, teilt der Urkundsbeamte der Geschäftsstelle dem Antragsteller unverzüglich in der Form mit, die das Recht des Vollstreckungsstaats vorsieht.

Artikel 36
Wird die Zwangsvollstreckung zugelassen, so kann der Schuldner gegen die Entscheidung innerhalb eines Monats nach ihrer Zustellung einen Rechtsbehelf einlegen.
Hat der Schuldner seinen Wohnsitz in einem anderen Vertragsstaat als dem, in dem die Entscheidung über die Zulassung der Zwangsvollstreckung ergangen ist, so beträgt die Frist für den Rechtsbehelf zwei Monate und beginnt von dem Tage an zu laufen, an dem die Entscheidung dem Schuldner entweder in Person oder in

---

[38] Absatz 1 geändert gemäß Artikel 16 des Beitrittsübereinkommens von 1978, Artikel 2 des Beitrittsübereinkommens von 1982, Artikel 10 des Beitrittsübereinkommens von 1989 und Artikel 3 des Beitrittsübereinkommens von 1996.
[39] Redaktionelle Anpassungen des deutschen Wortlauts gemäß Anhang I Buchstabe b) Nummern 17 und 18 des Beitrittsübereinkommens von 1989.

seiner Wohnung zugestellt worden ist. Eine Verlängerung dieser Frist wegen weiter Entfernung ist ausgeschlossen.

Artikel 37[40][41]

(1) Der Rechtsbehelf wird nach den Vorschriften, die für das streitige Verfahren maßgebend sind, eingelegt:
– in Belgien bei dem „tribunal de première instance" oder der „rechtbank van eerste aanleg";
– in Dänemark bei dem „landsret";
– in der Bundesrepublik Deutschland bei dem Oberlandesgericht;
– in Griechenland bei dem „εφετείο";
– in Spanien bei der „Audiencia Provincial";
– in Frankreich bei der „cour d'appel";
– in Irland bei dem „High Court";
– in Italien bei der „corte d'appello";
– in Luxemburg bei der „Cour supérieure de Justice" als Berufungsinstanz in Zivilsachen;
– in den Niederlanden bei der „arrondissementsrechtbank";
– in Österreich bei dem Bezirksgericht;
– in Portugal bei dem „Tribunal da Relação";
– in Finnland bei dem „hovioikeus/hovrätt";
– in Schweden bei dem „Svea hovrätt";
– im Vereinigten Königreich:
a) in England und Wales bei dem „High Court of Justice" oder für Entscheidungen in Unterhaltssachen bei dem „Magistrates' Court";
b) in Schottland bei dem „Court of Session" oder für Entscheidungen in Unterhaltssachen bei dem „Sheriff Court";
c) in Nordirland bei dem „High Court of Justice" oder für Entscheidungen in Unterhaltssachen bei dem „Magistrates' Court".
(2) Gegen die Entscheidung, die über den Rechtsbehelf ergangen ist, finden nur statt:
– in Belgien, Griechenland, Spanien, Frankreich, Italien, Luxemburg und in den Niederlanden: die Kassationsbeschwerde;
– in Dänemark: ein Verfahren vor dem „højesteret" mit Zustimmung des Justizministers;
– in der Bundesrepublik Deutschland: die Rechtsbeschwerde;
– in Irland: ein auf Rechtsfragen beschränkter Rechtsbehelf bei dem „Supreme Court";
– in Österreich im Fall eines Rekursverfahrens der Revisionsrekurs und im Fall eines Widerspruchsverfahrens die Berufung mit der allfälligen Möglichkeit einer Revision;
– in Portugal: ein auf Rechtsfragen beschränkter Rechtsbehelf;

---

[40] Wortlaut geändert gemäß Artikel 17 des Beitrittsübereinkommens von 1978, Artikel 5 des Beitrittsübereinkommens von 1982, Artikel 11 des Beitrittsübereinkommens von 1989 und Artikel 4 des Beitrittsübereinkommens von 1996.
[41] Redaktionelle Anpassung des deutschen Wortlauts gemäß Anhang I Buchstabe b) Nummer 19 des Beitrittsübereinkommens von 1989.

1. b) EuGVÜ   55

– in Finnland: ein Rechtsbehelf bei dem „korkein oikeus/högsta domstolen";
– in Schweden: ein Rechtsbehelf bei dem „Högsta domstolen";
– im Vereinigten Königreich: ein einziger auf Rechtsfragen beschränkter Rechtsbehelf.

Artikel 38[42]
Das mit dem Rechtsbehelf befasste Gericht kann auf Antrag der Partei, die ihn eingelegt hat, das Verfahren aussetzen, wenn gegen die Entscheidung im Ursprungsstaat ein ordentlicher Rechtsbehelf eingelegt oder die Frist für einen solchen Rechtsbehelf noch nicht verstrichen ist; in letzterem Fall kann das Gericht eine Frist bestimmen, innerhalb deren der Rechtsbehelf einzulegen ist.
Ist eine gerichtliche Entscheidung in Irland oder im Vereinigten Königreich erlassen worden, so gilt jeder im Ursprungsstaat statthafte Rechtsbehelf als ordentlicher Rechtsbehelf im Sinne von Absatz 1[43].
Das Gericht kann auch die Zwangsvollstreckung von der Leistung einer Sicherheit, die es bestimmt, abhängig machen.

Artikel 39[44]
Solange die in Artikel 36 vorgesehene Frist für den Rechtsbehelf läuft und solange über den Rechtsbehelf nicht entschieden ist, darf die Zwangsvollstreckung in das Vermögen des Schuldners nicht über Maßnahmen zur Sicherung hinausgehen.
Die Entscheidung, durch welche die Zwangsvollstreckung zugelassen wird, gibt die Befugnis, solche Maßnahmen zu veranlassen.

Artikel 40[45]
(1) Wird der Antrag abgelehnt, so kann der Antragsteller einen Rechtsbehelf einlegen:
– in Belgien bei der „cour d'appel" oder dem „hof van beroep";
– in Dänemark bei dem „landsret";
– in der Bundesrepublik Deutschland bei dem Oberlandesgericht;
– in Griechenland bei dem „εφετείο";
– in Spanien bei der „Audiencia Provincial";
– in Frankreich bei der „cour d'appel";
– in Irland bei dem „High Court";
– in Italien bei der „corte d'appello";
– in Luxemburg bei der „Cour supérieure de Justice" als Berufungsinstanz für Zivilsachen;
– in den Niederlanden bei dem „gerechtshof";
– in Österreich bei dem Bezirksgericht;
– in Portugal bei dem „Tribunal da Relação";

---

[42] Redaktionelle Anpassungen des deutschen Wortlauts gemäß Anhang I Buchstabe b) Nummern 20 und 21 des Beitrittsübereinkommens von 1989.
[43] Absatz 2 eingefügt gemäß Artikel 18 des Beitrittsübereinkommens von 1978.
[44] Redaktionelle Anpassungen des deutschen Wortlauts gemäß Anhang I Buchstabe b) Nummern 22 und 23 des Beitrittsübereinkommens von 1989.
[45] Redaktionelle Anpassungen des deutschen Wortlauts gemäß Anhang I Buchstabe b) Nummer 24 des Beitrittsübereinkommens von 1989.

– in Schweden bei dem „Svea hovrätt";
– in Finnland bei dem „hovioikeus/hovrätt";
– im Vereinigten Königreich:
a) in England und Wales bei dem „High Court of Justice" oder für Entscheidungen in Unterhaltssachen bei dem „Magistrates' Court";
b) In Schottland bei dem „Court of Session" oder für Entscheidungen in Unterhaltssachen bei dem „Sheriff Court";
c) in Nordirland bei dem „High Court of Justice" oder für Entscheidungen in Unterhaltssachen bei dem „Magistrates' Court"[46].
(2) Das mit dem Rechtsbehelf befasste Gericht hat den Schuldner zu hören. Lässt dieser sich auf das Verfahren nicht ein, so ist Artikel 20 Absätze 2 und 3 auch dann anzuwenden, wenn der Schuldner seinen Wohnsitz nicht in dem Hoheitsgebiet eines Vertragsstaats hat.

Artikel 41[47]

Gegen die Entscheidung, die über den in Artikel 40 vorgesehenen Rechtsbehelf ergangen ist, finden nur statt:
– in Belgien, Griechenland, Spanien, Frankreich, Italien, Luxemburg und in den Niederlanden: die Kassationsbeschwerde;
– in Dänemark: ein Verfahren vor dem „højesteret" mit Zustimmung des Justizministers;
– in der Bundesrepublik Deutschland: die Rechtsbeschwerde;
– in Irland: ein auf Rechtsfragen beschränkter Rechtsbehelf bei dem „Supreme Court";
– in Österreich: der Revisionsrekurs;
– in Portugal: ein auf Rechtsfragen beschränkter Rechtsbehelf;
– in Finnland: ein Rechtsbehelf bei dem „korkein oikeus/högsta domstolen";
– in Schweden: ein Rechtsbehelf bei dem „Högsta domstolen";
– im Vereinigten Königreich: ein einziger auf Rechtsfragen beschränkter Rechtsbehelf.

Artikel 42

Ist durch die ausländische Entscheidung über mehrere mit der Klage geltend gemachte Ansprüche erkannt und kann die Entscheidung nicht im vollen Umfang zur Zwangsvollstreckung zugelassen werden, so lässt das Gericht sie für einen oder mehrere dieser Ansprüche zu.
Der Antragsteller kann beantragen, dass die Zwangsvollstreckung nur für einen Teil des Gegenstands der Verurteilung zugelassen wird.

Artikel 43[48]

Ausländische Entscheidungen, die auf Zahlung eines Zwangsgelds lauten, sind in

---

[46] Absatz 1 geändert gemäß Artikel 19 des Beitrittsübereinkommens von 1978, Artikel 6 des Beitrittsübereinkommens von 1982, Artikel 12 des Beitrittsübereinkommens von 1989 und Artikel 5 des Beitrittsübereinkommens von 1996.

[47] Wortlaut geändert gemäß Artikel 20 des Beitrittsübereinkommens von 1978, Artikel 7 des Beitrittsübereinkommens von 1982, Artikel 13 des Beitrittsübereinkommens von 1989 und Artikel 6 des Beitrittsübereinkommens von 1996.

1. b) EuGVÜ 57

dem Vollstreckungsstaat nur vollstreckbar, wenn die Höhe des Zwangsgelds durch die Gerichte des Ursprungsstaats endgültig festgesetzt ist.

Artikel 44[49][50]
Ist dem Antragsteller im Ursprungsstaat ganz oder teilweise Prozesskostenhilfe oder Kosten- und Gebührenbefreiung gewährt worden, so genießt er in dem Verfahren nach den Artikeln 32 bis 35 hinsichtlich der Prozesskostenhilfe oder der Kosten- und Gebührenbefreiung die günstigste Behandlung, die das Recht des Vollstreckungsstaats vorsieht.
Der Antragsteller, welcher die Vollstreckung einer Entscheidung einer Verwaltungsbehörde begehrt, die in Dänemark in Unterhaltssachen ergangen ist, kann im Vollstreckungsstaat Anspruch auf die in Absatz 1 genannten Vorteile erheben, wenn er eine Erklärung des dänischen Justizministeriums darüber vorlegt, dass er die wirtschaftlichen Voraussetzungen für die vollständige oder teilweise Bewilligung der Prozesskostenhilfe oder für die Kosten- und Gebührenbefreiung erfüllt.

Artikel 45
Der Partei, die in einem Vertragsstaat eine in einem anderen Vertragsstaat ergangene Entscheidung vollstrecken will, darf wegen ihrer Eigenschaft als Ausländer oder wegen Fehlens eines inländischen Wohnsitzes oder Aufenthalts eine Sicherheitsleistung oder Hinterlegung, unter welcher Bezeichnung es auch sei, nicht auferlegt werden.

3. Abschnitt. Gemeinsame Vorschriften

Artikel 46
Die Partei, welche die Anerkennung einer Entscheidung geltend macht oder die Zwangsvollstreckung betreiben will, hat vorzulegen:
1. eine Ausfertigung der Entscheidung, welche die für ihre Beweiskraft erforderlichen Voraussetzungen erfüllt;
2. bei einer im Versäumnisverfahren ergangenen Entscheidung die Urschrift oder eine beglaubigte Abschrift der Urkunde, aus der sich ergibt, dass das den Rechtsstreit einleitende Schriftstück oder ein gleichwertiges Schriftstück der säumigen Partei zugestellt worden ist[51].

Artikel 47[52]
Die Partei, welche die Zwangsvollstreckung betreiben will, hat ferner vorzulegen:
1. die Urkunden, aus denen sich ergibt, dass die Entscheidung nach dem Recht des Ursprungsstaats vollstreckbar ist und dass sie zugestellt worden ist;

---

[48] Redaktionelle Anpassung des deutschen Wortlauts gemäß Anhang I Buchstabe b) Nummer 25 des Beitrittsübereinkommens von 1989.
[49] Wortlaut geändert gemäß Artikel 21 des Beitrittsübereinkommens von 1978.
[50] Redaktionelle Anpassungen des deutschen Wortlauts gemäß Anhang I Buchstabe b) Nummern 26 und 27 des Beitrittsübereinkommens von 1989.
[51] Nummer 2 geändert gemäß Artikel 22 des Beitrittsübereinkommens von 1978.
[52] Redaktionelle Anpassungen des deutschen Wortlauts gemäß Anhang I Buchstabe b) Nummern 28 und 29 des Beitrittsübereinkommens von 1989.

2. gegebenenfalls eine Urkunde, durch die nachgewiesen wird, dass der Antragsteller Prozesskostenhilfe im Ursprungsstaat erhält.

Artikel 48
Werden die in Artikel 46 Nummer 2 und in Artikel 47 Nummer 2 angeführten Urkunden nicht vorgelegt, so kann das Gericht eine Frist bestimmen, innerhalb derer die Urkunden vorzulegen sind, oder sich mit gleichwertigen Urkunden begnügen oder von der Vorlage der Urkunden befreien, wenn es eine weitere Klärung nicht für erforderlich hält.
Auf Verlangen des Gerichts ist eine Übersetzung der Urkunden vorzulegen: die Übersetzung ist von einer hierzu in einem der Vertragsstaaten befugten Person zu beglaubigen.

Artikel 49
Die in den Artikeln 46, 47 und in Artikel 48 Absatz 2 angeführten Urkunden sowie die Urkunde über die Prozessvollmacht, falls eine solche erteilt wird, bedürften weder der Legalisation noch einer ähnlichen Förmlichkeit.

TITEL IV. ÖFFENTLICHE URKUNDEN UND PROZESSVERGLEICHE

Artikel 50
Öffentliche Urkunden, die in einem Vertragsstaat aufgenommen und vollstreckbar sind, werden in einem anderen Vertragsstaat auf Antrag in den Verfahren nach Artikel 31 ff. für vollstreckbar erklärt. Der Antrag kann nur abgelehnt werden, wenn die Zwangsvollstreckung aus der Urkunde der öffentlichen Ordnung des Vollsteckungsstaats widersprechen würde[53].
Die vorgelegte Urkunde muss die Voraussetzungen für ihre Beweiskraft erfüllen, die in dem Staat, in dem sie aufgenommen wurde, erforderlich sind.
Die Vorschriften des 3. Abschnitts des Titels III sind sinngemäß anzuwenden.

Artikel 51
Vergleiche, die vor einem Richter im Laufe eines Verfahrens abgeschlossen und in dem Staat, in dem sie errichtet wurden, vollstreckbar sind, werden in dem Vollstreckungsstaat unter denselben Bedingungen wie öffentliche Urkunden vollstreckt.

TITEL V. ALLGEMEINE VORSCHRIFTEN

Artikel 52
Ist zu entscheiden, ob eine Partei im Hoheitsgebiet des Vertragsstaats, dessen Gerichte angerufen sind, einen Wohnsitz hat, so wendet das Gericht sein Recht an.
Hat eine Partei keinen Wohnsitz in dem Staat, dessen Gerichte angerufen sind, so wendet das Gericht, wenn es zu entscheiden hat, ob die Partei einen Wohnsitz in einem anderen Vertragsstaat hat, das Recht dieses Staates an.
...[54]

---

[53] Absatz 1 geändert gemäß Artikel 14 des Beitrittsübereinkommens von 1989.

Artikel 53

Der Sitz von Gesellschaften und juristischen Personen steht für die Anwendung dieses Übereinkommens dem Wohnsitz gleich. Jedoch hat das Gericht bei der Entscheidung darüber, wo der Sitz sich befindet, die Vorschriften seines internationalen Privatrechts anzuwenden.

Um zu bestimmen, ob ein trust seinen Sitz in dem Vertragsstaat hat, bei dessen Gerichten die Klage anhängig ist, wendet das Gericht sein internationales Privatrecht an[55].

TITEL VI. ÜBERGANGSVORSCHRIFTEN

Artikel 54[56]

Die Vorschriften dieses Übereinkommens sind nur auf solche Klagen und öffentlichen Urkunden anzuwenden, die erhoben oder aufgenommen worden sind, nachdem dieses Übereinkommen im Ursprungsstaat und, wenn die Anerkennung oder Vollstreckung einer Entscheidung oder Urkunde geltend gemacht wird, im ersuchten Staat in Kraft getreten ist.

Entscheidungen, die nach dem Inkrafttreten dieses Übereinkommens zwischen dem Ursprungsstaat und dem ersuchten Staat aufgrund einer vor diesem Inkrafttreten erhobenen Klage ergangen sind, werden nach Maßgabe des Titels III anerkannt und zur Zwangsvollstreckung zugelassen, vorausgesetzt, dass das Gericht aufgrund von Vorschriften zuständig war, die mit den Zuständigkeitsvorschriften des Titels II oder eines Abkommens übereinstimmen, das im Zeitpunkt der Klageerhebung zwischen dem Ursprungsstaat und dem Staat, in dem die Entscheidung geltend gemacht wird, in Kraft war[57].

---

[54] Absatz 3 gestrichen gemäß Artikel 15 des Beitrittsübereinkommens von 1989.
[55] Absatz 2 angefügt gemäß Artikel 23 des Beitrittsübereinkommens von 1978.
[56] Wortlaut ersetzt durch Artikel 16 des Beitrittsübereinkommens von 1989.
[57] Das Beitrittsübereinkommen von 1978 enthält in seinem Titel V die folgenden Übergangsbestimmungen:
„Artikel 34
(1) Die Vorschriften des Übereinkommens von 1968 und des Protokolls von 1971 in der Fassung dieses Übereinkommens sind nur auf solche Klagen und öffentlichen Urkunden anzuwenden, die erhoben oder aufgenommen worden sind, nachdem dieses Übereinkommen im Ursprungsstaat und, wenn die Anerkennung oder Vollstreckung einer Entscheidung oder Urkunde geltend gemacht wird, im ersuchten Staat in Kraft getreten ist.
(2) Nach dem Inkrafttreten dieses Übereinkommens ergangene Entscheidungen werden in den Beziehungen zwischen den sechs Vertragsstaaten des Übereinkommens von 1968, auch wenn sie aufgrund einer vor dem Inkrafttreten erhobenen Klage erlassen sind, nach Maßgabe des Titels III des geänderten Übereinkommens von 1968 anerkannt und zur Zwangsvollstreckung zugelassen.
(3) Im übrigen werden in den Beziehungen der sechs Vertragsstaaten des Übereinkommens von 1968 zu den drei in Artikel 1 des vorliegenden Übereinkommens genannten Vertragsstaaten sowie in den Beziehungen der zuletzt genannten Vertragsstaaten zueinander Entscheidungen, die nach Inkrafttreten dieses Übereinkommens zwischen dem Urteilsstaat und dem ersuchten Staat aufgrund einer vor diesem Inkrafttreten erhobenen Klage ergangen sind, nach Maßgabe des Titels III des geänderten Übereinkommens von 1968 anerkannt und zur Zwangsvollstreckung zugelassen, wenn das Gericht aufgrund von Vorschriften zuständig war, die mit seinem geänderten Titel II oder mit den Vorschriften

Ist zwischen den Parteien eines Rechtsstreits über einen Vertrag bereits vor dem 1. Juni 1988 im Fall Irlands und vor dem 1. Januar 1987 im Fall des Vereinigten Königreichs eine schriftliche Vereinbarung getroffen worden, auf diesen Vertrag die

---

eines Abkommens übereinstimmen, das im Zeitpunkt der Klageerhebung zwischen dem Urteilsstaat und dem ersuchten Staat in Kraft war."
Das Beitrittsübereinkommen von 1982 enthält in seinem Titel V die folgenden Übergangsbestimmungen:
„Artikel 12
(1) Das Übereinkommen von 1968 und das Protokoll von 1971 in der Fassung des Übereinkommens von 1978 und des vorliegenden Übereinkommens sind nur auf solche Klagen und öffentlichen Urkunden anzuwenden, die erhoben oder aufgenommen worden sind, nachdem das vorliegende Übereinkommen im Ursprungsstaat und, wenn die Anerkennung oder Vollstreckung einer Entscheidung oder Urkunde geltend gemacht wird, im ersuchten Staat in Kraft getreten ist.
(2) Jedoch werden in den Beziehungen zwischen dem Ursprungsstaat und dem ersuchten Staat Entscheidungen, die nach Inkrafttreten des vorliegenden Übereinkommens aufgrund einer vor diesem Inkrafttreten erhobenen Klage ergangen sind, nach Maßgabe des Titels III des Übereinkommens von 1968 in der Fassung des Übereinkommens von 1978 und des vorliegenden Übereinkommens anerkannt und zur Zwangsvollstreckung zugelassen, wenn das Gericht aufgrund von Vorschriften zuständig war, die mit Titel II des Übereinkommens von 1968 in seiner geänderten Fassung oder mit einem Abkommen, das zu dem Zeitpunkt, zu dem die Klage erhoben wurde, zwischen dem Ursprungsstaat und dem ersuchten Staat in Kraft war, übereinstimmen."
Das Beitrittsübereinkommen von 1989 enthält in seinem Titel VI die folgenden Übergangsbestimmungen:
„Artikel 29
(1) Das Übereinkommen von 1968 und das Protokoll von 1971 in der Fassung des Übereinkommens von 1978, des Übereinkommens von 1982 und des vorliegenden Übereinkommens sind nur auf solche Klagen und öffentlichen Urkunden anzuwenden, die erhoben oder aufgenommen worden sind, nachdem das vorliegende Übereinkommen im Ursprungsstaat und, wenn die Anerkennung oder Vollstreckung einer Entscheidung oder Urkunde geltend gemacht wird, im ersuchten Staat in Kraft getreten ist.
(2) Entscheidungen, die nach dem Inkrafttreten dieses Übereinkommens zwischen dem Ursprungsstaat und dem ersuchten Staat aufgrund einer vor diesem Inkrafttreten erhobenen Klage ergangen sind, werden nach Maßgabe des Titels III des Übereinkommens von 1968 in der Fassung des Übereinkommens von 1978, des Übereinkommens von 1982 und des vorliegenden Übereinkommens anerkannt und zur Zwangsvollstreckung zugelassen, vorausgesetzt, daß das Gericht aufgrund von Vorschriften zuständig war, die mit den Zuständigkeitsvorschriften des Titels II des Übereinkommens von 1968 in seiner geänderten Fassung oder eines Abkommens übereinstimmen, das im Zeitpunkt der Klageerhebung zwischen dem Ursprungsstaat und dem Staat, in dem die Entscheidung geltend gemacht wird, in Kraft war."
Das Beitrittsübereinkommen von 1996 enthält in Titel V folgende Übergangsvorschriften:
„(1) Das Übereinkommen von 1968 und das Protokoll von 1971 in der Fassung des Übereinkommens von 1978, des Übereinkommens von 1982, des Übereinkommens von 1989 und des vorliegenden Übereinkommens sind nur auf solche Klagen und öffentlichen Urkunden anzuwenden, die erhoben oder aufgenommen worden sind, nachdem das vorliegende Übereinkommen im Ursprungsstaat und, wenn die Anerkennung oder Vollstreckung einer Entscheidung oder Urkunde geltend gemacht wird, im ersuchten Staat in Kraft getreten ist.
(2) Entscheidungen, die nach dem Inkrafttreten dieses Übereinkommens zwischen dem Ursprungsstaat und dem ersuchten Staat aufgrund einer vor diesem Inkrafttreten erhobenen Klage ergangen sind, werden nach Maßgabe des Titels III des Übereinkommens von 1968 in der Fassung des Übereinkommens von 1978, des Übereinkommens von 1982, des

Rechtsvorschriften Irlands oder eines Teils des Vereinigten Königreichs anzuwenden, so sind die Gerichte in Irland oder in diesem Teil des Vereinigten Königreichs weiterhin befugt, über diesen Streitfall zu entscheiden[58].

Artikel 54a[59]
Während einer Zeit von drei Jahren, vom 1. November 1986 an für Dänemark und vom 1. Juni 1988 an für Irland, bestimmt sich die Zuständigkeit in Seerechtssachen in jedem dieser Staaten neben den Vorschriften des Titels II auch nach den in den folgenden Nummern 1 bis 6 aufgeführten Vorschriften. Diese Vorschriften werden von dem Zeitpunkt an in diesen Staaten nicht mehr angewandt, zu dem für diese Staaten das in Brüssel am 10. Mai 1952 unterzeichnete Internationale Übereinkommen zur Vereinheitlichung von Regeln über den Arrest von Seeschiffen in Kraft tritt.
1. Eine Person, die ihren Wohnsitz im Hoheitsgebiet eines Vertragsstaats hat, kann vor den Gerichten eines der obengenannten Staaten wegen einer Seeforderung verklagt werden, wenn das Schiff, auf welches sich die Seeforderung bezieht, oder ein anderes Schiff im Eigentum dieser Person in einem gerichtsförmlichen Verfahren innerhalb des Hoheitsgebiets des letzteren Staates zur Sicherung der Forderung mit Arrest belegt worden ist oder dort mit Arrest hätte belegt werden können, jedoch dafür eine Bürgschaft oder eine andere Sicherheit geleistet worden ist,
a) wenn der Gläubiger seinen Wohnsitz in dem Hoheitsgebiet dieses Staates hat;
b) wenn die Seeforderung in diesem Staat entstanden ist;
c) wenn die Seeforderung im Verlauf der Reise entstanden ist, während deren der Arrest vollzogen worden ist oder hätte vollzogen werden können;
d) wenn die Seeforderung auf einem Zusammenstoß oder auf einem Schaden beruht, den ein Schiff einem anderen Schiff oder Gütern oder Personen an Bord eines der Schiffe entweder durch die Ausführung oder Nichtausführung eines Manövers oder durch die Nichtbeachtung von Vorschriften zugefügt hat;
e) wenn die Seeforderung auf Hilfeleistung oder Bergung beruht oder
f) wenn die Seeforderung durch eine Schiffshypothek oder ein sonstiges vertragliches Pfandrecht an dem Schiff gesichert ist, das mit Arrest belegt wurde.

Übereinkommens von 1989 und des vorliegenden Übereinkommens anerkannt und zur Zwangsvollstreckung zugelassen, vorausgesetzt, daß das Gericht aufgrund von Vorschriften zuständig war, die mit den Zuständigkeitsvorschriften des Titels II des Übereinkommens von 1968 in seiner geänderten Fassung oder eines Abkommens übereinstimmen, das im Zeitpunkt der Klageerhebung zwischen dem Ursprungsstaat und dem Staat, in dem die Entscheidung geltend gemacht wird, in Kraft war."
[58] Dieser Absatz ersetzt Artikel 35 des Titels V des Beitrittsübereinkommens von 1978, der durch Artikel 1 Absatz 2 des Beitrittsübereinkommens von 1982 auf die Griechische Republik erstreckt worden ist. Gemäß Artikel 28 des Beitrittsübereinkommens von 1989 sind diese beiden Vorschriften gestrichen worden.
[59] Dieser Artikel wurde gemäß Artikel 17 des Beitrittsübereinkommens von 1989 eingefügt. Er entspricht Artikel 36 des Titels V des Beitrittsübereinkommens von 1978, der gemäß Artikel 1 Absatz 2 des Beitrittsübereinkommens von 1982 auf die Griechische Republik erstreckt worden war. Gemäß Artikel 28 des Beitrittsübereinkommens von 1989 sind diese beiden Vorschriften gestrichen worden.

2. Ein Gläubiger kann sowohl das Schiff, auf das sich die Seeforderung bezieht, als auch jedes andere Schiff, das demjenigen gehört, der im Zeitpunkt des Entstehens der Seeforderung Eigentümer jenes Schiffes war, mit Arrest belegen lassen. Jedoch kann nur das Schiff, auf das sich die Seeforderung bezieht, wegen einer der in Nummer 5 Buchstaben o), p) oder q) aufgeführten Ansprüche und Rechte mit Arrest belegt werden.

3. Schiffe gelten als demselben Eigentümer gehörend, wenn alle Eigentumsanteile derselben Person oder denselben Personen zustehen.

4. Ist bei der Überlassung des Gebrauchs eines Schiffes die Schiffsführung dem Ausrüster unterstellt und schuldet dieser allein eine dieses Schiff betreffende Seeforderung, so kann der Gläubiger dieses Schiff oder jedes andere dem Ausrüster gehörende Schiff mit Arrest belegen lassen; jedoch kann kein anderes Schiff des Schiffseigners aufgrund derselben Seeforderung mit Arrest belegt werden. Entsprechendes gilt in allen Fällen, in denen eine andere Person als der Schiffseigner Schuldner einer Seeforderung ist.

5. „Seeforderung" bezeichnet ein Recht oder einen Anspruch, das oder der aus einem oder mehreren der folgenden Entstehungsgründen geltend gemacht wird:

a) Schäden, die durch ein Schiff durch Zusammenstoß oder in anderer Weise verursacht sind;

b) Tod oder Gesundheitsschäden, die durch ein Schiff verursacht sind oder die auf den Betrieb eines Schiffes zurückgehen;

c) Bergung und Hilfeleistung;

d) nach Maßgabe einer Charterpartie oder auf andere Weise abgeschlossene Nutzungs- oder Mietverträge über ein Schiff;

e) nach Maßgabe einer Charterpartie oder eines Konnossements oder auf andere Weise abgeschlossene Verträge über die Beförderung von Gütern mit einem Schiff;

f) Verlust oder Beschädigung von zu Schiff beförderten Gütern einschließlich des Gepäcks;

g) große Havarie;

h) Bodmerei;

i) Schleppdienste;

j) Lotsendienste;

k) Lieferung von Gütern oder Ausrüstungsgegenständen an ein Schiff, gleichviel an welchem Ort, im Hinblick auf seinen Einsatz oder seine Instandhaltung;

l) Bau, Reparatur oder Ausrüstung eines Schiffes sowie Hafenabgaben;

m) Gehalt oder Heuer der Kapitäne, Schiffsoffiziere und Besatzungsmitglieder;

n) Auslagen des Kapitäns und der Ablader, Befrachter und Beauftragten für Rechnung des Schiffes oder seines Eigentümers;

o) Streitigkeiten über das Eigentum an einem Schiff;

p) Streitigkeiten zwischen Miteigentümern eines Schiffes über das Eigentum, den Besitz, den Einsatz oder die Erträgnisse dieses Schiffes;

q) Schiffshypotheken und sonstige vertragliche Pfandrechte an einem Schiff.

6. In Dänemark ist als „Arrest" für die in Nummer 5 Buchstaben o) und p) genannten Seeforderungen der forbud anzusehen, soweit hinsichtlich einer solchen Seeforderung nur ein forbud nach den §§ 646 bis 653 der Zivilprozessordnung (Lov om rettens pleje) zulässig ist.

TITEL VII. VERHÄLTNIS ZU ANDEREN ABKOMMEN

Artikel 55

Dieses Übereinkommen ersetzt unbeschadet der Vorschriften des Artikels 54 Absatz 2 und des Artikels 56 die nachstehenden zwischen zwei oder mehreren Vertragsstaaten geschlossenen Abkommen:

– das am 8. Juli 1899 in Paris unterzeichnete belgisch-französische Abkommen über die gerichtliche Zuständigkeit, die Anerkennung und die Vollstreckung von gerichtlichen Entscheidungen, Schiedssprüchen und öffentlichen Urkunden;

– das am 28. März 1925 in Brüssel unterzeichnete belgisch-niederländische Abkommen über die Zuständigkeit der Gerichte, den Konkurs sowie die Anerkennung und die Vollstreckung von gerichtlichen Entscheidungen, Schiedssprüchen und öffentlichen Urkunden;

– das am 3. Juni 1930 in Rom unterzeichnete französisch-italienische Abkommen über die Vollstreckung gerichtlicher Urteile in Zivil- und Handelssachen;

– das am 18. Januar 1934 in Paris unterzeichnete britisch-französische Abkommen über die gegenseitige Vollstreckung gerichtlicher Entscheidungen in Zivil- und Handelssachen mit Protokoll[60];

– das am 2. Mai 1934 in Brüssel unterzeichnete britisch-belgische Abkommen über die gegenseitige Vollstreckung gerichtlicher Entscheidungen in Zivil- und Handelssachen mit Protokoll[61];

– das am 9. März 1936 in Rom unterzeichnete deutsch-italienische Abkommen über die Anerkennung und Vollsteckung gerichtlicher Entscheidungen in Zivil- und Handelssachen;

– das am 25. Oktober 1957 in Wien unterzeichnete belgisch-österreichische Abkommen über die gegenseitige Anerkennung und Vollstreckung von gerichtlichen Entscheidungen und öffentlichen Urkunden betreffend Unterhaltsverpflichtungen[62];

– das am 30. Juni 1958 in Bonn unterzeichnete deutsch-belgische Abkommen über die gegenseitige Anerkennung und Vollstreckung von gerichtlichen Entscheidungen, Schiedssprüchen und öffentlichen Urkunden in Zivil- und Handelssachen;

– das am 17. April 1959 in Rom unterzeichnete niederländisch-italienische Abkommen über die Anerkennung und Vollstreckung gerichtlicher Entscheidungen in Zivil- und Handelssachen;

– den am 6. Juni 1959 in Wien unterzeichneten deutsch-österreichischen Vertrag über die gegenseitige Anerkennung und Vollstreckung von gerichtlichen Entscheidungen, Vergleichen und öffentlichen Urkunden in Zivil- und Handelssachen[63];

– das am 16. Juni 1959 in Wien unterzeichnete belgisch-österreichische Abkommen über die gegenseitige Anerkennung und Vollstreckung von gerichtlichen Entscheidungen, Schiedssprüchen und öffentlichen Urkunden auf dem Gebiet des Zivil- und Handelsrechts[64];

---

[60] Gedankenstrich eingefügt gemäß Artikel 24 des Beitrittsübereinkommens von 1978.
[61] Gedankenstrich eingefügt gemäß Artikel 24 des Beitrittsübereinkommens von 1978.
[62] Gedankenstrich eingefügt gemäß Artikel 7 des Beitrittsübereinkommens von 1996.
[63] Gedankenstrich eingefügt gemäß Artikel 7 des Beitrittsübereinkommens von 1996.
[64] Gedankenstrich eingefügt gemäß Artikel 7 des Beitrittsübereinkommens von 1996.

– das am 14. Juli 1960 in Bonn unterzeichnete deutsch-britische Abkommen über die gegenseitige Anerkennung und Vollstreckung von gerichtlichen Entscheidungen in Zivil- und Handelssachen[65];
– den am 14. Juli 1961 in Wien unterzeichneten britisch-österreichischen Vertrag über die gegenseitige Anerkennung und Vollstreckung gerichtlicher Entscheidungen in Zivil- und Handelssachen und das am 6. März 1970 in London unterzeichnete Protokoll[66];
– den am 4. November 1961 in Athen unterzeichneten Vertrag zwischen der Bundesrepublik Deutschland und dem Königreich Griechenland über die gegenseitige Anerkennung und Vollstreckung von gerichtlichen Entscheidungen, Vergleichen und öffentlichen Urkunden in Zivil- und Handelssachen[67];
– das am 6. April 1962 in Rom unterzeichnete belgisch-italienische Abkommen über die Anerkennung und Vollstreckung von gerichtlichen Entscheidungen und anderen vollstreckbaren Titeln in Zivil- und Handelssachen;
– den am 30. August 1962 in Den Haag unterzeichneten deutsch-niederländischen Vertrag über gegenseitige Anerkennung und Vollstreckung gerichtlicher Entscheidungen und anderer Schuldtitel in Zivil- und Handelssachen;
– das am 6. Februar 1963 in Den Haag unterzeichnete niederländisch-österreichische Abkommen über die gegenseitige Anerkennung und Vollstreckung von gerichtlichen Entscheidungen und öffentlichen Urkunden auf dem Gebiet des Zivil- und Handelsrechts[68];
– das am 15. Juli 1966 in Wien unterzeichnete französisch-österreichische Abkommen über die Anerkennung und die Vollstreckung von gerichtlichen Entscheidungen und öffentlichen Urkunden auf dem Gebiet des Zivil- und Handelsrechts[69];
– das am 7. Februar 1964 in Rom unterzeichnete britisch-italienische Abkommen über die gegenseitige Anerkennung und Vollstreckung gerichtlicher Entscheidungen in Zivil- und Handelssachen und das am 14. Juli 1970 in Rom unterzeichnete Zusatzprotokoll[70];
– das am 17. November 1967 in Den Haag unterzeichnete britisch-niederländische Abkommen über die gegenseitige Anerkennung und Vollstreckung gerichtlicher Entscheidungen in Zivilsachen[71];
– das am 28. Mai 1969 in Paris unterzeichnete französisch-spanische Abkommen über die Anerkennung und Vollstreckung von gerichtlichen Entscheidungen und Schiedssprüchen in Zivil- und Handelssachen[72];
– das am 29. Juli 1971 in Luxemburg unterzeichnete luxemburgisch-österreichische Abkommen über die Anerkennung und die Vollstreckung von gerichtlichen Entscheidungen und öffentlichen Urkunden auf dem Gebiet des Zivil- und Handelsrechts[73];

---

[65] Gedankenstrich eingefügt gemäß Artikel 24 des Beitrittsübereinkommens von 1978.
[66] Gedankenstrich eingefügt gemäß Artikel 7 des Beitrittsübereinkommens von 1996.
[67] Gedankenstrich eingefügt gemäß Artikel 8 des Beitrittsübereinkommens von 1982.
[68] Gedankenstrich eingefügt gemäß Artikel 7 des Beitrittsübereinkommens von 1996.
[69] Gedankenstrich eingefügt gemäß Artikel 7 des Beitrittsübereinkommens von 1996.
[70] Gedankenstrich eingefügt gemäß Artikel 24 des Beitrittsübereinkommens von 1978.
[71] Gedankenstrich eingefügt gemäß Artikel 24 des Beitrittsübereinkommens von 1978.
[72] Gedankenstrich eingefügt gemäß Artikel 18 des Beitrittsübereinkommens von 1989.

1. b) EuGVÜ

– das am 16. November 1971 in Rom unterzeichnete italienisch-österreichische Abkommen über die Anerkennung und Vollstreckung von gerichtlichen Entscheidungen in Zivil- und Handelssachen, von gerichtlichen Vergleichen und von Notariatsakten[74];
– das am 22. Mai 1973 in Madrid unterzeichnete italienisch-spanische Abkommen über die Rechtshilfe und die Anerkennung und Vollstreckung gerichtlicher Entscheidungen in Zivil- und Handelssachen[75];
– das am 11. Oktober 1977 in Kopenhagen unterzeichnete Übereinkommen zwischen Dänemark, Finnland, Island, Norwegen und Schweden über die Anerkennung und Vollstreckung gerichtlicher Entscheidungen in Zivilsachen[76];
– das am 16. September 1982 in Stockholm unterzeichnete österreichisch-schwedische Abkommen über die Anerkennung und die Vollstreckung von Entscheidungen in Zivilsachen[77];
– den am 14. November 1983 in Bonn unterzeichneten deutsch-spanischen Vertrag über die Anerkennung und Vollstreckung von gerichtlichen Entscheidungen und Vergleichen sowie vollstreckbaren öffentlichen Urkunden in Zivil- und Handelssachen[78];
– das am 17. Februar 1984 in Wien unterzeichnete österreichisch-spanische Abkommen über die Anerkennung und die Vollstreckung von gerichtlichen Entscheidungen, Vergleichen und vollstreckbaren öffentlichen Urkunden in Zivil- und Handelssachen[79];
– das am 17. November 1986 in Wien unterzeichnete finnisch-österreichische Abkommen über die Anerkennung und die Vollstreckung von Entscheidungen in Zivilsachen[80];
und, sofern er in Kraft getreten ist,
– den am 24. November 1961 in Brüssel unterzeichneten belgisch-niederländisch-luxemburgischen Vertrag über die gerichtliche Zuständigkeit, den Konkurs, die Anerkennung und die Vollstreckung von gerichtlichen Entscheidungen, Schiedssprüchen und öffentlichen Urkunden.

Artikel 56[81]
Die in Artikel 55 angeführten Abkommen und Verträge behalten ihre Wirksamkeit für die Rechtsgebiete, auf die dieses Übereinkommen nicht anzuwenden ist. Sie bleiben auch weiterhin für die Entscheidungen und die öffentlichen Urkunden wirksam, die vor Inkrafttreten dieses Übereinkommens ergangen oder aufgenommen sind.

---

[73] Gedankenstrich eingefügt gemäß Artikel 7 des Beitrittsübereinkommens von 1996.
[74] Gedankenstrich eingefügt gemäß Artikel 7 des Beitrittsübereinkommens von 1996.
[75] Gedankenstrich eingefügt gemäß Artikel 18 des Beitrittsübereinkommens von 1989.
[76] Gedankenstrich eingefügt gemäß Artikel 7 des Beitrittsübereinkommens von 1996.
[77] Gedankenstrich eingefügt gemäß Artikel 7 des Beitrittsübereinkommens von 1996.
[78] Gedankenstrich eingefügt gemäß Artikel 18 des Beitrittsübereinkommens von 1989.
[79] Gedankenstrich eingefügt gemäß Artikel 7 des Beitrittsübereinkommens von 1996.
[80] Gedankenstrich eingefügt gemäß Artikel 7 des Beitrittsübereinkommens von 1996.
[81] Redaktionelle Anpassung des deutschen Wortlauts gemäß Anhang I Buchstabe b) Nummer 30 des Beitrittsübereinkommens von 1989.

Artikel 57
(1) Dieses Übereinkommen lässt Übereinkommen unberührt, denen die Vertragsstaaten angehören oder angehören werden und die für besondere Rechtsgebiete die gerichtliche Zuständigkeit, die Anerkennung oder die Vollstreckung von Entscheidungen regeln[82].

(2) Um eine einheitliche Auslegung des Absatzes 1 zu sichern, wird dieser Absatz in folgender Weise angewandt:
a) Dieses Übereinkommen schließt nicht aus, dass ein Gericht eines Vertragsstaats, der Vertragspartei eines Übereinkommens über ein besonderes Rechtsgebiet ist, seine Zuständigkeit auf ein solches Übereinkommen stützt, und zwar auch dann, wenn der Beklagte seinen Wohnsitz in dem Hoheitsgebiet eines Vertragsstaats hat, der nicht Vertragspartei eines solchen Übereinkommens ist. In jedem Fall wendet dieses Gericht Artikel 20 des vorliegenden Übereinkommens an.
b) Entscheidungen, die in einem Vertragsstaat von einem Gericht erlassen worden sind, das seine Zuständigkeit auf ein Übereinkommen über ein besonderes Rechtsgebiet gestützt hat, werden in den anderen Vertragsstaaten nach dem vorliegenden Übereinkommen anerkannt und vollstreckt.
Sind der Ursprungsstaat und der ersuchte Staat Vertragsparteien eines Übereinkommens über ein besonderes Rechtsgebiet, welches die Voraussetzungen für die Anerkennung und Vollstreckung von Entscheidungen regelt, so gelten diese Voraussetzungen. In jedem Fall können die Bestimmungen des vorliegenden Übereinkommens über das Verfahren zur Anerkennung und Vollstreckung von Entscheidungen angewandt werden[83].
(3) Dieses Übereinkommen berührt nicht die Anwendung der Bestimmungen, die für besondere Rechtsgebiete die gerichtliche Zuständigkeit oder die Anerkennung oder Vollstreckung von Entscheidungen regeln und in Rechtsakten der Organe der Europäischen Gemeinschaften oder in dem in Ausführung dieser Akte harmonisierten einzelstaatlichen Recht enthalten sind[84].

Artikel 58[85]
Bis zum Inkrafttreten des am 16. September 1988 in Lugano unterzeichneten Übereinkommens über die gerichtliche Zuständigkeit und die Vollstreckung gerichtlicher Entscheidungen in Zivil- und Handelssachen für Frankreich und die Schweizerische Eidgenossenschaft berührt das vorliegende Übereinkommen nicht die Rechte, die schweizerischen Staatsangehörigen aufgrund des am 15. Juni 1869 in Paris unterzeichneten Abkommens zwischen Frankreich und der Schweizerischen Eidgenossenschaft über die gerichtliche Zuständigkeit und die Vollstreckung von Urteilen in Zivilsachen zustehen.

---

[82] Absatz 1 geändert gemäß Artikel 25 Absatz 1 des Beitrittsübereinkommens von 1978 und Artikel 19 des Beitrittsübereinkommens von 1989.
[83] Absatz 2 angefügt gemäß Artikel 19 des Beitrittsübereinkommens von 1989. Dieser Absatz entspricht Artikel 25 Absatz 2 des Beitrittsübereinkommens von 1978, der gemäß Artikel 1 Absatz 2 des Beitrittsübereinkommens von 1982 auf die Griechische Republik erstreckt worden war. Gemäß Artikel 28 des Beitrittsübereinkommens von 1989 sind diese beiden Vorschriften gestrichen worden.
[84] Absatz angefügt gemäß Artikel 25 Absatz 1 des Beitrittsübereinkommens von 1978.
[85] Wortlaut geändert gemäß Artikel 20 des Beitrittsübereinkommens von 1989.

1. b) EuGVÜ

Artikel 59

Dieses Übereinkommen hindert einen Vertragsstaat nicht, sich gegenüber einem dritten Staat im Rahmen eines Abkommens über die Anerkennung und Vollstreckung von Urteilen zu verpflichten, Entscheidungen der Gerichte eines anderen Vertragsstaats gegen Beklagte, die ihren Wohnsitz oder gewöhnlichen Aufenthalt in dem Hoheitsgebiet des dritten Staates haben, nicht anzuerkennen, wenn die Entscheidungen in den Fällen des Artikels 4 nur in einem der in Artikel 3 Absatz 2 angeführten Gerichtsstände ergehen können.

Kein Vertragsstaat kann sich jedoch gegenüber einem dritten Staat verpflichten, eine Entscheidung nicht anzuerkennen, die in einem anderen Vertragsstaat durch ein Gericht gefällt wurde, dessen Zuständigkeit auf das Vorhandensein von Vermögenswerten des Beklagten in diesem Staat oder die Beschlagnahme von dort vorhandenem Vermögen durch den Kläger gegründet ist,

1. wenn die Klage erhoben wird, um Eigentums- oder Inhaberrechte hinsichtlich dieses Vermögens festzustellen oder anzumelden oder um Verfügungsgewalt darüber zu erhalten, oder wenn die Klage sich aus einer anderen Streitsache im Zusammenhang mit diesem Vermögen ergibt, oder

2. wenn das Vermögen die Sicherheit für einen Anspruch darstellt, der Gegenstand des Verfahrens ist[86].

TITEL VIII. SCHLUSSVORSCHRIFTEN

Artikel 60

...[87]

Artikel 61[88]

Dieses Übereinkommen bedarf der Ratifizierung durch die Unterzeichnerstaaten. Die Ratifikationsurkunden werden beim Generalsekretär des Rates der Europäischen Gemeinschaften hinterlegt.

---

[86] Absatz 2 eingefügt gemäß Artikel 26 des Beitrittsübereinkommens von 1978.

[87] Gemäß Artikel 21 des Beitrittsübereinkommens von 1989 ist Artikel 60 in der Fassung gemäß Artikel 27 des Beitrittsübereinkommens von 1978 gestrichen worden.

[88] Die Ratifizierung der Beitrittsübereinkommen von 1978 und 1982 war in Artikel 38 bzw. Artikel 14 dieser Übereinkommen geregelt. Die Ratifizierung des Beitrittsübereinkommens von 1989 ist in Artikel 31 desselben Übereinkommens geregelt, der wie folgt lautet:
„Artikel 31
Dieses Übereinkommen bedarf der Ratifikation durch die Unterzeichnerstaaten. Die Ratifikationsurkunden werden beim Generalsekretär des Rates der Europäischen Gemeinschaften hinterlegt."
Die Ratifizierung des Beitrittsübereinkommens von 1996 ist in Artikel 15 desselben Übereinkommens geregelt, der wie folgt lautet:
„Artikel 15
Dieses Übereinkommen bedarf der Ratifikation durch die Unterzeichnerstaaten. Die Ratifikationsurkunden werden beim Generalsekretär des Rates der Europäischen Union hinterlegt."

Artikel 62[89]

Dieses Übereinkommen tritt am ersten Tag des dritten Monats in Kraft, der auf die Hinterlegung der Ratifikationsurkunde durch denjenigen Unterzeichnerstaat folgt, der diese Förmlichkeit als letzter vornimmt.

Artikel 63

Die Vertragsstaaten bekräftigen, dass jeder Staat, der Mitglied der Europäischen Wirtschaftsgemeinschaft wird, verpflichtet ist, sein Einverständnis damit zu erklären, dass dieses Übereinkommen den Verhandlungen zwischen den Vertragsstaaten und diesem Staat zugrunde gelegt wird, die erforderlich werden, um die Ausführung des Artikels 220 letzter Absatz des Vertrages zur Gründung der Europäischen Wirtschaftsgemeinschaft sicherzustellen.

Die erforderlichen Anpassungen können Gegenstand eines besonderen Übereinkommens zwischen den Vertragsstaaten einerseits und diesem Staat andererseits sein.

Artikel 64[90]

Der Generalsekretär des Rates der Europäischen Gemeinschaften notifiziert den Unterzeichnerstaaten:

---

[89] Das Inkrafttreten der Beitrittsübereinkommen von 1978 und 1982 war in Artikel 39 bzw. Artikel 15 dieser Übereinkommen geregelt. Das Inkrafttreten des Beitrittsübereinkommens von 1989 ist in Artikel 32 desselben Übereinkommens geregelt, der wie folgt lautet:
„Artikel 32
(1) Dieses Übereinkommen tritt am ersten Tag des dritten Monats in Kraft, der auf den Tag folgt, an dem zwei Unterzeichnerstaaten, von denen einer das Königreich Spanien oder die Portugiesische Republik ist, ihre Ratifikationsurkunden hinterlegt haben.
(2) Für jeden anderen Unterzeichnerstaat tritt das Übereinkommen am ersten Tag des dritten Monats in Kraft, der auf die Hinterlegung seiner Ratifikationsurkunde folgt."
Das Inkrafttreten des Beitrittsübereinkommens von 1996 ist in Artikel 16 desselben Übereinkommens geregelt, der wie folgt lautet:
„Artikel 16
(1) Dieses Übereinkommen tritt am ersten Tag des dritten Monats in Kraft, der auf den Tag folgt, an dem zwei Unterzeichnerstaaten, von denen einer die Republik Österreich, die Republik Finnland oder das Königreich Schweden ist, ihre Ratifikationsurkunden hinterlegt haben.
(2) Für jeden anderen Unterzeichnerstaat tritt dieses Übereinkommen am ersten Tag des dritten Monats in Kraft, der auf die Hinterlegung seiner Ratifikationsurkunde folgt."

[90] Die Notifikationen betreffend die Beitrittsübereinkommen von 1978 und 1982 waren in Artikel 40 bzw. Artikel 16 dieser Übereinkommen geregelt. Die Notifikationen betreffend das Beitrittsübereinkommen von 1989 sind in Artikel 33 desselben Übereinkommens geregelt, der wie folgt lautet:
„Artikel 33
Der Generalsekretär des Rates der Europäischen Gemeinschaften notifiziert den Unterzeichnerstaaten:
a) die Hinterlegung jeder Ratifikationsurkunde;
b) die Tage, an denen dieses Übereinkommen für die Vertragsstaaten in Kraft tritt."
Die Notifikation betreffend das Beitrittsübereinkommen von 1996 ist in Artikel 17 desselben Übereinkommens geregelt, der wie folgt lautet:
„Artikel 17
Der Generalsekretär des Rates der Europäischen Union notifiziert den Unterzeichnerstaaten
a) die Hinterlegung jeder Ratifikationsurkunde;
b) die Tage, an denen dieses Übereinkommen für die Vertragsstaaten in Kraft tritt."

1. b) EuGVÜ

a) die Hinterlegung jeder Ratifikationsurkunde;
b) den Tag, an dem dieses Übereinkommen in Kraft tritt;
c) ...[91]
d) die gemäß Artikel IV des Protokolls eingegangenen Erklärungen;
e) die Mitteilungen gemäß Artikel VI des Protokolls.

Artikel 65
Das diesem Übereinkommen im gegenseitigen Einvernehmen der Vertragsstaaten beigefügte Protokoll ist Bestandteil dieses Übereinkommens.

Artikel 66
Dieses Übereinkommen gilt auf unbegrenzte Zeit.

Artikel 67
Jeder Vertragsstaat kann eine Revision dieses Übereinkommens beantragen. In diesem Fall beruft der Präsident des Rates der Europäischen Gemeinschaften eine Revisionskonferenz ein.

Artikel 68[92]
Dieses Übereinkommen ist in einer Urschrift in deutscher, französischer, italienischer und niederländischer Sprache abgefasst, wobei jeder Wortlaut gleicherma-

---

[91] Gemäß Artikel 22 des Beitrittsübereinkommens von 1989 ist Buchstabe c) in der Fassung des Artikels 28 des Beitrittsübereinkommens von 1978 gestrichen worden.

[92] Die Aufzählung der verbindlichen Wortlaute ergibt sich aus folgenden Bestimmungen:
– hinsichtlich des Beitrittsübereinkommens von 1978 aus Artikel 41, der wie folgt lautet:
„Artikel 41
Dieses Übereinkommen ist in einer Urschrift in dänischer, deutscher, englischer, französischer, irischer, italienischer und niederländischer Sprache abgefaßt, wobei jeder Wortlaut gleichermaßen verbindlich ist; es wird im Archiv des Sekretariats des Rates der Europäischen Gemeinschaften hinterlegt. Der Generalsekretär übermittelt der Regierung jedes Unterzeichnerstaats eine beglaubigte Abschrift.";
– hinsichtlich des Beitrittsübereinkommens von 1982 aus Artikel 17, der wie folgt lautet:
„Artikel 17
Dieses Übereinkommen ist in einer Urschrift in dänischer, deutscher, englischer, französischer, griechischer, irischer, italienischer und niederländischer Sprache abgefaßt, wobei jeder Wortlaut gleichermaßen verbindlich ist; es wird im Archiv des Generalsekretariats des Rates der Europäischen Gemeinschaften hinterlegt. Der Generalsekretär übermittelt der Regierung jedes Unterzeichnerstaats eine beglaubigte Abschrift.";
– hinsichtlich des Beitrittsübereinkommens von 1989 aus Artikel 34, der wie folgt lautet:
„Artikel 34
Dieses Übereinkommen ist in einer Urschrift in dänischer, deutscher, englischer, französischer, griechischer, irischer, italienischer, niederländischer, portugiesischer und spanischer Sprache abgefaßt, wobei jeder Wortlaut gleichermaßen verbindlich ist; es wird im Archiv des Generalsekretariats des Rates der Europäischen Gemeinschaften hinterlegt. Der Generalsekretär übermittelt der Regierung jedes Unterzeichnerstaats eine beglaubigte Abschrift.";
– hinsichtlich des Beitrittsübereinkommens von 1996 aus Artikel 18, der wie folgt lautet:
„Artikel 18
Dieses Übereinkommen ist in einer Urschrift in dänischer, deutscher, englischer, finnischer, französischer, griechischer, irischer, italienischer, niederländischer, portugiesischer, schwe-

ßen verbindlich ist; es wird im Archiv des Sekretariats des Rates der Europäischen Gemeinschaften hinterlegt; der Generalsekretär übermittelt der Regierung jedes Unterzeichnerstaats eine beglaubigte Abschrift[93].

---

discher und spanischer Sprache abgefaßt, wobei jeder Wortlaut gleichermaßen verbindlich ist; es wird im Archiv des Generalsekretariats des Rates der Europäischen Union hinterlegt. Der Generalsekretär übermittelt der Regierung jedes Unterzeichnerstaats eine beglaubigte Abschrift."

[93] Die Erstellung der verbindlichen Wortlaute des Übereinkommens von 1968 in den Amtssprachen der Beitrittsmitgliedstaaten ergibt sich:
– hinsichtlich des Beitrittsübereinkommens von 1978 aus Artikel 37, der wie folgt lautet:
„Artikel 37
Der Generalsekretär des Rates der Europäischen Gemeinschaften übermittelt den Regierungen des Königreichs Dänemark, Irlands und des Vereinigten Königreichs Großbritannien und Nordirland je eine beglaubigte Abschrift des Übereinkommens von 1968 und des Protokolls von 1971 in deutscher, französischer, italienischer und niederländischer Sprache.
Der Wortlaut des Übereinkommens von 1968 und des Protokolls von 1971 in dänischer, englischer und irischer Sprache ist diesem Übereinkommen beigefügt. Der Wortlaut in dänischer, englischer und irischer Sprache ist gleichermaßen verbindlich wie der ursprüngliche Wortlaut des Übereinkommens von 1968 und des Protokolls von 1971.";
– hinsichtlich des Beitrittsübereinkommens von 1982 aus Artikel 13, der wie folgt lautet:
„Artikel 13
Der Generalsekretär des Rates der Europäischen Gemeinschaften übermittelt der Regierung der Republik Griechenland je eine beglaubigte Abschrift des Übereinkommens von 1968, des Protokolls von 1971 und des Übereinkommens von 1978 in dänischer, deutscher, englischer, französischer, irischer, italienischer und niederländischer Sprache.
Der Wortlaut des Übereinkommens von 1968, des Protokolls von 1971 und des Übereinkommens von 1978 in griechischer Sprache ist dem vorliegenden Übereinkommen beigefügt. Der Wortlaut in griechischer Sprache ist gleichermaßen verbindlich wie die anderen Texte des Übereinkommens von 1968, des Protokolls von 1971 und des Übereinkommens von 1978.";
– hinsichtlich des Beitrittsübereinkommens von 1989 aus Artikel 30, der wie folgt lautet:
„Artikel 30
(1) Der Generalsekretär des Rates der Europäischen Gemeinschaften übermittelt der Regierung des Königreichs Spanien und der Regierung der Portugiesischen Republik je eine beglaubigte Abschrift des Übereinkommens von 1968, des Protokolls von 1971, des Übereinkomenns von 1978 und des Übereinkommens von 1982 in dänischer, deutscher, englischer, französischer, griechischer, irischer, italienischer und niederländischer Sprache.
(2) Der Wortlaut des Übereinkommens von 1968, des Protokolls von 1971, des Übereinkommens von 1978 und des Übereinkommens von 1982 in spanischer und portugiesischer Sprache ist in den Anhängen II, III, IV und V dem vorliegenden Übereinkommens enthalten. Der Wortlaut in spanischer und portugiesischer Sprache ist gleichermaßen verbindlich wie die anderen Wortlaute des Übereinkommens von 1968, des Protokolls von 1971, des Übereinkommens von 1978 und des Übereinkommens von 1982.";
– hinsichtlich des Beitrittsübereinkommens von 1996 aus Artikel 14, der wie folgt lautet:
„Artikel 14
(1) Der Generalsekretär des Rates der Europäischen Union übermittelt den Regierungen der Republik Österreich, der Republik Finnland und des Königreichs Schweden eine beglaubigte Abschrift des Übereinkommens von 1968, des Protokolls von 1971, des Übereinkommens von 1978, des Übereinkommens von 1982 und des Übereinkommens von 1989 in dänischer, deutscher, englischer, französischer, griechischer, irischer, italienischer, niederländischer, portugiesischer und spanischer Sprache.

1. b) EuGVÜ

Zu Urkund dessen haben die unterzeichneten Bevollmächtigten ihre Unterschrift unter dieses Übereinkommen gesetzt.[94]

---

(2) Der Wortlaut des Übereinkommens von 1968, des Protokolls von 1971, des Übereinkommens von 1978, des Übereinkommens von 1982 und des Übereinkommens von 1989 in finnischer und schwedischer Sprache ist gleichermaßen verbindlich wie die anderen Wortlaute des Übereinkommens von 1968, des Protokolls von 1971, des Übereinkommens von 1978, des Übereinkommens von 1982 und des Übereinkommens von 1989."

[94] Die Beitrittsübereinkommen von 1978, 1982 und 1989 sind von den jeweiligen Bevollmächtigten der Mitgliedstaaten unterzeichnet worden. Der Unterschrift des Bevollmächtigten des Königreichs Dänemark auf dem Beitrittsübereinkommen von 1989 ist folgender Wortlaut beigefügt:
„Vorbehaltlich des Rechts, im Zusammenhang mit der Ratifizierung einen territorialen Vorbehalt in bezug auf die Färöer und Grönland anzumelden, jedoch mit der Möglichkeit einer späteren Ausdehnung des Geltungsbereichs des Übereinkommens auf die Färöer und Grönland."

c) Luganer Übereinkommen vom 16. September 1988 über die gerichtliche Zuständigkeit und die Vollstreckung gerichtlicher Entscheidungen in Zivil- und Handelssachen

Amtsblatt Nr. L 319 vom 25/11/1988 S. 9–33

PRÄAMBEL

DIE HOHEN VERTRAGSPARTEIEN DIESES ÜBEREINKOMMENS –
IN DEM BESTREBEN, in ihren Hoheitsgebieten den Rechtsschutz der dort ansässigen Personen zu verstärken,
IN DER ERWÄGUNG, dass es zu diesem Zweck geboten ist, die internationale Zuständigkeit ihrer Gerichte festzulegen, die Anerkennung von Entscheidungen zu erleichtern und ein beschleunigtes Verfahren einzuführen, um die Vollstreckung von Entscheidungen, öffentlichen Urkunden und gerichtlichen Vergleichen sicherzustellen,
IM BEWUSSTSEIN der zwischen ihnen bestehenden Bindungen, die im wirtschaftlichen Bereich durch die Freihandelsabkommen zwischen der Europäischen Wirtschaftsgemeinschaft und den Mitgliedstaaten der Europäischen Freihandelsassoziation bestätigt worden sind,
UNTER BERÜCKSICHTIGUNG des Brüsseler Übereinkommens vom 27. September 1968 über die gerichtliche Zuständigkeit und die Vollstreckung gerichtlicher Entscheidungen in Zivil- und Handelssachen in der Fassung der infolge der verschiedenen Erweiterungen der Europäischen Gemeinschaften geschlossenen Beitrittsübereinkommen,
IN DER ÜBERZEUGUNG, dass die Ausdehnung der Grundsätze des genannten Übereinkommens auf die Vertragsstaaten des vorliegenden Übereinkommens die rechtliche und wirtschaftliche Zusammenarbeit in Europa verstärken wird,
IN DEM WUNSCH, eine möglichst einheitliche Auslegung des Übereinkommens sicherzustellen –
HABEN in diesem Sinne BESCHLOSSEN, dieses Übereinkommen zu schließen, und
SIND WIE FOLGT ÜBEREINGEKOMMEN:

TITEL I. ANWENDUNGSBEREICH

Artikel 1
Dieses Übereinkommen ist in Zivil- und Handelssachen anzuwenden, ohne dass es auf die Art der Gerichtsbarkeit ankommt. Es erfasst insbesondere nicht Steuer- und Zollsachen sowie verwaltungsrechtliche Angelegenheiten.
Es ist nicht anzuwenden auf
1. den Personenstand, die Rechts- und Handlungsfähigkeit sowie die gesetzliche Vertretung von natürlichen Personen, die ehelichen Güterstände, das Gebiet des Erbrechts einschließlich des Testamentsrechts;
2. Konkurse, Vergleiche und ähnliche Verfahren;
3. die soziale Sicherheit;
4. die Schiedsgerichtsbarkeit.

TITEL II. ZUSTÄNDIGKEIT

1. Abschnitt. Allgemeine Vorschriften

Artikel 2
Vorbehaltlich der Vorschriften dieses Übereinkommens sind Personen, die ihren Wohnsitz in dem Hoheitsgebiet eines Vertragsstaats haben, ohne Rücksicht auf ihre Staatsangehörigkeit vor den Gerichten dieses Staates zu verklagen.
Auf Personen, die nicht dem Staat, in dem sie ihren Wohnsitz haben, angehören, sind die für Inländer maßgebenden Zuständigkeitsvorschriften anzuwenden.

Artikel 3
Personen, die ihren Wohnsitz in dem Hoheitsgebiet eines Vertragsstaats haben, können vor den Gerichten eines anderen Vertragsstaats nur gemäß den Vorschriften des 2. bis 6. Abschnitts verklagt werden.
Insbesondere können gegen diese Personen nicht geltend gemacht werden
– in Belgien: Artikel 15 des Zivilgesetzbuchs (Code civil – Burgerlijk Wetboek) sowie Artikel 638 der Zivilprozessordnung (Code judiciaire – Gerechtelijk Wetboek);
– in Dänemark: Artikel 246 Absätze 2 und 3 der Zivilprozessordnung (Lov om rettens pleje);
– in der Bundesrepublik Deutschland: § 23 der Zivilprozessordnung;
– in Griechenland: Artikel 40 der Zivilprozessordnung (Κώδικας Πολιτικής Δικονομίας);
– in Frankreich: Artikel 14 und 15 des Zivilgesetzbuchs (Code civil);
– in Irland: Vorschriften, nach denen die Zuständigkeit durch Zustellung eines das Verfahren einleitenden Schriftstücks an den Beklagten während dessen vorübergehender Anwesenheit in Irland begründet wird;
– in Island: Artikel 77 der Zivilprozessordnung (lög um meðferð einkamála í héraði);
– in Italien: Artikel 2 und Artikel 4 Nummern 1 und 2 der Zivilprozessordnung (Codice di procedura civile);
– in Luxemburg: Artikel 14 und 15 des Zivilgesetzbuchs (Code civil);
– in den Niederlanden: Artikel 126 Absatz 3 und Artikel 127 der Zivilprozessordnung (Wetboek van Burgerlijke Rechtsvordering);
– in Norwegen: § 32 der Zivilprozessordnung (tvistemålsloven);
– in Österreich: § 99 der Jurisdiktionsnorm;
– in Portugal: Artikel 65 Absatz 1 Buchstabe c), Artikel 65 Absatz 2 und Artikel 65a Buchstabe c) der Zivilprozessordnung (Código de Processo Civil) und Artikel 11 der Arbeitsprozessordnung (Código de Processo do Trabalho);
– in der Schweiz: der Gerichtsstand des Arrestortes/for du lieu du séquestre/foro del luogo del sequestro gemäß Artikel 4 des Bundesgesetzes über das internationale Privatrecht/loi fédérale sur le droit international privé/legge federale sul diritto internazionale privato;
– in Finnland: Kapitel 10 § 1 Sätze 2, 3 und 4 der Prozessordnung (oikeudenkäymiskaari/rättegångsbalken);
– in Schweden: Kapitel 10 Artikel 3 Satz 1 der Prozessordnung (Rättegångsbalken);

– im Vereinigten Königreich: Vorschriften, nach denen die Zuständigkeit begründet wird durch
a) die Zustellung eines das Verfahren einleitenden Schriftstücks an den Beklagten während dessen vorübergehender Anwesenheit im Vereinigten Königreich;
b) das Vorhandensein von Vermögenswerten des Beklagten im Vereinigten Königreich oder
c) die Beschlagnahme von Vermögen im Vereinigten Königreich durch den Kläger.

Artikel 4
Hat der Beklagte keinen Wohnsitz in dem Hoheitsgebiet eines Vertragsstaats, so bestimmt sich, vorbehaltlich des Artikels 16, die Zuständigkeit der Gerichte eines jeden Vertragsstaats nach seinen eigenen Gesetzen.
Gegenüber einem Beklagten, der keinen Wohnsitz in dem Hoheitsgebiet eines Vertragsstaats hat, kann sich jede Person, die ihren Wohnsitz in dem Hoheitsgebiet eines Vertragsstaats hat, in diesem Staat auf die dort geltenden Zuständigkeitsvorschriften, insbesondere auf die in Artikel 3 Absatz 2 angeführten Vorschriften, wie ein Inländer berufen, ohne dass es auf ihre Staatsangehörigkeit ankommt.

2. Abschnitt. Besondere Zuständigkeiten

Artikel 5
Eine Person, die ihren Wohnsitz in dem Hoheitsgebiet eines Vertragsstaats hat, kann in einem anderen Vertragsstaat verklagt werden,
1. wenn ein Vertrag oder Ansprüche aus einem Vertrag den Gegenstand des Verfahrens bilden, vor dem Gericht des Ortes, an dem die Verpflichtung erfüllt worden ist oder zu erfüllen wäre; wenn ein individueller Arbeitsvertrag oder Ansprüche aus einem individuellen Arbeitsvertrag den Gegenstand des Verfahrens bilden, vor dem Gericht des Ortes, an dem der Arbeitnehmer gewöhnlich seine Arbeit verrichtet; verrichtet der Arbeitnehmer seine Arbeit gewöhnlich nicht in ein und demselben Staat, vor dem Gericht des Ortes, an dem sich die Niederlassung befindet, die den Arbeitnehmer eingestellt hat;
2. wenn es sich um eine Unterhaltssache handelt, vor dem Gericht des Ortes, an dem der Unterhaltsberechtigte seinen Wohnsitz oder seinen gewöhnlichen Aufenthalt hat, oder im Falle einer Unterhaltssache, über die im Zusammenhang mit einem Verfahren in bezug auf den Personenstand zu entscheiden ist, vor dem nach seinem Recht für dieses Verfahren zuständigen Gericht, es sei denn, diese Zuständigkeit beruht lediglich auf der Staatsangehörigkeit einer der Parteien;
3. wenn eine unerlaubte Handlung oder eine Handlung, die einer unerlaubten Handlung gleichgestellt ist, oder wenn
Ansprüche aus einer solchen Handlung den Gegenstand des Verfahrens bilden, vor dem Gericht des Ortes, an dem das schädigende Ereignis eingetreten ist;
4. wenn es sich um eine Klage auf Schadensersatz oder auf Wiederherstellung des früheren Zustands handelt, die auf eine mit Strafe bedrohte Handlung gestützt wird, vor dem Strafgericht, bei dem die öffentliche Klage erhoben ist, soweit dieses Gericht nach seinem Recht über zivilrechtliche Ansprüche erkennen kann;
5. wenn es sich um Streitigkeiten aus dem Betrieb einer Zweigniederlassung, einer Agentur oder einer sonstigen Niederlassung handelt, vor dem Gericht des Ortes, an dem sich diese befindet;

6. wenn sie in ihrer Eigenschaft als Begründer „trustee" oder Begünstigter eines „trust" in Anspruch genommen wird, der aufgrund eines Gesetzes oder durch schriftlich vorgenommenes oder schriftlich bestätigtes Rechtsgeschäft errichtet worden ist, vor den Gerichten des Vertragsstaats, in dessen Hoheitsgebiet der „trust" seinen Sitz hat;
7. wenn es sich um eine Streitigkeit wegen der Zahlung von Berge- und Hilfslohn handelt, der für Bergungs- oder Hilfeleistungsarbeiten gefordert wird, die zugunsten einer Ladung oder einer Frachtforderung erbracht worden sind, vor dem Gericht, in dessen Zuständigkeitsbereich diese Ladung oder die entsprechende Frachtforderung

a) mit Arrest belegt worden ist, um die Zahlung zu gewährleisten,

oder

b) mit Arrest hätte belegt werden können, jedoch dafür eine Bürgschaft oder eine andere Sicherheit geleistet worden ist;

diese Vorschrift ist nur anzuwenden, wenn behauptet wird, dass der Beklagte Rechte an der Ladung oder an der Frachtforderung hat oder zur Zeit der Bergungs- oder Hilfeleistungsarbeiten hatte.

Artikel 6
Eine Person, die ihren Wohnsitz in dem Hoheitsgebiet eines Vertragsstaats hat, kann auch verklagt werden,
1. wenn mehrere Personen zusammen verklagt werden, vor dem Gericht, in dessen Bezirk einer der Beklagten seinen Wohnsitz hat;
2. wenn es sich um eine Klage auf Gewährleistung oder um eine Interventionsklage handelt, vor dem Gericht des Hauptprozesses, es sei denn, dass diese Klage nur erhoben worden ist, um diese Person dem für sie zuständigen Gericht zu entziehen;
3. wenn es sich um eine Widerklage handelt, die auf denselben Vertrag oder Sachverhalt wie die Klage selbst gestützt wird, vor dem Gericht, bei dem die Klage selbst anhängig ist;
4. wenn ein Vertrag oder Ansprüche aus einem Vertrag den Gegenstand des Verfahrens bilden und die Klage mit einer Klage wegen dinglicher Rechte an unbeweglichen Sachen gegen denselben Beklagten verbunden werden kann, vor dem Gericht des Vertragsstaats, in dem die unbewegliche Sache belegen ist.

Artikel 6a
Ist ein Gericht eines Vertragsstaats nach diesem Übereinkommen zur Entscheidung in Verfahren wegen einer Haftpflicht aufgrund der Verwendung oder des Betriebs eines Schiffes zuständig, so entscheidet dieses oder ein anderes, an seiner Stelle durch das Recht dieses Staates bestimmtes Gericht auch über Klagen auf Beschränkung dieser Haftung.

3. Abschnitt. Zuständigkeit für Versicherungssachen

Artikel 7
Für Klagen in Versicherungssachen bestimmt sich die Zuständigkeit vorbehaltlich des Artikels 4 und des Artikels 5 Nummer 5 nach diesem Abschnitt.

Artikel 8
Der Versicherer, der seinen Wohnsitz in dem Hoheitsgebiet eines Vertragsstaats hat, kann verklagt werden
1. vor den Gerichten des Staates, in dem er seinen Wohnsitz hat,
2. in einem anderen Vertragsstaat vor dem Gericht des Bezirks, in dem der Versicherungsnehmer seinen Wohnsitz hat, oder
3. falls es sich um einen Mitversicherer handelt, vor dem Gericht eines Vertragsstaates, bei dem der federführende Versicherer verklagt wird.

Hat ein Versicherer in dem Hoheitsgebiet eines Vertragsstaats keinen Wohnsitz, besitzt er aber in einem Vertragsstaat eine Zweigniederlassung, Agentur oder sonstige Niederlassung, so wird er für Streitigkeiten aus ihrem Betrieb so behandelt, wie wenn er seinen Wohnsitz in dem Hoheitsgebiet dieses Staates hätte.

Artikel 9
Bei der Haftpflichtversicherung oder bei der Versicherung von unbeweglichen Sachen kann der Versicherer außerdem vor dem Gericht des Ortes, an dem das schädigende Ereignis eingetreten ist, verklagt werden. Das gleiche gilt, wenn sowohl bewegliche als auch unbewegliche Sachen in ein und demselben Versicherungsvertrag versichert und von demselben Schadensfall betroffen sind.

Artikel 10
Bei der Haftpflichtversicherung kann der Versicherer auch vor das Gericht, bei dem die Klage des Geschädigten gegen
den Versicherten anhängig ist, geladen werden, sofern dies nach dem Recht des angerufenen Gerichts zulässig ist.

Auf eine Klage, die der Verletzte unmittelbar gegen den Versicherer erhebt, sind die Artikel 7 bis 9 anzuwenden, sofern eine solche unmittelbare Klage zulässig ist.

Sieht das für die unmittelbare Klage maßgebliche Recht die Streitverkündung gegen den Versicherungsnehmer oder den Versicherten vor, so ist dasselbe Gericht auch für diese Personen zuständig.

Artikel 11
Vorbehaltlich der Bestimmungen des Artikels 10 Absatz 3 kann der Versicherer nur vor den Gerichten des Vertragsstaats klagen, in dessen Hoheitsgebiet der Beklagte seinen Wohnsitz hat, ohne Rücksicht darauf, ob dieser Versicherungsnehmer, Versicherter oder Begünstigter ist.

Die Vorschriften dieses Abschnitts lassen das Recht unberührt, eine Widerklage vor dem Gericht zu erheben, bei dem die Klage selbst gemäß den Bestimmungen dieses Abschnitts anhängig ist.

Artikel 12
Von den Vorschriften dieses Abschnitts kann im Wege der Vereinbarung nur abgewichen werden,
1. wenn die Vereinbarung nach der Entstehung der Streitigkeit getroffen wird,
2. wenn sie dem Versicherungsnehmer, Versicherten oder Begünstigten die Befugnis einräumt, andere als die in diesem Abschnitt angeführten Gerichte anzurufen,
3. wenn sie zwischen einem Versicherungsnehmer und einem Versicherer, die zum Zeitpunkt des Vertragsabschlusses ihren Wohnsitz oder gewöhnlichen Aufenthalt

in demselben Vertragsstaat haben, getroffen ist, um die Zuständigkeit der Gerichte dieses Staates auch für den Fall zu begründen, dass das schädigende Ereignis im Ausland eingetreten ist, es sei denn, dass eine solche Vereinbarung nach dem Recht dieses Staates nicht zulässig ist,
4. wenn sie von einem Versicherungsnehmer abgeschlossen ist, der seinen Wohnsitz nicht in einem Vertragsstaat hat, ausgenommen soweit sie eine Versicherung, zu deren Abschluss eine gesetzliche Verpflichtung besteht, oder die Versicherung von unbeweglichen Sachen in einem Vertragsstaat betrifft, oder
5. wenn sie einen Versicherungsvertrag betrifft, soweit dieser eines oder mehrere der in Artikel 12a aufgeführten Risiken deckt.

Artikel 12a
Die in Artikel 12 Nummer 5 erwähnten Risiken sind die folgenden:
1. sämtliche Schäden
a) an Seeschiffen, Anlagen vor der Küste und auf hoher See oder Luftfahrzeugen aus Gefahren, die mit ihrer Verwendung zu gewerblichen Zwecken verbunden sind,
b) an Transportgütern, ausgenommen Reisegepäck der Passagiere, wenn diese Güter ausschließlich oder zum Teil mit diesen Schiffen oder Luftfahrzeugen befördert werden;
2. Haftpflicht aller Art, mit Ausnahme der Haftung für Personenschäden an Passagieren oder Schäden an deren Reisegepäck,
a) aus der Verwendung oder dem Betrieb von Seeschiffen, Anlagen oder Luftfahrzeugen gemäß Nummer 1 Buchstabe a), es sei denn, dass nach den Rechtsvorschriften des Vertragsstaats, in dem das Luftfahrzeug eingetragen ist, Gerichtsstandsvereinbarungen für die Versicherung solcher Risiken untersagt sind,
b) für Schäden, die durch Transportgüter während einer Beförderung im Sinne der Nummer 1 Buchstabe b) verursacht werden;
3. finanzielle Verluste im Zusammenhang mit der Verwendung oder dem Betrieb von Seeschiffen, Anlagen oder Luftfahrzeugen gemäß Nummer 1 Buchstabe a), insbesondere Fracht- oder Charterverlust;
4. irgendein zusätzliches Risiko, das mit einem der unter den Nummern 1 bis 3 genannten Risiken in Zusammenhang steht.

4. Abschnitt. Zuständigkeit für Verbrauchersachen

Artikel 13
Für Klagen aus einem Vertrag, den eine Person zu einem Zweck abgeschlossen hat, der nicht der beruflichen oder gewerblichen Tätigkeit dieser Person (Verbraucher) zugerechnet werden kann, bestimmt sich die Zuständigkeit unbeschadet des Artikels 4 und des Artikels 5 Nummer 5, nach diesem Abschnitt,
1. wenn es sich um den Kauf beweglicher Sachen auf Teilzahlung handelt,
2. wenn es sich um ein in Raten zurückzuzahlendes Darlehen oder ein anderes Kreditgeschäft handelt, das zur Finanzierung eines Kaufs derartiger Sachen bestimmt ist, oder
3. für andere Verträge, wenn sie die Erbringung einer Dienstleistung oder die Lieferung beweglicher Sachen zum Gegenstand haben, sofern
a) dem Vertragsabschluß in dem Staat des Wohnsitzes des Verbrauchers ein ausdrückliches Angebot oder eine Werbung vorausgegangen ist und

b) der Verbraucher in diesem Staat die zum Abschluss des Vertrags erforderlichen Rechtshandlungen vorgenommen hat.

Hat der Vertragspartner des Verbrauchers in dem Hoheitsgebiet eines Vertragsstaats keinen Wohnsitz, besitzt er aber in einem Vertragsstaat eine Zweigniederlassung, Agentur oder sonstige Niederlassung, so wird er für Streitigkeiten aus ihrem Betrieb so behandelt, wie wenn er seinen Wohnsitz in dem Hoheitsgebiet dieses Staates hätte.

Dieser Abschnitt ist nicht auf Beförderungsverträge anzuwenden.

Artikel 14

Die Klage eines Verbrauchers gegen den anderen Vertragspartner kann entweder vor den Gerichten des Vertragsstaats erhoben werden, in dessen Hoheitsgebiet dieser Vertragspartner seinen Wohnsitz hat, oder vor den Gerichten des Vertragsstaats, in dessen Hoheitsgebiet der Verbraucher seinen Wohnsitz hat.

Die Klage des anderen Vertragspartners gegen den Verbraucher kann nur vor den Gerichten des Vertragsstaats erhoben werden, in dessen Hoheitsgebiet der Verbraucher seinen Wohnsitz hat.

Diese Vorschriften lassen das Recht unberührt, eine Widerklage vor dem Gericht zu erheben, bei dem die Klage selbst gemäß den Bestimmungen dieses Abschnitts anhängig ist.

Artikel 15

Von den Vorschriften dieses Abschnitts kann im Wege der Vereinbarung nur abgewichen werden,

1. wenn die Vereinbarung nach der Entstehung der Streitigkeit getroffen wird,
2. wenn sie dem Verbraucher die Befugnis einräumt, andere als die in diesem Abschnitt angeführten Gerichte anzurufen, oder
3. wenn sie zwischen einem Verbraucher und seinem Vertragspartner getroffen ist, die zum Zeitpunkt des Vertragsabschlusses ihren Wohnsitz oder gewöhnlichen Aufenthalt in demselben Vertragsstaat haben, und die Zuständigkeit der Gerichte dieses Staates begründet, es sei denn, dass eine solche Vereinbarung nach dem Recht dieses Staates nicht zulässig ist.

5. Abschnitt. Ausschließliche Zuständigkeiten

Artikel 16

Ohne Rücksicht auf den Wohnsitz sind ausschließlich zuständig

1. a) für Klagen, welche dingliche Rechte an beweglichen Sachen sowie die Miete oder Pacht von unbeweglichen Sachen zum Gegenstand haben, die Gerichte des Vertragsstaats, in dem die unbewegliche Sache belegen ist;

b) für Klagen betreffend die Miete oder Pacht unbeweglicher Sachen zum vorübergehenden privaten Gebrauch für höchstens sechs aufeinanderfolgende Monate sind jedoch auch die Gerichte des Vertragsstaats zuständig, in dem der Beklagte seinen Wohnsitz hat, sofern es sich bei dem Mieter oder Pächter um eine natürliche Person handelt und weder die eine noch die andere Partei ihren Wohnsitz in dem Vertragsstaat hat, in dem die unbewegliche Sache belegen ist;

2. für Klagen, welche die Gültigkeit, die Nichtigkeit oder die Auflösung einer Gesellschaft oder juristischen Person oder der Beschlüsse ihrer Organe zum Gegen-

stand haben, die Gerichte des Vertragsstaats, in dessen Hoheitsgebiet die Gesellschaft oder juristische Person ihren Sitz hat;
3. für Klagen, welche die Gültigkeit von Eintragungen in öffentliche Register zum Gegenstand haben, die Gerichte des Vertragsstaats, in dessen Hoheitsgebiet die Register geführt werden;
4. für Klagen, welche die Eintragung oder die Gültigkeit von Patenten, Warenzeichen, Mustern und Modellen sowie ähnlicher Rechte, die einer Hinterlegung oder Registrierung bedürfen, zum Gegenstand haben, die Gerichte des Vertragsstaats, in dessen Hoheitsgebiet die Hinterlegung oder Registrierung beantragt oder vorgenommen worden ist oder aufgrund eines zwischenstaatlichen Übereinkommens als vorgenommen gilt;
5. für Verfahren, welche die Zwangsvollstreckung aus Entscheidungen zum Gegenstand haben, die Gerichte des Vertragsstaats, in dessen Hoheitsgebiet die Zwangsvollstreckung durchgeführt werden soll oder durchgeführt worden ist.

6. Abschnitt. Vereinbarung über die Zuständigkeit

Artikel 17
(1) Haben die Parteien, von denen mindestens eine ihren Wohnsitz in dem Hoheitsgebiet eines Vertragsstaats hat, vereinbart, dass ein Gericht oder die Gerichte eines Vertragsstaats über eine bereits entstandene Rechtsstreitigkeit oder über eine künftige aus einem bestimmten Rechtsverhältnis entspringende Rechtsstreitigkeit entscheiden sollen, so sind dieses Gericht oder die Gerichte dieses Staates ausschließlich zuständig. Eine solche Gerichtsstandsvereinbarung muss geschlossen werden
a) schriftlich oder mündlich mit schriftlicher Bestätigung,
b) in einer Form, welche den Gepflogenheiten entspricht, die zwischen den Parteien entstanden sind, oder
c) im internationalen Handel in einer Form, die einem Handelsbrauch entspricht, den die Parteien kannten oder kennen mussten und den Parteien von Verträgen dieser Art in dem betreffenden Geschäftszweig allgemein kennen und regelmäßig beachten.
Wenn eine solche Vereinbarung von Parteien geschlossen wurde, die beide ihren Wohnsitz nicht im Hoheitsgebiet eines Vertragsstaats haben, so können die Gerichte der anderen Vertragsstaaten nicht entscheiden, es sei denn, das vereinbarte Gericht oder die vereinbarten Gerichte haben sich rechtskräftig für unzuständig erklärt.
(2) Ist in schriftlich niedergelegten „trust"-Bedingungen bestimmt, dass über Klagen gegen einen Begründer, „trustee" oder Begünstigten eines „trust" ein Gericht oder die Gerichte eines Vertragsstaats entscheiden sollen, so ist dieses Gericht oder sind diese Gerichte ausschließlich zuständig, wenn es sich um Beziehungen zwischen diesen Personen oder ihre Rechte oder Pflichten im Rahmen des „trust" handelt.
(3) Gerichtsstandsvereinbarungen und entsprechende Bestimmungen in „trust"-Bedingungen haben keine rechtliche Wirkung, wenn sie den Vorschriften der Artikel 12 oder 15 zuwiderlaufen oder wenn die Gerichte, deren Zuständigkeit abbedungen wird, aufgrund des Artikels 16 ausschließlich zuständig sind.
(4) Ist eine Gerichtsstandsvereinbarung nur zugunsten einer der Parteien getroffen

worden, so behält diese das Recht, jedes andere Gericht anzurufen, das aufgrund dieses Übereinkommens zuständig ist.

(5) Bei individuellen Arbeitsverträgen haben Gerichtsstandsvereinbarungen nur dann rechtliche Wirkung, wenn sie nach der Entstehung der Streitigkeit getroffen werden.

Artikel 18
Sofern das Gericht eines Vertragsstaats nicht bereits nach anderen Vorschriften dieses Übereinkommens zuständig ist, wird es zuständig, wenn sich der Beklagte vor ihm auf das Verfahren einlässt. Dies gilt nicht, wenn der Beklagte sich nur einlässt, um den Mangel der Zuständigkeit geltend zu machen, oder wenn ein anderes Gericht aufgrund des Artikels 16 ausschließlich zuständig ist.

7. Abschnitt. Prüfung der Zuständigkeit und der Zulässigkeit des Verfahrens

Artikel 19
Das Gericht eines Vertragsstaats hat sich von Amts wegen für unzuständig zu erklären, wenn es wegen einer Streitigkeit angerufen wird, für die das Gericht eines anderen Vertragsstaats aufgrund des Artikels 16 ausschließlich zuständig ist.

Artikel 20
Lässt sich der Beklagte, der seinen Wohnsitz in dem Hoheitsgebiet eines Vertragsstaats hat und der vor den Gerichten eines anderen Vertragsstaats verklagt wird, auf das Verfahren nicht ein, so hat sich das Gericht von Amts wegen für unzuständig zu erklären, wenn seine Zuständigkeit nicht aufgrund der Bestimmungen dieses Übereinkommens begründet ist.

Das Gericht hat die Entscheidung so lange auszusetzen, bis festgestellt ist, dass es dem Beklagten möglich war, das den Rechtsstreit einleitende Schriftstück oder ein gleichwertiges Schriftstück so rechtzeitig zu empfangen, dass er sich verteidigen konnte, oder dass alle hierzu erforderlichen Maßnahmen getroffen worden sind.

An die Stelle des vorstehenden Absatzes tritt Artikel 15 des Haager Übereinkommens vom 15. November 1965 über die Zustellung gerichtlicher und außergerichtlicher Schriftstücke im Ausland in Zivil- oder Handelssachen, wenn das den Rechtsstreit einleitende Schriftstück gemäß dem erwähnten Übereinkommen zu übermitteln war.

8. Abschnitt. Rechtshängigkeit und im Zusammenhang stehende Verfahren

Artikel 21
Werden bei Gerichten verschiedener Vertragsstaaten Klagen wegen desselben Anspruchs zwischen denselben Parteien anhängig gemacht, so setzt das später angerufene Gericht das Verfahren von Amts wegen aus, bis die Zuständigkeit des zuerst angerufenen Gerichts feststeht.

Sobald die Zuständigkeit des zuerst angerufenen Gerichts feststeht, erklärt sich das später angerufene Gericht zugunsten dieses Gerichts für unzuständig.

1. c) LugÜ

Artikel 22
Werden bei Gerichten verschiedener Vertragsstaaten Klagen, die im Zusammenhang stehen, erhoben, so kann das später angerufene Gericht das Verfahren aussetzen, solange beide Klagen im ersten Rechtszug anhängig sind.
Das später angerufene Gericht kann sich auf Antrag einer Partei auch für unzuständig erklären, wenn die Verbindung im Zusammenhang stehender Verfahren nach seinem Recht zulässig ist und das zuerst angerufene Gericht für beide Klagen zuständig ist.
Klagen stehen im Sinne dieses Artikels im Zusammenhang, wenn zwischen ihnen eine so enge Beziehung gegeben ist, dass eine gemeinsame Verhandlung und Entscheidung geboten erscheint, um zu vermeiden, dass in getrennten Verfahren widersprechende Entscheidungen ergehen könnten.

Artikel 23
Ist für die Klage die ausschließliche Zuständigkeit mehrerer Gerichte gegeben, so hat sich das zuletzt angerufene Gericht zugunsten des zuerst angerufenen Gerichts für unzuständig zu erklären.

9. Abschnitt. Einstweilige Maßnahmen einschließlich solcher, die auf eine Sicherung gerichtet sind

Artikel 24
Die in dem Recht eines Vertragsstaats vorgesehenen einstweiligen Maßnahmen einschließlich solcher, die auf eine Sicherung gerichtet sind, können bei den Gerichten dieses Staates auch dann beantragt werden, wenn für die Entscheidung in der Hauptsache das Gericht eines anderen Vertragsstaats aufgrund dieses Übereinkommens zuständig ist.

TITEL III. ANERKENNUNG UND VOLLSTRECKUNG

Artikel 25
Unter „Entscheidung" im Sinne dieses Übereinkommens ist jede von einem Gericht eines Vertragsstaats erlassene Entscheidung zu verstehen ohne Rücksicht auf ihre Bezeichnung wie Urteil, Beschluss oder Vollstreckungsbefehl einschließlich des Kostenfestsetzungsbeschlusses eines Urkundsbeamten.

1. Abschnitt. Anerkennung

Artikel 26
Die in einem Vertragsstaat ergangenen Entscheidungen werden in den anderen Vertragsstaaten anerkannt, ohne dass es hierfür eines besonderen Verfahrens bedarf.
Bildet die Frage, ob eine Entscheidung anzuerkennen ist, als solche den Gegenstand eines Streites, so kann jede Partei, welche die Anerkennung geltend macht, in dem Verfahren nach dem 2. und 3. Abschnitt dieses Titels die Feststellung beantragen, dass die Entscheidung anzuerkennen ist.
Wird die Anerkennung in einem Rechtsstreit vor dem Gericht eines Vertragsstaats, dessen Entscheidung von der Anerkennung abhängt, verlangt, so kann dieses Gericht über die Anerkennung entscheiden.

Artikel 27

Eine Entscheidung wird nicht anerkannt,
1. wenn die Anerkennung der öffentlichen Ordnung des Staates, in dem sie geltend gemacht wird, widersprechen würde;
2. wenn dem Beklagten, der sich auf das Verfahren nicht eingelassen hat, das dieses Verfahren einleitende Schriftstück oder ein gleichwertiges Schriftstück nicht ordnungsgemäß und nicht so rechtzeitig zugestellt worden ist, dass er sich verteidigen konnte;
3. wenn die Entscheidung mit einer Entscheidung unvereinbar ist, die zwischen denselben Parteien in dem Staat, in dem die Anerkennung geltend gemacht wird, ergangen ist;
4. wenn das Gericht des Ursprungsstaats bei seiner Entscheidung hinsichtlich einer Vorfrage, die den Personenstand, die Rechts- und Handlungsfähigkeit sowie die gesetzliche Vertretung einer natürlichen Person, die ehelichen Güterstände oder das Gebiet des Erbrechts einschließlich des Testamentsrechts betrifft, sich in Widerspruch zu einer Vorschrift des internationalen Privatrechts des Staates, in dem die Anerkennung geltend gemacht wird, gesetzt hat, es sei denn, dass die Entscheidung nicht zu einem anderen Ergebnis geführt hätte, wenn die Vorschriften des internationalen Privatrechts dieses Staates angewandt worden wären;
5. wenn die Entscheidung mit einer früheren Entscheidung unvereinbar ist, die in einem Nichtvertragsstaat zwischen denselben Parteien in einem Rechtsstreit wegen desselben Anspruchs ergangen ist, sofern diese Entscheidung die notwendigen Voraussetzungen für ihre Anerkennung in dem Staat erfüllt, in dem die Anerkennung geltend gemacht wird.

Artikel 28

Eine Entscheidung wird ferner nicht anerkannt, wenn die Vorschriften des 3., 4. und 5. Abschnitts des Titels II verletzt worden sind oder wenn ein Fall des Artikels 59 vorliegt.
Des weiteren kann die Anerkennung einer Entscheidung versagt werden, wenn ein Fall des Artikels 54b Absatz 3 bzw. des Artikel 57 Absatz 4 vorliegt.
Das Gericht oder die Behörde des Staates, in dem die Anerkennung geltend gemacht wird, ist bei der Prüfung, ob eine der in den vorstehenden Absätzen angeführten Zuständigkeiten gegeben ist, an die tatsächlichen Feststellungen gebunden, aufgrund deren das Gericht des Ursprungsstaats seine Zuständigkeit angenommen hat.
Die Zuständigkeit der Gerichte des Ursprungsstaats darf, unbeschadet der Bestimmungen der Absätze 1 und 2, nicht nachgeprüft werden; die Vorschriften über die Zuständigkeit gehören nicht zur öffentlichen Ordnung im Sinne des
Artikels 27 Nummer 1.

Artikel 29

Die ausländische Entscheidung darf keinesfalls in der Sache selbst nachgeprüft werden.

Artikel 30

Das Gericht eines Vertragsstaats, in dem die Anerkennung einer in einem anderen Vertragsstaat ergangenen Entscheidung geltend gemacht wird, kann das Verfahren aussetzen, wenn gegen die Entscheidung ein ordentlicher Rechtsbehelf eingelegt worden ist.

Das Gericht eines Vertragsstaats, vor dem die Anerkennung einer in Irland oder im Vereinigten Königreich ergangenen Entscheidung geltend gemacht wird, kann das Verfahren aussetzen, wenn die Vollstreckung der Entscheidung im Ursprungsstaat wegen der Einlegung eines Rechtsbehelfs einstweilen eingestellt ist.

2. Abschnitt. Vollstreckung

Artikel 31
Die in einem Vertragsstaat ergangenen Entscheidungen, die in diesem Staat vollstreckbar sind, werden in einem anderen Vertragsstaat vollstreckt, wenn sie dort auf Antrag eines Berechtigten für vollstreckbar erklärt worden sind.
Im Vereinigten Königreich wird eine derartige Entscheidung jedoch in England und Wales, in Schottland oder in Nordirland vollstreckt, wenn sie auf Antrag eines Berechtigten zur Vollstreckung in dem betreffenden Teil des Vereinigten Königreichs registriert worden ist.

Artikel 32
(1) Der Antrag ist zu richten
– in Belgien an das „tribunal de première instance" oder an die „rechtbank van eerste aanleg";
– in Dänemark an das „byret";
– in der Bundesrepublik Deutschland an den Vorsitzenden einer Kammer des Landgerichts;
– in Griechenland an das „Μονομελές Πρωτοδικείο";
– in Spanien an das „Juzgado de Primera Instancia";
– in Frankreich an den Präsidenten des „tribunal de grande instance";
– in Irland an den „High Court";
– in Island an das „héraðsdómari";
– in Italien an die „corte d'appello";
– in Luxemburg an den Präsidenten des „tribunal d'arrondissement";
– in den Niederlanden an den Präsidenten der „arrondissementsrechtbank";
– in Norwegen an das „herredsrett" oder das „byret" als „namsrett";
– in Österreich an das Landesgericht bzw. das Kreisgericht;
– in Portugal an das „Tribunal Judicial de Círculo";
– in der Schweiz:
a) für Entscheidungen, die zu einer Geldleistung verpflichten, an den Rechtsöffnungsrichter/juge de la mainlevée/giudice competente a pronunciare sul rigetto dell'opposizione im Rahmen des Rechtsöffnungsverfahrens nach den Artikeln 80 und 81 des Bundesgesetzes über Schuldbetreibung und Konkurs/loi fédérale sur la poursuite pour dettes et la faillite/legge federale sulla esecuzione e sul fallimento;
b) für Entscheidungen, die nicht auf Zahlung eines Geldbetrages lauten, an den zuständigen kantonalen Vollstreckungsrichter/juge cantonal d'exequatur compétent/giudice cantonale competente a pronunciare l'exequatur;
– in Finnland an das „ulosotonhaltija/överexekutor";
– in Schweden an das „Svea hovrätt";
– im Vereinigten Königreich:

a) in England und Wales an den „High Court of Justice" oder für Entscheidungen in Unterhaltssachen an den „Magistrates' Court" über den „Secretary of State";
b) in Schottland an den „Court of Session" oder für Entscheidungen in Unterhaltssachen an den „Sheriff Court" über den „Secretary of State";
c) in Nordirland an den „High Court of Justice" oder für Entscheidungen in Unterhaltssachen an den „Magistrates' Court" über den „Secretary of State".
(2) Die örtliche Zuständigkeit wird durch den Wohnsitz des Schuldners bestimmt. Hat dieser keinen Wohnsitz im Hoheitsgebiet des Vollstreckungsstaats, so ist das Gericht zuständig, in dessen Bezirk die Zwangsvollstreckung durchgeführt werden soll.

Artikel 33
Für die Stellung des Antrags ist das Recht des Vollstreckungsstaats maßgebend.
Der Antragsteller hat im Bezirk des angerufenen Gerichts ein Wahldomizil zu begründen. Ist das Wahldomizil im Recht des Vollstreckungsstaats nicht vorgesehen, so hat der Antragsteller einen Zustellungsbevollmächtigten zu benennen.
Dem Antrag sind die in den Artikeln 46 und 47 angeführten Urkunden beizufügen.

Artikel 34
Das mit dem Antrag befasste Gericht erlässt seine Entscheidung unverzüglich, ohne dass der Schuldner in diesem Abschnitt des Verfahrens Gelegenheit erhält, eine Erklärung abzugeben.
Der Antrag kann nur aus einem der in den Artikeln 27 und 28 angeführten Gründe abgelehnt werden.
Die ausländische Entscheidung darf keinesfalls in der Sache selbst nachgeprüft werden.

Artikel 35
Die Entscheidung, die über den Antrag ergangen ist, teilt der Urkundsbeamte der Geschäftsstelle dem Antragsteller unverzüglich in der Form mit, die das Recht des Vollstreckungsstaats vorsieht.

Artikel 36
Wird die Zwangsvollstreckung zugelassen, so kann der Schuldner gegen die Entscheidung innerhalb eines Monats nach ihrer Zustellung einen Rechtsbehelf einlegen.
Hat der Schuldner seinen Wohnsitz in einem anderen Vertragsstaat als dem, in dem die Entscheidung über die Zulassung der Zwangsvollstreckung ergangen ist, so beträgt die Frist für den Rechtsbehelf zwei Monate und beginnt von dem Tage an zu laufen, an dem die Entscheidung dem Schuldner entweder in Person oder in seiner Wohnung zugestellt worden ist. Eine Verlängerung dieser Frist wegen weiter Entfernung ist ausgeschlossen.

Artikel 37
(1) Der Rechtsbehelf wird nach den Vorschriften, die für das streitige Verfahren maßgebend sind, eingelegt
– in Belgien bei dem „tribunal de première instance" oder der „rechtbank van eerste aanleg";

1. c) LugÜ

- in Dänemark bei dem „landsret";
- in der Bundesrepublik Deutschland bei dem Oberlandesgericht;
- in Griechenland bei dem „εφετείο";
- In Spanien bei der „Audiencia Provincial";
- in Frankreich bei der „cour d'appel";
- in Irland bei dem „High Court";
- in Island bei dem „héraðsdómari";
- in Italien bei der „corte d'appello";
- in Luxemburg bei der „Cour supérieure de Justice" als Berufungsinstanz für Zivilsachen;
- in den Niederlanden bei der „arrondissementsrechtbank";
- in Norwegen bei dem „lagmansrett";
- in Österreich bei dem Landesgericht bzw. dem Kreisgericht;
- in Portugal bei dem „Tribunal da Relação";
- in der Schweiz bei dem Kantonsgericht/tribunal cantonal/tribunale cantonale;
- in Finnland bei dem „hovioikeus/hovrätt";
- in Schweden bei dem „Svea hovrätt";
- im Vereinigten Königreich:
a) in England und Wales bei dem „High Court of Justice" oder für Entscheidungen in Unterhaltssachen bei dem „Magistrates' Court";
b) in Schottland bei dem „Court of Session" oder für Entscheidungen in Unterhaltssachen bei dem „Sheriff Court";
c) in Nordirland bei dem „High Court of Justice" oder für Entscheidungen in Unterhaltssachen bei dem „Magistrates' Court".
(2) Gegen die Entscheidung, die über den Rechtsbehelf ergangen ist, finden nur statt
- in Belgien, Griechenland, Spanien, Frankreich, Italien, Luxemburg und den Niederlanden: die Kassationsbeschwerde;
- in Dänemark: ein Verfahren vor dem „højesteret" mit Zustimmung des Justizministers;
- in der Bundesrepublik Deutschland: die Rechtsbeschwerde;
- in Irland: ein auf Rechtsfragen beschränkter Rechtsbehelf bei dem „Supreme Court";
- in Island: ein Rechtsbehelf bei dem „Hæstiréttur";
- in Norwegen: ein Rechtsbehelf (kjæremål oder anke) bei dem „Høyesteretts kjæremålsutvalg" oder dem „Høyesterett";
- in Österreich im Fall eines Rekursverfahrens der Revisionsrekurs und im Fall eines Widerspruchsverfahrens die Berufung mit der allfälligen Möglichkeit einer Revision;
- in Portugal: ein auf Rechtsfragen beschränkter Rechtsbehelf;
- in der Schweiz: die staatsrechtliche Beschwerde beim Bundesgericht/recours de droit public devant le tribunal fédéral/ricorso di diritto pubblico davanti al tribunale federale;
- in Finnland: ein Rechtsbehelf beim „korkein oikeus/högsta domstolen";
- in Schweden: ein Rechtsbehelf beim „högsta domstolen";
- im Vereinigten Königreich: ein einziger auf Rechtsfragen beschränkter Rechtsbehelf.

Artikel 38

Das mit dem Rechtsbehelf befasste Gericht kann auf Antrag der Partei, die ihn eingelegt hat, das Verfahren aussetzen, wenn gegen die Entscheidung im Ursprungsstaat ein ordentlicher Rechtsbehelf eingelegt oder die Frist für einen solchen Rechtsbehelf noch nicht verstrichen ist; in letzterem Fall kann das Gericht eine Frist bestimmen, innerhalb deren der Rechtsbehelf einzulegen ist.

Ist eine gerichtliche Entscheidung in Irland oder im Vereinigten Königreich erlassen worden, so gilt jeder in dem Ursprungsstaat statthafte Rechtsbehelf als ordentlicher Rechtsbehelf im Sinne von Absatz 1.

Das Gericht kann auch die Zwangsvollstreckung von der Leistung einer Sicherheit, die es bestimmt, abhängig machen.

Artikel 39

Solange die in Artikel 36 vorgesehene Frist für den Rechtsbehelf läuft und solange über den Rechtsbehelf nicht entschieden ist, darf die Zwangsvollstreckung in das Vermögen des Schuldners nicht über Maßnahmen zur Sicherung hinausgehen.

Die Entscheidung, durch welche die Zwangsvollstreckung zugelassen wird, gibt die Befugnis, solche Maßnahmen zu veranlassen.

Artikel 40

(1) Wird der Antrag abgelehnt, so kann der Antragsteller einen Rechtsbehelf einlegen
- in Belgien bei der „cour d'appel" oder dem „hof van beroep";
- in Dänemark bei dem „landsret";
- in der Bundesrepublik Deutschland bei dem Oberlandesgericht;
- in Griechenland bei dem „εφετείο";
- in Spanien bei der „Audiencia Provincial";
- in Frankreich bei der „cour d'appel";
- in Irland bei dem „High Court";
- in Island bei dem „héraðsdómari";
- in Italien bei der „corte d'appello";
- in Luxemburg bei der „Cour supérieure de Justice" als Berufungsinstanz für Zivilsachen;
- in den Niederlanden bei dem „gerechtshof";
- in Norwegen bei dem „lagmansrett";
- in Österreich bei dem Landesgericht bzw. dem Kreisgericht;
- in Portugal bei dem „Tribunal da Relação";
- in der Schweiz bei dem Kantonsgericht/tribunal cantonal/tribunale cantonale;
- in Finnland bei dem „hovioikeus/hovrätt";
- in Schweden bei dem „Svea hovrätt";
- im Vereinigten Königreich:
a) in England und Wales bei dem „High Court of Justice" oder für Entscheidungen in Unterhaltssachen bei dem „Magistrates' Court";
b) in Schottland bei dem „Court of Session" oder für Entscheidungen in Unterhaltssachen bei dem „Sheriff Court";
c) in Nordirland bei dem „High Court of Justice" oder für Entscheidungen in Unterhaltssachen bei dem „Magistrates' Court".

(2) Das mit dem Rechtsbehelf befasste Gericht hat den Schuldner zu hören. Lässt

1. c) LugÜ

dieser sich auf das Verfahren nicht ein, so ist Artikel 20 Absätze 2 und 3 auch dann anzuwenden, wenn der Schuldner seinen Wohnsitz nicht in dem Hoheitsgebiet eines Vertragsstaats hat.

Artikel 41
Gegen die Entscheidung, die über den in Artikel 40 vorgesehenen Rechtsbehelf ergangen ist, finden nur statt
– in Belgien, Griechenland, Spanien, Frankreich, Italien, Luxemburg und den Niederlanden: die Kassationsbeschwerde;
– in Dänemark: ein Verfahren vor dem „højesteret" mit Zustimmung des Justizministers;
– in der Bundesrepublik Deutschland: die Rechtsbeschwerde;
– in Irland: ein auf Rechtsfragen beschränkter Rechtsbehelf bei dem „Supreme Court";
– in Island: ein Rechtsbehelf bei dem „Hæstiréttur";
– in Norwegen: ein Rechtsbehelf (kjæremål oder anke) bei dem „Høyesteretts kjæremålsutvalg" oder dem „Høyesterett";
– in Österreich: der Revisionsrekurs;
– in Portugal: ein auf Rechtsfragen beschränkter Rechtsbehelf;
– in der Schweiz: die staatsrechtliche Beschwerde beim Bundesgericht/recours de droit public devant le tribunal fédéral/ricorso di diritto pubblico davanti al tribunale federale;
– in Finnland: ein Rechtsbehelf beim „korkein oikeus/högsta domstolen";
– in Schweden: ein Rechtsbehelf beim „högsta domstolen";
– im Vereinigten Königreich: ein einziger auf Rechtsfragen beschränkter Rechtsbehelf.

Artikel 42
Ist durch die ausländische Entscheidung über mehrere mit der Klage geltend gemachte Ansprüche erkannt und kann die Entscheidung nicht im vollen Umfang zur Zwangsvollstreckung zugelassen werden, so lässt das Gericht sie für einen oder mehrere dieser Ansprüche zu.
Der Antragsteller kann beantragen, dass die Zwangsvollstreckung nur für einen Teil des Gegenstands der Verurteilung zugelassen wird.

Artikel 43
Ausländische Entscheidungen, die auf Zahlung eines Zwangsgelds lauten, sind in dem Vollstreckungsstaat nur vollstreckbar, wenn die Höhe des Zwangsgelds durch die Gerichte des Ursprungsstaats endgültig festgesetzt ist.

Artikel 44
Ist dem Antragsteller im Ursprungsstaat ganz oder teilweise Prozesskostenhilfe oder Kosten- und Gebührenbefreiung gewährt worden, so genießt er in dem Verfahren nach den Artikeln 32 bis 35 hinsichtlich der Prozesskostenhilfe und der Kosten- und Gebührenbefreiung die günstigste Behandlung, die das Recht des Vollstreckungsstaats vorsieht.
Der Antragsteller, welcher die Vollstreckung einer Entscheidung einer Verwaltungsbehörde begehrt, die in Dänemark oder in Island in Unterhaltssachen ergan-

gen ist, kann im Vollstreckungsstaat Anspruch auf die in Absatz 1 genannten Vorteile erheben, wenn er eine Erklärung des dänischen oder des isländischen Justizministeriums darüber vorlegt, dass er die wirtschaftlichen Voraussetzungen für die vollständige oder teilweise Bewilligung der Prozesskostenhilfe oder für die Kosten der Gebührenbefreiung erfüllt.

Artikel 45
Der Partei, die in einem Vertragsstaat eine in einem anderen Vertragsstaat ergangene Entscheidung vollstrecken will, darf wegen ihrer Eigenschaft als Ausländer oder wegen Fehlens eines inländischen Wohnsitzes oder Aufenthalts eine Sicherheitsleistung oder Hinterlegung, unter welcher Bezeichnung es auch sei, nicht auferlegt werden.

3. Abschnitt. Gemeinsame Vorschriften

Artikel 46
Die Partei, welche die Anerkennung einer Entscheidung geltend macht oder die Zwangsvollstreckung betreiben will, hat vorzulegen
1. eine Ausfertigung der Entscheidung, welche die für ihre Beweiskraft erforderlichen Voraussetzungen erfüllt;
2. bei einer im Versäumnisverfahren ergangenen Entscheidung die Urschrift oder eine beglaubigte Abschrift der Urkunde, aus der sich ergibt, dass das den Rechtsstreit einleitende Schriftstück oder ein gleichwertiges Schriftstück der säumigen Partei zugestellt worden ist.

Artikel 47
Die Partei, welche die Zwangsvollstreckung betreiben will, hat ferner vorzulegen
1. die Urkunden, aus denen sich ergibt, dass die Entscheidung nach dem Recht des Ursprungsstaats vollstreckbar ist und dass sie zugestellt worden ist;
2. gegebenenfalls eine Urkunde, durch die nachgewiesen wird, dass der Antragsteller Prozesskostenhilfe im Ursprungsstaat erhält.

Artikel 48
Werden die in Artikel 46 Nummer 2 und in Artikel 47 Nummer 2 angeführten Urkunden nicht vorgelegt, so kann das Gericht eine Frist bestimmen, innerhalb deren die Urkunden vorzulegen sind, oder sich mit gleichwertigen Urkunden begnügen oder von der Vorlage der Urkunden befreien, wenn es eine weitere Klärung nicht für erforderlich hält.
Auf Verlangen des Gerichts ist eine Übersetzung der Urkunden vorzulegen; die Übersetzung ist von einer hierzu in einem der Vertragsstaaten befugten Person zu beglaubigen.

Artikel 49
Die in den Artikeln 46, 47 und in Artikel 48 Absatz 2 angeführten Urkunden sowie die Urkunde über die Prozessvollmacht, falls eine solche erteilt wird, bedürfen weder der Legalisation noch einer ähnlichen Förmlichkeit.

1. c) LugÜ

TITEL IV. ÖFFENTLICHE URKUNDEN UND PROZESSVERGLEICHE

Artikel 50
Öffentliche Urkunden, die in einem Vertragsstaat aufgenommen und vollstreckbar sind, werden in einem anderen Vertragsstaat auf Antrag in den Verfahren nach den Artikeln 31 ff. für vollstreckbar erklärt. Der Antrag kann nur abgelehnt werden, wenn die Zwangsvollstreckung aus der Urkunde der öffentlichen Ordnung des Vollstreckungsstaats widersprechen würde.
Die vorgelegte Urkunde muss die Voraussetzungen für ihre Beweiskraft erfüllen, die in dem Staat, in dem sie aufgenommen wurde, erforderlich sind.
Die Vorschriften des 3. Abschnitts des Titels III sind sinngemäß anzuwenden.

Artikel 51
Vergleiche, die vor einem Richter im Laufe eines Verfahrens abgeschlossen und in dem Staat, in dem sie errichtet wurden, vollstreckbar sind, werden in dem Vollstreckungsstaat unter denselben Bedingungen wie öffentliche Urkunden vollstreckt.

TITEL V. ALLGEMEINE VORSCHRIFTEN

Artikel 52
Ist zu entscheiden, ob eine Partei im Hoheitsgebiet des Vertragsstaats, dessen Gerichte angerufen sind, einen Wohnsitz hat, so wendet das Gericht sein Recht an.
Hat eine Partei keinen Wohnsitz in dem Staat, dessen Gerichte angerufen sind, so wendet das Gericht, wenn es zu entscheiden hat, ob die Partei einen Wohnsitz in einem anderen Vertragsstaat hat, das Recht dieses Staates an.

Artikel 53
Der Sitz von Gesellschaften und juristischen Personen steht für die Anwendung dieses Übereinkommens dem Wohnsitz gleich. Jedoch hat das Gericht bei der Entscheidung darüber, wo der Sitz sich befindet, die Vorschriften seines internationalen Privatrechts anzuwenden.
Um zu bestimmen, ob ein „trust" seinen Sitz in dem Vertragsstaat hat, bei dessen Gerichten die Klage anhängig ist, wendet das Gericht sein internationales Privatrecht an.

TITEL VI. ÜBERGANGSVORSCHRIFTEN

Artikel 54
Die Vorschriften dieses Übereinkommens sind nur auf solche Klagen und öffentlichen Urkunden anzuwenden, die erhoben oder aufgenommen worden sind, nachdem dieses Übereinkommen im Ursprungsstaat und, wenn die Anerkennung oder Vollstreckung einer Entscheidung oder Urkunde geltend gemacht wird, im ersuchten Staat in Kraft getreten ist.
Entscheidungen, die nach dem Inkrafttreten dieses Übereinkommens zwischen dem Ursprungsstaat und dem ersuchten Staat aufgrund einer vor diesem Inkrafttreten erhobenen Klage ergangen sind, werden nach Maßgabe des Titels III anerkannt und zur Zwangsvollstreckung zugelassen, vorausgesetzt, dass das Gericht aufgrund von Vorschriften zuständig war, die mit den Zuständigkeitsvorschriften des

Titels II oder eines Abkommens übereinstimmen, das im Zeitpunkt der Klageerhebung zwischen dem Ursprungsstaat und dem Staat, in dem die Entscheidung geltend gemacht wird, in Kraft war.

Ist zwischen den Parteien eines Rechtsstreits über einen Vertrag bereits vor Inkrafttreten dieses Übereinkommens eine schriftliche Vereinbarung getroffen worden, auf diesen Vertrag die Rechtsvorschriften Irlands oder eines Teils des Vereinigten Königreichs anzuwenden, so sind die Gerichte in Irland oder in diesem Teil des Vereinigten Königreichs weiterhin befugt, über diesen Streitfall zu entscheiden.

Artikel 54a
Während einer Zeit von drei Jahren nach Inkrafttreten dieses Übereinkommens bestimmt sich für Dänemark, Griechenland, Irland, Island, Norwegen, Finnland und Schweden die Zuständigkeit in Seerechtssachen in jedem dieser Staaten neben den Vorschriften des Titels II auch nach den in den folgenden Nummern 1 bis 7 aufgeführten Vorschriften. Diese Vorschriften werden von dem Zeitpunkt an in diesen Staaten nicht mehr angewandt, zu dem für diese Staaten das in Brüssel am 10. Mai 1952 unterzeichnete Internationale Übereinkommen zur Vereinheitlichung von Regeln über den Arrest in Seeschiffe in Kraft tritt.
1. Eine Person, die ihren Wohnsitz im Hoheitsgebiet eines Vertragsstaats hat, kann vor den Gerichten eines der obengenannten Staaten wegen einer Seeforderung verklagt werden, wenn das Schiff, auf welches sich die Seeforderung bezieht, oder ein anderes Schiff im Eigentum dieser Person in einem gerichtsförmlichen Verfahren innerhalb des Hoheitsgebietes des letzteren Staates zur Sicherung der Forderung mit Arrest belegt worden ist oder dort mit Arrest hätte belegt werden können, jedoch dafür eine Bürgschaft oder eine andere Sicherheit geleistet worden ist.
a) wenn der Gläubiger seinen Wohnsitz in dem Hoheitsgebiet dieses Staates hat;
b) wenn die Seeforderung in diesem Staat entstanden ist;
c) wenn die Seeforderung im Verlauf der Reise entstanden ist, während deren der Arrest vollzogen worden ist oder hätte vollzogen werden können;
d) wenn die Seeforderung auf einem Zusammenstoß oder auf einem Schaden beruht, den ein Schiff einem anderen Schiff oder Gütern oder Personen an Bord eines der Schiffe entweder durch die Ausführung oder Nichtausführung eines Manövers oder durch die Nichtbeachtung von Vorschriften zugefügt hat;
e) wenn die Seeforderung auf Hilfeleistung oder Bergung beruht oder
f) wenn die Seeforderung durch eine Schiffshypothek oder ein sonstiges vertragliches Pfandrecht an dem Schiff gesichert ist, das mit Arrest belegt wurde.
2. Ein Gläubiger kann sowohl das Schiff, auf das sich die Seeforderung bezieht, als auch jedes andere Schiff, das demjenigen gehört, der im Zeitpunkt des Entstehens der Seeforderung Eigentümer jenes Schiffes war, mit Arrest belegen lassen. Jedoch kann nur das Schiff, auf das sich die Seeforderung bezieht, wegen einer der in Nummer 5 Buchstaben o), p) oder q) aufgeführten Ansprüche und Rechte mit Arrest belegt werden.
3. Schiffe gelten als demselben Eigentümer gehörend, wenn alle Eigentumsanteile derselben Person oder denselben Personen zustehen.
4. Ist bei der Überlassung des Gebrauchs eines Schiffes die Schiffsführung dem Ausrüster unterstellt und schuldet dieser allein eine dieses Schiff betreffende See-

forderung, so kann der Gläubiger dieses Schiff oder jedes andere dem Ausrüster gehörende Schiff mit Arrest belegen lassen; jedoch kann kein anderes Schiff des Schiffseigners aufgrund derselben Seeforderung mit Arrest belegt werden. Entsprechendes gilt in allen Fällen, in denen eine andere Person als der Schiffseigner Schuldner einer Seeforderung ist.
5. „Seeforderung" bezeichnet ein Recht oder einen Anspruch, die aus einem oder mehreren der folgenden Entstehungsgründe geltend gemacht werden:
a) Schäden, die durch ein Schiff durch Zusammenstoß oder in anderer Weise verursacht sind;
b) Tod oder Gesundheitsschäden, die durch ein Schiff verursacht sind oder die auf den Betrieb eines Schiffes zurückgehen;
c) Bergung und Hilfeleistung;
d) nach Maßgabe einer Chartepartie oder auf andere Weise abgeschlossene Nutzungs- oder Mietverträge über ein Schiff;
e) nach Maßgabe einer Chartepartie oder eines Konnossements oder auf andere Weise abgeschlossene Verträge über die Beförderung von Gütern mit einem Schiff;
f) Verlust oder Beschädigung von zu Schiff beförderten Gütern einschließlich des Gepäcks;
g) große Haverei;
h) Bodmerei;
i) Schleppdienste;
j) Lotsendienste;
k) Lieferung von Gütern oder Ausrüstungsgegenständen an ein Schiff, gleichviel an welchem Ort, im Hinblick auf seinen Einsatz oder seine Instandhaltung;
l) Bau, Reparatur oder Ausrüstung eines Schiffes sowie Hafenangaben;
m) Gehalt oder Heuer der Kapitäne, Schiffsoffiziere und Besatzungsmitglieder;
n) Auslagen des Kapitäns und der Ablader, Befrachter und Beauftragten für Rechnung des Schiffes oder seines Eigentümers;
o) Streitigkeiten über das Eigentum an einem Schiff;
p) Streitigkeiten zwischen Miteigentümern eines Schiffes über das Eigentum, den Besitz, den Einsatz oder die Erträgnisse dieses Schiffes;
q) Schiffshypotheken und sonstige vertragliche Pfandrechte an einem Schiff.
6. In Dänemark ist als „Arrest" für die in Nummer 5 Buchstaben o) und p) genannten Seeforderungen der „forbud" anzusehen, soweit hinsichtlich einer solchen Seeforderung nur ein „forbud" nach den §§ 646 bis 653 der Zivilprozessordnung (lov om rettens pleje) zulässig ist.
7. In Island ist als „Arrest" für die in Nummer 5 Buchstaben o) und p) genannten Seeforderungen der „lögbann" anzusehen, soweit hinsichtlich einer solchen Seeforderung nur ein „lögbann" nach Kapitel III des Gesetzes über Arrest und gerichtliche Verfügungen (lög um kyrrsetningu og lögbann) zulässig ist.

TITEL VII. VERHÄLTNIS ZUM BRÜSSELER ÜBEREINKOMMEN UND ZU ANDEREN ABKOMMEN

Artikel 54b
(1) Dieses Übereinkommen lässt die Anwendung des am 27. September 1968 in Brüssel unterzeichneten Übereinkommens über die gerichtliche Zuständigkeit und die Vollstreckung gerichtlicher Entscheidungen in Zivil- und Handelssachen und

des am 3. Juni 1971 in Luxemburg unterzeichneten Protokolls über die Auslegung des genannten Übereinkommens durch den Gerichtshof in der Fassung der Übereinkommen, mit denen die neuen Mitgliedstaaten der Europäischen Gemeinschaften jenem Übereinkommen und dessen Protokoll beigetreten sind, durch die Mitgliedstaaten der Europäischen Gemeinschaften unberührt. Das genannte Übereinkommen und dessen Protokoll zusammen werden nachstehend als „Brüsseler Übereinkommen" bezeichnet.
(2) Dieses Übereinkommen wird jedoch in jedem Fall angewandt
a) in Fragen der gerichtlichen Zuständigkeit, wenn der Beklagte seinen Wohnsitz in dem Hoheitsgebiet eines Vertragsstaats hat, der nicht Mitglied der Europäischen Gemeinschaften ist, oder wenn die Gerichte eines solchen Vertragsstaats nach den Artikeln 16 oder 17 zuständig sind;
b) bei Rechtshängigkeit oder im Zusammenhang stehenden Verfahren im Sinne der Artikel 21 und 22, wenn Verfahren in einem den Europäischen Gemeinschaften nicht angehörenden und in einem den Europäischen Gemeinschaften angehörenden Vertragsstaat anhängig gemacht werden;
c) in Fragen der Anerkennung und Vollstreckung, wenn entweder der Ursprungsstaat oder der ersuchte Staat nicht Mitglied der Europäischen Gemeinschaften ist.
(3) Außer aus den in Titel III vorgesehenen Gründen kann die Anerkennung oder Vollstreckung versagt werden, wenn sich der der Entscheidung zugrunde liegende Zuständigkeitsgrund von demjenigen unterscheidet, der sich aus diesem Übereinkommen ergibt, und wenn die Anerkennung oder Vollstreckung gegen eine Partei geltend gemacht wird, die ihren Wohnsitz in einem nicht den Europäischen Gemeinschaften angehörenden Vertragsstaat hat, es sei denn, dass die Entscheidung anderweitig nach dem Recht des ersuchten Staates anerkannt oder vollstreckt werden kann.

Artikel 55
Dieses Übereinkommen ersetzt unbeschadet der Vorschriften des Artikels 54 Absatz 2 und des Artikels 56 die nachstehenden zwischen zwei oder mehr Vertragsstaaten geschlossenen Abkommen:
– das am 15. Juni 1869 in Paris unterzeichnete französisch-schweizerische Abkommen über die gerichtliche Zuständigkeit und die Vollstreckung gerichtlicher Urteile in Zivilsachen;
– den am 19. November 1896 in Madrid unterzeichneten spanisch-schweizerischen Vertrag über die gegenseitige Vollstreckung gerichtlicher Urteile und Entscheidungen in Zivil- und Handelssachen;
– das am 2. November 1929 in Bern unterzeichnete deutsch-schweizerische Abkommen über die gegenseitige Anerkennung und Vollstreckung von gerichtlichen Entscheidungen und Schiedssprüchen;
– das am 16. März 1932 in Kopenhagen unterzeichnete Übereinkommen zwischen Dänemark, Finnland, Island, Norwegen und Schweden über die Anerkennung und Vollstreckung gerichtlicher Entscheidungen;
– das am 3. Januar 1933 in Rom unterzeichnete italienisch-schweizerische Abkommen über die Anerkennung und Vollstreckung gerichtlicher Entscheidungen;
– das am 15. Januar 1936 in Stockholm unterzeichnete schwedisch-schweizerische Abkommen über die Anerkennung und Vollstreckung von gerichtlichen Entscheidungen und Schiedssprüchen;

1.c) LugÜ

– das am 25. Oktober 1957 in Wien unterzeichnete belgisch-österreichische Abkommen über die gegenseitige Anerkennung und Vollstreckung von gerichtlichen Entscheidungen und öffentlichen Urkunden betreffend Unterhaltsverpflichtungen;
– das am 29. April 1959 in Bern unterzeichnete belgisch-schweizerische Abkommen über die Anerkennung und Vollstreckung von gerichtlichen Entscheidungen und Schiedssprüchen;
– den am 6. Juni 1959 in Wien unterzeichneten deutsch-österreichischen Vertrag über die gegenseitige Anerkennung und Vollstreckung von gerichtlichen Entscheidungen, Vergleichen und öffentlichen Urkunden in Zivil- und Handelssachen;
– das am 16. Juni 1959 in Wien unterzeichnete belgisch-österreichische Abkommen über die gegenseitige Anerkennung und Vollstreckung von gerichtlichen Entscheidungen, Schiedssprüchen und öffentlichen Urkunden auf dem Gebiet des Zivil- und Handelsrechts;
– den am 16. Dezember 1960 in Bern unterzeichneten österreichisch-schweizerischen Vertrag über die Anerkennung und Vollstreckung gerichtlicher Entscheidungen;
– das am 12. Juni 1961 in London unterzeichnete britisch-norwegische Abkommen über die gegenseitige Anerkennung und Vollstreckung gerichtlicher Entscheidungen in Zivilsachen;
– den am 14. Juli 1961 in Wien unterzeichneten britisch-österreichischen Vertrag über die gegenseitige Anerkennung und Vollstreckung gerichtlicher Entscheidungen in Zivil- und Handelssachen und das am 6. März 1970 in London unterzeichnete Protokoll zur Abänderung dieses Vertrages;
– das am 6. Februar 1963 in Den Haag unterzeichnete niederländisch-österreichische Abkommen über die gegenseitige Anerkennung und Vollstreckung von gerichtlichen Entscheidungen und öffentlichen Urkunden auf dem Gebiet des Zivil- und Handelsrechts;
– das am 15. Juli 1966 in Wien unterzeichnete französisch-österreichische Abkommen über die Anerkennung und die Vollstreckung von gerichtlichen Entscheidungen und öffentlichen Urkunden auf dem Gebiet des Zivil- und Handelsrechts;
– das am 29. Juli 1971 in Luxemburg unterzeichnete luxemburgisch-österreichische Abkommen über die Anerkennung und die Vollstreckung von gerichtlichen Entscheidungen und öffentlichen Urkunden auf dem Gebiet des Zivil- und Handelsrechts;
– das am 16. November 1971 in Rom unterzeichnete italienisch-österreichische Abkommen über die Anerkennung und Vollstreckung von gerichtlichen Entscheidungen in Zivil- und Handelssachen, von gerichtlichen Vergleichen und von Notariatsakten;
– den am 17. Juni 1977 in Oslo unterzeichneten deutsch-norwegischen Vertrag über die gegenseitige Anerkennung und Vollstreckung gerichtlicher Entscheidungen und anderer Schuldtitel in Zivil- und Handelssachen;
– das am 11. Oktober 1977 in Kopenhagen unterzeichnete Übereinkommen zwischen Dänemark, Finnland, Island, Norwegen und Schweden über die Anerkennung und Vollstreckung gerichtlicher Entscheidungen in Zivilsachen;
– das am 16. September 1982 in Stockholm unterzeichnete österreichisch-schwedische Abkommen über die Anerkennung und die Vollstreckung von Entscheidungen in Zivilsachen;

– das am 17. Februar 1984 in Wien unterzeichnete österreichisch-spanische Abkommen über die Anerkennung und die Vollstreckung von gerichtlichen Entscheidungen, Vergleichen und vollstreckbaren öffentlichen Urkunden in Zivil- und Handelssachen;
– das am 21. Mai 1984 in Wien unterzeichnete norwegisch-österreichische Abkommen über die Anerkennung und die Vollstreckung von Entscheidungen in Zivilsachen; und
– das am 17. November 1986 in Wien unterzeichnete finnisch-österreichische Abkommen über die Anerkennung und die Vollstreckung von Entscheidungen in Zivilsachen.

Artikel 56
Die in Artikel 55 angeführten Abkommen und Verträge behalten ihre Wirksamkeit für die Rechtsgebiete, auf die dieses Übereinkommen nicht anzuwenden ist.
Sie bleiben auch weiterhin für die Entscheidungen und die öffentlichen Urkunden wirksam, die vor Inkrafttreten dieses Übereinkommens ergangen oder aufgenommen sind.

Artikel 57
(1) Dieses Übereinkommen lässt Übereinkommen unberührt, denen die Vertragsstaaten angehören oder angehören werden und die für besondere Rechtsgebiete die gerichtliche Zuständigkeit, die Anerkennung oder die Vollstreckung von Entscheidungen regeln.
(2) Dieses Übereinkommen schließt nicht aus, dass ein Gericht eines Vertragsstaats, der Vertragspartei eines Übereinkommens nach Absatz 1 ist, seine Zuständigkeit auf ein solches Übereinkommen stützt, und zwar auch dann, wenn der Beklagte seinen Wohnsitz in dem Hoheitsgebiet eines Vertragsstaats hat, der nicht Vertragspartei eines solchen Übereinkommens ist. In jedem Fall wendet dieses Gericht Artikel 20 an.
(3) Entscheidungen, die in einem Vertragsstaat von einem Gericht erlassen worden sind, das seine Zuständigkeit auf ein in Absatz 1 bezeichnetes Übereinkommen gestützt hat, werden in den anderen Vertragsstaaten nach Titel III anerkannt und vollstreckt.
(4) Außer aus den in Titel III vorgesehenen Gründen kann die Anerkennung oder Vollstreckung versagt werden, wenn der ersuchte Staat nicht Vertragspartei eines in Absatz 1 bezeichneten Übereinkommens ist und wenn die Person, gegen die die Anerkennung oder Vollstreckung geltend gemacht wird, ihren Wohnsitz in diesem Staat hat, es sei denn, dass die Entscheidung nach einer anderen Rechtsvorschrift des ersuchten Staates anerkannt oder vollstreckt werden kann.
(5) Sind der Ursprungsstaat und der ersuchte Staat Vertragsparteien eines in Absatz 1 bezeichneten Übereinkommens, welches die Voraussetzungen für die Anerkennung und Vollstreckung von Entscheidungen regelt, so gelten diese Voraussetzungen. In jedem Fall können die Bestimmungen des vorliegenden Übereinkommens über das Verfahren zur Anerkennung und Vollstreckung von Entscheidungen angewandt werden.

Artikel 58
(gegenstandslos)

Artikel 59

Dieses Übereinkommen hindert einen Vertragsstaat nicht, sich gegenüber einem dritten Staat im Rahmen eines Abkommens über die Anerkennung und Vollstreckung von Urteilen zu verpflichten, Entscheidungen der Gerichte eines anderen Vertragsstaats gegen Beklagte, die ihren Wohnsitz oder gewöhnlichen Aufenthalt in dem Hoheitsgebiet des dritten Staates haben, nicht anzuerkennen, wenn die Entscheidungen in den Fällen des Artikels 4 nur in einem der in Artikel 3 Absatz 2 angeführten Gerichtsstände ergehen können.

Kein Vertragsstaat kann sich jedoch gegenüber einem dritten Staat verpflichten, eine Entscheidung nicht anzuerkennen, die in einem anderen Vertragsstaat durch ein Gericht gefällt wurde, dessen Zuständigkeit auf das Vorhandensein von Vermögenswerten des Beklagten in diesem Staat oder die Beschlagnahme von dort vorhandenem Vermögen durch den Kläger gegründet ist,

1. wenn die Klage erhoben wird, um Eigentums- oder Inhaberrechte hinsichtlich dieses Vermögens festzustellen oder anzumelden oder um Verfügungsgewalt darüber zu erhalten, oder wenn die Klage sich aus einer anderen Streitsache im Zusammenhang mit diesem Vermögen ergibt, oder

2. wenn das Vermögen die Sicherheit für einen Anspruch darstellt, der Gegenstand des Verfahrens ist.

TITEL VIII. SCHLUSSBESTIMMUNGEN

Artikel 60

Vertragsparteien dieses Übereinkommens können sein
a) die Staaten, die in dem Zeitpunkt, zu dem das Übereinkommen zur Unterzeichnung aufgelegt wird, Mitglieder der Europäischen Gemeinschaften oder der Europäischen Freihandelsassoziation sind;
b) die Staaten, die nach diesem Zeitpunkt Mitglieder der Europäischen Gemeinschaften oder der Europäischen Freihandelsassoziation werden;
c) die Staaten, die nach Artikel 62 Absatz 1 Buchstabe b) zum Beitritt eingeladen werden.

Artikel 61

(1) Dieses Übereinkommen liegt für die Staaten, die Mitglieder der Europäischen Gemeinschaften oder der Europäischen Freihandelsassoziation sind, zur Unterzeichnung auf.
(2) Das Übereinkommen bedarf der Ratifikation durch die Unterzeichnerstaaten. Die Ratifikationsurkunden werden beim Schweizerischen Bundesrat hinterlegt.
(3) Das Übereinkommen tritt am ersten Tag des dritten Monats in Kraft, der auf den Tag folgt, an dem zwei Staaten, von denen einer Mitglied der Europäischen Gemeinschaften und der andere Mitglied der Europäischen Freihandelsassoziation ist, ihre Ratifikationsurkunden hinterlegt haben.
(4) Für jeden anderen Unterzeichnerstaat tritt das Übereinkommen am ersten Tag des dritten Monats in Kraft, der auf die Hinterlegung seiner Ratifikationsurkunde folgt.

Artikel 62

(1) Dem Übereinkommen können nach seinem Inkrafttreten beitreten

a) die in Artikel 60 Buchstabe b) bezeichneten Staaten,
b) andere Staaten, die auf ein an den Depositarstaat gerichtetes Ersuchen eines Vertragsstaats hin zum Beitritt eingeladen worden sind. Der Depositarstaat lädt den betreffenden Staat zum Beitritt nur ein, wenn ihm nach Übermittlung des Inhalts der Mitteilungen, die der betreffende Staat nach Artikel 63 zu machen beabsichtigt, die Zustimmung aller Unterzeichnerstaaten sowie aller in Artikel 60 Buchstaben a) und b) bezeichneten Vertragsstaaten vorliegt.
(2) Wünscht ein beitretender Staat Erklärungen im Sinne des Protokolls Nr. 1 abzugeben, so werden zu diesem Zweck Verhandlungen aufgenommen. Eine Verhandlungskonferenz wird durch den Schweizerischen Bundesrat einberufen.
(3) Für jeden beitretenden Staat tritt das Übereinkommen am ersten Tag des dritten Monats in Kraft, der auf die Hinterlegung seiner Beitrittsurkunde folgt.
(4) Für einen in Absatz 1 Buchstaben a) oder b) bezeichneten Staat tritt das Übereinkommen jedoch nur im Verhältnis zu den Vertragsstaaten in Kraft, die vor dem ersten Tag des dritten Monats, der auf die Hinterlegung der Beitrittsurkunde folgt, keine Einwände gegen den Beitritt erhoben haben.

Artikel 63
Jeder beitretende Staat hat bei der Hinterlegung seiner Beitrittsurkunde die für die Anwendung der Artikel 3, 32, 37, 40, 41 und 55 dieses Übereinkommens erforderlichen Mitteilungen zu machen und gegebenenfalls die bei den Verhandlungen über das Protokoll Nr. 1 festgelegten Erklärungen abzugeben.

Artikel 64
(1) Dieses Übereinkommen wird zunächst für die Dauer von fünf Jahren geschlossen, gerechnet von seinem Inkrafttreten nach Artikel 61 Absatz 3; dies gilt auch für die Staaten, die das Übereinkommen später ratifizieren oder ihm später beitreten.
(2) Nach Ablauf des anfänglichen Zeitraums von fünf Jahren verlängert sich das Übereinkommen stillschweigend um jeweils ein Jahr.
(3) Nach Ablauf des anfänglichen Zeitraums von fünf Jahren kann jeder Vertragsstaat das Übereinkommen jederzeit durch eine an den Schweizerischen Bundesrat gerichtete Notifikation kündigen.
(4) Die Kündigung wird am Ende des Kalenderjahres wirksam, das auf einen Zeitraum von sechs Monaten folgt, gerechnet vom Eingang ihrer Notifikation beim Schweizerischen Bundesrat.

Artikel 65
Diesem Übereinkommen sind beigefügt:
– ein Protokoll Nr. 1 über bestimmte Zuständigkeits-, Verfahrens- und Vollstreckungsfragen;
– ein Protokoll Nr. 2 über die einheitliche Auslegung des Übereinkommens;
– ein Protokoll Nr. 3 über die Anwendung von Artikel 57.
Diese Protokolle sind Bestandteil des Übereinkommens.

Artikel 66
Jeder Vertragsstaat kann eine Revision dieses Übereinkommens beantragen. Zu diesem Zweck beruft der Schweizerische Bundesrat innerhalb von sechs Monaten nach Beantragung der Revision eine Revisionskonferenz ein.

Artikel 67
Der Schweizerische Bundesrat notifiziert den Staaten, die auf der diplomatischen Konferenz von Lugano vertreten waren, und den Staaten, die dem Übereinkommen später beigetreten sind,
a) die Hinterlegung jeder Ratifikations- oder Beitrittsurkunde;
b) den Tag, an dem dieses Übereinkommen für die Vertragsstaaten in Kraft tritt;
c) die nach Artikel 64 eingegangenen Kündigungen;
d) die nach Artikel Ia des Protokolls Nr. 1 eingegangenen Erklärungen;
e) die nach Artikel Ib des Protokolls Nr. 1 eingegangenen Erklärungen;
f) die nach Artikel IV des Protokolls Nr. 1 eingegangenen Erklärungen;
g) die Mitteilungen nach Artikel VI des Protokolls Nr. 1.

Artikel 68
Dieses Übereinkommen ist in einer Urschrift in dänischer, deutscher, englischer, finnischer, französischer, griechischer, irischer, isländischer, italienischer, niederländischer, norwegischer, portugiesischer, schwedischer und spanischer Sprache abgefasst, wobei jeder Wortlaut gleichermaßen verbindlich ist; es wird im Archiv des Schweizerischen Bundesrates hinterlegt, der den Regierungen der Staaten, die auf der diplomatischen Konferenz von Lugano vertreten waren, und jedem beitretenden Staat eine beglaubigte Abschrift übermittelt.

ANHANG

Protokoll Nr. I über bestimmte Zuständigkeits-, Verfahrens- und Vollstreckungsfragen

DIE HOHEN VERTRAGSPARTEIEN HABEN NACHSTEHENDE BESTIMMUNGEN VEREINBART, DIE DEM ÜBEREINKOMMEN BEIGEFÜGT WERDEN:

Artikel I
Jede Person, die ihren Wohnsicht in Luxemburg hat und vor dem Gericht eines anderen Vertragsstaats aufgrund des Artikels 5 Nummer 1 verklagt wird, kann die Unzuständigkeit dieses Gerichts geltend machen. Lässt sich der Beklagte auf das Verfahren nicht ein, so erklärt sich das Gericht von Amts wegen für unzuständig.
Jede Gerichtsstandsvereinbarung im Sinne des Artikels 17 ist für eine Person, die ihren Wohnsitz in Luxemburg hat, nur dann wirksam, wenn diese sie ausdrücklich und besonders angenommen hat.

Artikel Ia
(1) Die Schweizerische Eidgenossenschaft behält sich das Recht vor, bei der Hinterlegung der Ratifikationsurkunde zu erklären, dass eine in einem anderen Vertragsstaat ergangene Entscheidung in der Schweiz nicht anerkannt oder vollstreckt wird, wenn
a) die Zuständigkeit des Gerichts, das die Entscheidung erlassen hat, sich nur auf Artikel 5 Nummer 1 des Übereinkommens stützt;
b) der Beklagte zum Zeitpunkt der Einleitung des Verfahrens seinen Wohnsitz in der Schweiz hatte; im Sinne dieses Artikels hat eine Gesellschaft oder juristische

Person ihren Sitz in der Schweiz, wenn ihr statutarischer Sitz und der tatsächliche Mittelpunkt ihrer Tätigkeit in der Schweiz liegen; und

c) der Beklagte gegen die Anerkennung oder die Vollstreckung der Entscheidung in der Schweiz Einspruch erhebt, sofern er nicht auf den Schutz der in diesem Absatz vorgesehenen Erklärung verzichtet hat.

(2) Dieser Vorbehalt ist nicht anzuwenden, soweit in dem Zeitpunkt, zu dem die Anerkennung oder Vollstreckung beantragt wird, eine Änderung von Artikel 59 der Schweizerischen Bundesverfassung stattgefunden hat. Der Schweizerische Bundesrat teilt solche Änderungen den Unterzeichnerstaaten und den beitretenden Staaten mit.

(3) Dieser Vorbehalt wird am 31. Dezember 1999 unwirksam. Er kann jederzeit zurückgezogen werden.

Artikel Ib
Jeder Vertragsstaat kann sich durch eine bei der Hinterlegung seiner Ratifikations- oder Beitrittsurkunde abgegebene Erklärung unbeschadet der Bestimmungen des Artikels 28 das Recht vorbehalten, in anderen Vertragsstaaten ergangene Entscheidungen nicht anzuerkennen und zu vollstrecken, wenn die Zuständigkeit des Gerichts des Ursprungsstaats nach Artikel 16 Nummer 1 Buchstabe b) ausschließlich dadurch begründet ist, dass der Beklagte seinen Wohnsitz in dem Ursprungsstaat hat und die unbewegliche Sache in dem Hoheitsgebiet des Staates belegen ist, der den Vorbehalt angebracht hat.

Artikel II
Unbeschadet günstigerer innerstaatlicher Vorschriften können Personen, die ihren Wohnsitz in einem Vertragsstaat haben und die vor den Strafgerichten eines anderen Vertragsstaats, dessen Staatsangehörigkeit sie nicht besitzen, wegen einer fahrlässig begangenen Straftat verfolgt werden, sich von hierzu befugten Personen verteidigen lassen, selbst wenn sie persönlich nicht erscheinen.

Das Gericht kann jedoch das persönliche Erscheinen anordnen; wird diese Anordnung nicht befolgt, so braucht die Entscheidung, die über den Anspruch aus einem Rechtsverhältnis des Zivilrechts ergangen ist, ohne dass sich der Angeklagte verteidigen konnte, in den anderen Vertragsstaaten weder anerkannt noch vollstreckt zu werden.

Artikel III
In dem Vollstreckungsstaat dürfen in dem Verfahren auf Erteilung der Vollstreckungsklausel keine nach dem Streitwert abgestuften Stempelabgaben oder Gebühren erhoben werden.

Artikel IV
Gerichtliche und außergerichtliche Schriftstücke, die in einem Vertragsstaat ausgefertigt sind und einer in dem Hoheitsgebiet eines anderen Vertragsstaats befindlichen Person zugestellt werden sollen, werden nach den zwischen den Vertragsstaaten geltenden Übereinkommen oder Vereinbarungen übermittelt. Sofern der Staat, in dessen Hoheitsgebiet die Zustellung bewirkt werden soll, nicht durch eine Erklärung, die an den Schweizerischen Bundesrat zu richten ist, widersprochen hat, können diese Schriftstücke auch von den gerichtlichen Amtspersonen des Staates,

1. c) LugÜ

in dem sie angefertigt worden sind, unmittelbar den gerichtlichen Amtspersonen des Staates übersandt werden, in dessen Hoheitsgebiet sich die Person befindet, für welche das Schriftstück bestimmt ist. In diesem Fall übersendet die gerichtliche Amtsperson des Ursprungsstaats eine Abschrift des Schriftstücks der gerichtlichen Amtsperson des ersuchten Staates, die für die Übermittlung an den Empfänger zuständig ist. Diese Übermittlung wird in den Formen vorgenommen, die das Recht des ersuchten Staates vorsieht. Sie wird durch ein Zeugnis festgestellt, das der gerichtlichen Amtsperson des Ursprungsstaats unmittelbar zugesandt wird.

Artikel V

Die in Artikel 6 Nummer 2 und Artikel 10 für eine Gewährleistungs- oder Interventionsklage vorgesehene Zuständigkeit kann in der Bundesrepublik Deutschland, in Spanien, in Österreich und in der Schweiz nicht geltend gemacht werden. Jede Person, die ihren Wohnsitz in einem anderen Vertragsstaat hat, kann vor Gericht geladen werden
– in der Bundesrepublik Deutschland nach den §§ 68 und 72 bis 74 der Zivilprozessordnung, die für die Streitverkündung gelten,
– in Spanien nach Artikel 1482 des Zivilgesetzbuches,
– in Österreich nach § 21 der Zivilprozessordnung, der für die Streitverkündung gilt,
– in der Schweiz nach den einschlägigen Vorschriften der kantonalen Zivilprozessordnung über die Streitverkündung (litis denuntiatio).
Entscheidungen, die in den anderen Vertragsstaaten aufgrund des Artikels 6 Nummer 2 und des Artikels 10 ergangen sind, werden in der Bundesrepublik Deutschland, in Spanien, in Österreich und in der Schweiz nach Titel III anerkannt und vollstreckt. Die Wirkungen, welche die in diesen Staaten ergangenen Entscheidungen nach Absatz 1 gegenüber Dritten haben, werden auch in den anderen Vertragsstaaten anerkannt.

Artikel Va

In Unterhaltssachen umfasst der Begriff „Gericht" auch dänische, isländische und norwegische Verwaltungsbehörden.
In Zivil- und Handelssachen umfasst der Begriff „Gericht" auch das finnische „ulosotonhaltija/överexekutor".

Artikel Vb

Bei Streitigkeiten zwischen dem Kapitän und einem Mitglied der Mannschaft eines in Dänemark, in Griechenland, in Irland, in Island, in Norwegen, in Portugal oder in Schweden eingetragenen Seeschiffes über die Heuer oder sonstige Bedingungen des Dienstverhältnisses haben die Gerichte eines Vertragsstaats zu überprüfen, ob der für das Schiff zuständige diplomatische oder konsularische Vertreter von der Streitigkeit unterrichtet worden ist. Sie haben das Verfahren auszusetzen, solange dieser Vertreter nicht unterrichtet worden ist. Sie haben sich von Amts wegen für unzuständig zu erklären, wenn dieser Vertreter, nachdem er ordnungsgemäß unterrichtet worden ist, die Befugnisse ausgeübt hat, die ihm insoweit aufgrund eines Konsularabkommens zustehen, oder, falls ein derartiges Abkommen nicht besteht, innerhalb der festgesetzten Frist Einwände gegen die Zuständigkeit geltend gemacht hat.

Artikel V c
(gegenstandslos)

Artikel V d
Unbeschadet der Zuständigkeit des Europäischen Patentamts nach dem am 5. Oktober 1973 in München unterzeichneten Übereinkommen über die Erteilung europäischer Patente sind die Gerichte eines jeden Vertragsstaats ohne Rücksicht auf den Wohnsitz der Parteien für alle Verfahren ausschließlich zuständig, welche die Erteilung oder die Gültigkeit eines europäischen Patents zum Gegenstand haben, das für diesen Staat erteilt wurde und kein Gemeinschaftspatent nach Artikel 86 des am 15. Dezember 1975 in Luxemburg unterzeichneten Übereinkommens über das europäische Patent für den Gemeinsamen Markt ist.

Artikel VI
Die Vertragsstaaten teilen dem Schweizerischen Bundesrat den Wortlaut ihrer gesetzlichen Vorschriften mit, durch welche ihre in diesem Übereinkommen angeführten Vorschriften oder die in Titel III 2. Abschnitt angeführten Gerichtsstände geändert werden.

Protokoll Nr. 2 über die einheitliche Auslegung des Übereinkommens

PRÄAMBEL
DIE HOHEN VERTRAGSPARTEIEN –
GESTÜTZT auf Artikel 65 dieses Übereinkommens,
IN ANBETRACHT der sachlichen Verknüpfung zwischen diesem Übereinkommen und dem Brüsseler Übereinkommen,
IN DER ERWÄGUNG, dass dem Gerichtshof der Europäischen Gemeinschaften durch das Protokoll vom 3. Juni 1971 die Zuständigkeit zur Entscheidung über die Auslegung der Bestimmungen des Brüsseler Übereinkommens übertragen wurde,
IN VOLLER KENNTNIS der bis zur Unterzeichnung des vorliegenden Übereinkommens ergangenen Entscheidungen des Gerichtshofs der Europäischen Gemeinschaften über die Auslegung des Brüsseler Übereinkommens,
IN DER ERWÄGUNG, dass bei den Verhandlungen, die zum Abschluss dieses Übereinkommens geführt haben, vom Brüsseler Übereinkommen unter Berücksichtigung der vorgenannten Entscheidungen ausgegangen worden ist,
IN DEM BESTREBEN, bei voller Wahrung der Unabhängigkeit der Gerichte voneinander abweichende Auslegungen zu vermeiden und zu einer möglichst einheitlichen Auslegung der Bestimmungen des vorliegenden Übereinkommens einerseits sowie dieser Bestimmungen und derjenigen Bestimmungen des Brüsseler Übereinkommens, die in ihrem wesentlichen Gehalt in das vorliegende Übereinkommen übernommen worden sind, andererseits, zu gelangen –
SIND WIE FOLGT ÜBEREINGEKOMMEN:

Artikel I
Die Gerichte jedes Vertragsstaats tragen bei der Anwendung und Auslegung der Bestimmungen dieses Übereinkommens den Grundsätzen gebührend Rechnung, die in maßgeblichen Entscheidungen von Gerichten der anderen Vertragsstaaten zu den Bestimmungen des genannten Übereinkommens entwickelt worden sind.

Artikel 2

(1) Die Vertragsparteien kommen überein, ein System für den Austausch von Informationen über die in Anwendung dieses Übereinkommens ergangenen Entscheidungen sowie über die in Anwendung des Brüsseler Übereinkommens ergangenen maßgeblichen Entscheidungen einzurichten. Dieses System umfasst
– die von den zuständigen Behörden vorzunehmende Übermittlung der Entscheidungen letztinstanzlicher Gerichte und des Gerichtshofs der Europäischen Gemeinschaften sowie anderer besonders wichtiger, rechtskräftig gewordener Entscheidungen, die in Anwendung dieses Übereinkommens oder des Brüsseler Übereinkommens ergangen sind, an eine Zentralstelle;
– die Klassifizierung dieser Entscheidungen durch die Zentralstelle, erforderlichenfalls einschließlich der Erstellung und Veröffentlichung von Übersetzungen und Zusammenfassungen;
– die von der Zentralstelle vorzunehmende Übermittlung der einschlägigen Dokumente an die zuständigen nationalen Behörden aller Unterzeichnerstaaten dieses Übereinkommens und aller beitretenden Staaten sowie an die Kommission der Europäischen Gemeinschaften.
(2) Zentralstelle ist der Kanzler des Gerichtshofs der Europäischen Gemeinschaften.

Artikel 3

(1) Es wird ein Ständiger Ausschuss für die Zwecke dieses Protokolls eingesetzt.
(2) Der Ausschuss besteht aus Vertretern, die von jedem Unterzeichnerstaat und jedem beitretenden Staat bestellt werden.
(3) Die Europäischen Gemeinschaften (Kommission, Gerichtshof und Generalsekretariat des Rates) und die Europäische Freihandelsassoziation können an den Sitzungen als Beobachter teilnehmen.

Artikel 4

(1) Auf Antrag einer Vertragspartei beruft der Depositarstaat dieses Übereinkommens Sitzungen des Ausschusses zu einem Meinungsaustausch über die Wirkungsweise des Übereinkommens ein, und zwar insbesondere über
– die Entwicklung der aufgrund von Artikel 2 Absatz 1 mitgeteilten Rechtsprechung und
– die Anwendung von Artikel 57 dieses Übereinkommens.
(2) Der Ausschuss kann im Lichte dieses Meinungsaustausches auch prüfen, ob eine Revision dieses Übereinkommens in Einzelpunkten angebracht ist, und entsprechende Empfehlungen abgeben.

Protokoll Nr. 3 über die Anwendung von Artikel 57

DIE HOHEN VERTRAGSPARTEIEN SIND WIE FOLGT ÜBEREINGEKOMMEN:
1. Für die Zwecke dieses Übereinkommens werden die Bestimmungen, die für besondere Rechtsgebiete die gerichtliche Zuständigkeit, die Anerkennung oder die Vollstreckung von Entscheidungen regeln und in Rechtsakten der Organe der Europäischen Gemeinschaften enthalten sind oder künftig darin enthalten sein werden, ebenso behandelt wie die in Artikel 57 Absatz 1 bezeichneten Übereinkommen.

2. Ist ein Vertragsstaat der Auffassung, dass eine Bestimmung eines Rechtsaktes der Organe der Europäischen Gemeinschaften mit dem Übereinkommen nicht vereinbar ist, so fassen die Vertragsstaaten unbeschadet der Anwendung des in Protokoll Nr. 2 vorgesehenen Verfahrens unverzüglich eine Änderung entsprechend Artikel 66 ins Auge.

ERKLÄRUNG

der Vertreter der Regierungen der Unterzeichnerstaaten des Luganer Übereinkommens, die Mitglieder der Europäischen Gemeinschaften sind, zum Protokoll Nr. 3 über die Anwendung von Artikel 57 des Übereinkommens

Bei der Unterzeichnung des am 16. September 1988 in Lugano geschlossenen Übereinkommens über die gerichtliche Zuständigkeit und die Vollstreckung gerichtlicher Entscheidungen in Zivil- und Handelssachen
ERKLÄREN DIE VERTRETER DER REGIERUNGEN DER MITGLIEDSTAATEN DER EUROPÄISCHEN GEMEINSCHAFTEN,
in Anbetracht der gegenüber den Mitgliedstaaten der Europäischen Freihandelsassoziation eingegangenen Verpflichtungen,
in dem Bestreben, die Einheit des mit dem Übereinkommen geschaffenen Rechtssystems nicht zu beeinträchtigen,
dass sie alles in ihrer Macht Stehende tun werden, um sicherzustellen, dass bei der Ausarbeitung gemeinschaftlicher Rechtsakte im Sinne der Nummer 1 des Protokolls Nr. 3 über die Anwendung von Artikel 57 die in dem Übereinkommen niedergelegten Vorschriften über die gerichtliche Zuständigkeit sowie die Anerkennung und Vollstreckung von Entscheidungen beachtet werden.

ERKLÄRUNG

der Vertreter der Regierungen der Unterzeichnerstaaten des Luganer Übereinkommens, die Mitglieder der Europäischen Gemeinschaften sind

Bei der Unterzeichnung des am 16. September 1988 in Lugano geschlossenen Übereinkommens über gerichtliche Zuständigkeit und die Vollstreckung gerichtlicher Entscheidungen in Zivil- und Handelssachen
ERKLÄREN DIE VERTRETER DER REGIERUNGEN DER MITGLIEDSTAATEN DER EUROPÄISCHEN GEMEINSCHAFTEN,
dass sie es für angezeigt halten, dass der Gerichtshof der Europäischen Gemeinschaften bei der Auslegung des Brüsseler Übereinkommens den Grundsätzen gebührend Rechnung trägt, die sich aus der Rechtsprechung zum Luganer Übereinkommen ergeben.

ERKLÄRUNG

der Vertreter der Regierungen der Unterzeichnerstaaten des Luganer Übereinkommens, die Mitglieder der Europäischen Freihandelsassoziation sind

Bei der Unterzeichnung des am 16. September 1988 in Lugano geschlossenen Übereinkommens über gerichtliche Zuständigkeit und die Vollstreckung gerichtlicher Entscheidungen in Zivil- und Handelssachen erklären die Vertreter der Regierungen der Mitgliedstaaten der Europäischen Freihandelsassoziation, dass sie es für angezeigt halten, dass ihre Gerichte bei der Auslegung des Luganer Übereinkommens den Grundsätzen gebührend Rechnung tragen, die sich aus der Rechtsprechung des Gerichtshofes der Europäischen Gemeinschaften und der Gerichte der Mitgliedstaaten der Europäischen Gemeinschaften zu denjenigen Bestimmungen des Brüsseler Übereinkommens ergeben, die in ihrem wesentlichen Gehalt in das Luganer Übereinkommen übernommen worden sind.

d) Vorschlag für eine Verordnung des Rates vom 18. April 2002 zur Einführung eines europäischen Vollstreckungstitels für unbestrittene Forderungen (KOM/2002/0159 endg.)

(von der Kommission vorgelegt)

DER RAT DER EUROPÄISCHEN UNION –
gestützt auf den Vertrag zur Gründung der Europäischen Gemeinschaft, insbesondere auf Artikel 61 Buchstabe c),
auf Vorschlag der Kommission[1],
nach Stellungnahme des Europäischen Parlaments[2],
nach Stellungnahme des Wirtschafts- und Sozialausschusses[3],
in Erwägung nachstehender Gründe:

(1) Die Gemeinschaft hat sich zum Ziel gesetzt, einen Raum der Freiheit, der Sicherheit und des Rechts, in dem der freie Personenverkehr gewährleistet ist, zu erhalten und weiterzuentwickeln. Dazu erlässt die Gemeinschaft unter anderem im Bereich der justiziellen Zusammenarbeit in Zivilsachen die für das reibungslose Funktionieren des Binnenmarkts erforderlichen Maßnahmen.

(2) Am 3. Dezember 1998 nahm der Rat den Aktionsplan des Rates und der Kommission zur bestmöglichen Umsetzung der Bestimmungen des Amsterdamer Vertrags über den Aufbau eines Raums der Freiheit, der Sicherheit und des Rechts an (Wiener Aktionsplan)[4].

(3) Auf seiner Tagung vom 15. und 16. Oktober 1999 in Tampere machte sich der Europäische Rat den Grundsatz der gegenseitigen Anerkennung gerichtlicher Entscheidungen zu Eigen, auf dessen Grundlage ein echter europäischer Rechtsraum geschaffen werden soll.

(4) Am 30. November 2000 verabschiedete der Rat ein gemeinsames Programm der Kommission und des Rates über Maßnahmen zur Umsetzung des Grundsatzes der gegenseitigen Anerkennung gerichtlicher Entscheidungen in Zivil- und Handelssachen[5]. Dieses Programm sieht in seiner ersten Phase die Abschaffung des Exequaturverfahrens, d. h. die Einführung eines Europäischen Vollstreckungstitels für unbestrittene Forderungen vor.

(5) Der Begriff „unbestrittene Forderung" sollte alle Situationen erfassen, in denen der Schuldner Art oder Höhe einer Geldforderung nachweislich nicht bestritten hat und der Gläubiger gegen den Schuldner eine gerichtliche Entscheidung oder einen anderen vollstreckbaren Titel, der die ausdrückliche Zustimmung des Schuldners erfordert, wie einen vor Gericht geschlossenen Vergleich oder eine öffentliche Urkunde, erwirkt hat.

(6) Die als Voraussetzung für die Vollstreckung in einem anderen Mitgliedstaat erforderlichen Zwischenmaßnahmen sollten entbehrlich werden und somit sollte die Vollstreckung einer Entscheidung in einem anderen Mitgliedstaat als dem, in dem die Entscheidung ergangen ist, beschleunigt und vereinfacht werden. Eine Entscheidung, die vom Gericht des Ursprungsmitgliedstaats als Europäischer Vollstreckungstitel bestätigt worden ist, sollte im Hinblick auf die Vollstreckung so behandelt werden, als wäre sie im Vollstreckungsmitgliedstaat ergangen.

(7) Dieses Verfahren sollte gegenüber dem Exequaturverfahren der Verordnung (EG)

---

[1] ABl. C [...] [...], S. [...].
[2] ABl. C [...] [...], S. [...].
[3] ABl. C [...] [...], S. [...].
[4] ABl. C 19 vom 23.1.1999, S. 1.
[5] ABl. C 12 vom 15.1.2001, S. 1.

1. d) Europäischer Vollstreckungstitel (VO-Vorschlag)

Nr. 44/2001 des Rates vom 22. Dezember 2000 über die gerichtliche Zuständigkeit und die Anerkennung und Vollstreckung von Entscheidungen in Zivil- und Handelssachen[6] einen erheblichen Vorteil bieten, der darin besteht, dass auf die Inanspruchnahme des Gerichts eines zweiten Mitgliedstaats mit den daraus entstehenden Verzögerungen und Kosten verzichtet werden kann. Auch sollte eine Übersetzung im allgemeinen überflüssig werden, da für die Bescheinigung ein mehrsprachiges Formblatt verwendet wird.

(8) Auf die Nachprüfung einer gerichtlichen Entscheidung, die in einem anderen Mitgliedstaat über eine unbestrittene Forderung in einem Verfahren ergangen ist, auf das sich der Schuldner nicht eingelassen hat, kann nur dann verzichtet werden, wenn eine hinreichende Gewähr besteht, dass die Verteidigungsrechte beachtet worden sind.

(9) Diese Verordnung steht im Einklang mit den Grundrechten und Grundsätzen, die insbesondere mit der Charta der Grundrechte der Europäischen Union anerkannt wurden. Sie zielt insbesondere darauf ab, die uneingeschränkte Wahrung des Rechts auf ein faires Verfahren, wie es in Artikel 47 der Charta verankert ist, zu gewährleisten.

(10) Für das Verfahren in der Hauptsache sollten deshalb Mindestvorschriften festgelegt werden, um sicherzustellen, dass der Schuldner so rechtzeitig und in einer Weise über das gegen ihn eingeleitete Gerichtsverfahren, die Notwendigkeit seiner aktiven Teilnahme am Verfahren als Voraussetzung für die Anfechtung der Forderung und über die Folgen seines Fernbleibens unterrichtet wird, dass er Vorkehrungen für seine Verteidigung treffen kann.

(11) Wegen der erheblichen Unterschiede im Zivilprozessrecht der Mitgliedstaaten, insbesondere bei den Zustellungsvorschriften, müssen die Mindestvorschriften vom einzelstaatlichen Recht unabhängig präzise und detailliert definiert sein. Jede Zustellungsart, die auf einer juristischen Fiktion oder einer Vermutung beruht, ohne dass die Einhaltung der Mindestvorschriften nachgewiesen ist, kann nicht als ausreichend für die Bestätigung einer Entscheidung als Europäischer Vollstreckungstitel angesehen werden.

(12) Den für das Verfahren in der Hauptsache zuständigen Gerichten sollte die Aufgabe zuteil werden, vor Ausstellung einer einheitlichen Bescheinigung über den Europäischen Vollstreckungstitel, aus der die Nachprüfung und deren Ergebnis hervorgeht, nachzuprüfen, ob die prozessualen Mindestvorschriften eingehalten worden sind.

(13) Im Vertrauen auf eine ordnungsgemäße Rechtspflege innerhalb der Gemeinschaft ist es gerechtfertigt, dass nur ein mitgliedstaatliches Gericht bescheinigt, dass alle Voraussetzungen für die Bestätigung der Entscheidung als Europäischer Vollstreckungstitel vorliegen und die Entscheidung in allen Mitgliedstaaten vollstreckbar ist, ohne dass im Vollstreckungsmitgliedstaat zusätzlich von einem Gericht nachgeprüft werden muss, ob die prozessualen Mindestvorschriften eingehalten worden sind.

(14) Diese Verordnung begründet keine Verpflichtung für die Mitgliedstaaten, ihr innerstaatliches Recht an die prozessualen Mindestvorschriften in dieser Verordnung anzupassen. Entscheidungen werden in anderen Mitgliedstaaten jedoch nur dann effizienter und schneller vollstreckt, wenn diese Mindestvorschriften beachtet werden, so dass hier ein entsprechender Anreiz für die Mitgliedstaaten besteht, ihr Recht der Verordnung anzupassen.

(15) Dem Gläubiger sollte es frei stehen, eine Bescheinigung über den Europäischen Vollstreckungstitel für unbestrittene Forderungen zu beantragen oder sich für das Anerkennungs- und Vollstreckungsverfahren nach der Verordnung (EG) Nr. 44/2001 oder nach anderen Gemeinschaftsrechtsakten zu entscheiden.

(16) Da die Ziele der vorgeschlagenen Maßnahme auf Ebene der Mitgliedstaaten nicht

---

[6] ABl. L 12 vom 16.1.2001, S. 1.

ausreichend erreicht werden können und daher wegen ihres Umfangs und ihrer Wirkungen besser auf Gemeinschaftsebene erreicht werden können, kann die Gemeinschaft diese Maßnahmen entsprechend dem in Artikel 5 EG-Vertrag niedergelegten Subsidiaritätsprinzip ergreifen. Entsprechend dem in diesem Artikel ebenfalls verankerten festgeschriebenen Verhältnismäßigkeitsprinzip geht diese Verordnung nicht über das zur Erreichung dieser Ziele erforderliche Maß hinaus.

(17) Die zur Durchführung dieser Verordnung erforderlichen Maßnahmen sollten gemäß Beschluss 1999/468/EG des Rates vom 28. Juni 1999 zur Festlegung der Modalitäten für die Ausübung der der Kommission übertragenen Durchführungsbefugnisse[7] erlassen werden.

(18) [Das Vereinigte Königreich und Irland wirken gemäß den Artikeln 1 und 2 des dem Vertrag über die Europäische Union und dem Vertrag zur Gründung der Europäischen Gemeinschaft beigefügten Protokolls über die Position des Vereinigten Königreichs und Irlands an der Annahme dieser Verordnung nicht mit. Diese Verordnung ist daher für diese Staaten nicht verbindlich und ihnen gegenüber nicht anwendbar.]/[Das Vereinigte Königreich und Irland haben gemäß Artikel 3 des dem Vertrag über die Europäische Union und dem Vertrag zur Gründung der Europäischen Gemeinschaft beigefügten Protokolls über die Position des Vereinigten Königreichs und Irlands schriftlich mitgeteilt, dass sie sich an der Annahme und Anwendung dieser Verordnung beteiligen möchten.]

(19) Dänemark wirkt gemäß den Artikeln 1 und 2 des dem Vertrag über die Europäische Union und dem Vertrag zur Gründung der Europäischen Gemeinschaft beigefügten Protokolls über die Position Dänemarks an der Annahme dieser Verordnung nicht mit. Diese Verordnung ist daher für diesen Staat nicht verbindlich und ihm gegenüber nicht anwendbar –

HAT FOLGENDE VERORDNUNG ERLASSEN:

KAPITEL I. GEGENSTAND, ANWENDUNGSBEREICH UND BEGRIFFSBESTIMMUNGEN

Artikel 1. Gegenstand

Mit dieser Verordnung wird ein Europäischer Vollstreckungstitel für unbestrittene Forderungen eingeführt, der den freien Verkehr von Entscheidungen, Prozessvergleichen und öffentlichen Urkunden in allen Mitgliedstaaten mit Hilfe einheitlicher Mindestvorschriften ermöglicht, bei deren Einhaltung die Zwischenverfahren im Vollstreckungsmitgliedstaat entfallen, die bisher für die Anerkennung und Vollstreckung erforderlich waren.

Artikel 2. Anwendungsbereich

(1) Diese Verordnung gilt für Zivil- und Handelssachen, ohne dass es auf die Art der Gerichtsbarkeit ankommt. Nicht erfasst sind unter anderem Steuer- und Zollsachen sowie verwaltungsrechtliche Angelegenheiten.

(2) Diese Verordnung ist nicht anzuwenden auf
a) den Personenstand, die Rechts- und Handlungsfähigkeit sowie die gesetzliche Vertretung von natürlichen Personen, die ehelichen Güterstände, das Gebiet des Erbrechts einschließlich des Testamentsrechts;

---

[7] ABl. L 184 vom 17.7.1999, S. 23.

1. d) Europäischer Vollstreckungstitel (VO-Vorschlag) 107

b) Konkurse, Vergleiche und ähnliche Verfahren;
c) die soziale Sicherheit;
d) die Schiedsgerichtsbarkeit.
(3) In dieser Verordnung bedeutet der Begriff „Mitgliedstaat" alle Mitgliedstaaten mit Ausnahme Dänemarks [des Vereinigten Königreichs, Irlands].

Artikel 3. Begriffsbestimmungen
Für diese Verordnung gelten folgende Begriffsbestimmungen:
(1) „Entscheidung" bedeutet jede von einem Gericht eines Mitgliedstaats erlassene Entscheidung ungeachtet ihrer Bezeichnung wie Urteil, Beschluss, Zahlungsbefehl oder Vollstreckungsbescheid, einschließlich des Kostenfestsetzungsbeschlusses eines Gerichtsbediensteten.
(2) Bei den summarischen Verfahren betalningsföreläggande (Mahnverfahren) in Schweden umfasst der Begriff ‚Gericht' auch die schwedische kronofogdemyndighet (Amt für Beitreibung).
(3) Unter „Forderung" ist eine fällige bezifferte Geldforderung zu verstehen.
(4) Eine Forderung gilt als „unbestritten", wenn der Schuldner
a) ihr im Gerichtsverfahren ausdrücklich durch Anerkenntnis oder durch vor einem Gericht geschlossenen Vergleich zugestimmt hat;
b) ihr im Verfahren zu keiner Zeit widersprochen hat; eine Erklärung des Schuldners, er könne seiner Zahlungsverpflichtung allein aus materiellen Schwierigkeiten nicht nachkommen, kann nicht als Widerspruch angesehen werden;
c) nicht zur Verhandlung erschienen ist und sich nicht hat vertreten lassen, obwohl er die Forderung zuvor im Verfahren bestritten hatte, oder
d) die Forderung ausdrücklich in einer öffentlichen Urkunde anerkannt hat.
(5) Eine Entscheidung gilt als „rechtskräftig", wenn
a) gegen die Entscheidung kein ordentlicher Rechtsbehelf möglich ist oder
b) die Frist für einen ordentlichen Rechtsbehelf abgelaufen und kein Rechtsbehelf eingelegt worden ist.
(6) Als „ordentlicher Rechtsbehelf" gilt jeder Rechtsbehelf, der zur Aufhebung oder Änderung der Entscheidung, die als Europäischer Vollstreckungstitel bestätigt werden soll, führen kann und für dessen Einlegung im Ursprungsmitgliedstaat eine gesetzliche Frist bestimmt ist, die durch die Entscheidung selbst in Gang gesetzt wird.
(7) Als „öffentliche Urkunde" gilt:
a) ein Schriftstück, das als öffentliche Urkunde ausgestellt worden ist und dessen Beurkundung:
i) sich auf den Inhalt der Urkunde bezieht, und
ii) von einer Behörde oder einer anderen von dem Ursprungsmitgliedstaat hierzu ermächtigten Stelle vorgenommen worden ist; oder
b) eine vor einer Verwaltungsbehörde geschlossene oder von ihr beurkundete Unterhaltsvereinbarung.
(8) Unter „Ursprungsmitgliedstaat" ist der Mitgliedstaat zu verstehen, in dem die als Europäischer Vollstreckungstitel zu bestätigende Entscheidung ergangen ist.
(9) Unter „Vollstreckungsmitgliedstaat" ist der Mitgliedstaat zu verstehen, in dem die Vollstreckung der als Europäischer Vollstreckungstitel bestätigte Entscheidung begehrt wird.
(10) Unter „Gericht des Ursprungsmitgliedstaates" ist das Gericht zu verstehen, dass die als Europäischen Vollstreckungstitel zu bestätigende Entscheidung erlassen hat.

KAPITEL II. DER EUROPÄISCHE VOLLSTRECKUNGSTITEL

Artikel 4. Abschaffung des Exequaturverfahrens
Eine über eine unbestrittene Forderung ergangene Entscheidung, die im Ursprungsmitgliedstaat als Europäischer Vollstreckungstitel bestätigt worden ist, wird in den anderen Mitgliedstaaten anerkannt und vollstreckt, ohne dass es hierzu im Vollstreckungsmitgliedstaat eines besonderen Verfahrens bedarf.

Artikel 5. Voraussetzungen für die Bestätigung als Europäischer Vollstreckungstitel
Eine in einem Mitgliedstaat über eine unbestrittene Forderung ergangene Entscheidung wird auf Antrag des Gläubigers vom Gericht des Ursprungsmitgliedstaats als Europäischer Vollstreckungstitel bestätigt, wenn
a) die Entscheidung vollstreckbar ist und im Ursprungsmitgliedstaat rechtskräftig geworden ist,
b) die Entscheidung nicht im Widerspruch zu Kapitel II Abschnitte 3, 4 oder 6 der Verordnung (EG) Nr. 44/2001 steht,
c) im Falle einer unbestrittenen Forderung im Sinne von Artikel 3 Nummer 4 Buchstaben b) oder c) dieser Verordnung, das Gerichtsverfahren im Ursprungsmitgliedstaat den Verfahrensvorschriften in Kapitel III entsprochen hat, und
d) falls eine Zustellung nach Maßgabe von Kapitel III in einem anderen Mitgliedstaat als dem Ursprungsmitgliedstaat zu erfolgen hat, diese Zustellung im Einklang mit Artikel 31 erfolgt ist.

Artikel 6. Teilbarkeit des Europäischen Vollstreckungstitels
(1) Das Gericht des Ursprungsmitgliedstaats stellt die Bescheinigung über den Europäischen Vollstreckungstitel aus für die Teile der Entscheidung, welche die Voraussetzungen dieser Verordnung erfüllen, wenn in einer Entscheidung:
a) über mehrere Ansprüche erkannt wurde, die nicht alle eine fällige bezifferte Geldforderung betreffen, oder
b) über eine fällige bezifferte Geldforderung erkannt wurde, die nicht in allen Teilen unbestritten ist oder die nicht in allen Teilen die Voraussetzungen für die Bestätigung als Europäischer Vollstreckungstitel erfüllt,
(2) Der Antragsteller kann die Bestätigung als Europäischer Vollstreckungstitel nur für einen Teil der Entscheidung beantragen.

Artikel 7. Inhalt der Bescheinigung über den Europäischen Vollstreckungstitel
(1) Das Gericht des Ursprungsmitgliedstaats stellt die Bescheinigung über den Europäischen Vollstreckungstitel unter Verwendung des Formblatts in Anhang I aus.
(2) Die Bescheinigung über den Europäischen Vollstreckungstitel wird in der Sprache ausgestellt, in der die Entscheidung abgefasst ist.
(3) Die Anzahl der beglaubigten Ausfertigungen der Bescheinigung über den Europäischen Vollstreckungstitel, die dem Gläubiger auszuhändigen sind, entspricht der Anzahl der beglaubigten Ausfertigungen der Entscheidung, die der Gläubiger nach dem Recht des Ursprungsmitgliedstaats erhält.

Artikel 8. Rechtsbehelf
Gegen die Entscheidung über einen Antrag auf Erteilung einer Bescheinigung über den Europäischen Vollstreckungstitel ist kein Rechtsbehelf möglich.

1. d) *Europäischer Vollstreckungstitel (VO-Vorschlag)*

Artikel 9. Europäischer Vollstreckungstitel für Sicherungsmaßnahmen

(1) Im Falle einer Entscheidung über eine unbestrittene Forderung, die zwar noch nicht rechtskräftig geworden ist, aber alle anderen Voraussetzungen des Artikels 5 erfüllt, erteilt das Gericht des Ursprungsmitgliedstaats auf Antrag des Gläubigers unter Verwendung des Formblatts in Anhang II eine Bescheinigung über einen Europäischen Vollstreckungstitel für Sicherungsmaßnahmen.

(2) Die Bescheinigung über einen Europäischen Vollstreckungstitel für Sicherungsmaßnahmen berechtigt zur Vornahme von Sicherungsmaßnahmen in das Eigentum des Schuldners im Vollstreckungsmitgliedstaat.

(3) Dem Gläubiger steht es frei, Sicherungsmaßnahmen nach dem Recht des Vollstreckungsmitgliedstaats in Anspruch zu nehmen, ohne dass es hierzu einer Bescheinigung über den Europäischen Vollstreckungstitel bedarf.

KAPITEL III. MINDESTVORSCHRIFTEN FÜR VERFAHREN ÜBER UNBESTRITTENE FORDERUNGEN

Artikel 10. Anwendungsbereich der Mindestvorschriften

Eine Entscheidung über eine Geldforderung, die im Sinne von Artikel 3 Nummer 4 Buchstabe b) oder c) unbestritten ist, weil der Forderung nicht widersprochen wurde, oder weil der Schuldner nicht zur Verhandlung erschienen ist, kann nur dann als Europäischer Vollstreckungstitel bestätigt werden, wenn das Gerichtsverfahren im Ursprungsmitgliedstaat den Verfahrensvorschriften dieses Kapitels genügt hat.

Artikel 11. Formen der Zustellung des verfahrenseinleitenden Schriftstücks

(1) Das verfahrenseinleitende Schriftstück oder ein gleichwertiges Schriftstück müssen dem Schuldner wie folgt zugestellt werden:

a) durch persönliche Zustellung, bei der der Schuldner eine Empfangsbestätigung unter Angabe des Empfangsdatums unterzeichnet und zurückschickt, oder
b) durch persönliche Zustellung, bei der der zuständige Beamte bescheinigt, dass der Schuldner das Schriftstück erhalten hat, oder
c) durch postalische Zustellung, bei der der Schuldner die Empfangsbestätigung unter Angabe des Empfangsdatums unterzeichnet und zurückschickt, oder
d) durch elektronische Zustellung beispielsweise per Fax oder E-Mail, bei der der Schuldner eine Empfangsbestätigung unter Angabe des Empfangsdatums unterzeichnet und zurückschickt.

(2) Für die Zwecke von Absatz 1 kann das Schriftstück an den gesetzlichen Vertreter des Schuldners oder an dessen Bevollmächtigten zugestellt werden.

Artikel 12. Ersatzzustellung

(1) Konnten das verfahrenseinleitende Schriftstück oder ein gleichwertiges Schriftstück dem Schuldner trotz aller zumutbaren Anstrengungen nicht gemäß Artikel 11 Absatz 1 Buchstaben a) oder b) persönlich zugestellt werden, kann die Ersatzzustellung wie folgt vorgenommen werden:

a) persönliche Zustellung am privaten Wohnsitz des Schuldners an eine dort wohnhafte, zum Haushalt des Schuldners gehörende erwachsene Person oder an eine in diesem Haushalt beschäftigte erwachsene Person;
b) wenn der Schuldner ein Selbständiger, ein Unternehmen oder eine sonstige ju-

ristische Person ist, persönliche Zustellung am geschäftlichen Wohnsitz des Schuldners an erwachsene Personen, die dort beschäftigt sind;

c) wenn der Schuldner ein Selbständiger, ein Unternehmen oder eine sonstige juristische Person ist, Hinterlegung des Schriftstücks im Briefkasten am Wohnsitz des Schuldners, sofern der Briefkasten für die sichere Aufbewahrung von Post geeignet ist;

d) wenn der Schuldner ein Selbständiger, ein Unternehmen oder eine sonstige juristische Person ist, Hinterlegung des Schriftstücks beim Postamt oder bei den zuständigen Behörden mit entsprechender schriftlicher Benachrichtigung des Schuldners, die im Briefkasten am Wohnsitz des Schuldners, sofern der Briefkasten für die sichere Aufbewahrung von Post geeignet ist und in der schriftlichen Benachrichtigung das Schriftstück eindeutig als gerichtliches Schriftstück bezeichnet und darauf hingewiesen wird, dass die Zustellung durch die Benachrichtigung als erfolgt gilt und die Fristen damit zu laufen beginnen.

(2) Die Zustellung im Sinne von Absatz 1 kann auch an den gesetzlichen Vertreter des Schuldners oder an dessen Bevollmächtigten erfolgen.

(3) Für die Zwecke dieser Verordnung ist eine Ersatzzustellung gemäß Absatz 2 nicht zulässig, wenn die Anschrift des Wohnsitzes des Schuldners nicht genau bekannt ist.

Artikel 13. Beweis der Zustellung
Der Beweis für die Zustellung gemäß den Artikeln 11 und 12 wird dem Gericht des Ursprungsmitgliedstaats zugeleitet. Die Zustellung wird nachgewiesen durch
a) eine Empfangsbestätigung des Schuldners in den Fällen von Artikel 11 Absatz 1 Buchstaben a), c) und d),
b) in allen anderen Fällen durch ein von dem zuständigen Zustellungsbeamten unterzeichnetes Schriftstück, in dem Folgendes angegeben ist:
i) Zeitpunkt und Ort der Zustellung,
ii) Form der Zustellung,
iii) Name der Person, der das Schriftstück zugestellt wurde, falls es sich nicht um den Schuldner handelt, und Angabe des Verhältnisses dieser Person zum Schuldner.

Artikel 14. Zustellung der Ladung zu einer Gerichtsverhandlung
(1) Im Falle einer Entscheidung über eine Forderung, die im Sinne von Artikel 3 Nummer 4 Buchstaben b) oder c) unbestritten ist, weil der Schuldner nicht zur Verhandlung erschienen ist oder sich nicht hat vertreten lassen, muss die Ladung zu der betreffenden Verhandlung, wenn sie nicht zusammen mit dem verfahrenseinleitenden Schriftstück oder einem gleichwertigen Schriftstück zugestellt worden ist, dem Schuldner wie folgt zugestellt worden sein:
a) nach Maßgabe der Artikel 11, 12 und 13 oder
b) mündlich in einer vorausgehenden Verhandlung über dieselbe Forderung, wobei dies durch das Protokoll dieser Verhandlung nachgewiesen werden muss.

Artikel 15. Für die Verteidigung rechtzeitige Zustellung
(1) Dem Schuldner muss eine Frist von mindestens 14 Kalendertagen oder, wenn er seinen Wohnsitz in einem anderen Mitgliedstaat als dem Ursprungsmitgliedstaat hat, von mindestens 28 Kalendertagen eingeräumt worden sein, damit er Vorkehrungen für seine Verteidigung treffen und zu der Forderung Stellung neh-

men kann; die Frist läuft ab dem Tag, an dem ihm das verfahrenseinleitende Schriftstück oder ein gleichwertiges Schriftstück zugestellt worden ist.
(2) Im Falle einer Entscheidung über eine Forderung, die im Sinne von Artikel 3 Nummer 4 Buchstaben b) oder c) unbestritten ist, weil der Schuldner nicht zur Verhandlung erschienen ist oder sich nicht hat vertreten lassen, muss die Ladung, wenn sie dem Schuldner nicht zusammen mit dem verfahrenseinleitenden Schriftstück oder einem ähnlichen Schriftstück zugestellt wurde, ihm mindestens 14 Kalendertage oder, wenn er seinen Wohnsitz in einem anderen Mitgliedstaat als dem Ursprungsmitgliedstaat hat, mindestens 28 Kalendertage vor der Gerichtsverhandlung zugestellt worden sein, damit er vor Gericht erscheinen oder Vorkehrungen für seine Vertretung treffen kann.

Artikel 16. Ordnungsgemäße Unterrichtung des Schuldners über die Forderung
Um sicherzustellen, dass der Schuldner ordnungsgemäß über die Forderung unterrichtet worden ist, muss das verfahrenseinleitende Schriftstück oder das gleichwertige Schriftstück folgende Angaben enthalten haben:
a) Name und Anschrift der Parteien;
b) Höhe der Forderung;
c) wenn Zinsen gefordert werden, Zinssatz und Zeitraum, für den Zinsen gefordert werden, es sei denn, die Rechtsvorschriften des Ursprungsmitgliedstaats sehen vor, dass ein bestimmter Zinssatz automatisch auf die Kapitalsumme angerechnet wird;
d) Gegenstand der Klage, einschließlich einer kurzen Darstellung des Sachverhalts, der der Forderung zugrunde liegt.

Artikel 17. Ordnungsgemäße Unterrichtung des Schuldners über die Verfahrensschritte, die zum Bestreiten der Forderung notwendig sind
Um sicherzustellen, dass der Schuldner ordnungsgemäß über die Verfahrensschritte unterrichtet worden ist, die zum Bestreiten der Forderung notwendig sind, muss im verfahrenseinleitenden Schriftstück oder einem gleichwertigen Schriftstück oder in einer zusammen mit diesem zugestellten Belehrung deutlich auf Folgendes hingewiesen worden sein:
a) die Frist, innerhalb deren die Forderung bestritten werden kann, und die Anschrift, an die der Widerspruch zu richten ist, sowie die entsprechenden Formvorschriften einschließlich der Vertretung durch einen Rechtsanwalt, sofern dies vorgeschrieben ist;
b) die Möglichkeit einer Entscheidung zugunsten des Gläubigers bei Nichtbeachtung der Formvorschriften für die Erhebung des Widerspruchs;
c) die Tatsache, dass in Mitgliedstaaten, in denen dies zulässig ist, ohne Widerspruch seitens des Schuldners eine Entscheidung zugunsten des Gläubigers ergehen kann:
ohne Prüfung der Begründetheit der Forderung durch das Gericht, oder
nach einer eingeschränkten Prüfung der Begründetheit der Forderung durch das Gericht;
d) die Tatsache, dass in Mitgliedstaaten in denen dies zulässig ist, gegen eine solche Entscheidung kein ordentlicher Rechtsbehelf gegeben ist, oder die Nachprüfung bei einem ordentlichen Rechtsbehelf eingeschränkt ist;
e) die Möglichkeit, dass eine solche Entscheidung als Europäischer Vollstreckungstitel bestätigt wird, gegen den kein Rechtsbehelf gegeben ist, und die an-

schließend mögliche Vollstreckung in allen anderen Mitgliedstaaten ohne Zwischenmaßnahmen im Vollstreckungsmitgliedstaat.

Artikel 18. Ordnungsgemäße Unterrichtung des Schuldners über die notwendigen Verfahrensschritte zur Vermeidung eines Versäumnisurteils
Um sicherzustellen, dass der Schuldner ordnungsgemäß über die notwendigen Verfahrensschritte zur Vermeidung eines Versäumnisurteils unterrichtet worden ist, muss das Gericht in der Ladung oder gleichzeitig mit der Ladung Folgendes genau mitgeteilt haben:
a) Zeitpunkt und Ort der Verhandlung;
b) die möglichen Folgen gemäß Artikel 17 Buchstaben b), c), d) und e) seines Nichterscheinens.

Artikel 19. Heilung von Verfahrensmängeln infolge der Nichteinhaltung der Mindestvorschriften
(1) Genügte das Verfahren im Ursprungsmitgliedstaat nicht den in den Artikeln 11 bis 18 festgelegten Verfahrenserfordernissen, so ist eine Heilung der Verfahrensmängel und eine Bescheinigung, dass die Entscheidung einen Europäischen Vollstreckungstitel bildet, möglich, wenn
a) die Entscheidung dem Schuldner nach Maßgabe der Artikel 11 bis 14 zugestellt worden ist,
b) der Schuldner die Möglichkeit hatte, einen ordentlichen Rechtsbehelf gegen die Entscheidung einzulegen,
c) die Frist für die Einlegung des ordentlichen Rechtsbehelfs mindestens 14 Kalendertage beziehungsweise, wenn der Schuldner seinen Wohnsitz in einem anderen Mitgliedstaat als dem Ursprungsmitgliedstaat hat, mindestens 28 Kalendertage ab dem Tag der Zustellung der Entscheidung, beträgt, und
d) der Schuldner in der Entscheidung oder in einer beigefügten Belehrung ordnungsgemäß unterrichtet wurde über
i) die Möglichkeit, einen ordentlichen Rechtsbehelf einzulegen,
ii) die Frist für die Einlegung dieses ordentlichen Rechtsbehelfs,
iii) wo und wie der ordentliche Rechtsbehelf eingelegt werden muss, und
e) der Schuldner es versäumt hat, einen ordentlichen Rechtsbehelf gegen die Entscheidung fristgemäß einzuleiten.
(2) Genügte das Verfahren im Ursprungsmitgliedstaat nicht den Verfahrenserfordernissen nach den Artikeln 11 bis 14, so ist eine Heilung der Verfahrensmängel und eine Bescheinigung, dass die Entscheidung einen Europäischen Vollstreckungstitel bildet, möglich, wenn feststeht, dass der Schuldner das Schriftstück so rechtzeitig bekommen hat, dass er gemäß Artikel 15 und nach Maßgabe der Artikel 16, 17 und 18 Vorkehrungen für seine Verteidigung treffen konnte.

Artikel 20. Mindestvorschriften für die Wiedereinsetzung in den vorigen Stand
(1) Wurde eine Entscheidung über eine im Sinne von Artikel 3 Absatz 4 Buchstabe b) oder c) unbestrittene Forderung wegen fehlenden Widerspruchs oder wegen Nichterscheinens zur Verhandlung als Europäischer Vollstreckungstitel bestätigt, hat der Schuldner auf Antrag Anspruch auf Wiedereinsetzung in den vorigen Stand, wenn mindestens folgende Voraussetzungen vorliegen:
a) Der Schuldner erhielt ohne eigenes Verschulden

1. d) Europäischer Vollstreckungstitel (VO-Vorschlag)

i) nicht so rechtzeitig Kenntnis von der Entscheidung, dass er einen ordentlichen Rechtsbehelf hätte einlegen können, oder
ii) nicht so rechtzeitig Kenntnis von dem verfahrenseinleitenden Schriftstück, dass er sich hätte verteidigen können, es sei denn, die Voraussetzungen von Artikel 19 Absatz 1 liegen vor, oder
iii) nicht so rechtzeitig Kenntnis von der Ladung, dass er vor Gericht hätte erscheinen können, es sei denn, die Voraussetzungen von Artikel 19 Absatz 1 liegen vor, und
b) die Verteidigung des Schuldners erscheint nicht von vornherein aussichtslos.
(2) Ist eine Entscheidung gemäß Absatz 1 bei Einlegung eines Rechtsbehelfs im Ursprungsmitgliedstaat in der Sache nicht uneingeschränkt nachprüfbar, hat der Schuldner auf Antrag Anspruch auf Wiedereinsetzung in den vorigen Stand, wenn er der Forderung nicht widersprochen hat oder nicht zur Verhandlung erschienen ist, wenn mindestens die Voraussetzungen in Absatz 1 Buchstabe a) Ziffer i) oder ii) und Buchstabe b) vorliegen.
(3) Für die Anwendung dieses Artikels wird dem Schuldner für den Antrag auf Wiedereinsetzung eine Frist von mindestens 14 Kalendertagen, oder, wenn er seinen Wohnsitz in einem anderen Mitgliedstaat als dem Ursprungsmitgliedstaat hat, von mindestens 28 Kalendertagen ab dem Zeitpunkt, zu dem er Kenntnis von der Entscheidung erhalten hat, eingeräumt.

KAPITEL IV. VOLLSTRECKUNG

Artikel 21. Vollstreckungsverfahren
(1) Unbeschadet der Bestimmungen dieses Kapitels werden die Vollstreckungsverfahren durch das Recht des Vollstreckungsmitgliedstaates geregelt.
(2) Der Gläubiger muss aufgefordert werden, den zuständigen Vollstreckungsbehörden des Vollstreckungsmitgliedstaats Folgendes zu übermitteln:
a) eine Ausfertigung der Entscheidung, die die für ihre Beweiskraft erforderlichen Voraussetzungen erfüllt,
b) eine Ausfertigung der Bescheinigung über den Europäischen Vollstreckungstitel, die die für ihre Beweiskraft erforderlichen Voraussetzungen erfüllt, und
c) gegebenenfalls für die Teile des mehrsprachigen Abschnitts der Bescheinigung über den Europäischen Vollstreckungstitel, bei denen es sich nicht um Namen, Anschriften und Zahlen oder ausgefüllte Kästchen handelt, eine Übersetzung in die Amtssprache oder in eine der Amtssprachen des Vollstreckungsmitgliedstaats oder in eine sonstige Sprache, die der Vollstreckungsmitgliedstaat zulässt. Jeder Mitgliedstaat gibt an, welche Amtssprachen der Europäischen Union er neben seiner oder seinen eigenen für die Ausstellung der Bescheinigung zulässt. Die Übersetzung ist von einer hierzu in einem der Mitgliedstaaten befugten Person zu beglaubigen.
(3) Dem Gläubiger, der in einem Mitgliedstaat die Vollstreckung einer Entscheidung beantragt, die in einem anderen Mitgliedstaat als Europäischer Vollstreckungstitel bestätigt wurde, dürfen wegen seiner Eigenschaft als Ausländer oder wegen Fehlens eines inländischen Wohnsitzes oder Aufenthalts keine zusätzlichen Gebühren oder Sicherheitsleistungen, unter welcher Bezeichnung es auch sei, auferlegt werden.
(4) Der Gläubiger braucht für die Vollstreckung einer Entscheidung, die als Europäischer Vollstreckungstitel bestätigt worden ist, im Vollstreckungsmitgliedstaat weder eine Zustellanschrift noch einen Bevollmächtigten anzugeben.

Artikel 22. Rechtsschutz im Vollstreckungsverfahren

(1) Der Vollstreckungsmitgliedstaat lässt eine gerichtliche Nachprüfung auf Antrag des Schuldners zu, wenn die Entscheidung mit einer früheren Entscheidung unvereinbar ist, die in einem Mitgliedstaat oder einem Drittland ergangen ist, sofern
a) die frühere Entscheidung zwischen denselben Parteien wegen desselben Streitgegenstands ergangen ist,
b) die frühere Entscheidung die notwendigen Voraussetzungen für ihre Anerkennung im Vollstreckungsmitgliedstaat erfüllt,
c) der Schuldner diesen Einwand im Gerichtsverfahren des Ursprungsmitgliedstaats nicht hätte geltend machen können.
(2) Weder die Entscheidung noch die Bescheinigung, dass sie einen Europäischen Vollstreckungstitel bildet, dürfen im Vollstreckungsmitgliedstaat in der Sache selbst nachgeprüft werden.

Artikel 23. Aussetzung oder Beschränkung der Vollstreckung

Hat der Schuldner im Ursprungsmitgliedstaat die Wiedereinsetzung in den vorigen Stand gemäß Artikel 20 oder die Wiederaufnahme des Verfahrens oder die Aufhebung des Urteils oder im Vollstreckungsmitgliedstaat eine gerichtliche Nachprüfung gemäß Artikel 22 Absatz 1 beantragt, kann das zuständige Gericht oder die befugte Stelle im Vollstreckungsmitgliedstaat auf Antrag des Schuldners
a) das Vollstreckungsverfahren aussetzen,
b) das Vollstreckungsverfahren auf Sicherungsmaßnahmen beschränken oder
c) die Vollstreckung von der Leistung einer von dem Gericht oder der befugten Stelle zu bestimmenden Sicherheit abhängig machen.

Artikel 24. Informationen über Vollstreckungsverfahren

(1) Um Gläubigern, die einen Europäischen Vollstreckungstitel erwirkt haben, die Inanspruchnahme der Vollstreckungsverfahren im Vollstreckungsmitgliedstaat zu erleichtern, tragen die Mitgliedstaaten gemeinsam dafür Sorge, dass sowohl die breite Öffentlichkeit als auch die Fachwelt ausreichend informiert wird über
a) die Vollstreckungsverfahren und -methoden in den Mitgliedstaaten und
b) die zuständigen Vollstreckungsbehörden der Mitgliedstaaten.
(2) Diese Informationen werden unter anderem im Rahmen des mit Entscheidung 2001/470/EG des Rates[8] eingerichteten Europäischen Justiziellen Netzes für Zivil- und Handelssachen bekannt gemacht.

KAPITEL V. PROZESSVERGLEICHE UND ÖFFENTLICHE URKUNDEN

Artikel 25. Prozessvergleiche

(1) Vergleiche über Forderungen, die vor einem Gericht im Laufe eines Verfahrens geschlossen wurden, und in dem Mitgliedstaat, in dem sie errichtet wurden, vollstreckbar sind, werden auf Antrag des Gläubigers von dem Gericht, vor dem sie geschlossen wurden, als Europäische Vollstreckungstitel bestätigt.
(2) Das Gericht stellt die Bescheinigung über den Europäischen Vollstreckungstitel unter Verwendung des Formblatts in Anhang III aus.

---

[8] ABl. L 174 vom 27.6.2001, S. 25.

1. d) Europäischer Vollstreckungstitel (VO-Vorschlag)

(3) Die Bestimmungen von Kapitel II, ausgenommen Artikel 5, und Kapitel IV, ausgenommen Artikel 22 Absatz 1, finden entsprechend Anwendung.

Artikel 26. Öffentliche Urkunden
(1) Öffentliche Urkunden über eine Forderung, die in einem Mitgliedstaat vollstreckbar sind, werden auf Antrag des Gläubigers von der Stelle, die die Urkunde ausgestellt hat, als Europäische Vollstreckungstitel bestätigt.
(2) Die Stelle des Mitgliedstaats, die die öffentliche Urkunde ausgestellt hat, stellt die Bescheinigung über den Europäischen Vollstreckungstitel unter Verwendung des Formblatts in Anhang IV aus.
(3) Eine öffentliche Urkunde kann nur dann als Europäischer Vollstreckungstitel bestätigt werden, wenn
a) der Schuldner, bevor er der Ausstellung der Urkunde zugestimmt hat, ordnungsgemäß über deren unmittelbare Vollstreckbarkeit in allen Mitgliedstaaten belehrt worden ist, und
b) diese Belehrung durch eine vom Schuldner unterzeichnete Klausel in der Urkunde nachgewiesen ist.
(4) Die Bestimmungen von Kapitel II, ausgenommen Artikel 5, und Kapitel IV, ausgenommen Artikel 22 Absatz 1, finden entsprechend Anwendung.

KAPITEL VI. ALLGEMEINE BESTIMMUNGEN

Artikel 27. Bestimmung des Wohnsitzes
(1) Ist zu entscheiden, ob der Schuldner seinen Wohnsitz im Ursprungsmitgliedstaat hat, wendet das Gericht des Ursprungsmitgliedstaats sein Recht an.
(2) Hat der Schuldner keinen Wohnsitz im Ursprungsmitgliedstaat, so wendet das Gericht des Ursprungsmitgliedstaats, wenn es zu entscheiden hat, ob der Schuldner einen Wohnsitz in einem anderen Mitgliedstaat hat, das Recht dieses Mitgliedstaats an.

Artikel 28. Wohnsitz von Gesellschaften oder sonstigen juristischen Personen
(1) Gesellschaften und juristische Personen haben für die Anwendung dieser Verordnung ihren Wohnsitz an dem Ort, an dem sich
a) ihr satzungsmäßiger Sitz,
b) ihre Hauptverwaltung oder
c) ihre Hauptniederlassung befindet.
[(2) Im Falle des Vereinigten Königreichs und Irlands ist unter dem Ausdruck ‚satzungsmäßiger Sitz' das registered office oder, wenn ein solches nirgendwo besteht, der place of incorporation (Ort der Erlangung der Rechtsfähigkeit) oder, wenn ein solcher nirgendwo besteht, der Ort, nach dessen Recht die formation (Gründung) erfolgt ist, zu verstehen.]
(3) Um zu bestimmen, ob ein trust seinen Sitz im Ursprungsmitgliedstaat hat, wendet das Gericht des Ursprungsmitgliedstaats sein Internationales Privatrecht an.

KAPITEL VII. ÜBERGANGSBESTIMMUNG

Artikel 29. Übergangsbestimmung
(1) Diese Verordnung gilt nur für Gerichtsverfahren und öffentliche Urkunden,

die nach Inkrafttreten dieser Verordnung eingeleitet beziehungsweise ausgestellt worden sind.

(2) Im Sinne von Absatz 1 gilt das Gerichtsverfahren als eingeleitet:
a) zu dem Zeitpunkt, zu dem das verfahrenseinleitende Schriftstück oder ein gleichwertiges Schriftstück bei Gericht eingereicht worden ist, vorausgesetzt, dass der Gläubiger es in der Folge nicht versäumt hat, die ihm obliegenden Maßnahmen zu treffen, um die Zustellung des Schriftstücks an den Schuldner zu bewirken, oder
b) falls die Zustellung an den Schuldner vor Einreichung des Schriftstücks bei Gericht zu bewirken ist, zu dem Zeitpunkt, zu dem die für die Zustellung verantwortliche Stelle das Schriftstück erhalten hat, vorausgesetzt, dass der Gläubiger es in der Folge nicht versäumt hat, die ihm obliegenden Maßnahmen zu treffen, um das Schriftstück bei Gericht einzureichen.

KAPITEL VIII. VERHÄLTNIS ZU ANDEREN RECHTSINSTRUMENTEN

Artikel 30. Verhältnis zur Verordnung (EG) Nr. 44/2001

(1) Diese Verordnung hindert einen Gläubiger nicht daran,
a) gemäß Kapitel III und IV der Verordnung (EG) Nr. 44/2001 die Anerkennung und Vollstreckung einer Entscheidung über eine unbestrittene Forderung, eines Prozessvergleichs oder eine öffentliche Urkunde zu betreiben;
b) gemäß Artikel 67 der Verordnung (EG) Nr. 44/2001 die Anerkennung und Vollstreckung einer Entscheidung zu betreiben gemäß den Bestimmungen, die für besondere Rechtsgebiete die Anerkennung und Vollstreckung von Entscheidungen regeln und in Rechtsakten der Gemeinschaft oder in dem in Ausführung dieser Akte harmonisierten einzelstaatlichen Recht enthalten sind;
c) gemäß Artikel 71 der Verordnung (EG) Nr. 44/2001 die Anerkennung und Vollstreckung einer Entscheidung zu betreiben gemäß Übereinkommen, denen die Mitgliedstaaten angehören und die für besondere Rechtsgebiete die Anerkennung und Vollstreckung von Entscheidungen regeln.
(2) Beantragt der Gläubiger die Erteilung einer Bescheinigung über den Europäischen Vollstreckungstitel betreffend eine Entscheidung, eine öffentliche Urkunde oder einen vor einem Gericht geschlossenen Vergleich, geht diese Verordnung hinsichtlich der einschlägigen Verfahren den Kapiteln III, IV und V der Verordnung (EG) Nr. 44/2001 sowie den Bestimmungen über die Anerkennung und Vollstreckung von Entscheidungen, öffentlichen Urkunden und Prozessvergleichen in den Abkommen und Verträgen, die in Artikel 69 der Verordnung (EG) Nr. 44/2001 aufgeführt sind, vor.

Artikel 31. Verhältnis zur Verordnung (EG) Nr. 1348/2000

(1) Vorbehaltlich des Absatzes 2 lässt diese Verordnung die Anwendung der Verordnung (EG) Nr. 1348/2000 des Rates[9] unberührt, wenn ein gerichtliches Schriftstück im Rahmen eines Verfahrens im Ursprungsmitgliedstaat in einem anderen Mitgliedstaat zugestellt werden muss.
(2) Eine Entscheidung nach Artikel 19 Absatz 2 der Verordnung (EG) Nr. 1348/2000 kann nicht als Europäischer Vollstreckungstitel bestätigt werden.

---

[9] ABl. L 160 vom 30.6.2000, S. 37.

1. d) Europäischer Vollstreckungstitel (VO-Vorschlag)

(3) Ist ein verfahrenseinleitendes Schriftstück oder ein gleichwertiges Schriftstück, eine Ladung oder eine Entscheidung in einem anderen Mitgliedstaat zuzustellen, muss die Zustellung nach der Verordnung (EG) Nr. 1348/2000 den Anforderungen von Kapitel III dieser Verordnung entsprechen, soweit dies für die Bestätigung als Europäischer Vollstreckungstitel erforderlich ist.
(4) In dem in Absatz 3 bezeichneten Fall wird die Zustellungsbescheinigung gemäß Artikel 10 der Verordnung (EG) Nr. 1348/2000 durch das Formblatt in Anhang V dieser Verordnung ersetzt.

KAPITEL IX. SCHLUSSBESTIMMUNGEN

Artikel 32. Durchführungsbestimmungen
Die Formblätter im Anhang werden nach dem in Artikel 33 Absatz 2 vorgesehenen Verfahren aktualisiert oder geändert.

Artikel 33. Ausschuss
(1) Die Kommission wird von dem gemäß Artikel 75 der Verordnung (EG) Nr. 44/2001 eingesetzten Ausschuss unterstützt.
(2) Wird auf diesen Absatz Bezug genommen, so gelten die Artikel 3 und 7 des Beschlusses 1999/468/EG.

Artikel 34. Inkrafttreten
Diese Verordnung tritt am 1. Januar 2004 in Kraft.

ANHANG I. BESCHEINIGUNG ÜBER DEN EUROPÄISCHEN VOLLSTRECKUNGSTITEL – ENTSCHEIDUNG

1. Ursprungsmitgliedstaat: A X B X D X E X EL X F X FIN X I X [IRL X] L X NL X P X S X [UK] X
2. Ausstellendes Gericht:
   2.1. Anschrift:
   2.2. Tel./Fax/E-Mail
3. Entscheidung
   3.1 Datum:
   3.2 Aktenzeichen:
   3.3 Die Parteien
      3.3.1 Name(n) und Anschrift(en) des/der Gläubiger(s):
      3.3.2 Name(n) und Anschrift(en) des/der Schuldner(s):
4. Geldforderung laut Bescheinigung
   4.1 Betrag:
      4.1.1 Währung X EURO X Schwedische Kronen X [Britische Pfund
      4.1.2 Falls sich die Geldforderung auf eine Ratenschuld bezieht]
         4.1.2.1 Betrag der einzelnen Ratenzahlung
         4.1.2.2 Fälligkeit der ersten Rate
         4.1.2.3 Fälligkeit der nachfolgenden Raten wöchentlich X monatlich X andere Zeitabstände (bitte genau angeben) X
         4.1.2.4 Geltungsdauer der Forderung
            4.1.2.4.1 Unbestimmt X

4.1.2.4.2 Fälligkeit der letzten Rate
4.1.3 Falls für die Forderung eine gesamtschuldnerische Haftung gilt X
4.2 Zinsen
    4.2.1 Zinssatz
        4.2.1.1 %
        4.2.1.2 % über dem Basissatz der EZB
    4.2.2 Fälligkeit der Zinsen:
4.3 Höhe der erstattungsfähigen Kosten, falls in der Entscheidung angegeben:
5. Die Entscheidung ist im Ursprungsmitgliedstaat vollstreckbar.
Ja X Nein X
6. Die Entscheidung ist rechtskräftig in Übereinstimmung mit Artikel 5 Buchstabe a)
Ja X Nein X
7. Gegenstand der Entscheidung ist eine unbestrittene Forderung im Sinne von Artikel 3 Absatz 4
Ja X Nein X
8. Die Entscheidung steht im Einklang mit Artikel 5 Buchstabe b)
Ja X Nein X
9. Die Entscheidung steht im Einklang mit Artikel 5 Buchstabe c), sofern erforderlich
Ja X Nein X Nicht erforderlich X
10. Die Entscheidung steht im Einklang mit Artikel 5 Buchstabe d), sofern erforderlich
Ja X Nein X Nicht erforderlich X
11. Zustellung des verfahrenseinleitenden Schriftstücks nach Maßgabe von Kapitel III, sofern erforderlich
Erforderlich Ja X Nein X
    11.1 Tag und Ort der Zustellung:
        11.1.1 Wohnsitz des Schuldners unbekannt X
    11.2 Das Schriftstück wurde zugestellt
        11.2.1 durch persönliche Zustellung an den Schuldner (oder seinen Vertreter) mit Empfangsbestätigung X
        11.2.2 durch persönliche Zustellung an den Schuldner mit Bescheinigung durch den zuständigen Beamten X
        11.2.3 auf dem Postweg mit Empfangsbestätigung X
        11.2.4 per Fax oder E-Mail mit Empfangsbestätigung X
    11.3 Ersatzzustellung
        11.3.1 Ist die persönliche Zustellung nach 11.2.1 oder 11.2.2 erfolglos versucht worden Ja X Nein X
        11.3.2 Wenn ja, wurde das Schriftstück
            11.3.2.1 einer zum Haushalt des Schuldners gehörenden erwachsenen Person ausgehändigt X
                11.3.2.1.1 Name:
                11.3.2.1.2 Beziehung zum Schuldner
                      11.3.2.1.2.1 Familienangehöriger X
                      11.3.2.1.2.2 im Haushalt beschäftigte Person X
                      11.3.2.1.2.3 Sonstiges (bitte genau angeben) X

1. d) Europäischer Vollstreckungstitel (VO-Vorschlag)

11.3.2.2 einer erwachsenen Person am geschäftlichen Wohnsitz des Schuldners ausgehändigt X
    11.3.2.2.1 Name:
    11.3.2.2.2 Angestellter des Schuldners Ja X Nein X
11.3.2.3 hinterlegt im Briefkasten des Schuldners in Übereinstimmung mit Artikel 12 Absatz 1 Buchstabe c) X
11.3.2.4 hinterlegt bei einer Behörde in Übereinstimmung mit Artikel 12 Absatz 1 Buchstabe d) X
    11.3.2.4.1 Name und Anschrift der Behörde:
    11.3.2.4.2 Schriftliche Benachrichtigung über die Hinterlegung in Übereinstimmung mit Artikel 12 Absatz 1 Buchstabe d) X
11.4 Nachweis der Zustellung
  11.4.1 Ist die Zustellung nach 11.2.2 bzw. 11.3 erfolgt
Ja X Nein X
  11.4.2 Wenn ja, ist die Zustellung gemäß Artikel 13 bescheinigt worden
Ja X Nein X
11.5 Heilung der Zustellungsmängel gemäß Artikel 19 Absatz 2 bei Nichtbeachtung von 11.2–11.4
  11.5.1 Hat der Schuldner das Schriftstück nachweislich persönlich entgegengenommen
Ja X Nein X
11.6 Rechtzeitige Zustellung
Die Frist für den Schuldner, auf die Forderung zu reagieren, entsprach Artikel 15 Absatz 1
Ja X Nein X
11.7 Ordnungsgemäße Unterrichtung
Der Schuldner wurde nach Maßgabe der Artikel 16 und 17 unterrichtet
Ja X Nein X
12. Zustellung einer Ladung, sofern gemäß Artikel 14 erforderlich
Erforderlich Ja X Nein X
12.1 Tag und Ort der Zustellung:
  12.1.1 Wohnsitz des Schuldners unbekannt X
12.2 Die Ladung wurde zugestellt
  12.2.1 durch persönliche Zustellung an den Schuldner (oder seinen Vertreter) mit Empfangsbestätigung X
  12.2.2 durch persönliche Zustellung an den Schuldner mit Bescheinigung durch den zuständigen Beamten X
  12.2.3 auf dem Postweg mit Empfangsbestätigung X
  12.2.4 per Fax oder E-Mail mit Empfangsbestätigung X
  12.2.5 durch mündliche Mitteilung in einer vorausgegangenen Gerichtsverhandlung X
12.3 Ersatzzustellung
  12.3.1 Ist die persönliche Zustellung nach 12.2.1 oder 12.2.2 erfolglos versucht worden
Ja X Nein X
  12.3.2 Wenn ja, wurde die Ladung
    12.3.2.1 einer zum Haushalt des Schuldners gehörenden erwachsenen Person ausgehändigt X

12.3.2.1.1 Name:
12.3.2.1.2 Beziehung zum Schuldner
    12.3.2.1.2.1 Familienangehöriger X
    12.3.2.1.2.2 im Haushalt beschäftigte Person X
    12.3.2.1.2.3 Sonstiges (bitte genau angeben) X
12.3.2.2 einer erwachsenen Person am geschäftlichen Wohnsitz des Schuldners ausgehändigt X
    12.3.2.2.1 Name:
    12.3.2.2.2 Angestellter des Schuldners Ja X Nein X
12.3.2.3 hinterlegt im Briefkasten des Schuldners in Übereinstimmung mit Artikel 12 Absatz 1 Buchstabe c) X
12.3.2.4 hinterlegt bei einer Behörde in Übereinstimmung mit Artikel 12 Absatz 1 Buchstabe d) X
    12.3.2.4.1 Name und Anschrift der Behörde:
    12.3.2.4.2 Schriftliche Benachrichtigung über die Hinterlegung in Übereinstimmung mit Artikel 12 Absatz 1 Buchstabe d) X
12.4 Nachweis der Zustellung
    12.4.1 Ist die Zustellung nach 12.2.2 bzw. 12.3 erfolgt- Ja X Nein X
    12.4.2 Wenn ja, ist die Zustellung gemäß Artikel 13 bescheinigt worden Ja X Nein X
12.5 Heilung der Zustellungsmängel gemäß Artikel 19 Absatz 2 bei Nichtbeachtung von 12.2–12.4
    12.5.1 Hat der Schuldner das Schriftstück nachweislich persönlich entgegengenommen
Ja X Nein X
12.6 Rechtzeitige Zustellung
Die Frist zwischen der Zustellung der Ladung und der Verhandlung entsprach den Bestimmungen des Artikels 15 Absatz 2 Ja X Nein X
12.7 Ordnungsgemäße Unterrichtung
Der Schuldner wurde nach Maßgabe von Artikel 18 unterrichtet
Ja X Nein X
13. Heilung von Verfahrensmängeln infolge der Nichteinhaltung der Mindestvorschriften in Artikel 19 Absatz 2
    13.1 Tag und Ort der Zustellung der Entscheidung:
Wohnsitz des Schuldners unbekannt X
    13.2 Die Entscheidung wurde zugestellt
        13.2.1 durch persönliche Zustellung an den Schuldner (oder seinen Vertreter) mit Empfangsbestätigung X
        13.2.2 durch persönliche Zustellung an den Schuldner mit Bescheinigung durch den zuständigen Beamten X
        13.2.3 auf dem Postweg mit Empfangsbestätigung X
        13.2.4 per Fax oder E-Mail mit Empfangsbestätigung X
    13.3 Ersatzzustellung
        13.3.1 Ist die persönliche Zustellung nach 13.2.1 oder 13.2.2 erfolglos versucht worden-
Ja X Nein X
        13.3.2 Wenn ja, wurde die Entscheidung

1. d) Europäischer Vollstreckungstitel (VO-Vorschlag)

  13.3.2.1 einer zum Haushalt des Schuldners gehörenden erwachsenen Person ausgehändigt X
   13.3.2.1.1 Name:
   13.3.2.1.2 Beziehung zum Schuldner
    13.3.2.1.2.1 Familienangehöriger X
    13.3.2.1.2.2 im Haushalt beschäftigte Person X
    13.3.2.1.2.3 Sonstiges (bitte genau angeben) X
  13.3.2.2 einer erwachsenen Person am geschäftlichen Wohnsitz des Schuldners ausgehändigt X
   13.3.2.2.1 Name:
   13.3.2.2.2 Angestellter des Schuldners Ja X Nein X
  13.3.2.3 hinterlegt im Briefkasten des Schuldners in Übereinstimmung mit Artikel 12 Absatz 1 Buchstabe c) X
  13.3.2.4 hinterlegt bei einer Behörde in Übereinstimmung mit Artikel 12 Absatz 1 Buchstabe d) X
   13.3.2.4.1 Name und Anschrift der Behörde:
   13.3.2.4.2 Schriftliche Benachrichtigung über die Hinterlegung in Übereinstimmung mit Artikel 12 Absatz 2 Buchstabe d) X
13.4 Nachweis der Zustellung
 13.4.1 Ist die Zustellung nach 13.2.2 bzw. 13.3 erfolgt- Ja X Nein X
 13.4.2 Wenn ja, ist die Zustellung gemäß Artikel 13 bescheinigt worden- Ja X Nein X
13.5 Hatte der Schuldner die Möglichkeit, einen ordentlichen Rechtsbehelf gegen die Entscheidung einzulegen- Ja X Nein X
13.6 Die Frist für die Einlegung des Rechtsbehelfs entsprach Artikel 19 Absatz 1 Buchstabe c)
Ja X Nein X
13.7 Der Schuldner wurde gemäß Artikel 19 Absatz 1 Buchstabe d) ordnungsgemäß über die Möglichkeit belehrt, die Entscheidung anzufechten
Ja X Nein X

Geschehen zu:
am:
Unterschrift und/oder Stempel:

ANHANG II. BESCHEINIGUNG ÜBER DEN EUROPÄISCHEN VOLLSTRECKUNGSTITEL FÜR SICHERUNGSMASSNAHMEN

1. Ursprungsmitgliedstaat: A X B X D X E X EL X F X FIN X I X [IRL X] L X NL X P X S X [UK] X
2. Ausstellendes Gericht:
 2.1 Anschrift:
 2.2 Tel./Fax/E-Mail
3. Entscheidung
 3.1 Datum:
 3.2 Aktenzeichen:
 3.3 Die Parteien
  3.3.1 Name(n) und Anschrift(en) des/der Gläubiger(s):

3.3.2 Name(n) und Anschrift(en) des/der Schuldner(s):
4. Geldforderung laut Bescheinigung
   4.1 Betrag:
      4.1.1 Währung X EURO X Schwedische Kronen X [Britische Pfund]
      4.1.2 Falls sich die Geldforderung auf eine Ratenschuld bezieht
         4.1.2.1 Betrag der einzelnen Ratenzahlung
         4.1.2.2 Fälligkeit der ersten Rate
         4.1.2.3 Fälligkeit der nachfolgenden Raten
         wöchentlich X monatlich X alle zwei Monate X
         andere Zeitabstände (bitte genau angeben) X
         4.1.2.4 Geltungsdauer der Forderung
            4.1.2.4.1 Unbestimmt X oder
            4.1.2.4.2 Fälligkeit der letzten Rate
      4.1.3 Falls für die Forderung eine gesamtschuldnerische Haftung gilt X
   4.2 Zinsen
      4.2.1 Zinssatz
         4.2.1.1 % oder
         4.2.1.2 % über dem Basissatz der EZB
      4.2.2 Fälligkeit der Zinsen:
   4.3 Höhe der erstattungsfähigen Kosten, falls in der Entscheidung angegeben:
5. Die Entscheidung ist im Ursprungsmitgliedstaat vollstreckbar.
Ja X Nein X
6. Die Vollstreckbarkeit der Entscheidung ist befristet Ja X Nein X
   6.1 Wenn ja, letzter Tag der Vollstreckbarkeit
7. Gegenstand der Entscheidung ist eine unbestrittene Forderung im Sinne von Artikel 3 Nummer 4
Ja X Nein X
8. Die Entscheidung steht im Einklang mit Artikel 5 Buchstabe b)
Ja X Nein X
9. Die Entscheidung steht im Einklang mit Artikel 5 Buchstabe c), sofern erforderlich
Ja X Nein X Nicht erforderlich X
10. Die Entscheidung steht im Einklang mit Artikel 5 Buchstabe d), sofern erforderlich
Ja X Nein X Nicht erforderlich X
11. Zustellung des verfahrenseinleitenden Schriftstücks nach Maßgabe von Kapitel III, sofern erforderlich
Erforderlich Ja X Nein X
   11.1 Tag und Ort der Zustellung:
      11.1.1 Wohnsitz des Schuldners unbekannt X
   11.2 Das Schriftstück wurde zugestellt
      11.2.1 durch persönliche Zustellung an den Schuldner (oder seinen Vertreter) mit Empfangsbestätigung X
      11.2.2 durch persönliche Zustellung an den Schuldner mit Bescheinigung durch den zuständigen Beamten X
      11.2.3 auf dem Postweg mit Empfangsbestätigung X
      11.2.4 per Fax oder E-Mail mit Empfangsbestätigung X
   11.3 Ersatzzustellung

1. d) Europäischer Vollstreckungstitel (VO-Vorschlag)

11.3.1 Ist die persönliche Zustellung nach 11,2.1 oder 11,2.2 erfolglos versucht worden- Ja X Nein X
11.3.2 Wenn ja, wurde das Schriftstück
    11.3.2.1 einer zum Haushalt des Schuldners gehörenden erwachsenen Person ausgehändigt X
        11.3.2.1.1 Name:
        11.3.2.1.2 Beziehung zum Schuldner
            11.3.2.1.2.1 Familienangehöriger X
            11.3.2.1.2.2 im Haushalt beschäftigte Person X
            11.3.2.1.2.3 Sonstiges (bitte genau angeben) X
    11.3.2.2 einer erwachsenen Person am geschäftlichen Wohnsitz des Schuldners ausgehändigt X
        11.3.2.2.1 Name:
        11.3.2.2.2 Angestellter des Schuldners Ja X Nein X
    11.3.2.3 hinterlegt im Briefkasten des Schuldners in Übereinstimmung mit Artikel 12 Absatz 1 Buchstabe c) X
    11.3.2.4 hinterlegt bei einer Behörde in Übereinstimmung mit Artikel 12 Absatz 1 Buchstabe d) X
        11.3.2.4.1 Name und Anschrift der Behörde:
        11.3.2.4.2 Schriftliche Benachrichtigung über die Hinterlegung in Übereinstimmung mit Artikel 12 Absatz 1 Buchstabe d) X
11.4 Nachweis der Zustellung
    11.4.1 Ist die Zustellung nach 11.2.2 bzw. 11.3 erfolgt- Ja X Nein X
    11.4.2 Wenn ja, ist die Zustellung gemäß Artikel 13 bescheinigt worden-
Ja X Nein X
11.5 Heilung der Zustellungsmängel gemäß Artikel 19 Absatz 2 bei Nichtbeachtung von 11.2–11.4
    11.5.1 Hat der Schuldner das Schriftstück nachweislich persönlich entgegengenommen
Ja X Nein X
11.6 Rechtzeitige Zustellung
Die Frist für den Schuldner, auf die Forderung zu reagieren, entsprach Artikel 15 Absatz 1
Ja X Nein X
11.7 Ordnungsgemäße Unterrichtung
Der Schuldner wurde nach Maßgabe der Artikel 16 und 17 unterrichtet
Ja X Nein X
12. Zustellung einer Ladung, sofern gemäß Artikel 14 erforderlich
Erforderlich Ja X Nein X
    12.1 Tag und Ort der Zustellung:
        12.1.1 Wohnsitz des Schuldners unbekannt X
    12.2 Die Ladung wurde zugestellt
        12.2.1 durch persönliche Zustellung an den Schuldner (oder seinen Vertreter) mit Empfangsbestätigung X
        12.2.2 durch persönliche Zustellung an den Schuldner mit Bescheinigung durch den zuständigen Beamten X
        12.2.3 auf dem Postweg mit Empfangsbestätigung X
        12.2.4 per Fax oder E-Mail mit Empfangsbestätigung X

12.2.5 durch mündliche Mitteilung in einer vorausgegangenen Gerichtsverhandlung X
12.3 Ersatzzustellung
  12.3.1 Ist die persönliche Zustellung nach 12.2.1 oder 12.2.2 erfolglos versucht worden-
  Ja X Nein X
  12.3.2 Wenn ja, wurde die Ladung
    12.3.2.1 einer zum Haushalt des Schuldners gehörenden erwachsenen Person ausgehändigt X
      12.3.2.1.1 Name:
      12.3.2.1.2 Beziehung zum Schuldner
        12.3.2.1.2.1 Familienangehöriger X
        12.3.2.1.2.2 im Haushalt beschäftigte Person X
        12.3.2.1.2.3 Sonstiges (bitte genau angeben) X
    12.3.2.2 einer erwachsenen Person am geschäftlichen Wohnsitz des Schuldners ausgehändigt X
      12.3.2.2.1 Name:
      12.3.2.2.2 Angestellter des Schuldners Ja X Nein X
    12.3.2.3 hinterlegt im Briefkasten des Schuldners in Übereinstimmung mit Artikel 12 Absatz 1 Buchstabe c) X
    12.3.2.4 hinterlegt bei einer Behörde in Übereinstimmung mit Artikel 12 Absatz 1 Buchstabe d) X
      12.3.2.4.1 Name und Anschrift der Behörde:
      12.3.2.4.2 Schriftliche Benachrichtigung über die Hinterlegung in Übereinstimmung mit Artikel 122 Absatz 1 Buchstabe d) X
12.4 Nachweis der Zustellung
  12.4.1 Ist die Zustellung nach 12.2.2 bzw. 12.3 erfolgt- Ja X Nein X
  12.4.2 Wenn ja, ist die Zustellung gemäß Artikel 13 bescheinigt worden-
  Ja X Nein X
12.5 Heilung der Zustellungsmängel gemäß Artikel 19 Absatz 2 bei Nichtbeachtung von 12.2–12.4
  12.5.1 Hat der Schuldner das Schriftstück nachweislich persönlich entgegengenommen
  Ja X Nein X
12.6 Rechtzeitige Zustellung
Die Frist zwischen der Zustellung der Ladung und der Verhandlung entsprach den Bestimmungen des Artikels 15 Absatz 2 Ja X Nein X
12.7 Ordnungsgemäße Unterrichtung
Der Schuldner wurde nach Maßgabe von Artikel 18 unterrichtet
Ja X Nein X
13. Heilung von Verfahrensmängeln infolge der Nichteinhaltung der Mindestvorschriften in Artikel 19 Absatz 2
  13.1 Tag und Ort der Zustellung der Entscheidung:
  Wohnsitz des Schuldners unbekannt X
  13.2 Die Entscheidung wurde zugestellt
    13.2.1 durch persönliche Zustellung an den Schuldner (oder seinen Vertreter) mit Empfangsbestätigung X

1.d) Europäischer Vollstreckungstitel (VO-Vorschlag)

13.2.2 durch persönliche Zustellung an den Schuldner mit Bescheinigung durch den zuständigen Beamten X
13.2.3 auf dem Postweg mit Empfangsbestätigung X
13.2.4 per Fax oder E-Mail mit Empfangsbestätigung X
13.3 Ersatzzustellung
   13.3.1 Ist die persönliche Zustellung nach 13.2.1 oder 13.2.2 erfolglos versucht worden-
   Ja X Nein X
   13.3.2 Wenn ja, wurde die Entscheidung
      13.3.2.1 einer zum Haushalt des Schuldners gehörenden erwachsenen Person ausgehändigt X
         13.3.2.1.1 Name:
         13.3.2.1.2 Beziehung zum Schuldner
            13.3.2.1.2.1 Familienangehöriger X
            13.3.2.1.2.2 im Haushalt beschäftigte Person X
            13.3.2.1.2.3 Sonstiges (bitte genau angeben) X
      13.3.2.2 einer erwachsenen Person am geschäftlichen Wohnsitz des Schuldners ausgehändigt X
         13.3.2.2.1 Name:
         13.3.2.2.2 Angestellter des Schuldners Ja X Nein X
      13.3.2.3 hinterlegt im Briefkasten des Schuldners in Übereinstimmung mit Artikel 12 Absatz 1 Buchstabe c) X
      13.3.2.4 hinterlegt bei einer Behörde in Übereinstimmung mit Artikel 12 Absatz 1 Buchstabe d) X
         13.3.2.4.1 Name und Anschrift der Behörde:
         13.3.2.4.2 Schriftliche Benachrichtigung über die Hinterlegung in Übereinstimmung mit Artikel 12 Absatz 1 Buchstabe d) X
13.4 Nachweis der Zustellung
   13.4.1 Ist die Zustellung nach 13.2.2 bzw. 13.3 erfolgt- Ja X Nein X
   13.4.2 Wenn ja, ist die Zustellung gemäß Artikel 13 bescheinigt worden-
   Ja X Nein X
13.5 Hatte der Schuldner die Möglichkeit, einen ordentlichen Rechtsbehelf gegen die Entscheidung einzulegen- Ja X Nein X
13.6 Die Frist für die Einlegung des Rechtsbehelfs entsprach Artikel 19 Absatz 1 Buchstabe c)
Ja X Nein X
13.7 Der Schuldner wurde gemäß Artikel 19 Absatz 1 Buchstabe d) ordnungsgemäß über die Möglichkeit belehrt, die Entscheidung anzufechten Ja X Nein X

Geschehen zu:
am:
Unterschrift und/oder Stempel:

ANHANG III. BESCHEINIGUNG ÜBER DEN EUROPÄISCHEN VOLLSTRECKUNGSTITEL – PROZESSVERGLEICH

1. Ursprungsmitgliedstaat: A X B X D X E X EL X F X FIN X I X [IRL X] L X NL X P X S X [UK] X

2. Ausstellendes Gericht:
   2.1 Anschrift:
   2.2 Tel./Fax/E-Mail
3. Prozessvergleich
   3.1 am:
   3.2 Aktenzeichen:
   3.3 Die Parteien
      3.3.1 Name(n) und Anschrift(en) des/der Gläubiger(s):
      3.3.2 Name(n) und Anschrift(en) des/der Schuldner(s):
4. Geldforderung laut Bescheinigung
   4.1 Betrag:
      4.1.1 Währung EURO X *SWEDISH KRONER* X [*BRITISH POUNDS*] X
      4.1.2 Falls sich die Geldforderung auf eine Ratenschuld bezieht
         4.1.2.1 Betrag der einzelnen Ratenzahlung
         4.1.2.2 Fälligkeit der ersten Rate
         4.1.2.3 Fälligkeit der nachfolgenden Raten
         wöchentlich X monatlich X
         andere Zeitabstände (bitte genau angeben) X
         4.1.2.4 Geltungsdauer der Forderung
            4.1.2.4.1 Unbestimmt X
            4.1.2.4.2 Fälligkeit der letzten Rate
      4.1.3 Falls für die Forderung eine gesamtschuldnerische Haftung gilt X
   4.2 Zinsen
      4.2.1 Zinssatz
         4.2.1.1 % oder
         4.2.1.2 % über dem Basissatz der EZB
      4.2.2 Fälligkeit der Zinsen:
   4.3 Höhe der erstattungsfähigen Kosten, falls im Prozessvergleich angegeben
5. Der Prozessvergleich ist im Ursprungsmitgliedstaat vollstreckbar
Ja X Nein X

Geschehen zu:
am:
Unterschrift und/oder Stempel:

ANHANG IV. BESCHEINIGUNG ÜBER DEN EUROPÄISCHEN VOLLSTRECKUNGSTITEL – ÖFFENTLICHE URKUNDE

1. Ursprungsmitgliedstaat: A X B X D X E X EL X F X FIN X I X [IRL X] L X NL X P X S X [UK] X
2. Ausstellende Behörde
   2.1 Name:
   2.2 Anschrift:
   2.3 Tel./Fax/E-Mail
   2.4 Notar X
   2.5 Verwaltungsbehörde X
   2.6 Gericht X
   2.7 Sonstiges (bitte genau angeben) X

1. d) Europäischer Vollstreckungstitel (VO-Vorschlag)

3. Öffentliche Urkunde
   3.1 Datum:
   3.2 Aktenzeichen:
   3.3 Die Parteien
      3.3.1 Name(n) und Anschrift(en) des/der Gläubiger(s):
      3.3.2 Name(n) und Anschrift(en) des/der Schuldner(s):
4. Geldforderung laut Bescheinigung
   4.1 Betrag:
      4.1.1 Währung EURO X SWEDISH KRONER X [BRITISH POUNDS] X
      4.1.2 Falls sich die Geldforderung auf eine Ratenschuld bezieht
         4.1.2.1 Betrag der einzelnen Ratenzahlung
         4.1.2.2 Fälligkeit der ersten Rate
         4.1.2.3 Fälligkeit der nachfolgenden Raten
         wöchentlich X monatlich X
         andere Zeitabstände (bitte genau angeben) X
         4.1.2.4 Geltungsdauer der Forderung
            4.1.2.4.1 Unbestimmt X oder
            4.1.2.4.2 Fälligkeit der letzten Rate
      4.1.3 Falls für die Forderung eine gesamtschuldnerische Haftung gilt X
   4.2 Zinsen
      4.2.1 Zinssatz
         4.2.1.1 % oder
         4.2.1.2 % über dem Basissatz der EZB
      4.2.2 Fälligkeit der Zinsen:
   4.3 Höhe der erstattungsfähigen Kosten, falls in der öffentlichen Urkunde angegeben:
5. Der Schuldner ist über die unmittelbare Vollstreckbarkeit der öffentlichen Urkunde belehrt worden, bevor er ihr gemäß Artikel 21 Absatz 3 zugestimmt hat
Ja X Nein X
6. Die öffentliche Urkunde ist im Ursprungsmitgliedstaat vollstreckbar
Ja X Nein X

Geschehen zu:
am:
Unterschrift und/oder Stempel:

ANHANG V. BESCHEINIGUNG ÜBER DIE ZUSTELLUNG BZW. NICHT-ZUSTELLUNG VON SCHRIFTSTÜCKEN

(Artikel 10 der Verordnung (EG) Nr. 1348/2000 des Rates)

12. DURCHFÜHRUNG DER ZUSTELLUNG
    12.1 Tag und Ort der Zustellung:
    12.2 Das Schriftstück wurde zugestellt
       12.2.1 durch persönliche Zustellung an den Empfänger mit Empfangsbestätigung des Schuldners X
       12.2.2 durch persönliche Zustellung an den Empfänger mit Bescheinigung durch den zuständigen Beamten X
       12.2.3 auf dem Postweg mit der beigefügten Empfangsbestätigung X

12.2.4 auf anderem Weg mit der beigefügten Empfangsbestätigung
    12.2.4.1 Fax X
    12.2.4.2 E-Mail X
    12.2.4.3 Sonstiges (bitte genau angeben) X
12.3 Ersatzzustellung
    12.3.1 Ist die persönliche Zustellung nach 12.2.1 oder 12.2.2 erfolglos versucht worden – Ja X Nein X
    12.3.2 Wenn ja, wurde das Schriftstück
        12.3.2.1 einer zum Haushalt des Empfängers gehörenden erwachsenen Person ausgehändigt X
            12.3.2.1.1 Name:
            12.3.2.1.2 Beziehung zum Empfänger
                12.3.2.1.2.1 Familienangehöriger X
                12.3.2.1.2.2 im Haushalt beschäftigte Person X
                12.3.2.1.2.3 Sonstiges (bitte genau angeben) X
        12.3.2.2 einer erwachsenen Person am geschäftlichen Wohnsitz des Empfängers ausgehändigt X
            12.3.2.2.1 Name:
            12.3.2.2.2 Angestellter des Empfängers Ja X Nein X
        12.3.2.3 hinterlegt im Briefkasten des Empfängers X
        12.3.2.4 hinterlegt bei einer Behörde X
            12.3.2.4.1 Name und Anschrift der Behörde:
            12.3.2.4.2 hinterlegt im Briefkasten des Empfängers X
        12.3.2.5 in folgender besonderer Form zugestellt (bitte genau angeben)
12.4 Das Schriftstück wurde nach einem der unter 12.2 bzw. 12.3 genannten Verfahren (bitte genau angeben) nicht dem Empfänger, sondern seinem Vertreter zugestellt Ja X Nein X
    12.4.1 Wenn ja, Name und Anschrift des Vertreters
    12.4.2 Rechtsstellung des Vertreters
        12.4.2.1 Bevollmächtigter Vertreter, Rechtsanwalt X
        12.4.2.2 Gesetzlicher Vertreter einer juristischen Person X
        12.4.2.3 Sonstiges (bitte genau angeben) X
12.5 Ist die Zustellung im Einklang mit den Rechtsvorschriften des Zustellungsmitgliedstaats erfolgt Ja X Nein X
12.6 Der Empfänger des Schriftstücks wurde (mündlich) (schriftlich) davon in Kenntnis gesetzt, dass er die Entgegennahme des Schriftstücks verweigern kann, wenn es nicht in einer Amtssprache des Zustellungsortes oder in einer Amtssprache des übermittelnden Staates, die er versteht, abgefasst ist. Ja X Nein X

13. MITTEILUNG GEMÄSS ARTIKEL 7 ABSATZ 2
Die Zustellung konnte nicht binnen einem Monat nach Erhalt des Schriftstücks vorgenommen werden. X
14. VERWEIGERUNG DER ENTGEGENNAHME DES SCHRIFTSTÜCKS
Der Empfänger verweigerte die Annahme des Schriftstücks aufgrund der verwendeten Sprache. Die Schriftstücke sind dieser Bescheinigung beigefügt. X
15. GRUND FÜR DIE NICHTZUSTELLUNG DES SCHRIFTSTÜCKS
    15.1 Anschrift unbekannt X
    15.2 Empfänger unbekannt X

1. d) Europäischer Vollstreckungstitel (VO-Vorschlag)

15.3 Das Schriftstück konnte nicht vor dem Datum bzw. innerhalb der Frist unter 6.2 zugestellt werden. X
15.4 Sonstiges (bitte angeben) X

Die Schriftstücke sind dieser Bescheinigung beigefügt.

Geschehen zu:
am:
Unterschrift und/oder Stempel:

e) Entscheidung des Rates vom 28. Mai 2001 über die Einrichtung eines Europäischen Justiziellen Netzes für Zivil- und Handelssachen (Nr. 2001/470/EG)

Amtsblatt Nr. L 174 vom 27/06/2001 S. 25–31

DER RAT DER EUROPÄISCHEN UNION –
gestützt auf den Vertrag zur Gründung der Europäischen Gemeinschaft, insbesondere auf Artikel 61 Buchstaben c) und d), Artikel 66 und Artikel 67 Absatz 1,
auf Vorschlag der Kommission[1],
nach Stellungnahme des Europäischen Parlaments[2],
nach Stellungnahme des Wirtschafts- und Sozialausschusses[3],
in Erwägung nachstehender Gründe:

(1) Die Europäische Union hat sich zum Ziel gesetzt, einen Raum der Freiheit, der Sicherheit und des Rechts aufzubauen und weiterzuentwickeln, in dem der freie Personenverkehr gewährleistet ist.

(2) Der schrittweise Aufbau dieses Raums sowie das reibungslose Funktionieren des Binnenmarkts erfordern die Verbesserung, Vereinfachung und Beschleunigung der wirksamen justiziellen Zusammenarbeit zwischen den Mitgliedstaaten in Zivil- und Handelssachen.

(3) Im Aktionsplan des Rates und der Kommission zur bestmöglichen Umsetzung der Bestimmungen des Amsterdamer Vertrags über den Aufbau eines Raums der Freiheit, der Sicherheit und des Rechts[4], der vom Rat am 3. Dezember 1998 und vom Europäischen Rat auf seiner Tagung vom 11. und 12. Dezember 1998 gebilligt wurde, ist festgehalten, dass die Intensivierung der justiziellen Zusammenarbeit in Zivilsachen einen entscheidenden Schritt zur Einrichtung eines europäischen Rechtsraums markiert, der allen Unionsbürgern greifbare Vorteile bringt.

(4) Gemäß Nummer 40 dieses Aktionsplans ist unter anderem die Frage zu prüfen, ob das Konzept des Europäischen Justiziellen Netzes für Strafsachen auch auf Verfahren in Zivilsachen angewandt werden kann.

(5) Darüber hinaus hat der Europäische Rat in den Schlussfolgerungen seiner Sondertagung vom 15. und 16. Oktober 1999 in Tampere die Einrichtung eines leicht zugänglichen Informationssystems gefordert, das von einem Netz zuständiger nationaler Behörden zu unterhalten und zu aktualisieren wäre.

(6) Zur Verbesserung, Vereinfachung und Beschleunigung der wirksamen justiziellen Zusammenarbeit zwischen den Mitgliedstaaten in Zivil- und Handelssachen muss auf Ebene der Europäischen Gemeinschaft eine Struktur für die Zusammenarbeit in Form eines Netzes – das Europäische Justizielle Netz für Zivil- und Handelssachen – geschaffen werden.

(7) Dieser Bereich zählt zu den Maßnahmen nach den Artikeln 65 und 66 EG-Vertrag, die nach Artikel 67 zu treffen sind.

(8) Um die Ziele des Europäischen Justiziellen Netzes für Zivil- und Handelssachen verwirklichen zu können, sollte seine Einrichtung in einem verbindlichen Gemeinschaftsrechtsakt geregelt werden.

---

[1] ABl. C 29 E vom 30.1.2001, S. 281.
[2] Stellungnahme vom 5.4.2001 (noch nicht im Amtsblatt veröffentlicht).
[3] ABl. C 139 vom 11.5.2001, S. 6.
[4] ABl. C 19 vom 23.1.1999, S. 1.

1. e) Justizielles Netz (Entscheidung)

(9) Da die Ziele der vorgeschlagenen Maßnahmen, nämlich die Verbesserung der wirksamen justiziellen Zusammenarbeit zwischen den Mitgliedstaaten und die Gewährleistung eines wirksamen Zugangs zum Recht für Personen, die einen Rechtsstreit mit grenzüberschreitenden Bezügen führen, auf Ebene der Mitgliedstaaten nicht ausreichend erreicht werden können und daher wegen ihres Umfangs und ihrer Wirkungen besser auf Gemeinschaftsebene erreicht werden können, kann die Gemeinschaft im Einklang mit dem in Artikel 5 des Vertrags niedergelegten Subsidiaritätsprinzip tätig werden. Entsprechend dem in jenem Artikel niedergelegten Verhältnismäßigkeitsprinzip geht diese Entscheidung nicht über das zur Erreichung dieser Ziele erforderliche Maß hinaus.

(10) Das mit dieser Entscheidung geschaffene Europäische Justizielle Netz für Zivil- und Handelssachen soll die justizielle Zusammenarbeit zwischen den Mitgliedstaaten in Zivil- und Handelssachen sowohl in Bereichen, die von geltenden Rechtsakten erfasst sind, als auch in solchen, für die es noch keine Regelung gibt, erleichtern.

(11) In bestimmten besonderen Bereichen sind in Gemeinschaftsrechtsakten oder internationalen Übereinkünften über die justizielle Zusammenarbeit in Zivil- und Handelssachen bereits Mechanismen zur Zusammenarbeit vorgesehen. Das Europäische Justizielle Netz für Zivil- und Handelssachen soll diese Mechanismen nicht ersetzen, sondern muss sie vielmehr bei seiner Tätigkeit vollständig berücksichtigen. Diese Entscheidung lässt daher Gemeinschaftsrechtsakte oder internationale Übereinkünfte über die justizielle Zusammenarbeit in Zivil- und Handelssachen unberührt.

(12) Das Europäische Justizielle Netz für Zivil- und Handelssachen sollte schrittweise auf der Grundlage einer möglichst engen Zusammenarbeit zwischen der Kommission und den Mitgliedstaaten eingerichtet werden. Es sollte in der Lage sein, die Möglichkeiten der modernen Kommunikations- und Informationstechnologie auszuschöpfen.

(13) Damit diese Ziele erreicht werden können, muss sich das Europäische Justizielle Netz für Zivil- und Handelssachen auf die von den Mitgliedstaaten benannten Kontaktstellen stützen; die Teilnahme der Behörden der Mitgliedstaaten, die im Bereich der justiziellen Zusammenarbeit in Zivil- und Handelssachen besondere Zuständigkeiten haben, muss sichergestellt sein. Wechselseitige Kontakte und regelmäßige Sitzungen sind für das reibungslose Funktionieren des Netzes unbedingt erforderlich.

(14) Es ist von wesentlicher Bedeutung, dass die Bemühungen um die Schaffung eines Raums der Freiheit, der Sicherheit und des Rechts greifbare Vorteile für Personen bringen, die einen Rechtsstreit mit grenzüberschreitenden Bezügen führen. Das Europäische Justizielle Netz für Zivil- und Handelssachen muss daher auch den Zugang zum Recht fördern. Dazu sollte das Netz anhand der von den Kontaktstellen mitgeteilten und aktualisierten Informationen schrittweise ein Informationssystem einrichten, das sowohl der allgemeinen Öffentlichkeit als auch den Fachleuten zugänglich ist.

(15) Diese Entscheidung steht der Bereitstellung anderer Informationen als der hier genannten im Europäischen Justiziellen Netz für Zivil- und Handelssachen oder für die Öffentlichkeit nicht entgegen. Die Angaben in Titel III sind deshalb nicht abschließend.

(16) Die Verarbeitung von Informationen und Daten sollte unter Einhaltung der Richtlinie 95/46/EG des Europäischen Parlaments und des Rates vom 24. Oktober 1995 zum Schutz natürlicher Personen bei der Verarbeitung personenbezogener Daten und zum freien Datenverkehr[5] sowie der Richtlinie 97/66/EG des Europäischen Parlaments und

---

[5] ABl. L 281 vom 23.11.1995, S. 31.

des Rates vom 15. Dezember 1997 über die Verarbeitung personenbezogener Daten und den Schutz der Privatsphäre im Bereich der Telekommunikation[6] erfolgen.

(17) Um sicherzustellen, dass das Justizielle Netz für Zivil- und Handelssachen ein wirksames Instrument bleibt, die besten Verfahren zur justiziellen Zusammenarbeit und der internen Organisation anwendet und den Erwartungen der Öffentlichkeit entspricht, sollten regelmäßige Bewertungen des Systems vorgenommen werden, damit gegebenenfalls die notwendigen Änderungen vorgeschlagen werden können.

(18) Das Vereinigte Königreich und Irland haben gemäß Artikel 3 des dem Vertrag über die Europäische Union und dem Vertrag zur Gründung der Europäischen Gemeinschaft beigefügten Protokolls über die Position des Vereinigten Königreichs und Irlands schriftlich mitgeteilt, dass sie sich an der Annahme und Anwendung dieser Entscheidung beteiligen möchten.

(19) Dänemark beteiligt sich gemäß den Artikeln 1 und 2 des dem Vertrag über die Europäische Union und dem Vertrag zur Gründung der Europäischen Gemeinschaft beigefügten Protokolls über die Position Dänemarks nicht an der Annahme dieser Entscheidung, die daher für Dänemark nicht bindend und ihm gegenüber nicht anwendbar ist –
HAT FOLGENDE ENTSCHEIDUNG ERLASSEN:

TITEL I. GRUNDSÄTZE DES EUROPÄISCHEN JUSTIZIELLEN NETZES FÜR ZIVIL- UND HANDELSSACHEN

Artikel 1. Einrichtung
(1) Zwischen den Mitgliedstaaten wird ein Europäisches Justizielles Netz für Zivil- und Handelssachen, nachstehend „Netz" genannt, eingerichtet.
(2) In dieser Entscheidung bedeutet der Begriff „Mitgliedstaat" die Mitgliedstaaten mit Ausnahme Dänemarks.

Artikel 2. Zusammensetzung
(1) Das Netz setzt sich zusammen aus
a) von den Mitgliedstaaten gemäß Absatz 2 benannten Kontaktstellen;
b) den Zentralstellen und den Zentralbehörden, die in Gemeinschaftsrechtsakten, internationalen Übereinkünften, an denen die Mitgliedstaaten teilnehmen, oder nationalen Rechtsvorschriften im Bereich der justiziellen Zusammenarbeit in Zivil- und Handelssachen vorgesehen sind;
c) den Verbindungsrichtern und -staatsanwälten im Sinne der Gemeinsamen Maßnahme 96/277/JI vom 22. April 1996 betreffend den Rahmen für den Austausch von Verbindungsrichtern/-staatsanwälten zur Verbesserung der justiziellen Zusammenarbeit zwischen den Mitgliedstaaten der Europäischen Union[7], die Zuständigkeiten im Bereich der Zusammenarbeit in Zivil- und Handelssachen besitzen;
d) gegebenenfalls anderen Justiz- oder Verwaltungsbehörden, die Zuständigkeiten im Bereich der justiziellen Zusammenarbeit in Zivil- und Handelssachen besitzen und deren Teilnahme am Netz dem betreffenden Mitgliedstaat sinnvoll erscheint.
(2) Jeder Mitgliedstaat benennt eine Kontaktstelle. Jedoch können alle Mitglied-

---

[6] ABl. L 24 vom 30.1.1998, S. 1.
[7] ABl. L 105 vom 27.4.1996, S. 1.

1. e) Justizielles Netz (Entscheidung)

staaten eine begrenzte Zahl anderer Kontaktstellen benennen, wenn sie dies nach Maßgabe ihrer unterschiedlichen Rechtssysteme, ihrer internen Kompetenzverteilung, der den Kontaktstellen übertragenen Aufgaben oder zur direkten Einbindung von Justizbehörden, die häufig mit Streitsachen mit grenzüberschreitenden Bezügen befasst sind, in die Arbeit der Kontaktstellen für notwendig erachten. Benennt ein Mitgliedstaat mehrere Kontaktstellen, so stellt er die geeigneten Koordinationsmechanismen zwischen ihnen sicher.
(3) Die Mitgliedstaaten ermitteln die in Absatz 1 Buchstaben b) und c) bezeichneten Behörden.
(4) Die Mitgliedstaaten benennen die in Absatz 1 Buchstabe d) bezeichneten Behörden.
(5) Die Mitgliedstaaten teilen der Kommission gemäß Artikel 20 den Namen und die vollständige Anschrift der in Absatz 1 genannten Behörden mit und geben dabei Folgendes an:
a) die diesen zur Verfügung stehenden Kommunikationsmöglichkeiten;
b) die vorhandenen Sprachkenntnisse;
c) gegebenenfalls die spezifischen Aufgaben dieser Behörden im Rahmen des Netzes.

Artikel 3. Aufgaben und Tätigkeiten des Netzes
(1) Das Netz ist zuständig für
a) die Erleichterung der justiziellen Zusammenarbeit zwischen den Mitgliedstaaten in Zivil- und Handelssachen, einschließlich der Konzipierung, schrittweisen Einrichtung und Aktualisierung eines Informationssystems für die Mitglieder des Netzes;
b) die Konzipierung, schrittweise Einrichtung und Aktualisierung eines Informationssystems für die Öffentlichkeit.
(2) Unbeschadet anderer Gemeinschaftsrechtsakte oder internationaler Übereinkünfte über die justizielle Zusammenarbeit in Zivil- und Handelssachen werden mit der Tätigkeit des Netzes insbesondere folgende Ziele angestrebt:
a) reibungslose Abwicklung von Verfahren mit grenzüberschreitenden Bezügen und Erleichterung der Ersuchen um justizielle Zusammenarbeit zwischen den Mitgliedstaaten, insbesondere in Fällen, in denen kein Gemeinschaftsrechtsakt oder keine internationale Übereinkunft anwendbar ist;
b) wirksame und praktische Umsetzung von Gemeinschaftsrechtsakten oder geltenden Übereinkünften zwischen zwei oder mehreren Mitgliedstaaten;
c) Einrichtung und Unterhaltung eines Informationssystems für die Öffentlichkeit über die justizielle Zusammenarbeit in Zivil- und Handelssachen in der Europäischen Union, die maßgeblichen Gemeinschaftsrechtsakte und internationalen Übereinkünfte und das nationale Recht der Mitgliedstaaten insbesondere hinsichtlich des Zugangs zum Recht.

Artikel 4. Funktionsweise des Netzes
Das Netz erfüllt seine Aufgaben insbesondere folgendermaßen:
1. Zur Wahrnehmung der Aufgaben nach Artikel 3 erleichtert es die Herstellung sachdienlicher Kontakte zwischen den in Artikel 2 Absatz 1 bezeichneten Behörden der Mitgliedstaaten.
2. Es hält nach Maßgabe von Titel II regelmäßige Sitzungen der Kontaktstellen und der Mitglieder des Netzes ab.

3. Es stellt nach Maßgabe von Titel III die Informationen gemäß jenem Titel über die justizielle Zusammenarbeit in Zivil- und Handelssachen und die Justizsysteme der Mitgliedstaaten zusammen und aktualisiert diese.

Artikel 5. Kontaktstellen

(1) Zur Erfüllung der Aufgaben nach Artikel 3 stehen die Kontaktstellen den in Artikel 2 Absatz 1 Buchstaben b) bis d) bezeichneten Behörden zur Verfügung.

Für dieselben Zwecke stehen die Kontaktstellen ferner nach Maßgabe der vom jeweiligen Mitgliedstaat beschlossenen Modalitäten den örtlichen Justizbehörden in ihrem Mitgliedstaat zur Verfügung.

(2) Die Kontaktstellen erfüllen insbesondere folgende Aufgaben:

a) Sie stellen den anderen Kontaktstellen, den in Artikel 2 Absatz 1 Buchstaben b) bis d) bezeichneten Behörden und den örtlichen Justizbehörden ihres Mitgliedstaats alle Informationen zur Verfügung, die für die reibungslose justizielle Zusammenarbeit zwischen den Mitgliedstaaten gemäß Artikel 3 notwendig sind, um ihnen dabei zu helfen, ein zweckdienliches Ersuchen um justizielle Zusammenarbeit effizient vorzubereiten und möglichst zweckdienliche Direktkontakte herzustellen.

b) Sie versuchen, unbeschadet des Absatzes 4 und des Artikels 6 Lösungen für Probleme zu finden, die sich im Zusammenhang mit einem Ersuchen um justizielle Zusammenarbeit stellen können.

c) Sie erleichtern die Koordinierung der Bearbeitung von Ersuchen um justizielle Zusammenarbeit im betreffenden Mitgliedstaat, insbesondere in Fällen, in denen mehrere Ersuchen der Justizbehörden dieses Mitgliedstaats in einem anderen Mitgliedstaat erledigt werden müssen.

d) Sie arbeiten bei der Veranstaltung der Sitzungen nach Artikel 9 zusammen und nehmen an diesen Sitzungen teil.

e) Sie tragen nach Maßgabe von Titel III zur Einrichtung und Aktualisierung der in jenem Titel genannten Informationen und insbesondere des Informationssystems für die Öffentlichkeit bei.

(3) Erhält eine Kontaktstelle ein Informationsersuchen eines anderen Mitglieds des Netzes, das sie nicht beantworten kann, so leitet sie dieses an die Kontaktstelle oder an das Mitglied des Netzes weiter, die bzw. das dafür am besten geeignet ist. Die Kontaktstelle steht bei etwaigen späteren Kontakten weiterhin zur Verfügung.

(4) In Bereichen, in denen in Gemeinschaftsrechtsakten oder internationalen Übereinkünften über die justizielle Zusammenarbeit bereits bestimmte Behörden zur Erleichterung der justiziellen Zusammenarbeit bezeichnet sind, verweisen die Kontaktstellen die Antragsteller an diese Behörden.

Artikel 6. Zuständige Behörden nach Gemeinschaftsrechtsakten oder internationalen Übereinkünften über die justizielle Zusammenarbeit in Zivil- und Handelssachen

(1) Die Einbindung der nach Gemeinschaftsrechtsakten oder internationalen Übereinkünften über die justizielle Zusammenarbeit in Zivil- und Handelssachen zuständigen Behörden in das Netz lässt die Zuständigkeiten, die diesen im betreffenden Rechtsakt oder in der betreffenden Übereinkunft übertragen worden sind, unberührt.

1. e) Justizielles Netz (Entscheidung)

Die Kontakte innerhalb des Netzes finden unbeschadet der regelmäßigen oder gelegentlichen Kontakte zwischen diesen Behörden statt.
(2) Die in Gemeinschaftsrechtsakten oder internationalen Übereinkünften über die justizielle Zusammenarbeit in Zivil- und Handelssachen benannten Behörden und die Kontaktstellen des Netzes unterhalten in jedem Mitgliedstaat einen regelmäßigen Meinungsaustausch und regelmäßige Kontakte, damit ihre jeweiligen Erfahrungen die größtmögliche Verbreitung finden.
(3) Die Kontaktstellen des Netzes stehen den in Gemeinschaftsrechtsakten oder internationalen Übereinkünften über die justizielle Zusammenarbeit in Zivil- und Handelssachen benannten Behörden zur Verfügung und leisten ihnen jede mögliche Unterstützung.

Artikel 7. Sprachkenntnisse der Kontaktstellen
Zur Erleichterung der Funktionsweise des Netzes stellt jeder Mitgliedstaat sicher, dass seine Kontaktstellen über ausreichende Kenntnisse in einer Amtssprache der Organe der Europäischen Gemeinschaft verfügen, die nicht zugleich die eigene ist, um die Kommunikation mit den Kontaktstellen der anderen Mitgliedstaaten zu ermöglichen.
Die Mitgliedstaaten erleichtern und fördern eine spezialisierte Sprachausbildung für das Personal in den Kontaktstellen; sie fördern ferner den Austausch von Personal zwischen den Kontaktstellen der Mitgliedstaaten.

Artikel 8. Kommunikationsmittel
Die Kontaktstellen nutzen die geeignetsten technologischen Mittel, so dass sie die an sie gerichteten Anträge so effizient und rasch wie möglich beantworten können.

TITEL II. SITZUNGEN IM RAHMEN DES NETZES

Artikel 9. Sitzungen der Kontaktstellen
(1) Die Kontaktstellen des Netzes treten mindestens einmal halbjährlich nach Maßgabe von Artikel 12 zusammen.
(2) Jeder Mitgliedstaat wird bei diesen Sitzungen durch eine Kontaktstelle oder mehrere Kontaktstellen vertreten, die sich von anderen Mitgliedern des Netzes begleiten lassen können; die Zahl von vier Vertretern je Mitgliedstaat darf jedoch nicht überschritten werden.
(3) Die erste Sitzung der Kontaktstellen findet spätestens am 1. März 2003 statt, jedoch können bereits davor vorbereitende Sitzungen abgehalten werden.

Artikel 10. Zweck der regelmäßigen Sitzungen der Kontaktstellen
(1) Die regelmäßigen Sitzungen der Kontaktstellen dienen dazu,
a) es ihnen zu ermöglichen, einander kennen zu lernen und ihre Erfahrungen insbesondere hinsichtlich der Funktionsweise des Netzes auszutauschen;
b) ein Forum für die Erörterung der praktischen und rechtlichen Probleme zu bieten, die in den Mitgliedstaaten im Rahmen der justiziellen Zusammenarbeit insbesondere bei der Durchführung der von der Europäischen Gemeinschaft erlassenen Maßnahmen auftreten;
c) die besten Verfahren im Bereich der justiziellen Zusammenarbeit in Zivil- und

Handelssachen zu ermitteln und die einschlägigen Informationen innerhalb des Netzes zu verbreiten;
d) Daten und Meinungen insbesondere über den Aufbau, die Verwaltung und den Inhalt der in Titel III genannten Informationen und den Zugang dazu auszutauschen;
e) Leitlinien für die schrittweise Erstellung der praxisorientierten Merkblätter nach Artikel 15 – insbesondere hinsichtlich der erfassten Themen – sowie für die Form dieser Merkblätter festzulegen;
f) andere als in Titel III aufgeführte spezifische Initiativen mit ähnlichen Zielsetzungen zu ermitteln.
(2) Die Mitgliedstaaten stellen sicher, dass die Erfahrungen mit der Funktionsweise der in Gemeinschaftsrechtsakten oder internationalen Übereinkünften geschaffenen besonderen Verfahren der Zusammenarbeit in die Sitzungen der Kontaktstellen einfließen.

Artikel 11. Sitzungen der Mitglieder des Netzes
(1) Es finden Sitzungen statt, die der Gesamtheit der Mitglieder des Netzes offen stehen, damit sie einander kennen lernen und ihre Erfahrungen austauschen können, über ein Forum für die Erörterung praktischer und rechtlicher Probleme verfügen und besondere Fragen behandeln können.
Es können auch Sitzungen zu Einzelthemen abgehalten werden.
(2) Die Sitzungen werden bei Bedarf und nach Maßgabe von Artikel 12 einberufen.
(3) Die Kommission setzt in enger Zusammenarbeit mit dem Ratsvorsitz und den Mitgliedstaaten für jede Sitzung die maximale Teilnehmerzahl fest.

Artikel 12. Organisation und Ablauf der Sitzungen innerhalb des Netzes
(1) Die Kommission beruft in enger Zusammenarbeit mit dem Ratsvorsitz und den Mitgliedstaaten die Sitzungen nach den Artikeln 9 und 11 ein. Sie nimmt den Vorsitz und die Sekretariatstätigkeit wahr.
(2) Vor jeder Sitzung erstellt die Kommission den Tagesordnungsentwurf im Einvernehmen mit dem Ratsvorsitz und in Konsultation mit den Mitgliedstaaten über ihre jeweiligen Kontaktstellen.
(3) Die Tagesordnung wird den Kontaktstellen vor der Sitzung mitgeteilt. Die Kontaktstellen können verlangen, dass Änderungen vorgenommen oder zusätzliche Punkte in die Tagesordnung aufgenommen werden.
(4) Nach jeder Sitzung erstellt die Kommission einen Bericht, der den Kontaktstellen übermittelt wird.
(5) Sitzungen der Kontaktstellen und Mitglieder des Netzes können in jedem Mitgliedstaat stattfinden.

TITEL III. IM RAHMEN DES NETZES VERFÜGBARE INFORMATIONEN UND INFORMATIONSSYSTEM FÜR DIE ÖFFENTLICHKEIT

Artikel 13. Im Rahmen des Netzes verbreitete Informationen
(1) Zu den im Rahmen des Netzes verbreiteten Informationen gehören
a) die Informationen nach Artikel 2 Absatz 5;
b) alle weiteren Informationen, die von den Kontaktstellen als nützlich für das reibungslose Funktionieren des Netzes erachtet werden.

1. e) Justizielles Netz (Entscheidung)

(2) Zum Zwecke von Absatz 1 richtet die Kommission im Benehmen mit den Kontaktstellen schrittweise ein sicheres elektronisches Informationssystem mit begrenztem Zugang ein.

Artikel 14. Informationssystem für die Öffentlichkeit
(1) Gemäß den Artikeln 17 und 18 wird schrittweise ein Internet-gestütztes Informationssystem für die Öffentlichkeit eingerichtet, das unter anderem auch die besondere Website für das Netz umfasst.
(2) Das Informationssystem wird folgende Elemente umfassen:
a) geltende oder in Vorbereitung befindliche Gemeinschaftsrechtsakte über die justizielle Zusammenarbeit in Zivil- und Handelssachen;
b) die einzelstaatlichen Maßnahmen zur Umsetzung der unter Buchstabe a) genannten Rechtsakte im betreffenden Mitgliedstaat;
c) geltende internationale Übereinkünfte über die justizielle Zusammenarbeit in Zivil- und Handelssachen, an denen die Mitgliedstaaten teilnehmen, sowie Erklärungen und Vorbehalte, die sie dazu abgegeben haben;
d) die einschlägigen Elemente der Rechtsprechung der Gemeinschaft im Bereich der justiziellen Zusammenarbeit in Zivil- und Handelssachen;
e) die Merkblätter gemäß Artikel 15.
(3) Zum Zwecke des Zugangs zu den in Absatz 2 Buchstaben a) bis d) aufgeführten Informationen sollte das Netz gegebenenfalls auf seiner Website Links zu jenen Websites nutzen, auf denen sich die ursprünglichen Informationen befinden.
(4) Die Website des Netzes erleichtert ebenso den Zugang zu ähnlichen Initiativen zur Information der Öffentlichkeit in verwandten Bereichen und zu Websites, die Informationen über die Justizsysteme der Mitgliedstaaten enthalten.

Artikel 15. Merkblätter
(1) Die Merkblätter betreffen vorzugsweise Fragen im Zusammenhang mit dem Zugang zum Recht in den Mitgliedstaaten und enthalten Informationen über die Modalitäten für die Anrufung der Gerichte und den Zugang zu Prozesskosten- und Beratungshilfe; sie lassen die bereits im Rahmen anderer Gemeinschaftsinitiativen durchgeführten Arbeiten, die vom Netz umfassend berücksichtigt werden, unberührt.
(2) Die Merkblätter werden praxisbezogen und prägnant gestaltet. Sie werden in einer leicht verständlichen Sprache verfasst und enthalten praktische Informationen für die Öffentlichkeit. Sie werden schrittweise zumindest über folgende Bereiche erstellt:
a) Grundsätze der Rechtssysteme und Gerichtsverfassung der Mitgliedstaaten;
b) Modalitäten für die Anrufung der Gerichte, insbesondere bei Verfahren mit geringem Streitwert, und anschließende Gerichtsverfahren, einschließlich Rechtsmitteln und Rechtsmittelverfahren;
c) Bedingungen und Modalitäten für den Zugang zu Prozesskosten- und Beratungshilfe einschließlich einer Beschreibung der Aufgaben von Nichtregierungsorganisationen, die in diesem Bereich tätig sind, unter Berücksichtigung der bereits im Rahmen des Dialogs mit Bürgern durchgeführten Arbeiten;
d) nationale Rechtsvorschriften über die Zustellung von Schriftstücken;
e) Vorschriften und Verfahren für die Vollstreckung von Gerichtsurteilen, die in einem anderen Mitgliedstaat ergangen sind;

f) Möglichkeiten und Verfahren für die Verhängung einstweiliger Maßnahmen insbesondere zur Sicherung von Vermögenswerten zum Zwecke der Vollstreckung;
g) Möglichkeiten für eine außergerichtliche Streitbeilegung und Angabe der nationalen Informations- und Unterstützungsstellen des gemeinschaftsweiten Netzes für die außergerichtliche Beilegung von Verbraucherrechtsstreitigkeiten;
h) Organisation und Funktionsweise der Rechtsberufe.
(3) Die Merkblätter umfassen gegebenenfalls auch Elemente der einschlägigen Rechtsprechung der Mitgliedstaaten.
(4) Die Merkblätter können nähere Informationen für die Fachleute enthalten.

Artikel 16. Aktualisierung der Informationen
Alle Informationen, die gemäß den Artikeln 13 bis 15 im Rahmen des Netzes verbreitet und der Öffentlichkeit zur Verfügung gestellt werden, werden regelmäßig aktualisiert.

Artikel 17. Rolle der Kommission beim öffentlichen Informationssystem
Die Kommission
1. ist für die Verwaltung des Informationssystems für die Öffentlichkeit zuständig;
2. richtet auf ihrer Website im Benehmen mit den Kontaktstellen eine besondere Website für das Netz ein;
3. stellt gemäß Artikel 14 Informationen über die einschlägigen Aspekte des Gemeinschaftsrechts und der Gemeinschaftsverfahren, einschließlich der Rechtsprechung der Gemeinschaft, bereit;
4. a) stellt sicher, dass die Merkblätter ein einheitliches Format aufweisen und alle Informationen enthalten, die das Netz für notwendig hält;
b) sorgt anschließend für die Übersetzung der Merkblätter in die anderen Amtssprachen der Gemeinschaftsorgane und nimmt diese Merkblätter in die Website des Netzes auf.

Artikel 18. Rolle der Kontaktstellen beim öffentlichen Informationssystem
Die Kontaktstellen sorgen dafür, dass
1. der Kommission die zum Aufbau und zur Verwaltung des Informationssystems notwendigen entsprechenden Informationen geliefert werden;
2. die in das System aufgenommenen Informationen richtig sind;
3. der Kommission unverzüglich die geeigneten aktuellen Angaben mitgeteilt werden, wenn eine bestimmte Information zu ändern ist;
4. die Merkblätter über ihren jeweiligen Mitgliedstaat gemäß den Leitlinien nach Artikel 10 Absatz 1 Buchstabe e) schrittweise erarbeitet werden;
5. die in die Website des Netzes aufgenommenen Merkblätter möglichst weite Verbreitung in ihrem Mitgliedstaat finden.

TITEL IV. SCHLUSSBESTIMMUNGEN

Artikel 19. Überprüfung
(1) Spätestens am 1. Dezember 2005 und danach mindestens alle fünf Jahre legt die Kommission dem Europäischen Parlament, dem Rat und dem Wirtschafts- und Sozialausschuss anhand der Informationen, die ihr von den Kontaktstellen mitgeteilt wurden, einen Bericht über die Anwendung dieser Entscheidung vor. Der Be-

1. e) Justizielles Netz (Entscheidung)

richt wird gegebenenfalls um Vorschläge zur Anpassung dieser Entscheidung ergänzt.

(2) In dem Bericht wird neben anderen wesentlichen Bereichen insbesondere die Frage eines möglichen Direktzugangs der Öffentlichkeit zu den Kontaktstellen des Netzes, des Zugangs und des Hinzuziehens von Vertretern der Rechtsberufe zu den Arbeiten des Netzes und von Synergien mit dem gemeinschaftsweiten Netz für die außergerichtliche Beilegung von Verbraucherrechtsstreitigkeiten behandelt. Ferner wird darin auf die Beziehung zwischen den Kontaktstellen des Netzes und den in Gemeinschaftsrechtsakten oder internationalen Übereinkünften über die justizielle Zusammenarbeit in Zivil- und Handelssachen vorgesehenen zuständigen Behörden eingegangen.

Artikel 20. Aufbau der wesentlichen Elemente des Netzes und des Informationssystems
Spätestens am 1. Juni 2002 teilen die Mitgliedstaaten der Kommission die Informationen nach Artikel 2 Absatz 5 mit.

Artikel 21. Zeitpunkt der Anwendung
Diese Entscheidung gilt ab dem 1. Dezember 2002, mit Ausnahme der Artikel 2 und 20, die ab dem Zeitpunkt der Mitteilung an die Mitgliedstaaten gilt, an die sie gerichtet ist.

2. Ehe- und Kindschaftssachen

a) Verordnung des Rates vom 29. Mai 2000 über die Zuständigkeit und die Anerkennung und Vollstreckung von Entscheidungen in Ehesachen und in Verfahren betreffend die elterliche Verantwortung für die gemeinsamen Kinder der Ehegatten (Nr. 1347/2000/EG)

Amtsblatt Nr. L 160 vom 30/06/2000 S. 19–29

DER RAT DER EUROPÄISCHEN UNION –
gestützt auf den Vertrag zur Gründung der Europäischen Gemeinschaft, insbesondere auf Artikel 61 Buchstabe c) und Artikel 67 Absatz 1,
auf Vorschlag der Kommission[1],
nach Stellungnahme des Europäischen Parlaments[2],
nach Stellungnahme des Wirtschafts- und Sozialausschusses[3],
in Erwägung nachstehender Gründe:
(1) Die Mitgliedstaaten haben sich zum Ziel gesetzt, die Union als einen Raum der Freiheit, der Sicherheit und des Rechts, in dem der freie Personenverkehr gewährleistet ist, zu erhalten und weiterzuentwickeln. Zum schrittweisen Aufbau dieses Raums hat die Gemeinschaft unter anderem im Bereich der justitiellen Zusammenarbeit in Zivilsachen die für das reibungslose Funktionieren des Binnenmarkts erforderlichen Maßnahmen zu erlassen.
(2) Für das reibungslose Funktionieren des Binnenmarkts muss der freie Verkehr der Entscheidungen in Zivilsachen verbessert und beschleunigt werden.
(3) Dieser Bereich unterliegt nunmehr der justitiellen Zusammenarbeit in Zivilsachen im Sinne von Artikel 65 des Vertrags.
(4) Die Unterschiede zwischen bestimmten einzelstaatlichen Zuständigkeitsregeln und bestimmten Rechtsvorschriften über die Vollstreckung von Entscheidungen erschweren sowohl den freien Personenverkehr als auch das reibungslose Funktionieren des Binnenmarkts. Es ist daher gerechtfertigt, Bestimmungen zu erlassen, um die Vorschriften über die internationale Zuständigkeit in Ehesachen und in Verfahren über die elterliche Verantwortung zu vereinheitlichen und die Formalitäten im Hinblick auf eine rasche und unkomplizierte Anerkennung von Entscheidungen und deren Vollstreckung zu vereinfachen.
(5) Nach Maßgabe des in Artikel 5 des Vertrags niedergelegten Subsidiaritäts- und Verhältnismäßigkeitsprinzips können die Ziele dieser Verordnung auf der Ebene der Mitgliedstaaten nicht ausreichend erreicht werden; sie können daher besser auf Gemeinschaftsebene verwirklicht werden. Diese Verordnung geht nicht über das für die Erreichung dieser Ziele erforderliche Maß hinaus.
(6) Der Rat hat mit Rechtsakt vom 28. Mai 1998[4] ein Übereinkommen über die Zuständigkeit und die Anerkennung und Vollstreckung von Entscheidungen in Ehesachen erstellt

---

[1] ABl. C 247 vom 31.8.1999, S. 1.
[2] Stellungnahme vom 17. November 1999 (noch nicht im Amtsblatt veröffentlicht).
[3] ABl. C 368 vom 20.12.1999, S. 23.
[4] ABl. C 221 vom 16.7.1998, S. 1. Der Rat hat am Tag der Fertigstellung des Übereinkommens den erläuternden Bericht zu dem Übereinkommen von Frau Professor Alegría Borrás zur Kenntnis genommen. Dieser erläuternde Bericht ist auf Seite 27 ff. des vorstehenden Amtsblatts enthalten.

2. a) Ehe- und Kindschaftssachen. Brüssel II-Verordnung

und das Übereinkommen den Mitgliedstaaten zur Annahme gemäss ihren verfassungsrechtlichen Vorschriften empfohlen. Die bei der Aushandlung dieses Übereinkommens erzielten Ergebnisse sollten gewahrt werden; diese Verordnung übernimmt den wesentlichen Inhalt des Übereinkommens. Sie enthält jedoch einige nicht im Übereinkommen enthaltene neue Bestimmungen, um eine Übereinstimmung mit einigen Bestimmungen der vorgeschlagenen Verordnung über die gerichtliche Zuständigkeit und die Anerkennung und Vollstreckung von Urteilen in Zivil- und Handelssachen sicherzustellen.

(7) Um den freien Verkehr der Entscheidungen in Ehesachen und in Verfahren über die elterliche Verantwortung innerhalb der Gemeinschaft zu gewährleisten, ist es angemessen und erforderlich, dass die grenzübergreifende Anerkennung der Zuständigkeiten und der Entscheidungen über die Auflösung einer Ehe und über die elterliche Verantwortung für die gemeinsamen Kinder der Ehegatten im Wege eines Gemeinschaftsrechtsakts erfolgt, der verbindlich und unmittelbar anwendbar ist.

(8) In der vorliegenden Verordnung sind kohärente und einheitliche Maßnahmen vorzusehen, die einen möglichst umfassenden Personenverkehr ermöglichen. Daher muss die Verordnung auch auf Staatsangehörige von Drittstaaten Anwendung finden, bei denen eine hinreichend enge Verbindung zu dem Hoheitsgebiet eines Mitgliedstaats gemäss den in der Verordnung vorgesehenen Zuständigkeitskriterien gegeben ist.

(9) Der Anwendungsbereich dieser Verordnung sollte zivilgerichtliche Verfahren sowie außergerichtliche Verfahren einschließen, die in einigen Mitgliedstaaten in Ehesachen zugelassen sind, mit Ausnahme von Verfahren, die nur innerhalb einer Religionsgemeinschaft gelten. Es muss daher darauf hingewiesen werden, dass die Bezeichnung „Gericht" alle gerichtlichen und außergerichtlichen Behörden einschließt, die für Ehesachen zuständig sind.

(10) Diese Verordnung sollte nur für Verfahren gelten, die sich auf die Ehescheidung, die Trennung ohne Auflösung des Ehebandes oder die Ungültigerklärung einer Ehe beziehen. Die Anerkennung einer Ehescheidung oder der Ungültigerklärung einer Ehe betrifft nur die Auflösung des Ehebandes. Dementsprechend erstreckt sich die Anerkennung von Entscheidungen nicht auf Fragen wie das Scheidungsverschulden, das Ehegüterrecht, die Unterhaltspflicht oder sonstige mögliche Nebenaspekte, auch wenn sie mit dem vorgenannten Verfahren zusammenhängen.

(11) Diese Verordnung betrifft die elterliche Verantwortung für die gemeinsamen Kinder der Ehegatten in Fragen, die in engem Zusammenhang mit einem Antrag auf Scheidung, Trennung ohne Auflösung des Ehebandes oder Ungültigerklärung einer Ehe stehen.

(12) Die Zuständigkeitskriterien gehen von dem Grundsatz aus, dass zwischen dem Verfahrensbeteiligten und dem Mitgliedstaat, der die Zuständigkeit wahrnimmt, eine tatsächliche Beziehung bestehen muss. Die Auswahl dieser Kriterien ist darauf zurückzuführen, dass sie in verschiedenen einzelstaatlichen Rechtsordnungen bestehen und von den anderen Mitgliedstaaten anerkannt werden.

(13) Eine Eventualität, die im Rahmen des Schutzes der gemeinsamen Kinder der Ehegatten bei einer Ehekrise berücksichtigt werden muss, besteht in der Gefahr, dass das Kind von einem Elternteil in ein anderes Land verbracht wird. Die grundlegenden Interessen der Kinder sind daher insbesondere in Übereinstimmung mit dem Haager Übereinkommen vom 25. Oktober 1980 über die zivilrechtlichen Aspekte internationaler Kindesentführung zu schützen. Der rechtmäßige gewöhnliche Aufenthalt wird daher als Zuständigkeitskriterium auch in den Fällen beibehalten, in denen sich der Ort des gewöhnlichen Aufenthalts aufgrund eines widerrechtlichen Verbringens oder Zurückhaltens des Kindes faktisch geändert hat.

(14) Diese Verordnung hindert die Gerichte eines Mitgliedstaats nicht daran, in dringenden Fällen einstweilige Maßnahmen einschließlich Sicherungsmaßnahmen in bezug auf Personen oder Vermögensgegenstände, die sich in diesem Staat befinden, anzuordnen.
(15) Der Begriff „Entscheidung" bezieht sich nur auf Entscheidungen, mit denen eine Ehescheidung, Trennung ohne Auflösung des Ehebandes oder Ungültigerklärung einer Ehe herbeigeführt wird. Öffentliche Urkunden, die im Ursprungsmitgliedstaat aufgenommen und vollstreckbar sind, sind solchen „Entscheidungen" gleichgestellt.
(16) Die Anerkennung und Vollstreckung von Entscheidungen der Gerichte der Mitgliedstaaten beruhen auf dem Grundsatz des gegenseitigen Vertrauens. Die Gründe für die Nichtanerkennung einer Entscheidung sind auf das notwendige Mindestmass beschränkt. Im Rahmen des Verfahrens sollten allerdings Bestimmungen gelten, mit denen die Wahrung der öffentlichen Ordnung des ersuchten Staats und die Verteidigungsrechte der Parteien, einschließlich der persönlichen Rechte aller betroffenen Kinder, gewährleistet werden und zugleich vermieden wird, dass miteinander nicht zu vereinbarende Entscheidungen anerkannt werden.
(17) Der ersuchte Staat darf weder die Zuständigkeit des Ursprungsstaats noch die Entscheidung in der Sache überprüfen.
(18) Für die Beschreibung in den Personenstandsbüchern eines Mitgliedstaats aufgrund einer in einem anderen Mitgliedstaat ergangenen rechtskräftigen Entscheidung kann kein besonderes Verfahren vorgeschrieben werden.
(19) Das Übereinkommen von 1931 zwischen den nordischen Staaten sollte in den Grenzen dieser Verordnung weiter angewandt werden können.
(20) Spanien, Italien und Portugal haben vor Aufnahme der in dieser Verordnung geregelten Materien in den EG-Vertrag Konkordate mit dem Heiligen Stuhl geschlossen. Es gilt daher zu vermeiden, dass diese Mitgliedstaaten gegen ihre internationalen Verpflichtungen gegenüber dem Heiligen Stuhl verstoßen.
(21) Den Mitgliedstaaten muss es freistehen, untereinander Modalitäten zur Durchführung dieser Verordnung festzulegen, solange keine diesbezüglichen Maßnahmen auf Gemeinschaftsebene getroffen wurden.
(22) Die Anhänge I bis III betreffend die zuständigen Gerichte und die Rechtsbehelfe sollten von der Kommission anhand der von dem betreffenden Mitgliedstaat mitgeteilten Änderungen angepasst werden. Änderungen der Anhänge IV und V sind gemäss dem Beschluss 1999/468/EG des Rates vom 28. Juni 1999 zur Festlegung der Modalitäten für die Ausübung der der Kommission übertragenen Durchführungsbefugnisse[5] zu beschließen.
(23) Spätestens fünf Jahre nach Inkrafttreten dieser Verordnung sollte die Kommission die Anwendung der Verordnung prüfen und gegebenenfalls erforderliche Änderungen vorschlagen.
(24) Das Vereinigte Königreich und Irland haben gemäss Artikel 3 des dem Vertrag über die Europäische Union und dem Vertrag zur Gründung der Europäischen Gemeinschaft beigefügten Protokolls über die Position des Vereinigten Königreichs und Irlands mitgeteilt, dass sie sich an der Annahme und Anwendung dieser Verordnung beteiligen möchten.
(25) Dänemark wirkt gemäss den Artikeln 1 und 2 des dem Vertrag über die Europäische Union und dem Vertrag zur Gründung der Europäischen Gemeinschaft beigefügten

---

[5] ABl. L 184 vom 17.7.1999, S. 23.

Protokolls über die Position Dänemarks an der Annahme dieser Verordnung nicht mit. Diese Verordnung ist daher für diesen Staat nicht verbindlich und ihm gegenüber nicht anwendbar –
HAT FOLGENDE VERORDNUNG ERLASSEN:

KAPITEL I. ANWENDUNGSBEREICH

Artikel 1
(1) Die vorliegende Verordnung ist anzuwenden auf
a) zivilgerichtliche Verfahren, die die Ehescheidung, die Trennung ohne Auflösung des Ehebandes oder die Ungültigerklärung einer Ehe betreffen;
b) zivilgerichtliche Verfahren, die die elterliche Verantwortung für die gemeinsamen Kinder der Ehegatten betreffen und aus Anlass der unter Buchstabe a) genannten Verfahren in Ehesachen betrieben werden.
(2) Gerichtlichen Verfahren stehen andere in einem Mitgliedstaat amtlich anerkannte Verfahren gleich. Die Bezeichnung „Gericht" schließt alle in Ehesachen zuständigen Behörden der Mitgliedstaaten ein.
(3) In dieser Verordnung bedeutet der Begriff „Mitgliedstaat" jeden Mitgliedstaat mit Ausnahme des Königreichs Dänemark.

KAPITEL II. GERICHTLICHE ZUSTÄNDIGKEIT

Abschnitt 1. Allgemeine Bestimmungen

Artikel 2. Ehescheidung, Trennung ohne Auflösung des Ehebandes und Ungültigerklärung einer Ehe
(1) Für Entscheidungen, die die Ehescheidung, die Trennung ohne Auflösung des Ehebandes oder die Ungültigerklärung einer Ehe betreffen, sind die Gerichte des Mitgliedstaats zuständig,
a) in dessen Hoheitsgebiet
– beide Ehegatten ihren gewöhnlichen Aufenthalt haben oder
– die Ehegatten zuletzt beide ihren gewöhnlichen Aufenthalt hatten, sofern einer von ihnen dort noch seinen gewöhnlichen Aufenthalt hat, oder
– der Antragsgegner seinen gewöhnlichen Aufenthalt hat oder
– im Falle eines gemeinsamen Antrags einer der Ehegatten seinen gewöhnlichen Aufenthalt hat oder
– der Antragsteller seinen gewöhnlichen Aufenthalt hat, wenn er sich dort seit mindestens einem Jahr unmittelbar vor der Antragstellung aufgehalten hat, oder
– der Antragsteller seinen gewöhnlichen Aufenthalt hat, wenn er sich dort seit mindestens sechs Monaten unmittelbar vor der Antragstellung aufgehalten hat und entweder Staatsangehöriger des betreffenden Mitgliedstaats ist oder, im Falle des Vereinigten Königreichs und Irlands, dort sein „domicile" hat;
b) dessen Staatsangehörigkeit beide Ehegatten besitzen, oder, im Falle des Vereinigten Königreichs und Irlands, in dem sie ihr gemeinsames „domicile" haben.
(2) Der Begriff „domicile" im Sinne dieser Verordnung bestimmt sich nach britischem und irischem Recht.

Artikel 3. Elterliche Verantwortung
(1) Die Gerichte des Mitgliedstaats, in dem nach Artikel 2 über einen Antrag auf Ehescheidung, Trennung ohne Auflösung des Ehebandes oder Ungültigerklärung einer Ehe zu entscheiden ist, sind zuständig für alle Entscheidungen, die die elterliche Verantwortung für ein gemeinsames Kind der beiden Ehegatten betreffen, wenn dieses Kind seinen gewöhnlichen Aufenthalt in diesem Mitgliedstaat hat.
(2) Hat das Kind seinen gewöhnlichen Aufenthalt nicht in dem in Absatz 1 genannten Mitgliedstaat, so sind die Gerichte dieses Staates für diese Entscheidungen zuständig, wenn das Kind seinen gewöhnlichen Aufenthalt in einem der Mitgliedstaaten hat und
a) zumindest einer der Ehegatten die elterliche Verantwortung für das Kind hat und
b) die Zuständigkeit der betreffenden Gerichte von den Ehegatten anerkannt worden ist und im Einklang mit dem Wohl des Kindes steht.
(3) Die Zuständigkeit gemäss den Absätzen 1 und 2 endet,
a) sobald die stattgebende oder abweisende Entscheidung über den Antrag auf Ehescheidung, Trennung ohne Auflösung des Ehebandes oder Ungültigerklärung einer Ehe rechtskräftig geworden ist oder aber
b) in den Fällen, in denen zu dem unter Buchstabe a) genannten Zeitpunkt noch ein Verfahren betreffend die elterliche Verantwortung anhängig ist, sobald die Entscheidung in diesem Verfahren rechtskräftig geworden ist oder aber
c) sobald die unter den Buchstaben a) und b) genannten Verfahren aus einem anderen Grund beendet worden sind.

Artikel 4. Kindesentführung
Die nach Maßgabe von Artikel 3 zuständigen Gerichte haben ihre Zuständigkeit im Einklang mit den Bestimmungen des Haager Übereinkommens vom 25. Oktober 1980 über die zivilrechtlichen Aspekte internationaler Kindesentführung, insbesondere dessen Artikel 3 und 16, auszuüben.

Artikel 5. Gegenantrag
Das Gericht, bei dem ein Antrag auf der Grundlage der Artikel 2 bis 4 anhängig ist, ist auch für einen Gegenantrag zuständig, sofern dieser in den Anwendungsbereich dieser Verordnung fällt.

Artikel 6. Umwandlung einer Trennung ohne Auflösung des Ehebandes in eine Ehescheidung
Unbeschadet des Artikels 2 ist das Gericht eines Mitgliedstaats, das eine Entscheidung über eine Trennung ohne Auflösung des Ehebandes erlassen hat, auch für die Umwandlung dieser Entscheidung in eine Ehescheidung zuständig, sofern dies im Recht dieses Mitgliedstaats vorgesehen ist.

Artikel 7. Ausschließlicher Charakter der Zuständigkeiten nach den Artikeln 2 bis 6
Gegen einen Ehegatten, der
a) seinen gewöhnlichen Aufenthalt im Hoheitsgebiet eines Mitgliedstaats hat oder
b) Staatsangehöriger eines Mitgliedstaats ist oder – im Falle des Vereinigten Königreichs und Irlands – sein „domicile" im Hoheitsgebiet eines dieser Mitgliedstaaten hat,

darf ein Verfahren vor den Gerichten eines anderen Mitgliedstaats nur nach Maßgabe der Artikel 2 bis 6 geführt werden.

Artikel 8. Restzuständigkeiten
(1) Soweit sich aus den Artikeln 2 bis 6 keine Zuständigkeit eines Gerichts eines Mitgliedstaats ergibt, bestimmt sich die Zuständigkeit in jedem Mitgliedstaat nach dessen eigenem Recht.
(2) Jeder Staatsangehörige eines Mitgliedstaats, der seinen gewöhnlichen Aufenthalt im Hoheitsgebiet eines anderen Mitgliedstaats hat, kann die in diesem Staat geltenden Zuständigkeitsvorschriften wie ein Inländer gegenüber einem Antragsgegner geltend machen, wenn dieser weder seinen gewöhnlichen Aufenthalt im Hoheitsgebiet eines Mitgliedstaats hat noch die Staatsangehörigkeit eines Mitgliedstaats besitzt oder – im Falle des Vereinigten Königreichs und Irlands – sein „domicile" im Hoheitsgebiet eines dieser Mitgliedstaaten hat.

Abschnitt 2. Prüfung der Zuständigkeit und der Zulässigkeit des Verfahrens

Artikel 9. Prüfung der Zuständigkeit
Das Gericht eines Mitgliedstaats hat sich von Amts wegen für unzuständig zu erklären, wenn es in einer Sache angerufen wird, für die es nach dieser Verordnung keine Zuständigkeit hat und für die das Gericht eines anderen Mitgliedstaats aufgrund dieser Verordnung zuständig ist.

Artikel 10. Prüfung der Zulässigkeit
(1) Lässt sich eine Person, die ihren gewöhnlichen Aufenthalt nicht in dem Mitgliedstaat hat, in welchem das Verfahren eingeleitet wurde, auf das Verfahren nicht ein, so hat das zuständige Gericht das Verfahren so lange auszusetzen, bis festgestellt ist, dass es dem Antragsgegner möglich war, das verfahrenseinleitende Schriftstück oder ein gleichwertiges Schriftstück so rechtzeitig zu empfangen, dass er sich verteidigen konnte, oder dass alle hierzu erforderlichen Maßnahmen getroffen worden sind.
(2) An die Stelle von Absatz 1 tritt Artikel 19 der Verordnung (EG) Nr. 1348/2000 des Rates vom 29. Mai 2000 über die Zustellung gerichtlicher und außergerichtlicher Schriftstücke in Zivil- oder Handelssachen in den Mitgliedstaaten[6], wenn das verfahrenseinleitende Schriftstück oder ein gleichwertiges Schriftstück nach Maßgabe jener Verordnung von einem Mitgliedstaat in einen anderen zu übermitteln war.
(3) Sind die Bestimmungen der Verordnung (EG) Nr. 1348/2000 nicht anwendbar, so gilt Artikel 15 des Haager Übereinkommens vom 15. November 1965 über die Zustellung gerichtlicher und außergerichtlicher Schriftstücke im Ausland in Zivil- und Handelssachen, wenn das verfahrenseinleitende Schriftstück oder ein gleichwertiges Schriftstück nach Maßgabe des genannten Übereinkommens ins Ausland zu übermitteln war.

---

[6] Siehe Seite 37 dieses Amtsblatts.

Abschnitt 3. Rechtshängigkeit und abhängige Verfahren

Artikel 11

(1) Werden bei Gerichten verschiedener Mitgliedstaaten Anträge wegen desselben Anspruchs zwischen denselben Parteien gestellt, so setzt das später angerufene Gericht das Verfahren von Amts wegen aus, bis die Zuständigkeit des zuerst angerufenen Gerichts geklärt ist.

(2) Werden bei Gerichten verschiedener Mitgliedstaaten Anträge auf Ehescheidung, Trennung ohne Auflösung des Ehebandes oder Ungültigerklärung einer Ehe, die nicht denselben Anspruch betreffen, zwischen denselben Parteien gestellt, so setzt das später angerufene Gericht das Verfahren von Amts wegen aus, bis die Zuständigkeit des zuerst angerufenen Gerichts geklärt ist.

(3) Sobald die Zuständigkeit des zuerst angerufenen Gerichts feststeht, erklärt sich das später angerufene Gericht zugunsten dieses Gerichts für unzuständig.

In diesem Fall kann der Antragsteller, der den Antrag bei dem später angerufenen Gericht gestellt hat, diesen Antrag dem zuerst angerufenen Gericht vorlegen.

(4) Für die Zwecke dieses Artikels gilt ein Gericht als angerufen

a) zu dem Zeitpunkt, zu dem das verfahrenseinleitende Schriftstück oder ein gleichwertiges Schriftstück bei Gericht eingereicht worden ist, vorausgesetzt, dass der Antragsteller es in der Folge nicht versäumt hat, die ihm obliegenden Maßnahmen zu treffen, um die Zustellung des Schriftstücks an den Antragsgegner zu bewirken, oder

b) falls die Zustellung an den Antragsgegner vor Einreichung des Schriftstücks bei Gericht zu bewirken ist, zu dem Zeitpunkt, zu dem die für die Zustellung verantwortliche Stelle das Schriftstück erhalten hat, vorausgesetzt, dass der Antragsteller es in der Folge nicht versäumt hat, die ihm obliegenden Maßnahmen zu treffen, um das Schriftstück bei Gericht einzureichen.

Abschnitt 4. Einstweilige Maßnahmen einschließlich Sicherungsmaßnahmen

Artikel 12

In dringenden Fällen können die Gerichte eines Mitgliedstaats ungeachtet der Bestimmungen dieser Verordnung die nach dem Recht dieses Mitgliedstaats vorgesehenen einstweiligen Maßnahmen einschließlich Sicherungsmaßnahmen in bezug auf in diesem Staat befindliche Personen oder Güter auch dann ergreifen, wenn für die Entscheidung in der Hauptsache gemäss dieser Verordnung ein Gericht eines anderen Mitgliedstaats zuständig ist.

KAPITEL III. ANERKENNUNG UND VOLLSTRECKUNG

Artikel 13. Bedeutung des Begriffs „Entscheidung"

(1) Unter „Entscheidung" im Sinne dieser Verordnung ist jede von einem Gericht eines Mitgliedstaats erlassene Entscheidung über die Ehescheidung, die Trennung ohne Auflösung des Ehebandes oder die Ungültigerklärung einer Ehe sowie jede aus Anlass eines solchen Verfahrens in Ehesachen ergangene Entscheidung über die elterliche Verantwortung der Ehegatten zu verstehen, ohne Rücksicht auf die Bezeichnung der jeweiligen Entscheidung, wie Urteil oder Beschluss.

2. a) Ehe- und Kindschaftssachen. Brüssel II-Verordnung

(2) Die Bestimmungen dieses Kapitels gelten auch für die Festsetzung der Kosten für die nach dieser Verordnung eingeleiteten Verfahren und die Vollstreckung eines Kostenfestsetzungsbeschlusses.
(3) Für die Durchführung dieser Verordnung werden öffentliche Urkunden, die in einem Mitgliedstaat aufgenommen und vollstreckbar sind, sowie vor einem Richter im Laufe eines Verfahrens geschlossene Vergleiche, die in dem Mitgliedstaat, in den sie zustande gekommen sind, vollstreckbar sind, unter denselben Bedingungen wie die in Absatz 1 genannten Entscheidungen anerkannt und für vollstreckbar erklärt.

Abschnitt 1. Anerkennung

Artikel 14. Anerkennung einer Entscheidung
(1) Die in einem Mitgliedstaat ergangenen Entscheidungen werden in den anderen Mitgliedstaaten anerkannt, ohne dass es hierfür eines besonderen Verfahrens bedarf.
(2) Insbesondere bedarf es unbeschadet des Absatzes 3 keines besonderen Verfahrens für die Beschreibung in den Personenstandsbüchern eines Mitgliedstaats auf der Grundlage einer in einem anderen Mitgliedstaat ergangenen Entscheidung über Ehescheidung, Trennung ohne Auflösung des Ehebandes oder Ungültigerklärung einer Ehe, gegen die nach dessen Recht keine weiteren Rechtsbehelfe eingelegt werden können.
(3) Jede Partei, die ein Interesse hat, kann im Rahmen der Verfahren nach den Abschnitten 2 und 3 dieses Kapitels die Feststellung beantragen, dass eine Entscheidung anzuerkennen oder nicht anzuerkennen ist.
(4) Ist in einem Rechtsstreit vor einem Gericht eines Mitgliedstaats die Frage der Anerkennung einer Entscheidung als Vorfrage zu klären, so kann dieses Gericht hierüber befinden.

Artikel 15. Gründe für die Nichtanerkennung einer Entscheidung
(1) Eine Entscheidung, die die Ehescheidung, die Trennung ohne Auflösung des Ehebandes oder die Ungültigerklärung einer Ehe betrifft, wird nicht anerkannt,
a) wenn die Anerkennung der öffentlichen Ordnung (ordre public) des Mitgliedstaats, in dem sie beantragt wird, offensichtlich widerspricht;
b) wenn dem Antragsgegner, der sich auf das Verfahren nicht eingelassen hat, das verfahrenseinleitende Schriftstück oder ein gleichwertiges Schriftstück nicht so rechtzeitig und in einer Weise zugestellt worden ist, dass er sich verteidigen konnte, es sei denn, es wird festgestellt, dass er mit der Entscheidung eindeutig einverstanden ist;
c) wenn die Entscheidung mit einer Entscheidung unvereinbar ist, die in einem Verfahren zwischen denselben Parteien in dem Mitgliedstaat, in dem die Anerkennung beantragt wird, ergangen ist; oder
d) wenn die Entscheidung mit einer früheren Entscheidung unvereinbar ist, die in einem anderen Mitgliedstaat oder in einem Drittland zwischen denselben Parteien ergangen ist, sofern die frühere Entscheidung die notwendigen Voraussetzungen für ihre Anerkennung in dem Mitgliedstaat erfüllt, in dem die Anerkennung beantragt wird
(2) Eine Entscheidung betreffend die elterliche Verantwortung, die aus Anlass der

in Artikel 13 genannten Verfahren in Ehesachen ergangen ist, wird nicht anerkannt,
a) wenn die Anerkennung der öffentlichen Ordnung (ordre public) des Mitgliedstaats, in dem sie beantragt wird, offensichtlich widerspricht, offensichtlich widerspricht, wobei das Wohl des Kindes zu berücksichtigen ist;
b) wenn die Entscheidung – ausgenommen in dringenden Fällen – ergangen ist, ohne dass das Kind die Möglichkeit hatte, gehört zu werden, und damit wesentliche verfahrensrechtliche Grundsätze des Mitgliedstaats, in dem die Anerkennung beantragt wird, verletzt werden;
c) wenn der betreffenden Person, die sich auf das Verfahren nicht eingelassen hat, das verfahrenseinleitende Schriftstück oder ein gleichwertiges Schriftstück nicht so rechtzeitig und in einer Weise zugestellt worden ist, dass sie sich verteidigen konnte, es sei denn, es wird festgestellt, dass sie mit der Entscheidung eindeutig einverstanden ist;
d) wenn eine Person dies mit der Begründung beantragt, dass die Entscheidung in ihre elterliche Verantwortung eingreift, falls die Entscheidung ergangen ist, ohne dass die Person die Möglichkeit hatte, gehört zu werden;
e) wenn die Entscheidung mit einer späteren Entscheidung betreffend die elterliche Verantwortung unvereinbar ist, die in dem Mitgliedstaat, in dem die Anerkennung beantragt wird, ergangen ist; oder
f) wenn die Entscheidung mit einer späteren Entscheidung betreffend die elterliche Verantwortung unvereinbar ist, die in einem anderen Mitgliedstaat oder in dem Drittland, in dem das Kind seinen gewöhnlichen Aufenthalt hat, ergangen ist, sofern die spätere Entscheidung die notwendigen Voraussetzungen für ihre Anerkennung in dem Mitgliedstaat erfüllt, in dem die Anerkennung beantragt wird.

Artikel 16. Übereinkünfte mit Drittstaaten
Ein Gericht eines Mitgliedstaats hat die Möglichkeit, auf der Grundlage einer Übereinkunft über die Anerkennung und Vollstreckung von Entscheidungen eine in einem anderen Mitgliedstaat ergangene Entscheidung nicht anzuerkennen, wenn in Fällen des Artikels 8 die Entscheidung nur auf in den Artikeln 2 bis 7 nicht genannte Zuständigkeitskriterien gestützt werden konnte.

Artikel 17. Verbot der Nachprüfung der Zuständigkeit des Gerichts des Ursprungsmitgliedstaats
Die Zuständigkeit des Gerichts des Ursprungsmitgliedstaats darf nicht nachgeprüft werden. Die Überprüfung der Vereinbarkeit mit der öffentlichen Ordnung (ordre public) gemäss Artikel 15 Absatz 1 Buchstabe a) und Absatz 2 Buchstabe a) darf sich nicht auf die in den Artikeln 2 bis 8 vorgesehenen Vorschriften über die Zuständigkeit erstrecken.

Artikel 18. Unterschiede beim anzuwendenden Recht
Die Anerkennung einer Entscheidung, die die Ehescheidung, die Trennung ohne Auflösung des Ehebandes oder die Ungültigerklärung einer Ehe betrifft, darf nicht deshalb abgelehnt werden, weil eine Ehescheidung, Trennung ohne Auflösung des Ehebandes oder Ungültigerklärung einer Ehe nach dem Recht des Mitgliedstaats, in dem die Anerkennung beantragt wird, unter Zugrundelegung desselben Sachverhalts nicht zulässig wäre.

Artikel 19. Ausschluss einer Nachprüfung in der Sache
Die Entscheidung darf keinesfalls in der Sache selbst nachgeprüft werden.

Artikel 20. Aussetzung des Anerkennungsverfahrens
(1) Das Gericht eines Mitgliedstaats, vor dem die Anerkennung einer in einem anderen Mitgliedstaat ergangenen Entscheidung beantragt wird, kann das Verfahren aussetzen, wenn gegen die Entscheidung ein ordentlicher Rechtsbehelf eingelegt worden ist.
(2) Das Gericht eines Mitgliedstaats, bei dem die Anerkennung einer in Irland oder im Vereinigten Königreich ergangenen Entscheidung beantragt wird, kann das Verfahren aussetzen, wenn die Vollstreckung der Entscheidung im Ursprungsmitgliedstaat wegen der Einlegung eines Rechtsbehelfs einstweilen eingestellt ist.

Abschnitt 2. Vollstreckung

Artikel 21. Vollstreckbare Entscheidungen
(1) Die in einem Mitgliedstaat ergangenen Entscheidungen betreffend die elterliche Verantwortung für ein gemeinsames Kind, die in diesem Mitgliedstaat vollstreckbar sind und die zugestellt worden sind, werden in einem anderen Mitgliedstaat vollstreckt, wenn sie dort auf Antrag einer berechtigten Partei für vollstreckbar erklärt worden sind.
(2) Im Vereinigten Königreich jedoch wird eine derartige Entscheidung in England und Wales, in Schottland oder in Nordirland vollstreckt, wenn sie auf Antrag einer berechtigten Partei zur Vollstreckung in dem betreffenden Teil des Vereinigten Königreichs registriert worden ist.

Artikel 22. Örtlich zuständige Gerichte
(1) Ein Antrag auf Vollstreckbarerklärung ist bei dem Gericht zu stellen, das in der Liste in Anhang I aufgeführt ist.
(2) Das örtlich zuständige Gericht wird durch den gewöhnlichen Aufenthalt der Person, gegen die die Vollstreckung erwirkt werden soll, oder durch den gewöhnlichen Aufenthalt eines Kindes, auf das sich der Antrag bezieht, bestimmt.
Befindet sich keiner der in Unterabsatz 1 angegebenen Orte in dem Mitgliedstaat, in dem die Vollstreckung erwirkt werden soll, so wird das örtlich zuständige Gericht durch den Ort der Vollstreckung bestimmt.
(3) Hinsichtlich der Verfahren nach Artikel 14 Absatz 3 wird das örtlich zuständige Gericht durch das innerstaatliche Recht des Mitgliedstaats bestimmt, in dem der Antrag auf Anerkennung oder Nichtanerkennung gestellt wird.

Artikel 23. Stellung des Antrags auf Vollstreckbarerklärung
(1) Für die Stellung des Antrags ist das Recht des Mitgliedstaats maßgebend, in dem die Vollstreckung erwirkt werden soll.
(2) Der Antragsteller hat für die Zustellung im Bezirk des angerufenen Gerichts ein Wahldomizil zu begründen. Ist das Wahldomizil im Recht des Mitgliedstaats, in dem die Vollstreckung erwirkt werden soll, nicht vorgesehen, so hat der Antragsteller einen Zustellungsbevollmächtigten zu benennen.
(3) Dem Antrag sind die in den Artikeln 32 und 33 aufgeführten Urkunden beizufügen.

Artikel 24. Entscheidung des Gerichts
(1) Das mit dem Antrag befasste Gericht erlässt seine Entscheidung ohne Verzug, ohne dass die Person, gegen die die Vollstreckung erwirkt werden soll, in diesem Abschnitt des Verfahrens Gelegenheit erhält, eine Erklärung abzugeben.
(2) Der Antrag darf nur aus einem der in den Artikeln 15, 16 und 17 aufgeführten Gründe abgelehnt werden.
(3) Die ausländische Entscheidung darf keinesfalls in der Sache selbst nachgeprüft werden.

Artikel 25. Mitteilung der Entscheidung
Die Entscheidung, die über den Antrag ergangen ist, wird dem Antragsteller vom Urkundsbeamten der Geschäftsstelle unverzüglich in der Form mitgeteilt, die das Recht des Mitgliedstaats, in dem die Vollstreckung erwirkt werden soll, vorsieht.

Artikel 26. Rechtsbehelf gegen eine Entscheidung über die Zulassung der Vollstreckung
(1) Gegen die Entscheidung über den Antrag auf Vollstreckbarerklärung kann jede Partei einen Rechtsbehelf einlegen.
(2) Der Rechtsbehelf wird bei dem Gericht eingelegt, das in der Liste in Anhang II aufgeführt ist.
(3) Über den Rechtsbehelf wird nach den Vorschriften entschieden, die für Verfahren mit beiderseitigem rechtlichen Gehör maßgebend sind.
(4) Wird der Rechtsbehelf von der Person eingelegt, die den Antrag auf Vollstreckbarerklärung gestellt hat, so wird die Partei, gegen die die Vollstreckung erwirkt werden soll, aufgefordert, sich auf das Verfahren einzulassen, das bei dem mit dem Rechtsbehelf befassten Gericht anhängig ist. Lässt sich die betreffende Person auf das Verfahren nicht ein, so gelten die Bestimmungen des Artikels 10.
(5) Der Rechtsbehelf gegen die Vollstreckbarerklärung ist innerhalb eines Monats nach ihrer Zustellung einzulegen. Hat die Partei, gegen die die Vollstreckung erwirkt werden soll, ihren gewöhnlichen Aufenthalt in einem anderen Mitgliedstaat als dem, in dem die Vollstreckbarerklärung erteilt worden ist, so beträgt die Frist für den Rechtsbehelf zwei Monate und beginnt mit dem Tag, an dem die Vollstreckbarerklärung ihr entweder persönlich oder in ihrer Wohnung zugestellt worden ist. Eine Verlängerung dieser Frist wegen weiter Entfernung ist ausgeschlossen.

Artikel 27. Für den Rechtsbehelf zuständiges Gericht und Anfechtung der Entscheidung über den Rechtsbehelf
Die Entscheidung, die über den Rechtsbehelf ergangen ist, kann nur im Wege der in Anhang III genannten Verfahren angefochten werden.

Artikel 28. Aussetzung des Verfahrens
(1) Das nach Artikel 26 oder Artikel 27 mit dem Rechtsbehelf befasste Gericht kann auf Antrag der Partei, gegen die die Vollstreckung erwirkt werden soll, das Verfahren aussetzen, wenn im Ursprungsmitgliedstaat ein ordentlicher Rechtsbehelf eingelegt oder die Frist für einen solchen Rechtsbehelf noch nicht verstrichen ist. In letzterem Fall kann das Gericht eine Frist bestimmen, innerhalb deren der Rechtsbehelf einzulegen ist.

(2) Ist die Entscheidung in Irland oder im Vereinigten Königreich ergangen, so gilt jeder im Ursprungsmitgliedstaat statthafte Rechtsbehelf als ordentlicher Rechtsbehelf im Sinne von Absatz 1.

Artikel 29. Teilvollstreckung
(1) Ist durch die Entscheidung über mehrere geltend gemachte Ansprüche erkannt worden und kann die Entscheidung nicht in vollem Umfang zur Vollstreckung zugelassen werden, so lässt das Gericht sie für einen oder mehrere Ansprüche zu.
(2) Der Antragsteller kann auch eine teilweise Vollstreckung der Entscheidung beantragen.

Artikel 30. Prozesskostenhilfe
Ist dem Antragsteller in dem Ursprungsmitgliedstaat ganz oder teilweise Prozesskostenhilfe oder Kostenbefreiung gewährt worden, so genießt er in dem Verfahren nach den Artikeln 22 bis 25 hinsichtlich der Prozesskostenhilfe oder der Kostenbefreiung die günstigste Behandlung, die das Recht des Mitgliedstaats, in dem er die Vollstreckung beantragt, vorsieht.

Artikel 31. Sicherheitsleistung oder Hinterlegung
Der Partei, die in einem Mitgliedstaat die Vollstreckung einer in einem anderen Mitgliedstaat ergangenen Entscheidung beantragt, darf eine Sicherheitsleistung oder Hinterlegung, unter welcher Bezeichnung es auch sei, nicht aus einem der folgenden Gründe auferlegt werden:
a) weil sie in dem Mitgliedstaat, in dem die Vollstreckung erwirkt werden soll, nicht ihren gewöhnlichen Aufenthalt hat,
b) weil sie nicht die Staatsangehörigkeit dieses Staates besitzt oder, wenn die Vollstreckung im Vereinigten Königreich oder in Irland erwirkt werden soll, ihr „domicile" nicht in einem dieser Mitgliedstaaten hat.

Abschnitt 3. Gemeinsame Vorschriften

Artikel 32. Urkunden
(1) Die Partei, die die Anerkennung oder Nichtanerkennung einer Entscheidung anstrebt oder den Antrag auf Vollstreckbarerklärung stellt, hat vorzulegen:
a) eine Ausfertigung der Entscheidung, die die für ihre Beweiskraft erforderlichen Voraussetzungen erfüllt, und
b) eine Bescheinigung nach Artikel 33.
(2) Bei einer im Versäumnisverfahren ergangenen Entscheidung hat die Partei, die die Anerkennung einer Entscheidung anstrebt oder deren Vollstreckbarerklärung, ferner vorzulegen
a) entweder die Urschrift oder eine beglaubigte Abschrift der Urkunde, aus der sich ergibt, dass das verfahrenseinleitende Schriftstück oder ein gleichwertiges Schriftstück der säumigen Partei zugestellt worden ist, oder
b) eine Urkunde, aus der hervorgeht, dass der Antragsgegner mit der Entscheidung eindeutig einverstanden ist.

Artikel 33. Weitere Urkunden
Das zuständige Gericht oder die zuständige Behörde eines Mitgliedstaats, in dem

eine Entscheidung ergangen ist, stellt auf Antrag einer berechtigten Partei eine Bescheinigung unter Verwendung des Formblatts in Anhang IV (Entscheidungen in Ehesachen) oder Anhang V (Entscheidungen betreffend die elterliche Verantwortung) aus.

Artikel 34. Fehlen von Urkunden
(1) Werden die in Artikel 32 Absatz 1 Buchstabe b) oder Absatz 2 aufgeführten Urkunden nicht vorgelegt, so kann das Gericht eine Frist einräumen, innerhalb deren die Urkunden vorzulegen sind, oder sich mit gleichwertigen Urkunden begnügen oder von der Vorlage der Urkunden befreien, wenn es eine weitere Klärung nicht für erforderlich hält.
(2) Auf Verlangen des Gerichts ist eine Übersetzung dieser Urkunden vorzulegen. Die Übersetzung ist von einer hierzu in einem der Mitgliedstaaten befugten Personen zu beglaubigen.

Artikel 35. Legalisation oder ähnliche Förmlichkeit
Die in den Artikeln 32 und 33 und in Artikel 34 Absatz 2 aufgeführten Urkunden sowie die Urkunde über die Prozessvollmacht, falls eine solche erteilt wird, bedürfen weder der Legalisation noch einer ähnlichen Förmlichkeit.

KAPITEL IV. ALLGEMEINE BESTIMMUNGEN

Artikel 36. Verhältnis zu anderen Übereinkünften
(1) Diese Verordnung ersetzt – unbeschadet der Artikel 38 und 42 und des nachstehenden Absatzes 2 – die zum Zeitpunkt des Inkrafttretens dieser Verordnung bestehenden, zwischen zwei oder mehr Mitgliedstaaten geschlossenen Übereinkünfte, die in dieser Verordnung geregelte Bereiche betreffen.
(2) a) Finnland und Schweden steht es frei zu erklären, dass anstelle dieser Verordnung das Übereinkommen vom 6. Februar 1931 zwischen Dänemark, Finnland, Island, Norwegen und Schweden mit Bestimmungen des internationalen Verfahrensrechts über Ehe, Adoption und Vormundschaft einschließlich des Schlussprotokolls ganz oder teilweise auf ihre gegenseitigen Beziehungen anwendbar ist. Diese Erklärungen werden in den Anhang zu der Verordnung aufgenommen und im Amtsblatt der Europäischen Gemeinschaften veröffentlicht. Die betreffenden Mitgliedstaaten können ihre Erklärung jederzeit ganz oder teilweise widerrufen[7].
b) Eine Diskriminierung von Bürgern der Union aus Gründen der Staatsangehörigkeit ist verboten.
c) Die Zuständigkeitskriterien in künftigen Übereinkünften zwischen den unter Buchstabe a) genannten Mitgliedstaaten, die in dieser Verordnung geregelte Bereiche betreffen, müssen mit den Kriterien dieser Verordnung im Einklang stehen.
d) Entscheidungen, die in einem der nordischen Staaten, der eine Erklärung nach Buchstabe a) abgegeben hat, aufgrund eines Zuständigkeitskriteriums erlassen werden, das einem der in Kapitel II vorgesehenen Zuständigkeitskriterien ent-

---

[7] Diese Erklärung wurde von keinem dieser Mitgliedstaaten zum Zeitpunkt der Annahme der Verordnung abgegeben.

spricht, werden in den anderen Mitgliedstaaten gemäss den Bestimmungen des Kapitels III anerkannt und vollstreckt.
(3) Die Mitgliedstaaten übermitteln der Kommission
a) eine Abschrift der Übereinkünfte sowie der einheitlichen Gesetze zur Durchführung dieser Übereinkünfte gemäss Absatz 2 Buchstaben a) und c),
b) jede Kündigung oder Änderung dieser Übereinkünfte oder dieser einheitlichen Gesetze.

Artikel 37. Verhältnis zu bestimmten multilateralen Übereinkommen
Diese Verordnung hat in den Beziehungen zwischen den Mitgliedstaaten insoweit Vorrang vor den nachstehenden Übereinkommen, als diese Bereiche betreffen, die in dieser Verordnung geregelt sind:
– Haager Übereinkommen vom 5. Oktober 1961 über die Zuständigkeit der Behörden und das anzuwendende Recht auf dem Gebiet des Schutzes von Minderjährigen,
– Luxemburger Übereinkommen vom 8. September 1967 über die Anerkennung von Entscheidungen in Ehesachen,
– Haager Übereinkommen vom 1. Juni 1970 über die Anerkennung von Ehescheidungen und der Trennung von Tisch und Bett,
– Europäisches Übereinkommen vom 20. Mai 1980 über die Anerkennung und Vollstreckung von Entscheidungen über das Sorgerecht für Kinder und die Wiederherstellung des Sorgeverhältnisses,
– Haager Übereinkommen vom 19. Oktober 1996 über die Zuständigkeit, das anzuwendende Recht, die Anerkennung, Vollstreckung und Zusammenarbeit auf dem Gebiet der elterlichen Verantwortung und der Maßnahmen zum Schutz von Kindern, sofern das Kind seinen gewöhnlichen Aufenthalt in einem Mitgliedstaat hat.

Artikel 38. Fortbestand der Wirksamkeit
(1) Die in Artikel 36 Absatz 1 und Artikel 37 genannten Übereinkünfte behalten ihre Wirksamkeit für die Rechtsgebiete, auf die diese Verordnung nicht anwendbar ist.
(2) Sie bleiben auch weiterhin für die Entscheidungen und die öffentlichen Urkunden wirksam, die vor Inkrafttreten dieser Verordnung ergangen beziehungsweise aufgenommen sind.

Artikel 39. Übereinkünfte zwischen den Mitgliedstaaten
(1) Zwei oder mehr Mitgliedstaaten können untereinander Übereinkünfte zur Ergänzung dieser Verordnung oder zur Erleichterung ihrer Durchführung schließen. Die Mitgliedstaaten übermitteln der Kommission
a) eine Abschrift der Entwürfe dieser Übereinkünfte sowie
b) jede Kündigung oder Änderung dieser Übereinkünfte.
(2) Die Übereinkünfte dürfen keinesfalls von Kapitel II und Kapitel III dieser Verordnung abweichen.

Artikel 40. Verträge mit dem Heiligen Stuhl
(1) Diese Verordnung gilt unbeschadet des am 7. Mai 1940 in der Vatikanstadt zwischen dem Heiligen Stuhl und Portugal unterzeichneten Internationalen Vertrags (Konkordats).

(2) Eine Entscheidung über die Ungültigkeit der Ehe gemäss dem in Absatz 1 genannten Vertrag wird in den Mitgliedstaaten unter den in Kapitel III vorgesehenen Bedingungen anerkannt.
(3) Die Absätze 1 und 2 gelten auch für die folgenden internationalen Verträge (Konkordate) mit dem Heiligen Stuhl:
a) Lateranvertrag vom 11. Februar 1929 zwischen Italien und dem Heiligen Stuhl, geändert durch die am 18. Februar 1984 in Rom unterzeichnete Vereinbarung mit Zusatzprotokoll;
b) Vereinbarung vom 3. Januar 1979 über Rechtsangelegenheiten zwischen dem Heiligen Stuhl und Spanien.
(4) Für die Anerkennung der Entscheidungen im Sinne des Absatzes 2 können in Italien oder in Spanien dieselben Verfahren und Nachprüfungen vorgeben werden, die auch für Entscheidungen der Kirchengerichte gemäss den in Absatz 3 genannten internationalen Verträgen mit dem Heiligem Stuhl gelten.
(5) Die Mitgliedstaaten übermitteln der Kommission
a) eine Abschrift der in den Absätzen 1 und 3 genannten Verträge sowie
b) jede Kündigung oder Änderung dieser Verträge.

Artikel 41. Mitgliedstaaten mit zwei oder mehr Rechtssystemen
Für einen Mitgliedstaat, in dem die in dieser Verordnung behandelten Fragen in verschiedenen Gebietseinheiten durch zwei oder mehr Rechtssysteme oder Regelwerke geregelt werden, gilt folgendes:
a) Jede Bezugnahme auf den gewöhnlichen Aufenthalt in diesem Mitgliedstaat betrifft den gewöhnlichen Aufenthalt in einer Gebietseinheit;
b) jede Bezugnahme auf die Staatsangehörigkeit oder, im Falle des Vereinigten Königreichs, auf das „domicile" betrifft die durch die Rechtsvorschriften dieses Staats bezeichnete Gebietseinheit;
c) jede Bezugnahme auf den Mitgliedstaat, dessen Behörde mit einem Antrag auf Ehescheidung, Trennung ohne Auflösung des Ehebandes oder Ungültigerklärung einer Ehe befasst ist, betrifft die Gebietseinheit, deren Behörde mit einem solchen Antrag befasst ist;
d) jede Bezugnahme auf die Vorschriften des ersuchten Mitgliedstaats betrifft die Vorschriften der Gebietseinheit, in der die Zuständigkeit geltend gemacht oder die Anerkennung oder die Vollstreckung beantragt wird.

KAPITEL V. ÜBERGANGSVORSCHRIFTEN

Artikel 42
(1) Diese Verordnung gilt nur für gerichtliche Verfahren, öffentliche Urkunden und vor einem Richter im Laufe eines Verfahrens geschlossene Vergleiche, die nach Inkrafttreten dieser Verordnung eingeleitet, aufgenommen beziehungsweise geschlossen worden sind.
(2) Entscheidungen, die nach Inkrafttreten dieser Verordnung in einem vor diesem Inkrafttreten eingeleiteten Verfahren ergangen sind, werden nach Maßgabe des Kapitels III anerkannt und vollstreckt, sofern das Gericht aufgrund von Vorschriften zuständig war, die mit den Zuständigkeitsvorschriften des Kapitels II oder eines Abkommens übereinstimmen, das zum Zeitpunkt der Einleitung des Verfahrens zwischen dem Ursprungsmitgliedstaat und dem ersuchten Mitgliedstaat in Kraft war.

KAPITEL VI. SCHLUSSBESTIMMUNGEN

Artikel 43. Überprüfung
Die Kommission legt dem Europäischen Parlament, dem Rat und dem Wirtschafts- und Sozialausschuss spätestens am 1. März 2006 einen Bericht über die Anwendung dieser Verordnung, insbesondere der Artikel 36 und 39 und des Artikels 40 Absatz 2, vor. Diesem Bericht werden gegebenenfalls Vorschläge zur Anpassung dieser Verordnung beigefügt.

Artikel 44. Änderung der Listen mit den zuständigen Gerichten und den Rechtsbehelfen
(1) Die Mitgliedstaaten teilen der Kommission die Texte zur Änderung der in den Anhängen I bis III enthaltenen Listen mit den zuständigen Gerichten und den Rechtsbehelfen mit. Die Kommission passt die betreffenden Anhänge entsprechend an.
(2) Die Aktualisierung oder technische Anpassungen der in den Anhängen IV und V wiedergegebenen Formblätter werden nach dem Verfahren des beratenden Ausschusses gemäss Artikel 45 Absatz 2 beschlossen.

Artikel 45
(1) Die Kommission wird von einem Ausschuss unterstützt.
(2) Wird auf das Verfahren dieses Absatzes Bezug genommen, so gelten die Artikel 3 und 7 des Beschlusses 1999/468/EG.
(3) Der Ausschuss gibt sich eine Geschäftsordnung.

Artikel 46. Inkrafttreten
Diese Verordnung tritt am 1. März 2001 in Kraft.

ANHANG I

Anträge gemäss Artikel 22 sind bei folgenden Gerichten oder zuständigen Behörden zu stellen:
– in Belgien beim „tribunal de première instance"/bei der „rechtbank van eerste aanleg"/beim „erstinstanzlichen Gericht"
– in Deutschland:
– im Bezirk des Kammergerichts: beim „Familiengericht Pankow/Weißensee"
– in den Bezirken der übrigen Oberlandesgerichte: beim „Familiengericht am Sitz des betreffenden Oberlandesgerichts"
– in Griechenland beim „Μονομελές Πρωτοδικείο";
– in Spanien beim „Juzgado de Primera Instancia"
– in Frankreich beim Präsidenten des „Tribunal de grande instance"
– in Irland beim „High Court"
– in Italien bei der „Corte d'appello"
– in Luxemburg beim Präsidenten des „Tribunal d'arrondissement"
– in den Niederlanden beim „voorzieningenrechter van de rechtsbank"[8]

---

[8] Geändert durch die Verordnung 1185/2002/EG des Europäischen Parlaments und des Rates (ABl. L 173 vom 3.7.2002, S. 3)

- in Österreich beim „Bezirksgericht"
- in Portugal beim „Tribunal de Comarca" oder „Tribunal de Família"
- in Finnland beim „käräjäoikeus"/„tingsrätt"
- in Schweden beim „Svea hovrätt"
- im Vereinigten Königreich:
a) in England und Wales beim „High Court of Justice"
b) in Schottland beim „Court of Session"
c) in Nordirland beim „High Court of Justice"
d) in Gibraltar beim „Supreme Court".

ANHANG II

Der Rechtsbehelf gemäss Artikel 26 ist bei folgenden Gerichten einzulegen:
- in Belgien:
a) Die Person, die den Antrag auf Vollstreckbarerklärung gestellt hat, kann einen Rechtsbehelf beim „cour d'appel" oder beim „hof van beroep" einlegen.
b) Die Person, gegen die die Vollstreckung erwirkt werden soll, kann beim „tribunal de première instance"/bei der „rechtbank van eerste aanleg"/beim „erstinstanzlichen Gericht" Einspruch einlegen.
- in Deutschland beim „Oberlandesgericht"
- in Griechenland beim „εφετείο"
- in Spanien bei der „Audiencia Provincial"
- in Frankreich bei der „Cour d'appel"
- in Irland beim „High Court"
- in Italien bei der „Corte d'appello"
- in Luxemburg bei der „Cour d'appel"
- in den Niederlanden:
a) Wird der Rechtsbehelf vom Antragsteller oder vom Antragsgegner, der sich auf das Verfahren eingelassen hat, eingelegt: beim „Gerechtshof".
b) Wird der Rechtsbehelf vom Antragsgegner, gegen den ein Versäumnisurteil ergangen ist, eingelegt: bei der „Arrondissementsrechtbank".
- in Österreich beim „Bezirksgericht"
- in Portugal beim „Tribunal de Relação"
- in Finnland beim „hovioikeus"/„hovrätt"
- in Schweden beim „Svea hovrätt"
- im Vereinigten Königreich:
a) in England und Wales beim „High Court of Justice"
b) in Schottland beim „Court of Justice"
c) in Nordirland beim „High Court of Justice"
d) in Gibraltar beim „Court of appeal".

ANHANG III

Rechtsbehelfe gemäss Artikel 27 können nur eingelegt werden:
- in Belgien, Griechenland, Spanien, Frankreich, Italien, Luxemburg und den Niederlanden: mit der „Kassationsbeschwerde";
- in Deutschland: mit der „Rechtsbeschwerde";

- in Irland: mit einem auf Rechtsfragen beschränkten Rechtsbehelf beim „Supreme Court";
- in Österreich: mit dem „Revisionsrekurs";
- in Portugal: mit einem „recurso restrito à matéria de direito";
- in Finnland: mit einem Rechtsbehelf beim „korkein oikeus/högsta domstolen";
- im Vereinigten Königreich: mit einem einzigen weiteren, auf Rechtsfragen beschränkten Rechtsbehelf.

ANHANG IV

Bescheinigung gemäß Artikel 33 bei Entscheidungen in Ehesachen

1. Ursprungsmitgliedstaat
2. Ausstellendes Gericht bzw. ausstellende Behörde
    2.1. Name
    2.2. Anschrift
    2.3. Tel./Fax/E-mail
3. Angaben zur Ehe
    3.1. Ehefrau
        3.1.1. Vollständiger Name
        3.1.2. Staat und Ort der Geburt
        3.1.3. Geburtsdatum
    3.2. Ehemann
        3.2.1. Vollständiger Name
        3.2.2. Staat und Ort der Geburt
        3.2.3. Geburtsdatum
    3.3. Land, Ort (soweit bekannt) und Datum der Eheschließung
        3.3.1. Staat der Eheschließung
        3.3.2. Ort der Eheschließung (soweit bekannt)
        3.3.3. Datum der Eheschließung
4. Angaben zu dem Gericht, das die Entscheidung erlassen hat
    4.1. Bezeichnung des Gerichts
    4.2. Gerichtsort
5. Angaben zur Entscheidung
    5.1. Datum
    5.2. Aktenzeichen
    5.3. Art der Entscheidung
        5.3.1. Scheidung
        5.3.2. Ungültigerklärung der Ehe
        5.3.3. Trennung ohne Auflösung des Ehebandes
    5.4. Erging die Entscheidung im Versäumnisverfahren?
        5.4.1. nein
        5.4.2. ja[9]
6. Namen der Parteien, denen Prozesskostenhilfe gewährt wurde

---

[9] In diesem Fall sind die in Artikel 32 Absatz 2 genannten Urkunden vorzulegen.

7. Können gegen die Entscheidung nach dem Recht des Ursprungsmitgliedstaats weitere Rechtsmittel eingelegt werden?
   7.1. nein
   7.2. ja
8. Datum der Rechtswirksamkeit in dem Mitgliedstaat, in dem die Entscheidung erging
   8.1. Scheidung
   8.2. Trennung ohne Auflösung des Ehebandes

Geschehen zu:
am:
Unterschrift und/oder Stempel:

ANHANG V

Bescheinigung gemäß Artikel 33 bei Entscheidungen betreffend die elterliche Verantwortung

1. Ursprungsmitgliedstaat
2. Ausstellendes Gericht bzw. ausstellende Behörde
   2.1. Name
   2.2. Anschrift
   2.3. Tel./Fax/E-mail
3. Angaben zu den Eltern
   3.1. Mutter
      3.1.1. Vollständiger Name
      3.1.2. Geburtsdatum und Geburtsort
   3.2. Vater
      3.2.1. Vollständiger Name
      3.2.2. Geburtsdatum und Geburtsort
4. Angaben zu dem Gericht, das die Entscheidung erlassen hat
   4.1. Bezeichnung des Gerichts
   4.2. Gerichtsort
5. Angaben zur Entscheidung
   5.1. Datum
   5.2. Aktenzeichen
   5.3. Erging die Entscheidung im Versäumnisverfahren?
      5.3.1. Nein
      5.3.2. Ja[10]
6. Von der Entscheidung erfasste Kinder[11]
   6.1. Vollständiger Name und Geburtsdatum
   6.2. Vollständiger Name und Geburtsdatum
   6.3. Vollständiger Name und Geburtsdatum
   6.4. Vollständiger Name und Geburtsdatum

---

[10] In diesem Fall sind die in Artikel 32 Absatz 2 genannten Urkunden vorzulegen.
[11] Werden mehr als vier Kinder erfasst, so ist ein zweites Formblatt zu verwenden.

2. a) Ehe- und Kindschaftssachen. Brüssel II-Verordnung

7. Namen der Parteien, denen Prozesskostenhilfe gewährt wurde
8. Bescheinigung über die Vollstreckbarkeit und Zustellung
    8.1. Ist die Entscheidung nach dem Recht des Ursprungsmitgliedstaats vollstreckbar?
        8.1.1. ja
        8.1.2. nein
    8.2. Wurde die Entscheidung der Partei, gegen die die Vollstreckung beantragt wird, zugestellt?
        8.2.1. ja
            8.2.1.1. Vollständiger Name der Partei
            8.2.1.2. Zustellungsdatum
        8.2.2. nein

Geschehen zu:
am:
Unterschrift und/oder Stempel:

b) Vorschlag für eine Verordnung des Rates vom 17. Mai 2002 über die Zuständigkeit und die Anerkennung und Vollstreckung von Entscheidungen in Ehesachen und in Verfahren betreffend die elterliche Verantwortung zur Aufhebung der Verordnung (EG) Nr. 1347/2000 und zur Änderung der Verordnung (EG) Nr. 44/2001 in Bezug auf Unterhaltssachen (KOM/2002/0222 endg.)

(von der Kommission vorgelegt)

DER RAT DER EUROPÄISCHEN UNION –
gestützt auf den Vertrag zur Gründung der Europäischen Gemeinschaft, insbesondere auf Artikel 61 Buchstabe c) und Artikel 67 Absatz 1,
auf Vorschlag der Kommission[1],
nach Stellungnahme des Europäischen Parlaments[2],
nach Stellungnahme des Wirtschafts- und Sozialausschusses[3],
in Erwägung nachstehender Gründe:
(1) Die Europäische Gemeinschaft hat sich die Schaffung eines Raums der Freiheit, der Sicherheit und des Rechts zum Ziel gesetzt, in dem der freie Personenverkehr gewährleistet ist. Hierzu hat die Gemeinschaft unter anderem im Bereich der justiziellen Zusammenarbeit in Zivilsachen die für das reibungslose Funktionieren des Binnenmarkts erforderlichen Maßnahmen zu erlassen.
(2) Auf seiner Sondertagung in Tampere hat sich der Europäische Rat den Grundsatz der gegenseitigen Anerkennung gerichtlicher Entscheidungen, der für die Schaffung eines echten europäischen Rechtsraums unabdingbar ist, zu Eigen gemacht und die Besuchsrechte als Priorität eingestuft.
(3) Die Verordnung (EG) Nr. 1347/2000 des Rates vom 29. Mai 2000 über die Zuständigkeit und die Anerkennung und Vollstreckung von Entscheidungen in Ehesachen und in Verfahren betreffend die elterliche Verantwortung für die gemeinsamen Kinder der Ehegatten[4] enthält Vorschriften für die Zuständigkeit, die Anerkennung und Vollstreckung von Entscheidungen in Ehesachen sowie von aus Anlass einer Ehesache ergangenen Entscheidungen betreffend die elterliche Verantwortung für die gemeinsamen Kinder der Ehegatten.
(4) Am 3. Juli 2000 legte Frankreich eine Initiative für eine Verordnung des Rates über die gegenseitige Vollstreckung von Entscheidungen über das Umgangsrecht vor[5].
(5) Um die Anwendung der Vorschriften über die elterliche Verantwortung zu erleichtern, die häufig in Ehesachen herangezogen werden, empfiehlt es sich, Ehesachen und die elterliche Verantwortung in einem einzigen Rechtsakt zu regeln.
(6) Diese Verordnung gilt für alle zivilgerichtlichen Verfahren einschließlich Verfahren, die gerichtlichen Verfahren gleichgestellt sind mit Ausnahme der im Rahmen einer Religionsgemeinschaft geltenden Verfahren. Die Bezeichnung „Gericht" schließt daher alle gerichtlichen und außergerichtlichen Behörden ein, die für die durch diese Verordnung erfassten Rechtssachen zuständig sind.

---

[1] ABl. C [...] vom [...], S. [...].
[2] ABl. C [...] vom [...], S. [...].
[3] ABl. C [...] vom [...], S. [...].
[4] ABl. L 160 vom 30.6.2000, S. 19.
[5] ABl. C 234 vom 15.8.2000, S. 7.

2. b) Änderungsvorschlag zur Brüssel II-Verordnung

(7) Die in einem Mitgliedstaat vollstreckbaren öffentlichen Urkunden und Prozessvergleiche sind „Entscheidungen" gleichgestellt.
(8) Nach dieser Verordnung erstreckt sich die Anerkennung von Entscheidungen, die die Ehescheidung, die Trennung ohne Auflösung des Ehebandes oder die Ungültigerklärung einer Ehe betreffen, nicht auf Fragen wie das Verschulden der Ehegatten, das Familienvermögen, die Unterhaltspflicht oder sonstige Nebenaspekte.
(9) Um die Gleichbehandlung aller Kinder sicherzustellen, gilt diese Verordnung für alle Entscheidungen über die elterliche Verantwortung mit Ausnahme von Entscheidungen über Unterhaltssachen, die durch die Verordnung (EG) Nr. 44/2001 des Rates vom 22. Dezember 2000 über die gerichtliche Zuständigkeit und die Anerkennung und Vollstreckung von Entscheidungen in Zivil- und Handelssachen[6] geregelt sind, und mit Ausnahme der Maßnahmen, die im Anschluss an von Kindern begangenen Straftaten ergriffen werden.
(10) Die in dieser Verordnung anerkannten Anknüpfungspunkte für die Zuständigkeit in Fragen der elterlichen Verantwortung wurden dem Wohle des Kindes entsprechend ausgestaltet. Die Zuständigkeit sollte vorzugsweise dem Mitgliedstaat des gewöhnlichen Aufenthalts des Kindes vorbehalten sein außer in bestimmten Fällen, in denen sich der Aufenthaltsort des Kindes geändert hat oder die Träger der elterlichen Verantwortung anderes vereinbart haben.
(11) Für die Zustellung von Schriftstücken in Verfahren, die auf der Grundlage dieser Verordnung eingeleitet worden sind, gilt die Verordnung (EG) Nr. 1348/2000 des Rates vom 29. Mai 2000 über die Zustellung gerichtlicher und außergerichtlicher Schriftstücke in Zivil- oder Handelssachen in den Mitgliedstaaten[7].
(12) Diese Verordnung hindert die Gerichte eines Mitgliedstaats nicht daran, in dringenden Fällen einstweilige Maßnahmen einschließlich Schutzmaßnahmen in Bezug auf Personen oder Vermögensgegenstände, die sich in diesem Staat befinden, anzuordnen.
(13) Im Fall einer Entführung des Kindes sollten die Gerichte des Mitgliedstaats, in den das Kind verbracht worden ist oder zurückgehalten wird, zum Schutz des Kindes als einstweilige Maßnahme anordnen können, dass das Kind nicht zurückgegeben wird. Diese einstweilige Maßnahme wird durch eine Sorgerechtsentscheidung der Gerichte im Mitgliedstaat des früheren gewöhnlichen Aufenthalts des Kindes aufgehoben. Sollte in der Sorgerechtsentscheidung die Rückgabe des Kindes angeordnet sein, wird das Kind zurückgegeben, ohne dass es im Mitgliedstaat, in den das Kind widerrechtlich verbracht worden ist, eines besonderen Verfahrens zur Anerkennung und Vollstreckung dieser Entscheidung bedarf.
(14) Für die Anhörung des Kindes kann die Verordnung (EG) Nr. 1206/2001 des Rates vom 28. Mai 2001 über die Zusammenarbeit zwischen den Gerichten der Mitgliedstaaten auf dem Gebiet der Beweisaufnahme in Zivil- oder Handelssachen[8] herangezogen werden.
(15) Die Anerkennung und Vollstreckung der in einem Mitgliedstaat ergangenen Entscheidungen beruht auf dem Grundsatz des gegenseitigen Vertrauens. Die Gründe für die Nichtanerkennung einer Entscheidung sollten sich auf das notwendige Minimum beschränken. Diese Gründe betreffen die öffentliche Ordnung (ordre public) des Vollstre-

---

6 ABl. L 12 vom 16.1.2001, S. 1.
7 ABl. L 160 vom 30.6.2000, S. 37.
8 ABl. L 174 vom 27.6.2001, S. 1.

ckungsmitgliedstaats, die Wahrung der Verteidigungsrechte der Betroffenen einschließlich des Kindes sowie miteinander unvereinbare Entscheidungen.

(16) Für die Anerkennung und Vollstreckung von Entscheidungen über das Umgangsrecht und über die Rückgabe des Kindes, für die im Ursprungsmitgliedstaat nach Maßgabe dieser Verordnung eine Bescheinigung ausgestellt worden ist, sollten im Vollstreckungsmitgliedstaat keine besonderen Verfahren erforderlich sein.

(17) Die Zusammenarbeit zwischen den zentralen Behörden spielt sowohl allgemein als auch in besonderen Fällen – unter anderem zur Förderung der gütlichen Beilegung von Familienstreitigkeiten – eine entscheidende Rolle. Die zentralen Behörden sollten sich hierzu dem Europäischen Justiziellen Netz für Zivil- und Handelssachen anschließen, das mit Entscheidung des Rates vom 28. Mai 2001 zur Einrichtung eines Europäischen Justiziellen Netzes für Zivil- und Handelssachen[9] eingerichtet worden ist.

(18) Die Kommission sollte ermächtigt werden, die Anhänge I, II und III betreffend die zuständigen Gerichte und die Rechtsbehelfe anhand der von den Mitgliedstaaten mitgeteilten Angaben zu ändern.

(19) Gemäß Artikel 2 des Beschlusses 1999/468/EG des Rates vom 28. Juni 1999 zur Festlegung der Modalitäten für die Ausübung der der Kommission übertragenen Durchführungsbefugnisse[10] sollten Änderungen der Anhänge IV bis VII im Beratungsverfahren des Artikels 3 dieses Beschlusses beschlossen werden.

(20) Die Verordnung (EG) Nr. 1347/2000 sollte aufgehoben und ersetzt werden.

(21) Die Verordnung (EG) Nr. 44/2001 sollte geändert werden, damit das Gericht, das nach Maßgabe der vorliegenden Verordnung für die elterliche Verantwortung zuständig ist, auch über den Unterhalt entscheiden kann.

(22) Das Vereinigte Königreich und Irland haben gemäß Artikel 3 des dem Vertrag über die Europäische Union und dem Vertrag zur Gründung der Europäischen Gemeinschaft beigefügten Protokolls über die Position des Vereinigten Königreichs und Irlands mitgeteilt, dass sie sich an der Annahme und Anwendung dieser Verordnung beteiligen möchten.

(23) Dänemark wirkt gemäß den Artikeln 1 und 2 des dem Vertrag über die Europäische Union und dem Vertrag zur Gründung der Europäischen Gemeinschaft beigefügten Protokolls über die Position Dänemarks an der Annahme dieser Verordnung nicht mit; die Verordnung ist daher für diesen Staat nicht verbindlich und ihm gegenüber nicht anwendbar.

(24) Die Ziele dieser Verordnung werden im Einklang mit den in Artikel 5 EG-Vertrag verankerten Grundsätzen der Subsidiarität und Verhältnismäßigkeit besser auf Gemeinschaftsebene verwirklicht, da sie auf Ebene der Mitgliedstaaten nicht ausreichend erreicht werden können. Die Verordnung geht nicht über das zur Erreichung dieser Ziele erforderliche Maß hinaus.

(25) Diese Verordnung steht im Einklang mit den Grundrechten und Grundsätzen, die mit der Charta der Grundrechte der Europäischen Union anerkannt wurden. Sie zielt unter anderem darauf ab, die uneingeschränkte Wahrung der Grundrechte des Kindes im Sinne von Artikel 24 dieser Grundrechtscharta zu gewährleisten. –

HAT FOLGENDE VERORDNUNG ERLASSEN:

---

[9] ABl. L 174 vom 27.6.2001, S. 25.
[10] ABl. L 184 vom 17.7.1999, S. 23.

KAPITEL I. ANWENDUNGSBEREICH, BEGRIFFSBESTIMMUNGEN UND GRUNDSÄTZE

Artikel 1. Anwendungsbereich

1. Diese Verordnung gilt für alle zivilgerichtlichen Verfahren mit folgendem Gegenstand:
a) Ehescheidung, Trennung ohne Auflösung des Ehebandes und Ungültigerklärung einer Ehe
und
b) die Zuweisung, die Ausübung, die vollständige oder teilweise Entziehung der elterlichen Verantwortung sowie deren Übertragung.
2. Unbeschadet von Absatz 1 gilt diese Verordnung nicht für zivilgerichtliche Verfahren, die
a) Unterhaltssachen
sowie
b) Maßnahmen zum Gegenstand haben, die im Anschluss an von Kindern begangenen Straftaten ergriffen werden.
3. Gerichtlichen Verfahren stehen andere in einem Mitgliedstaat amtlich anerkannte Verfahren gleich.

Artikel 2. Begriffsbestimmungen

Für die Zwecke dieser Verordnung gelten folgende Begriffsbestimmungen:
1) Die Bezeichnung ‚Gericht' schließt alle Behörden der Mitgliedstaaten ein, die für die Rechtssachen zuständig sind, die gemäß Artikel 1 in den Anwendungsbereich dieser Verordnung fallen.
2) Der Begriff ‚Mitgliedstaat' bedeutet jeden Mitgliedstaat mit Ausnahme des Königreichs Dänemark.
3) Unter ‚Entscheidung' ist jede von einem Gericht eines Mitgliedstats erlassene Entscheidung über die Ehescheidung, die Trennung ohne Auflösung des Ehebandes oder die Ungültigerklärung einer Ehe sowie jede Entscheidung über die elterliche Verantwortung zu verstehen, ohne Rücksicht auf die Bezeichnung der jeweiligen Entscheidung, wie Urteil oder Beschluss.
4) Unter ‚Ursprungsmitgliedstaat' ist der Mitgliedstaat zu verstehen, in dem die zu vollstreckende Entscheidung ergangen ist.
5) Unter ‚Vollstreckungsmitgliedstaat' ist der Mitgliedstaat zu verstehen, in dem die Entscheidung vollstreckt werden soll.
6) Unter ‚elterliche Verantwortung' sind die Rechte und Pflichten zu verstehen, die einer natürlichen oder juristischen Person durch Entscheidung oder kraft Gesetzes oder durch eine rechtlich verbindliche Vereinbarung betreffend die Person oder das Vermögen eines Kindes übertragen worden sind. Der Begriff ‚elterliche Verantwortung' umfasst insbesondere das Sorge- und Umgangsrecht.
7) Unter ‚Träger der elterlichen Verantwortung' ist jede Person zu verstehen, der die elterliche Verantwortung für ein Kind zusteht.
8) Unter ‚Sorgerecht' sind die Rechte und Pflichten zu verstehen, die mit der Sorge für die Person eines Kindes verbunden sind, insbesondere ein Mitspracherecht bei der Bestimmung des Aufenthalts des Kindes.
9) Das ‚Umgangsrecht' schließt das Recht ein, das Kind für eine begrenzte Zeit an einen anderen Ort als seinen gewöhnlichen Aufenthaltsort zu bringen.

10) Das Verbringen oder Zurückhalten eines Kindes gilt als ‚Kindesentführung', wenn
a) dadurch das Sorgerecht verletzt wird, das aufgrund einer Entscheidung oder kraft Gesetzes oder aufgrund einer rechtlich verbindlichen Vereinbarung nach dem Recht des Mitgliedstaats besteht, in dem das Kind unmittelbar vor dem Verbringen oder Zurückhalten seinen gewöhnlichen Aufenthalt hatte,
und
b) das Sorgerecht zum Zeitpunkt des Verbringens oder Zurückhaltens allein oder gemeinsam tatsächlich ausgeübt wurde oder ausgeübt worden wäre, wenn das Verbringen oder Zurückhalten nicht stattgefunden hätte.

Artikel 3 Recht des Kindes auf Kontakt zu beiden Elternteilen
Jedes Kind hat Anspruch auf regelmäßige persönliche Beziehungen und direkte Kontakte zu beiden Elternteilen, es sei denn, dies steht seinem Wohl entgegen.

Artikel 4. Recht des Kindes auf Gehör
Jedes Kind hat das Recht, in es betreffenden Fragen der elterlichen Verantwortung seinem Alter und seiner Reife entsprechend gehört zu werden.

KAPITEL II. ZUSTÄNDIGKEIT

Abschnitt I. Ehescheidung, Trennung ohne Auflösung des Ehebandes und Ungültigerklärung einer Ehe

Artikel 5. Allgemeine Zuständigkeit
1. Für Entscheidungen, die die Ehescheidung, die Trennung ohne Auflösung des Ehebandes oder die Ungültigerklärung einer Ehe betreffen, sind die Gerichte des Mitgliedstaats zuständig,
a) in dessen Hoheitsgebiet
– beide Ehegatten ihren gewöhnlichen Aufenthalt haben oder
– die Ehegatten zuletzt beide ihren gewöhnlichen Aufenthalt hatten, sofern einer von ihnen dort noch seinen gewöhnlichen Aufenthalt hat, oder
– der Antragsgegner seinen gewöhnlichen Aufenthalt hat oder
– im Falle eines gemeinsamen Antrags einer der Ehegatten seinen gewöhnlichen Aufenthalt hat oder
– der Antragsteller seinen gewöhnlichen Aufenthalt hat, wenn er sich dort seit mindestens einem Jahr unmittelbar vor der Antragstellung aufgehalten hat, oder
– der Antragsteller seinen gewöhnlichen Aufenthalt hat, wenn er sich dort seit mindestens sechs Monaten unmittelbar vor der Antragstellung aufgehalten hat und entweder Staatsangehöriger des betreffenden Mitgliedstaats ist oder, im Falle des Vereinigten Königreichs und Irlands, dort sein „domicile" hat;
b) dessen Staatsangehörigkeit beide Ehegatten besitzen, oder, im Falle des Vereinigten Königreichs und Irlands, in dem sie ihr gemeinsames „domicile" haben.
2. Der Begriff „domicile" im Sinne dieser Verordnung bestimmt sich nach britischem und irischem Recht.

Artikel 6. Gegenantrag
Das Gericht, bei dem ein Antrag auf der Grundlage von Artikel 5 anhängig ist, ist

auch für einen Gegenantrag zuständig, sofern dieser in den Anwendungsbereich dieser Verordnung fällt.

Artikel 7. Umwandlung einer Trennung ohne Auflösung des Ehebandes in eine Ehescheidung

Unbeschadet des Artikels 5 ist das Gericht eines Mitgliedstaats, das eine Entscheidung über eine Trennung ohne Auflösung des Ehebandes erlassen hat, auch für die Umwandlung dieser Entscheidung in eine Ehescheidung zuständig, sofern dies im Recht dieses Mitgliedstaats vorgesehen ist.

Artikel 8. Ausschließliche Zuständigkeit nach den Artikeln 5, 6 und 7

Gegen einen Ehegatten, der
a) seinen gewöhnlichen Aufenthalt im Hoheitsgebiet eines Mitgliedstaats hat oder
b) Staatsangehöriger eines Mitgliedstaats ist oder im Falle des Vereinigten Königreichs und Irlands sein „domicile" im Hoheitsgebiet eines dieser Mitgliedstaaten hat,
darf ein Verfahren vor den Gerichten eines anderen Mitgliedstaats nur nach Maßgabe der Artikel 5, 6 und 7 geführt werden.

Artikel 9. Restzuständigkeit

1. Soweit sich aus den Artikeln 5, 6 und 7 keine Zuständigkeit eines mitgliedstaatlichen Gerichts ergibt, bestimmt sich die Zuständigkeit in jedem Mitgliedstaat nach dessen eigenem Recht.
2. Jeder Staatsangehörige eines Mitgliedstaats, der seinen gewöhnlichen Aufenthalt im Hoheitsgebiet eines anderen Mitgliedstaats hat, kann die in diesem Staat geltenden Zuständigkeitsvorschriften wie ein Inländer gegenüber einem Antragsgegner geltend machen, wenn dieser weder seinen gewöhnlichen Aufenthalt im Hoheitsgebiet eines Mitgliedstaats hat noch die Staatsangehörigkeit eines Mitgliedstaats besitzt oder im Falle des Vereinigten Königreichs und Irlands sein „domicile" im Hoheitsgebiet eines dieser Mitgliedstaaten hat.

Abschnitt 2. Elterliche Verantwortung

Artikel 10. Allgemeine Zuständigkeit

1. Für Entscheidungen, die die elterliche Verantwortung betreffen, sind die Gerichte des Mitgliedstaats zuständig, in dem das Kind zum Zeitpunkt der Antragstellung seinen gewöhnlichen Aufenthalt hat.
2. Die Artikel 11, 12 und 21 werden von Absatz 1 nicht berührt.

Artikel 11. Fortbestehende Zuständigkeit des Mitgliedstaats des früheren Aufenthalts des Kindes

1. Ändert sich der Aufenthalt des Kindes, bleiben die Gerichte des Mitgliedstaats, in dem das Kind seinen früheren Aufenthalt hatte, weiterhin zuständig, wenn
a) eine Entscheidung dieser Gerichte gemäß Artikel 10 ergangen ist,
b) das Kind zum Zeitpunkt der Antragstellung im Staat seines neuen Aufenthalts weniger als sechs Monate verbracht hat
und

c) einer der Träger der elterlichen Verantwortung im Mitgliedstaat des früheren Aufenthalts des Kindes wohnen bleibt.
2. Absatz 1 findet keine Anwendung, wenn der neue Aufenthalt des Kindes zu seinem gewöhnlichen Aufenthalt geworden ist und der in Absatz 1 Buchstabe c) bezeichnete Träger der elterlichen Verantwortung die Zuständigkeit der Gerichte dieses Mitgliedstaats anerkannt hat.
3. Für die Zwecke dieses Artikels gilt das Erscheinen eines Trägers der elterlichen Verantwortung vor Gericht allein nicht als Anerkennung der Zuständigkeit des Gerichts.

Artikel 12. Vereinbarung über die Zuständigkeit
1. Die Gerichte des Mitgliedstaats, in dem nach Artikel 5 über einen Antrag auf Ehescheidung, Trennung ohne Auflösung des Ehebandes oder Ungültigerklärung einer Ehe zu entscheiden ist, sind zuständig für alle Entscheidungen, die die elterliche Verantwortung für ein gemeinsames Kind der beiden Ehegatten betreffen,
a) wenn dieses Kind seinen gewöhnlichen Aufenthalt in einem Mitgliedstaat hat,
b) zumindest einer der Ehegatten die elterliche Verantwortung für das Kind hat und
c) die Zuständigkeit der betreffenden Gerichte von den Ehegatten anerkannt worden ist und im Einklang mit dem Wohl des Kindes steht.
2. Die Gerichte eines Mitgliedstaats sind zuständig, wenn
a) alle Träger der elterlichen Verantwortung zum Zeitpunkt der Anrufung des Gerichts die Zuständigkeit anerkannt haben,
b) eine wesentliche Bindung des Kindes zu diesem Mitgliedstaat besteht, insbesondere weil einer der Träger der elterlichen Verantwortung in diesem Mitgliedstaat seinen gewöhnlichen Aufenthalt hat oder das Kind die Staatsangehörigkeit dieses Mitgliedstaats besitzt, und
c) die Zuständigkeit der betreffenden Gerichte im Einklang mit dem Wohl des Kindes steht.
3. Die Zuständigkeit gemäß Absatz 1 endet,
a) sobald die stattgebende oder abweisende Entscheidung über den Antrag auf Ehescheidung, Trennung ohne Auflösung des Ehebandes oder Ungültigerklärung einer Ehe rechtskräftig geworden ist,
oder
b) in den Fällen, in denen zu dem unter Buchstabe a) genannten Zeitpunkt noch ein Verfahren betreffend die elterliche Verantwortung anhängig ist, sobald die Entscheidung in diesem Verfahren rechtskräftig geworden ist,
oder
c) sobald die unter den Buchstaben a) und b) genannten Verfahren aus einem anderen Grund beendet worden sind.
4. Für die Zwecke dieses Artikels gilt das Erscheinen eines Trägers der elterlichen Verantwortung vor Gericht allein nicht als Anerkennung der Zuständigkeit des Gerichts.

Artikel 13. Zuständigkeit aufgrund der Anwesenheit des Kindes
1. Kann der gewöhnliche Aufenthalt des Kindes nicht festgestellt werden und ist

2. b) Änderungsvorschlag zur Brüssel II-Verordnung

kein mitgliedstaatliches Gericht gemäß den Artikeln 11 oder 12 zuständig, sind die Gerichte des Mitgliedstaats zuständig, in dem sich das Kind befindet.
2. Absatz 1 gilt auch für Kinder, die aufgrund von Unruhen in ihrem Land Flüchtlinge sind oder ihres Landes Vertriebene.

Artikel 14. Restzuständigkeit
Soweit sich aus den Artikeln 10 bis 13 und 21 keine Zuständigkeit eines mitgliedstaatlichen Gerichts ergibt, bestimmt sich die Zuständigkeit in jedem Mitgliedstaat nach dessen eigenem Recht.

Artikel 15. Verweisung an ein Gericht, das den Fall besser beurteilen kann
1. Auf Antrag eines Trägers der elterlichen Verantwortung kann das Gericht eines Mitgliedstaats, das für die Entscheidung in der Hauptsache zuständig ist, ausnahmsweise, wenn dies dem Wohl des Kindes entspricht, den Fall an ein Gericht des Mitgliedstaats verweisen,
a) in dem das Kind seinen früheren gewöhnlichen Aufenthalt hatte
b) dessen Staatsangehörigkeit das Kind besitzt,
c) in dem ein Träger der elterlichen Verantwortung seinen gewöhnlichen Aufenthalt hat, oder
d) in dem sich Vermögensgegenstände des Kindes befinden.
Hierzu setzt das Gericht des Mitgliedstaats, das für die Entscheidung in der Hauptsache zuständig ist, das Verfahren aus und setzt eine Frist, innerhalb deren ein Gericht des anderen Mitgliedstaats angerufen werden muss.
Das Gericht des anderen Mitgliedstaats kann sich, wenn dies dem Wohl des Kindes entspricht, innerhalb eines Monats nach seiner Anrufung für zuständig erklären. Daraufhin erklärt sich das zuerst angerufene Gericht für unzuständig. Anderenfalls ist das zuerst angerufene Gericht zuständig.
2. Die Gerichte arbeiten für die Zwecke dieses Artikels entweder direkt oder über die nach Artikel 55 bestimmten zentralen Behörden zusammen.

Abschnitt 3. Gemeinsame Bestimmungen

Artikel 16. Anrufung eines Gerichts
Ein Gericht gilt als angerufen
a) zu dem Zeitpunkt, zu dem das verfahrenseinleitende Schriftstück oder ein gleichwertiges Schriftstück bei Gericht eingereicht worden ist, vorausgesetzt, dass der Antragsteller es in der Folge nicht versäumt hat, die ihm obliegenden Maßnahmen zu treffen, um die Zustellung des Schriftstücks an den Antragsgegner zu bewirken, oder
b) falls die Zustellung an den Antragsgegner vor Einreichung des Schriftstücks bei Gericht zu bewirken ist, zu dem Zeitpunkt, zu dem die für die Zustellung verantwortliche Stelle das Schriftstück erhalten hat, vorausgesetzt, dass der Antragsteller es in der Folge nicht versäumt hat, die ihm obliegenden Maßnahmen zu treffen, um das Schriftstück bei Gericht einzureichen.

Artikel 17. Prüfung der Zuständigkeit
Das Gericht eines Mitgliedstaats hat sich von Amts wegen für unzuständig zu erklären, wenn es in einer Sache angerufen wird, für die es nach dieser Verordnung

keine Zuständigkeit hat und für die das Gericht eines anderen Mitgliedstaats aufgrund dieser Verordnung zuständig ist.

Artikel 18. Prüfung der Zulässigkeit
1. Lässt sich eine Person, die ihren gewöhnlichen Aufenthalt nicht in dem Mitgliedstaat hat, in dem das Verfahren eingeleitet wurde, auf das Verfahren nicht ein, so hat das zuständige Gericht das Verfahren so lange auszusetzen, bis festgestellt ist, dass es dem Antragsgegner möglich war, das verfahrenseinleitende Schriftstück oder ein gleichwertiges Schriftstück so rechtzeitig zu empfangen, dass er sich verteidigen konnte, oder dass alle hierzu erforderlichen Maßnahmen getroffen worden sind.
2. An die Stelle von Absatz 1 tritt Artikel 19 der Verordnung (EG) Nr. 1348/2000, wenn das verfahrenseinleitende Schriftstück oder ein gleichwertiges Schriftstück nach Maßgabe jener Verordnung von einem Mitgliedstaat in einen anderen zu übermitteln war.
3. Sind die Bestimmungen der Verordnung (EG) Nr. 1348/2000 nicht anwendbar, so gilt Artikel 15 des Haager Übereinkommens vom 15. November 1965 über die Zustellung gerichtlicher und außergerichtlicher Schriftstücke im Ausland in Zivil- und Handelssachen, wenn das verfahrenseinleitende Schriftstück oder ein gleichwertiges Schriftstück nach Maßgabe des genannten Übereinkommens ins Ausland zu übermitteln war.

Artikel 19. Rechtshängigkeit und abhängige Verfahren
1. Werden bei Gerichten verschiedener Mitgliedstaaten Anträge auf Ehescheidung, Trennung ohne Auflösung des Ehebandes oder Ungültigerklärung einer Ehe zwischen denselben Parteien gestellt, setzt das später angerufene Gericht das Verfahren von Amts wegen aus, bis die Zuständigkeit des zuerst angerufenen Gerichts geklärt ist.
2. Werden bei Gerichten verschiedener Mitgliedstaaten Verfahren in Fragen der elterlichen Verantwortung für dasselbe Kind anhängig gemacht, setzt das später angerufene Gericht das Verfahren von Amts wegen aus, bis die Zuständigkeit des zuerst angerufenen Gerichts geklärt ist.
3. Sobald die Zuständigkeit des zuerst angerufenen Gerichts feststeht, erklärt sich das später angerufene Gericht zugunsten dieses Gerichts für unzuständig.
In diesem Fall kann der Antragsteller, der den Antrag bei dem später angerufenen Gericht gestellt hat, diesen Antrag dem zuerst angerufenen Gericht vorlegen.

Artikel 20. Einstweilige Maßnahmen einschließlich Schutzmaßnahmen
1. Unbeschadet von Kapitel III können die Gerichte eines Mitgliedstaats in dringenden Fällen ungeachtet der Bestimmungen dieser Verordnung die nach dem Recht dieses Mitgliedstaats vorgesehenen einstweiligen Maßnahmen einschließlich Schutzmaßnahmen in Bezug auf in diesem Staat befindliche Personen oder Vermögensgegenstände auch dann anordnen, wenn für die Entscheidung in der Hauptsache gemäß dieser Verordnung ein Gericht eines anderen Mitgliedstaats zuständig ist.
2. Die Maßnahmen nach Absatz 1 treten außer Kraft, wenn das Gericht eines Mitgliedstaats, das für die Entscheidung in der Hauptsache zuständig ist, eine Entscheidung erlassen hat.

KAPITEL III. KINDESENTFÜHRUNG

Artikel 21. Zuständigkeit
1. Bei einer Entführung des Kindes bleiben die Gerichte des Mitgliedstaats, in dem das Kind unmittelbar vor dem Verbringen oder Zurückhalten seinen gewöhnlichen Aufenthalt hatte, zuständig.
2. Absatz 1 findet keine Anwendung, wenn das Kind einen gewöhnlichen Aufenthalt in einem anderen Mitgliedstaat begründet hat und
a) alle Sorgeberechtigten das Verbringen oder Zurückhalten geduldet haben, oder
b) wenn alle folgenden Bedingungen erfüllt sind:
i) Das Kind hat sich in diesem anderen Staat mindestens ein Jahr aufgehalten, nachdem der Sorgeberechtigte seinen Aufenthaltsort kannte oder kennen musste.
ii) Innerhalb des unter Ziffer i) genannten Zeitraums ist kein Antrag auf Rückgabe gemäß Artikel 22 Absatz 1 gestellt worden, ist eine Entscheidung gemäß Artikel 24 Absatz 3 ergangen, in der die Rückgabe nicht angeordnet wird, oder ist ein Jahr nach Anrufung des Gerichts gemäß Artikel 24 Absatz 2 keine Sorgerechtsentscheidung ergangen.
iii) Das Kind hat sich in seiner neuen Umgebung eingelebt.

Artikel 22. Rückgabe des Kindes
1. Unbeschadet anderer verfügbarer rechtlicher Mittel kann der Sorgeberechtigte bei der zentralen Behörde des Mitgliedstaats, in den das Kind entführt worden ist, entweder direkt oder über eine andere zentrale Behörde die Rückgabe des Kindes beantragen.
2. Nach Eingang eines Antrags auf Rückgabe des Kindes gemäß Absatz 1 geht die zentrale Behörde des Mitgliedstaats, in den das Kind entführt worden ist, wie folgt vor:
a) Sie ergreift die notwendigen Maßnahmen, um den Aufenthaltsort des Kindes ausfindig zu machen,
und
b) sorgt dafür, dass das Kind innerhalb eines Monats nach Feststellung seines Aufenthaltsorts zurückgegeben wird, sofern kein Verfahren gemäß Absatz 3 anhängig ist.
Die zentrale Behörde des Mitgliedstaats, in den das Kind entführt worden ist, übermittelt der zentralen Behörde des Mitgliedstaats, in dem das Kind unmittelbar vor dem Verbringen oder Zurückhalten seinen gewöhnlichen Aufenthalt hatte, alle sachdienlichen Informationen und gibt gegebenenfalls Empfehlungen ab, um die Rückgabe des Kindes zu erleichtern, oder übermittelt alle sachdienlichen Informationen und bleibt mit dieser Behörde während des Verfahrens nach Absatz 3 in Verbindung.
3. Die Rückgabe des Kindes kann nur dann verweigert werden, wenn bei den Gerichten des Mitgliedstaats, in den das Kind entführt worden ist, innerhalb der in Absatz 2 genannten Frist der Erlass einer einstweiligen Maßnahme zum Schutz des Kindes beantragt wird.

Artikel 23. Einstweilige Verweigerung der Rückgabe zum Schutz des Kindes
1. Die Gerichte des Mitgliedstaats, in den das Kind entführt worden ist, entschei-

den unverzüglich über einen Antrag auf Erlass einer einstweiligen Maßnahme zum Schutz des Kindes gemäß Artikel 22 Absatz 3.
Das Kind wird im Verfahren gehört, sofern dies nicht aufgrund seines Alters oder seiner Reife unangebracht erscheint.
2. Die Gerichte können zum Schutz des Kindes seine Rückgabe gemäß Absatz 1 nur verweigern, wenn
a) die Rückgabe mit der schwerwiegenden Gefahr eines körperlichen oder seelischen Schadens für das Kind verbunden ist oder das Kind auf andere Weise in eine unzumutbare Lage bringt
oder
b) das Kind sich seiner Rückgabe widersetzt und seine Meinung aufgrund seines Alters und seiner Reife zu berücksichtigen ist.
3. Bei der Maßnahme nach Absatz 1 handelt es sich um eine einstweilige Maßnahme. Die Gerichte, die diese Maßnahme angeordnet haben, können die Maßnahme jederzeit außer Kraft setzen.
Die Maßnahme nach Absatz 1 wird durch eine Sorgerechtsentscheidung gemäß Artikel 24 Absatz 3 aufgehoben.

Artikel 24. Sorgerechtsentscheidung
1. Die zentrale Behörde des Mitgliedstaats, in den das Kind entführt worden ist, informiert die zentrale Behörde des Mitgliedstaats, in dem das Kind unmittelbar vor dem Verbringen oder Zurückhalten seinen gewöhnlichen Aufenthalt hatte, innerhalb von zwei Wochen über eine nach Artikel 23 Absatz 1 angeordnete Maßnahme zum Schutz des Kindes und übermittelt alle sachdienlichen Informationen, insbesondere eine Niederschrift der Anhörung des Kindes, sofern eine solche Anhörung stattgefunden hat.
2. Die zentrale Behörde des Mitgliedstaats, in dem das Kind unmittelbar vor dem Verbringen oder Zurückhalten seinen gewöhnlichen Aufenthalt hatte, stellt innerhalb eines Monats nach Eingang der Informationen gemäß Absatz 1 bei den Gerichten dieses Mitgliedstaats Antrag auf Erlass einer Sorgerechtsentscheidung. Ein solcher Antrag kann auch von den Trägern der elterlichen Verantwortung gestellt werden.
3. Das nach Absatz 2 angerufene Gericht erlässt unverzüglich eine Entscheidung über das Sorgerecht.
Um sich über die Situation des Kindes auf dem Laufenden zu halten, bleibt das Gericht während des Verfahrens mit dem Gericht in Verbindung, das die Rückgabe des Kindes im Wege einer einstweiligen Maßnahme nach Artikel 23 Absatz 1 unterbunden hat.
Das Kind wird im Verfahren gehört, sofern dies nicht aufgrund seines Alters oder seiner Reife unangebracht erscheint. Das Gericht berücksichtigt dabei die nach Absatz 1 übermittelten Informationen und macht erforderlichenfalls von den Kooperationsbestimmungen der Verordnung (EG) Nr. 1206/2001 Gebrauch.
4. Die zentrale Behörde des Mitgliedstaats, in dem das Kind unmittelbar vor dem Verbringen oder Zurückhalten seinen gewöhnlichen Aufenthalt hatte, unterrichtet die zentrale Behörde des Mitgliedstaats, in den das Kind entführt worden ist, von der nach Absatz 3 ergangenen Entscheidung, übermittelt ihr alle sachdienlichen Informationen und gibt gegebenenfalls Empfehlungen ab.
5. Eine nach den Bestimmungen des Kapitels IV Abschnitt 3 bestätigte Entschei-

2. b) Änderungsvorschlag zur Brüssel II-Verordnung

dung gemäß Absatz 3, mit der die Rückgabe des Kindes angeordnet wird, wird anerkannt und vollstreckt, ohne dass es für den begrenzten Zweck der Rückgabe des Kindes eines besonderen Verfahrens bedarf.
Für die Zwecke dieses Absatzes ist die Entscheidung nach Absatz 3 trotz Einlegung eines Rechtsbehelfs vollstreckbar.

Artikel 25. Gebühren und sonstige Kosten
1. Die Unterstützung durch die zentralen Behörden erfolgt unentgeltlich.
2. Die Gerichte können eine Person, die ein Kind entführt hat, zur Zahlung der Kosten einschließlich der Gerichtskosten für die Feststellung des Aufenthaltsorts des Kindes und seine Rückgabe verurteilen.

KAPITEL IV. ANERKENNUNG UND VOLLSTRECKUNG

Abschnitt 1. Anerkennung

Artikel 26. Anerkennung einer Entscheidung
1. Die in einem Mitgliedstaat ergangenen Entscheidungen werden in den anderen Mitgliedstaaten anerkannt, ohne dass es hierfür eines besonderen Verfahrens bedarf.
Die Bestimmungen dieses Kapitels gelten auch für die Festsetzung der Kosten für die nach dieser Verordnung eingeleiteten Verfahren und die Vollstreckung eines Kostenfestsetzungsbeschlusses.
Öffentliche Urkunden, die in einem Mitgliedstaat aufgenommen und vollstreckbar sind, sowie vor einem Richter im Laufe eines Verfahrens geschlossene Vergleiche, die in dem Mitgliedstaat, in den sie zustande gekommen sind, vollstreckbar sind, werden unter denselben Bedingungen wie Entscheidungen anerkannt und für vollstreckbar erklärt.
2. Insbesondere bedarf es unbeschadet des Absatzes 3 keines besonderen Verfahrens für die Beschreibung in den Personenstandsbüchern eines Mitgliedstaats auf der Grundlage einer in einem anderen Mitgliedstaat ergangenen Entscheidung über Ehescheidung, Trennung ohne Auflösung des Ehebandes oder Ungültigerklärung einer Ehe, gegen die nach dessen Recht keine weiteren Rechtsbehelfe eingelegt werden können.
3. Unbeschadet des Abschnitts 3 dieses Kapitels kann jede berechtigte Partei im Rahmen der Verfahren nach Abschnitt 2 dieses Kapitels die Feststellung beantragen, dass eine Entscheidung anzuerkennen oder nicht anzuerkennen ist.
Das örtlich zuständige Gericht, das in der Liste in Anhang I aufgeführt ist, wird durch das innerstaatliche Recht des Mitgliedstaats bestimmt, in dem der Antrag auf Anerkennung oder Nichtanerkennung gestellt wird.
4. Ist in einem Rechtsstreit vor einem Gericht eines Mitgliedstaats die Frage der Anerkennung einer Entscheidung als Vorfrage zu klären, so kann dieses Gericht hierüber befinden.

Artikel 27. Gründe für die Nichtanerkennung einer Entscheidung über eine Ehescheidung, Trennung ohne Auflösung des Ehebandes oder Ungültigerklärung einer Ehe

Eine Entscheidung, die die Ehescheidung, die Trennung ohne Auflösung des Ehebandes oder die Ungültigerklärung einer Ehe betrifft, wird nicht anerkannt,

a) wenn die Anerkennung der öffentlichen Ordnung (ordre public) des Mitgliedstaats, in dem sie beantragt wird, offensichtlich widerspricht;

b) wenn dem Antragsgegner, der sich auf das Verfahren nicht eingelassen hat, das verfahrenseinleitende Schriftstück oder ein gleichwertiges Schriftstück nicht so rechtzeitig und in einer Weise zugestellt worden ist, dass er sich verteidigen konnte, es sei denn, es wird festgestellt, dass er mit der Entscheidung eindeutig einverstanden ist;

c) wenn die Entscheidung mit einer Entscheidung unvereinbar ist, die in einem Verfahren zwischen denselben Parteien in dem Mitgliedstaat, in dem die Anerkennung beantragt wird, ergangen ist; oder

d) wenn die Entscheidung mit einer früheren Entscheidung unvereinbar ist, die in einem anderen Mitgliedstaat oder in einem Drittland zwischen denselben Parteien ergangen ist, sofern die frühere Entscheidung die notwendigen Voraussetzungen für ihre Anerkennung in dem Mitgliedstaat erfüllt, in dem die Anerkennung beantragt wird.

Artikel 28. Gründe für die Nichtanerkennung einer Entscheidung über die elterliche Verantwortung

Eine Entscheidung über die elterliche Verantwortung wird nicht anerkannt,

a) wenn die Anerkennung der öffentlichen Ordnung (ordre public) des Mitgliedstaats, in dem sie beantragt wird, offensichtlich widerspricht, wobei das Wohl des Kindes zu berücksichtigen ist;

b) wenn die Entscheidung – ausgenommen in dringenden Fällen – ergangen ist, ohne dass das Kind die Möglichkeit hatte, gehört zu werden, und damit wesentliche verfahrensrechtliche Grundsätze des Mitgliedstaats, in dem die Anerkennung beantragt wird, verletzt werden;

c) wenn der betreffenden Person, die sich auf das Verfahren nicht eingelassen hat, das verfahrenseinleitende Schriftstück oder ein gleichwertiges Schriftstück nicht so rechtzeitig und in einer Weise zugestellt worden ist, dass sie sich verteidigen konnte, es sei denn, es wird festgestellt, dass sie mit der Entscheidung eindeutig einverstanden ist;

d) wenn eine Person dies mit der Begründung beantragt, dass die Entscheidung in ihre elterliche Verantwortung eingreift, falls die Entscheidung ergangen ist, ohne dass die Person die Möglichkeit hatte, gehört zu werden;

e) wenn die Entscheidung mit einer späteren Entscheidung über die elterliche Verantwortung unvereinbar ist, die in dem Mitgliedstaat, in dem die Anerkennung beantragt wird, ergangen ist;

oder

f) wenn die Entscheidung mit einer späteren Entscheidung über die elterliche Verantwortung unvereinbar ist, die in einem anderen Mitgliedstaat oder in dem Drittland, in dem das Kind seinen gewöhnlichen Aufenthalt hat, ergangen ist, sofern die spätere Entscheidung die notwendigen Voraussetzungen für ihre Anerkennung in dem Mitgliedstaat erfüllt, in dem die Anerkennung beantragt wird.

2. b) Änderungsvorschlag zur Brüssel II-Verordnung

Artikel 29. Verbot der Nachprüfung der Zuständigkeit des Gerichts des Ursprungsmitgliedstaats
Die Zuständigkeit des Gerichts des Ursprungsmitgliedstaats darf nicht nachgeprüft werden. Die Überprüfung der Vereinbarkeit mit der öffentlichen Ordnung (ordre public) gemäß Artikel 27 Buchstabe a) und Artikel 28 Buchstabe a) darf sich nicht auf die in den Artikeln 5 bis 9, 10 bis 14 und 21 vorgesehenen Vorschriften über die Zuständigkeit erstrecken.

Artikel 30. Unterschiede beim anzuwendenden Recht
Die Anerkennung einer Entscheidung darf nicht deshalb abgelehnt werden, weil eine Ehescheidung, Trennung ohne Auflösung des Ehebandes oder Ungültigerklärung einer Ehe nach dem Recht des Mitgliedstaats, in dem die Anerkennung beantragt wird, unter Zugrundelegung desselben Sachverhalts nicht zulässig wäre.

Artikel 31. Ausschluss einer Nachprüfung in der Sache
Die Entscheidung darf keinesfalls in der Sache selbst nachgeprüft werden.

Artikel 32. Aussetzung des Verfahrens
1. Das Gericht eines Mitgliedstaats, vor dem die Anerkennung einer in einem anderen Mitgliedstaat ergangenen Entscheidung beantragt wird, kann das Verfahren aussetzen, wenn gegen die Entscheidung ein ordentlicher Rechtsbehelf eingelegt worden ist.
2. Das Gericht eines Mitgliedstaats, bei dem die Anerkennung einer in Irland oder im Vereinigten Königreich ergangenen Entscheidung beantragt wird, kann das Verfahren aussetzen, wenn die Vollstreckung der Entscheidung im Ursprungsmitgliedstaat wegen der Einlegung eines Rechtsbehelfs einstweilen eingestellt ist.

Abschnitt 2. Antrag auf Vollstreckbarerklärung

Artikel 33. Vollstreckbare Entscheidungen
1. Die in einem Mitgliedstaat ergangenen Entscheidungen über die elterliche Verantwortung für ein Kind, die in diesem Mitgliedstaat vollstreckbar sind und die zugestellt worden sind, werden in einem anderen Mitgliedstaat vollstreckt, wenn sie dort auf Antrag einer berechtigten Partei für vollstreckbar erklärt worden sind.
2. Im Vereinigten Königreich jedoch wird eine derartige Entscheidung in England und Wales, in Schottland oder in Nordirland vollstreckt, wenn sie auf Antrag einer berechtigten Partei zur Vollstreckung in dem betreffenden Teil des Vereinigten Königreichs registriert worden ist.

Artikel 34. Örtlich zuständiges Gericht
1. Ein Antrag auf Vollstreckbarerklärung ist bei dem Gericht zu stellen, das in der Liste in Anhang I aufgeführt ist.
2. Das örtlich zuständige Gericht wird durch den gewöhnlichen Aufenthalt der Person, gegen die die Vollstreckung erwirkt werden soll, oder durch den gewöhnlichen Aufenthalt eines Kindes, auf das sich der Antrag bezieht, bestimmt. Befindet sich keiner der in Unterabsatz 1 angegebenen Orte im Vollstreckungsmitgliedstaat, so wird das örtlich zuständige Gericht durch den Ort der Vollstreckung bestimmt.

Artikel 35. Verfahren
1. Für die Stellung des Antrags ist das Recht des Vollstreckungsmitgliedstaats maßgebend.
2. Der Antragsteller hat für die Zustellung im Bezirk des angerufenen Gerichts ein Wahldomizil zu begründen. Ist das Wahldomizil im Recht des Vollstreckungsmitgliedstaats nicht vorgesehen, so hat der Antragsteller einen Zustellungsbevollmächtigten zu benennen.
3. Dem Antrag sind die in den Artikeln 42 und 44 aufgeführten Urkunden beizufügen.

Artikel 36. Entscheidung des Gerichts
1. Das mit dem Antrag befasste Gericht erlässt seine Entscheidung ohne Verzug. Die Person, gegen die die Vollstreckung erwirkt werden soll, erhält in diesem Abschnitt des Verfahrens keine Gelegenheit, eine Erklärung abzugeben.
2. Der Antrag darf nur aus einem der in den Artikeln 27, 28 und 29 aufgeführten Gründe abgelehnt werden.
3. Die Entscheidung darf keinesfalls in der Sache selbst nachgeprüft werden.

Artikel 37. Mitteilung der Entscheidung
Die Entscheidung, die über den Antrag ergangen ist, wird dem Antragsteller vom Urkundsbeamten der Geschäftsstelle unverzüglich in der Form mitgeteilt, die das Recht des Vollstreckungsmitgliedstaats vorsieht.

Artikel 38. Rechtsbehelf gegen die Entscheidung
1. Gegen die Entscheidung über den Antrag auf Vollstreckbarerklärung kann jede Partei einen Rechtsbehelf einlegen.
2. Der Rechtsbehelf wird bei dem Gericht eingelegt, das in der Liste in Anhang II aufgeführt ist.
3. Über den Rechtsbehelf wird nach den Vorschriften entschieden, die für Verfahren mit beiderseitigem rechtlichen Gehör maßgebend sind.
4. Wird der Rechtsbehelf von der Person eingelegt, die den Antrag auf Vollstreckbarerklärung gestellt hat, so wird die Partei, gegen die die Vollstreckung erwirkt werden soll, aufgefordert, sich auf das Verfahren einzulassen, das bei dem mit dem Rechtsbehelf befassten Gericht anhängig ist. Lässt sich die betreffende Person auf das Verfahren nicht ein, so gelten die Bestimmungen des Artikels 18.
5. Der Rechtsbehelf gegen die Vollstreckbarerklärung ist innerhalb eines Monats nach ihrer Zustellung einzulegen. Hat die Partei, gegen die die Vollstreckung erwirkt werden soll, ihren gewöhnlichen Aufenthalt in einem anderen Mitgliedstaat als dem, in dem die Vollstreckbarerklärung erteilt worden ist, so beträgt die Frist für den Rechtsbehelf zwei Monate und beginnt mit dem Tag, an dem die Vollstreckbarerklärung ihr entweder persönlich oder in ihrer Wohnung zugestellt worden ist. Eine Verlängerung dieser Frist wegen weiter Entfernung ist ausgeschlossen.

Artikel 39. Für den Rechtsbehelf zuständiges Gericht und Anfechtung der Entscheidung über den Rechtsbehelf
Die Entscheidung, die über den Rechtsbehelf ergangen ist, kann nur im Wege der in Anhang III genannten 6 Verfahren angefochten werden.

Artikel 40. Aussetzung des Verfahrens
1. Das nach Artikel 38 oder Artikel 39 mit dem Rechtsbehelf befasste Gericht kann auf Antrag der Partei, gegen die die Vollstreckung erwirkt werden soll, das Vollstreckungsverfahren aussetzen, wenn im Ursprungsmitgliedstaat ein ordentlicher Rechtsbehelf eingelegt oder die Frist für einen solchen Rechtsbehelf noch nicht verstrichen ist. In letzterem Fall kann das Gericht eine Frist bestimmen, innerhalb deren der Rechtsbehelf einzulegen ist.
2. Ist die Entscheidung in Irland oder im Vereinigten Königreich ergangen, so gilt jeder im Ursprungsmitgliedstaat statthafte Rechtsbehelf als ordentlicher Rechtsbehelf im Sinne von Absatz 1.

Artikel 41. Teilvollstreckung
1. Ist durch die Entscheidung über mehrere geltend gemachte Ansprüche erkannt worden und kann die Entscheidung nicht in vollem Umfang zur Vollstreckung zugelassen werden, so lässt das Gericht sie für einen oder mehrere Ansprüche zu.
2. Der Antragsteller kann auch eine teilweise Vollstreckung der Entscheidung beantragen.

Artikel 42. Urkunden
1. Die Partei, die die Anerkennung oder Nichtanerkennung einer Entscheidung oder deren Vollstreckbarerklärung erwirken will, hat Folgendes vorzulegen:
a) eine Ausfertigung der Entscheidung, die die für ihre Beweiskraft erforderlichen Voraussetzungen erfüllt,
und
b) eine Bescheinigung nach Artikel 44.
2. Bei einer im Versäumnisverfahren ergangenen Entscheidung hat die Partei, die die Anerkennung einer Entscheidung oder deren Vollstreckbarerklärung erwirken will, ferner vorzulegen:
a) entweder die Urschrift oder eine beglaubigte Abschrift der Urkunde, aus der sich ergibt, dass das verfahrenseinleitende Schriftstück oder ein gleichwertiges Schriftstück der säumigen Partei zugestellt worden ist,
oder
b) eine Urkunde, aus der hervorgeht, dass der Antragsgegner mit der Entscheidung eindeutig einverstanden ist.

Artikel 43. Fehlen von Urkunden
1. Werden die in Artikel 42 Absatz 1 Buchstabe b) oder Absatz 2 aufgeführten Urkunden nicht vorgelegt, so kann das Gericht eine Frist einräumen, innerhalb deren die Urkunden vorzulegen sind, oder sich mit gleichwertigen Urkunden begnügen oder von der Vorlage der Urkunden befreien, wenn es eine weitere Klärung nicht für erforderlich hält.
2. Auf Verlangen des Gerichts ist eine Übersetzung dieser Urkunden vorzulegen. Die Übersetzung ist von einer hierzu in einem der Mitgliedstaaten befugten Person zu beglaubigen.

Artikel 44. Bescheinigung bei Entscheidungen in Ehesachen und bei Entscheidungen über die elterliche Verantwortung
Das zuständige Gericht oder die zuständige Behörde eines Mitgliedstaats, in dem

eine Entscheidung ergangen ist, stellt auf Antrag einer berechtigten Partei eine Bescheinigung unter Verwendung des Formblatts in Anhang IV (Entscheidungen in Ehesachen) oder Anhang V (Entscheidungen über die elterliche Verantwortung) aus.

Abschnitt 3. Vollstreckung von Entscheidungen über das Umgangsrecht und über die Rückgabe des Kindes

Artikel 45. Anwendungsbereich
1. Dieser Abschnitt gilt für
a) das einem Elternteil eingeräumte Recht auf Umgang mit seinem Kind
und
b) die durch eine Sorgerechtsentscheidung gemäß Artikel 24 Absatz 3 angeordnete Rückgabe des Kindes.
2. Der Träger der elterlichen Verantwortung kann ungeachtet der Bestimmungen dieses Abschnitts die Anerkennung und Vollstreckung nach Maßgabe der Abschnitte 1 und 2 dieses Kapitels beantragen.

Artikel 46. Umgangsrecht
1. Eine vollstreckbare Entscheidung über das Umgangsrecht im Sinne von Artikel 45 Absatz 1 Buchstabe a), für die angesichts der Erfüllung der Verfahrensvoraussetzungen eine Bescheinigung nach Absatz 2 im Ursprungsmitgliedstaat ausgestellt worden ist, wird in allen anderen Mitgliedstaaten anerkannt und vollstreckt, ohne dass es hierfür eines besonderen Verfahrens bedarf.
2. Das Gericht im Ursprungsmitgliedstaat stellt die Bescheinigung nach Absatz 1 nur dann aus, wenn
a) die Entscheidung nicht in einem Versäumnisverfahren ergangen ist
und
b) das Kind die Möglichkeit hatte, gehört zu werden, sofern eine Anhörung nicht aufgrund seines Alters oder seiner Reife unangebracht erschien.
Das Gericht im Ursprungsmitgliedstaat stellt die Bescheinigung auf Antrag eines Umgangsberechtigten unter Verwendung des Formblatts in Anhang VI aus (Bescheinigung über das Umgangsrecht).
Das Formblatt wird in der Sprache ausgefüllt, in der die Entscheidung abgefasst ist.

Artikel 47. Rückgabe des Kindes
1. Eine vollstreckbare Entscheidung über die Rückgabe des Kindes im Sinne von Artikel 45 Absatz 1 Buchstabe b), für die angesichts der Erfüllung der Verfahrensvoraussetzungen eine Bescheinigung nach Absatz 2 im Ursprungsmitgliedstaat ausgestellt worden ist, wird in allen anderen Mitgliedstaaten anerkannt und vollstreckt, ohne dass es hierfür eines besonderen Verfahrens bedarf.
2. Das Gericht im Ursprungsmitgliedstaat stellt die Bescheinigung nach Absatz 1 nur dann aus, wenn das Kind die Möglichkeit hatte, gehört zu werden, sofern eine Anhörung nicht aufgrund seines Alters oder seiner Reife unangebracht erschien.
Das Gericht im Ursprungsmitgliedstaat stellt die Bescheinigung von Amts wegen unter Verwendung des Formblatts in Anhang VII aus (Bescheinigung über die Rückgabe des Kindes).
Das Formblatt wird in der Sprache ausgefüllt, in der die Entscheidung abgefasst ist.

2. b) Änderungsvorschlag zur Brüssel II-Verordnung

Artikel 48. Rechtsbehelf
Gegen die Bescheinigung gemäß Artikel 46 Absatz 1 oder Artikel 47 Absatz 1 ist kein Rechtsbehelf möglich.

Artikel 49. Urkunden
1. Eine Partei, die die Vollstreckung einer Entscheidung erwirken will, hat Folgendes vorzulegen:
a) eine Ausfertigung der Entscheidung, die die für ihre Beweiskraft erforderlichen Voraussetzungen erfüllt,
und
b) die Bescheinigung gemäß Artikel 46 Absatz 1 oder Artikel 47 Absatz 1.
2. Für die Zwecke dieses Artikels wird der Bescheinigung gemäß Artikel 46 Absatz 1 erforderlichenfalls eine Übersetzung der Vereinbarungen über die Ausübung des Umgangsrechts (Ziffer 10 der Bescheinigung) beigefügt.
Die Übersetzung erfolgt in die oder in eine der Amtssprachen des Vollstreckungsmitgliedstaats oder in eine andere von ihm ausdrücklich zugelassene Sprache. Die Übersetzung ist von einer hierzu in einem der Mitgliedstaaten befugten Person zu beglaubigen.
Eine Übersetzung der Bescheinigung gemäß Artikel 47 Absatz 1 ist nicht erforderlich.

Abschnitt 4. Sonstige Bestimmungen

Artikel 50. Vollstreckungsverfahren
Für das Vollstreckungsverfahren ist das Recht des Vollstreckungsmitgliedstaats maßgebend.

Artikel 51. Vereinbarungen über die Ausübung des Umgangsrechts
1. Die Gerichte des Vollstreckungsmitgliedstaats können die praktischen Modalitäten für die Ausübung des Umgangsrechts regeln, wenn die notwendigen Vorkehrungen nicht bereits in der Entscheidung eines mitgliedstaatlichen Gerichts getroffen wurden, das für die Entscheidung in der Hauptsache zuständig ist, und sofern die Entscheidung in ihrem Wesensgehalt befolgt wird.
2. Die nach Absatz 1 festgelegten praktischen Modalitäten treten außer Kraft, nachdem das mitgliedstaatliche Gericht, das für die Entscheidung in der Hauptsache zuständig ist, eine Entscheidung erlassen hat.

Artikel 52. Prozesskostenhilfe
Ist dem Antragsteller im Ursprungsmitgliedstaat ganz oder teilweise Prozesskostenhilfe oder Kostenbefreiung gewährt worden, so genießt er in dem Verfahren nach den Artikeln 26, 33 und 51 hinsichtlich der Prozesskostenhilfe oder der Kostenbefreiung die günstigste Behandlung, die das Recht des Vollstreckungsmitgliedstaats vorsieht.

Artikel 53. Sicherheitsleistung oder Hinterlegung
Der Partei, die in einem Mitgliedstaat die Vollstreckung einer in einem anderen Mitgliedstaat ergangenen Entscheidung beantragt, darf eine Sicherheitsleistung oder Hinterlegung, unter welcher Bezeichnung es auch sei, nicht aus einem der folgenden Gründe auferlegt werden:

a) weil sie in dem Mitgliedstaat, in dem die Vollstreckung erwirkt werden soll, nicht ihren gewöhnlichen Aufenthalt hat, oder
b) weil sie nicht die Staatsangehörigkeit dieses Staates besitzt oder, wenn die Vollstreckung im Vereinigten Königreich oder in Irland erwirkt werden soll, ihr „domicile" nicht in einem dieser Mitgliedstaaten hat.

Artikel 54. Legalisation oder ähnliche Förmlichkeit
Die in den Artikeln 42, 43 und 49 aufgeführten Urkunden sowie die Urkunde über die Prozessvollmacht, falls eine solche erteilt wird, bedürfen weder der Legalisation noch einer ähnlichen Förmlichkeit.

KAPITEL V. ZUSAMMENARBEIT ZWISCHEN DEN ZENTRALEN BEHÖRDEN

Artikel 55. Bestimmung der zentralen Behörden
Jeder Mitgliedstaat bestimmt eine zentrale Behörde, die ihn bei der Durchführung der Verordnung unterstützt.

Zusätzlich zu der nach Absatz 1 bestimmten zentralen Behörde kann ein Mitgliedstaat, in dem die in dieser Verordnung behandelten Fragen in verschiedenen Gebietseinheiten durch mehrere Rechtssysteme oder Regelwerke geregelt werden, für jede Gebietseinheit eine zentrale Behörde bestimmen und deren räumliche Zuständigkeit festlegen. In diesem Fall können Mitteilungen entweder direkt an die räumlich zuständige Behörde oder an die zentrale Behörde gerichtet werden, der es obliegt, diese Mitteilungen an die räumlich zuständige Behörde weiterzuleiten und den Absender davon in Kenntnis zu setzen.

Artikel 56. Allgemeine Aufgaben
Die zentralen Behörden richten ein Informationssystem über innerstaatliche Rechtsvorschriften und Verfahren ein und treffen allgemeine Vorkehrungen, um die Durchführung dieser Verordnung zu verbessern und die Zusammenarbeit untereinander auch durch den Ausbau grenzübergreifender Schlichtungsverfahren zu stärken.
Hierzu wird das mit Entscheidung 2001/470/EG eingerichtete Europäische Justizielle Netz für Zivil- und Handelssachen in Anspruch genommen.

Artikel 57. Zusammenarbeit in bestimmten Fällen
Die zentralen Behörden arbeiten in bestimmten Fällen zusammen, um insbesondere sicherzustellen, dass die elterliche Verantwortung für ein Kind effektiv wahrgenommen wird. Hierzu gehen sie auf der Grundlage ihres innerstaatlichen Rechts direkt oder durch Einschaltung anderer Behörden oder Einrichtungen wie folgt vor:
a) Sie tauschen Informationen aus über
i) die Situation des Kindes,
ii) laufende Verfahren oder
iii) das Kind betreffende Entscheidungen.
b) Sie geben gegebenenfalls Empfehlungen ab, um insbesondere dafür zu sorgen, dass Maßnahmen, die zum Schutz des Kindes in dem Mitgliedstaat ergriffen wurden, in dem sich das Kind befindet, mit einer Entscheidung abgestimmt werden, die in dem Mitgliedstaat ergeht, der in der Hauptsache zuständig ist.

c) Sie ergreifen alle erforderlichen Maßnahmen einschließlich der Einleitung von Verfahren gemäß den Artikeln 22, 23 und 24, um den Aufenthaltsort des Kindes ausfindig zu machen und seine Rückgabe zu veranlassen.
d) Sie informieren und unterstützen die Träger der elterlichen Verantwortung, die die Anerkennung und Vollstreckung von Entscheidungen, insbesondere über das Umgangsrecht und die Rückgabe des Kindes, in ihrem Gebiet erwirken wollen.
(e) Sie fördern die Verständigung zwischen den Gerichten, insbesondere bei der Verweisung eines Falls nach Artikel 15 oder bei Entscheidungen über eine Kindesentführung gemäß den Artikeln 22, 23 und 24.
f) Sie fördern durch Mediation oder auf ähnlichem Wege eine gütliche Einigung zwischen den Trägern der elterlichen Verantwortung und organisieren hierzu eine Zusammenarbeit über die Landesgrenzen hinaus.

Artikel 58. Arbeitsweise
1. Jeder Träger der elterlichen Verantwortung kann bei der zentralen Behörde des Mitgliedstaats, in dem er seinen gewöhnlichen Aufenthalt hat, oder bei der zentralen Behörde des Mitgliedstaats, in dem das Kind seinen gewöhnlichen Aufenthalt hat oder in dem es sich befindet, einen Antrag auf Unterstützung stellen. Wird in diesem Antrag auf eine Entscheidung nach Maßgabe dieser Verordnung verwiesen, sind dem Antrag die betreffenden Bescheinigungen nach Artikel 44, Artikel 46 Absatz 1 oder Artikel 47 Absatz 1 beizufügen.
2. Jeder Mitgliedstaat teilt der Kommission die Amtssprache(n) der Europäischen Union mit, die er außer seiner eigenen für Mitteilungen an die zentralen Behörden zulässt.
3. Die Unterstützung durch die zentralen Behörden gemäß Artikel 57 erfolgt unentgeltlich.
4. Jede zentrale Behörde kommt für ihre eigenen Kosten auf.

Artikel 59. Zusammenkünfte
Die Kommission beruft mit Hilfe des durch die Entscheidung 2001/470/EG eingerichteten Europäischen Justiziellen Netzes in Zivil- und Handelssachen Zusammenkünfte mit den zentralen Behörden ein.

KAPITEL VI. VERHÄLTNIS ZU ANDEREN RECHTSINSTRUMENTEN

Artikel 60. Verhältnis zu anderen Übereinkünften
1. Diese Verordnung ersetzt unbeschadet des Artikels 63 und des nachstehenden Absatzes 2 die zum Zeitpunkt des Inkrafttretens dieser Verordnung bestehenden, zwischen zwei oder mehr Mitgliedstaaten geschlossenen Übereinkünfte, die in dieser Verordnung geregelte Bereiche betreffen.
2. a) Finnland und Schweden steht es frei zu erklären, dass anstelle dieser Verordnung das Übereinkommen vom 6. Februar 1931 zwischen Dänemark, Finnland, Island, Norwegen und Schweden mit Bestimmungen des internationalen Verfahrensrechts über Ehe, Adoption und Vormundschaft einschließlich des Schlussprotokolls ganz oder teilweise auf ihre gegenseitigen Beziehungen anwendbar ist. Diese Erklärungen werden dieser Verordnung als Anhang beigefügt und im Amtsblatt der Europäischen Gemeinschaften veröffentlicht. Die betreffenden Mitgliedstaaten können ihre Erklärung jederzeit ganz oder teilweise widerrufen.

b) Eine Diskriminierung von Bürgern der Union aus Gründen der Staatsangehörigkeit ist verboten.
c) Die Zuständigkeitskriterien in künftigen Übereinkünften zwischen den unter Buchstabe a) genannten Mitgliedstaaten, die in dieser Verordnung geregelte Bereiche betreffen, müssen mit den Kriterien dieser Verordnung im Einklang stehen.
d) Entscheidungen, die in einem der nordischen Staaten, der eine Erklärung nach Buchstabe a) abgegeben hat, aufgrund eines Zuständigkeitskriteriums erlassen werden, das einem der in den Kapiteln II und III vorgesehenen Zuständigkeitskriterien entspricht, werden in den anderen Mitgliedstaaten gemäß den Bestimmungen des Kapitels IV anerkannt und vollstreckt.
3. Die Mitgliedstaaten übermitteln der Kommission
a) eine Abschrift der Übereinkünfte sowie der einheitlichen Gesetze zur Durchführung dieser Übereinkünfte gemäß Absatz 2 Buchstaben a) und c),
b) jede Kündigung oder Änderung dieser Übereinkünfte oder dieser einheitlichen Gesetze.

Artikel 61. Verhältnis zu bestimmten multilateralen Übereinkommen
Diese Verordnung hat in den Beziehungen zwischen den Mitgliedstaaten insoweit Vorrang vor den nachstehenden Übereinkommen, als diese Bereiche betreffen, die in dieser Verordnung geregelt sind:
a) Haager Übereinkommen vom 5. Oktober 1961 über die Zuständigkeit der Behörden und das anzuwendende Recht auf dem Gebiet des Schutzes von Minderjährigen,
b) Luxemburger Übereinkommen vom 8. September 1967 über die Anerkennung von Entscheidungen in Ehesachen,
c) Haager Übereinkommen vom 1. Juni 1970 über die Anerkennung von Ehescheidungen und der Trennung von Tisch und Bett,
d) Europäisches Übereinkommen vom 20. Mai 1980 über die Anerkennung und Vollstreckung von Entscheidungen über das Sorgerecht für Kinder und die Wiederherstellung des Sorgeverhältnisses,
e) Haager Übereinkommen vom 25. Oktober 1980 über die zivilrechtlichen Aspekte internationaler Kindesentführung,
f) Haager Übereinkommen vom 19. Oktober 1996 über die Zuständigkeit, das anzuwendende Recht, die Anerkennung, Vollstreckung und Zusammenarbeit auf dem Gebiet der elterlichen Verantwortung und der Maßnahmen zum Schutz von Kindern.

Artikel 62. Verträge mit dem Heiligen Stuhl
1. Diese Verordnung gilt unbeschadet des am 7. Mai 1940 in der Vatikanstadt zwischen dem Heiligen Stuhl und Portugal unterzeichneten Internationalen Vertrags (Konkordats).
2. Eine Entscheidung über die Ungültigkeit der Ehe gemäß dem in Absatz 1 genannten Vertrag wird in den Mitgliedstaaten unter den in Kapitel IV Abschnitt 1 vorgesehenen Bedingungen anerkannt.
3. Die Absätze 1 und 2 gelten auch für die folgenden internationalen Verträge (Konkordate) mit dem Heiligen Stuhl:
a) Lateranvertrag vom 11. Februar 1929 zwischen Italien und dem Heiligen Stuhl,

geändert durch die am 18. Februar 1984 in Rom unterzeichnete Vereinbarung mit Zusatzprotokoll;
b) Vereinbarung vom 3. Januar 1979 über Rechtsangelegenheiten zwischen dem Heiligen Stuhl und Spanien.
4. Für die Anerkennung der Entscheidungen im Sinne des Absatzes 2 können in Italien oder in Spanien dieselben Verfahren und Nachprüfungen vorgegeben werden, die auch für Entscheidungen der Kirchengerichte gemäß den in Absatz 3 genannten internationalen Verträgen mit dem Heiligen Stuhl gelten.
5. Die Mitgliedstaaten übermitteln der Kommission
a) eine Abschrift der in den Absätzen 1 und 3 genannten Verträge sowie
b) jede Kündigung oder Änderung dieser Verträge.

KAPITEL VII. ÜBERGANGSVORSCHRIFTEN

Artikel 63

1. Diese Verordnung gilt nur für gerichtliche Verfahren, öffentliche Urkunden und vor einem Gericht im Laufe eines Verfahrens geschlossene Vergleiche, die nach Beginn der Anwendung dieser Verordnung gemäß Artikel 71 eingeleitet, aufgenommen beziehungsweise geschlossen worden sind.
2. Entscheidungen, die nach Beginn der Anwendung dieser Verordnung in Verfahren ergangen sind, die vor Beginn der Anwendung dieser Verordnung, aber nach Inkrafttreten der Verordnung (EG) Nr. 1347/2000 eingeleitet worden sind, werden nach Maßgabe des Kapitels IV anerkannt und vollstreckt, sofern das Gericht aufgrund von Vorschriften zuständig war, die mit den Zuständigkeitsvorschriften des Kapitels II oder III dieser Verordnung oder der Verordnung (EG) Nr. 1347/2000 oder eines Abkommens übereinstimmen, das zum Zeitpunkt der Einleitung des Verfahrens zwischen dem Ursprungsmitgliedstaat und dem ersuchten Mitgliedstaat in Kraft war.
3. Entscheidungen, die vor Beginn der Anwendung dieser Verordnung in Verfahren ergangen sind, die nach Inkrafttreten der Verordnung (EG) Nr. 1347/2000 eingeleitet worden sind, werden nach Maßgabe des Kapitels IV anerkannt und vollstreckt, sofern sie eine Ehescheidung, Trennung ohne Auflösung des Ehebandes oder Ungültigerklärung einer Ehe oder eine aus Anlass eines solchen Verfahrens in Ehesachen ergangene Entscheidung über die elterliche Verantwortung für die gemeinsamen Kinder der Ehegatten zum Gegenstand haben.
4. Entscheidungen, die vor Beginn der Anwendung dieser Verordnung, aber nach Inkrafttreten der Verordnung (EG) Nr. 1347/2000 in Verfahren ergangen sind, die vor Inkrafttreten der Verordnung (EG) Nr. 1347/2000 eingeleitet worden sind, werden nach Maßgabe des Kapitels IV anerkannt und vollstreckt, sofern sie eine Ehescheidung, Trennung ohne Auflösung des Ehebandes oder Ungültigerklärung einer Ehe oder eine aus Anlass eines solchen Verfahrens in Ehesachen ergangene Entscheidung über die elterliche Verantwortung für die gemeinsamen Kinder der Ehegatten zum Gegenstand haben und das Gericht aufgrund von Vorschriften zuständig war, die mit den Zuständigkeitsvorschriften des Kapitels II oder III dieser Verordnung oder der Verordnung (EG) Nr. 1347/2000 oder eines Abkommens übereinstimmen, das zum Zeitpunkt der Einleitung des Verfahrens zwischen dem Ursprungsmitgliedstaat und dem ersuchten Mitgliedstaat in Kraft war.

KAPITEL VIII. SCHLUSSBESTIMMUNGEN

Artikel 64. Mitgliedstaaten mit zwei oder mehr Rechtssystemen
Für einen Mitgliedstaat, in dem die in dieser Verordnung behandelten Fragen in verschiedenen Gebietseinheiten durch zwei oder mehr Rechtssysteme oder Regelwerke geregelt werden, gilt Folgendes:
a) Jede Bezugnahme auf den gewöhnlichen Aufenthalt in diesem Mitgliedstaat betrifft den gewöhnlichen Aufenthalt in einer Gebietseinheit.
b) Jede Bezugnahme auf die Staatsangehörigkeit oder, im Falle des Vereinigten Königreichs, auf das „domicile" betrifft die durch die Rechtsvorschriften dieses Staats bezeichnete Gebietseinheit.
c) Jede Bezugnahme auf die Behörde eines Mitgliedstaats betrifft die zuständige Behörde der Gebietseinheit innerhalb dieses Staats.
d) Jede Bezugnahme auf die Vorschriften des ersuchten Mitgliedstaats betrifft die Vorschriften der Gebietseinheit, in der die Zuständigkeit geltend gemacht oder die Anerkennung oder Vollstreckung beantragt wird.

Artikel 65. Angaben zu den zentralen Behörden und Sprachen
Die Mitgliedstaaten teilen der Kommission binnen drei Monaten nach Inkrafttreten dieser Verordnung Folgendes mit:
a) die Namen und Anschriften der zentralen Behörden gemäß Artikel 55 sowie die technischen Kommunikationsmittel;
b) die Sprachen, die gemäß Artikel 58 Absatz 2 für Mitteilungen an die zentralen Behörden zugelassen sind;
c) die Sprachen, die gemäß Artikel 49 Absatz 2 für die Bescheinigung über das Umgangsrecht zugelassen sind.
Die Mitgliedstaaten teilen der Kommission jede Änderung dieser Angaben mit.
Die Angaben werden von der Kommission veröffentlicht.

Artikel 66. Änderungen der Anhänge I, II und III
Die Mitgliedstaaten teilen der Kommission die Texte zur Änderung der in den Anhängen I, II und III enthaltenen Listen mit den zuständigen Gerichten und den Rechtsbehelfen mit.
Die Kommission passt die betreffenden Anhänge entsprechend an.

Artikel 67. Änderungen der Anhänge IV bis VII
Änderungen der in den Anhängen IV bis VII wiedergegebenen Formblätter werden nach dem Verfahren gemäß Artikel 68 Absatz 2 beschlossen.

Artikel 68. Ausschuss
1. Die Kommission wird von einem Ausschuss unterstützt, der sich aus den Vertretern der Mitgliedstaaten zusammensetzt und in dem der Vertreter der Kommission den Vorsitz führt.
2. Wird auf diesen Absatz Bezug genommen, so ist das Beratungsverfahren nach Artikel 3 des Beschlusses 1999/468/EG unter Einhaltung von Artikel 7 Absatz 3 dieses Beschlusses anzuwenden.
3. Der Ausschuss gibt sich eine Geschäftsordnung.

2. b) Änderungsvorschlag zur Brüssel II-Verordnung

Artikel 69. Aufhebung der Verordnung (EG) Nr. 1347/2000
1. Die Verordnung (EG) Nr. 1347/2000 wird mit Beginn der Anwendung dieser Verordnung gemäß Artikel 71 aufgehoben.
2. Jede Bezugnahme auf die Verordnung (EG) Nr. 1347/2000 gilt als Bezugnahme auf diese Verordnung nach Maßgabe der Vergleichstabelle in Anhang VIII.

Artikel 70. Änderung der Verordnung (EG) Nr. 44/2001
Artikel 5 Nummer 2 der Verordnung (EG) Nr. 44/2001 erhält folgende Fassung:
„2. wenn es sich um eine Unterhaltssache handelt, vor dem Gericht des Ortes, an dem der Unterhaltsberechtigte seinen Wohnsitz oder seinen gewöhnlichen Aufenthalt hat, oder im Falle einer Unterhaltssache, über die im Zusammenhang mit einem Verfahren in Bezug auf den Personenstand zu entscheiden ist, vor dem nach seinem Recht für dieses Verfahren zuständigen Gericht, es sei denn, diese Zuständigkeit beruht lediglich auf der Staatsangehörigkeit einer der Parteien, oder bei einer Unterhaltssache, über die im Zusammenhang mit einem Verfahren über die elterliche Verantwortung zu entscheiden ist, vor dem Gericht, das nach Maßgabe der Verordnung (EG) Nr. ... [die Zuständigkeit und die Anerkennung und Vollstreckung von Entscheidungen in Ehesachen und in Verfahren betreffend die elterliche Verantwortung]* für solche Verfahren zuständig ist;
* ABl. L ..."

Artikel 71. Inkrafttreten
Diese Verordnung tritt am 1. Juli 2003 in Kraft.
Sie gilt ab 1. Juli 2004 mit Ausnahme des Artikels 65, der ab dem 1. Juli 2003 gilt.

ANHANG I

Anträge nach den Artikeln 26 und 33 sind bei folgenden Gerichten zu stellen:
– in Belgien beim „tribunal de première instance"/bei der „rechtbank van eerste aanleg"/beim „erstinstanzlichen Gericht"
– in Deutschland:
– im Bezirk des Kammergerichts: beim „Familiengericht Pankow/Weißensee"
– in den Bezirken der übrigen Oberlandesgerichte: beim „Familiengericht am Sitz des betreffenden Oberlandesgerichts"
– in Griechenland beim „Μονομελές Πρωτοδικείο"
– in Spanien beim „Juzgado de Primera Instancia"
– in Frankreich beim Präsidenten des „Tribunal de grande instance"
– in Irland beim „High Court"
– in Italien bei der „Corte d'appello"
– in Luxemburg beim Präsidenten des „Tribunal d'arrondissement"
– in den Niederlanden beim Präsidenten der „Arrondissementsrechtbank"
– in Österreich beim „Bezirksgericht"
– in Portugal beim „Tribunal de Comarca" oder „Tribunal de Família"
– in Finnland beim „käräjäoikeus"/„tingsrätt"
– in Schweden beim „Svea hovrätt"
– im Vereinigten Königreich:
a) in England und Wales beim „High Court of Justice"
b) in Schottland beim „Court of Session"

c) in Nordirland beim „High Court of Justice"
d) in Gibraltar beim „Supreme Court".

ANHANG II

Der Rechtsbehelf gemäß Artikel 38 ist bei folgenden Gerichten einzulegen:
– in Belgien:
a) Die Person, die den Antrag auf Vollstreckbarerklärung gestellt hat, kann einen Rechtsbehelf beim „cour d'appel" oder beim „hof van beroep" einlegen.

b) Die Person, gegen die die Vollstreckung erwirkt werden soll, kann beim „tribunal de première instance"/bei der „rechtbank van eerste aanleg"/beim „erstinstanzlichen Gericht" Einspruch einlegen.
– in Deutschland beim „Oberlandesgericht"
– in Griechenland beim „εφετείο"
– in Spanien bei der „Audiencia Provincial"
– in Frankreich bei der „Cour d'appel"
– in Irland beim „High Court"
– in Italien bei der „Corte d'appello"
– in Luxemburg bei der „Cour d'appel"
– in den Niederlanden:
a) Wird der Rechtsbehelf vom Antragsteller oder vom Antragsgegner, der sich auf das Verfahren eingelassen hat, eingelegt: beim „Gerechtshof".

b) Wird der Rechtsbehelf vom Antragsgegner, gegen den ein Versäumnisurteil ergangen ist, eingelegt: bei der „Arrondissementsrechtbank".
– in Österreich beim „Bezirksgericht"
– in Portugal beim „Tribunal de Relação"
– in Finnland beim „hovioikeus"/„hovrätt"
– in Schweden beim „Svea hovrätt"
– im Vereinigten Königreich:
a) in England und Wales beim „High Court of Justice"
b) in Schottland beim „Court of Session"
c) in Nordirland beim „High Court of Justice"
d) in Gibraltar beim „Court of appeal".

ANHANG III

Rechtsbehelfe gemäß Artikel 39 können nur eingelegt werden:
– in Belgien, Griechenland, Spanien, Frankreich, Italien, Luxemburg und den Niederlanden: mit der „Kassationsbeschwerde";
– in Deutschland: mit der „Rechtsbeschwerde";
– in Irland: mit einem auf Rechtsfragen beschränkten Rechtsbehelf beim „Supreme Court";
– in Österreich: mit dem „Revisionsrekurs";
– in Portugal: mit einem „recurso restrito à matéria de direito";
– in Finnland: mit einem Rechtsbehelf beim „korkein oikeus"/„högsta domstolen";
– in Schweden: mit einem Rechtsbehelf beim „Högsta domstolen";
– im Vereinigten Königreich: mit einem einzigen weiteren, auf Rechtsfragen beschränkten Rechtsbehelf.

ANHANG IV

Bescheinigung gemäß Artikel 44 über Entscheidungen in Ehesachen

1. Ursprungsmitgliedstaat
2. Ausstellendes Gericht bzw. ausstellende Behörde
   2.1. Bezeichnung
   2.2. Anschrift
   2.3. Tel./Fax/E-mail
3. Angaben zur Ehe
   3.1. Ehefrau
      3.1.1. Vollständiger Name
      3.1.2. Staat und Ort der Geburt
      3.1.3. Geburtsdatum
   3.2. Ehemann
      3.2.1. Vollständiger Name
      3.2.2. Staat und Ort der Geburt
      3.2.3. Geburtsdatum
   3.3. Land, Ort (soweit bekannt) und Datum der Eheschließung
      3.3.1. Staat der Eheschließung
      3.3.2. Ort der Eheschließung (soweit bekannt)
      3.3.3. Datum der Eheschließung
4. Gericht, das die Entscheidung erlassen hat
   4.1. Bezeichnung des Gerichts
   4.2. Gerichtsort
5. Entscheidung
   5.1. Datum
   5.2. Aktenzeichen
   5.3. Art der Entscheidung
      5.3.1. Scheidung
      5.3.2. Ungültigerklärung der Ehe
      5.3.3. Trennung ohne Auflösung des Ehebandes
   5.4. Erging die Entscheidung im Versäumnisverfahren?
      5.4.1. nein
      5.4.2. ja[11]
6. Namen der Parteien, denen Prozesskostenhilfe gewährt wurde
7. Können gegen die Entscheidung nach dem Recht des Ursprungsmitgliedstaats weitere Rechtsmittel eingelegt werden?
   7.1. nein
   7.2. ja
8. Datum der Rechtswirksamkeit in dem Mitgliedstaat, in dem die Entscheidung erging
   8.1. Scheidung
   8.2. Trennung ohne Auflösung des Ehebandes

---

[11] In diesem Fall sind die in Artikel 42 Absatz 2 genannten Urkunden vorzulegen.

Geschehen zu:
am:
Unterschrift und/oder Dienstsiegel:

ANHANG V

Bescheinigung gemäß Artikel 44 über Entscheidungen über die elterliche Verantwortung

1. Ursprungsmitgliedstaat
2. Ausstellendes Gericht bzw. ausstellende Behörde
   2.1. Bezeichnung
   2.2. Anschrift
   2.3. Tel./Fax/E-mail
3. Träger der elterlichen Verantwortung
   3.1. Mutter
      3.1.1. Vollständiger Name
      3.1.2. Geburtsdatum und -ort
   3.2. Vater
      3.2.1. Vollständiger Name
      3.2.2. Geburtsdatum und -ort
   3.3. sonstige Personen
      3.3.1. Vollständiger Name
      3.3.2. Geburtsdatum und -ort
4. Gericht, das die Entscheidung erlassen hat
   4.1. Bezeichnung des Gerichts
   4.2. Gerichtsort
5. Entscheidung
   5.1. Datum
   5.2. Aktenzeichen
   5.3. Erging die Entscheidung im Versäumnisverfahren?
      5.3.1. Nein
      5.3.2. Ja[12]
6. Kinder, für die die Entscheidung gilt[13]
   6.1. Vollständiger Name und Geburtsdatum
   6.2. Vollständiger Name und Geburtsdatum
   6.3. Vollständiger Name und Geburtsdatum
   6.4. Vollständiger Name und Geburtsdatum
7. Namen der Parteien, denen Prozesskostenhilfe gewährt wurde
8. Bescheinigung über die Vollstreckbarkeit und Zustellung
   8.1. Können gegen die Entscheidung nach dem Recht des Ursprungsmitgliedstaats weitere Rechtsbehelfe eingelegt werden?
      8.1.1. ja
      8.1.2. nein

---

[12] In diesem Fall sind die in Artikel 42 Absatz 2 genannten Urkunden vorzulegen.
[13] Werden mehr als vier Kinder erfasst, so ist ein weiteres Formblatt zu verwenden.

8.2. Ist die Entscheidung der Partei, gegen die vollstreckt werden soll, zugestellt worden –
  8.2.1. ja
    8.2.1.1. Vollständiger Name der Partei
    8.2.1.2. Datum der Zustellung
  8.2.2. nein

Geschehen zu:
am:
Unterschrift und/oder Dienstsiegel:

ANHANG VI

Bescheinigung gemäß Artikel 46 Absatz 1 über Entscheidungen über das Umgangsrecht

1. Ursprungsland
2. Ausstellendes Gericht bzw. ausstellende Behörde
  2.1. Bezeichnung
  2.2. Anschrift
  2.3. Tel./Fax/E-Mail
3. Eltern
  3.1. Mutter
    3.1.1. Vollständiger Name
    3.2.2. Geburtsdatum und -ort
  3.2. Vater
    3.2.1. Vollständiger Name
    3.2.2. Geburtsdatum und -ort
4. Gericht, das die Entscheidung erlassen hat
  4.1. Bezeichnung des Gerichts
  4.2. Gerichtsort
5. Entscheidung
  5.1. Datum
  5.2. Aktenzeichen
6. Kinder, für die die Entscheidung gilt[14]
  6.1. Vollständiger Name und Geburtsdatum
  6.2. Vollständiger Name und Geburtsdatum
  6.3. Vollständiger Name und Geburtsdatum
  6.4. Vollständiger Name und Geburtsdatum
7. Die Entscheidung ist nach dem Recht des Ursprungsmitgliedstaats vollstreckbar
8. Die Entscheidung ist nicht in einem Versäumnisverfahren ergangen
9. Die Kinder hatten die Möglichkeit, gehört zu werden, sofern eine Anhörung nicht aufgrund ihres Alters oder ihrer Reife unangebracht erschien
10. Vereinbarungen über die Ausübung des Umgangsrechts
  10.1. Datum

---

[14] Gilt die Entscheidung für mehr als vier Kinder, ist ein weiteres Formblatt zu verwenden.

10.2. Ort
10.3. Besondere Pflicht der Träger der elterlichen Verantwortung, die Kinder abzuholen/zurückzubringen
    10.3.1. Übernahme der Beförderungskosten
    10.3.2. Sonstige Personen
10.4. Beschränkungen des Umgangsrechts
11. Namen der Parteien, denen Prozesskostenhilfe gewährt wurde

Geschehen zu:
am:
Unterschrift und/oder Dienstsiegel:

ANHANG VII

Bescheinigung gemäß Artikel 47 Absatz 1 über Entscheidungen über die Rückgabe

1. Ursprungsland
2. Ausstellendes Gericht bzw. ausstellende Behörde
    2.1. Bezeichnung
    2.2. Anschrift
    2.3. Tel./Fax/E-Mail
3. Träger der elterlichen Verantwortung
    3.1. Mutter
        3.1.1. Vollständiger Name
        3.2.2. Geburtsdatum und -ort
    3.2. Vater
        3.2.1. Vollständiger Name
        3.2.2. Geburtsdatum und -ort
    3.3. Sonstige Personen
        3.3.1. Vollständiger Name
        3.3.2. Geburtsdatum und -ort
4. Gericht, das die Entscheidung erlassen hat
    4.1. Bezeichnung des Gerichts
    4.2. Gerichtsort
5. Entscheidung
    5.1. Datum
    5.2. Aktenzeichen
6. Kinder, für die die Entscheidung gilt[15]
    6.1. Vollständiger Name und Geburtsdatum
    6.2. Vollständiger Name und Geburtsdatum
    6.3. Vollständiger Name und Geburtsdatum
    6.4. Vollständiger Name und Geburtsdatum
7. Die Kinder hatten die Möglichkeit, gehört zu werden, sofern eine Anhörung nicht aufgrund ihres Alters oder ihrer Reife unangebracht erschien

---

[15] Gilt die Entscheidung für mehr als vier Kinder, ist ein weiteres Formblatt zu verwenden.

2. b) Änderungsvorschlag zur Brüssel II-Verordnung

8. In der Entscheidung wird die Rückgabe der Kinder angeordnet
9. Sorgeberechtigter
10. Namen der Parteien, denen Prozesskostenhilfe gewährt wurde

Geschehen zu:
am:
Unterschrift und/oder Dienstsiegel:

ANHANG VIII

Vergleichstabelle zur Verordnung (EG) Nr. 1347/2000

Aufgehobene Artikel	Entsprechende Artikel des neuen Texts
1	1, 2
2	5
3	12
4	
5	6
6	7
7	8
8	9
9	17
10	18
11	16, 19
12	20
13	2, 26
14	26
15	27, 28
16	
17	29
18	30
19	31
20	32
21	33
22	26, 34
23	35
24	36
25	37

26	38
27	39
28	40
29	41
30	52
31	53
32	42
33	44
34	43
35	54
36	60
37	61
38	
39	
40	62
41	64
42	63
43	
44	66, 67
45	68
46	71
Anhang I	Anhang I
Anhang II	Anhang II
Anhang III	Anhang III
Anhang IV	Anhang IV
Anhang V	Anhang V

III. Zustellung

1. Verordnung des Rates vom 29. Mai 2000 über die Zustellung gerichtlicher und außergerichtlicher Schriftstücke in Zivil- oder Handelssachen in den Mitgliedstaaten (Nr. 1348/2000/EG)

Amtsblatt Nr. L 160 vom 30/06/2000 S. 37–43

DER RAT DER EUROPÄISCHEN UNION –
gestützt auf den Vertrag zur Gründung der Europäischen Gemeinschaft, insbesondere auf Artikel 61 Buchstabe c) und Artikel 67 Absatz 1,
auf Vorschlag der Kommission[16],
nach Stellungnahme des Europäischen Parlaments[17],
nach Stellungnahme des Wirtschafts- und Sozialausschusses[18],
in Erwägung nachstehender Gründe:
(1) Die Union hat sich zum Ziel gesetzt, einen Raum der Freiheit, der Sicherheit und des Rechts, in dem der freie Personenverkehr gewährleistet ist, zu erhalten und weiterzuentwickeln. Zum schrittweisen Aufbau dieses Raums erlässt die Gemeinschaft unter anderem im Bereich der justitiellen Zusammenarbeit in Zivilsachen die für das reibungslose Funktionieren des Binnenmarkts erforderlichen Maßnahmen.
(2) Für das reibungslose Funktionieren des Binnenmarkts muss die Übermittlung gerichtlicher und außergerichtlicher Schriftstücke in Zivil- oder Handelssachen, die in einem anderen Mitgliedstaat zugestellt werden sollen, zwischen den Mitgliedstaaten verbessert und beschleunigt werden.
(3) Dieser Bereich unterliegt nunmehr Artikel 65 des Vertrags.
(4) Nach dem in Artikel 5 des Vertrags niedergelegten Subsidiaritäts- und Verhältnismäßigkeitsprinzip können die Ziele dieser Verordnung auf der Ebene der Mitgliedstaaten nicht ausreichend erreicht werden; sie können daher besser auf Gemeinschaftsebene erreicht werden. Diese Verordnung geht nicht über das für die Erreichung dieser Ziele erforderliche Maß hinaus.
(5) Der Rat hat mit Rechtsakt vom 26. Mai 1997[19] ein Übereinkommen über die Zustellung gerichtlicher und außergerichtlicher Schriftstücke in Zivil- oder Handelssachen in den Mitgliedstaaten der Europäischen Union erstellt und das Übereinkommen den Mitgliedstaaten zur Annahme gemäss ihren verfassungsrechtlichen Vorschriften empfohlen. Dieses Übereinkommen ist nicht in Kraft getreten. Die bei der Aushandlung diese Übereinkommens erzielten Ergebnisse sind zu wahren. Daher übernimmt die Verordnung weitgehend den wesentlichen Inhalt des Übereinkommens.
(6) Die Wirksamkeit und Schnelligkeit der gerichtlichen Verfahren in Zivilsachen setzt voraus, dass die Übermittlung gerichtlicher und außergerichtlicher Schriftstücke unmittelbar und auf schnellstmöglichem Wege zwischen den von den Mitgliedstaaten benannten

---

[16] 1 ABl. C 247 vom 31.8.1999, S. 11.
[17] Stellungnahme vom 17. November 1999 (noch nicht im Amtsblatt veröffentlicht).
[18] ABl. C 368 vom 20.12.1999, S. 47.
[19] ABl. C 261 vom 27.8.1997, S. 1. Der Rat hat am Tag der Fertigstellung des Übereinkommens den erläuternden Bericht zu dem Übereinkommen zur Kenntnis genommen. Dieser erläuternde Bericht ist auf Seite 26 des vorstehenden Amtsblatts enthalten.

örtlichen Stellen erfolgt. Die Mitgliedstaaten müssen jedoch erklären können, dass sie nur eine Übermittlungs- oder Empfangsstelle oder eine Stelle, die beide Funktionen zugleich wahrnimmt, für einen Zeitraum von fünf Jahren benennen wollen. Diese Benennung kann jedoch alle fünf Jahre erneuert werden.

(7) Eine schnelle Übermittlung erfordert den Einsatz aller geeigneten Mittel, wobei bestimmte Anforderungen an die Lesbarkeit und die Übereinstimmung des empfangenen Schriftstücks mit dem Inhalt des versandten Schriftstücks zu beachten sind. Aus Sicherheitsgründen muss das zu übermittelnde Schriftstück mit einem Formblatt versehen sein, das in der Sprache des Ortes auszufüllen ist, an dem die Zustellung erfolgen soll, oder in einer anderen vom Empfängerstaat anerkannten Sprache.

(8) Um die Wirksamkeit dieser Verordnung zu gewährleisten, ist die Möglichkeit, die Zustellung von Schriftstücken zu verweigern, auf Ausnahmefälle beschränkt.

(9) Auf eine schnelle Übermittlung muss auch eine schnelle Zustellung des Schriftstücks in den Tagen nach seinem Eingang folgen. Konnte das Schriftstück nach Ablauf eines Monats nicht zugestellt werden, so setzt die Empfangsstelle die Übermittlungsstelle davon in Kenntnis. Der Ablauf dieser Frist bedeutet nicht, dass der Antrag an die Übermittlungsstelle zurückgesandt werden muss, wenn feststeht, dass die Zustellung innerhalb einer angemessenen Frist möglich ist.

(10) Um die Interessen des Empfängers zu wahren, erfolgt die Zustellung in der Amtssprache oder einer der Amtssprachen des Orts, an dem sie vorgenommen wird, oder in einer anderen Sprache des Übermittlungsmitgliedstaats, die der Empfänger versteht.

(11) Aufgrund der verfahrensrechtlichen Unterschiede zwischen den Mitgliedstaaten bestimmt sich der Zustellungszeitpunkt in den einzelnen Mitgliedstaaten nach unterschiedlichen Kriterien. Unter diesen Umständen und in Anbetracht der möglicherweise daraus entstehenden Schwierigkeiten sollte diese Verordnung deshalb eine Regelung vorsehen, bei der sich der Zustellungszeitpunkt nach dem Recht des Empfangsmitgliedstaats bestimmt. Müssen jedoch die betreffenden Schriftstücke im Rahmen von Verfahren, die im Übermittlungsmitgliedstaat eingeleitet werden sollen oder schon anhängig sind, innerhalb einer bestimmte Frist zugestellt werden, so bestimmt sich der Zustellungszeitpunkt im Verhältnis zum Antragsteller nach dem Recht des Übermittlungsmitgliedstaats. Ein Mitgliedstaat kann jedoch aus angemessenen Gründen während eines Übergangszeitraums von fünf Jahren von den vorgenannten Bestimmungen abweichen. Er kann diese Abweichung aus Gründen, die sich aus seinem Rechtssystem ergeben, in Abständen von fünf Jahren erneuern.

(12) In den Beziehungen zwischen den Mitgliedstaaten, die Vertragsparteien der von den Mitgliedstaaten geschlossenen bilateralen oder multilateralen Übereinkünfte oder Vereinbarungen sind, insbesondere des Protokolls zum Brüsseler Übereinkommen vom 27. September 1968[20] und des Haager Übereinkommens vom 15. November 1965, hat diese Verordnung in ihrem Anwendungsbereich Vorrang vor den Bestimmungen der Übereinkünfte oder Vereinbarungen mit demselben Anwendungsbereich. Es steht den Mitgliedstaaten frei, Übereinkünfte oder Vereinbarungen zur Beschleunigung oder Vereinfachung der Übermittlung von Schriftstücken beizubehalten oder zu schließen, sofern diese Übereinkünfte oder Vereinbarungen mit dieser Verordnung vereinbar sind.

---

[20] Brüsseler Übereinkommen vom 27. September 1968 über die gerichtliche Zuständigkeit und die Vollstreckbarkeit gerichtlicher Entscheidungen in Zivil- und Handelssachen (ABl. L 299 vom 31.12.1972, S. 32; konsolidierte Fassung in ABl. C 27 vom 26.1.1998, S. 1).

1. Zustellungsordnung

(13) Die nach dieser Verordnung übermittelten Daten müssen angemessen geschützt werden. Diese Frage wird durch die Richtlinie 95/46/EG des Europäischen Parlaments und des Rates vom 24. Oktober 1995 zum Schutz natürlicher Personen bei der Verarbeitung personenbezogener Daten und zum freien Datenverkehr[21] und die Richtlinie 97/66/EG des Europäischen Parlaments und des Rates vom 15. Dezember 1997 über die Verarbeitung personenbezogener Daten und den Schutz der Privatsphäre im Bereich der Telekommunikation[22] geregelt.

(14) Die zur Durchführung dieser Verordnung erforderlichen Maßnahmen sollten gemäss dem Beschluss 1999/468/EG des Rates vom 28. Juni 1999 zur Festlegung der Modalitäten für die Ausübung der Kommission übertragenen Durchführungsbefugnisse[23] erlassen werden.

(15) Diese Maßnahmen umfassen auch die Erstellung und Aktualisierung eines Handbuchs unter Verwendung geeigneter moderner Mittel.

(16) Spätestens drei Jahre nach Inkrafttreten dieser Verordnung hat die Kommission die Anwendung der Verordnung zu prüfen und gegebenenfalls erforderliche Änderungen vorzuschlagen.

(17) Das Vereinigte Königreich und Irland haben gemäss Artikel 3 des dem Vertrag über die Europäische Union und dem Vertrag zur Gründung der Europäischen Gemeinschaft beigefügten Protokolls über die Position des Vereinigten Königreichs und Irlands mitgeteilt, dass sie sich an der Annahme und Anwendung dieser Verordnung beteiligen möchten.

(18) Dänemark wirkt gemäss den Artikeln 1 und 2 des dem Vertrag über die Europäische Union und dem Vertrag zur Gründung der Europäischen Gemeinschaft beigefügten Protokolls über die Position Dänemarks an der Annahme dieser Verordnung nicht mit. Diese Verordnung ist daher für diesen Staat nicht verbindlich und ihm gegenüber nicht anwendbar –

HAT FOLGENDE VERORDNUNG ERLASSEN:

KAPITEL I. ALLGEMEINE BESTIMMUNGEN

Artikel 1. Anwendungsbereich
(1) Diese Verordnung ist in Zivil- oder Handelssachen anzuwenden, in denen ein gerichtliches oder außergerichtliches Schriftstück von einem in einen anderen Mitgliedstaat zum Zwecke der Zustellung zu übermitteln ist.
(2) Diese Verordnung gilt nicht, wenn die Anschrift des Empfängers des Schriftstücks unbekannt ist.

Artikel 2. Übermittlungs- und Empfangsstellen
(1) Jeder Mitgliedstaat benennt die Behörden, Amtspersonen oder sonstigen Personen, die für die Übermittlung gerichtlicher und außergerichtlicher Schriftstücke, die in einem anderen Mitgliedstaat zuzustellen sind, zuständig sind, im folgenden „Übermittlungsstellen" genannt.
(2) Jeder Mitgliedstaat benennt die Behörden, Amtspersonen oder sonstigen Personen, die für die Entgegennahme gerichtlicher und außergerichtlicher Schriftstü-

---

[21] ABl. L 281 vom 23.11.1995, S. 31.
[22] ABl. L 24 vom 30.1.1998, S. 2.
[23] ABl. L 184 vom 17.7.1999, S. 23.

cke aus einem anderen Mitgliedstaat zuständig sind, im folgenden „Empfangsstellen" genannt.
(3) Die Mitgliedstaaten können entweder eine Übermittlungsstelle und eine Empfangsstelle oder eine Stelle für beide Aufgaben benennen. Bundesstaaten, Staaten mit mehreren Rechtssystemen oder Staaten mit autonomen Gebietskörperschaften können mehrere derartige Stellen benennen. Diese Benennung ist für einen Zeitraum von fünf Jahren gültig und kann alle fünf Jahre erneuert werden.
(4) Jeder Mitgliedstaat teilt der Kommission folgende Angaben mit:
a) die Namen und Anschriften der Empfangsstellen nach den Absätzen 2 und 3,
b) den Bereich, für den diese örtlich zuständig sind,
c) die ihnen zur Verfügung stehenden Möglichkeiten für den Empfang von Schriftstücken und
d) die Sprachen, in denen das Formblatt im Anhang ausgefüllt werden darf.
Die Mitgliedstaaten teilen der Kommission jede Änderung dieser Angaben mit.

Artikel 3. Zentralstelle
Jeder Mitgliedstaat benennt eine Zentralstelle, die
a) den Übermittlungsstellen Auskünfte erteilt;
b) nach Lösungswegen sucht, wenn bei der Übermittlung von Schriftstücken zum Zwecke der Zustellung Schwierigkeiten auftreten;
c) in Ausnahmefällen auf Ersuchen einer Übermittlungsstelle einen Zustellungsantrag an die zuständige Empfangsstelle weiterleitet.
Bundesstaaten, Staaten mit mehreren Rechtssystemen oder Staaten mit autonomen Gebietskörperschaften können mehrere Zentralstellen benennen.

KAPITEL II. GERICHTLICHE SCHRIFTSTÜCKE

Abschnitt 1. Übermittlung und Zustellung von gerichtlichen Schriftstücken

Artikel 4. Übermittlung von Schriftstücken
(1) Gerichtliche Schriftstücke sind zwischen den nach Artikel 2 benannten Stellen unmittelbar und so schnell wie möglich zu übermitteln.
(2) Die Übermittlung von Schriftstücken, Anträgen, Zeugnissen, Empfangsbestätigungen, Bescheinigungen und sonstigen Dokumenten zwischen den Übermittlungs- und Empfangsstellen kann auf jedem geeigneten Übermittlungsweg erfolgen, sofern das empfangene Dokument mit dem versandten Dokument inhaltlich genau übereinstimmt und alle darin enthaltenen Angaben mühelos lesbar sind.
(3) Dem zu übermittelnden Schriftstück ist ein Antrag beizufügen, der nach dem Formblatt im Anhang erstellt wird. Das Formblatt ist in der Amtssprache des Empfangsmitgliedstaats oder, wenn es in diesem Mitgliedstaat mehrere Amtssprachen gibt, der Amtssprache oder einer der Amtssprachen des Ortes, an dem die Zustellung erfolgen soll, oder in einer sonstigen Sprache, die der Empfangsmitgliedstaat zugelassen hat, auszufüllen. Jeder Mitgliedstaat hat die Amtssprache oder die Amtssprachen der Europäischen Union anzugeben, die er außer seiner oder seinen eigenen für die Ausfüllung des Formblatts zulässt.
(4) Die Schriftstücke sowie alle Dokumente, die übermittelt werden, bedürfen weder der Beglaubigung noch einer anderen gleichwertigen Formalität.

(5) Wünscht die Übermittlungsstelle die Rücksendung einer Abschrift des Schriftstücks zusammen mit der Bescheinigung nach Artikel 10, so übermittelt sie das betreffende Schriftstück in zweifacher Ausfertigung.

Artikel 5. Übersetzung der Schriftstücke
(1) Der Verfahrensbeteiligte wird von der Übermittlungsstelle, der er das Schriftstück zum Zweck der Übermittlung übergibt, davon in Kenntnis gesetzt, dass der Empfänger die Annahme des Schriftstücks verweigern darf, wenn es nicht in einer der in Artikel 8 genannten Sprachen abgefasst ist.
(2) Der Verfahrensbeteiligte trägt etwaige vor der Übermittlung des Schriftstücks anfallende Übersetzungskosten unbeschadet einer etwaigen späteren Kostenentscheidung des zuständigen Gerichts oder der zuständigen Behörde.

Artikel 6. Entgegennahme der Schriftstücke durch die Empfangsstelle
(1) Nach Erhalt des Schriftstücks übersendet die Empfangsstelle der Übermittlungsstelle auf schnellstmöglichem Wege und so bald wie möglich, auf jeden Fall aber innerhalb von sieben Tagen nach Erhalt des Schriftstücks, eine Empfangsbestätigung unter Verwendung des Formblatts im Anhang.
(2) Kann der Zustellungsantrag aufgrund der übermittelten Angaben oder Dokumente nicht erledigt werden, so nimmt die Empfangsstelle auf schnellstmöglichem Wege Verbindung zu der Übermittlungsstelle auf, um die fehlenden Angaben oder Schriftstücke zu beschaffen.
(3) Fällt der Zustellungsantrag offenkundig nicht in den Anwendungsbereich dieser Verordnung oder ist die Zustellung wegen Nichtbeachtung der erforderlichen Formvorschriften nicht möglich, sind der Zustellungsantrag und die übermittelten Schriftstücke sofort nach Erhalt zusammen mit dem Formblatt im Anhang für die Benachrichtigung über Rücksendung an die Übermittlungsstelle zurückzusenden.
(4) Eine Empfangsstelle, die ein Schriftstück erhält, für dessen Zustellung sie örtlich nicht zuständig ist, leitet dieses Schriftstück zusammen mit dem Zustellungsantrag an die örtlich zuständige Empfangsstelle in demselben Mitgliedstaat weiter, sofern der Antrag den Voraussetzungen in Artikel 4 Absatz 3 entspricht; sie setzt die Übermittlungsstelle unter Verwendung des Formblatts im Anhang davon in Kenntnis. Die örtlich zuständige Empfangsstelle teilt der Übermittlungsstelle gemäss Absatz 1 den Eingang des Schriftstücks mit.

Artikel 7. Zustellung der Schriftstücke
(1) Die Zustellung des Schriftstücks wird von der Empfangsstelle bewirkt oder veranlasst, und zwar entweder nach dem Recht des Empfangsmitgliedstaats oder in einer von der Übermittlungsstelle gewünschten besonderen Form, sofern dieses Verfahren mit dem Recht des Empfangsmitgliedstaats vereinbar ist.
(2) Alle für die Zustellung erforderlichen Schritte sind so bald wie möglich vorzunehmen. Konnte die Zustellung nicht binnen einem Monat nach Eingang des Schriftstücks vorgenommen werden, teilt die Empfangsstelle dies der Übermittlungsstelle unter Verwendung der Bescheinigung mit, die in dem Formblatt im Anhang vorgesehen und gemäss Artikel 10 Absatz 2 auszustellen ist. Die Frist wird nach dem Recht des Empfangsmitgliedstaats berechnet.

Artikel 8. Verweigerung der Annahme eines Schriftstücks
(1) Die Empfangsstelle setzt den Empfänger davon in Kenntnis, dass er die Annahme des zuzustellenden Schriftstücks verweigern darf, wenn dieses in einer anderen als den folgenden Sprachen abgefasst ist:
a) der Amtssprache des Empfangsmitgliedstaats oder, wenn es im Empfangsmitgliedstaat mehrere Amtssprachen gibt, der Amtssprache oder einer der Amtssprachen des Ortes, an dem die Zustellung erfolgen soll, oder
b) einer Sprache des Übermittlungsmitgliedstaats, die der Empfänger versteht.
(2) Wird der Empfangsstelle mitgeteilt, dass der Empfänger die Annahme des Schriftstücks gemäss Absatz 1 verweigert, setzt sie die Übermittlungsstelle unter Verwendung der Bescheinigung nach Artikel 10 unverzüglich davon in Kenntnis und sendet den Antrag sowie die Schriftstücke, um deren Übersetzung ersucht wird, zurück.

Artikel 9. Datum der Zustellung
(1) Unbeschadet des Artikels 8 ist für das Datum der nach Artikel 7 erfolgten Zustellung eines Schriftstücks das Recht des Empfangsmitgliedstaats maßgeblich.
(2) Wenn jedoch die Zustellung eines Schriftstücks im Rahmen eines im Übermittlungsmitgliedstaat einzuleitenden oder anhängigen Verfahrens innerhalb einer bestimmten Frist zu erfolgen hat, ist im Verhältnis zum Antragsteller als Datum der Zustellung der Tag maßgeblich, der sich aus dem Recht des Übermittlungsmitgliedstaats ergibt.
(3) Ein Mitgliedstaat kann aus angemessenen Gründen während eines Übergangszeitraums von fünf Jahren von den Absätzen 1 und 2 abweichen.
Dieser Übergangszeitraum kann von einem Mitgliedstaat aus Gründen, die sich aus seinem Rechtssystem ergeben, in Abständen von fünf Jahren erneuert werden. Der Mitgliedstaat teilt der Kommission den Inhalt der Abweichung und die konkreten Einzelheiten mit.

Artikel 10. Bescheinigung über die Zustellung und Abschrift des zugestellten Schriftstücks
(1) Nach Erledigung der für die Zustellung des Schriftstücks vorzunehmenden Schritte wird nach dem Formblatt im Anhang eine entsprechende Bescheinigung ausgestellt, die der Übermittlungsstelle übersandt wird. Bei Anwendung von Artikel 4 Absatz 5 wird der Bescheinigung eine Abschrift des zugestellten Schriftstücks beigefügt.
(2) Die Bescheinigung ist in der Amtssprache oder in einer der Amtssprachen des Übermittlungsmitgliedstaats oder in einer sonstigen Sprache, die der Übermittlungsmitgliedstaat zugelassen hat, auszufüllen. Jeder Mitgliedstaat hat die Amtssprache oder die Amtssprachen der Europäischen Union anzugeben, die er außer seiner oder seinen eigenen für die Ausfüllung des Formblatts zulässt.

Artikel 11. Kosten der Zustellung
(1) Für die Zustellung gerichtlicher Schriftstücke aus einem anderen Mitgliedstaat darf keine Zahlung oder Erstattung von Gebühren und Auslagen für die Tätigkeit des Empfangsmitgliedstaats verlangt werden.
(2) Der Verfahrensbeteiligte hat jedoch die Auslagen zu zahlen oder zu erstatten, die dadurch entstehen,

1. Zustellungsordnung

a) dass bei der Zustellung eine Amtsperson oder eine andere nach dem Recht des Empfangsmitgliedstaats zuständige Person mitwirkt;
b) dass eine besondere Form der Zustellung eingehalten wird.

Abschnitt 2. Andere Arten der Übermittlung und Zustellung gerichtlicher Schriftstücke

Artikel 12. Übermittlung auf konsularischem oder diplomatischem Weg
Jedem Mitgliedstaat steht es in Ausnahmefällen frei, den nach Artikel 2 oder Artikel 3 benannten Stellen eines anderen Mitgliedstaats gerichtliche Schriftstücke zum Zweck der Zustellung auf konsularischem oder diplomatischem Weg zu übermitteln.

Artikel 13. Zustellung von Schriftstücken durch die diplomatischen oder konsularischen Vertretungen
(1) Jedem Mitgliedstaat steht es frei, Personen, die ihren Wohnsitz in einem anderen Mitgliedstaat haben, gerichtliche Schriftstücke unmittelbar durch seine diplomatischen oder konsularischen Vertretungen ohne Anwendung von Zwang zustellen zu lassen.
(2) Jeder Mitgliedstaat kann nach Artikel 23 Absatz 1 mitteilen, dass er eine solche Zustellung in seinem Hoheitsgebiet nicht zulässt, außer wenn das Schriftstück einem Staatsangehörigen des Übermittlungsmitgliedstaats zuzustellen ist.

Artikel 14. Zustellung durch die Post
(1) Jedem Mitgliedstaat steht es frei, Personen, die ihren Wohnsitz in einem anderen Mitgliedstaat haben, gerichtliche Schriftstücke unmittelbar durch die Post zustellen zu lassen.
(2) Jeder Mitgliedstaat kann nach Artikel 23 Absatz 1 die Bedingungen bekannt geben, unter denen er eine Zustellung gerichtlicher Schriftstücke durch die Post zulässt.

Artikel 15. Unmittelbare Zustellung
(1) Diese Verordnung schließt nicht aus, dass jeder an einem gerichtlichen Verfahren Beteiligte gerichtliche Schriftstücke unmittelbar durch Amtspersonen, Beamte oder sonstige zuständige Personen des Empfangsmitgliedstaats zustellen lassen kann.
(2) Jeder Mitgliedstaat kann nach Artikel 23 Absatz 1 erklären, dass er die Zustellung gerichtlicher Schriftstücke nach Absatz 1 in seinem Hoheitsgebiet nicht zulässt.

KAPITEL III. AUSSERGERICHTLICHE SCHRIFTSTÜCKE

Artikel 16. Übermittlung
Außergerichtliche Schriftstücke können zum Zweck der Zustellung in einem anderen Mitgliedstaat nach Maßgabe dieser Verordnung übermittelt werden.

KAPITEL IV. SCHLUSSBESTIMMUNGEN

Artikel 17. Durchführungsbestimmungen
Die zur Durchführung dieser Verordnung erforderlichen Maßnahmen in bezug auf die nachstehenden Sachbereiche sind nach dem Beratungsverfahren des Artikels 18 Absatz 2 zu erlassen:
a) die Erstellung und jährliche Aktualisierung eines Handbuchs mit den von den Mitgliedstaaten nach Artikel 2 Absatz 4 mitgeteilten Angaben;
b) die Erstellung eines Glossars in den Amtssprachen der Europäischen Union über die Schriftstücke, die nach Maßgabe dieser Verordnung zugestellt werden können;
c) die Aktualisierung oder technischen Anpassungen des Formblatts im Anhang.

Artikel 18. Ausschuss
(1) Die Kommission wird von einem Ausschuss unterstützt.
(2) Wird auf diesen Absatzes Bezug genommen, so gelten die Artikel 3 und 7 des Beschlusses 1999/468/EG.
(3) Der Ausschuss gibt sich eine Geschäftsordnung.

Artikel 19. Nichteinlassung des Beklagten
(1) War ein verfahrenseinleitendes Schriftstück oder ein gleichwertiges Schriftstück nach dieser Verordnung zum Zweck der Zustellung in einen anderen Mitgliedstaat zu übermitteln und hat sich der Beklagte nicht auf das Verfahren eingelassen, so hat das Gericht das Verfahren auszusetzen, bis festgestellt ist,
a) dass das Schriftstück in einer Form zugestellt worden ist, die das Recht des Empfangsmitgliedstaats für die Zustellung der in seinem Hoheitsgebiet ausgestellten Schriftstücke an dort befindliche Personen vorschreibt, oder
b) dass das Schriftstück tatsächlich entweder dem Beklagten persönlich ausgehändigt oder nach einem anderen in dieser Verordnung vorgesehenen Verfahren in seiner Wohnung abgegeben worden ist,
und dass in jedem dieser Fälle das Schriftstück so rechtzeitig ausgehändigt bzw. abgegeben worden ist, dass der Beklagte sich hätte verteidigen können.
(2) Jeder Mitgliedstaat kann nach Artikel 23 Absatz 1 mitteilen, dass seine Gerichte ungeachtet des Absatzes 1 den Rechtsstreit entscheiden können, auch wenn keine Bescheinigung über die Zustellung oder die Aushändigung bzw. Abgabe eingegangen ist, sofern folgende Voraussetzungen gegeben sind:
a) Das Schriftstück ist nach einem in dieser Verordnung vorgesehenen Verfahren übermittelt worden.
b) Seit der Absendung des Schriftstücks ist eine Frist von mindestens sechs Monaten verstrichen, die das Gericht nach den Umständen des Falles als angemessen erachtet.
c) Trotz aller zumutbaren Schritte bei den zuständigen Behörden oder Stellen des Empfangsmitgliedstaats war eine Bescheinigung nicht zu erlangen.
(3) Unbeschadet der Absätze 1 und 2 kann das Gericht in dringenden Fällen einstweilige Maßnahmen oder Sicherungsmaßnahmen anordnen.
(4) War ein verfahrenseinleitendes Schriftstück oder ein gleichwertiges Schriftstück nach dieser Verordnung zum Zweck der Zustellung in einen anderen Mitgliedstaat zu übermitteln und ist eine Entscheidung gegen einen Beklagten ergangen, der

sich nicht auf das Verfahren eingelassen hat, so kann ihm das Gericht in bezug auf Rechtsmittelfristen die Wiedereinsetzung in den vorigen Stand bewilligen, sofern
a) der Beklagte ohne sein Verschulden nicht so rechtzeitig Kenntnis von dem Schriftstück erlangt hat, dass er sich hätte verteidigen können, und nicht so rechtzeitig Kenntnis von der Entscheidung erlangt hat, dass er sie hätte anfechten können, und
b) die Verteidigung des Beklagten nicht von vornherein aussichtslos scheint.
Ein Antrag auf Wiedereinsetzung in den vorigen Stand kann nur innerhalb einer angemessenen Frist, nachdem der Beklagte von der Entscheidung Kenntnis erhalten hat, gestellt werden.
Jeder Mitgliedstaat kann nach Artikel 23 Absatz 1 erklären, dass dieser Antrag nach Ablauf einer in seiner Mitteilung anzugebenden Frist unzulässig ist; diese Frist muss jedoch mindestens ein Jahr ab Erlass der Entscheidung betragen.
(5) Absatz 4 gilt nicht für Entscheidungen, die den Personenstand betreffen.

Artikel 20. Verhältnis zu Übereinkünften oder Vereinbarungen, die die Mitgliedstaaten abgeschlossen haben

(1) Die Verordnung hat in ihrem Anwendungsbereich Vorrang vor den Bestimmungen, die in den von den Mitgliedstaaten geschlossenen bilateralen oder multilateralen Übereinkünften oder Vereinbarungen enthalten sind, insbesondere vor Artikel IV des Protokolls zum Brüsseler Übereinkommen von 1968 und vor dem Haager Übereinkommen vom 15. November 1956.
(2) Die Verordnung hindert einzelne Mitgliedstaaten nicht daran, Übereinkünfte oder Vereinbarungen zur weiteren Beschleunigung oder Vereinfachung der Übermittlung von Schriftstücken beizubehalten oder zu schließen, sofern sie mit dieser Verordnung vereinbar sind.
(3) Die Mitgliedstaaten übermitteln der Kommission
a) eine Abschrift der zwischen den Mitgliedstaaten geschlossenen Übereinkünfte oder Vereinbarungen nach Absatz 2 sowie Entwürfe dieser von ihnen geplanten Übereinkünfte oder Vereinbarungen sowie
b) jede Kündigung oder Änderung dieser Übereinkünfte oder Vereinbarungen.

Artikel 21. Prozesskostenhilfe

Artikel 23 des Abkommens über den Zivilprozess vom 17. Juli 1905, Artikel 24 des Übereinkommens über den Zivilprozess vom 1. März 1954 und Artikel 13 des Abkommens über die Erleichterung des internationalen Zugangs zu den Gerichten vom 25. Oktober 1980 bleiben im Verhältnis zwischen den Mitgliedstaaten, die Vertragspartei dieser Übereinkünfte sind, von dieser Verordnung unberührt.

Artikel 22. Datenschutz

(1) Die Empfangsstelle darf die nach dieser Verordnung übermittelten Informationen – einschließlich personenbezogener Daten – nur zu dem Zweck verwenden, zu dem sie übermittelt wurden.
(2) Die Empfangsstelle stellt die Vertraulichkeit derartiger Informationen nach Maßgabe ihres nationalen Rechts sicher.
(3) Die Absätze 1 und 2 berühren nicht das Auskunftsrecht von Betroffenen über die Verwendung der nach dieser Verordnung übermittelten Informationen, das ihnen nach dem einschlägigen nationalen Recht zusteht.

(4) Die Richtlinien 95/46/EG und 97/66/EG bleiben von dieser Verordnung unberührt.

Artikel 23. Mitteilung und Veröffentlichung
(1) Die Mitgliedstaaten teilen der Kommission die Angaben nach den Artikeln 2, 3, 4, 9, 10, 13, 14 und 15, Artikel 17 Buchstabe a) und Artikel 19 mit.
(2) Die Kommission veröffentlicht die Angaben nach Absatz 1 im Amtsblatt der Europäischen Gemeinschaften.[24]

Artikel 24. Überprüfung
Die Kommission legt dem Europäischen Parlament, dem Rat und dem Wirtschafts- und Sozialausschuss spätestens am 1. Juni 2004 und danach alle fünf Jahre einen Bericht über die Anwendung dieser Verordnung vor, wobei sie insbesondere auf die Effizienz der in Artikel 2 benannten Stellen und auf die praktische Anwendung von Artikel 3 Buchstabe c) und Artikel 9 achtet. Diesem Bericht werden erforderlichenfalls Vorschläge zur Anpassung dieser Verordnung an die Entwicklung der Zustellungssysteme beigefügt.

Artikel 25. Inkrafttreten
Diese Verordnung tritt am 31. Mai 2001 in Kraft.

ANHANG

ANTRAG AUF ZUSTELLUNG VON SCHRIFTSTÜCKEN
(Artikel 4 Absatz 3 der Verordnung (EG) Nr. 1348/2000 des Rates über die Zustellung gerichtlicher und außergerichtlicher Schriftstücke in Zivil- und Handelssachen in den Mitgliedstaaten[25])

Referenznummer:

1. ÜBERMITTLUNGSTELLE
   1.1. Name/Bezeichnung:
   1.2. Anschrift:
      1.2.1. Straße + Hausnummer:
      1.2.2. PLZ + Ort:
      1.2.3. Staat:
   1.3. Tel.:
   1.4. Fax.*:
   1.5. E-Mail*:

2. EMPFANGSSTELLE
   2.1. Name/Bezeichnung:
   2.2. Anschrift:
      2.2.1. Straße + Hausnummer:

---

[24] Die Angaben sind in dieser Sammlung abgedruckt.
[25] ABl. L 160 vom 30.6.2000, S. 37.

1. Zustellungsordnung

    2.2.2. PLZ + Ort:
    2.2.3. Staat:
  2.3. Tel.:
  2.4. Fax.*:
  2.5. E-Mail*:

3. ANTRAGSTELLER
  3.1. Name/Bezeichnung:
  3.2. Anschrift:
    3.2.1. Straße + Hausnummer:
    3.2.2. PLZ + Ort:
    3.2.3. Staat:
  3.3. Tel.*:
  3.4. Fax.*:
  3.5. E-Mail*:

4. EMPFÄNGER
  4.1. Name/Bezeichnung:
  4.2. Anschrift:
    4.2.1. Straße + Hausnummer:
    4.2.2. PLZ + Ort:
    4.2.3. Staat:
  4.3. Tel.*:
  4.4. Fax.*:
  4.5. E-Mail*:
  4.6. Personenkennziffer oder Sozialversicherungsnummer oder gleichwertige Kennnummer/Kennnummer des Unternehmens oder gleichwertige Kennnummer*:

5. FORM DER ZUSTELLUNG
  5.1. Gemäß den Rechtsvorschriften des Empfangsmitgliedstaats
  5.2. Gemäß der folgenden besonderen Form:
    5.2.1. Sofern diese Form mit den Rechtsvorschriften des Empfangsmitgliedstaats unvereinbar ist, soll die Zustellung nach seinem Recht erfolgen:
      5.2.1.1. Ja
      5.2.1.2. Nein

6. ZUSTELLUNG DES SCHRIFTSTÜCKS
  6.1. Art des Schriftstücks
    6.1.1. gerichtlich:
      6.1.1.1. schriftliche Vorladung
      6.1.1.2. Urteil
      6.1.1.3. Rechtsmittel
      6.1.1.4. sonstiger Art:
    6.1.2. außergerichtlich
  6.2. In dem Schriftstück angegebenes Datum oder Frist*:
  6.3. Sprache des Schriftstücks:
    6.3.1. Original D, EN, DK, ES, FIN, FR, GR, IT, NL, P, S, sonstige Sprache:

6.3.2. Übersetzung D, EN, DK, ES, FIN, FR, GR, IT, NL, P, S, sonstige Sprache:
6.4. Anzahl der Anlagen:

7. RÜCKSENDUNG EINER ABSCHRIFT DES SCHRIFTSTÜCKS ZUSAMMEN MIT DER BESCHEINIGUNG ÜBER DIE ZUSTELLUNG (ARTIKEL 4 ABSATZ 5 DER VERORDNUNG)
7.1. Ja (in diesem Fall ist das zuzustellende Schriftstück zweifach zu übersenden)
7.2. Nein

1. Nach Artikel 7 Absatz 2 der Verordnung müssen alle für die Zustellung erforderlichen Schritte so bald wie möglich erfolgen. Ist es nicht möglich gewesen, die Zustellung binnen einem Monat nach Erhalt des Schriftstücks vorzunehmen, so muss dies der Übermittlungsstelle anhand der Bescheinigung nach NR. 13 mitgeteilt werden.
2. Kann der Antrag anhand der übermittelten Informationen oder Dokumente nicht erledigt werden, so müssen Sie nach Artikel 6 Absatz 2 der Verordnung auf schnellstmöglichem Wege Verbindung zu der Übermittlungsstelle aufnehmen, um die fehlenden Auskünfte oder Aktenstücke zu beschaffen.

Geschehen zu:
am:
Unterschrift und/oder Stempel:

Referenznummer der Empfangsstelle

EMPFANGSBESTÄTIGUNG FÜR DAS FOLGENDE SCHRIFTSTÜCK
(Artikel 6 Absatz 1 der Verordnung (EG) Nr. 1348/2000)
Diese Bestätigung ist auf dem schnellstmöglichem Wege und so bald wie möglich, auf jeden Fall aber innerhalb von sieben Tagen nach Erhalt des Schriftstücks, zu übermitteln.

8. TAG DES EINGANGS:

Geschehen zu:
am:
Unterschrift und/oder Stempel:

1. Zustellungsordnung 203

BENACHRICHTIGUNG ÜBER DIE RÜCKSENDUNG DES ANTRAGS UND DES SCHRIFTSTÜCKS
(Artikel 6 Absatz 3 der Verordnung (EG) Nr. 1348/2000)

Der Antrag und das Schriftstück sind sofort nach Erhalt zurückzuschicken.

9. GRUND FÜR DIE RÜCKSENDUNG:
   9.1. Der Antrag fällt offensichtlich nicht in den Anwendungsbereich der Verordnung:
      9.1.1. Das Schriftstück betrifft nicht Zivil- und Handelssachen
      9.1.2. Die Zustellung erfolgt nicht von einem Mitgliedstaat in einen anderen Mitgliedstaat
   9.2. Aufgrund der Nichtbeachtung der erforderlichen Formvorschriften ist die Zustellung nicht möglich:
      9.2.1. Das Schriftstück ist nicht mühelos lesbar
      9.2.2. Die zur Ausfüllung des Formblattes verwendete Sprache ist unzulässig
      9.2.3. Das empfangene Schriftstück stimmt mit dem versandten Schriftstück inhaltlich nicht überein
      9.2.4. Sonstiges (genaue Angaben):
   9.3. Die Form der Zustellung ist mit dem Recht des Empfangsmitgliedstaats nicht vereinbar (Artikel 7 Absatz 1 der Verordnung)

Geschehen zu:
am:
Unterschrift und/oder Stempel:

BENACHRICHTIGUNG ÜBER DIE WEITERENTWICKLUNG DES ANTRAGS UND DES SCHRIFTSSTÜCKS AN DIE ZUSTÄNDIGE EMPFANGSSTELLE
(Artikel 6 Absatz 4 der Verordnung (EG) Nr. 1348/2000)

Der Antrag und das Schriftstück wurden an die folgende, örtlich zuständige Empfangsstelle weitergeleitet:

10. EMPFANGSSTELLE
10.1. Name/Bezeichnung:
10.2. Anschrift:
10.2.1. Straße + Hausnummer:
10.2.2. PLZ + Ort:
10.2.3. Staat:
10.3. Tel.:
10.4. Fax.*:
10.5. E-Mail*:

Geschehen zu:
am:
Unterschrift und/oder Stempel:

Referenznummer der zuständigen Empfangsstelle:

EMPFANGSMITTEILLUNG DER ZUSTÄNDIGEN EMPFANGSSTELLE AN DIE ÜBERMITTLUNGSSTELLE
(Artikel 6 Absatz 4 der Verordnung (EG) Nr. 1348/2000)

Diese Mitteilung ist auf schnellstmöglichem Wege und so bald wie möglich, auf jeden Fall aber innerhalb von sieben Tagen nach Erhalt des Schriftstücks, zu übermitteln.

11. TAG DES EINGANGS:

Geschehen zu:
am:
Unterschrift und/oder Stempel:

BESCHEINIGUNG ÜBER DIE ZUSTELLUNG BZW: NICHTZUSTELLUNG VON SCHRIFTSSTÜCKEN
(Artikel 10 der Verordnung (EG) Nr. 1348/2000)

Die Zustellung hat so bald wie möglich zu erfolgen. Ist es nicht möglich gewesen, die Zustellung binnen einem Monat nach Erhalt des Schriftstücks vorzunehmen, so teilt die Empfangsstelle dies der Übermittlungsstelle mit (gemäß Artikel 7 Absatz 2 der Verordnung).

12. DURCHFÜHRUNG DER ZUSTELLUNG
   12.1. Tag und Ort der Zustellung:
   12.2. Das Schriftstück wurde
      12.2.1. gemäß dem Recht des Empfangsmitgliedstaats zugestellt, und zwar
         12.2.1.1. übergeben
            12.2.1.1.1. dem Empfänger persönlich
            12.2.1.1.2. einer anderen Person
               12.2.1.1.2.1. Name:
               12.2.1.1.2.2. Anschrift:
                  12.2.1.1.2.2.1. Straße + Hausnummer:
                  12.2.1.1.2.2.2. PLZ + Ort:
                  12.2.1.1.2.2.3. Staat:
               12.2.1.1.2.3. Beziehung zum Empfänger
               Familienangehöriger/Angestellter/Sonstiges
            12.2.1.1.3. am Wohnsitz des Empfängers
        12.2.1.2. auf dem Postweg zugestellt
            12.2.1.2.1. ohne Empfangsbestätigung
            12.2.1.2.2. mit der beigefügten Empfangsbestätigung
               12.2.1.2.2.1. des Empfängers
               12.2.1.2.2.2. einer anderen Person
                  12.2.1.2.2.2.1. Name:
                  12.2.1.2.2.2.2. Anschrift:

12.2.1.2.2.2.2.1. Straße + Hausnummer:
12.2.1.2.2.2.2.2. PLZ + Ort:
12.2.1.2.2.2.2.3. Staat:
12.2.1.2.2.2.3. Beziehung zum Empfänger
Familienangehöriger/Angestellter/Sonstiges
12.2.1.3. auf andere Weise zugestellt (bitte genaue Angabe):
12.2.2. in folgender besonderer Form zugestellt (bitte genaue Angabe):
12.3. Der Empfänger des Schriftstücks wurde (mündlich) (schriftlich) davon in Kenntnis gesetzt, dass er die Entgegennahme des Schriftstücks verweigern kann, wenn es nicht in einer Amtssprache des Ortes der Zustellung oder in einer Amtssprache des übermittelnden Staates, die er versteht, abgefasst ist.

13. MITTEILUNG GEMÄSS ARTIKEL 7 ABSATZ 2
Die Zustellung konnte nicht binnen einem Monat nach Erhalt des Schriftstücks vorgenommen werden.

14. VERWEIGERUNG DER ENTGEGENNAHME DES SCHRIFTSTÜCKS
Der Empfänger verweigerte die Annahme des Schriftstücks aufgrund der verwendeten Sprache. Die Schriftstücke sind dieser Bescheinigung beigefügt.

15. GRUND FÜR DIE NICHTZUSTELLUNG DES SCHRIFTSTÜCKS
15.1. Wohnsitz nicht bekannt
15.2. Empfänger unbekannt
15.3. Das Schriftstück konnte nicht vor dem Datum bzw. innerhalb der Frist nach Nummer 6.2. zugestellt werden
15.4. Sonstiges (bitte angeben):

Die Schriftstücke sind dieser Bescheinigung beigefügt.

Geschehen zu:
Am:
Unterschrift und/oder Stempel:

2. Angaben der Mitgliedstaaten gemäß Artikel 23 der Verordnung (EG) Nr. 1348/2000 des Rates vom 29. Mai 2000 über die Zustellung gerichtlicher und außergerichtlicher Schriftstücke in Zivil- oder Handelssachen in den Mitgliedstaaten (konsolidierte Fassung)

Amtsblatt Nr. C 151 vom 22/05/2001 S. 4–17[1]

Einführung

Dieses Amtsblatt enthält einen Teil der Informationen, die gemäß Artikel 23 Absatz 2 der Verordnung (EG) Nr. 1348/2000[2] zu veröffentlichen sind. Es handelt sich um die von den Mitgliedstaaten mitgeteilten Angaben gemäß den Artikeln 2 (Übermittlungsstellen), 3, 4, 9, 10, 13, 14, 15 und 19 der Verordnung (EG) Nr. 1348/2000. Die Angaben zu den Empfangsstellen sind gesondert in einem Handbuch[3] veröffentlicht. Es sei daran erinnert, dass die Verordnung nicht für Dänemark gilt. Die Tatsache, dass ein Mitgliedstaat zu Artikel 14 keine besondere Sprachregelung mitgeteilt hat, bedeutet implizit, dass die Sprachregelung des Artikels 8 gilt.

BELGIEN

Artikel 2 – Übermittlungsstellen

1. Geschäftsstellen der Friedens- und Polizeigerichte
2. Geschäftsstellen der Gerichte erster Instanz
3. Geschäftsstellen der Handelsgerichte
4. Geschäftsstellen der Arbeitsgerichte
5. Geschäftsstellen der Appelationshöfe und der Arbeitsgerichtshöfe
6. Geschäftsstellen des Kassationshofs
7. Staatsanwaltschaft einschließlich des Arbeitsauditoriats
8. Gerichtsvollzieher (huissiers de justice)

Artikel 3 – Zentralstelle

Zentralstelle ist die „Chambre nationale des huissiers de justice/Nationale Kamer van Gerechtsdeurwaarders".
Chambre nationale des huissiers de justice/Nationale Kamer van Gerechtsdeurwaarders
Avenue Henri Jaspar 93/Henri Jasparlaan 93
B-1060 Brüssel
Tel. (+32-2) 5380092
Fax (+32-2) 5394111
E-Mail: Chambre.Nationale@huissiersdejustice.be

---

[1] Die erste Aktualisierung dieser Angaben wurde im Amtsblatt Nr. C 202 vom 18/07/2001 S. 10–15. Die zweite Aktualisierung dieser Angaben wurde im Amtsblatt Nr. C 282 vom 6/10/2001 S. 2. Die dritte Aktualisierung dieser Angaben wurde im Amtsblatt Nr. C 13 vom 17/01/2002 S. 2–5. Die konsolidierte Fassung wird regelmäßig im Internet aktualisiert: http://europa.eu.int/comm/justice_home/unit/civil_reg1348_de.htm.

[2] ABl. L 160 vom 30.6.2000, S. 37.

[3] ABl. L 298 vom 15.11.2001, S. 1.

Nationale.Kamer@gerechtsdeurwaarders.be
Angaben können per Post, per Fax, per E-Mail oder telefonisch übermittelt werden.
Sprachkenntnisse: Französisch, Niederländisch, Deutsch und Englisch.

Artikel 4 – Übermittlung von Schriftstücken
Das Antragsformular (Formblatt) kann außer in Französisch, Niederländisch und Deutsch auch in Englisch ausgefüllt werden.

Artikel 9 – Datum der Zustellung
Belgien beabsichtigt, von Artikel 9 Absätze 1 und 2 abzuweichen und den Anwendungsbereich von Absatz 2 auszuweiten, der danach wie folgt lautet:
„Für die Zustellung eines gerichtlichen oder außergerichtlichen Schriftstücks ist im Verhältnis zum Antragsteller als Datum der Zustellung jedoch der Tag maßgeblich, der sich aus dem Recht des Übermittlungsstaats ergibt."
Begründung
Belgien ist der Ansicht, dass es aus Gründen der Rechtssicherheit für den Antragsteller gerechtfertigt ist, das Datum der Zustellung, soweit es ihn betrifft, unbeschadet des Schutzes der anderen Partei, wie er sich aus Artikel 9 Absatz 1 ergibt, festzusetzen.
In seiner jetzigen Fassung kann Absatz 2 die Rechte des Antragstellers verletzen. Auch in Situationen, in denen von Gesetzes wegen keine Frist für ein Tätigwerden bestimmt ist, ist es bei gerichtlichen und außergerichtlichen Schriftstücken wichtig, der Vornahme einer Handlung Rechtswirkung zuzuerkennen.
Wenn demnach eine Partei, die den Rechtsstreit in erster Instanz verloren hat, Berufung einlegen will, muss sie die Möglichkeit haben, dies zu tun, ohne die Erfüllung einer Formvorschrift, d. h. die Zustellung des Urteils, abwarten zu müssen.
Gleiches gilt für den Fall, dass eine Person, die eine Verjährungsfrist unterbrechen will, ein die Verjährung unterbrechendes Schriftstück (außergerichtliches Schriftstück) zustellen lässt.

Artikel 10 – Bescheinigung über die Zustellung und Abschrift des zugestellten Schriftstücks
Das Bescheinigungsformular kann außer in Französisch, Niederländisch und Deutsch auch in Englisch ausgefüllt werden.

Artikel 13 – Zustellung von Schriftstücken durch die diplomatischen oder konsularischen Vertretungen
Belgien lässt die Zustellung nach Artikel 13 Absatz 1 in seinem Hoheitsgebiet nicht zu.

Artikel 14 – Zustellung durch die Post
Belgien lässt die Zustellung gerichtlicher Schriftstücke durch die Post unter folgenden Voraussetzungen zu:
– Per Einschreiben mit Rückschein oder gleichwertiger Bescheinigung;
– Erfordernis einer Übersetzung gemäß Artikel 8;
– Verwendung des nachstehenden Formulars:

Zustellung durch die Post – Artikel 14 der Verordnung (EG) Nr. 1348/ 2000 des Rates über die Zustellung gerichtlicher und außergerichtlicher Schriftstücke in Zivil- oder Handelssachen in den Mitgliedstaaten[4]

Referenznummer:

1. ÜBERMITTLUNGSSTELLE
   1.1. Name:
   1.2. Anschrift:
      1.2.1. Nummer/Postfach und Straße:
      1.2.2. Postleitzahl und Ort:
      1.2.3. Land:
   1.3. Telefon:
   1.4. Fax (*):
   1.5. E-Mail (*):
2. ANTRAGSTELLER
   2.1. Name:
   2.2. Anschrift:
      2.2.1. Nummer/Postfach und Straße:
      2.2.2. Postleitzahl und Ort:
   2.2.3. Land:
   2.3. Telefon:
   2.4. Fax (*):
   2.5. E-Mail (*):
3. EMPFÄNGER
   3.1. Name:
   3.2. Anschrift:
      3.2.1. Nummer/Postfach und Straße:
      3.2.2. Postleitzahl und Ort:
      3.2.3. Land:
   3.3. Telefon:
   3.4. Fax (*):
   3.5. E-Mail (*):
   3.6. Personenkennziffer/Sozialversicherungsnummer/Kennnummer des Unternehmens oder gleichwertige Kennnummer (*):
4. FORM DER ZUSTELLUNG: durch die Post
5. DURCH DIE POST ZUZUSTELLENDES SCHRIFTSTÜCK
   5.1. Art des Schriftstücks:
      5.1.1. gerichtlich
         5.1.1.1. schriftliche Vorladung
         5.1.1.2. Urteil
         5.1.1.3. Rechtsmittel
         5.1.1.4. Sonstiges
      5.1.2. außergerichtlich
   5.2. Sprache des Schriftstücks

---

[4] ABl. L 160 vom 30.06.2000, S. 37.

5.2.1. Original: DE, EN, DA, ES, FI, FR, EL, IT, NL, PT, SV, sonstige Sprache:
5.2.2.(*) Übersetzung: DE, EN, DA, ES, FI, FR, EL, IT, NL, PT, SV, sonstige Sprache:
5.3. Anzahl der Anlagen
6. SPRACHREGELUNG
Der Empfänger wird von der Übermittlungsstelle davon in Kenntnis gesetzt, dass er die Annahme des Schriftstücks verweigern darf, wenn es nicht in der oder einer der Sprache(n) des Zustellungsorts oder in einer Sprache des Übermittlungsstaats abgefasst ist, die er nicht versteht, und dass das Schriftstück an die Übermittlungsstelle unter Angabe des Annahmeverweigerungsgrunds zurückzusenden ist.

Geschehen zu:
Am:
Unterschrift und/oder Stempel:

(*) Fakultativ.

Artikel 15 – Unmittelbare Zustellung
Belgien hat keine Einwände gegen die unmittelbare Zustellung gemäß Artikel 15 Absatz 1.

Artikel 19 – Nichteinlassung des Beklagten
Die belgischen Gerichte können unbeschadet der Bestimmungen des Absatzes 1 den Rechtsstreit entscheiden, wenn alle Voraussetzungen des Absatzes 2 erfüllt sind.
Der Antrag auf Wiedereinsetzung in den vorigen Stand gemäß Absatz 4 ist innerhalb eines Jahres nach Erlass der Entscheidung zu stellen.

DEUTSCHLAND

Artikel 2 – Übermittlungsstellen
Übermittlungsstelle für gerichtliche Schriftstücke ist das jeweils die Zustellung betreibende Gericht (§ 4 Abs. 1 Nr. 1 ZustDG).
Übermittlungsstelle für außergerichtliche Schriftstücke ist das Amtsgericht, in dessen Bezirk die Person, welche die Zustellung betreibt, ihren Wohnsitz oder gewöhnlichen Aufenthalt hat; bei notariellen Urkunden auch dasjenige Amtsgericht, in dessen Bezirk der beurkundende Notar seinen Amtssitz hat; bei juristischen Personen tritt an die Stelle des Wohnsitzes oder des gewöhnlichen Aufenthalts der Sitz; die Landesregierungen können die Aufgaben der Übermittlungsstelle einem Amtsgericht für die Bezirke mehrerer Amtsgerichte durch Rechtsverordnung zuweisen (§ 4 Abs. 1 Nr. 2 ZustDG).

Artikel 3 – Zentralstellen
Die Aufgabe der Zentralstelle wird in jedem deutschen Bundesland durch eine von der Landesregierung bestimmte Stelle wahrgenommen (§ 4 Abs. 3 ZustDG).

Verzeichnis der Zentralstellen nebst den zur Verfügung stehenden Kommunikationsmitteln

Als Postanschrift ist – soweit vorhanden – zunächst die Großkundenadresse, sonst – gegebenenfalls zusätzlich – die Postfachadresse angegeben.
Für den Briefdienst ist in erster Linie die Großkundenadresse, sonst die Postfachadresse zu verwenden.
Für Eilsendungen und für den Paketdienst (einschließlich Päckchen) ist die Hausanschrift zu verwenden.

	Postanschrift	Hausanschrift
A. BADEN-WÜRTTEMBERG Tel. (49-761) 205-0 Fax (49-761) 205-1804 EMail: Poststelle@AGFreiburg.justiz.bwl.de	Amtsgericht Freiburg D-79095 Freiburg im Breisgau	Amtsgericht Freiburg Holzmarkt 2 D-79098 Freiburg im Breisgau
B. BAYERN Tel. (49-89) 5597-01 Fax (49-89) 5597-2322 E-Mail: poststelle@stmj.bayern.de	Bayerisches Staatsministerium der Justiz D-80097 München	Bayerisches Staatsministerium der Justiz Justizpalast Prielmayerstraße 7 D-80335 München
C. BERLIN Tel. (49-30) 9013-0 Fax (4930) 9013-2000 E-Mail: poststelle@senjust.verwalt-berlin.de	Senatsverwaltung für Justiz Salzburger Straße 21–25 D-10825 Berlin	Senatsverwaltung für Justiz Salzburger Straße 21–25 D-10825 Berlin
D. BRANDENBURG Tel. (49-331) 866-0 Fax (49-331) 866-3080/3081 E-Mail: Poststelle@mdje.brandenburg.de	Ministerium der Justiz und für Europaangelegenheiten des Landes Brandenburg D-14460 Potsdam	Ministerium der Justiz und für Europaangelegenheiten des Landes Brandenburg Heinrich-Mann-Allee 107 D-14473 Potsdam
E. BREMEN Tel.: (49-421) 361 4204 Fax (49-421) 361 6713 E-Mail: office@landgericht.bremen.de	Landgericht Bremen Postfach 107843 D-28078 Bremen	Landgericht Bremen Domsheide 16 D-28195 Bremen

2. Angaben der Mitgliedsstaaten zur Zustellung 211

F. HAMBURG Tel.: (49-40) 42843-0 Fax (49-40) 42843-2383 E-Mail: poststelle@ag.justiz.hamburg.de	Amtsgericht Hamburg D-20348 Hamburg	Amtsgericht Hamburg Sievekingplatz 1 D-20355 Hamburg
G. HESSEN Tel.: (49-611) 32-0 Fax (49-611) 32-2763 E-Mail: poststelle@hmdj.hessen.de	Hessisches Ministerium der Justiz Postfach 3169 D-65021 Wiesbaden	Hessisches Ministerium der Justiz Luisenstraße 13 D-65185 Wiesbaden
H. MECKLENBURG VORPOMMERN Tel.: (49-385) 588-0 Fax (49-611) 588-3453 E-Mail: poststelle@jm.mv-regierung.de	Justizministerium Mecklenburg-Vorpommern D-19048 Schwerin	Justizministerium Mecklenburg-Vorpommern Demmlerplatz 14 D-19053 Schwerin
I. NIEDERSACHSEN Tel.: (49-511) 120-0 Fax (49-511) 120-5170/ 5185 E-Mail: Henning.Baum@mj.niedersachsen.de	Niedersächsisches Justizministerium Postfach 201 D-30002 Hannover	Niedersächsisches Justizministerium Waterlooplatz 1 D-30169 Hannover
J. NORDRHEIN-WESTFALEN Tel.: (49-211) 4971-0 Fax (49-211) 4971-548 E-Mail: poststelle@olg-duesseldorf.nrw.de	Oberlandesgericht Düsseldorf Postfach 300210 D-40402 Düsseldorf	Oberlandesgericht Düsseldorf Cecilienallee 3 D-40474 Düsseldorf
K. RHEINLAND-PFALZ Tel.: (49-6131) 16-0 Fax (49-6131) 16-4887 E-Mail: Poststelle@justiz.rlp.de	Ministerium der Justiz Postfach 3260 D-55022 Mainz	Ministerium der Justiz Ernst-Ludwig-Straße 3 D-55116 Mainz
L. SAARLAND Tel.: (49-681) 501-00 Fax (49-681) 501-5855 E-Mail: poststelle@mdj.x400.saarland.de	Ministerium der Justiz Postfach 102451 D-66024 Saarbrücken	Ministerium der Justiz Zähringerstraße 12 D-66119 Saarbrücken

M. SACHSEN Tel.: (49-351) 446-0 Fax (49-351) 446-3070/1170 E-Mail: lippert@olg.sachsen.de	Oberlandesgericht Dresden Postfach 120732 D-01008 Dresden	Oberlandesgericht Dresden Augustusstraße 2 D-01067 Dresden
N. SACHSEN-ANHALT Tel.: (49-391) 567-01 Fax (49-391) 567-6180 E-Mail: Altrichter@mj.lsa-net.de	Ministerium der Justiz Postfach 3429 D-39043 Magdeburg	Ministerium der Justiz Hegelstr. 40–42 D-39104 Magdeburg
O. SCHLESWIG-HOLSTEIN Tel.: (49-431) 988-0 Fax (49-431) 988-3870 E-Mail: poststelle@jumi.landsh.de	Ministerium für Justiz, Frauen, Jugend und Familie Lorentzendamm 35 D-24103 Kiel	Ministerium für Justiz, Frauen, Jugend und Familie Lorentzendamm 35 D-24103 Kiel
P. THÜRINGEN Tel.: (49-361) 3795-000 Fax (49-361) 3795-888 E-Mail: poststelle@tjm.thueringen.de	Thüringer Justizministerium Postfach 100151 D-99001 Erfurt	Thüringer Justizministerium Werner-Seelenbinder-Straße 5 D-99096 Erfurt

Territoriale Zuständigkeiten:

A. Baden-Württemberg
B. Bayern
C. Berlin
D. Brandenburg
E. Bremen
F. Hamburg
G. Hessen
H. Mecklenburg-Vorpommern
I. Niedersachsen
J. Nordrhein-Westfalen
K. Rheinland-Pfalz
L. Saarland
M. Sachsen
N. Sachsen-Anhalt
O. Schleswig-Holstein
P. Thüringen

Folgende Möglichkeiten der Kommunikation stehen zur Verfügung:
Für Empfang und Versendung: Post und private Zustelldienste, Telefax.

Für formlose Mitteilungen: Telefon und E-Mail.
Außer der deutschen wird die englische Sprache zugelassen.

Artikel 4 – Übermittlung von Schriftstücken
Für die Ausfüllung des Formblatts (Antrag) wird außer der deutschen die englische Sprache zugelassen.

Artikel 9 – Datum der Zustellung
Die Bundesrepublik Deutschland beabsichtigt gegenwärtig nicht, von Artikel 9 Absatz 1 oder Artikel 9 Absatz 2 abzuweichen.

Artikel 10 – Bescheinigung über die Zustellung und Abschrift des zugestellten Schriftstücks
Für die Ausfüllung des Formblatts (Bescheinigung) wird außer der deutschen die englische Sprache zugelassen.

Artikel 13 – Zustellung von Schrittstücken durch die diplomatischen oder konsularischen Vertretungen
Im Hoheitsgebiet der Bundesrepublik Deutschland werden diplomatische und konsularische Zustellungen im Sinne von Artikel 13 Absatz 1 der Verordnung nicht zugelassen, außer wenn das Schriftstück einem Staatsangehörigen des Übermittlungsmitgliedstaats zuzustellen ist (§ 1 ZustDG).

Artikel 14 – Zustellung durch die Post
Im Hoheitsgebiet der Bundesrepublik Deutschland werden Zustellungen unmittelbar durch die Post im Sinne von Artikel 14 Absatz 1 der Verordnung nur in der Versandform des Einschreibens mit Rückschein und nur unter der weiteren Bedingung zugelassen, dass das zuzustellende Schriftstück in einer der folgenden Sprachen abgefasst oder ihm eine Übersetzung in eine dieser Sprachen beigefügt ist: Deutsch oder eine der Amtssprachen des Übermittlungsmitgliedstaats, sofern der Adressat Staatsangehöriger dieses Mitgliedstaats ist (§ 2 Abs. 1 ZustDG).

Artikel 15 – Unmittelbare Zustellung
Im Hoheitsgebiet der Bundesrepublik Deutschland werden Zustellungen im Parteibetrieb im Sinne von Artikel 15 Absatz 1 der Verordnung nicht zugelassen (§ 3 ZustDG).

Artikel 19 – Nichteinlassung des Beklagten
Deutsche Gerichte können den Rechtsstreit bei Vorliegen der Voraussetzungen von Artikel 19 Absatz 2 entscheiden, wenn das verfahrenseinleitende oder gleichwertige Schriftstück in der Bundesrepublik Deutschland öffentlich zugestellt worden ist.
Die Wiedereinsetzung in den vorigen Stand im Sinne von Artikel 19 Absatz 4 der Verordnung kann nach Ablauf eines Jahres, von dem Ende der versäumten Frist an gerechnet, nicht mehr beantragt werden.

GRIECHENLAND

Artikel 2 – Übermittlungsstellen
Übermittlungsstellen sind die Staatsanwaltschaften beim *Aeropagus* (letztinstanzliches Berufungsgericht), bei den Berufungsgerichten und bei den erstinstanzlichen Gerichten.

Artikel 3 – Zentralstelle
Zentralstelle ist das Justizministerium.
Υπουργείο Δικαιοσύνης/Ipourgio Dikeosinis
Mesogíon 96
GR-11527 Athen
Tel. (+30-10) 7714186
Fax (+30-10) 7715994
Verantwortlich für die Entgegennahme der Dokumente sind: Frau Argyro Eleftheriadou, Frau Eirini Kouzeli und Herr Georgos Kouvelas.
Diese Beamten beherrschen Englisch und Französisch.

Artikel 4 – Übermittlung von Schriftstücken
Das Antragsformular (Formblatt) kann außer in Griechisch auch in Englisch oder Französisch ausgefüllt werden.

Artikel 9 – Datum der Zustellung
Griechenland beabsichtigt nicht, von Artikel 9 Absätze 1 und 2 abzuweichen.

Artikel 10 – Bescheinigung über die Zustellung und Abschrift des zugestellten Schriftstücks
Griechenland lässt für die Ausfüllung des Bescheinigungsformulars außer Griechisch Englisch und Französisch zu.

Artikel 13 – Zustellung von Schriftstücken durch die diplomatischen oder konsularischen Vertretungen
Griechenland hat keinen Vorbehalt gegen die Anwendung dieses Artikels.

Artikel 14 – Zustellung durch die Post
Griechenland akzeptiert die Zustellung gerichtlicher Schriftstücke durch die Post, sofern die Schriftstücke per Einschreiben übermittelt werden und vom Empfänger, dessen gesetzlichem Vertreter oder seinem Ehepartner, seinen Kindern, Geschwistern oder Eltern entgegengenommen werden.

Artikel 15 – Unmittelbare Zustellung
Griechenland hat keine Einwände gegen die Anwendung dieses Artikels.

Artikel 19 – Nichteinlassung des Beklagten
Die griechischen Gerichte sind nicht verpflichtet, ungeachtet des Absatzes 1 den Rechtsstreit zu entscheiden, wenn alle Voraussetzungen des Absatzes 2 erfüllt sind. Der Antrag auf Wiedereinsetzung in den vorigen Stand gemäß Absatz 4 ist innerhalb von drei Jahren nach Erlass der Entscheidung zu stellen.

SPANIEN

Artikel 2 – Übermittlungsstellen
Übermittlungsstellen sind in Spanien die Urkundsbeamten (*Secretarios Judiciales*) der Gerichte.

Artikel 3 – Zentralstelle
Als Zentralstelle wird für Spanien die *Subdirección General de Cooperación Jurídica Internacional del Ministerio de Justicia* (Unterabteilung ‚Internationale justizielle Zusammenarbeit' des Justizministeriums) benannt.
Subdirección General de Cooperación Jurídica Internacional
Ministerio de Justicia
C/San Bernardo, 62
E-28015 Madrid
Fax (+34) 913904457
Zurzeit ist die Zentralstelle nur auf dem Postweg erreichbar.
Sprachkenntnisse: Spanisch, Französisch und Englisch.

Artikel 4 – Übermittlung von Schriftstücken
Das Antragsformular (Formblatt) kann außer in Spanisch auch in Englisch, Französisch und Portugiesisch ausgefüllt werden.

Artikel 9 – Datum der Zustellung
Gemäß Artikel 9 Absatz 3 wird Spanien Artikel 9 Absatz 2 nicht anwenden. Die Nichtanwendung erfolgt aus Gründen der Rechtssicherheit und um einen wirksamen Rechtsschutz zu gewährleisten. Das spanische Rechtssystem lässt nicht zu, dass als Zustellungsdatum ein anderes Datum als das nach Absatz 1 gilt. Für die Festsetzung des Zustellungsdatums gilt demnach das Recht des Empfangsmitgliedstaats.
Zivilrechtliche Verfahren sind in Spanien nicht an bestimmte Fristen gebunden. Innerhalb eines Verfahrens beginnen etwaige Fristen ab dem Tag nach der Zustellung des Schriftstücks.

Artikel 10 – Bescheinigung über die Zustellung und Abschrift des zugestellten Schriftstücks
Eine Zustellungsbescheinigung gemäß Artikel 10 kann nicht in einer anderen Sprache ausgestellt werden.

Artikel 13 – Zustellung von Schriftstücken durch die diplomatischen oder konsularischen Vertretungen
Spanien erhebt keine Einwände gegen eine Zustellung durch die diplomatischen oder konsularischen Vertretungen unter den in Artikel 13 Absatz 1 festgelegten Voraussetzungen.

Artikel 14 – Zustellung durch die Post
Eine Zustellung durch die Post ist per Einschreiben mit Rückschein zulässig. Es gelten die Übersetzungsvorschriften der Artikel 5 und 8 der Verordnung.

Artikel 15 - Unmittelbare Zustellung
Spanien hat keine Einwände gegen die unmittelbare Zustellung nach Artikel 15 Absatz 1.

Artikel 19 - Nichteinlassung des Beklagten
In Spanien können die Gerichte entgegen Artikel 19 Absatz 1 die Aussetzung des Verfahrens aufheben und den Rechtsstreit entscheiden, sofern die Voraussetzungen des Absatzes 2 gegeben sind.
Ein Antrag auf Wiedereinsetzung in den vorigen Stand muss innerhalb von einem Jahr nach Erlass der Entscheidung gestellt werden.

FRANKREICH

Artikel 2 - Übermittlungsstellen
1. Gerichtsvollzieher (huissiers de justice)
2. Dienststellen der Gerichte (Kanzlei, Geschäftstelle, Sekretariat), die für die Zustellung von Schriftstücken zuständig sind.

Artikel 3 - Zentralstelle
Zentralstelle ist das Bureau de l'entraide judiciaire civile et commerciale.
Bureau de l'entraide judiciaire civile et commerciale
Direction des Affaires Civiles et du Sceau
13, place Vendôme
F-75042 Paris CEDEX 01
Tel. (+33) 144861483 – (+33) 144861401
Fax (+33) 144861406
Sprachkenntnisse: Französisch und Englisch.

Artikel 4 - Übermittlung von Schriftstücken
Das Antragsformular (Formblatt) kann auch in Englisch ausgefüllt werden.

Artikel 9 - Datum der Zustellung
Frankreich beabsichtigt, von Artikel 9 Absatz 2 abzuweichen.
Inhalt der abweichenden Regelung:
Erweiterung des Anwendungsbereichs von Absatz 2 durch Aufhebung der nachstehenden Bedingungen:
– Schriftstück im Rahmen eines Verfahrens
– Schriftstück, dessen Zustellung innerhalb einer bestimmten Frist zu erfolgen hat.
Absatz 2 lautet daher wie folgt: „Für die Zustellung eines gerichtlichen oder außergerichtlichen Schriftstücks ist im Verhältnis zum Antragsteller als Datum der Zustellung der Tag maßgeblich, der sich aus dem Recht des Übermittlungsmitgliedstaats ergibt."
Gründe für die abweichende Regelung:
Als Datum der Zustellung gilt gegenüber dem Antragsteller das Datum der Übermittlung des Schriftstücks durch die französische Übermittlungsstelle. Dieses Datum ist nicht nur für Schriftstücke im Rahmen eines Verfahrens von Bedeutung, sondern auch für außergerichtliche von einem huissier de justice zugestellte Schriftstücke, für die das Gesetz vorschreibt, dass sich deren Zustellungsdatum,

2. Angaben der Mitgliedsstaaten zur Zustellung

von dem die Aufrechterhaltung oder Ausübung eines Rechts abhängt, zweifelsfrei bestimmen lässt.
Dies gilt unter anderem für bestimmte Schriftstücke im Zusammenhang mit der Vermietung von Geschäftsräumen (Kündigung, Verlängerung des Mietvertrags, Umwidmung) oder mit Landpachtverträgen (Kündigung, Kündigung wegen Eigenbedarf, Vorkaufsrecht) oder in Verbindung mit Sicherheitsleistungen oder Vollstreckungsmaßnahmen (Pfändung oder Räumungsbefehl).
Überdies können mit dem Zustellungsdatum eines Schriftstücks, für das gesetzlich keine Zustellungsfrist vorgeschrieben ist, Rechtswirkungen verbunden sein. Dies gilt sowohl für gerichtliche Schriftstücke (z. B. Zustellungsdatum eines Urteils, das für die Rechtsmittelfrist maßgeblich ist) als auch für außergerichtliche Schriftstücke (z. B. ein Zahlungsbefehl, der eine Verjährung unterbrechen oder Verzugszinsen auslösen kann).
In diesen Fällen ist es im Interesse der Rechtssicherheit geboten, dass der Antragsteller unverzüglich Kenntnis von dem genauen Zustellungsdatum erhält.

Artikel 10 - Bescheinigung über die Zustellung und Abschrift des zugestellten Schriftstücks
Das Bescheinigungsformular kann auch in Englisch ausgefüllt werden.

Artikel 13 - Zustellung von Schriftstücken durch die diplomatischen oder konsularischen Vertretungen
Frankreich beabsichtigt nicht, Einwände gegen die Anwendung von Artikel 13 Absatz 1 in seinem Hoheitsgebiet zu erheben.

Artikel 14 - Zustellung durch die Post
Per Einschreiben mit Rückschein, auf dem die versandten Schriftstücke aufgeführt sind, oder auf andere Weise, mit der sich das Absende- und Übergabedatum sowie der Inhalt der Sendung nachweisen lässt.

Artikel 15 - Unmittelbare Zustellung
Frankreich hat keine Einwände gegen eine unmittelbare Zustellung gemäß Artikel 15 Absatz 1.

Artikel 19 - Nichteinlassung des Beklagten
Die französischen Gerichte können ungeachtet des Absatzes 1 den Rechtsstreit entscheiden, sofern alle Voraussetzungen des Absatzes 2 vorliegen.
Der Antrag auf Wiedereinsetzung in den vorigen Stand ist innerhalb eines Jahres nach Erlass der Entscheidung zu stellen.

IRLAND

Artikel 2 - Übermittlungsstellen
Übermittlungsstellen sind die 26 dem *Circuit Court Office* der einzelnen Grafschaften angeschlossen *County Registrars*.

Artikel 3 - Zentralstelle
The Master,

The High Court,
Four Courts
Dublin 7
Irland
Mitteilungen in Englisch oder Gälisch können per Post oder per Fax an das *Central Office of the High Court*, Nummer (+353-1) 8725669, gerichtet werden. Das *Central Office of the High Court* kann auch telefonisch unter der Nummer (+353-1) 8886000 kontaktiert werden.

Artikel 4 – Übermittlung von Schriftstücken
Das Antragsformular (Formblatt) kann in Englisch oder Gälisch ausgefüllt werden.

Artikel 9 – Datum der Zustellung
Irland beabsichtigt, von Artikel 9 abzuweichen, um zu vermeiden, dass unter bestimmten Umständen zwischen dem Antragsteller und dem Empfänger unterschiedliche Zustellungsdaten maßgeblich sind. Darüber hinaus wäre die Einführung einer solchen Regelung zum derzeitigen Zeitpunkt insbesondere wegen ihrer nicht hinreichend klaren Formulierung nicht mit der gegenwärtig geübten Rechtspraxis vereinbar.

Artikel 10 – Bescheinigung über die Zustellung und Abschrift des zugestellten Schriftstücks
Irland lässt für die Ausfüllung des Bescheinigungsformulars außer Englisch auch Gälisch zu.

Artikel 13 – Zustellung von Schriftstücken durch die diplomatischen oder konsularischen Vertretungen
Irland hat keine Einwände gegen eine Zustellung von Schriftstücken durch die diplomatischen oder konsularischen Vertretungen.

Artikel 14 – Zustellung durch die Post
Die Zustellung gerichtlicher Schriftstücke durch die Post ist per Einschreiben unter vorheriger Bezahlung zulässig, sofern sichergestellt ist, dass nicht zugestellte Schriftstücke zurückgesandt werden.

Artikel 15 – Unmittelbare Zustellung
In Bezug auf Artikel 15 Absatz 2 erklärt Irland, dass es keine Einwände dagegen hat, dass an einem Gerichtsverfahren Beteiligte gerichtliche Schriftstücke unmittelbar durch einen *Solicitor* in Irland zustellen lassen.

Artikel 19 – Nichteinlassung des Beklagten
Ein irisches Gericht kann ungeachtet des Artikels 19 Absatz 1 den Rechtsstreit auch dann entscheiden, wenn keine Bescheinigung über die Zustellung oder Abgabe eingegangen ist, sofern alle Bedingungen nach Absatz 2 erfüllt sind.
Hinsichtlich Artikel 19 Absatz 4 obliegt es dem zuständigen Gericht, sich zu überzeugen, dass der Antrag auf Wiedereinsetzung in den vorigen Stand innerhalb einer angemessenen Frist, nachdem der Beklagte von der Entscheidung Kenntnis erhalten hat, gestellt wurde.

2. Angaben der Mitgliedsstaaten zur Zustellung

ITALIEN

Artikel 2 – Übermittlungsstellen
1. Zentralbüros der Gerichtsvollzieher bei den Berufungsgerichten (Uffici unici degli ufficiali giudiziari costituiti presso le Corti di appello).
2. Zentralbüros der Gerichtsvollzieher bei den Gerichten erster Instanz, die nicht Sitz des *Corte di Appello* sind, und bei ihren Außenstellen (Uffici unici degli ufficiali giudiziari costituiti presso i tribunali ordinari che non siano sede di Corte di appello e presso le relative sezioni distaccate).

Artikel 3 – Zentralstelle
Zentralstelle ist das Zentralbüro der Gerichtsvollzieher beim Berufungsgericht Rom.
Ufficio unico degli ufficiali giudiziari presso la Corte di appello di Roma
Via C. Poma, 5
I-00195 Rom
Tel. (+39) 0637517334
Fax: (+39) 063724667
Nach Italien zuzustellende Schriftstücke sind auf dem Postweg zu übermitteln. Sie werden den Übermittlungsstellen ebenfalls auf dem Postweg zurückgeschickt.
Sprachkenntnisse: Italienisch, Französisch und Englisch.

Artikel 4 – Übermittlung von Schriftstücken
Das Antragsformular (Formblatt) kann außer in Italienisch auch in Französisch und Englisch ausgefüllt werden.

Artikel 9 – Datum der Zustellung
Es wird keine Abweichung beabsichtigt.

Artikel 10 – Bescheinigung über die Zustellung und Abschrift des zugestellten Schriftstücks
Das Bescheinigungsformular kann außer in Italienisch in Französisch und Englisch ausgestellt werden.

Artikel 13 – Zustellung von Schriftstücken durch die diplomatischen oder konsularischen Vertretungen
Eine unmittelbare Zustellung gerichtlicher Schriftstücke durch diplomatische oder konsularische Vertretungen an Personen, die ihren Wohnsitz in einem anderen Mitgliedstaat haben, ist nicht zugelassen, außer wenn das Schriftstück einem italienischen Staatsbürger mit Wohnsitz in einem anderen Mitgliedstaat zuzustellen ist.
Eine Zustellung gerichtlicher Schriftstücke durch diplomatische oder konsularische Vertretungen eines Mitgliedstaats an Personen, die ihren Wohnsitz in Italien haben, ist nicht zugelassen, außer wenn das Schriftstück einem Staatsangehörigen dieses Mitgliedstaats zuzustellen ist.

Artikel 14 – Zustellung durch die Post
Die Zustellung von Schriftstücken durch die Post ist nur dann zulässig, wenn diese mit einer Übersetzung ins Italienische versehen sind.

Artikel 15 - Unmittelbare Zustellung
Jeder an einem gerichtlichen Verfahren Beteiligte kann gerichtliche Schriftstücke unmittelbar durch zuständige Amtspersonen des Empfangsmitgliedstaats zustellen lassen.

Artikel 19 - Nichteinlassung des Beklagten
Italien beabsichtigt keine Mitteilung im Sinne der Absätze 2 und 4.

LUXEMBURG

Artikel 2 - Übermittlungsstellen
Als Übermittlungsstellen fungieren die Gerichtsvollzieher und die Geschäftsstellen der Gerichte.

Artikel 3 - Zentralstelle
Zentralstelle ist die Generalstaatsanwaltschaft beim Obersten Gerichtshof.
Parquet général près la Cour supérieure de justice
Boîte postale 15
L-2010 Luxemburg
Tel.: (+352) 475981-336
Fax: (+352) 470550
E-Mail: Parquet.General@mj.etat.lu
Sprachkenntnisse: Französisch und Deutsch

Artikel 4 - Übermittlung von Schriftstücken
Das Antragsformular (Formblatt) kann außer in Französisch auch in Deutsch ausgefüllt werden.

Artikel 9 - Datum der Zustellung
Luxemburg gibt hierzu keine Erklärung ab, so dass Artikel 9 Absätze 1 und 2 in der Fassung der Verordnung anwendbar sind.

Artikel 10 - Bescheinigung über die Zustellung und Abschrift des zugestellten Schriftstücks
Das Bescheinigungsformular kann außer in Französisch auch in Deutsch ausgestellt werden.

Artikel 13 - Zustellung von Schriftstücken durch die diplomatischen oder konsularischen Vertretungen
Eine unmittelbare Zustellung gerichtlicher und außergerichtlicher Schriftstücke durch diplomatische oder konsularische Vertretungen Luxemburgs im Hoheitsgebiet eines anderen Mitgliedstaats ist nicht zugelassen.
Eine solche Zustellung durch diplomatische oder konsularische Vertretungen anderer Mitgliedstaaten in Luxemburg ist ebenfalls nicht zugelassen, außer wenn das Schriftstück einem Staatsangehörigen des Übermittlungsmitgliedstaats zuzustellen ist.

2. Angaben der Mitgliedsstaaten zur Zustellung

Artikel 14 - Zustellung durch die Post
Die einfache Zustellung („notification") gerichtlicher Schriftstücke per Post ist zulässig (die amtliche Zustellung („signification") muss von einem Gerichtsvollzieher nach Maßgabe des luxemburgischen Rechts vorgenommen werden).
Die Zustellung von Schriftstücken per Post muss per Einschreiben mit Rückschein und unter Wahrung der Verordnungsbestimmungen über die Übersetzung erfolgen.

Artikel 15 - Unmittelbare Zustellung
Luxemburg lässt die Möglichkeit nach Artikel 15 zu, sofern der Gerichtsvollzieher im Empfangsstaat nicht für die Richtigkeit der Form und des Inhalts des ihm vom Beteiligten unmittelbar zugestellten Schriftstücks, sondern nur für die Form und Art der Zustellung im Empfangsstaat verantwortlich ist.

Artikel 19 - Nichteinlassung des Beklagten
Die luxemburgischen Gerichte können ungeachtet des Artikels 19 Absatz 1 den Rechtsstreit entscheiden, wenn die Voraussetzungen des Absatzes 2 gegeben sind. Ein Antrag auf Wiedereinsetzung in den vorigen Stand gemäß Artikel 19 Absatz 4 kann als unzulässig erklärt werden, wenn er nicht innerhalb einer angemessenen Frist, nachdem der Beklagte von der Entscheidung Kenntnis erhalten oder nachdem die Handlungsunfähigkeit geendet hat, gestellt wird; der Antrag kann jedenfalls nur binnen eines Jahres nach Verkündung der Entscheidung gestellt werden.

NIEDERLANDE

Artikel 2 - Übermittlungsstellen
1. Die Gerichtsvollzieher.
2. Die Gerichte (*kantongerecht, arrondissementsrechtbank, gerechtshof en Hoge Raad* – etwa: Amtsgericht, Landgericht, Gerichtshof und Hoher Rat), sofern sie einen gesetzlichen Auftrag im Zusammenhang mit der Vorladung von Personen oder der Zustellung von Schriftstücken haben.

Artikel 3 - Zentralstelle
Die Zentralstelle ist bis zum Inkrafttreten des neuen Gerichtsvollziehergesetzes (Mitte 2001) die *Koninklijke Vereniging van Gerechtsdeurwaarders* und anschließend die *Koninklijke Beroepsorganisatie van Gerechtsdeurwaarders*. Die Anschrift der beiden Vereinigungen lautet:
Varrolaan 100, 3584 BW Utrecht
Postbus 8138
3503 RC Utrecht
Niederlande
Tel.: (+31-30) 6898924
Fax: (+31-30) 6899924
E-Mail: kbvg@kbvg.nl
Die Zentralstelle kann Schriftstücke per Post, Fax, E-Mail oder Telefon in niederländischer oder englischer Sprache empfangen und übermitteln.

Artikel 4 – Übermittlung von Schriftstücken
Das Antragsformular (Formblatt) kann außer in Niederländisch auch in Englisch ausgefüllt werden.

Artikel 9 – Datum der Zustellung
Die Niederlande beabsichtigen, von Artikel 9 Absätze 1 und 2 abzuweichen. Der genaue Wortlaut wird nach Zustimmung des Parlaments mitgeteilt.

Artikel 10 – Bescheinigung über die Zustellung und Abschrift des zugestellten Schriftstücks
Die Zustellungsbescheinigung kann außer in Niederländisch auch in Englisch ausgefüllt werden.

Artikel 13 – Zustellung von Schriftstücken durch die diplomatischen oder konsularischen Vertretungen
Die Niederlande erheben keine Einwände gegen die Möglichkeit, dass ein Mitgliedstaat Personen, die ihren Wohnsitz in den Niederlanden haben, gerichtliche Schriftstücke unmittelbar durch seine diplomatischen oder konsularischen Vertretungen ohne Anwendung von Zwang zustellen lässt.

Artikel 14 – Zustellung durch die Post
Die Niederlande sind mit der Zustellung gerichtlicher Schriftstücke durch die Post unter folgenden Voraussetzungen einverstanden:
a) die Zustellung durch die Post an Personen, die sich in den Niederlanden befinden, erfolgt per Einschreiben;
b) Schriftstücke, die auf dem Postweg an Personen geschickt werden, die ihren Wohnsitz in den Niederlanden haben, sind in Niederländisch verfasst oder ins Niederländische übersetzt bzw. in einer Sprache verfasst oder in diese übersetzt, die die Person, für die das Schriftstück bestimmt ist, versteht.

Artikel 15 – Unmittelbare Zustellung
Die Niederlande haben keine Einwände gegen eine unmittelbare Zustellung.

Artikel 19 – Nichteinlassung des Beklagten
Die niederländischen Gerichte können (infolge der dazu in Vorbereitung befindlichen Durchführungsvorschriften) ungeachtet des Absatzes 1 den Rechtsstreit entscheiden, wenn alle Voraussetzungen nach Absatz 2 erfüllt sind.
Nach dem Zeitpunkt, zu dem die Entscheidung getroffen wurde, kann eine neue Frist erteilt werden, wenn der Antrag auf Erteilung dieser neuen Frist innerhalb eines Jahres ab dem Tag eingereicht wird, zu dem entschieden wurde.

ÖSTERREICH

Artikel 2 – Übermittlungsstellen
Übermittlungsstellen sind die Bezirksgerichte, die Landes- und Oberlandesgerichte, das Arbeits- und Sozialgericht Wien, das Handelsgericht Wien, der Jugendgerichtshof Wien sowie der Oberste Gerichtshof.

2. Angaben der Mitgliedsstaaten zur Zustellung

Artikel 3 – Zentralstelle
Zentralstelle ist das Bundesministerium für Justiz.
Bundesministerium für Justiz
Postfach 63
A-1016 Wien oder
Bundesministerium für Justiz
Museumstraße 7
A-1070 Wien oder
Bundesministerium für Justiz
Neustiftgasse 2
A-1070 Wien
Tel. (+43-1) 52152-2292
(+43-1) 52152-2115
(+43-1) 52152-2130
Fax (+43-1) 52152-2829
E-Mail ihor.tarko@bmj.gv.at
barbara.goeth@bmj.gv.at
georg.lukasser@bmj.gv.at
Sprachkenntnisse: Deutsch und Englisch.

Artikel 4 – Übermittlung von Schriftstücken
Das Antragsformular (Formblatt) kann außer in Deutsch auch in Englisch ausgefüllt werden.

Artikel 9 – Datum der Zustellung
Die Republik Österreich beabsichtigt nicht, von Artikel 9 Absätze 1 und 2 abzuweichen.

Artikel 10 – Bescheinigung über die Zustellung und Abschrift des zugestellten Schriftstücks
Das Bescheinigungsformular kann außer in Deutsch auch in Englisch ausgestellt werden.

Artikel 13 – Zustellung von Schriftstücken durch die diplomatischen oder konsularischen Vertretungen
Gegen die Zustellung nach Artikel 13 Absatz 1 bestehen keine Einwände.

Artikel 14 – Zustellung durch die Post
Gemäß Artikel 14 Absatz 2 werden für die Zulässigkeit von Postzustellungen, die von einem anderen Vertragsstaat ausgehen und im Hoheitsgebiet der Republik Österreich vorgenommen werden sollen, folgende Bedingungen festgelegt:
1. Die im Postweg zuzustellenden Schriftstücke müssen in der Amtssprache des Zustellungsortes abgefasst oder mit einer beglaubigten Übersetzung in diese Sprache versehen sein.
2. Ist diese Sprachenregelung nicht eingehalten, so steht dem Zustellungsempfänger ein Annahmeverweigerungsrecht zu. Macht er von diesem Recht Gebrauch, so ist die Zustellung als nicht bewirkt anzusehen.

Der Zustellungsempfänger muss über das Annahmeverweigerungsrecht schriftlich belehrt werden.

3. Der Zustellungsempfänger hat von seinem Annahmeverweigerungsrecht dadurch Gebrauch zu machen, dass er innerhalb von drei Tagen gegenüber der Stelle, die das Schriftstück zugestellt hat, oder gegenüber der Absendestelle unter Rücksendung des Schriftstücks erklärt, dass er zur Annahme nicht bereit ist. Die Frist beginnt mit der Zustellung zu laufen; der Postlauf wird in diese Frist nicht eingerechnet, so dass das Datum des Poststempels maßgeblich ist.

4. Die Postsendungen müssen unter Benützung der im Weltpostverkehr üblichen „internationalen Rückscheine" übersandt werden.

Für die Belehrung des Zustellungsempfängers im Fall einer Postzustellung empfiehlt sich folgender Text:

„Das angeschlossene Schriftstück wird Ihnen unter Anwendung der Verordnung (EG) Nr. 1348/2000 des Rates vom 29. Mai 2000 über die Zustellung gerichtlicher und außergerichtlicher Schriftstücke in Zivil- oder Handelssachen in den Mitgliedstaaten, ABl. L 160 vom 30. Juni 2000, S. 37ff., zugestellt.

Sie sind berechtigt, die Annahme des Schriftstückes zu verweigern, wenn dieses nicht in deutscher Sprache abgefasst oder nicht mit einer beglaubigten Übersetzung in diese Sprache versehen ist. Sollten Sie von diesem Annahmeverweigerungsrecht Gebrauch machen wollen, müssen Sie innerhalb von drei Tagen ab der Zustellung gegenüber der Stelle, die das Schriftstück zugestellt hat, oder gegenüber der Absendestelle unter Rücksendung des Schriftstückes an eine dieser Stellen erklären, dass Sie zur Annahme nicht bereit sind."

Artikel 15 – Unmittelbare Zustellung

Die Republik Österreich erklärt, dass sie Zustellungen gerichtlicher Schriftstücke unmittelbar durch Amtspersonen, Beamte oder sonstige zuständige Personen des Empfangsstaats auf ihrem Hoheitsgebiet nicht zulässt.

Artikel 19 – Nichteinlassung des Beklagten

Die österreichischen Gerichte können ungeachtet des Absatzes 1 den Rechtsstreit unter den Voraussetzungen des Absatzes 2 entscheiden.

Die Republik Österreich gibt keine Frist gemäß Artikel 19 Absatz 4 letzter Unterabsatz für die Stellung eines Antrags auf Wiedereinsetzung in den vorigen Stand an.

PORTUGAL

Artikel 2 – Übermittlungsstellen

Portugal benennt als Übermittlungsstelle das Tribunal de Comarca in Person des Gerichtsvollziehers.

Artikel 3 – Zentralstelle

Zentralstelle ist die Direcção Geral da Administração da Justiça (Generaldirektion Justizverwaltung).

Direcção Geral da Administração da Justiça
Av. 5 de Outubro, n° 125
1069 – 044 Lisboa
Portugal

2. Angaben der Mitgliedsstaaten zur Zustellung

Tel: (+351) 217906233-44
Fax: (+351) 217906249
Sprachkenntnisse: Portugiesisch, Spanisch, Französisch und Englisch.

Artikel 4 – Übermittlung von Schriftstücken
Das Antragsformular (Formblatt) kann außer in Portugiesisch auch in Spanisch ausgefüllt werden.

Artikel 9 – Datum der Zustellung
Portugal beabsichtigt, von Absatz 2 abzuweichen, da die Festlegung unterschiedlicher Zustellungsdaten anhand zweier verschiedener Rechtsordnungen Unklarheiten zu Lasten der Rechtssicherheit hervorrufen kann.

Artikel 10 – Bescheinigung über die Zustellung und Abschrift des zugestellten Schriftstücks
Das Bescheinigungsformular kann außer in Portugiesisch auch in Spanisch ausgestellt werden.

Artikel 13 – Zustellung von Schriftstücken durch die diplomatischen oder konsularischen Vertretungen
Portugal hat keinen Vorbehalt gegen die Anwendung dieses Artikels.

Artikel 14 – Zustellung durch die Post
Portugal lässt die Zustellung durch die Post zu, sofern die Zustellung per Einschreiben mit Rückschein erfolgt und eine Übersetzung gemäß Artikel 8 der Verordnung beigefügt ist.

Artikel 15 – Unmittelbare Zustellung
Portugal lässt diese Form der Zustellung auf seinem Hoheitsgebiet aus Gründen der Rechtssicherheit nicht zu.

Artikel 19 – Nichteinlassung des Beklagten
Portugal nimmt Artikel 19 Absatz 2 nicht in Anspruch. Portugiesische Gerichte können daher die darin gebotene Möglichkeit nicht anwenden.
Ein Antrag auf Wiedereinsetzung in den vorigen Stand in Bezug auf Rechtsmittelfristen kann innerhalb eines Jahres ab Erlass der angefochtenen Entscheidung gestellt werden (Artikel 19 Absatz 4).

FINNLAND

Artikel 2 – Übermittlungsstellen
Übermittlungsstellen sind die erstinstanzlichen Gerichte, die Berufungsgerichte, der Oberste Gerichtshof und das Justizministerium.

Artikel 3 – Zentralstelle
Zentralstelle ist das Justizministerium.
Hausanschrift:
Oikeusministeriö

Eteläesplanadi 10
FIN-00130 Helsinki
Postanschrift:
Oikeusministeriö
PL 25
FIN-00023 Valtioneuvosto
Tel. (+358-9) 16067628
Fax (+358-9) 16067524
E-Mail: central.authority@om.fi
Schriftstücke können per Post, per Fax oder per E-Mail übermittelt werden.
Sprachkenntnisse: Finnisch, Schwedisch und Englisch.

Artikel 4 – Übermittlung von Schriftstücken
Das Antragsformular kann außer in Finnisch oder Schwedisch auch in Englisch ausgefüllt werden.

Artikel 9 – Datum der Zustellung
Finnland beabsichtigt, nach Maßgabe von Absatz 3 von den Bestimmungen der Absätze 1 und 2 abzuweichen. Für diese Bestimmungen gibt es in ihrer derzeitigen Fassung im finnischen Rechtssystem keine ersichtliche Ratio legis, so dass sie in der Praxis nicht angewandt werden können.

Artikel 10 – Bescheinigung über die Zustellung und Abschrift des zugestellten Schriftstücks
Das Bescheinigungsformular kann außer in Finnisch oder Schwedisch auch in Englisch ausgestellt werden.

Artikel 13 – Zustellung von Schriftstücken durch die diplomatischen oder konsularischen Vertretungen
Finnland hat keine Einwände gegen diese Form der Zustellung.

Artikel 14 – Zustellung durch die Post
Finnland lässt die Zustellung von Schriftstücken durch die Post unter der Voraussetzung zu, dass der Empfänger eine Empfangsbestätigung unterzeichnet oder den Empfang in anderer Weise bestätigt. Außer Ladungen können andere Schriftstücke auch per Post an eine vom Empfänger den zuständigen Behörden mitgeteilte Anschrift zugestellt werden.

Artikel 15 – Unmittelbare Zustellung
Finnland hat keine Einwände gegen diese Form der Zustellung.

Artikel 19 – Nichteinlassung des Beklagten
Finnland beabsichtigt keine Mitteilung gemäß Absatz 2 dieses Artikels. Die finnischen Gerichte dürfen demnach keinen Rechtsstreit nach Maßgabe von Absatz 2 entscheiden. Eine Mitteilung gemäß Absatz 4 ist daher ebenfalls nicht erforderlich.

SCHWEDEN

Artikel 2 - Übermittlungsstellen
Übermittlungsstellen sind Gerichte, Gerichtsvollzieher und andere schwedische Amtspersonen, die zivil- und handelsrechtliche Schriftstücke zustellen.

Artikel 3 - Zentralstelle
Zentralstelle ist das Justizministerium.
Justitiedepartementet
Enheten för brottmålsärenden och internationellt rättsligt samarbete
Centralmyndigheten
S-103 33 Stockholm
Tel. (+46-8)-405 45 00
Fax (+46-8)-405 46 76
E-Mail birs@justice.ministry.se
Informationen können per Post, per Fax oder je nach den im Einzelfall geltenden Bestimmungen auf andere Weise entgegengenommen werden. Eine Kontaktaufnahme ist auch telefonisch möglich.
Sprachkenntnisse: Schwedisch und Englisch.

Artikel 4 - Übermittlung von Schriftstücken
Das Antragsformular kann außer in Schwedisch auch in Englisch ausgefüllt werden.

Artikel 9 - Datum der Zustellung
Schweden beabsichtigt nicht, Artikel 9 Absatz 2 im Verhältnis zum Antragsteller anzuwenden, da es der schwedischen Rechtsordnung fremd ist, im Verhältnis zum Antragsteller und zum Empfänger von einem unterschiedlichen Zustellungsdatum auszugehen.

Artikel 10 - Bescheinigung über die Zustellung und Abschrift des zugestellten Schriftstücks
Das Bescheinigungsformular kann auch in Englisch ausgestellt werden.

Artikel 13 - Zustellung von Schriftstücken durch die diplomatischen oder konsularischen Vertretungen
Schweden lässt die Zustellung von Schriftstücken durch die diplomatischen oder konsularischen Vertretungen zu.

Artikel 14 - Zustellung durch die Post
Schweden stellt keine besonderen Bedingungen an die Zulässigkeit einer Zustellung durch die Post.

Artikel 15 - Unmittelbare Zustellung
Schweden erhebt keine Einwände dagegen, dass jeder an einem gerichtlichen Verfahren Beteiligte gerichtliche Schriftstücke unmittelbar durch Beamte oder sonstige zuständige Personen zustellen lassen kann. Schwedische Behörden sind jedoch nicht verpflichtet, entsprechenden Anträgen stattzugeben.

Artikel 19 - Nichteinlassung des Beklagten
Schwedische Gerichte können den Rechtsstreit nur dann entscheiden, wenn die Voraussetzungen von Artikel 19 Absatz 2 und von Artikel 19 Absatz 1 erfüllt sind. Schweden hat nicht die Absicht, eine Erklärung nach Artikel 19 Absatz 4 abzugeben.

VEREINIGTES KÖNIGREICH

Artikel 2 - Übermittlungsstellen
1. England und Wales: Übermittlungsstelle ist „The Senior Master, for the Attention of the Foreign Process Department, Royal Courts of Justice".
2. Schottland: Übermittlungsstellen sind die „Messengers-at-Arms" (Gerichtsvollzieher) und die „accredited Solicitors" (diese sind für einen bestimmten Rechtsbereich, z. B. Handelsrecht, Gesellschaftsrecht, Strafrecht usw. zugelassen).
3. Nordirland: Übermittlungsstelle ist „The Master (Queen's Bench and Appeals), Royal Courts of Justice".
4. Gibraltar: Übermittlungsstelle ist „The Registrar of the Supreme Court of Gibraltar".

Artikel 3 - Zentralstelle
1. England und Wales: The Senior Master
For the Attention of the Foreign Process Department (Room E10)
Royal Courts of Justice
Strand
London WC2A 2LL
Vereinigtes Königreich
Tel. (+44-20) 79476691
Fax (+44-20) 79476237
2. Schottland: Scottish Executive Civil Justice and International Division
Hayweight House
Lauriston Street
Edinburgh EH3 9DQ
Schottland
Vereinigtes Königreich
Tel. (+44-131) 2216760
Fax (+44-131) 2216894
E-Mail: David.Berry@scotland.gsi.gov.uk
3. Nordirland: The Master (Queen's Bench and Appeals)
Royal Courts of Justice
Chichester Street
Belfast BT1 3JF
Vereinigtes Königreich
Tel. (+44-28) 90724706
Fax (+44-28) 90235186
4. Gibraltar: The Registrar of the Supreme Court of Gibraltar
Supreme Court
Law Courts
277 Main Street

2. Angaben der Mitgliedsstaaten zur Zustellung

Gibraltar
Tel. (350) 78808
Fax (350) 77118
Die Kommunikation erfolgt auf dem Postweg, per Fax, E-Mail oder Telefon. Die Zentralstelle ist für die Prüfung der Übersetzungen verantwortlich.

Artikel 4 – Übermittlung von Schriftstücken
Das Vereinigte Königreich lässt für das Ausfüllen des Antragsformulars Französisch als zusätzliche Sprache zu.

Artikel 9 – Datum der Zustellung
Das Vereinigte Königreich beabsichtigt, von den Bestimmungen abzuweichen, da die innerstaatlichen Rechtsvorschriften über die Fristen und Verjährungsfristen durch diesen Artikel noch komplizierter würden. Es ist wichtig, den Zeitpunkt der Zustellung zweifelsfrei feststellen zu können, da dieser dafür maßgebend ist, ab wann eine Partei ein Versäumnisurteil beantragen kann. Nach Auffassung des Vereinigten Königreichs ist nicht hinreichend klar, wie diese Bestimmung genau gemeint ist und wie sie in der Praxis angewendet werden soll; dadurch könnte es zu weiteren Unsicherheiten kommen. Die Frage sollte daher so lange dem innerstaatlichen Recht überlassen bleiben, bis geprüft werden kann, wie die Bestimmung nach Einführung der Verordnung in den anderen Mitgliedstaaten praktisch angewandt wird.

Artikel 10 – Bescheinigung über die Zustellung und Abschrift des zugestellten Schriftstücks
Das Vereinigte Königreich lässt für das Ausfüllen des Bescheinigungsformulars Französisch als zusätzliche Sprache zu.

Artikel 13 – Zustellung von Schriftstücken durch die diplomatischen oder konsularischen Vertretungen
Das Vereinigte Königreich hat keine Einwände gegen die Anwendung von Artikel 13 Absatz 1 in seinem Hoheitsgebiet.

Artikel 14 – Zustellung durch die Post
Die Zustellung eines Schriftstücks durch die Post ist nur per Einschreiben zulässig. Der Empfänger oder jede andere Person, die zur Entgegennahme des Schriftstücks für den Empfänger bereit ist, muss als Beweis für die Übergabe des Schriftstücks eine Unterschrift leisten.
Der Empfänger kann die Annahme des Schriftstücks verweigern, wenn keine beglaubigte Übersetzung in englischer Sprache oder in einer anderen Sprache, die der Empfänger versteht, beigefügt ist.

Artikel 15 – Unmittelbare Zustellung
1. England, Wales und Nordirland: England, Wales und Nordirland lehnen die Möglichkeit der unmittelbaren Zustellung gemäß Artikel 15 Absatz 1 ab.
2. Schottland: Schottland hat keine Einwände gegen die unmittelbare Zustellung gemäß Artikel 15 Absatz 1.
3. Gibraltar: Gibraltar hat keine Einwände gegen eine unmittelbare Zustellung gemäß Artikel 15 Absatz 1.

Artikel 19 – Nichteinlassung des Beklagten
Entsprechend dem Haager Übereinkommen können die Gerichte im Vereinigten Königreich ungeachtet des Artikels 19 Absatz 1 einen Rechtsstreit entscheiden, wenn die Voraussetzungen des Absatzes 2 gegeben sind.
Frist, innerhalb derer der Antrag auf Wiedereinsetzung in den vorigen Stand nach Erlass der Entscheidung gemäß Absatz 4 zu stellen ist:
1. England, Wales und Nordirland: Prüft das Gericht einen Antrag auf Nichtigerklärung eines Versäumnisurteils, ist darauf zu achten, dass der Antrag umgehend gestellt worden ist.
2. Schottland: Der Antrag muss innerhalb eines Jahres nach Erlass der Entscheidung gestellt werden. Dies entspricht dem Haager Übereinkommen und der innerstaatlichen Prozessordnung.
3. Gibraltar: Prüft das Gericht einen Antrag auf Nichtigerklärung eines Versäumnisurteils, ist darauf zu achten, dass der Antrag umgehend gestellt worden ist.

3. Entscheidung der Kommission vom 25. September 2001 zur Erstellung eines Handbuchs über die Empfangsstellen und eines Glossars über die Schriftsstücke, die nach Maßgabe der Verordnung (EG) Nr. 1348/2000 des Rates über die Zustellung gerichtlicher und außergerichtlicher Schriftstücke in Zivil- und Handelssachen in den Mitgliedstaaten zugestellt werden können (Nr. 2001/781/EG)

Amtsblatt Nr. L 298 vom 15/11/2001 S. 1–478[1]

DIE KOMMISSION DER EUROPÄISCHEN GEMEINSCHAFTEN –
gestützt auf den Vertrag zur Gründung der Europäischen Gemeinschaft,
gestützt auf die Verordnung (EG) Nr. 1348/2000 des Rates vom 29. Mai 2000 über die Zustellung gerichtlicher und außergerichtlicher Schriftstücke in Zivil- oder Handelssachen in den Mitgliedstaaten[2], insbesondere auf Artikel 17 Buchstaben a) und b),
in Erwägung nachstehender Gründe:
(1) Zur Durchführung der Verordnung (EG) Nr. 1348/2000 ist es erforderlich, ein Handbuch mit Angaben über die Empfangsstellen nach Artikel 2 dieser Verordnung zu erstellen und zu veröffentlichen.
(2) Gemäß Artikel 17 Buchstabe b) der Verordnung (EG) Nr. 1348/2000 ist darüber hinaus ein Glossar in den Amtssprachen der Europäischen Union über die Schriftstücke zu erstellen, die nach Maßgabe der Verordnung (EG) Nr. 1348/2000 zugestellt werden können.
(3) Die Kommission hat daher anhand der ihr von den Mitgliedstaaten mitgeteilten Angaben das im Anhang zu dieser Entscheidung beigefügte Handbuch und Glossar nach Artikel 17 der Verordnung (EG) Nr. 1348/2000 erstellt.
(4) Gemäß der Verordnung (EG) Nr. 1348/2000 wird das Handbuch im Amtsblatt der Europäischen Gemeinschaften veröffentlicht. Es ist angezeigt, auch das Glossar zu veröffentlichen.
(5) Um die Ziele der Verordnung (EG) Nr. 1348/2000 erreichen zu können, müssen die Übermittlungsstellen über ein Handbuch verfügen, das so oft wie möglich aktualisiert wird. Daher ist es erforderlich, dass die Kommission unbeschadet der in Artikel 17 Buchstabe a) dieser Verordnung vorgesehenen jährlichen Aktualisierung eine Fassung des Handbuchs auf ihrer Internetseite zur Verfügung stellt, die sie anhand der ihr von den

---

[1] Entscheidung der Kommission vom 3. April 2002 zur Änderung der Entscheidung 2001/781/EG zur Erstellung eines Handbuchs über die Empfangsstellen und eines Glossars über die Schriftstücke, die nach Maßgabe der Verordnung (EG) Nr. 1348/2000 des Rates über die Zustellung gerichtlicher und außergerichtlicher Schriftstücke in Zivil- oder Handelssachen in den Mitgliedstaaten zugestellt werden können (2002/350/EG), Amtsblatt Nr. L 125 vom 13/05/2002 S. 1–855
„Artikel 1
Anhang I der Entscheidung 2001/781/EG (Handbuch nach Artikel 17 Buchstabe a) der Verordnung (EG) Nr. 1348/2000) wird gemäß Anhang I dieser Entscheidung geändert.
Artikel 2
Anhang II der Entscheidung 2001/781/EG (Glossar nach Artikel 17 Buchstabe b) der Verordnung (EG) Nr. 1348/2000) wird gemäß Anhang II dieser Entscheidung geändert."
[2] ABl. L 160 vom 30.6.2000, S. 37.

Mitgliedstaaten mitgeteilten Änderungen regelmäßig aktualisiert. *Es ist angezeigt, im Hinblick auf das Glossar ebenso vorzugehen.*
(6) Die in dieser Entscheidung vorgesehenen Maßnahmen entsprechen der Stellungnahme des Beratenden Ausschusses nach Artikel 18 der Verordnung (EG) Nr. 1348/2000 –
HAT FOLGENDE ENTSCHEIDUNG ERLASSEN:

Artikel 1
(1) Das Handbuch nach Artikel 17 Buchstabe a) der Verordnung (EG) Nr. 1348/2000 ist in Anhang I zu dieser Entscheidung beigefügt.
(2) Das Glossar nach Artikel 17 Buchstabe b) der Verordnung (EG) Nr. 1348/2000 ist in Anhang II zu dieser Entscheidung beigefügt.

Artikel 2
(1) Das Handbuch und das Glossar nach Artikel 1 werden auf der Internetseite Europa veröffentlicht.
(2) Unbeschadet der jährlichen Aktualisierung des Handbuchs nach Artikel 1 Absatz 1 führt die Kommission regelmäßige Aktualisierungen anhand der ihr von den Mitgliedstaaten mitgeteilten Änderungen durch.
Diese Entscheidung ist an die Mitgliedstaaten gerichtet.

ANHANG I. HANDBUCH MIT ANGABEN ÜBER DIE EMPFANGSSTELLEN

Eine aktualisierte Fassung des Handbuchs ist auf der Internetseite der Kommission (http://europa.eu.int/comm/justice_home/unit/civil_reg1348_de.htm) abrufbar.

ANHANG II. GLOSSAR DER ZUSTELLBAREN SCHRIFTSTÜCKE INHALTSVERZEICHNIS

Eine aktualisierte Fassung des Glossars ist auf der Internetseite der Kommission (http://europa.eu.int/comm/justice_home/unit/civil_reg1348_de.htm) abrufbar.

IV. Prozesskostenhilfe

Vorschlag für eine Richtlinie des Rates vom 18. Januar 2002 zur Verbesserung des Zugangs zum Recht bei Streitsachen mit grenzübergreifendem Bezug durch die Festlegung gemeinsamer Mindestvorschriften für die Prozesskostenhilfe und für andere mit Zivilverfahren verbundene finanzielle Aspekte (KOM/2002/0013 endg.)

(von der Kommission vorgelegt)

DER RAT DER EUROPÄISCHEN UNION —
gestützt auf den Vertrag zur Gründung der Europäischen Gemeinschaft, insbesondere auf Artikel 61 Buchstabe c),
auf Vorschlag der Kommission[1],
nach Stellungnahme des Europäischen Parlaments[2],
nach Stellungnahme des Wirtschafts- und Sozialausschusses[3],
nach Stellungnahme des Ausschusses der Regionen[4],
in Erwägung nachstehender Gründe:
(1) Die Europäische Union hat sich zum Ziel gesetzt, einen Raum der Freiheit, der Sicherheit und des Rechts, in dem der freie Personenverkehr gewährleistet ist, zu erhalten und weiterzuentwickeln.
(2) Gemäß Artikel 65 Buchstabe c) EG-Vertrag schließen diese Maßnahmen die Beseitigung der Hindernisse für eine reibungslose Abwicklung von Zivilverfahren ein, erforderlichenfalls durch Förderung der Vereinbarkeit der in den Mitgliedstaaten geltenden zivilrechtlichen Verfahrensvorschriften.
(3) Der Europäische Rat hat auf seiner Tagung in Tampere vom 15. und 16. Oktober 1999 den Rat ersucht, Mindeststandards zur Gewährleistung eines angemessenen Niveaus der Prozesskostenhilfe bei grenzüberschreitenden Rechtssachen in allen Ländern der Union zu verabschieden.
(4) Unzureichende Mittel einer Partei, die als Klägerin oder Beklagte an einer Streitsache beteiligt ist, dürfen den effektiven Zugang zum Recht ebenso wenig behindern wie Schwierigkeiten aufgrund des grenzübergreifenden Bezugs einer Streitsache.
(5) Die Richtlinie soll vor allem eine angemessene Prozesskostenhilfe in Streitsachen mit grenzübergreifendem Bezug gewährleisten; hierzu müssen gemeinsame Mindestvorschriften festgelegt werden. Eine Richtlinie des Rates ist hierfür das geeignetste Rechtsinstrument.
(6) Die Richtlinie betrifft alle zivilrechtlichen Streitsachen, einschließlich im Bereich des Handelsrechts, Arbeitsrechts und Verbraucherschutzrechts.
(7) Jede Person, die an einer zivilrechtlichen Streitsache beteiligt ist, muss in der Lage sein, ihre Rechte geltend zu machen, auch wenn sie aufgrund ihrer persönlichen finanziellen Situation die Prozesskosten nicht tragen kann.

---

[1] ABl. C [...] vom [...], S. [...].
[2] ABl. C [...] vom [...], S. [...].
[3] ABl. C [...] vom [...], S. [...].
[4] ABl. C [...] vom [...], S. [...].

(8) Die Prozesskostenhilfe muss zumindest die konkrete Unterstützung durch einen Rechtsanwalt und die Befreiung von den oder die Übernahme der Prozesskosten einschließen.
(9) Die Prozesskostenhilfe gilt als angemessen, wenn sie dem Empfänger einen effektiven Zugang zum Recht ermöglicht.
(10) Da die Prozesskostenhilfe vom Mitgliedstaat des Gerichtsstands gewährt wird mit Ausnahme der vorprozessualen Rechtsberatung durch einen örtlichen Rechtsanwalt, wenn die Person, die Prozesskostenhilfe beantragt, ihren Wohnsitz nicht im Mitgliedstaat des Gerichtsstands hat, muss der Mitgliedstaat des Gerichtsstands sein eigenes Recht unter Wahrung der in der Richtlinie festgeschriebenen Grundsätze anwenden.
(11) Die Komplexität und die Unterschiede der Gerichtssysteme der Mitgliedstaaten sowie die durch den grenzübergreifenden Charakter von Streitsachen bedingten Kosten dürfen den Zugang zum Recht nicht behindern. Die Prozesskostenhilfe sollte daher die unmittelbar mit dem grenzübergreifenden Charakter einer Streitsache verbundenen Kosten decken.
(12) Die Unionsbürger müssen unabhängig vom Ort ihres Wohnsitzes Prozesskostenhilfe in Anspruch nehmen können, wenn sie die in der Richtlinie genannten Voraussetzungen erfüllen. Gleiches gilt für die Angehörigen von Drittstaaten, die zum Aufenthalt in einem Mitgliedstaat berechtigt sind.
(13) Wird Prozesskostenhilfe gewährt, so muss sie sich auf das gesamte Verfahren erstrecken einschließlich auf die Kosten für die Vollstreckbarerklärung oder Vollstreckung eines Urteils. Dem Empfänger ist die Prozesskostenhilfe weiterzugewähren, wenn ein Rechtsbehelf gegen ihn eingelegt wird.
(14) Die justizielle Zusammenarbeit in Zivilsachen zwischen den Mitgliedstaaten sollte in einer Weise geregelt werden, dass die Information der Öffentlichkeit und der Fachkreise gefördert und die Übermittlung der Anträge auf Prozesskostenhilfe von einem Mitgliedstaat in einen anderen erleichtert und beschleunigt wird.
(15) Das 1977 in Straßburg unterzeichnete Europäische Übereinkommen über die Übermittlung von Anträgen auf Bewilligung der Prozesskostenhilfe, nach dem die Vertragsparteien die Übermittlungs- und Empfangsbehörden sowie die Verfahren zur Übermittlung der Anträge notifizieren, bleibt auf die Beziehungen zwischen den Mitgliedstaaten und Drittstaaten, die Vertragsparteien dieses Übereinkommens sind, anwendbar. In den Beziehungen zwischen den Mitgliedstaaten hingegen tritt die Richtlinie an die Stelle des Übereinkommens.
(16) Die in der Richtlinie vorgesehenen Verfahren der Notifikation und Übermittlung orientieren sich unmittelbar an jenen des Europäischen Übereinkommens. Es empfiehlt sich, für die Übermittlung der Anträge auf Prozesskostenhilfe eine Frist zu setzen; im Übereinkommen von 1977 ist eine solche Frist nicht vorgesehen. Die Festsetzung einer relativ kurzen Frist trägt zu einer geordneten Rechtspflege bei.
(17) Die Einführung eines Standardformulars für die Übermittlung der Anträge auf Prozesskostenhilfe bei Streitsachen mit grenzübergreifendem Bezug würde die Verfahren vereinfachen und beschleunigen.
(18) Angesichts der unterschiedlichen Prozess- und Lebenshaltungskosten in den Mitgliedstaaten sollte es den Mitgliedstaaten überlassen bleiben, Schwellenwerte festzulegen, bei deren Überschreiten von einer Person anzunehmen ist, dass sie die Kosten des Verfahrens in einer Weise tragen kann, dass die Ziele der Richtlinie gewahrt sind.
(19) Das Ziel der Richtlinie könnte jedoch nicht erreicht werden, wenn die Personen, die Prozesskostenhilfe beantragen, nicht die Möglichkeit erhielten, nachzuweisen, dass sie

nicht für die Prozesskosten aufkommen können, obwohl ihr Vermögen die vom Mitgliedstaat des Gerichtsstands festgelegte Schwelle überschreitet.

(20) Die Möglichkeit, auf privatrechtliche Regelungen oder Vereinbarungen zurückzugreifen, die einen effektiven Zugang zum Recht gewährleisten, stellt keine Form der Prozesskostenhilfe dar. Diese Möglichkeit kann jedoch dazu führen, dass davon ausgegangen wird, dass die betreffende Person trotz ungünstiger finanzieller Verhältnisse die Prozesskosten tragen kann.

(21) Die Mitgliedstaaten müssen die Möglichkeit haben, Anträge auf Prozesskostenhilfe für offensichtlich unbegründete Verfahren abzulehnen, ohne dass zugleich eine Vorentscheidung über die Erfolgsaussichten des Antragstellers in der Sache getroffen wird.

(22) Juristische Personen sind vom Anwendungsbereich der Richtlinie ausgenommen mit Ausnahme solcher ohne Erwerbszweck wie Verbraucherverbände, die zum Schutz rechtlich anerkannter allgemeiner Interessen den Rechtsweg beschreiten. Dieser Grundsatz trägt zur Erreichung der Ziele der Richtlinie über Unterlassungsklagen zum Schutz der Verbraucherinteressen (Richtlinie 98/27/EG vom 19. Mai 1998)[5] bei.

(23) Die Prozesskostenhilfe ist für herkömmliche Gerichtsverfahren wie für außergerichtliche Verfahren wie die Mediation gleichermaßen zu gewähren, wenn die Anwendung solcher Verfahren gesetzlich gefördert wird.

(24) Die Aussicht für eine Partei, die Gerichts- oder Anwaltskosten selbst dann tragen zu müssen, wenn sie obsiegt, stellt ein Hindernis für den Zugang zum Recht dar. Die angemessene Erstattung dieser Kosten durch die unterlegene Partei gleicht diesen Nachteil aus. Der Schutz schwächerer Parteien insbesondere im Bereich des Arbeitsrechts und des Verbraucherschutzrechts kann Ausnahmen von diesem Grundsatz rechtfertigen.

(25) Die Festlegung von Mindestnormen hindert die Mitgliedstaaten nicht daran, günstigere Bestimmungen für Personen vorzusehen, die Prozesskostenhilfe beantragen.

(26) Die Ziele der geplanten Maßnahme können auf Ebene der Mitgliedstaaten nicht ausreichend verwirklicht werden und lassen sich daher im Einklang mit dem Subsidiaritätsprinzip nach Artikel 5 EG-Vertrag besser auf Gemeinschaftsebene erreichen. Entsprechend dem im selben Artikel festgeschriebenen Grundsatz der Verhältnismäßigkeit geht die Richtlinie nicht über das für die Erreichung dieser Ziele erforderliche Maß hinaus.

(27) Diese Richtlinie steht im Einklang mit den Grundrechten und Grundsätzen, wie sie insbesondere mit der Charta der Grundrechte der Europäischen Union anerkannt wurden. Sie zielt insbesondere darauf ab, die Anwendung des in Artikel 47 Absatz 3 der Charta festgelegten Grundsatzes zu fördern, dass Personen, die nicht über ausreichende Mittel verfügen, Prozesskostenhilfe bewilligt wird, soweit diese Hilfe erforderlich ist, um den Zugang zu den Gerichten wirksam zu gewährleisten.

(28) [Das Vereinigte Königreich und Irland beteiligen sich gemäß den Artikeln 1 und 2 des Protokolls über die Position des Vereinigten Königreichs und Irlands im Anhang zum Vertrag über die Europäische Union und im Anhang zum Vertrag zur Gründung der Europäischen Gemeinschaft nicht an der Annahme dieser Richtlinie.] [Das Vereinigte Königreich und Irland haben gemäß Artikel 3 des Protokolls über die Position des Vereinigten Königreichs und Irlands im Anhang zum Vertrag über die Europäische Union und im Anhang zum Vertrag zur Gründung der Europäischen Gemeinschaft mitgeteilt, dass sie sich an der Annahme und Anwendung dieser Richtlinie beteiligen möchten.]

---

[5] ABl. L 166 vom 11. Juni 1998, S. 51.

(29) Dänemark beteiligt sich gemäß den Artikeln 1 und 2 des Protokolls über die Position Dänemarks im Anhang zum Vertrag über die Europäische Union und zum Vertrag zur Gründung der Europäischen Gemeinschaft nicht an der Annahme dieser Richtlinie, die für Dänemark somit nicht bindend oder anwendbar ist — HAT FOLGENDE RICHTLINIE ERLASSEN:

Artikel 1. Ziele und Anwendungsbereich
Ziel dieser Richtlinie ist die Verbesserung des Zugangs zum Recht bei Streitsachen mit grenzübergreifendem Bezug durch die Festlegung gemeinsamer Mindestvorschriften für die Prozesskostenhilfe und für andere mit Zivilverfahren verbundene finanzielle Aspekte.

Sie findet auf alle zivilrechtlichen Verfahren unabhängig von der Art der Gerichtsbarkeit Anwendung.

Artikel 2
Im Sinne dieser Richtlinie bezeichnet der Ausdruck:

Prozesskostenhilfe: die Unterstützung, die einer Person gewährt wird, damit sie einen effektiven Zugang zum Recht erhält, wenn ihre Finanzmittel nicht ausreichen, um die mit einer Streitsache verbundenen Kosten zu tragen.

Zivilrechtliches Verfahren: jedes Verfahren, das eine Streitsache im Bereich des Zivilrechts einschließlich des Handelsrechts, Arbeitsrechts und Verbraucherschutzrechts betrifft.

Prozesskosten: die Gerichtskosten und die Anwaltshonorare.

Artikel 3. Anspruch auf Prozesskostenhilfe
Jede als Klägerin oder Beklagte an einer zivilrechtlichen Streitsache beteiligte natürliche Person hat Anspruch auf eine angemessene Prozesskostenhilfe, wenn sie nicht über ausreichende Mittel im Sinne von Artikel 13 verfügt, um ihre Rechte geltend zu machen.

Die Prozesskostenhilfe umfasst insbesondere die konkrete Unterstützung durch einen Rechtsanwalt oder eine andere zur Vertretung vor Gericht gesetzlich befugte Person in Form einer Rechtsberatung vor Prozessbeginn und in Form der Vertretung der betreffenden Person vor Gericht sowie die Befreiung von den oder die Übernahme der Gerichtskosten.

Die Mitgliedstaaten können vorsehen, dass der Empfänger der Prozesskostenhilfe diese am Ende des Verfahrens ganz oder teilweise zurückzahlen muss, wenn sich seine finanziellen Verhältnisse in der Zwischenzeit wesentlich verbessert haben.

Artikel 4. Zuständigkeit für die Prozesskostenhilfe
Die Prozesskostenhilfe wird vom Mitgliedstaat des Gerichtsstands gemäß seinen Rechtsvorschriften und nach Maßgabe dieser Richtlinie gewährt.

Artikel 5. Übernahme der durch den grenzübergreifenden Charakter der Streitsache bedingten Kosten
Die im Mitgliedstaat des Gerichtsstands gewährte Prozesskostenhilfe umfasst die unmittelbar mit dem grenzübergreifenden Charakter einer Streitsache verbundenen Zusatzkosten.

Diese Kosten betreffen unter anderem Dolmetsch- und Übersetzungsleistungen so-

wie die Reisekosten, sofern die persönliche Anwesenheit der betreffenden Personen bei der Verhandlung vorgeschrieben ist.
Der Wohnsitzmitgliedstaat der Person, die Prozesskostenhilfe beantragt hat, gewährt Prozesskostenhilfe, um die in diesem Mitgliedstaat entstehenden Kosten, insbesondere die Kosten für die Unterstützung durch einen örtlichen Rechtsanwalt, zu decken.

Artikel 6. Diskriminierungsverbot
Die Mitgliedstaaten gewähren die Prozesskostenhilfe ohne jede Diskriminierung Unionsbürgern und Drittstaatsangehörigen, die zum Aufenthalt in einem Mitgliedstaat berechtigt sind.

Artikel 7. Weitergewährung der Prozesskostenhilfe
Die Prozesskostenhilfe wird dem Empfänger weitergewährt, um die Kosten für die Vollstreckbarerklärung oder die Vollstreckung eines Urteils im Mitgliedstaat des Gerichtsstands unbeschadet von Artikel 3 Absatz 3 zu decken.
Auf Exequaturverfahren findet Artikel 50 der Verordnung (EG) Nr. 44/2001 des Rates über die gerichtliche Zuständigkeit und die Anerkennung und Vollstreckung von Entscheidungen in Zivil- und Handelssachen Anwendung.
Die Prozesskostenhilfe wird weitergewährt, wenn ein Rechtsbehelf gegen den Empfänger der Prozesskostenhilfe eingelegt wird. Für den Fall, dass der Rechtsbehelf vom Empfänger eingelegt wird, ist eine neuerliche Prüfung des Antrags auf Prozesskostenhilfe vorgesehen.

Artikel 8. Bearbeitung der Anträge
Die für die Entscheidung über die Anträge auf Prozesskostenhilfe zuständigen einzelstaatlichen Behörden tragen für größtmögliche Transparenz bei der Bearbeitung der Anträge Sorge.
Jede ablehnende Entscheidung ist zu begründen.
Die Mitgliedstaaten stellen sicher, dass gegen eine Entscheidung zur Ablehnung eines Antrags auf Prozesskostenhilfe ein Rechtsbehelf eingelegt werden kann.

Artikel 9. Einreichung und Übermittlung der Anträge auf Prozesskostenhilfe
Personen, die Prozesskostenhilfe beantragen wollen und die ihren Wohnsitz in einem anderen Mitgliedstaat als dem Mitgliedstaat des Gerichtsstands haben, können ihren Antrag auf Prozesskostenhilfe in ihrem Wohnsitzmitgliedstaat einreichen.
Die zuständigen Behörden des Wohnsitzmitgliedstaats übermitteln den Antrag innerhalb von acht Tagen den zuständigen Behörden des Mitgliedstaats des Gerichtsstands.
Die nach Maßgabe dieser Richtlinie übermittelten Schriftstücke sind von der Legalisation und ähnlichen Formalitäten befreit.
Für die nach Absatz 2 erbrachten Leistungen dürfen die Mitgliedstaaten keinerlei Entgelt verlangen.
Die Übermittlungsbehörden können die Übermittlung eines offenkundig unzulässigen Antrags ablehnen, insbesondere wenn es sich nicht um ein zivilrechtliches Verfahren handelt.
Die nach dem Verfahren dieser Richtlinie übermittelten Anträge auf Prozeskos-

tenhilfe müssen in der Sprache der Empfangsbehörde oder in einer anderen von ihr anerkannten Sprache abgefasst sein.

In den Beziehungen zwischen den Mitgliedstaaten ersetzt diese Richtlinie das Straßburger Übereinkommen von 1977 über die Übermittlung von Anträgen auf Bewilligung der Prozesskostenhilfe.

Artikel 10. Notifikation
Die Mitgliedstaaten notifizieren der Kommission das Verzeichnis der für die Übermittlung und den Empfang der Anträge zuständigen Behörden, das im Amtsblatt der Europäischen Gemeinschaften veröffentlicht wird.

Die Mitgliedstaaten notifizieren der Kommission die Liste der Amtssprachen der Europäischen Union außer ihrer bzw. ihren eigenen Amtssprache(n), in denen die an ihre zuständigen Behörden übermittelten Anträge auf Prozesskostenhilfe abgefasst sein dürfen.

Artikel 11. Standardformular
Zur Erleichterung der Übermittlung der Anträge wird die Kommission mit Unterstützung des Ausschusses nach der Verordnung (EG) Nr. 1348/2000[6] des Rates über die Zustellung gerichtlicher und außergerichtlicher Schriftstücke in Zivil- oder Handelssachen in den Mitgliedstaaten ein Standardformular erstellen.

Artikel 12. Dringlichkeitsverfahren
Die Mitgliedstaaten sorgen dafür, dass die Anträge auf Prozesskostenhilfe von Personen, die ihren Wohnsitz nicht im Mitgliedstaat des Gerichtsstands haben, innerhalb einer angemessenen Frist vor der Verhandlung geprüft werden.

Artikel 13. Voraussetzungen im Hinblick auf die finanziellen Verhältnisse
Die Mitgliedstaaten erteilen Prozesskostenhilfe natürlichen Personen, die Parteien einer unter ihre Gerichtsbarkeit fallenden Streitsache sind und die Prozesskosten aufgrund ihrer persönlichen finanziellen Lage nicht tragen können.

Die Mitgliedstaaten können Vermögensschwellen festsetzen, bei deren Überschreiten davon ausgegangen wird, dass der Antragsteller die Prozesskosten tragen kann. Diese Schwellen werden unter Berücksichtigung verschiedener objektiver Faktoren wie der Lebenshaltungskosten und der Kosten eines Verfahrens festgelegt.

Ein Antragsteller, der die Voraussetzungen nach Absatz 2 nicht erfüllt, kann den Nachweis erbringen, dass er insbesondere wegen der unterschiedlich hohen Lebenshaltungskosten im Wohnsitzmitgliedstaat und im Mitgliedstaat des Gerichtsstands die Prozesskosten nicht tragen kann; in diesem Fall ist ihm Prozesskostenhilfe zu gewähren.

Es wird davon ausgegangen, dass der Antragsteller die Prozesskosten tragen kann, wenn er im konkreten Fall auf eine privatrechtliche Regelung zurückgreifen kann, bei der er die Anwaltshonorare nicht zu zahlen braucht, wenn er das Verfahren verliert, und die Gerichtskosten von einem Dritten getragen werden.

---

[6] ABl. L 160 vom 30. Juni 2000, S. 37.

Artikel 14. Voraussetzungen im Hinblick auf den Inhalt der Streitsache

Die Mitgliedstaaten können vorsehen, dass Anträge auf Prozesskostenhilfe für ein offensichtlich unbegründetes Verfahren von den zuständigen Behörden abgelehnt werden können.

Artikel 15. Anwendung auf juristische Personen

Unbeschadet von Artikel 14 wird im Hoheitsgebiet eines Mitgliedstaats niedergelassenen juristischen Personen ohne Erwerbszweck Prozesskostenhilfe gewährt, wenn das Verfahren auf den Schutz rechtlich anerkannter allgemeiner Interessen abzielt und sie nicht über ausreichende Mittel verfügen, um die Prozesskosten zu tragen.

Artikel 16. Aussergerichtliche Verfahren

Die Prozesskostenhilfe ist auf die Behandlung der Streitsache in einem außergerichtlichen Verfahren auszudehnen, wenn dieses Verfahren gesetzlich gefördert wird oder die Streitparteien durch den Richter darauf verwiesen werden.

Artikel 17. Erstattung der Gerichtskosten und Anwaltshonorare

Die Mitgliedstaaten sehen vor, dass die obsiegende Partei Anspruch auf eine angemessene Erstattung eines Teils oder der Gesamtheit der Prozesskosten durch die unterliegende Partei hat.
Die Mitgliedstaaten können Ausnahmen von diesem Grundsatz vorsehen, damit ein angemessener Schutz schwächerer Parteien gewährleistet ist.
Die Mitgliedstaaten können vorsehen, dass die Erstattung nicht geschuldet oder vom Staat übernommen wird, wenn der unterlegenen Partei Prozesskostenhilfe gewährt wurde.

Artikel 18. Information

Die zuständigen einzelstaatlichen Behörden arbeiten zusammen, um die Information der Öffentlichkeit und der Fachkreise über die verschiedenen Systeme der Prozesskostenhilfe insbesondere durch das mit der Entscheidung 2001/470/EG des Rates eingerichtete Europäische Justizielle Netz für Zivil- und Handelssachen zu gewährleisten.

Artikel 19. Günstigere Bestimmungen

Diese Richtlinie hindert die Mitgliedstaaten nicht daran, günstigere Bestimmungen für Personen vorzusehen, die Prozesskostenhilfe beantragen.

Artikel 20

Diese Richtlinie tritt am [zwanzigsten] Tag nach ihrer Veröffentlichung im *Amtsblatt der Europäischen Gemeinschaften* in Kraft.

Artikel 21

Die Mitgliedstaaten erlassen die erforderlichen Rechts- und Verwaltungsvorschriften, um dieser Richtlinie bis spätestens 1. Januar 2004 nachzukommen. Sie setzen die Kommission unverzüglich davon in Kenntnis.
Wenn die Mitgliedstaaten derartige Vorschriften erlassen, nehmen sie in den Vorschriften selbst oder durch einen Hinweis bei der amtlichen Veröffentlichung auf diese Richtlinie Bezug. Die Mitgliedstaaten regeln die Einzelheiten der Bezugnahme.

Artikel 22
Diese Richtlinie ist gemäß dem Vertrag zur Gründung der Europäischen Gemeinschaft an die Mitgliedstaaten gerichtet.

V. Beweis

Verordnung des Rates vom 28. Mai 2001 über die Zusammenarbeit zwischen den Gerichten der Mitgliedstaaten auf dem Gebiet der Beweisaufnahme in Zivil- oder Handelssachen (Nr. 1206/2001/EG)
Amtsblatt Nr. L 174 vom 27/06/2001 S. 1–24

DER RAT DER EUROPÄISCHEN UNION –
gestützt auf den Vertrag zur Gründung der Europäischen Gemeinschaft, insbesondere auf Artikel 61 Buchstabe c) und Artikel 67 Absatz 1,
auf Initiative der Bundesrepublik Deutschland[1],
nach Stellungnahme des Europäischen Parlaments[2],
nach Stellungnahme des Wirtschafts- und Sozialausschusses[3],
in Erwägung nachstehender Gründe:
(1) Die Union hat sich zum Ziel gesetzt, einen Raum der Freiheit, der Sicherheit und des Rechts, in dem die Freizügigkeit gewährleistet ist, zu erhalten und weiterzuentwickeln. Zum schrittweisen Aufbau dieses Raums erlässt die Gemeinschaft unter anderem im Bereich der justiziellen Zusammenarbeit in Zivilsachen die für das reibungslose Funktionieren des Binnenmarkts erforderlichen Maßnahmen.
(2) Für das reibungslose Funktionieren des Binnenmarkts sollte die Zusammenarbeit zwischen den Gerichten auf dem Gebiet der Beweisaufnahme verbessert, insbesondere vereinfacht und beschleunigt werden.
(3) Der Europäische Rat hat auf seiner Tagung vom 15. und 16. Oktober 1999 in Tampere daran erinnert, dass neue verfahrensrechtliche Vorschriften für grenzüberschreitende Fälle, insbesondere im Bereich der Beweisaufnahme, auszuarbeiten sind.
(4) Dieser Bereich fällt unter Artikel 65 des Vertrags.
(5) Da die Ziele dieser Verordnung – die Verbesserung der Zusammenarbeit zwischen den Gerichten auf dem Gebiet der Beweisaufnahme in Zivil- oder Handelssachen – auf der Ebene der Mitgliedstaaten nicht ausreichend erreicht werden können und daher besser auf Gemeinschaftsebene erreicht werden können, kann die Gemeinschaft diese Maßnahmen im Einklang mit dem in Artikel 5 des Vertrags niedergelegten Grundsatz der Subsidiarität annehmen. Entsprechend dem in demselben Artikel niedergelegten Verhältnismäßigkeitsprinzip geht diese Verordnung nicht über das für die Erreichung dieser Ziele erforderliche Maß hinaus.
(6) Bislang gibt es auf dem Gebiet der Beweisaufnahme keine alle Mitgliedstaaten bindende Übereinkunft. Das Haager Übereinkommen vom 18. März 1970 über die Beweisaufnahme im Ausland in Zivil- oder Handelssachen gilt nur zwischen elf Mitgliedstaaten der Europäischen Union.
(7) Da es für eine Entscheidung in einem bei einem Gericht eines Mitgliedstaats anhängigen zivil- oder handelsrechtlichen Verfahren oft erforderlich ist, in einem anderen Mitgliedstaat Beweis erheben zu lassen, darf sich die Tätigkeit der Gemeinschaft nicht auf

---

[1] ABl. C 314 vom 3.11.2000, S. 2.
[2] Stellungnahme vom 14. März 2001 (noch nicht im Amtsblatt veröffentlicht).
[3] Stellungnahme vom 28. Februar 2001 (noch nicht im Amtsblatt veröffentlicht).

den unter die Verordnung (EG) Nr. 1348/2000 des Rates vom 29. Mai 2000 über die Zustellung gerichtlicher und außergerichtlicher Schriftstücke in Zivil- oder Handelssachen in den Mitgliedstaaten[4] fallenden Bereich der Übermittlung gerichtlicher und außergerichtlicher Schriftstücke in Zivil- und Handelssachen beschränken. Daher muss die Zusammenarbeit der Gerichte der Mitgliedstaaten auf dem Gebiet der Beweisaufnahme weiter verbessert werden.

(8) Eine effiziente Abwicklung gerichtlicher Verfahren in Zivil- oder Handelssachen setzt voraus, dass die Übermittlung der Ersuchen um Beweisaufnahme und deren Erledigung direkt und auf schnellstmöglichem Wege zwischen den Gerichten der Mitgliedstaaten erfolgt.

(9) Eine schnelle Übermittlung der Ersuchen um Beweisaufnahme erfordert den Einsatz aller geeigneten Mittel, wobei bestimmte Bedingungen hinsichtlich der Lesbarkeit und der Zuverlässigkeit des eingegangenen Dokuments zu beachten sind. Damit ein Höchstmaß an Klarheit und Rechtssicherheit gewährleistet ist, müssen die Ersuchen um Beweisaufnahme anhand eines Formblatts übermittelt werden, das in der Sprache des Mitgliedstaats des ersuchten Gerichts oder in einer anderen von diesem Staat anerkannten Sprache auszufüllen ist. Aus denselben Gründen empfiehlt es sich, auch für die weitere Kommunikation zwischen den betreffenden Gerichten nach Möglichkeit Formblätter zu verwenden.

(10) Ein Ersuchen um Beweisaufnahme sollte rasch erledigt werden. Kann das Ersuchen innerhalb von 90 Tagen nach Eingang bei dem ersuchten Gericht nicht erledigt werden, so sollte dieses das ersuchende Gericht hiervon unter Angabe der Gründe, die einer zügigen Erledigung des Ersuchens entgegenstehen, in Kenntnis zu setzen.

(11) Um die Wirksamkeit dieser Verordnung zu gewährleisten, ist die Möglichkeit, die Erledigung eines Ersuchens um Beweisaufnahme abzulehnen, auf eng begrenzte Ausnahmefälle zu beschränken.

(12) Das ersuchte Gericht sollte das Ersuchen nach Maßgabe des Rechts seines Mitgliedstaats erledigen.

(13) Die Parteien und gegebenenfalls ihre Vertreter sollten der Beweisaufnahme beiwohnen können, wenn dies im Recht des Mitgliedstaats des ersuchenden Gerichts vorgesehen ist, damit sie die Verhandlungen wie im Falle einer Beweisaufnahme im Mitgliedstaat des ersuchenden Gerichts verfolgen können. Sie sollten auch das Recht haben, die Beteiligung an den Verhandlungen zu beantragen, damit sie an der Beweisaufnahme aktiver mitwirken können. Die Bedingungen jedoch, unter denen sie teilnehmen dürfen, sollten vom ersuchten Gericht nach Maßgabe des Rechts seines Mitgliedstaats festgelegt werden.

(14) Die Beauftragten des ersuchenden Gerichts sollten der Beweisaufnahme beiwohnen können, wenn dies mit dem Recht des Mitgliedstaats des ersuchenden Gerichts vereinbar ist, damit eine bessere Beweiswürdigung erfolgen kann. Sie sollten ebenfalls das Recht haben, die Beteiligung an den Verhandlungen zu beantragen – wobei die vom ersuchten Gericht nach Maßgabe des Rechts seines Mitgliedstaats festgelegten Bedingungen zu beachten sind –, damit sie an der Beweisaufnahme aktiver mitwirken können.

(15) Damit die Beweisaufnahme erleichtert wird, sollte es einem Gericht in einem Mitgliedstaat möglich sein, nach seinem Recht in einem anderen Mitgliedstaat mit dessen Zustimmung unmittelbar Beweis zu erheben, wobei die von der Zentralstelle oder der zuständigen Behörde des ersuchten Mitgliedstaats festgelegten Bedingungen zu beachten sind.

(16) Für die Erledigung des Ersuchens nach Artikel 10 sollte keine Erstattung von Gebühren und Auslagen verlangt werden dürfen. Falls jedoch das ersuchte Gericht die Er-

---

[4] ABl. L 160 vom 30.6.2000, S. 37.

stattung verlangt, sollten die Aufwendungen für Sachverständige und Dolmetscher sowie die aus der Anwendung von Artikel 10 Absätze 3 und 4 entstehenden Auslagen nicht von jenem Gericht getragen werden. In einem solchen Fall hat das ersuchende Gericht die erforderlichen Maßnahmen zu ergreifen, um die unverzügliche Erstattung sicherzustellen. Wird die Stellungnahme eines Sachverständigen verlangt, kann das ersuchte Gericht vor der Erledigung des Ersuchens das ersuchende Gericht um eine angemessene Kaution oder einen angemessenen Vorschuss für die Sachverständigenkosten bitten.

(17) Diese Verordnung sollte in ihrem Anwendungsbereich Vorrang vor den Bestimmungen zwischen den Mitgliedstaaten geschlossener internationaler Übereinkommen haben. Es sollte den Mitgliedstaaten freistehen, untereinander Übereinkünfte oder Vereinbarungen zur weiteren Vereinfachung der Zusammenarbeit auf dem Gebiet der Beweisaufnahme zu treffen, sofern diese Übereinkünfte oder Vereinbarungen mit dieser Verordnung vereinbar sind.

(18) Die nach dieser Verordnung übermittelten Daten müssen geschützt werden. Da die Richtlinie 95/46/EG des Europäischen Parlaments und des Rates vom 24. Oktober 1995 zum Schutz natürlicher Personen bei der Verarbeitung personenbezogener Daten und zum freien Datenverkehr[5] und die Richtlinie 97/66/EG des Europäischen Parlaments und des Rates vom 15. Dezember 1997 über die Verarbeitung personenbezogener Daten und den Schutz der Privatsphäre im Bereich der Telekommunikation[6] Anwendung finden, sind entsprechende spezielle Bestimmungen in dieser Verordnung über Datenschutz nicht erforderlich.

(19) Die zur Durchführung dieser Verordnung erforderlichen Maßnahmen sollten gemäß dem Beschluss 99/468/EG des Rates vom 28. Juni 1999 zur Festlegung der Modalitäten für die Ausübung der der Kommission übertragenen Durchführungsbefugnisse[7] erlassen werden.

(20) Um eine einwandfreie Anwendung dieser Verordnung sicherzustellen, sollte die Kommission deren Durchführung prüfen und gegebenenfalls die notwendigen Änderungen vorschlagen.

(21) Das Vereinigte Königreich und Irland haben gemäß Artikel 3 des dem Vertrag über die Europäische Union und dem Vertrag zur Gründung der Europäischen Gemeinschaft beigefügten Protokolls über die Position des Vereinigten Königreichs und Irlands mitgeteilt, dass sie sich an der Annahme und Anwendung dieser Verordnung beteiligen möchten.

(22) Dänemark beteiligt sich gemäß den Artikeln 1 und 2 des dem Vertrag über die Europäische Union und dem Vertrag zur Gründung der Europäischen Gemeinschaft beigefügten Protokolls über die Position Dänemarks nicht an der Annahme dieser Verordnung, die daher für Dänemark nicht bindend und Dänemark gegenüber nicht anwendbar ist –
HAT FOLGENDE VERORDNUNG ERLASSEN:

KAPITEL I. ALLGEMEINE BESTIMMUNGEN

Artikel 1. Anwendungsbereich
(1) Diese Verordnung ist in Zivil- oder Handelssachen anzuwenden, wenn das Gericht eines Mitgliedstaats nach seinen innerstaatlichen Rechtsvorschriften

---

[5] ABl. L 281 vom 23.11.1995, S. 31.
[6] ABl. L 24 vom 30.1.1998, S. 1.
[7] ABl. L 184 vom 17.7.1999, S. 23.

a) das zuständige Gericht eines anderen Mitgliedstaats um Beweisaufnahme ersucht, oder
b) darum ersucht, in einem anderen Mitgliedstaat unmittelbar Beweis erheben zu dürfen.
(2) Um Beweisaufnahme darf nicht ersucht werden, wenn die Beweise nicht zur Verwendung in einem bereits eingeleiteten oder zu eröffnenden gerichtlichen Verfahren bestimmt sind.
(3) Im Sinne dieser Verordnung bezeichnet der Ausdruck „Mitgliedstaat" die Mitgliedstaaten mit Ausnahme Dänemarks.

Artikel 2. Unmittelbarer Geschäftsverkehr zwischen den Gerichten
(1) Ersuchen nach Artikel 1 Absatz 1 Buchstabe a) (nachstehend „Ersuchen" genannt) sind von dem Gericht, bei dem das Verfahren eingeleitet wurde oder eröffnet werden soll (nachstehend „ersuchendes Gericht" genannt), unmittelbar dem zuständigen Gericht eines anderen Mitgliedstaats (nachstehend „ersuchtes Gericht" genannt) zur Durchführung der Beweisaufnahme zu übersenden.
(2) Jeder Mitgliedstaat erstellt eine Liste der für die Durchführung von Beweisaufnahmen nach dieser Verordnung zuständigen Gerichte. In dieser Liste ist auch der örtliche Zuständigkeitsbereich und gegebenenfalls die besondere fachliche Zuständigkeit dieser Gerichte anzugeben.

Artikel 3. Zentralstelle
(1) Jeder Mitgliedstaat bestimmt eine Zentralstelle, die
a) den Gerichten Auskünfte erteilt;
b) nach Lösungswegen sucht, wenn bei einem Ersuchen Schwierigkeiten auftreten;
c) in Ausnahmefällen auf Ersuchen eines ersuchenden Gerichts ein Ersuchen an das zuständige Gericht weiterleitet;
(2) Bundesstaaten, Staaten mit mehreren Rechtssystemen oder Staaten mit autonomen Gebietskörperschaften können mehrere Zentralstellen bestimmen.
(3) Jeder Mitgliedstaat benennt ferner die in Absatz 1 genannte Zentralstelle oder eine oder mehrere zuständige Behörden als verantwortliche Stellen für Entscheidungen über Ersuchen nach Artikel 17.

KAPITEL II. ÜBERMITTLUNG UND ERLEDIGUNG DER ERSUCHEN

Abschnitt I. Übermittlung des Ersuchens

Artikel 4. Form und Inhalt des Ersuchens
(1) Das Ersuchen wird unter Verwendung des im Anhang enthaltenen Formblattes A oder gegebenenfalls des Formblattes I gestellt. Es enthält folgende Angaben:
a) das ersuchende und gegebenenfalls das ersuchte Gericht;
b) den Namen und die Anschrift der Parteien und gegebenenfalls ihrer Vertreter;
c) die Art und den Gegenstand der Rechtssache sowie eine gedrängte Darstellung des Sachverhalts;
d) die Bezeichnung der durchzuführenden Beweisaufnahme;
e) bei einem Ersuchen um Vernehmung einer Person:
– Name und Anschrift der zu vernehmenden Personen;

– die Fragen, welche an die zu vernehmenden Personen gerichtet werden sollen, oder den Sachverhalt, über den sie vernommen werden sollen;
– gegebenenfalls einen Hinweis auf ein nach dem Recht des Mitgliedstaats des ersuchenden Gerichts bestehendes Zeugnisverweigerungsrecht;
– gegebenenfalls den Antrag, die Vernehmung unter Eid oder eidesstattlicher Versicherung durchzuführen, und gegebenenfalls die dabei zu verwendende Formel;
– gegebenenfalls alle anderen Informationen, die das ersuchende Gericht für erforderlich hält;
f) bei einem Ersuchen um eine sonstige Beweisaufnahme die Urkunden oder die anderen Gegenstände, die geprüft werden sollen;
g) gegebenenfalls Anträge nach Artikel 10 Absätze 3 und 4, Artikel 11 und Artikel 12 und für die Anwendung dieser Bestimmungen erforderliche Erläuterungen.
(2) Die Ersuchen sowie alle dem Ersuchen beigefügten Unterlagen bedürfen weder der Beglaubigung noch einer anderen gleichwertigen Formalität.
(3) Schriftstücke, deren Beifügung das ersuchende Gericht für die Erledigung des Ersuchens für notwendig hält, sind mit einer Übersetzung in die Sprache zu versehen, in der das Ersuchen abgefasst wurde.

Artikel 5. Sprachen
Das Ersuchen und die aufgrund dieser Verordnung gemachten Mitteilungen sind in der Amtssprache des ersuchten Mitgliedstaats oder, wenn es in diesem Mitgliedstaat mehrere Amtssprachen gibt, in der Amtssprache oder einer der Amtssprachen des Ortes, an dem die beantragte Beweisaufnahme durchgeführt werden soll, oder in einer anderen Sprache, die der ersuchte Mitgliedstaat zugelassen hat, abzufassen. Jeder Mitgliedstaat hat die Amtssprache bzw. die Amtssprachen der Organe der Europäischen Gemeinschaft anzugeben, die er außer seiner bzw. seinen eigenen für die Ausfüllung des Formblatts zulässt.

Artikel 6. Übermittlung der Ersuchen und der sonstigen Mitteilungen
Ersuchen und Mitteilungen nach dieser Verordnung werden auf dem schnellstmöglichen Wege übermittelt, mit dem der ersuchte Mitgliedstaat sich einverstanden erklärt hat. Die Übermittlung kann auf jedem geeigneten Übermittlungsweg erfolgen, sofern das empfangene Dokument mit dem versandten Dokument inhaltlich genau übereinstimmt und alle darin enthaltenen Angaben lesbar sind.

Abschnitt 2. Entgegennahme des Ersuchens

Artikel 7. Entgegennahme des Ersuchens
(1) Das ersuchte zuständige Gericht übersendet dem ersuchenden Gericht innerhalb von sieben Tagen nach Eingang des Ersuchens eine Empfangsbestätigung unter Verwendung des Formblatts B im Anhang; entspricht das Ersuchen nicht den Bedingungen der Artikel 5 und 6, so bringt das ersuchte Gericht einen entsprechenden Vermerk in der Empfangsbestätigung an.
(2) Fällt die Erledigung eines unter Verwendung des Formblatts A im Anhang gestellten Ersuchens, das die Bedingungen nach Artikel 5 erfüllt, nicht in die Zuständigkeit des Gerichts, an das es übermittelt wurde, so leitet dieses das Ersuchen an das zuständige Gericht seines Mitgliedstaats weiter und unterrichtet das ersuchende Gericht unter Verwendung des Formblatts A im Anhang hiervon.

Artikel 8. Unvollständiges Ersuchen

(1) Kann ein Ersuchen nicht erledigt werden, weil es nicht alle erforderlichen Angaben gemäß Artikel 4 enthält, so setzt das ersuchte Gericht unverzüglich, spätestens aber innerhalb von 30 Tagen nach Eingang des Ersuchens das ersuchende Gericht unter Verwendung des Formblatts C im Anhang davon in Kenntnis und ersucht es, ihm die fehlenden Angaben, die in möglichst genauer Weise zu bezeichnen sind, zu übermitteln.

(2) Kann ein Ersuchen nicht erledigt werden, weil eine Kaution oder ein Vorschuss nach Artikel 18 Absatz 3 erforderlich ist, teilt das ersuchte Gericht dem ersuchenden Gericht dies unverzüglich, spätestens 30 Tage nach Eingang des Ersuchens unter Verwendung des Formblatts C im Anhang mit; es teilt dem ersuchenden Gericht ferner mit, wie die Kaution oder der Vorschuss geleistet werden sollten. Das ersuchte Gericht bestätigt den Eingang der Kaution oder des Vorschusses unverzüglich, spätestens innerhalb von 10 Tagen nach Erhalt der Kaution oder des Vorschusses unter Verwendung des Formblatts D.

Artikel 9. Vervollständigung des Ersuchens

(1) Hat das ersuchte Gericht gemäß Artikel 7 Absatz 1 auf der Empfangsbestätigung vermerkt, dass das Ersuchen nicht die Bedingungen der Artikel 5 und Artikel 6 erfüllt, oder hat es das ersuchende Gericht gemäß Artikel 8 davon unterrichtet, dass das Ersuchen nicht erledigt werden kann, weil es nicht alle erforderlichen Angaben nach Artikel 4 enthält, beginnt die Frist nach Artikel 10 Absatz 1 erst mit dem Eingang des ordnungsgemäß ausgefüllten Ersuchens beim ersuchten Gericht zu laufen.

(2) Sofern das ersuchte Gericht gemäß Artikel 18 Absatz 3 um eine Kaution oder einen Vorschuss gebeten hat, beginnt diese Frist erst mit der Hinterlegung der Kaution oder dem Eingang des Vorschusses.

Abschnitt 3. Beweisaufnahme durch das ersuchte Gericht

Artikel 10. Allgemeine Bestimmungen über die Erledigung des Ersuchens

(1) Das ersuchte Gericht erledigt das Ersuchen unverzüglich, spätestens aber innerhalb von 90 Tagen nach Eingang des Ersuchens.

(2) Das ersuchte Gericht erledigt das Ersuchen nach Maßgabe des Rechts seines Mitgliedstaats.

(3) Das ersuchende Gericht kann unter Verwendung des Formblatts A im Anhang beantragen, dass das Ersuchen nach einer besonderen Form erledigt wird, die das Recht seines Mitgliedstaats vorsieht. Das ersuchte Gericht entspricht einem solchen Antrag, es sei denn, dass diese Form mit dem Recht des Mitgliedstaats des ersuchten Gerichts unvereinbar oder wegen erheblicher tatsächlicher Schwierigkeiten unmöglich ist. Entspricht das ersuchte Gericht aus einem der oben genannten Gründen nicht dem Antrag, so unterrichtet es das ersuchende Gericht unter Verwendung des Formblatts E im Anhang hiervon.

(4) Das ersuchende Gericht kann das ersuchte Gericht bitten, die Beweisaufnahme unter Verwendung von Kommunikationstechnologien, insbesondere im Wege der Videokonferenz und der Telekonferenz, durchzuführen.

Das ersuchte Gericht entspricht einem solchen Antrag, es sei denn, dass dies mit dem Recht des Mitgliedstaats des ersuchten Gerichts unvereinbar oder wegen erheblicher tatsächlicher Schwierigkeiten unmöglich ist.

Entspricht das ersuchte Gericht aus einem dieser Gründe dem Antrag nicht, so unterrichtet es das ersuchende Gericht unter Verwendung des Formblatts E im Anhang hiervon.

Hat das ersuchende oder das ersuchte Gericht keinen Zugang zu den oben genannten technischen Mitteln, können diese von den Gerichten im gegenseitigen Einvernehmen zur Verfügung gestellt werden.

Artikel 11. Erledigung in Anwesenheit und unter Beteiligung der Parteien
(1) Sofern im Recht des Mitgliedstaats des ersuchenden Gerichts vorgesehen, haben die Parteien und gegebenenfalls ihre Vertreter das Recht, bei der Beweisaufnahme durch das ersuchte Gericht zugegen zu sein.
(2) Das ersuchende Gericht teilt in seinem Ersuchen unter Verwendung des Formblatts A im Anhang dem ersuchten Gericht mit, dass die Parteien und gegebenenfalls ihre Vertreter zugegen sein werden und dass gegebenenfalls ihre Beteiligung beantragt wird. Diese Mitteilung kann auch zu jedem anderen geeigneten Zeitpunkt erfolgen.
(3) Wird die Beteiligung der Parteien und gegebenenfalls ihrer Vertreter an der Durchführung der Beweisaufnahme beantragt, so legt das ersuchte Gericht nach Artikel 10 die Bedingungen für ihre Teilnahme fest.
(4) Das ersuchte Gericht teilt den Parteien und gegebenenfalls ihren Vertretern unter Verwendung des Formblatts F im Anhang Ort und Zeitpunkt der Verhandlung und gegebenenfalls die Bedingungen mit, unter denen sie teilnehmen können.
(5) Die Absätze 1 bis 4 lassen die Möglichkeit des ersuchten Gerichts unberührt, die Parteien und gegebenenfalls ihre Vertreter zu bitten, der Beweisaufnahme beizuwohnen oder sich daran zu beteiligen, wenn das Recht des Mitgliedstaats des ersuchenden Gerichts dies vorsieht.

Artikel 12. Erledigung in Anwesenheit und unter Beteiligung von Beauftragten des ersuchenden Gerichts
(1) Sofern mit dem Recht des Mitgliedstaats des ersuchenden Gerichts vereinbar, haben die Beauftragten des ersuchenden Gerichts das Recht, bei der Beweisaufnahme durch das ersuchte Gericht zugegen zu sein.
(2) Der Begriff „Beauftragte" im Sinne dieses Artikels umfasst vom ersuchenden Gericht nach Maßgabe des Rechts seines Mitgliedstaats bestimmte Gerichtsangehörige. Das ersuchende Gericht kann nach Maßgabe des Rechts seines Mitgliedstaats auch andere Personen wie etwa Sachverständige bestimmen.
(3) Das ersuchende Gericht teilt in seinem Ersuchen unter Verwendung des Formblatts A im Anhang dem ersuchten Gericht mit, dass seine Beauftragten zugegen sein werden und gegebenenfalls, dass ihre Beteiligung beantragt wird. Diese Mitteilung kann auch zu jedem anderen geeigneten Zeitpunkt erfolgen.
(4) Wird die Beteiligung der Beauftragten des ersuchenden Gerichts an der Beweisaufnahme beantragt, legt das ersuchte Gericht nach Artikel 10 die Bedingungen für ihre Teilnahme fest.
(5) Das ersuchte Gericht teilt dem ersuchenden Gericht unter Verwendung des Formblatts F im Anhang Ort und Zeitpunkt der Verhandlung und gegebenenfalls die Bedingungen mit, unter denen die Beauftragten daran teilnehmen können.

Artikel 13. Zwangsmaßnahmen

Soweit erforderlich, wendet das ersuchte Gericht bei der Erledigung des Ersuchens geeignete Zwangsmaßnahmen in den Fällen und in dem Umfang an, wie sie das Recht des Mitgliedstaats des ersuchten Gerichts für die Erledigung eines zum gleichen Zweck gestellten Ersuchens inländischer Behörden oder einer beteiligten Partei vorsieht.

Artikel 14. Ablehnung der Erledigung

(1) Ein Ersuchen um Vernehmung einer Person wird nicht erledigt, wenn sich die betreffende Person auf ein Recht zur Aussageverweigerung oder auf ein Aussageverbot beruft,

a) das nach dem Recht des Mitgliedstaats des ersuchten Gerichts vorgesehen ist oder

b) das nach dem Recht des Mitgliedstaats des ersuchenden Gerichts vorgesehen und im Ersuchen bezeichnet oder erforderlichenfalls auf Verlangen des ersuchten Gerichts von dem ersuchenden Gericht bestätigt worden ist.

(2) Die Erledigung eines Ersuchens kann über die in Absatz 1 genannten Gründe hinaus nur insoweit abgelehnt werden, als

a) das Ersuchen nicht in den Anwendungsbereich dieser Verordnung nach Artikel 1 fällt oder

b) die Erledigung des Ersuchens nach dem Recht des Mitgliedstaats des ersuchten Gerichts nicht in den Bereich der Gerichtsgewalt fällt oder

c) das ersuchende Gericht der Aufforderung des ersuchten Gerichts auf Ergänzung des Ersuchens gemäß Artikel 8 nicht innerhalb von 30 Tagen, nachdem das ersuchte Gericht das ersuchende Gericht um Ergänzung des Ersuchens gebeten hat, nachkommt oder

d) eine Kaution oder ein Vorschuss, die gemäß Artikel 18 Absatz 3 verlangt wurden, nicht innerhalb von 60 Tagen nach dem entsprechenden Verlangen des ersuchenden Gerichts hinterlegt bzw. einbezahlt werden.

(3) Die Erledigung darf durch das ersuchte Gericht nicht allein aus dem Grund abgelehnt werden, dass nach dem Recht seines Mitgliedstaats ein Gericht dieses Mitgliedstaats eine ausschließliche Zuständigkeit für die Sache in Anspruch nimmt oder das Recht jenes Mitgliedstaats ein Verfahren nicht kennt, das dem entspricht, für welches das Ersuchen gestellt wird.

(4) Wird die Erledigung des Ersuchens aus einem der in Absatz 2 genannten Gründen abgelehnt, so setzt das ersuchte Gericht unter Verwendung des Formblatts H im Anhang das ersuchende Gericht innerhalb von 60 Tagen nach Eingang des Ersuchens bei dem ersuchten Gericht davon in Kenntnis.

Artikel 15. Mitteilung über Verzögerungen

Ist das ersuchte Gericht nicht in der Lage, das Ersuchen innerhalb von 90 Tagen nach Eingang zu erledigen, setzt es das ersuchende Gericht unter Verwendung des Formblatts G im Anhang hiervon in Kenntnis. Dabei sind die Gründe für die Verzögerung anzugeben sowie der Zeitraum, der nach Einschätzung des ersuchten Gerichts für die Erledigung des Ersuchens voraussichtlich benötigt wird.

Artikel 16. Verfahren nach Erledigung des Ersuchens

Das ersuchte Gericht übermittelt dem ersuchenden Gericht unverzüglich die Schriftstücke, aus denen sich die Erledigung des Ersuchens ergibt, und sendet gegebenenfalls die Schriftstücke, die ihm von dem ersuchenden Gericht zugegangen sind, zurück. Den Schriftstücken ist eine Erledigungsbestätigung unter Verwendung des Formblatts H im Anhang beizufügen.

Abschnitt 4. Unmittelbare Beweisaufnahme durch das ersuchende Gericht

Artikel 17

(1) Beauftragt ein Gericht eine unmittelbare Beweisaufnahme in einem anderen Mitgliedstaat, so übermittelt es der nach Artikel 3 Absatz 3 bestimmten Zentralstelle oder zuständigen Behörde in diesem Staat unter Verwendung des Formblatts I im Anhang ein entsprechendes Ersuchen.

(2) Die unmittelbare Beweisaufnahme ist nur statthaft, wenn sie auf freiwilliger Grundlage und ohne Zwangsmaßnahmen erfolgen kann.
Macht die unmittelbare Beweisaufnahme die Vernehmung einer Person erforderlich, so teilt das ersuchende Gericht dieser Person mit, dass die Vernehmung auf freiwilliger Grundlage erfolgt.

(3) Die Beweisaufnahme wird von einem nach Maßgabe des Rechts des Mitgliedstaats des ersuchenden Gerichts bestimmten Gerichtsangehörigen oder von einer anderen Person wie etwa einem Sachverständigen durchgeführt.

(4) Die genannte Zentralstelle oder die zuständige Behörde des ersuchten Mitgliedstaats teilt dem ersuchenden Gericht unter Verwendung des Formblatts J im Anhang innerhalb von 30 Tagen nach Eingang des Ersuchens mit, ob dem Ersuchen stattgegeben werden kann und, soweit erforderlich, unter welchen Bedingungen nach Maßgabe des Rechts ihres Mitgliedstaats die betreffende Handlung vorzunehmen ist. Die Zentralstelle oder die zuständige Behörde kann insbesondere ein Gericht ihres Mitgliedstaats bestimmen, das an der Beweisaufnahme teilnimmt, um sicherzustellen, dass dieser Artikel ordnungsgemäß angewandt wird und die festgelegten Bedingungen eingehalten werden.
Die Zentralstelle oder die zuständige Behörde fördert den Einsatz von Kommunikationstechnologie, wie Video- und Telekonferenzen.

(5) Die Zentralstelle oder die zuständige Stelle kann die unmittelbare Beweisaufnahme nur insoweit ablehnen, als

a) das Ersuchen nicht in den Anwendungsbereich dieser Verordnung nach Artikel 1 fällt,

b) das Ersuchen nicht alle nach Artikel 4 erforderlichen Angaben enthält oder

c) die beantragte unmittelbare Beweisaufnahme wesentlichen Rechtsgrundsätzen ihres Mitgliedstaats zuwiderläuft.

(6) Unbeschadet der nach Absatz 4 festgelegten Bedingungen erledigt das ersuchende Gericht das Ersuchen nach Maßgabe des Rechts seines Mitgliedstaats.

Abschnitt 5. Kosten

Artikel 18

(1) Für die Erledigung des Ersuchens nach Artikel 10 darf die Erstattung von Gebühren oder Auslagen nicht verlangt werden.

(2) Falls jedoch das ersuchte Gericht dies verlangt, stellt das ersuchende Gericht unverzüglich die Erstattung folgender Beträge sicher:

– der Aufwendungen für Sachverständige und Dolmetscher und
– der Auslagen, die durch die Anwendung von Artikel 10 Absätze 3 und 4 entstanden sind.
Die Pflicht der Parteien, diese Aufwendungen und Auslagen zu tragen, unterliegt dem Recht des Mitgliedstaats des ersuchenden Gerichts.
(3) Wird die Stellungnahme eines Sachverständigen verlangt, kann das ersuchte Gericht vor der Erledigung des Ersuchens das ersuchende Gericht um eine angemessene Kaution oder einen angemessenen Vorschuss für die Sachverständigenkosten bitten. In allen übrigen Fällen darf die Erledigung eines Ersuchens nicht von einer Kaution oder einem Vorschuss abhängig gemacht werden.
Die Kaution oder der Vorschuss wird von den Parteien hinterlegt bzw. einbezahlt, falls dies im Recht des Mitgliedstaats des ersuchenden Gerichts vorgesehen ist.

KAPITEL III. SCHLUSSBESTIMMUNGEN

Artikel 19. Durchführungsbestimmungen
(1) Die Kommission sorgt für die Erstellung und regelmäßige Aktualisierung eines Handbuchs, das auch in elektronischer Form bereit gestellt wird und die von den Mitgliedstaaten nach Artikel 22 mitgeteilten Angaben sowie die in Kraft befindlichen Übereinkünfte oder Vereinbarungen nach Artikel 21 enthält.
(2) Die Aktualisierung oder technische Anpassung der im Anhang wiedergegebenen Formblätter erfolgt nach dem Beratungsverfahren gemäß Artikel 20 Absatz 2.

Artikel 20. Ausschuss
(1) Die Kommission wird von einem Ausschuss unterstützt.
(2) Wird auf diesen Absatz Bezug genommen, so gelten die Artikel 3 und 7 des Beschlusses 1999/468/EG.
(3) Der Ausschuss gibt sich eine Geschäftsordnung.

Artikel 21. Verhältnis zu bestehenden oder künftigen Übereinkünften oder Vereinbarungen zwischen Mitgliedstaaten
(1) In den Beziehungen zwischen den Mitgliedstaaten, die Vertragsparteien einschlägiger, von den Mitgliedstaaten geschlossener bilateraler oder multilateraler Übereinkünfte oder Vereinbarungen sind, insbesondere des Haager Übereinkommens vom 1. März 1954 über den Zivilprozess und des Haager Übereinkommens vom 18. März 1970 über die Beweisaufnahme im Ausland in Zivil- oder Handelssachen, hat diese Verordnung in ihrem Anwendungsbereich Vorrang vor den Bestimmungen, die in den genannten Übereinkünften oder Vereinbarungen enthalten sind.
(2) Diese Verordnung hindert die Mitgliedstaaten nicht daran, dass zwei oder mehr von ihnen untereinander Übereinkünfte oder Vereinbarungen zur weiteren Vereinfachung der Beweisaufnahme schließen oder beibehalten, sofern sie mit dieser Verordnung vereinbar sind.
(3) Die Mitgliedstaaten übermitteln der Kommission
a) zum 1. Juli 2003 eine Abschrift der zwischen den Mitgliedstaaten beibehaltenen angeführten Übereinkünfte oder Vereinbarungen nach Absatz 2,
b) eine Abschrift der zwischen den Mitgliedstaaten geschlossenen Übereinkünfte oder Vereinbarungen nach Absatz 2 und den Entwurf von ihnen geplanter Übereinkünfte oder Vereinbarungen sowie

c) jede Kündigung oder Änderung dieser Übereinkünfte oder Vereinbarungen.

Artikel 22. Mitteilungen
Jeder Mitgliedstaat teilt der Kommission bis zum 1. Juli 2003 Folgendes mit:
1. die Liste nach Artikel 2 Absatz 2 sowie eine Angabe des örtlichen und gegebenenfalls fachlichen Zuständigkeitsbereichs der Gerichte;
2. den Namen und die Anschrift der Zentralstellen und zuständigen Behörden nach Artikel 3 unter Angabe ihres örtlichen Zuständigkeitsbereichs;
3. die technischen Mittel, über die die in der Liste nach Artikel 2 Absatz 2 aufgeführten Gerichte für die Entgegennahme von Ersuchen verfügen;
4. die Sprachen, die für die Ersuchen nach Artikel 5 zugelassen sind.
Die Mitgliedstaaten teilen der Kommission alle späteren Änderungen dieser Angaben mit.

Artikel 23. Überprüfung
Bis zum 1. Januar 2007 und danach alle fünf Jahre legt die Kommission dem Europäischen Parlament, dem Rat und dem Wirtschafts- und Sozialausschuss einen Bericht über die Anwendung dieser Verordnung vor, wobei sie insbesondere auf die praktische Anwendung des Artikels 3 Absatz 1 Buchstabe c) und Absatz 3 und der Artikel 17 und 18 achtet.

Artikel 24. Inkrafttreten
(1) Diese Verordnung tritt am 1. Juli 2001 in Kraft.
(2) Diese Verordnung gilt ab dem 1. Januar 2004, mit Ausnahme der Artikel 19, 21 und 22, die ab dem 1. Juli 2001 gelten.

ANHANG

FORMBLATT A

Ersuchen um Durchführung einer Beweisaufnahme

nach Artikel 4 der Verordnung Nr. 1206/2001 des Rates vom 28. Mai 2001 über die Zusammenarbeit zwischen den Gerichten der Mitgliedstaaten auf dem Gebiet der Beweisaufnahme in Zivil- oder Handelssachen (ABl. L 174 vom 27.6.2001, S. 1)

1. Aktenzeichen des ersuchenden Gerichts:
2. Aktenzeichen des ersuchten Gerichts:
3. Ersuchendes Gericht:
    3.1 Bezeichnung:
    3.2. Anschrift:
        3.2.1. Straße + Hausnummer/Postfach:
        3.2.2. PLZ + Ort:
        3.2.3. Staat:
    3.3. Tel.:
    3.4. Fax:
    3.5. E-Mail:

4. Ersuchtes Gericht:
   4.1 Bezeichnung:
   4.2. Anschrift:
      4.2.1. Straße + Hausnummer/Postfach:
      4.2.2. PLZ + Ort:
      4.2.3. Staat:
   4.3. Tel.:
   4.4. Fax:
   4.5. E-Mail:
5. In der Rechtssache des Klägers/Antragstellers:
   5.1. Name:
   5.2. Anschrift:
      5.2.1. Straße + Hausnummer/Postfach:
      5.2.2. PLZ + Ort:
      5.2.3. Staat:
   5.3. Tel.:
   5.4. Fax:
   5.5. E-Mail:
6. Vertreter des Klägers/Antragstellers:
   6.1. Name:
   6.2. Anschrift:
      6.2.1. Straße + Hausnummer/Postfach:
      6.2.2. PLZ + Ort:
      6.2.3. Staat:
   6.3. Tel.:
   6.4. Fax:
   6.5. E-Mail:
7. Gegen den Beklagten/Antragsgegner:
   7.1. Name:
   7.2. Anschrift:
      7.2.1. Straße + Hausnummer/Postfach:
      7.2.2. PLZ + Ort:
      7.2.3. Staat:
   7.3. Tel.:
   7.4. Fax:
   7.5. E-Mail:
8. Vertreter des Beklagten/Antragsgegners:
   8.1. Name:
   8.2. Anschrift:
      8.2.1. Straße + Hausnummer/Postfach:
      8.2.2. PLZ + Ort:
      8.2.3. Staat:
   8.3. Tel.:
   8.4. Fax:
   8.5. E-Mail:
9. Anwesenheit der Beteiligung der Parteien:
   9.1. Die Parteien und gegebenenfalls ihre Vertreter werden bei der Beweisaufnahme anwesend sein.

9.2. Die Beteiligung der Parteien und gegebenenfalls ihrer Vertreter wird beantragt.
10. Anwesendheit und Beteiligung der Beauftragten des ersuchenden Gerichts:
    10.1. Die Beauftragten werden bei der Beweisaufnahme anwesend sein.
    10.2. Die Beteiligung der Beauftragten wird beantragt.
        10.2.1. Name:
        10.2.2. Titel:
        10.2.3. Dienststellung:
        10.2.4. Aufgabe:
11. Art und Gegenstand des Falls und kurze Erläuterung des Sachverhalts (ggf. in der Anlage):
12. Durchzuführende Beweisaufnahme:
    12.1. Beschreibung der durchzuführenden Beweisaufnahme (ggf. in der Anlage)
    12.2. Vernehmung von Zeugen
        12.2.1. Vor- und Zuname:
        12.2.2. Anschrift:
        12.2.3. Tel.:
        12.2.4. Fax:
        12.2.5. E-Mail:
        12.2.6. Zu folgenden Fragen oder zu folgendem Sachverhalt: (ggf. in der Anlage):
        12.2.7. Zeugnisverweigerungsrecht nach dem Recht des Mitgliedstaats des ersuchenden Gerichts (ggf. in der Anlage):
        12.2.8. Bitte um Aufnahme der Aussage:
            12.2.8.1. unter Eid
            12.2.8.2. unter eidesstattlicher Versicherung
        12.2.9. Alle anderen Untersuchungen, die das ersuchende Gericht für erforderlich hält (ggf. in der Anlage)
    12.3. Andere Beweisaufnahme:
        12.3.1. Zu prüfende Schriftstücke und eine Beschreibung der erbetenen Beweisaufnahme (ggf. in der Anlage):
        12.3.2. Zu prüfende Gegenstände und eine Beschreibung der erbetenen Beweisaufnahme (ggf. in der Anlage):
13. Ich bitte Sie, das Ersuchen:
    13.1. in folgender nach dem Recht des Mitgliedstaates des ersuchenden Gerichts vorgesehener Form (Artikel 10 Absatz 3) und/oder unter Einsatz der in der Anlage beschriebenen Kommunikationstechnologien (Artikel 10 Absatz 4) zu erledigen.
    13.2. Hierfür sind folgende Angaben erforderlich:

Geschehen zu:
Datum:

Benachrichtigung über die Weiterleitung des Ersuchens

nach Artikel 7 Absatz 2 der Verordnung (EG) Nr. 1206/2001 des Rates vom 28. Mai 2001 über die Zusammenarbeit zwischen den Gerichten der Mitgliedstaaten auf dem Gebiet der Beweisaufnahme in Zivil- oder Handelssachen (ABl. L 174 vom 27.6.2001, S. 1)

14. Das Ersuchen fällt nicht in die Zuständigkeit des unter Nummer 4 genannten Gerichts und wurde an das folgende Gericht weitergeleitet:
   14.1 Bezeichnung des zuständigen Gerichts:
   14.2. Anschrift:
      14.2.1. Straße + Hausnummer/Postfach:
      14.2.2. PLZ + Ort:
      14.2.3. Staat:
   14.3. Tel.:
   14.4. Fax:
   14.5. E-Mail:

Geschehen zu:
Datum:

FORMBLATT B

Empfangsbestätigung über den Eingang eines Ersuchens um Beweisaufnahme

nach Artikel 7 Absatz 1 der Verordnung Nr. 1206/2001 des Rates vom 28. Mai 2001 über die Zusammenarbeit zwischen den Gerichten der Mitgliedstaaten auf dem Gebiet der Beweisaufnahme in Zivil- oder Handelssachen (ABl. L 174 vom 27.6.2001, S. 1)

1. Aktenzeichen des ersuchenden Gerichts:
2. Aktenzeichen des ersuchten Gerichts:
3. Bezeichnung des ersuchenden Gerichts:
4. Ersuchtes Gericht:
   4.1 Bezeichnung:
   4.2. Anschrift:
      4.2.1. Straße + Hausnummer/Postfach:
      4.2.2. PLZ + Ort:
      4.2.3. Staat:
   4.3. Tel.:
   4.4. Fax:
   4.5. E-Mail:
5. Das Ersuchen ist am ... (Empfangsdatum) bei dem unter Nummer 4 genannten Gericht eingegangen.
6. Das Ersuchen kann aus folgenden Gründen nicht bearbeitet werden:
   6.1. Die im Formblatt verwendete Sprache ist unzulässig (Artikel 5)
      6.1.1. Bitte verwenden Sie eine der folgenden Sprachen:
   6.2. Das Dokument ist nicht lesbar (Artikel 6).

Geschehen zu:
Datum:

FORMBLATT C

Bitte um ergänzende Angaben für die Durchführung einer Beweisaufnahme

nach Artikel 8 der Verordnung Nr. 1206/2001 des Rates vom 28. Mai 2001 über die Zusammenarbeit zwischen den Gerichten der Mitgliedstaaten auf dem Gebiet der Beweisaufnahme in Zivil- oder Handelssachen (ABl. L 174 vom 27.6.2001, S. 1)

1. Aktenzeichen des ersuchenden Gerichts:
2. Aktenzeichen des ersuchten Gerichts:
3. Bezeichnung des ersuchenden Gerichts:
4. Bezeichnung des ersuchten Gerichts:
5. Das Ersuchen kann erst erledigt werden, wenn folgende ergänzende Angaben vorliegen:
6. Das Ersuchen kann erst erledigt werden, wenn gemäß Artikel 18 Absatz 3 eine Kaution hinterlegt oder ein Vorschuss einbezahlte wurde. Die Kaution oder der Vorschuss sollten wie folgt hinterlegt bzw. einbezahlt werden:

Geschehen zu:
Datum:

FORMBLATT D

Bestätigung des Eingangs der Kaution oder der Sicherheit

nach Artikel 8 Absatz 2 der Verordnung Nr. 1206/2001 des Rates vom 28. Mai 2001 über die Zusammenarbeit zwischen den Gerichten der Mitgliedstaaten auf dem Gebiet der Beweisaufnahme in Zivil- oder Handelssachen (ABl. L 174 vom 27.6.2001, S. 1)

1. Aktenzeichen des ersuchenden Gerichts:
2. Aktenzeichen des ersuchten Gerichts:
3. Bezeichnung des ersuchenden Gerichts:
4. Bezeichnung des ersuchten Gerichts:
5. Die Kaution oder der Vorschuss ist am ... (Tag des Eingangs) bei dem unter Nummer 4 genannten Gericht eingegangen.

Geschehen zu:
Datum:

FORMBLATT E

Mitteilung betreffend den Antrag auf Erledigung in besonderer Form und/oder unter Einsatz von Kommunikationstechnologie

nach Artikel 10 Absatz 3 und 4 der Verordnung Nr. 1206/2001 des Rates vom 28. Mai 2001 über die Zusammenarbeit zwischen den Gerichten der Mitgliedstaaten auf dem Gebiet der Beweisaufnahme in Zivil- oder Handelssachen (ABl. L 174 vom 27.6.2001, S. 1)

1. Aktenzeichen des ersuchenden Gerichts:
2. Aktenzeichen des ersuchten Gerichts:
3. Bezeichnung des ersuchenden Gerichts:
4. Bezeichnung des ersuchten Gerichts:
5. Dem Antrag auf Erledigung des Ersuchens in der unter Nummer 13.1. des Ersuchens (Formblatt A) angegebenen Form kann nicht entsprochen werden, da
    5.1. die beantragte Form mit dem Recht des Mitgliedstaates des ersuchten Gerichts unvereinbar ist:
    5.2. die Einhaltung der beantragten Form aufgrund erheblicher tatsächlicher Schwierigkeiten nicht möglich ist:
6. Dem Antrag auf Erledigung des Ersuchens unter Einsatz von Kommunikationstechnologie gemäß Nummer 13.1. des Ersuchens (Formblatt A) kann nicht entsprochen werden, da
    6.1. der Einsatz von Kommunikationstechnologie mit dem Recht des Mitgliedstaates des ersuchten Gerichts unvereinbar ist:
    6.2. der Einsatz von Kommunikationstechnologie aufgrund erheblicher tatsächlicher Schwierigkeiten nicht möglich ist:

Geschehen zu:
Datum:

FORMBLATT F

Unterrichtung über Termin und Ort der Beweisaufnahme und über die Bedingungen für die Beteiligung

nach Artikel 11 Absatz 4 und Artikel 12 Absatz 5 der Verordnung Nr. 1206/2001 des Rates vom 28. Mai 2001 über die Zusammenarbeit zwischen den Gerichten der Mitgliedstaaten auf dem Gebiet der Beweisaufnahme in Zivil- oder Handelssachen (ABl. L 174 vom 27.6.2001, S. 1)

1. Aktenzeichen des ersuchenden Gerichts:
2. Aktenzeichen des ersuchten Gerichts:
3. Ersuchendes Gericht:
    3.1 Bezeichnung:
    3.2. Anschrift:
        3.2.1. Straße + Hausnummer/Postfach:
        3.2.2. PLZ + Ort:

3.2.3. Staat:
3.3. Tel.:
3.4. Fax:
3.5. E-Mail:
4. Ersuchtes Gericht:
   4.1 Bezeichnung:
   4.2. Anschrift:
      4.2.1. Straße + Hausnummer/Postfach:
      4.2.2. PLZ + Ort:
      4.2.3. Staat:
   4.3. Tel.:
   4.4. Fax:
   4.5. E-Mail:
5. Termin der Beweisaufnahme:
6. Ort der Beweisaufnahme, falls dieser nicht den unter Nummer 4 genannten Angaben entspricht:
7. Ggf. Bedingungen, unter denen sich die Parteien und gegebenenfalls deren Vertreter beteiligen können:
8. Ggf. Bedingungen, unter denen sich die Beauftragten des ersuchenden Gerichts beteiligen können:

Geschehen zu:
Datum:

FORMBLATT G

Mitteilung über Verzögerungen

nach Artikel 15 der Verordnung Nr. 1206/2001 des Rates vom 28. Mai 2001 über die Zusammenarbeit zwischen den Gerichten der Mitgliedstaaten auf dem Gebiet der Beweisaufnahme in Zivil- oder Handelssachen (ABl. L 174 vom 27.6.2001, S. 1)

1. Aktenzeichen des ersuchenden Gerichts:
2. Aktenzeichen des ersuchten Gerichts:
3. Bezeichnung des ersuchenden Gerichts:
4. Bezeichnung des ersuchten Gerichts:
5. Das Ersuchen konnte aus folgenden Gründen nicht innerhalb von 90 Tagen nach Eingang erledigt werden:
6. Das Ersuchen wird voraussichtlich bis zum ... (geschätzter Termin) erledigt werden.

Geschehen zu:
Datum:

FORMBLATT H

Benachrichtigung über das Ergebnis des Ersuchens

nach Artikel 14 und Artikel 16 der Verordnung Nr. 1206/2001 des Rates vom 28. Mai 2001 über die Zusammenarbeit zwischen den Gerichten der Mitgliedstaaten auf dem Gebiet der Beweisaufnahme in Zivil- oder Handelssachen (ABl. L 174 vom 27.6.2001, S. 1)

1. Aktenzeichen des ersuchenden Gerichts:
2. Aktenzeichen des ersuchten Gerichts:
3. Bezeichnung des ersuchenden Gerichts:
4. Bezeichnung des ersuchten Gerichts:
5. Das Ersuchen wurde erledigt.
Anbei werden folgende Schriftstücke, aus denen sich die Erledigung ergibt, übermittelt:
6. Die Erledigung des Ersuchens wurde abgelehnt, weil
    6.1. die zu vernehmende Person sich auf ein Recht zur Aussageverweigerung oder ein Aussageverbot
        6.1.1. nach dem Recht des Mitgliedstaats des ersuchenden Gerichts
        6.1.2. nach dem Recht des Mitgliedstaats des ersuchten Gerichts berufen hat.
    6.2. Das Ersuchen fällt nicht in den Anwendungsbereich dieser Verordnung.
    6.3. Die Erledigung des Ersuchens fällt nach dem Recht des Mitgliedstaats des ersuchten Gerichts nicht in den Bereich der Gerichtsgewalt.
    6.4. Das ersuchende Gericht ist dem Antrag des ersuchten Gerichts vom (Zeitpunkt des Antrags) auf ergänzende Angaben nicht nachgekommen.
    6.5. Eine Kaution oder ein Vorschuss, um die bzw. den gemäß Artikel 18 Absatz 3 gebeten wurde, ist nicht hinterlegt bzw. einbezahlt worden.

Geschehen zu:
Datum:

FORMBLATT I

Ersuchen um direkte Beweisaufnahme

nach Artikel 17 der Verordnung Nr. 1206/2001 des Rates vom 28. Mai 2001 über die Zusammenarbeit zwischen den Gerichten der Mitgliedstaaten auf dem Gebiet der Beweisaufnahme in Zivil- oder Handelssachen (ABl. L 174 vom 27.6.2001, S. 1)

1. Aktenzeichen des ersuchenden Gerichts:
2. Aktenzeichen der Zentralstelle/zuständigen Behörde:
3. Ersuchendes Gericht:
    3.1 Bezeichnung:
    3.2. Anschrift:
        3.2.1. Straße + Hausnummer/Postfach:
        3.2.2. PLZ + Ort:

3.2.3. Staat:
3.3. Tel.:
3.4. Fax:
3.5. E-Mail:
4. Zentralstelle/zuständige Behörde des ersuchten Staats:
   4.1 Bezeichnung:
   4.2. Anschrift:
      4.2.1. Straße + Hausnummer/Postfach:
      4.2.2. PLZ + Ort:
      4.2.3. Staat:
   4.3. Tel.:
   4.4. Fax:
   4.5. E-Mail:
5. In der Rechtssache des Klägers/Antragstellers:
   5.1. Name:
   5.2. Anschrift:
      5.2.1. Straße + Hausnummer/Postfach:
      5.2.2. PLZ + Ort:
      5.2.3. Staat:
   5.3. Tel.:
   5.4. Fax:
   5.5. E-Mail:
6. Vertreter des Klägers/Antragstellers:
   6.1. Name:
   6.2. Anschrift:
      6.2.1. Straße + Hausnummer/Postfach:
      6.2.2. PLZ + Ort:
      6.2.3. Staat:
   6.3. Tel.:
   6.4. Fax:
   6.5. E-Mail:
7. Gegen den Beklagten/Antragsgegner:
   7.1. Name:
   7.2. Anschrift:
      7.2.1. Straße + Hausnummer/Postfach:
      7.2.2. PLZ + Ort:
      7.2.3. Staat:
   7.3. Tel.:
   7.4. Fax:
   7.5. E-Mail:
8. Vertreter des Beklagten/Antragsgegners:
   8.1. Name:
   8.2. Anschrift:
      8.2.1. Straße + Hausnummer/Postfach:
      8.2.2. PLZ + Ort:
      8.2.3. Staat:
   8.3. Tel.:
   8.4. Fax:

8.5. E-Mail:
9. Die Beweisaufnahme erfolgt durch:
   9.1. Name:
   9.2. Titel:
   9.3. Dienststellung:
   9.4. Aufgabe:
10. Art und Gegenstand des Falls und kurze Erläuterung des Sachverhalts (ggf. in der Anlage):
11. Durchzuführende Beweisaufnahme:
   11.1. Beschreibung der durchzuführenden Beweisaufnahme (ggf. in der Anlage)
   11.2. Vernehmung von Zeugen
      11.2.1. Vor- und Zuname:
      11.2.2. Anschrift:
      11.2.3. Tel.:
      11.2.4. Fax:
      11.2.5. E-Mail:
      11.2.6. Zu folgenden Fragen oder zu folgendem Sachverhalt: (ggf. in der Anlage):
      11.2.7. Zeugnisverweigerungsrecht nach dem Recht des Mitgliedstaats des ersuchenden Gerichts (ggf. in der Anlage):
   11.3. Andere Beweisaufnahme:
12. Das ersuchende Gericht ersucht um direkte Beweisaufnahme unter Einsatz folgender Kommunikationstechnologien (ggf. in der Anlage):

Geschehen zu:
Datum:

FORMBLATT J

Mitteilung der Zentralstelle/zuständigen Behörde

nach Artikel 17 der Verordnung Nr. 1206/2001 des Rates vom 28. Mai 2001 über die Zusammenarbeit zwischen den Gerichten der Mitgliedstaaten auf dem Gebiet der Beweisaufnahme in Zivil- oder Handelssachen (ABl. L 174 vom 27.6.2001, S. 1)

1. Aktenzeichen des ersuchenden Gerichts:
2. Aktenzeichen der Zentralstelle/zuständigen Behörde:
3. Bezeichnung des ersuchenden Gerichts:
4. Zentralstelle/zuständige Behörde des ersuchten Staats:
   4.1 Bezeichnung:
   4.2. Anschrift:
      4.2.1. Straße + Hausnummer/Postfach:
      4.2.2. PLZ + Ort:
      4.2.3. Staat:
   4.3. Tel.:
   4.4. Fax:
   4.5. E-Mail:

5. Mitteilung der Zentralstelle/zuständigen Behörde:
   5.1. Der direkten Beweisaufnahme gemäß dem Ersuchen wird stattgegeben:
   5.2. Der direkten Beweisaufnahme gemäß dem Ersuchen wird unter folgenden Bedingungen stattgegeben (ggf. in der Anlage):
   5.3. Die direkte Beweisaufnahme gemäß dem Ersuchen wird aus folgenden Gründen abgelehnt:
      5.3.1. Das Ersuchen fällt nicht in den Anwendungsbereich dieser Verordnung:
      5.3.2. Das Ersuchen enthält nicht alle erforderlichen Angaben nach Artikel 4:
      5.3.3. Die beantragte direkte Beweisaufnahme steht im Widerspruch zu wesentlichen Rechtsgrundsätzen des Mitgliedstaats der Zentralstelle/zuständigen Behörde:

Geschehen zu:
Datum:

VI. Unterlassungsklagen

Richtlinie des Europäischen Parlaments und des Rates vom 19. Mai 1998 über Unterlassungsklagen zum Schutz der Verbraucherinteressen (98/27/EG)

Amtsblatt Nr. L 166 vom 11/06/1998 S. 51–55

DAS EUROPÄISCHE PARLAMENT UND DER RAT DER EUROPÄISCHEN UNION –
gestützt auf den Vertrag zur Gründung der Europäischen Gemeinschaft, insbesondere auf Artikel 100a,
auf Vorschlag der Kommission[1],
nach Stellungnahme des Wirtschafts- und Sozialausschusses[2],
gemäß dem Verfahren des Artikels 189b des Vertrags[3],
in Erwägung nachstehender Gründe:
(1) In einigen, im Anhang aufgeführten Richtlinien werden Vorschriften zum Schutz der Interessen der Verbraucher festgelegt.
(2) Die zur Zeit sowohl auf einzelstaatlicher als auch auf Gemeinschaftsebene bestehenden Mechanismen zur Gewährleistung der Einhaltung dieser Richtlinien ermöglichen es nicht immer, Verstöße, durch die die Kollektivinteressen der Verbraucher beeinträchtigt werden, rechtzeitig abzustellen. Unter Kollektivinteressen sind die Interessen zu verstehen, bei denen es sich nicht um eine Kumulierung von Interessen durch einen Verstoß geschädigter Personen handelt. Dies gilt unbeschadet von Individualklagen der durch einen Verstoß geschädigten Personen.
(3) Im Hinblick auf den Zweck, Verhaltensweisen zu unterbinden, die im Widerspruch zum geltenden innerstaatlichen Recht stehen, können einzelstaatliche Maßnahmen zur Umsetzung der obengenannten Richtlinien in ihrer Wirksamkeit beeinträchtigt werden, wenn diese Verhaltensweisen sich in einem anderen Mitgliedstaat auswirken als dem, in dem sie ihren Ursprung haben; dies gilt auch für Schutzmaßnahmen, die über die in diesen Richtlinien vorgesehenen Schutzmaßnahmen hinausgehen, jedoch mit dem Vertrag vereinbar und nach diesen Richtlinien zulässig sind.
(4) Diese Schwierigkeiten können dem reibungslosen Funktionieren des Binnenmarkts abträglich sein; denn man brauchte nur den Ausgangspunkt einer unerlaubten Verhaltensweise in einen anderen Staat zu verlegen, um vor jeglicher Durchsetzungsmaßnahme geschützt zu sein. Dies aber stellt eine Wettbewerbsverzerrung dar.
(5) Die genannten Schwierigkeiten sind dazu angetan, das Vertrauen der Verbraucher in den Binnenmarkt zu beeinträchtigen, und können den Handlungsrahmen für die Verbraucherorganisationen oder die unabhängigen öffentlichen Stellen einschränken, die für

---

[1] ABl. C 107 vom 13.4.1996, S. 3, und ABl. C 80 vom 13.3.1997, S. 10.
[2] ABl. C 30 vom 30.1.1997, S. 112.
[3] Stellungnahme des Europäischen Parlaments vom 14. November 1996 (ABl. C 362 vom 2.12.1996, S. 236), Gemeinsamer Standpunkt des Rates vom 30. Oktober 1997 (ABl. C 389 vom 22.12.1997, S. 51) und Beschluss des Europäischen Parlaments vom 12. März 1998 (ABl. C 104 vom 6.4.1998). Beschluss des Rates vom 23. April 1998.

den Schutz der durch eine gemeinschaftsrechtswidrige Verhaltensweise beeinträchtigten Kollektivinteressen der Verbraucher zuständig sind.
(6) Die besagten Verhaltensweisen gehen oftmals über die Grenzen zwischen den Mitgliedstaaten hinaus. Es ist dringend notwendig, die einzelstaatlichen Vorschriften über die Unterbindung der genannten unerlaubten Verhaltensweisen unabhängig davon, in welchem Land sich diese ausgewirkt haben, in gewissem Umfang einander anzunähern. Hiervon unberührt bleiben hinsichtlich der gerichtlichen Zuständigkeit die Vorschriften des Internationalen Privatrechts und des Internationalen Zivilprozessrechts sowie der zwischen den Mitgliedstaaten geltenden Übereinkünfte, wobei die allgemeinen Verpflichtungen der Mitgliedstaaten aus dem Vertrag, insbesondere die Verpflichtungen im Zusammenhang mit dem reibungslosen Funktionieren des Binnenmarkts, einzuhalten sind.
(7) Das Ziel der geplanten Maßnahme kann nur durch die Gemeinschaft erreicht werden; infolgedessen obliegt es dieser, tätig zu werden.
(8) Nach Artikel 3b Unterabsatz 3 des Vertrags darf die Gemeinschaft nicht über das für die Erreichung der Ziele des Vertrags erforderliche Maß hinausgehen. Aufgrund des Artikels 3b sind die Besonderheiten der nationalen Rechtsordnungen weitestmöglich zu berücksichtigen, indem den Mitgliedstaaten die Möglichkeit eingeräumt wird, zwischen verschiedenen Optionen gleicher Wirkung zu wählen. Die Gerichte oder Verwaltungsbehörden im Sinne des Artikels 2 dieser Richtlinie, die für die Entscheidung über die Rechtsbehelfe zuständig sind, sollten berechtigt sein, die Auswirkungen früherer Entscheidungen zu überprüfen.
(9) Eine Option sollte darin bestehen vorzusehen, dass eine oder mehrere unabhängige öffentliche Stellen, die speziell für den Schutz der Kollektivinteressen der Verbraucher zuständig sind, die in dieser Richtlinie vorgesehenen Handlungsbefugnisse ausüben. Eine andere Option sollte vorsehen, dass diese Befugnisse entsprechend den in den einzelstaatlichen Rechtsvorschriften festgelegten Kriterien durch Organisationen ausgeübt werden, deren Zweck im Schutz der Kollektivinteressen der Verbraucher besteht.
(10) Den Mitgliedstaaten sollte es möglich sein, sich für eine dieser beiden oder für beide Optionen gleichzeitig zu entscheiden und entsprechend die auf einzelstaatlicher Ebene für die Zwecke dieser Richtlinie qualifizierten Stellen und/oder Organisationen zu bestimmen.
(11) Im Hinblick auf grenzüberschreitende Verstöße innerhalb der Gemeinschaft sollte für diese Stellen und/oder Organisationen der Grundsatz der gegenseitigen Anerkennung gelten. Die Mitgliedstaaten sollten gemäß den Bestimmungen dieser Richtlinie auf Antrag ihrer nationalen Einrichtungen der Kommission Namen und Zweck ihrer nationalen Einrichtungen mitteilen, die in ihrem Land zur Klageerhebung berechtigt sind.
(12) Es obliegt der Kommission, ein Verzeichnis dieser qualifizierten Einrichtungen im Amtsblatt der Europäischen Gemeinschaften zu veröffentlichen. Solange nicht eine gegenteilige Erklärung veröffentlicht wird, gilt eine qualifizierte Einrichtung als zur Klageerhebung berechtigt, wenn ihr Name in dem Verzeichnis aufgeführt ist.
(13) Die Mitgliedstaaten sollten vorsehen können, dass die Partei, die eine Unterlassungsklage zu erheben beabsichtigt, eine vorherige Konsultation durchführen muss, um es der beklagten Partei zu ermöglichen, den beanstandeten Verstoß abzustellen. Die Mitgliedstaaten sollten vorsehen können, dass in diese vorherige Konsultation eine von ihnen benannte unabhängige öffentliche Stelle einzubeziehen ist.
(14) Wenn die Mitgliedstaaten eine vorherige Konsultation vorsehen, ist eine Frist von zwei Wochen, gerechnet ab dem Eingang des Antrags auf Konsultation, festzusetzen; wird die Unterlassung des Verstoßes nicht innerhalb dieser Frist erreicht, so ist die klagen-

de Partei berechtigt, die zuständigen Gerichte oder Verwaltungsbehörden ohne weiteren Aufschub mit der Klage zu befassen.
(15) Es ist angezeigt, dass die Kommission einen Bericht über das Funktionieren dieser Richtlinie und insbesondere über deren Anwendungsbereich und die Durchführung der vorherigen Konsultation vorlegt.
(16) Die Anwendung dieser Richtlinie sollte die Anwendung der gemeinschaftlichen Wettbewerbsregeln unberührt lassen –
HABEN FOLGENDE RICHTLINIE ERLASSEN:

Artikel 1. Anwendungsbereich
(1) Ziel dieser Richtlinie ist die Angleichung der Rechts- und Verwaltungsvorschriften der Mitgliedstaaten über Unterlassungsklagen im Sinne des Artikels 2 zum Schutz der Kollektivinteressen der Verbraucher, die unter die im Anhang aufgeführten Richtlinien fallen, um so das reibungslose Funktionieren des Binnenmarkts zu gewährleisten.
(2) Ein Verstoß im Sinne dieser Richtlinie ist jede Handlung, die den im Anhang aufgeführten Richtlinien in der in die innerstaatliche Rechtsordnung der Mitgliedstaaten umgesetzten Form zuwiderläuft und die Kollektivinteressen der Verbraucher gemäß Absatz 1 beeinträchtigt.

Artikel 2. Unterlassungsklagen
(1) Die Mitgliedstaaten bestimmen die zuständigen Gerichte oder Verwaltungsbehörden für die Entscheidung über die von qualifizierten Einrichtungen im Sinne des Artikels 3 eingelegten Rechtsbehelfe, die auf folgendes abzielen können:
a) eine mit aller gebotenen Eile und gegebenenfalls im Rahmen eines Dringlichkeitsverfahrens ergehende Anordnung der Einstellung oder des Verbots eines Verstoßes;
b) gegebenenfalls Maßnahmen wie die Veröffentlichung der Entscheidung im vollen Wortlaut oder in Auszügen in der für angemessen erachteten Form und/oder die Veröffentlichung einer Richtigstellung, um die fortdauernde Wirkung des Verstoßes abzustellen;
c) sofern dies nach dem Recht des Mitgliedstaats zulässig ist, eine Anordnung dahingehend, dass die unterlegene beklagte Partei im Fall der Nichtbeachtung der Entscheidung innerhalb einer von den Gerichten oder Verwaltungsbehörden festgesetzten Frist in eine öffentliche Kasse oder an einen anderen im Rahmen einzelstaatlicher Rechtsvorschriften bezeichneten Begünstigten einen bestimmten Betrag für jeden Tag der Nichtbeachtung oder jede andere Summe zahlen muss, welche die einzelstaatlichen Rechtsvorschriften vorsehen, um die Beachtung der Entscheidungen zu gewährleisten.
(2) Diese Richtlinie lässt die Vorschriften des Internationalen Privatrechts und des Internationalen Zivilprozessrechts hinsichtlich des anzuwendenden Rechts unberührt, so dass normalerweise entweder das Recht des Mitgliedstaats, in dem der Verstoß seinen Ursprung hat, oder das Recht des Mitgliedstaats, in dem sich der Verstoß auswirkt, angewendet wird.

Artikel 3. Klagebefugte Einrichtungen
Im Sinne dieser Richtlinie bezeichnet der Ausdruck „qualifizierte Einrichtung" jede Stelle oder Organisation, die nach dem Recht eines Mitgliedstaats ordnungs-

gemäß errichtet wurde und ein berechtigtes Interesse daran hat, die Einhaltung der in Artikel 1 genannten Bestimmungen sicherzustellen; er bezeichnet insbesondere

a) in Mitgliedstaaten, in denen solche Stellen bestehen, eine oder mehrere unabhängige öffentliche Stellen, die speziell für den Schutz der in Artikel 1 genannten Interessen zuständig sind, und/oder

b) Organisationen, deren Zweck im Schutz der in Artikel 1 genannten Interessen besteht, entsprechend den im Rahmen der nationalen Rechtsvorschriften festgelegten Kriterien.

Artikel 4. Grenzüberschreitende Verstöße innerhalb der Gemeinschaft

(1) Jeder Mitgliedstaat trifft die erforderlichen Maßnahmen, damit im Fall eines Verstoßes, dessen Ursprung in seinem Hoheitsgebiet liegt, jede qualifizierte Einrichtung eines anderen Mitgliedstaats, in dem die von dieser qualifizierten Einrichtung geschützten Interessen durch den Verstoß beeinträchtigt werden, nach Vorlage des in Absatz 3 vorgesehenen Verzeichnisses das nach Artikel 2 zuständige Gericht oder die nach Artikel 2 zuständige Verwaltungsbehörde anrufen kann. Die Gerichte oder Verwaltungsbehörden akzeptieren dieses Verzeichnis als Nachweis der Berechtigung der qualifizierten Einrichtung zur Klageerhebung unbeschadet ihres Rechts zu prüfen, ob der Zweck der qualifizierten Einrichtung deren Klageerhebung in einem speziellen Fall rechtfertigt.

(2) Im Hinblick auf grenzüberschreitende Verstöße innerhalb der Gemeinschaft und unbeschadet der Rechte, die anderen Stellen gemäß den einzelstaatlichen Rechtsvorschriften zustehen, teilen die Mitgliedstaaten auf Antrag ihrer qualifizierten Einrichtungen der Kommission mit, dass diese Einrichtungen berechtigt sind, eine in Artikel 2 vorgesehene Klage zu erheben. Die Mitgliedstaaten teilen der Kommission Namen und Zweck dieser qualifizierten Einrichtungen mit.

(3) Die Kommission erstellt ein Verzeichnis der in Absatz 2 bezeichneten qualifizierten Einrichtungen und gibt darin deren Zweck an. Dieses Verzeichnis wird im Amtsblatt der Europäischen Gemeinschaften veröffentlicht; Änderungen an diesem Verzeichnis werden unverzüglich veröffentlicht; die aktualisierte Liste wird alle sechs Monate veröffentlicht.

Artikel 5. Vorherige Konsultation

(1) Die Mitgliedstaaten können Vorschriften einführen oder beibehalten, wonach die Partei, die eine Unterlassungsklage zu erheben beabsichtigt, dieses Verfahren erst einleiten kann, nachdem sie versucht hat, die Einstellung des Verstoßes entweder in Konsultationen mit der beklagten Partei oder mit der beklagten Partei und einer der in Artikel 3 Buchstabe a) bezeichneten qualifizierten Einrichtungen des Mitgliedstaats, in dem die Unterlassungsklage erhoben wird, zu erreichen. Es ist Sache des Mitgliedstaats, zu entscheiden, ob die Partei, die eine Unterlassungsklage erheben will, die qualifizierte Einrichtung konsultieren muss. Wird die Einstellung des Verstoßes nicht innerhalb von zwei Wochen nach Eingang des Antrags auf Konsultation erreicht, so kann die betroffene Partei ohne weiteren Aufschub eine Unterlassungsklage erheben.

(2) Die von den Mitgliedstaaten festgelegten Einzelheiten der vorherigen Konsultation werden der Kommission mitgeteilt und im Amtsblatt der Europäischen Gemeinschaften veröffentlicht.

Artikel 6. Berichte

(1) Die Kommission legt dem Europäischen Parlament und dem Rat alle drei Jahre und erstmals spätestens fünf Jahre nach Inkrafttreten dieser Richtlinie einen Bericht über deren Anwendung vor.

(2) In ihrem ersten Bericht prüft die Kommission insbesondere:
– den Anwendungsbereich dieser Richtlinie in bezug auf den Schutz der Kollektivinteressen von Personen, die im Handel, in der Industrie, im Handwerk oder in freien Berufen tätig sind;
– den Anwendungsbereich dieser Richtlinie, wie er durch die im Anhang aufgeführten Richtlinien bestimmt wird;
– ob die vorherige Konsultation gemäß Artikel 5 zum wirksamen Schutz der Verbraucher beigetragen hat.
Gegebenenfalls sind dem Bericht Vorschläge zur Änderung dieser Richtlinie beizufügen.

Artikel 7. Weitergehende Handlungsbefugnisse der Mitgliedstaaten

Diese Richtlinie hindert die Mitgliedstaaten nicht daran, Bestimmungen zu erlassen oder beizubehalten, die den qualifizierten Einrichtungen sowie sonstigen betroffenen Personen auf nationaler Ebene weitergehende Rechte zur Klageerhebung einräumen.

Artikel 8. Umsetzung

(1) Die Mitgliedstaaten setzen die erforderlichen Rechts- und Verwaltungsvorschriften in Kraft, um dieser Richtlinie spätestens 30 Monate nach ihrem Inkrafttreten nachzukommen. Sie unterrichten die Kommission unverzüglich davon. Wenn die Mitgliedstaaten diese Vorschriften erlassen, nehmen sie in den Vorschriften selbst oder bei deren amtlicher Veröffentlichung auf diese Richtlinie Bezug. Sie regeln die Einzelheiten dieser Bezugnahme.

(2) Die Mitgliedstaaten teilen der Kommission den Wortlaut der innerstaatlichen Rechtsvorschriften mit, die sie auf dem unter diese Richtlinie fallenden Gebiet erlassen.

Artikel 9. Inkrafttreten

Diese Richtlinie tritt am zwanzigsten Tag nach ihrer Veröffentlichung im Amtsblatt der Europäischen Gemeinschaften in Kraft.

Artikel 10. Adressaten

Diese Richtlinie ist an die Mitgliedstaaten gerichtet.

ANHANG

Liste der Richtlinien nach Artikel I (I)[4]

1. Richtlinie 84/450/EWG des Rates vom 10. September 1984 zur Angleichung der Rechts- und Verwaltungsvorschriften der Mitgliedstaaten über irreführende Werbung[5].
2. Richtlinie 85/577/EWG des Rates vom 20. Dezember 1985 betreffend den Verbraucherschutz im Fall von außerhalb von Geschäftsräumen geschlossenen Verträgen[6].
3. Richtlinie 87/102/EWG des Rates vom 22. Dezember 1986 zur Angleichung der Rechts- und Verwaltungsvorschriften der Mitgliedstaaten über den Verbraucherkredit[7], zuletzt geändert durch die Richtlinie 98/7/EG[8].
4. Richtlinie 89/552/EWG des Rates vom 3. Oktober 1989 zur Koordinierung bestimmter Rechts- und Verwaltungsvorschriften der Mitgliedstaaten über die Ausübung der Fernsehtätigkeit: Artikel 10 bis 21[9], geändert durch die Richtlinie 97/36/EG[10].
5. Richtlinie 90/314/EWG des Rates vom 13. Juni 1990 über Pauschalreisen[11].
6. Richtlinie 92/28/EWG des Rates vom 31. März 1992 über die Werbung für Humanarzneimittel[12].
7. Richtlinie 93/13/EWG des Rates vom 5. April 1993 über missbräuchliche Klauseln in Verbraucherverträgen[13].
8. Richtlinie 94/47/EG des Europäischen Parlaments und des Rates vom 26. Oktober 1994 zum Schutz der Erwerber im Hinblick auf bestimmte Aspekte von Verträgen über den Erwerb von Teilzeitnutzungsrechten an Immobilien[14].
9. Richtlinie 97/7/EG des Europäischen Parlaments und des Rates vom 20. Mai 1997 über den Verbraucherschutz bei Vertragsabschlüssen im Fernabsatz[15].

---

[4] Die unter den Nummern 1, 6, 7 und 9 aufgeführten Richtlinien enthalten spezifische Bestimmungen über Unterlassungsklagen.
[5] ABl. L 250 vom 19.9.1984, S. 17.
[6] ABl. L 372 vom 31.12.1985, S. 31.
[7] ABl. L 42 vom 12.2.1987, S. 48.
[8] ABl. L 101 vom 1.4.1998, S. 17.
[9] ABl. L 298 vom 17.10.1989, S. 23.
[10] ABl. L 202 vom 30.7.1997, S. 60.
[11] ABl. L 158 vom 23.6.1990, S. 59.
[12] ABl. L 113 vom 30.4.1992, S. 13.
[13] ABl. L 95 vom 21.4.1993, S. 29.
[14] ABl. L 280 vom 29.10.1994, S. 83.
[15] ABl. L 144 vom 4.6.1997, S. 19.

VII. Insolvenzverfahren

1. Verordnung des Rates vom 29. Mai 2000 über Insolvenzverfahren (Nr. 1346/2000/EG)

Amtsblatt Nr. L 160 vom 30/06/2000 S. 1–13

DER RAT DER EUROPÄISCHEN UNION –
gestützt auf den Vertrag zur Gründung der Europäischen Gemeinschaft, insbesondere auf Artikel 61 Buchstabe c) und Artikel 67 Absatz 1,
auf Initiative der Bundesrepublik Deutschland und der Republik Finnland,
nach Stellungnahme des Europäischen Parlaments[1],
nach Stellungnahme des Wirtschafts- und Sozialausschusses[2],
in Erwägung nachstehender Gründe:
(1) Die Europäische Union hat sich die Schaffung eines Raums der Freiheit, der Sicherheit und des Rechts zum Ziel gesetzt.
(2) Für ein reibungsloses Funktionieren des Binnenmarktes sind effiziente und wirksame grenzüberschreitende Insolvenzverfahren erforderlich; die Annahme dieser Verordnung ist zur Verwirklichung dieses Ziels erforderlich, das in den Bereich der justitiellen Zusammenarbeit in Zivilsachen im Sinne des Artikels 65 des Vertrags fällt.
(3) Die Geschäftstätigkeit von Unternehmen greift mehr und mehr über die einzelstaatlichen Grenzen hinaus und unterliegt damit in zunehmendem Maß den Vorschriften des Gemeinschaftsrechts. Da die Insolvenz solcher Unternehmen auch nachteilige Auswirkungen auf das ordnungsgemäße Funktionieren des Binnenmarktes hat, bedarf es eines gemeinschaftlichen Rechtsakts, der eine Koordinierung der Maßnahmen in bezug auf das Vermögen eines zahlungsunfähigen Schuldners vorschreibt.
(4) Im Interesse eines ordnungsgemäßen Funktionierens des Binnenmarktes muss verhindert werden, dass es für die Parteien vorteilhafter ist, Vermögensgegenstände oder Rechtsstreitigkeiten von einem Mitgliedstaat in einen anderen zu verlagern, um auf diese Weise eine verbesserte Rechtsstellung anzustreben (sog. „forum shopping").
(5) Diese Ziele können auf einzelstaatlicher Ebene nicht in hinreichendem Maß verwirklicht werden, so dass eine Maßnahme auf Gemeinschaftsebene gerechtfertigt ist.
(6) Gemäss dem Verhältnismäßigkeitsgrundsatz sollte sich diese Verordnung auf Vorschriften beschränken, die die Zuständigkeit für die Eröffnung von Insolvenzverfahren und für Entscheidungen regeln, die unmittelbar aufgrund des Insolvenzverfahrens ergehen und in engem Zusammenhang damit stehen. Darüber hinaus sollte diese Verordnung Vorschriften hinsichtlich der Anerkennung solcher Entscheidungen und hinsichtlich des anwendbaren Rechts, die ebenfalls diesem Grundsatz genügen, enthalten.
(7) Konkurse, Vergleiche und ähnliche Verfahren sind vom Anwendungsbereich des Brüsseler Übereinkommens von 1968 über die gerichtliche Zuständigkeit und die Vollstreckung gerichtlicher Entscheidungen in Zivil- und Handelssachen[3] in der durch die Beitrittsübereinkommen zu diesem Übereinkommen[4] geänderten Fassung ausgenommen.

---

[1] Stellungnahme vom 2. März 2000 (noch nicht im Amtsblatt veröffentlicht).
[2] Stellungnahme vom 26. Januar 2000 (noch nicht im Amtsblatt veröffentlicht).
[3] ABl. L 299 vom 31.12.1972, S. 32.

(8) Zur Verwirklichung des Ziels einer Verbesserung der Effizienz und Wirksamkeit der Insolvenzverfahren mit grenzüberschreitender Wirkung ist es notwendig und angemessen, die Bestimmungen über den Gerichtsstand, die Anerkennung und das anwendbare Recht in diesem Bereich in einem gemeinschaftlichen Rechtsakt zu bündeln, der in den Mitgliedstaaten verbindlich ist und unmittelbar gilt.

(9) Diese Verordnung sollte für alle Insolvenzverfahren gelten, unabhängig davon, ob es sich beim Schuldner um eine natürliche oder juristische Person, einen Kaufmann oder eine Privatperson handelt. Die Insolvenzverfahren, auf die diese Verordnung Anwendung findet, sind in den Anhängen aufgeführt. Insolvenzverfahren über das Vermögen von Versicherungsunternehmen, Kreditinstituten und Wertpapierfirmen, die Gelder oder Wertpapiere Dritter halten, sowie von Organismen für gemeinsame Anlagen sollten vom Geltungsbereich dieser Verordnung ausgenommen sein. Diese Unternehmen sollten von dieser Verordnung nicht erfasst werden, da für sie besondere Vorschriften gelten und die nationalen Aufsichtsbehörden teilweise sehr weitgehende Eingriffsbefugnisse haben.

(10) Insolvenzverfahren sind nicht zwingend mit dem Eingreifen eines Gerichts verbunden. Der Ausdruck „Gericht" in dieser Verordnung sollte daher weit ausgelegt werden und jede Person oder Stelle bezeichnen, die nach einzelstaatlichem Recht befugt ist, ein Insolvenzverfahren zu eröffnen. Damit diese Verordnung Anwendung findet, muss es sich aber um ein Verfahren (mit den entsprechenden Rechtshandlungen und Formalitäten) handeln, das nicht nur im Einklang mit dieser Verordnung steht, sondern auch in dem Mitgliedstaat der Eröffnung des Insolvenzverfahrens offiziell anerkannt und rechtsgültig ist, wobei es sich ferner um ein Gesamtverfahren handeln muss, das den vollständigen oder teilweisen Vermögensbeschlag gegen den Schuldner sowie die Bestellung eines Verwalters zur Folge hat.

(11) Diese Verordnung geht von der Tatsache aus, dass aufgrund der großen Unterschiede im materiellen Recht ein einziges Insolvenzverfahren mit universaler Geltung für die gesamte Gemeinschaft nicht realisierbar ist. Die ausnahmslose Anwendung des Rechts des Staates der Verfahrenseröffnung würde vor diesem Hintergrund häufig zu Schwierigkeiten führen. Dies gilt etwa für die in der Gemeinschaft sehr unterschiedlich ausgeprägten Sicherungsrechte. Aber auch die Vorrechte einzelner Gläubiger im Insolvenzverfahren sind teilweise völlig verschieden ausgestaltet. Diese Verordnung sollte dem auf zweierlei Weise Rechnung tragen: Zum einen sollten Sonderanknüpfungen für besonders bedeutsame Rechte und Rechtsverhältnisse vorgesehen werden (z. B. dingliche Rechte und Arbeitsverträge). Zum anderen sollten neben einem Hauptinsolvenzverfahren mit universaler Geltung auch innerstaatliche Verfahren zugelassen werden, die lediglich das im Eröffnungsstaat belegene Vermögen erfassen.

(12) Diese Verordnung gestattet die Eröffnung des Hauptinsolvenzverfahrens in dem Mitgliedstaat, in dem der Schuldner den Mittelpunkt seiner hauptsächlichen Interessen hat. Dieses Verfahren hat universale Geltung mit dem Ziel, das gesamte Vermögen des Schuldners zu erfassen. Zum Schutz der unterschiedlichen Interessen gestattet diese Verordnung die Eröffnung von Sekundärinsolvenzverfahren parallel zum Hauptinsolvenzverfahren. Ein Sekundärinsolvenzverfahren kann in dem Mitgliedstaat eröffnet werden, in dem der Schuldner eine Niederlassung hat. Seine Wirkungen sind auf das in dem betreffenden Mitgliedstaat belegene Vermögen des Schuldners beschränkt. Zwingende Vor-

---

4 ABl. L 204 vom 2.8.1975, S. 28; ABl. L 304 vom 30.10.1978, S. 1; ABl. L 338 vom 31.12.1982, S. 1; ABl. L 285 vom 3.10.1989, S. 1; ABl. C 15 vom 15.1.1997, S. 1.

schriften für die Koordinierung mit dem Hauptinsolvenzverfahren tragen dem Gebot der Einheitlichkeit des Verfahrens in der Gemeinschaft Rechnung.
(13) Als Mittelpunkt der hauptsächlichen Interessen sollte der Ort gelten, an dem der Schuldner gewöhnlich der Verwaltung seiner Interessen nachgeht und damit für Dritte feststellbar ist.
(14) Diese Verordnung gilt nur für Verfahren, bei denen der Mittelpunkt der hauptsächlichen Interessen des Schuldners in der Gemeinschaft liegt.
(15) Die Zuständigkeitsvorschriften dieser Verordnung legen nur die internationale Zuständigkeit fest, das heißt, sie geben den Mitgliedstaat an, dessen Gerichte Insolvenzverfahren eröffnen dürfen. Die innerstaatliche Zuständigkeit des betreffenden Mitgliedstaats muss nach dem Recht des betreffenden Staates bestimmt werden.
(16) Das für die Eröffnung des Hauptinsolvenzverfahrens zuständige Gericht sollte zur Anordnung einstweiliger Sicherungsmaßnahmen ab dem Zeitpunkt des Antrags auf Verfahrenseröffnung befugt sein. Sicherungsmaßnahmen sowohl vor als auch nach Beginn des Insolvenzverfahrens sind zur Gewährleistung der Wirksamkeit des Insolvenzverfahrens von großer Bedeutung. Diese Verordnung sollte hierfür verschiedene Möglichkeiten vorsehen. Zum einen sollte das für das Hauptinsolvenzverfahren zuständige Gericht vorläufige Sicherungsmaßnahmen auch über Vermögensgegenstände anordnen können, die im Hoheitsgebiet anderer Mitgliedstaaten belegen sind. Zum anderen sollte ein vor Eröffnung des Hauptinsolvenzverfahrens bestellter vorläufiger Insolvenzverwalter in den Mitgliedstaaten, in denen sich eine Niederlassung des Schuldners befindet, die nach dem Recht dieser Mitgliedstaaten möglichen Sicherungsmaßnahmen beantragen können.
(17) Das Recht, vor der Eröffnung des Hauptinsolvenzverfahrens die Eröffnung eines Insolvenzverfahrens in dem Mitgliedstaat, in dem der Schuldner eine Niederlassung hat, zu beantragen, sollte nur einheimischen Gläubigern oder Gläubigern der einheimischen Niederlassung zustehen beziehungsweise auf Fälle beschränkt sein, in denen das Recht des Mitgliedstaats, in dem der Schuldner den Mittelpunkt seiner hauptsächlichen Interessen hat, die Eröffnung eines Hauptinsolvenzverfahrens nicht zulässt. Der Grund für diese Beschränkung ist, dass die Fälle, in denen die Eröffnung eines Partikularverfahrens vor dem Hauptinsolvenzverfahren beantragt wird, auf das unumgängliche Maß beschränkt werden sollen. Nach der Eröffnung des Hauptinsolvenzverfahrens wird das Partikularverfahren zum Sekundärverfahren.
(18) Das Recht, nach der Eröffnung des Hauptinsolvenzverfahrens die Eröffnung eines Insolvenzverfahrens in dem Mitgliedstaat, in dem der Schuldner eine Niederlassung hat, zu beantragen, wird durch diese Verordnung nicht beschränkt. Der Verwalter des Hauptverfahrens oder jede andere, nach dem Recht des betreffenden Mitgliedstaats dazu befugte Person sollte die Eröffnung eines Sekundärverfahrens beantragen können.
(19) Ein Sekundärinsolvenzverfahren kann neben dem Schutz der inländischen Interessen auch anderen Zwecken dienen. Dies kann der Fall sein, wenn das Vermögen des Schuldners zu verschachtelt ist, um als ganzes verwaltet zu werden, oder weil die Unterschiede in den betroffenen Rechtssystemen so groß sind, dass sich Schwierigkeiten ergeben können, wenn das Recht des Staates der Verfahrenseröffnung seine Wirkung in den anderen Staaten, in denen Vermögensgegenstände belegen sind, entfaltet. Aus diesem Grund kann der Verwalter des Hauptverfahrens die Eröffnung eines Sekundärverfahrens beantragen, wenn dies für die effiziente Verwaltung der Masse erforderlich ist.
(20) Hauptinsolvenzverfahren und Sekundärinsolvenzverfahren können jedoch nur dann zu einer effizienten Verwertung der Insolvenzmasse beitragen, wenn die parallel anhängigen Verfahren koordiniert werden. Wesentliche Voraussetzung ist hierzu eine

enge Zusammenarbeit der verschiedenen Verwalter, die insbesondere einen hinreichenden Informationsaustausch beinhalten muss. Um die dominierende Rolle des Hauptinsolvenzverfahrens sicherzustellen, sollten dem Verwalter dieses Verfahrens mehrere Einwirkungsmöglichkeiten auf gleichzeitig anhängige Sekundärinsolvenzverfahren gegeben werden. Er sollte etwa einen Sanierungsplan oder Vergleich vorschlagen oder die Aussetzung der Verwertung der Masse im Sekundärinsolvenzverfahren beantragen können.

(21) Jeder Gläubiger, der seinen Wohnsitz, gewöhnlichen Aufenthalt oder Sitz in der Gemeinschaft hat, sollte das Recht haben, seine Forderungen in jedem in der Gemeinschaft anhängigen Insolvenzverfahren über das Vermögen des Schuldners anzumelden. Dies sollte auch für Steuerbehörden und Sozialversicherungsträger gelten. Im Interesse der Gläubigergleichbehandlung muss jedoch die Verteilung des Erlöses koordiniert werden. Jeder Gläubiger sollte zwar behalten dürfen, was er im Rahmen eines Insolvenzverfahrens erhalten hat, sollte aber an der Verteilung der Masse in einem anderen Verfahren erst dann teilnehmen können, wenn die Gläubiger gleichen Rangs die gleiche Quote auf ihre Forderung erlangt haben.

(22) In dieser Verordnung sollte die unmittelbare Anerkennung von Entscheidungen über die Eröffnung, die Abwicklung und die Beendigung der in ihren Geltungsbereich fallenden Insolvenzverfahren sowie von Entscheidungen, die in unmittelbarem Zusammenhang mit diesen Insolvenzverfahren ergehen, vorgesehen werden. Die automatische Anerkennung sollte somit zur Folge haben, dass die Wirkungen, die das Recht des Staates der Verfahrenseröffnung dem Verfahren beilegt, auf alle übrigen Mitgliedstaaten ausgedehnt werden. Die Anerkennung der Entscheidungen der Gerichte der Mitgliedstaaten sollte sich auf den Grundsatz des gegenseitigen Vertrauens stützen. Die zulässigen Gründe für eine Nichtanerkennung sollten daher auf das unbedingt notwendige Maß beschränkt sein. Nach diesem Grundsatz sollte auch der Konflikt gelöst werden, wenn sich die Gerichte zweier Mitgliedstaaten für zuständig halten, ein Hauptinsolvenzverfahren zu eröffnen. Die Entscheidung des zuerst eröffnenden Gerichts sollte in den anderen Mitgliedstaaten anerkannt werden; diese sollten die Entscheidung dieses Gerichts keiner Überprüfung unterziehen dürfen.

(23) Diese Verordnung sollte für den Insolvenzbereich einheitliche Kollisionsnormen formulieren, die die Vorschriften des internationalen Privatrechts der einzelnen Staaten ersetzen. Soweit nichts anderes bestimmt ist, sollte das Recht des Staates der Verfahrenseröffnung (lex concursus) Anwendung finden. Diese Kollisionsnorm sollte für Hauptinsolvenzverfahren und Partikularverfahren gleichermaßen gelten. Die lex concursus regelt alle verfahrensrechtlichen wie materiellen Wirkungen des Insolvenzverfahrens auf die davon betroffenen Personen und Rechtsverhältnisse; nach ihr bestimmen sich alle Voraussetzungen für die Eröffnung, Abwicklung und Beendigung des Insolvenzverfahrens.

(24) Die automatische Anerkennung eines Insolvenzverfahrens, auf das regelmäßig das Recht des Eröffnungsstaats Anwendung findet, kann mit den Vorschriften anderer Mitgliedstaaten für die Vornahme von Rechtshandlungen kollidieren. Um in den anderen Mitgliedstaaten als dem Staat der Verfahrenseröffnung Vertrauensschutz und Rechtssicherheit zu gewährleisten, sollten eine Reihe von Ausnahmen von der allgemeinen Vorschrift vorgesehen werden.

(25) Ein besonderes Bedürfnis für eine vom Recht des Eröffnungsstaats abweichende Sonderanknüpfung besteht bei dinglichen Rechten, da diese für die Gewährung von Krediten von erheblicher Bedeutung sind. Die Begründung, Gültigkeit und Tragweite eines solchen dinglichen Rechts sollten sich deshalb regelmäßig nach dem Recht des Belegenheitsorts bestimmen und von der Eröffnung des Insolvenzverfahrens nicht berührt werden. Der

1. Verordnung über Insolvenzverfahren 273

Inhaber des dinglichen Rechts sollte somit sein Recht zur Aus- bzw. Absonderung an dem Sicherungsgegenstand weiter geltend machen können. Falls an Vermögensgegenständen in einem Mitgliedstaat dingliche Rechte nach dem Recht des Belegenheitsstaats bestehen, das Hauptinsolvenzverfahren aber in einem anderen Mitgliedstaat stattfindet, sollte der Verwalter des Hauptinsolvenzverfahrens die Eröffnung eines Sekundärinsolvenzverfahrens in dem Zuständigkeitsgebiet, in dem die dinglichen Rechte bestehen, beantragen können, sofern der Schuldner dort eine Niederlassung hat. Wird kein Sekundärinsolvenzverfahren eröffnet, so ist der überschiessende Erlös aus der Veräußerung der Vermögensgegenstände, an denen dingliche Rechte bestanden, an den Verwalter des Hauptverfahrens abzuführen.

(26) Ist nach dem Recht des Eröffnungsstaats eine Aufrechnung nicht zulässig, so sollte ein Gläubiger gleichwohl zur Aufrechnung berechtigt sein, wenn diese nach dem für die Forderung des insolventen Schuldners maßgeblichen Recht möglich ist. Auf diese Weise würde die Aufrechnung eine Art Garantiefunktion aufgrund von Rechtsvorschriften erhalten, auf die sich der betreffende Gläubiger zum Zeitpunkt der Entstehung der Forderung verlassen kann.

(27) Ein besonderes Schutzbedürfnis besteht auch bei Zahlungssystemen und Finanzmärkten. Dies gilt etwa für die in diesen Systemen anzutreffenden Glattstellungsverträge und Nettingvereinbarungen sowie für die Veräußerung von Wertpapieren und die zur Absicherung dieser Transaktionen gestellten Sicherheiten, wie dies insbesondere in der Richtlinie 98/26/EG des Europäischen Parlaments und des Rates vom 19. Mai 1998 über die Wirksamkeit von Abrechnungen in Zahlungs- sowie Wertpapierliefer- und -abrechnungssystemen[5] geregelt ist. Für diese Transaktionen soll deshalb allein das Recht maßgebend sein, das auf das betreffende System bzw. den betreffenden Markt anwendbar ist. Mit dieser Vorschrift soll verhindert werden, dass im Fall der Insolvenz eines Geschäftspartners die in Zahlungs- oder Aufrechnungssystemen oder auf den geregelten Finanzmärkten der Mitgliedstaaten vorgesehenen Mechanismen zur Zahlung und Abwicklung von Transaktionen geändert werden können. Die Richtlinie 98/26/EG enthält Sondervorschriften, die den allgemeinen Regelungen dieser Verordnung vorgehen sollten.

(28) Zum Schutz der Arbeitnehmer und der Arbeitsverhältnisse müssen die Wirkungen der Insolvenzverfahren auf die Fortsetzung oder Beendigung von Arbeitsverhältnissen sowie auf die Rechte und Pflichten aller an einem solchen Arbeitsverhältnis beteiligten Parteien durch das gemäss den allgemeinen Kollisionsnormen für den Vertrag maßgebliche Recht bestimmt werden. Sonstige insolvenzrechtliche Fragen, wie etwa, ob die Forderungen der Arbeitnehmer durch ein Vorrecht geschützt sind und welchen Rang dieses Vorrecht gegebenenfalls erhalten soll, sollten sich nach dem Recht des Eröffnungsstaats bestimmen.

(29) Im Interesse des Geschäftsverkehrs sollte auf Antrag des Verwalters der wesentliche Inhalt der Entscheidung über die Verfahrenseröffnung in den anderen Mitgliedstaaten bekannt gemacht werden. Befindet sich in dem betreffenden Mitgliedstaat eine Niederlassung, so kann eine obligatorische Bekanntmachung vorgeschrieben werden. In beiden Fällen sollte die Bekanntmachung jedoch nicht Voraussetzung für die Anerkennung des ausländischen Verfahrens sein.

(30) Es kann der Fall eintreten, dass einige der betroffenen Personen tatsächlich keine Kenntnis von der Verfahrenseröffnung haben und gutgläubig im Widerspruch zu der neuen Sachlage handeln. Zum Schutz solcher Personen, die in Unkenntnis der ausländischen

---

[5] ABl. L 166 vom 11.6.1998, S. 45.

Verfahrenseröffnung eine Zahlung an den Schuldner leisten, obwohl diese an sich an den ausländischen Verwalter hätte geleistet werden müssen, sollte eine schuldbefreiende Wirkung der Leistung bzw. Zahlung vorgesehen werden.
(31) Diese Verordnung sollte Anhänge enthalten, die sich auf die Organisation der Insolvenzverfahren beziehen. Da diese Anhänge sich ausschließlich auf das Recht der Mitgliedstaaten beziehen, sprechen spezifische und begründete Umstände dafür, dass der Rat sich das Recht vorbehält, diese Anhänge zu ändern, um etwaigen Änderungen des innerstaatlichen Rechts der Mitgliedstaaten Rechnung tragen zu können.
(32) Entsprechend Artikel 3 des Protokolls über die Position des Vereinigten Königreichs und Irlands, das dem Vertrag über die Europäische Union und dem Vertrag zur Gründung der Europäischen Gemeinschaft beigefügt ist, haben das Vereinigte Königreich und Irland mitgeteilt, dass sie sich an der Annahme und Anwendung dieser Verordnung beteiligen möchten.
(33) Gemäss den Artikeln 1 und 2 des Protokolls über die Position Dänemarks, das dem Vertrag über die Europäische Union und dem Vertrag zur Gründung der Europäischen Gemeinschaft beigefügt ist, beteiligt sich Dänemark nicht an der Annahme dieser Verordnung, die diesen Mitgliedstaat somit nicht bindet und auf ihn keine Anwendung findet –
HAT FOLGENDE VERORDNUNG ERLASSEN:

KAPITEL I. ALLGEMEINE VORSCHRIFTEN

Artikel 1. Anwendungsbereich
(1) Diese Verordnung gilt für Gesamtverfahren, welche die Insolvenz des Schuldners voraussetzen und den vollständigen oder teilweisen Vermögensbeschlag gegen den Schuldner sowie die Bestellung eines Verwalters zur Folge haben.
(2) Diese Verordnung gilt nicht für Insolvenzverfahren über das Vermögen von Versicherungsunternehmen oder Kreditinstituten, von Wertpapierfirmen, die Dienstleistungen erbringen, welche die Haltung von Geldern oder Wertpapieren Dritter umfassen, sowie von Organismen für gemeinsame Anlagen.

Artikel 2. Definitionen
Für die Zwecke dieser Verordnung bedeutet
a) „Insolvenzverfahren" die in Artikel 1 Absatz 1 genannten Gesamtverfahren. Diese Verfahren sind in Anhang A aufgeführt;
b) „Verwalter" jede Person oder Stelle, deren Aufgabe es ist, die Masse zu verwalten oder zu verwerten oder die Geschäftstätigkeit des Schuldners zu überwachen. Diese Personen oder Stellen sind in Anhang C aufgeführt;
c) „Liquidationsverfahren" ein Insolvenzverfahren im Sinne von Buchstabe a), das zur Liquidation des Schuldnervermögens führt, und zwar auch dann, wenn dieses Verfahren durch einen Vergleich oder eine andere die Insolvenz des Schuldners beendende Maßnahme oder wegen unzureichender Masse beendet wird. Diese Verfahren sind in Anhang B aufgeführt;
d) „Gericht" das Justizorgan oder jede sonstige zuständige Stelle eines Mitgliedstaats, die befugt ist, ein Insolvenzverfahren zu eröffnen oder im Laufe des Verfahrens Entscheidungen zu treffen;
e) „Entscheidung", falls es sich um die Eröffnung eines Insolvenzverfahrens oder die Bestellung eines Verwalters handelt, die Entscheidung jedes Gerichts, das zur Eröffnung eines derartigen Verfahrens oder zur Bestellung eines Verwalters befugt ist;

f) „Zeitpunkt der Verfahrenseröffnung" den Zeitpunkt, in dem die Eröffnungsentscheidung wirksam wird, unabhängig davon, ob die Entscheidung endgültig ist;
g) „Mitgliedstat, in dem sich ein Vermögensgegenstand befindet", im Fall von
– körperlichen Gegenständen den Mitgliedstaat, in dessen Gebiet der Gegenstand belegen ist,
– Gegenständen oder Rechten, bei denen das Eigentum oder die Rechtsinhaberschaft in ein öffentliches Register einzutragen ist, den Mitgliedstaat, unter dessen Aufsicht das Register geführt wird,
– Forderungen den Mitgliedstaat, in dessen Gebiet der zur Leistung verpflichtete Dritte den Mittelpunkt seiner hauptsächlichen Interessen im Sinne von Artikel 3 Absatz 1 hat;
h) „Niederlassung" jeden Tätigkeitsort, an dem der Schuldner einer wirtschaftlichen Aktivität von nicht vorübergehender Art nachgeht, die den Einsatz von Personal und Vermögenswerten voraussetzt.

Artikel 3. Internationale Zuständigkeit
(1) Für die Eröffnung des Insolvenzverfahrens sind die Gerichte des Mitgliedstaats zuständig, in dessen Gebiet der Schuldner den Mittelpunkt seiner hauptsächlichen Interessen hat. Bei Gesellschaften und juristischen Personen wird bis zum Beweis des Gegenteils vermutet, dass der Mittelpunkt ihrer hauptsächlichen Interessen der Ort des satzungsmäßigen Sitzes ist.
(2) Hat der Schuldner den Mittelpunkt seiner hauptsächlichen Interessen im Gebiet eines Mitgliedstaats, so sind die Gerichte eines anderen Mitgliedstaats nur dann zur Eröffnung eines Insolvenzverfahrens befugt, wenn der Schuldner eine Niederlassung im Gebiet dieses anderen Mitgliedstaats hat. Die Wirkungen dieses Verfahrens sind auf das im Gebiet dieses letzteren Mitgliedstaats belegene Vermögen des Schuldners beschränkt.
(3) Wird ein Insolvenzverfahren nach Absatz 1 eröffnet, so ist jedes zu einem späteren Zeitpunkt nach Absatz 2 eröffnete Insolvenzverfahren ein Sekundärinsolvenzverfahren. Bei diesem Verfahren muss es sich um ein Liquidationsverfahren handeln.
(4) Vor der Eröffnung eines Insolvenzverfahrens nach Absatz 1 kann ein Partikularverfahren nach Absatz 2 nur in den nachstehenden Fällen eröffnet werden:
a) falls die Eröffnung eines Insolvenzverfahrens nach Absatz 1 angesichts der Bedingungen, die in den Rechtsvorschriften des Mitgliedstaats vorgesehen sind, in dem der Schuldner den Mittelpunkt seiner hauptsächlichen Interessen hat, nicht möglich ist;
b) falls die Eröffnung des Partikularverfahrens von einem Gläubiger beantragt wird, der seinen Wohnsitz, gewöhnlichen Aufenthalt oder Sitz in dem Mitgliedstaat hat, in dem sich die betreffende Niederlassung befindet, oder dessen Forderung auf einer sich aus dem Betrieb dieser Niederlassung ergebenden Verbindlichkeit beruht.

Artikel 4. Anwendbares Recht
(1) Soweit diese Verordnung nichts anderes bestimmt, gilt für das Insolvenzverfahren und seine Wirkungen das Insolvenzrecht des Mitgliedstaats, in dem das Verfahren eröffnet wird, nachstehend „Staat der Verfahrenseröffnung" genannt.
(2) Das Recht des Staates der Verfahrenseröffnung regelt, unter welchen Voraus-

setzungen das Insolvenzverfahren eröffnet wird und wie es durchzuführen und zu beenden ist. Es regelt insbesondere:
a) bei welcher Art von Schuldnern ein Insolvenzverfahren zulässig ist;
b) welche Vermögenswerte zur Masse gehören und wie die nach der Verfahrenseröffnung vom Schuldner erworbenen Vermögenswerte zu behandeln sind;
c) die jeweiligen Befugnisse des Schuldners und des Verwalters;
d) die Voraussetzungen für die Wirksamkeit einer Aufrechnung;
e) wie sich das Insolvenzverfahren auf laufende Verträge des Schuldners auswirkt;
f) wie sich die Eröffnung eines Insolvenzverfahrens auf Rechtsverfolgungsmaßnahmen einzelner Gläubiger auswirkt; ausgenommen sind die Wirkungen auf anhängige Rechtsstreitigkeiten;
g) welche Forderungen als Insolvenzforderungen anzumelden sind und wie Forderungen zu behandeln sind, die nach der Eröffnung des Insolvenzverfahrens entstehen;
h) die Anmeldung, die Prüfung und die Feststellung der Forderungen;
i) die Verteilung des Erlöses aus der Verwertung des Vermögens, den Rang der Forderungen und die Rechte der Gläubiger, die nach der Eröffnung des Insolvenzverfahrens aufgrund eines dinglichen Rechts oder infolge einer Aufrechnung teilweise befriedigt wurden;
j) die Voraussetzungen und die Wirkungen der Beendigung des Insolvenzverfahrens, insbesondere durch Vergleich;
k) die Rechte der Gläubiger nach der Beendigung des Insolvenzverfahrens;
l) wer die Kosten des Insolvenzverfahrens einschließlich der Auslagen zu tragen hat;
m) welche Rechtshandlungen nichtig, anfechtbar oder relativ unwirksam sind, weil sie die Gesamtheit der Gläubiger benachteiligen.

Artikel 5. Dingliche Rechte Dritte
(1) Das dingliche Recht eines Gläubigers oder eines Dritten an körperlichen oder unkörperlichen, beweglichen oder unbeweglichen Gegenständen des Schuldners – sowohl an bestimmten Gegenständen als auch an einer Mehrheit von nicht bestimmten Gegenständen mit wechselnder Zusammensetzung –, die sich zum Zeitpunkt der Eröffnung des Insolvenzverfahrens im Gebiet eines anderen Mitgliedstaats befinden, wird von der Eröffnung des Verfahrens nicht berührt.
(2) Rechte im Sinne von Absatz 1 sind insbesondere
a) das Recht, den Gegenstand zu verwerten oder verwerten zu lassen und aus dem Erlös oder den Nutzungen dieses Gegenstands befriedigt zu werden, insbesondere aufgrund eines Pfandrechts oder einer Hypothek;
b) das ausschließliche Recht, eine Forderung einzuziehen, insbesondere aufgrund eines Pfandrechts an einer Forderung oder aufgrund einer Sicherheitsabtretung dieser Forderung;
c) das Recht, die Herausgabe des Gegenstands von jedermann zu verlangen, der diesen gegen den Willen des Berechtigten besitzt oder nutzt;
d) das dingliche Recht, die Früchte eines Gegenstands zu ziehen.
(3) Das in einem öffentlichen Register eingetragene und gegen jedermann wirksame Recht, ein dingliches Recht im Sinne von Absatz 1 zu erlangen, wird einem dinglichen Recht gleichgestellt.
(4) Absatz 1 steht der Nichtigkeit, Anfechtbarkeit oder relativen Unwirksamkeit einer Rechtshandlung nach Artikel 4 Absatz 2 Buchstabe m) nicht entgegen.

Artikel 6. Aufrechnung

(1) Die Befugnis eines Gläubigers, mit seiner Forderung gegen eine Forderung des Schuldners aufzurechnen, wird von der Eröffnung des Insolvenzverfahrens nicht berührt, wenn diese Aufrechnung nach dem für die Forderung des insolventen Schuldners maßgeblichen Recht zulässig ist.

(2) Absatz 1 steht der Nichtigkeit, Anfechtbarkeit oder relativen Unwirksamkeit einer Rechtshandlung nach Artikel 4 Absatz 2 Buchstabe m) nicht entgegen.

Artikel 7. Eigentumsvorbehalt

(1) Die Eröffnung eines Insolvenzverfahrens gegen den Käufer einer Sache lässt die Rechte des Verkäufers aus einem Eigentumsvorbehalt unberührt, wenn sich diese Sache zum Zeitpunkt der Eröffnung des Verfahrens im Gebiet eines anderen Mitgliedstaats als dem der Verfahrenseröffnung befindet.

(2) Die Eröffnung eines Insolvenzverfahrens gegen den Verkäufer einer Sache nach deren Lieferung rechtfertigt nicht die Auflösung oder Beendigung des Kaufvertrags und steht dem Eigentumserwerb des Käufers nicht entgegen, wenn sich diese Sache zum Zeitpunkt der Verfahrenseröffnung im Gebiet eines anderen Mitgliedstaats als dem der Verfahrenseröffnung befindet.

(3) Die Absätze 1 und 2 stehen der Nichtigkeit, Anfechtbarkeit oder relativen Unwirksamkeit einer Rechtshandlung nach Artikel 4 Absatz 2 Buchstabe m) nicht entgegen.

Artikel 8. Vertrag über einen unbeweglichen Gegenstand

Für die Wirkungen des Insolvenzverfahrens auf einen Vertrag, der zum Erwerb oder zur Nutzung eines unbeweglichen Gegenstands berechtigt, ist ausschließlich das Recht des Mitgliedstaats maßgebend, in dessen Gebiet dieser Gegenstand belegen ist.

Artikel 9. Zahlungssysteme und Finanzmärkte

(1) Unbeschadet des Artikels 5 ist für die Wirkungen des Insolvenzverfahrens auf die Rechte und Pflichten der Mitglieder eines Zahlungs- oder Abwicklungssystems oder eines Finanzmarktes ausschließlich das Recht des Mitgliedstaats maßgebend, das für das betreffende System oder den betreffenden Markt gilt.

(2) Absatz 1 steht einer Nichtigkeit, Anfechtbarkeit oder relativen Unwirksamkeit der Zahlungen oder Transaktionen gemäss den für das betreffende Zahlungssystem oder den betreffenden Finanzmarkt geltenden Rechtsvorschriften nicht entgegen.

Artikel 10. Arbeitsvertrag

Für die Wirkungen des Insolvenzverfahrens auf einen Arbeitsvertrag und auf das Arbeitsverhältnis gilt ausschließlich das Recht des Mitgliedstaats, das auf den Arbeitsvertrag anzuwenden ist.

Artikel 11. Wirkung auf eintragungspflichtige Rechte

Für die Wirkungen des Insolvenzverfahrens auf Rechte des Schuldners an einem unbeweglichen Gegenstand, einem Schiff oder einem Luftfahrzeug, die der Eintragung in ein öffentliches Register unterliegen, ist das Recht des Mitgliedstaats maßgebend, unter dessen Aufsicht das Register geführt wird.

Artikel 12. Gemeinschaftspatente und -marken
Für die Zwecke dieser Verordnung kann ein Gemeinschaftspatent, eine Gemeinschaftsmarke oder jedes andere durch Gemeinschaftsvorschriften begründete ähnliche Recht nur in ein Verfahren nach Artikel 3 Absatz 1 miteinbezogen werden.

Artikel 13. Benachteiligende Handlungen
Artikel 4 Absatz 2 Buchstabe m) findet keine Anwendung, wenn die Person, die durch eine die Gesamtheit der Gläubiger benachteiligende Handlung begünstigt wurde, nachweist,
– dass für diese Handlung das Recht eines anderen Mitgliedstaats als des Staates der Verfahrenseröffnung maßgeblich ist und
– dass in diesem Fall diese Handlung in keiner Weise nach diesem Recht angreifbar ist.

Artikel 14. Schutz des Dritterwerbers
Verfügt der Schuldner durch eine nach Eröffnung des Insolvenzverfahrens vorgenommene Rechtshandlung gegen Entgelt
– über einen unbeweglichen Gegenstand,
– über ein Schiff oder ein Luftfahrzeug, das der Eintragung in ein öffentliches Register unterliegt, oder
– über Wertpapiere, deren Eintragung in ein gesetzlich vorgeschriebenes Register Voraussetzung für ihre Existenz ist,
so richtet sich die Wirksamkeit dieser Rechtshandlung dem Recht des Staates, in dessen Gebiet dieser unbewegliche Gegenstand belegen ist oder unter dessen Aufsicht das Register geführt wird.

Artikel 15. Wirkungen des Insolvenzverfahrens auf anhängige Rechtsstreitigkeiten
Für die Wirkungen des Insolvenzverfahrens auf einen anhängigen Rechtsstreit über einen Gegenstand oder ein Recht der Masse gilt ausschließlich das Recht des Mitgliedstaats, in dem der Rechtsstreit anhängig ist.

KAPITEL II. ANERKENNUNG DER INSOLVENZVERFAHREN

Artikel 16. Grundsatz
(1) Die Eröffnung eines Insolvenzverfahrens durch ein nach Artikel 3 zuständiges Gericht eines Mitgliedstaats wird in allen übrigen Mitgliedstaaten anerkannt, sobald die Entscheidung im Staat der Verfahrenseröffnung wirksam ist.
Dies gilt auch, wenn in den übrigen Mitgliedstaaten über das Vermögen des Schuldners wegen seiner Eigenschaft ein Insolvenzverfahren nicht eröffnet werden könnte.
(2) Die Anerkennung eines Verfahrens nach Artikel 3 Absatz 1 steht der Eröffnung eines Verfahrens nach Artikel 3 Absatz 2 durch ein Gericht eines anderen Mitgliedstaats nicht entgegen. In diesem Fall ist das Verfahren nach Artikel 3 Absatz 2 ein Sekundärinsolvenzverfahren im Sinne von Kapitel III.

Artikel 17. Wirkungen der Anerkennung
(1) Die Eröffnung eines Verfahrens nach Artikel 3 Absatz 1 entfaltet in jedem anderen Mitgliedstaat, ohne dass es hierfür irgendwelcher Förmlichkeiten bedürf-

te, die Wirkungen, die das Recht des Staates der Verfahrenseröffnung dem Verfahren beilegt, sofern diese Verordnung nichts anderes bestimmt und solange in diesem anderen Mitgliedstaat kein Verfahren nach Artikel 3 Absatz 2 eröffnet ist.
(2) Die Wirkungen eines Verfahrens nach Artikel 3 Absatz 2 dürfen in den anderen Mitgliedstaten nicht in Frage gestellt werden. Jegliche Beschränkung der Rechte der Gläubiger, insbesondere eine Stundung oder eine Schuldbefreiung infolge des Verfahrens, wirkt hinsichtlich des im Gebiet eines anderen Mitgliedstaats belegenen Vermögens nur gegenüber den Gläubigern, die ihre Zustimmung hierzu erteilt haben.

Artikel 18. Befugnisse des Verwalters
(1) Der Verwalter, der durch ein nach Artikel 3 Absatz 1 zuständiges Gericht bestellt worden ist, darf im Gebiet eines anderen Mitgliedstaats alle Befugnisse ausüben, die ihm nach dem Recht des Staates der Verfahrenseröffnung zustehen, solange in dem anderen Staat nicht ein weiteres Insolvenzverfahren eröffnet ist oder eine gegenteilige Sicherungsmaßnahme auf einen Antrag auf Eröffnung eines Insolvenzverfahrens hin ergriffen worden ist. Er kann insbesondere vorbehaltlich der Artikel 5 und 7 die zur Masse gehörenden Gegenstände aus dem Gebiet des Mitgliedstaats entfernen, in dem sich die Gegenstände befinden.
(2) Der Verwalter, der durch ein nach Artikel 3 Absatz 2 zuständiges Gericht bestellt worden ist, darf in jedem anderen Mitgliedstaat gerichtlich und außergerichtlich geltend machen, dass ein beweglicher Gegenstand nach der Eröffnung des Insolvenzverfahrens aus dem Gebiet des Staates der Verfahrenseröffnung in das Gebiet dieses anderen Mitgliedstaats verbracht worden ist. Des weiteren kann er eine den Interessen der Gläubiger dienende Anfechtungsklage erheben.
(3) Bei der Ausübung seiner Befugnisse hat der Verwalter das Recht des Mitgliedstaats, in dessen Gebiet er handeln will, zu beachten, insbesondere hinsichtlich der Art und Weise der Verwertung eines Gegenstands der Masse. Diese Befugnisse dürfen nicht die Anwendung von Zwangsmitteln oder das Recht umfassen, Rechtsstreitigkeiten oder andere Auseinandersetzungen zu entscheiden.

Artikel 19. Nachweis der Verwalterstellung
Die Bestellung zum Verwalter wird durch eine beglaubigte Abschrift der Entscheidung, durch die er bestellt worden ist, oder durch eine andere von dem zuständigen Gericht ausgestellte Bescheinigung nachgewiesen.
Es kann eine Übersetzung in die Amtssprache oder eine der Amtssprachen des Mitgliedstaats, in dessen Gebiet er handeln will, verlangt werden. Eine Legalisation oder eine entsprechende andere Förmlichkeit wird nicht verlangt.

Artikel 20. Herausgabepflicht und Anrechnung
(1) Ein Gläubiger, der nach der Eröffnung eines Insolvenzverfahrens nach Artikel 3 Absatz 1 auf irgendeine Weise, insbesondere durch Zwangsvollstreckung, vollständig oder teilweise aus einem Gegenstand der Masse befriedigt wird, der in einem anderen Mitgliedstaat belegen ist, hat vorbehaltlich der Artikel 5 und 7 das Erlangte an den Verwalter herauszugeben.
(2) Zur Wahrung der Gleichbehandlung der Gläubiger nimmt ein Gläubiger, der in einem Insolvenzverfahren eine Quote auf seine Forderung erlangt hat, an der

Verteilung im Rahmen eines anderen Verfahrens erst dann teil, wenn die Gläubiger gleichen Ranges oder gleicher Gruppenzugehörigkeit in diesem anderen Verfahren die gleiche Quote erlangt haben.

Artikel 21. Öffentliche Bekanntmachung
(1) Auf Antrag des Verwalters ist in jedem anderen Mitgliedstaat der wesentliche Inhalt der Entscheidung über die Verfahrenseröffnung und gegebenenfalls der Entscheidung über eine Bestellung entsprechend den Bestimmungen des jeweiligen Staates für öffentliche Bekanntmachungen zu veröffentlichen. In der Bekanntmachung ist ferner anzugeben, welcher Verwalter bestellt wurde und ob sich die Zuständigkeit aus Artikel 3 Absatz 1 oder aus Artikel 3 Absatz 2 ergibt.
(2) Jeder Mitgliedstaat, in dessen Gebiet der Schuldner eine Niederlassung besitzt, kann jedoch die obligatorische Bekanntmachung vorsehen. In diesem Fall hat der Verwalter oder jede andere hierzu befugte Stelle des Mitgliedstaats, in dem das Verfahren nach Artikel 3 Absatz 1 eröffnet wurde, die für diese Bekanntmachung erforderlichen Maßnahmen zu treffen.

Artikel 22. Eintragung in öffentliche Register
(1) Auf Antrag des Verwalters ist die Eröffnung eines Verfahrens nach Artikel 3 Absatz 1 in das Grundbuch, das Handelsregister und alle sonstigen öffentlichen Register in den übrigen Mitgliedstaaten einzutragen.
(2) Jeder Mitgliedstaat kann jedoch die obligatorische Eintragung vorsehen. In diesem Fall hat der Verwalter oder andere hierzu befugte Stelle des Mitgliedstaats, in dem das Verfahren nach Artikel 3 Absatz 1 eröffnet wurde, die für diese Eintragung erforderlichen Maßnahmen zu treffen.

Artikel 23. Kosten
Die Kosten der öffentlichen Bekanntmachung nach Artikel 21 und der Eintragung nach Artikel 22 gelten als Kosten und Aufwendungen des Verfahrens.

Artikel 24. Leistung an den Schuldner
(1) Wer in einem Mitgliedstaat an einen Schuldner leistet, über dessen Vermögen in einem anderen Mitgliedstaat ein Insolvenzverfahren eröffnet worden ist, obwohl er an den Verwalter des Insolvenzverfahrens hätte leisten müssen, wird befreit, wenn ihm die Eröffnung des Verfahrens nicht bekannt war.
(2) Erfolgt die Leistung vor der öffentlichen Bekanntmachung nach Artikel 21, so wird bis zum Beweis des Gegenteils vermutet, dass dem Leistenden die Eröffnung nicht bekannt war. Erfolgt die Leistung nach der Bekanntmachung gemäss Artikel 21, so wird bis zum Beweis des Gegenteils vermutet, dass dem Leistenden die Eröffnung bekannt war.

Artikel 25. Anerkennung und Vollstreckbarkeit sonstiger Entscheidungen
(1) Die zur Durchführung und Beendigung eines Insolvenzverfahrens ergangenen Entscheidungen eines Gerichts, dessen Eröffnungsentscheidung nach Artikel 16 anerkannt wird, sowie ein von einem solchen Gericht bestätigter Vergleich werden ebenfalls ohne weitere Förmlichkeiten anerkannt. Diese Entscheidungen werden nach den Artikeln 31 bis 51 (mit Ausnahme von Artikel 34 Absatz 2) des Brüsseler Übereinkommens über die gerichtliche Zuständigkeit und die Vollstre-

ckung gerichtlicher Entscheidungen in Zivil- und Handelssachen in der durch die Beitrittsübereinkommen zu diesem Übereinkommen geänderten Fassung vollstreckt.
Unterabsatz 1 gilt auch für Entscheidungen, die unmittelbar aufgrund des Insolvenzverfahrens ergehen und in engem Zusammenhang damit stehen, auch wenn diese Entscheidungen von einem anderen Gericht getroffen werden.
Unterabsatz 1 gilt auch für Entscheidungen über Sicherungsmaßnahmen, die nach dem Antrag auf Eröffnung eines Insolvenzverfahrens getroffen werden.
(2) Die Anerkennung und Vollstreckung der anderen als der in Absatz 1 genannten Entscheidungen unterliegen dem Übereinkommen nach Absatz 1, soweit jenes Übereinkommen anwendbar ist.
(3) Die Mitgliedstaaten sind nicht verpflichtet, eine Entscheidung gemäss Absatz 1 anzuerkennen und zu vollstrecken, die eine Einschränkung der persönlichen Freiheit oder des Postgeheimnisses zur Folge hätte.

Artikel 26[6]. Ordre Public
Jeder Mitgliedstaat kann sich weigern, ein in einem anderen Mitgliedstaat eröffnetes Insolvenzverfahren anzuerkennen oder eine in einem solchen Verfahren ergangene Entscheidung zu vollstrecken, soweit diese Anerkennung oder diese Vollstreckung zu einem Ergebnis führt, das offensichtlich mit seiner öffentlichen Ordnung, insbesondere mit den Grundprinzipien oder den verfassungsmäßig garantierten Rechten und Freiheiten des einzelnen, unvereinbar ist.

KAPITEL III. SEKUNDÄRINSOLVENZVERFAHREN

Artikel 27. Verfahrenseröffnung
Ist durch ein Gericht eines Mitgliedstaats ein Verfahren nach Artikel 3 Absatz 1 eröffnet worden, das in einem anderen Mitgliedstaat anerkannt ist (Hauptinsolvenzverfahren), so kann ein nach Artikel 3 Absatz 2 zuständiges Gericht dieses anderen Mitgliedstaats ein Sekundärinsolvenzverfahren eröffnen, ohne dass in diesem anderen Mitgliedstaat die Insolvenz des Schuldners geprüft wird. Bei diesem Verfahren muss es sich um eines der in Anhang B aufgeführten Verfahren handeln. Seine Wirkungen beschränken sich auf das im Gebiet dieses anderen Mitgliedstaats belegene Vermögen des Schuldners.

Artikel 28. Anwendbares Recht
Soweit diese Verordnung nichts anderes bestimmt, finden auf das Sekundärinsolvenzverfahren die Rechtsvorschriften des Mitgliedstaats Anwendung, in dessen Gebiet das Sekundärinsolvenzverfahren eröffnet worden ist.

Artikel 29. Antragsrecht
Die Eröffnung eines Sekundärinsolvenzverfahrens können beantragen:
a) der Verwalter des Hauptinsolvenzverfahrens,
b) jede andere Person oder Stelle, der das Antragsrecht nach dem Recht des Mit-

---

[6] Siehe die Erklärung Portugals zur Anwendung der Artikel 26 und 37 (ABl. C 183 vom 30.6.2000, S. 1).

gliedstaats zusteht, in dessen Gebiet das Sekundärinsolvenzverfahren eröffnet werden soll.

Artikel 30. Kostenvorschuss
Verlangt das Recht des Mitgliedstaats, in dem ein Sekundärinsolvenzverfahren beantragt wird, dass die Kosten des Verfahrens einschließlich der Auslagen ganz oder teilweise durch die Masse gedeckt sind, so kann das Gericht, bei dem ein solcher Antrag gestellt wird, vom Antragsteller einen Kostenvorschuss oder eine angemessene Sicherheitsleistung verlangen.

Artikel 31. Kooperations- und Unterrichtungspflicht
(1) Vorbehaltlich der Vorschriften über die Einschränkung der Weitergabe von Informationen besteht für den Verwalter des Hauptinsolvenzverfahrens und für die Verwalter der Sekundärinsolvenzverfahren die Pflicht zur gegenseitigen Unterrichtung. Sie haben einander unverzüglich alle Informationen mitzuteilen, die für das jeweilige andere Verfahren von Bedeutung sein können, insbesondere den Stand der Anmeldung und der Prüfung der Forderungen sowie alle Maßnahmen zur Beendigung eines Insolvenzverfahrens.
(2) Vorbehaltlich der für die einzelnen Verfahren geltenden Vorschriften sind der Verwalter des Hauptinsolvenzverfahrens und die Verwalter der Sekundärinsolvenzverfahren zur Zusammenarbeit verpflichtet.
(3) Der Verwalter eines Sekundärinsolvenzverfahrens hat dem Verwalter des Hauptinsolvenzverfahrens zu gegebener Zeit Gelegenheit zu geben, Vorschläge für die Verwertung oder jede Art der Verwendung der Masse des Sekundärinsolvenzverfahrens zu unterbreiten.

Artikel 32. Ausübung von Gläubigerrechten
(1) Jeder Gläubiger kann seine Forderung im Hauptinsolvenzverfahren und in jedem Sekundärinsolvenzverfahren anmelden.
(2) Die Verwalter des Hauptinsolvenzverfahrens und der Sekundärinsolvenzverfahren melden in den anderen Verfahren die Forderungen an, die in dem Verfahren, für das sie bestellt sind, bereits angemeldet worden sind, soweit dies für die Gläubiger des letztgenannten Verfahrens zweckmäßig ist und vorbehaltlich des Rechts dieser Gläubiger, dies abzulehnen oder die Anmeldung zurückzunehmen, sofern ein solches Recht gesetzlich vorgesehen ist.
(3) Der Verwalter eines Haupt- oder eines Sekundärinsolvenzverfahrens ist berechtigt, wie ein Gläubiger an einem anderen Insolvenzverfahren mitzuwirken, insbesondere indem er an einer Gläubigerversammlung teilnimmt.

Artikel 33. Aussetzung der Verwertung
(1) Das Gericht, welches das Sekundärinsolvenzverfahren eröffnet hat, setzt auf Antrag des Verwalters des Hauptinsolvenzverfahrens die Verwertung ganz oder teilweise aus; dem zuständigen Gericht steht jedoch das Recht zu, in diesem Fall vom Verwalter des Hauptinsolvenzverfahrens alle angemessenen Maßnahmen zum Schutz der Interessen der Gläubiger des Sekundärinsolvenzverfahrens sowie einzelner Gruppen von Gläubigern zu verlangen. Der Antrag des Verwalters des Hauptinsolvenzverfahrens kann nur abgelehnt werden, wenn die Aussetzung offensichtlich für die Gläubiger des Hauptinsolvenzverfahrens nicht von Interesse

ist. Die Aussetzung der Verwertung kann für höchstens drei Monate angeordnet werden. Sie kann für jeweils denselben Zeitraum verlängert oder erneuert werden.
(2) Das Gericht nach Absatz 1 hebt die Aussetzung der Verwertung in folgenden Fällen auf:
– auf Antrag des Verwalters des Hauptinsolvenzverfahrens,
– von Amts wegen, auf Antrag eines Gläubigers oder auf Antrag des Verwalters des Sekundärinsolvenzverfahrens, wenn sich herausstellt, dass diese Maßnahme insbesondere nicht mehr mit dem Interesse der Gläubiger des Haupt- oder des Sekundärinsolvenzverfahrens zu rechtfertigen ist.

Artikel 34. Verfahrensbeendende Maßnahmen
(1) Kann das Sekundärinsolvenzverfahren nach dem für dieses Verfahren maßgeblichen Recht ohne Liquidation durch einen Sanierungsplan, einen Vergleich oder eine andere vergleichbare Maßnahme beendet werden, so kann eine solche Maßnahme vom Verwalter des Hauptinsolvenzverfahrens vorgeschlagen werden.
Eine Beendigung des Sekundärinsolvenzverfahrens durch eine Maßnahme nach Unterabsatz 1 kann nur bestätigt werden, wenn der Verwalter des Hauptinsolvenzverfahrens zustimmt oder, falls dieser nicht zustimmt, wenn die finanziellen Interessen der Gläubiger des Hauptinsolvenzverfahrens durch die vorgeschlagene Maßnahme nicht beeinträchtigt werden.
(2) Jede Beschränkung der Rechte der Gläubiger, wie zum Beispiel eine Stundung oder eine Schuldbefreiung, die sich aus einer in einem Sekundärinsolvenzverfahren vorgeschlagenen Maßnahme im Sinne von Absatz 1 ergibt, kann nur dann Auswirkungen auf das nicht von diesem Verfahren betroffene Vermögen des Schuldners haben, wenn alle betroffenen Gläubiger der Maßnahme zustimmen.
(3) Während einer nach Artikel 33 angeordneten Aussetzung der Verwertung kann nur der Verwalter des Hauptinsolvenzverfahrens oder der Schuldner mit dessen Zustimmung im Sekundärinsolvenzverfahren Maßnahmen im Sinne von Absatz 1 des vorliegenden Artikels vorschlagen; andere Vorschläge für eine solche Maßnahme dürfen weder zur Abstimmung gestellt noch bestätigt werden.

Artikel 35. Überschuss im Sekundärinsolvenzverfahren
Können bei der Verwertung der Masse des Sekundärinsolvenzverfahrens alle in diesem Verfahren festgestellten Forderungen befriedigt werden, so übergibt der in diesem Verfahren bestellte Verwalter den verbleibenden Überschuss unverzüglich dem Verwalter des Hauptinsolvenzverfahrens.

Artikel 36. Nachträgliche Eröffnung des Hauptinsolvenzverfahrens
Wird ein Verfahren nach Artikel 3 Absatz 1 eröffnet, nachdem in einem anderen Mitgliedstaat ein Verfahren nach Artikel 3 Absatz 2 eröffnet worden ist, so gelten die Artikel 31 bis 35 für das zuerst eröffnete Insolvenzverfahren, soweit dies nach dem Stand dieses Verfahrens möglich ist.

Artikel 37[7]. Umwandlung des vorhergehenden Verfahrens
Der Verwalter des Hauptinsolvenzverfahrens kann beantragen, dass ein in An-

---

[7] Siehe die Erklärung Portugals zur Anwendung der Artikel 26 und 37 (ABl. C 183 vom 30.6.2000, S. 1).

hang A genanntes Verfahren, das zuvor in einem anderen Mitgliedstaat eröffnet wurde, in ein Liquidationsverfahren umgewandelt wird, wenn es sich erweist, dass diese Umwandlung im Interesse der Gläubiger des Hauptverfahrens liegt.
Das nach Artikel 3 Absatz 2 zuständige Gericht ordnet die Umwandlung in eines der in Anhang B aufgeführten Verfahren an.

Artikel 38. Sicherungsmaßnahmen
Bestellt das nach Artikel 3 Absatz 1 zuständige Gericht eines Mitgliedstaats zur Sicherung des Schuldnervermögens einen vorläufigen Verwalter, so ist dieser berechtigt, zur Sicherung und Erhaltung des Schuldnervermögens, das sich in einem anderen Mitgliedstaat befindet, jede Maßnahme zu beantragen, die nach dem Recht dieses Staates für die Zeit zwischen dem Antrag auf Eröffnung eines Liquidationsverfahrens und dessen Eröffnung vorgesehen ist.

KAPITEL IV. UNTERRICHTUNG DER GLÄUBIGER UND ANMELDUNG IHRER FORDERUNGEN

Artikel 39. Recht auf Anmeldung von Forderungen
Jeder Gläubiger, der seinen gewöhnlichen Aufenthalt, Wohnsitz oder Sitz in einem anderen Mitgliedstaat als dem Staat der Verfahrenseröffnung hat, einschließlich der Steuerbehörden und der Sozialversicherungsträger der Mitgliedstaaten, kann seine Forderungen in dem Insolvenzverfahren schriftlich anmelden.

Artikel 40. Pflicht zur Unterrichtung der Gläubiger
(1) Sobald in einem Mitgliedstaat ein Insolvenzverfahren eröffnet wird, unterrichtet das zuständige Gericht dieses Staates oder der von diesem Gericht bestellte Verwalter unverzüglich die bekannten Gläubiger, die in den anderen Mitgliedstaaten ihren gewöhnlichen Aufenthalt, Wohnsitz oder Sitz haben.
(2) Die Unterrichtung erfolgt durch individuelle Übersendung eines Vermerks und gibt insbesondere an, welche Fristen einzuhalten sind, welches die Versäumnisfolgen sind, welche Stelle für die Entgegennahme der Anmeldungen zuständig ist und welche weiteren Maßnahmen vorgeschrieben sind. In dem Vermerk ist auch anzugeben, ob die bevorrechtigten oder dinglich gesicherten Gläubiger ihre Forderungen anmelden müssen.

Artikel 41. Inhalt einer Forderungsanmeldung
Der Gläubiger übersendet eine Kopie der gegebenenfalls vorhandenen Belege, teilt die Art, den Entstehungszeitpunkt und den Betrag der Forderung mit und gibt an, ob er für die Forderung ein Vorrecht, eine dingliche Sicherheit oder einen Eigentumsvorbehalt beansprucht und welche Vermögenswerte Gegenstand seiner Sicherheit sind.

Artikel 42. Sprachen
(1) Die Unterrichtung nach Artikel 40 erfolgt in der Amtssprache oder einer der Amtssprachen des Staates der Verfahrenseröffnung. Hierfür ist ein Formblatt zu verwenden, das in sämtlichen Amtssprachen der Organe der Europäischen Union mit den Worten „Aufforderung zur Anmeldung einer Forderung. Etwaige Fristen beachten!" überschrieben ist.

1. Verordnung über Insolvenzverfahren

(2) Jeder Gläubiger, der seinen gewöhnlichen Aufenthalt, Wohnsitz oder Sitz in einem anderen Mitgliedstaat als dem Staat der Verfahrenseröffnung hat, kann seine Forderung auch in der Amtssprache oder einer der Amtssprachen dieses anderen Staates anmelden. In diesem Fall muss die Anmeldung jedoch mindestens die Überschrift „Anmeldung einer Forderung" in der Amtssprache oder einer der Amtssprachen des Staates der Verfahrenseröffnung tragen. Vom Gläubiger kann eine Übersetzung der Anmeldung in die Amtssprache oder eine der Amtssprachen des Staates der Verfahrenseröffnung verlangt werden.

KAPITEL V. ÜBERGANGS- UND SCHLUSSBESTIMMUNGEN

Artikel 43. Zeitlicher Geltungsbereich

Diese Verordnung ist nur auf solche Insolvenzverfahren anzuwenden, die nach ihrem Inkrafttreten eröffnet worden sind. Für Rechtshandlungen des Schuldners vor Inkrafttreten dieser Verordnung gilt weiterhin das Recht, das für diese Rechtshandlungen anwendbar war, als sie vorgenommen wurden.

Artikel 44. Verhältnis zu Übereinkünften

(1) Nach ihrem Inkrafttreten ersetzt diese Verordnung in ihrem sachlichen Anwendungsbereich hinsichtlich der Beziehungen der Mitgliedstaaten untereinander die zwischen zwei oder mehreren Mitgliedstaaten geschlossenen Übereinkünfte, insbesondere

a) das am 8. Juli 1899 in Paris unterzeichnete belgisch-französische Abkommen über die gerichtliche Zuständigkeit, die Anerkennung und die Vollstreckung von gerichtlichen Entscheidungen, Schiedssprüchen und öffentlichen Urkunden;
b) das am 16. Juli 1969 in Brüssel unterzeichnete belgisch-österreichische Abkommen über Konkurs, Ausgleich und Zahlungsaufschub (mit Zusatzprotokoll vom 13. Juni 1973);
c) das am 28. März 1925 in Brüssel unterzeichnete belgisch-niederländische Abkommen über die Zuständigkeit der Gerichte, den Konkurs sowie die Anerkennung und die Vollstreckung von gerichtlichen Entscheidungen, Schiedssprüchen und öffentlichen Urkunden;
d) den am 25. Mai 1979 in Wien unterzeichneten deutsch-österreichischen Vertrag auf dem Gebiet des Konkurs- und Vergleichs-(Ausgleichs-)rechts;
e) das am 27. Februar 1979 in Wien unterzeichnete französisch-österreichische Abkommen über die gerichtliche Zuständigkeit, die Anerkennung und die Vollstreckung von Entscheidungen auf dem Gebiet des Insolvenzrechts;
f) das am 3. Juni 1930 in Rom unterzeichnete französisch-italienische Abkommen über die Vollstreckung gerichtlicher Urteile in Zivil- und Handelssachen;
g) das am 12. Juli 1977 in Rom unterzeichnete italienisch-österreichische Abkommen über Konkurs und Ausgleich;
h) den am 30. August 1962 in Den Haag unterzeichneten deutsch-niederländischen Vertrag über die gegenseitige Anerkennung und Vollstreckung gerichtlicher Entscheidungen und anderer Schuldtitel in Zivil- und Handelssachen;
i) das am 2. Mai 1934 in Brüssel unterzeichnete britisch-belgische Abkommen zur gegenseitigen Vollstreckung gerichtlicher Entscheidungen in Zivil- und Handelssachen mit Protokoll;

j) das am 7. November 1993 in Kopenhagen zwischen Dänemark, Finnland, Norwegen, Schweden und Irland geschlossene Konkursübereinkommen;
k) das am 5. Juni 1990 in Istanbul unterzeichnete Europäische Übereinkommen über bestimmte internationale Aspekte des Konkurses.

(2) Die in Absatz 1 aufgeführten Übereinkünfte behalten ihre Wirksamkeit hinsichtlich der Verfahren, die vor Inkrafttreten dieser Verordnung eröffnet worden sind.

(3) Diese Verordnung gilt nicht
a) in einem Mitgliedstaat, soweit es in Konkurssachen mit den Verpflichtungen aus einer Übereinkunft unvereinbar ist, die dieser Staat mit einem oder mehreren Drittstaaten vor Inkrafttreten dieser Verordnung geschlossen hat;
b) im Vereinigten Königreich Großbritannien und Nordirland, soweit es in Konkurssachen mit den Verpflichtungen aus Vereinbarungen, die im Rahmen des Commonwealth geschlossen wurden und die zum Zeitpunkt des Inkrafttretens dieser Verordnung wirksam sind, unvereinbar ist.

Artikel 45. Änderung der Anhänge
Der Rat kann auf Initiative eines seiner Mitglieder oder auf Vorschlag der Kommission mit qualifizierter Mehrheit die Anhänge ändern.

Artikel 46. Bericht
Die Kommission legt dem Europäischen Parlament, dem Rat und dem Wirtschafts- und Sozialausschuss bis zum 1. Juni 2012 und danach alle fünf Jahre einen Bericht über die Anwendung dieser Verordnung vor. Der Bericht enthält gegebenenfalls einen Vorschlag zur Anpassung dieser Verordnung.

Artikel 47. Inkrafttreten
Diese Verordnung tritt am 31. Mai 2002 in Kraft.

ANHANG A

Insolvenzverfahren gemäß Artikel 1 Buchstabe a)
BELGIQUE – BELGIË
– La faillite/Het faillissement
– Le concordat judiciaire/Het gerechtelijk akkoord
– Le règlement collectif de dettes/De collective schuldenregeling
DEUTSCHLAND
– Das Konkursverfahren
– Das gerichtliche Vergleichsverfahren
– Das Gesamtvollstreckungsverfahren
– Das Insolvenzverfahren
ΕΛΛΑΣ
– Πτώχευση
– Η ειδική εκκαθάριση
– Η προσωρινή διαχείριση εταιρίας. Η διοίκηση και η διαχείριση των πιστωτών
– Η υπαγωγή επιχείρησης υπό επίτροπο με οκοπό τη σύναψη συμβιβασμού με τους πιστωτές

1. Verordnung über Insolvenzverfahren

ESPAÑA
– Concurso de acreedores
– Quiebra
– Suspensión de pagos

FRANCE
– Liquidation judiciaire
– Redressement judiciaire avec nomination d'un administrateur

IRELAND
– Compulsory winding-up by the Court
– Bankruptcy
– The administration in bankruptcy of the estate of persons dying insolvent
– Winding-up in bankruptcy of partnerships
– Creditors' voluntary winding-up (with confirmation of a court)
– Arrangements under the control of the Court which involve the vesting of all or part of the property of the debtor in the Official Assignee for realisation and distribution
– Company examinership

ITALIA
– Fallimento
– Concordato preventivo
– Liquidazione coatta amministrativa
– Amministrazione straordinaria
– Amministrazione controllata

LUXEMBOURG
– Faillite
– Gestion contrôlée
– Concordat préventif de faillite (par abandon d'actif)
– Régime spécial de liquidation du notariat

NEDERLAND
– Het faillissement
– De surseance van betaling
– De schuldsaneringsregeling natuurlijke personen

ÖSTERREICH
– Das Konkursverfahren
– Das Ausgleichsverfahren

PORTUGAL
– O processo de falência
– Os processos especiais de recuperação de empresa, ou seja:
– A concordata
– A reconstituição empresarial
– A reestruturação financeira
– A gestão controlada

SUOMI – FINLAND
– Konkurssi/konkurs
– Yrityssaneeraus/foeretagssanering

SVERIGE
– Konkurs
– Foeretagsrekonstruktion

UNITED KINGDOM
– Winding-up by or subject to the supervision of the court
– Creditors' voluntary winding-up (with confirmation by the court)
– Administration
– Voluntary arrangements under insolvency legislation
– Bankruptcy or sequestration

ANHANG B

Insolvenzverfahren gemäß Artikel 2 Buchstabe c)
BELGIQUE – BELGIË
– La faillite/Het faillissement
DEUTSCHLAND
– Das Konkursverfahren
– Das Gesamtvollstreckungsverfahren
– Das Insolvenzverfahren
ΕΛΛΑΣ
– Πτώχευση
– Η ειδική εκκαθάριση
ESPAÑA
– Concurso de acreedores
– Quiebra
– Suspensión de pagos basada en la insolvencia definitiva
FRANCE
IRELAND– Liquidation judiciaire
– Compulsory winding-up
– Bankruptcy
– The administration in bankruptcy of the estate of persons dying insolvent
– Winding-up in bankruptcy of partnerships
– Creditors' voluntary winding-up (with the confirmation of a court)
– Arrangements of the control of the Court which involve the vesting of all or part of the property of the debtor in the Official Assignee for realisation and distribution
ITALIA
– Fallimento
– Liquidazione coatta amministrativa
LUXEMBOURG
– Faillite
– Régime spécial de liquidation du notariat
NEDERLAND
– Het faillissement
– De schuldsaneringsregeling natuurlijke personen
ÖSTERREICH
– Das Konkursverfahren
PORTUGAL
– O processo de falência
SUOMI –/FINLAND
– Konkurssi//konkurs

SVERIGE
– Konkurs
UNITED KINGDOM
– Winding-up by or subject to the supervision of the court
– Creditors' voluntary winding-up (with confirmation by the court)
– Bankruptcy or sequestration

ANHANG C

Verwalter gemäß Artikel 2 Buchstabe b)
BELGIQUE – BELGIË
– Le curateur/De curator
– Le commissaire au sursis/De commissaris inzake opschorting
– Le médiateur de dettes/De schuldbemiddelaar
DEUTSCHLAND
– Konkursverwalter
– Vergleichsverwalter
– Sachwalter (nach der Vergleichsordnung)
– Verwalter
– Insolvenzverwalter
– Sachwalter (nach der Insolvenzordnung)
– Treuhänder
– Vorläufiger Insolvenzverwalter
ΕΛΛΑΣ
– Ο σύνδικος
– Ο προσωρινός διαχείριστής. Η διοικούσα επιτροπή των πιστωτών
– Ο ειδικός εκκαθαριστής
– Ο επίτροπος
ESPAÑA
– Depositario-administrador
– Interventor o Interventores
– Síndicos
– Comisario
FRANCE
– Représentant des créanciers
– Mandataire liquidateur
– Administrateur judiciaire
– Commissaire à l'exécution de plan
IRELAND
– Liquidator
– Official Assignee
– Trustee in bankruptcy
– Provisional Liquidator
– Examiner
ITALIA
– Curatore
– Commissario

LUXEMBOURG
– Curateur
– Commissaire
– Liquidateur
– Conseil de gérance de la section d'assainissement du notariat
NEDERLAND
– De curator in het faillissement
– De bewindvoerder in de surseance van betaling
– De bewindvoerder in de schuldsaneringsregeling natuurlijke personen
ÖSTERREICH
– Masseverwalter
– Ausgleichsverwalter
– Sachwalter
– Treuhänder
– Besondere Verwalter
– Vorläufige Verwalter
– Konkursgericht
PORTUGAL
– Gestor Judicial
– Liquidatário Judicial
– Comissão de Credores
SUOMI – FINLAND
– Pesänhoitaja/bofoervaltare
– Selvittäjä/utredare
SVERIGE
– Foervaltare
– God man
– Rekonstruktoer
UNITED KINGDOM
– Liquidator
– Supervisor of a voluntary arrangement
– Administrator
– Official Receiver
– Trustee
– Judicial factor

2. Richtlinie des Europäischen Parlaments und des Rates vom 19. März 2001 über die Sanierung und Liquidation von Versicherungsunternehmen (2001/17/EG)

Amtsblatt Nr. L 110 vom 20/04/2001 S. 28–39

DAS EUROPÄISCHE PARLAMENT UND DER RAT DER EUROPÄISCHEN UNION –
gestützt auf den Vertrag zur Gründung der Europäischen Gemeinschaften, insbesondere auf Artikel 47 Absatz 2 und Artikel 55,
auf Vorschlag der Kommission[1],
nach Stellungnahme des Wirtschafts- und Sozialausschusses[2],
gemäß dem Verfahren des Artikels 251 des Vertrags[3],
in Erwägung nachstehender Gründe:
(1) Die Erste Richtlinie 73/239/EWG des Rates vom 24. Juli 1973 zur Koordinierung der Rechts- und Verwaltungsvorschriften betreffend die Aufnahme und Ausübung der Tätigkeit der Direktversicherung (mit Ausnahme der Lebensversicherung)[4], ergänzt durch die Richtlinie 92/49/EWG[5], und die Erste Richtlinie 79/267/EWG des Rates vom 5. März 1979 zur Koordinierung der Rechts- und Verwaltungsvorschriften betreffend die Aufnahme und Ausübung der Tätigkeit der Direktversicherung (Lebensversicherung)[6], ergänzt durch die Richtlinie 92/96/EWG[7], sehen eine einzige Zulassung vor, die einem Versicherungsunternehmen von der Aufsichtsbehörde seines Herkunftsmitgliedstaats erteilt wird. Aufgrund dieser einzigen Zulassung darf ein Versicherungsunternehmen seine Tätigkeit in der Gemeinschaft über Zweigniederlassungen oder im freien Dienstleistungsverkehr ausüben, ohne dass es einer weiteren Zulassung durch den Aufnahmemitgliedstaat bedarf, wobei das Versicherungsunternehmen ausschließlich der Aufsicht durch die Aufsichtsbehörden des Herkunftsmitgliedstaats unterliegt.
(2) Die Richtlinien im Versicherungsbereich, die eine einzige gemeinschaftsweite Zulassung für Versicherungsunternehmen vorsehen, enthalten keine Vorschriften für eine Koordinierung im Falle eines Liquidationsverfahrens. Versicherungsunternehmen sind ebenso wie andere Finanzinstitute ausdrücklich aus dem Anwendungsbereich der Verordnung

---

1 ABl. C 71 vom 19.3.1987, S. 5, und ABl. C 253 vom 6.10.1989, S. 3.
2 ABl. C 319 vom 30.11.1987, S. 10.
3 Stellungnahme des Europäischen Parlaments vom 15. März 1989 (ABl. C 96 vom 17.4.1989, S. 99), bestätigt am 27. Oktober 1999, Gemeinsamer Standpunkt des Rates vom 9. Oktober 2000 (ABl. C 344 vom 1.12.2000, S. 23) und Beschluss des Europäischen Parlaments vom 15. Februar 2001.
4 ABl. L 228 vom 16.8.1973, S. 3. Zuletzt geändert durch die Richtlinie 95/26/EG des Europäischen Parlaments und des Rates (ABl. L 168 vom 18.7.1995, S. 7).
5 Richtlinie 92/49/EWG des Rates vom 18. Juni 1992 zur Koordinierung der Rechts- und Verwaltungsvorschriften für die Direktversicherung (mit Ausnahme der Lebensversicherung) sowie zur Änderung der Richtlinien 73/239/EWG und 88/357/EWG (Dritte Richtlinie Schadenversicherung) (ABl. L 228 vom 11.8.1992, S. 1).
6 ABl. L 63 vom 13.3.1979, S. 1. Zuletzt geändert durch die Richtlinie 95/26/EG.
7 Richtlinie 92/96/EWG des Rates vom 10. November 1992 zur Koordinierung der Rechts- und Verwaltungsvorschriften für die Direktversicherung (Lebensversicherung) sowie zur Änderung der Richtlinien 79/267/EWG und 90/619/EWG (Dritte Richtlinie Lebensversicherung) (ABl. L 360 vom 9.12.1992, S. 1).

(EG) Nr. 1346/2000 des Rates vom 29. Mai 2000 über Insolvenzverfahren[8] ausgenommen. Es liegt im Interesse sowohl des ordnungsgemäßen Funktionierens des Binnenmarktes als auch des Gläubigerschutzes, dass auf Gemeinschaftsebene koordinierte Vorschriften für die Liquidation von Versicherungsunternehmen erlassen werden.
(3) Es sollten auch Koordinierungsvorschriften erlassen werden, um sicherzustellen, dass Sanierungsmaßnahmen, die von der zuständigen Behörde eines Mitgliedstaates angeordnet werden, um die finanzielle Stabilität eines Versicherungsunternehmens zu sichern oder wiederherzustellen und, wenn möglich, eine Liquidation zu verhindern, gemeinschaftsweit uneingeschränkt wirksam sind. Sanierungsmaßnahmen im Sinne dieser Richtlinie sind Maßnahmen, die bestehende Rechte von Parteien mit Ausnahme des Versicherungsunternehmens selbst beeinträchtigen. Die Maßnahmen gemäß Artikel 20 der Richtlinie 73/239/EWG und Artikel 24 der Richtlinie 79/267/EWG sollten in den Anwendungsbereich dieser Richtlinie fallen, sofern sie die in der Definition des Begriffs „Sanierungsmaßnahmen" genannten Voraussetzungen erfüllen.
(4) Diese Richtlinie hat einen gemeinschaftsweiten Geltungsbereich, der sich auf Versicherungsunternehmen im Sinne der Richtlinien 73/239/EWG und 79/267/EWG mit Sitz in der Gemeinschaft, Gemeinschaftszweigniederlassungen eines Versicherungsunternehmens mit Sitz in einem Drittland und in der Gemeinschaft ansässige Gläubiger erstreckt. Diese Richtlinie sollte nicht die Wirkungen von Sanierungsmaßnahmen und Liquidationsverfahren in Bezug auf Drittländer regeln.
(5) Diese Richtlinie sollte Liquidationsverfahren betreffen, unabhängig davon, ob das betreffende Verfahren infolge Zahlungsunfähigkeit eröffnet wurde, und unabhängig davon, ob es freiwillig oder zwangsweise eingeleitet worden ist. Sie sollte gemäß Artikel 9 für Gesamtverfahren im Sinne des Rechts des Herkunftsmitgliedstaats gelten, bei denen das Vermögen eines Versicherungsunternehmens verwertet und der Erlös verteilt wird. Liquidationsverfahren, die nicht infolge Zahlungsunfähigkeit eröffnet werden, in denen jedoch Versicherungsforderungen Anspruch auf bevorrechtigte Befriedigung gemäß Artikel 10 haben, sollten ebenfalls in den Geltungsbereich dieser Richtlinie fallen. Forderungen von Arbeitnehmern eines Versicherungsunternehmens aufgrund eines Arbeitsvertrags bzw. Arbeitsverhältnisses sollten auf ein nationales Lohnsicherungssystem übergehen können. Solche übergegangenen Forderungen sollten im Einklang mit den Grundsätzen dieser Richtlinie nach dem Recht des Herkunftsmitgliedstaats (lex concursus) behandelt werden. Diese Richtlinie sollte für die verschiedenen Fälle von Liquidationsverfahren gelten, soweit dies jeweils in Betracht kommt.
(6) Die Anordnung von Sanierungsmaßnahmen schließt die Eröffnung eines Liquidationsverfahrens nicht aus. Ein Liquidationsverfahren kann eröffnet werden, ohne dass bzw. nachdem Sanierungsmaßnahmen beschlossen wurden; es kann durch einen Vergleich oder durch eine ähnliche Maßnahme, einschließlich Sanierungsmaßnahmen, abgeschlossen werden.
(7) Im Einklang mit den Grundsätzen der Insolvenzverfahren sollte die Definition des Begriffs „Zweigniederlassung" berücksichtigen, dass nur das Versicherungsunternehmen Rechtspersönlichkeit hat. Die Frage, wie im Falle der Liquidation des Versicherungsunternehmens das Vermögen und die Verbindlichkeiten einer unabhängigen Person zu behandeln sind, die befugt ist, auf Dauer für das Versicherungsunternehmen als Bevollmächtigter zu handeln, sollte nach dem Recht des Herkunftsmitgliedstaats entschieden werden.

---

[8] ABl. L 160 vom 30.6.2000, S. 1.

2. Richtlinie über Insolvenz von Versicherungsunternehmen

(8) Es sollte zwischen den für Sanierungsmaßnahmen und Liquidationsverfahren zuständigen Behörden und den Versicherungsaufsichtsbehörden unterschieden werden. Je nach dem Recht der Mitgliedstaaten kann es sich bei den zuständigen Behörden um Behörden oder Gerichte handeln. Diese Richtlinie beabsichtigt nicht die Harmonisierung des einzelstaatlichen Rechts hinsichtlich der Kompetenzverteilung zwischen diesen Behörden.

(9) Diese Richtlinie hat nicht zum Ziel, das einzelstaatliche Recht in Bezug auf Sanierungsmaßnahmen und Liquidationsverfahren zu harmonisieren; sie zielt vielmehr darauf ab, die gegenseitige Anerkennung der von den Mitgliedstaaten in Bezug auf Versicherungsunternehmen erlassenen Sanierungsmaßnahmen und Liquidationsvorschriften sowie die notwendige Zusammenarbeit sicherzustellen. Diese gegenseitige Anerkennung wird in dieser Richtlinie durch die Grundsätze der Einheit, der Universalität, der Abstimmung, der Publizität, der Gleichbehandlung und des Schutzes der Versicherungsgläubiger verwirklicht.

(10) Die zuständigen Behörden des Herkunftsmitgliedstaats sollten als Einzige befugt sein, über Verfahren zur Liquidation eines Versicherungsunternehmens zu entscheiden (Einheitsgrundsatz). Ein solches Verfahren sollte seine Wirkung in der gesamten Gemeinschaft entfalten und von allen anderen Mitgliedstaaten anerkannt werden. In der Regel sollten alle Vermögenswerte und Verbindlichkeiten des Versicherungsunternehmens in das Liquidationsverfahren einbezogen werden (Universalitätsgrundsatz).

(11) Das Recht des Herkunftsmitgliedstaats sollte maßgebend sein für die Entscheidung zur Liquidation eines Versicherungsunternehmens, das Liquidationsverfahren selbst und seine materiell- und verfahrensrechtlichen Wirkungen auf die betroffenen Personen und rechtlichen Beziehungen, sofern diese Richtlinie nichts anderes bestimmt. Das Recht des Herkunftsmitgliedstaats sollte daher grundsätzlich regeln, welches die Voraussetzungen für die Eröffnung, Durchführung und Beendigung eines Liquidationsverfahrens sind. Um die Anwendung dieser Richtlinie zu erleichtern, sollte sie eine nicht erschöpfende Aufzählung der wichtigsten Bereiche enthalten, für die generell das Recht des Herkunftsmitgliedstaats maßgebend ist.

(12) Die Aufsichtsbehörden des Herkunftsmitgliedstaats und aller anderen Mitgliedstaaten sollten unverzüglich von der Eröffnung des Liquidationsverfahrens unterrichtet werden (Abstimmungsgrundsatz).

(13) Es ist äußerst wichtig, dass Forderungen, die Versicherten, Versicherungsnehmern, Begünstigten und geschädigten Dritten, die einen Direktanspruch gegen das Versicherungsunternehmen haben, aufgrund von Versicherungsgeschäften zustehen, im Liquidationsverfahren geschützt sind. Dieser Schutz sollte sich nicht auf Forderungen erstrecken, die nicht aufgrund von Verpflichtungen aus Versicherungsverträgen oder sonstigen Versicherungsgeschäften bestehen, sondern aufgrund der zivilrechtlichen Haftung, die ein Bevollmächtigter im Zuge der Vertragsverhandlungen ausgelöst hat, ohne nach dem für den Versicherungsvertrag oder das sonstige Versicherungsgeschäft maßgebenden Recht aufgrund des betreffenden Vertrags oder Geschäfts dafür selbst einstehen zu müssen. Um dies zu erreichen, sollten die Mitgliedstaaten die besondere Behandlung von Versicherungsgläubigern wahlweise nach einer der beiden in dieser Richtlinie vorgesehenen Methoden sicherstellen. Die Mitgliedstaaten können den Versicherungsforderungen entweder ein absolutes Vorrecht auf Befriedigung aus den Vermögenswerten zur Deckung der versicherungstechnischen Rückstellungen oder ein Rangvorrecht auf Befriedigung aus dem gesamten Unternehmensvermögen einräumen, dem nur Lohn- und Gehaltsforderungen, Forderungen der Sozialversicherung, Steuerforderungen und dinglich gesicherte Forderungen vorgehen dürfen. Keine der beiden in dieser Richtlinie vorgesehenen Methoden

hindert einen Mitgliedstaat daran, einen Rangunterschied zwischen verschiedenen Kategorien von Versicherungsforderungen vorzusehen.

(14) Diese Richtlinie sollte ein angemessenes Gleichgewicht zwischen dem Schutz der Versicherungsgläubiger und dem Schutz anderer gemäß dem Recht der Mitgliedstaaten bevorrechtigter Gläubiger sicherstellen und nicht die verschiedenen Systeme von Gläubigervorrechten in den Mitgliedstaaten harmonisieren.

(15) Die beiden zur Wahl stehenden Methoden für die Behandlung von Versicherungsforderungen werden als im wesentlichen gleichwertig betrachtet. Durch die erste Methode wird die Verwendung der Vermögenswerte zur Deckung der versicherungstechnischen Rückstellungen zur Befriedigung der Versicherungsforderungen sichergestellt, durch die zweite wird den Versicherungsforderungen vorrangige Befriedigung vor anderen Gläubigern nicht nur aus den Vermögenswerten zur Deckung der versicherungstechnischen Rückstellungen, sondern aus dem gesamten Unternehmensvermögen eingeräumt.

(16) Die Mitgliedstaaten, die sich aus Gründen des Schutzes der Versicherungsgläubiger für die Methode entschieden haben, bei der Versicherungsforderungen ein absolutes Vorrecht auf Befriedigung aus den Vermögenswerten zur Deckung der versicherungstechnischen Rückstellungen eingeräumt wird, müssen ihren Versicherungsunternehmen die Erstellung und regelmäßige Aktualisierung eines besonderen Verzeichnisses dieser Vermögenswerte vorschreiben. Ein solches Register ist ein sinnvolles Mittel, um die Vermögenswerte auszuweisen, die zur Befriedigung derartiger Forderungen herangezogen werden.

(17) Um die Gleichwertigkeit der beiden Methoden der Behandlung von Versicherungsforderungen zu verstärken, sollte diese Richtlinie die Mitgliedstaaten, die die Methode nach Artikel 10 Absatz 1 Buchstabe b anwenden, verpflichten, jedem Versicherungsunternehmen vorzuschreiben, dass die Forderungen, die nach dieser Methode Vorrang vor Versicherungsforderungen haben können und von dem Versicherungsunternehmen verbucht wurden, jederzeit und unabhängig von einem etwaigen Liquidationsverfahren durch Vermögenswerte gedeckt sein müssen, die gemäß den geltenden Versicherungsrichtlinien zur Deckung der versicherungstechnischen Rückstellungen verwendet werden können.

(18) Der Herkunftsmitgliedstaat sollte vorsehen können, dass die Behandlung von Versicherungsforderungen gemäß dieser Richtlinie nicht für Forderungen eines in dem Herkunftsmitgliedstaat errichteten Sicherungssystems gilt, das in die Rechte der Versicherungsgläubiger eingetreten ist.

(19) Die Eröffnung eines Liquidationsverfahrens sollte den Widerruf der Zulassung des Versicherungsunternehmens zur Geschäftstätigkeit zur Folge haben, sofern die Zulassung nicht bereits zuvor widerrufen wurde.

(20) Eine Entscheidung zur Eröffnung eines Liquidationsverfahrens, das gemäß dem Universalitätsgrundsatz in der gesamten Gemeinschaft Wirkung entfalten kann, sollte innerhalb der Gemeinschaft angemessen bekannt gemacht werden. Zum Schutze der Betroffenen sollte die Entscheidung entsprechend den Bestimmungen des Herkunftsmitgliedstaats sowie durch Veröffentlichung im Amtsblatt der Europäischen Gemeinschaften und außerdem in jeder anderen Form, die die Aufsichtsbehörden der Mitgliedstaaten für ihr jeweiliges Hoheitsgebiet festlegen, öffentlich bekannt gemacht werden. Zusätzlich zu der öffentlichen Bekanntmachung der Entscheidung sollten in der Gemeinschaft ansässige bekannte Gläubiger einzeln von der Entscheidung unterrichtet werden; diese Unterrichtung sollte zumindest die in dieser Richtlinie genannten Angaben enthalten. Die Liquidatoren sollten ferner die Gläubiger regelmäßig über den Fortgang der Liquidation unterrichten.

(21) Die Gläubiger sollten das Recht haben, in einem Liquidationsverfahren ihre Forderungen anzumelden oder schriftlich zu erläutern. Forderungen von Gläubigern, die in anderen Mitgliedstaaten als dem Herkunftsmitgliedstaat ansässig sind, sollten ohne Unterschied nach Staatsangehörigkeit oder Wohnsitz genauso behandelt werden wie gleichwertige Forderungen von Gläubigern des Herkunftsmitgliedstaats (Gleichbehandlungsgrundsatz).

(22) Nach dieser Richtlinie sollten auf Sanierungsmaßnahmen, die von einer zuständigen Behörde eines Mitgliedstaats angeordnet werden, Grundsätze Anwendung finden, die denen für Liquidationsverfahren entsprechen. Eine öffentliche Bekanntmachung derartiger Sanierungsmaßnahmen sollte nur dann erfolgen, wenn andere Beteiligte als das Versicherungsunternehmen selbst im Herkunftsmitgliedstaat Rechtsbehelfe dagegen einlegen können. Wenn durch die Sanierungsmaßnahmen ausschließlich die Rechte von Anteilseignern, Mitgliedern oder Arbeitnehmern des Versicherungsunternehmens in einer dieser Eigenschaften beeinträchtigt werden, sollte die Art und Weise, in der die betroffenen Parteien im Einklang mit den einschlägigen Rechtsvorschriften unterrichtet werden, von den zuständigen Behörden festgelegt werden.

(23) Diese Richtlinie sieht koordinierte Regeln vor, anhand deren entschieden wird, welches Recht auf Sanierungsmaßnahmen und Verfahren zur Liquidation eines Versicherungsunternehmens Anwendung findet. Diese Richtlinie legt keine Regeln des internationalen Privatrechts fest, anhand deren entschieden wird, welches Recht auf Verträge und sonstige Rechtsbeziehungen Anwendung findet. Diese Richtlinie regelt insbesondere nicht, welche Vorschriften für das Bestehen des Vertrags, die Rechte und Pflichten der Parteien und die Feststellung der Schulden maßgeblich sind.

(24) Um den Vertrauensschutz und die Rechtssicherheit in Bezug auf bestimmte Transaktionen in anderen Mitgliedstaaten als dem Herkunftsmitgliedstaat sicherzustellen, sollten einige Ausnahmen von der allgemeinen Regel dieser Richtlinie vorgesehen werden, der zufolge das Recht des Herkunftsmitgliedstaats für die Sanierungsmaßnahmen und die Liquidationsverfahren maßgeblich ist. Diese Ausnahmen betreffen die Wirkungen solcher Sanierungsmaßnahmen und Liquidationsverfahren auf bestimmte Verträge und Rechte, die dinglichen Rechte Dritter, Eigentumsvorbehalte, Aufrechnungen, geregelte Märkte, benachteiligende Rechtshandlungen, Dritterwerber und anhängige Rechtsstreitigkeiten.

(25) Die Ausnahme nach Artikel 19 betreffend die Wirkungen von Sanierungsmaßnahmen oder Liquidationsverfahren auf bestimmte Verträge und Rechte sollte sich auf die dort aufgeführten Wirkungen beschränken und nicht für andere Aspekte der Sanierungsmaßnahmen oder des Liquidationsverfahrens gelten wie die Anmeldung, Prüfung und Feststellung der Forderungen im Zusammenhang mit diesen Verträgen und Rechten und die Festlegung ihrer Rangfolge; für diese sollte das Recht des Herkunftsmitgliedstaats maßgeblich sein.

(26) Für die Wirkungen der Sanierungsmaßnahmen oder des Liquidationsverfahrens auf einen anhängigen Rechtsstreit über einen Vermögensgegenstand oder ein Recht des Versicherungsunternehmens, der/das unter Vermögensbeschlag steht, sollte ausnahmsweise nicht das Recht des Herkunftsmitgliedstaats, sondern das Recht der Mitgliedstaaten maßgeblich sein, in denen der Rechtsstreit anhängig ist. Für die Wirkungen der Maßnahmen oder des Verfahrens auf Einzelvollstreckungsmaßnahmen im Zusammenhang mit diesen Rechtsstreitigkeiten ist gemäß der allgemeinen Regel dieser Richtlinie das Recht des Herkunftsmitgliedstaats maßgeblich.

(27) Alle Personen, die im Rahmen der Unterrichtungsverfahren dieser Richtlinie zur Entgegennahme oder Erteilung von Informationen verpflichtet sind, sollten dem Berufsgeheimnis in derselben Weise unterliegen, wie dies in Artikel 16 der Richtlinie 92/49/

EWG und in Artikel 15 der Richtlinie 92/96/EWG vorgesehen ist; hiervon ausgenommen sind die Gerichte, für die das jeweilige einzelstaatliche Recht gilt.
(28) Ausschließlich für die Zwecke der Anwendung dieser Richtlinie auf Sanierungsmaßnahmen und Liquidationsverfahren, die eine in einem Mitgliedstaat bestehende Zweigniederlassung eines Versicherungsunternehmens mit Sitz außerhalb der Gemeinschaft betreffen, sollte als Herkunftsmitgliedstaat der Mitgliedstaat der Zweigniederlassung und als Aufsichtsbehörden bzw. zuständige Behörden die Behörden dieses Mitgliedstaats definiert werden.
(29) Wenn ein Versicherungsunternehmen mit Sitz außerhalb der Gemeinschaft Zweigniederlassungen in mehr als einem Mitgliedstaat hat, so sollte jede Zweigniederlassung bei der Anwendung dieser Richtlinie als unabhängiges Unternehmen behandelt werden. Die zuständigen Behörden und die Aufsichtsbehörden sowie die Verwalter und Liquidatoren sollten sich in diesem Fall um eine Abstimmung ihres Vorgehens bemühen –
HABEN FOLGENDE RICHTLINIE ERLASSEN:

TITEL I. ANWENDUNGSBEREICH UND BEGRIFFSBESTIMMUNGEN

Artikel 1. Anwendungsbereich
(1) Diese Richtlinie findet Anwendung auf Sanierungsmaßnahmen und Liquidationsverfahren betreffend Versicherungsunternehmen.
(2) Diese Richtlinie findet nach Maßgabe des Artikels 30 auch Anwendung auf Sanierungsmaßnahmen und Liquidationsverfahren, die Gemeinschaftszweigniederlassungen eines Versicherungsunternehmens mit Sitz außerhalb der Gemeinschaft betreffen.

Artikel 2. Begriffsbestimmungen
Für die Zwecke dieser Richtlinie gelten folgende Begriffsbestimmungen:
a) „Versicherungsunternehmen" ist ein Unternehmen, dem eine behördliche Zulassung gemäß Artikel 6 der Richtlinie 73/239/EWG oder Artikel 6 der Richtlinie 79/267/EWG erteilt worden ist.
b) „Zweigniederlassung" ist jede ständige Präsenz eines Versicherungsunternehmens im Gebiet eines anderen Mitgliedstaats als des Herkunftsmitgliedstaats, die den Betrieb von Versicherungsgeschäften zum Gegenstand hat.
c) „Sanierungsmaßnahmen" sind alle Maßnahmen, die das Tätigwerden einer Behörde oder eines Gerichts mit dem Ziel beinhalten, die finanzielle Lage eines Versicherungsunternehmens zu sichern oder wiederherzustellen und die die bestehenden Rechte anderer Beteiligter als des Versicherungsunternehmens selbst beeinträchtigen; dazu zählen unter anderem auch Maßnahmen, die die Aussetzung der Zahlungen, die Aussetzung der Vollstreckungsmaßnahmen oder eine Kürzung der Forderungen erlauben.
d) „Liquidationsverfahren" sind Gesamtverfahren, bei denen das Vermögen eines Versicherungsunternehmens verwertet und der Erlös in angemessener Weise unter den Gläubigern, Anteilseignern oder Mitgliedern verteilt wird, wozu in jedem Fall das Tätigwerden einer Behörde oder eines Gerichts eines Mitgliedstaates erforderlich ist; dazu zählen auch Gesamtverfahren, die durch einen Vergleich oder eine ähnliche Maßnahme abgeschlossen werden; es ist unerheblich, ob die Verfahren infolge Zahlungsunfähigkeit eröffnet werden oder nicht oder ob sie freiwillig oder zwangsweise eingeleitet werden.

e) „Herkunftsmitgliedstaat" ist der Mitgliedstaat, in dem ein Versicherungsunternehmen gemäß Artikel 6 der Richtlinie 73/239/EWG oder Artikel 6 der Richtlinie 79/267/EWG zugelassen wurde.

f) „Aufnahmemitgliedstaat" ist jeder andere Mitgliedstaat als der Herkunftsmitgliedstaat, in dem ein Versicherungsunternehmen eine Zweigniederlassung hat.

g) „Zuständige Behörden" sind die Behörden oder Gerichte der Mitgliedstaaten, die für Sanierungsmaßnahmen oder Liquidationsverfahren zuständig sind.

h) „Aufsichtsbehörden" sind die zuständigen Behörden im Sinne von Artikel 1 Buchstabe k der Richtlinie 92/49/EWG und Artikel 1 Buchstabe l der Richtlinie 92/96/EWG.

i) „Verwalter" ist jede Person oder Stelle, die von den zuständigen Behörden zur Durchführung von Sanierungsmaßnahmen bestellt wird.

j) „Liquidator" ist jede Person oder Stelle, die von den zuständigen Behörden oder gegebenenfalls von den Leitungsorganen eines Versicherungsunternehmens zur Abwicklung eines Liquidationsverfahrens bestellt wird.

k) „Versicherungsforderung" ist jeder Betrag, den ein Versicherungsunternehmen Versicherten, Versicherungsnehmern, Begünstigten oder geschädigten Dritten, die einen Direktanspruch gegen das Versicherungsunternehmen haben, aufgrund eines Versicherungsvertrags oder eines in Artikel 1 Absätze 2 und 3 der Richtlinie 79/267/EWG genannten Geschäfts im Rahmen der Direktversicherung schuldet; hierzu gehören auch für die genannten Personen zurückgestellte Beträge, wenn einzelne Elemente der Forderung noch ungewiss sind. Prämien, die ein Versicherungsunternehmen schuldet, weil ein derartiger Vertrag oder ein derartiges Geschäft im Einklang mit dem für diese Verträge und Geschäfte maßgeblichen Recht vor der Eröffnung des Liquidationsverfahrens nicht zustande gekommen ist oder aufgehoben wurde, gelten ebenfalls als Versicherungsforderungen.

TITEL II. SANIERUNGSMASSNAHMEN

Artikel 3. Anwendungsbereich
Dieser Titel findet Anwendung auf die Sanierungsmaßnahmen im Sinne von Artikel 2 Buchstabe c.

Artikel 4. Entscheidung über Sanierungsmaßnahmen – Maßgebliches Recht
(1) Die zuständigen Behörden des Herkunftsmitgliedstaats sind als Einzige befugt, über Sanierungsmaßnahmen im Zusammenhang mit einem Versicherungsunternehmen, einschließlich seiner Zweigniederlassungen in anderen Mitgliedstaaten, zu entscheiden. Die Sanierungsmaßnahmen schließen die Eröffnung eines Liquidationsverfahrens durch den Herkunftsmitgliedstaat nicht aus.

(2) Die Sanierungsmaßnahmen werden gemäß den im Herkunftsmitgliedstaat geltenden Rechtsvorschriften und Verfahren durchgeführt, sofern in den Artikeln 19 bis 26 nichts anderes bestimmt ist.

(3) Die Sanierungsmaßnahmen sind nach den Rechtsvorschriften des Herkunftsmitgliedstaats in der gesamten Gemeinschaft ohne weitere Formalität uneingeschränkt wirksam, und zwar auch gegenüber Dritten in anderen Mitgliedstaaten, selbst wenn nach den Rechtsvorschriften dieser anderen Mitgliedstaaten solche Maßnahmen nicht vorgesehen sind oder aber ihre Durchführung von Voraussetzungen abhängig gemacht wird, die nicht erfüllt sind.

(4) Die Sanierungsmaßnahmen sind in der gesamten Gemeinschaft wirksam, sobald sie in dem Mitgliedstaat, in dem sie getroffen wurden, wirksam sind.

Artikel 5. Unterrichtung der Aufsichtsbehörden
Die zuständigen Behörden des Herkunftsmitgliedstaats setzen die Aufsichtsbehörden des Herkunftsmitgliedstaats unverzüglich – möglichst vor Einleitung der betreffenden Maßnahme, ansonsten unmittelbar danach – von ihrer Entscheidung, Sanierungsmaßnahmen einzuleiten, in Kenntnis. Die Aufsichtsbehörden des Herkunftsmitgliedstaats unterrichten die Aufsichtsbehörden aller anderen Mitgliedstaaten unverzüglich von der Entscheidung, Sanierungsmaßnahmen einzuleiten, sowie den etwaigen konkreten Wirkungen dieser Maßnahmen.

Artikel 6. Öffentliche Bekanntmachung
(1) Können in dem Herkunftsmitgliedstaat Rechtsbehelfe gegen eine Sanierungsmaßnahme eingelegt werden, so geben die zuständigen Behörden des Herkunftsmitgliedstaats, der Verwalter oder jede andere im Herkunftsmitgliedstaat dazu ermächtigte Person die Entscheidung betreffend eine Sanierungsmaßnahme gemäß den Bekanntmachungsverfahren des Herkunftsmitgliedstaats sowie außerdem durch raschestmögliche Veröffentlichung eines Auszugs aus dem die Sanierungsmaßnahme anordnenden Schriftstück im Amtsblatt der Europäischen Gemeinschaften bekannt. Die Aufsichtsbehörden aller anderen Mitgliedstaaten, die gemäß Artikel 5 von der Entscheidung zur Einleitung einer Sanierungsmaßnahme unterrichtet worden sind, können die Entscheidung in ihrem Hoheitsgebiet in der Form, die sie für angezeigt halten, bekannt machen.
(2) In der Bekanntmachung nach Absatz 1 ist ferner anzugeben, welches die zuständige Behörde des Herkunftsmitgliedstaates ist, welches Recht gemäß Artikel 4 Absatz 2 maßgeblich ist und welcher Verwalter gegebenenfalls bestellt wurde. Die Bekanntmachung erfolgt in der Amtssprache oder in einer der Amtssprachen des Mitgliedstaates, in dem sie veröffentlicht wird.
(3) Die Sanierungsmaßnahmen finden unabhängig von den Bestimmungen über die Bekanntmachung in den Absätzen 1 und 2 Anwendung und sind gegenüber den Gläubigern uneingeschränkt wirksam, sofern die zuständigen Behörden des Herkunftsmitgliedstaats oder dessen Rechtsvorschriften nicht etwas anderes bestimmen.
(4) Sofern das für die Sanierungsmaßnahmen maßgebende Recht nichts anderes bestimmt, findet dieser Artikel keine Anwendung, wenn durch die Sanierungsmaßnahmen ausschließlich die Rechte von Anteilseignern, Mitgliedern oder Arbeitnehmern eines Versicherungsunternehmens in einer dieser Eigenschaften beeinträchtigt werden. Die Art und Weise, in der die von solchen Sanierungsmaßnahmen betroffenen Parteien im Einklang mit den einschlägigen Rechtsvorschriften unterrichtet werden, wird von den zuständigen Behörden festgelegt.

Artikel 7. Unterrichtung der bekannten Gläubiger und Recht auf Forderungsanmeldung
(1) Sehen die Rechtsvorschriften des Herkunftsmitgliedstaats vor, dass eine Forderung angemeldet werden muss, um anerkannt zu werden, oder dass die Maßnahme den Gläubigern, die ihren gewöhnlichen Aufenthalt, ihren Wohnsitz oder ihren Sitz in diesem Staat haben, mitgeteilt werden muss, so werden von den zuständi-

gen Behörden des Herkunftsmitgliedstaats oder dem Verwalter außerdem die bekannten Gläubiger, die ihren gewöhnlichen Aufenthalt, ihren Wohnsitz oder ihren Sitz in anderen Mitgliedstaaten haben, nach den in Artikel 15 und Artikel 17 Absatz 1 vorgesehenen Modalitäten informiert.

(2) Steht den Gläubigern, die ihren gewöhnlichen Aufenthalt, ihren Wohnsitz oder ihren Sitz im Herkunftsmitgliedstaat haben, gemäß den Rechtsvorschriften dieses Staates das Recht zu, ihre Forderungen anzumelden oder zu erläutern, so können die Gläubiger, die ihren gewöhnlichen Aufenthalt, ihren Wohnsitz oder ihren Sitz in anderen Mitgliedstaaten haben, das Recht, ihre Forderungen anzumelden oder zu erläutern, nach den in Artikel 16 und Artikel 17 Absatz 2 vorgesehenen Modalitäten ebenfalls in Anspruch nehmen.

TITEL III. LIQUIDATIONSVERFAHREN

Artikel 8. Eröffnung eines Liquidationsverfahrens – Unterrichtung der Aufsichtsbehörden

(1) Die zuständigen Behörden des Herkunftsmitgliedstaats sind als Einzige befugt, über die Eröffnung eines Verfahrens zur Liquidation eines Versicherungsunternehmens, einschließlich seiner Zweigniederlassungen in anderen Mitgliedstaaten, zu entscheiden. Diese Entscheidung kann ergehen, ohne dass bzw. nachdem Sanierungsmaßnahmen beschlossen wurden.

(2) Eine nach dem Recht des Herkunftsmitgliedstaats ergangene Entscheidung zur Eröffnung eines Verfahrens zur Liquidation eines Versicherungsunternehmens einschließlich seiner Zweigniederlassungen in anderen Mitgliedstaaten wird im Hoheitsgebiet aller anderen Mitgliedstaaten ohne weitere Formalität anerkannt und ist dort wirksam, sobald die Entscheidung in dem Mitgliedstaat, in dem das Verfahren eröffnet wurde, wirksam wird.

(3) Die Aufsichtsbehörden des Herkunftsmitgliedstaats sind unverzüglich – möglichst vor der Verfahrenseröffnung, ansonsten unmittelbar danach – von der Entscheidung zur Eröffnung des Liquidationsverfahrens in Kenntnis zu setzen. Die Aufsichtsbehörden des Herkunftsmitgliedstaats unterrichten die Aufsichtsbehörden aller anderen Mitgliedstaaten unverzüglich von der Entscheidung zur Eröffnung des Liquidationsverfahrens sowie den etwaigen konkreten Wirkungen dieses Verfahrens.

Artikel 9. Maßgebliches Recht

(1) Für die Entscheidung über die Eröffnung eines Verfahrens zur Liquidation eines Versicherungsunternehmens, das Liquidationsverfahren und dessen Wirkungen sind die Rechts- und Verwaltungsvorschriften des Herkunftsmitgliedstaats maßgebend, soweit in den Artikeln 19 bis 26 nicht etwas anderes bestimmt ist.

(2) Das Recht des Herkunftsmitgliedstaats regelt insbesondere,

a) welche Vermögenswerte zur Masse gehören und wie die nach der Verfahrenseröffnung von dem Versicherungsunternehmen erworbenen Vermögenswerte zu behandeln sind,

b) die jeweiligen Befugnisse des Versicherungsunternehmens und des Liquidators,

c) die Voraussetzungen für die Wirksamkeit einer Aufrechnung,

d) wie sich das Liquidationsverfahren auf laufende Verträge des Versicherungsunternehmens auswirkt,

e) wie sich die Eröffnung eines Liquidationsverfahrens auf Rechtsverfolgungsmaßnahmen einzelner Gläubiger auswirkt; ausgenommen sind die Wirkungen auf anhängige Rechtsstreitigkeiten gemäß Artikel 26,
f) welche Forderungen gegen das Vermögen des Versicherungsunternehmens anzumelden sind und wie Forderungen zu behandeln sind, die nach der Eröffnung des Liquidationsverfahrens entstehen,
g) die Anmeldung, Prüfung und Feststellung der Forderungen,
h) die Verteilung des Erlöses aus der Verwertung der Vermögenswerte, den Rang der Forderungen und die Rechte der Gläubiger, die nach der Eröffnung des Liquidationsverfahrens aufgrund eines dinglichen Rechts oder infolge einer Aufrechnung teilweise befriedigt wurden,
i) die Voraussetzungen und Wirkungen der Beendigung des Insolvenzverfahrens, insbesondere durch Vergleich,
j) die Rechte der Gläubiger nach der Beendigung des Liquidationsverfahrens,
k) wer die Kosten des Insolvenzverfahrens einschließlich der Auslagen zu tragen hat;
l) welche Rechtshandlungen nichtig, anfechtbar oder relativ unwirksam sind, weil sie die Gesamtheit der Gläubiger benachteiligen.

Artikel 10. Behandlung von Versicherungsforderungen
(1) Die bevorrechtigte Behandlung von Versicherungsforderungen gegenüber anderen Forderungen gegen das Versicherungsunternehmen wird von den Mitgliedstaaten nach einer der beiden oder den beiden nachstehenden Methoden sichergestellt:
m) Versicherungsforderungen haben ein absolutes Vorrecht auf Befriedigung aus den Vermögenswerten zur Deckung der versicherungstechnischen Rückstellungen vor allen anderen Forderungen gegen das Versicherungsunternehmen;
n) Versicherungsforderungen haben ein Vorrecht auf Befriedigung aus dem gesamten Unternehmensvermögen vor allen anderen Forderungen gegen das Versicherungsunternehmen; hiervon ausgenommen werden können nur
i) Forderungen von Arbeitnehmern aufgrund eines Arbeitsvertrags bzw. eines Arbeitsverhältnisses,
ii) Steuerforderungen öffentlicher Körperschaften,
iii) Forderungen der Sozialversicherungsträger,
iv) dinglich gesicherte Forderungen in Bezug auf Vermögensgegenstände.
(2) Unbeschadet des Absatzes 1 können die Mitgliedstaaten vorsehen, dass die Auslagen des Liquidationsverfahrens im Sinne ihrer innerstaatlichen Rechtsvorschriften ganz oder teilweise Vorrang vor den Versicherungsforderungen haben.
(3) Die Mitgliedstaaten, die sich für die Methode gemäß Absatz 1 Buchstabe a entschieden haben, schreiben den Versicherungsunternehmen die Erstellung und regelmäßige Aktualisierung eines besonderen Verzeichnisses vor, das gemäß den Bestimmungen des Anhangs zu führen ist.

Artikel 11. Eintreten eines Sicherungssystems
Der Herkunftsmitgliedstaat kann vorsehen, dass Artikel 10 Absatz 1 nicht für Forderungen eines in diesem Mitgliedstaat errichteten Sicherungssystems gilt, das in die Rechte der Versicherungsgläubiger eingetreten ist.

2. Richtlinie über Insolvenz von Versicherungsunternehmen

Artikel 12. Deckung bevorrechtigter Forderungen durch Vermögenswerte
Abweichend von Artikel 18 der Richtlinie 73/239/EWG und Artikel 21 der Richtlinie 79/267/EWG schreiben die Mitgliedstaaten, die die Methode nach Artikel 10 Absatz 1 Buchstabe b der vorliegenden Richtlinie anwenden, jedem Versicherungsunternehmen vor, dass die Forderungen, die gemäß Artikel 10 Absatz 1 Buchstabe b Vorrang vor Versicherungsforderungen haben können und von dem Versicherungsunternehmen verbucht wurden, jederzeit und unabhängig von einem etwaigen Liquidationsverfahren durch in Artikel 21 der Richtlinie 92/49/EWG und Artikel 21 der Richtlinie 92/96/EWG genannte Vermögenswerte gedeckt sein müssen.

Artikel 13. Widerruf der Zulassung
(1) Wird gegen ein Versicherungsunternehmen die Eröffnung eines Liquidationsverfahrens beschlossen, so wird die Zulassung des Versicherungsunternehmens gemäß dem Verfahren des Artikels 22 der Richtlinie 73/239/EWG und des Artikels 26 der Richtlinie 79/267/EWG widerrufen, soweit sie nicht für die Zwecke von Absatz 2 erforderlich ist und sofern die Zulassung nicht bereits zuvor widerrufen wurde.
(2) Der Widerruf der Zulassung gemäß Absatz 1 steht dem nicht entgegen, dass bestimmte Geschäfte des Versicherungsunternehmens vom Liquidator und etwaigen anderen, von den zuständigen Behörden beauftragten Personen weiterbetrieben werden, soweit dies für die Zwecke der Liquidation erforderlich oder angezeigt ist. Der Herkunftsmitgliedstaat kann vorsehen, dass diese Geschäfte mit Zustimmung und unter Aufsicht der Aufsichtsbehörden des Herkunftsmitgliedstaats weiter betrieben werden.

Artikel 14. Öffentliche Bekanntmachung
(1) Die zuständige Behörde, der Liquidator oder jede andere von der zuständigen Behörde zu diesem Zweck benannte Person veranlasst die Bekanntmachung der Entscheidung zur Eröffnung des Liquidationsverfahrens entsprechend den Bestimmungen des Herkunftsmitgliedstaates für öffentliche Bekanntmachungen sowie außerdem durch Veröffentlichung eines Auszugs aus der Entscheidung im Amtsblatt der Europäischen Gemeinschaften. Die Aufsichtsbehörden aller anderen Mitgliedstaaten, die gemäß Artikel 8 Absatz 3 von der Entscheidung zur Eröffnung des Liquidationsverfahrens unterrichtet worden sind, können diese Entscheidung in ihrem Hoheitsgebiet in der Form, die sie für angezeigt halten, bekannt machen.
(2) In der Bekanntmachung der Entscheidung zur Eröffnung des Liquidationsverfahrens nach Absatz 1 ist ferner anzugeben, welches die zuständige Behörde des Herkunftsmitgliedstaates ist, welches Recht maßgeblich ist und welcher Liquidator bestellt wurde. Die Bekanntmachung erfolgt in der Amtssprache oder in einer der Amtssprachen des Mitgliedstaates, in dem sie veröffentlicht wird.

Artikel 15. Unterrichtung der bekannten Gläubiger
(1) Wenn ein Liquidationsverfahren eröffnet wird, unterrichten die zuständigen Behörden des Herkunftsmitgliedstaats, der Liquidator oder jede andere von den zuständigen Behörden zu diesem Zweck benannte Person davon unverzüglich schriftlich und einzeln jeden bekannten Gläubiger, der seinen gewöhnlichen Aufenthalt, seinen Wohnsitz oder seinen Sitz in einem anderen Mitgliedstaat hat.

(2) In der Unterrichtung nach Absatz 1 ist insbesondere anzugeben, welche Fristen einzuhalten sind, welche Folgen deren Versäumung hat, welche Stelle oder Behörde für die Entgegennahme der Anmeldung einer Forderung bzw. der Erläuterung einer Forderung zuständig ist und welche weiteren Maßnahmen vorgeschrieben sind. In dieser Unterrichtung ist auch anzugeben, ob die bevorrechtigten oder dinglich gesicherten Gläubiger ihre Forderungen anmelden müssen. Im Falle von Versicherungsforderungen enthält die Unterrichtung des weiteren Angaben zu den allgemeinen Wirkungen des Liquidationsverfahrens auf die Versicherungsverträge; insbesondere gibt sie den Zeitpunkt an, ab dem Versicherungsverträge oder -geschäfte keine Rechtswirkung mehr entfalten, und nennt die Rechte und Pflichten des Versicherten in Bezug auf den betreffenden Vertrag bzw. das betreffende Geschäft.

Artikel 16. Recht auf Forderungsanmeldung

(1) Jeder Gläubiger, der seinen gewöhnlichen Aufenthalt, seinen Wohnsitz oder seinen Sitz in einem anderen Mitgliedstaat als dem Herkunftsmitgliedstaat hat, einschließlich öffentlich-rechtlicher Stellen in den Mitgliedstaaten, hat das Recht, seine Forderung anzumelden oder schriftlich zu erläutern.

(2) Die Forderungen aller Gläubiger, die ihren gewöhnlichen Aufenthalt, ihren Wohnsitz oder ihren Sitz in einem anderen Mitgliedstaat als dem Herkunftsmitgliedstaat haben, einschließlich der vorstehend genannten Stellen, werden genauso behandelt und erhalten denselben Rang wie gleichartige Forderungen, die von den Gläubigern angemeldet werden könnten, die ihren gewöhnlichen Aufenthalt, ihren Wohnsitz oder ihren Sitz im Herkunftsmitgliedstaat haben.

(3) Sofern das Recht des Herkunftsmitgliedstaats nicht etwas anderes zulässt, übersendet der Gläubiger eine Kopie der etwaigen Belege, teilt die Art, den Entstehungszeitpunkt und den Betrag der Forderung mit und gibt an, ob er für die Forderung ein Vorrecht, eine dingliche Sicherheit oder einen Eigentumsvorbehalt geltend macht und welche Vermögenswerte Gegenstand seiner Sicherheit sind. Das Versicherungsforderungen durch Artikel 10 eingeräumte Vorrecht braucht nicht angegeben zu werden.

Artikel 17. Sprachen und Formblatt

(1) Die Unterrichtung nach Artikel 15 erfolgt in der Amtssprache oder einer der Amtssprachen des Herkunftsmitgliedstaats. Hierfür ist ein Formblatt zu verwenden, das in sämtlichen Amtssprachen der Europäischen Union mit den Worten „Aufforderung zur Anmeldung einer Forderung. Fristen beachten!" oder, wenn das Recht des Herkunftsmitgliedstaats eine Erläuterung der Forderung vorsieht, mit den Worten „Aufforderung zur Erläuterung einer Forderung. Fristen beachten!" überschrieben ist.

Ist jedoch ein bekannter Gläubiger Inhaber einer Versicherungsforderung, so erfolgt die Unterrichtung nach Artikel 15 in der Amtssprache oder einer der Amtssprachen des Mitgliedstaats, in dem der Gläubiger seinen gewöhnlichen Aufenthalt, seinen Wohnsitz oder seinen Sitz hat.

(2) Jeder Gläubiger, der seinen gewöhnlichen Aufenthalt, seinen Wohnsitz oder seinen Sitz in einem anderen Mitgliedstaat als dem Herkunftsmitgliedstaat hat, kann seine Forderung in der Amtssprache oder einer der Amtssprachen dieses anderen Mitgliedstaates anmelden oder erläutern. In diesem Fall muss die Anmeldung bzw. die Erläuterung jedoch die Überschrift „Anmeldung einer Forderung"

bzw. „Erläuterung einer Forderung" in der Amtssprache oder einer der Amtssprachen des Herkunftsmitgliedstaats tragen.

Artikel 18. Regelmäßige Unterrichtung der Gläubiger
(1) Die Liquidatoren unterrichten die Gläubiger regelmäßig in geeigneter Form, insbesondere über den Fortgang der Liquidation.
(2) Die Aufsichtsbehörden der Mitgliedstaaten können von den Aufsichtsbehörden des Herkunftsmitgliedstaates Informationen über den Verlauf des Liquidationsverfahrens verlangen.

TITEL IV. GEMEINSAME VORSCHRIFTEN FÜR SANIERUNGS-MASSNAHMEN

Artikel 19. Wirkungen auf bestimmte Verträge und Rechte
Abweichend von den Artikeln 4 und 9 gelten für die Wirkungen der Einleitung einer Sanierungsmaßnahme oder der Eröffnung eines Liquidationsverfahrens auf die nachstehend genannten Verträge und Rechte folgende Bestimmungen:
a) für Arbeitsverträge und Arbeitsverhältnisse ist ausschließlich das Recht des Mitgliedstaats maßgeblich, das auf den Arbeitsvertrag oder das Arbeitsverhältnis anzuwenden ist;
b) für einen Vertrag, der zur Nutzung oder zum Erwerb eines unbeweglichen Gegenstands berechtigt, ist ausschließlich das Recht des Mitgliedstaats maßgeblich, in dessen Gebiet dieser Gegenstand belegen ist;
c) für Rechte des Versicherungsunternehmens an einem unbeweglichen Gegenstand, einem Schiff oder einem Luftfahrzeug, die der Eintragung in ein öffentliches Register unterliegen, ist das Recht des Mitgliedstaats maßgeblich, unter dessen Aufsicht das Register geführt wird.

Artikel 20. Dingliche Rechte Dritter
(1) Das dingliche Recht eines Gläubigers oder eines Dritten an körperlichen oder unkörperlichen, beweglichen oder unbeweglichen Gegenständen des Versicherungsunternehmens – sowohl an bestimmten Gegenständen als auch an einer Mehrheit von nicht bestimmten Gegenständen mit wechselnder Zusammensetzung –, die sich zum Zeitpunkt der Einleitung von Sanierungsmaßnahmen bzw. der Eröffnung des Liquidationsverfahrens im Gebiet eines anderen Mitgliedstaates befinden, wird von der Einleitung von Sanierungsmaßnahmen bzw. der Verfahrenseröffnung nicht berührt.
(2) Rechte im Sinne von Absatz 1 sind insbesondere
a) das Recht, den Gegenstand zu verwerten oder verwerten zu lassen und aus dem Erlös oder den Nutzungen dieses Gegenstands befriedigt zu werden, insbesondere aufgrund eines Pfandrechts oder einer Hypothek;
b) das ausschließliche Recht, eine Forderung einzuziehen, insbesondere aufgrund eines Pfandrechts an einer Forderung oder aufgrund einer Sicherungsabtretung dieser Forderung;
c) das Recht, die Herausgabe des Gegenstands von jedermann zu verlangen, der diesen gegen den Willen des Berechtigten besitzt oder nutzt;
d) das dingliche Recht, die Früchte eines Gegenstands zu ziehen.
(3) Das in einem öffentlichen Register eingetragene und gegen jedermann wirksa-

me Recht, ein dingliches Recht im Sinne von Absatz 1 zu erlangen, wird einem dinglichen Recht gleichgestellt.
(4) Absatz 1 steht der Geltendmachung der Nichtigkeit, Anfechtbarkeit oder relativen Unwirksamkeit einer Rechtshandlung nach Artikel 9 Absatz 2 Buchstabe l nicht entgegen.

Artikel 21. Eigentumsvorbehalt
(1) Die Einleitung von Sanierungsmaßnahmen bzw. die Eröffnung eines Liquidationsverfahrens in Bezug auf ein Versicherungsunternehmen als Käufer einer Sache lässt die Rechte des Verkäufers aus einem Eigentumsvorbehalt unberührt, wenn sich diese Sache zum Zeitpunkt der Einleitung der Sanierungsmaßnahmen bzw. der Verfahrenseröffnung im Gebiet eines anderen Mitgliedstaates als des Staates befindet, in dem die Sanierungsmaßnahmen eingeleitet werden bzw. das Verfahren eröffnet wird.
(2) Die Einleitung von Sanierungsmaßnahmen bzw. die Eröffnung eines Liquidationsverfahrens in Bezug auf ein Versicherungsunternehmen als Verkäufer einer Sache rechtfertigt, wenn deren Lieferung bereits erfolgt ist, nicht die Auflösung oder Beendigung des Kaufvertrags und steht dem Eigentumserwerb des Käufers nicht entgegen, wenn sich diese Sache zum Zeitpunkt der Einleitung der Sanierungsmaßnahmen bzw. der Verfahrenseröffnung im Gebiet eines anderen Mitgliedstaates als des Staates befindet, in dem die Sanierungsmaßnahmen eingeleitet werden bzw. das Verfahren eröffnet wird.
(3) Die Absätze 1 und 2 stehen der Geltendmachung der Nichtigkeit, Anfechtbarkeit oder relativen Unwirksamkeit einer Rechtshandlung nach Artikel 9 Absatz 2 Buchstabe l nicht entgegen.

Artikel 22. Aufrechnung
(1) Das Recht eines Gläubigers, mit seiner Forderung gegen eine Forderung des Versicherungsunternehmens aufzurechnen, wird von der Einleitung von Sanierungsmaßnahmen bzw. der Eröffnung des Liquidationsverfahrens nicht berührt, wenn diese Aufrechnung nach dem für die Forderung des Versicherungsunternehmens maßgeblichen Recht zulässig ist.
(2) Absatz 1 steht der Geltendmachung der Nichtigkeit, Anfechtbarkeit oder relativen Unwirksamkeit einer Rechtshandlung nach Artikel 9 Absatz 2 Buchstabe l nicht entgegen.

Artikel 23. Geregelte Märkte
(1) Für die Wirkungen einer Sanierungsmaßnahme oder der Eröffnung eines Liquidationsverfahrens auf die Rechte und Pflichten der Teilnehmer an einem geregelten Markt ist unbeschadet des Artikels 20 ausschließlich das Recht maßgeblich, das für den betreffenden Markt gilt.
(2) Absatz 1 steht der Geltendmachung der Nichtigkeit, Anfechtbarkeit oder relativen Unwirksamkeit nach Artikel 9 Absatz 2 Buchstabe l von Zahlungen oder Transaktionen gemäß dem für den betreffenden Markt geltenden Recht nicht entgegen.

Artikel 24. Benachteiligende Rechtshandlungen
Artikel 9 Absatz 2 Buchstabe l findet keine Anwendung, wenn eine Person, die

durch eine die Gesamtheit der Gläubiger benachteiligende Rechtshandlung begünstigt wurde, nachweist, dass
a) für diese Rechtshandlung das Recht eines anderen Mitgliedstaats als des Herkunftsmitgliedstaats maßgeblich ist und
b) diese Rechtshandlung im vorliegenden Fall in keiner Weise nach diesem Recht angreifbar ist.

Artikel 25. Schutz des Dritterwerbers
Verfügt das Versicherungsunternehmen durch eine nach der Einleitung einer Sanierungsmaßnahme oder der Eröffnung des Liquidationsverfahrens vorgenommene Rechtshandlung gegen Entgelt über
a) einen unbeweglichen Gegenstand,
b) ein Schiff oder ein Luftfahrzeug, das der Eintragung in ein öffentliches Register unterliegt, oder
c) Wertpapiere oder andere Geld- und Kapitalmarktpapiere, deren Existenz oder Übertragung die Eintragung in ein gesetzlich vorgeschriebenes Register oder Konto voraussetzt oder die in einer dem Recht eines Mitgliedstaates unterliegenden zentralen Verwahrstelle verwahrt werden, so richtet sich die Wirksamkeit dieser Rechtshandlung nach dem Recht des Mitgliedstaates, in dessen Gebiet dieser unbewegliche Gegenstand belegen ist oder unter dessen Aufsicht das Register, das Konto oder die Verwahrstelle steht.

Artikel 26. Anhängige Rechtsstreitigkeiten
Für die Wirkungen der Sanierungsmaßnahme oder des Liquidationsverfahrens auf einen anhängigen Rechtsstreit über einen Vermögensgegenstand oder ein Recht der Masse ist ausschließlich das Recht des Mitgliedstaats maßgeblich, in dem der Rechtsstreit anhängig ist.

Artikel 27. Verwalter und Liquidatoren
(1) Die Bestellung eines Verwalters oder Liquidators wird durch eine beglaubigte Abschrift des Originals der Entscheidung, durch die er bestellt worden ist, oder durch eine andere von den zuständigen Behörden des Herkunftsmitgliedstaats ausgestellte Bescheinigung nachgewiesen.
Es kann eine Übersetzung in die Amtssprache oder eine der Amtssprachen des Mitgliedstaats, in dessen Gebiet der Verwalter oder der Liquidator tätig werden will, verlangt werden. Eine Legalisation oder eine entsprechende andere Förmlichkeit wird nicht verlangt.
(2) Die Verwalter und Liquidatoren können im Hoheitsgebiet aller Mitgliedstaaten sämtliche Befugnisse ausüben, die ihnen im Hoheitsgebiet des Herkunftsmitgliedstaats zustehen. Personen, deren Aufgabe es ist, Verwalter und Liquidatoren zu unterstützen und gegebenenfalls zu vertreten, können im Verlauf der Sanierungsmaßnahme oder des Liquidationsverfahrens nach dem Recht des Herkunftsmitgliedstaats bestellt werden, und zwar insbesondere in den Aufnahmemitgliedstaaten und vor allem zur leichteren Beseitigung etwaiger Schwierigkeiten, auf die die Gläubiger des Aufnahmemitgliedstaats stoßen.
(3) Bei der Ausübung seiner Befugnisse gemäß dem Recht des Herkunftsmitgliedstaats beachtet der Verwalter oder der Liquidator das Recht der Mitgliedstaaten, in deren Gebiet er tätig werden will; dies gilt insbesondere für die Verfahren zur Ver-

wertung von Vermögensgegenständen und zur Unterrichtung der Arbeitnehmer. Diese Befugnisse dürfen nicht die Anwendung von Zwangsmitteln oder das Recht einschließen, über Rechtsstreitigkeiten oder andere Auseinandersetzungen zu befinden.

Artikel 28. Eintragung in öffentliche Register
(1) Auf Antrag des Verwalters, des Liquidators oder jeder anderen im Herkunftsmitgliedstaat hierzu befugten Behörde oder Person ist eine Sanierungsmaßnahme oder die Eröffnung eines Liquidationsverfahrens in das Grundbuch, das Handelsregister und alle sonstigen öffentlichen Register in den übrigen Mitgliedstaaten einzutragen.
Sieht ein Mitgliedstaat jedoch die obligatorische Eintragung vor, hat die in Unterabsatz 1 genannte Behörde oder Person die für diese Eintragung erforderlichen Maßnahmen zu treffen.
(2) Die Kosten der Eintragung gelten als Kosten und Auslagen des Verfahrens.

Artikel 29. Berufsgeheimnis
Alle Personen, die im Rahmen der in den Artikeln 5, 8 und 30 vorgesehenen Unterrichtungsverfahren zur Entgegennahme oder Erteilung von Informationen verpflichtet sind, unterliegen dem Berufsgeheimnis in derselben Weise, wie in Artikel 16 der Richtlinie 92/49/EWG und Artikel 15 der Richtlinie 92/96/EWG vorgesehen; hiervon ausgenommen sind die Gerichte, auf die die geltenden nationalen Bestimmungen Anwendung finden.

Artikel 30. Zweigniederlassungen von Versicherungsunternehmen aus Drittländern
(1) Ungeachtet der Definitionen in Artikel 2 Buchstaben e, f und g und für die Zwecke der Anwendung dieser Richtlinie auf Sanierungsmaßnahmen und Liquidationsverfahren, die eine in einem Mitgliedstaat bestehende Zweigniederlassung eines Versicherungsunternehmens mit Sitz außerhalb der Gemeinschaft betreffen,
a) bezeichnet der Ausdruck „Herkunftsmitgliedstaat" den Mitgliedstaat, in dem der Zweigniederlassung die Zulassung gemäß Artikel 23 der Richtlinie 73/239/EWG und Artikel 27 der Richtlinie 79/267/EWG erteilt wurde und
b) bezeichnen die Ausdrücke „Aufsichtsbehörden" und „zuständige Behörden" die entsprechenden Behörden des Mitgliedstaats, in dem die Zweigniederlassung zugelassen wurde.
(2) Hat ein Versicherungsunternehmen mit Sitz außerhalb der Gemeinschaft Zweigniederlassungen in mehr als einem Mitgliedstaat, so wird jede Zweigniederlassung bei der Anwendung dieser Richtlinie als unabhängiges Unternehmen behandelt. Die zuständigen Behörden und die Aufsichtsbehörden der betroffenen Mitgliedstaaten bemühen sich um ein abgestimmtes Vorgehen. Die gegebenenfalls bestellten Verwalter oder Liquidatoren bemühen sich ebenfalls um eine Abstimmung ihres Vorgehens.

Artikel 31. Umsetzung der Richtlinie
(1) Die Mitgliedstaaten setzen die erforderlichen Rechts- und Verwaltungsvorschriften in Kraft, um dieser Richtlinie vor dem 20. April 2003 nachzukommen. Sie setzen die Kommission unverzüglich davon in Kenntnis.

Wenn die Mitgliedstaaten diese Vorschriften erlassen, nehmen sie in den Vorschriften selbst oder durch einen Hinweis bei der amtlichen Veröffentlichung auf diese Richtlinie Bezug. Die Mitgliedstaaten regeln die Einzelheiten der Bezugnahme.

(2) Die gemäß dieser Richtlinie erlassenen einzelstaatlichen Bestimmungen gelten nur für Sanierungsmaßnahmen oder Liquidationsverfahren, die nach dem in Absatz 1 genannten Zeitpunkt ergriffen bzw. eröffnet worden sind. Auf die vor diesem Zeitpunkt ergriffenen Sanierungsmaßnahmen bzw. eröffneten Liquidationsverfahren findet weiterhin das Recht Anwendung, das zum Zeitpunkt der Ergreifung der Maßnahmen bzw. der Verfahrenseröffnung für sie maßgeblich war.

(3) Die Mitgliedstaaten teilen der Kommission den Wortlaut der wichtigsten innerstaatlichen Rechtsvorschriften mit, die sie auf dem unter diese Richtlinie fallenden Gebiet erlassen.

Artikel 32. Inkrafttreten
Diese Richtlinie tritt am Tag ihrer Veröffentlichung im Amtsblatt der Europäischen Gemeinschaften in Kraft.

Artikel 33. Adressaten
Diese Richtlinie ist an die Mitgliedstaaten gerichtet.

ANHANG

BESONDERES VERZEICHNIS NACH ARTIKEL 10 ABSATZ 3

1. Versicherungsunternehmen müssen an ihrem Sitz ein besonderes Verzeichnis der Vermögenswerte zur Deckung der gemäß den Rechtsvorschriften des Herkunftsmitgliedstaats errechneten und angelegten versicherungstechnischen Rückstellungen führen.
2. Betreibt das Versicherungsunternehmen gleichzeitig Tätigkeiten der Schadenversicherung und Tätigkeiten der Lebensversicherung, so hat es an seinem Sitz für jede dieser Tätigkeiten ein getrenntes Vermögensverzeichnis zu führen. Gestattet es jedoch ein Mitgliedstaat Versicherungsunternehmen, Tätigkeiten der Lebensversicherung zu betreiben und zugleich die in Anhang A Nummern 1 und 2 der Richtlinie 73/239/EWG genannten Risiken zu decken, so kann er vorsehen, dass diese Versicherungsunternehmen ein einziges Vermögensverzeichnis für alle ihre Tätigkeiten führen müssen.
3. Die Summe der eingetragenen und nach den Rechtsvorschriften des Herkunftsmitgliedstaates bewerteten Vermögenswerte muss jederzeit mindestens dem Betrag der versicherungstechnischen Rückstellungen entsprechen.
4. Ist ein eingetragener Vermögenswert mit einem dinglichen Recht zugunsten eines Gläubigers oder eines Dritten belastet, mit der Folge, dass ein Teil dieses Vermögenswerts nicht für die Erfüllung von Verpflichtungen zur Verfügung steht, so wird dieser Sachverhalt im Vermögensverzeichnis erwähnt und der nicht zur Verfügung stehende Betrag bei der in Nummer 3 genannten Summe nicht berücksichtigt.
5. Ist ein zur Deckung der versicherungstechnischen Rückstellungen verwendeter Vermögenswert mit einem dinglichen Recht zugunsten eines Gläubigers oder eines Dritten belastet, ohne dass die Voraussetzungen gemäß Nummer 4 erfüllt sind,

oder ist ein solcher Vermögenswert Gegenstand eines Eigentumsvorbehalts eines Gläubigers oder eines Dritten oder hat ein Gläubiger das Recht, mit seiner Forderung gegen eine Forderung des Versicherungsunternehmens aufzurechnen, so richtet sich im Falle einer Liquidation des Versicherungsunternehmens die Behandlung dieser Vermögenswerte hinsichtlich der in Artikel 10 Absatz 1 Buchstabe a vorgesehenen Methode nach dem Recht des Herkunftsmitgliedstaats, sofern nicht Artikel 20, 21 oder 22 auf den betreffenden Vermögenswert Anwendung findet.

6. Die Zusammensetzung der Vermögenswerte, die zum Zeitpunkt der Eröffnung des Liquidationsverfahrens in dem Verzeichnis gemäß den Nummern 1 bis 5 eingetragen sind, kann nicht mehr geändert werden, und es darf, abgesehen von der Korrektur rein technischer Irrtümer, an den Vermögensverzeichnissen ohne Genehmigung der zuständigen Behörde keine Änderung vorgenommen werden.

7. Ungeachtet der Nummer 6 müssen die Liquidatoren den genannten Vermögenswerten deren Finanzerträge, die im Zeitraum zwischen der Eröffnung des Liquidationsverfahrens und der Begleichung der Versicherungsforderungen oder gegebenenfalls bis zur Übertragung des Vermögensbestandes angefallen sind, sowie den Betrag der in Bezug auf die betreffende Tätigkeit während dieses Zeitraums eingezogenen Nettoprämien hinzufügen.

8. Ist der Erlös aus der Verwertung der Vermögenswerte niedriger als ihre Bewertung in den Vermögensverzeichnissen, so müssen die Liquidatoren dies gegenüber den zuständigen Behörden des Herkunftsmitgliedstaats rechtfertigen.

9. Die Aufsichtsbehörden der Mitgliedstaaten treffen die erforderlichen Maßnahmen, um die vollständige Einhaltung der Bestimmungen dieses Anhangs durch die Versicherungsunternehmen sicherzustellen.

3. Richtlinie des Europäischen Parlaments und des Rates vom 4. April 2001 über die Sanierung und Liquidation von Kreditinstituten (2001/24/EG)

Amtsblatt Nr. L 125 vom 05/05/2001 S. 15–23

DAS EUROPÄISCHE PARLAMENT UND DER RAT DER EUROPÄISCHEN UNION –

gestützt auf den Vertrag zur Gründung der Europäischen Gemeinschaft, insbesondere auf Artikel 47 Absatz 2,

auf Vorschlag der Kommission[1],

nach Stellungnahme des Wirtschafts- und Sozialausschusses[2],

nach Stellungnahme des Europäischen Währungsinstituts[3],

gemäß dem Verfahren des Artikels 251 des Vertrags[4],

in Erwägung nachstehender Gründe:

(1) Nach den Zielen des Vertrags ist eine harmonische und ausgewogene Entwicklung des Wirtschaftslebens in der ganzen Gemeinschaft durch Beseitigung aller Behinderungen der Niederlassungsfreiheit und des freien Dienstleistungsverkehrs in der Gemeinschaft zu fördern.

(2) Parallel zur Beseitigung dieser Behinderungen ist es angebracht, sich mit der Lage zu befassen, die sich im Fall von Schwierigkeiten in einem Kreditinstitut ergeben kann, insbesondere falls dieses Kreditinstitut Zweigstellen in anderen Mitgliedstaaten hat.

(3) Diese Richtlinie fügt sich in den gemeinschaftsrechtlichen Rahmen ein, der durch die Richtlinie 2000/12/EG des Europäischen Parlaments und des Rates vom 20. März 2000 über die Aufnahme und Ausübung der Tätigkeit der Kreditinstitute[5] geschaffen wurde. Daraus folgt, dass das Kreditinstitut und seine Zweigstellen während der Dauer ihrer Tätigkeit eine Einheit bilden, die der Aufsicht der zuständigen Behörden des Staates unterliegt, in dem die gemeinschaftsweit gültige Zulassung erteilt wurde.

(4) Es wäre besonders unangebracht, auf diese Einheit, die das Kreditinstitut und seine Zweigstellen bilden, zu verzichten, wenn Sanierungsmaßnahmen zu ergreifen sind oder ein Liquidationsverfahren zu eröffnen ist.

(5) Mit der Annahme der Richtlinie 94/19/EG des Europäischen Parlaments und des Rates vom 30. Mai 1994 über Einlagensicherungssysteme[6], die das Prinzip der obligatorischen Mitgliedschaft von Kreditinstituten in einem Einlagensicherungssystem des Herkunftsmitgliedstaats eingeführt hat, ist die Notwendigkeit der gegenseitigen Anerkennung der Sanierungsmaßnahmen und Liquidationsverfahren noch klarer zutage getreten.

---

[1] ABl. C 356 vom 31.12.1985, S. 55, und ABl. C 36 vom 8.2.1988, S. 1.
[2] ABl. C 263 vom 20.10.1986, S. 13.
[3] ABl. C 332 vom 30.10.1998, S. 13.
[4] Stellungnahme des Europäischen Parlaments vom 13. März 1987 (ABl. C 99 vom 13.4.1987, S. 211), bestätigt am 2. Dezember 1993 (ABl. C 342 vom 20.12.1993, S. 30), Gemeinsamer Standpunkt des Rates vom 17. Juli 2000 (ABl. C 300 vom 20.10.2000, S. 13) und Beschluss des Europäischen Parlaments vom 16. Januar 2001 (noch nicht im Amtsblatt veröffentlicht). Beschluss des Rates vom 12. März 2001.
[5] ABl. L 126 vom 26.5.2000, S. 1. Richtlinie geändert durch die Richtlinie 2000/28/EG (ABl. L 275 vom 27.10.2000, S. 37).
[6] ABl. L 135 vom 31.5.1994, S. 5.

(6) Den Behörden oder Gerichten des Herkunftsmitgliedstaats muss die alleinige Befugnis zur Anordnung und Durchführung von Sanierungsmaßnahmen gemäß den geltenden Rechtsvorschriften und Gepflogenheiten dieses Mitgliedstaats übertragen werden. Da die Harmonisierung der Rechtsvorschriften und Gepflogenheiten der Mitgliedstaaten schwierig ist, empfiehlt sich die Einführung der gegenseitigen Anerkennung durch die Mitgliedstaaten im Falle von Maßnahmen, die ein einzelner Mitgliedstaat trifft, um die Lebensfähigkeit der von ihm zugelassenen Kreditinstitute wiederherzustellen.
(7) Es ist unbedingt sicherzustellen, dass die von den Behörden oder Gerichten des Herkunftsmitgliedstaats angeordneten Maßnahmen zur Sanierung von Kreditinstituten und die Maßnahmen, die von den durch diese Behörden oder Gerichte mit der Durchführung der Sanierungsmaßnahmen beauftragten Personen oder Organen ergriffen werden, in allen Mitgliedstaaten wirksam werden; dazu gehören auch Maßnahmen, die eine Aussetzung der Zahlungen, die Aussetzung von Vollstreckungsmaßnahmen oder eine Kürzung der Forderungen erlauben, sowie alle anderen Maßnahmen, die die bestehenden Rechte Dritter beeinträchtigen könnten.
(8) Bestimmte Maßnahmen, insbesondere solche, die die interne Betriebsstruktur der Kreditinstitute oder die Rechte der Geschäftsführer bzw. der Aktionäre berühren, brauchen nicht Gegenstand dieser Richtlinie zu sein, um in den Mitgliedstaaten wirksam zu werden, sofern nach den Regeln des Internationalen Privatrechts das Recht des Herkunftsmitgliedstaats anwendbar ist.
(9) Bestimmte Maßnahmen, insbesondere Maßnahmen zur weiteren Erfüllung der Zulassungsbedingungen, werden bereits gemäß der Richtlinie 2000/12/EG gegenseitig anerkannt, sofern sie die vor dem Erlass dieser Maßnahmen bestehenden Rechte Dritter unberührt lassen.
(10) In dieser Hinsicht gelten an der internen Betriebsstruktur des Kreditinstituts beteiligte Personen sowie dessen Geschäftsführer und Aktionäre in ihrer Eigenschaft als solche nicht als Dritte im Sinne dieser Richtlinie.
(11) Eine öffentliche Bekanntmachung zur Unterrichtung Dritter über die Durchführung von Sanierungsmaßnahmen ist in den Mitgliedstaaten, in denen sich Zweigstellen befinden, notwendig, wenn diese Maßnahmen die Ausübung einiger ihrer Rechte beeinträchtigen könnten.
(12) Der Grundsatz der Gleichbehandlung der Gläubiger in Bezug auf ihre Möglichkeit, Rechtsbehelfe einzulegen, macht es erforderlich, dass die Behörden oder Gerichte des Herkunftsmitgliedstaats die notwendigen Maßnahmen ergreifen, damit die Gläubiger des Aufnahmemitgliedstaats ihr Recht auf Einlegung von Rechtsbehelfen innerhalb der hierfür vorgesehenen Frist wahrnehmen können.
(13) Es muss eine gewisse Koordinierung der Funktionen der Behörden oder Gerichte bei Sanierungsmaßnahmen und Verfahren zur Liquidation von in unterschiedlichen Mitgliedstaaten befindlichen Zweigstellen von Kreditinstituten mit Sitz außerhalb der Gemeinschaft vorgesehen werden.
(14) Falls keine Sanierungsmaßnahmen getroffen werden oder diese gescheitert sind, müssen die in einer Krise befindlichen Kreditinstitute liquidiert werden. In diesem Fall sind Bestimmungen zur gegenseitigen Anerkennung von Liquidationsverfahren und ihrer Wirkungen innerhalb der Gemeinschaft vorzusehen.
(15) Die wichtige Aufgabe, die die zuständigen Behörden des Herkunftsmitgliedstaats vor Eröffnung des Liquidationsverfahrens wahrnehmen, kann nach Eröffnung der Liquidation zwecks ordnungsgemäßer Abwicklung des Liquidationsverfahrens weiter wahrgenommen werden.

(16) Die Gleichbehandlung der Gläubiger erfordert, dass das Kreditinstitut nach den Grundsätzen der Einheit und Universalität liquidiert wird, was die ausschließliche Zuständigkeit der Behörden oder Gerichte des Herkunftsmitgliedstaats sowie die Anerkennung ihrer Entscheidungen voraussetzt, die in den übrigen Mitgliedstaaten ohne weitere Formalität die gleichen Wirkungen wie im Herkunftsmitgliedstaat entfalten können müssen, sofern die Richtlinie nichts anderes vorsieht.

(17) Die Ausnahme betreffend die Wirkungen von Sanierungsmaßnahmen und Liquidationsverfahren auf bestimmte Verträge und Rechte beschränkt sich auf diese Wirkungen und gilt nicht für andere Aspekte der Sanierungsmaßnahmen oder des Liquidationsverfahrens wie die Anmeldung, Prüfung und Feststellung der Forderungen im Zusammenhang mit diesen Verträgen und Rechten und die Festlegung ihrer Rangfolge sowie die Vorschriften für die Verteilung des Erlöses aus der Verwertung des Vermögens, für die das Recht des Herkunftsmitgliedstaats maßgeblich ist.

(18) Die freiwillige Liquidation ist möglich, wenn das Kreditinstitut zahlungsfähig ist. Gegebenenfalls können jedoch die Behörden oder Gerichte des Herkunftsmitgliedstaats eine Sanierungsmaßnahme anordnen oder ein Liquidationsverfahren eröffnen, auch wenn zuvor bereits eine freiwillige Liquidation eingeleitet wurde.

(19) Der Widerruf der Bankzulassung ist eine der notwendigen Folgen der Liquidation eines Kreditinstituts. Die Weiterführung bestimmter Tätigkeiten des Kreditinstituts sollte allerdings trotz dieses Widerrufs möglich sein, sofern dies für die Liquidation erforderlich oder angezeigt ist. Die Weiterführung der Tätigkeiten kann von dem Herkunftsmitgliedstaat allerdings von der Zustimmung und der Kontrolle durch seine zuständigen Behörden abhängig gemacht werden.

(20) Die individuelle Unterrichtung der bekannten Gläubiger ist ebenso wichtig wie die öffentliche Bekanntmachung, damit diese erforderlichenfalls die Anmeldung ihrer Forderungen oder deren Erläuterung innerhalb der gesetzten Fristen vornehmen können. Unzulässig ist dabei jede Benachteiligung der in einem anderen Mitgliedstaat als dem Herkunftsmitgliedstaat ansässigen Gläubiger aufgrund ihres Wohnsitzes oder der Art der Forderung. Die Gläubiger müssen während des Liquidationsverfahrens regelmäßig in geeigneter Form unterrichtet werden.

(21) Ausschließlich für die Zwecke der Anwendung dieser Richtlinie auf Sanierungsmaßnahmen und Liquidationsverfahren, die eine in einem Mitgliedstaat bestehende Zweigstelle eines Kreditinstituts mit Sitz außerhalb der Gemeinschaft betreffen, werden als „Herkunftsmitgliedstaat" der Mitgliedstaat der Zweigstelle und als „zuständige Behörden" sowie als „Behörden oder Gerichte" diejenigen dieses Mitgliedstaats definiert.

(22) Wenn ein Kreditinstitut mit Sitz außerhalb der Gemeinschaft Zweigstellen in mehr als einem Mitgliedstaat hat, wird jede Zweigstelle bei der Anwendung dieser Richtlinie als unabhängiges Unternehmen behandelt. Die Behörden oder Gerichte und die zuständigen Behörden sowie die Verwalter und Liquidatoren bemühen sich in diesem Fall um eine Abstimmung ihres Vorgehens.

(23) Zwar ist es wichtig, grundsätzlich festzulegen, dass für die verfahrens- und materiellrechtlichen Wirkungen von Sanierungsmaßnahmen oder Liquidationsverfahren das Recht des Herkunftsmitgliedstaats maßgeblich ist; es ist jedoch auch in Betracht zu ziehen, dass diese Wirkungen im Widerspruch zu den üblicherweise für die wirtschaftlichen und finanziellen Tätigkeiten des Kreditinstituts und seiner Zweigstellen in den übrigen Mitgliedstaaten geltenden Vorschriften stehen können. Die Bezugnahme auf das Recht eines anderen Mitgliedstaats ist in bestimmten Fällen eine unerlässliche Abschwächung des Prinzips, dass das Recht des Herkunftsmitgliedstaats maßgeblich ist.

(24) Diese Abschwächung ist insbesondere notwendig, um die durch einen Arbeitsvertrag mit dem Kreditinstitut verbundenen Arbeitnehmer zu schützen und die Sicherheit der Geschäfte mit bestimmten Vermögensgegenständen zu gewährleisten sowie die Integrität der geregelten Märkte, die nach dem Recht eines Mitgliedstaats funktionieren und auf denen Finanzinstrumente gehandelt werden, aufrechtzuerhalten.

(25) Die im Rahmen eines Zahlungs- oder Abrechnungssystems getätigten Transaktionen fallen unter die Richtlinie 98/26/EG des Europäischen Parlaments und des Rates vom 19. Mai 1998 über die Wirksamkeit von Abrechnungen in Zahlungs- sowie Wertpapierliefer- und Abrechnungssystemen[7].

(26) Die Annahme dieser Richtlinie stellt nicht die in der Richtlinie 98/26/EG enthaltenen Bestimmungen in Frage, denen zufolge ein Insolvenzverfahren die rechtliche Wirksamkeit von ordnungsgemäß in ein System eingebrachten Aufträgen oder die einem System gestellten dinglichen Sicherheiten nicht berührt.

(27) Bei bestimmten Sanierungsmaßnahmen oder Liquidationsverfahren ist die Bestellung einer Person vorgesehen, die mit der Durchführung dieser Maßnahmen oder Verfahren betraut wird. Die Anerkennung ihrer Bestellung und ihrer Befugnisse in allen anderen Mitgliedstaaten ist daher für die Durchführung der im Herkunftsmitgliedstaat getroffenen Entscheidungen von wesentlicher Bedeutung. Es muss allerdings festgelegt werden, innerhalb welcher Grenzen diese Person ihre Befugnisse außerhalb des Herkunftsmitgliedstaats ausüben kann.

(28) Es müssen die Gläubiger geschützt werden, die mit dem Kreditinstitut vor der Anordnung einer Sanierungsmaßnahme oder der Eröffnung eines Liquidationsverfahrens in vertraglicher Beziehung standen, wenn das Recht des Herkunftsmitgliedstaats Vorschriften über die Nichtigkeit, Anfechtbarkeit oder relative Unwirksamkeit enthält und der Begünstigte der Rechtshandlung nachweisen kann, dass das für die Rechtshandlung maßgebliche Recht für diesen Fall keinen Rechtsbehelf gegen die betreffende Handlung vorsieht.

(29) Das Vertrauen von Dritterwerbern in den Inhalt von Registern oder Konten für bestimmte Vermögenswerte, die in diese Register oder Konten eingetragen sind, sowie generell das Vertrauen von Erwerbern unbeweglicher Gegenstände muss auch nach der Eröffnung des Liquidationsverfahrens oder der Anordnung einer Sanierungsmaßnahme geschützt werden. Dieses Vertrauen ist nur dadurch zu wahren, dass für die Wirksamkeit des Erwerbs das Recht des Belegenheitsstaats oder das Recht des Staates maßgeblich ist, unter dessen Aufsicht das Register oder Konto geführt wird.

(30) Für die Wirkungen der Sanierungsmaßnahmen oder des Liquidationsverfahrens auf einen anhängigen Rechtsstreit ist abweichend von der „lex concursus" das Recht des Mitgliedstaates maßgeblich, in dem der Rechtsstreit anhängig ist. Für die Wirkungen der Maßnahmen oder des Verfahrens auf Einzelvollstreckungsmaßnahmen im Zusammenhang mit diesen Rechtsstreitigkeiten ist gemäß der allgemeinen Vorschrift dieser Richtlinie das Recht des Herkunftsmitgliedstaats maßgeblich.

(31) Es sollte vorgesehen werden, dass die Behörden oder Gerichte des Herkunftsmitgliedstaats die zuständigen Behörden des Aufnahmemitgliedstaats unverzüglich – möglichst vor der Einleitung der betreffenden Maßnahme bzw. der Eröffnung des Verfahrens, ansonsten unmittelbar danach – von der Anordnung einer Sanierungsmaßnahme oder der Eröffnung eines Liquidationsverfahrens unterrichten.

(32) Das Berufsgeheimnis im Sinne des Artikels 30 der Richtlinie 2000/12/EG ist ein

---

[7] ABl. L 166 vom 11.6.1998, S. 45.

wesentlicher Bestandteil aller Unterrichtungs- und Konsultationsverfahren. Es muss daher von allen an diesen Verfahren beteiligten zuständigen Behörden gewahrt werden, wohingegen für die Gerichte in diesem Punkt die sie betreffenden nationalen Rechtsvorschriften maßgebend sind –
HABEN FOLGENDE RICHTLINIE ERLASSEN:

TITEL I. ANWENDUNGSBEREICH UND BEGRIFFSBESTIMMUNGEN

Artikel 1. Anwendungsbereich
(1) Diese Richtlinie findet Anwendung auf Kreditinstitute und deren in einem anderen Mitgliedstaat als ihrem Sitzmitgliedstaat errichtete Zweigstellen im Sinne von Artikel 1 Nummern 1 und 3 der Richtlinie 2000/12/EG vorbehaltlich der dort in Artikel 2 Absatz 3 vorgesehenen Voraussetzungen und Ausnahmen.
(2) Die Bestimmungen dieser Richtlinie, die die Zweigstellen eines Kreditinstituts mit Sitz außerhalb der Gemeinschaft betreffen, finden nur Anwendung, wenn in mindestens zwei Mitgliedstaaten der Gemeinschaft Zweigstellen dieses Kreditinstituts bestehen.

Artikel 2. Begriffsbestimmungen
Für die Zwecke dieser Richtlinie gelten folgende Begriffsbestimmungen:
– „Herkunftsmitgliedstaat" ist der Herkunftsmitgliedstaat im Sinne von Artikel 1 Nummer 6 der Richtlinie 2000/12/EG.
– „Aufnahmemitgliedstaat" ist der Aufnahmemitgliedstaat im Sinne von Artikel 1 Nummer 7 der Richtlinie 2000/12/EG.
– „Zweigstelle" ist eine Zweigstelle im Sinne von Artikel 1 Nummer 3 der Richtlinie 2000/12/EG.
– „Zuständige Behörden" sind die zuständigen Behörden im Sinne von Artikel 1 Nummer 4 der Richtlinie 2000/12/EG.
– „Verwalter" ist jede Person oder Stelle, die von den Behörden oder Gerichten zur Durchführung von Sanierungsmaßnahmen bestellt wird.
– „Behörden oder Gerichte" sind die Behörden oder Gerichte der Mitgliedstaaten, die für Sanierungsmaßnahmen oder Liquidationsverfahren zuständig sind.
– „Sanierungsmaßnahmen" sind Maßnahmen, mit denen die finanzielle Lage eines Kreditinstituts gesichert oder wiederhergestellt werden soll und die die bestehenden Rechte Dritter beeinträchtigen könnten, einschließlich der Maßnahmen, die eine Aussetzung der Zahlungen, eine Aussetzung der Vollstreckungsmaßnahmen oder eine Kürzung der Forderungen erlauben.
– „Liquidator" ist jede Person oder Stelle, die von den Behörden oder Gerichten zur Abwicklung eines Liquidationsverfahrens bestellt wird.
– „Liquidationsverfahren" ist ein von einer Behörde oder einem Gericht eines Mitgliedstaats eröffnetes und unter deren bzw. dessen Aufsicht durchgeführtes Gesamtverfahren mit dem Ziel, die Vermögenswerte unter Aufsicht der genannten Behörden oder Gerichte zu verwerten; dazu zählen auch Verfahren, die durch einen Vergleich oder eine ähnliche Maßnahme abgeschlossen werden.
– „Geregelter Markt" ist ein geregelter Markt im Sinne von Artikel 1 Nummer 13 der Richtlinie 93/22/EWG.
– „Instrumente" sind alle in Abschnitt B des Anhangs der Richtlinie 93/22/EWG genannten Instrumente.

TITEL II. SANIERUNGSMASSNAHMEN

A. Kreditinstitute mit Sitz in der Gemeinschaft

Artikel 3. Entscheidung über Sanierungsmaßnahmen – Anwendbares Recht
(1) Allein die Behörden oder Gerichte des Herkunftsmitgliedstaats sind befugt, über die Durchführung einer oder mehrerer Sanierungsmaßnahmen in einem Kreditinstitut, einschließlich seiner Zweigstellen in anderen Mitgliedstaaten, zu entscheiden.
(2) Die Sanierungsmaßnahmen werden gemäß den im Herkunftsmitgliedstaat geltenden Rechtsvorschriften und Verfahren durchgeführt, sofern diese Richtlinie nichts anderes bestimmt.
Sie sind nach den Rechtsvorschriften dieses Mitgliedstaats in der gesamten Gemeinschaft ohne weitere Formalität uneingeschränkt wirksam, und zwar auch gegenüber Dritten in anderen Mitgliedstaaten, selbst wenn nach den für diese geltenden Rechtsvorschriften des Aufnahmemitgliedstaats solche Maßnahmen nicht vorgesehen sind oder ihre Durchführung von Voraussetzungen abhängig gemacht wird, die nicht erfüllt sind.
Die Sanierungsmaßnahmen sind in der gesamten Gemeinschaft wirksam, sobald sie in dem Mitgliedstaat, in dem sie getroffen wurden, wirksam sind.

Artikel 4. Unterrichtung der zuständigen Behörden des Aufnahmemitgliedstaats
Die Behörden oder Gerichte des Herkunftsmitgliedstaats setzen die zuständigen Behörden des Aufnahmemitgliedstaats auf jedem möglichen Wege von ihrer Entscheidung, eine Sanierungsmaßnahme einzuleiten, sowie den etwaigen konkreten Wirkungen dieser Maßnahme unverzüglich – möglichst vor Einleitung dieser Maßnahme, ansonsten unmittelbar danach – in Kenntnis. Diese Unterrichtung erfolgt durch die zuständigen Behörden des Herkunftsmitgliedstaats.

Artikel 5. Unterrichtung der zuständigen Behörden des Herkunftsmitgliedstaats
Halten die Behörden oder Gerichte des Aufnahmemitgliedstaats die Durchführung einer oder mehrerer Sanierungsmaßnahmen in ihrem Hoheitsgebiet für notwendig, so setzen sie die zuständigen Behörden des Herkunftsmitgliedstaats davon in Kenntnis. Diese Unterrichtung erfolgt durch die zuständigen Behörden des Aufnahmemitgliedstaats.

Artikel 6. Öffentliche Bekanntmachung
(1) Kann die Durchführung der gemäß Artikel 3 Absätze 1 und 2 beschlossenen Sanierungsmaßnahmen die Rechte von Dritten in einem Aufnahmemitgliedstaat beeinträchtigen und können in dem Herkunftsmitgliedstaat Rechtsbehelfe gegen die Entscheidung, die diese Maßnahme anordnet, eingelegt werden, so veröffentlichen die Behörden oder Gerichte des Herkunftsmitgliedstaats, der Verwalter oder jede andere im Herkunftsmitgliedstaat dazu ermächtigte Person im Amtsblatt der Europäischen Gemeinschaften und in zwei überregionalen Zeitungen jedes Aufnahmemitgliedstaats einen Auszug aus der Entscheidung, um vor allem das rechtzeitige Einlegen der Rechtsbehelfe zu ermöglichen.
(2) Der in Absatz 1 genannte Auszug aus der Entscheidung ist so rasch wie möglich und auf dem geeignetsten Wege an das Amt für amtliche Veröffentlichungen

der Europäischen Gemeinschaften und an die zwei überregionalen Zeitungen jedes Aufnahmemitgliedstaats zu senden.
(3) Das Amt für amtliche Veröffentlichungen der Europäischen Gemeinschaften veröffentlicht den Auszug spätestens zwölf Tage nach seiner Versendung.
(4) In dem zu veröffentlichenden Auszug aus der Entscheidung sind in der Amtssprache oder den Amtssprachen der betroffenen Mitgliedstaaten insbesondere Gegenstand und Rechtsgrundlage der Entscheidung, die Rechtsbehelfsfristen, vor allem eine leicht verständliche Angabe des Zeitpunkts, zu dem diese Fristen enden, und die genauen Anschriften der Behörden oder des Gerichts anzugeben, von denen/dem die Rechtsbehelfe zu prüfen sind.
(5) Die Sanierungsmaßnahmen finden unabhängig von den in den Absätzen 1 bis 3 vorgesehenen Maßnahmen Anwendung und sind gegenüber den Gläubigern uneingeschränkt wirksam, sofern die Behörden oder Gerichte des Herkunftsmitgliedstaats oder dessen einschlägige Rechtsvorschriften nicht etwas anderes bestimmen.

Artikel 7. Pflicht zur Unterrichtung der bekannten Gläubiger und Recht auf Forderungsanmeldung
(1) Sehen die Rechtsvorschriften des Herkunftsmitgliedstaats vor, dass eine Forderung angemeldet werden muss, um anerkannt zu werden, oder dass die Maßnahme den Gläubigern, die ihren Wohnsitz, ihren gewöhnlichen Aufenthalt oder ihren Sitz in diesem Staat haben, mitgeteilt werden muss, so werden von den Behörden oder Gerichten des Herkunftsmitgliedstaats oder dem Verwalter außerdem die bekannten Gläubiger, die ihren Wohnsitz, ihren gewöhnlichen Aufenthalt oder ihren Sitz in anderen Mitgliedstaaten haben, nach den in Artikel 14 und Artikel 17 Absatz 1 vorgesehenen Modalitäten informiert.
(2) Steht den Gläubigern, die ihren Wohnsitz, ihren gewöhnlichen Aufenthalt oder ihren Sitz im Herkunftsmitgliedstaat haben, gemäß den Rechtsvorschriften dieses Staates das Recht zu, ihre Forderungen anzumelden oder zu erläutern, so können die Gläubiger, die ihren Wohnsitz, ihren gewöhnlichen Aufenthalt oder ihren Sitz in anderen Mitgliedstaaten haben, dieses Recht nach den in Artikel 16 und Artikel 17 Absatz 2 vorgesehenen Modalitäten ebenfalls in Anspruch nehmen.

B. Kreditinstitute mit Sitz außerhalb der Gemeinschaft

Artikel 8. Zweigstellen von Kreditinstituten dritter Länder
(1) Die Behörden oder Gerichte des Aufnahmemitgliedstaats einer Zweigstelle eines Kreditinstituts mit Sitz außerhalb der Gemeinschaft setzen die zuständigen Behörden der anderen Aufnahmemitgliedstaaten, in denen das Kreditinstitut Zweigstellen errichtet hat, die in der jährlich im Amtsblatt der Europäischen Gemeinschaften veröffentlichten Liste gemäß Artikel 11 der Richtlinie 2000/12/EG aufgeführt sind, auf jedem möglichen Wege von ihrer Entscheidung, eine Sanierungsmaßnahme einzuleiten, sowie den etwaigen konkreten Wirkungen dieser Maßnahme unverzüglich – möglichst vor Einleitung dieser Maßnahme, ansonsten unmittelbar danach – in Kenntnis. Diese Unterrichtung erfolgt durch die zuständigen Behörden des Aufnahmemitgliedstaats, dessen Behörden oder Gerichte die Maßnahme anordnen.
(2) Die Behörden oder Gerichte nach Absatz 1 bemühen sich um eine Abstimmung ihres Vorgehens.

TITEL III. LIQUIDATIONSVERFAHREN

A. Kreditinstitute mit Sitz in der Gemeinschaft

Artikel 9. Eröffnung eines Liquidationsverfahrens – Unterrichtung der anderen zuständigen Behörden
(1) Allein die für die Liquidation zuständigen Behörden oder Gerichte des Herkunftsmitgliedstaats sind befugt, über die Eröffnung eines Liquidationsverfahrens gegen ein Kreditinstitut, einschließlich seiner Zweigstellen in anderen Mitgliedstaaten, zu entscheiden.
Eine Entscheidung zur Eröffnung eines Liquidationsverfahrens durch die Behörde oder das Gericht des Herkunftsmitgliedstaats wird im Hoheitsgebiet aller anderen Mitgliedstaaten ohne weitere Formalität anerkannt und ist dort wirksam, sobald sie in dem Mitgliedstaat, in dem das Verfahren eröffnet wurde, wirksam wird.
(2) Die Behörden oder Gerichte des Herkunftsmitgliedstaats setzen die zuständigen Behörden des Aufnahmemitgliedstaats auf jedem möglichen Wege von ihrer Entscheidung, ein Liquidationsverfahren zu eröffnen, sowie den etwaigen konkreten Wirkungen dieses Verfahrens unverzüglich – möglichst vor Eröffnung dieses Verfahrens, ansonsten unmittelbar danach – in Kenntnis. Diese Unterrichtung erfolgt durch die zuständigen Behörden des Herkunftsmitgliedstaats.

Artikel 10. Anwendbares Recht
(1) Das Kreditinstitut wird nach den gesetzlichen Vorschriften, Regelungen und Verfahren des Herkunftsmitgliedstaats liquidiert, soweit diese Richtlinie nichts anderes bestimmt.
(2) Das Recht des Herkunftsmitgliedstaats regelt insbesondere,
a) welche Vermögenswerte zur Masse gehören und wie die nach der Verfahrenseröffnung von dem Kreditinstitut erworbenen Vermögenswerte zu behandeln sind,
b) die jeweiligen Befugnisse des Kreditinstituts und des Liquidators,
c) die Voraussetzungen für die Wirksamkeit einer Aufrechnung,
d) wie sich das Liquidationsverfahren auf laufende Verträge des Kreditinstituts auswirkt,
e) wie sich die Eröffnung eines Liquidationsverfahrens auf Rechtsverfolgungsmaßnahmen einzelner Gläubiger auswirkt; ausgenommen sind die Wirkungen auf anhängige Rechtsstreitigkeiten gemäß Artikel 32,
f) welche Forderungen gegen das Vermögen des Kreditinstituts anzumelden sind und wie Forderungen zu behandeln sind, die nach der Eröffnung des Liquidationsverfahrens entstehen,
g) die Anmeldung, die Prüfung und die Feststellung der Forderungen,
h) die Verteilung des Erlöses aus der Verwertung der Vermögenswerte, den Rang der Forderungen und die Rechte der Gläubiger, die nach der Eröffnung des Liquidationsverfahrens aufgrund eines dinglichen Rechts oder infolge einer Aufrechnung teilweise befriedigt wurden,
i) die Voraussetzungen und Wirkungen der Beendigung des Liquidationsverfahrens, insbesondere durch Vergleich,
j) die Rechte der Gläubiger nach der Beendigung des Liquidationsverfahrens,
k) wer die Kosten des Liquidationsverfahrens einschließlich der Auslagen zu tragen hat,

3. Richtlinie über Insolvenz von Kreditinstituten

l) welche Rechtshandlungen nichtig, anfechtbar oder relativ unwirksam sind, weil sie die Gesamtheit der Gläubiger benachteiligen.

Artikel 11. Anhörung der zuständigen Behörden vor einer freiwilligen Liquidation
(1) Die zuständigen Behörden des Herkunftsmitgliedstaats werden vor jeder Entscheidung der satzungsgemäßen Organe eines Kreditinstituts über eine freiwillige Liquidation in der am besten geeigneten Form gehört.
(2) Die freiwillige Liquidation eines Kreditinstituts steht der Einleitung einer Sanierungsmaßnahme oder der Eröffnung eines Liquidationsverfahrens nicht entgegen.

Artikel 12. Widerruf der Zulassung eines Kreditinstituts
(1) Wird gegen ein Kreditinstitut die Eröffnung des Liquidationsverfahrens beschlossen, ohne dass Sanierungsmaßnahmen getroffen wurden oder nachdem diese gescheitert sind, so wird die Zulassung dieses Kreditinstituts widerrufen; dabei ist insbesondere das Verfahren des Artikels 22 Absatz 9 der Richtlinie 2000/12/EG einzuhalten.
(2) Der Widerruf der Zulassung gemäß Absatz 1 hindert die mit der Liquidation beauftragte(n) Person(en) nicht daran, bestimmte Tätigkeiten des Kreditinstituts weiterzubetreiben, soweit dies für die Zwecke der Liquidation erforderlich oder angezeigt ist.
Der Herkunftsmitgliedstaat kann vorsehen, dass diese Tätigkeiten mit Zustimmung und unter Aufsicht seiner zuständigen Behörden betrieben werden.

Artikel 13. Öffentliche Bekanntmachung
Die Liquidatoren oder jede Behörde oder jedes Gericht veranlassen die Bekanntmachung der Entscheidung zur Eröffnung der Liquidation durch Veröffentlichung eines Auszugs aus der Entscheidung im Amtsblatt der Europäischen Gemeinschaften und in mindestens zwei überregionalen Zeitungen des jeweiligen Aufnahmemitgliedstaats.

Artikel 14. Unterrichtung der bekannten Gläubiger
(1) Wenn ein Liquidationsverfahren eröffnet wird, unterrichtet die Behörde oder das Gericht des Herkunftsmitgliedstaats oder der Liquidator unverzüglich und einzeln die bekannten Gläubiger, die ihren Wohnsitz, gewöhnlichen Aufenthalt oder Sitz in anderen Mitgliedstaaten haben, es sei denn, die Rechtsvorschriften des Herkunftsmitgliedstaats sehen nicht vor, dass eine Forderung angemeldet werden muss, um anerkannt zu werden.
(2) Die Unterrichtung erfolgt durch Übersendung eines Vermerks und gibt insbesondere an, welche Fristen einzuhalten sind, welches die Versäumnisfolgen sind, welche Stelle für die Entgegennahme der Anmeldung einer Forderung bzw. der Erläuterung einer Forderung zuständig ist und welche weiteren Maßnahmen vorgeschrieben sind. In diesem Vermerk ist auch anzugeben, ob die bevorrechtigten oder dinglich gesicherten Gläubiger ihre Forderungen anmelden müssen.

Artikel 15. Leistung
Wer an ein Kreditinstitut, das keine juristische Person ist und über dessen Vermögen in einem anderen Mitgliedstaat ein Liquidationsverfahren eröffnet worden ist,

leistet, obwohl er an den Liquidator dieses Verfahrens hätte leisten müssen, wird befreit, wenn ihm die Eröffnung des Verfahrens nicht bekannt war. Erfolgt die Leistung vor der öffentlichen Bekanntmachung nach Artikel 13, so wird bis zum Beweis des Gegenteils vermutet, dass dem Leistenden die Eröffnung nicht bekannt war. Erfolgt die Leistung nach der Bekanntmachung gemäß Artikel 13, so wird bis zum Beweis des Gegenteils vermutet, dass dem Leistenden die Eröffnung bekannt war.

Artikel 16. Recht auf Anmeldung von Forderungen
(1) Jeder Gläubiger, der seinen Wohnsitz, gewöhnlichen Aufenthalt oder Sitz in einem anderen Mitgliedstaat als dem Herkunftsmitgliedstaat hat, einschließlich öffentlich-rechtlicher Gläubiger in den Mitgliedstaaten, hat das Recht, seine Forderung anzumelden oder schriftlich zu erläutern.
(2) Die Forderungen aller Gläubiger, die ihren Wohnsitz, gewöhnlichen Aufenthalt oder Sitz in einem anderen Mitgliedstaat als dem Herkunftsmitgliedstaat haben, werden genauso behandelt und erhalten denselben Rang wie gleichwertige Forderungen, die von den Gläubigern angemeldet werden könnten, die ihren Wohnsitz, gewöhnlichen Aufenthalt oder Sitz im Herkunftsmitgliedstaat haben.
(3) Sofern das Recht des Herkunftsmitgliedstaats nicht eine Erläuterung der Forderung vorsieht, übersendet der Gläubiger eine Kopie der etwaigen Belege, teilt die Art, den Entstehungszeitpunkt und den Betrag der Forderung mit und gibt an, ob er für die Forderung ein Vorrecht, eine dingliche Sicherheit oder einen Eigentumsvorbehalt geltend macht und welche Vermögenswerte Gegenstand seiner Sicherheit sind.

Artikel 17. Sprachen
(1) Die Unterrichtung nach den Artikeln 13 und 14 erfolgt in der Amtssprache oder einer der Amtssprachen des Herkunftsmitgliedstaats. Hierfür ist ein Formblatt zu verwenden, das in sämtlichen Amtssprachen der Europäischen Union mit den Worten „Aufforderung zur Anmeldung einer Forderung. Fristen beachten!" oder, wenn das Recht des Herkunftsmitgliedstaats eine Erläuterung der Forderung vorsieht, mit den Worten „Aufforderung zur Erläuterung einer Forderung. Fristen beachten!" überschrieben ist.
(2) Jeder Gläubiger, der seinen Wohnsitz, gewöhnlichen Aufenthalt oder Sitz in einem anderen Mitgliedstaat als dem Herkunftsmitgliedstaat hat, kann seine Forderung in der Amtssprache oder einer der Amtssprachen dieses anderen Mitgliedstaats anmelden oder erläutern. In diesem Fall muss die Anmeldung (bzw. die Erläuterung) jedoch die Überschrift „Anmeldung einer Forderung" (bzw. „Erläuterung einer Forderung") in der Amtssprache oder einer der Amtssprachen des Herkunftsmitgliedstaats tragen. Ferner kann von dem Gläubiger eine Übersetzung der Anmeldung oder der Erläuterung in diese Amtssprache verlangt werden.

Artikel 18. Regelmäßige Unterrichtung der Gläubiger
Die Liquidatoren unterrichten die Gläubiger regelmäßig in geeigneter Form, insbesondere über den Fortgang der Liquidation.

B. Kreditinstitute mit Sitz außerhalb der Gemeinschaft

Artikel 19. Zweigstellen von Kreditinstituten dritter Länder
(1) Die Behörden oder Gerichte des Aufnahmemitgliedstaats einer Zweigstelle eines Kreditinstituts mit Sitz außerhalb der Gemeinschaft setzen die zuständigen Behörden der anderen Aufnahmemitgliedstaaten, in denen das Kreditinstitut Zweigstellen errichtet hat, die in der jährlich im Amtsblatt der Europäischen Gemeinschaften veröffentlichten Liste gemäß Artikel 11 der Richtlinie 2000/12/EG aufgeführt sind, auf jedem möglichen Wege von ihrer Entscheidung, ein Liquidationsverfahren zu eröffnen, sowie den etwaigen konkreten Wirkungen dieses Verfahrens unverzüglich – möglichst vor Eröffnung dieses Verfahrens, ansonsten unmittelbar danach – in Kenntnis. Diese Unterrichtung erfolgt durch die zuständigen Behörden des erstgenannten Aufnahmemitgliedstaats.
(2) Die Behörden oder Gerichte, die die Eröffnung eines Verfahrens zur Liquidation einer Zweigstelle eines Kreditinstituts mit Sitz außerhalb der Gemeinschaft beschließen, unterrichten die zuständigen Behörden der anderen Aufnahmemitgliedstaaten von der Eröffnung des Liquidationsverfahrens und vom Widerruf der Zulassung.
Die Unterrichtung erfolgt durch die zuständigen Behörden des Aufnahmemitgliedstaats, der die Verfahrenseröffnung beschlossen hat.
(3) Die Behörden oder Gerichte nach Absatz 1 bemühen sich um eine Abstimmung ihres Vorgehens.
Die gegebenenfalls bestellten Liquidatoren bemühen sich ebenfalls um eine Abstimmung ihres Vorgehens.

TITEL IV. GEMEINSAME VORSCHRIFTEN FÜR SANIERUNGSMASSNAHMEN UND LIQUIDATIONSVERFAHREN

Artikel 20. Wirkungen auf bestimmte Verträge und Rechte
Für die Wirkungen einer Sanierungsmaßnahme oder der Eröffnung eines Liquidationsverfahrens auf
a) Arbeitsverträge und Arbeitsverhältnisse ist ausschließlich das Recht des Mitgliedstaats maßgeblich, das auf den Arbeitsvertrag anzuwenden ist;
b) einen Vertrag, der zur Nutzung oder zum Erwerb eines unbeweglichen Gegenstands berechtigt, ist ausschließlich das Recht des Mitgliedstaats maßgeblich, in dessen Gebiet dieser Gegenstand belegen ist. Nach diesem Recht bestimmt sich, ob der Gegenstand ein beweglicher oder ein unbeweglicher Gegenstand ist;
c) Rechte an einem unbeweglichen Gegenstand, einem Schiff oder einem Luftfahrzeug, die der Eintragung in ein öffentliches Register unterliegen, ist ausschließlich das Recht des Mitgliedstaats maßgeblich, unter dessen Aufsicht das Register geführt wird.

Artikel 21. Dingliche Rechte Dritter
(1) Das dingliche Recht eines Gläubigers oder eines Dritten an körperlichen oder unkörperlichen, beweglichen oder unbeweglichen Gegenständen des Kreditinstituts – sowohl an bestimmten Gegenständen als auch an einer Mehrheit von nicht bestimmten Gegenständen mit wechselnder Zusammensetzung –, die sich zum Zeitpunkt der Einleitung von Sanierungsmaßnahmen oder der Eröffnung ei-

nes Liquidationsverfahrens im Gebiet eines anderen Mitgliedstaats befinden, wird von der Einleitung von Sanierungsmaßnahmen oder der Verfahrenseröffnung nicht berührt.
(2) Rechte im Sinne von Absatz 1 sind insbesondere
a) das Recht, den Gegenstand zu verwerten oder verwerten zu lassen und aus dem Erlös oder den Nutzungen dieses Gegenstands befriedigt zu werden, insbesondere aufgrund eines Pfandrechts oder einer Hypothek;
b) das ausschließliche Recht, eine Forderung einzuziehen, insbesondere aufgrund eines Pfandrechts an einer Forderung oder aufgrund einer Sicherheitsabtretung dieser Forderung;
c) das Recht, die Herausgabe des Gegenstands von jedermann zu verlangen, der diesen gegen den Willen des Berechtigten besitzt oder nutzt;
d) das dingliche Recht, die Früchte eines Gegenstands zu ziehen.
(3) Das in einem öffentlichen Register eingetragene und gegen jedermann wirksame Recht, ein dingliches Recht im Sinne von Absatz 1 zu erlangen, wird einem dinglichen Recht gleichgestellt.
(4) Absatz 1 steht der Geltendmachung der Nichtigkeit, Anfechtbarkeit oder relativen Unwirksamkeit einer Rechtshandlung nach Artikel 10 Absatz 2 Buchstabe l) nicht entgegen.

Artikel 22. Eigentumsvorbehalt

(1) Die Einleitung von Sanierungsmaßnahmen oder die Eröffnung eines Liquidationsverfahrens in Bezug auf ein Kreditinstitut, das eine Sache erwirbt, lässt die Rechte des Verkäufers aus einem Eigentumsvorbehalt unberührt, wenn sich diese Sache zum Zeitpunkt der Einleitung von Sanierungsmaßnahmen bzw. der Verfahrenseröffnung im Gebiet eines anderen Mitgliedstaats als des Staates befindet, in dem die Sanierungsmaßnahmen eingeleitet werden oder das Verfahren eröffnet wird.
(2) Die Einleitung von Sanierungsmaßnahmen oder die Eröffnung eines Liquidationsverfahrens in Bezug auf ein Kreditinstitut, das eine Sache verkauft, rechtfertigt, wenn deren Lieferung bereits erfolgt ist, nicht die Auflösung oder Beendigung des Kaufvertrags und steht dem Eigentumserwerb des Käufers nicht entgegen, wenn sich diese Sache zum Zeitpunkt der Einleitung von Sanierungsmaßnahmen oder der Verfahrenseröffnung im Gebiet eines anderen Mitgliedstaats als des Staates befindet, in dem die Sanierungsmaßnahmen eingeleitet werden oder das Verfahren eröffnet wird.
(3) Die Absätze 1 und 2 stehen der Geltendmachung der Nichtigkeit, Anfechtbarkeit oder relativen Unwirksamkeit einer Rechtshandlung nach Artikel 10 Absatz 2 Buchstabe l) nicht entgegen.

Artikel 23. Aufrechnung

(1) Die Befugnis eines Gläubigers, mit seiner Forderung gegen eine Forderung des Kreditinstituts aufzurechnen, wird von der Einleitung von Sanierungsmaßnahmen oder der Eröffnung eines Liquidationsverfahrens nicht berührt, wenn diese Aufrechnung nach dem für die Forderung des Kreditinstituts maßgeblichen Recht zulässig ist.
(2) Absatz 1 steht der Geltendmachung der Nichtigkeit, Anfechtbarkeit oder relativen Unwirksamkeit einer Rechtshandlung nach Artikel 10 Absatz 2 Buchstabe l) nicht entgegen.

3. Richtlinie über Insolvenz von Kreditinstituten

Artikel 24. Lex rei sitae
Für die Ausübung von Eigentumsrechten oder anderen Rechten an Instrumenten, deren Existenz oder Übertragung ihre Eintragung in ein in einem Mitgliedstaat geführtes Register oder Konto oder bei einer zentralen Verwahrstelle eines Mitgliedstaats voraussetzt, ist das Recht des Mitgliedstaats maßgeblich, in dem sich das Register, das Konto bzw. die zentrale Verwahrstelle befindet, in dem bzw. bei der die betreffenden Rechte eingetragen wurden.

Artikel 25. Aufrechnungs- und Schuldumwandlungsvereinbarungen
Für Aufrechnungs- und Schuldumwandlungsvereinbarungen („netting agreements") ist ausschließlich das Recht maßgeblich, das auf derartige Vereinbarungen anwendbar ist.

Artikel 26. Pensionsgeschäfte („Repurchase agreements")
Unbeschadet des Artikels 24 ist für Pensionsgeschäfte („repurchase agreements") ausschließlich das Recht maßgeblich, das auf derartige Vereinbarungen anwendbar ist.

Artikel 27. Geregelte Märkte
Unbeschadet des Artikels 24 ist für Transaktionen im Rahmen eines geregelten Marktes ausschließlich das Recht maßgeblich, das auf derartige Transaktionen anwendbar ist.

Artikel 28. Nachweis der Bestellung des Liquidators
(1) Die Bestellung eines Verwalters oder Liquidators wird durch eine beglaubigte Abschrift der Entscheidung, durch die er bestellt worden ist, oder durch eine andere von der Behörde oder dem Gericht des Herkunftsmitgliedstaats ausgestellte Bescheinigung nachgewiesen.
Es kann eine Übersetzung in die Amtssprache oder eine der Amtssprachen des Mitgliedstaats, in dessen Gebiet der Verwalter oder Liquidator handeln will, verlangt werden. Eine Legalisation oder entsprechende andere Förmlichkeit wird nicht verlangt.
(2) Die Verwalter und Liquidatoren dürfen im Hoheitsgebiet aller Mitgliedstaaten alle Befugnisse ausüben, die ihnen im Hoheitsgebiet des Herkunftsmitgliedstaats zustehen. Sie können außerdem Personen bestellen, deren Aufgabe es ist, sie bei der Abwicklung der Sanierungsmaßnahme oder des Liquidationsverfahrens zu unterstützen und gegebenenfalls zu vertreten, und zwar insbesondere in den Aufnahmemitgliedstaaten und vor allem zur leichteren Bewältigung etwaiger Schwierigkeiten, auf die die Gläubiger des Aufnahmemitgliedstaats stoßen.
(3) Bei der Ausübung seiner Befugnisse beachtet der Verwalter oder Liquidator das Recht der Mitgliedstaaten, in deren Hoheitsgebiet er tätig werden will, insbesondere hinsichtlich der Art und Weise der Verwertung von Vermögenswerten und der Unterrichtung der Arbeitnehmer. Diese Befugnisse dürfen nicht die Anwendung von Zwangsmitteln oder das Recht, über Rechtsstreitigkeiten oder andere Auseinandersetzungen zu befinden, einschließen.

Artikel 29. Eintragung in öffentliche Register
(1) Auf Antrag des Verwalters, des Liquidators oder jeder Behörde oder jedes Ge-

richts des Herkunftsmitgliedstaats ist eine Sanierungsmaßnahme oder die Eröffnung eines Liquidationsverfahrens in das Grundbuch, das Handelsregister und alle sonstigen öffentlichen Register in den übrigen Mitgliedstaaten einzutragen.
Jeder Mitgliedstaat kann jedoch die obligatorische Eintragung vorsehen. In diesem Fall hat die in Unterabsatz 1 genannte Person oder Behörde die für diese Eintragung erforderlichen Maßnahmen zu treffen.
(2) Die Kosten der Eintragung gelten als Kosten und Auslagen des Verfahrens.

Artikel 30. Benachteiligende Rechtshandlungen
(1) Artikel 10 findet keine Anwendung auf die Vorschriften über die Nichtigkeit, Anfechtbarkeit oder relative Unwirksamkeit von Rechtshandlungen, die die Gesamtheit der Gläubiger benachteiligen, wenn der von den Rechtshandlungen Begünstigte nachweist, dass
– für die Rechtshandlung, die die Gesamtheit der Gläubiger benachteiligt, das Recht eines anderen Mitgliedstaats als des Herkunftsmitgliedstaats maßgeblich ist und
– diese Rechtshandlung im vorliegenden Fall in keiner Weise nach diesem Recht angreifbar ist.
(2) Sieht eine von einem Gericht angeordnete Sanierungsmaßnahme Regeln für die Nichtigkeit, Anfechtbarkeit oder relative Unwirksamkeit von Rechtshandlungen vor, die die Gesamtheit der Gläubiger benachteiligen und vor Einleitung der Maßnahme vorgenommen wurden, so findet Artikel 3 Absatz 2 in den in Absatz 1 des vorliegenden Artikels vorgesehenen Fällen keine Anwendung.

Artikel 31. Schutz Dritter
Verfügt das Kreditinstitut durch eine nach der Einleitung einer Sanierungsmaßnahme oder der Eröffnung des Liquidationsverfahrens vorgenommene Rechtshandlung gegen Entgelt über
– einen unbeweglichen Gegenstand,
– ein Schiff oder ein Luftfahrzeug, das der Eintragung in ein öffentliches Register unterliegt, oder
– Instrumente oder Rechte an Instrumenten, deren Existenz oder Übertragung ihre Eintragung in ein in einem Mitgliedstaat geführtes Register oder Konto oder bei einer zentralen Verwahrstelle eines Mitgliedstaates voraussetzt,
so richtet sich die Wirksamkeit dieser Rechtshandlung nach dem Recht des Mitgliedstaates, in dessen Gebiet dieser unbewegliche Gegenstand gelegen ist oder unter dessen Aufsicht das Register, das Konto oder die Verwahrstelle steht.

Artikel 32. Anhängige Rechtsstreitigkeiten
Für die Wirkungen einer Sanierungsmaßnahme oder eines Liquidationsverfahrens auf einen anhängigen Rechtsstreit über einen Vermögensgegenstand oder ein Recht der Masse gilt ausschließlich das Recht des Mitgliedstaats, in dem der Rechtsstreit anhängig ist.

Artikel 33. Berufsgeheimnis
Alle Personen, die im Rahmen der in den Artikeln 4, 5, 8, 9, 11 und 19 vorgesehenen Unterrichtungs- oder Konsultationsverfahren zur Entgegennahme oder Erteilung von Informationen befugt sind, unterliegen dem Berufsgeheimnis entspre-

chend den Vorschriften und Bedingungen des Artikels 30 der Richtlinie 2000/12/EG; hiervon ausgenommen sind die Gerichte, auf die die geltenden nationalen Bestimmungen Anwendung finden.

TITEL V. SCHLUSSBESTIMMUNGEN

Artikel 34. Umsetzung
(1) Die Mitgliedstaaten setzen die erforderlichen Rechts- und Verwaltungsvorschriften in Kraft, um dieser Richtlinie zum 5. Mai 2004 (nachzukommen. Sie setzen die Kommission unverzüglich davon in Kenntnis.
Die gemäß dieser Richtlinie erlassenen einzelstaatlichen Bestimmungen gelten nur für Sanierungsmaßnahmen oder Liquidationsverfahren, die nach dem in Unterabsatz 1 genannten Zeitpunkt ergriffen oder eröffnet werden. Auf die vor diesem Zeitpunkt ergriffenen Maßnahmen oder eröffneten Verfahren findet weiterhin das Recht Anwendung, das zum Zeitpunkt der Ergreifung der Maßnahme oder der Verfahrenseröffnung für sie galt.
(2) Wenn die Mitgliedstaaten Vorschriften nach Absatz 1 erlassen, nehmen sie in den Vorschriften selbst oder durch einen Hinweis bei der amtlichen Veröffentlichung auf diese Richtlinie Bezug. Die Mitgliedstaaten regeln die Einzelheiten der Bezugnahme.
(3) Die Mitgliedstaaten teilen der Kommission den Wortlaut der wichtigsten innerstaatlichen Rechtsvorschriften mit, die sie auf dem unter diese Richtlinie fallenden Gebiet erlassen.

Artikel 35. Inkrafttreten
Diese Richtlinie tritt am Tag ihrer Veröffentlichung im Amtsblatt der Europäischen Gemeinschaften in Kraft.

Artikel 36. Adressaten
Diese Richtlinie ist an alle Mitgliedstaaten gerichtet.

VIII. Schlichtung

Empfehlung der Kommission vom 4. April 2001 über die Grundsätze für an der einvernehmlichen Beilegung von Verbraucherrechtsstreitigkeiten beteiligte außergerichtliche Einrichtungen
(bekannt gegeben unter Aktenzeichen K(2001) 1016)

Amtsblatt Nr. L 109 vom 19/04/2001 S. 56–61[1]

DIE KOMMISSION DER EUROPÄISCHEN GEMEINSCHAFTEN –
gestützt auf den Vertrag zur Gründung der Europäischen Gemeinschaft, insbesondere auf Artikel 211,
in Erwägung nachstehender Gründe:
(1) Im Interesse eines hohen Verbraucherschutzniveaus und zur Stärkung des Vertrauens der Verbraucher sollte die Gemeinschaft diesen einen einfachen und effektiven Zugang zum Rechtsschutz sichern und die frühzeitige Beilegung von verbraucherrechtlichen Streitigkeiten fördern und erleichtern.
(2) Angesichts der fortwährenden Entstehung neuer Formen des Handels, die auch für die Verbraucher von Bedeutung sind – wie beispielsweise des elektronischen Handels – und der voraussichtlichen Zunahme der grenzübergreifenden Geschäfte ist besonders auf die Stärkung des Vertrauens der Verbraucher zu achten, was insbesondere dadurch geschehen kann, dass ihnen ein einfacher Zugang zu praktikablen, effektiven und kostengünstigen Möglichkeiten der Rechtsdurchsetzung – einschließlich elektronischer Verfahren – gewährleistet wird. Im e-Europe-Aktionsplan, den der Europäische Rat auf seiner Tagung vom 19.–20. Juni 2000 in Feira verabschiedet hat, wird anerkannt, dass der elektronische Geschäftsverkehr in der EU nur dann in vollem Umfang genutzt werden kann, wenn das Vertrauen der Verbraucher in Zusammenarbeit mit Verbrauchergruppen, der Industrie und den Mitgliedstaaten durch Förderung ihres Zugangs zu alternativen Modellen der Streitbeilegung gestärkt wird.
(3) Am 30. März 1998 verabschiedete die Kommission die Empfehlung 98/257/EG betreffend die Grundsätze für Einrichtungen, die für die außergerichtliche Beilegung von Verbraucherrechtsstreitigkeiten zuständig sind[2]. Diese Empfehlung bezog sich jedoch nur auf Verfahren, die unabhängig von ihrer Bezeichnung durch die aktive Intervention eines Dritten, der eine Lösung vorschlägt oder vorschreibt, zu einer Beilegung der Streitigkeit führen, nicht aber auf Verfahren, bei denen lediglich versucht wird, die Parteien zusammenzubringen und sie zu veranlassen, eine einvernehmliche Lösung zu finden.
(4) In seiner Entschließung vom 25. Mai 2000 über ein gemeinschaftsweites Netz einzelstaatlicher Einrichtungen für die außergerichtliche Beilegung von Verbraucherrechtsstreitigkeiten[3] hat der Rat darauf hingewiesen, dass alternative Streitbeilegungsverfahren, die nicht in den Anwendungsbereich dieser Empfehlung fallen, eine nützliche Rolle für die

---

[1] Text von Bedeutung für EWR.
[2] Empfehlung der Kommission vom 30. März 1998 betreffend die Grundsätze für Einrichtungen, die für die außergerichtliche Beilegung von Verbraucherrechtsstreitigkeiten zuständig sind (ABl. L 115 vom 17.4.1998, S. 31).
[3] ABl. C 155 vom 6.6.2000, S. 1.

Verbraucher spielen, und die Kommission aufgefordert, in enger Zusammenarbeit mit den Mitgliedstaaten gemeinsame Kriterien für die Beurteilung dieser außergerichtlichen Einrichtungen zu entwickeln, die unter anderem die Qualität, die Fairness und die Wirksamkeit dieser Einrichtungen sicherstellen sollen. In der Entschließung heißt es insbesondere, dass die Mitgliedstaaten derartige Kriterien anwenden sollten, damit solche Einrichtungen oder Modelle in das Netzwerk aufgenommen werden könnten, auf das im Arbeitspapier der Kommission zur Schaffung eines Europäischen Netzes für die außergerichtliche Streitbeilegung (EEJ-Net) Bezug genommen wird[4].

(5) Nach Artikel 17 der Richtlinie 2000/31/EG des Europäischen Parlaments und des Rates vom 8. Juni 2000 über bestimmte rechtliche Aspekte der Dienste der Informationsgesellschaft, insbesondere des elektronischen Geschäftsverkehrs, im Binnenmarkt[5] sollen die Mitgliedstaaten sicherstellen, dass ihre Rechtsvorschriften die Inanspruchnahme der Verfahren zur außergerichtlichen Streitbeilegung, die das nationale Recht vorsieht, nicht erschweren.

(6) Der elektronische Geschäftsverkehr erleichtert den Abschluss von Geschäften zwischen Gewerbetreibenden und Verbrauchern über die staatlichen Grenzen hinweg. Bei solchen Geschäften geht es oft nur um geringe Beträge, so dass Streitigkeiten darüber unkompliziert, schnell und ohne hohe Kosten beigelegt werden müssen. Die neuen Technologien können zur Entwicklung elektronischer Systeme der Streitbeilegung beitragen und damit eine Möglichkeit der wirksamen Beilegung von Streitfällen über staatliche Grenzen hinweg bieten, ohne dass ein persönliches Zusammentreffen der Parteien erforderlich wäre. Solche Modelle sollten daher durch Ausarbeitung einschlägiger Grundsätze gefördert werden, die einheitliche und verlässliche Standards festlegen und so bei den Rechtssuchenden Vertrauen schaffen.

(7) Der Rat hat die Kommission in seinen Schlussfolgerungen vom 29. Mai 2000[6] aufgefordert, ein Grünbuch über alternative Verfahren zur Streitbeilegung im Zivil- und Handelsrecht auszuarbeiten und darin eine Bestandsaufnahme und Prüfung der gegenwärtigen Situation vorzunehmen, sowie eine umfassende Anhörung einzuleiten.

(8) Das Europäische Parlament hat sich in seiner Stellungnahme zum Vorschlag für eine Verordnung über die Zuständigkeit und die Anerkennung und Vollstreckung von Entscheidungen in Zivil- und Handelssachen[7] wegen des mit einer gerichtlichen Klage verbundenen hohen Kosten- und Zeitaufwands für einen umfassenden Rückgriff auf die außergerichtliche Streitbeilegung bei Verbrauchergeschäften ausgesprochen, und zwar insbesondere in Fällen, in denen die Parteien in verschiedenen Mitgliedstaaten wohnen. Der Rat und die Kommission haben in ihrer Erklärung zur Annahme dieser Verordnung hervorgehoben, dass es im Allgemeinen im Interesse der Verbraucher und der Unternehmen sei, Streitigkeiten vor der Anrufung eines Gerichts gütlich beizulegen, und nochmals darauf hingewiesen, wie wichtig es sei, sich weiterhin auf Gemeinschaftsebene mit alternativen Methoden der Streitbeilegung zu befassen.

(9) Die in dieser Empfehlung beschriebenen Grundsätze lassen die in der Empfehlung 98/257/EG aufgestellten Grundsätze unberührt, die in solchen außergerichtlichen Ver-

---

[4] SEK(2000) 405, abrufbar unter: http://europa.eu.int/comm/consumers/policy/developments/acce_just/acce_just06_de.pdf
[5] ABl. L 178 vom 17.7.2000, S. 1.
[6] SI(2000) 519.
[7] Stellungnahme vom 21.9.2000 zur Verordnung (EG) Nr. 44/2001 des Rates, ABl. L 12 vom 16.1.2001, S. 1.

fahren beachtet werden sollen, die unabhängig von ihrer Bezeichnung durch die aktive Intervention eines Dritten, der den Parteien eine Problemlösung – in aller Regel durch eine verbindliche oder unverbindliche formelle Entscheidung – vorschlägt oder vorschreibt, zu einer Beilegung der Streitigkeit führen. Die Grundsätze der vorliegenden Empfehlung sollten unabhängig von der Bezeichnung des betreffenden Streitbeilegungsverfahrens immer dann beachtet werden, wenn die Beilegung einer verbraucherrechtlichen Streitigkeit dadurch gefördert wird, dass ein Dritter die Parteien zusammenbringt und ihnen hilft, eine einvernehmliche Lösung zu finden, indem er diesen z. B. formlose Anregungen gibt und ihnen darlegt, welche Beilegungsmöglichkeiten zur Wahl stehen. Die Grundsätze gelten nur für Verfahren zur Beilegung verbraucherrechtlicher Streitigkeiten, die als Alternative zur gerichtlichen Streitbeilegung gedacht sind. Sie gelten somit nicht für solche Modelle, die vom Unternehmen selbst betrieben werden oder bei denen ein Dritter diese Aufgabe für das Unternehmen wahrnimmt, da dies in der Regel im Rahmen der üblichen Diskussionen zwischen den Parteien geschieht, die geführt werden, bevor ein echter Streitfall entsteht, der zur Anrufung einer unabhängigen Einrichtung für die außergerichtliche Streitbeilegung oder eines Gerichts führen könnte.

(10) Im Rahmen dieser Streitbeilegungsverfahren muss die Unparteilichkeit gewährleistet sein, damit alle Parteien davon überzeugt sind, dass es sich um ein faires Verfahren handelt. Unabhängig davon, ob eine Einzelperson oder mehrere Personen für das Verfahren verantwortlich sind, sollten angemessene Maßnahmen getroffen werden, damit gewährleistet ist, dass diese unparteilich sind und die Parteien angemessen informieren, so dass die Parteien von ihrer Unparteilichkeit und Kompetenz überzeugt sind und in voller Kenntnis der Sachlage entscheiden können, ob sie sich an dem Verfahren beteiligen wollen.

(11) Damit der Zugang beider Parteien zu den von ihnen benötigten Informationen gewährleistet ist, muss für die Transparenz des Verfahrens gesorgt sein. Die einvernehmliche Lösung, die die Parteien vereinbaren, sollte von der Einrichtung, die das Verfahren durchführt, festgehalten und den Parteien zur Verfügung gestellt werden, damit es nicht später zu Unklarheiten oder Missverständnissen kommt.

(12) Sollen diese Verfahren bei der Beilegung grenzübergreifender Streitfälle effektiver werden, so müssen sie leicht zugänglich und für beide Parteien unabhängig davon verfügbar sein, wo sich diese aufhalten. Deshalb sollten insbesondere elektronische Verfahren gefördert werden, die dies erleichtern.

(13) Derartige Verfahren können nur dann eine realistische Alternative zum Beschreiten des Rechtswegs sein, wenn sie so ausgestaltet sind, dass die damit verbundenen Probleme (Kosten, Dauer, komplizierter Ablauf und Vertretung) gelöst werden können. Zur Sicherung ihrer Effizienz sind Maßnahmen erforderlich, die vertretbare oder gar keine Kosten, einen leichteren Zugang, Effizienz, die Überwachung des Verfahrensfortgangs und die ständige Information der Parteien gewährleisten können.

(14) Gemäß Artikel 6 der Europäischen Menschenrechtskonvention ist das Recht auf gerichtliches Gehör ein Grundrecht. Wenn das Gemeinschaftsrecht den freien Waren- und Dienstleistungsverkehr im gemeinsamen Markt gewährleistet, so ist diesen Freiheiten der Grundsatz inhärent, dass die Wirtschaftsteilnehmer, also auch die Verbraucher, die Gerichte eines Mitgliedstaats ebenso wie die eigenen Staatsangehörigen dieses Staates anrufen können, wenn aus ihrer wirtschaftlichen Tätigkeit ein Rechtsstreit entsteht. Außergerichtliche Verfahren zur Beilegung von Verbraucherrechtsstreitigkeiten sollen gerichtliche Verfahren nicht ersetzen. Infolgedessen darf dem Verbraucher, der auf ein außergerichtliches Verfahren zurückgreift, nicht das Recht auf Anrufung der Gerichte verweigert wer-

den, es sei denn, er hat erst nach Entstehung eines konkreten Rechtsstreits in voller Kenntnis der Sachlage ausdrücklich darauf verzichtet.

(15) Ein faires Verfahren sollte dadurch gewährleistet werden, dass den Parteien erlaubt wird, alle erforderlichen und sachdienlichen Angaben zu machen. Je nach Ausgestaltung des Verfahrens sollten die Angaben, die von den Parteien gemacht werden, vertraulich behandelt werden, es sei denn, sie erklären sich ausdrücklich mit einer anderen Verfahrensweise einverstanden, oder es wird ein kontradiktorisches Verfahren durchgeführt, dessen Fairness jederzeit durch angemessene Maßnahmen sichergestellt sein sollte. Es sollten Maßnahmen vorgesehen werden, die eine Mitwirkung der Parteien am Verfahren fördern und die Feststellung ermöglichen, inwieweit sie mitwirken, was insbesondere dadurch geschehen kann, dass sie aufgefordert werden, etwaige für eine faire Streitbeilegung erforderliche Angaben zu machen.

(16) Bevor die Parteien einem angeregten Lösungsvorschlag zur Beilegung ihrer Streitigkeit zustimmen sollten sie eine hinreichend lange Bedenkzeit erhalten, um über die Einzelheiten sowie etwaige Bedingungen nachzudenken.

(17) Wenn sowohl die Fairness und Flexibilität dieser Verfahren als auch die freie Wahl der Verbraucher in Kenntnis aller Umstände gesichert sein sollen, müssen die Verbraucher klare und verständliche Informationen erhalten, so dass sie überlegen können, ob sie einer angeregten Lösung zustimmen, ob sie sich beraten lassen oder andere Möglichkeiten erwägen wollen.

(18) Die Kommission wird die Informationen, die sie von den Mitgliedstaaten im Hinblick auf die Anwendung derartiger Grundsätze durch außergerichtliche Einrichtungen erhält, die für die Beilegung von in den Anwendungsbereich dieser Empfehlung fallenden verbraucherrechtlichen Streitigkeiten zuständig sind, in das Europäische Netz für die außergerichtliche Streitbeilegung (EEJ-Net) aufnehmen.

(19) Schließlich ist unter diesen Umständen die Aufstellung von Grundsätzen für Einrichtungen, die Verfahren zur Beilegung verbraucherrechtlicher Streitigkeiten durchführen, auf die nicht die Grundsätze der Empfehlung 98/257/EG anwendbar sind, erforderlich, um in einem wesentlichen Bereich die von den Mitgliedstaaten ergriffenen Initiativen zu unterstützen und zu ergänzen, damit in Übereinstimmung mit Artikel 153 des Vertrags ein hohes Verbraucherschutzniveau erreicht werden kann. Diese Maßnahme geht nicht über das Maß dessen hinaus, was zur Gewährleistung des reibungslosen Ablaufs der Verfahren zur Beilegung verbraucherrechtlicher Streitigkeiten erforderlich ist. Sie ist deshalb mit dem Subsidiaritätsprinzip vereinbar –

EMPFIEHLT: Die Einhaltung der nachfolgenden, in Teil II aufgeführten Grundsätze seitens aller bereits existierenden oder in Zukunft zu schaffenden Einrichtungen, die außergerichtliche Verfahren zur Beilegung von Verbraucherrechtsstreitigkeiten durchführen, die in den in Teil I definierten Anwendungsbereich dieser Empfehlung fallen:

I. ANWENDUNGSBEREICH

1. Diese Empfehlung gilt für unabhängige Einrichtungen, die Verfahren zur außergerichtlichen Beilegung von Verbraucherrechtsstreitigkeiten durchführen, bei denen – unabhängig von ihrer Bezeichnung – versucht wird, eine Streitigkeit dadurch zu beenden, dass die Parteien zusammengebracht und dazu veranlasst werden, im gegenseitigen Einvernehmen eine Lösung zu finden.

2. Sie gilt nicht für Verbraucherbeschwerdeverfahren, die von Unternehmen betrieben werden und bei denen das Unternehmen unmittelbar mit dem Verbrau-

cher verhandelt, oder für Verfahren, die von oder im Auftrag eines Unternehmens durchgeführt werden.

II. GRUNDSÄTZE

A. Unparteilichkeit

Die Unparteilichkeit der Personen, die das Verfahren durchführen, sollte dadurch gewährleistet sein, dass
a) sie für eine bestimmte Zeit berufen werden und nicht ohne triftigen Grund ihres Amtes enthoben werden können;
b) ein vermeintlicher oder tatsächlicher Interessenkonflikt zwischen diesen Personen und einer der Parteien ausgeschlossen ist;
c) sie beide Parteien vor Beginn des Verfahrens über ihre Unparteilichkeit und Kompetenz informieren.

B. Transparenz

1. Die Transparenz des Verfahrens sollte gewährleistet sein.
2. Die Informationen über die einschlägigen Kontaktadressen, über den Zugang zum Verfahren und über dessen Funktionsweise, sollten den Parteien frühzeitig in verständlicher Sprache zugänglich sein, so dass sie diese bereits vor Einleitung eines Verfahrens abrufen und aufbewahren können.
3. Insbesondere sollten Informationen zugänglich gemacht werden über:
a) den Ablauf des Verfahrens, die Art der Streitigkeiten, die in diesem Verfahren beigelegt werden können, und sämtliche Einschränkungen hinsichtlich der Durchführbarkeit dieses Verfahrens;
b) die Vorschriften über die Voraussetzungen, die die Parteien erfüllen müssen, und die sonstigen Verfahrensvorschriften, insbesondere solche, die den Ablauf des Verfahrens und die Sprachen betreffen, in denen das Verfahren durchgeführt wird;
c) die Kosten, die gegebenenfalls von den Parteien zu tragen sind;
d) den Zeitplan für den Verfahrensablauf, insbesondere wenn die Dauer des Verfahrens von der Art des Rechtsstreits abhängt;
e) möglicherweise anwendbare materiellrechtliche Vorschriften (Rechtsvorschriften, anerkannte Industrie-Praxis, Billigkeitsgrundsätze, Verhaltenskodizes);
f) die Art des Beitrags, den dieses Verfahren zur Streitbeilegung leisten kann;
g) die Rechtswirkung einer einvernehmlichen Lösung für die Beilegung des Rechtsstreits.
4. Eine von den Parteien vereinbarte Lösung für die Beilegung der Streitigkeit sollte auf einem dauerhaften Datenträger unter klarer Bezeichnung der Bedingungen und Gründe, auf denen sie beruht, protokolliert werden. Dieses Protokoll sollte beiden Parteien zur Verfügung gestellt werden.
5. Angaben zur Erfolgsbilanz des Verfahrens sollten öffentlich zugänglich sein. Dazu gehören die Angaben zu
a) Anzahl und Art der eingegangenen Beschwerden sowie Ausgang der Verfahren;
b) Dauer des Verfahrens bis zu dem Zeitpunkt, zu dem der Beschwerde abgeholfen wird;
c) Probleme, die häufig Anlass zu Beschwerden geben;
d) Grad der Einhaltung einvernehmlicher Lösungen, sofern bekannt.

C. Effizienz

1. Die Effizienz des Verfahrens sollte gewährleistet sein.
2. Das Verfahren sollte für beide Parteien, z. B. auf elektronischem Weg, leicht zugänglich sein, und zwar unabhängig von deren Aufenthaltsort.
3. Das Verfahren sollte für Verbraucher entweder unentgeltlich sein oder es sollten nur moderate, dem Streitwert angemessene Kosten anfallen.
4. Die Parteien sollten das Verfahren in Anspruch nehmen können, ohne zur Einschaltung eines Prozessbevollmächtigten verpflichtet zu sein. Sie sollten jedoch nicht daran gehindert sein, sich in jedem Stadium des Verfahrens oder im gesamten Verfahren eines Dritten als Vertreter oder Beistand zu bedienen.
5. Das in einem Streitfall eingeleitete Verfahren sollte baldmöglichst und innerhalb einer der Art der Streitigkeit angemessenen Frist zum Abschluss kommen. Die für das Verfahren zuständige Einrichtung sollte regelmäßig den Fortgang überprüfen, damit eine zügige und angemessene Abwicklung der Streitigkeit der Parteien sichergestellt ist.
6. Das Verhalten der Parteien sollte einer Überwachung der für das Verfahren zuständigen Einrichtung unterliegen, damit gewährleistet ist, dass sie sich ernsthaft um eine ordnungsgemäße, faire und zeitige Lösung der Streitigkeit bemühen. Lässt das Verhalten einer Partei zu wünschen übrig, so sollten beide Parteien darüber informiert werden, damit sie prüfen können, ob sie das Verfahren der Streitbeilegung fortführen wollen. Einrichtung unterliegen, damit gewährleistet ist, dass sie sich ernsthaft um eine ordnungsgemäße.

D. Fairness

1. Die Fairness des Verfahrens sollte gewährleistet sein. Insbesondere sollten
a) die Parteien über ihr Recht informiert werden, sich nicht an dem Verfahren zu beteiligen oder sich jederzeit und in jedem Verfahrensabschnitt aus dem Verfahren zurückzuziehen und den Rechtsweg zu beschreiten oder sich zur Streitbeilegung an andere außergerichtliche Stellen zu wenden, wenn sie mit den Ergebnissen oder den Ablauf des Verfahrens nicht zufrieden sind;
b) beide Parteien alle für ihren Fall relevanten Argumente, Angaben oder Beweismittel frei, ungehindert und auf vertraulicher Basis der zuständigen Einrichtung unterbreiten können, es sei denn, die Parteien haben sich mit der Weitergabe dieser Informationen an die andere Partei einverstanden erklärt; werden von einem Dritten Lösungen zur Beilegung der Streitigkeit vorgeschlagen, so sollten beide Parteien Gelegenheit haben, ihren Standpunkt darzulegen, sowie sich zu sämtlichen Argumenten, Angaben oder Beweismitteln, die von der anderen Partei vorgelegt wurden, zu äußern;
c) beide Parteien dazu ermutigt werden, im Verfahren uneingeschränkt zusammenzuarbeiten, indem sie insbesondere sämtliche für eine faire Lösung des Rechtsstreits erforderlichen Angaben machen;
d) die Parteien, bevor sie einer angeregten Lösung zur Beilegung der Streitigkeit zustimmen, eine angemessene Bedenkzeit erhalten, um diese Lösung zu prüfen.
2. Bevor der Verbraucher einer angeregten Lösung zustimmt, sollte er in klarer und verständlicher Sprache über Folgendes informiert werden:
a) Es steht ihm frei, der angeregten Lösung zuzustimmen oder sie abzulehnen.
b) Die angeregte Lösung könnte für ihn ungünstiger sein als eine gerichtliche Entscheidung, die aufgrund der geltenden Rechtsvorschriften ergeht.

c) Er hat das Recht, sich von einem unabhängigen Dritten beraten zu lassen, bevor er der angeregten Lösung zustimmt oder sie ablehnt.
d) Er hat auch nach Durchführung dieses Verfahrens das Recht, sich mit seiner Beschwerde an eine andere, in den Anwendungsbereich der Empfehlung 98/257/EG fallende Stelle für die außergerichtliche Streitbeilegung zu wenden oder in seinem eigenen Land den Rechtsweg zu beschreiten.
e) Die Rechtswirkung einer einvernehmlichen Lösung.
DIESE EMPFEHLUNG:
richtet sich an die Mitgliedstaaten, soweit sie im Zusammenhang mit solchen Verfahren, die die Beilegung von Verbraucherstreitigkeiten erleichtern sollen, davon betroffen sind, sowie an alle natürlichen oder juristischen Personen, die für die Einführung oder die Durchführung solcher Verfahren verantwortlich sind.

Texts in English

I. Fundamental rights

Charter of fundamental rights of the European Union (2000/C 364/01)
Official Journal C 364, 18/12/2000 p. 01–22

PREAMBLE

The peoples of Europe, in creating an ever closer union among them, are resolved to share a peaceful future based on common values.

Conscious of its spiritual and moral heritage, the Union is founded on the indivisible, universal values of human dignity, freedom, equality and solidarity; it is based on the principles of democracy and the rule of law. It places the individual at the heart of its activities, by establishing the citizenship of the Union and by creating an area of freedom, security and justice.

The Union contributes to the preservation and to the development of these common values while respecting the diversity of the cultures and traditions of the peoples of Europe as well as the national identities of the Member States and the organisation of their public authorities at national, regional and local levels; it seeks to promote balanced and sustainable development and ensures free movement of persons, goods, services and capital, and the freedom of establishment.

To this end, it is necessary to strengthen the protection of fundamental rights in the light of changes in society, social progress and scientific and technological developments by making those rights more visible in a Charter.

This Charter reaffirms, with due regard for the powers and tasks of the Community and the Union and the principle of subsidiarity, the rights as they result, in particular, from the constitutional traditions and international obligations common to the Member States, the Treaty on European Union, the Community Treaties, the European Convention for the Protection of Human Rights and Fundamental Freedoms, the Social Charters adopted by the Community and by the Council of Europe and the case-law of the Court of Justice of the European Communities and of the European Court of Human Rights.

Enjoyment of these rights entails responsibilities and duties with regard to other persons, to the human community and to future generations.

The Union therefore recognises the rights, freedoms and principles set out hereafter.

CHAPTER I. DIGNITY

Article 1. Human dignity
Human dignity is inviolable. It must be respected and protected.

Article 2. Right to life
1. Everyone has the right to life.
2. No one shall be condemned to the death penalty, or executed.

Article 3. Right to the integrity of the person
1. Everyone has the right to respect for his or her physical and mental integrity.
2. In the fields of medicine and biology, the following must be respected in particular:
– the free and informed consent of the person concerned, according to the procedures laid down by law,
– the prohibition of eugenic practices, in particular those aiming at the selection of persons,
– the prohibition on making the human body and its parts as such a source of financial gain,
– the prohibition of the reproductive cloning of human beings.

Article 4. Prohibition of torture and inhuman or degrading treatment or punishment
No one shall be subjected to torture or to inhuman or degrading treatment or punishment.

Article 5. Prohibition of slavery and forced labour
1. No one shall be held in slavery or servitude.
2. No one shall be required to perform forced or compulsory labour.
3. Trafficking in human beings is prohibited.

CHAPTER II. FREEDOMS

Article 6. Right to liberty and security
Everyone has the right to liberty and security of person.

Article 7. Respect for private and family life
Everyone has the right to respect for his or her private and family life, home and communications.

Article 8. Protection of personal data
1. Everyone has the right to the protection of personal data concerning him or her.
2. Such data must be processed fairly for specified purposes and on the basis of the consent of the person concerned or some other legitimate basis laid down by law. Everyone has the right of access to data which has been collected concerning him or her, and the right to have it rectified.
3. Compliance with these rules shall be subject to control by an independent authority.

Article 9. Right to marry and right to found a family
The right to marry and the right to found a family shall be guaranteed in accordance with the national laws governing the exercise of these rights.

Article 10. Freedom of thought, conscience and religion
1. Everyone has the right to freedom of thought, conscience and religion. This right includes freedom to change religion or belief and freedom, either alone or in community with others and in public or in private, to manifest religion or belief, in worship, teaching, practice and observance.
2. The right to conscientious objection is recognised, in accordance with the national laws governing the exercise of this right.

Article 11. Freedom of expression and information
1. Everyone has the right to freedom of expression. This right shall include freedom to hold opinions and to receive and impart information and ideas without interference by public authority and regardless of frontiers.
2. The freedom and pluralism of the media shall be respected.

Article 12. Freedom of assembly and of association
1. Everyone has the right to freedom of peaceful assembly and to freedom of association at all levels, in particular in political, trade union and civic matters, which implies the right of everyone to form and to join trade unions for the protection of his or her interests.
2. Political parties at Union level contribute to expressing the political will of the citizens of the Union.

Article 13. Freedom of the arts and sciences
The arts and scientific research shall be free of constraint. Academic freedom shall be respected.

Article 14. Right to education
1. Everyone has the right to education and to have access to vocational and continuing training.
2. This right includes the possibility to receive free compulsory education.
3. The freedom to found educational establishments with due respect for democratic principles and the right of parents to ensure the education and teaching of their children in conformity with their religious, philosophical and pedagogical convictions shall be respected, in accordance with the national laws governing the exercise of such freedom and right.

Article 15. Freedom to choose an occupation and right to engage in work
1. Everyone has the right to engage in work and to pursue a freely chosen or accepted occupation.
2. Every citizen of the Union has the freedom to seek employment, to work, to exercise the right of establishment and to provide services in any Member State.
3. Nationals of third countries who are authorised to work in the territories of the Member States are entitled to working conditions equivalent to those of citizens of the Union.

Article 16. Freedom to conduct a business
The freedom to conduct a business in accordance with Community law and national laws and practices is recognised.

Article 17. Right to property
1. Everyone has the right to own, use, dispose of and bequeath his or her lawfully acquired possessions. No one may be deprived of his or her possessions, except in the public interest and in the cases and under the conditions provided for by law, subject to fair compensation being paid in good time for their loss. The use of property may be regulated by law in so far as is necessary for the general interest.
2. Intellectual property shall be protected.

Article 18. Right to asylum
The right to asylum shall be guaranteed with due respect for the rules of the Geneva Convention of 28 July 1951 and the Protocol of 31 January 1967 relating to the status of refugees and in accordance with the Treaty establishing the European Community.

Article 19. Protection in the event of removal, expulsion or extradition
1. Collective expulsions are prohibited.
2. No one may be removed, expelled or extradited to a State where there is a serious risk that he or she would be subjected to the death penalty, torture or other inhuman or degrading treatment or punishment.

CHAPTER III. EQUALITY

Article 20. Equality before the law
Everyone is equal before the law.

Article 21. Non-discrimination
1. Any discrimination based on any ground such as sex, race, colour, ethnic or social origin, genetic features, language, religion or belief, political or any other opinion, membership of a national minority, property, birth, disability, age or sexual orientation shall be prohibited.
2. Within the scope of application of the Treaty establishing the European Community and of the Treaty on European Union, and without prejudice to the special provisions of those Treaties, any discrimination on grounds of nationality shall be prohibited.

Article 22. Cultural, religious and linguistic diversity
The Union shall respect cultural, religious and linguistic diversity.

Article 23. Equality between men and women
Equality between men and women must be ensured in all areas, including employment, work and pay.
The principle of equality shall not prevent the maintenance or adoption of measures providing for specific advantages in favour of the under-represented sex.

Article 24. The rights of the child
1. Children shall have the right to such protection and care as is necessary for their well-being. They may express their views freely. Such views shall be taken into consideration on matters which concern them in accordance with their age and maturity.

2. In all actions relating to children, whether taken by public authorities or private institutions, the child's best interests must be a primary consideration.
3. Every child shall have the right to maintain on a regular basis a personal relationship and direct contact with both his or her parents, unless that is contrary to his or her interests.

Article 25. The rights of the elderly
The Union recognises and respects the rights of the elderly to lead a life of dignity and independence and to participate in social and cultural life.

Article 26. Integration of persons with disabilities
The Union recognises and respects the right of persons with disabilities to benefit from measures designed to ensure their independence, social and occupational integration and participation in the life of the community.

CHAPTER IV. SOLIDARITY

Article 27. Workers' right to information and consultation within the undertaking
Workers or their representatives must, at the appropriate levels, be guaranteed information and consultation in good time in the cases and under the conditions provided for by Community law and national laws and practices.

Article 28. Right of collective bargaining and action
Workers and employers, or their respective organisations, have, in accordance with Community law and national laws and practices, the right to negotiate and conclude collective agreements at the appropriate levels and, in cases of conflicts of interest, to take collective action to defend their interests, including strike action.

Article 29. Right of access to placement services
Everyone has the right of access to a free placement service.

Article 30. Protection in the event of unjustified dismissal
Every worker has the right to protection against unjustified dismissal, in accordance with Community law and national laws and practices.

Article 31. Fair and just working conditions
1. Every worker has the right to working conditions which respect his or her health, safety and dignity.
2. Every worker has the right to limitation of maximum working hours, to daily and weekly rest periods and to an annual period of paid leave.

Article 32. Prohibition of child labour and protection of young people at work
The employment of children is prohibited. The minimum age of admission to employment may not be lower than the minimum school-leaving age, without prejudice to such rules as may be more favourable to young people and except for limited derogations.
Young people admitted to work must have working conditions appropriate to their age and be protected against economic exploitation and any work likely to harm

their safety, health or physical, mental, moral or social development or to interfere with their education.

Article 33. Family and professional life
1. The family shall enjoy legal, economic and social protection.
2. To reconcile family and professional life, everyone shall have the right to protection from dismissal for a reason connected with maternity and the right to paid maternity leave and to parental leave following the birth or adoption of a child.

Article 34. Social security and social assistance
1. The Union recognises and respects the entitlement to social security benefits and social services providing protection in cases such as maternity, illness, industrial accidents, dependency or old age, and in the case of loss of employment, in accordance with the rules laid down by Community law and national laws and practices.
2. Everyone residing and moving legally within the European Union is entitled to social security benefits and social advantages in accordance with Community law and national laws and practices.
3. In order to combat social exclusion and poverty, the Union recognises and respects the right to social and housing assistance so as to ensure a decent existence for all those who lack sufficient resources, in accordance with the rules laid down by Community law and national laws and practices.

Article 35. Health care
Everyone has the right of access to preventive health care and the right to benefit from medical treatment under the conditions established by national laws and practices. A high level of human health protection shall be ensured in the definition and implementation of all Union policies and activities.

Article 36. Access to services of general economic interest
The Union recognises and respects access to services of general economic interest as provided for in national laws and practices, in accordance with the Treaty establishing the European Community, in order to promote the social and territorial cohesion of the Union.

Article 37. Environmental protection
A high level of environmental protection and the improvement of the quality of the environment must be integrated into the policies of the Union and ensured in accordance with the principle of sustainable development.

Article 38. Consumer protection
Union policies shall ensure a high level of consumer protection.

CHAPTER V. CITIZENS' RIGHTS

Article 39. Right to vote and to stand as a candidate at elections to the European Parliament
1. Every citizen of the Union has the right to vote and to stand as a candidate at

elections to the European Parliament in the Member State in which he or she resides, under the same conditions as nationals of that State.
2. Members of the European Parliament shall be elected by direct universal suffrage in a free and secret ballot.

Article 40. Right to vote and to stand as a candidate at municipal elections
Every citizen of the Union has the right to vote and to stand as a candidate at municipal elections in the Member State in which he or she resides under the same conditions as nationals of that State.

Article 41. Right to good administration
1. Every person has the right to have his or her affairs handled impartially, fairly and within a reasonable time by the institutions and bodies of the Union.
2. This right includes:
– the right of every person to be heard, before any individual measure which would affect him or her adversely is taken;
– the right of every person to have access to his or her file, while respecting the legitimate interests of confidentiality and of professional and business secrecy;
– the obligation of the administration to give reasons for its decisions.
3. Every person has the right to have the Community make good any damage caused by its institutions or by its servants in the performance of their duties, in accordance with the general principles common to the laws of the Member States.
4. Every person may write to the institutions of the Union in one of the languages of the Treaties and must have an answer in the same language.

Article 42. Right of access to documents
Any citizen of the Union, and any natural or legal person residing or having its registered office in a Member State, has a right of access to European Parliament, Council and Commission documents.

Article 43. Ombudsman
Any citizen of the Union and any natural or legal person residing or having its registered office in a Member State has the right to refer to the Ombudsman of the Union cases of maladministration in the activities of the Community institutions or bodies, with the exception of the Court of Justice and the Court of First Instance acting in their judicial role.

Article 44. Right to petition
Any citizen of the Union and any natural or legal person residing or having its registered office in a Member State has the right to petition the European Parliament.

Article 45. Freedom of movement and of residence
1. Every citizen of the Union has the right to move and reside freely within the territory of the Member States.
2. Freedom of movement and residence may be granted, in accordance with the Treaty establishing the European Community, to nationals of third countries legally resident in the territory of a Member State.

Article 46. Diplomatic and consular protection
Every citizen of the Union shall, in the territory of a third country in which the Member State of which he or she is a national is not represented, be entitled to protection by the diplomatic or consular authorities of any Member State, on the same conditions as the nationals of that Member State.

CHAPTER VI. JUSTICE

Article 47. Right to an effective remedy and to a fair trial
Everyone whose rights and freedoms guaranteed by the law of the Union are violated has the right to an effective remedy before a tribunal in compliance with the conditions laid down in this Article.

Everyone is entitled to a fair and public hearing within a reasonable time by an independent and impartial tribunal previously established by law. Everyone shall have the possibility of being advised, defended and represented.

Legal aid shall be made available to those who lack sufficient resources in so far as such aid is necessary to ensure effective access to justice.

Article 48. Presumption of innocence and right of defence
1. Everyone who has been charged shall be presumed innocent until proved guilty according to law.
2. Respect for the rights of the defence of anyone who has been charged shall be guaranteed.

Article 49. Principles of legality and proportionality of criminal offences and penalties
1. No one shall be held guilty of any criminal offence on account of any act or omission which did not constitute a criminal offence under national law or international law at the time when it was committed. Nor shall a heavier penalty be imposed than that which was applicable at the time the criminal offence was committed. If, subsequent to the commission of a criminal offence, the law provides for a lighter penalty, that penalty shall be applicable.
2. This Article shall not prejudice the trial and punishment of any person for any act or omission which, at the time when it was committed, was criminal according to the general principles recognised by the community of nations.
3. The severity of penalties must not be disproportionate to the criminal offence.

Article 50. Right not to be tried or punished twice in criminal proceedings for the same criminal offence
No one shall be liable to be tried or punished again in criminal proceedings for an offence for which he or she has already been finally acquitted or convicted within the Union in accordance with the law.

CHAPTER VII. GENERAL PROVISIONS

Article 51. Scope
1. The provisions of this Charter are addressed to the institutions and bodies of the Union with due regard for the principle of subsidiarity and to the Member

States only when they are implementing Union law. They shall therefore respect the rights, observe the principles and promote the application thereof in accordance with their respective powers.
2. This Charter does not establish any new power or task for the Community or the Union, or modify powers and tasks defined by the Treaties.

Article 52. Scope of guaranteed rights
1. Any limitation on the exercise of the rights and freedoms recognised by this Charter must be provided for by law and respect the essence of those rights and freedoms. Subject to the principle of proportionality, limitations may be made only if they are necessary and genuinely meet objectives of general interest recognised by the Union or the need to protect the rights and freedoms of others.
2. Rights recognised by this Charter which are based on the Community Treaties or the Treaty on European Union shall be exercised under the conditions and within the limits defined by those Treaties.
3. In so far as this Charter contains rights which correspond to rights guaranteed by the Convention for the Protection of Human Rights and Fundamental Freedoms, the meaning and scope of those rights shall be the same as those laid down by the said Convention. This provision shall not prevent Union law providing more extensive protection.

Article 53. Level of protection
Nothing in this Charter shall be interpreted as restricting or adversely affecting human rights and fundamental freedoms as recognised, in their respective fields of application, by Union law and international law and by international agreements to which the Union, the Community or all the Member States are party, including the European Convention for the Protection of Human Rights and Fundamental Freedoms, and by the Member States' constitutions.

Article 54. Prohibition of abuse of rights
Nothing in this Charter shall be interpreted as implying any right to engage in any activity or to perform any act aimed at the destruction of any of the rights and freedoms recognised in this Charter or at their limitation to a greater extent than is provided for herein.

II. Jurisdiction and recognition

1. Civil and commercial matters

a) Council Regulation of 22 December 2000 on jurisdiction and the recognition and enforcement of judgments in civil and commercial matters (No 44/2001/EC)

Official Journal No L 012, 16/01/2001 p. 1–23

THE COUNCIL OF THE EUROPEAN UNION,
Having regard to the Treaty establishing the European Community, and in particular Article 61(c) and Article 67(1) thereof,
Having regard to the proposal from the Commission[1],
Having regard to the opinion of the European Parliament[2],
Having regard to the opinion of the Economic and Social Committee[3],
Whereas:
(1) The Community has set itself the objective of maintaining and developing an area of freedom, security and justice, in which the free movement of persons is ensured. In order to establish progressively such an area, the Community should adopt, amongst other things, the measures relating to judicial cooperation in civil matters which are necessary for the sound operation of the internal market.
(2) Certain differences between national rules governing jurisdiction and recognition of judgments hamper the sound operation of the internal market. Provisions to unify the rules of conflict of jurisdiction in civil and commercial matters and to simplify the formalities with a view to rapid and simple recognition and enforcement of judgments from Member States bound by this Regulation are essential.
(3) This area is within the field of judicial cooperation in civil matters within the meaning of Article 65 of the Treaty.
(4) In accordance with the principles of subsidiarity and proportionality as set out in Article 5 of the Treaty, the objectives of this Regulation cannot be sufficiently achieved by the Member States and can therefore be better achieved by the Community. This Regulation confines itself to the minimum required in order to achieve those objectives and does not go beyond what is necessary for that purpose.
(5) On 27 September 1968 the Member States, acting under Article 293, fourth indent, of the Treaty, concluded the Brussels Convention on Jurisdiction and the Enforcement of Judgments in Civil and Commercial Matters, as amended by Conventions on the Accession of the New Member States to that Convention (hereinafter referred to as the "Brussels Convention")[4]. On 16 September 1988 Member States and EFTA States concluded the Luga-

---

[1] OJ C 376, 28.12.1999, p. 1.
[2] Opinion delivered on 21 September 2000 (not yet published in the Official Journal).
[3] OJ C 117, 26.4.2000, p. 6.
[4] OJ L 299, 31.12.1972, p. 32; OJ L 304, 30.10.1978, p. 1; OJ L 388, 31.12.1982, p. 1; OJ L 285, 3.10.1989, p. 1; OJ C 15, 15.1.1997, p. 1; For a consolidated text, see OJ C 27, 26.1.1998, p. 1.

no Convention on Jurisdiction and the Enforcement of Judgments in Civil and Commercial Matters, which is a parallel Convention to the 1968 Brussels Convention. Work has been undertaken for the revision of those Conventions, and the Council has approved the content of the revised texts. Continuity in the results achieved in that revision should be ensured.

(6) In order to attain the objective of free movement of judgments in civil and commercial matters, it is necessary and appropriate that the rules governing jurisdiction and the recognition and enforcement of judgments be governed by a Community legal instrument which is binding and directly applicable.

(7) The scope of this Regulation must cover all the main civil and commercial matters apart from certain well-defined matters.

(8) There must be a link between proceedings to which this Regulation applies and the territory of the Member States bound by this Regulation. Accordingly common rules on jurisdiction should, in principle, apply when the defendant is domiciled in one of those Member States.

(9) A defendant not domiciled in a Member State is in general subject to national rules of jurisdiction applicable in the territory of the Member State of the court seised, and a defendant domiciled in a Member State not bound by this Regulation must remain subject to the Brussels Convention.

(10) For the purposes of the free movement of judgments, judgments given in a Member State bound by this Regulation should be recognised and enforced in another Member State bound by this Regulation, even if the judgment debtor is domiciled in a third State.

(11) The rules of jurisdiction must be highly predictable and founded on the principle that jurisdiction is generally based on the defendant's domicile and jurisdiction must always be available on this ground save in a few well-defined situations in which the subject-matter of the litigation or the autonomy of the parties warrants a different linking factor. The domicile of a legal person must be defined autonomously so as to make the common rules more transparent and avoid conflicts of jurisdiction.

(12) In addition to the defendant's domicile, there should be alternative grounds of jurisdiction based on a close link between the court and the action or in order to facilitate the sound administration of justice.

(13) In relation to insurance, consumer contracts and employment, the weaker party should be protected by rules of jurisdiction more favourable to his interests than the general rules provide for.

(14) The autonomy of the parties to a contract, other than an insurance, consumer or employment contract, where only limited autonomy to determine the courts having jurisdiction is allowed, must be respected subject to the exclusive grounds of jurisdiction laid down in this Regulation.

(15) In the interests of the harmonious administration of justice it is necessary to minimise the possibility of concurrent proceedings and to ensure that irreconcilable judgments will not be given in two Member States. There must be a clear and effective mechanism for resolving cases of lis pendens and related actions and for obviating problems flowing from national differences as to the determination of the time when a case is regarded as pending. For the purposes of this Regulation that time should be defined autonomously.

(16) Mutual trust in the administration of justice in the Community justifies judgments given in a Member State being recognised automatically without the need for any procedure except in cases of dispute.

(17) By virtue of the same principle of mutual trust, the procedure for making enforceable in one Member State a judgment given in another must be efficient and rapid. To that

end, the declaration that a judgment is enforceable should be issued virtually automatically after purely formal checks of the documents supplied, without there being any possibility for the court to raise of its own motion any of the grounds for non-enforcement provided for by this Regulation.

(18) However, respect for the rights of the defence means that the defendant should be able to appeal in an adversarial procedure, against the declaration of enforceability, if he considers one of the grounds for non-enforcement to be present. Redress procedures should also be available to the claimant where his application for a declaration of enforceability has been rejected.

(19) Continuity between the Brussels Convention and this Regulation should be ensured, and transitional provisions should be laid down to that end. The same need for continuity applies as regards the interpretation of the Brussels Convention by the Court of Justice of the European Communities and the 1971 Protocol[5] should remain applicable also to cases already pending when this Regulation enters into force.

(20) The United Kingdom and Ireland, in accordance with Article 3 of the Protocol on the position of the United Kingdom and Ireland annexed to the Treaty on European Union and to the Treaty establishing the European Community, have given notice of their wish to take part in the adoption and application of this Regulation.

(21) Denmark, in accordance with Articles 1 and 2 of the Protocol on the position of Denmark annexed to the Treaty on European Union and to the Treaty establishing the European Community, is not participating in the adoption of this Regulation, and is therefore not bound by it nor subject to its application.

(22) Since the Brussels Convention remains in force in relations between Denmark and the Member States that are bound by this Regulation, both the Convention and the 1971 Protocol continue to apply between Denmark and the Member States bound by this Regulation.

(23) The Brussels Convention also continues to apply to the territories of the Member States which fall within the territorial scope of that Convention and which are excluded from this Regulation pursuant to Article 299 of the Treaty.

(24) Likewise for the sake of consistency, this Regulation should not affect rules governing jurisdiction and the recognition of judgments contained in specific Community instruments.

(25) Respect for international commitments entered into by the Member States means that this Regulation should not affect conventions relating to specific matters to which the Member States are parties.

(26) The necessary flexibility should be provided for in the basic rules of this Regulation in order to take account of the specific procedural rules of certain Member States. Certain provisions of the Protocol annexed to the Brussels Convention should accordingly be incorporated in this Regulation.

(27) In order to allow a harmonious transition in certain areas which were the subject of special provisions in the Protocol annexed to the Brussels Convention, this Regulation lays down, for a transitional period, provisions taking into consideration the specific situation in certain Member States.

---

[5] OJ L 204, 2.8.1975, p. 28; OJ L 304, 30.10.1978, p. 1; OJ L 388, 31.12.1982, p. 1; OJ L 285, 3.10.1989, p. 1; OJ C 15, 15.1.1997, p. 1; For a consolidated text see OJ C 27, 26.1.1998, p. 28.

(28) No later than five years after entry into force of this Regulation the Commission will present a report on its application and, if need be, submit proposals for adaptations.
(29) The Commission will have to adjust Annexes I to IV on the rules of national jurisdiction, the courts or competent authorities and redress procedures available on the basis of the amendments forwarded by the Member State concerned; amendments made to Annexes V and VI should be adopted in accordance with Council Decision 1999/468/EC of 28 June 1999 laying down the procedures for the exercise of implementing powers conferred on the Commission[6],
HAS ADOPTED THIS REGULATION:

CHAPTER I. SCOPE

Article 1
1. This Regulation shall apply in civil and commercial matters whatever the nature of the court or tribunal. It shall not extend, in particular, to revenue, customs or administrative matters.
2. The Regulation shall not apply to:
(a) the status or legal capacity of natural persons, rights in property arising out of a matrimonial relationship, wills and succession;
(b) bankruptcy, proceedings relating to the winding-up of insolvent companies or other legal persons, judicial arrangements, compositions and analogous proceedings;
(c) social security;
(d) arbitration.
3. In this Regulation, the term "Member State" shall mean Member States with the exception of Denmark.

CHAPTER II. JURISDICTION

Section 1. General provisions

Article 2
1. Subject to this Regulation, persons domiciled in a Member State shall, whatever their nationality, be sued in the courts of that Member State.
2. Persons who are not nationals of the Member State in which they are domiciled shall be governed by the rules of jurisdiction applicable to nationals of that State.

Article 3
1. Persons domiciled in a Member State may be sued in the courts of another Member State only by virtue of the rules set out in Sections 2 to 7 of this Chapter.
2. In particular the rules of national jurisdiction set out in Annex I shall not be applicable as against them.

Article 4
1. If the defendant is not domiciled in a Member State, the jurisdiction of the

---

[6] OJ L 184, 17.7.1999, p. 23.

1. a) Regulation 44/2001/EC

courts of each Member State shall, subject to Articles 22 and 23, be determined by the law of that Member State.

2. As against such a defendant, any person domiciled in a Member State may, whatever his nationality, avail himself in that State of the rules of jurisdiction there in force, and in particular those specified in Annex I, in the same way as the nationals of that State.

Section 2. Special jurisdiction

Article 5
A person domiciled in a Member State may, in another Member State, be sued:
1. (a) in matters relating to a contract, in the courts for the place of performance of the obligation in question;
(b) for the purpose of this provision and unless otherwise agreed, the place of performance of the obligation in question shall be:
– in the case of the sale of goods, the place in a Member State where, under the contract, the goods were delivered or should have been delivered,
– in the case of the provision of services, the place in a Member State where, under the contract, the services were provided or should have been provided,
(c) if subparagraph (b) does not apply then subparagraph (a) applies;
2. in matters relating to maintenance, in the courts for the place where the maintenance creditor is domiciled or habitually resident or, if the matter is ancillary to proceedings concerning the status of a person, in the court which, according to its own law, has jurisdiction to entertain those proceedings, unless that jurisdiction is based solely on the nationality of one of the parties;
3. in matters relating to tort, delict or quasi-delict, in the courts for the place where the harmful event occurred or may occur;
4. as regards a civil claim for damages or restitution which is based on an act giving rise to criminal proceedings, in the court seised of those proceedings, to the extent that that court has jurisdiction under its own law to entertain civil proceedings;
5. as regards a dispute arising out of the operations of a branch, agency or other establishment, in the courts for the place in which the branch, agency or other establishment is situated;
6. as settlor, trustee or beneficiary of a trust created by the operation of a statute, or by a written instrument, or created orally and evidenced in writing, in the courts of the Member State in which the trust is domiciled;
7. as regards a dispute concerning the payment of remuneration claimed in respect of the salvage of a cargo or freight, in the court under the authority of which the cargo or freight in question:
(a) has been arrested to secure such payment, or
(b) could have been so arrested, but bail or other security has been given;
provided that this provision shall apply only if it is claimed that the defendant has an interest in the cargo or freight or had such an interest at the time of salvage.

Article 6
A person domiciled in a Member State may also be sued:
1. where he is one of a number of defendants, in the courts for the place where any

one of them is domiciled, provided the claims are so closely connected that it is expedient to hear and determine them together to avoid the risk of irreconcilable judgments resulting from separate proceedings;

2. as a third party in an action on a warranty or guarantee or in any other third party proceedings, in the court seised of the original proceedings, unless these were instituted solely with the object of removing him from the jurisdiction of the court which would be competent in his case;

3. on a counter-claim arising from the same contract or facts on which the original claim was based, in the court in which the original claim is pending;

4. in matters relating to a contract, if the action may be combined with an action against the same defendant in matters relating to rights in rem in immovable property, in the court of the Member State in which the property is situated.

Article 7
Where by virtue of this Regulation a court of a Member State has jurisdiction in actions relating to liability from the use or operation of a ship, that court, or any other court substituted for this purpose by the internal law of that Member State, shall also have jurisdiction over claims for limitation of such liability.

Section 3. Jurisdiction in matters relating to insurance

Article 8
In matters relating to insurance, jurisdiction shall be determined by this Section, without prejudice to Article 4 and point 5 of Article 5.

Article 9
1. An insurer domiciled in a Member State may be sued:
(a) in the courts of the Member State where he is domiciled, or
(b) in another Member State, in the case of actions brought by the policyholder, the insured or a beneficiary, in the courts for the place where the plaintiff is domiciled,
(c) if he is a co-insurer, in the courts of a Member State in which proceedings are brought against the leading insurer.

2. An insurer who is not domiciled in a Member State but has a branch, agency or other establishment in one of the Member States shall, in disputes arising out of the operations of the branch, agency or establishment, be deemed to be domiciled in that Member State.

Article 10
In respect of liability insurance or insurance of immovable property, the insurer may in addition be sued in the courts for the place where the harmful event occurred. The same applies if movable and immovable property are covered by the same insurance policy and both are adversely affected by the same contingency.

Article 11
1. In respect of liability insurance, the insurer may also, if the law of the court permits it, be joined in proceedings which the injured party has brought against the insured.

2. Articles 8, 9 and 10 shall apply to actions brought by the injured party directly against the insurer, where such direct actions are permitted.
3. If the law governing such direct actions provides that the policyholder or the insured may be joined as a party to the action, the same court shall have jurisdiction over them.

Article 12
1. Without prejudice to Article 11(3), an insurer may bring proceedings only in the courts of the Member State in which the defendant is domiciled, irrespective of whether he is the policyholder, the insured or a beneficiary.
2. The provisions of this Section shall not affect the right to bring a counter-claim in the court in which, in accordance with this Section, the original claim is pending.

Article 13
The provisions of this Section may be departed from only by an agreement:
1. which is entered into after the dispute has arisen, or
2. which allows the policyholder, the insured or a beneficiary to bring proceedings in courts other than those indicated in this Section, or
3. which is concluded between a policyholder and an insurer, both of whom are at the time of conclusion of the contract domiciled or habitually resident in the same Member State, and which has the effect of conferring jurisdiction on the courts of that State even if the harmful event were to occur abroad, provided that such an agreement is not contrary to the law of that State, or
4. which is concluded with a policyholder who is not domiciled in a Member State, except in so far as the insurance is compulsory or relates to immovable property in a Member State, or
5. which relates to a contract of insurance in so far as it covers one or more of the risks set out in Article 14.

Article 14
The following are the risks referred to in Article 13(5):
1. any loss of or damage to:
(a) seagoing ships, installations situated offshore or on the high seas, or aircraft, arising from perils which relate to their use for commercial purposes;
(b) goods in transit other than passengers' baggage where the transit consists of or includes carriage by such ships or aircraft;
2. any liability, other than for bodily injury to passengers or loss of or damage to their baggage:
(a) arising out of the use or operation of ships, installations or aircraft as referred to in point 1(a) in so far as, in respect of the latter, the law of the Member State in which such aircraft are registered does not prohibit agreements on jurisdiction regarding insurance of such risks;
(b) for loss or damage caused by goods in transit as described in point 1(b);
3. any financial loss connected with the use or operation of ships, installations or aircraft as referred to in point 1(a), in particular loss of freight or charter-hire;
4. any risk or interest connected with any of those referred to in points 1 to 3;
5. notwithstanding points 1 to 4, all "large risks" as defined in Council Directive

73/239/EEC[7], as amended by Council Directives 88/357/EEC[8] and 90/618/EEC[9], as they may be amended.

Section 4. Jurisdiction over consumer contracts

Article 15

1. In matters relating to a contract concluded by a person, the consumer, for a purpose which can be regarded as being outside his trade or profession, jurisdiction shall be determined by this Section, without prejudice to Article 4 and point 5 of Article 5, if:
(a) it is a contract for the sale of goods on instalment credit terms; or
(b) it is a contract for a loan repayable by instalments, or for any other form of credit, made to finance the sale of goods; or
(c) in all other cases, the contract has been concluded with a person who pursues commercial or professional activities in the Member State of the consumer's domicile or, by any means, directs such activities to that Member State or to several States including that Member State, and the contract falls within the scope of such activities.
2. Where a consumer enters into a contract with a party who is not domiciled in the Member State but has a branch, agency or other establishment in one of the Member States, that party shall, in disputes arising out of the operations of the branch, agency or establishment, be deemed to be domiciled in that State.
3. This Section shall not apply to a contract of transport other than a contract which, for an inclusive price, provides for a combination of travel and accommodation.

Article 16

1. A consumer may bring proceedings against the other party to a contract either in the courts of the Member State in which that party is domiciled or in the courts for the place where the consumer is domiciled.
2. Proceedings may be brought against a consumer by the other party to the contract only in the courts of the Member State in which the consumer is domiciled.
3. This Article shall not affect the right to bring a counter-claim in the court in which, in accordance with this Section, the original claim is pending.

Article 17

The provisions of this Section may be departed from only by an agreement:
1. which is entered into after the dispute has arisen; or
2. which allows the consumer to bring proceedings in courts other than those indicated in this Section; or
3. which is entered into by the consumer and the other party to the contract, both of whom are at the time of conclusion of the contract domiciled or habitually resident in the same Member State, and which confers jurisdiction on the courts of

---

[7] OJ L 228, 16.8.1973, p. 3. Directive as last amended by Directive 2000/26/EC of the European Parliament and of the Council (OJ L 181, 20.7.2000, p. 65).
[8] OJ L 172, 4.7.1988, p. 1. Directive as last amended by Directive 2000/26/EC.
[9] OJ L 330, 29.11.1990, p. 44.

that Member State, provided that such an agreement is not contrary to the law of that Member State.

Section 5. Jurisdiction over individual contracts of employment

Article 18
1. In matters relating to individual contracts of employment, jurisdiction shall be determined by this Section, without prejudice to Article 4 and point 5 of Article 5.
2. Where an employee enters into an individual contract of employment with an employer who is not domiciled in a Member State but has a branch, agency or other establishment in one of the Member States, the employer shall, in disputes arising out of the operations of the branch, agency or establishment, be deemed to be domiciled in that Member State.

Article 19
An employer domiciled in a Member State may be sued:
1. in the courts of the Member State where he is domiciled; or
2. in another Member State:
(a) in the courts for the place where the employee habitually carries out his work or in the courts for the last place where he did so, or
(b) if the employee does not or did not habitually carry out his work in any one country, in the courts for the place where the business which engaged the employee is or was situated.

Article 20
1. An employer may bring proceedings only in the courts of the Member State in which the employee is domiciled.
2. The provisions of this Section shall not affect the right to bring a counter-claim in the court in which, in accordance with this Section, the original claim is pending.

Article 21
The provisions of this Section may be departed from only by an agreement on jurisdiction:
1. which is entered into after the dispute has arisen; or
2. which allows the employee to bring proceedings in courts other than those indicated in this Section.

Section 6. Exclusive jurisdiction

Article 22
The following courts shall have exclusive jurisdiction, regardless of domicile:
1. in proceedings which have as their object rights in rem in immovable property or tenancies of immovable property, the courts of the Member State in which the property is situated.
However, in proceedings which have as their object tenancies of immovable property concluded for temporary private use for a maximum period of six consecutive months, the courts of the Member State in which the defendant is domiciled shall

also have jurisdiction, provided that the tenant is a natural person and that the landlord and the tenant are domiciled in the same Member State;

2. in proceedings which have as their object the validity of the constitution, the nullity or the dissolution of companies or other legal persons or associations of natural or legal persons, or of the validity of the decisions of their organs, the courts of the Member State in which the company, legal person or association has its seat. In order to determine that seat, the court shall apply its rules of private international law;

3. in proceedings which have as their object the validity of entries in public registers, the courts of the Member State in which the register is kept;

4. in proceedings concerned with the registration or validity of patents, trade marks, designs, or other similar rights required to be deposited or registered, the courts of the Member State in which the deposit or registration has been applied for, has taken place or is under the terms of a Community instrument or an international convention deemed to have taken place.

Without prejudice to the jurisdiction of the European Patent Office under the Convention on the Grant of European Patents, signed at Munich on 5 October 1973, the courts of each Member State shall have exclusive jurisdiction, regardless of domicile, in proceedings concerned with the registration or validity of any European patent granted for that State;

5. in proceedings concerned with the enforcement of judgments, the courts of the Member State in which the judgment has been or is to be enforced.

Section 7. Prorogation of jurisdiction

Article 23

1. If the parties, one or more of whom is domiciled in a Member State, have agreed that a court or the courts of a Member State are to have jurisdiction to settle any disputes which have arisen or which may arise in connection with a particular legal relationship, that court or those courts shall have jurisdiction. Such jurisdiction shall be exclusive unless the parties have agreed otherwise. Such an agreement conferring jurisdiction shall be either:

(a) in writing or evidenced in writing; or

(b) in a form which accords with practices which the parties have established between themselves; or

(c) in international trade or commerce, in a form which accords with a usage of which the parties are or ought to have been aware and which in such trade or commerce is widely known to, and regularly observed by, parties to contracts of the type involved in the particular trade or commerce concerned.

2. Any communication by electronic means which provides a durable record of the agreement shall be equivalent to "writing".

3. Where such an agreement is concluded by parties, none of whom is domiciled in a Member State, the courts of other Member States shall have no jurisdiction over their disputes unless the court or courts chosen have declined jurisdiction.

4. The court or courts of a Member State on which a trust instrument has conferred jurisdiction shall have exclusive jurisdiction in any proceedings brought against a settlor, trustee or beneficiary, if relations between these persons or their rights or obligations under the trust are involved.

5. Agreements or provisions of a trust instrument conferring jurisdiction shall have no legal force if they are contrary to Articles 13, 17 or 21, or if the courts whose jurisdiction they purport to exclude have exclusive jurisdiction by virtue of Article 22.

Article 24
Apart from jurisdiction derived from other provisions of this Regulation, a court of a Member State before which a defendant enters an appearance shall have jurisdiction. This rule shall not apply where appearance was entered to contest the jurisdiction, or where another court has exclusive jurisdiction by virtue of Article 22.

Section 8. Examination as to jurisdiction and admissibility

Article 25
Where a court of a Member State is seised of a claim which is principally concerned with a matter over which the courts of another Member State have exclusive jurisdiction by virtue of Article 22, it shall declare of its own motion that it has no jurisdiction.

Article 26
1. Where a defendant domiciled in one Member State is sued in a court of another Member State and does not enter an appearance, the court shall declare of its own motion that it has no jurisdiction unless its jurisdiction is derived from the provisions of this Regulation.
2. The court shall stay the proceedings so long as it is not shown that the defendant has been able to receive the document instituting the proceedings or an equivalent document in sufficient time to enable him to arrange for his defence, or that all necessary steps have been taken to this end.
3. Article 19 of Council Regulation (EC) No 1348/2000 of 29 May 2000 on the service in the Member States of judicial and extrajudicial documents in civil or commercial matters[10] shall apply instead of the provisions of paragraph 2 if the document instituting the proceedings or an equivalent document had to be transmitted from one Member State to another pursuant to this Regulation.
4. Where the provisions of Regulation (EC) No 1348/2000 are not applicable, Article 15 of the Hague Convention of 15 November 1965 on the Service Abroad of Judicial and Extrajudicial Documents in Civil or Commercial Matters shall apply if the document instituting the proceedings or an equivalent document had to be transmitted pursuant to that Convention.

Section 9. Lis pendens – related actions

Article 27
1. Where proceedings involving the same cause of action and between the same parties are brought in the courts of different Member States, any court other than

---

[10] OJ L 160, 30.6.2000, p. 37.

the court first seised shall of its own motion stay its proceedings until such time as the jurisdiction of the court first seised is established.
2. Where the jurisdiction of the court first seised is established, any court other than the court first seised shall decline jurisdiction in favour of that court.

Article 28
1. Where related actions are pending in the courts of different Member States, any court other than the court first seised may stay its proceedings.
2. Where these actions are pending at first instance, any court other than the court first seised may also, on the application of one of the parties, decline jurisdiction if the court first seised has jurisdiction over the actions in question and its law permits the consolidation thereof.
3. For the purposes of this Article, actions are deemed to be related where they are so closely connected that it is expedient to hear and determine them together to avoid the risk of irreconcilable judgments resulting from separate proceedings.

Article 29
Where actions come within the exclusive jurisdiction of several courts, any court other than the court first seised shall decline jurisdiction in favour of that court.

Article 30
For the purposes of this Section, a court shall be deemed to be seised:
1. at the time when the document instituting the proceedings or an equivalent document is lodged with the court, provided that the plaintiff has not subsequently failed to take the steps he was required to take to have service effected on the defendant, or
2. if the document has to be served before being lodged with the court, at the time when it is received by the authority responsible for service, provided that the plaintiff has not subsequently failed to take the steps he was required to take to have the document lodged with the court.

Section 10. Provisional, including protective, measures

Article 31
Application may be made to the courts of a Member State for such provisional, including protective, measures as may be available under the law of that State, even if, under this Regulation, the courts of another Member State have jurisdiction as to the substance of the matter.

CHAPTER III. RECOGNITION AND ENFORCEMENT

Article 32
For the purposes of this Regulation, "judgment" means any judgment given by a court or tribunal of a Member State, whatever the judgment may be called, including a decree, order, decision or writ of execution, as well as the determination of costs or expenses by an officer of the court.

Section 1. Recognition

Article 33
1. A judgment given in a Member State shall be recognised in the other Member States without any special procedure being required.
2. Any interested party who raises the recognition of a judgment as the principal issue in a dispute may, in accordance with the procedures provided for in Sections 2 and 3 of this Chapter, apply for a decision that the judgment be recognised.
3. If the outcome of proceedings in a court of a Member State depends on the determination of an incidental question of recognition that court shall have jurisdiction over that question.

Article 34
A judgment shall not be recognised:
1. if such recognition is manifestly contrary to public policy in the Member State in which recognition is sought;
2. where it was given in default of appearance, if the defendant was not served with the document which instituted the proceedings or with an equivalent document in sufficient time and in such a way as to enable him to arrange for his defence, unless the defendant failed to commence proceedings to challenge the judgment when it was possible for him to do so;
3. if it is irreconcilable with a judgment given in a dispute between the same parties in the Member State in which recognition is sought;
4. if it is irreconcilable with an earlier judgment given in another Member State or in a third State involving the same cause of action and between the same parties, provided that the earlier judgment fulfils the conditions necessary for its recognition in the Member State addressed.

Article 35
1. Moreover, a judgment shall not be recognised if it conflicts with Sections 3, 4 or 6 of Chapter II, or in a case provided for in Article 72.
2. In its examination of the grounds of jurisdiction referred to in the foregoing paragraph, the court or authority applied to shall be bound by the findings of fact on which the court of the Member State of origin based its jurisdiction.
3. Subject to the paragraph 1, the jurisdiction of the court of the Member State of origin may not be reviewed. The test of public policy referred to in point 1 of Article 34 may not be applied to the rules relating to jurisdiction.

Article 36
Under no circumstances may a foreign judgment be reviewed as to its substance.

Article 37
1. A court of a Member State in which recognition is sought of a judgment given in another Member State may stay the proceedings if an ordinary appeal against the judgment has been lodged.
2. A court of a Member State in which recognition is sought of a judgment given in Ireland or the United Kingdom may stay the proceedings if enforcement is suspended in the State of origin, by reason of an appeal.

Section 2. Enforcement

Article 38
1. A judgment given in a Member State and enforceable in that State shall be enforced in another Member State when, on the application of any interested party, it has been declared enforceable there.
2. However, in the United Kingdom, such a judgment shall be enforced in England and Wales, in Scotland, or in Northern Ireland when, on the application of any interested party, it has been registered for enforcement in that part of the United Kingdom.

Article 39
1. The application shall be submitted to the court or competent authority indicated in the list in Annex II.
2. The local jurisdiction shall be determined by reference to the place of domicile of the party against whom enforcement is sought, or to the place of enforcement.

Article 40
1. The procedure for making the application shall be governed by the law of the Member State in which enforcement is sought.
2. The applicant must give an address for service of process within the area of jurisdiction of the court applied to. However, if the law of the Member State in which enforcement is sought does not provide for the furnishing of such an address, the applicant shall appoint a representative ad litem.
3. The documents referred to in Article 53 shall be attached to the application.

Article 41
The judgment shall be declared enforceable immediately on completion of the formalities in Article 53 without any review under Articles 34 and 35. The party against whom enforcement is sought shall not at this stage of the proceedings be entitled to make any submissions on the application.

Article 42
1. The decision on the application for a declaration of enforceability shall forthwith be brought to the notice of the applicant in accordance with the procedure laid down by the law of the Member State in which enforcement is sought.
2. The declaration of enforceability shall be served on the party against whom enforcement is sought, accompanied by the judgment, if not already served on that party.

Article 43
1. The decision on the application for a declaration of enforceability may be appealed against by either party.
2. The appeal is to be lodged with the court indicated in the list in Annex III.
3. The appeal shall be dealt with in accordance with the rules governing procedure in contradictory matters.
4. If the party against whom enforcement is sought fails to appear before the appellate court in proceedings concerning an appeal brought by the applicant, Arti-

cle 26(2) to (4) shall apply even where the party against whom enforcement is sought is not domiciled in any of the Member States.
5. An appeal against the declaration of enforceability is to be lodged within one month of service thereof. If the party against whom enforcement is sought is domiciled in a Member State other than that in which the declaration of enforceability was given, the time for appealing shall be two months and shall run from the date of service, either on him in person or at his residence. No extension of time may be granted on account of distance.

Article 44
The judgment given on the appeal may be contested only by the appeal referred to in Annex IV.

Article 45
1. The court with which an appeal is lodged under Article 43 or Article 44 shall refuse or revoke a declaration of enforceability only on one of the grounds specified in Articles 34 and 35. It shall give its decision without delay.
2. Under no circumstances may the foreign judgment be reviewed as to its substance.

Article 46
1. The court with which an appeal is lodged under Article 43 or Article 44 may, on the application of the party against whom enforcement is sought, stay the proceedings if an ordinary appeal has been lodged against the judgment in the Member State of origin or if the time for such an appeal has not yet expired; in the latter case, the court may specify the time within which such an appeal is to be lodged.
2. Where the judgment was given in Ireland or the United Kingdom, any form of appeal available in the Member State of origin shall be treated as an ordinary appeal for the purposes of paragraph 1.
3. The court may also make enforcement conditional on the provision of such security as it shall determine.

Article 47
1. When a judgment must be recognised in accordance with this Regulation, nothing shall prevent the applicant from availing himself of provisional, including protective, measures in accordance with the law of the Member State requested without a declaration of enforceability under Article 41 being required.
2. The declaration of enforceability shall carry with it the power to proceed to any protective measures.
3. During the time specified for an appeal pursuant to Article 43(5) against the declaration of enforceability and until any such appeal has been determined, no measures of enforcement may be taken other than protective measures against the property of the party against whom enforcement is sought.

Article 48
1. Where a foreign judgment has been given in respect of several matters and the declaration of enforceability cannot be given for all of them, the court or competent authority shall give it for one or more of them.

2. An applicant may request a declaration of enforceability limited to parts of a judgment.

Article 49
A foreign judgment which orders a periodic payment by way of a penalty shall be enforceable in the Member State in which enforcement is sought only if the amount of the payment has been finally determined by the courts of the Member State of origin.

Article 50
An applicant who, in the Member State of origin has benefited from complete or partial legal aid or exemption from costs or expenses, shall be entitled, in the procedure provided for in this Section, to benefit from the most favourable legal aid or the most extensive exemption from costs or expenses provided for by the law of the Member State addressed.

Article 51
No security, bond or deposit, however described, shall be required of a party who in one Member State applies for enforcement of a judgment given in another Member State on the ground that he is a foreign national or that he is not domiciled or resident in the State in which enforcement is sought.

Article 52
In proceedings for the issue of a declaration of enforceability, no charge, duty or fee calculated by reference to the value of the matter at issue may be levied in the Member State in which enforcement is sought.

Section 3. Common provisions

Article 53
1. A party seeking recognition or applying for a declaration of enforceability shall produce a copy of the judgment which satisfies the conditions necessary to establish its authenticity.
2. A party applying for a declaration of enforceability shall also produce the certificate referred to in Article 54, without prejudice to Article 55.

Article 54
The court or competent authority of a Member State where a judgment was given shall issue, at the request of any interested party, a certificate using the standard form in Annex V to this Regulation.

Article 55
1. If the certificate referred to in Article 54 is not produced, the court or competent authority may specify a time for its production or accept an equivalent document or, if it considers that it has sufficient information before it, dispense with its production.
2. If the court or competent authority so requires, a translation of the documents shall be produced. The translation shall be certified by a person qualified to do so in one of the Member States.

Article 56
No legalisation or other similar formality shall be required in respect of the documents referred to in Article 53 or Article 55(2), or in respect of a document appointing a representative ad litem.

CHAPTER IV. AUTHENTIC INSTRUMENTS AND COURT SETTLEMENTS

Article 57
1. A document which has been formally drawn up or registered as an authentic instrument and is enforceable in one Member State shall, in another Member State, be declared enforceable there, on application made in accordance with the procedures provided for in Articles 38, et seq. The court with which an appeal is lodged under Article 43 or Article 44 shall refuse or revoke a declaration of enforceability only if enforcement of the instrument is manifestly contrary to public policy in the Member State addressed.
2. Arrangements relating to maintenance obligations concluded with administrative authorities or authenticated by them shall also be regarded as authentic instruments within the meaning of paragraph 1.
3. The instrument produced must satisfy the conditions necessary to establish its authenticity in the Member State of origin.
4. Section 3 of Chapter III shall apply as appropriate. The competent authority of a Member State where an authentic instrument was drawn up or registered shall issue, at the request of any interested party, a certificate using the standard form in Annex VI to this Regulation.

Article 58
A settlement which has been approved by a court in the course of proceedings and is enforceable in the Member State in which it was concluded shall be enforceable in the State addressed under the same conditions as authentic instruments. The court or competent authority of a Member State where a court settlement was approved shall issue, at the request of any interested party, a certificate using the standard form in Annex V to this Regulation.

CHAPTER V. GENERAL PROVISIONS

Article 59
1. In order to determine whether a party is domiciled in the Member State whose courts are seised of a matter, the court shall apply its internal law.
2. If a party is not domiciled in the Member State whose courts are seised of the matter, then, in order to determine whether the party is domiciled in another Member State, the court shall apply the law of that Member State.

Article 60
1. For the purposes of this Regulation, a company or other legal person or association of natural or legal persons is domiciled at the place where it has its:
(a) statutory seat, or
(b) central administration, or
(c) principal place of business.

2. For the purposes of the United Kingdom and Ireland "statutory seat" means the registered office or, where there is no such office anywhere, the place of incorporation or, where there is no such place anywhere, the place under the law of which the formation took place.
3. In order to determine whether a trust is domiciled in the Member State whose courts are seised of the matter, the court shall apply its rules of private international law.

Article 61
Without prejudice to any more favourable provisions of national laws, persons domiciled in a Member State who are being prosecuted in the criminal courts of another Member State of which they are not nationals for an offence which was not intentionally committed may be defended by persons qualified to do so, even if they do not appear in person. However, the court seised of the matter may order appearance in person; in the case of failure to appear, a judgment given in the civil action without the person concerned having had the opportunity to arrange for his defence need not be recognised or enforced in the other Member States.

Article 62
In Sweden, in summary proceedings concerning orders to pay (betalningsföreläggande) and assistance (handräckning), the expression "court" includes the "Swedish enforcement service" (kronofogdemyndighet).

Article 63
1. A person domiciled in the territory of the Grand Duchy of Luxembourg and sued in the court of another Member State pursuant to Article 5(1) may refuse to submit to the jurisdiction of that court if the final place of delivery of the goods or provision of the services is in Luxembourg.
2. Where, under paragraph 1, the final place of delivery of the goods or provision of the services is in Luxembourg, any agreement conferring jurisdiction must, in order to be valid, be accepted in writing or evidenced in writing within the meaning of Article 23(1)(a).
3. The provisions of this Article shall not apply to contracts for the provision of financial services.
4. The provisions of this Article shall apply for a period of six years from entry into force of this Regulation.

Article 64
1. In proceedings involving a dispute between the master and a member of the crew of a seagoing ship registered in Greece or in Portugal, concerning remuneration or other conditions of service, a court in a Member State shall establish whether the diplomatic or consular officer responsible for the ship has been notified of the dispute. It may act as soon as that officer has been notified.
2. The provisions of this Article shall apply for a period of six years from entry into force of this Regulation.

Article 65
1. The jurisdiction specified in Article 6(2), and Article 11 in actions on a warranty of guarantee or in any other third party proceedings may not be resorted to in Germany and Austria. Any person domiciled in another Member State may be sued in the courts:
(a) of Germany, pursuant to Articles 68 and 72 to 74 of the Code of Civil Procedure (Zivilprozessordnung) concerning third-party notices,
(b) of Austria, pursuant to Article 21 of the Code of Civil Procedure (Zivilprozessordnung) concerning third-party notices.
2. Judgments given in other Member States by virtue of Article 6(2), or Article 11 shall be recognised and enforced in Germany and Austria in accordance with Chapter III. Any effects which judgments given in these States may have on third parties by application of the provisions in paragraph 1 shall also be recognised in the other Member States.

CHAPTER VI. TRANSITIONAL PROVISIONS

Article 66
1. This Regulation shall apply only to legal proceedings instituted and to documents formally drawn up or registered as authentic instruments after the entry into force thereof.
2. However, if the proceedings in the Member State of origin were instituted before the entry into force of this Regulation, judgments given after that date shall be recognised and enforced in accordance with Chapter III,
(a) if the proceedings in the Member State of origin were instituted after the entry into force of the Brussels or the Lugano Convention both in the Member State or origin and in the Member State addressed;
(b) in all other cases, if jurisdiction was founded upon rules which accorded with those provided for either in Chapter II or in a convention concluded between the Member State of origin and the Member State addressed which was in force when the proceedings were instituted.

CHAPTER VII. RELATIONS WITH OTHER INSTRUMENTS

Article 67
This Regulation shall not prejudice the application of provisions governing jurisdiction and the recognition and enforcement of judgments in specific matters which are contained in Community instruments or in national legislation harmonised pursuant to such instruments.

Article 68
1. This Regulation shall, as between the Member States, supersede the Brussels Convention, except as regards the territories of the Member States which fall within the territorial scope of that Convention and which are excluded from this Regulation pursuant to Article 299 of the Treaty.
2. In so far as this Regulation replaces the provisions of the Brussels Convention between Member States, any reference to the Convention shall be understood as a reference to this Regulation.

Article 69

Subject to Article 66(2) and Article 70, this Regulation shall, as between Member States, supersede the following conventions and treaty concluded between two or more of them:
– the Convention between Belgium and France on Jurisdiction and the Validity and Enforcement of Judgments, Arbitration Awards and Authentic Instruments, signed at Paris on 8 July 1899,
– the Convention between Belgium and the Netherlands on Jurisdiction, Bankruptcy, and the Validity and Enforcement of Judgments, Arbitration Awards and Authentic Instruments, signed at Brussels on 28 March 1925,
– the Convention between France and Italy on the Enforcement of Judgments in Civil and Commercial Matters, signed at Rome on 3 June 1930,
– the Convention between Germany and Italy on the Recognition and Enforcement of Judgments in Civil and Commercial Matters, signed at Rome on 9 March 1936,
– the Convention between Belgium and Austria on the Reciprocal Recognition and Enforcement of Judgments and Authentic Instruments relating to Maintenance Obligations, signed at Vienna on 25 October 1957,
– the Convention between Germany and Belgium on the Mutual Recognition and Enforcement of Judgments, Arbitration Awards and Authentic Instruments in Civil and Commercial Matters, signed at Bonn on 30 June 1958,
– the Convention between the Netherlands and Italy on the Recognition and Enforcement of Judgments in Civil and Commercial Matters, signed at Rome on 17 April 1959,
– the Convention between Germany and Austria on the Reciprocal Recognition and Enforcement of Judgments, Settlements and Authentic Instruments in Civil and Commercial Matters, signed at Vienna on 6 June 1959,
– the Convention between Belgium and Austria on the Reciprocal Recognition and Enforcement of Judgments, Arbitral Awards and Authentic Instruments in Civil and Commercial Matters, signed at Vienna on 16 June 1959,
– the Convention between Greece and Germany for the Reciprocal Recognition and Enforcement of Judgments, Settlements and Authentic Instruments in Civil and Commercial Matters, signed in Athens on 4 November 1961,
– the Convention between Belgium and Italy on the Recognition and Enforcement of Judgments and other Enforceable Instruments in Civil and Commercial Matters, signed at Rome on 6 April 1962,
– the Convention between the Netherlands and Germany on the Mutual Recognition and Enforcement of Judgments and Other Enforceable Instruments in Civil and Commercial Matters, signed at The Hague on 30 August 1962,
– the Convention between the Netherlands and Austria on the Reciprocal Recognition and Enforcement of Judgments and Authentic Instruments in Civil and Commercial Matters, signed at The Hague on 6 February 1963,
– the Convention between France and Austria on the Recognition and Enforcement of Judgments and Authentic Instruments in Civil and Commercial Matters, signed at Vienna on 15 July 1966,
– the Convention between Spain and France on the Recognition and Enforcement of Judgment Arbitration Awards in Civil and Commercial Matters, signed at Paris on 28 May 1969,

– the Convention between Luxembourg and Austria on the Recognition and Enforcement of Judgments and Authentic Instruments in Civil and Commercial Matters, signed at Luxembourg on 29 July 1971,
– the Convention between Italy and Austria on the Recognition and Enforcement of Judgments in Civil and Commercial Matters, of Judicial Settlements and of Authentic Instruments, signed at Rome on 16 November 1971,
– the Convention between Spain and Italy regarding Legal Aid and the Recognition and Enforcement of Judgments in Civil and Commercial Matters, signed at Madrid on 22 May 1973,
– the Convention between Finland, Iceland, Norway, Sweden and Denmark on the Recognition and Enforcement of Judgments in Civil Matters, signed at Copenhagen on 11 October 1977,
– the Convention between Austria and Sweden on the Recognition and Enforcement of Judgments in Civil Matters, signed at Stockholm on 16 September 1982,
– the Convention between Spain and the Federal Republic of Germany on the Recognition and Enforcement of Judgments, Settlements and Enforceable Authentic Instruments in Civil and Commercial Matters, signed at Bonn on 14 November 1983,
– the Convention between Austria and Spain on the Recognition and Enforcement of Judgments, Settlements and Enforceable Authentic Instruments in Civil and Commercial Matters, signed at Vienna on 17 February 1984,
– the Convention between Finland and Austria on the Recognition and Enforcement of Judgments in Civil Matters, signed at Vienna on 17 November 1986, and
– the Treaty between Belgium, the Netherlands and Luxembourg in Jurisdiction, Bankruptcy, and the Validity and Enforcement of Judgments, Arbitration Awards and Authentic Instruments, signed at Brussels on 24 November 1961, in so far as it is in force.

Article 70
1. The Treaty and the Conventions referred to in Article 69 shall continue to have effect in relation to matters to which this Regulation does not apply.
2. They shall continue to have effect in respect of judgments given and documents formally drawn up or registered as authentic instruments before the entry into force of this Regulation.

Article 71
1. This Regulation shall not affect any conventions to which the Member States are parties and which in relation to particular matters, govern jurisdiction or the recognition or enforcement of judgments.
2. With a view to its uniform interpretation, paragraph 1 shall be applied in the following manner:
(a) this Regulation shall not prevent a court of a Member State, which is a party to a convention on a particular matter, from assuming jurisdiction in accordance with that convention, even where the defendant is domiciled in another Member State which is not a party to that convention. The court hearing the action shall, in any event, apply Article 26 of this Regulation;
(b) judgments given in a Member State by a court in the exercise of jurisdiction provided for in a convention on a particular matter shall be recognised and enforced in the other Member States in accordance with this Regulation.

Where a convention on a particular matter to which both the Member State of origin and the Member State addressed are parties lays down conditions for the recognition or enforcement of judgments, those conditions shall apply. In any event, the provisions of this Regulation which concern the procedure for recognition and enforcement of judgments may be applied.

Article 72
This Regulation shall not affect agreements by which Member States undertook, prior to the entry into force of this Regulation pursuant to Article 59 of the Brussels Convention, not to recognise judgments given, in particular in other Contracting States to that Convention, against defendants domiciled or habitually resident in a third country where, in cases provided for in Article 4 of that Convention, the judgment could only be founded on a ground of jurisdiction specified in the second paragraph of Article 3 of that Convention.

CHAPTER VIII. FINAL PROVISIONS

Article 73
No later than five years after the entry into force of this Regulation, the Commission shall present to the European Parliament, the Council and the Economic and Social Committee a report on the application of this Regulation. The report shall be accompanied, if need be, by proposals for adaptations to this Regulation.

Article 74
1. The Member States shall notify the Commission of the texts amending the lists set out in Annexes I to IV. The Commission shall adapt the Annexes concerned accordingly.
2. The updating or technical adjustment of the forms, specimens of which appear in Annexes V and VI, shall be adopted in accordance with the advisory procedure referred to in Article 75(2).

Article 75
1. The Commission shall be assisted by a committee.
2. Where reference is made to this paragraph, Articles 3 and 7 of Decision 1999/468/EC shall apply.
3. The Committee shall adopt its rules of procedure.

Article 76
This Regulation shall enter into force on 1 March 2002.
This Regulation is binding in its entirety and directly applicable in the Member States in accordance with the Treaty establishing the European Community.

ANNEX I

Rules of jurisdiction referred to in Article 3(2) and Article 4(2)

The rules of jurisdiction referred to in Article 3(2) and Article 4(2) are the following:

- in Belgium: Article 15 of the Civil Code (Code civil/Burgerlijk Wetboek) and Article 638 of the Judicial Code (Code judiciaire/Gerechtelijk Wetboek);
- in Germany: Article 23 of the Code of Civil Procedure (Zivilprozessordnung),
- in Greece, Article 40 of the Code of Civil Procedure (Κώδικας Πολιτικής Δικονομίας);
- in France: Articles 14 and 15 of the Civil Code (Code civil),
- in Ireland: the rules which enable jurisdiction to be founded on the document instituting the proceedings having been served on the defendant during his temporary presence in Ireland,
- in Italy: Articles 3 and 4 of Act 218 of 31 May 1995,
- in Luxembourg: Articles 14 and 15 of the Civil Code (Code civil),
- in the Netherlands: Articles 126(3) and 127 of the Code of Civil Procedure (Wetboek van Burgerlijke Rechtsvordering),
- in Austria: Article 99 of the Court Jurisdiction Act (Jurisdiktionsnorm),
- in Portugal: Articles 65 and 65A of the Code of Civil Procedure (Código de Processo Civil) and Article 11 of the Code of Labour Procedure (Código de Processo de Trabalho),
- in Finland: the second, third and fourth sentences of the first paragraph of Section 1 of Chapter 10 of the Code of Judicial Procedure (oikeudenkäymiskaari/rättegångsbalken),
- in Sweden: the first sentence of the first paragraph of Section 3 of Chapter 10 of the Code of Judicial Procedure (rättegångsbalken),
- in the United Kingdom: rules which enable jurisdiction to be founded on:
(a) the document instituting the proceedings having been served on the defendant during his temporary presence in the United Kingdom; or
(b) the presence within the United Kingdom of property belonging to the defendant; or
(c) the seizure by the plaintiff of property situated in the United Kingdom.

ANNEX II

The courts or competent authorities to which the application referred to in Article 39 may be submitted are the following:
- in Belgium, the "tribunal de première instance" or "rechtbank van eerste aanleg" or "erstinstanzliches Gericht",
- in Germany, the presiding judge of a chamber of the "Landgericht",
- in Greece, the "Μονομελές Πρωτοδικείο",
- in Spain, the "Juzgado de Primera Instancia",
- in France, the presiding judge of the "tribunal de grande instance",
- in Ireland, the High Court,
- in Italy, the "Corte d'appello",
- in Luxembourg, the presiding judge of the "tribunal d'arrondissement",
- in the Netherlands, the presiding judge of the "arrondissementsrechtbank";
- in Austria, the "Bezirksgericht",
- in Portugal, the "Tribunal de Comarca",
- in Finland, the "käräjäoikeus/tingsrätt",
- in Sweden, the "Svea hovrätt",
- in the United Kingdom:

(a) in England and Wales, the High Court of Justice, or in the case of a maintenance judgment, the Magistrate's Court on transmission by the Secretary of State;
(b) in Scotland, the Court of Session, or in the case of a maintenance judgment, the Sheriff Court on transmission by the Secretary of State;
(c) in Northern Ireland, the High Court of Justice, or in the case of a maintenance judgment, the Magistrate's Court on transmission by the Secretary of State;
(d) in Gibraltar, the Supreme Court of Gibraltar, or in the case of a maintenance judgment, the Magistrates' Court on transmission by the Attorney General of Gibraltar.

ANNEX III

The courts with which appeals referred to in Article 43(2) may be lodged are the following:
– in Belgium,
(a) as regards appeal by the defendant: the "tribunal de première instance" or "rechtbank van eerste aanleg" or "erstinstanzliches Gericht",
(b) as regards appeal by the applicant: the "Cour d'appel" or "hof van beroep",
– in the Federal Republic of Germany, the "Oberlandesgericht",
– in Greece, the "εφετείο",
– in Spain, the "Audiencia Provincial",
– in France, the "cour d'appel",
– in Ireland, the High Court,
– in Italy, the "corte d'appello",
– in Luxembourg, the "Cour supérieure de Justice" sitting as a court of civil appeal,
– in the Netherlands:
(a) for the defendant: the "arrondissementsrechtbank",
(b) for the applicant: the "gerechtshof",
– in Austria, the "Bezirksgericht",
– in Portugal, the "Tribunal de Relação",
– in Finland, the "hovioikeus/hovrätt",
– in Sweden, the "Svea hovrätt",
– in the United Kingdom:
(a) in England and Wales, the High Court of Justice, or in the case of a maintenance judgment, the Magistrate's Court;
(b) in Scotland, the Court of Session, or in the case of a maintenance judgment, the Sheriff Court;
(c) in Northern Ireland, the High Court of Justice, or in the case of a maintenance judgment, the Magistrate's Court;
(d) in Gibraltar, the Supreme Court of Gibraltar, or in the case of a maintenance judgment, the Magistrates' Court.

ANNEX IV

The appeals which may be lodged pursuant to Article 44 are the following
– in Belgium, Greece, Spain, France, Italy, Luxembourg and the Netherlands, an appeal in cassation,
– in Germany, a "Rechtsbeschwerde",

1. a) *Regulation 44/2001/EC*

- in Ireland, an appeal on a point of law to the Supreme Court,
- in Austria, a "Revisionsrekurs",
- in Portugal, an appeal on a point of law,
- in Finland, an appeal to the "korkein oikeus/högsta domstolen",
- in Sweden, an appeal to the "Högsta domstolen",
- in the United Kingdom, a single further appeal on a point of law.

ANNEX V

Certificate referred to in Articles 54 and 58 of the Regulation on judgments and court settlements

(English, inglés, anglais, inglese, ...)

1. Member State of origin
2. Court or competent authority issuing the certificate
   2.1. Name
   2.2. Address
   2.3. Tel./fax/e-mail
3. Court which delivered the judgment/approved the court settlement
   3.1. Type of court
   3.2. Place of court
4. Judgment/court settlement
   4.1. Date
   4.2. Reference number
   4.3. The parties to the judgment/court settlement
      4.3.1. Name(s) of plaintiff(s)
      4.3.2. Name(s) of defendant(s)
      4.3.3. Name(s) of other party(ies), if any
   4.4. Date of service of the document instituting the proceedings where judgment was given in default of appearance
   4.5. Text of the judgment/court settlement as annexed to this certificate

5. Names of parties to whom legal aid has been granted

The judgment/court settlement is enforceable in the Member State of origin (Articles 38 and 58 of the Regulation) against:
Name:

Done at:
Date:
Signature and/or stamp:

ANNEX VI

Certificate referred to in Article 57(4) of the Regulation on authentic instruments

(English, inglés, anglais, inglese ....)

1. Member State of origin
2. Competent authority issuing the certificate
   2.1. Name
   2.2. Address
   2.3. Tel./fax/e-mail
3. Authority which has given authenticity to the instrument
   3.1. Authority involved in the drawing up of the authentic instrument (if applicable)
      3.1.1. Name and designation of authority
      3.1.2. Place of authority
   3.2. Authority which has registered the authentic instrument (if applicable)
      3.2.1. Type of authority
      3.2.2. Place of authority
4. Authentic instrument
   4.1. Description of the instrument
   4.2. Date
      4.2.1. on which the instrument was drawn up
      4.2.2. if different: on which the instrument was registered
   4.3. Reference number
   4.4. Parties to the instrument
      4.4.1. Name of the creditor
      4.4.2. Name of the debtor
5. Text of the enforceable obligation as annexed to this certificate

The authentic instrument is enforceable against the debtor in the Member State of origin (Article 57(1) of the Regulation)

Done at:
Date:
Signature and/or stamp:

b) Brussels Convention of 27 September 1968 on jurisdiction and the enforcement of judgments in civil and commercial matters (consolidated version)[1]

Official Journal No C 27, 26/01/1998 p. 1–27

PREAMBLE[2]

THE HIGH CONTRACTING PARTIES TO THE TREATY ESTABLISHING THE EUROPEAN ECONOMIC COMMUNITY,

DESIRING to implement the provisions of Article 220 of that Treaty by virtue of which they undertook to secure the simplification of formalities governing the reciprocal recognition and enforcement of judgments of courts or tribunals;

ANXIOUS to strengthen in the Community the legal protection of persons therein established;

CONSIDERING that it is necessary for this purpose to determine the international jurisdiction of their courts, to facilitate recognition and to introduce an expeditious procedure for securing the enforcement of judgments, authentic instruments and court settlements;

HAVE DECIDED to conclude this Convention and to this end have designated as their Plenipotentiaries: [Plenipotentiaries designated by the Member States]

WHO, meeting within the Council, having exchanged their full powers, found in good and due form,

HAVE AGREED AS FOLLOWS:

TITLE I. SCOPE

Article 1

This Convention shall apply in civil and commercial matters whatever the nature of the court or tribunal. It shall not extend, in particular, to revenue, customs or administrative matters[3].

The Convention shall not apply to:

1. the status or legal capacity of natural persons, rights in property arising out of a matrimonial relationship, wills and succession;

---

[1] Text as amended by the Convention of 9 October 1978 on the accession of the Kingdom of Denmark, Ireland and the United Kingdom of Great Britain and Northern Ireland – hereafter referred to as the '1978 Accession Convention' – by the Convention of 25 October 1982 on the accession of the Hellenic Republic – hereafter referred to as the '1982 Accession Convention' – and by the Convention of 26 May 1989 on the accession of the Kingdom of Spain and the Portuguese Republic – hereafter referred to as the '1989 Accession Convention', and by the Convention of 29 November 1996 on the accession of the Republic of Austria, the Republic of Finland and the Kingdom of Sweden, hereinafter referred to as the '1996 Accession Convention'.

[2] The Preamble of the 1989 Accession Convention contained the following text:
'MINDFUL that on 16 September 1988 the Member States of the Community and the Member States of the European Free Trade Association concluded in Lugano the Convention on jurisdiction and the enforcement of judgments in civil and commercial matters, which extends the principles of the Brussels Convention to the States becoming parties to that Convention'.

[3] Second sentence added by Article 3 of the 1978 Accession Convention.

2. bankruptcy, proceedings relating to the winding-up of insolvent companies or other legal persons, judicial arrangements, compositions and analogous proceedings;
3. social security;
4. arbitration.

TITLE II. JURISDICTION

Section 1. General provisions

Article 2
Subject to the provisions of this Convention, persons domiciled in a Contracting State shall, whatever their nationality, be sued in the courts of that State.
Persons who are not nationals of the State in which they are domiciled shall be governed by the rules of jurisdiction applicable to nationals of that State.

Article 3
Persons domiciled in a Contracting State may be sued in the courts of another Contracting State only by virtue of the rules set out in Sections 2 to 6 of this Title. In particular the following provisions shall not be applicable as against them:
– in Belgium: Article 15 of the civil code (Code civil – Burgerlijk Wetboek) and Article 638 of the judicial code (Code judiciaire – Gerechtelijk Wetboek),
– in Denmark: Article 246 (2) and (3) of the law on civil procedure (Lov om rettens pleje)[4],
– in the Federal Republic of Germany: Article 23 of the code of civil procedure (Zivilprozessordnung),
– in Greece, Article 40 of the code of civil procedure (Κώδικας Πολιτικής Δικονομίας),
– in France: Articles 14 and 15 of the civil code (Code civil),
– in Ireland: the rules which enable jurisdiction to be founded on the document instituting the proceedings having been served on the defendant during his temporary presence in Ireland,
– in Italy: Articles 2 and 4, Nos 1 and 2 of the code of civil procedure (Codice di procedura civile),
– in Luxembourg: Articles 14 and 15 of the civil code (Code civil),
– in Austria: Article 99 of the Law on Court Jurisdiction (Jurisdiktionsnorm),
– in the Netherlands: Articles 126 (3) and 127 of the code of civil procedure (Wetboek van Burgerlijke Rechtsvordering),
– in Portugal: Article 65 (1)(c), Article 65 (2) and Article 65A(c) of the code of civil procedure (Código de Processo Civil) and Article 11 of the code of labour procedure (Código de Processo de Trabalho),
– in Finland: the second, third and fourth sentences of the first paragraph of Section 1 of Chapter 10 of the Code of Judicial Procedure (oikeudenkäymiskaari/ rättegångsbalken),

---

[4] As amended by a communication of 8 February 1988 made in accordance with Article VI of the annexed Protocol, and confirmed by Annex 1(d)(1) to the 1989 Accession Convention.

– in Sweden: the first sentence of the first paragraph of Section 3 of Chapter 10 of the Code of Judicial Procedure (rättegångsbalken),
– in the United Kingdom: the rules which enable jurisdiction to be founded on:
(a) the document instituting the proceedings having been served on the defendant during his temporary presence in the United Kingdom; or
(b) the presence within the United Kingdom of property belonging to the defendant; or
(c) the seizure by the plaintiff of property situated in the United Kingdom[5].

Article 4
If the defendant is not domiciled in a Contracting State, the jurisdiction of the courts of each Contracting State shall, subject to the provisions of Article 16, be determined by the law of that State.
As against such a defendant, any person domiciled in a Contracting State may, whatever his nationality, avail himself in that State of the rules of jurisdiction there in force, and in particular those specified in the second paragraph of Article 3, in the same way as the nationals of that State.

Section 2. Special jurisdiction

Article 5
A person domiciled in a Contracting State may, in another Contracting State, be sued:
1. in matters relating to a contract, in the courts for the place of performance of the obligation in question; in matters relating to individual contracts of employment, this place is that where the employee habitually carries out his work, or if the employee does not habitually carry out his work in any one country, the employer may also be sued in the courts for the place where the business which engaged the employee was or is now situated[6];
2. in matters relating to maintenance, in the courts for the place where the maintenance creditor is domiciled or habitually resident or, if the matter is ancillary to proceedings concerning the status of a person, in the court which, according to its own law, has jurisdiction to entertain those proceedings, unless that jurisdiction is based solely on the nationality of one of the parties[7];
3. in matters relating to tort, delict or quasi-delict, in the courts for the place where the harmful event occurred;
4. as regards a civil claim for damages or restitution which is based on an act giving rise to criminal proceedings, in the court seised of those proceedings, to the extent that that court has jurisdiction under its own law to entertain civil proceedings;
5. as regards a dispute arising out of the operations of a branch, agency or other establishment, in the courts for the place in which the branch, agency or other establishment is situated;

---

[5] Second subparagraph as amended by Article 4 of the 1978 Accession Convention, by Article 3 of the 1982 Accession Convention, by Article 3 of the 1989 Accession Convention and by Article 2 of the 1996 Accession Convention.
[6] Point 1 as amended by Article 4 of the 1989 Accession Convention.
[7] Point 2 as amended by Article 5 (3) of the 1978 Accession Convention.

6. as settlor, trustee or beneficiary of a trust created by the operation of a statute, or by a written instrument, or created orally and evidenced in writing, in the courts of the Contracting State in which the trust is domiciled[8];
7. as regards a dispute concerning the payment of remuneration claimed in respect of the salvage of a cargo or freight, in the court under the authority of which the cargo or freight in question:
(a) has been arrested to secure such payment, or
(b) could have been so arrested, but bail or other security has been given;
provided that this provision shall apply only if it is claimed that the defendant has an interest in the cargo or freight or had such an interest at the time of salvage[9].

Article 6
A person domiciled in a Contracting State may also be sued:
1. where he is one of a number of defendants, in the courts for the place where any one of them is domiciled;
2. as a third party in an action on a warranty or guarantee or in any other third party proceedings, in the court seised of the original proceedings, unless these were instituted solely with the object of removing him from the jurisdiction of the court which would be competent in his case;
3. on a counter-claim arising from the same contract or facts on which the original claim was based, in the court in which the original claim is pending;
4. in matters relating to a contract, if the action may be combined with an action against the same defendant in matters relating to rights in rem in immovable property, in the court of the Contracting State in which the property is situated[10].

Article 6a[11]
Where by virtue of this Convention a court of a Contracting State has jurisdiction in actions relating to liability from the use or operation of a ship, that court, or any other court substituted for this purpose by the internal law of that State, shall also have jurisdiction over claims for limitation of such liability.

Section 3. Jurisdiction in matters relating to insurance

Article 7
In matters relating to insurance, jurisdiction shall be determined by this Section, without prejudice to the provisions of Articles 4 and 5 point 5.

Article 8[12]
An insurer domiciled in a Contracting State may be sued:
1. in the courts of the State where he is domiciled, or
2. in another Contracting State, in the courts for the place where the policy-holder is domiciled, or

---

[8] Point 6 added by Article 5 (4) of the 1978 Accession Convention.
[9] Point 7 added by Article 5 (4) of the 1978 Accession Convention.
[10] Point 4 added by Article 5 of the 1989 Accession Convention.
[11] Article added by Article 6 of the 1978 Accession Convention.
[12] Text as amended by Article 7 of the 1978 Accession Convention.

3. if he is a co-insurer, in the courts of a Contracting State in which proceedings are brought against the leading insurer.
An insurer who is not domiciled in a Contracting State but has a branch, agency or other establishment in one of the Contracting States shall, in disputes arising out of the operations of the branch, agency or establishment, be deemed to be domiciled in that State.

Article 9
In respect of liability insurance or insurance of immovable property, the insurer may in addition be sued in the courts for the place where the harmful event occurred. The same applies if movable and immovable property are covered by the same insurance policy and both are adversely affected by the same contingency.

Article 10
In respect of liability insurance, the insurer may also, if the law of the court permits it, be joined in proceedings which the injured party had brought against the insured.
The provisions of Articles 7, 8 and 9 shall apply to actions brought by the injured party directly against the insurer, where such direct actions are permitted.
If the law governing such direct actions provides that the policy-holder or the insured may be joined as a party to the action, the same court shall have jurisdiction over them.

Article 11
Without prejudice to the provisions of the third paragraph of Article 10, an insurer may bring proceedings only in the courts of the Contracting State in which the defendant is domiciled, irrespective of whether he is the policy-holder, the insured or a beneficiary.
The provisions of this Section shall not affect the right to bring a counterclaim in the court in which, in accordance with this Section, the original claim is pending.

Article 12[13]
The provisions of this Section may be departed from only by an agreement on jurisdiction:
1. which is entered into after the dispute has arisen, or
2. which allows the policy-holder, the insured or a beneficiary to bring proceedings in courts other than those indicated in this Section, or
3. which is concluded between a policy-holder and an insurer, both of whom are domiciled in the same Contracting State, and which has the effect of conferring jurisdiction on the courts of that State even if the harmful event were to occur abroad, provided that such an agreement is not contrary to the law of that State, or
4. which is concluded with a policy-holder who is not domiciled in a Contracting State, except in so far as the insurance is compulsory or relates to immovable property in a Contracting State, or

---

[13] Text as amended by Article 8 of the 1978 Accession Convention.

5. which relates to a contract of insurance in so far as it covers one or more of the risks set out in Article 12a.

Article 12a[14]
The following are the risks referred to in point 5 of Article 12:
1. any loss of or damage to:
(a) sea-going ships, installations situated offshore or on the high seas, or aircraft, arising from perils which relate to their use for commercial purposes;
(b) goods in transit other than passengers' baggage where the transit consists of or includes carriage by such ships or aircraft;
2. any liability, other than for bodily injury to passengers or loss of or damage to their baggage:
(a) arising out of the use or operation of ships, installations or aircraft as referred to in point 1 (a) above in so far as the law of the Contracting State in which such aircraft are registered does not prohibit agreements on jurisdiction regarding insurance of such risks;
(b) for loss or damage caused by goods in transit as described in point 1 (b) above;
3. any financial loss connected with the use or operation of ships, installations or aircraft as referred to in point 1 (a) above, in particular loss of freight or charter-hire;
4. any risk or interest connected with any of those referred to in points 1 to 3 above.

Section 4. Jurisdiction over consumer contracts[15]

Article 13
In proceedings concerning a contract concluded by a person for a purpose which can be regarded as being outside his trade or profession, hereinafter called 'the consumer', jurisdiction shall be determined by this Section, without prejudice to the provisions of point 5 of Articles 4 and 5, if it is:
1. a contract for the sale of goods on instalment credit terms; or
2. a contract for a loan repayable by instalments, or for any other form of credit, made to finance the sale of goods; or
3. any other contract for the supply of goods or a contract for the supply of services, and
(a) in the State of the consumer's domicile the conclusion of the contract was preceded by a specific invitation addressed to him or by advertising; and
(b) the consumer took in that State the steps necessary for the conclusion of the contract.
Where a consumer enters into a contract with a party who is not domiciled in a Contracting State but has a branch, agency or other establishment in one of the Contracting States, that party shall, in disputes arising out of the operations of the branch, agency or establishment, be deemed to be domiciled in that State.
This Section shall not apply to contracts of transport.

---

[14] Article added by Article 9 of the 1978 Accession Convention.
[15] Text as amended by Article 10 of the 1978 Accession Convention.

Article 14
A consumer may bring proceedings against the other party to a contract either in the courts of the Contracting State in which that party is domiciled or in the courts of the Contracting State in which he is himself domiciled.
Proceedings may be brought against a consumer by the other party to the contract only in the courts of the Contracting State in which the consumer is domiciled.
These provisions shall not affect the right to bring a counter-claim in the court in which, in accordance with this Section, the original claim is pending.

Article 15
The provisions of this Section may be departed from only by an agreement:
1. which is entered into after the dispute has arisen; or
2. which allows the consumer to bring proceedings in courts other than those indicated in this Section; or
3. which is entered into by the consumer and the other party to the contract, both of whom are at the time of conclusion of the contract domiciled or habitually resident in the same Contracting State, and which confers jurisdiction on the courts of that State, provided that such an agreement is not contrary to the law of that State.

Section 5. Exclusive jurisdiction

Article 16
The following courts shall have exclusive jurisdiction, regardless of domicile:
1. (a) in proceedings which have as their object rights in rem in immovable property or tenancies of immovable property, the courts of the Contracting State in which the property is situated;
(b) however, in proceedings which have as their object tenancies of immovable property concluded for temporary private use for a maximum period of six consecutive months, the courts of the Contracting State in which the defendant is domiciled shall also have jurisdiction, provided that the landlord and the tenant are natural persons and are domiciled in the same Contracting State[16];
2. in proceedings which have as their object the validity of the constitution, the nullity or the dissolution of companies or other legal persons or associations of natural or legal persons, or the decisions of their organs, the courts of the Contracting State in which the company, legal person or association has its seat;
3. in proceedings which have as their object the validity of entries in public registers, the courts of the Contracting State in which the register is kept;
4. in proceedings concerned with the registration or validity of patents, trade marks, designs, or other similar rights required to be deposited or registered, the courts of the Contracting State in which the deposit or registration has been applied for, has taken place or is under the terms of an international convention deemed to have taken place;
5. in proceedings concerned with the enforcement of judgments, the courts of the Contracting State in which the judgment has been or is to be enforced.

---

[16] Point 1 as amended by Article 6 of the 1989 Accession Convention.

Section 6. Prorogation of jurisdiction

Article 17[17]
If the parties, one or more of whom is domiciled in a Contracting State, have agreed that a court or the courts of a Contracting State are to have jurisdiction to settle any disputes which have arisen or which may arise in connection with a particular legal relationship, that court or those courts shall have exclusive jurisdiction. Such an agreement conferring jurisdiction shall be either:
(a) in writing or evidenced in writing; or
(b) in a form which accords with practices which the parties have established between themselves; or
(c) in international trade or commerce, in a form which accords with a usage of which the parties are or ought to have been aware and which in such trade or commerce is widely known to, and regularly observed by, parties to contracts of the type involved in the particular trade or commerce concerned.
Where such an agreement is concluded by parties, none of whom is domiciled in a Contracting State, the courts of other Contracting States shall have no jurisdiction over their disputes unless the court or courts chosen have declined jurisdiction.
The court or courts of a Contracting State on which a trust instrument has conferred jurisdiction shall have exclusive jurisdiction in any proceedings brought against a settler, trustee or beneficiary, if relations between these persons or their rights or obligations under the trust are involved.
Agreements or provisions of a trust instrument conferring jurisdiction shall have no legal force if they are contrary to the provisions of Articles 12 or 15, or if the courts whose jurisdiction they purport to exclude have exclusive jurisdiction by virtue of Article 16.
If an agreement conferring jurisdiction was concluded for the benefit of only one of the parties, that party shall retain the right to bring proceedings in any other court which has jurisdiction by virtue of this Convention.
In matters relating to individual contracts of employment an agreement conferring jurisdiction shall have legal force only if it is entered into after the dispute has arisen or if the employee invokes it to seise courts other than those for the defendant's domicile or those specified in Article 5 (1).

Article 18
Apart from jurisdiction derived from other provisions of this Convention, a court of a Contracting State before whom a defendant enters an appearance shall have jurisdiction. This rule shall not apply where appearance was entered solely to contest the jurisdiction, or where another court has exclusive jurisdiction by virtue of Article 16.

---

[17] Text as amended by Article 11 of the 1978 Accession Convention and by Article 7 of the 1989 Accession Convention.

Section 7. Examination as to jurisdiction and admissibility

Article 19
Where a court of a Contracting State is seised of a claim which is principally concerned with a matter over which the courts of another Contracting State have exclusive jurisdiction by virtue of Article 16, it shall declare of its own motion that it has no jurisdiction.

Article 20
Where a defendant domiciled in one Contracting State is sued in a court of another Contracting State and does not enter an appearance, the court shall declare of its own motion that it has no jurisdiction unless its jurisdiction is derived from the provisions of the Convention.
The court shall stay the proceedings so long as it is not shown that the defendant has been able to receive the document instituting the proceedings or an equivalent document in sufficient time to enable him to arrange for his defence, or that all necessary steps have been taken to this end[18].
The provisions of the foregoing paragraph shall be replaced by those of Article 15 of the Hague Convention of 15 November 1965 on the service abroad of judicial and extrajudicial documents in civil or commercial matters, if the document instituting the proceedings or notice thereof had to be transmitted abroad in accordance with that Convention.

Section 8. Lis pendens – related actions

Article 21[19]
Where proceedings involving the same cause of action and between the same parties are brought in the courts of different Contracting States, any court other than the court first seised shall of its own motion stay its proceedings until such time as the jurisdiction of the court first seised is established.
Where the jurisdiction of the court first seised is established, any court other than the court first seised shall decline jurisdiction in favour of that court.

Article 22
Where related actions are brought in the courts of different Contracting States, any court other than the court first seised may, while the actions are pending at first instance, stay its proceedings.
A court other than the court first seised may also, on the application of one of the parties, decline jurisdiction if the law of that court permits the consolidation of related actions and the court first seised has jurisdiction over both actions.
For the purposes of this Article, actions are deemed to be related where they are so closely connected that it is expedient to hear and determine them together to avoid the risk of irreconcilable judgments resulting from separate proceedings.

---

[18] Second subparagraph as amended by Article 12 of the 1978 Accession Convention.
[19] Text as amended by Article 8 of the 1989 Accession Convention.

Article 23
Where actions come within the exclusive jurisdiction of several courts, any court other than the court first seised shall decline jurisdiction in favour of that court.

Section 9. Provisional, including protective, measures

Article 24
Application may be made to the courts of a Contracting State for such provisional, including protective, measures as may be available under the law of that State, even if, under this Convention, the courts of another Contracting State have jurisdiction as to the substance of the matter.

TITLE III. RECOGNITION AND ENFORCEMENT

Article 25
For the purposes of this Convention, 'judgment' means any judgment given by a court or tribunal of a Contracting State, whatever the judgment may be called, including a decree, order, decision or writ of execution, as well as the determination of costs or expenses by an officer of the court.

Section 1. Recognition

Article 26
A judgment given in a Contracting State shall be recognized in the other Contracting States without any special procedure being required.

Any interested party who raises the recognition of a judgment as the principal issue in a dispute may, in accordance with the procedures provided for in Sections 2 and 3 of this Title, apply for a decision that the judgment be recognized.

If the outcome of proceedings in a court of a Contracting State depends on the determination of an incidental question of recognition that court shall have jurisdiction over that question.

Article 27
A judgment shall not be recognized:
1. if such recognition is contrary to public policy in the State in which recognition is sought;
2. where it was given in default of appearance, if the defendant was not duly served with the document which instituted the proceedings or with an equivalent document in sufficient time to enable him to arrange for his defence[20];
3. if the judgment is irreconcilable with a judgment given in a dispute between the same parties in the State in which recognition is sought;
4. if the court of the State of origin, in order to arrive at its judgment, has decided a preliminary question concerning the status or legal capacity of natural persons, rights in property arising out of a matrimonial relationship, wills or succession in a way that conflicts with a rule of the private international law of the State in which

---

[20] Point 2 as amended by Article 13 (1) of the 1978 Accession Convention.

1. b) Brussels Convention

the recognition is sought, unless the same result would have been reached by the application of the rules of private international law of that State[21];
5. if the judgment is irreconcilable with an earlier judgment given in a non-contracting State involving the same cause of action and between the same parties, provided that this latter judgment fulfils the conditions necessary for its recognition in the State addressed[22].

Article 28
Moreover, a judgment shall not be recognized if it conflicts with the provisions of Sections 3, 4 or 5 of Title II, or in a case provided for in Article 59.
In its examination of the grounds of jurisdiction referred to in the foregoing paragraph, the court or authority applied to shall be bound by the findings of fact on which the court of the State of origin based its jurisdiction[23].
Subject to the provisions of the first paragraph, the jurisdiction of the court of the State of origin may not be reviewed; the test of public policy referred to in point 1 of Article 27 may not be applied to the rules relating to jurisdiction[24].

Article 29
Under no circumstances may a foreign judgment be reviewed as to its substance.

Article 30
A court of a Contracting State in which recognition is sought of a judgment given in another Contracting State may stay the proceedings if an ordinary appeal against the judgment has been lodged.
A court of a Contracting State in which recognition is sought of a judgment given in Ireland or the United Kingdom may stay the proceedings if enforcement is suspended in the State of origin, by reason of an appeal[25].

Section 2. Enforcement

Article 31
A judgment given in a Contracting State and enforceable in that State shall be enforced in another Contracting State when, on the application of any interested party, it has been declared enforceable there[26].
However, in the United Kingdom, such a judgment shall be enforced in England and Wales, in Scotland, or in Northern Ireland when, on the application of any interested party, it has been registered for enforcement in that part of the United Kingdom[27].

---

[21] Point 4 as amended by Annex I (a) (2) first subparagraph to the 1989 Accession Convention.
[22] Point 5 added by Article 13 (2) of the 1978 Accession Convention and amended by Annex I (d) (2) second subparagraph to the 1989 Accession Convention.
[23] As amended by Annex I (d) (3) first subparagraph to the 1989 Accession Convention.
[24] As amended by Annex I (d) (3) second subparagraph to the 1989 Accession Convention.
[25] Second subparagraph added by Article 14 of the 1978 Accession Convention and amended by Annex I (d) (4) to the 1989 Accession Convention.
[26] Text as amended by Article 9 of the 1989 Accession Convention.
[27] Second subparagraph added by Article 15 of the 1978 Accession Convention.

Article 32

1. The application shall be submitted:
- in Belgium, to the 'tribunal de première instance' or 'rechtbank van eerste aanleg',
- in Denmark, to the 'byret'[28],
- in the Federal Republic of Germany, to the presiding judge of a chamber of the 'Landgericht',
- in Greece, to the 'Μονομελές Πρωτοδικείο',
- in Spain, to the 'Juzgado de Primera Instancia',
- in France, to the presiding judge of the 'tribunal de grande instance',
- in Ireland, to the High Court,
- in Italy, to the 'Corte d'appello',
- in Luxembourg, to the presiding judge of the 'tribunal d'arrondissement',
- in Austria, to the 'Bezirksgericht',
- in the Netherlands, to the presiding judge of the 'arrondissementsrechtbank',
- in Portugal, to the 'Tribunal Judicial de Circulo',
- in Finland, to the 'käräjäoikeus/tingsrätt',
- in Sweden, to the 'Svea hovrätt',
- in the United Kingdom:
(a) in England and Wales, to the High Court of Justice, or in the case of maintenance judgment to the Magistrates' Court on transmission by the Secretary of State;
(b) in Scotland, to the Court of Session, or in the case of a maintenance judgment to the Sheriff Court on transmission by the Secretary of State;
(c) in Northern Ireland, to the High Court of Justice, or in the case of a maintenance judgment to the Magistrates' Court on transmission by the Secretary of State[29].

2. The jurisdiction of local courts shall be determined by reference to the place of domicile of the party against whom enforcement is sought. If he is not domiciled in the State in which enforcement is sought, it shall be determined by reference to the place of enforcement.

Article 33

The procedure for making the application shall be governed by the law of the State in which enforcement is sought.

The applicant must give an address for service of process within the area of jurisdiction of the court applied to. However, if the law of the State in which enforcement is sought does not provide for the furnishing of such an address, the applicant shall appoint a representative ad litem.

The documents referred to in Articles 46 and 47 shall be attached to the application.

---

[28] As amended by a communication of 8 February 1988 made in accordance with Article VI of the annexed Protocol, and confirmed by Annex I (d) (5) to the 1989 Accession Convention.

[29] First subparagraph as amended by Article 16 of the 1978 Accession Convention, by Article 4 of the 1982 Accession Convention, by Article 10 of the 1989 Accession Convention and by Article 3 of the 1996 Accession Convention.

Article 34
The court applied to shall give its decision without delay; the party against whom enforcement is sought shall not at this stage of the proceedings be entitled to make any submissions on the application.
The application may be refused only for one of the reasons specified in Articles 27 and 28.
Under no circumstances may the foreign judgment be reviewed as to its substance.

Article 35
The appropriate officer of the court shall without delay bring the decision given on the application to the notice of the applicant in accordance with the procedure laid down by the law of the State in which enforcement is sought.

Article 36
If enforcement is authorized, the party against whom enforcement is sought may appeal against the decision within one month of service thereof.
If that party is domiciled in a Contracting State other than that in which the decision authorizing enforcement was given, the time for appealing shall be two months and shall run from the date of service, either on him in person or at his residence. No extension of time may be granted on account of distance.

Article 37[30]
1. An appeal against the decision authorizing enforcement shall be lodged in accordance with the rules governing procedure in contentious matters:
– in Belgium, with the 'tribunal de première instance' or 'rechtbank van eerste aanleg',
– in Denmark, with the 'landsret',
– in the Federal Republic of Germany, with the 'Oberlandesgericht',
– in Greece, with the 'εφετείο'
– in Spain, with the 'Audiencia Provincial',
– in France, with the 'cour d'appel',
– in Ireland, with the High Court,
– in Italy, with the 'corte d'appello',
– in Luxembourg, with the 'Cour supérieure de justice' sitting as a court of civil appeal,
– in Austria with the 'Bezirksgericht',
– in the Netherlands, with the 'arrondissementsrechtbank',
– in Portugal, with the 'Tribunal de Relação',
– in Finland, with the 'hovioikeus/hovrätt',
– in Sweden, with the 'Svea hovrätt',
– in the United Kingdom:
(a) in England and Wales, with the High Court of Justice, or in the case of a maintenance judgment with the Magistrates' Court;

---

[30] Text as amended by Article 17 of the 1978 Accession Convention, by Article 5 of the 1982 Accession Convention, by Article 11 of the 1989 Accession Convention and by Article 4 of the 1996 Accession Convention.

(b) in Scotland, with the Court of Session, or in the case of a maintenance judgment with the Sheriff Court;
(c) in Northern Ireland, with the High Court of Justice, or in the case of a maintenance judgment with the Magistrates' Court.
2. The judgment given on the appeal may be contested only:
– in Belgium, Greece, Spain, France, Italy, Luxembourg and in the Netherlands, by an appeal in cassation,
– in Denmark, by an appeal to the 'højesteret', with the leave of the Minister of Justice,
– in the Federal Republic of Germany, by a 'Rechtsbeschwerde',
– in Austria, in the case of an appeal, by a 'Revisionsrekurs' and, in the case of opposition proceedings, by a 'Berufung' with the possibility of a revision,
– in Ireland, by an appeal on a point of law to the Supreme Court,
– in Portugal, by an appeal on a point of law,
– in Finland, by an appeal to 'korkein oikeus/högsta domstolen',
– in Sweden by an appeal to 'Högsta domstolen',
– in the United Kingdom, by a single further appeal on a point of law.

Article 38
The court with which the appeal under Article 37 (1) is lodged may, on the application of the appellant, stay the proceedings if an ordinary appeal has been lodged against the judgment in the State of origin or if the time for such an appeal has not yet expired; in the latter case, the court may specify the time within which such an appeal is to be lodged[31].
Where the judgment was given in Ireland or the United Kingdom, any form of appeal available in the State of origin shall be treated as an ordinary appeal for the purposes of the first paragraph[32].
The court may also make enforcement conditional on the provision of such security as it shall determine.

Article 39
During the time specified for an appeal pursuant to Article 36 and until any such appeal has been determined, no measures of enforcement may be taken other than protective measures taken against the property of the party against whom enforcement is sought.
The decision authorizing enforcement shall carry with it the power to proceed to any such protective measures.

Article 40
If the application for enforcement is refused, the applicant may appeal:
– in Belgium, to the 'cour d'appel' or 'hof van beroep',
– in Denmark, to the 'landsret',
– in the Federal Republic of Germany, to the 'Oberlandesgericht',

---

[31] As amended by Annex I (d) (5) first subparagraph to the 1989 Accession Convention.
[32] Second subparagraph added by Article 18 of the 1978 Accession Convention and amended by Annex I (d) (6) second subparagraph to the 1978 Accession Convention.

1. b) Brussels Convention   383

– in Greece, to the 'εφετείο'
– in Spain, to the 'Audiencia Provincial',
– in France, to the 'cour d'appel',
– in Ireland, to the High Court,
– in Italy, to the 'corte d'appello',
– in Luxembourg, to the 'Cour supérieure de justice' sitting as a court of civil appeal,
– in Austria, to the 'Bezirksgericht',
– in the Netherlands, to the 'gerechtshof',
– in Portugal, to the 'Tribunal de Relação',
– in Finland, to 'hovioikeus/hovrätten',
– in Sweden, to the 'Svea hovrätt',
– in the United Kingdom:
(a) in England and Wales, to the High Court of Justice, or in the case of a maintenance judgment to the Magistrates' Court;
(b) in Scotland, to the Court of Session, or in the case of a maintenance judgment to the Sheriff Court;
(c) in Northern Ireland, to the High Court of Justice, or in the case of a maintenance judgment to the Magistrates' Court[33].
2. The party against whom enforcement is sought shall be summoned to appear before the appellate court. If he fails to appear, the provisions of the second and third paragraphs of Article 20 shall apply even where he is not domiciled in any of the Contracting States.

Article 41[34]
A judgment given on an appeal provided for in Article 40 may be contested only:
– in Belgium, Greece, Spain, France, Italy, Luxembourg and in the Netherlands, by an appeal in cassation,
– in Denmark, by an appeal to the 'højesteret', with the leave of the Minister of Justice,
– in the Federal Republic of Germany, by a 'Rechtsbeschwerde',
– in Ireland, by an appeal on a point of law to the Supreme Court,
– in Austria, by a 'Revisionsrekurs',
– in Portugal, by an appeal on a point of law,
– in Finland, by an appeal to 'korkein oikeus/högsta domstolen',
– in Sweden, by an appeal to 'Högsta domstolen',
– in the United Kingdom, by a single further appeal on a point of law.

Article 42
Where a foreign judgment has been given in respect of several matters and enforcement cannot be authorized for all of them, the court shall authorize enforcement for one or more of them.

---

[33] First subparagraph as amended by Article 19 of the 1978 Accession Convention, by Article 6 of the 1982 Accession Convention, by Article 12 of the 1989 Accession Convention and by Article 5 of the 1996 Accession Convention.
[34] Text as amended by Article 20 of the 1978 Accession Convention, by Article 7 of the 1982 Accession Convention, by Article 13 of the 1989 Accession Convention and by Article 6 of the 1996 Accession Convention.

An applicant may request partial enforcement of a judgment.

Article 43
A foreign judgment which orders a periodic payment by way of a penalty shall be enforceable in the State in which enforcement is sought only if the amount of the payment has been finally determined by the courts of the State of origin[35].

Article 44[36]
An applicant who, in the State of origin has benefited from complete or partial legal aid or exemption from costs or expenses, shall be entitled, in the procedures provided for in Articles 32 to 35, to benefit from the most favourable legal aid or the most extensive exemption from costs or expenses provided for by the law of the State addressed.
However, an applicant who requests the enforcement of a decision given by an administrative authority in Denmark in respect of a maintenance order may, in the State addressed, claim the benefits referred to in the first paragraph if he presents a statement from the Danish Ministry of Justice to the effect that he fulfils the economic requirements to qualify for the grant of complete or partial legal aid or exemption from costs or expenses.

Article 45
No security, bond or deposit, however described, shall be required of a party who in one Contracting State applies for enforcement of a judgment given in another Contracting State on the ground that he is a foreign national or that he is not domiciled or resident in the State in which enforcement is sought.

Section 3. Common provisions

Article 46
A party seeking recognition or applying for enforcement of a judgment shall produce:
1. a copy of the judgment which satisfies the conditions necessary to establish its authenticity;
2. in the case of a judgment given in default, the original or a certified true copy of the document which establishes that the party in default was served with the document instituting the proceedings or with an equivalent document[37].

Article 47[38]
A party applying for enforcement shall also produce:
1. documents which establish that, according to the law of the State of origin the judgment is enforceable and has been served;

---

[35] As amended by Annex I(d)(7) to the 1989 Accession Convention.
[36] Text as amended by Article 21 of the 1978 Accession Convention and by Annex I(d)(8) to the 1989 Accession Convention.
[37] Point 2 as amended by Article 22 of the 1978 Accession Convention.
[38] As amended by Annex I(d)(9) to the 1989 Accession Convention.

2. where appropriate, a document showing that the applicant is in receipt of legal aid in the State of origin.

Article 48
If the documents specified in point 2 of Articles 46 and 47 are not produced, the court may specify a time for their production, accept equivalent documents or, if it considers that it has sufficient information before it, dispense with their production. If the court so requires, a translation of the documents shall be produced; the translation shall be certified by a person qualified to do so in one of the Contracting States.

Article 49
No legalization or other similar formality shall be required in respect of the documents referred to in Articles 46 or 47 or the second paragraph of Article 48, or in respect of a document appointing a representative ad litem.

TITLE IV. AUTHENTIC INSTRUMENTS AND COURT SETTLEMENTS

Article 50
A document which has been formally drawn up or registered as an authentic instrument and is enforceable in one Contracting State shall, in another Contracting State, be declared enforceable there, on application made in accordance with the procedures provided for in Article 31 et seq. The application may be refused only if enforcement of the instrument is contrary to public policy in the State addressed[39].
The instrument produced must satisfy the conditions necessary to establish its authenticity in the State of origin.
The provisions of Section 3 of Title III shall apply as appropriate.

Article 51
A settlement which has been approved by a court in the course of proceedings and is enforceable in the State in which it was concluded shall be enforceable in the State addressed under the same conditions as authentic instruments[40].

TITLE V. GENERAL PROVISIONS

Article 52
In order to determine whether a party is domiciled in the Contracting State whose courts are seised of a matter, the Court shall apply its internal law.
If a party is not domiciled in the State whose courts are seised of the matter, then, in order to determine whether the party is domiciled in another Contracting State, the court shall apply the law of that State.
. . .[41]

---

[39] First paragraph as amended by Article 14 of the 1989 Accession Convention.
[40] As amended by Annex I(d)(10) to the 1989 Accession Convention.
[41] Third paragraph deleted by Article 15 of the 1989 Accession Convention.

Article 53

For the purposes of this Convention, the seat of a company or other legal person or association of natural or legal persons shall be treated as its domicile. However, in order to determine that seat, the court shall apply its rules of private international law.

In order to determine whether a trust is domiciled in the Contracting State whose courts are seised of the matter, the court shall apply its rules of private international law[42].

TITLE VI. TRANSITIONAL PROVISIONS

Article 54[43]

The provisions of the Convention shall apply only to legal proceedings instituted and to documents formally drawn up or registered as authentic instruments after its entry into force in the State of origin and, where recognition or enforcement of a judgment or authentic instruments is sought, in the State addressed.

However, judgments given after the date of entry into force of this Convention between the State of origin and the State addressed in proceedings instituted before that date shall be recognized and enforced in accordance with the provisions of Title III if jurisdiction was founded upon rules which accorded with those provided for either in Title II of this Convention or in a convention concluded between the State of origin and the State addressed which was in force when the proceedings were instituted[44].

---

[42] Second subparagraph added by Article 23 of the 1978 Accession Convention.

[43] Text as replaced by Article 16 of the 1989 Accession Convention.

[44] Title V of the 1978 Accession Convention contains the following transitional provisions:
,Article 34
1. The 1968 Convention and the 1971 Protocol, with the amendments made by this Convention, shall apply only to legal proceedings instituted and to authentic instruments formally drawn up or registered after the entry into force of this Convention in the State of origin and, where recognition or enforcement of a judgment or authentic instrument is sought, in the State addressed.
2. However, as between the six Contracting States to the 1968 Convention, judgments given after the date of entry into force of this Convention in proceedings instituted before that date shall be recognized and enforced in accordance with the provisions of Title III of the 1968 Convention as amended.
3. Moreover, as between the six Contracting States to the 1968 Convention and the three States mentioned in Article 1 of this Convention, and as between those three States, judgments given after the date of entry into force of this Convention between the State of origin and the State addressed in proceedings instituted before that date shall also be recognized and enforced in accordance with the provisions of Title III of the 1968 Convention as amended if jurisdiction was founded upon rules which accorded with the provisions of Title II, as amended, or with provisions of a convention concluded between the State of origin and the State addressed which was in force when the proceedings were instituted.'
Title V of the 1982 Accession Convention contains the following transitional provisions:
,Article 12
1. The 1968 Convention and the 1971 Protocol, as amended by the 1978 Convention, shall apply only to legal proceedings instituted and to authentic instruments formally drawn up or

1. b) Brussels Convention

If the parties to a dispute concerning a contract had agreed in writing before 1 June 1988 for Ireland or before 1 January 1987 for the United Kingdom that the contract was to be governed by the law of Ireland or of a part of the United Kingdom, the courts of Ireland or of that part of the United Kingdom shall retain the right to exercise jurisdiction in the dispute[45].

---

registered after the entry into force of this Convention in the State of origin and, where recognition or enforcement of a judgment or authentic instrument is sought, in the State addressed.

2. However, as between the State of origin and the State addressed, judgments given after the date of entry into force of this Convention in proceedings instituted before that date shall be recognized and enforced in accordance with the provisions of Title III of the 1968 Convention, as amended by the 1978 Convention, and by this Convention if jurisdiction was founded upon rules which accorded with the provisions of Title II, as amended by the 1968 Convention or with provisions of a convention concluded between the State of origin and the State addressed which was in force when the proceedings were instituted.'

Title VI of the 1989 Accession Convention contains the following transitional provisions:

‚Article 29

1. The 1968 Convention and the 1971 Protocol, as amended by the 1978 Convention, the 1982 Convention and this Convention, shall apply only to legal proceedings instituted and to authentic instruments formally drawn up or registered after the entry into force of this Convention in the State of origin and, where recognition or enforcement of a judgment or authentic instrument is sought, in the State addressed.

2. However, judgments given after the date of entry into force of this Convention between the State of origin and the State addressed in proceedings instituted before that date shall be recognized and enforced in accordance with the provisions of Title III of the 1968 Convention, as amended by the 1978 Convention, the 1982 Convention and this Convention, if jurisdiction was founded upon rules which accorded with the provisions of Title II of the 1968 Convention, as amended, or with the provisions of a convention which was in force between the State of origin and the State addressed when the proceedings were instituted.'

Title V of the 1996 Accession Convention contains the following transitional provisions:

‚Article 13

1. The 1968 Convention and the 1971 Protocol, as amended by the 1978 Convention, the 1982 Convention, the 1989 Convention and by this Convention, shall apply only to legal proceedings instituted and to authentic instruments formally drawn up or registered after the entry into force of this Convention in the State of origin and, where recognition or enforcement of a judgment or authentic instrument is sought, in the State addressed.

2. However, judgments given after the date of entry into force of this Convention between the State of origin and the State addressed in proceedings instituted before that date shall be recognized and enforced in accordance with the provisions of Title III of the 1968 Convention, as amended by the 1978 Convention, the 1982 Convention, the 1989 Convention and this Convention, if jurisdiction was founded upon rules which accorded with the provisions of Title II, as amended, of the 1968 Convention, or with the provisions of a convention which was in force between the State of origin and the State addressed when the proceedings were instituted.'

[45] This paragraph replaces Article 35 of Title V of the 1978 Accession Convention which was extended to the Hellenic Republic by Article 1 (2) of the 1982 Accession Convention. Article 28 of the 1989 Accession Convention provided for the deletion of both these provisions.

Article 54a[46]
For a period of three years from 1 November 1986 for Denmark and from 1 June 1988 for Ireland, jurisdiction in maritime matters shall be determined in these States not only in accordance with the provisions of Title II, but also in accordance with the provisions of paragraphs 1 to 6 following. However, upon the entry into force of the International Convention relating to the arrest of sea-going ships, signed at Brussels on 10 May 1952, for one of these States, those provisions shall cease to have effect for that State.

1. A person who is domiciled in a Contracting State may be sued in the courts of one of the States mentioned above in respect of a maritime claim if the ship to which the claim relates or any other ship owned by him has been arrested by judicial process within the territory of the latter State to secure the claim, or could have been so arrested there but bail or other security has been given, and either:
(a) the claimant is domiciled in the latter State; or
(b) the claim arose in the latter State; or
(c) the claim concerns the voyage during which the arrest was made or could have been made; or
(d) the claim arises out of a collision or out of damage caused by a ship to another ship or to goods or persons on board either ship, either by the execution or non-execution of a manoeuvre or by the non-observance of regulations; or
(e) the claim is for salvage; or
(f) the claim is in respect of a mortgage or hypothecation of the ship arrested.

2. A claimant may arrest either the particular ship to which the maritime claim relates, or any other ship which is owned by the person who was, at the time when the maritime claim arose, the owner of the particular ship. However, only the particular ship to which the maritime claim relates may be arrested in respect of the maritime claims set out in 5 (o), (p) or (q) of this Article.

3. Ships shall be deemed to be in the same ownership when all the shares therein are owned by the same person or persons.

4. When in the case of a charter by demise of a ship the charterer alone is liable in respect of a maritime claim relating to that ship, the claimant may arrest that ship or any other ship owned by the charterer, but no other ship owned by the owner may be arrested in respect of such claim. The same shall apply to any case in which a person other than the owner of a ship is liable in respect of a maritime claim relating to that ship.

5. The expression 'maritime claim' means a claim arising out of one or more of the following:
(a) damage caused by any ship either in collision or otherwise;
(b) loss of life or personal injury caused by any ship or occurring in connection with the operation on any ship;
(c) salvage;
(d) agreement relating to the use or hire of any ship whether by charterparty or otherwise;

---

[46] Article added by Article 17 of the 1989 Accession Convention. It corresponds to Article 36 of Title V of the 1978 Accession Convention which was extended to the Hellenic Republic by Article 1 (2) of the 1982 Accession Convention. Article 28 of the 1989 Accession Convention provided for the deletion of both these provisions.

(e) agreement relating to the carriage of goods in any ship whether by charterparty or otherwise;
(f) loss of or damage to goods including baggage carried in any ship;
(g) general average;
(h) bottomry;
(i) towage;
(j) pilotage;
(k) goods or materials wherever supplied to a ship for her operation or maintenance;
(l) construction, repair or equipment of any ship or dock charges and dues;
(m) wages of masters, officers or crew;
(n) mater's disbursements, including disbursements made by shippers, charterers or agents on behalf of a ship or her owner;
(o) dispute as to the title to or ownership of any ship;
(p) disputes between co-owners of any ship as to the ownership, possession, employment or earnings of that ship;
(q) the mortgage or hypothecation of any ship.
6. In Denmark, the expression 'arrest' shall be deemed as regards the maritime claims referred to in 5 (o) and (p) of this Article, to include a 'forbud', where that is the only procedure allowed in respect of such a claim under Articles 646 to 653 of the law on civil procedure (lov om rettens pleje).

TITLE VII. RELATIONSHIP TO OTHER CONVENTIONS

Article 55
Subject to the provisions of the second subparagraph of Article 54, and of Article 56, this Convention shall, for the States which are parties to it, supersede the following conventions concluded between two or more of them:
– the Convention between Belgium and France on jurisdiction and the validity and enforcement of judgments, arbitration awards and authentic instruments, signed at Paris on 8 July 1899,
– the Convention between Belgium and the Netherlands on jurisdiction, bankruptcy, and the validity and enforcement of judgments, arbitration awards and authentic instruments, signed at Brussels on 28 March 1925,
– the Convention between France and Italy on the enforcement of judgments in civil and commercial matters, signed at Rome on 3 June 1930,
– the Convention between the United Kingdom and the Kingdom of Belgium providing for the reciprocal enforcement of judgments in civil and commercial matters, with Protocol, signed at Brussels on 2 May 1934[47],
– the Convention between Germany and Italy on the recognition and enforcement of judgments in civil and commercial matters, signed at Rome on 9 March 1936,
– the Convention between the Kingdom of Belgium and Austria on the reciprocal recognition and enforcement of judgments and authentic instruments relating to maintenance obligations, signed at Vienna on 25 October 1957[48],

---

[47] Indent added by Article 24 of the 1978 Accession Convention.
[48] Indent added by Article 7 of the 1996 Accession Convention.

- the Convention between the Federal Republic of Germany and the Kingdom of Belgium on the mutual recognition and enforcement of judgments, arbitration awards and authentic instruments in civil and commercial matters, signed at Bonn on 30 June 1958,
- the Convention between the Kingdom of the Netherlands and the Italian Republic on the recognition and enforcement of judgments in civil and commercial matters, signed at Rome on 17 April 1959,
- the Convention between the Federal Republic of Germany and Austria on the reciprocal recognition and enforcement of judgments, settlements and authentic instruments in civil and commercial matters, signed at Vienna on 6 June 1959[49],
- the Convention between the Kingdom of Belgium and Austria on the reciprocal recognition and enforcement of judgments, arbitral awards and authentic instruments in civil and commercial matters, signed at Vienna on 16 June 1959[50],
- the Convention between the United Kingdom and the Federal Republic of Germany for the reciprocal recognition and enforcement of judgments in civil and commercial matters, signed at Bonn on 14 July 1960[51],
- the Convention between the United Kingdom and Austria providing for the reciprocal recognition and enforcement of judgments in civil and commercial matters, signed at Vienna on 14 July 1961, with amending Protocol signed at London on 6 March 1970[52],
- the Convention between the Kingdom of Greece and the Federal Republic of Germany for the reciprocal recognition and enforcement of judgments, settlements and authentic instruments in civil and commercial matters, signed in Athens on 4 November 1961[53],
- the Convention between the Kingdom of Belgium and the Italian Republic on the recognition and enforcement of judgments and other enforceable instruments in civil and commercial matters, signed at Rome on 6 April 1962,
- the Convention between the Kingdom of the Netherlands and the Federal Republic of Germany on the mutual recognition and enforcement of judgments and other enforceable instruments in civil and commercial matters, signed at The Hague on 30 August 1962,
- the Convention between the Kingdom of the Netherlands and Austria on the reciprocal recognition and enforcement of judgments and authentic instruments in civil and commercial matters, signed at The Hague on 6 February 1963[54],
- the Convention between France and Austria on the recognition and enforcement of judgments and authentic instruments in civil and commercial matters, signed at Vienna on 15 July 1966[55],
- the Convention between the United Kingdom and the Republic of Italy for the reciprocal recognition and enforcement of judgments in civil and commercial

---

[49] Indent added by Article 7 of the 1996 Accession Convention.
[50] Indent added by Article 7 of the 1996 Accession Convention.
[51] Indent added by Article 24 of the 1978 Accession Convention.
[52] Indent added by Article 7 of the 1996 Accession Convention.
[53] Indent added by Article 8 of the 1982 Accession Convention.
[54] Indent added by Article 7 of the 1996 Accession Convention.
[55] Indent added by Article 7 of the 1996 Accession Convention.

1. b) Brussels Convention

matters, signed at Rome on 7 February 1964, with amending Protocol signed at Rome on 14 July 1970[56],
– the Convention between the United Kingdom and the Kingdom of the Netherlands providing for the reciprocal recognition and enforcement of judgments in civil matters, signed at The Hague on 17 November 1967[57],
– the Convention between Spain and France on the recognition and enforcement of judgment arbitration awards in civil and commercial matters, signed at Paris on 28 May 1969[58],
– the Convention between Luxembourg and Austria on the recognition and enforcement of judgments aud authentic instruments in civil and commercial matters, signed at Luxembourg on 29 July 1971[59],
– the Convention between Italy and Austria on the recognition and enforcement of judgments in civil and commercial matters, of judicial settlements and of authentic instruments, signed at Rome on 16 November 1971[60],
– the Convention between Spain and Italy regarding legal aid and the recognition and enforcement of judgments in civil and commercial matters, signed at Madrid on 22 May 1973[61],
– the Convention between Finland, Iceland, Norway, Sweden and Denmark on the recognition and enforcement of judgments in civil matters, signed at Copenhagen on 11 October 1977[62],
– the Convention between Austria and Sweden on the recognition and enforcement of judgments in civil matters, signed at Stockholm on 16 September 1982[63],
– the Convention between Spain and the Federal Republic of Germany on the recognition and enforcement of judgments, settlements and enforceable authentic instruments in civil and commercial matters, signed at Bonn on 14 November 1983[64],
– the Convention between Austria and Spain on the recognition and enforcement of judgments, settlements and enforceable authentic instruments in civil and commercial matters, signed at Vienna on 17 February 1984[65],
– the Convention between Finland and Austria on the recognition and enforcement of judgments in civil matters, signed at Vienna on 17 November 1986[66],
and, in so far as it is in force:
– the Treaty between Belgium, the Netherlands and Luxembourg in jurisdiction, bankruptcy, and the validity and enforcement of judgments, arbitration awards and authentic instruments, signed at Brussels on 24 November 1961.

---

[56] Indent added by Article 24 of the 1978 Accession Convention.
[57] Indent added by Article 24 of the 1978 Accession Convention.
[58] Indent added by Article 18 of the 1989 Accession Convention.
[59] Indent added by Article 7 of the 1996 Accession Convention.
[60] Indent added by Article 7 of the 1996 Accession Convention.
[61] Indent added by Article 18 of the 1989 Accession Convention.
[62] Indent added by Article 7 of the 1996 Accession Convention.
[63] Indent added by Article 7 of the 1996 Accession Convention.
[64] Indent added by Article 18 of the 1989 Accession Convention.
[65] Indent added by Article 7 of the 1996 Accession Convention.
[66] Indent added by Article 7 of the 1996 Accession Convention.

Article 56
The Treaty and the conventions referred to in Article 55 shall continue to have effect in relation to matters to which this Convention does not apply.

They shall continue to have effect in respect of judgments given and documents formally drawn up or registered as authentic instruments before the entry into force of this Convention.

Article 57
1. This Convention shall not affect any conventions to which the Contracting States are or will be parties and which in relation to particular matters, govern jurisdiction or the recognition or enforcement of judgments[67].
2. With a view to its uniform interpretation, paragraph 1 shall be applied in the following manner:
(a) this Convention shall not prevent a court of a Contracting State which is a party to a convention on a particular matter from assuming jurisdiction in accordance with that Convention, even where the defendant is domiciled in another Contracting State which is not a party to that Convention. The court hearing the action shall, in any event, apply Article 20 of this Convention;
(b) judgments given in a Contracting State by a court in the exercise of jurisdiction provided for in a convention on a particular matter shall be recognized and enforced in the other Contracting State in accordance with this Convention.

Where a convention on a particular matter to which both the State of origin and the State addressed are parties lays down conditions for the recognition or enforcement of judgments, those conditions shall apply. In any event, the provisions of this Convention which concern the procedure for recognition and enforcement of judgments may be applied[68].

3. This Convention shall not affect the application of provisions which, in relation to particular matters, govern jurisdiction or the recognition or enforcement of judgments and which are or will be contained in acts of the institutions of the European Communities or in national laws harmonized in implementation of such acts[69].

Article 58[70]
Until such time as the Convention on jurisdiction and the enforcement of judgments in civil and commercial matters, signed at Lugano on 16 September 1988, takes effect with regard to France and the Swiss Confederation, this Convention shall not affect the rights granted to Swiss nationals by the Convention between France and the Swiss Confederation on jurisdiction and enforcement of judgments in civil matters, signed at Paris on 15 June 1869.

---

[67] First paragraph as amended by Article 25 (1) of the 1978 Accession Convention and by Article 19 of the 1989 Accession Convention.
[68] Paragraph 2 added by Article 19 of the 1989 Accession Convention. This paragraph corresponds to Article 25 (2) of the 1978 Accession Convention which was extended to the Hellenic Republic by Article 1 (2) of the 1982 Accession Convention. Article 28 of the 1989 Accession Convention provided for the deletion of both these provisions.
[69] Paragraph added by Article 25 (1) of the 1978 Accession Convention.
[70] Text as amended by Article 20 of the 1989 Accession Convention.

1. b) Brussels Convention

Article 59
This Convention shall not prevent a Contracting State from assuming, in a convention on the recognition and enforcement of judgments, an obligation towards a third State not to recognize judgments given in other Contracting States against defendants domiciled or habitually resident in the third State where, in cases provided for in Article 4, the judgment could only be founded on a ground of jurisdiction specified in the second paragraph of Article 3.

However, a Contracting State may not assume an obligation towards a third State not to recognize a judgment given in another Contracting State by a court basing its jurisdiction on the presence within that State of property belonging to the defendant, or the seizure by the plaintiff of property situated there:

1. if the action is brought to assert or declare proprietary or possessory rights in that property, seeks to obtain authority to dispose of it, or arises from another issue relating to such property; or
2. if the property constitutes the security for a debt which is the subject-matter of the action[71].

TITLE VIII. FINAL PROVISIONS

Article 60
... [72]

Article 61[73]
This Convention shall be ratified by the signatory States. The instruments of ratification shall be deposited with the Secretary-General of the Council of the European Communities.

Article 62[74]
This Convention shall enter into force on the first day of the third month following the deposit of the instrument of ratification by the last signatory State to take this step.

---

[71] Second subparagraph added by Article 26 of the 1978 Accession Convention.
[72] Article 21 of the 1989 Accession Convention provides for the deletion of Article 60 as amended by Article 27 of the 1978 Convention.
[73] Ratification of the 1978 and 1982 Accession Conventions was governed by Articles 38 and 14 of those Conventions. The ratification of the 1989 Accession Convention is governed by Article 31 of that Convention, which reads as follows:
'Article 31
This Convention shall be ratified by the signatory States. The instruments of ratification shall be deposited with the Secretary-General of the Council of the European Communities.'
The ratification of the 1996 Accession Convention is governed by Article 15 of that Convention, which reads as follows:
'Article 15
This Convention shall be ratified by the signatory States. The instruments of ratification shall be deposited with the Secretary-General of the Council of the European Union.'
[74] The entry into force of the 1978 and 1982 Accession Convention was governed by Articles 39 and 15 of those Conventions.

Article 63

The Contracting States recognize that any State which becomes a member of the European Economic Community shall be required to accept this Convention as a basis for the negotiations between the Contracting States and that State necessary to ensure the implementation of the last paragraph of Article 220 of the Treaty establishing the European Economic Community.

The necessary adjustments may be the subject of a special convention between the Contracting States of the one part and the new Member States of the other part.

Article 64[75]

The Secretary-General of the Council of the European Communities shall notify the signatory States of:
(a) the deposit of each instrument of ratification;
(b) the date of entry into force of this Convention;
(c) ... [76];
(d) any declaration received pursuant to Article IV of the Protocol;
(e) any communication made pursuant to Article VI of the Protocol.

The entry into force of the 1989 Accession Convention is governed by Article 32 of that Convention, which reads as follows:
‚Article 32
1. This Convention shall enter into force on the first day of the third month following the date on which two signatory States, of which one is the Kingdom of Spain or the Portuguese Republic, deposit their instruments of ratification.
2. This Convention shall take effect in relation to any other signatory State on the first day of the third month following the deposit of its instrument of ratification.'
The entry into force of the 1996 Accession Convention is governed by Article 16 of that Convention, which reads as follows:
‚Article 16
1. This Convention shall enter into force on the first day of the third month following the date on which two signatory States, one of which is the Republic of Austria, the Republic of Finland or the Kingdom of Sweden, deposit their instruments of ratification.
2. This Convention shall produce its effects for any other signatory State on the first day of the third month following the deposit of its instrument of ratification.'.

[75] Notification concerning the 1978 and 1982 Accession Conventions is governed by Articles 40 and 16 of those Conventions.
Notification concerning the 1989 Accession Convention is governed by Article 33 of that Convention, which reads as follows:
‚Article 33
The Secretary-General of the Council of the European Communities shall notify the signatory States of:
(a) the deposit of each instrument of ratification;
(b) the dates of entry into force of this Convention for the Contracting States.'
Notification concerning the 1996 Accession Convention is governed by Article 17 of that Convention, which reads as follows:
‚Article 17
The Secretary-General of the Council of the European Union shall notify the signatory States of:
(a) the deposit of each instrument of ratification;
(b) the dates of entry into force of this Convention for the Contracting States.'

[76] Article 22 of the 1989 Accession Convention provides for the deletion of letter (c) as amended by Article 28 of the 1978 Accession Convention.

Article 65
The Protocol annexed to this Convention by common accord of the Contracting States shall form an integral part thereof.

Article 66
This Convention is concluded for an unlimited period.

Article 67
Any Contracting State may request the revision of this Convention. In this event, a revision conference shall be convened by the President of the Council of the European Communities.

Article 68[77]
This Convention, drawn up in a single original in the Dutch, French, German and Italian languages, all four texts being equally authentic, shall be deposited in the archives of the Secretariat of the Council of the European Communities. The Sec-

---

[77] An indication of the authentic texts of the Accession Conventions is to be found in the following provisions:
– with regard to the 1978 Accession Convention, in Article 41 of that Convention, which reads as follows:
‚Article 41
This Convention, drawn up in a single original in the Danish, Dutch, English, French, German, Irish and Italian languages, all seven texts being equally authentic, shall be deposited in the archives of the Secretariat of the Council of the European Communities. The Secretary-General shall transmit a certified copy to the Government of each signatory State.‘,
– with regard to the 1982 Accession Convention, in Article 17 of that Convention, which reads as follows:
‚Article 17
This Convention, drawn up in a single original in the Danish, Dutch, English, French, German, Greek, Irish and Italian languages, all eight texts being equally authentic, shall be deposited in the archives of the General Secretariat of the Council of the European Communities. The Secretary-General shall transmit a certified copy to the Government of each signatory State.‘,
– with regard to the 1989 Accession Convention, in Article 34 of that Convention, which reads as follows:
‚Article 34
This Convention, drawn up in a single original in the Danish, Dutch, English, French, German, Greek, Irish, Italian, Portuguese and Spanish languages, all 10 texts being equally authentic, shall be deposited in the archives of the General Secretariat of the Council of the European Communities. The Secretary-General shall transmit a certified copy to the Government of each signatory State.‘,
– with regard to the 1996 Accession Convention, in Article 18 of that Convention, which reads as follows:
‚Article 18
This Convention, drawn up in a single original in the Danish, Dutch, English, Finnish, French, German, Greek, Irish, Italian, Portuguese, Spanish and Swedish languages, all 12 texts being equally authentic, shall be deposited in the archives of the General Secretariat of the Council of the European Union. The Secretary-General shall transmit a certified copy to the Government of each signatory State.‘

retary-General shall transmit a certified copy to the Government of each signatory State[78].

---

[78] Legal backing for the drawing-up of the authentic texts of the 1968 Convention in the official languages of the acceding Member States is to be found:
– with regard to the 1978 Accession Convention, in Article 37 of that Convention, which reads as follows:
‚Article 37
The Secretary-General of the Council of the European Communities shall transmit a certified copy of the 1968 Convention and of the 1971 Protocol in the Dutch, French, German and Italian languages to the Governments of the Kingdom of Denmark, Ireland and the United Kingdom of Great Britain and Northern Ireland.
The texts of the 1968 Convention and the 1971 Protocol, drawn up in the Danish, English and Irish languages, shall be annexed to this Convention. The texts drawn up in the Danish, English and Irish languages shall be authentic under the same conditions as the original texts of the 1968 Convention and the 1971 Protocol.‘
– with regard to the 1982 Accession Convention, in Article 13 of that Convention, which reads as follows:
‚Article 13
The Secretary-General of the Council of the European Communities shall transmit a certified copy of the 1968 Convention, of the 1971 Protocol and of the 1978 Convention in the Danish, Dutch, English, French, German, Irish and Italian languages to the Government of the Hellenic Republic.
The texts of the 1968 Convention, of the 1971 Protocol and of the 1978 Convention, drawn up in the Greek language, shall be annexed to this Convention. The texts drawn up in the Greek language shall be authentic under the same conditions as the other texts of the 1968 Convention, the 1971 Protocol and the 1978 Convention.‘
– with regard to the 1989 Accession Convention, in Article 30 of that Convention, which reads as follows:
‚Article 30
1. The Secretary-General of the Council of the European Communities shall transmit a certified copy of the 1968 Convention, of the 1971 Protocol, of the 1978 Convention and of the 1982 Convention in the Danish, Dutch, English, French, German, Greek, Irish and Italian languages to the Governments of the Kingdom of Spain and of the Portuguese Republic.
2. The texts of the 1968 Convention, of the 1971 Protocol, of the 1978 Convention and of the 1982 Convention, drawn up in the Portuguese and Spanish languages, are set out in Annexes II, III, IV and V to this Convention. The texts drawn up in the Portuguese and Spanish languages shall be authentic under the same conditions as the other texts of the 1968 Convention, the 1971 Protocol, the 1978 Convention and the 1982 Convention.‘
– with regard to the 1996 Accession Convention, in Article 14 of that Convention, which reads as follows:
‚Article 14
1. The Secretary-General of the Council of the European Union shall transmit a certified copy of the 1968 Convention, of the 1971 Protocol, of the 1978 Convention, of the 1982 Convention and of the 1989 Convention in the Danish, Dutch, English, French, German, Greek, Irish, Italian, Spanish and Portuguese languages to the Governments of the Republic of Austria, the Republic of Finland and the Kingdom of Sweden.
2. The texts of the 1968 Convention, of the 1971 Protocol, of the 1978 Convention, of the 1982 Convention and of the 1989 Convention, drawn up in the Finnish and Swedish languages, shall be authentic under the same conditions as the other texts of the 1968 Convention, the 1971 Protocol, the 1978 Convention, the 1982 Convention and the 1989 Convention.‘

1. b) Brussels Convention

In witness whereof, the undersigned Plenipotentiaries have affixed their signatures below this Convention.[79]

---

[79] The 1978, 1982 and 1989 Accession Conventions were signed by the respective Plenipotentiaries of the Member States. The signature of the Plenipotentiary of the Kingdom of Denmark to the 1989 Accession Convention is accompanied by the following text:
'Subject to the right to table a territorial reservation concerning the Faroes and Greenland in connection with ratification, but with the possibility of subsequently extending the Convention to cover the Faroes and Greenland.'

c) Lugano Convention of 16 September 1988 on jurisdiction and the enforcement of judgments in civil and commercial matters

Official Journal No. L 319, 25/11/1988 p. 9–33

PREAMBLE

THE HIGH CONTRACTING PARTIES TO THIS CONVENTION,

ANXIOUS to strengthen in their territories the legal protection of persons therein established,

CONSIDERING that it is necessary for this purpose to determine the international jurisdiction of their courts, to facilitate recognition and to introduce an expeditious procedure for securing the enforcement of judgments, authentic instruments and court settlements,

AWARE of the links between them, which have been sanctioned in the economic field by the free trade agreements concluded between the European Economic Community and the States members of the European Free Trade Association,

TAKING INTO ACCOUNT the Brussels Convention of 27 September 1968 on jurisdiction and the enforcement of judgments in civil and commercial matters, as amended by the Accession Conventions under the successive enlargements of the European Communities,

PERSUADED that the extension of the principles of that Convention to the States parties to this instrument will strengthen legal and economic cooperation in Europe,

DESIRING to ensure as uniform an interpretation as possible of this instrument,

HAVE in this spirit DECIDED to conclude this Convention and

HAVE AGREED AS FOLLOWS:

TITLE I. SCOPE

Article 1

This Convention shall apply in civil and commercial matters whatever the nature of the court or tribunal. It shall not extend, in particular, to revenue, customs or administrative matters.

The Convention shall not apply to:

1. the status or legal capacity of natural persons, rights in property arising out of a matrimonial relationship, wills and succession;
2. bankruptcy, proceedings relating to the winding-up of insolvent companies or other legal persons, judicial arrangements, compositons and analogous proceedings;
3. social security;
4. arbitration.

TITLE II. JURISDICTION

Section I. General provisions

Article 2
Subject to the provisions of this Convention, persons domiciled in a Contracting State shall, whatever their nationality, be sued in the courts of that State.
Persons who are not nationals of the State in which they are domiciled shall be governed by the rules of jurisdiction applicable to nationals of that State.

Article 3
Persons domiciled in a Contracting State may be sued in the courts of another Contracting State only by virtue of the rules set out in Sections 2 to 6 of this Title. In particular the following provisions shall not be applicable as against them:
– in Belgium: Article 15 of the civil code (Code civil – Burgerlijk Wetboek) and Article 638 of the judicial code (Code judiciaire – Gerechtelijk Wetboek),
– in Denmark: Article 246 (2) and (3) of the law on civil procedure (Lov om rettens pleje),
– in the Federal Republic of Germany: Article 23 of the code of civil procedure (Zivilprozessordnung),
– in Greece: Article 40 of the code of civil procedure (Κώδικας Πολιτικής Δικονομίας),
– in France: Articles 14 and 15 of the civil code (Code civil),
– in Ireland: the rules which enable jurisdiction to be founded on the document instituting the proceedings having been served on the defendant during his temporary presence in Ireland,
– in Iceland: Article 77 of the Civil Proceedings Act (lög um meðferð einkamála í héraði),
– in Italy: Articles 2 and 4, Nos 1 and 2 of the code of civil procedure (Codice di procedura civile),
– in Luxembourg: Articles 14 and 15 of the civil code (Code civil),
– in the Netherlands: Articles 126 (3) and 127 of the code of civil procedure (Wetboek van Burgerlijke Rechtsvordering),
– in Norway: Section 32 of the Civil Proceedings Act (tvistemålsloven),
– in Austria: Article 99 of the Law on Court Jurisdiction (Jurisdiktionsnorm)
– in Portugal: Articles 65 (1)(c), 65 (2) and 65A (c) of the code of civil procedure (Código de Processo Civil) and Article 11 of the code of labour procedure (Código de Processo de Trabalho),
– in Switzerland: le for du lieu du séquestre/Gerichtsstand des Arrestortes/foro del luogo del sequestro within the meaning of Article 4 of the loi fédérale sur le droit international privé/Bundesgesetz über das internationale Privatrecht/legge federale sul diritto internazionale privato,
– in Finland: the second, third and fourth sentences of Section 1 of Chapter 10 of the Code of Judicial Procedure (oikeudenkäymiskaari/rättegångsbalken),
– in Sweden: the first sentence of Section 3 of Chapter 10 of the Code of Judicial Procedure (Rättegångsbalken),
– in the United Kingdom: the rules which enable jurisdiction to be founded on:

(a) the document instituting the proceedings having been served on the defendant during his temporary presence in the United Kingdom; or
(b) the presence within the United Kingdom of property belonging to the defendant; or
(c) the seizure by the plaintiff of property situated in the United Kingdom.

Article 4
If the defendant is not domiciled in a Contracting State, the jurisdiction of the courts of each Contracting State shall, subject to the provisions of Article 16, be determined by the law of that State.
As against such a defendant, any person domiciled in a Contracting State may, whatever his nationality, avail himself in that State of the rules of jurisdiction there in force, and in particular those specified in the second paragraph of Article 3, in the same way as the nationals of that State.

Section 2. Special jurisdiction

Article 5
A person domiciled in a Contracting State may, in another Contracting State, be sued:
1. in matters relating to a contract, in the courts for the place of performance of the obligation in question; in matters relating to individual contracts of employment, this place is that where the employee habitually carries out his work, or if the employee does not habitually carry out his work in any one country, this place shall be the place of business through which he was engaged;
2. in matters relating to maintenance, in the courts for the place where the maintenance creditor is domiciled or habitually resident or, if the matter is ancillary to proceedings concerning the status of a person, in the court which, according to its own law, has juridiction to entertain those proceedings, unless that jurisdiction is based solely on the nationality of one of the parties;
3. in matters relating to tort, delict or quasi-delict, in the courts for the place where the harmful event occurred;
4. as regards a civil claim for damages or restitution which is based on an act giving rise to criminal proceedings, in the court seised of those proceedings, to the extent that that court has jurisdiction under its own law to entertain civil proceedings;
5. as regards a dispute arising out of the operations of a branch, agency or other establishment, in the courts for the place in which the branch, agency or other establishment is situated;
6. in his capacity as settlor, trustee or beneficiary of a trust created by the operation of a statute, or by a written instrument, or created orally and evidenced in writing, in the courts of the Contracting State in which the trust is domiciled;
7. as regards a dispute concerning the payment of remuneration claimed in respect of the salvage of a cargo or freight, in the court under the authority of which the cargo or freight in question:
(a) has been arrested to secure such payment, or
(b) could have been so arrested, but bail or other security has been given;
provided that this provision shall apply only if it is claimed that the defendant has an interest in the cargo or freight or had such an interest at the time of salvage.

Article 6
A person domiciled in a Contracting State may also be sued:
1. where he is one of a number of defendants, in the courts for the place where any one of them is domiciled;
2. as a third party in an action on a warranty or guarantee or in any other third party proceedings, in the court seised of the original proceedings, unless these were instituted solely with the object of removing him from the jurisdiction of the court which would be competent in his case;
3. on a counterclaim arising from the same contract or facts on which the original claim was based, in the court in which the original claim is pending;
4. in matters relating to a contract, if the action may be combined with an action against the same defendant in
matters relating to rights in rem in immovable property, in the court of the Contracting State in which the property is situated.

Article 6A
Where by virtue of this Convention a court of a Contracting State has jurisdiction in actions relating to liability arising from the use or operation of a ship, that court, or any other court substituted for this purpose by the internal law of that State, shall also have jurisdiction over claims for limitation of such liability.

Section 3. Jurisdiction in matters relating to insurance

Article 7
In matters relating to insurance, jurisdiction shall be determined by this Section, without prejudice to the provisions of Articles 4 and 5 (5).

Article 8
An insurer domiciled in a Contracting State may be sued:
1. in the courts of the State where he is domiciled; or
2. in another Contracting State, in the courts for the place where the policy-holder is domiciled; or
3. if he is a co-insurer, in the courts of a Contracting State in which proceedings are brought against the leading insurer.
An insurer who is not domiciled in a Contracting State but has a branch, agency or other establishment in one of the Contracting States shall, in disputes arising out of the operations of the branch, agency or establishment, be deemed to be domiciled in that State.

Article 9
In respect of liability insurance or insurance of immovable property, the insurer may in addition be sued in the courts for the place where the harmful event occurred. The same applies if movable and immovable property are covered by the same insurance policy and both are adversely affected by the same contingency.

Article 10
In respect of liability insurance, the insurer may also, if the law of the court permits it, be joined in proceedings which the injured party has brought against the insured.

The provisions of Articles 7, 8 and 9 shall apply to actions brought by the injured party directly against the insurer, where such direct actions are permitted.
If the law governing such direct actions provides that the policy-holder or the insured may be joined as a party to the action, the same court shall have jurisdiction over them.

Article 11
Without prejudice to the provisions of the third paragraph of Article 10, an insurer may bring proceedings only in the courts of the Contracting State in which the defendant is domiciled, irrespective of whether he is the policy-holder, the insured or a beneficiary.
The provisions of this Section shall not affect the right to bring a counterclaim in the court in which, in accordance with this Section, the original claim is pending.

Article 12
The provisions of this Section may be departed from only by an agreement on jurisdiction:
1. which is entered into after the dispute has arisen; or
2. which allows the policy-holder, the insured or a beneficiary to bring proceedings in courts other than those indicated in this Section; or
3. which is concluded between a policy-holder and an insurer, both of whom are at the time of conclusion of the contract domiciled or habitually resident in the same Contracting State, and which has the effect of conferring jurisdiction on the courts of that State even if the harmful event were to occur abroad, provided that such an agreement is not contrary to the law of the State; or
4. which is concluded with a policy-holder who is not domiciled in a Contracting State, except in so far as the insurance is compulsory or relates to immovable property in a Contracting State; or
5. which relates to a contract of insurance in so far as it covers one or more of the risks set out in Article 12A.

Article 12A
The following are the risks referred to in Article 12 (5):
1. any loss of or damage to:
(a) sea-going ships, installations situated off shore or on the high seas, or aircraft, arising from perils which relate to their use for commercial purposes;
(b) goods in transit other than passengers' baggage where the transit consists of or includes carriage by such ships or aircraft;
2. any liability, other than for bodily injury to passengers or loss of or damage to their baggage;
(a) arising out of the use or operation of ships, installations or aircraft as referred to in (1)(a) above in so far as the law of the Contracting State in which such aircraft are registered does not prohibit agreements on jurisdiction regarding insurance of such risks;
(b) for loss or damage caused by goods in transit as described in (1)(b) above;
3. any financial loss connected with the use or operation of ships, installations or aircraft as referred to in (1)(a) above, in particular loss of freight or charter-hire;
4. any risk or interest connected with any of those referred to in (1) to (3) above.

Section 4. Jurisdiction over consumer contracts

Article 13
In proceedings concerning a contract concluded by a person for a purpose which can be regarded as being outside his trade or profession, hereinafter called 'the consumer', jurisdiction shall be determined by this Section, without prejudice to the provisions of Articles 4 and 5 (5), if it is:
1. a contract for the sale of goods on instalment credit terms; or
2. a contract for a loan repayable by instalments, or for any other form of credit, made to finance the sale of goods; or
3. any other contract for the supply of goods or a contract for the supply of services, and
(a) in the State of the consumer's domicile the conclusion of the contract was preceded by a specific invitation addressed to him or by advertising, and
(b) the consumer took in that State the steps necessary for the conclusion of the contract.
Where a consumer enters into a contract with a party who is not domiciled in a Contracting State but has a branch, agency or other establishment in one of the Contracting States, that party shall, in disputes arising out of the operations of the branch, agency or establishment, be deemed to be domiciled in that State.
This Section shall not apply to contracts of transport.

Article 14
A consumer may bring proceedings against the other party to a contract either in the courts of the Contracting State in which that party is domiciled or in the courts of the Contracting State in which he is himself domiciled.
Proceedings may be brought against a consumer by the other party to the contract only in the courts of the Contracting State in which the consumer is domiciled.
These provisions shall not affect the right to bring a counterclaim in the court in which, in accordance with this Section, the original claim is pending.

Article 15
The provisions of this Section may be departed from only by an agreement:
1. which is entered into after the dispute has arisen; or
2. which allows the consumer to bring proceedings in courts other than those indicated in this Section; or
3. which is entered into by the consumer and the other party to the contract, both of whom are at the time of conclusion of the contract domiciled or habitually resident in the same Contracting State, and which confers jurisdiction on the courts of that State, provided that such an agreement is not contrary to the law of that State.

Section 5. Exclusive jurisdiction

Article 16
The following courts shall have exclusive jurisdiction, regardless of domicile:
1. (a) in proceedings which have as their object rights in rem in immovable property or tenancies of immovable property, the courts of the Contracting State in which the property is situated;

(b) however, in proceedings which have as their object tenancies of immovable property concluded for temporary private use for a maximum period of six consecutive months, the courts of the Contracting State in which the defendant is domiciled shall also have jurisdiction, provided that the tenant is a natural person and neither party is domiciled in the Contracting State in which the property is situated;
2. in proceedings which have as their object the validity of the constitution, the nullity or the dissolution of companies or other legal persons or associations of natural or legal persons, or the decisions of their organs, the courts of the Contracting State in which the company, legal person or association has its seat;
3. in proceedings which have as their object the validity of entries in public registers, the courts of the Contracting State in which the register is kept;
4. in proceedings concerned with the registration or validity of patents, trade marks, designs, or other similar rights required to be deposited or registered, the courts of the Contracting State in which the deposit or registration has been applied for, has taken place or is under the terms of an international convention deemed to have taken place;
5. in proceedings concerned with the enforcement of judgments, the courts of the Contracting State in which the judgment has been or is to be enforced.

Section 6. Prorogation of jurisdiction

Article 17

1. If the parties, one or more of whom is domiciled in a Contracting State, have agreed that a court or the courts of a Contracting State are to have jurisdiction to settle any disputes which have arisen or which may arise in connection with a particular legal relationship, that court or those courts shall have exclusive jurisdiction. Such an agreement conferring jurisdiction shall be either:
(a) in writing or evidenced in writing, or
(b) in a form which accords with practices which the parties have established between themselves, or
(c) in international trade or commerce, in a form which accords with a usage of which the parties are or ought to have been aware and which in such trade or commerce is widely known to, and regularly observed by, parties to contracts of the type involved in the particular trade or commerce concerned.
Where such an agreement is concluded by parties, none of whom is domiciled in a Contracting State, the courts of other Contracting States shall have no jurisdiction over their disputes unless the court or courts chosen have declined jurisdiction.
2. The court or courts of a Contracting State on which a trust instrument has conferred jurisdiction shall have exclusive jurisdiction in any proceedings brought against a settlor, trustee or beneficiary, if relations between these persons or their rights or obligations under the trust are involved.
3. Agreements or provisions of a trust instrument conferring jurisdiction shall have no legal force if they are contrary to the provisions of Article 12 or 15, or if the courts whose jurisdiction they purport to exclude have exclusive jurisdiction by virtue of Article 16.
4. If an agreement conferring jurisdiction was concluded for the benefit of only one of the parties, that party shall retain the right to bring proceedings in any other court which has jurisdiction by virtue of this Convention.

5. In matters relating to individual contracts of employment an agreement conferring jurisdiction shall have legal force only if it is entered into after the dispute has arisen.

Article 18
Apart from jurisdiction derived from other provisions of this Convention, a court of a Contracting State before whom a defendant enters an appearance shall have jurisdiction. This rule shall not apply where appearance was entered solely to contest the jurisdiction, or where another court has exclusive jurisdiction by virtue of Article 16.

Section 7. Examination as to jurisdiction and admissibility

Article 19
Where a court of a Contracting State is seised of a claim which is principally concerned with a matter over which the courts of another Contracting State have exclusive jurisdiction by virtue of Article 16, it shall declare of its own motion that it has no jurisdiction.

Article 20
Where a defendant domiciled in one Contracting State is sued in a court of another Contracting State and does not enter an appearance, the court shall declare of its own motion that it has no jurisdiction unless its jurisdiction is derived from the provisions of this Convention.
The court shall stay the proceedings so long as it is not shown that the defendant has been able to receive the document instituting the proceedings or an equivalent document in sufficient time to enable him to arrange for his defence, or that all necessary steps have been taken to this end.
The provisions of the foregoing paragraph shall be replaced by those of Article 15 of the Hague Convention of 15 November 1965 on the service abroad of judicial and extrajudicial documents in civil or commercial matters, if the document instituting the proceedings or notice thereof had to be transmitted abroad in accordance with that Convention.

Section 8. Lis Pendens related actions

Article 21
Where proceedings involving the same cause of action and between the same parties are brought in the courts of different Contracting States, any court other than the court first seised shall of its own motion stay its proceedings until such time as the jurisdiction of the court first seised is established.
Where the jurisdiction of the court first seised is established, any court other than the court first seised shall decline jurisdiction in favour of that court.

Article 22
Where related actions are brought in the courts of different Contracting States, any court other than the court first seised may, while the actions are pending at first instance, stay its proceedings.

A court other than the court first seised may also, on the application of one of the parties, decline jurisdiction if the law of that court permits the consolidation of related actions and the court first seised has jurisdiction over both actions.
For the purposes of this Article, actions are deemed to be related where they are so closely connected that it is expedient to hear and determine them together to avoid the risk of irreconcilable judgments resulting from separate proceedings.

Article 23
Where actions come within the exclusive jurisdiction of several courts, any court other than the court first seised shall decline jurisdiction in favour of that court.

Section 9. Provisional, including protective, measures

Article 24
Application may be made to the courts of a Contracting State for such provisional, including protective, measures as may be available under the law of that State, even if, under this Convention, the courts of another Contracting State have jurisdiction as to the substance of the matter.

TITLE III. RECOGNITION AND ENFORCEMENT

Article 25
For the purposes of this Convention, 'judgment' means any judgment given by a court or tribunal of a Contracting State, whatever the judgment may be called, including a decree, order, decision or writ of execution, as well as the determination of costs or expenses by an officer of the court.

Section 1. Recognition

Article 26
A judgment given in a Contracting State shall be recognized in the other Contracting States without any special procedure being required.
Any interested party who raises the recognition of a judgment as the principal issue in a dispute may, in accordance with the procedures provided for in Section 2 and 3 of this Title, apply for a decision that the judgment be recognized.
If the outcome of proceedings in a court of a Contracting State depends on the determination of an incidental question of recognition that court shall have jurisdiction over that question.

Article 27
A judgment shall not be recognized:
1. if such recognition is contrary to public policy in the State in which recognition is sought;
2. where it was given in default of appearance, if the defendant was not duly served with the document which instituted the proceedings or with an equivalent document in sufficient time to enable him to arrange for his defence;
3. if the judgment is irreconcilable with a judgment given in a dispute between the same parties in the State in which recognition is sought;

4. if the court of the State of origin, in order to arrive at
its judgment, has decided a preliminary question concerning the status or legal capacity of natural persons, rights in property arising out of a matrimonial relationship, wills or succession in a way that conflicts with a rule of the private international law of the State in which the recognition is sought, unless the same result would have been reached by the application of the rules of private international law of that State;
5. if the judgment is irreconcilable with an earlier judgment given in a non-contracting State involving the same cause of action and between the same parties, provided that this latter judgment fulfils the conditions necessary for its recognition in the State addressed.

Article 28
Moreover, a judgment shall not be recognized if it conflicts with the provisions of Sections 3, 4 or 5 of Title II or in a case provided for in Article 59.
A judgment may furthermore be refused recognition in any case provided for in Article 54B (3) or 57 (4).
In its examination of the grounds of jurisdiction referred to in the foregoing paragraphs, the court or authority applied to shall be bound by the findings of fact on which the court of the State of origin based its jurisdiction.
Subject to the provisions of the first and second paragraphs, the jurisdiction of the court of the State of origin may not be reviewed; the test of public policy referred to in Article 27 (1) may not be applied to the rules relating to jurisdiction.

Article 29
Under no circumstances may a foreign judgment be reviewed as to its substance.

Article 30
A court of a Contracting State in which recognition is sought of a judgment given in another Contracting State may stay the proceedings if an ordinary appeal against the judgment has been lodged.
A court of a Contracting State in which recognition is sought of a judgment given in Ireland or the United Kingdom may stay the proceedings if enforcement is suspended in the State of origin by reason of an appeal.

Section 2. Enforcement

Article 31
A judgment given in a Contracting State and enforceable in that State shall be enforced in another Contracting State when, on the application of any interested party, it has been declared enforceable there.
However, in the United Kingdom, such a judgment shall be enforced in England and Wales, in Scotland, or in Northern Ireland when, on the application of any interested party, it has been registered for enforcement in that part of the United Kingdom.

Article 32
1. The application shall be submitted:

- in Belgium, to the tribunal de première instance or rechtbank van eerste aanleg,
- in Denmark, to the byret,
- in the Federal Republic of Germany, to the presiding judge of a chamber of the Landgericht,
- in Greece, to the Μονομελές Πρωτοδικείο,
- in Spain, to the Juzgado de Primera Instancia,
- in France, to the presiding judge of the tribunal de grande instance,
- in Ireland, to the High Court,
- in Iceland, to the héraðsdómari,
- in Italy, to the corte d'appello,
- in Luxembourg, to the presiding judge of the tribunal d'arrondissement,
- in the Netherlands, to the presiding judge of the arrondissementsrechtbank,
- in Norway, to the herredsrett or byrett as namsrett,
- in Austria, to the Landesgericht or the Kreisgericht,
- in Portugal, to the Tribunal Judicial de Círculo,
- in Switzerland:

(a) in respect of judgments ordering the payment of a sum of money, to the juge de la mainlevée/Rechtsöffnungsrichter/giudice competente a pronunciare sul rigetto dell'opposizione, within the framework of the procedure governed by Articles 80 and 81 of the loi fédérale sur la poursuite pour dettes et la faillite/Bundesgesetz über Schuldbetreibung und Konkurs/legge federale sulla esecuzione e sul fallimento;

(b) in respect of judgments ordering a performance other than the payment of a sum of money, to the juge cantonal d'exequatur compétent/zuständiger kantonaler Vollstreckungsrichter/giudice cantonale competente a pronunciare l'exequatur,

- in Finland, to the ulosotonhaltija/överexekutor,
- in Sweden, to the Svea hovrätt,
- in the United Kingdom:

(a) in England and Wales, to the High Court of Justice, or in the case of a maintenance judgment to the Magistrates' Court on transmission by the Secretary of State;

(b) in Scotland, to the Court of Session, or in the case of a maintenance judgment to the Sheriff Court on transmission by the Secretary of State;

(c) in Northern Ireland, to the High Court of Justice, or in the case of a maintenance judgment to the Magistrates' Court on transmission by the Secretary of State.

2. The jurisdiction of local courts shall be determined by reference to the place of domicile of the party against whom enforcement is sought. If he is not domiciled in the State in which enforcement is sought, it shall be determined by reference to the place of enforcement.

Article 33

The procedure for making the application shall be governed by the law of the State in which enforcement is sought.

The applicant must give an address for service of process within the area of jurisdiction of the court applied to. However, if the law of the State in which enforcement is sought does not provide for the furnishing of such an address, the applicant shall appoint a representative ad litem.

The documents referred to in Articles 46 and 47 shall be attached to the application.

Article 34

The court applied to shall give its decision without delay; the party against whom enforcement is sought shall not at this stage of the proceedings be entitled to make any submissions on the application.
The application may be refused only for one of the reasons specified in Articles 27 and 28.
Under no circumstances may the foreign judgment be reviewed as to its substance.

Article 35

The appropriate officer of the court shall without delay bring the decision given on the application to the notice of the applicant in accordance with the procedure laid down by the law of the State in which enforcement is sought.

Article 36

If enforcement is authorized, the party against whom enforcement is sought may appeal against the decision within one month of service thereof.
If that party is domiciled in a Contracting State other than that in which the decision authorizing enforcement was given, the time for appealing shall be two months and shall run from the date of service, either on him in person or at his residence. N° extension of time may be granted on account of distance.

Article 37

1. An appeal against the decision authorizing enforcement shall be lodged in accordance with the rules governing procedure in contentious matters:
– in Belgium, with the tribunal de première instance or rechtsbank van eerste aanleg,
– in Denmark, with the landsret,
– in the Federal Republic of Germany, with the Oberlandesgericht,
– in Greece, with the εφετείο,
– in Spain, with the Audiencia Provincial,
– in France, with the cour d'appel,
– in Ireland, with the High Court,
– in Iceland, with the héraðsdómari,
– in Italy, with the corte d'appello,
– in Luxembourg, with the Cour supérieure de justice sitting as a court of civil appeal,
– in the Netherlands, with the arrondissementsrechtsbank,
– in Norway, with the lagmannsrett,
– in Austria, with the Landesgericht or the Kreisgericht,
– in Portugal, with the Tribunal da Relação,
– in Switzerland, with the tribunal cantonal/Kantonsgericht/tribunale cantonale,
– in Finland, with the hovioikeus/hovrätt,
– in Sweden, with the Svea hovrätt,
– in the United Kingdom:
(a) in England and Wales, with the High Court of Justice, or in the case of a maintenance judgment with the Magistrates' Court;
(b) in Scotland, with the Court of Session, or in the case of a maintenance judgment with the Sheriff Court;
(c) in Northern Ireland, with the High Court of Justice, or in the case of a maintenance judgment with the Magistrates' Court.

2. The judgment given on the appeal may be contested only:
- in Belgium, Greece, Spain, France, Italy, Luxembourg and in the Netherlands, by an appeal in cassation,
- in Denmark, by an appeal to the højesteret, with the leave of the Minister of Justice,
- in the Federal Republic of Germany, by a Rechtsbeschwerde,
- in Ireland, by an appeal on a point of law to the Supreme Court,
- in Iceland, by an appeal to the Hæstiréttur,
- in Norway, by an appeal (kjæremål or anke) to the Høyesteretts kjæremålsutvalg or Høyesterett,
- in Austria, in the case of an appeal, by a Revisionsrekurs and, in the case of opposition proceedings, by a Berufung with the possibility of a Revision,
- in Portugal, by an appeal on a point of law,
- in Switzerland, by a recours de droit public devant le tribunal fédéral/staatsrechtliche Beschwerde beim Bundesgericht/ricorso di diritto pubblico davanti al tribunale federale,
- in Finland, by an appeal to the korkein oikeus/högsta domstolen,
- in Sweden, by an appeal to the högsta domstolen,
- in the United Kingdom, by a single further appeal on a point of law.

Article 38
The court with which the appeal under Article 37 (1) is lodged may, on the application of the appellant, stay the proceedings if an ordinary appeal has been lodged against the judgment in the State of origin or if the time for such an appeal has not yet expired; in the latter case, the court may specify the time within which such an appeal is to be lodged.
Where the judgment was given in Ireland or the United Kingdom, any form of appeal available in the State of origin shall be treated as an ordinary appeal for the purposes of the first paragraph.
The court may also make enforcement conditional on the provision of such security as it shall determine.

Article 39
During the time specified for an appeal pursuant to Article 36 and until any such appeal has been determined, no measures of enforcement may be taken other than protective measures taken against the property of the party against whom enforcement is sought.
The decision authorizing enforcement shall carry with it the power to proceed to any such protective measures.

Article 40
1. If the application for enforcement is refused, the applicant may appeal:
- in Belgium, to the cour d'appel or hof van beroep,
- in Denmark, to the landsret,
- in the Federal Republic of Germany, to the Oberlandesgericht,
- in Greece, to the εφετείο,
- in Spain, to the Audiencia Provincial,
- in France, to the cour d'appel,

1. c) Lugano Convention

- in Ireland, to the High Court,
- in Iceland, to the héraðsdómari,
- in Italy, to the corte d'appello,
- in Luxembourg, to the Cour supérieure de justice sitting as a court of civil appeal,
- in the Netherlands, to the gerechtshof,
- in Norway, to the lagmannsrett,
- in Austria, to the Landesgericht or the Kreisgericht,
- in Portugal, to the Tribunal da Relação,
- in Switzerland, to the tribunal cantonal/Kantonsgericht/tribunale cantonale,
- in Finland, to the hovioikeus/hovrätt,
- in Sweden, to the Svea hovrätt,
- in the United Kingdom:
(a) in England and Wales, to the High Court of Justice, or in the case of a maintenance judgment to the Magistrates' Court;
(b) in Scotland, to the Court of Session, or in the case of a maintenance judgment to the Sheriff Court;
(c) in Northern Ireland, to the High Court of Justice, or in the case of a maintenance judgment to the Magistrates' Court.
2. The party against whom enforcement is sought shall be summoned to appear before the appellate court. If he fails to appear, the provisions of the second and third paragraphs of Article 20 shall apply even where he is not domiciled in any of the Contracting States.

Article 41
A judgment given on an appeal provided for in Article 40 may be contested only:
- in Belgium, Greece, Spain, France, Italy, Luxembourg and in the Netherlands, by an appeal in cassation,
- in Denmark, by an appeal to the højesteret, with the leave of the Minister of Justice,
- in the Federal Republic of Germany, by a Rechtsbeschwerde,
- in Ireland, by an appeal on a point of law to the Supreme Court,
- in Iceland, by an appeal to the Hæstiréttur,
- in Norway, by an appeal (kjæremål or anke) to the Høyesteretts kjæremålsutvalg or Høyesterett,
- in Austria, by a Revisionsrekurs,
- in Portugal, by an appeal on a point of law,
- in Switzerland, by a recours de droit public devant le tribunal fédéral/staatsrechtliche Beschwerde beim Bundesgericht/ricorso di diritto pubblico davanti al tribunale federale,
- in Finland, by an appeal to the korkein oikeus/högsta domstolen,
- in Sweden, by an appeal to the högsta domstolen,
- in the United Kingdom, by a single further appeal on a point of law.

Article 42
Where a foreign judgment has been given in respect of several matters and enforcement cannot be authorized for all of them, the court shall authorize enforcement for one or more of them.
An applicant may request partial enforcement of a judgment.

Article 43
A foreign judgment which orders a periodic payment by way of a penalty shall be enforceable in the State in which enforcement is sought only if the amount of the payment has been finally determined by the courts of the State of origin.

Article 44
An applicant who, in the State of origin, has benefited from complete or partiyl legal aid or exemption from costs or expenses, shall be entitled, in the procedures provided for in Articles 32 to 35, to benefit from the most favourable legal aids or the most extensive exemption from costs or expenses provided for by the law of the State addressed.
However, an applicant who requests the enforcement of a decision given by an administrative authority in Denmark or in Iceland in respect of a maintenance order may, in the State addressed, claim the benefits referred to in the first paragraph if he presents a statement from, respectively, the Danish Ministry of Justice or the Icelandic Ministry of Justice to the effect that he fulfils the economic requirements to qualify for the grant of complete or partial legal aid or exemption from costs or expenses.

Article 45
No security, bond or deposit, however described, shall be required of a party who in one Contracting State applies for enforcement of a judgment given in another Contracting State on the ground that he is a foreign national or that he is not domiciled or resident in the State in which enforcement is sought.

Section 3. Common provisions

Article 46
A party seeking recognition or applying for enforcement of a judgment shall produce:
1. a copy of the judgment which satisfies the conditions necessary to establish its authenticity;
2. in the case of a judgment given in default, the original or a certified true copy of the document which establishes that the party in default was served with the document instituting the proceedings or with an equivalent document.

Article 47
A party applying for enforcement shall also produce:
1. documents which establish that, according to the law of the State of origin, the judgment is enforceable and has been served;
2. where appropriate, a document showing that the applicant is in receipt of legal aid in the State of origin.

Article 48
If the documents specified in Articles 46 (2) and 47 (2) are not produced, the court may specify a time for their production, accept equivalent documents or, if it considers that it has sufficient information before it, dispense with their production.
If the court so requires, a translation of the documents shall be produced; the translation shall be certified by a person qualified to do so in one of the Contracting States.

Article 49
No legalization or other similar formality shall be required in respect of the documents referred to in Articles 46 or 47 or the second paragraph of Article 48, or in respect of a document appointing a representative ad litem.

TITLE IV. AUTHENTIC INSTRUMENTS AND COURT SETTLEMENTS

Article 50
A document which has been formally drawn up or registered as an authentic instrument and is enforceable in one Contracting State shall, in another Contracting State, be declared enforceable there, on application made in accordance with the procedures provided for in Articles 31 et seq. The application may be refused only if enforcement of the instrument is contrary to public policy in the State addressed. The instrument produced must satisfy the conditions necessary to establish its authenticity in the State of origin.
The provisions of Section 3 of Title III shall apply as appropriate.

Article 51
A settlement which has been approved by a court in the course of proceedings and is enforceable in the State in which it was concluded shall be enforceable in the State addressed under the same conditions as authentic instruments.

TITLE V. GENERAL PROVISIONS

Article 52
In order to determine whether a party is domiciled in the Contracting State whose courts are seised of a matter, the Court shall apply its internal law.
If a party is not domiciled in the State whose courts are seised of the matter, then, in order to determine whether the party is domiciled in another Contracting State, the court shall apply the law of that State.

Article 53
For the purposes of this Convention, the seat of a company or other legal person or association of natural or legal persons shall be treated as its domicile. However, in order to determine that seat, the court shall apply its rules of private international law.
In order to determine whether a trust is domiciled in the Contracting State whose courts are seised of the matter, the court shall apply its rules of private international law.

TITLE VI. TRANSITIONAL PROVISIONS

Article 54
The provisions of this Convention shall apply only to legal proceedings instituted and to documents formally drawn up or registered as authentic instruments after its entry into force in the State of origin and, where recognition or enforcement of a judgment or authentic instrument is sought, in the State addressed.
However, judgments given after the date of entry into force of this Convention be-

tween the State of origin and the State addressed in proceedings instituted before that date shall be recognized and enforced in accordance with the provisions of Title III if jurisdiction was founded upon rules which accorded with those provided for either in Title II of this Convention or in a convention concluded between the State of origin and the State addressed which was in force when the proceedings were instituted.

If the parties to a dispute concerning a contract had agreed in writing before the entry into force of this Convention that the contract was to be governed by the law of Ireland or of a part of the United Kingdom, the courts of Ireland or of that part of the United Kingdom shall retain the right to exercise jurisdiction in the dispute.

Article 54A

For a period of three years from the entry into force of this Convention for Denmark, Greece, Ireland, Iceland, Norway, Finland and Sweden, respectively, jurisdiction in maritime matters shall be determined in these States not only in accordance with the provisions of Title II, but also in accordance with the provisions of paragraphs 1 to 7 following. However, upon the entry into force of the International Convention relating to the arrest of sea-going ships, signed at Brussels on 10 May 1952, for one of these States, these provisions shall cease to have effect for that State.

1. A person who is domiciled in a Contracting State may be sued in the courts of one of the States mentioned above in respect of a maritime claim if the ship to which the claim relates or any other ship owned by him has been arrested by judicial process within the territory of the latter State to secure the claim, or could have been so arrested there but bail or other security has been given, and either:

(a) the claimant is domiciled in the latter State; or

(b) the claim arose in the latter State; or

(c) the claim concerns the voyage during which the arrest was made or could have been made; or

(d) the claim arises out of a collision or out of damage caused by a ship to another ship or to goods or persons on board either ship, either by the execution or non-execution of a manoeuvre or by the non-observance of regulations; or

(e) the claim is for salvage; or

(f) the claim is in respect of a mortgage or hypothecation of the ship arrested.

2. A claimant may arrest either the particular ship to which the maritime claim relates, or any other ship which is owned by the person who was, at the time when the maritime claim arose, the owner of the particular ship. However, only the particular ship to which the maritime claim relates my be arrested in respect of the maritime claims set out under 5. (o), (p) or (q) of this Article.

3. Ships shall be deemed to be in the same ownership when all the shares therein are owned by the same person or persons.

4. When in the case of a charter by demise of a ship the charterer alone is liable in respect of a maritime claim relating to that ship, the claimant may arrest that ship or any other ship owned by the charterer, but no other ship owned by the owner may be arrested in respect of such claim. The same shall apply to any case in which a person other than the owner of a ship is liable in respect of a maritime claim relating to that ship.

1. c) Lugano Convention

5. The expression 'maritime claim' means a claim arising out of one or more of the following:
(a) damage caused by any ship either in collision or otherwise;
(b) loss of life or personal injury caused by any ship or occurring in connection with the operation on any ship;
(c) salvage;
(d) agreement relating to the use or hire of any ship whether by charterparty or otherwise;
(e) agreement relating to the carriage of goods in any ship whether by charterparty or otherwise;
(f) loss of or damage to goods including baggage carried in any ship;
(g) general average;
(h) bottomry;
(i) towage;
(j) pilotage;
(k) goods or materials wherever supplied to a ship for her operation or maintenance;
(l) construction, repair or equipment of any ship or dock charges and dues;
(m) wages of masters, officers or crew;
(n) master's disbursements, including disbursements made by shippers, charterers or agents on behalf of a ship or her owner;
(o) dispute as to the title to or ownership of any ship;
(p) disputes between co-owners of any ship as to the ownership, possession, employment or earnings of that ship;
(q) the mortgage or hypothecation of any ship.
6. In Denmark, the expression 'arrest' shall be deemed as regards the maritime claims referred to under 5. (o) and (p) of this Article, to include a 'forbud', where that is the only procedure allowed in respect of such a claim under Articles 646 to 653 of the law on civil procedure (lov om rettens pleje).
7. In Iceland, the expression 'arrest' shall be deemed, as regards the maritime claims referred to under 5. (o) and (p) of this Article, to include a 'lögbann', where that is the only procedure allowed in respect of such a claim under Chapter III of the law on arrest and injunction (lög um kyrrsetningu og lögbann).

TITLE VII. RELATIONSHIP TO THE BRUSSELS CONVENTION AND TO OTHER CONVENTIONS

Article 54B
1. This Convention shall not prejudice the application by the Member States of the European Communities of the Convention on Jurisdiction and the Enforcement of Judgments in Civil and Commercial Matters, signed at Brussels on 27 September 1968 and of the Protocol on interpretation of that Convention by the Court of Justice, signed at Luxembourg on 3 June 1971, as amended by the Conventions of Accession to the said Convention and the said Protocol by the States acceding to the European Communities, all of these Conventions and the Protocol being hereinafter referred to as the 'Brussels Convention'.
2. However, this Convention shall in any event be applied:
(a) in matters of jurisdiction, where the defendant is domiciled in the territory of a Contracting State which is not a member of the European Communities, or where

Article 16 or 17 of this Convention confer a jurisdiction on the courts of such a Contracting State;
(b) in relation to a lis pendens or to related actions as provided for in Articles 21 and 22, when proceedings are instituted in a Contracting State which is not a member of the European Communities and in a Contracting State which is a member of the European Communities;
(c) in matters of recognition and enforcement, where either the State of origin or the State addressed is not a member of the European Communities.
3. In addition to the grounds provided for in Title III recognition or enforcement may be refused if the ground of jurisdiction on which the judgment has been based differs from that resulting from this Convention and recognition or
enforcement is sought against a party who is domiciled in a Contracting State which is not a member of the European Communities, unless the judgment may otherwiese be recognized or enforced under any rule of law in the State addressed.

Article 55
Subject to the provisions of Articles 54 (2) and 56, this Convention shall, for the States which are parties to it, supersede the following conventions concluded between two or more of them:
– the Convention between the Swiss Confederation and France on jurisdiction and enforcement of judgments in civil matters, signed at Paris on 15 June 1869,
– the Treaty between the Swiss Confederation and Spain on the mutual enforcement of judgments in civil or commercial matters, signed at Madrid on 19 November 1896,
– the Convention between the Swiss Confederation and the German Reich on the recognition and enforcement of judgments and arbitration awards, signed at Berne on 2 November 1929,
– the Convention between Denmark, Finland, Iceland, Norway and Sweden on the recognition and enforcement of judgments, signed at Copenhagen on 16 March 1932,
– the Convention between the Swiss Confederation and Italy on the recognition and enforcement of judgments, signed at Rome on 3 January 1933,
– the Convention between Sweden and the Swiss Confederation on the recognition and enforcement of judgments and arbitral awards signed at Stockholm on 15 January 1936,
– the Convention between the Kingdom of Belgium and Austria on the reciprocal recognition and enforcement of judgments and authentic instruments relating to maintenance obligations, signed at Vienna on 25 October 1957,
– the Convention between the Swiss Confederation and Belgium on the recognition and enforcement of judgments and arbitration awards, signed at Berne on 29 April 1959,
– the Convention between the Federal Republic of Germany and Austria on the reciprocal recognition and enforcement of judgments, settlements and authentic instruments in civil and commercial matters, signed at Vienna on 6 June 1959,
– the Convention between the Kingdom of Belgium and Austria on the reciprocal recognition and enforcement of judgments, arbitral awards and authentic instruments in civil and commercial matters, signed at Vienna on 16 June 1959,
– the Convention between Austria and the Swiss Confederation on the recognition and enforcement of judgments, signed at Berne on 16 December 1960,

– the Convention between Norway and the United Kingdom providing for the reciprocal recognition and enforcement of judgments in civil matters, signed at London on 12 June 1961,
– the Convention between the United Kingdom and Austria providing for the reciprocal recognition and enforcement of judgments in civil and commercial matters, signed at Vienna on 14 July 1961, with amending Protocol signed at London on 6 March 1970,
– the Convention between the Kingdom of the Netherlands and Austria on the reciprocal recognition and enforcement of judgments and authentic instruments in civil and commercial matters, signed at The Hague on 6 February 1963,
– the Convention between France and Austria on the recognition and enforcement of judgments and authentic instruments in civil and commercial matters, signed at Vienna on 15 July 1966,
– the Convention between Luxembourg and Austria on the recognition and enforcement of judgments and authentic instruments in civil and commercial matters, signed at Luxembourg on 29 July 1971,
– the Convention between Italy and Austria on the recognition and enforcement of judgments in civil and commercial matters, of judicial settlements and of authentic instruments, signed at Rome on 16 November 1971,
– the Convention between Norway and the Federal Republic of Germany on the recognition and enforcement of judgments and enforceable documents, in civil and commercial matters, signed at Oslo on 17 June 1977,
– the Convention between Denmark, Finland, Iceland, Norway and Sweden on the recognition and enforcement of judgments in civil matters, signed at Copenhagen on 11 October 1977,
– the Convention between Austria and Sweden on the recognition and enforcement of judgments in civil matters, signed at Stockholm on 16 September 1982,
– the Convention between Austria and Spain on the recognition and enforcement of judgments, settlements and enforceable authentic instruments in civil and commercial matters, signed at Vienna on 17 February 1984,
– the Convention between Norway and Austria on the recognition and enforcement of judgments in civil matters, signed at Vienna on 21 May 1984, and
– the Convention between Finland and Austria on the recognition and enforcement of judgments in civil matters, signed at Vienna on 17 November 1986.

Article 56
The Treaty and the conventions referred to in Article 55 shall continue to have effect in relation to matters to which this Convention does not apply.
They shall continue to have effect in respect of judgments given and documents formally drawn up or registered as authentic instruments before the entry into force of this Convention.

Article 57
1. This Convention shall not affect any conventions to which the Contracting States are or will be parties and which in relation to particular matters, govern jurisdiction or the recognition or enforcement of judgments.
2. This Convention shall not prevent a court of a Contracting State which is party

to a convention referred to in the first paragraph from assuming jurisdiction in accordance with that convention, even where the defendant is domiciled in a Contracting State which is not a party to that convention. The court hearing the action shall, in any event, apply Article 20 of this Convention.

3. Judgments given in a Contracting State by a court in the exercise of jurisdiction provided for in a convention referred to in the first paragraph shall be recognized and enforced in the other Contracting States in accordance with Title III of this Convention.

4. In addition to the grounds provided for in Title III, recognition or enforcement may be refused if the State addressed is not a contracting party to a convention referred to in the first paragraph and the person against whom recognition or enforcement is sought is domiciled in that State, unless the judgment may otherwise be recognized or enforced under any rule of law in the State addressed.

5. Where a convention referred to in the first paragraph to which both the State of origin and the State addressed are parties lays down conditions for the recognition or enforcement of judgments, those conditions shall apply. In any event, the provisions of this Convention which concern the procedures for recognition and enforcement of judgments may be applied.

Article 58
(None)

Article 59
This Convention shall not prevent a Contracting State from assuming, in a convention on the recognition and enforcement of judgments, an obligation towards a third State not to recognize judgments given in other Contracting States against defendants domiciled or habitually resident in the third State where, in cases provided for in Article 4, the judgment could only be founded on a ground of jurisdiction specified in the second paragraph of Article 3.

However, a Contracting State may not assume an obligation towards a third State not to recognize a judgment given in another Contracting State by a court basing its jurisdiction on the presence within that State of property belonging to the defendant, or the seizure by the plaintiff of property situated there:

1. if the action is brought to assert or declare proprietary or possessory rights in that property, seeks to obtain authority to dispose of it, or arises from another issue relating to such property, or

2. if the property constitutes the security for a debt which is the subject-matter of the action.

TITLE VIII. FINAL PROVISIONS

Article 60
The following may be parties to this Convention:
(a) States which, at the time of the opening of this Convention for signature, are members of the European Communities or of the European Free Trade Association;
(b) States which, after the opening of this Convention for signature, become members of the European Communities or of the European Free Trade Association;
(c) States invited to accede in accordance with Article 62 (1)(b).

Article 61
1. This Convention shall be opened for signature by the States members of the European Communities or of the European Free Trade Association.
2. The Convention shall be submitted for ratification by the signatory States. The instruments of ratification shall be deposited with the Swiss Federal Council.
3. The Convention shall enter into force on the first day of the third month following the date on which two States, of which one is a member of the European Communities and the other a member of the European Free Trade Association, deposit their instruments of ratification.
4. The Convention shall take effect in relation to any other signatory State on the first day of the third month following the deposit of its instrument of ratification.

Article 62
1. After entering into force this Convention shall be open to accession by:
(a) the States referred to in Article 60 (b);
(b) other States which have been invited to accede upon a request made by one of the Contracting States to the depositary State. The depositary State shall invite the State concerned to accede only if, after having communicated the contents of the communications that this State intends to make in accordance with Article 63, it has obtained the unanimous agreement of the signatory States and the Contracting States referred to in Article 60 (a) and (b).
2. If an acceding State wishes to furnish details for the purposes of Protocol 1, negotiations shall be entered into to that end. A negotiating conference shall be convened by the Swiss Federal Council.
3. In respect of an acceding State, the Convention shall take effect on the first day of the third month following the deposit of its instrument of accession.
4. However, in respect of an acceding State referred to in paragraph 1 (a) or (b), the Convention shall take effect only in relations between the acceding State and the Contracting States which have not made any objections to the accession before the first day of the third month following the deposit of the instrument of accession.

Article 63
Each acceding State shall, when depositing its instrument of accession, communicate the information required for the application of Articles 3, 32, 37, 40, 41 and 55 of this Convention and furnish, if need be, the details prescribed during the negotiations for the purposes of Protocol 1.

Article 64
1. This Convention is concluded for an initial period of five years from the date of its entry into force in accordance with Article 61 (3), even in the case of States which ratify it or accede to it after that date.
2. At the end of the initial five-year period, the Convention shall be automatically renewed from year to year.
3. Upon the expiry of the initial five-year period, any contracting State may, at any time, denounce the Convention by sending a notification to the Swiss Federal Council.
4. The denunciation shall take effect at the end of the calendar year following the

expiry of a period of six months from the date of receipt by the Swiss Federal Council of the notification of denunciation.

Article 65
The following are annexed to this Convention:
- a Protocol 1, on certain questions of jurisdiction, procedure and enforcement,
- a Protocol 2, on the uniform interpretation of the Convention,
- a Protocol 3, on the application of Article 57.

These Protocols shall form an integral part of the Convention.

Article 66
Any Contracting State may request the revision of this Convention. To that end, the Swiss Federal Council shall issue invitations to a revision conference within a period of six months from the date of the request for revision.

Article 67
The Swiss Federal Council shall notify the States represented at the Diplomatic Conference of Lugano and the States who have later acceded to the Convention of:
(a) the deposit of each instrument of ratification or accession;
(b) the dates of entry into force of this Convention in respect of the Contracting States;
(c) any denunciation received pursuant to Article 64;
(d) any declaration received pursuant to Article Ia of Protocol 1;
(e) any declaration received pursuant to Article Ib of Protocol 1;
(f) any declaration received pursuant to Article IV of Protocol 1;
(g) any communication made pursuant to Article VI of Protocol 1.

Article 68
This Convention, drawn up in a single original in the Danish, Dutch, English, Finnish, French, German, Greek, Icelandic, Irish, Italian, Norwegian, Portuguese, Spanish and Swedish languages, all fourteen texts being equally authentic, shall be deposited in the archives of the Swiss Federal Council. The Swiss Federal Council shall transmit a certified copy to the Government of each State represented at the Diplomatic Conference of Lugano and to the Government of each acceding State.

ANNEX

Protocol I on certain questions of jurisdiction, procedure and enforcement

THE HIGH CONTRACTING PARTIES HAVE AGREED UPON THE FOLLOWING PROVISIONS, WHICH SHALL BE ANNEXED TO THE CONVENTION:

Article I
Any person domiciled in Luxembourg who is sued in a court of another Contracting State pursuant to Article 5 (1) may refuse to submit to the jurisdiction of that court. If the defendant does not enter an appearance the court shall declare of its own motion that it has no jurisdiction.

An agreement conferring jurisdiction, within the meaning of Article 17, shall be valid with respect to a person domiciled in Luxembourg only if that person has expressly and specifically so agreed.

Article Ia
1. Switzerland reserves the right to declare, at the time of depositing its instrument of ratification, that a judgment given in another Contracting State shall be neither recognized nor enforced in Switzerland if the following conditions are met:
(a) the jurisdiction of the court which has given the judgment is based only on Article 5 (1) of this Convention; and
(b) the defendant was domiciled in Switzerland at the time of the introduction of the proceedings; for the purposes of this Article, a company or other legal person is considered to be domiciled in Switzerland if it has its registered seat and the effective centre of activities in Switzerland; and
(c) the defendant raises an objection to the recognition or enforcement of the judgment in Switzerland, provided that he has not waived the benefit of the declaration foreseen under this paragraph.
2. This reservation shall not apply to the extent that at the time recognition or enforcement is sought a derogation has been granted from Article 59 of the Swiss Federal Constitution. The Swiss Government shall communicate such derogations to the signatory States and the acceding States.
3. This reservation shall cease to have effect on 31 December 1999. It may be withdrawn at any time.

Article Ib
Any Contracting State may, by declaration made at the time of signing or of deposit of its instrument of ratification or of accession, reserve the right, notwithstanding the provisions of Article 28, not to recognize and enforce judgments given in the other Contracting States if the jurisdiction of the court of the State of origin is based, pursuant to Article 16 (1)(b), exclusively on the domicile of the defendant in the State of origin, and the property is situated in the territory of the State which entered the reservation.

Article II
Without prejudice to any more favourable provisions of national laws, persons domiciled in a Contracting State who are being prosecuted in the criminal courts of another Contracting State of which they are not nationals for an offence which was not intentionally committed may be defended by persons qualified to do so, even if they do not appear in person.
However, the court seised of the matter may order appearance in person; in the case of failure to appear, a judgment given in the civil action without the person concerned having had the opportunity to arrange for his defence need not be recognized or enforced in the other Contracting States.

Article III
In proceedings for the issue of an order for enforcement, no charge, duty or fee calculated by reference to the value of the matter in issue may be levied in the State in which enforcement is sought.

Article IV

Judicial and extrajudicial documents drawn up in one Contracting State which have to be served on persons in another Contracting State shall be transmitted in accordance with the procedures laid down in the conventions and agreements concluded between the Contracting States.

Unless the State in which service is to take place objects by declaration to the Swiss Federal Council, such documents may also be sent by the appropriate public officers of the State in which the document has been drawn up directly to the appropriate public officers of the State in which the addressee is to be found. In this case the officer of the State of origin shall send a copy of the document to the officer of the State applied to who is competent to forward it to the addressee. The document shall be forwarded in the manner specified by the law of the State applied to. The forwarding

shall be recorded by a certificate sent directly to the officer of the State of origin.

Article V

The jurisdiction specified in Articles 6 (2) and 10 in actions on a warranty or guarantee or in any other third party proceedings may not be resorted to in the Federal Republic of Germany, in Spain, in Austria and in Switzerland. Any person domiciled in another Contracting State may be sued in the courts:
– of the Federal Republic of Germany, pursuant to Articles 68, 72, 73 and 74 of the code of civil procedure (Zivilprozessordnung) concerning third-party notices,
– of Spain, pursuant to Article 1482 of the civil code,
– of Austria, pursuant to Article 21 of the code of civil procedure (Zivilprozessordnung) concerning third-party notices,
– of Switzerland, pursuant to the appropriate provisions concerning third-party notices of the cantonal codes of civil procedure.

Judgments given in the other Contracting States by virtue of Article 6(2) or 10 shall be recognized and enforced in the Federal Republic of Germany, in Spain, in Austria and in Switzerland in accordance with Title III. Any effects which judgments given in these States may have on third parties by application of the provisions in the preceding paragraph shall also be recognized in the other Contracting States.

Article Va

In matters relating to maintenance, the expression 'court' includes the Danish, Icelandic and Norwegian administrative authorities.

In civil and commercial matters, the expression 'court' includes the Finnish ulosotonhaltija/överexekutor.

Article Vb

In proceedings involving a dispute between the master and a member of the crew of a sea-going ship registered in Denmark, in Greece, in Ireland, in Iceland, in Norway, in Portugal or in Sweden concerning remuneration or other conditions of service, a court in a Contracting State shall establish whether the diplomatic or consular officer responsible for the ship has been notified of the dispute. It shall stay the proceedings so long as he has not been notified. It shall of its own motion decline jurisdiction if the officer, having been duly notified, has exercised the

1.c) Lugano Convention

powers accorded to him in the matter by a consular convention, or in the absence of such a convention has, within the time allowed, raised any objection to the exercise of such jurisdiction.

Article Vc
(None)

Article Vd
Without prejudice to the jurisdiction of the European Patent Office under the Convention on the grant of European patents, signed at Munich on 5 October 1973, the courts of each Contracting State shall have exclusive jurisdiction, regardless of domicile, in proceedings concerned with the registration or validity of any European patent granted for that State which is not a Community patent by virtue of the provision of Article 86 of the Convention for the European patent for the common market, signed at Luxembourg on 15 December 1975.

Article VI
The Contracting States shall communicate to the Swiss Federal Council the text of any provisions of their laws which amend either those provisions of their laws mentioned in the Convention or the lists of courts specified in Section 2 of Title III.

Protocol 2 on the uniform interpretation of the Convention

PREAMBLE
THE HIGH CONTRACTING PARTIES,
HAVING REGARD to Article 65 of this Convention,
CONSIDERING the substantial link between this Convention and the Brussels Convention,
CONSIDERING that the Court of Justice of the European Communities by virtue of the Protocol of 3 June 1971 has jurisdiction to give rulings on the interpretation of the provisions of the Brussels Convention,
BEING AWARE of the rulings delivered by the Court of Justice of the European Communities on the interpretation of the Brussels Convention up to the time of signature of this Convention,
CONSIDERING that the negotiations which led to the conclusion of the Convention were based on the Brussels Convention in the light of these rulings,
DESIRING to prevent, in full deference to the independence of the courts, divergent interpretations and to arrive at as uniform an interpretation as possible of the provisions of the Convention, and of these provisions and those of the Brussels Convention which are substantially reproduced in this Convention,
HAVE AGREED AS FOLLOWS:

Article I
The courts of each Contracting State shall, when applying and interpreting the provisions of the Convention, pay due account to the principles laid down by any relevant decision delivered by courts of the other Contracting States concerning provisions of this Convention.

Article 2

1. The Contracting Parties agree to set up a system of exchange of information concerning judgments delivered pursuant to this Convention as well as relevant judgments under the Brussels Convention. This system shall comprise:
– transmission to a central body by the competent authorities of judgments delivered by courts of last instance and the Court of Justice of the European Communities as well as judgments of particular importance which have become final and have been delivered pursuant to this Convention or the Brussels Convention,
– classification of these judgments by the central body including, as far as necessary, the drawing-up and publication of translations and abstracts,
– communication by the central body of the relevant documents to the competent national authorities of all signatories and acceding States to the Convention and to the Commission of the European Communities.
2. The central body is the Registrar of the Court of Justice of the European Communities.

Article 3

1. A Standing Committee shall be set up for the purposes of this Protocol.
2. The Committee shall be composed of representatives appointed by each signatory and acceding State.
3. The European Communities (Commission, Court of Justice and General Secretariat of the Council) and the European Free Trade Association may attend the meetings as observers.

Article 4

1. At the request of a Contracting Party, the depositary of the Convention shall convene meetings of the Committee for the purpose of exchanging views on the functioning of the Convention and in particular on:
– the development of the case-law as communicated under the first indent of Article 2 (1),
– the application of Article 57 of the Convention.
2. The Committee, in the light of these exchanges,
may also examine the appropriateness of starting on
particular topics a revision of the Convention and make recommendations.

Protocol 3 on the application of Article 57

THE HIGH CONTRACTING PARTIES HAVE AGREED AS FOLLOWS:

1. For the purposes of the Convention, provisions which, in relation to particular matters, govern jurisdiction or the recognition or enforcement of judgments and which are, or will be contained in acts of the institutions of the European Communities shall be treated in the same way as the conventions referred to in Article 57(1).
2. If one Contracting State is of the opinion that a provision contained in an act of the institutions of the European Communities is incompatible with the Convention, the Contracting States shall promptly consider amending the Convention pursuant to Article 66, without prejudice to the procedure established by Protocol 2.

DECLARATION

by the representatives of the Governments of the States signatories to the Lugano Convention which are members of the European Communities on Protocol 3 on the application of Article 57 of the Convention

Upon signature of the Convention on jurisdiction and the enforcement of judgments in civil and commercial matters done at Lugano on 16 September 1988, THE REPRESENTATIVES OF THE GOVERNMENTS OF THE MEMBER STATES OF THE EUROPEAN COMMUNITIES,
taking into account the undertakings entered into vis-à-vis the member states of the European Free Trade Association,
anxious not to prejudice the unity of the legal system set up by the Convention, declare that they will take all measures in their power to ensure, when Community acts referred to in paragraph 1 of Protocol 3 on the application of Article 57 are being drawn up, respect for the rules of jurisdiction and recognition and enforcement of judgments established by the Convention.

DECLARATION

by the Representatives of the Governments of the States signatories to the Lugano Convention which are members of the European Communities

Upon signature of the Convention on jurisdiction and the enforcement of judgments in civil and commercial matters done at Lugano on 16 September 1988, THE REPRESENTATIVES OF THE GOVERNMENTS OF THE MEMBER STATES OF THE EUROPEAN COMMUNITIES
declare that they consider as appropriate that the Court of Justice of the European Communities, when interpreting the Brussels Convention, pay due account to the rulings contained in the case-law of the Lugano Convention.

DECLARATION

by the Representatives of the Governments of the States signatories to the Lugano Convention which are members of the European Free Trade Association

Upon signature of the Convention on jurisdiction and the enforcement of judgments in civil and commercial matters done at Lugano on 16 September 1988, THE REPRESENTATIVES OF THE GOVERNMENTS OF THE MEMBER STATES OF THE EUROPEAN FREE TRADE ASSOCIATION
declare that they consider as appropriate that their courts, when interpreting the Lugano Convention, pay due account to the rulings contained in the case law of the Court of Justice of the European Communities and of courts of the Member States of the European Communities in respect of provisions of the Brussels Convention which are substantially reproduced in the Lugano Convention.

d) Proposal for a council regulation of 18 April 2002 creating a European enforcement order for uncontested claims (COM/2002/0159 final)

(presented by the Commission)

THE COUNCIL OF THE EUROPEAN UNION,
Having regard to the Treaty establishing the European Community, and in particular Article 61(c) thereof,
Having regard to the proposal from the Commission[1],
Having regard to the opinion of the European Parliament[2],
Having regard to the opinion of the Economic and Social Committee[3],
Whereas:
(1) The Community has set itself the objective of maintaining and developing an area of freedom, security and justice, in which the free movement of persons is ensured. To this end, the Community is to adopt, among others, measures in the field of judicial cooperation in civil matters that are necessary for the proper functioning of the internal market.
(2) On 3 December 1998, the Council adopted an Action Plan of the Council and the Commission on how best to implement the provisions of the Treaty of Amsterdam on an area of freedom, security and justice (the Vienna Action Plan[4]).
(3) The European Council meeting in Tampere on 15 and 16 October 1999 endorsed the principle of mutual recognition of judicial decisions as the cornerstone for the creation of a genuine judicial area.
(4) On 30 November 2000, the Council adopted a joint programme of the Commission and the Council of measures for the implementation of the principle of mutual recognition of decisions in civil and commercial matters[5]. This programme includes in its first stage the abolition of exequatur, that is to say the creation of a European Enforcement Order for uncontested claims.
(5) The concept of 'uncontested claims' should cover all situations in which a creditor, given the verifiable absence of any dispute by the debtor over the nature or extent of a pecuniary claim, has obtained either a court decision against that debtor or an enforceable document that requires the debtor's express consent, be it a settlement approved by a court or an authentic instrument.
(6) Access to enforcement in a Member State other than that in which the judgment has been given should be accelerated and simplified by dispensing with any intermediate measures to be taken prior to enforcement in the Member State in which enforcement is sought. A judgment that has been certified as a European Enforcement Order by the court of origin should, for enforcement purposes, be treated as if it had been delivered in the Member State in which enforcement is sought.
(7) Such a procedure should offer significant advantages as compared with the exequatur procedure provided for in Council Regulation (EC) No 44/2001 of 22 December 2000 on jurisdiction and the recognition and enforcement of judgments in civil and

---

[1] OJ C [...] [...], p. [...].
[2] OJ C [...] [...], p. [...].
[3] OJ C [...] [...], p. [...].
[4] OJ C 19, 23.1.1999, p. 1.
[5] OJ C 12, 15.1.2001, p. 1.

1.d) European enforcement order (proposal for a regulation)

commercial matters[6], in that there is no need for the involvement of the judiciary in a second Member State with the resulting delays and expenses. It should also generally dispense with the need for translation since multilingual standard forms are to be used for certification.

(8) Where a court in a Member State has given judgment on an uncontested claim in the absence of participation of the debtor in the proceedings, the abolition of any checks in the Member State of enforcement is inextricably linked to and dependent upon the existence of a sufficient guarantee of the observance of the rights of the defence.

(9) This Regulation respects the fundamental rights and observes the principles recognized in particular by the Charter of Fundamental Rights of the European Union. In particular, it seeks to ensure full respect for the right to a fair trial as recognized in Article 47 of the Charter.

(10) Minimum standards should be established for the proceedings leading to the judgment in order to ensure that the debtor is informed about the court action against him, the requirements for his active participation in the proceedings to contest the claim at stake and about the consequences of his non-participation in sufficient time and in such a way as to enable him to arrange for his defence.

(11) Due to considerable differences between the Member States as regards the rules of civil procedure and especially those governing the service of documents, it is necessary to be specific and detailed in an autonomous definition of these minimum standards. In particular, any method of service that is based on a legal fiction or on a presumption without proof as regards the fulfillment of these minimum standards cannot be considered sufficient for the certification of a judgment as a European Enforcement Order.

(12) The courts competent for the proceedings leading to the judgment should be entrusted with the task of scrutinizing full compliance with the minimum procedural standards before delivering a standardised European Enforcement Order certificate that makes this examination and its result transparent.

(13) Mutual trust in the administration of justice in the Community justifies the assessment by the court of one Member State that all conditions for certification as a European Enforcement Order are fulfilled to enable the enforcement of a judgment in all other Member States without judicial review of the proper application of the procedural minimum standards in the Member State where the judgment is to be enforced.

(14) This Regulation does not imply an obligation for the Member States to adapt their national legislation to the minimum procedural standards as set out therein. It provides an incentive to that end by making available a more efficient and rapid enforceability of judgments in other Member States only if these minimum standards are met.

(15) The application for certification as a European Enforcement Order for uncontested claims should be optional for the creditor who may instead choose the system of recognition and enforcement under Regulation (EC) No 44/2001 or other Community instruments.

(16) Since the objectives of the proposed action cannot be sufficiently achieved by the Member States and can therefore, by reason of the scale or effects of the action, be better achieved at Community level, the Community may adopt measures, in accordance with the principle of subsidiarity as set out in Article 5 of the Treaty. In accordance with the

---

[6] OJ L 12, 16.1.2001, p. 1.

principle of proportionality, as set out in that Article, this Regulation does not go beyond what is necessary in order to achieve those objectives.
(17) The measures necessary for the implementation of this Regulation should be adopted in accordance with Council Decision 1999/468/EC of 28 June 1999 laying down the procedures for the exercise of implementing powers conferred on the Commission[7].
(18) [The United Kingdom and Ireland, in accordance with Articles 1 and 2 of the Protocol on the position of the United Kingdom and Ireland annexed to the Treaty on European Union and the Treaty establishing the European Community, are not participating in the adoption of this Regulation, and are therefore not bound by it nor subject to its application.]/[The United Kingdom and Ireland, in accordance with Article 3 of the Protocol on the position of the United Kingdom and Ireland annexed to the Treaty on European Union and the Treaty establishing the European Community, have given notice of their wish to take part in the adoption and application of this Regulation.]
(19) Denmark, in accordance with Articles 1 and 2 of the Protocol on the position of Denmark annexed to the Treaty on European Union and the Treaty establishing the European Community, is not participating in the adoption of this Regulation, and is therefore not bound by it nor subject to its application,
HAS ADOPTED THIS REGULATION:

CHAPTER I. SUBJECT MATTER, SCOPE AND DEFINITIONS

Article 1. Subject matter
The purpose of this Regulation is to create a European Enforcement Order for uncontested claims to permit the free circulation of judgments, court settlements and authentic instruments throughout all Member States by laying down minimum standards whose observance renders unnecessary any intermediate proceedings to be taken in the Member State of enforcement prior to recognition and enforcement.

Article 2. Scope
1. This Regulation shall apply in civil and commercial matters, whatever the nature of the court or tribunal. It shall not extend, in particular, to revenue, customs or administrative matters.
2. This Regulation shall not apply to:
(a) the status or legal capacity of natural persons, rights in property arising out of a matrimonial relationship, wills and succession;
(b) bankruptcy, proceedings relating to the winding-up of insolvent companies or other legal persons, judicial arrangements, compositions and analogous proceedings;
(c) social security;
(d) arbitration.
3. In this Regulation, the term 'Member State' shall mean Member States with the exception of Denmark. [United Kingdom, Ireland]

Article 3. Definitions
For the purposes of this Regulation:
1. 'judgment' means any judgment given by a court or tribunal of a Member State,

---

[7] OJ L 184, 17.7.1999, p. 23.

1. d) European enforcement order (proposal for a regulation)

whatever the judgment may be called, including a decree, order, decision or writ of execution, as well as the determination of costs or expenses by an officer of the court;
2. in Sweden, in summary proceedings concerning orders to pay (betalningsföreläggande), the expression 'court' includes the 'Swedish enforcement service' (kronofogdemyndighet);
3. 'claim' means a pecuniary claim for a specific amount that has fallen due;
4. a claim is to be regarded as 'uncontested' if the debtor has:
(a) expressly agreed to it in the course of the court proceedings by admission or by concluding a settlement which has been approved by the court; or
(b) never objected to it in the course of the court proceedings; a statement by the debtor exclusively based on factual difficulties to honour a debt cannot be regarded as an objection in this respect; or
(c) not appeared or been represented at a court hearing regarding that claim after having initially contested the claim in the course of the court proceedings; or
(d) expressly agreed to it in an authentic instrument;
5. a judgment has 'acquired the authority of a final decision' if:
(a) no ordinary appeal lies against the judgment; or
(b) the time limit for an ordinary appeal against the judgment has expired and no such appeal has been lodged;
6. 'ordinary appeal' means any appeal which may result in the annulment or the amendment of the judgment which is the subject-matter of the procedure of being certified as a European Enforcement Order the lodging of which is bound, in the Member State of origin, to a period which is laid down by the law and starts to run by virtue of that same judgment;
7. 'authentic instrument' means:
(a) a document which has been formally drawn up or registered as an authentic instrument, and whose authenticity:
(i) relates to the content of the instrument; and
(ii) has been established by a public authority or other authority empowered for that purpose by the Member State in which it originates; or
(b) an arrangement relating to maintenance obligations concluded with administrative authorities or authenticated by them;
8. 'Member State of origin' means the Member State in which the judgment to be certified as a European Enforcement Order has been delivered;
9. 'Member State of enforcement' means the Member State in which enforcement of the judgment certified as a European Enforcement Order is sought;
10. 'court of origin' means the court that delivered the judgment to be certified as a European Enforcement Order.

CHAPTER II. EUROPEAN ENFORCEMENT ORDER

Article 4. Abolition of exequatur
A judgment on an uncontested claim which has been certified as a European Enforcement Order in the Member State of origin shall be recognised and enforced in the other Member States without any special procedure being required in the Member State of enforcement.

Article 5. Requirements for certification as a European Enforcement Order
Where a judgment on an uncontested claim has been delivered in a Member State, the court of origin shall, upon application by the creditor, certify it as a European Enforcement Order if:
(a) the judgment is enforceable and has acquired the authority of a final decision in the Member State of origin; and
(b) the judgment does not conflict with sections 3, 4 or 6 of Chapter II of Regulation (EC) No 44/2001; and
(c) where a claim is uncontested within the meaning of Article 3(4)(b) or (c) of this Regulation, the court proceedings in the Member State of origin meet the procedural requirements as set out in Chapter III; and
(d) where the service of documents required under Chapter III of this Regulation has to be effected in a Member State other than the Member State of origin, such service has taken place in conformity with Article 31.

Article 6. Partial European Enforcement Order
1. The court of origin shall issue a partial European Enforcement Order certificate for those parts of the judgment that meet the requirements of this Regulation where a judgment has been given:
(a) on several matters and not all of them concern pecuniary claims for a specific amount that have fallen due; or
(b) on a pecuniary claim for a specific amount that has fallen due and not all of it is uncontested or meets the requirements for certification as a European Enforcement Order.
2. An applicant may request certification as a European Enforcement Order limited to parts of a judgment.

Article 7. Content of the European Enforcement Order certificate
1. The court of origin shall issue the European Enforcement Order certificate using the standard form in Annex I.
2. The European Enforcement Order certificate shall be issued in the language of the judgment.
3. The number of authenticated copies of the European Enforcement Order certificate which shall be supplied to the creditor shall correspond to the number of authenticated copies of the judgment to be supplied to the creditor in accordance with the law of the Member State of origin.

Article 8. Appeal
No appeal shall lie against the decision on an application for a European Enforcement Order certificate.

Article 9. European Enforcement Order certificate for protective measures
1. Where a judgment on an uncontested claim has not acquired the authority of a final decision yet but all other conditions of Article 5 are fulfilled, the court of origin shall, upon application by the creditor, give a European Enforcement Order certificate for protective measures using the standard form in Annex II.

1. d) European enforcement order (proposal for a regulation) 431

2. The European Enforcement Order certificate for protective measures carries with it the power to proceed to any protective measures against the property of the debtor in the Member State of enforcement.
3. Nothing shall prevent the creditor from availing himself of provisional, including protective, measures in accordance with the law of the Member State of enforcement without a European Enforcement Order certificate being required.

CHAPTER III. MINIMUM STANDARDS FOR UNCONTESTED CLAIMS PROCEDURES

Article 10. Scope of application of minimum standards
A judgment on a claim that is uncontested within the meaning of Article 3(4)(b) or (c) because of the absence of objections or because of the default of appearance at a court hearing can be certified as a European Enforcement Order only if the court proceedings in the Member State of origin met the procedural requirements as set out in this Chapter.

Article 11. Methods of service of the document instituting the proceedings
1. The document instituting the proceedings or an equivalent document must have been served on the debtor by one of the following methods:
(a) personal service attested by an acknowledgement of receipt, including the date of receipt, which is signed by the debtor; or
(b) personal service attested by a certificate by the competent official who effected the service that the debtor has received the document; or
(c) postal service attested by an acknowledgement of receipt including the date of receipt, which is signed and returned by the debtor; or
(d) service by electronic means such as fax or e-mail, attested by an acknowledgement of receipt including the date of receipt, which is signed and returned by the debtor.
2. For the purpose of paragraph 1, the document may have been served on the debtor's statutory legal representative or on the debtor's authorised representative.

Article 12. Substitute service
1. If reasonable efforts to serve the document instituting the proceedings or an equivalent document on the debtor personally under Article 11(1)(a) or (b) have been unsuccessful, substitute service may have been effected by one of the following methods:
(a) personal service at the debtor's personal domicile on adults who are domiciled in the same household as the debtor or are employed in that household;
(b) in the case of a self-employed debtor, a company or other legal person, personal service at the debtor's professional domicile on adults who are employed by the debtor;
(c) in the case of a self-employed debtor, a company or other legal person, deposit of the document in the debtor's mailbox at his domicile if the mailbox is suitable for the safe keeping of mail;
(d) in the case of a self-employed debtor, a company or other legal person, deposit of the document at a post office or with competent public authorities and written notification of that deposit in the debtor's mailbox at his domicile if the mailbox is

suitable for the safe keeping of mail and the written notification clearly states the character of the document as a court document and the legal effect of the notification as effecting service and setting in motion the running of time for time limits.
2. For the purpose of paragraph 1, the document may have been served on the debtor's statutory legal representative or on the debtor's authorised representative.
3. For the purposes of this Regulation, substitute service under paragraph 1 is not admissible if the address of the debtor's domicile is not certain.

Article 13. Proof of service
Proof of service in compliance with Articles 11 and 12 shall be supplied to the court of origin. Such proof shall be established:
(a) by an acknowledgement of receipt by the debtor under Article 11(1)(a), (c) and (d);
(b) in all other cases by a document signed by the competent official who effected service which states:
(i) the time and place of service;
(ii) the method of service;
(iii) if the document has been served on a person other than the debtor, the name of that person and his relation to the debtor.

Article 14. Methods of service of the summons to a court hearing
In case of a judgment on a claim that is uncontested within the meaning of Article 3(4)(b) or (c) because the debtor has not appeared or been represented at a court hearing, if the summons to that hearing has not been served together with the document instituting the proceedings or an equivalent document it must have been served on the debtor:
(a) in compliance with Articles 11, 12 and 13; or
(b) orally in a previous court hearing on the same claim and proven by the minutes of that previous court hearing.

Article 15. Service in sufficient time to arrange for defence
1. The debtor must have been allowed a time period to arrange for his defence and react to the claim of at least 14 calendar days, or, if the debtor is domiciled in a Member State other than the Member State of origin, of at least 28 calendar days, starting from the date of service of the document which institutes the proceedings or of an equivalent document on him.
2. In case of a judgment on a claim that is uncontested within the meaning of Article 3(4)(b) or (c) because the debtor has not appeared or been represented at a court hearing, if the summons to that hearing has not been served together with the document instituting the proceedings or an equivalent document, the debtor must have been served with it at least 14 calendar days, or, if the debtor is domiciled in a Member State other than the Member State of origin, at least 28 calendar days before the court hearing to enable him to appear or to arrange for his representation.

Article 16. Due information of the debtor about the claim
In order to ensure due information of the debtor about the claim, the document instituting the proceedings or the equivalent document must have contained:

(a) the names and the domiciles of the parties;
(b) the amount of the claim;
(c) if interest on the claim is demanded, the interest rate and the time period that interest is demanded for unless a statutory interest is added to the principal without demand under the law of the Member State of origin;
(d) the cause of action, including at least a brief description of the circumstances invoked as the basis of the claim.

Article 17. Due information of the debtor about the procedural steps necessary to contest the claim

In order to ensure due information of the debtor about the procedural steps necessary to contest the claim, the following features must have been clearly stated in or together with the document instituting the proceedings or the equivalent document:
(a) the time limit for contesting the claim and the address to which the statement of opposition was to be sent, as well as the formal requirements to contest including representation by a lawyer where that is mandatory;
(b) the possibility of a judgment in favour of the creditor in case of non-compliance with the requirements to contest the claim;
(c) the fact, in Member States where that is the case, that in the absence of opposition by the debtor a judgment in favour of the creditor can be handed down:
– without an examination of the justification of the claim by the court; or
– after a limited examination of the justification of the claim by the court;
(d) the fact, in Member States where that is the case, that:
– there is no ordinary appeal against such a judgment; or
– that the scope of judicial review of an ordinary appeal is limited;
(e) the possibility of certifying such judgment as a European Enforcement Order without a possibility to appeal such certification and the resulting possibility of enforcement in all other Member States without any intermediate measure in the Member State of enforcement.

Article 18. Due information of the debtor about the procedural steps necessary to avoid a judgment in default of appearance at a court hearing

In order to ensure due information of the debtor about the procedural steps necessary to avoid a judgment on a claim that is uncontested because of his default of appearance at a court hearing, the court must have clearly stated in or together with the summons:
(a) when and where the hearing was to take place;
(b) the possible consequences as listed in Article 17(b), (c), (d) and (e) in the case of his default of appearance.

Article 19. Cure of non-compliance with minimum standards

1. If the proceedings in the Member State of origin did not meet the procedural requirements as set out in Articles 11–18, this non-compliance is cured and a judgment can be certified as a European Enforcement Order if:
(a) the judgment has been served on the debtor in compliance with the requirements pursuant to Articles 11 to 14; and
(b) it was possible for the debtor to challenge the judgment by means of an ordinary appeal; and

(c) the time limit for lodging such an ordinary appeal is at least 14 calendar days or, if the debtor is resident in a Member State other than the Member State of origin, at least 28 calendar days from the date of service of the judgment; and
(d) the debtor has been duly informed in or together with the judgment about:
(i) the possibility of an ordinary appeal; and
(ii) the time limit for such an ordinary appeal; and
(iii) where and how the ordinary appeal has to be lodged; and
(e) the debtor has failed to lodge an ordinary appeal against the judgment within the time limit.
2. If the proceedings in the Member State of origin did not meet the procedural requirements as set out in Articles 11 to 14, this non-compliance is cured and a judgment can be certified as a European Enforcement Order if it is established that the debtor has personally received the document to be served in sufficient time to arrange for his defence pursuant to Article 15 and in compliance with Articles 16, 17 and 18.

Article 20. Minimum standards for relief from the effects of the expiration of time
1. If a judgment on a claim that is uncontested within the meaning of Article 3 (4)(b) or (c) because of the absence of objections or because of the default of appearance at a court hearing has been certified as a European Enforcement Order, the debtor shall be entitled to be relieved from the effects of the expiration of the time for ordinary appeal against the judgment by the competent court of the Member State of origin upon application at least if the following conditions are fulfilled:
(a) the debtor, without any fault on his part:
(i) did not have knowledge of the judgment in sufficient time to lodge an ordinary appeal; or
(ii) did not have knowledge of the document instituting the proceedings or equivalent document in sufficient time to defend unless the conditions of Article 19(1) are fulfilled; or
(iii) did not have knowledge of the summons in sufficient time to appear at a court hearing unless the conditions of Article 19(1) are fulfilled; and
(b) the debtor has disclosed a prima facie defence to the action on the merits.
2. If a judgment under paragraph 1 is not open to full judicial review upon ordinary appeal in the Member State of origin, the debtor shall be entitled upon application to be relieved from the effects of the expiration of time for contesting the claim or from the effects of not having appeared at a court hearing at least if the conditions as set out in paragraph 1(a)(ii) or (iii) and (b) are fulfilled.
3. For the purposes of this Article, the debtor shall be allowed a time limit for the application for relief of at least 14 calendar days or, if the debtor is domiciled in a Member State other than the Member State of origin, of at least 28 calendar days after the debtor has knowledge of the judgment.

CHAPTER IV. ENFORCEMENT

Article 21. Enforcement Procedure
1. Without prejudice to the provisions of this Chapter, the enforcement procedures shall be governed by the law of the Member State of enforcement.

2. The creditor shall be required to provide the competent enforcement authorities of the Member State of enforcement with:
(a) a copy of the judgment which satisfies the conditions necessary to establish its authenticity; and
(b) a copy of the European Enforcement Order certificate which satisfies the conditions necessary to establish its authenticity; and
(c) where necessary, a translation, into the official language or one of the official languages of the Member State of enforcement or any other language that the Member State of enforcement has indicated it can accept, of those parts of the European Enforcement Order certificate that do not consist of names, addresses and numbers entered or boxes ticked. Each Member State shall indicate the official languages of the European Union other than its own which it can accept for the completion of the certificate. The translation shall be certified by a person qualified to do so in one of the Member States.
3. No additional fee, security, bond or deposit, however described, shall be required of a creditor who in one Member State applies for enforcement of a judgment certified as a European Enforcement Order in another Member State on the ground that he is a foreign national or that he is not domiciled or resident in the Member State of enforcement.
4. The creditor shall not be required to provide a mailing address in the Member State of enforcement or to have an authorised representative for the enforcement of a judgment certified as a European Enforcement Order in another Member State.

Article 22. Access to justice during enforcement proceedings
1. The Member State of enforcement shall make judicial review available to the debtor if the judgment is irreconcilable with an earlier judgment given in any Member State or in a third country provided that:
(a) the earlier judgment involved the same cause of action and was between the same parties;
(b) the earlier judgment fulfils the conditions necessary for its recognition in the Member State of enforcement;
(c) the irreconcilability could not have been raised as an objection in the court proceedings in the Member State of origin.
2. Under no circumstances may the judgment or its certification as a European Enforcement Order be reviewed as to their substance in the Member State of enforcement.

Article 23. Stay or limitation of enforcement
If the debtor has lodged an application for relief under Article 20 or for retrial or for the annulment of the judgment in the Member State of origin or for judicial review under Article 22(1) in the Member State of enforcement, the competent court or authority in the Member State of enforcement may, upon application by the debtor:
(a) stay the enforcement proceedings; or
(b) limit the enforcement proceedings to protective measures; or
(c) make enforcement conditional on the provision of such security as it shall determine.

Article 24. Information on enforcement procedures

1. The Member States shall, in order to facilitate access to enforcement procedures in the Member State of enforcement for a creditor who has obtained a European Enforcement Order certificate, cooperate to provide the general public and professional circles with information on:
(a) the methods and procedures of enforcement in the Member States; and
(b) the competent authorities for enforcement in the Member States.
2. This information shall be made available to the public in particular within the framework of the European Judicial Network in civil and commercial matters as established by Council Decision 2001/470/EC[8].

CHAPTER V. COURT SETTLEMENTS AND AUTHENTIC INSTRUMENTS

Article 25. Court settlements

1. A settlement concerning a claim which has been approved by a court in the course of proceedings and is enforceable in the Member State in which it was concluded shall, upon application by the creditor, be certified as a European Enforcement Order by the court that has approved it.
2. The court shall issue the European Enforcement Order certificate using the standard form in Annex III.
3. The provisions of Chapter II, with the exception of Article 5, and of Chapter IV, with the exception of Article 22(1), shall apply as appropriate.

Article 26. Authentic instrument

1. An authentic instrument concerning a claim which is enforceable in one Member State shall, upon application by the creditor, be certified as a European Enforcement Order by the authority which has given authenticity to the instrument.
2. The authority which has given authenticity to the instrument shall issue the European Enforcement Order certificate using the standard form in Annex IV.
3. An authentic instrument can be certified as a European Enforcement Order only if:
(a) the authority giving authenticity to that document duly informed the debtor, before he consented to the drawing up or registration of the document, of its direct enforceability throughout all Member States; and
(b) the fact that such information was provided is attested to by a clause in the document signed by the debtor.
4. The provisions of Chapter II, with the exception of Article 5, and of Chapter IV, with the exception of Article 22(1), shall apply as appropriate.

CHAPTER VI GENERAL PROVISIONS

Article 27. Determination of domicile

1. In order to determine whether a debtor is domiciled in the Member State of origin, the court of origin shall apply its internal law.
2. If the debtor is not domiciled in the Member State of origin, then, in order to

---

[8] OJ L 174, 27.6.2001, p. 25.

determine whether the debtor is domiciled in another Member State, the court of origin shall apply the law of that Member State.

Article 28. Domicile of a company or other legal person
1. For the purposes of this Regulation, a company or other legal person or association of natural or legal persons is domiciled at the place where it has its:
(a) statutory seat; or
(b) central administration; or
(c) principal place of business.
[2. For the purposes of Ireland and the United Kingdom, 'statutory seat' means the registered office or, where there is no such office anywhere, the place of incorporation or, where there is no such place anywhere, the place under the law of which the formation took place.]
3. In order to determine whether a trust is domiciled in the Member State of origin, the court of origin shall apply its rules of private international law.

CHAPTER VII. TRANSITIONAL PROVISION

Article 29. Transitional provision
1. This Regulation shall apply only to legal proceedings instituted and to documents formally drawn up or registered as authentic instruments after the entry into force thereof.
2. For the purposes of paragraph 1, legal proceedings shall be deemed to be instituted:
(a) at the time when the document instituting the proceedings or an equivalent document is lodged with the court, provided that the creditor has not subsequently failed to take the steps he was required to take to have service effected on the debtor; or
(b) if the document has to be served before being lodged with the court, at the time when it is received by the authority responsible for service, provided that the creditor has not subsequently failed to take the steps he was required to take to have the document lodged with the court.

CHAPTER VIII. RELATIONSHIP WITH OTHER INSTRUMENTS

Article 30. Relationship with Regulation (EC) No 44/2001
1. Nothing shall prevent the creditor from seeking recognition and enforcement of:
(a) a judgment on an uncontested claim, a settlement approved by a court or an authentic instrument under Chapters III and IV of Regulation (EC) No 44/2001; or
(b) a judgment under the provisions governing the recognition and enforcement of judgments in specific matters which are contained in Community instruments or in national legislation harmonised pursuant to such instruments in accordance with Article 67 of Regulation (EC) No 44/2001; or
(c) a judgment under conventions to which the Member States are parties and which in relation to particular matters, govern the recognition and enforcement of judgments in accordance with Article 71 of Regulation (EC) No 44/2001.

2. If the creditor applies for certification of a judgment, authentic instrument or settlement approved by a court as a European Enforcement Order, for the purposes of the pertinent proceedings, this Regulation shall supersede Chapters III, IV and V of Regulation (EC) No 44/2001 as well as the provisions on the recognition and enforcement of judgments, authentic instruments and court settlements in the conventions and treaty as listed in Article 69 of Regulation (EC) No 44/2001.

Article 31. Relationship with Regulation (EC) No 1348/2000
1. Subject to paragraph 2, this Regulation shall not prejudice the application of Council Regulation (EC) No 1348/2000[9] where in the proceedings in the Member State of origin a judicial document has to be transmitted from one Member State to another for service there.
2. A judgment given under Article 19(2) of Regulation (EC) No 1348/2000 cannot be certified as a European Enforcement Order.
3. If a document instituting the proceedings or an equivalent document, a summons to a court hearing or a judgment has to be transmitted from one Member State to another for service there, service under Regulation (EC) No 1348/2000 shall meet the requirements set out in Chapter III of this Regulation insofar as necessary to enable certification as a European Enforcement Order.
4. In a situation as covered by paragraph 3, the certificate of service under Article 10 of Regulation (EC) No 1348/2000 shall be replaced by the standard form in Annex V to this Regulation.

CHAPTER IX FINAL PROVISIONS

Article 32. Implementing rules
The standard forms set out in the Annexes shall be shall be updated or amended in accordance with the procedure referred to in Article 33(2).

Article 33. Committee
1. The Commission shall be assisted by the committee provided for by Article 75 of Regulation (EC) No 44/2001.
2. Where reference is made to this paragraph, Articles 3 and 7 of Decision 1999/468/EC shall apply.

Article 34. Entry into force
This Regulation shall enter into force on 1 January 2004.

ANNEX I. EUROPEAN ENFORCEMENT ORDER CERTIFICATE – JUDGMENT

1. Member State of origin: A X B X D X E X EL X F X FIN X I X [IRL X] L X NL X P X S X [UK] X
2. Issuing Court:
   2.1. Address:

---

[9] OJ L 160, 30.6.2000, p. 37

1. d) European enforcement order (proposal for a regulation)

 2.2. Tel./fax/e-mail
3. Judgment
 3.1 Date:
 3.2 Reference number:
 3.3 The parties
 3.3.1 Name and address of creditor(s):
 3.3.2 Name and address of debtor(s):
4. Monetary claim as certified
 4.1 Amount of Principal:
 4.1.1 Currency X EURO X SWEDISH KRONOR X [BRITISH POUNDS]
 4.1.2 If the claim is a periodic payment
 4.1.2.1 Principal of every instalment
 4.1.2.2 Expiry date of first instalment
 4.1.2.3 Expiry dates of following instalments
 weekly X monthly X other (explain) X
 4.1.2.4 Life term of the claim
 4.1.2.4.1 Indefinite X
 4.1.2.4.2 Expiry date of last instalment
 4.1.3 The claim concerns a joint and several liability of the debtors X
 4.2 Interest
 4.2.1 Interest rate
 4.2.1.1 %
 4.2.1.2 % above the base rate of the ECB
 4.2.2 Interest to be collected as from:
 4.3 Amount of reimbursable cost if specified in the judgment:
5. Judgment is enforceable in the Member State of origin.
Yes X No X
6. Judgment has acquired the authority of a final decision in accordance with Article 5(a)
Yes X No X
7. Judgment is on an uncontested claim under Article 3(4)
Yes X No X
8. Judgment is in compliance with Article 5(b)
Yes X No X
9. Where necessary, judgment is in compliance with Article 5(c)
Yes X No X Not necessary X
10. Where necessary, judgment is in compliance with Article 5(d)
Yes X No X Not necessary X
11. Service of the document instituting the proceedings under Chapter III where necessary
Necessary Yes X No X
 11.1 Date and address of service:
 11.1.1 Domicile of debtor unknown X
 11.2 The document was delivered by
 11.2.1 Personal service on the debtor (including his representative) with acknowledgement of receipt X
 11.2.2 Personal, service on the debtor certified by the competent official X
 11.2.3 Postal service on the debtor with acknowledgement of receipt X

11.2.4 Fax or e-mail with acknowledgement of receipt X
11.3 Substitute service
    11.3.1 Has personal service under 11.2.1 or 11.2.2 been unsuccessfully attempted Yes X No X
    11.3.2 If yes, document was
        11.3.2.1 handed to an adult domiciled in the same household as the debtor X
            11.3.2.1.1 Name
            11.3.2.1.2 Relation to debtor
                11.3.2.1.2.1 Family X
                11.3.2.1.2.2 Employee in the household X
                11.3.2.1.2.3 Other (explain) X
        11.3.2.2 handed to an adult at debtor's professional domicile X
            11.3.2.2.1 Name
            11.3.2.2.2 Employee of debtor Yes X No X
        11.3.2.3 deposited in the debtor's mailbox in accordance with Art. 12 (1)(c) X
        11.3.2.4 deposited with public authorities in accordance with Art. 12 (1)(d) X
            11.3.2.4.1 Name and address of public authority:
            11.3.2.4.2 Notification of the deposit in accordance with Art. 12(1)(d) X
11.4 Proof of service
    11.4.1 Has service been effected under 11.2.2 or 11.3 Yes X No X
    11.4.2 If yes, has service been certified in compliance with Art. 13 Yes X No X
11.5 Cure of service under Art. 19(2) in case of non-compliance with 11.2–11.4
    11.5.1 It is established that the debtor has personally received the document Yes X No X
11.6 Service in due time
The time limit set for the debtor to react to the claim was in compliance with Art. 15(1)
Yes X No X
11.7 Due information
The debtor was informed in compliance with Art. 16 and 17
Yes X No X
12. Service of summons where necessary pursuant to Article 14
Necessary Yes X No X
    12.1 Date and address of service:
        12.1.1 Domicile of debtor unknown X
    12.2 The summons was delivered
        12.2.1 By personal service on the debtor (including his representative) with acknowledgement of receipt X
        12.2.2 By personal, service on the debtor certified by the competent official X
        12.2.3 By postal service on the debtor with acknowledgement of receipt X
        12.2.4 By Fax or e-mail with acknowledgement of receipt X

12.2.5 Orally in a previous court hearing X
12.3 Substitute service
 12.3.1 Has personal service under 12.2.1 or 12.2.2 been unsuccessfully attempted
 Yes X No X
 12.3.2 If yes, summons was
  12.3.2.1 handed to an adult domiciled in the same household as the debtor X
   12.3.2.1.1 Name
   12.3.2.1.2 Relation to debtor
    12.3.2.1.2.1 Family X
    12.3.2.1.2.2 Employee in the household X
    12.3.2.1.2.3 Other (explain) X
  12.3.2.2 handed to an adult at debtor's professional domicile X
   12.3.2.2.1 Name
   12.3.2.2.2 Employee of debtor Yes X No X
  12.3.2.3 deposited in the debtor's mailbox in accordance with Art. 12(1)(c) X
  12.3.2.4 deposited with public authorities in accordance with Art. 12(1)(d) X
   12.3.2.4.1 Name and address of public authority:
   12.3.2.4.2 Notification of the deposit in accordance with Art. 12(1)(d) X
12.4 Proof of service
 12.4.1 Has service been effected under 12.2.2 or 12.3 Yes X No X
 12.4.2 If yes, has service been certified in compliance with Art. 13
 Yes X No X
12.5 Cure of service under Art. 19(2) in case of non-compliance with 12.2–12.4
 12.5.1 It is established that the debtor has personally received the document
 Yes X No X
12.6 Service in due time
The time period between the service of the summons and the court hearing was in compliance with Art. 15(2) Yes X No X
12.7 Due information
Debtor was informed in compliance with Art. 18
Yes X No X
13. Cure of non-compliance with procedural minimum standards under Art. 19(1)
 13.1 Date and address of service of judgment:
 Domicile of debtor unknown X
 13.2 The judgment was delivered by
  13.2.1 Personal service on the debtor (including his representative) with acknowledgement of receipt X
  13.2.2 Personal, service on the debtor certified by a public official X
  13.2.3 Postal service on the debtor with acknowledgement of receipt X
  13.2.4 Fax or e-mail with acknowledgement of receipt X
 13.3 Substitute service

13.3.1 Has personal service under 13.2.1 or 13.2.2 been unsuccessfully attempted
Yes X No X
13.3.2 If yes, judgment was
    13.3.2.1 handed to an adult domiciled in the same household as the debtor X
        13.3.2.1.1 Name
        13.3.2.1.2 Relation to debtor
            13.3.2.1.2.1 Family X
            13.3.2.1.2.2 Employee in the household X
            13.3.2.1.2.3 Other (explain) X
    13.3.2.2 handed to an adult at debtor's professional domicile X
        13.3.2.2.1 Name
        13.3.2.2.2 Employee of debtor Yes X No X
    13.3.2.3 deposited in the debtor's mailbox in accordance with Art. 12(1)(c) X
    13.3.2.4 deposited with public authorities in accordance with Art. 12(1)(d) X
        13.3.2.4.1 Name and address of public authority:
        13.3.2.4.2 Notification of the deposit in accordance with Art. 12(1)(d) X
13.4 Proof of service
    13.4.1 Has service been effected under 13.2.2 or 13.3 Yes X No X
    13.4.2 If yes, has service been certified in compliance with Art. 13 Yes X No X
13.5 Was it possible for debtor to challenge the judgment by ordinary appeal Yes X No X
13.6 Time limit for such a challenge in compliance with Art. 19(1)(c) Yes X No X
13.7 Due information of debtor about the possibility to challenge the judgment under Art. 19(1)(d) Yes X No X

Done at:
Date:
Signature and/or stamp:

ANNEX II. EUROPEAN ENFORCEMENT ORDER CERTIFICATE FOR PROTECTIVE MEASURES

1. Member State of origin: A X B X D X E X EL X F X FIN X I X [IRL X] L X NL X P X S X [UK] X
2. Issuing Court
    2.1. Address:
    2.2. Tel./fax/e-mail
3. Judgment
    3.1 Date:
    3.2 Reference number:
    3.3 The parties

1. d) European enforcement order (proposal for a regulation)

3.3.1 Name and address of creditor(s):
3.3.2 Name and address of debtor(s):
4. Monetary claim as certified
   4.1 Amount of Principal:
      4.1.1 Currency X EURO X SWEDISH KRONOR X [BRITISH POUNDS]
      4.1.2 If the claim is a periodic payment
         4.1.2.1 Principal of every instalment
         4.1.2.2 Expiry date of first instalment
         4.1.2.3 Expiry dates of following instalments
      weekly X monthly X bimonthly X other (explain) X
         4.1.2.4 Life term of the claim
            4.1.2.4.1 Indefinite X or
            4.1.2.4.2 Expiry date of last instalment
      4.1.3 The claim concerns a joint and several liability of the debtors X
   4.2 Interest
      4.2.1 Interest rate
         4.2.1.1 % or
         4.2.1.2 % above the base rate of the ECB
      4.2.2 Interest to be collected as from:
   4.3 Amount of reimbursable cost if specified in the judgment
5. Judgment is enforceable in the Member State of origin.
Yes X No X
6. The enforceability of the judgment is limited in time Yes X No X
   6.1 If yes, last day of enforceability
7. Judgment is on an uncontested claim under Article 3 (4)
Yes X No X
8. Judgment is in compliance with Article 5(b)
Yes X No X
9. Where necessary, judgment is in compliance with Article 5(c)
Yes X No X Not necessary X
10. Where necessary, judgment is in compliance with Article 5(d)
Yes X No X Not necessary X
11. Service of the document instituting the proceedings under Chapter III where necessary
Necessary Yes X No X
   11.1 Date and address of service:
      11.1.1 Domicile of debtor unknown X
   11.2 The document was delivered by
      11.2.1 Personal service on the debtor (including his representative) with acknowledgement of receipt X
      11.2.2 Personal, service on the debtor certified by the competent official X
      11.2.3 Postal service on the debtor with acknowledgement of receipt X
      11.2.4 Fax or e-mail with acknowledgement of receipt X
   11.3 Substitute service
      11.3.1 Has personal service under 11.2.1 or 11.2.2 been unsuccessfully attempted Yes X No X
      11.3.2 If yes, document was

11.3.2.1 handed to an adult domiciled in the same household as the debtor X
    11.3.2.1.1 Name
    11.3.2.1.2 Relation to debtor
        11.3.2.1.2.1 Family X
        11.3.2.1.2.2 Employee in the household X
        11.3.2.1.2.3 Other (explain) X
11.3.2.2 handed to an adult at debtor's professional domicile X
    11.3.2.2.1 Name
    11.3.2.2.2 Employee of debtor Yes X No X
11.3.2.3 deposited in the debtor's mailbox in accordance with Art. 12(1)(c) X
11.3.2.4 deposited with public authorities in accordance with Art. 12(1)(d) X
    11.3.2.4.1 Name and address of public authority:
    11.3.2.4.2 Notification of the deposit in accordance with Art. 12(1)(d) X

11.4 Proof of service
    11.4.1 Has service been effected under 11.2.2 or 11.3 Yes X No X
    11.4.2 If yes, has service been certified in compliance with Art. 13 Yes X No X
11.5 Cure of service under Art. 19 (2) in case of non-compliance with 11.2–11.4
    11.5.1 It is established that the debtor has personally received the document Yes X No X
11.6 Service in due time
The time limit set for the debtor to react to the claim was in compliance with Art. 15(1)
Yes X No X
11.7 Due information
The debtor was informed in compliance with Art. 16 and 17
Yes X No X

12. Service of summons where necessary pursuant to Article 14
Necessary Yes X No X
    12.1 Date and address of service:
        12.1.1 Domicile of debtor unknown X
    12.2 The summons was delivered
        12.2.1 By personal service on the debtor (including his representative) with acknowledgement of receipt X
        12.2.2 By personal, service on the debtor certified by the competent official X
        12.2.3 By postal service on the debtor with acknowledgement of receipt X
        12.2.4 By Fax or e-mail with acknowledgement of receipt X
        12.2.5 Orally in a previous court hearing X
    12.3 Substitute service
        12.3.1 Has personal service under 12.2.1 or 12.2.2 been unsuccessfully attempted
Yes X No X

1. d) European enforcement order (proposal for a regulation)

12.3.2 If yes, summons was
   12.3.2.1 handed to an adult domiciled in the same household as the debtor X
      12.3.2.1.1 Name
      12.3.2.1.2 Relation to debtor
         12.3.2.1.2.1 Family X
         12.3.2.1.2.2 Employee in the household X
         12.3.2.1.2.3 Other (explain) X
   12.3.2.2 handed to an adult at debtor's professional domicile X
      12.3.2.2.1 Name
      12.3.2.2.2 Employee of debtor Yes X No X
   12.3.2.3 deposited in the debtor's mailbox in accordance with Art. 12(1)(c) X
   12.3.2.4 deposited with public authorities in accordance with Art. 12(1)(d) X
      12.3.2.4.1 Name and address of public authority:
      12.3.2.4.2 Notification of the deposit in accordance with Art. 12(1)(d) X
12.4 Proof of service
   12.4.1 Has service been effected under 12.2.2 or 12.3 Yes X No X
   12.4.2 If yes, has service been certified in compliance with Art. 13 Yes X No X
12.5 Cure of service under Art. 19(2) in case of non-compliance with 12.2–12.4
   12.5.1 It is established that the debtor has personally received the document Yes X No X
12.6 Service in due time
The time period between the service of the summons and the court hearing was in compliance with Art. 15(2) Yes X No X
12.7 Due information
Debtor was informed in compliance with Art. 18
Yes X No X
13. Cure of non-compliance with procedural minimum standards under Art. 19(1)
   13.1 Date and address of service of judgment:
Domicile of debtor unknown X
   13.2 The judgment was delivered by
      13.2.1 Personal service on the debtor (including his representative) with acknowledgement of receipt X
      13.2.2 Personal, service on the debtor certified by a public official X
      13.2.3 Postal service on the debtor with acknowledgement of receipt X
      13.2.4 Fax or e-mail with acknowledgement of receipt X
   13.3 Substitute service
      13.3.1 Has personal service under 13.2.1 or 13.2.2 been unsuccessfully attempted
Yes X No X
      13.3.2 If yes, judgment was
         13.3.2.1 handed to an adult domiciled in the same household as the debtor X

13.3.2.1.1 Name
13.3.2.1.2 Relation to debtor
   13.3.2.1.2.1 Family X
   13.3.2.1.2.2 Employee in the household X
   13.3.2.1.2.4 Other (explain) X
13.3.2.2 handed to an adult at debtor's professional domicile X
   13.3.2.2.1 Name
   13.3.2.2.2 Employee of debtor Yes X No X
13.3.2.3 deposited in the debtor's mailbox in accordance with Art. 12(1)(c) X
13.3.2.4 deposited with public authorities in accordance with Art. 12(1)(d) X
   13.3.2.4.1 Name and address of public authority:
   13.3.2.4.2 Notification of the deposit in accordance with Art. 12(1)(d) X
13.4 Proof of service
   13.4.1 Has service been effected under 13.2.2 or 13.3 Yes X No X
   13.4.2 If yes, has service been certified in compliance with Art. 13 Yes X No X
13.5 Was it possible for debtor to challenge the judgment by ordinary appeal Yes X No X
13.6 Time limit for such a challenge in compliance with Art. 19(1)(c) Yes X No X
13.7 Due information of debtor about the possibility to challenge the judgment under Art. 19(1)(d) Yes X No X

Done at:
Date:
Signature and/or stamp:

ANNEX III. EUROPEAN ENFORCEMENT ORDER CERTIFICATE – COURT SETTLEMENT

1. Member State of origin:
2. Issuing Court:
   2.1 Address:
   2.2 Tel./fax/e-mail
3. Court settlement
3.1 Date:
3.2 Reference number:
3.3 The parties
   3.3.1 Name and address of creditor(s):
   3.3.2 Name and address of debtor(s):
4. Monetary claim as certified
4.1 Amount of Principal:
   4.1.1 Currency EURO X SWEDISH KRONOR X [BRITISH POUNDS] X
   4.1.2 If the claim is a periodic payment
      4.1.2.1 Principal of every instalment

4.1.2.2 Expiry date of first instalment
4.1.2.3 Expiry dates of following instalments
weekly X monthly X other (explain) X
4.1.2.4 Life term of the claim
    4.1.1.4.1 Indefinite X
    4.1.1.4.2 Expiry date of last instalment
4.1.3 The claim concerns a joint and several liability of the debtors X
4.2 Interest
    4.2.1 Interest rate
        4.2.1.1 % or
        4.2.1.2 % above the base rate of the ECB
    4.2.2 Interest to be collected as from:
4.3 Amount of reimbursable cost if specified in the court settlement
5. The court settlement is enforceable in the Member State of origin
Yes X No X

Done at:
Date:
Signature and/or stamp:

ANNEX IV. EUROPEAN ENFORCEMENT ORDER CERTIFICATE – AUTHENTIC INSTRUMENT

1. Member State of origin:
2. Issuing Authority
    2.1 Name:
    2.2 Address:
    2.3 Tel./fax/e-mail
    2.4 Notary public X
    2.5 Administrative authority X
    2.6 Court X
    2.7 Other (explain) X
3. Authentic instrument
    3.1 Date:
    3.2 Reference number:
    3.3 The parties
        3.3.1 Name and address of creditor(s):
        3.3.2 Name and address of debtor(s):
4. Monetary claim as certified
    4.1 Amount of Principal:
        4.1.1 Currency EURO X SWEDISH KRONOR X [BRITISH POUNDS] X
        4.1.2 If the claim is a periodic payment
            4.1.2.1 Principal of every instalment
            4.1.2.2 Expiry date of first instalment
            4.1.2.3 Expiry dates of following instalments
weekly X monthly X other (explain) X
            4.1.2.4 Life term of the claim
                4.1.1.4.1 Indefinite X or

4.1.1.4.2 Expiry date of last instalment
4.1.3 The claim concerns a joint and several liability of the debtors X
4.2 Interest
    4.2.1 Interest rate
        4.2.1.1 % or
        4.2.1.2 % above the base rate of the ECB
    4.2.2 Interest to be collected as from
4.3 Amount of reimbursable cost if specified in the authentic instrument
5. The debtor has been informed about the direct enforceability of the authentic instrument prior to his consent according to Art. 26 (3) Yes X No X
6. The authentic instrument is enforceable in the Member State of origin Yes X No X

Done at:
Date:
Signature and/or stamp:

ANNEX V. CERTIFICATE OF SERVICE OR NON-SERVICE OF DOCUMENTS
(Article 10 of Council Regulation (EC) No 1348/2000)

12. COMPLETION OF SERVICE
    12.1 Date and address of service:
    12.2 The document was delivered by
        12.2.1 Personal service on the addressee with the debtor's acknowledgement of receipt X
        12.2.2 Personal service on the addressee certified by a competent official X
        12.2.3 Postal service on the addressee with the enclosed acknowledgement of receipt X
        12.2.4 By other means of telecommunications with the enclosed acknowledgement of receipt
            12.2.4.1 Fax X
            12.2.4.2 E-Mail X
            12.2.4.3 Other (explain) X
    12.3 Substitute service
        12.3.1 Has personal service under 12.2.1 or 12.2.2 been unsuccessfully attempted Yes X No X
        12.3.2 If yes, document was
            12.3.2.1 handed to an adult domiciled in the same household as the addressee X
                12.3.2.1.1 Name
                12.3.2.1.2 Relation to addressee
                      12.3.2.1.2.1 Family X
                      12.3.2.1.2.2 Employee in the household X
                      12.3.2.1.2.3 Other (explain) X
            12.3.2.2 handed to an adult at addressee's professional domicile X
                12.3.2.2.1 Name
                12.3.2.2.2 Employee of addressee Yes X No X

1. d) European enforcement order (proposal for a regulation)

      12.3.2.3 deposited in the addressee's mailbox X
      12.3.2.4 deposited with public authorities X
          12.3.2.4.1 Name and address of public authority:
          12.3.2.4.2 Notification of the deposit in addressee's mailboxX
      12.3.2.5 served by the following particular method (please say how)
12.4 The document was delivered by one of the methods mentioned in 12.2 or 12.3 (please mark the exact method there) not on the addressee but his representative Yes X No X
      12.4.1 If yes, name and address of the representative
      12.4.2 Status of the representative
          12.4.2.1 Authorised representative, Lawyer X
          12.4.2.2 Statutory legal representative of a legal person X
          12.4.2.3 Other (explain) X
12.5 Has service been effected in compliance with the law of the Member State where it was effected Yes X No X
12.6 The addressee of the document was informed (orally) (in writing) that he or she may refuse to accept it if it was not in an official language of the place of service or in an official language of the state of transmission which he or she understands Yes X No X
13. INFORMATION IN ACCORDANCE WITH ARTICLE 7(2)
It was not possible to effect service within one month of receipt X
14. REFUSAL OF DOCUMENT
The addressee refused to accept the document on account of the language used.
The documents are annexed to this certificate X
15. REASON FOR NON-SERVICE OF DOCUMENT
      15.1 Address unknown X
      15.2 Addressee cannot be located X
      15.3 Document could not be served before the date or time limit stated in point 6.2 X
      15.4 Others (please specify) X
The documents are annexed to this certificate

Done at:
Date:
Signature and/or stamp:

e) Council Decision of 28 May 2001 establishing a European Judicial Network in civil and commercial matters (No 2001/470/EC)
Official Journal No L 174, 27/06/2001 p. 25–31

THE COUNCIL OF THE EUROPEAN UNION,
Having regard to the Treaty establishing the European Community, and in particular Articles 61(c) and (d), 66 and 67(1) thereof,
Having regard to the proposal from the Commission[1],
Having regard to the opinion of the European Parliament[2],
Having regard to the opinion of the Economic and Social Committee[3],
Whereas:

(1) The European Union has set itself the objective of maintaining and developing the European Union as an area of freedom, security and justice, in which the free movement of persons is assured.

(2) The gradual establishment of this area and the sound operation of the internal market entails the need to improve, simplify and expedite effective judicial cooperation between the Member States in civil and commercial matters.

(3) The action plan of the Council and the Commission on how best to implement the provisions of the Treaty of Amsterdam on an area of freedom, security and justice[4] which was adopted by the Council on 3 December 1998 and approved by the European Council on 11 and 12 December 1998 acknowledges that reinforcement of judicial cooperation in civil matters represents a fundamental stage in the creation of a European judicial area which will bring tangible benefits for every European Union citizen.

(4) One of the measures provided for in paragraph 40 of the action plan is to examine the possibility of extending the concept of the European Judicial Network in criminal matters to embrace civil proceedings.

(5) The conclusions of the special European Council held at Tampere on 15 and 16 October 1999 recommend the establishment of an easily accessible information system, to be maintained and updated by a Network of competent national authorities.

(6) In order to improve, simplify and expedite effective judicial cooperation between the Member States in civil and commercial matters, it is necessary to establish at Community level a network cooperation structure – the European Judicial Network in civil and commercial matters.

(7) This is a subject falling within the ambit of Articles 65 and 66 of the Treaty, and the measures are to be adopted in accordance with Article 67.

(8) To ensure the attainment of the objectives of the European Judicial Network in civil and commercial matters, the rules governing its establishment should be laid down in a mandatory instrument of Community law.

(9) The objectives of the proposed action, namely to improve effective judicial cooperation between the Member States and effective access to justice for persons engaging in cross-border litigation cannot be sufficiently achieved by the Member States and can

---

[1] OJ C 29 E, 30.1.2001, p. 281.
[2] Opinion delivered on 5 April 2001 (not yet published in the Official Journal).
[3] OJ C 139, 11.5.2001, p. 6.
[4] OJ C 19, 23.1.1999, p. 1.

1. e) European Judicial Network (decision)

therefore by reason of the scale or effects of the action be better achieved at Community level, the Community may adopt measures in accordance with the principle of subsidiarity as set out in Article 5 of the Treaty. In accordance with the principle of proportionality as set out in that Article, this Decision does not go beyond what is necessary in order to achieve those objectives.

(10) The European Judicial Network in civil and commercial matters established by this Decision seeks to facilitate judicial cooperation between the Member States in civil and commercial matters both in areas to which existing instruments apply and in those where no instrument is currently applicable.

(11) In certain specific areas, Community or international instruments relating to judicial cooperation in civil and commercial matters already provide for cooperation mechanisms. The European Judicial Network in civil and commercial matters does not set out to replace these mechanisms, and it must operate in full compliance with them. This Decision will consequently be without prejudice to Community or international instruments relating to judicial cooperation in civil or commercial matters.

(12) The European Judicial Network in civil and commercial matters should be established in stages on the basis of the closest cooperation between the Commission and the Member States. It should be able to take advantage of modern communication and information technologies.

(13) To attain its objectives, the European Judicial Network in civil and commercial matters needs to be supported by contact points designated by the Member States and to be sure of the participation of their authorities with specific responsibilities for judicial cooperation in civil and commercial matters. Contacts between them and periodic meetings are essential to the operation of the Network.

(14) It is essential that efforts to establish an area of freedom, security and justice produce tangible benefits for persons engaging in cross-border litigation. It is accordingly necessary for the European Judicial Network in civil and commercial matters to promote access to justice. To this end, using the information supplied and updated by the contact points, the Network should progressively establish an information system that is accessible to the public, both the general public and specialists.

(15) This Decision does not preclude the provision of other information than that which is provided for herein, within the European Judicial Network in civil and commercial matters and to the public. The enumeration in Title III is accordingly not to be regarded as exhaustive.

(16) Processing of information and data should take place in compliance with Directive 95/46/EC of the European Parliament and of the Council of 24 October 1995 on the protection of individuals with regard to the processing of personal data and of the free movement of such data[5] and Directive 97/66/EC of the European Parliament and of the Council of 15 December 1997 concerning the processing of personal data and the protection of privacy in the telecommunications sector[6].

(17) To ensure that the European Judicial Network in civil and commercial matters remains an effective instrument, incorporates the best practice in judicial cooperation and internal operation and meets the public's expectations, provision should be made for periodic evaluations and for proposals for such changes as may be found necessary.

---

[5] OJ L 281, 23.11.1995, p. 31.
[6] OJ L 24, 30.1.1998, p. 1.

(18) The United Kingdom and Ireland, in accordance with Article 3 of the Protocol on the position of the United Kingdom and Ireland annexed to the Treaty on European Union and to the Treaty establishing the European Community, have given notice of their wish to take part in the adoption and application of this Decision.

(19) Denmark, in accordance with Articles 1 and 2 of the Protocol on the position of Denmark, annexed to the Treaty on European Union and to the Treaty establishing the European Community, is not participating in the adoption of this Decision and is therefore not bound by it nor subject to its application,

HAS ADOPTED THIS DECISION:

TITLE I. PRINCIPLES OF THE EUROPEAN JUDICIAL NETWORK IN CIVIL AND COMMERCIAL MATTERS

Article 1. Establishment

1. A European Judicial Network in civil and commercial matters ("the Network") is hereby established among the Member States.

2. In this Decision, the term "Member State" shall mean Member States with the exception of Denmark.

Article 2. Composition

1. The Network shall be composed of:

(a) contact points designated by the Member States, in accordance with paragraph 2;

(b) central bodies and central authorities provided for in Community instruments, instruments of international law to which the Member States are parties or rules of domestic law in the area of judicial cooperation in civil and commercial matters;

(c) the liaison magistrates to whom Joint Action 96/277/JAI of 22 April 1996 concerning a framework for the exchange of liaison magistrates to improve judicial cooperation between the Member States of the European Union[7] applies, where they have responsibilities in cooperation in civil and commercial matters;

(d) any other appropriate judicial or administrative authority with responsibilities for judicial cooperation in civil and commercial matters whose membership of the Network is considered to be useful by the Member State to which it belongs.

2. Each Member State shall designate a contact point. Each Member State may, however, designate a limited number of other contact points if they consider this necessary on the basis of the existence of separate legal systems, the domestic distribution of jurisdiction, the tasks to be entrusted to the contact points or in order to associate judicial bodies that frequently deal with cross-border litigation directly with the activities of the contact points.

Where a Member State designates several contact points, it shall ensure that appropriate coordination mechanisms apply between them.

3. The Member States shall identify the authorities mentioned at points (b) and (c) of paragraph 1.

4. The Member States shall designate the authorities mentioned at point (d) of paragraph 1.

---

[7] OJ L 105, 27.4.1996, p. 1.

5. The Member States shall notify the Commission, in accordance with Article 20, of the names and full addresses of the authorities referred to in paragraph 1, specifying:
(a) the communication facilities available to them;
(b) their knowledge of languages; and
(c) where appropriate, their specific functions in the Network.

Article 3. Tasks and activities of the Network
1. The Network shall be responsible for:
(a) facilitating judicial cooperation between the Member States in civil and commercial matters, including devising, progressively establishing and updating an information system for the members of the Network;
(b) devising, progressively establishing and updating an information system that is accessible to the public.
2. Without prejudice to other Community or international instruments relating to judicial cooperation in civil or commercial matters, the Network shall develop its activities for the following purposes in particular:
(a) the smooth operation of procedures having a cross-border impact and the facilitation of requests for judicial cooperation between the Member States, in particular where no Community or international instrument is applicable;
(b) the effective and practical application of Community instruments or conventions in force between two or more Member States;
(c) the establishment and maintenance of an information system for the public on judicial cooperation in civil and commercial matters in the European Union, relevant Community and international instruments and the domestic law of the Member States, with particular reference to access to justice.

Article 4. Modus operandi of the Network
The Network shall accomplish its tasks in particular by the following means:
1. it shall facilitate appropriate contacts between the authorities of the Member States mentioned in Article 2(1) for the accomplishment of the tasks provided for by Article 3;
2. it shall organise periodic meetings of the contact points and of the members of the Network in accordance with the rules laid down in Title II;
3. it shall draw up and keep updated the information on judicial cooperation in civil and commercial matters and the legal systems of the Member States referred to in Title III, in accordance with the rules laid down in that Title.

Article 5. Contact points
1. The contact points shall be at the disposal of the authorities referred to in Article 2(1)(b) to (d) for the accomplishment of the tasks provided for by Article 3.
The contact points shall also be at the disposal of the local judicial authorities in their own Member State for the same purposes, in accordance with rules to be determined by each Member State.
2. In particular, the contact points shall:
(a) supply the other contact points, the authorities mentioned in Article 2(1)(b) to (d) and the local judicial authorities in their own Member State with all the in-

2. Matrimonial matters and matters of parental responsibility

a) Council Regulation of 29 May 2000 on jurisdiction and the recognition and enforcement of judgments in matrimonial matters and in matters of parental responsibility for children of both spouses (No 1347/2000/EC)

Official Journal No L 160, 30/06/2000 p. 19–29

THE COUNCIL OF THE EUROPEAN UNION,
Having regard to the Treaty establishing the European Community, and in particular Article 61(c) and Article 67(1) thereof,
Having regard to the proposal from the Commission[1],
Having regard to the opinion of the European Parliament[2],
Having regard to the opinion of the Economic and Social Committee[3],
Whereas:

(1) The Member States have set themselves the objective of maintaining and developing the Union as an area of freedom, security and justice, in which the free movement of persons is assured. To establish such an area, the Community is to adopt, among others, the measures in the field of judicial cooperation in civil matters needed for the proper functioning of the internal market.

(2) The proper functioning of the internal market entails the need to improve and simplify the free movement of judgments in civil matters.

(3) This is a subject now falling within the ambit of Article 65 of the Treaty.

(4) Differences between certain national rules governing jurisdiction and enforcement hamper the free movement of persons and the sound operation of the internal market. There are accordingly grounds for enacting provisions to unify the rules of conflict of jurisdiction in matrimonial matters and in matters of parental responsibility so as to simplify the formalities for rapid and automatic recognition and enforcement of judgments.

(5) In accordance with the principles of subsidiarity and proportionality as set out in Article 5 of the Treaty, the objectives of this Regulation cannot be sufficiently achieved by the Member States and can therefore be better achieved by the Community. This Regulation does not go beyond what is necessary to achieve those objectives.

(6) The Council, by an Act[4] dated 28 May 1998, drew up a Convention on jurisdiction and the recognition and enforcement of judgments in matrimonial matters and recommended it for adoption by the Member States in accordance with their respective constitutional rules. Continuity in the results of the negotiations for conclusion of the Convention should be ensured. The content of this Regulation is substantially taken over from the Convention, but this Regulation contains a number of new provisions not in the Convention in order to secure consistency with certain provisions of the proposed regulation on

---

[1] OJ C 247, 31.8.1999, p. 1.
[2] Opinion delivered on 17 November 1999 (not yet published in the Official Journal).
[3] OJ C 368, 20.12.1999, p. 23.
[4] OJ C 221, 16.7.1998; p. 1. On the same day as the Convention was drawn up, the Council took note of the explanatory report to the Convention, as prepared by Prof. Alegría Borrás. This explanatory report is set out on page 27 of the aforementioned Official Journal.

2. a) Matrimonial and ancillary matters. Regulation 1347/2000/EC

jurisdiction and the recognition and enforcement of judgments in civil and commercial matters.

(7) In order to attain the objective of free movement of judgments in matrimonial matters and in matters of parental responsibility within the Community, it is necessary and appropriate that the cross-border recognition of jurisdiction and judgments in relation to the dissolution of matrimonial ties and to parental responsibility for the children of both spouses be governed by a mandatory, and directly applicable, Community legal instrument.

(8) The measures laid down in this Regulation should be consistent and uniform, to enable people to move as widely as possible. Accordingly, it should also apply to nationals of non-member States whose links with the territory of a Member State are sufficiently close, in keeping with the grounds of jurisdiction laid down in the Regulation.

(9) The scope of this Regulation should cover civil proceedings and non-judicial proceedings in matrimonial matters in certain States, and exclude purely religious procedures. It should therefore be provided that the reference to "courts" includes all the authorities, judicial or otherwise, with jurisdiction in matrimonial matters.

(10) This Regulation should be confined to proceedings relating to divorce, legal separation or marriage annulment. The recognition of divorce and annulment rulings affects only the dissolution of matrimonial ties; despite the fact that they may be interrelated, the Regulation does not affect issues such as the fault of the spouses, property consequences of the marriage, the maintenance obligation or any other ancillary measures.

(11) This Regulation covers parental responsibility for children of both spouses on issues that are closely linked to proceedings for divorce, legal separation or marriage annulment.

(12) The grounds of jurisdiction accepted in this Regulation are based on the rule that there must be a real link between the party concerned and the Member State exercising jurisdiction; the decision to include certain grounds corresponds to the fact that they exist in different national legal systems and are accepted by the other Member States.

(13) One of the risks to be considered in relation to the protection of the children of both spouses in a marital crisis is that one of the parents will take the child to another country. The fundamental interests of the children must therefore be protected, in accordance with, in particular, the Hague Convention of 25 October 1980 on the Civil Aspects of the International Abduction of Children. The lawful habitual residence is accordingly maintained as the grounds of jurisdiction in cases where, because the child has been moved or has not been returned without lawful reason, there has been a de facto change in the habitual residence.

(14) This Regulation does not prevent the courts of a Member State from taking provisional, including protective, measures, in urgent cases, with regard to persons or property situated in that State.

(15) The word "judgment" refers only to decisions that lead to divorce, legal separation or marriage annulment. Those documents which have been formally drawn up or registered as authentic instruments and are enforceable in one Member State are treated as equivalent to such "judgments".

(16) The recognition and enforcement of judgments given in a Member State are based on the principle of mutual trust. The grounds for non-recognition are kept to the minimum required. Those proceedings should incorporate provisions to ensure observance of public policy in the State addressed and to safeguard the rights of the defence and those of the parties, including the individual rights of any child involved, and so as to withhold recognition of irreconcilable judgments.

(17) The State addressed should review neither the jurisdiction of the State of origin nor the findings of fact.
(18) No procedures may be required for the updating of civil-status documents in one Member State on the basis of a final judgment given in another Member State.
(19) The Convention concluded by the Nordic States in 1931 should be capable of application within the limits set by this Regulation.
(20) Spain, Italy and Portugal had concluded Concordats before the matters covered by this Regulation were brought within the ambit of the Treaty: It is necessary to ensure that these States do not breach their international commitments in relation to the Holy See.
(21) The Member States should remain free to agree among themselves on practical measures for the application of the Regulation as long as no Community measures have been taken to that end.
(22) Annexes I to III relating to the courts and redress procedures should be amended by the Commission on the basis of amendments transmitted by the Member State concerned. Amendments to Annexes IV and V should be adopted in accordance with Council Decision 1999/468/EC of 28 June 1999 laying down the procedures for the exercise of implementing powers conferred on the Commission[5].
(23) No later than five years after the date of the entry into force of this Regulation, the Commission is to review its application and propose such amendments as may appear necessary.
(24) The United Kingdom and Ireland, in accordance with Article 3 of the Protocol on the position of the United Kingdom and Ireland annexed to the Treaty on European Union and the Treaty establishing the European Community, have given notice of their wish to take part in the adoption and application of this Regulation.
(25) Denmark, in accordance with Articles 1 and 2 of the Protocol on the position of Denmark annexed to the Treaty on European Union and the Treaty establishing the European Community, is not participating in the adoption of this Regulation, and is therefore not bound by it nor subject to its application,
HAS ADOPTED THIS REGULATION:

CHAPTER I. SCOPE

Article 1
1. This Regulation shall apply to:
(a) civil proceedings relating to divorce, legal separation or marriage annulment;
(b) civil proceedings relating to parental responsibility for the children of both spouses on the occasion of the matrimonial proceedings referred to in (a).
2. Other proceedings officially recognised in a Member State shall be regarded as equivalent to judicial proceedings. The term "court" shall cover all the authorities with jurisdiction in these matters in the Member States.
3. In this Regulation, the term "Member State" shall mean all Member States with the exception of Denmark.

---

[5] OJ L 184, 17.7.1999, p. 23.

CHAPTER II. JURISDICTION

Section I. General provisions

Article 2. Divorce, legal separation and marriage annulment
1. In matters relating to divorce, legal separation or marriage annulment, jurisdiction shall lie with the courts of the Member State:
(a) in whose territory:
– the spouses are habitually resident, or
– the spouses were last habitually resident, in so far as one of them still resides there, or
– the respondent is habitually resident, or
– in the event of a joint application, either of the spouses is habitually resident, or
– the applicant is habitually resident if he or she resided there for at least a year immediately before the application was made, or
– the applicant is habitually resident if he or she resided there for at least six months immediately before the application was made and is either a national of the Member State in question or, in the case of the United Kingdom and Ireland, has his "domicile" there;
(b) of the nationality of both spouses or, in the case of the United Kingdom and Ireland, of the "domicile" of both spouses.
2. For the purpose of this Regulation, "domicile" shall have the same meaning as it has under the legal systems of the United Kingdom and Ireland.

Article 3. Parental responsibility
1. The Courts of a Member State exercising jurisdiction by virtue of Article 2 on an application for divorce, legal separation or marriage annulment shall have jurisdiction in a matter relating to parental responsibility over a child of both spouses where the child is habitually resident in that Member State.
2. Where the child is not habitually resident in the Member State referred to in paragraph 1, the courts of that State shall have jurisdiction in such a matter if the child is habitually resident in one of the Member States and:
(a) at least one of the spouses has parental responsibility in relation to the child; and
(b) the jurisdiction of the courts has been accepted by the spouses and is in the best interests of the child.
3. The jurisdiction conferred by paragraphs 1 and 2 shall cease as soon as:
(a) the judgment allowing or refusing the application for divorce, legal separation or marriage annulment has become final; or
(b) in those cases where proceedings in relation to parental responsibility are still pending on the date referred to in (a), a judgment in these proceedings has become final; or
(c) the proceedings referred to in (a) and (b) have come to an end for another reason.

Article 4. Child abduction
The courts with jurisdiction within the meaning of Article 3 shall exercise their jurisdiction in conformity with the Hague Convention of 25 October 1980 on the

Civil Aspects of International Child Abduction, and in particular Articles 3 and 16 thereof.

Article 5. Counterclaim
The court in which proceedings are pending on the basis of Articles 2 to 4 shall also have jurisdiction to examine a counterclaim, in so far as the latter comes within the scope of this Regulation.

Article 6. Conversion of legal separation into divorce
Without prejudice to Article 2, a court of a Member State which has given a judgment on a legal separation shall also have jurisdiction for converting that judgment into a divorce, if the law of that Member State so provides.

Article 7. Exclusive nature of jurisdiction under Articles 2 to 6
A spouse who:
(a) is habitually resident in the territory of a Member State; or
(b) is a national of a Member State, or, in the case of the United Kingdom and Ireland, has his or her "domicile" in the territory of one of the latter Member States,
may be sued in another Member State only in accordance with Articles 2 to 6.

Article 8. Residual jurisdiction
1. Where no court of a Member State has jurisdiction pursuant to Articles 2 to 6, jurisdiction shall be determined, in each Member State, by the laws of that State.
2. As against a respondent who is not habitually resident and is not either a national of a Member State or, in the case of the United Kingdom and Ireland, does not have his "domicile" within the territory of one of the latter Member States, any national of a Member State who is habitually resident within the territory of another Member State may, like the nationals of that State, avail himself of the rules of jurisdiction applicable in that State.

Section 2. Examination as to jurisdiction and admissibility

Article 9. Examination as to jurisdiction
Where a court of a Member State is seised of a case over which it has no jurisdiction under this Regulation and over which a court of another Member State has jurisdiction by virtue of this Regulation, it shall declare of its own motion that it has no jurisdiction.

Article 10. Examination as to admissibility
1. Where a respondent habitually resident in a State other than the Member State where the action was brought does not enter an appearance, the court with jurisdiction shall stay the proceedings so long as it is not shown that the respondent has been able to receive the document instituting the proceedings or an equivalent document in sufficient time to enable him to arrange for his defence, or that all necessary steps have been taken to this end.
2. Article 19 of Council Regulation (EC) No 1348/2000 of 29 May 2000 on the service in the Member States of judicial and extrajudicial documents in civil or commercial matters[6], shall apply instead of the provisions of paragraph 1 of this

Article if the document instituting the proceedings or an equivalent document had to be transmitted from one Member State to another pursuant to that Regulation.
3. Where the provisions of Council Regulation (EC) No 1348/2000 are not applicable, Article 15 of the Hague Convention of 15 November 1965 on the service abroad of judicial and extrajudicial documents in civil or commercial matters shall apply if the document instituting the proceedings or an equivalent document had to be transmitted abroad pursuant to that Convention.

Section 3. Lis pendens and dependent actions

Article 11
1. Where proceedings involving the same cause of action and between the same parties are brought before courts of different Member States, the court second seised shall of its own motion stay its proceedings until such time as the jurisdiction of the court first seised is established.
2. Where proceedings for divorce, legal separation or marriage annulment not involving the same cause of action and between the same parties are brought before courts of different Member States, the court second seised shall of its own motion stay its proceedings until such time as the jurisdiction of the court first seised is established.
3. Where the jurisdiction of the court first seised is established, the court second seised shall decline jurisdiction in favour of that court.
In that case, the party who brought the relevant action before the court second seised may bring that action before the court first seised.
4. For the purposes of this Article, a court shall be deemed to be seised:
(a) at the time when the document instituting the proceedings or an equivalent document is lodged with the court, provided that the applicant has not subsequently failed to take the steps he was required to take to have service effected on the respondent; or
(b) if the document has to be served before being lodged with the court, at the time when it is received by the authority responsible for service, provided that the applicant has not subsequently failed to take the steps he was required to take to have the document lodged with the court.

Section 4. Provisional, including protective, measures

Article 12
In urgent cases, the provisions of this Regulation shall not prevent the courts of a Member State from taking such provisional, including protective, measures in respect of persons or assets in that State as may be available under the law of that Member State, even if, under this Regulation, the court of another Member State has jurisdiction as to the substance of the matter.

---

[6] See p. 37 of this Official Journal.

CHAPTER III. RECOGNITION AND ENFORCEMENT

Article 13. Meaning of "judgment"

1. For the purposes of this Regulation, "judgment" means a divorce, legal separation or marriage annulment pronounced by a court of a Member State, as well as a judgment relating to the parental responsibility of the spouses given on the occasion of such matrimonial proceedings, whatever the judgment may be called, including a decree, order or decision.
2. The provisions of this chapter shall also apply to the determination of the amount of costs and expenses of proceedings under this Regulation and to the enforcement of any order concerning such costs and expenses.
3. For the purposes of implementing this Regulation, documents which have been formally drawn up or registered as authentic instruments and are enforceable in one Member State and also settlements which have been approved by a court in the course of proceedings and are enforceable in the Member State in which they were concluded shall be recognised and declared enforceable under the same conditions as the judgments referred to in paragraph 1.

Section 1. Recognition

Article 14. Recognition of a judgment

1. A judgment given in a Member State shall be recognised in the other Member States without any special procedure being required.
2. In particular, and without prejudice to paragraph 3, no special procedure shall be required for up-dating the civil-status records of a Member State on the basis of a judgment relating to divorce, legal separation or marriage annulment given in another member State, and against which no further appeal lies under the law of that Member State.
3. Any interested party may, in accordance with the procedures provided for in Sections 2 and 3 of this Chapter, apply for a decision that the judgment be or not be recognised.
4. Where the recognition of a judgment is raised as an incidental question in a court of a Member State, that court may determine that issue.

Article 15. Grounds of non-recognition

1. A judgment relating to a divorce, legal separation or marriage annulment shall not be recognised:
(a) if such recognition is manifestly contrary to the public policy of the Member State in which recognition is sought;
(b) where it was given in default of appearance, if the respondent was not served with the document which instituted the proceedings or with an equivalent document in sufficient time and in such a way as to enable the respondent to arrange for his or her defence unless it is determined that the respondent has accepted the judgment unequivocally;
(c) if it is irreconcilable with a judgment given in proceedings between the same parties in the Member State in which recognition is sought; or
(d) if it is irreconcilable with an earlier judgment given in another Member State or in a non-member State between the same parties, provided that the earlier judg-

ment fulfils the conditions necessary for its recognition in the Member State in which recognition is sought.
2. A judgment relating to the parental responsibility of the spouses given on the occasion of matrimonial proceedings as referred to in Article 13 shall not be recognised:
(a) if such recognition is manifestly contrary to the public policy of the Member State in which recognition is sought taking into account the best interests of the child;
(b) if it was given, except in case of urgency, without the child having been given an opportunity to be heard, in violation of fundamental principles of procedure of the Member State in which recognition is sought;
(c) where it was given in default of appearance if the person in default was not served with the document which instituted the proceedings or with an equivalent document in sufficient time and in such a way as to enable that person to arrange for his or her defence unless it is determined that such person has accepted the judgment unequivocally;
(d) on the request of any person claiming that the judgment infringes his or her parental responsibility, if it was given without such person having been given an opportunity to be heard;
(e) if it is irreconcilable with a later judgment relating to parental responsibility given in the Member State in which recognition is sought; or
(f) if it is irreconcilable with a later judgment relating to parental responsibility given in another Member State or in the non-member State of the habitual residence of the child provided that the later judgment fulfils the conditions necessary for its recognition in the Member State in which recognition is sought.

Article 16. Agreement with third States
A court of a Member State may, on the basis of an agreement on the recognition and enforcement of judgments, not recognise a judgment given in another Member State where, in cases provided for in Article 8, the judgment could only be founded on grounds of jurisdiction other than those specified in Articles 2 to 7.

Article 17. Prohibition of review of jurisdiction of court of origin
The jurisdiction of the court of the Member State of origin may not be reviewed. The test of public policy referred to in Article 15(1)(a) and (2)(a) may not be applied to the rules relating to jurisdiction set out in Articles 2 to 8.

Article 18. Differences in applicable law
The recognition of a judgment relating to a divorce, legal separation or a marriage annulment may not be refused because the law of the Member State in which such recognition is sought would not allow divorce, legal separation or marriage annulment on the same facts.

Article 19. Non-review as to substance
Under no circumstances may a judgment be reviewed as to its substance.

Article 20. Stay of proceedings
1. A court of a Member State in which recognition is sought of a judgment given

in another Member State may stay the proceedings if an ordinary appeal against the judgment has been lodged.

2. A court of a Member State in which recognition is sought of a judgment given in Ireland or the United Kingdom may stay the proceedings if enforcement is suspended in the Member State of origin by reason of an appeal.

Section 2. Enforcement

Article 21. Enforceable judgments

1. A judgment on the exercise of parental responsibility in respect of a child of both parties given in a Member State which is enforceable in that Member State and has been served shall be enforced in another Member State when, on the application of any interested party, it has been declared enforceable there.

2. However, in the United Kingdom, such a judgment shall be enforced in England and Wales, in Scotland or in Northern Ireland when, on the application of any interested party, it has been registered for enforcement in that part of the United Kingdom.

Article 22. Jurisdiction of local courts

1. An application for a declaration of enforceability shall be submitted to the court appearing in the list in Annex I.

2. The local jurisdiction shall be determined by reference to the place of the habitual residence of the person against whom enforcement is sought or by reference to the habitual residence of any child to whom the application relates.

Where neither of the places referred to in the first subparagraph can be found in the Member State where enforcement is sought, the local jurisdiction shall be determined by reference to the place of enforcement.

3. In relation to procedures referred to in Article 14(3), the local jurisdiction shall be determined by the internal law of the Member State in which proceedings for recognition or non-recognition are brought.

Article 23. Procedure for enforcement

1. The procedure for making the application shall be governed by the law of the Member State in which enforcement is sought.

2. The applicant must give an address for service within the area of jurisdiction of the court applied to. However, if the law of the Member State in which enforcement is sought does not provide for the furnishing of such an address, the applicant shall appoint a representative ad litem.

3. The documents referred to in Articles 32 and 33 shall be attached to the application.

Article 24. Decision of the court

1. The court applied to shall give its decision without delay. The person against whom enforcement is sought shall not at this stage of the proceedings be entitled to make any submissions on the application.

2. The application may be refused only for one of the reasons specified in Articles 15, 16 and 17.

3. Under no circumstances may a judgment be reviewed as to its substance.

Article 25. Notice of the decision
The appropriate officer of the court shall without delay bring to the notice of the applicant the decision given on the application in accordance with the procedure laid down by the law of the Member State in which enforcement is sought.

Article 26. Appeal against the enforcement decision
1. The decision on the application for a declaration of enforceability may be appealed against by either party.
2. The appeal shall be lodged with the court appearing in the list in Annex II
3. The appeal shall be dealt with in accordance with the rules governing procedure in contradictory matters.
4. If the appeal is brought by the applicant for a declaration of enforceability, the party against whom enforcement is sought shall be summoned to appear before the appellate court. If such person fails to appear, the provisions of Article 10 shall apply.
5. An appeal against a declaration of enforceability must be lodged within one month of service thereof. If the party against whom enforcement is sought is habitually resident in a Member State other than that in which the declaration of enforceability was given, the time for appealing shall be two months and shall run from the date of service, either on him or at his residence. No extension of time may be granted on account of distance.

Article 27. Courts of appeal and means of contest
The judgment given on appeal may be contested only by the proceedings referred to in Annex III.

Article 28. Stay of proceedings
1. The court with which the appeal is lodged under Articles 26 or 27 may, on the application of the party against whom enforcement is sought, stay the proceedings if an ordinary appeal has been lodged in the Member State of origin or if the time for such appeal has not yet expired. In the latter case, the court may specify the time within which an appeal is to be lodged.
2. Where the judgment was given in Ireland or the United Kingdom, any form of appeal available in the Member State of origin shall be treated as an ordinary appeal for the purposes of paragraph 1.

Article 29. Partial enforcement
1. Where a judgment has been given in respect of several matters and enforcement cannot be authorised for all of them, the court shall authorise enforcement for one or more of them.
2. An applicant may request partial enforcement of a judgment.

Article 30. Legal aid
An applicant who, in the Member State of origin, has benefited from complete or partial legal aid or exemption from costs or expenses shall be entitled, in the procedures provided for in Articles 22 to 25, to benefit from the most favourable legal aid or the most extensive exemption from costs and expenses provided for by the law of the Member State addressed.

Article 31. Security, bond or deposit

No security, bond or deposit, however described, shall be required of a party who in one Member State applies for enforcement of a judgment given in another Member State on the following grounds:
(a) that he or she is not habitually resident in the Member State in which enforcement is sought; or
(b) that he or she is either a foreign national or, where enforcement is sought in either the United Kingdom or Ireland, does not have his or her "domicile" in either of those Member States.

Section 3. Common provisions

Article 32. Documents

1. A party seeking or contesting recognition or applying for a declaration of enforceability shall produce:
(a) a copy of the judgment which satisfies the conditions necessary to establish its authenticity; and
(b) a certificate referred to in Article 33.
2. In addition, in the case of a judgment given in default, the party seeking recognition or applying for a declaration of enforceability shall produce:
(a) the original or certified true copy of the document which establishes that the defaulting party was served with the document instituting the proceedings or with an equivalent document; or
(b) any document indicating that the defendant has accepted the judgment unequivocally.

Article 33. Other documents

The competent court or authority of a Member State where a judgment was given shall issue, at the request of any interested party, a certificate using the standard form in Annex IV (judgments in matrimonial matters) or Annex V (judgments on parental responsibility).

Article 34. Absence of documents

1. If the documents specified in Article 32(1)(b) or (2) are not produced, the court may specify a time for their production, accept equivalent documents or, if it considers that it has sufficient information before it, dispense with their production.
2. If the Court so requires, a translation of such documents shall be furnished. The translation shall be certified by a person qualified to do so in one of the Member States.

Article 35. Legalisation or other similar formality

No legalisation or other similar formality shall be required in respect of the documents referred to in Articles 32, 33 and 34(2) or in respect of a document appointing a representative ad litem.

CHAPTER IV. GENERAL PROVISIONS

Article 36. Relation with other instruments
1. Subject to the provisions of Articles 38, 42 and paragraph 2 of this Article, this Regulation shall, for the Member States, supersede conventions existing at the time of entry into force of this Regulation which have been concluded between two or more Member States and relate to matters governed by this Regulation.
(2)(a) Finland and Sweden shall have the option of declaring that the Convention of 6 February 1931 between Denmark, Finland, Iceland, Norway and Sweden comprising international private law provisions on marriage, adoption and guardianship, together with the Final Protocol thereto, will apply, in whole or in part, in their mutual relations, in place of the rules of this Regulation. Such declarations shall be annexed to this Regulation and published in the Official Journal of the European Communities. They may be withdrawn, in whole or in part, at any moment by the said Member States[7].
(b) The principle of non-discrimination on the grounds of nationality between citizens of the Union shall be respected.
(c) The rules of jurisdiction in any future agreement to be concluded between the Member States referred to in subparagraph (a) which relate to matters governed by this Regulation shall be in line with those laid down in this Regulation.
(d) Judgments handed down in any of the Nordic States which have made the declaration provided for in subparagraph (a) under a forum of jurisdiction corresponding to one of those laid down in Chapter II, shall be recognised and enforced in the other Member States under the rules laid down in Chapter III.
3. Member States shall send to the Commission:
(a) a copy of the agreements and uniform laws implementing these agreements referred to in paragraphs 2(a) and (c);
(b) any denunciations of, or amendments to, those agreements or uniform laws.

Article 37. Relations with certain multilateral conventions
In relations between Member States, this Regulation shall take precedence over the following Conventions in so far as they concern matters governed by this Regulation:
– the Hague Convention of 5 October 1961 concerning the Powers of Authorities and the Law Applicable in respect of the Protection of Minors,
– the Luxembourg Convention of 8 September 1967 on the Recognition of Decisions Relating to the Validity of Marriages,
– the Hague Convention of 1 June 1970 on the Recognition of Divorces and Legal Separations,
– the European Convention of 20 May 1980 on Recognition and Enforcement of Decisions concerning Custody of Children and on Restoration of Custody of Children,
– the Hague Convention of 19 October 1996 on Jurisdiction, Applicable law, Recognition, Enforcement and Cooperation in Respect of Parental Responsibility and Measures for the Protection of Children, provided that the child concerned is habitually resident in a Member State.

---

[7] None of these Member States made this statement when the Regulation was adopted.

Article 38. Extent of effects
1. The agreements and conventions referred to in Articles 36(1) and 37 shall continue to have effect in relation to matters to which this Regulation does not apply.
2. They shall continue to have effect in respect of judgments given and documents formally drawn up or registered as authentic before the entry into force of this Regulation.

Article 39. Agreements between Member States
1. Two or more Member States may conclude agreements or arrangements to amplify this Regulation or to facilitate its application.
Member States shall send to the Commission:
(a) a copy of the draft agreements; and
(b) any denunciations of, or amendments to, these agreements.
2. In no circumstances may the agreements or arrangements derogate from Chapters II or III.

Article 40. Treaties with the Holy See
1. This Regulation shall apply without prejudice to the International Treaty (Concordat) between the Holy See and Portugal, signed at the Vatican City on 7 May 1940.
2. Any decision as to the invalidity of a marriage taken under the Treaty referred to in paragraph 1 shall be recognised in the Member States on the conditions laid down in Chapter III.
3. The provisions laid down in paragraphs 1 and 2 shall also apply to the following international treaties (Concordats) with the Holy See:
(a) Concordato lateranense of 11 February 1929 between Italy and the Holy See, modified by the agreement, with additional Protocol signed in Rome on 18 February 1984;
(b) Agreement between the Holy See and Spain on legal affairs of 3 January 1979.
4. Recognition of the decisions provided for in paragraph 2 may, in Italy or in Spain, be subject to the same procedures and the same checks as are applicable to decisions of the ecclesiastical courts handed down in accordance with the international treaties concluded with the Holy See referred to in paragraph 3.
5. Member States shall send to the Commission:
(a) a copy of the Treaties referred to in paragraphs 1 and 3;
(b) any denunciations of or amendments to those Treaties.

Article 41. Member States with two or more legal systems
With regard to a Member State in which two or more systems of law or sets of rules concerning matters governed by this Regulation apply in different territorial units:
(a) any reference to habitual residence in that Member State shall refer to habitual residence in a territorial unit;
(b) any reference to nationality, or in the case of the United Kingdom "domicile", shall refer to the territorial unit designated by the law of that State;
(c) any reference to the authority of a Member State having received an application for divorce or legal separation or for marriage annulment shall refer to the authority of a territorial unit which has received such an application;

(d) any reference to the rules of the requested Member State shall refer to the rules of the territorial unit in which jurisdiction, recognition or enforcement is invoked.

CHAPTER V. TRANSITIONAL PROVISIONS

Article 42
1. The provisions of this Regulation shall apply only to legal proceedings instituted, to documents formally drawn up or registered as authentic instruments and to settlements which have been approved by a court in the course of proceedings after its entry into force.
2. Judgments given after the date of entry into force of this Regulation in proceedings instituted before that date shall be recognised and enforced in accordance with the provisions of Chapter III if jurisdiction was founded on rules which accorded with those provided for either in Chapter II of this Regulation or in a convention concluded between the Member State of origin and the Member State addressed which was in force when the proceedings were instituted.

CHAPTER VI. FINAL PROVISIONS

Article 43. Review
No later than 1 March 2006, and every five years thereafter, the Commission shall present to the European Parliament, the Council and the Economic and Social Committee a report on the application of this Regulation, and in particular Articles 36, 39 and 40(2) thereof. The report shall be accompanied if need be by proposals for adaptations.

Article 44. Amendment to lists of courts and redress procedures
1. Member States shall notify the Commission of the texts amending the lists of courts and redress procedures set out in Annexes I to III. The Commission shall adapt the Annexes concerned accordingly.
2. The updating or making of technical amendments to the standard forms set out in Annexes IV and V shall be adopted in accordance with the advisory procedure set out in Article 45(2).

Article 45
1. The Commission shall be assisted by a committee.
2. Where reference is made to this paragraph, Articles 3 and 7 of Decision 1999/468 EC shall apply.
3. The committee shall adopt its rules of procedure.

Article 46. Entry into force
This Regulation shall enter into force on 1 March 2001

ANNEX I

The applications provided for by Article 22 shall be submitted to the following courts:

– in Belgium, the "tribunal de première instance"/"rechtbank van eerste aanleg"/ "erstinstanzliches Gericht",
– in Germany:
– in the district of the "Kammergericht" (Berlin), the "Familiengericht Pankow/ Weißensee",
– in the districts of the remaining "Oberlandesgerichte" to the "Familiengericht" located at the seat of the respective "Oberlandesgericht"
– in Greece, the "Μονομελές Πρωτοδικείο",
– in Spain, the "Juzgado de Primera Instancia",
– in France, the presiding Judge of the "tribunal de grande instance",
– in Ireland, the High Court,
– in Italy, the "Corte d'apello",
– in Luxembourg, the presiding Judge of the "Tribunal d'arrondissement",
– in the Netherlands, "voorzieningenrechter van de rechtbank"[8],
– in Austria, the "Bezirksgericht",
– in Portugal, the "Tribunal de Comarca" or "Tribunal de Familia",
– in Finland, the "käräjäoikeus"/"tingsrätt",
– in Sweden, the "Svea hovrätt",
– in the United Kingdom:
(a) in England and Wales, the High Court of Justice;
(b) in Scotland, the Court of Session;
(c) in Northern Ireland, the High Court of Justice;
(d) in Gibraltar, the Supreme Court.

ANNEX II

The appeal provided for by Article 26 shall be lodged with the courts listed below:
– in Belgium:
(a) a person applying for a declaration of enforceability may lodge an appeal with the "cour d'appel" or the "hof van beroep";
(b) the person against whom enforcement is sought may lodge opposition with the "tribunal de première instance"/"rechtbank van eerste aanleg"/"erstinstanzliches Gericht",
– in Germany, the "Oberlandesgericht",
– in Greece, the "εφετείο",
– in Spain, the "Audiencia Provincial",
– in France, the "Cour d'appel",
– in Ireland, the High Court,
– in Italy, the "Corte d'appello",
– Luxembourg, the "Cour d'appel",
– in the Netherlands:
(a) if the applicant or the respondent who has appeared lodges the appeal: with the "gerechtshof";

---

[8] Amended by Regulation 1185/2002/EC of the European Parliament and of the Council (OJ L 173, 3.7.2002, p. 3).

(b) if the respondent who has been granted leave not to appear lodges the appeal: with the "arrondissementsrechtbank",
– in Austria, the "Bezirksgericht",
– in Portugal, the "Tribunal da Relação",
– in Finland, the "hovioikeus"/"hovrätt",
– in Sweden, the "Svea hovrätt",
– in the United Kingdom:
(a) in England and Wales, the High Court of Justice;
(b) in Scotland, the Court of Session;
(c) in Northern Ireland, the High Court of Justice;
(d) in Gibraltar, the Court of Appeal.

ANNEX III

The appeals provided for by Article 27 may be brought only:
– in Belgium, Greece, Spain, France, Italy, Luxembourg and in the Netherlands, by an appeal in cassation,
– in Germany, by a "Rechtsbeschwerde",
– in Ireland, by an appeal on a point of law to the Supreme Court,
– in Austria, by a "Revisionsrekurs",
– in Portugal, by a "recurso restrito à matéria de direito",
– in Finland, by an appeal to "korkein oikeus"/"högsta domstolen",
– in Sweden, by an appeal to the "Högsta domstolen",
– in the United Kingdom, by a single further appeal on a point of law.

ANNEX IV
Certificate referred to in Article 33 concerning judgments in matrimonial matters

1. Country of origin
2. Court or authority issuing the certificate
    2.1. Name
    2.2. Adress
    2.3. Tel./fax/e-mail
3. Marriage
    3.1. Wife
        3.1.1. Full name
        3.1.2. Country and place of birth
        3.1.3. Date of birth
    3.2. Husband
        3.2.1. Full name
        3.2.2. Country and place of birth
        3.2.3. Date of birth
    3.3. Country, place (where available) and date of marriage
        3.3.1. Country of marriage
        3.3.2. Place of marriage (where available)
        3.3.3. Date of marriage
4. Court which delivered the judgment

4.1. Name of Court
4.2. Place of Court
5. Judgment
   5.1. Date
   5.2. Reference number
   5.3. Type of judgment
      5.3.1. Divorce
      5.3.2. Marriage annulment
      5.3.3. Legal separation
   5.4. Was the judgment given in default of appearance?
      5.4.1. no
      5.4.2. yes[9]
6. Name of parties to whom legal aid has been granted
7. Is the judgment subject to further appeal under the law of the Member State of origin?
   7.1. no
   7.2. yes
8. Date of legal effect in the Member State where the judgment was given
   8.1. Divorce
   8.2. Legal separation

Done at:
Date:
Signature and/or stamp:

ANNEX V
Certificate referred to Article 33 concerning judgments on parental responsibility

1. Country of origin
2. Court or authority issuing the certificate
   2.1. Name
   2.2. Adress
   2.3. Tel./fax/e-mail
3. Parents
   3.1. Mother
      3.1.1. Full name
      3.1.2. Date and place of birth
   3.2. Father
      3.2.1. Full name
      3.2.2. Date and place of birth
4. Court which delivered the judgment
   4.1. Name of Court
   4.2. Place of Court
5. Judgment

---

[9] Documents referred to in Article 32(2) must be attached.

2. a) *Matrimonial and ancillary matters. Regulation 1347/2000/EC*

    5.1. Date
    5.2. Reference number
    5.3. Was the judgment given in default of appearance?
        5.3.1. No
        5.3.2. Yes[10]
6. Children who are covered by the judgment[11]
6.1. Full name and date of birth
    6.2. Full name and date of birth
    6.3. Full name and date of birth
    6.4. Full name and date of birth
7. Name of the parties to whom legal aid has been granted
8. Attestation of enforceability and service
    8.1. Is the judgment enforceable according to the law of the Member State of origin?
        8.1.1. Yes
        8.1.2. No
    8.2. Has the judgment been served on the party against whom enforcement is sought?
        8.2.1. Yes
            8.2.1.1. Full name of the party
            8.2.1.2. Date of service
        8.2.2. No

Done at:
Date:
Signature and/or stamp:

---

[10] Documents referred to in Article 32(2) must be attached.
[11] If more than four children are covered, use a second form.

b) Proposal for a Council Regulation of 17 May 2002 concerning jurisdiction and the recognition and enforcement of judgments in matrimonial matters and in matters of parental responsibility repealing Regulation (EC) No 1347/2000 and amending Regulation (EC) No 44/2001 in matters relating to maintenance (COM/2002/0222 final)

(presented by the Commission)

The Council of the European Union,
Having regard to the Treaty establishing the European Community, and in particular Article 61(c) and Article 67(1) thereof,
Having regard to the proposal from the Commission[1],
Having regard to the opinion of the European Parliament[2],
Having regard to the opinion of the Economic and Social Committee[3],
Whereas:
(1) The European Community has set the objective of creating an area of freedom, security and justice, in which the free movement of persons is ensured. To this end, the Community is to adopt, among others, measures in the field of judicial cooperation in civil matters that are necessary for the proper functioning of the internal market.
(2) The Tampere European Council endorsed the principle of mutual recognition of judicial decisions as the cornerstone for the creation of a genuine judicial area, and identified visiting rights as a priority.
(3) Council Regulation (EC) No 1347/2000 of 29 May 2000 on jurisdiction and the recognition and enforcement of judgments in matrimonial matters and in matters of parental responsibility for children of both spouses[4] sets out rules on jurisdiction, recognition and enforcement of judgments in matrimonial matters and matters of parental responsibility for the children of both spouses rendered on the occasion of the matrimonial proceedings.
(4) On 3 July 2000 France presented an initiative for a Council Regulation on the mutual enforcement of judgments on rights of access to children.[5]
(5) For purposes of facilitating the application of the rules on parental responsibility that often arises in the context of matrimonial proceedings, it is more appropriate to have a single instrument for matrimonial matters and matters of parental responsibility.
(6) The scope of this Regulation should cover civil proceedings, including proceedings considered equivalent to judicial proceedings, and excluding purely religious proceedings. Therefore the reference to "courts" should include all authorities, judicial or otherwise, with jurisdiction in the matters covered by this Regulation.
(7) Authentic instruments and court settlement that are enforceable in one Member State should be treated as equivalent to "judgments".
(8) As regards judgments on divorce, legal separation or marriage annulment, this Regulation should only apply to the dissolution of matrimonial ties, and should not affect issues

---

[1] OJ C [...] [...], p. [...].
[2] OJ C [...] [...], p. [...].
[3] OJ C [...] [...], p. [...].
[4] OJ L 160, 30.6.2000, p. 19.
[5] OJ C 234, 15.8.2000, p. 7.

2. b) Matrimonial and ancillary matters (proposal to repeal the regulation) 473

such as the fault of the spouses, property consequences of the marriage, maintenance obligations or any other ancillary measures.

(9) In order to ensure equality for all children, this Regulation should cover all decisions on parental responsibility, excluding matters relating to maintenance, which are covered by Council Regulation (EC) No 44/2001 of 22 December 2000 on jurisdiction and the recognition and enforcement of judgments in civil and commercial matters[6] and measures taken as a result of penal offences committed by children.

(10) The grounds of jurisdiction in matters of parental responsibility accepted in this Regulation should be shaped in the light of the best interests of the child. This means that jurisdiction should lie in the first place with the Member State of the child's habitual residence, except for certain cases of a change in the child's residence or pursuant to an agreement between the holders of parental responsibility.

(11) Council Regulation (EC) No 1348/2000 of 29 May 2000 on the service in the Member States of judicial and extrajudicial documents in civil or commercial matters[7] should apply to the service of documents in proceedings instituted pursuant to this Regulation.

(12) This Regulation should not prevent the courts of a Member State from taking provisional, including protective, measures, in urgent cases, with regard to persons or property situated in that State.

(13) In cases of child abduction, the courts of the Member State to which the child has been removed or is retained should have the possibility to take a provisional protective measure not to return the child, which should be superseded by a judgment on custody issued by the courts of the child's former habitual residence. Should that judgment entail the return of the child, the child should be returned without any special procedure being required for recognition and enforcement in the Member State to which the child has been abducted.

(14) Council Regulation (EC) No 1206/2001 of 28 May 2001 on cooperation between the courts of the Member States in the taking of evidence in civil or commercial matters[8] may be used for the hearing of the child.

(15) The recognition and enforcement of judgments given in a Member State are based on the principle of mutual trust and the grounds for non-recognition should be kept to the minimum required. These relate to observing public policy in the Member State of enforcement, safeguarding the rights of the defence and those of the parties, including the rights of the child, and withholding recognition of irreconcilable judgments.

(16) No special procedure should be required in the Member State of enforcement for the recognition and enforcement of judgments on rights of access and judgments on return that have been certified in the Member State of origin in accordance with the provisions of this Regulation.

(17) Central authorities should cooperate both as a general matter and in specific cases, including for purposes of promoting the amicable resolution of family disputes. To this end central authorities should avail themselves to participate in the European Judicial Network in civil and commercial matters created by Council Decision 2001/470/EC of 28 May 2001 establishing a European Judicial Network in civil and commercial matters.[9]

---

[6] OJ L 12, 16.1.2001, p. 1.
[7] OJ L 160, 30.6.2000, p. 37.
[8] OJ L 174, 27.6.2001, p. 1.
[9] OJ L 174, 27.6.2001, p. 25.

(18) The Commission should be empowered to amend Annexes I, II and III relating to the courts and redress procedures on the basis of the information communicated by the Member State concerned.

(19) In accordance with Article 2 of Council Decision 1999/468/EC of 28 June 1999 laying down the procedures for the exercise of implementing powers conferred on the Commission,[10] amendments to Annexes IV to VII should be adopted by use of the advisory procedure provided for in Article 3 of that Decision.

(20) In the light of the foregoing, Regulation (EC) No 1347/2000 should be repealed and replaced.

(21) Regulation (EC) No 44/2001 should be amended as to allow the court having jurisdiction in matters of parental responsibility in accordance with the provisions of this Regulation to decide on maintenance.

(22) The United Kingdom and Ireland, in accordance with Article 3 of the Protocol on the position of the United Kingdom and Ireland annexed to the Treaty on European Union and the Treaty establishing the European Community, have given notice of their wish to take part in the adoption and application of this Regulation.

(23) Denmark, in accordance with Articles 1 and 2 of the Protocol on the position of Denmark annexed to the Treaty on European Union and the Treaty establishing the European Community, is not participating in the adoption of this Regulation, and is therefore not bound by it nor subject to its application.

(24) In accordance with the principles of subsidiarity and proportionality as set out in Article 5 of the Treaty establishing the European Community, the objectives of this Regulation cannot be sufficiently achieved by the Member States and can therefore be better achieved by the Community. This Regulation does not go beyond what is necessary to achieve those objectives.

(25) This Regulation respects the fundamental rights and observes the principles recognized by the Charter of Fundamental Rights of the European Union. In particular, it seeks to ensure full respect for the fundamental rights of the child as recognized in Article 24 of the Charter of Fundamental Rights of the European Union.

HAS ADOPTED THIS REGULATION:

CHAPTER I. SCOPE, DEFINITIONS AND BASIC PRINCIPLES

Article 1. Scope

1. This Regulation shall apply to civil proceedings relating to:
(a) divorce, legal separation or marriage annulment and
(b) the attribution, exercise, delegation, restriction or termination of parental responsibility.
2. Notwithstanding paragraph 1 this Regulation shall not apply to civil proceedings relating to:
(a) matters relating to maintenance and
(b) measures taken as a result of penal offences committed by children.
3. Other proceedings officially recognized in a Member State shall be regarded as equivalent to judicial proceedings.

---

[10] OJ L 184, 17.7.1999, p. 23.

2. b) Matrimonial and ancillary matters (proposal to repeal the regulation)

Article 2. Definitions
For the purposes of this Regulation the following definitions shall apply:
1) The term "court" shall cover all the authorities in the Member States with jurisdiction in the matters falling within the scope of this Regulation pursuant to Article 1;
2) the term "Member State" shall mean all Member States with the exception of Denmark;
3) the term "judgment" shall mean a divorce, legal separation or marriage annulment, as well as a judgment relating to parental responsibility, pronounced by a court of a Member State, whatever the judgment may be called, including a decree, order or decision;
4) the term "Member State of origin" shall mean the Member State where the judgment to be enforced was issued;
5) the term "Member State of enforcement" shall mean the Member State where enforcement of the judgment is sought;
6) the term "parental responsibility" shall mean rights and duties given to a natural or legal person by judgment, by operation of law or by an agreement having legal effect and relating to the person or the property of a child. In particular, the term shall include rights of custody and rights of access;
7) the term "holder of parental responsibility" shall mean any person having parental responsibility over a child;
8) the term "rights of custody" shall include rights and duties relating to the care of the person of a child, and in particular the right to have a say in determining the child's place of residence;
9) the term "rights of access" shall include the right to take a child to a place other than his or her habitual residence for a limited period of time;
10) the term "child abduction" shall mean a child's removal or retention where:
(a) it is in breach of rights of custody acquired by judgment or by operation of law or by an agreement having legal effect under the law of the Member State where the child was habitually resident immediately before the removal or retention; and
(b) provided that, at the time of removal or retention the rights of custody were actually exercised, either jointly or alone, or would have been so exercised but for the removal or retention.

Article 3. Right of the child to contact with both parents
A child shall have the right to maintain on a regular basis a personal relationship and direct contact with both parents, unless this is contrary to his or her interests.

Article 4. Right of the child to be heard
A child shall have the right to be heard on matters relating to parental responsibility over him or her in accordance with his or her age and maturity.

CHAPTER II. JURISDICTION

Section 1. Divorce, legal separation and marriage annulment

Article 5. General jurisdiction

1. In matters relating to divorce, legal separation or marriage annulment, jurisdiction shall lie with the courts of the Member State
(a) in whose territory:
– the spouses are habitually resident, or
– the spouses were last habitually resident, in so far as one of them still resides there, or
– the respondent is habitually resident, or
– in the event of a joint application, either of the spouses is habitually resident, or
– the applicant is habitually resident if he or she resided there for at least a year immediately before the application was made, or
– the applicant is habitually resident if he or she resided there for at least six months immediately before the application was made and is either a national of the Member State in question or, in the case of the United Kingdom and Ireland, has his "domicile" there;
(b) of the nationality of both spouses or, in the case of the United Kingdom and Ireland, of the "domicile" of both spouses.

2. For the purpose of this Regulation, "domicile" shall have the same meaning as it has under the legal systems of the United Kingdom and Ireland.

Article 6. Counterclaim

The court in which proceedings are pending on the basis of Article 5 shall also have jurisdiction to examine a counterclaim, in so far as the latter comes within the scope of this Regulation.

Article 7. Conversion of legal separation into divorce

Without prejudice to Article 5, a court of a Member State that has given a judgment on a legal separation shall also have jurisdiction for converting that judgment into a divorce, if the law of that Member State so provides.

Article 8 Exclusive nature of jurisdiction under Articles 5 to 7
A spouse who:
(a) is habitually resident in the territory of a Member State; or
(b) is a national of a Member State, or, in the case of the United Kingdom and Ireland, has his or her "domicile" in the territory of one of the latter Member States, may be sued in another Member State only in accordance with Articles 5 to 7.

Article 9. Residual jurisdiction

1. Where no court of a Member State has jurisdiction pursuant to Articles 5 to 7, jurisdiction shall be determined, in each Member State, by the laws of that State.

2. As against a respondent who is not habitually resident and is not either a national of a Member State or, in the case of the United Kingdom and Ireland, does not have his "domicile" within the territory of one of the latter Member States, any national of a Member State who is habitually resident within the territory of another Member State may, like the nationals of that State, avail himself of the rules of jurisdiction applicable in that State.

Section 2. Parental responsibility

Article 10. General jurisdiction
1. The courts of a Member State shall have jurisdiction in matters of parental responsibility over a child who is habitually resident in that Member State at the time the court is seized.
2. Paragraph 1 shall be subject to the provisions of Articles 11, 12 and 21.

Article 11. Continuing jurisdiction of the Member State of the child's former residence
1. In the case of a change of residence of a child, the courts of the Member State of the former residence of the child shall continue to have jurisdiction where:
(a) there is a judgment issued by these courts in accordance with Article 10;
(b) the child has resided in the State of his or her new residence for a period of less than six months at the time the court is seized; and
(c) one of the holders of parental responsibility continues to reside in the Member State of the former residence of the child.
2. Paragraph 1 shall not apply if the child's new residence has become his/her habitual residence and if the holder of parental responsibility referred to in paragraph 1, point (c) has accepted the jurisdiction of the courts of this Member State.
3. For the purposes of this Article the appearance of a holder of parental responsibility before a court shall not be deemed in itself to constitute acceptance of the court's jurisdiction.

Article 12. Prorogation of jurisdiction
1. The courts of a Member State exercising jurisdiction by virtue of Article 5 on an application for divorce, legal separation or marriage annulment shall have jurisdiction in a matter relating to parental responsibility over a child of both spouses:
(a) if the child is habitually resident in one of the Member States;
(b) if at least one of the spouses has parental responsibility in relation to the child; and
(c) if the jurisdiction of the courts has been accepted by the spouses and is in the best interests of the child.
2. The courts of a Member State shall have jurisdiction where:
(a) all holders of parental responsibility have accepted jurisdiction at the time the court is seized;
(b) the child has a substantial connection with that Member State, in particular by virtue of the fact that one of the holders of parental responsibility is habitually resident in that Member State or that the child is a national of that Member State; and
(c) jurisdiction is in the best interests of the child.
3. The jurisdiction conferred in paragraph 1 shall cease as soon as:
(a) the judgment allowing or refusing the application for divorce, legal separation or marriage annulment has become final; or
(b) in those cases where proceedings in relation to parental responsibility are still pending on the date referred to in (a), a judgment in these proceedings has become final; or

(c) the proceedings referred to in (a) and (b) have come to an end for another reason.
4. For the purposes of this Article the appearance of a holder of parental responsibility before a court shall not be deemed in itself to constitute acceptance of the court's jurisdiction.

Article 13. Jurisdiction based on the child's presence
1. Where a child's habitual residence cannot be established and no court of a Member State has jurisdiction pursuant to Articles 11 or 12, the courts of the Member State where the child is present shall have jurisdiction.
2. Paragraph 1 shall also apply to refugee children or children internationally displaced because of disturbances occurring in their country.

Article 14. Residual jurisdiction
Where no court of a Member State has jurisdiction pursuant to Articles 10 to 13 or 21, jurisdiction shall be determined, in each Member State, by the laws of that State.

Article 15. Transfer to a court better placed to hear the case
1. On the basis of an application by a holder of parental responsibility, the courts of a Member State having jurisdiction as to the substance of the matter may, in exceptional circumstances where this is in the best interests of the child, transfer the case to the courts of another Member State which:
(a) was the former habitual residence of the child, or
(b) is the place of the child's nationality, or
(c) is the habitual residence of a holder of parental responsibility, or
(d) is the place where property of the child is located.
To this end, the courts of the Member State having jurisdiction as to the substance of the matter shall stay the proceedings and prescribe a period of time during which the courts of that other Member State must be seized.
The courts of that other Member State may, where this is in the best interests of the child, accept jurisdiction within one month from the time they are seized. In this case, the court first seized shall decline jurisdiction. Otherwise, the court first seized shall exercise jurisdiction.
2. The courts shall cooperate for purposes of this Article, either directly or through the central authorities designated pursuant to Article 55.

Section 3. Common provisions

Article 16. Seizing of a Court
A court shall be deemed to be seized:
(a) at the time when the document instituting the proceedings or an equivalent document is lodged with the court, provided that the applicant has not subsequently failed to take the steps he was required to take to have service effected on the respondent; or
(b) if the document has to be served before being lodged with the court, at the time when it is received by the authority responsible for service, provided that the applicant has not subsequently failed to take the steps he was required to take to have the document lodged with the court.

Article 17. Examination as to jurisdiction

Where a court of a Member State is seized of a case over which it has no jurisdiction under this Regulation and over which a court of another Member State has jurisdiction by virtue of this Regulation, it shall declare of its own motion that it has no jurisdiction.

Article 18. Examination as to admissibility

1. Where a respondent habitually resident in a State other than the Member State where the action was brought does not enter an appearance, the court with jurisdiction shall stay the proceedings so long as it is not shown that the respondent has been able to receive the document instituting the proceedings or an equivalent document in sufficient time to enable him to arrange for his defense, or that all necessary steps have been taken to this end.
2. Article 19 of Regulation (EC) No 1348/2000 shall apply instead of the provisions of paragraph 1 of this Article if the document instituting the proceedings or an equivalent document had to be transmitted from one Member State to another pursuant to that Regulation.
3. Where the provisions of Regulation (EC) No 1348/2000 are not applicable, Article 15 of the Hague Convention of 15 November 1965 on the service abroad of judicial and extrajudicial documents in civil or commercial matters shall apply if the document instituting the proceedings or an equivalent document had to be transmitted abroad pursuant to that Convention.

Article 19. Lis pendens and dependent actions

1. Where proceedings relating to divorce, legal separation or marriage annulment between the same parties are brought before courts of different Member States, the court second seized shall of its own motion stay its proceedings until such time as the jurisdiction of the court first seized is established.
2. Where proceedings relating to parental responsibility over the same child are brought before courts of different Member States, the court second seized shall of its own motion stay its proceedings until such time as the jurisdiction of the court first seized is established.
3. Where the jurisdiction of the court first seized is established, the court second seized shall decline jurisdiction in favor of that court.
In that case, the party who brought the relevant action before the court second seized may bring that action before the court first seized.

Article 20. Provisional, including protective, measures

1. Without prejudice to Chapter III, in urgent cases, the provisions of this Regulation shall not prevent the courts of a Member State from taking such provisional, including protective, measures in respect of persons or assets in that State as may be available under the law of that Member State, even if, under this Regulation, the court of another Member State has jurisdiction as to the substance of the matter.
2. The measures referred to in paragraph 1 shall cease to apply when the courts of the Member State having jurisdiction as to the substance of the matter have issued a judgment.

CHAPTER III. CHILD ABDUCTION

Article 21. Jurisdiction

1. In cases of child abduction, the courts of the Member State in which the child was habitually resident immediately before the removal or retention shall continue to have jurisdiction.

2. Paragraph 1 shall not apply if the child has acquired a habitual residence in another Member State, and:

(a) if each holder of rights of custody has acquiesced in the removal or retention; or

(b) if all of the following conditions are fulfilled:

(i) the child has resided in that other Member State for a period of at least one year after the holder of rights of custody has had or should have had knowledge of the whereabouts of the child;

(ii) within the period referred to under (i) no application for return has been lodged pursuant to Article 22, paragraph 1, or a judgment that does not entail return has been issued in accordance with Article 24, paragraph 3, or no judgment on custody has been issued one year after the court has been seized pursuant to Article 24, paragraph 2; and

(iii) the child is settled in his or her new environment.

Article 22. Return of the child

1. Without prejudice to any other legal means available, a holder of rights of custody may apply for the return of an abducted child to the central authority of the Member State to which the child has been abducted, either directly or through another central authority.

2. Upon receipt of an application for return pursuant to paragraph 1, the central authority of the Member State to which the child has been abducted shall:

(a) take the necessary measures for locating the child; and

(b) ensure that the child has been returned within one month from locating him or her, unless proceedings instituted pursuant to paragraph 3 are pending.

The central authority of the Member State to which the child has been abducted shall forward to the central authority of the Member State of the child's habitual residence immediately before the removal or retention all useful information and make recommendations, as appropriate, for facilitating his or her return, or shall provide all useful information and remain in contact during the proceedings pursuant to paragraph 3.

3. The return of the child may be refused only by applying to the courts of the Member State to which the child has been abducted for a protective measure within the time period indicated in paragraph 2.

Article 23. Provisional protective measure not to return the child

1. The courts of the Member State to which the child has been abducted shall decide without delay on an application for a protective measure pursuant to Article 22, paragraph 3.

The child shall be heard during the procedure, unless this appears inappropriate having regard to his or her age or degree of maturity.

2. The courts may take a protective measure not to return the child pursuant to paragraph 1 only if:

(a) there is a grave risk that return would expose the child to physical or psychological harm or otherwise place him or her in an intolerable situation; or
(b) the child objects to being returned and has attained an age and degree of maturity at which it is appropriate to take account of his or her views.
3. The measure taken pursuant to paragraph 1 shall be provisional. The courts having issued this measure may at any time decide that it shall cease to apply.
The measure taken pursuant to paragraph 1 shall be superseded by a judgment on custody issued pursuant to Article 24, paragraph 3.

Article 24. Judgment on custody
1. The central authority of the Member State to which the child has been abducted shall inform the central authority of the Member State of the child's habitual residence immediately before the removal or retention of any protective measure taken pursuant to Article 23, paragraph 1 within two weeks from taking the measure, and shall forward all useful information, in particular a transcript of the hearing of the child, if any.
2. The central authority of the Member State of the child's habitual residence immediately before the removal or retention shall seize the courts of that Member State within one month from receiving the information referred to in paragraph 1 for a decision on custody.
Any holder of parental responsibility may also apply to the courts for the same purpose.
3. The courts seized pursuant to paragraph 2 shall issue a judgment on custody without delay.
During the procedure the court shall remain in contact, directly or through the central authorities, with the court that took the protective measure not to return the child pursuant to Article 23, paragraph 1, for purposes of monitoring the child's situation.
The child shall be heard during the procedure, unless this appears inappropriate having regard to his or her age or degree of maturity. For this purpose the court shall take into account the information forwarded pursuant to paragraph 1 and, where appropriate, use the cooperation provisions of Regulation (EC) No 1206/2001.
4. The central authority of the Member State of the child's habitual residence immediately before the removal or retention shall inform the central authority of the Member State to which the child has been abducted of the judgment issued pursuant to paragraph 3, and shall forward all useful information and make recommendations, as appropriate.
5. A judgment given pursuant to paragraph 3 that entails the return of the child and has been certified in accordance with the provisions of Chapter IV, Section 3 shall be recognized and enforced without any special procedure being required for the limited purpose of returning the child.
For purposes of this paragraph the judgment given pursuant to paragraph 3 shall be enforceable notwithstanding any appeal.

Article 25. Fees and other costs
1. The assistance provided by the central authorities shall be free of charge.
2. The courts may direct a person who has abducted a child to pay any costs incurred, including legal fees, for locating and returning the child.

CHAPTER IV. RECOGNITION AND ENFORCEMENT

Section 1. Recognition

Article 26. Recognition of a judgment

1. A judgment given in a Member State shall be recognized in the other Member States without any special procedure being required.

The provisions of this Chapter shall also apply to the determination of the amount of costs and expenses of proceedings under this Regulation and to the enforcement of any order concerning such costs and expenses.

Documents which have been formally drawn up or registered as authentic instruments and are enforceable in one Member State and also settlements which have been approved by a court in the course of proceedings and are enforceable in the Member State in which they were concluded shall be recognized and declared enforceable under the same conditions as judgments.

2. In particular, and without prejudice to paragraph 3, no special procedure shall be required for up-dating the civil-status records of a Member State on the basis of a judgment relating to divorce, legal separation or marriage annulment given in another Member State, and against which no further appeal lies under the law of that Member State.

3. Without prejudice to Section 3 of this Chapter, any interested party may, in accordance with the procedures provided for in Section 2 of this Chapter, apply for a decision that the judgment be or not be recognized.

The local jurisdiction of the court appearing in the list in Annex I shall be determined by the internal law of the Member State in which proceedings for recognition or non-recognition are brought.

4. Where the recognition of a judgment is raised as an incidental question in a court of a Member State, that court may determine that issue.

Article 27. Grounds of non-recognition for judgments relating to divorce, legal separation or marriage annulment

A judgment relating to a divorce, legal separation or marriage annulment shall not be recognized:

(a) if such recognition is manifestly contrary to the public policy of the Member State in which recognition is sought;

(b) where it was given in default of appearance, if the respondent was not served with the document which instituted the proceedings or with an equivalent document in sufficient time and in such a way as to enable the respondent to arrange for his or her defense unless it is determined that the respondent has accepted the judgment unequivocally;

(c) if it is irreconcilable with a judgment given in proceedings between the same parties in the Member State in which recognition is sought; or

(d) if it is irreconcilable with an earlier judgment given in another Member State or in a non-member State between the same parties, provided that the earlier judgment fulfils the conditions necessary for its recognition in the Member State in which recognition is sought.

Article 28. Grounds of non-recognition for judgments relating to parental responsibility

A judgment relating to parental responsibility shall not be recognized:
(a) if such recognition is manifestly contrary to the public policy of the Member State in which recognition is sought taking into account the best interests of the child;
(b) if it was given, except in case of urgency, without the child having been given an opportunity to be heard, in violation of fundamental principles of procedure of the Member State in which recognition is sought;
(c) where it was given in default of appearance if the person in default was not served with the document which instituted the proceedings or with an equivalent document in sufficient time and in such a way as to enable that person to arrange for his or her defense unless it is determined that such person has accepted the judgment unequivocally;
(d) on the request of any person claiming that the judgment infringes his or her parental responsibility, if it was given without such person having been given an opportunity to be heard;
(e) if it is irreconcilable with a later judgment relating to parental responsibility given in the Member State in which recognition is sought; or
(f) if it is irreconcilable with a later judgment relating to parental responsibility given in another Member State or in the non-member State of the habitual residence of the child provided that the later judgment fulfils the conditions necessary for its recognition in the Member State in which recognition is sought.

Article 29. Prohibition of review of jurisdiction of court of origin

The jurisdiction of the court of the Member State of origin may not be reviewed. The test of public policy referred to in Articles 27 point (a) and 28 point (a) may not be applied to the rules relating to jurisdiction set out in Articles 5 to 9, 10 to 14 and 21.

Article 30. Differences in applicable law

The recognition of a judgment may not be refused because the law of the Member State in which such recognition is sought would not allow divorce, legal separation or marriage annulment on the same facts.

Article 31. Non-review as to substance

Under no circumstances may a judgment be reviewed as to its substance.

Article 32. Stay of proceedings

1. A court of a Member State in which recognition is sought of a judgment given in another Member State may stay the proceedings if an ordinary appeal against the judgment has been lodged.
2. A court of a Member State in which recognition is sought of a judgment given in Ireland or the United Kingdom may stay the proceedings if enforcement is suspended in the Member State of origin by reason of an appeal.

Section 2. Application for a declaration of enforceability

Article 33. Enforceable judgments
1. A judgment on the exercise of parental responsibility in respect of a child given in a Member State which is enforceable in that Member State and has been served shall be enforced in another Member State when, on the application of any interested party, it has been declared enforceable there.
2. However, in the United Kingdom, such a judgment shall be enforced in England and Wales, in Scotland or in Northern Ireland when, on the application of any interested party, it has been registered for enforcement in that part of the United Kingdom.

Article 34. Jurisdiction of local courts
1. An application for a declaration of enforceability shall be submitted to the court appearing in the list in Annex I.
2. The local jurisdiction shall be determined by reference to the place of the habitual residence of the person against whom enforcement is sought or by reference to the habitual residence of any child to whom the application relates.
Where neither of the places referred to in the first subparagraph can be found in the Member State of enforcement, the local jurisdiction shall be determined by reference to the place of enforcement.

Article 35. Procedure
1. The procedure for making the application shall be governed by the law of the Member State of enforcement.
2. The applicant must give an address for service within the area of jurisdiction of the court applied to. However, if the law of the Member State of enforcement does not provide for the furnishing of such an address, the applicant shall appoint a representative ad litem.
3. The documents referred to in Articles 42 and 44 shall be attached to the application.

Article 36. Decision of the court
1. The court applied to shall give its decision without delay. The person against whom enforcement is sought shall not at this stage of the proceedings be entitled to make any submissions on the application.
2. The application may be refused only for one of the reasons specified in Articles 27, 28 and 29.
3. Under no circumstances may a judgment be reviewed as to its substance.

Article 37. Notice of the decision
The appropriate officer of the court shall without delay bring to the notice of the applicant the decision given on the application in accordance with the procedure laid down by the law of the Member State of enforcement.

Article 38. Appeal against the decision
1. The decision on the application for a declaration of enforceability may be appealed against by either party.

2. b) Matrimonial and ancillary matters (proposal to repeal the regulation)

2. The appeal shall be lodged with the court appearing in the list in Annex II.
3. The appeal shall be dealt with in accordance with the rules governing procedure in contradictory matters.
4. If the appeal is brought by the applicant for a declaration of enforceability, the party against whom enforcement is sought shall be summoned to appear before the appellate court. If such person fails to appear, the provisions of Article 18 shall apply.
5. An appeal against a declaration of enforceability must be lodged within one month of service thereof. If the party against whom enforcement is sought is habitually resident in a Member State other than that in which the declaration of enforceability was given, the time for appealing shall be two months and shall run from the date of service, either on him or at his residence. No extension of time may be granted on account of distance.

Article 39. Courts of appeal and means of contest
The judgment given on appeal may be contested only by the proceedings referred to in Annex III.

Article 40. Stay of proceedings
1. The court with which the appeal is lodged under Articles 38 or 39 may, on the application of the party against whom enforcement is sought, stay the enforcement proceedings if an ordinary appeal has been lodged in the Member State of origin or if the time for such appeal has not yet expired. In the latter case, the court may specify the time within which an appeal is to be lodged.
2. Where the judgment was given in Ireland or the United Kingdom, any form of appeal available in the Member State of origin shall be treated as an ordinary appeal for the purposes of paragraph 1.

Article 41. Partial enforcement
1. Where a judgment has been given in respect of several matters and enforcement cannot be authorized for all of them, the court shall authorize enforcement for one or more of them.
2. An applicant may request partial enforcement of a judgment.

Article 42. Documents
1. A party seeking or contesting recognition or applying for a declaration of enforceability shall produce:
(a) a copy of the judgment which satisfies the conditions necessary to establish its authenticity; and
(b) a certificate referred to in Article 44.
2. In addition, in the case of a judgment given in default, the party seeking recognition or applying for a declaration of enforceability shall produce:
(a) the original or certified true copy of the document which establishes that the defaulting party was served with the document instituting the proceedings or with an equivalent document; or
(b) any document indicating that the defendant has accepted the judgment unequivocally.

Article 43. Absence of documents

1. If the documents specified in Article 42(1) point (b) or (2) are not produced, the court may specify a time for their production, accept equivalent documents or, if it considers that it has sufficient information before it, dispense with their production.
2. If the court so requires, a translation of such documents shall be furnished. The translation shall be certified by a person qualified to do so in one of the Member States.

Article 44. Certificate concerning judgments in matrimonial matters and certificate concerning judgments on parental responsibility

The competent court or authority of a Member State where a judgment was given shall issue, at the request of any interested party, a certificate using the standard form set up in Annex IV (judgments in matrimonial matters) or in Annex V (judgments on parental responsibility).

Section 3. Enforcement concerning rights of access and the return of a child

Article 45. Scope

1. This Section shall apply to:
(a) rights of access granted to one of the parents of a child and
(b) the return of a child entailed by a judgment on custody given pursuant to Article 24, paragraph 3.
2. The provisions of this Section shall not prevent a holder of parental responsibility from seeking recognition and enforcement in accordance with the provisions in Sections 1 and 2 of this Chapter.

Article 46. Rights of access

1. The rights of access referred to in Article 45, paragraph 1, point (a) granted in an enforceable judgment given in a Member State shall be recognized and enforced in all other Member States without any special procedure being required if the judgment fulfils the procedural requirements and has been certified in the Member State of origin in accordance with paragraph 2 of this Article.
2. The court of origin shall issue the certificate referred to in paragraph 1 only if:
(a) the judgment was not given in default of appearance; and
(b) the child was given an opportunity to be heard, unless a hearing was considered inappropriate having regard to his or her age or degree of maturity.
The certificate is issued by the court of origin at the request of a holder of rights of access and using the standard form in Annex VI (certificate concerning rights of access).
It shall be completed in the language of the judgment.

Article 47. Return of the child

1. The return of a child referred to in Article 45, paragraph 1, point (b) entailed by an enforceable judgment given in a Member State shall be recognized and enforced in all other Member States without any special procedure being required if the judgment fulfils the procedural requirements and has been certified in the Member State of origin in accordance with paragraph 2 of this Article.

2. The court of origin shall issue the certificate referred to in paragraph 1 only if the child was given an opportunity to be heard, unless a hearing was considered inappropriate having regard to his or her age or degree of maturity.
The court of origin shall issue that certificate at its own initiative and using the standard form in Annex VII (certificate concerning return).
The certificate shall be completed in the language of the judgment.

Article 48. Appeal
No appeal shall lie against the issuing of a certificate pursuant to Articles 46(1) or 47(1).

Article 49. Documents
1. A party seeking enforcement of a judgment shall produce:
(a) a copy of the judgment which satisfies the conditions necessary to establish its authenticity; and
(b) the certificate referred to in Article 46(1) or Article 47(1).
2. For the purposes of this Article, the certificate referred to in Article 46(1) shall be accompanied, where necessary, by a translation of its point 10 relating to the arrangements for exercising the rights of access.
The translation shall be into the official language or one of the official languages of the Member State of enforcement or any other language that the Member State of enforcement expressly accepts. The translation shall be certified by a person qualified to do so in one of the Member States.
No translation of the certificate referred to in Article 47(1) shall be required.

Section 4. Other provisions

Article 50. Enforcement procedure
The enforcement procedure is governed by the law of the Member State of enforcement.

Article 51. Practical arrangements for the exercise of rights of access
1. The courts of the Member State of enforcement may make practical arrangements for organizing the exercise of rights of access, if the necessary arrangements have not been made in the judgment of the Member State having jurisdiction as to the substance of the matter and provided the essential elements of this judgment are respected.
2. The practical arrangements made pursuant to paragraph 1 shall cease to apply pursuant to a later judgment by the courts of the Member State having jurisdiction as to the substance of the matter.

Article 52. Legal aid
An applicant who, in the Member State of origin, has benefited from complete or partial legal aid or exemption from costs or expenses shall be entitled, in the procedures provided for in Articles 26, 33 and 51 to benefit from the most favorable legal aid or the most extensive exemption from costs and expenses provided for by the law of the Member State of enforcement.

Article 53. Security, bond or deposit
No security, bond or deposit, however described, shall be required of a party who in one Member State applies for enforcement of a judgment given in another Member State on the following grounds:
(a) that he or she is not habitually resident in the Member State in which enforcement is sought; or
(b) that he or she is either a foreign national or, where enforcement is sought in either the United Kingdom or Ireland, does not have his or her "domicile" in either of those Member States.

Article 54. Legalization or other similar formality
No legalization or other similar formality shall be required in respect of the documents referred to in Articles 42, 43 and 49 or in respect of a document appointing a representative ad litem.

CHAPTER V. COOPERATION BETWEEN CENTRAL AUTHORITIES

Article 55. Designation
Each Member State shall designate a central authority to assist with the application of this Regulation.
In addition to the central authority designated pursuant to paragraph 1, a Member State where two or more systems of law or sets of rules concerning matters governed by this Regulation apply in different territorial units may designate one authority for each territorial unit and specify their territorial competence. In these cases, communications may be sent either directly to the territorially competent authority, or to the central authority, which shall be responsible for forwarding them to the territorially competent authority and informing the sender thereof.

Article 56. General functions
The central authorities shall establish an information system on national laws and procedures and take general measures for improving the application of this Regulation and strengthening their cooperation, including developing cross-border cooperation mechanisms on mediation.
For this purpose the European Judicial Network in civil and commercial matters created by Decision No 2001/470/EC shall be used.

Article 57. Cooperation on specific cases
The central authorities shall cooperate on specific cases, in particular for the purpose of ensuring the effective exercise of parental responsibility over a child. To this end, they shall, acting directly or through public authorities or other bodies in accordance with their laws:
(a) exchange information:
(i) on the situation of the child,
(ii) on any procedures under way, or
(iii) on decisions taken concerning the child;
(b) make recommendations, as appropriate, in particular with a view to coordinate a protective measure taken in the Member State where the child is present with a

decision taken in the Member State that has jurisdiction as to the substance of the matter;
(c) take all necessary measures for locating and returning the child, including instituting proceedings to this end pursuant to Articles 22 to 24;
(d) provide information and assistance to holders of parental responsibility seeking to recognize and enforce decisions on their territory, in particular concerning rights of access and the return of the child;
(e) support communications between courts, in particular for the purpose of transferring a case pursuant to Article 15 or deciding in cases of child abduction pursuant to Articles 22 to 24; and
(f) promote agreement between holders of parental responsibility through mediation or other means, and organize cross-border cooperation to this end.

Article 58. Working Method
1. A holder of parental responsibility may submit a request for assistance to the central authority of the Member State of his or her habitual residence, or to the central authority of the Member State where the child is habitually resident or present. If the request for assistance makes reference to a judgment given pursuant to this Regulation, the holder of parental responsibility shall attach the relevant certificates provided for in Articles 44, 46(1) or 47(1).
2. Each Member State shall communicate to the Commission the official language(s) of the European Union other than its own which it can accept for communications to the central authorities.
3. The assistance provided by the central authorities pursuant to Article 57 shall be free of charge.
4. Each central authority shall bear its own costs.

Article 59. Meetings
The Commission shall convene meetings of central authorities, using the European Judicial Network in civil and commercial matters created by Decision No 2001/470/EC.

CHAPTER VI. RELATIONS WITH OTHER INSTRUMENTS

Article 60. Relation with other instruments
1. Subject to the provisions of Article 63 and paragraph 2 of this Article, this Regulation shall, for the Member States, supersede conventions existing at the time of entry into force of this Regulation which have been concluded between two or more Member States and relate to matters governed by this Regulation.
2. (a) Finland and Sweden shall have the option of declaring that the Convention of 6 February 1931 between Denmark, Finland, Iceland, Norway and Sweden comprising international private law provisions on marriage, adoption and guardianship, together with the Final Protocol thereto, will apply, in whole or in part, in their mutual relations, in place of the rules of this Regulation. Such declarations shall be annexed to this Regulation and published in the Official Journal of the European Communities. They may be withdrawn, in whole or in part, at any moment by the said Member States.

(b) The principle of non-discrimination on the grounds of nationality between citizens of the Union shall be respected.
(c) The rules of jurisdiction in any future agreement to be concluded between the Member States referred to in subparagraph (a) which relate to matters governed by this Regulation shall be in line with those laid down in this Regulation.
(d) Judgments handed down in any of the Nordic States which have made the declaration provided for in subparagraph (a) under a forum of jurisdiction corresponding to one of those laid down in Chapters II and III of this Regulation, shall be recognized and enforced in the other Member States under the rules laid down in Chapter IV of this Regulation.
3. Member States shall send to the Commission:
(a) a copy of the agreements and uniform laws implementing these agreements referred to in paragraph 2 points (a) and (c);
(b) any denunciations of, or amendments to, those agreements or uniform laws.

Article 61. Relations with certain multilateral conventions

In relations between Member States, this Regulation shall take precedence over the following Conventions in so far as they concern matters governed by this Regulation:
(a) the Hague Convention of 5 October 1961 concerning the Powers of Authorities and the Law Applicable in respect of the Protection of Minors;
(b) the Luxembourg Convention of 8 September 1967 on the Recognition of Decisions Relating to the Validity of Marriages;
(c) the Hague Convention of 1 June 1970 on the Recognition of Divorces and Legal Separations;
(d) the European Convention of 20 May 1980 on Recognition and Enforcement of Decisions concerning Custody of Children and on Restoration of Custody of Children;
(e) the Hague Convention of 25 October 1980 on the Civil Aspects of International Child Abduction; and
(f) the Hague Convention of 19 October 1996 on Jurisdiction, Applicable law, Recognition, Enforcement and Cooperation in Respect of Parental Responsibility and Measures for the Protection of Children.

Article 62. Treaties with the Holy See

1. This Regulation shall apply without prejudice to the International Treaty (Concordat) between the Holy See and Portugal, signed at the Vatican City on 7 May 1940.
2. Any decision as to the invalidity of a marriage taken under the Treaty referred to in paragraph 1 shall be recognized in the Member States on the conditions laid down in Chapter IV, Section 1.
3. The provisions laid down in paragraphs 1 and 2 shall also apply to the following international treaties (Concordats) with the Holy See:
(a) Concordato lateranense of 11 February 1929 between Italy and the Holy See, modified by the agreement, with additional Protocol signed in Rome on 18 February 1984;
(b) Agreement between the Holy See and Spain on legal affairs of 3 January 1979.

2. b) Matrimonial and ancillary matters (proposal to repeal the regulation)

4. Recognition of the decisions provided for in paragraph 2 may, in Italy or in Spain, be subject to the same procedures and the same checks as are applicable to decisions of the ecclesiastical courts handed down in accordance with the international treaties concluded with the Holy See referred to in paragraph 3.
5. Member States shall send to the Commission:
(a) a copy of the Treaties referred to in paragraphs 1 and 3;
(b) any denunciations of or amendments to those Treaties.

CHAPTER VII. TRANSITIONAL PROVISIONS

Article 63.
1. The provisions of this Regulation shall apply only to legal proceedings instituted, to documents formally drawn up or registered as authentic instruments and to settlements that have been approved by a court in the course of proceedings after its date of application in accordance with Article 71.
2. Judgments given after the date of application of this Regulation in proceedings instituted before that date but after the date of entry into force of Regulation (EC) No 1347/2000 shall be recognized and enforced in accordance with the provisions of Chapter IV of this Regulation if jurisdiction was founded on rules which accorded with those provided for either in Chapters II or III of this Regulation or in Regulation (EC) No 1347/2000 or in a convention concluded between the Member State of origin and the Member State addressed which was in force when the proceedings were instituted.
3. Judgments given before the date of application of this Regulation in proceedings instituted after the entry into force of Regulation (EC) No 1347/2000 shall be recognized and enforced in accordance with the provisions of Chapter IV of this Regulation provided they relate to divorce, legal separation or marriage annulment or parental responsibility for the children of both spouses on the occasion of these matrimonial proceedings.
4. Judgments given before the date of application of this Regulation but after the date of entry into force of Regulation (EC) No 1347/2000 in proceedings instituted before the date of entry into force of Regulation (EC) No 1347/2000 shall be recognized and enforced in accordance with the provisions of Chapter IV of this Regulation provided they relate to divorce, legal separation or marriage annulment or parental responsibility for the children of both spouses on the occasion of these matrimonial proceedings and that jurisdiction was founded on rules which accorded with those provided for either in Chapters II or III of this Regulation or in Regulation (EC) No 1347/2000 or in a convention concluded between the Member State of origin and the Member State addressed which was in force when the proceedings were instituted.

CHAPTER VIII. FINAL PROVISIONS

Article 64. Member States with two or more legal systems
With regard to a Member State in which two or more systems of law or sets of rules concerning matters governed by this Regulation apply in different territorial units:
(a) any reference to habitual residence in that Member State shall refer to habitual residence in a territorial unit;

(b) any reference to nationality, or in the case of the United Kingdom "domicile", shall refer to the territorial unit designated by the law of that State;
(c) any reference to the authority of a Member State shall refer to the authority of a territorial unit within that State which is concerned;
(d) any reference to the rules of the requested Member State shall refer to the rules of the territorial unit in which jurisdiction, recognition or enforcement is invoked.

Article 65. Information on central authorities and languages
The Member States shall communicate to the Commission within three months following the entry into force of this Regulation
(a) the names, addresses and means of communication for the central authorities designated pursuant to Article 55;
(b) the languages accepted for communications to central authorities pursuant to Article 58, paragraph 2; and
(c) the languages accepted for the certificate concerning rights of access pursuant to Article 49, paragraph 2.
The Member States shall communicate to the Commission any changes to this information.
The Commission shall make this information publicly available.

Article 66. Amendments to Annexes I, II and III
The Member States shall notify the Commission of the texts amending the lists of courts and redress procedures in Annexes I to III.
The Commission shall adapt the Annexes concerned accordingly.

Article 67. Amendments to Annexes IV to VII
Any amendments to the standard forms in Annexes IV to VII shall be adopted in accordance with the procedure set out in Article 68(2).

Article 68. Committee
1. The Commission shall be assisted by a committee composed of representatives of the Member States and chaired by the representatives of the Commission.
2. Where reference is made to this paragraph, the advisory procedure laid down in Article 3 of Decision 1999/468 EC shall apply, in compliance with Article 7(3) thereof.
3. The committee shall adopt its rules of procedure.

Article 69. Repeal of Regulation (EC) No 1347/2000
1. Regulation (EC) No 1347/2000 shall be repealed as from the date of application of this Regulation in accordance with Article 71.
2. Any reference to Regulation (EC) No 1347/2000 shall be construed as a reference to this Regulation according to the comparative table in Annex VIII.

Article 70. Amendment of Regulation (EC) No 44/2001
Article 5, point 2 of Regulation (EC) No 44/2001 shall be replaced by the following:
"2. in matters relating to maintenance, in the courts for the place where the maintenance creditor is domiciled or habitually resident or, if the matter is ancillary to proceedings concerning the status of a person, in the court which, according to its

own law, has jurisdiction to entertain those proceedings, unless that jurisdiction is based solely on the nationality of one of the parties, or, if the matter is ancillary to proceedings concerning parental responsibility, in the court which according to Council Regulation (EC) No ... [on jurisdiction and the recognition and enforcement of judgments in matrimonial matters and in matters of parental responsibility]*, has jurisdiction to entertain those proceedings
* OJ L ..."

Article 71. Entry into force
This Regulation shall enter into force on 1 July 2003.
The Regulation shall apply from 1 July 2004, with the exception of Article 65, which shall apply from 1 July 2003.

ANNEX I

The applications provided for by Articles 26 and 33 shall be submitted to the following courts:
– in Belgium, the 'tribunal de première instance'/'rechtbank van eerste aanleg'/'erstinstanzliches Gericht',
– in Germany:
– in the district of the 'Kammergericht' (Berlin), the 'Familiengericht Pankow/Weißensee',
– in the districts of the remaining 'Oberlandesgerichte' to the 'Familiengericht' located at the seat of the respective 'Oberlandesgericht'
– in Greece, the 'εφετείο'
– in Spain, the 'Juzgado de Primera Instancia',
– in France, the presiding Judge of the 'tribunal de grande instance',
– in Ireland, the High Court,
– in Italy, the 'Corte d'apello',
– in Luxembourg, the presiding Judge of the 'Tribunal d'arrondissement',
– in the Netherlands, the presiding Judge of the 'arrondissementsrechtbank',
– in Austria, the 'Bezirksgericht',
– in Portugal, the 'Tribunal de Comarca' or 'Tribunal de Familia',
– in Finland, the 'käräjäoikeus'/'tingsrätt',
– in Sweden, the 'Svea hovrätt',
– in the United Kingdom:
(a) in England and Wales, the High Court of Justice;
(b) in Scotland, the Court of Session;
(c) in Northern Ireland, the High Court of Justice;
(d) in Gibraltar, the Supreme Court.

ANNEX II

The appeal provided for by Article 38 shall be lodged with the courts listed below:
– in Belgium:
(a) a person applying for a declaration of enforceability may lodge an appeal with the 'cour d'appel' or the 'hof van beroep';

(b) the person against whom enforcement is sought may lodge opposition with the 'tribunal de première instance'/'rechtbank van eerste aanleg'/'erstinstanzliches Gericht',
– in Germany, the 'Oberlandesgericht',
– in Greece, the 'εφετείο'
– in Spain, the 'Audiencia Provincial',
– in France, the 'Cour d'appel',
– in Ireland, the High Court,
– in Italy, the 'Corte d'appello',
– Luxembourg, the 'Cour d'appel',
– in the Netherlands:
(a) if the applicant or the respondent who has appeared lodges the appeal: with the 'gerechtshof';
(b) if the respondent who has been granted leave not to appear lodges the appeal: with the 'arrondissementsrechtbank',
– in Austria, the 'Bezirksgericht',
– in Portugal, the 'Tribunal da Relação',
– in Finland, the 'hovioikeus'/'hovrätt',
– in Sweden, the 'Svea hovrätt',
– in the United Kingdom:
(a) in England and Wales, the High Court of Justice;
(b) in Scotland, the Court of Session;
(c) in Northern Ireland, the High Court of Justice;
(d) in Gibraltar, the Court of Appeal.

ANNEX III

The appeals provided for by Article 39 may be brought only:
– in Belgium, Greece, Spain, France, Italy, Luxembourg and in the Netherlands, by an appeal in cassation,
– in Germany, by a 'Rechtsbeschwerde',
– in Ireland, by an appeal on a point of law to the Supreme Court,
– in Austria, by a 'Revisionsrekurs',
– in Portugal, by a 'recurso restrito à matéria de direito',
– in Finland, by an appeal to 'korkein oikeus'/'högsta domstolen',
– in Sweden, by an appeal to the 'Högsta domstolen',
– in the United Kingdom, by a single further appeal on a point of law.

ANNEX IV

Certificate referred to in Article 44 concerning judgments in matrimonial matters

1. Country of origin
2. Court or authority issuing the certificate
   2.1. Name
   2.2. Address
   2.3. Tel./fax/E-mail

3. Marriage
    3.1. Wife
        3.1.1. Full name
        3.1.2. Country and place of birth
        3.1.3. Date of birth
    3.2. Husband
        3.2.1. Full name
        3.2.2. Country and place of birth
        3.2.3. Date of birth
    3.3. Country, place (where available) and date of marriage
        3.3.1. Country of marriage
        3.3.2. Place of marriage (where available)
        3.3.3. Date of marriage
4. Court which delivered the judgment
    4.1. Name of Court
    4.2. Place of Court
5. Judgment
    5.1. Date
    5.2. Reference number
    5.3. Type of judgment
        5.3.1. Divorce
        5.3.2. Marriage annulment
        5.3.3. Legal separation
    5.4. Was the judgment given in default of appearance-
        5.4.1. no
        5.4.2. yes[11]
6. Names of parties to whom legal aid has been granted
7. Is the judgment subject to further appeal under the law of the Member State of origin?
    7.1. No
    7.2. Yes
8. Date of legal effect in the Member State where the judgment was given
8.1. Divorce
8.2. Legal separation

Done at:
Date:
Signature and/or stamp:

ANNEX V

Certificate referred to in Article 44 concerning judgments on parental responsibility

1. Country of origin

---

[11] Documents referred to in Article 42(2) must be attached.

2. Court or authority issuing the certificate
   2.1. Name
   2.2. Address
   2.3. Tel./Fax/E-mail
3. Holders of parental responsibility
   3.1. Mother
      3.1.1. Full name
      3.2.2. Date and place of birth
   3.2. Father
      3.2.1. Full name
      3.2.2. Date and place of birth
   3.3. Other
      3.2.1. Full name
      3.2.2. Date and place of birth
4. Court which delivered the judgment
   4.1. Name of Court
   4.2. Place of Court
5. Judgment
   5.1. Date
   5.2. Reference number
   5.3. Was the judgment given in default of appearance?
      5.3.1. No
      5.3.2. Yes[12]
6. Children who are covered by the judgment[13]
   6.1. Full name and date of birth
   6.2. Full name and date of birth
   6.3. Full name and date of birth
   6.4. Full name and date of birth
7. Names of parties to whom legal aid has been granted
8. Attestation of enforceability and service
   8.1. Is the judgment enforceable according to the law of the Member State of origin?
      8.1.1. Yes
      8.1.2. No
   8.2. Has the judgment been served on the party against whom enforcement is sought?
      8.2.1. Yes
         8.2.1.1. Full name of the party
         8.2.1.2. Date of service
      8.2.2. No

Done at:
Date:
Signature and/or stamp:

---

[12] Documents referred to in Article 42(2) must be attached.
[13] If more than four children are covered, use a second form.

ANNEX VI

Certificate referred to in Article 46(1) concerning judgments on rights of access

1. Country of origin
2. Court or authority issuing the certificate
    2.1. Name
    2.2. Address
    2.3. Tel./Fax/E-mail
3. Parents
    3.1. Mother
        3.1.1. Full name
        3.2.2. Date and place of birth
    3.2. Father
        3.2.1. Full name
        3.2.2. Date and place of birth
4. Court which delivered the judgment
    4.1. Name of Court
    4.2. Place of Court
5. Judgment
    5.1. Date
    5.2. Reference number
6. Children who are covered by the judgment[14]
    6.1. Full name and date of birth
    6.2. Full name and date of birth
    6.3. Full name and date of birth
    6.4. Full name and date of birth
7. The judgment is enforceable according to the law of the Member State of origin
8. The judgment was not given in default of appearance
9. The children were given an opportunity to be heard, unless a hearing was considered inappropriate having regard to their age or degree of maturity
10. Arrangements for the exercise of rights of access
    10.1. Date
    10.2. Place
    10.3. Specific obligations on holders of parental responsibility for picking up/returning the children
        10.3.1. Responsibility for transport costs
        10.3.2. Other
    10.4. Any restrictions attached to the exercise of rights of access
11. Names of parties to whom legal aid has been granted

Done at:
Date:
Signature and/or stamp:

---

[14] If more than four children are covered, use a second form.

ANNEX VII

Certificate referred to in Article 47(1) concerning return

1. Country of origin
2. Court or authority issuing the certificate
    2.1. Name
    2.2. Address
    2.3. Tel./Fax/E-mail
3. Holders of parental responsibility
    3.1. Mother
        3.1.1. Full name
        3.2.2. Date and place of birth
    3.2. Father
        3.2.1. Full name
        3.2.2. Date and place of birth
    3.3. Other
        3.3.1. Full name
        3.3.2. Date and place of birth
4. Court which delivered the judgment
    4.1. Name of Court
    4.2. Place of Court
5. Judgment
    5.1. Date
    5.2. Reference number
6. Children who are covered by the judgment[15]
    6.1. Full name and date of birth
    6.2. Full name and date of birth
    6.3. Full name and date of birth
    6.4. Full name and date of birth
7. The children were given an opportunity to be heard, unless a hearing was considered inappropriate having regard to their age or degree of maturity
8. The judgment entails the return of the children
9. Person who has custody over the children
10. Names of parties to whom legal aid has been granted

Done at:
Date:
Signature and/or stamp:

---

[15] If more than four children are covered, use a second form.

ANNEX VIII

Comparative table with Regulation (EC) No 1347/2000

Articles repealed	Corresponding articles of new text
1	1, 2
2	5
3	12
4	
5	6
6	7
7	8
8	9
9	17
10	18
11	16, 19
12	20
13	2, 26
14	26
15	27, 28
16	
17	29
18	30
19	31
20	32
21	33
22	26, 34
23	35
24	36
25	37
26	38
27	39
28	40
29	41
30	52
31	53

32	42
33	44
34	43
35	54
36	60
37	61
38	
39	
40	62
41	64
42	63
43	
44	66, 67
45	68
46	71
Annexe I	Annexe I
Annexe II	Annexe II
Annexe III	Annexe III
Annexe IV	Annexe IV
Annexe V	Annexe V

III. Service

1. Council Regulation of 29 May 2000 on the service in the Member States of judicial and extrajudicial documents in civil or commercial matters (No 1348/2000/EC)
Official Journal No L 160, 30/06/2000 p. 37–43

THE COUNCIL OF THE EUROPEAN UNION,
Having regard to the Treaty establishing the European Community, and in particular Article 61(c) and Article 67(1) thereof,
Having regard to the proposal from the Commission[1],
Having regard to the opinion of the European Parliament[2],
Having regard to the opinion of the Economic and Social Committee[3],
Whereas:
(1) The Union has set itself the objective of maintaining and developing the Union as an area of freedom, security and justice, in which the free movement of persons is assured. To establish such an area, the Community is to adopt, among others, the measures relating to judicial cooperation in civil matters needed for the proper functioning of the internal market.
(2) The proper functioning of the internal market entails the need to improve and expedite the transmission of judicial and extrajudicial documents in civil or commercial matters for service between the Member States.
(3) This is a subject now falling within the ambit of Article 65 of the Treaty.
(4) In accordance with the principles of subsidiarity and proportionality as set out in Article 5 of the Treaty, the objectives of this Regulation cannot be sufficiently achieved by the Member States and can therefore be better achieved by the Community. This Regulation does not go beyond what is necessary to achieve those objectives.
(5) The Council, by an Act dated 26 May 1997[4], drew up a Convention on the service in the Member States of the European Union of judicial and extrajudicial documents in civil or commercial matters and recommended it for adoption by the Member States in accordance with their respective constitutional rules. That Convention has not entered into force. Continuity in the results of the negotiations for conclusion of the Convention should be ensured. The main content of this Regulation is substantially taken over from it.
(6) Efficiency and speed in judicial procedures in civil matters means that the transmission of judicial and extrajudicial documents is to be made direct and by rapid means between local bodies designated by the Member States. However, the Member States may indicate their intention of designating only one transmitting or receiving agency or one agency to perform both functions for a period of five years. This designation may, however, be renewed every five years.

---

[1] OJ C 247 E, 31.8.1999, p. 11.
[2] Opinion of 17 November 1999 (not yet published in the Official Journal).
[3] OJ C 368, 20.12.1999, p. 47.
[4] OJ C 261, 27.8.1997, p. 1. On the same day as the Convention was drawn up the Council took note of the explanatory report on the Convention which is set out on page 26 of the aforementioned Official Journal.

(7) Speed in transmission warrants the use of all appropriate means, provided that certain conditions as to the legibility and reliability of the document received are observed. Security in transmission requires that the document to be transmitted be accompanied by a pre-printed form, to be completed in the language of the place where service is to be effected, or in another language accepted by the Member State in question.
(8) To secure the effectiveness of this Regulation, the possibility of refusing service of documents is confined to exceptional situations.
(9) Speed of transmission warrants documents being served within days of reception of the document. However, if service has not been effected after one month has elapsed, the receiving agency should inform the transmitting agency. The expiry of this period should not imply that the request be returned to the transmitting agency where it is clear that service is feasible within a reasonable period.
(10) For the protection of the addressee's interests, service should be effected in the official language or one of the official languages of the place where it is to be effected or in another language of the originating Member State which the addressee understands.
(11) Given the differences between the Member States as regards their rules of procedure, the material date for the purposes of service varies from one Member State to another. Having regard to such situations and the possible difficulties that may arise, this Regulation should provide for a system where it is the law of the receiving Member State which determines the date of service. However, if the relevant documents in the context of proceedings to be brought or pending in the Member State of origin are to be served within a specified period, the date to be taken into consideration with respect to the applicant shall be that determined according to the law of the Member State of origin. A Member State is, however, authorised to derogate from the aforementioned provisions for a transitional period of five years, for appropriate reasons. Such a derogation may be renewed by a Member State at five-year intervals due to reasons related to its legal system.
(12) This Regulation prevails over the provisions contained in bilateral or multilateral agreements or arrangements having the same scope, concluded by the Member States, and in particular the Protocol annexed to the Brussels Convention of 27 September 1968[5] and the Hague Convention of 15 November 1965 in relations between the Member States party thereto. This Regulation does not preclude Member States from maintaining or concluding agreements or arrangements to expedite or simplify the transmission of documents, provided that they are compatible with the Regulation.
(13) The information transmitted pursuant to this Regulation should enjoy suitable protection. This matter falls within the scope of Directive 95/46/EC of the European Parliament and of the Council of 24 October 1995 on the protection of individuals with regard to the processing of personal data and on the free movement of such data[6], and of Directive 97/66/EC of the European Parliament and of the Council of 15 December 1997 concerning the processing of personal data and the protection of privacy in the telecommunications sector[7].

---

[5] Brussels Convention of 27 September 1968 on Jurisdiction and the Enforcement of Judgments in Civil and Commercial Matters (OJ L 299, 13.12.1972, p. 32; consolidated version, OJ C 27, 26.1.1998, p. 1).
[6] OJ L 281, 23.11.1995, p. 31.
[7] OJ L 24, 30.1.1998, p. 1.

(14) The measures necessary for the implementation of this Regulation should be adopted in accordance with Council Decision 1999/468/EC of 28 June 1999 laying down the procedures for the exercise of implementing powers conferred on the Commission[8].
(15) These measures also include drawing up and updating the manual using appropriate modern means.
(16) No later than three years after the date of entry into force of this Regulation, the Commission should review its application and propose such amendments as may appear necessary.
(17) The United Kingdom and Ireland, in accordance with Article 3 of the Protocol on the position of the United Kingdom and Ireland annexed to the Treaty on European Union and the Treaty establishing the European Community, have given notice of their wish to take part in the adoption and application of this Regulation.
(18) Denmark, in accordance with Articles 1 and 2 of the Protocol on the position of Denmark annexed to the Treaty on European Union and the Treaty establishing the European Community, is not participating in the adoption of this Regulation, and is therefore not bound by it nor subject to its application,
HAS ADOPTED THIS REGULATION:

CHAPTER I. GENERAL PROVISIONS

Article 1. Scope

1. This Regulation shall apply in civil and commercial matters where a judicial or extrajudicial document has to be transmitted from one Member State to another for service there.
2. This Regulation shall not apply where the address of the person to be served with the document is not known.

Article 2. Transmitting and receiving agencies

1. Each Member State shall designate the public officers, authorities or other persons, hereinafter referred to as "transmitting agencies", competent for the transmission of judicial or extrajudicial documents to be served in another Member State.
2. Each Member State shall designate the public officers, authorities or other persons, hereinafter referred to as "receiving agencies", competent for the receipt of judicial or extrajudicial documents from another Member State.
3. A Member State may designate one transmitting agency and one receiving agency or one agency to perform both functions. A federal State, a State in which several legal systems apply or a State with autonomous territorial units shall be free to designate more than one such agency. The designation shall have effect for a period of five years and may be renewed at five-year intervals.
4. Each Member State shall provide the Commission with the following information:
(a) the names and addresses of the receiving agencies referred to in paragraphs 2 and 3;
(b) the geographical areas in which they have jurisdiction;
(c) the means of receipt of documents available to them; and

---

[8] OJ L 184, 17.7.1999, p. 23.

(d) the languages that may be used for the completion of the standard form in the Annex.
Member States shall notify the Commission of any subsequent modification of such information.

Article 3. Central body
Each Member State shall designate a central body responsible for:
(a) supplying information to the transmitting agencies;
(b) seeking solutions to any difficulties which may arise during transmission of documents for service;
(c) forwarding, in exceptional cases, at the request of a transmitting agency, a request for service to the competent receiving agency.
A federal State, a State in which several legal systems apply or a State with autonomous territorial units shall be free to designate more than one central body.

CHAPTER II. JUDICIAL DOCUMENTS

Section 1. Transmission and service of judicial documents

Article 4. Transmission of documents
1. Judicial documents shall be transmitted directly and as soon as possible between the agencies designated on the basis of Article 2.
2. The transmission of documents, requests, confirmations, receipts, certificates and any other papers between transmitting agencies and receiving agencies may be carried out by any appropriate means, provided that the content of the document received is true and faithful to that of the document forwarded and that all information in it is easily legible.
3. The document to be transmitted shall be accompanied by a request drawn up using the standard form in the Annex. The form shall be completed in the official language of the Member State addressed or, if there are several official languages in that Member State, the official language or one of the official languages of the place where service is to be effected, or in another language which that Member State has indicated it can accept. Each Member State shall indicate the official language or languages of the European Union other than its own which is or are acceptable to it for completion of the form.
4. The documents and all papers that are transmitted shall be exempted from legalisation or any equivalent formality.
5. When the transmitting agency wishes a copy of the document to be returned together with the certificate referred to in Article 10, it shall send the document in duplicate.

Article 5. Translation of documents
1. The applicant shall be advised by the transmitting agency to which he or she forwards the document for transmission that the addressee may refuse to accept it if it is not in one of the languages provided for in Article 8.
2. The applicant shall bear any costs of translation prior to the transmission of the document, without prejudice to any possible subsequent decision by the court or competent authority on liability for such costs.

Article 6. Receipt of documents by receiving agency

1. On receipt of a document, a receiving agency shall, as soon as possible and in any event within seven days of receipt, send a receipt to the transmitting agency by the swiftest possible means of transmission using the standard form in the Annex.
2. Where the request for service cannot be fulfilled on the basis of the information or documents transmitted, the receiving agency shall contact the transmitting agency by the swiftest possible means in order to secure the missing information or documents.
3. If the request for service is manifestly outside the scope of this Regulation or if non-compliance with the formal conditions required makes service impossible, the request and the documents transmitted shall be returned, on receipt, to the transmitting agency, together with the notice of return in the standard form in the Annex.
4. A receiving agency receiving a document for service but not having territorial jurisdiction to serve it shall forward it, as well as the request, to the receiving agency having territorial jurisdiction in the same Member State if the request complies with the conditions laid down in Article 4(3) and shall inform the transmitting agency accordingly, using the standard form in the Annex. That receiving agency shall inform the transmitting agency when it receives the document, in the manner provided for in paragraph 1.

Article 7. Service of documents

1. The receiving agency shall itself serve the document or have it served, either in accordance with the law of the Member State addressed or by a particular form requested by the transmitting agency, unless such a method is incompatible with the law of that Member State.
2. All steps required for service of the document shall be effected as soon as possible. In any event, if it has not been possible to effect service within one month of receipt, the receiving agency shall inform the transmitting agency by means of the certificate in the standard form in the Annex, which shall be drawn up under the conditions referred to in Article 10(2). The period shall be calculated in accordance with the law of the Member State addressed.

Article 8. Refusal to accept a document

1. The receiving agency shall inform the addressee that he or she may refuse to accept the document to be served if it is in a language other than either of the following languages:
(a) the official language of the Member State addressed or, if there are several official languages in that Member State, the official language or one of the official languages of the place where service is to be effected; or
(b) a language of the Member State of transmission which the addressee understands.
2. Where the receiving agency is informed that the addressee refuses to accept the document in accordance with paragraph 1, it shall immediately inform the transmitting agency by means of the certificate provided for in Article 10 and return the request and the documents of which a translation is requested.

Article 9. Date of service

1. Without prejudice to Article 8, the date of service of a document pursuant to

Article 7 shall be the date on which it is served in accordance with the law of the Member State addressed.

2. However, where a document shall be served within a particular period in the context of proceedings to be brought or pending in the Member State of origin, the date to be taken into account with respect to the applicant shall be that fixed by the law of that Member State.

3. A Member State shall be authorised to derogate from the provisions of paragraphs 1 and 2 for a transitional period of five years, for appropriate reasons.

This transitional period may be renewed by a Member State at five-yearly intervals due to reasons related to its legal system. That Member State shall inform the Commission of the content of such a derogation and the circumstances of the case.

Article 10. Certificate of service and copy of the document served

1. When the formalities concerning the service of the document have been completed, a certificate of completion of those formalities shall be drawn up in the standard form in the Annex and addressed to the transmitting agency, together with, where Article 4(5) applies, a copy of the document served.

2. The certificate shall be completed in the official language or one of the official languages of the Member State of origin or in another language which the Member State of origin has indicated that it can accept. Each Member State shall indicate the official language or languages of the European Union other than its own which is or are acceptable to it for completion of the form.

Article 11. Costs of service

1. The service of judicial documents coming from a Member State shall not give rise to any payment or reimbursement of taxes or costs for services rendered by the Member State addressed.

2. The applicant shall pay or reimburse the costs occasioned by:

(a) the employment of a judicial officer or of a person competent under the law of the Member State addressed;

(b) the use of a particular method of service.

Section 2. Other means of transmission and service of judicial documents

Article 12. Transmission by consular or diplomatic channels

Each Member State shall be free, in exceptional circumstances, to use consular or diplomatic channels to forward judicial documents, for the purpose of service, to those agencies of another Member State which are designated pursuant to Article 2 or 3.

Article 13. Service by diplomatic or consular agents

1. Each Member State shall be free to effect service of judicial documents on persons residing in another Member State, without application of any compulsion, directly through its diplomatic or consular agents.

2. Any Member State may make it known, in accordance with Article 23(1), that it is opposed to such service within its territory, unless the documents are to be served on nationals of the Member State in which the documents originate.

Article 14. Service by post
1. Each Member State shall be free to effect service of judicial documents directly by post to persons residing in another Member State.
2. Any Member State may specify, in accordance with Article 23(1), the conditions under which it will accept service of judicial documents by post.

Article 15. Direct service
1. This Regulation shall not interfere with the freedom of any person interested in a judicial proceeding to effect service of judicial documents directly through the judicial officers, officials or other competent persons of the Member State addressed.
2. Any Member State may make it known, in accordance with Article 23(1), that it is opposed to the service of judicial documents in its territory pursuant to paragraph 1.

CHAPTER III. EXTRAJUDICIAL DOCUMENTS

Article 16. Transmission
Extrajudicial documents may be transmitted for service in another Member State in accordance with the provisions of this Regulation.

CHAPTER IV. FINAL PROVISIONS

Article 17. Implementing rules
The measures necessary for the implementation of this Regulation relating to the matters referred to below shall be adopted in accordance with the advisory procedure referred to in Article 18(2):
(a) drawing up and annually updating a manual containing the information provided by Member States in accordance with Article 2(4);
(b) drawing up a glossary in the official languages of the European Union of documents which may be served under this Regulation;
(c) updating or making technical amendments to the standard form set out in the Annex.

Article 18. Committee
1. The Commission shall be assisted by a committee.
2. Where reference is made to this paragraph, Articles 3 and 7 of Decision 1999/468/EC shall apply.
3. The Committee shall adopt its rules of procedure.

Article 19. Defendant not entering an appearance
1. Where a writ of summons or an equivalent document has had to be transmitted to another Member State for the purpose of service, under the provisions of this Regulation, and the defendant has not appeared, judgment shall not be given until it is established that:
(a) the document was served by a method prescribed by the internal law of the Member State addressed for the service of documents in domestic actions upon persons who are within its territory; or

(b) the document was actually delivered to the defendant or to his residence by another method provided for by this Regulation;
and that in either of these cases the service or the delivery was effected in sufficient time to enable the defendant to defend.

2. Each Member State shall be free to make it known, in accordance with Article 23(1), that the judge, notwithstanding the provisions of paragraph 1, may give judgment even if no certificate of service or delivery has been received, if all the following conditions are fulfilled:

(a) the document was transmitted by one of the methods provided for in this Regulation;

(b) a period of time of not less than six months, considered adequate by the judge in the particular case, has elapsed since the date of the transmission of the document;

(c) no certificate of any kind has been received, even though every reasonable effort has been made to obtain it through the competent authorities or bodies of the Member State addressed.

3. Notwithstanding paragraphs 1 and 2, the judge may order, in case of urgency, any provisional or protective measures.

4. When a writ of summons or an equivalent document has had to be transmitted to another Member State for the purpose of service, under the provisions of this Regulation, and a judgment has been entered against a defendant who has not appeared, the judge shall have the power to relieve the defendant from the effects of the expiration of the time for appeal from the judgment if the following conditions are fulfilled:

(a) the defendant, without any fault on his part, did not have knowledge of the document in sufficient time to defend, or knowledge of the judgment in sufficient time to appeal; and

(b) the defendant has disclosed a prima facie defence to the action on the merits.

An application for relief may be filed only within a reasonable time after the defendant has knowledge of the judgment.

Each Member State may make it known, in accordance with Article 23(1), that such application will not be entertained if it is filed after the expiration of a time to be stated by it in that communication, but which shall in no case be less than one year following the date of the judgment.

5. Paragraph 4 shall not apply to judgments concerning status or capacity of persons.

Article 20. Relationship with agreements or arrangements to which Member States are Parties

1. This Regulation shall, in relation to matters to which it applies, prevail over other provisions contained in bilateral or multilateral agreements or arrangements concluded by the Member States, and in particular Article IV of the Protocol to the Brussels Convention of 1968 and the Hague Convention of 15 November 1965.

2. This Regulation shall not preclude individual Member States from maintaining or concluding agreements or arrangements to expedite further or simplify the transmission of documents, provided that they are compatible with this Regulation.

3. Member States shall send to the Commission:
(a) a copy of the agreements or arrangements referred to in paragraph 2 concluded between the Member States as well as drafts of such agreements or arrangements which they intend to adopt; and
(b) any denunciation of, or amendments to, these agreements or arrangements.

Article 21. Legal aid
This Regulation shall not affect the application of Article 23 of the Convention on Civil Procedure of 17 July 1905, Article 24 of the Convention on Civil Procedure of 1 March 1954 or Article 13 of the Convention on International Access to Justice of 25 October 1980 between the Member States Parties to these Conventions.

Article 22. Protection of information transmitted
1. Information, including in particular personal data, transmitted under this Regulation shall be used by the receiving agency only for the purpose for which it was transmitted.
2. Receiving agencies shall ensure the confidentiality of such information, in accordance with their national law.
3. Paragraphs 1 and 2 shall not affect national laws enabling data subjects to be informed of the use made of information transmitted under this Regulation.
4. This Regulation shall be without prejudice to Directives 95/46/EC and 97/66/EC.

Article 23. Communication and publication
1. Member States shall communicate to the Commission the information referred to in Articles 2, 3, 4, 9, 10, 13, 14, 15, 17(a) and 19.
2. The Commission shall publish in the Official Journal of the European Communities the information referred to in paragraph 1.[9]

Article 24. Review
No later than 1 June 2004, and every five years thereafter, the Commission shall present to the European Parliament, the Council and the Economic and Social Committee a report on the application of this Regulation, paying special attention to the effectiveness of the bodies designated pursuant to Article 2 and to the practical application of point (c) of Article 3 and Article 9. The report shall be accompanied if need be by proposals for adaptations of this Regulation in line with the evolution of notification systems.

Article 25. Entry into force
This Regulation shall enter into force on 31 May 2001.

---

[9] The informations are published in this collection.

ANNEX

REQUEST FOR SERVICE OF DOCUMENTS
(Article 4(3) of Council Regulation (EC) No 1348/2000 on the service in the Member States of judicial and extrajudicial documents in civil or commercial matters[10])

Reference No:

1. TRANSMITTING AGENCY
   1.1. Identity:
   1.2. Address:
      1.2.1. Street and number/PO box:
      1.2.2. Place and code:
      1.2.3. Country:
   1.3. Tel.:
   1.4. Fax.*:
   1.5. E-mail:

2. RECEIVING AGENCY
   2.1. Identity:
   2.2. Address:
      2.2.1. Street and number/PO box:
      2.2.2. Place and code:
      2.2.3. Country:
   2.3. Tel.:
   2.4. Fax.*:
   2.5. e-mail:

3. Applicant
   3.1. Identity:
   3.2. Address:
      3.2.1. Street and number/PO box:
      3.2.2. Place and code:
      3.2.3. Country:
   3.3. Tel.*:
   3.4. Fax.*:
   3.5. e-mail:

4. ADDRESSEE
   4.1. Identity:
   4.2. Address:
      4.2.1. Street and number/PO box:
      4.2.2. Place and code:
      4.2.3. Country:

---

[10] OJ L 160, 30.6.2000, p. 37.

4.3. Tel.*:
4.4. Fax.*:
4.5. e-mail:
4.6. Identification number/social security number/organisation number/or equivalent*:

5. METHOD OF SERVICE
    5.1. In accordance with the law of the Member State addressed
    5.2. By the following particular method:
        5.2.1. If this method is incompatible with the law of the Member State addressed, the document(s) should be served in accordance with the law:
            5.2.1.1. Yes
            5.2.1.2. No

6. DOCUMENT TO BE SERVED
    6.1. Nature of the document
        6.1.1. judicial
            6.1.1.1. writ of summons
            6.1.1.2. judgment
            6.1.1.3. appeal
            6.1.1.4. other
        6.1.2. extrajudicial
    6.2. Date or time limit stated in the document*:
    6.3. Language of document:
        6.3.1. original DE, EN, DK, EL, FI, FR, GR, IT, NL, PT, SV, others:
        6.3.2. translation DE, EN, DK, EL, FI, FR, GR, IT, NL, PT, SV, others:
    6.4. Number of enclosures:

7. A COPY OF DOCUMENT TO BE RETURNED WITH THE CERTIFICATE OF SERVICE (Article 4(5) of the Regulation)
    7.1. Yes (in this case send two copies of the document to be served)
    7.2. No

1. You are required by Article 7(2) of the regulation to effect all steps required for service of the document as soon as possible. In any event, if it is not possible for you to effect service within one month of receipt, you must inform this agency by means of the certificate provided for in point 13.
2. If you cannot fulfil this request for service on the base of the information or documents transmitted, you are requires by Article 6(2) of the Regulation to contact this agency by the swiftest possible means in order to secure the missing information or document.

Done at:
Date:
Signature and/or stamp:

Reference No of the receiving agency

ACKNOWLEDGEMENT OF RECEIPT
(Article 6(1) of Council Regulation (EC) No 1348/2000)

This acknowledgement must be sent by the swiftest possible means of transmission as soon as possible after receipt of the document and in any event within seven days of receipt.

8. Date of receipt:

Done at:
Date:
Signature and/or stamp:

NOTICE OF RETURN OF REQUEST AND DOCUMENT
(Article 6(3) of Council Regulation (EC) No 1348/2000)

The request and document must be returned on receipt.

9. REASON FOR RETURN:
    9.1. The request is manifestly outside the scope of the Regulation:
        9.1.1. the document is not civil or commercial
        9.1.2. the service is not from one Member State to another Member State
    9.2. Non-comliance with formal conditions required makes service impossible:
        9.2.1. the document is not easily legible
        9.2.2. the language used to complete the form is incorrect
        9.2.3. the document received is not a true and faithful copy
        9.2.4. other (please give details):
    9.3. The method of service is incompatible with the law of that Member State (Article 7(1) of the Regulation)

Done at:
Date:
Signature and/or stamp:

NOTICE OF RETRANSMISSION OF REQUEST AND DOCUMENT TO THE APPROPRIATE RECEIVING AGENCY
(Article 6(4) of Council Regulation (EC) No 1348/2000)

The request and document were forwarded on to the following receiving agency, which has territorial jurisdiction to serve it:

10. RECEIVING AGENCY
    10.1. Identity:
    10.2. Address:

1. Regulation on service of documents

    10.2.1. Street and number/PO box:
    10.2.2. Place and code:
    10.2.3. Country:
10.3. Tel.:
10.4. Fax.*:
10.5. e-mail:

Done at:
Date:
Signature and/or stamp:

Reference No of the appropriate receiving agency:

NOTICE OF RECEIPT BY THE APPROPRIATE RECEVING AGENCY HAVING TERRITORIAL JURISDICTION TO THE TRANSMITTING AGENCY
(Article 6(4) of Council Regulation (EC) No 1348/2000)

This notice must be sent by the swiftest possible means of transmission as soon as possible after receipt of the document and in any event within seven days of receipt.

11. DATE OF RECEIPT:

Done at:
Date:
Signature and/or stamp:

CERTIFICATE OF SERVICE OR NON-SERVICE OF DOCUMENTS
(Article 10 of Council Regulation (EC) No 1348/2000)

The service shall be effected as soon as possible. In any event, if it has not been possible to effect service within one month of receipt, the receiving agency shall inform the transmitting agency (according to Article 7(2) of the Regulation).

12. COMPLETION OF SERVICE
    12.1. date and address of service:
    12.2. the document was
        12.2.1. served in accordance with the law of the Member State addressed, namely
            12.2.1.1. handed to
                12.2.1.1.1. the addressee in person
                12.2.1.1.2. another person
                    12.2.1.1.2.1. Name:
                    12.2.1.1.2.2. Address:
                        12.2.1.1.2.2.1. Street and number/PO box:
                        12.2.1.1.2.2.2. Place and code:

        12.2.1.1.2.2.3. Country:
        12.2.1.1.2.3. Relation to the addressee:
        family/employee/others
     12.2.1.1.3. the addressee's address
   12.2.1.2. served by post
      12.2.1.2.1. without acknowledgement of receipt
      12.2.1.2.2. with the enclosed acknowledgement of receipt
         12.2.1.2.2.1. from the addressee
         12.2.1.2.2.2. another person
            12.2.1.2.2.2.1. Name:
            12.2.1.2.2.2.2. Address:
               12.2.1.2.2.2.2.1. Street and number/PO box:
               12.2.1.2.2.2.2.2. Place and code:
               12.2.1.2.2.2.2.3. Country:
            12.2.1.2.2.2.3. Relation to the addressee
            family/employee/others
   12.2.1.3. other method (please say how):
   12.2.2. served by the following particular method (please say how):
12.3. The addressee of the document was informed (orally) (in Writing) that he or she may refuse to accept it if it was not in an official language of the place of service or in an official language of the state of transmission which he or she understands.

13. INFORMATION IN ACCORDANCE WITH ARTICLE 7(2)
It was not possible to effect service within one month of receipt.

14. REFUSAL OF DOCUMENT
The addressee refused to accept the document on account of the language used. The documents are annexed to this certificate.

15. Reason for non-Service of document
    15.1. Address unknown
    15.2. Addressee cannot be located
    15.3. Document could not be served before the date or time limit stated in point 6.2.
    15.4. others(please specify):

The documents are annexed to this certificate.

Done at:
Date:
Signature and/or stamp:

2. Information communicated by Member States under Article 23 of Council Regulation (EC) No 1348/2000 of 29 May 2000 on the service in the Member States of judicial and extrajudicial documents in civil or commercial Matters (Consolidated version)

Official Journal No C 151, 22/05/2001 p. 4–17[1]

Introduction

This Official Journal contains some of the information which must be published pursuant to Article 23(2) of Regulation (EC) No 1348/2000.[2] This is the information communicated by Member States pursuant to Articles 2 (transmitting agencies), 3, 4, 9, 10, 13, 14, 15 and 19 of Regulation (EC) No 1348/2000. The information concerning receiving agencies is published separately in a manual.[3] It should be pointed out that the Regulation does not apply to Denmark. As regards Article 14, the fact that a Member State has not communicated a specific language requirement means implicitly that the language requirements of Article 8 are applicable.

BELGIUM

Article 2 – Transmitting agencies
1. Clerks of cantonal courts and local criminal courts
2. Clerks of courts of first instance
3. Clerks of commercial courts
4. Clerks of labour tribunals
5. Clerks of courts of appeal and labour courts
6. Clerks of Court of Cassation
7. Public prosecutor's office including office representing the public interest in labour matters
8. Bailiffs.

Article 3 – Central body
The central body is the National Bailiffs' Association of Belgium.
Chambre Nationale des Huissiers de Justice de Belgique/Nationale Kamer van Gerechtsdeurwaarders van België
Avenue Henri Jaspar 93/Henri Jasparlaan 93
B-1060 Brussels
Tel. (32-2) 5380092

---

[1] The first update of this information was published in Official Journal No C 202, 18/07/2001 p. 10–15. The second of this information was published in Official Journal No C 282, 6/10/2001 p. 2. The third of this information was published in Official Journal No C 13, 17/01/2002 p. 2–5. The consolidated version of the communications is updated regularly on the Europa site: http://europa.eu.int/comm/justice_home/unit/civil_reg1348_en.htm.

[2] OJ L 160, 30.6.2000, p. 37.

[3] OJ L 298, 15.11.2001, p. 1.

Fax (32-2) 5394111
E-mail Chambre.Nationale@huissiersdejustice.be
Nationale.Kamer@gerechtsdeurwaarders.be
Information may be sent by post, fax, e-mail or telephone.
Knowledge of languages: French, Dutch, German and English.

Article 4 – Transmission of documents
Apart from French, Dutch and German, Belgium will accept standard request forms which are completed in English.

Article 9 – Date of service
Belgium intends to derogate from the system provided for in Article 9(1) and (2) by extending the scope of paragraph 2, which would then read:
"However, regarding the service of a judicial or extrajudicial document, the date to be taken into account with respect to the applicant shall be that fixed by the law of the Member State of origin".

Justification
Belgium believes that fixing the date of notification of the document is justifiable on the ground of legal certainty from the applicant's point of view and that it is not prejudicial to the protection of the other party as stipulated by Article 9(1).
In its present form, paragraph 2 can adversely affect the rights of the applicant since, even where the law does not stipulate a time limit for action, it is important to acknowledge the effect of service of a judicial or extrajudicial document.
If a party to an action who has lost the case in a court of first instance wishes to appeal, for instance, they must be able to do so without awaiting formal notification of the judgment.
The same is true if a person wishing to interrupt a limitation period effects service of an extrajudicial document.

Article 10 – Certificate of service and copy of the document served
Apart from French, Dutch and German, Belgium will accept certificates completed in English.

Article 13 – Service by diplomatic or consular agents
Belgium is opposed to the exercise in its territory of the right conferred by Article 13(1).

Article 14 – Service by post
Belgium accepts service of judicial documents by post on the following conditions:
– registered letter with acknowledgement of receipt or equivalent;
– need for translation in accordance with Article 8;
– use of the following form:

2. Information on service in the Member States

Service by post – Article 14 of Council Regulation (EC) No 1348/2000 on the service in the Member States of judicial and extrajudicial documents in civil or commercial matters[4]

Reference number:

1. TRANSMITTING AGENCY
    1.1. Name:
    1.2. Address:
        1.2.1. Street and number/PO box:
        1.2.2. Place and post code:
        1.2.3. Country:
    1.3. Tel:
    1.4. Fax:(*)
    1.5. E-mail:(*)
2. APPLICANT
    2.1. Name:
    2.2. Address:
        2.2.1. Street and number/PO box:
        2.2.2. Place and post code:
        2.2.3. Country:
    2.3. Tel:
    2.4. Fax:(*)
    2.5. E-mail:(*)
3. ADDRESSEE
    3.1. Name:
    3.2. Address:
        3.2.1. Street and number/PO box:
        3.2.2. Place and post code
        3.2.3. Country
    3.3. Tel:
    3.4. Fax:(*)
    3.5. E-mail:(*)
    3.6. Identification number/social security number/organisation number/or equivalent:*
4. METHOD OF SERVICE: by post
5. DOCUMENT TO BE SERVED BY POST
    5.1. Nature of document
        5.1.1. judicial
            5.1.1.1. writ of summons
            5.1.1.2. judgment
            5.1.1.3. appeal
            5.1.1.4. other
        5.1.2. extrajudicial
    5.2. Language of document

---

[4] OJ C 160, 30.6.2000, p. 37.

5.2.1. original; DE, EN, DA, ES, FI, FR, EL, IT, NL, PT, SV, other:
5.2.2.(*) translation: DE, EN, DA, ES, FI, FR, EL, IT, NL, PT, SV, other:
5.3. Number of enclosures
6. USE OF LANGUAGES
The transmitting agency informs addressees that they may reject the document if it is not drafted in the language or one of the languages of the place of service or in a language of the State of origin which they understand and that they should return the document to the transmitting agency explaining why it has been rejected.

Done at:
Date:
Signature and/or stamp:

(*) Optional.

Article 15 – Direct service
Belgium does not oppose the possibility of direct service provided for by Article 15(1).

Article 19 – Defendant not entering an appearance
Courts in Belgium, notwithstanding paragraph 1, may give judgment if all the conditions of paragraph 2 are met.
An application for relief provided for by paragraph 4 may be entertained within one year after the judgment has been given.

GERMANY

Article 2 – Transmitting agencies
The transmitting agency for judicial documents is the court serving the document (Section 4(1), point 1, of the EU Service of Documents Implementation Act (ZustDG).
The transmitting agency for extrajudicial documents is the district court (Amtsgericht) of the district (Bezirk) in which the person serving the document is domiciled or habitually resident; in the case of notarised deeds, it is also the district court of the district in which the office of the notarising notary is located; in the case of legal persons, it is the district court of the district in which the head office is located; The Land Governments may, by statutory order, allocate the tasks of transmitting agency for the districts of several district courts to a single district court (Section 4(3) of the EU Service of Documents Implementation Act).

Article 3 – Central bodies
The task of the central body is performed in each Land by one of the bodies determined by the Land Government (Section 4(3) of the EU Service of Documents Implementation Act).
List of central bodies alongside the available means of communication
The postal address should first indicate – where available – the post code and locality and/or the post box number.

2. Information on service in the Member States

For letter post, the post code and locality should be indicated with, where available, the postal box number.
For express items and packages (including small packages), the street address should be used.

	Postal address	Street address
A. BADEN-WÜRTTEMBERG Tel. (49-761) 205-0 Fax (49-761) 205-1804 EMail: Poststelle@ AGFreiburg.justiz.bwl.de	Amtsgericht Freiburg D-79095 Freiburg im Breisgau	Amtsgericht Freiburg Holzmarkt 2 D-79098 Freiburg im Breisgau
B. BAVARIA Tel. (49-89) 5597-01 Fax (49-89) 5597-2322 E-Mail: poststelle@stmj. bayern.de	Bayerisches Staatsministerium der Justiz D-80097 München	Bayerisches Staatsministerium der Justiz Justizpalast Prielmayerstraße 7 D-80335 München
C. BERLIN Tel. (49-30) 9013-0 Fax (4930) 9013-2000 E-Mail: poststelle@ senjust.verwalt-berlin.de	Senatsverwaltung für Justiz Salzburger Straße 21-25 D-10825 Berlin	Senatsverwaltung für Justiz Salzburger Straße 21-25 D-10825 Berlin
D. BRANDENBURG Tel. (49-331) 866-0 Fax (49-331) 866-3080/ 3081 E-Mail: Poststelle@mdje. brandenburg.de	Ministerium der Justiz und für Europaangelegenheiten des Landes Brandenburg D-14460 Potsdam	Ministerium der Justiz und für Europaangelegenheiten des Landes Brandenburg Heinrich-Mann-Allee 107 D-14473 Potsdam
E. BREMEN Tel.: (49-421) 3614204 Fax (49-421) 3616713 E-Mail: office@ landgericht.bremen.de	Landgericht Bremen Postfach 107843 D-28078 Bremen	Landgericht Bremen Domsheide 16 D-28195 Bremen
F. HAMBURG Tel.: (49-40) 42843-0 Fax (49-40) 42843-2383 E-Mail: poststelle@ag. justiz.hamburg.de	Amtsgericht Hamburg D-20348 Hamburg	Amtsgericht Hamburg Sievekingplatz 1 D-20355 Hamburg

G. HESSE Tel.: (49-611) 32-0 Fax (49-611) 32-2763 E-Mail: poststelle@ hmdj.hessen.de	Hessisches Ministerium der Justiz Postfach 3169 D-65021 Wiesbaden	Hessisches Ministerium der Justiz Luisenstraße 13 D-65185 Wiesbaden
H. MECKLENBURG ESTERN POMERANIA Tel.: (49-385) 588-0 Fax (49-611) 588-3453 E-Mail: poststelle@jm. mv-regierung.de	Justizministerium Mecklenburg-Vorpommern D-19048 Schwerin	Justizministerium Mecklenburg-Vorpommern Demmlerplatz 14 D-19053 Schwerin
I. LOWER SAXONY Tel.: (49-511) 120-0 Fax (49-511) 120-5170/ 5185 E-Mail: Henning.Baum@mj. niedersachsen.de	Niedersächsisches Justizministerium Postfach 201 D-30002 Hannover	Niedersächsisches Justizministerium Waterlooplatz 1 D-30169 Hannover
J. NORTH RHINE-WESTPHALIA Tel.: (49-211) 4971-0 Fax (49-211) 4971-548 E-Mail: poststelle@ olg-duesseldorf.nrw.de	Oberlandesgericht Düsseldorf Postfach 300210 D-40402 Düsseldorf	Oberlandesgericht Düsseldorf Cecilienallee 3 D-40474 Düsseldorf
K. RHINELAND-PALATINATE Tel.: (49-6131) 16-0 Fax (49-6131) 16-4887 E-Mail: Poststelle@ justiz.rlp.de	Ministerium der Justiz Postfach 3260 D-55022 Mainz	Ministerium der Justiz Ernst-Ludwig-Straße 3 D-55116 Mainz
L. SAARLAND Tel.: (49-681) 501-00 Fax (49-681) 501-5855 E-Mail: poststelle@mdj. x400.saarland.de	Ministerium der Justiz Postfach 102451 D-66024 Saarbrücken	Ministerium der Justiz Zähringerstraße 12 D-66119 Saarbrücken
M. SAXONY Tel.: (49-351) 446-0 Fax (49-351) 446-3070/ 1170 E-Mail: lippert@olg. sachsen.de	Oberlandesgericht Dresden Postfach 120732 D-01008 Dresden	Oberlandesgericht Dresden Augustusstraße 2 D-01067 Dresden

2. Information on service in the Member States

N. SAXONY-ANHALT Tel.: (49-391) 567-01 Fax (49-391) 567-6180 E-Mail: Altrichter@mj. lsa-net.de	Ministerium der Justiz Postfach 3429 D-39043 Magdeburg	Ministerium der Justiz Hegelstr. 40–42 D-39104 Magdeburg
O. SCHLESWIG-HOLSTEIN Tel.: (49-431) 988-0 Fax (49-431) 988-3870 E-Mail: poststelle@jumi.landsh.de	Ministerium für Justiz, Frauen, Jugend und Familie Lorentzendamm 35 D-24103 Kiel	Ministerium für Justiz, Frauen, Jugend und Familie Lorentzendamm 35 D-24103 Kiel
P. THURINGIA Tel.: (49-361) 3795-000 Fax (49-361) 3795-888 E-Mail: poststelle@tjm.thueringen.de	Thüringer Justizministerium Postfach 100151 D-99001 Erfurt	Thüringer Justizministerium Werner-Seelenbinder-Straße 5 D-99096 Erfurt

Territorial competence

A. Baden-Württemberg
B. Bavaria
C. Berlin
D. Brandenburg
E. Bremen
F. Hamburg
G. Hesse
H. Mecklenburg-Eastern Pomerania
I. Lower Saxony
J. North Rhine-Westphalia
K. Rhineland-Palatinate
L. Saarland
M. Saxony
N. Saxony-Anhalt
O. Schleswig-Holstein
P. Thuringia

The following means of communication are available:
For receipt and dispatch: post, including private courier services, fax.
For other communications: telephone and e-mail
Apart from German, English is permitted.

Article 4 – Transmission of documents
The form (request) may be completed in German or English.

Article 9 – Date of service
The Federal Republic of Germany does not currently intend to derogate from Article 9(1) or (2).

Article 10 – Certificate of service and copy of the document served
The form (certificate) may be completed in German or English.

Article 13 – Service by diplomatic or consular agents
In the territory of the Federal Republic of Germany, service by diplomatic or consular agents within the meaning of Article 13(1) of the Regulation is not allowed unless the document is to be served on a national of the transmitting State (Section 1 of the EU Service of Documents Implementation Act).

Article 14 – Service by post
In the territory of the Federal Republic of Germany, direct service by post within the meaning of Article 14(1) of the Regulation is accepted only in the form of registered letter with advice of delivery and only on the further condition that the document to be served is in one of the following languages or accompanied by a translation into one of the following languages: German or one of the official languages of the transmitting State, if the addressee is a national of that State (Section 2(1) of the EU Service of Documents Implementation Act).

Article 15 – Direct service
In the territory of the Federal Republic of Germany, direct service within the meaning of Article 15(1) of the Regulation is not allowed (Section 3 of the EU Service of Documents Implementation Act).

Article 19 – Defendant not entering an appearance
Where the conditions of Article 19(2) are fulfilled, German courts may give judgment where a writ of summons or equivalent document has been publicly served in the Federal Republic of Germany.
No application may be entertained for the restoration of the original situation within the meaning of Article 19(4) of the Regulation more than one year after the end of the missed deadline.

GREECE

Article 2 – Transmitting agencies
The transmitting agencies are the public prosecutors' offices of the Supreme Court, the courts of appeal and the courts of first instance.

Article 3 – Central body
The central body is the Ministry of Justice.
Υπουργείο Δικαιοσύνης/Ipourgio Dikeosinis
Mesogíon 96
GR-11527 Athens
Tel. (30-10) 7714186
Fax (30-10) 7715994

The persons responsible at the central body are Mrs Argyro Eleftheriadou, Mrs Eirini Kouzeli and Mr Georgios Kouvelas.
Apart from Greek, they have a knowledge of English and French.

Article 4 – Transmission of documents
Apart from Greek, Greece will accept standard request forms which are completed in English or French.

Article 9 – Date of service
Greece will not be derogating from Article 9(1) and (2).

Article 10 – Certificate of service and copy of the document served
Apart from Greek, Greece will accept certificates completed in English or French.

Article 13 – Service by diplomatic or consular agents
Greece has no reservations to formulate regarding this Article.

Article 14 – Service by post
Service of judicial documents by post is accepted on the condition that the letter is registered and is delivered to the person to whom it is addressed or to his or her authorised legal representative or spouse, or to a child, a brother or sister, or a parent of the addressee.

Article 15 – Direct service
Greece has no reservations to formulate regarding this Article.

Article 19 – Defendant not entering an appearance
The courts in Greece, notwithstanding paragraph 1, are not bound to give judgment if all the conditions of paragraph 2 are met.
An application for relief provided for by paragraph 4 may be entertained within three years after the judgment has been given.

SPAIN

Article 2 – Transmitting agencies
The transmitting agencies in Spain are the *"Secretarios Judiciales de los distintos Juzgados y Tribunales"*.

Article 3 – Central body
The central body designated by Spain is the Directorate for International Legal Cooperation in the Ministry of Justice.
Subdirección General de Cooperación Jurídica Internacional
Ministerio de Justicia
C/San Bernardo, 62
E-28015 Madrid
Fax (34) 913904457
The means of receipt currently accepted is postal delivery.
Knowledge of languages: Spanish, English and French.

Article 4 – Transmission of documents
Apart from Spanish, Spain will accept standard request forms which are completed in English, French or Portuguese.

Article 9 – Date of service
In accordance with Article 9(3), Spain will not apply the provisions of Article 9(2).
The grounds for this derogation reside in the need for legal certainty and the right to effective legal protection. The Spanish legal system cannot allow a date of service to be taken other than that stipulated in Article 9(1), namely the date on which the document is served to the addressee in accordance with the law of the Member State
addressed.
In Spain no civil action is subject to a specific time-limit; the time-limits for the action will run from the day after the date on which the document is served.

Article 10 – Certificate of service and copy of the document served
For the certificate referred to in Article 10 no other language is accepted.

Article 13 – Service by diplomatic or consular agents
Spain does not oppose the possibility of service through diplomatic or consular agents in the conditions laid down in Article 13(1).

Article 14 – Service by post
Spain accepts service of judicial documents by means of postal delivery, with acknowledgement of receipt. The translation rules in Articles 5 and 8 of the Regulation must also be complied with.

Article 15 – Direct service
Spain does not oppose the possibility of direct service provided for by Article 15(1).

Article 19 – Defendant not entering an appearance
Spain makes it known that the courts may lift the suspension of proceedings that has been decided and give judgment, notwithstanding Article 19(1), if the conditions of Article 19(2) are met.
With regard to the court's power to relieve the defendant from the effects of expiry of the time allowed for appeal, Spain makes it known that an application for such relief will not be entertained if it is filed more than one year following the date of the judgment.

FRANCE

Article 2 – Transmitting agencies
1. Bailiffs
2. The court departments (registries, secretariats, etc.) responsible for the service of documents.

2. Information on service in the Member States

Article 3 – Central body
The central body is the Office for Judicial Cooperation in Civil and Commercial Matters.
Bureau de l'entraide judiciaire civile et commerciale
Direction des Affaires Civiles et du Sceau
13, place Vendôme
F-75042 Paris CEDEX 01
Tel. (33) 144861483 – (33) 144861401
Fax (33) 144861406
Knowledge of languages: French and English.

Article 4 – Transmission of documents
Apart from French, France will accept standard request forms which are completed in English.

Article 9 – Date of service
France intends to derogate from Article 9(2).
Content of the derogation:
France intends to extend the scope of Article 9(2) by dispensing with the following two conditions:
– That the document is being served in the context of proceedings;
– That the document must be served within a specified period.
Consequently, Article 9(2) should read as follows: "However, regarding the service of a judicial or extrajudicial document, the date to be taken into account with respect to the applicant shall be that fixed by the law of the Member State of origin".
Grounds for the derogation:
For the applicant, the date of service will be the date of transmission of the document by the French transmitting agency.
That date applies in the case not only of procedural documents but of also of extrajudicial documents and bailiffs' documents specified by law in order to fix a definite date of service where that is a condition of the preservation or exercise of a right.
This applies in particular to commercial leases (notice of termination, continuation of lease, change of purpose of lease) or agricultural leases (notice of termination, right to recover the property, pre-emption) and to securities or execution procedures (execution or ejection).
Moreover, legal effects may flow from the date of a document where the date of notification is not fixed by law both in the case of judicial documents, where, for example, time-limits for appeals begin from the date of service, and of extrajudicial documents, for example, an order for payment, which can interrupt a limitation period or give rise to liability to interest on arrears.
In those cases it is important for legal certainty that applicants should be informed quickly of a definite date of service.

Article 10 – Certificate of service and copy of the document served
Apart from French, France will accept certificates completed in English.

Article 13 – Service by diplomatic or consular agents
France does not intend to oppose the exercise in its territory of the right conferred by Article 13(1).

Article 14 – Service by post
Service will be accepted by registered letter with a form for acknowledgement of receipt and a schedule of the documents being sent or any other method ensuring certainty as to the date of sending and receipt and the items sent.

Article 15 – Direct service
France does not oppose the possibility of direct service provided for by Article 15(1).

Article 19 – Defendant not entering an appearance
Courts in France, notwithstanding paragraph 1, may give judgment if all the conditions of paragraph 2 are met.
An application for relief provided for by paragraph 4 may be entertained within one year after the judgment has been given.

IRELAND

Article 2 – Transmitting agencies
In Ireland, the transmitting agencies will be county registrars, who are 26 in number and who are attached to the Circuit Court office in each county.

Article 3 – Central body
The Master,
The High Court,
Four Courts
Dublin 7
Ireland
Communications in English or Irish may be effected by post, or by fax to the Central Office of the High Court at (353-1) 872 5669. Communication by telephone to the Central Office of the High Court at (353-1) 888 6000 is also possible.

Article 4 – Transmission of documents
Ireland accepts the application form (standard form) in English or Gaelic.

Article 9 – Date of service
Ireland intends to derogate from the provisions of this Article. There are difficulties associated with the idea that different dates of service may, in certain circumstances, apply as between applicant and addressee and the introduction at this time of a rule of the kind provided for in this Article, particularly in view of the lack of clarity which surrounds its formulation, would not accord with current legal practice.

Article 10 – Certificate of service and copy of the document served
Ireland accepts the certificate form in English or Gaelic.

Article 13 – Service by diplomatic or consular agents
Ireland does not oppose this.

Article 14 – Service by post
Ireland accepts the service of judicial documents by post where delivery is effected by pre-paid registered post by a company which returns undelivered mail.

Article 15 – Direct service
In relation to paragraph 2 of this Article, Ireland does not object to the possibility that any person interested in a judicial proceeding may effect service of judicial documents directly through a solicitor in Ireland.

Article 19 – Defendant not entering an appearance
Notwithstanding the provisions of paragraph 1, a court in Ireland may give judgment even if no certificate of service or delivery has been received, if all the conditions set out in paragraph 2 have been fulfilled.
In relation to Article 19(4), it is for the court to satisfy itself that the application for relief has been filed within a reasonable time after the defendant had knowledge of the judgment.

ITALY

Article 2 – Transmitting agencies
1. Central offices of bailiffs at courts of appeal (Uffici Unici degli Ufficiali Giudiziari costituiti presso le Corti di Appello).
2. Central offices of bailiffs at ordinary courts other than appeal courts and their separate chambers (Uffici Unici degli Ufficiali Giudiziari costituiti presso i Tribunali Ordinari che non siano sede di Corte di Appello e presso le relative Sezioni distaccate).

Article 3 – Central body
The central body is the Central Office of Bailiffs at the Rome Court of Appeal.
Ufficio Unico degli Ufficiali Giudiziari presso la Corte di Appello di Roma
via C. Poma, 5
I-00195 Rome
Tel. (39) 0637517334
Fax (39) 063724667
Documents to be served in Italy must arrive by post and will be returned to the transmitting agencies by the same means.
Knowledge of languages: Italian, English and French.

Article 4 – Transmission of documents
Apart from Italian, Italy will accept standard request forms which are completed in English or French.

Article 9 – Date of service
No derogation is invoked.

Article 10 – Certificate of service and copy of the document served
Apart from Italian, Italy will accept certificates completed in English or French.

Article 13 – Service by diplomatic or consular agents
Italy is opposed to the service of judicial documents on persons residing in another Member State directly by diplomatic or consular agents (except where the document is served on an Italian national residing in another Member State).
Italy is opposed to the service of judicial documents by the diplomatic or consular agents of a Member State on persons residing in Italy, except where the document is to be served on a national of the Member State in question.

Article 14 – Service by post
Service of documents by post is accepted provided that they are accompanied by an Italian translation.

Article 15 – Direct service
There is nothing to prevent any person interested in a judicial proceeding effecting service of judicial documents directly through the competent officials of the Member State addressed.

Article 19 – Defendant not entering an appearance
Italy does not intend to make the statements provided for by paragraphs 2 and 4.

LUXEMBOURG

Article 2 – Transmitting agencies
Bailiffs empowered to serve documents. Court registrars empowered to serve documents.

Article 3 – Central body
The central body is the Public Prosecutor's Office at the High Court.
Parquet Général près la Cour supérieure de Justice
Boîte Postale 15
L-2010 Luxembourg
Tel. (352) 475981-336
Fax (352) 470550
E-mail Parquet.General@mj.etat.lu
Knowledge of languages: French and German.

Article 4 – Transmission of documents
Apart from French, Luxembourg will accept standard request forms which are completed in German.

Article 9 – Date of service
Luxembourg does not intend to derogate and will be applying Article 9(1) and (2) as worded in the Regulation.

2. Information on service in the Member States

Article 10 – Certificate of service and copy of the document served
Apart from French, Luxembourg will accept certificates completed in German.

Article 13 – Service by diplomatic or consular agents
Luxembourg is opposed to its diplomatic or consular agents serving judicial and extrajudicial documents in another Member State.

Luxembourg is also opposed to diplomatic or consular agents of other Member States serving such documents in its own territory, except where the document is to be served on a national of the Member State in which the document originates.

Article 14 – Service by post
Only notification of service of a judicial document by post will be accepted (under Luxembourg law, service of a judicial document must be done by a bailiff).

Notification of documents by post is subject to the condition that it is by registered letter with acknowledgement of receipt and that the rules on the translation of texts provided for in the Regulation are applied.

Article 15 – Direct service
Luxembourg does not object to the possibility provided for in Article 15, as bailiffs in the Member State addressed are not responsible for ensuring that the form and content of the document transmitted direct by the person concerned are in order; they are responsible only for the service formalities and procedures that they will apply in the Member State addressed.

Article 19 – Defendant not entering an appearance
Luxembourg states that, notwithstanding Article 19(1), its courts may give judgement if the conditions of Article 19(2) are fulfilled.

Luxembourg states that, under Article 19(4), an application for relief may be rejected if it is not filed within a reasonable time, to be assessed by the court, either from the time when the defendant has knowledge of the judgment or from the time when the impossibility of taking action ended; applications may not be filed more than one year after the decision has been delivered.

NETHERLANDS

Article 2 – Transmitting agencies
1. Bailiffs
2. The courts (cantonal courts, district courts, courts of justice and Supreme Court) where they have statutory tasks of summoning persons or serving documents.

Article 3 – Central body
The central body, until the entry into force of the new Bailiffs Act (mid-2001), is the Koninklijke Vereniging van Gerechtsdeurwaarders (Royal Association of Bailiffs); afterwards it will be the Koninklijke Beroepsorganisatie van Gerechtsdeurwaarders (Royal Federation of Bailiffs).
The address in both cases is:
Varrolaan 100, 3584 BW Utrecht
Postbus 8138

3503 RC Utrecht
Netherlands
Tel. (31-30) 6898924
Fax (31-30) 6899924
E-mail: kbvg@kbvg.nl
The central body can receive and transmit documents by post, fax or e-mail, and can be contacted by telephone, in Dutch or English.

Article 4 – Transmission of documents
Apart from Dutch, the Netherlands will accept standard request forms which are completed in English.

Article 9 – Date of service
The Netherlands intends to derogate from Article 9(1) and (2). The exact form of words will be made known after Parliament has approved it.

Article 10 – Certificate of service and copy of the document served
Apart from Dutch, the Netherlands will accept certificates completed in English.

Article 13 – Service by diplomatic or consular agents
The Netherlands does not oppose the possibility of a Member State serving judicial documents on persons residing in the Netherlands, without any compulsion, direct through its diplomatic or consular agents.

Article 14 – Service by post
The Netherlands accepts service of judicial documents by post on the following terms:
(a) Direct service by post on persons who are in the Netherlands must be by registered letter;
(b) Documents sent by post to persons residing in the Netherlands must be drafted or translated in Dutch or in a language that the recipient understands.

Article 15 – Direct service
The Netherlands does not oppose direct service.

Article 19 – Defendant not entering an appearance
The courts in the Netherlands will be empowered by implementing legislation now in the pipeline, notwithstanding the provisions of paragraph 1, to give judgment where all the conditions of paragraph 2 are met.
Once the judgment has been given, fresh time may be allowed if the application for it is made within one year running from the date when judgment is given.

AUSTRIA

Article 2 – Transmitting agencies
The transmitting agencies are the district courts, the courts of first instance, the higher regional courts, the Vienna Labour and Social Affairs Court, the Vienna Commercial Court, the Vienna Juvenile Court and the Supreme Court.

Article 3 – Central body
The central body is the Federal Ministry of Justice.
Bundesministerium für Justiz
Postfach 63
A-1016 Vienna, or
Bundesministerium für Justiz
Museumstrasse 7
A-1070 Vienna, or
Bundesministerium für Justiz
Neustiftgasse 2
A-1070 Vienna
Tel. (43-1) 52152-2292
(43-1) 52152-2115
(43-1) 52152-2130
Fax (43-1) 52152-2829
E-mail ihor.tarko@bmj.gv.at
barbara.goeth@bmj.gv.at
georg.lukasser@bmj.gv.at
Knowledge of languages: German and English.

Article 4 – Transmission of documents
Apart from German, Austria will accept standard request forms which are completed in English.

Article 9 – Date of service
Austria will not be derogating from Article 9(1) and (2).

Article 10 – Certificate of service and copy of the document served
Apart from German, Austria will accept certificates completed in English.

Article 13 – Service by diplomatic or consular agents
Austria does not intend to oppose the exercise in its territory of the right conferred by Article 13(1).

Article 14 – Service by post
Austria will accept the service of judicial documents by post from another Member State under Article 14(2) under the following conditions:
1. The documents to be served by post must be written in the official language of the place where they are served or accompanied by a certified translation into the language in question.
2. Where this provision is not adhered to, the recipient of the service may refuse to accept the documents. Should the recipient exercise this right, the documents may not be deemed to have been served. Recipients must be informed in writing of their right to refuse acceptance of the documents.
3. Recipients may also exercise the right of refusal by informing the office that served the documents or the office of dispatch, within three days, that they are not prepared to accept the documents. The time begins when the document is served;

the time taken for postal delivery is not included in this period and therefore the date as postmarked is decisive.

4. Postal deliveries must use the standard international advice of delivery. The following text should be used to inform recipients of their rights:

"Das angeschlossene Schriftstück wird Ihnen unter Anwendung der Verordnung (EG) Nr. 1348/2000 des Rates vom 29. Mai 2000 über die Zustellung gerichtlicher und aussergerichtlicher Schriftstücke in Zivil- oder Handelssachen in den Mitgliedstaaten, ABl. L 160 vom 30. Juni 2000, S. 37 ff, zugestellt. Sie sind berechtigt, die Annahme des Schriftstückes zu verweigern, wenn dieses nicht in deutscher Sprache abgefasst oder nicht mit einer beglaubigten Übersetzung in diese Sprache versehen ist. Sollten Sie von diesem Annahmeverweigerungsrecht Gebrauch machen wollen, müssen Sie innerhalb von drei Tagen ab der Zustellung gegenüber der Stelle, die das Schriftstück zugestellt hat, oder gegenüber der Absendestelle unter Rücksendung des Schriftstückes an eine dieser Stellen erklären, dass Sie zur Annahme nicht bereit sind."

("The enclosed documents are being served under Council Regulation (EC) No 1348/2000 of 29 May 2000 on the service in the Member States of judicial and extrajudicial documents in civil or commercial matters. You have the right to refuse to accept the documents if they are not in German or accompanied by a certified German translation. Should you wish to exercise this right, you must, within three days of service, return the documents to the office which served them or to the office of dispatch stating that you are not prepared to accept them.")

Article 15 – Direct service
Austria is opposed to the direct service of judicial documents in its territory through the judicial officers, officials or other competent persons of the Member State addressed.

Article 19 – Defendant not entering an appearance
Courts in Austria, notwithstanding paragraph 1, may give judgment if the conditions of paragraph 2 are met.

Austria has not communicated any time-limit within the meaning of the last subparagraph of Article 19(4) for filing an application for relief from the effects of expiry of the time allowed for appeal.

PORTUGAL

Article 2 – Transmitting agencies
The transmitting agencies designated by Portugal are the cantonal courts, in the person of the clerk of the court.

Article 3 – Central body
The central body is the Directorate-General for the Administration of Justice.
Direcção Geral da Administração da Justiça
Av. 5 de Outubro, n° 125
P-1069 – 044 Lisbon
Portugal
Tel. (351) 217906233-44

Fax (351) 217906249
Knowledge of languages: Portuguese, Spanish, English and French.

Article 4 – Transmission of documents
Apart from Portuguese, Portugal will accept standard request forms which are completed in Spanish.

Article 9 – Date of service
Portugal intends to derogate from Article 9(2) on the grounds of the imprecision and uncertainty that can result from the determination of two different dates of service, set by reference to the laws of two different countries, to the detriment of legal certainty.

Article 10 – Certificate of service and copy of the document served
Apart from Portuguese, Portugal will accept certificates completed in Spanish.

Article 13 – Service by diplomatic or consular agents
Portugal has no reservations to formulate regarding this Article.

Article 14 – Service by post
Portugal states that it will accept service by post, provided it is made by registered letter with advice of delivery and accompanied by a translation in accordance with Article 8 of the Regulation.

Article 15 – Direct service
On grounds of legal certainty, Portugal is opposed to this form of service in ist territory.

Article 19 – Defendant not entering an appearance
Portugal will not make use of the possibility provided for by Article 19(2), and courts in Portugal will therefore not be able to give judgment in the circumstances referred to therein.
The time-limit for filing an application for relief from the effects of expiry of the time allowed for appeal is one year following the date of the judgment being challenged (Article 19(4)).

FINLAND

Article 2 – Transmitting agencies
The transmitting agencies are the courts of first instance, the appeal courts, the Supreme Court and the Ministry of Justice.

Article 3 – Central body
The central body is the Ministry of Justice.
Street address:
Oikeusministeriö
Eteläesplanadi 10
FIN-00130 Helsinki

Postal address:
Oikeusministeriö
PL 25
FIN-00023 Valtioneuvosto
Tel. (358-9) 16067628
Fax (358-9) 16067524
E-mail central.authority@om.fi
Documents can be transmitted by post, fax or e-mail.
Knowledge of languages: Finnish, Swedish and English.

Article 4 – Transmission of documents
Finland accepts the form in English in addition to Finnish and Swedish.

Article 9 – Date of service
In accordance with paragraph 3, Finland intends to derogate from the provisions of paragraphs 1 and 2. In their current form, these provisions have no explicable *ratio legis* in the context of the Finnish legal system, and therefore cannot be applied in practice.

Article 10 – Certificate of service and copy of the document served
Finland accepts the form in English in addition to Finnish and Swedish.

Article 13 – Service by diplomatic or consular agents
Finland does not oppose this form of service.

Article 14 – Service by post
Finland accepts the service of documents by post, provided that the recipient signs an advice of receipt or returns an acknowledgement of receipt. Any document other than a summons can be also delivered by post to an address specified by the recipient to the relevant authority.

Article 15 – Direct service
Finland does not oppose this form of service.

Article 19 – Defendant not entering an appearance
Finland does not intend to make the communication referred to in Article 19(2); thus, the Finnish courts may not give judgment in accordance with that provision. By the same token, there will be no need for the communication referred to in Article 19(4).

SWEDEN

Article 2 – Transmitting agencies
Transmitting agencies are courts, enforcement authorities and other Swedish authorities which serve judicial and extrajudicial documents in civil or commercial matters.

Article 3 - Central body
The central body is the Ministry of Justice.
Justitiedepartementet
Enheten för brottmålsärenden och internationellt rättsligt samarbete
Centralmyndigheten
S-103 33 Stockholm
Tel. (46-8)-405 45 00
Fax (46-8)-405 46 76
E-mail birs@justice.ministry.se
Documents may be received by post, fax or any other means agreed in the specific case. Contact may also be made by telephone.
Knowledge of languages: Swedish or English may be used.

Article 4 - Transmission of documents
Apart from Swedish, Sweden will accept standard request forms which are completed in English.

Article 9 - Date of service
Sweden does not intend to apply Article 9(2) concerning the date of service with respect to the applicant because under Swedish law service cannot be deemed to have taken place at different times with respect to the applicant and the addressee.

Article 10 - Certificate of service and copy of the document served
Apart from Swedish, Sweden will accept certificates completed in English.

Article 13 - Service by diplomatic or consular agents
Sweden accepts service by diplomatic or consular agents.

Article 14 - Service by post
Sweden does not impose any specific conditions for accepting service by post.

Article 15 - Direct service
Sweden is not opposed to any person interested in a judicial proceeding having the freedom to effect service of judicial documents directly through judicial officers, officials or other competent persons. However, the Swedish authorities are not required to provide assistance in such cases.

Article 19 - Defendant not entering an appearance
Swedish courts cannot give judgment if the conditions of Article 19(2), but not those of Article 19(1), are met. Sweden does not intend to issue any communication under Article 19(4).

UNITED KINGDOM

Article 2 - Transmitting agencies
1. England and Wales: the transmitting agency is the Senior Master, for the Attention of the Foreign Process Department, Royal Courts of Justice.

2. Scotland: the transmitting agencies are the Messengers-at-Arms and accredited Solicitors.
3. Northern Ireland: the transmitting agency is the Master (Queen's Bench and Appeals), Royal Courts of Justice.
4. Gibraltar: the transmitting agency is "The Registrar of the Supreme Court of Gibraltar".

Article 3 – Central body
1. England and Wales: The Senior Master
For the Attention of the Foreign Process Department (Room E10)
Royal Courts of Justice
Strand
London WC2A 2LL
United Kingdom
Tel. (44-20) 79476691
Fax (44-20) 79476237
2. Scotland: Scottish Executive
Civil Justice and International Division
Hayweight House
Lauriston Street
Edinburgh EH3 9DQ
Scotland
United Kingdom
Tel. (44-131) 2216760
Fax (44-131) 2216894
E-mail: David.Berry@scotland.gsi.gov.uk
3. Northern Ireland: The Master (Queen's Bench and Appeals)
Royal Courts of Justice
Chichester Street
Belfast BT1 3JF
United Kingdom
Tel. (44-28) 90724706
Fax (44-28) 90235186
4. Gibraltar: The Registrar of the Supreme Court of Gibraltar
Supreme Court
Law Courts
277 Main Street
Gibraltar
Tel. (350) 78808
Fax (350) 77118
Communication will be by means of letter, fax, e-mail and telephone and the central body will be responsible for checking translations.

Article 4 – Transmission of documents
Apart from English, the United Kingdom will accept standard request forms which are completed in French.

2. Information on service in the Member States

Article 9 – Date of service
The United Kingdom intends to derogate from these provisions on the basis that the complexities of its law on time-limits and limitation periods would only be exacerbated by this Article. It is important that the date of service can be identified with certainty as it determines the time from which a party may enter a default judgment. The UK does not consider that the precise meaning of this provision, and its intended operation in practice, is sufficiently clear; it could therefore increase the potential for confusion. Accordingly it believes that this matter is best left to national law, at least until it has had an opportunity to assess how it works in practice in the other Member States following implementation of the Regulation.

Article 10 – Certificate of service and copy of the document served
Apart from English, the United Kingdom will accept certificates completed in French.

Article 13 – Service by diplomatic or consular agents
The United Kingdom does not intend to oppose the exercise in its territory of the right conferred by Article 13(1).

Article 14 – Service by post
Service of a document by post is acceptable by means of registered mail or recorded mail only. A signature must be obtained from the addressee, or any other person who is prepared to accept receipt on behalf of the addressee, as proof of delivery of the document.
The addressee may refuse to accept service of the principal document unless it is accompanied by a certified English translation or by a certified translation into a language which the addressee understands.

Article 15 – Direct service
1. England, Wales and Northern Ireland: England, Wales and Northern Ireland are opposed to the possibility of direct service provided for by Article 15(1).
2. Scotland: Scotland does not oppose the possibility of direct service provided for by Article 15(1).
3. Gibraltar: Gibraltar does not oppose the possibility of direct service provided for by Article 15(1).

Article 19 – Defendant not entering an appearance
In accordance with the existing provision of the Hague Convention, courts in the United Kingdom, notwithstanding paragraph 1, may give judgment if all the conditions of paragraph 2 have been met.
Period of time after the judgment has been given within which an application for relief provided for by paragraph 4 may be entertained:
1. England, Wales and Northern Ireland: When considering setting aside a judgment in default, the court must have regard to whether the person seeking to set aside the judgment made an application to do so promptly.
2. Scotland: No later than the expiry of one year from the date of decree – this would be in line with the Hague Convention and is the period incorporated in Scotland's court rules.

3. Gibraltar: When considering setting aside a judgment in default, the court must have regard to whether the person seeking to set aside the judgment made an application to do so promptly.

3. Commission Decision of 25 September 2001 adopting a manual of receiving agencies and a glossary of documents that may be served under Council Regulation (EC) No 1348/2000 on the service in the Member States of judicial and extrajudicial documents in civil or commercial matters (2001/781/EC)

Official Journal L 298, 15/11/2001 p. 1–478[1]

THE COMMISSION OF THE EUROPEAN COMMUNITIES,
Having regard to the Treaty establishing the European Economic Community,
Having regard to Council Regulation (EC) No 1348/2000 of 29 May 2000 on the service in the Member States of judicial and extrajudicial documents in civil or commercial matters[2], and in particular points (a) and (b) of Article 17 thereof,
Whereas:
(1) In order to implement Regulation (EC) No 1348/2000 it is necessary to draw up and publish a manual containing information about the receiving agencies provided for in Article 2 of that Regulation.
(2) Point (b) of Article 17 of Regulation (EC) No 1348/2000 also provides for a glossary to be drawn up in the official languages of the European Union of documents that may be served on the basis of the Regulation.
(3) On the basis of information supplied by the Member States the Commission has accordingly drawn up the manual and glossary referred to in Article 17 of Regulation (EC) No 1348/2000, which appear in the Annex to this Decision.
(4) Regulation (EC) No 1348/2000 provides for publication of the manual in the Official Journal of the European Communities. The glossary should also be published there.
(5) In order to achieve the objectives of the Regulation it is essential that the transmitting agencies have access to a manual that is updated as regularly as possible. Consequently, and without prejudice to the annual updating provided for in point (a) of Article 17 of the Regulation, the Commission will make available on its Internet site a version of the manual that is regularly updated on the basis of changes notified by the Member States. The same should be done for the glossary.
(6) The measures provided for in this Decision are in accordance with the opinion of the committee established by Article 18 of Regulation (EC) No 1348/2000,
HAS ADOPTED THIS DECISION:

---

[1] Commission Decision of 3 April 2002 amending Decision 2001/781/EC adopting a manual of receiving agencies and a glossary of documents that may be served under Council Regulation (EC) No 1348/2000 on the service in the Member States of judicial and extrajudicial documents in civil or commercial matters (2002/350/EC), Official Journal L 125, 13/05/2002 p. 1–855
"Article 1
Annex I to Decision 2001/781/EC (manual referred to in point (a) of Article 17 of Regulation (EC) No 1348/2000) is amended in accordance with Annex I to this Decision.
Article 2
Annex II to Decision 2001/781/EC (glossary referred to in point (b) of Article 17 of Regulation (EC) No 1348/2000) is amended in accordance with Annex II to this Decision."
[2] OJ L 160, 30.6.2000, p. 37

Article 1
1. The manual referred to in point (a) of Article 17 of Regulation (EC) No 1348/2000 is Annex I to this Decision.
2. The glossary referred to in point (b) of Article 17 of Regulation (EC) No 1348/2000 is Annex II to this Decision.

Article 2
1. The manual and the glossary referred to in Article 1 shall be published on the Europa site.
2. Without prejudice to the annual updating of the manual referred to Article 1(1), the Commission shall regularly update the information on the basis of changes notified by the Member States.
This Decision is addressed to the Member States.

ANNEX I. MANUAL CONTAINING THE INFORMATION RELATING TO THE REQUESTING AGENCIES CONTENTS

An up-to-date version of the manual is a available on the Commission's Internet site (http://europa.eu.int/comm/justice_home/unit/civil_reg1348_en.htm).

ANNEX II. GLOSSARY OF DOCUMENTS WHICH MAY BE SERVED CONTENTS

An up-to-date version of the glossary is available on the Commission's Internet site (http://europa.eu.int/comm/justice_home/unit/civil_reg1348_en.htm).

IV. Legal aid

Proposal for a Council Directive of 18 January 2002 to improve access to justice in cross-border disputes by establishing minimum common rules relating to legal aid and other financial aspects of civil proceedings (COM/2002/0013 final)

(presented by the Commission)

THE COUNCIL OF THE EUROPEAN UNION,
Having regard to the Treaty establishing the European Community, and in particular Article 61(c) thereof,
Having regard to the proposal from the Commission,[1]
Having regard to the opinion of the European Parliament,[2]
Having regard to the opinion of the Economic and Social Committee,[3]
Having regard to the opinion of the Committee of the Regions,[4]
Whereas:
(1) The European Union has set itself the objective of maintaining and developing an area of freedom, security and justice in which the free movement of persons is ensured.
(2) By Article 65(c) of the Treaty establishing the European Community, these measures are to include measures eliminating obstacles to the good functioning of civil proceedings, if necessary by promoting the compatibility of the rules on civil procedure applicable in the Member States.
(3) The Tampere European Council on 15 and 16 October 1999 called on the Council to establish minimum standards ensuring an adequate level of legal aid in cross-border cases throughout the Union.
(4) Neither the lack of resources of a litigant, whether acting as claimant or as defendant, nor the difficulties flowing from a dispute's cross-border dimension should be allowed to hamper effective access to justice.
(5) The main purpose of the Directive is to guarantee an adequate level of legal aid in cross-border cases, but to guarantee that adequate level it is necessary to lay down certain minimum common standards. A Council directive is the most suitable legislative instrument for this purpose.
(6) The Directive applies to all disputes in civil matters, which include commercial law, employment law and consumer protection law.
(7) All persons involved in a civil dispute must be able to assert their rights in the courts even if their personal financial situation makes it impossible for them to bear the costs of the proceedings.
(8) Legal aid must include at least the services of a lawyer and exemption from the cost of proceedings.
(9) Legal aid can be regarded as appropriate when it allows the recipient effective access to justice.

---

[1] OJ C [...], [...] , p. [...] .
[2] OJ C [...], [...] , p. [...] .
[3] OJ C [...], [...] , p. [...] .
[4] OJ C [...], [...] , p. [...] .

(10) Since legal aid is given by the Member State of the forum, except pre-litigation assistance provided by a local lawyer if the legal aid applicant is not habitually resident in the Member State of the forum, that Member State must apply its own legislation, in compliance with the principles of the Directive.

(11) The complexity of and differences between the legal systems of the Member States and the costs inherent in the cross-border dimension of a dispute should not preclude access to justice. Legal aid should accordingly cover costs directly connected with the cross-border dimension of a dispute.

(12) All Union citizens, wherever they reside, must be eligible for legal aid if they meet the conditions provided for by the Directive. The same applies to third-country nationals who habitually and lawfully reside in a Member State.

(13) If legal aid is granted, it must cover the entire proceeding, including expenses incurred in having a judgment declared enforceable or enforced; the recipient should continue receiving this aid if an appeal is brought against him.

(14) Judicial cooperation in civil matters should be organised between Member States to encourage information for the public and professional circles and to simplify and accelerate the transmission of legal aid applications between Member States.

(15) The European Agreement on the Transmission of Applications for Legal Aid, signed in Strasbourg in 1977, which requires the contracting parties to notify sending and receiving authorities and their systems for transmitting applications, remains applicable to relations between Member States and third countries that are parties to the Agreement. But this Directive replaces the Agreement in relations between Member States.

(16) The notification and transmission mechanisms provided for by this Directive are inspired directly by those of the European Agreement. A time-limit, not provided for by the 1977 Agreement, should be set for the transmission of legal aid applications. A relatively short time-limit would contribute to the smooth operation of justice.

(17) The establishment of a standard form for the transmission of legal aid applications in the event of cross-border litigation would make the procedures easier and faster.

(18) Given the differences in the costs of litigation and in standards of living between the Member States, they should accordingly be left free to define the threshold above which a person would be presumed able to bear the costs of proceedings, in such a way as to attain the objectives of the Directive.

(19) The objective of the Directive could not, however, be attained if legal aid applicants did not have the possibility of proving that they cannot bear the cost of proceedings even if their resources exceed the threshold defined by the Member State of the forum.

(20) The possibility of resorting to private mechanisms or agreements to ensure effective access to justice is not a form of legal aid. But it can warrant a presumption that the person concerned can bear the costs of the procedure despite his unfavourable financial situation.

(21) Member States should be allowed to reject applications for legal aid in respect of manifestly unfounded actions, without however going so far as to prejudge the case with a view to evaluating the applicant's prospects of winning the case.

(22) The Directive does not extend to profit-making legal persons except for non-profit legal persons, such as consumers' associations, which take action in the courts to protect legally recognised general interests. This principle contributes to the attainment of the objectives of Directive 98/27/EC of 19 May 1998 on injunctions for the protection of consumers' interests.[5]

Directive on legal aid (proposal) 543

(23) Legal aid must be granted on the same terms both for conventional legal proceedings and for out-of-court procedures such as mediation, where recourse to them is encouraged by the law.
(24) The possibility that a party to a dispute may have to pay court costs or a lawyer's fees even if he wins the case constitutes an obstacle to access to justice. Their reimbursement by the losing party on an equitable basis mitigates this disadvantage. The protection of weaker parties, in particular in the field of employment and consumer protection law, may justify exceptions to this principle.
(25) It should be specified that the establishment of minimum standards does not prevent Member States from making provision for more favourable arrangements for legal aid applicants.
(26) As the objectives of this Directive cannot be achieved adequately by the Member States acting alone and could better be achieved by action at Community level, the Community may take measures in accordance with the principle of subsidiarity as declared by Article 5 of the Treaty establishing the European Community. In accordance with the principle of proportionality laid down in the same article, this Directive goes no further than is necessary to achieve these goals.
(27) This Directive respects the fundamental rights and observes the principles recognised in particular by the Charter of Fundamental Rights of the European Union as general principles of Community law. In particular, it seeks to promote the application of the principle of legal aid for all persons who lack sufficient resources where access to such aid is necessary to secure access to justice in accordance with the third paragraph of Article 47 of the Charter of Fundamental Rights of the European Union.
(28) [The United Kingdom and Ireland are not participating in the adoption of this Directive in accordance with Articles 1 and 2 of the Protocol on the position of the United Kingdom and Ireland annexed to the Treaty on European Union and the Treaty establishing the European Community.] [The United Kingdom and Ireland have given notice of their wish to participate in the adoption of this Directive in accordance with Article 3 of the Protocol on the position of the United Kingdom and Ireland annexed to the Treaty on European Union and the Treaty establishing the European Community.]
(29) In accordance with Articles 1 and 2 of the Protocol on the position of Denmark annexed to the Treaty on European Union and to the Treaty establishing the European Community, Denmark is not participating in the adoption of this Directive. This Directive is accordingly not binding on Denmark nor applicable there,
HAS ADOPTED THIS DIRECTIVE:

Article 1. Aims and scope
The purpose of this Directive is to improve access to justice in cross-border disputes by establishing minimum common rules relating to legal aid and other financial aspects of civil proceedings.
It shall apply to civil disputes of all types, irrespective of the type of court.

Article 2. For the purposes of this Directive:
"Legal aid" means all resources made available to persons to ensure their effective access to justice where their financial resources are inadequate to cover the costs

---

5   OJ L 166, 11.6.1998, p. 51.

of litigation, and includes at least the services of a lawyer and the costs of proceedings;

"Litigation in civil matters" means all litigation in matters of civil law, including commercial law, employment law and consumer protection law;

"Costs of proceedings" means the costs of the proceedings themselves and lawyers' fees.

Article 3. Right to legal aid

All persons involved in a civil dispute, as either claimant or defendant, shall be entitled to receive appropriate legal aid if they do not have sufficient resources within the meaning of Article to enforce their rights by court action, without prejudice to Article 14.

Legal aid shall include the services of a lawyer and/or other person entitled by the law to represent parties in the courts, providing pre-litigation advice and representation in court, and exemption from, or assistance with, the cost of proceedings.

Member States may provide that recipients of legal aid must refund it in whole or in part at the end of the procedure if their financial situation has substantially improved meanwhile.

Article 4. Responsibility for legal aid

Legal aid shall be granted by the Member State in which the court is sitting in accordance with its law and with this Directive.

Article 5. Costs related to the cross-border nature of the dispute

Legal aid granted in the Member State in which the court is sitting shall cover the costs directly related to the cross-border nature of the dispute.

Such costs shall include interpretation and translation and travel costs where the physical presence of the persons concerned in court is mandatory.

The Member State in which the legal aid applicant resides shall grant legal aid to cover costs incurred by the recipient in that state and, in particular, the cost of consulting a local lawyer.

Article 6. Non-discrimination

Member States shall grant legal aid without discrimination to Union citizens and third-country nationals residing lawfully in a Member State.

Article 7. Continuity of legal aid

Legal aid shall continue to be granted to recipients to cover expenses incurred in having a judgment declared enforceable or enforced in the Member State of the forum, without prejudice to Article 3(3).

Article 50 of Council Regulation No 44/2001 on jurisdiction and the recognition and enforcement of judgments in civil and commercial matters shall apply in exequatur matters.

Legal aid shall continue to be provided if an appeal is brought against the recipient. Provision shall be made for re-examination of the application where the appeal is brought by the recipient.

Article 8. Processing of applications
The national authorities empowered to rule on legal aid applications shall ensure that the processing of applications is as transparent as possible.
Where applications are rejected, the reasons for rejection shall be given.
Member States shall make provision for appeals against decisions rejecting legal aid applications.

Article 9. Introduction and transmission of legal aid applications
Legal aid applicants who habitually reside in a Member State other than the one in which the dispute is heard may submit their application to the authorities of the Member State in which they habitually reside.
The relevant authorities of the Member State of residence shall transmit the application to the relevant authorities in the Member State of the forum within eight days.
Documents transmitted under this Directive shall be exempt from legalisation or other comparable formalities.
The Member States may not charge for services rendered in accordance with paragraph 2.
The transmitting authorities may refuse to transmit an application if it is manifestly inadmissible, and in particular if the dispute is not in a civil matter.
Legal aid applications transmitted in accordance with the procedure provided for by this Directive shall be written in the language of the receiving authority or in another language which it accepts.
This Directive replaces the Strasbourg Agreement of 1977 on the Transmission of Legal Aid Applications in relations between Member States.

Article 10. Notifications to the Commission
Member States shall provide the Commission with a list of authorities empowered to send and receive applications. This list shall be published in the Official Journal of the European Communities.
The Member States shall notify the Commission of the list of official languages of the European Union other than their own language or languages in which they accept that legal aid applications may be transmitted to the relevant authorities.

Article 11. Standard form
To facilitate transmission, a standard form for legal aid applications shall be established by the Commission, assisted by the committee provided for by Council Regulation No 1348/2000 on the service in the Member States of judicial and extrajudicial documents in civil and commercial matters.[6]

Article 12. Emergency procedure
Member States shall ensure that legal aid applications made by applicants not residing in the Member State of the forum are examined within a reasonable before the case comes to trial.

---

[6] OJ L 160, 30.6.2000, p. 37.

Article 13. Conditions relating to financial resources

Member States shall grant legal aid to natural persons involved in a dispute within their jurisdiction who are unable to meet the costs of proceedings as a result of their personal financial situation.

Member States may define income thresholds above which legal aid applicants are presumed able to bear the costs associated with disputes. These thresholds shall be defined in the light of various objective factors such as the cost of living and the costs of proceedings.

Legal aid applicants who do not meet the conditions set out above shall be granted legal aid if they can prove that they are unable to pay the cost of the proceedings, in particular as a result of differences in the cost of living between the Member States of residence and of the forum.

Legal aid applicants shall be presumed able to bear the costs of proceedings if in the instant case they enjoy actual access to a private mechanism involving a no-win no-fee agreement with the lawyer and providing that court costs will be paid by a third party.

Article 14. Conditions relating to the substance of disputes

Member States may provide that legal aid applications for actions which appear to be manifestly unfounded may be rejected by the relevant authorities.

Article 15. Application to legal persons

Legal aid shall be granted to not-for-profit legal persons based in a Member State where proceedings are designed to protect legally-recognised general interests and they do not have sufficient resources to bear the cost of the proceedings, without prejudice to Article 14.

Article 16. Extra-judicial procedures

Legal aid shall be granted in cases where disputes are settled via extra-judicial procedures, if the law makes provision for such procedures or if the parties to the dispute are ordered by the court to have recourse to them.

Article 17. Reimbursement of court costs and lawyers' fees

Member States shall provide that the winning party shall be entitled to fair reimbursement from the losing party of all or part of the costs of the proceedings.

Member States may provide for exceptions to this principle to ensure appropriate protection of weaker parties.

Member States may provide that where the losing party received legal aid, reimbursement is not due or is dealt with by the State.

Article 18. Information

The competent national authorities shall cooperate to provide the general public and professional circles with information on the various systems of legal aid, in particular via the European Judicial Network in Civil and Commercial Matters established by Council Decision No 2001/470/EC.

Article 19. More favourable provisions
This Directive shall not prevent the Member States from making provision for more favourable arrangements for legal aid applicants.

Article 20
This Directive shall enter into force on the [twentieth] day following its publication in the Official Journal of the European Communities.

Article 21
The Member States shall put into force the laws, regulations and administrative provisions needed to comply with this Directive no later than 1 January 2004. They shall forthwith inform the Commission thereof.

When Member States adopt these measures, they shall contain a reference to this Directive or shall be accompanied by such a reference on the occasion of their official publication. The methods of making such a reference shall be laid down by the Member States.

Article 22
This Directive is addressed to the Member States in accordance with the Treaty establishing the European Community.

V. Evidence

Council Regulation of 28 May 2001 on cooperation between the courts of the Member States in the taking of evidence in civil or commercial matters (No 1206/2001/EC)

Official Journal No L 174, 27/06/2001 p. 1-24

THE COUNCIL OF THE EUROPEAN UNION,
Having regard to the Treaty establishing the European Community, and in particular Article 61(c) and Article 67(1) thereof,
Having regard to the initiative of the Federal Republic of Germany[1],
Having regard to the opinion of the European Parliament[2],
Having regard to the opinion of the Economic and Social Committee[3],
Whereas:
(1) The European Union has set itself the objective of maintaining and developing the European Union as an area of freedom, security and justice in which the free movement of persons is ensured. For the gradual establishment of such an area, the Community is to adopt, among others, the measures relating to judicial cooperation in civil matters needed for the proper functioning of the internal market.
(2) For the purpose of the proper functioning of the internal market, cooperation between courts in the taking of evidence should be improved, and in particular simplified and accelerated.
(3) At its meeting in Tampere on 15 and 16 October 1999, the European Council recalled that new procedural legislation in cross-border cases, in particular on the taking of evidence, should be prepared.
(4) This area falls within the scope of Article 65 of the Treaty.
(5) The objectives of the proposed action, namely the improvement of cooperation between the courts on the taking of evidence in civil or commercial matters, cannot be sufficiently achieved by the Member States and can therefore be better achieved at Community level. The Community may adopt measures in accordance with the principle of subsidiarity as set out in Article 5 of the Treaty. In accordance with the principle of proportionality, as set out in that Article, this Regulation does not go beyond what is necessary to achieve those objectives.
(6) To date, there is no binding instrument between all the Member States concerning the taking of evidence. The Hague Convention of 18 March 1970 on the taking of evidence abroad in civil or commercial matters applies between only 11 Member States of the European Union.
(7) As it is often essential for a decision in a civil or commercial matter pending before a court in a Member State to take evidence in another Member State, the Community's activity cannot be limited to the field of transmission of judicial and extrajudicial documents in civil or commercial matters which falls within the scope of Council Regulation (EC) No 1348/2000 of 29 May 2000 on the serving in the Member States of judicial and ex-

---

[1] OJ C 314, 3.11.2000, p. 2.
[2] Opinion delivered on 14 March 2001 (not yet published in the Official Journal).
[3] Opinion delivered on 28 February 2001 (not yet published in the Official Journal).

trajudicial documents in civil or commercial matters[4]. It is therefore necessary to continue the improvement of cooperation between courts of Member States in the field of taking of evidence.

(8) The efficiency of judicial procedures in civil or commercial matters requires that the transmission and execution of requests for the performance of taking of evidence is to be made directly and by the most rapid means possible between Member States' courts.

(9) Speed in transmission of requests for the performance of taking of evidence warrants the use of all appropriate means, provided that certain conditions as to the legibility and reliability of the document received are observed. So as to ensure the utmost clarity and legal certainty the request for the performance of taking of evidence must be transmitted on a form to be completed in the language of the Member State of the requested court or in another language accepted by that State. For the same reasons, forms should also be used as far as possible for further communication between the relevant courts.

(10) A request for the performance of the taking of evidence should be executed expeditiously. If it is not possible for the request to be executed within 90 days of receipt by the requested court, the latter should inform the requesting court accordingly, stating the reasons which prevent the request from being executed swiftly.

(11) To secure the effectiveness of this Regulation, the possibility of refusing to execute the request for the performance of taking of evidence should be confined to strictly limited exceptional situations.

(12) The requested court should execute the request in accordance with the law of its Member State.

(13) The parties and, if any, their representatives, should be able to be present at the performance of the taking of evidence, if that is provided for by the law of the Member State of the requesting court, in order to be able to follow the proceedings in a comparable way as if evidence were taken in the Member State of the requesting court. They should also have the right to request to participate in order to have a more active role in the performance of the taking of evidence. However, the conditions under which they may participate should be determined by the requested court in accordance with the law of its Member State.

(14) The representatives of the requesting court should be able to be present at the performance of the taking of evidence, if that is compatible with the law of the Member State of the requesting court, in order to have an improved possibility of evaluation of evidence. They should also have the right to request to participate, under the conditions laid down by the requested court in accordance with the law of its Member State, in order to have a more active role in the performance of the taking of evidence.

(15) In order to facilitate the taking of evidence it should be possible for a court in a Member State, in accordance with the law of its Member State, to take evidence directly in another Member State, if accepted by the latter, and under the conditions determined by the central body or competent authority of the requested Member State.

(16) The execution of the request, according to Article 10, should not give rise to a claim for any reimbursement of taxes or costs. Nevertheless, if the requested court requires reimbursement, the fees paid to experts and interpreters, as well as the costs occasioned by the application of Article 10(3) and (4), should not be borne by that court. In such a case, the requesting court is to take the necessary measures to ensure reimbursement without de-

---

[4] OJ L 160, 30.6.2000, p. 37.

Regulation on taking of evidence 551

lay. Where the opinion of an expert is required, the requested court may, before executing the request, ask the requesting court for an adequate deposit or advance towards the costs.
(17) This Regulation should prevail over the provisions applying to its field of application, contained in international conventions concluded by the Member States. Member States should be free to adopt agreements or arrangements to further facilitate cooperation in the taking of evidence.
(18) The information transmitted pursuant to this Regulation should enjoy protection. Since Directive 95/46/EC of the European Parliament and of the Council of 24 October 1995 on the protection of individuals with regard to the processing of personal data and on the free movement of such data[5], and Directive 97/66/EC of the European Parliament and of the Council of 15 December 1997 concerning the processing of personal data and the protection of privacy in the telecommunications sector[6], are applicable, there is no need for specific provisions on data protection in this Regulation.
(19) The measures necessary for the implementation of this Regulation should be adopted in accordance with Council Decision 1999/468/EC of 28 June 1999[7] laying down the procedures for the exercise of implementing powers conferred on the Commission.
(20) For the proper functioning of this Regulation, the Commission should review its application and propose such amendments as may appear necessary.
(21) The United Kingdom and Ireland, in accordance with Article 3 of the Protocol on the position of the United Kingdom and Ireland annexed to the Treaty on the European Union and to the Treaty establishing the European Community, have given notice of their wish to take part in the adoption and application of this Regulation.
(22) Denmark, in accordance with Articles 1 and 2 of the Protocol on the position of Denmark annexed to the Treaty on European Union and to the Treaty establishing the European Community, is not participating in the adoption of this Regulation, and is therefore not bound by it nor subject to its application,
HAS ADOPTED THIS REGULATION:

CHAPTER I. GENERAL PROVISIONS

Article 1. Scope
1. This Regulation shall apply in civil or commercial matters where the court of a Member State, in accordance with the provisions of the law of that State, requests:
(a) the competent court of another Member State to take evidence; or
(b) to take evidence directly in another Member State.
2. A request shall not be made to obtain evidence which is not intended for use in judicial proceedings, commenced or contemplated.
3. In this Regulation, the term "Member State" shall mean Member States with the exception of Denmark.

Article 2. Direct transmission between the courts
1. Requests pursuant to Article 1(1)(a), hereinafter referred to as "requests", shall be transmitted by the court before which the proceedings are commenced or con-

---

[5] OJ L 281, 23.11.1995, p. 31.
[6] OJ L 24, 30.1.1998, p. 1.
[7] OJ L 184, 17.7.1999, p. 23.

templated, hereinafter referred to as the "requesting court", directly to the competent court of another Member State, hereinafter referred to as the "requested court", for the performance of the taking of evidence.
2. Each Member State shall draw up a list of the courts competent for the performance of taking of evidence according to this Regulation. The list shall also indicate the territorial and, where appropriate, the special jurisdiction of those courts.

Article 3. Central body
1. Each Member State shall designate a central body responsible for:
(a) supplying information to the courts;
(b) seeking solutions to any difficulties which may arise in respect of a request;
(c) forwarding, in exceptional cases, at the request of a requesting court, a request to the competent court.
2. A federal State, a State in which several legal systems apply or a State with autonomous territorial entities shall be free to designate more than one central body.
3. Each Member State shall also designate the central body referred to in paragraph 1 or one or several competent authority(ies) to be responsible for taking decisions on requests pursuant to Article 17.

CHAPTER II. TRANSMISSION AND EXECUTION OF REQUESTS

Section 1. Transmission of the request

Article 4. Form and content of the request
1. The request shall be made using form A or, where appropriate, form I in the Annex. It shall contain the following details:
(a) the requesting and, where appropriate, the requested court;
(b) the names and addresses of the parties to the proceedings and their representatives, if any;
(c) the nature and subject matter of the case and a brief statement of the facts;
(d) a description of the taking of evidence to be performed;
(e) where the request is for the examination of a person:
– the name(s) and address(es) of the person(s) to be examined,
– the questions to be put to the person(s) to be examined or a statement of the facts about which he is (they are) to be examined,
– where appropriate, a reference to a right to refuse to testify under the law of the Member State of the requesting court,
– any requirement that the examination is to be carried out under oath or affirmation in lieu thereof, and any special form to be used,
– where appropriate, any other information that the requesting court deems necessary;
(f) where the request is for any other form of taking of evidence, the documents or other objects to be inspected;
(g) where appropriate, any request pursuant to Article 10(3) and (4), and Articles 11 and 12 and any information necessary for the application thereof.
2. The request and all documents accompanying the request shall be exempted from authentication or any equivalent formality.
3. Documents which the requesting court deems it necessary to enclose for the ex-

ecution of the request shall be accompanied by a translation into the language in which the request was written.

Article 5. Language
The request and communications pursuant to this Regulation shall be drawn up in the official language of the requested Member State or, if there are several official languages in that Member State, in the official language or one of the official languages of the place where the requested taking of evidence is to be performed, or in another language which the requested Member State has indicated it can accept. Each Member State shall indicate the official language or languages of the institutions of the European Community other than its own which is or are acceptable to it for completion of the forms.

Article 6. Transmission of requests and other communications
Requests and communications pursuant to this Regulation shall be transmitted by the swiftest possible means, which the requested Member State has indicated it can accept. The transmission may be carried out by any appropriate means, provided that the document received accurately reflects the content of the document forwarded and that all information in it is legible.

Section 2. Receipt of request

Article 7. Receipt of request
1. Within seven days of receipt of the request, the requested competent court shall send an acknowledgement of receipt to the requesting court using form B in the Annex. Where the request does not comply with the conditions laid down in Articles 5 and 6, the requested court shall enter a note to that effect in the acknowledgement of receipt.
2. Where the execution of a request made using form A in the Annex, which complies with the conditions laid down in Article 5, does not fall within the jurisdiction of the court to which it was transmitted, the latter shall forward the request to the competent court of its Member State and shall inform the requesting court thereof using form A in the Annex.

Article 8. Incomplete request
1. If a request cannot be executed because it does not contain all of the necessary information pursuant to Article 4, the requested court shall inform the requesting court thereof without delay and, at the latest, within 30 days of receipt of the request using form C in the Annex, and shall request it to send the missing information, which should be indicated as precisely as possible.
2. If a request cannot be executed because a deposit or advance is necessary in accordance with Article 18(3), the requested court shall inform the requesting court thereof without delay and, at the latest, within 30 days of receipt of the request using form C in the Annex and inform the requesting court how the deposit or advance should be made. The requested Court shall acknowledge receipt of the deposit or advance without delay, at the latest within 10 days of receipt of the deposit or the advance using form D.

Article 9. Completion of the request

1. If the requested court has noted on the acknowledgement of receipt pursuant to Article 7(1) that the request does not comply with the conditions laid down in Articles 5 and 6 or has informed the requesting court pursuant to Article 8 that the request cannot be executed because it does not contain all of the necessary information pursuant to Article 4, the time limit pursuant to Article 10 shall begin to run when the requested court received the request duly completed.
2. Where the requested court has asked for a deposit or advance in accordance with Article 18(3), this time limit shall begin to run when the deposit or the advance is made.

Section 3. Taking of evidence by the requested court

Article 10. General provisions on the execution of the request

1. The requested court shall execute the request without delay and, at the latest, within 90 days of receipt of the request.
2. The requested court shall execute the request in accordance with the law of its Member State.
3. The requesting court may call for the request to be executed in accordance with a special procedure provided for by the law of its Member State, using form A in the Annex. The requested court shall comply with such a requirement unless this procedure is incompatible with the law of the Member State of the requested court or by reason of major practical difficulties. If the requested court does not comply with the requirement for one of these reasons it shall inform the requesting court using form E in the Annex.
4. The requesting court may ask the requested court to use communications technology at the performance of the taking of evidence, in particular by using videoconference and teleconference.

The requested court shall comply with such a requirement unless this is incompatible with the law of the Member State of the requested court or by reason of major practical difficulties.

If the requested court does not comply with the requirement for one of these reasons, it shall inform the requesting court, using form E in the Annex.

If there is no access to the technical means referred to above in the requesting or in the requested court, such means may be made available by the courts by mutual agreement.

Article 11. Performance with the presence and participation of the parties

1. If it is provided for by the law of the Member State of the requesting court, the parties and, if any, their representatives, have the right to be present at the performance of the taking of evidence by the requested court.
2. The requesting court shall, in its request, inform the requested court that the parties and, if any, their representatives, will be present and, where appropriate, that their participation is requested, using form A in the Annex. This information may also be given at any other appropriate time.
3. If the participation of the parties and, if any, their representatives, is requested at the performance of the taking of evidence, the requested court shall determine, in accordance with Article 10, the conditions under which they may participate.

4. The requested court shall notify the parties and, if any, their representatives, of the time when, the place where, the proceedings will take place, and, where appropriate, the conditions under which they may participate, using form F in the Annex.

5. Paragraphs 1 to 4 shall not affect the possibility for the requested court of asking the parties and, if any their representatives, to be present at or to participate in the performance of the taking of evidence if that possibility is provided for by the law of its Member State.

Article 12. Performance with the presence and participation of representatives of the requesting court

1. If it is compatible with the law of the Member State of the requesting court, representatives of the requesting court have the right to be present in the performance of the taking of evidence by the requested court.

2. For the purpose of this Article, the term "representative" shall include members of the judicial personnel designated by the requesting court, in accordance with the law of its Member State. The requesting court may also designate, in accordance with the law of its Member State, any other person, such as an expert.

3. The requesting court shall, in its request, inform the requested court that its representatives will be present and, where appropriate, that their participation is requested, using form A in the Annex. This information may also be given at any other appropriate time.

4. If the participation of the representatives of the requesting court is requested in the performance of the taking of evidence, the requested court shall determine, in accordance with Article 10, the conditions under which they may participate.

5. The requested court shall notify the requesting court, of the time when, and the place where, the proceedings will take place, and, where appropriate, the conditions under which the representatives may participate, using form F in the Annex.

Article 13. Coercive measures

Where necessary, in executing a request the requested court shall apply the appropriate coercive measures in the instances and to the extent as are provided for by the law of the Member State of the requested court for the execution of a request made for the same purpose by its national authorities or one of the parties concerned.

Article 14. Refusal to execute

1. A request for the hearing of a person shall not be executed when the person concerned claims the right to refuse to give evidence or to be prohibited from giving evidence,
(a) under the law of the Member State of the requested court; or
(b) under the law of the Member State of the requesting court, and such right has been specified in the request, or, if need be, at the instance of the requested court, has been confirmed by the requesting court.

2. In addition to the grounds referred to in paragraph 1, the execution of a request may be refused only if:
(a) the request does not fall within the scope of this Regulation as set out in Article 1; or

(b) the execution of the request under the law of the Member State of the requested court does not fall within the functions of the judiciary; or
(c) the requesting court does not comply with the request of the requested court to complete the request pursuant to Article 8 within 30 days after the requested court asked it to do so; or
(d) a deposit or advance asked for in accordance with Article 18(3) is not made within 60 days after the requested court asked for such a deposit or advance.
3. Execution may not be refused by the requested court solely on the ground that under the law of its Member State a court of that Member State has exclusive jurisdiction over the subject matter of the action or that the law of that Member State would not admit the right of action on it.
4. If execution of the request is refused on one of the grounds referred to in paragraph 2, the requested court shall notify the requesting court thereof within 60 days of receipt of the request by the requested court using form H in the Annex.

Article 15. Notification of delay
If the requested court is not in a position to execute the request within 90 days of receipt, it shall inform the requesting court thereof, using form G in the Annex. When it does so, the grounds for the delay shall be given as well as the estimated time that the requested court expects it will need to execute the request.

Article 16. Procedure after execution of the request
The requested court shall send without delay to the requesting court the documents establishing the execution of the request and, where appropriate, return the documents received from the requesting court. The documents shall be accompanied by a confirmation of execution using form H in the Annex.

Section 4. Direct taking of evidence by the requesting court

Article 17
1. Where a court requests to take evidence directly in another Member State, it shall submit a request to the central body or the competent authority referred to in Article 3(3) in that State, using form I in the Annex.
2. Direct taking of evidence may only take place if it can be performed on a voluntary basis without the need for coercive measures.
Where the direct taking of evidence implies that a person shall be heard, the requesting court shall inform that person that the performance shall take place on a voluntary basis.
3. The taking of evidence shall be performed by a member of the judicial personnel or by any other person such as an expert, who will be designated, in accordance with the law of the Member State of the requesting court.
4. Within 30 days of receiving the request, the central body or the competent authority of the requested Member State shall inform the requesting court if the request is accepted and, if necessary, under what conditions according to the law of its Member State such performance is to be carried out, using form J.
In particular, the central body or the competent authority may assign a court of its Member State to take part in the performance of the taking of evidence in order to

ensure the proper application of this Article and the conditions that have been set out.
The central body or the competent authority shall encourage the use of communications technology, such as videoconferences and teleconferences.
5. The central body or the competent authority may refuse direct taking of evidence only if:
(a) the request does not fall within the scope of this Regulation as set out in Article 1;
(b) the request does not contain all of the necessary information pursuant to Article 4; or
(c) the direct taking of evidence requested is contrary to fundamental principles of law in its Member State.
6. Without prejudice to the conditions laid down in accordance with paragraph 4, the requesting court shall execute the request in accordance with the law of its Member State.

Section 5. Costs

Article 18
1. The execution of the request, in accordance with Article 10, shall not give rise to a claim for any reimbursement of taxes or costs.
2. Nevertheless, if the requested court so requires, the requesting court shall ensure the reimbursement, without delay, of:
– the fees paid to experts and interpreters, and
– the costs occasioned by the application of Article 10(3) and(4).
The duty for the parties to bear these fees or costs shall be governed by the law of the Member State of the requesting court.
3. Where the opinion of an expert is required, the requested court may, before executing the request, ask the requesting court for an adequate deposit or advance towards the requested costs. In all other cases, a deposit or advance shall not be a condition for the execution of a request.
The deposit or advance shall be made by the parties if that is provided for by the law of the Member State of the requesting court.

CHAPTER III. FINAL PROVISIONS

Article 19. Implementing rules
1. The Commission shall draw up and regularly update a manual, which shall also be available electronically, containing the information provided by the Member States in accordance with Article 22 and the agreements or arrangements in force, according to Article 21.
2. The updating or making of technical amendments to the standard forms set out in the Annex shall be carried out in accordance with the advisory procedure set out in Article 20(2).

Article 20. Committee
1. The Commission shall be assisted by a Committee.
2. Where reference is made to this paragraph, Articles 3 and 7 of Decision 1999/468/EC shall apply.

3. The Committee shall adopt its Rules of Procedure.

Article 21. Relationship with existing or future agreements or arrangements between Member States

1. This Regulation shall, in relation to matters to which it applies, prevail over other provisions contained in bilateral or multilateral agreements or arrangements concluded by the Member States and in particular the Hague Convention of 1 March 1954 on Civil Procedure and the Hague Convention of 18 March 1970 on the Taking of Evidence Abroad in Civil or Commercial Matters, in relations between the Member States party thereto.

2. This Regulation shall not preclude Member States from maintaining or concluding agreements or arrangements between two or more of them to further facilitate the taking of evidence, provided that they are compatible with this Regulation.

3. Member States shall send to the Commission:

(a) by 1 July 2003, a copy of the agreements or arrangements maintained between the Member States referred to in paragraph 2;

(b) a copy of the agreements or arrangements concluded between the Member States referred to in paragraph 2 as well as drafts of such agreements or arrangements which they intend to adopt; and

(c) any denunciation of, or amendments to, these agreements or arrangements.

Article 22. Communication

By 1 July 2003 each Member State shall communicate to the Commission the following:

(a) the list pursuant to Article 2(2) indicating the territorial and, where appropriate, the special jurisdiction of the courts;

(b) the names and addresses of the central bodies and competent authorities pursuant to Article 3, indicating their territorial jurisdiction;

(c) the technical means for the receipt of requests available to the courts on the list pursuant to Article 2(2);

(d) the languages accepted for the requests as referred to in Article 5.

Member States shall inform the Commission of any subsequent changes to this information.

Article 23. Review

No later than 1 January 2007, and every five years thereafter, the Commission shall present to the European Parliament, the Council and the Economic and Social Committee a report on the application of this Regulation, paying special attention to the practical application of Article 3(1)(c) and 3, and Articles 17 and 18.

Article 24. Entry into force

1. This Regulation shall enter into force on 1 July 2001.

2. This Regulation shall apply from 1 January 2004, except for Articles 19, 21 and 22, which shall apply from 1 July 2001.

ANNEX

FORM A

Request for the taking of evidence

Article 4 of Council Regulation (EC) No 1206/2001 of 28 May 2001 on cooperation between the courts of the Member States in the taking of evidence in civil or commercial matters (OJ L 174, 27.6.2001, p. 1)

1. Reference of the requesting court:
2. Reference of the requested court:
3. Requesting court:
    3.1 Name:
    3.2. Address:
        3.2.1. Street and No/PO box:
        3.2.2. Place and postcode:
        3.2.3. Country:
    3.3. Tel.:
    3.4. Fax:
    3.5. E-Mail:
4. Requested court:
    4.1 Name:
    4.2. Address:
        4.2.1. Street and No/PO box:
        4.2.2. Place and postcode:
        4.2.3. Country:
    4.3. Tel.:
    4.4. Fax:
    4.5. E-Mail:
5. In the case brought by the claimant/petitioner:
    5.1 Name:
    5.2. Address:
        5.2.1. Street and No/PO box:
        5.2.2. Place and postcode:
        5.2.3. Country:
    5.3. Tel.:
    5.4. Fax:
    5.5. E-Mail:
6. Representatives of the claimant/petitioner:
    6.1. Name:
    6.2. Address:
        6.2.1. Street and No/PO box:
        6.2.2. Place and postcode:
        6.2.3. Country:
    6.3. Tel.:
    6.4. Fax:
    6.5. E-Mail:

7. Against the defendant/respondent:
　7.1. Name:
　7.2. Address:
　　7.2.1. Street and No/PO box:
　　7.2.2. Place and postcode:
　　7.2.3. Country:
　7.3. Tel.:
　7.4. Fax:
　7.5. E-Mail:
8. Representatives of the defendant/respondent:
　8.1. Name:
　8.2. Address:
　　8.2.1. Street and No/PO box:
　　8.2.2. Place and postcode:
　　8.2.3. Country:
　8.3. Tel.:
　8.4. Fax:
　8.5. E-Mail:
9. Presence and participation of the parties:
　9.1. Parties and, if any, their representatives will be present at the taking of evidence.
　9.2. Participation of the parties and, if any, their representatives is requested.
10. Presence and participation of the representatives of the requesting court:
　10.1. Representatives will be present at the taking of evidence.
　10.2. Participation of the representatives is requested.
　　10.2.1. Name:
　　10.2.2. Title:
　　10.2.3. Function:
　　10.2.4. Task:
11. Nature and subject matter of the case and a brief statement of the facts (in annex, where appropriate):
12. Taking of evidence to be performed:
　12.1. Description of the taking of evidence to be performed (in annex, where appropriate)
　12.2. Examination of witnesses
　　12.2.1. Name and surname:
　　12.2.2. Address:
　　12.2.3. Tel.:
　　12.2.4. Fax:
　　12.2.5. E-Mail:
　　12.2.6. Questions to be put to the witness or a statement of the facts about which they are to be examined (in annex, where appropriate)
　　12.2.7. Right to refuse to testify under the law of the Member State of the requesting court (in annex, where appropriate)
　　12.2.8. Please examine the witness:
　　　12.2.8.1. under oath:
　　　12.2.8.2. on affirmation

12.2.9. Any other information that the requesting court deems necessary (in annex, where appropriate)
12.3. Other taking of evidence:
12.3.1. Documents to be inspected and a description of the requested taking of evidence (in annex, where appropriate)
12.3.2. Objects to be inspected and a description of the requested taking of evidence (in annex, where appropriate)
13. Please execute the request:
13.1. In accordance with a special procedure (Article 10(3)) provided for by the law of the Member State of the requesting court and/or by the use of communications technology (Article 10(4)) described in annex
13.2. Following information is necessary for the application thereof:

Done at:
Date:

Notification of forwarding the request

Article 7(2) of Council Regulation (EC) No 1206/2001 of 28 May 2001 on cooperation between the courts of the Member States in the taking of evidence in civil or commercial matters (OJ L 174, 27.6.2001, p. 1)

14. The request does not fall within the jurisdiction of the court indicated in point 4 above and was forwarded to:
14.1. Name of the competent court:
14.2. Address:
14.2.1. Street and No/PO box:
14.2.2. Place and postcode:
14.2.3. Country:
14.3. Tel.:
14.4. Fax:
14.5. E-Mail:

Done at:
Date:

FORM B

Acknowledgement of receipt of a request for the taking of evidence

Article 7(1) of Council Regulation (EC) No 1206/2001 of 28 May 2001 on cooperation between the courts of the Member States in the taking of evidence in civil or commercial matters (OJ L 174, 27.6.2001, p. 1)

1. Reference of the requesting court:
2. Reference of the requested court:
3. Name of the requesting court:
4. Requested court:

4.1 Name:
4.2. Address:
  4.2.1. Street and No/PO box:
  4.2.2. Place and postcode:
  4.2.3. Country:
4.3. Tel.:
4.4. Fax:
4.5. E-Mail:
5. The request was received on (date of receipt) by the court indicated in point 4 above.
6. The request cannot be dealt with because:
  6.1. The language used to complete the form is not acceptable (Article 5)
    6.1.1. Please use one of the following languages:
  6.2. The document is not legible (Article 6).

Done at:
Date:

FORM C

Request for additional information for the taking of evidence

Article 8 of Council Regulation (EC) No 1206/2001 of 28 May 2001 on cooperation between the courts of the Member States in the taking of evidence in civil or commercial matters (OJ L 174, 27.6.2001, p. 1)

1. Reference of the requesting court:
2. Reference of the requested court:
3. Name of the requesting court:
4. Name of the requested court:
5. The request cannot be executed without the following additional information:
6. The request cannot be executed before a deposit or advance is made in accordance with Article 18(3)-. The deposit or advance should be made in the following way:

Done at:
Date:

FORM D

Acknowledgement of receipt of the deposit or advance

Article 8(2) of Council Regulation (EC) No 1206/2001 of 28 May 2001 on cooperation between the courts of the Member States in the taking of evidence in civil or commercial matters (OJ L 174, 27.6.2001, p. 1)

1. Reference of the requesting court:
2. Reference of the requested court:
3. Name of the requesting court:

4. Name of the requested court:
5. The deposit or advance was received on ... (date of receipt) by the court indicated in point 4 above.

Done at:
Date:

FORM E

Notification concerning the request for special procedures and/or for the use of communications technologies

Article 10(3) and (4) of Council Regulation (EC) No 1206/2001 of 28 May 2001 on cooperation between the courts of the Member States in the taking of evidence in civil or commercial matters (OJ L 174, 27.6.2001, p. 1)

1. Reference of the requesting court:
2. Reference of the requested court:
3. Name of the requesting court:
4. Name of the requested court:
5. The requirement for execution of the request according to the special procedure indicated in point 13.1 of the request (Form A) could not be complied with because:
   5.1. the required procedure is incompatible with the law of the Member State of the requested court:
   5.2. the performance of the requested procedure is not possible by reason of major practical difficulties:
6. The requirement for execution of the request for the use of communications technologies indicated in point 13.1 of the request (Form A) could not be complied with because:
   6.1. The use of communications technology is incompatible with the law of the Member State of the requested court.
   6.2. The use of communications technology is not possible by reason of major practical difficulties.

Done at:
Date:

FORM F

Notification of the date, time, place of performance of the taking of evidence and the conditions for participation

Article 11(4) and 12(5) of Council Regulation (EC) No 1206/2001 of 28 May 2001 on cooperation between the courts of the Member States in the taking of evidence in civil or commercial matters (OJ L 174, 27.6.2001, p. 1)

1. Reference of the requesting court:

2. Reference of the requested court:
3. Requesting court:
    3.1 Name:
    3.2. Address:
        3.2.1. Street and No/PO box:
        3.2.2. Place and postcode:
        3.2.3. Country:
    3.3. Tel.:
    3.4. Fax:
    3.5. E-Mail:
4. Requested court:
    4.1 Name:
    4.2. Address:
        4.2.1. Street and No/PO box:
        4.2.2. Place and postcode:
        4.2.3. Country:
    4.3. Tel.:
    4.4. Fax:
    4.5. E-Mail:
5. Date and time of the performance of the taking of evidence:
6. Place of the performance of the taking of evidence, if different from that referred to in point 4 above:
7. Where appropriate, conditions under which the parties and, if any, their representatives may participate:
8. Where appropriate, conditions under which the representatives may participate:

Done at:
Date:

FORM G

Notification of delay

Article 15 of Council Regulation (EC) No 1206/2001 of 28 May 2001 on cooperation between the courts of the Member States in the taking of evidence in civil or commercial matters (OJ L 174, 27.6.2001, p. 1)

1. Reference of the requesting court:
2. Reference of the requested court:
3. Name of the requesting court:
4. Name of the requested court:
5. The request can not be executed within 90 days of receipt for the following reason:
6. It is estimated that the request will be executed by... (indicate an estimate date).

Done at:

Date:

FORM H

Information on the outcome of the request

Article 14 and 16 of Council Regulation (EC) No 1206/2001 of 28 May 2001 on cooperation between the courts of the Member States in the taking of evidence in civil or commercial matters (OJ L 174, 27.6.2001, p. 1)

1. Reference of the requesting court:
2. Reference of the requested court:
3. Name of the requesting court:
4. Name of the requested court:
5. The request has been executed
The documents establishing execution of the request are attached:
6. Execution of the request has been refused because:
   6.1. the person to be examined has claimed the right to refuse to give evidence or has claimed to be prohibited from giving evidence:
      6.1.1. under the law of the Member State of the requested court.
      6.1.2. under the law of the Member State of the requesting court.
   6.2. The request does not fall within the scope of the Regulation.
   6.3. Under the law of the Member State of the requested court, the execution of the request does not fall within the functions of the judiciary.
   6.4. The requesting court has not complied with the request for additional information from the requested court dated ... (date of the request).
   6.5. A deposit or advance asked for in accordance with Article 18(3) has not been made.

Done at:
Date:

FORM I

Request for direct taking of evidence

Article 17 of Council Regulation (EC) No 1206/2001 of 28 May 2001 on cooperation between the courts of the Member States in the taking of evidence in civil or commercial matters (OJ L 174, 27.6.2001, p. 1)

1. Reference of the requesting court:
2. Reference of the central body/competent authority:
3. Requesting court:
   3.1 Name:
   3.2. Address:
      3.2.1. Street and No/PO box:
      3.2.2. Place and postcode:
      3.2.3. Country:

3.3. Tel.:
  3.4. Fax:
  3.5. E-Mail:
4. Central body/competent authority of the requested State:
  4.1 Name:
  4.2. Address:
    4.2.1. Street and No/PO box:
    4.2.2. Place and postcode:
    4.2.3. Country:
  4.3. Tel.:
  4.4. Fax:
  4.5. E-Mail:
5. In the case brought by the claimant/petitioner:
  5.1 Name:
  5.2. Address:
    5.2.1. Street and No/PO box:
    5.2.2. Place and postcode:
    5.2.3. Country:
  5.3. Tel.:
  5.4. Fax:
  5.5. E-Mail:
6. Representatives of the claimant/petitioner:
  6.1. Name:
  6.2. Address:
    6.2.1. Street and No/PO box:
    6.2.2. Place and postcode:
    6.2.3. Country:
  6.3. Tel.:
  6.4. Fax:
  6.5. E-Mail:
7. Against the defendant/respondent:
  7.1. Name:
  7.2. Address:
    7.2.1. Street and No/PO box:
    7.2.2. Place and postcode:
    7.2.3. Country:
  7.3. Tel.:
  7.4. Fax:
  7.5. E-Mail:
8. Representatives of the defendant/respondent:
  8.1. Name:
  8.2. Address:
    8.2.1. Street and No/PO box:
    8.2.2. Place and postcode:
    8.2.3. Country:
  8.3. Tel.:
  8.4. Fax:
  8.5. E-Mail:

9. The taking of evidence shall be performed by:
    9.1. Name:
    9.2. Title:
    9.3. Function:
    9.4. Task:
10. Nature and subject matter of the case and a brief statement of the facts (in annex, where appropriate):
11. Taking of evidence to be performed:
    11.1. Description of the taking of evidence to be performed (in annex, where appropriate)
    11.2. Examination of witnesses
        11.2.1. First names and surname:
        11.2.2. Address:
        11.2.3. Tel.:
        11.2.4. Fax:
        11.2.5. E-Mail:
        11.2.6. Questions to be put to the witness or a statement of the facts about which they are to be examined (in the annex, where appropriate)
        11.2.7. Right to refuse to testify under the law of the Member State of the requesting court (in annex, where appropriate)
    11.3. Other taking of evidence (in annex, where appropriate)
12. The requesting court requests to take evidence directly by use of the following communications technology (in annex, where appropriate):

Done at:
Date:

FORM J

Information from the central body/competent authority

Article 17 of Council Regulation (EC) No 1206/2001 of 28 May 2001 on cooperation between the courts of the Member States in the taking of evidence in civil or commercial matters (OJ L 174, 27.6.2001, p. 1)

1. Reference of the requesting court:
2. Reference of the central body/competent authority:
3. Name of the requesting court:
4. Central body/competent authority:
    4.1 Name:
    4.2. Address:
        4.2.1. Street and No/PO box:
        4.2.2. Place and postcode:
        4.2.3. Country:
    4.3. Tel.:
    4.4. Fax:
    4.5. E-Mail:
5. Information from the central body/competent authority:

5.1. Direct taking of evidence in accordance with the request is accepted:

5.2. Direct taking of evidence in accordance with the request is accepted under the following conditions (in annex, where appropriate):

5.3. Direct taking of evidence in accordance with the request is refused for the following reasons:

    5.3.1. The request does not fall within the scope of the Regulation:

    5.3.2. The request does not contain all of the necessary information pursuant to Article 4:

    5.3.3. The direct taking of evidence requested for is contrary to fundamental principles of law of the Member State of the central body/competent authority:

Done at:
Date:

VI. Actions for injunction

Directive of the European Parliament and of the Council of 19 May 1998 on injunctions for the protection of consumers' interests (98/27/EC)
Official Journal No L 166, 11/06/1998 p. 51–55

THE EUROPEAN PARLIAMENT AND THE COUNCIL OF THE EUROPEAN UNION,
Having regard to the Treaty establishing the European Community, and in particular Article 100a thereof,
Having regard to the proposal from the Commission[1],
Having regard to the opinion of the Economic and Social Committee[2],
Acting in accordance with the procedure laid down in Article 189b of the Treaty[3],
(1) Whereas certain Directives, listed in the schedule annexed to this Directive, lay down rules with regard to the protection of consumers' interests;
(2) Whereas current mechanisms available both at national and at Community level for ensuring compliance with those Directives do not always allow infringements harmful to the collective interests of consumers to be terminated in good time; whereas collective interests mean interests which do not include the cumulation of interests of individuals who have been harmed by an infringement; whereas this is without prejudice to individual actions brought by individuals who have been harmed by an infringement;
(3) Whereas, as far as the purpose of bringing about the cessation of practices that are unlawful under the national provisions applicable is concerned, the effectiveness of national measures transposing the above Directives including protective measures that go beyond the level required by those Directives, provided they are compatible with the Treaty and allowed by those Directives, may be thwarted where those practices produce effects in a Member State other than that in which they originate;
(4) Whereas those difficulties can disrupt the smooth functioning of the internal market, their consequence being that it is sufficient to move the source of an unlawful practice to another country in order to place it out of reach of all forms of enforcement; whereas this constitutes a distortion of competition;
(5) Whereas those difficulties are likely to diminish consumer confidence in the internal market and may limit the scope for action by organisations representing the collective interests of consumers or independent public bodies responsible for protecting the collective interests of consumers, adversely affected by practices that infringe Community law;
(6) Whereas those practices often extend beyond the frontiers between the Member States; whereas there is an urgent need for some degree of approximation of national provisions designed to enjoin the cessation of the abovementioned unlawful practices irrespective of the country in which the unlawful practice has produced its effects; whereas,

---

[1] OJ C 107, 13.4.1996, p. 3 and OJ C 80, 13.3.1997, p. 10.
[2] OJ C 30, 30.1.1997, p. 112.
[3] Opinion of the European Parliament of 14 November 1996(OJ C 362, 2.12.1996, p. 236). Council common position of 30 October 1997 (OJ C 389, 22.12.1997, p. 51) and Decision of the European Parliament of 12 March 1998 (OJ C 104, 6.4.1998). Council Decision of 23 April 1998.

with regard to jurisdiction, this is without prejudice to the rules of private international law and the Conventions in force between Member States, while respecting the general obligations of the Member States deriving from the Treaty, in particular those related to the smooth functioning of the internal market;

(7) Whereas the objective of the action envisaged can only be attained by the Community; whereas it is therefore incumbent on the Community to act;

(8) Whereas the third paragraph of Article 3b of the Treaty makes it incumbent on the Community not to go beyond what is necessary to achieve the objectives of the Treaty; whereas, in accordance with that Article, the specific features of national legal systems must be taken into account to every extent possible by leaving Member States free to choose between different options having equivalent effect; whereas the courts or administrative authorities competent to rule on the proceedings referred to in Article 2 of this Directive should have the right to examine the effects of previous decisions;

(9) Whereas one option should consist in requiring one or more independent public bodies, specifically responsible for the protection of the collective interests of consumers, to exercise the rights of action set out in this Directive; whereas another option should provide for the exercise of those rights by organisations whose purpose is to protect the collective interests of consumers, in accordance with criteria laid down by national law;

(10) Whereas Member States should be able to choose between or combine these two options in designating at national level the bodies and/or organisations qualified for the purposes of this Directive;

(11) Whereas for the purposes of intra-Community infringements the principle of mutual recognition should apply to these bodies and/or organisations; whereas the Member States should, at the request of their national entities, communicate to the Commission the name and purpose of their national entities which are qualified to bring an action in their own country according to the provisions of this Directive;

(12) Whereas it is the business of the Commission to ensure the publication of a list of these qualified entities in the Official Journal of the European Communities; whereas, until a statement to the contrary is published, a qualified entity is assumed to have legal capacity if its name is included in that list;

(13) Whereas Member States should be able to require that a prior consultation be undertaken by the party that intends to bring an action for an injunction, in order to give the defendant an opportunity to bring the contested infringement to an end; whereas Member States should be able to require that this prior consultation take place jointly with an independent public body designated by those Member States;

(14) Whereas, where the Member States have established that there should be prior consultation, a deadline of two weeks after the request for consultation is received should be set after which, should the cessation of the infringement not be achieved, the applicant shall be entitled to bring an action before the competent court or administrative authority without any further delay;

(15) Whereas it is appropriate that the Commission report on the functioning of this Directive and in particular on its scope and the operation of prior consultation;

(16) Whereas the application of this Directive should not prejudice the application of Community competition rules,

HAVE ADOPTED THIS DIRECTIVE:

Article 1. Scope

1. The purpose of this Directive is to approximate the laws, regulations and ad-

ministrative provisions of the Member States relating to actions for an injunction referred to in Article 2 aimed at the protection of the collective interests of consumers included in the Directives listed in the Annex, with a view to ensuring the smooth functioning of the internal market.

2. For the purpose of this Directive, an infringement shall mean any act contrary to the Directives listed in the Annex as transposed into the internal legal order of the Member States which harms the collective interests referred to in paragraph 1.

Article 2. Actions for an injunction

1. Member States shall designate the courts or administrative authorities competent to rule on proceedings commenced by qualified entities within the meaning of Article 3 seeking:

(a) an order with all due expediency, where appropriate by way of summary procedure, requiring the cessation or prohibition of any infringement;

(b) where appropriate, measures such as the publication of the decision, in full or in part, in such form as deemed adequate and/or the publication of a corrective statement with a view to eliminating the continuing effects of the infringement;

(c) insofar as the legal system of the Member State concerned so permits, an order against the losing defendant for payments into the public purse or to any beneficiary designated in or under national legislation, in the event of failure to comply with the decision within a time-limit specified by the courts or administrative authorities, of a fixed amount for each day's delay or any other amount provided for in national legislation, with a view to ensuring compliance with the decisions.

2. This Directive shall be without prejudice to the rules of private international law, with respect to the applicable law, thus leading normally to the application of either the law of the Member State where the infringement originated or the law of the Member State where the infringement has its effects.

Article 3. Entities qualified to bring an action

For the purposes of this Directive, a 'qualified entity' means any body or organisation which, being properly constituted according to the law of a Member State, has a legitimate interest in ensuring that the provisions referred to in Article 1 are complied with, in particular:

(a) one or more independent public bodies, specifically responsible for protecting the interests referred to in Article 1, in Member States in which such bodies exist and/or

(b) organisations whose purpose is to protect the interests referred to in Article 1, in accordance with the criteria laid down by their national law.

Article 4. Intra-Community infringements

1. Each Member State shall take the measures necessary to ensure that, in the event of an infringement originating in that Member State, any qualified entity from another Member State where the interests protected by that qualified entity are affected by the infringement, may seize the court or administrative authority referred to in Article 2, on presentation of the list provided for in paragraph 3. The courts or administrative authorities shall accept this list as proof of the legal capacity of the qualified entity without prejudice to their right to examine whether the purpose of the qualified entity justifies its taking action in a specific case.

2. For the purposes of intra-Community infringements, and without prejudice to the rights granted to other entities under national legislation, the Member States shall, at the request of their qualified entities, communicate to the Commission that these entities are qualified to bring an action under Article 2. The Member States shall inform the Commission of the name and purpose of these qualified entities.
3. The Commission shall draw up a list of the qualified entities referred to in paragraph 2, with the specification of their purpose. This list shall be published in the Official Journal of the European Communities; changes to this list shall be published without delay, the updated list shall be published every six months.

Article 5. Prior consultation

1. Member States may introduce or maintain in force provisions whereby the party that intends to seek an injunction can only start this procedure after it has tried to achieve the cessation of the infringement in consultation with either the defendant or with both the defendant and a qualified entity within the meaning of Article 3(a) of the Member State in which the injunction is sought. It shall be for the Member State to decide whether the party seeking the injunction must consult the qualified entity. If the cessation of the infringement is not achieved within two weeks after the request for consultation is received, the party concerned may bring an action for an injunction without any further delay.
2. The rules governing prior consultation adopted by Member States shall be notified to the Commission and shall be published in the Official Journal of the European Communities.

Article 6. Reports

1. Every three years and for the first time no later than five years after the entry into force of this Directive the Commission shall submit to the European Parliament and the Council a report on the application of this Directive.
2. In its first report the Commission shall examine in particular:
– the scope of this Directive in relation to the protection of the collective interests of persons exercising a commercial, industrial, craft or professional activity;
– the scope of this Directive as determined by the Directives listed in the Annex;
– whether the prior consultation in Article 5 has contributed to the effective protection of consumers.
Where appropriate, this report shall be accompanied by proposals with a view to amending this Directive.

Article 7. Provisions for wider action

This Directive shall not prevent Member States from adopting or maintaining in force provisions designed to grant qualified entities and any other person concerned more extensive rights to bring action at national level.

Article 8. Implementation

1. Member States shall bring into force the laws, regulations and administrative provisions necessary to comply with this Directive no later than 30 months after its entry into force. They shall immediately inform the Commission thereof.
When Member States adopt these measures, they shall contain a reference to this Directive or shall be accompanied by such reference on the occasion of their offi-

cial publication. The methods of making such reference shall be adopted by Member States.
2. Member States shall communicate to the Commission the provisions of national law which they adopt in the field covered by this Directive.

Article 9. Entry into force
This Directive shall enter into force on the twentieth day following that of its publication in the Official Journal of the European Communities.

Article 10. Addressees
This Directive is addressed to the Member States.

ANNEX

LIST OF DIRECTIVES COVERED BY ARTICLE 1[4]

1. Council Directive 84/450/EEC of 10 September 1984 relating to the approximation of the laws, regulations and administrative provisions of the Member States concerning misleading advertising[5].
2. Council Directive 85/577/EEC of 20 December 1985 to protect the consumer in respect of contracts negotiated away from business premises[6].
3. Council Directive 87/102/EEC of 22 December 1986 for the approximation of the laws, regulations and administrative provisions of the Member States concerning consumer credit[7], as last amended by Directive 98/7/EC[8].
4. Council Directive 89/552/EEC of 3 October 1989 on the coordination of certain provisions laid down by law, regulation or administrative action in Member States concerning the pursuit of television broadcasting activities: Articles 10 to 21[9].
5. Council Directive 90/314/EEC of 13 June 1990 on package travel, package holidays and package tours[10].
6. Council Directive 92/28/EEC of 31 March 1992 on the advertising of medicinal products for human use[11].
7. Council Directive 93/13/EEC of 5 April 1993 on unfair terms in consumer contracts[12].
8. Directive 94/47/EC of the European Parliament and of the Council of 26 October 1994 on the protection of purchasers in respect of certain aspects of contracts relating to the purchase of the right to use immovable properties on a timeshare basis[13].

---

[4] Directive Nos 1, 6, 7 and 9 contain specific provisions on injunctive actions.
[5] OJ L 250, 19.9.1984, p. 17.
[6] OJ L 372, 31.12.1985, p. 31.
[7] OJ L 42, 12.2.1987, p. 48.
[8] OJ L 101, 1.4.1998, p. 17.
[9] OJ L 298, 17.10.1989, p. 23 as amended by Directive 97/36/EC (OJ L 202, 30.7.1997, p. 60).
[10] OJ L 158, 23.6.1990, p. 59.
[11] OJ L 113, 30.4.1992, p. 13.
[12] OJ L 95, 21.4.1993, p. 29.

9. Directive 97/7/EC of the European Parliament and of the Council of 20 May 1997 on the protection of consumers in respect of distance contracts[14].

---

[13] OJ L 280, 29.10.1994, p. 83.
[14] OJ L 144, 4.6.1997, p. 19.

VII. Insolvency proceedings

1. Council Regulation of 29 May 2000 on insolvency proceedings (No 1346/2000/EC)
Official Journal No L 160, 30/06/2000 p. 1–13

THE COUNCIL OF THE EUROPEAN UNION,
Having regard to the Treaty establishing the European Community, and in particular Articles 61(c) and 67(1) thereof,
Having regard to the initiative of the Federal Republic of Germany and the Republic of Finland,
Having regard to the opinion of the European Parliament[1],
Having regard to the opinion of the Economic and Social Committee[2],
Whereas:
(1) The European Union has set out the aim of establishing an area of freedom, security and justice.
(2) The proper functioning of the internal market requires that cross-border insolvency proceedings should operate efficiently and effectively and this Regulation needs to be adopted in order to achieve this objective which comes within the scope of judicial cooperation in civil matters within the meaning of Article 65 of the Treaty.
(3) The activities of undertakings have more and more cross-border effects and are therefore increasingly being regulated by Community law. While the insolvency of such undertakings also affects the proper functioning of the internal market, there is a need for a Community act requiring coordination of the measures to be taken regarding an insolvent debtor's assets.
(4) It is necessary for the proper functioning of the internal market to avoid incentives for the parties to transfer assets or judicial proceedings from one Member State to another, seeking to obtain a more favourable legal position (forum shopping).
(5) These objectives cannot be achieved to a sufficient degree at national level and action at Community level is therefore justified.
(6) In accordance with the principle of proportionality this Regulation should be confined to provisions governing jurisdiction for opening insolvency proceedings and judgments which are delivered directly on the basis of the insolvency proceedings and are closely connected with such proceedings. In addition, this Regulation should contain provisions regarding the recognition of those judgments and the applicable law which also satisfy that principle.
(7) Insolvency proceedings relating to the winding-up of insolvent companies or other legal persons, judicial arrangements, compositions and analogous proceedings are excluded from the scope of the 1968 Brussels Convention on Jurisdiction and the Enforcement of Judgments in Civil and Commercial Matters[3], as amended by the Conventions on Accession to this Convention[4].
(8) In order to achieve the aim of improving the efficiency and effectiveness of insolvency

---

[1] Opinion delivered on 2 March 2000 (not yet published in the Official Journal).
[2] Opinion delivered on 26 January 2000 (not yet published in the Official Journal).
[3] OJ L 299, 31.12.1972, p. 32.
[4] OJ L 204, 2.8.1975, p. 28; OJ L 304, 30.10.1978, p. 1; OJ L 388, 31.12.1982, p. 1; OJ L 285, 3.10.1989, p. 1; OJ C 15, 15.1.1997, p. 1.

proceedings having cross-border effects, it is necessary, and appropriate, that the provisions on jurisdiction, recognition and applicable law in this area should be contained in a Community law measure which is binding and directly applicable in Member States.

(9) This Regulation should apply to insolvency proceedings, whether the debtor is a natural person or a legal person, a trader or an individual. The insolvency proceedings to which this Regulation applies are listed in the Annexes. Insolvency proceedings concerning insurance undertakings, credit institutions, investment undertakings holding funds or securities for third parties and collective investment undertakings should be excluded from the scope of this Regulation. Such undertakings should not be covered by this Regulation since they are subject to special arrangements and, to some extent, the national supervisory authorities have extremely wide-ranging powers of intervention.

(10) Insolvency proceedings do not necessarily involve the intervention of a judicial authority; the expression "court" in this Regulation should be given a broad meaning and include a person or body empowered by national law to open insolvency proceedings. In order for this Regulation to apply, proceedings (comprising acts and formalities set down in law) should not only have to comply with the provisions of this Regulation, but they should also be officially recognised and legally effective in the Member State in which the insolvency proceedings are opened and should be collective insolvency proceedings which entail the partial or total divestment of the debtor and the appointment of a liquidator.

(11) This Regulation acknowledges the fact that as a result of widely differing substantive laws it is not practical to introduce insolvency proceedings with universal scope in the entire Community. The application without exception of the law of the State of opening of proceedings would, against this background, frequently lead to difficulties. This applies, for example, to the widely differing laws on security interests to be found in the Community. Furthermore, the preferential rights enjoyed by some creditors in the insolvency proceedings are, in some cases, completely different. This Regulation should take account of this in two different ways. On the one hand, provision should be made for special rules on applicable law in the case of particularly significant rights and legal relationships (e.g. rights in rem and contracts of employment). On the other hand, national proceedings covering only assets situated in the State of opening should also be allowed alongside main insolvency proceedings with universal scope.

(12) This Regulation enables the main insolvency proceedings to be opened in the Member State where the debtor has the centre of his main interests. These proceedings have universal scope and aim at encompassing all the debtor's assets. To protect the diversity of interests, this Regulation permits secondary proceedings to be opened to run in parallel with the main proceedings. Secondary proceedings may be opened in the Member State where the debtor has an establishment. The effects of secondary proceedings are limited to the assets located in that State. Mandatory rules of coordination with the main proceedings satisfy the need for unity in the Community.

(13) The "centre of main interests" should correspond to the place where the debtor conducts the administration of his interests on a regular basis and is therefore ascertainable by third parties.

(14) This Regulation applies only to proceedings where the centre of the debtor's main interests is located in the Community.

(15) The rules of jurisdiction set out in this Regulation establish only international jurisdiction, that is to say, they designate the Member State the courts of which may open insolvency proceedings. Territorial jurisdiction within that Member State must be established by the national law of the Member State concerned.

1. Regulation on Insolvency proceedings

(16) The court having jurisdiction to open the main insolvency proceedings should be enabled to order provisional and protective measures from the time of the request to open proceedings. Preservation measures both prior to and after the commencement of the insolvency proceedings are very important to guarantee the effectiveness of the insolvency proceedings. In that connection this Regulation should afford different possibilities. On the one hand, the court competent for the main insolvency proceedings should be able also to order provisional protective measures covering assets situated in the territory of other Member States. On the other hand, a liquidator temporarily appointed prior to the opening of the main insolvency proceedings should be able, in the Member States in which an establishment belonging to the debtor is to be found, to apply for the preservation measures which are possible under the law of those States.

(17) Prior to the opening of the main insolvency proceedings, the right to request the opening of insolvency proceedings in the Member State where the debtor has an establishment should be limited to local creditors and creditors of the local establishment or to cases where main proceedings cannot be opened under the law of the Member State where the debtor has the centre of his main interest. The reason for this restriction is that cases where territorial insolvency proceedings are requested before the main insolvency proceedings are intended to be limited to what is absolutely necessary. If the main insolvency proceedings are opened, the territorial proceedings become secondary.

(18) Following the opening of the main insolvency proceedings, the right to request the opening of insolvency proceedings in a Member State where the debtor has an establishment is not restricted by this Regulation. The liquidator in the main proceedings or any other person empowered under the national law of that Member State may request the opening of secondary insolvency proceedings.

(19) Secondary insolvency proceedings may serve different purposes, besides the protection of local interests. Cases may arise where the estate of the debtor is too complex to administer as a unit or where differences in the legal systems concerned are so great that difficulties may arise from the extension of effects deriving from the law of the State of the opening to the other States where the assets are located. For this reason the liquidator in the main proceedings may request the opening of secondary proceedings when the efficient administration of the estate so requires.

(20) Main insolvency proceedings and secondary proceedings can, however, contribute to the effective realisation of the total assets only if all the concurrent proceedings pending are coordinated. The main condition here is that the various liquidators must cooperate closely, in particular by exchanging a sufficient amount of information. In order to ensure the dominant role of the main insolvency proceedings, the liquidator in such proceedings should be given several possibilities for intervening in secondary insolvency proceedings which are pending at the same time. For example, he should be able to propose a restructuring plan or composition or apply for realisation of the assets in the secondary insolvency proceedings to be suspended.

(21) Every creditor, who has his habitual residence, domicile or registered office in the Community, should have the right to lodge his claims in each of the insolvency proceedings pending in the Community relating to the debtor's assets. This should also apply to tax authorities and social insurance institutions. However, in order to ensure equal treatment of creditors, the distribution of proceeds must be coordinated. Every creditor should be able to keep what he has received in the course of insolvency proceedings but should be entitled only to participate in the distribution of total assets in other proceedings if creditors with the same standing have obtained the same proportion of their claims.

(22) This Regulation should provide for immediate recognition of judgments concerning the opening, conduct and closure of insolvency proceedings which come within its scope and of judgments handed down in direct connection with such insolvency proceedings. Automatic recognition should therefore mean that the effects attributed to the proceedings by the law of the State in which the proceedings were opened extend to all other Member States. Recognition of judgments delivered by the courts of the Member States should be based on the principle of mutual trust. To that end, grounds for non-recognition should be reduced to the minimum necessary. This is also the basis on which any dispute should be resolved where the courts of two Member States both claim competence to open the main insolvency proceedings. The decision of the first court to open proceedings should be recognised in the other Member States without those Member States having the power to scrutinise the court's decision.

(23) This Regulation should set out, for the matters covered by it, uniform rules on conflict of laws which replace, within their scope of application, national rules of private international law. Unless otherwise stated, the law of the Member State of the opening of the proceedings should be applicable (lex concursus). This rule on conflict of laws should be valid both for the main proceedings and for local proceedings; the lex concursus determines all the effects of the insolvency proceedings, both procedural and substantive, on the persons and legal relations concerned. It governs all the conditions for the opening, conduct and closure of the insolvency proceedings.

(24) Automatic recognition of insolvency proceedings to which the law of the opening State normally applies may interfere with the rules under which transactions are carried out in other Member States. To protect legitimate expectations and the certainty of transactions in Member States other than that in which proceedings are opened, provisions should be made for a number of exceptions to the general rule.

(25) There is a particular need for a special reference diverging from the law of the opening State in the case of rights in rem, since these are of considerable importance for the granting of credit. The basis, validity and extent of such a right in rem should therefore normally be determined according to the lex situs and not be affected by the opening of insolvency proceedings. The proprietor of the right in rem should therefore be able to continue to assert his right to segregation or separate settlement of the collateral security. Where assets are subject to rights in rem under the lex situs in one Member State but the main proceedings are being carried out in another Member State, the liquidator in the main proceedings should be able to request the opening of secondary proceedings in the jurisdiction where the rights in rem arise if the debtor has an establishment there. If a secondary proceeding is not opened, the surplus on sale of the asset covered by rights in rem must be paid to the liquidator in the main proceedings.

(26) If a set-off is not permitted under the law of the opening State, a creditor should nevertheless be entitled to the set-off if it is possible under the law applicable to the claim of the insolvent debtor. In this way, set-off will acquire a kind of guarantee function based on legal provisions on which the creditor concerned can rely at the time when the claim arises.

(27) There is also a need for special protection in the case of payment systems and financial markets. This applies for example to the position-closing agreements and netting agreements to be found in such systems as well as to the sale of securities and to the guarantees provided for such transactions as governed in particular by Directive 98/26/EC of the European Parliament and of the Council of 19 May 1998 on settlement finality in payment and securities settlement systems[5]. For such transactions, the only law which is

material should thus be that applicable to the system or market concerned. This provision is intended to prevent the possibility of mechanisms for the payment and settlement of transactions provided for in the payment and set-off systems or on the regulated financial markets of the Member States being altered in the case of insolvency of a business partner. Directive 98/26/EC contains special provisions which should take precedence over the general rules in this Regulation.

(28) In order to protect employees and jobs, the effects of insolvency proceedings on the continuation or termination of employment and on the rights and obligations of all parties to such employment must be determined by the law applicable to the agreement in accordance with the general rules on conflict of law. Any other insolvency-law questions, such as whether the employees' claims are protected by preferential rights and what status such preferential rights may have, should be determined by the law of the opening State.

(29) For business considerations, the main content of the decision opening the proceedings should be published in the other Member States at the request of the liquidator. If there is an establishment in the Member State concerned, there may be a requirement that publication is compulsory. In neither case, however, should publication be a prior condition for recognition of the foreign proceedings.

(30) It may be the case that some of the persons concerned are not in fact aware that proceedings have been opened and act in good faith in a way that conflicts with the new situation. In order to protect such persons who make a payment to the debtor because they are unaware that foreign proceedings have been opened when they should in fact have made the payment to the foreign liquidator, it should be provided that such a payment is to have a debt-discharging effect.

(31) This Regulation should include Annexes relating to the organisation of insolvency proceedings. As these Annexes relate exclusively to the legislation of Member States, there are specific and substantiated reasons for the Council to reserve the right to amend these Annexes in order to take account of any amendments to the domestic law of the Member States.

(32) The United Kingdom and Ireland, in accordance with Article 3 of the Protocol on the position of the United Kingdom and Ireland annexed to the Treaty on European Union and the Treaty establishing the European Community, have given notice of their wish to take part in the adoption and application of this Regulation.

(33) Denmark, in accordance with Articles 1 and 2 of the Protocol on the position of Denmark annexed to the Treaty on European Union and the Treaty establishing the European Community, is not participating in the adoption of this Regulation, and is therefore not bound by it nor subject to its application,

HAS ADOPTED THIS REGULATION:

CHAPTER I. GENERAL PROVISIONS

Article 1. Scope
1. This Regulation shall apply to collective insolvency proceedings which entail the partial or total divestment of a debtor and the appointment of a liquidator.
2. This Regulation shall not apply to insolvency proceedings concerning insurance undertakings, credit institutions, investment undertakings which provide services

---

[5] OJ L 166, 11.6.1998, p. 45.

involving the holding of funds or securities for third parties, or to collective investment undertakings.

Article 2. Definitions
For the purposes of this Regulation:
(a) "insolvency proceedings" shall mean the collective proceedings referred to in Article 1(1). These proceedings are listed in Annex A;
(b) "liquidator" shall mean any person or body whose function is to administer or liquidate assets of which the debtor has been divested or to supervise the administration of his affairs. Those persons and bodies are listed in Annex C;
(c) "winding-up proceedings" shall mean insolvency proceedings within the meaning of point (a) involving realising the assets of the debtor, including where the proceedings have been closed by a composition or other measure terminating the insolvency, or closed by reason of the insufficiency of the assets. Those proceedings are listed in Annex B;
(d) "court" shall mean the judicial body or any other competent body of a Member State empowered to open insolvency proceedings or to take decisions in the course of such proceedings;
(e) "judgment" in relation to the opening of insolvency proceedings or the appointment of a liquidator shall include the decision of any court empowered to open such proceedings or to appoint a liquidator;
(f) "the time of the opening of proceedings" shall mean the time at which the judgment opening proceedings becomes effective, whether it is a final judgment or not;
(g) "the Member State in which assets are situated" shall mean, in the case of:
– tangible property, the Member State within the territory of which the property is situated,
– property and rights ownership of or entitlement to which must be entered in a public register, the Member State under the authority of which the register is kept,
– claims, the Member State within the territory of which the third party required to meet them has the centre of his main interests, as determined in Article 3(1);
(h) "establishment" shall mean any place of operations where the debtor carries out a non-transitory economic activity with human means and goods.

Article 3. International jurisdiction
1. The courts of the Member State within the territory of which the centre of a debtor's main interests is situated shall have jurisdiction to open insolvency proceedings. In the case of a company or legal person, the place of the registered office shall be presumed to be the centre of its main interests in the absence of proof to the contrary.
2. Where the centre of a debtor's main interests is situated within the territory of a Member State, the courts of another Member State shall have jurisdiction to open insolvency proceedings against that debtor only if he possesses an establishment within the territory of that other Member State. The effects of those proceedings shall be restricted to the assets of the debtor situated in the territory of the latter Member State.
3. Where insolvency proceedings have been opened under paragraph 1, any proceedings opened subsequently under paragraph 2 shall be secondary proceedings. These latter proceedings must be winding-up proceedings.

1. Regulation on Insolvency proceedings

4. Territorial insolvency proceedings referred to in paragraph 2 may be opened prior to the opening of main insolvency proceedings in accordance with paragraph 1 only:
(a) where insolvency proceedings under paragraph 1 cannot be opened because of the conditions laid down by the law of the Member State within the territory of which the centre of the debtor's main interests is situated; or
(b) where the opening of territorial insolvency proceedings is requested by a creditor who has his domicile, habitual residence or registered office in the Member State within the territory of which the establishment is situated, or whose claim arises from the operation of that establishment.

Article 4. Law applicable
1. Save as otherwise provided in this Regulation, the law applicable to insolvency proceedings and their effects shall be that of the Member State within the territory of which such proceedings are opened, hereafter referred to as the "State of the opening of proceedings".
2. The law of the State of the opening of proceedings shall determine the conditions for the opening of those proceedings, their conduct and their closure. It shall determine in particular:
(a) against which debtors insolvency proceedings may be brought on account of their capacity;
(b) the assets which form part of the estate and the treatment of assets acquired by or devolving on the debtor after the opening of the insolvency proceedings;
(c) the respective powers of the debtor and the liquidator;
(d) the conditions under which set-offs may be invoked;
(e) the effects of insolvency proceedings on current contracts to which the debtor is party;
(f) the effects of the insolvency proceedings on proceedings brought by individual creditors, with the exception of lawsuits pending;
(g) the claims which are to be lodged against the debtor's estate and the treatment of claims arising after the opening of insolvency proceedings;
(h) the rules governing the lodging, verification and admission of claims;
(i) the rules governing the distribution of proceeds from the realisation of assets, the ranking of claims and the rights of creditors who have obtained partial satisfaction after the opening of insolvency proceedings by virtue of a right in rem or through a set-off;
(j) the conditions for and the effects of closure of insolvency proceedings, in particular by composition;
(k) creditors' rights after the closure of insolvency proceedings;
(l) who is to bear the costs and expenses incurred in the insolvency proceedings;
(m) the rules relating to the voidness, voidability or unenforceability of legal acts detrimental to all the creditors.

Article 5. Third parties' rights in rem
1. The opening of insolvency proceedings shall not affect the rights in rem of creditors or third parties in respect of tangible or intangible, moveable or immoveable assets – both specific assets and collections of indefinite assets as a whole which change from time to time – belonging to the debtor which are situated within the territory of another Member State at the time of the opening of proceedings.

2. The rights referred to in paragraph 1 shall in particular mean:
(a) the right to dispose of assets or have them disposed of and to obtain satisfaction from the proceeds of or income from those assets, in particular by virtue of a lien or a mortgage;
(b) the exclusive right to have a claim met, in particular a right guaranteed by a lien in respect of the claim or by assignment of the claim by way of a guarantee;
(c) the right to demand the assets from, and/or to require restitution by, anyone having possession or use of them contrary to the wishes of the party so entitled;
(d) a right in rem to the beneficial use of assets.
3. The right, recorded in a public register and enforceable against third parties, under which a right in rem within the meaning of paragraph 1 may be obtained, shall be considered a right in rem.
4. Paragraph 1 shall not preclude actions for voidness, voidability or unenforceability as referred to in Article 4(2)(m).

Article 6. Set-off
1. The opening of insolvency proceedings shall not affect the right of creditors to demand the set-off of their claims against the claims of the debtor, where such a set-off is permitted by the law applicable to the insolvent debtor's claim.
2. Paragraph 1 shall not preclude actions for voidness, voidability or unenforceability as referred to in Article 4(2)(m).

Article 7. Reservation of title
1. The opening of insolvency proceedings against the purchaser of an asset shall not affect the seller's rights based on a reservation of title where at the time of the opening of proceedings the asset is situated within the territory of a Member State other than the State of opening of proceedings.
2. The opening of insolvency proceedings against the seller of an asset, after delivery of the asset, shall not constitute grounds for rescinding or terminating the sale and shall not prevent the purchaser from acquiring title where at the time of the opening of proceedings the asset sold is situated within the territory of a Member State other than the State of the opening of proceedings.
3. Paragraphs 1 and 2 shall not preclude actions for voidness, voidability or unenforceability as referred to in Article 4(2)(m).

Article 8. Contracts relating to immoveable property
The effects of insolvency proceedings on a contract conferring the right to acquire or make use of immoveable property shall be governed solely by the law of the Member State within the territory of which the immoveable property is situated.

Article 9. Payment systems and financial markets
1. Without prejudice to Article 5, the effects of insolvency proceedings on the rights and obligations of the parties to a payment or settlement system or to a financial market shall be governed solely by the law of the Member State applicable to that system or market.
2. Paragraph 1 shall not preclude any action for voidness, voidability or unenforceability which may be taken to set aside payments or transactions under the law applicable to the relevant payment system or financial market.

Article 10. Contracts of employment
The effects of insolvency proceedings on employment contracts and relationships shall be governed solely by the law of the Member State applicable to the contract of employment.

Article 11. Effects on rights subject to registration
The effects of insolvency proceedings on the rights of the debtor in immoveable property, a ship or an aircraft subject to registration in a public register shall be determined by the law of the Member State under the authority of which the register is kept.

Article 12. Community patents and trade marks
For the purposes of this Regulation, a Community patent, a Community trade mark or any other similar right established by Community law may be included only in the proceedings referred to in Article 3(1).

Article 13. Detrimental acts
Article 4(2)(m) shall not apply where the person who benefited from an act detrimental to all the creditors provides proof that:
– the said act is subject to the law of a Member State other than that of the State of the opening of proceedings, and
– that law does not allow any means of challenging that act in the relevant case.

Article 14. Protection of third-party purchasers
Where, by an act concluded after the opening of insolvency proceedings, the debtor disposes, for consideration, of:
– an immoveable asset, or
– a ship or an aircraft subject to registration in a public register, or
– securities whose existence presupposes registration in a register laid down by law, the validity of that act shall be governed by the law of the State within the territory of which the immoveable asset is situated or under the authority of which the register is kept.

Article 15. Effects of insolvency proceedings on lawsuits pending
The effects of insolvency proceedings on a lawsuit pending concerning an asset or a right of which the debtor has been divested shall be governed solely by the law of the Member State in which that lawsuit is pending.

CHAPTER II. RECOGNITION OF INSOLVENCY PROCEEDINGS

Article 16. Principle
1. Any judgment opening insolvency proceedings handed down by a court of a Member State which has jurisdiction pursuant to Article 3 shall be recognised in all the other Member States from the time that it becomes effective in the State of the opening of proceedings.
This rule shall also apply where, on account of his capacity, insolvency proceedings cannot be brought against the debtor in other Member States.
2. Recognition of the proceedings referred to in Article 3(1) shall not preclude the

opening of the proceedings referred to in Article 3(2) by a court in another Member State. The latter proceedings shall be secondary insolvency proceedings within the meaning of Chapter III.

Article 17. Effects of recognition
1. The judgment opening the proceedings referred to in Article 3(1) shall, with no further formalities, produce the same effects in any other Member State as under this law of the State of the opening of proceedings, unless this Regulation provides otherwise and as long as no proceedings referred to in Article 3(2) are opened in that other Member State.
2. The effects of the proceedings referred to in Article 3(2) may not be challenged in other Member States. Any restriction of the creditors' rights, in particular a stay or discharge, shall produce effects vis-à-vis assets situated within the territory of another Member State only in the case of those creditors who have given their consent.

Article 18. Powers of the liquidator
1. The liquidator appointed by a court which has jurisdiction pursuant to Article 3(1) may exercise all the powers conferred on him by the law of the State of the opening of proceedings in another Member State, as long as no other insolvency proceedings have been opened there nor any preservation measure to the contrary has been taken there further to a request for the opening of insolvency proceedings in that State. He may in particular remove the debtor's assets from the territory of the Member State in which they are situated, subject to Articles 5 and 7.
2. The liquidator appointed by a court which has jurisdiction pursuant to Article 3(2) may in any other Member State claim through the courts or out of court that moveable property was removed from the territory of the State of the opening of proceedings to the territory of that other Member State after the opening of the insolvency proceedings. He may also bring any action to set aside which is in the interests of the creditors.
3. In exercising his powers, the liquidator shall comply with the law of the Member State within the territory of which he intends to take action, in particular with regard to procedures for the realisation of assets. Those powers may not include coercive measures or the right to rule on legal proceedings or disputes.

Article 19. Proof of the liquidator's appointment
The liquidator's appointment shall be evidenced by a certified copy of the original decision appointing him or by any other certificate issued by the court which has jurisdiction.
A translation into the official language or one of the official languages of the Member State within the territory of which he intends to act may be required. No legalisation or other similar formality shall be required.

Article 20. Return and imputation
1. A creditor who, after the opening of the proceedings referred to in Article 3(1) obtains by any means, in particular through enforcement, total or partial satisfaction of his claim on the assets belonging to the debtor situated within the territory of another Member State, shall return what he has obtained to the liquidator, subject to Articles 5 and 7.

1. *Regulation on Insolvency proceedings* 585

2. In order to ensure equal treatment of creditors a creditor who has, in the course of insolvency proceedings, obtained a dividend on his claim shall share in distributions made in other proceedings only where creditors of the same ranking or category have, in those other proceedings, obtained an equivalent dividend.

Article 21. Publication
1. The liquidator may request that notice of the judgment opening insolvency proceedings and, where appropriate, the decision appointing him, be published in any other Member State in accordance with the publication procedures provided for in that State. Such publication shall also specify the liquidator appointed and whether the jurisdiction rule applied is that pursuant to Article 3(1) or Article 3(2).
2. However, any Member State within the territory of which the debtor has an establishment may require mandatory publication. In such cases, the liquidator or any authority empowered to that effect in the Member State where the proceedings referred to in Article 3(1) are opened shall take all necessary measures to ensure such publication.

Article 22. Registration in a public register
1. The liquidator may request that the judgment opening the proceedings referred to in Article 3(1) be registered in the land register, the trade register and any other public register kept in the other Member States.
2. However, any Member State may require mandatory registration. In such cases, the liquidator or any authority empowered to that effect in the Member State where the proceedings referred to in Article 3(1) have been opened shall take all necessary measures to ensure such registration.

Article 23. Costs
The costs of the publication and registration provided for in Articles 21 and 22 shall be regarded as costs and expenses incurred in the proceedings.

Article 24. Honouring of an obligation to a debtor
1. Where an obligation has been honoured in a Member State for the benefit of a debtor who is subject to insolvency proceedings opened in another Member State, when it should have been honoured for the benefit of the liquidator in those proceedings, the person honouring the obligation shall be deemed to have discharged it if he was unaware of the opening of proceedings.
2. Where such an obligation is honoured before the publication provided for in Article 21 has been effected, the person honouring the obligation shall be presumed, in the absence of proof to the contrary, to have been unaware of the opening of insolvency proceedings; where the obligation is honoured after such publication has been effected, the person honouring the obligation shall be presumed, in the absence of proof to the contrary, to have been aware of the opening of proceedings.

Article 25. Recognition and enforceability of other judgments
1. Judgments handed down by a court whose judgment concerning the opening of proceedings is recognised in accordance with Article 16 and which concern the course and closure of insolvency proceedings, and compositions approved by that

court shall also be recognised with no further formalities. Such judgments shall be enforced in accordance with Articles 31 to 51, with the exception of Article 34(2), of the Brussels Convention on Jurisdiction and the Enforcement of Judgments in Civil and Commercial Matters, as amended by the Conventions of Accession to this Convention.

The first subparagraph shall also apply to judgments deriving directly from the insolvency proceedings and which are closely linked with them, even if they were handed down by another court.

The first subparagraph shall also apply to judgments relating to preservation measures taken after the request for the opening of insolvency proceedings.

2. The recognition and enforcement of judgments other than those referred to in paragraph 1 shall be governed by the Convention referred to in paragraph 1, provided that that Convention is applicable.

3. The Member States shall not be obliged to recognise or enforce a judgment referred to in paragraph 1 which might result in a limitation of personal freedom or postal secrecy.

Article 26[6]. Public policy

Any Member State may refuse to recognise insolvency proceedings opened in another Member State or to enforce a judgment handed down in the context of such proceedings where the effects of such recognition or enforcement would be manifestly contrary to that State's public policy, in particular its fundamental principles or the constitutional rights and liberties of the individual.

CHAPTER III. SECONDARY INSOLVENCY PROCEEDINGS

Article 27. Opening of proceedings

The opening of the proceedings referred to in Article 3(1) by a court of a Member State and which is recognised in another Member State (main proceedings) shall permit the opening in that other Member State, a court of which has jurisdiction pursuant to Article 3(2), of secondary insolvency proceedings without the debtor's insolvency being examined in that other State. These latter proceedings must be among the proceedings listed in Annex B. Their effects shall be restricted to the assets of the debtor situated within the territory of that other Member State.

Article 28. Applicable law

Save as otherwise provided in this Regulation, the law applicable to secondary proceedings shall be that of the Member State within the territory of which the secondary proceedings are opened.

Article 29. Right to request the opening of proceedings

The opening of secondary proceedings may be requested by:
(a) the liquidator in the main proceedings;
(b) any other person or authority empowered to request the opening of insolvency

---

[6] Note the Declaration by Portugal concerning the application of Articles 26 and 37 (OJ C 183, 30.6.2000, p. 1).

proceedings under the law of the Member State within the territory of which the opening of secondary proceedings is requested.

Article 30. Advance payment of costs and expenses
Where the law of the Member State in which the opening of secondary proceedings is requested requires that the debtor's assets be sufficient to cover in whole or in part the costs and expenses of the proceedings, the court may, when it receives such a request, require the applicant to make an advance payment of costs or to provide appropriate security.

Article 31. Duty to cooperate and communicate information
1. Subject to the rules restricting the communication of information, the liquidator in the main proceedings and the liquidators in the secondary proceedings shall be duty bound to communicate information to each other. They shall immediately communicate any information which may be relevant to the other proceedings, in particular the progress made in lodging and verifying claims and all measures aimed at terminating the proceedings.
2. Subject to the rules applicable to each of the proceedings, the liquidator in the main proceedings and the liquidators in the secondary proceedings shall be duty bound to cooperate with each other.
3. The liquidator in the secondary proceedings shall give the liquidator in the main proceedings an early opportunity of submitting proposals on the liquidation or use of the assets in the secondary proceedings.

Article 32. Exercise of creditors' rights
1. Any creditor may lodge his claim in the main proceedings and in any secondary proceedings.
2. The liquidators in the main and any secondary proceedings shall lodge in other proceedings claims which have already been lodged in the proceedings for which they were appointed, provided that the interests of creditors in the latter proceedings are served thereby, subject to the right of creditors to oppose that or to withdraw the lodgement of their claims where the law applicable so provides.
3. The liquidator in the main or secondary proceedings shall be empowered to participate in other proceedings on the same basis as a creditor, in particular by attending creditors' meetings.

Article 33. Stay of liquidation
1. The court, which opened the secondary proceedings, shall stay the process of liquidation in whole or in part on receipt of a request from the liquidator in the main proceedings, provided that in that event it may require the liquidator in the main proceedings to take any suitable measure to guarantee the interests of the creditors in the secondary proceedings and of individual classes of creditors. Such a request from the liquidator may be rejected only if it is manifestly of no interest to the creditors in the main proceedings. Such a stay of the process of liquidation may be ordered for up to three months. It may be continued or renewed for similar periods.
2. The court referred to in paragraph 1 shall terminate the stay of the process of liquidation:
– at the request of the liquidator in the main proceedings,

– of its own motion, at the request of a creditor or at the request of the liquidator in the secondary proceedings if that measure no longer appears justified, in particular, by the interests of creditors in the main proceedings or in the secondary proceedings.

Article 34. Measures ending secondary insolvency proceedings
1. Where the law applicable to secondary proceedings allows for such proceedings to be closed without liquidation by a rescue plan, a composition or a comparable measure, the liquidator in the main proceedings shall be empowered to propose such a measure himself.
Closure of the secondary proceedings by a measure referred to in the first subparagraph shall not become final without the consent of the liquidator in the main proceedings; failing his agreement, however, it may become final if the financial interests of the creditors in the main proceedings are not affected by the measure proposed.
2. Any restriction of creditors' rights arising from a measure referred to in paragraph 1 which is proposed in secondary proceedings, such as a stay of payment or discharge of debt, may not have effect in respect of the debtor's assets not covered by those proceedings without the consent of all the creditors having an interest.
3. During a stay of the process of liquidation ordered pursuant to Article 33, only the liquidator in the main proceedings or the debtor, with the former's consent, may propose measures laid down in paragraph 1 of this Article in the secondary proceedings; no other proposal for such a measure shall be put to the vote or approved.

Article 35. Assets remaining in the secondary proceedings
If by the liquidation of assets in the secondary proceedings it is possible to meet all claims allowed under those proceedings, the liquidator appointed in those proceedings shall immediately transfer any assets remaining to the liquidator in the main proceedings.

Article 36. Subsequent opening of the main proceedings
Where the proceedings referred to in Article 3(1) are opened following the opening of the proceedings referred to in Article 3(2) in another Member State, Articles 31 to 35 shall apply to those opened first, in so far as the progress of those proceedings so permits.

Article 37[7]. Conversion of earlier proceedings
The liquidator in the main proceedings may request that proceedings listed in Annex A previously opened in another Member State be converted into winding-up proceedings if this proves to be in the interests of the creditors in the main proceedings.
The court with jurisdiction under Article 3(2) shall order conversion into one of the proceedings listed in Annex B.

---

[7] Note the Declaration by Portugal concerning the application of Articles 26 and 37 (OJ C 183, 30.6.2000, p. 1).

Article 38. Preservation measures

Where the court of a Member State which has jurisdiction pursuant to Article 3(1) appoints a temporary administrator in order to ensure the preservation of the debtor's assets, that temporary administrator shall be empowered to request any measures to secure and preserve any of the debtor's assets situated in another Member State, provided for under the law of that State, for the period between the request for the opening of insolvency proceedings and the judgment opening the proceedings.

CHAPTER IV. PROVISION OF INFORMATION FOR CREDITORS AND LODGEMENT OF THEIR CLAIMS

Article 39. Right to lodge claims

Any creditor who has his habitual residence, domicile or registered office in a Member State other than the State of the opening of proceedings, including the tax authorities and social security authorities of Member States, shall have the right to lodge claims in the insolvency proceedings in writing.

Article 40. Duty to inform creditors

1. As soon as insolvency proceedings are opened in a Member State, the court of that State having jurisdiction or the liquidator appointed by it shall immediately inform known creditors who have their habitual residences, domiciles or registered offices in the other Member States.
2. That information, provided by an individual notice, shall in particular include time limits, the penalties laid down in regard to those time limits, the body or authority empowered to accept the lodgement of claims and the other measures laid down. Such notice shall also indicate whether creditors whose claims are preferential or secured in rem need lodge their claims.

Article 41. Content of the lodgement of a claim

A creditor shall send copies of supporting documents, if any, and shall indicate the nature of the claim, the date on which it arose and its amount, as well as whether he alleges preference, security in rem or a reservation of title in respect of the claim and what assets are covered by the guarantee he is invoking.

Article 42. Languages

1. The information provided for in Article 40 shall be provided in the official language or one of the official languages of the State of the opening of proceedings. For that purpose a form shall be used bearing the heading "Invitation to lodge a claim. Time limits to be observed" in all the official languages of the institutions of the European Union.
2. Any creditor who has his habitual residence, domicile or registered office in a Member State other than the State of the opening of proceedings may lodge his claim in the official language or one of the official languages of that other State. In that event, however, the lodgement of his claim shall bear the heading "Lodgement of claim" in the official language or one of the official languages of the State of the opening of proceedings. In addition, he may be required to provide a translation into the official language or one of the official languages of the State of the opening of proceedings.

CHAPTER V. TRANSITIONAL AND FINAL PROVISIONS

Article 43. Applicability in time
The provisions of this Regulation shall apply only to insolvency proceedings opened after its entry into force. Acts done by a debtor before the entry into force of this Regulation shall continue to be governed by the law which was applicable to them at the time they were done.

Article 44. Relationship to Conventions
1. After its entry into force, this Regulation replaces, in respect of the matters referred to therein, in the relations between Member States, the Conventions concluded between two or more Member States, in particular:
(a) the Convention between Belgium and France on Jurisdiction and the Validity and Enforcement of Judgments, Arbitration Awards and Authentic Instruments, signed at Paris on 8 July 1899;
(b) the Convention between Belgium and Austria on Bankruptcy, Winding-up, Arrangements, Compositions and Suspension of Payments (with Additional Protocol of 13 June 1973), signed at Brussels on 16 July 1969;
(c) the Convention between Belgium and the Netherlands on Territorial Jurisdiction, Bankruptcy and the Validity and Enforcement of Judgments, Arbitration Awards and Authentic Instruments, signed at Brussels on 28 March 1925;
(d) the Treaty between Germany and Austria on Bankruptcy, Winding-up, Arrangements and Compositions, signed at Vienna on 25 May 1979;
(e) the Convention between France and Austria on Jurisdiction, Recognition and Enforcement of Judgments on Bankruptcy, signed at Vienna on 27 February 1979;
(f) the Convention between France and Italy on the Enforcement of Judgments in Civil and Commercial Matters, signed at Rome on 3 June 1930;
(g) the Convention between Italy and Austria on Bankruptcy, Winding-up, Arrangements and Compositions, signed at Rome on 12 July 1977;
(h) the Convention between the Kingdom of the Netherlands and the Federal Republic of Germany on the Mutual Recognition and Enforcement of Judgments and other Enforceable Instruments in Civil and Commercial Matters, signed at The Hague on 30 August 1962;
(i) the Convention between the United Kingdom and the Kingdom of Belgium providing for the Reciprocal Enforcement of Judgments in Civil and Commercial Matters, with Protocol, signed at Brussels on 2 May 1934;
(j) the Convention between Denmark, Finland, Norway, Sweden and Iceland on Bankruptcy, signed at Copenhagen on 7 November 1933;
(k) the European Convention on Certain International Aspects of Bankruptcy, signed at Istanbul on 5 June 1990.
2. The Conventions referred to in paragraph 1 shall continue to have effect with regard to proceedings opened before the entry into force of this Regulation.
3. This Regulation shall not apply:
(a) in any Member State, to the extent that it is irreconcilable with the obligations arising in relation to bankruptcy from a convention concluded by that State with one or more third countries before the entry into force of this Regulation;
(b) in the United Kingdom of Great Britain and Northern Ireland, to the extent that is irreconcilable with the obligations arising in relation to bankruptcy and the

winding-up of insolvent companies from any arrangements with the Commonwealth existing at the time this Regulation enters into force.

Article 45. Amendment of the Annexes
The Council, acting by qualified majority on the initiative of one of its members or on a proposal from the Commission, may amend the Annexes.

Article 46. Reports
No later than 1 June 2012, and every five years thereafter, the Commission shall present to the European Parliament, the Council and the Economic and Social Committee a report on the application of this Regulation. The report shall be accompanied if need be by a proposal for adaptation of this Regulation.

Article 47. Entry into force
This Regulation shall enter into force on 31 May 2002.

ANNEX A

Insolvency proceedings referred to in Article 2(a)
BELGIQUE – BELGIË
– La faillite/Het faillissement
– Le concordat judiciaire/Het gerechtelijk akkoord
– Le règlement collectif de dettes/De collective schuldenregeling
DEUTSCHLAND
– Das Konkursverfahren
– Das gerichtliche Vergleichsverfahren
– Das Gesamtvollstreckungsverfahren
– Das Insolvenzverfahren
ΕΛΛΑΣ
– Πτώχευση
– Η ειδική εκκαθάριση
– Η προσωρινή διαχείριση εταιρίας. Η διοίκηση και η διαχείριση των πιστωτών
– Η υπαγωγή επιχείρησης υπό επίτροπο με οκσπό τη σύναψη συμβιβασμου με τους πιστωτές
ESPAÑA
– Concurso de acreedores
– Quiebra
– Suspensión de pagos
FRANCE
– Liquidation judiciaire
– Redressement judiciaire avec nomination d'un administrateur
IRELAND
– Compulsory winding-up by the Court
– Bankruptcy
– The administration in bankruptcy of the estate of persons dying insolvent
– Winding-up in bankruptcy of partnerships
– Creditors' voluntary winding-up (with confirmation of a court)

– Arrangements under the control of the Court which involve the vesting of all or part of the property of the debtor in the Official Assignee for realisation and distribution
– Company examinership
ITALIA
– Fallimento
– Concordato preventivo
– Liquidazione coatta amministrativa
– Amministrazione straordinaria
– Amministrazione controllata
LUXEMBOURG
– Faillite
– Gestion contrôlée
– Concordat préventif de faillite (par abandon d'actif)
– Régime spécial de liquidation du notariat
NEDERLAND
– Het faillissement
– De surseance van betaling
– De schuldsaneringsregeling natuurlijke personen
ÖSTERREICH
– Das Konkursverfahren
– Das Ausgleichsverfahren
PORTUGAL
– O processo de falência
– Os processos especiais de recuperação de empresa, ou seja:
– A concordata
– A reconstituição empresarial
– A reestruturação financeira
– A gestão controlada
SUOMI – FINLAND
– Konkurssi/konkurs
– Yrityssaneeraus/företagssanering
SVERIGE
– Konkurs
– Företagsrekonstruktion
UNITED KINGDOM
– Winding-up by or subject to the supervision of the court
– Creditors' voluntary winding-up (with confirmation by the court)
– Administration
– Voluntary arrangements under insolvency legislation
– Bankruptcy or sequestration

ANNEX B

Winding up proceedings referred to in Article 2(c)
BELGIQUE – BELGIË
– La faillite/Het faillissement
DEUTSCHLAND

- Das Konkursverfahren
- Das Gesamtvollstreckungsverfahren
- Das Insolvenzverfahren
ΕΛΛΑΣ
- Πτώχευση
- Η ειδική εκκαθάριση
ESPAÑA
- Concurso de acreedores
- Quiebra
- Suspensión de pagos basada en la insolvencia definitiva
FRANCE
- Liquidation judiciaire
IRELAND
- Compulsory winding-up
- Bankruptcy
- The administration in bankruptcy of the estate of persons dying insolvent
- Winding-up in bankruptcy of partnerships
- Creditors' voluntary winding-up (with the confirmation of a court)
- Arrangements of the control of the Court which involve the vesting of all or part of the property of the debtor in the Official Assignee for realisation and distribution
ITALIA
- Fallimento
- Liquidazione coatta amministrativa
LUXEMBOURG
- Faillite
- Régime spécial de liquidation du notariat
NEDERLAND
- Het faillissement
- De schuldsaneringsregeling natuurlijke personen
ÖSTERREICH
- Das Konkursverfahren
PORTUGAL
- O processo de falência
SUOMI -/FINLAND
- Konkurssi//konkurs
SVERIGE
- Konkurs
UNITED KINGDOM
- Winding-up by or subject to the supervision of the court
- Creditors' voluntary winding-up (with confirmation by the court)
- Bankruptcy or sequestration

ANNEX C

Liquidators referred to in Article 2(b)
BELGIQUE - BELGIË
- Le curateur/De curator

– Le commissaire au sursis/De commissaris inzake opschorting
– Le médiateur de dettes/De schuldbemiddelaar
DEUTSCHLAND
– Konkursverwalter
– Vergleichsverwalter
– Sachwalter (nach der Vergleichsordnung)
– Verwalter
– Insolvenzverwalter
– Sachwalter (nach der Insolvenzordnung)
– Treuhänder
– Vorläufiger Insolvenzverwalter
ΕΛΛΑΣ
– Ο σύνδικος
– Ο προσωρινός διαχειριστής. Η διοικούσα επιτροπή των πιστωτών
– Ο ειδικός εκκαθαριστής
– Ο επίτροπος
ESPAÑA
– Depositario-administrador
– Interventor o Interventores
– Síndicos
– Comisario
FRANCE
– Représentant des créanciers
– Mandataire liquidateur
– Administrateur judiciaire
– Commissaire à l'exécution de plan
IRELAND
– Liquidator
– Official Assignee
– Trustee in bankruptcy
– Provisional Liquidator
– Examiner
ITALIA
– Curatore
– Commissario
LUXEMBOURG
– Curateur
– Commissaire
– Liquidateur
– Conseil de gérance de la section d'assainissement du notariat
NEDERLAND
– De curator in het faillissement
– De bewindvoerder in de surseance van betaling
– De bewindvoerder in de schuldsaneringsregeling natuurlijke personen
ÖSTERREICH
– Masseverwalter
– Ausgleichsverwalter
– Sachwalter

- Treuhänder
- Besondere Verwalter
- Vorläufige Verwalter
- Konkursgericht
PORTUGAL
- Gestor Judicial
- Liquidatário Judicial
- Comissão de Credores
SUOMI – FINLAND
- Pesänhoitaja/bofoervaltare
- Selvittäjä/utredare
SVERIGE
- Förvaltare
- God man
- Rekonstruktoer
UNITED KINGDOM
- Liquidator
- Supervisor of a voluntary arrangement
- Administrator
- Official Receiver
- Trustee
- Judicial factor

2. Directive of the European Parliament and of the Council of 19 March 2001 on the reorganisation and winding-up of insurance undertakings (2001/17/EC)

Official Journal No L 110, 20/04/2001 p. 28–39

THE EUROPEAN PARLIAMENT AND THE COUNCIL OF THE EUROPEAN UNION,

Having regard to the Treaty establishing the European Community, and in particular Articles 47(2) and 55 thereof,

Having regard to the proposal from the Commission[1],

Having regard to the opinion of the Economic and Social Committee[2],

Acting in accordance with the procedure laid down in Article 251 of the Treaty[3],

Whereas:

(1) First Council Directive 73/239/EEC of 24 July 1973 on the coordination of laws, regulations and administrative provisions relating to the taking up and pursuit of the business of direct insurance other than life assurance[4], as supplemented by Directive 92/49/EEC[5], and the First Council Directive 79/267/EEC of 5 March 1979 on the coordination of laws, regulations and administrative provisions relating to the taking up and pursuit of the business of direct life assurance[6], as supplemented by Directive 92/96/EEC[7], provide for a single authorisation of the insurance undertakings granted by the home Member State supervisory authority. This single authorisation allows the insurance undertaking to carry out its activities in the Community by means of establishment or free provision of services without any further authorisation by the host Member State and under the sole prudential supervision of the home Member State supervisory authorities.

(2) The insurance directives providing a single authorisation with a Community scope for the insurance undertakings do not contain coordination rules in the event of winding-up proceedings. Insurance undertakings as well as other financial institutions are expressly excluded from the scope of Council Regulation (EC) No 1346/2000 of 29 May 2000 on insolvency proceedings[8]. It is in the interest of the proper functioning of the internal market and of the protection of creditors that coordinated rules are established at Community level for winding-up proceedings in respect of insurance undertakings.

---

[1] OJ C 71, 19.3.1987, p. 5, and OJ C 253, 6.10.1989, p. 3.

[2] OJ C 319, 30.11.1987, p. 10.

[3] Opinion of the European Parliament of 15 March 1989 (OJ C 96, 17.4.1989, p. 99), confirmed on 27 October 1999, Council Common Position of 9 October 2000 (OJ C 344, 1.12.2000, p. 23) and Decision of the European Parliament of 15 February 2001.

[4] OJ L 228, 16.8.1973, p. 3. Directive as last amended by European Parliament and Council Directive 95/26/EC (OJ L 168, 18.7.1995, p. 7).

[5] Council Directive 92/49/EEC of 18 June 1992 on the coordination of laws, regulations and administrative provisions relating to direct insurance other than life assurance and amending Directives 73/239/EEC and 88/357/EEC (third non-life insurance directive) (OJ L 228, 11.8.1992, p. 1).

[6] OJ L 63, 13.3.1979, p. 1. Directive as last amended by Directive 95/26/EC.

[7] Council Directive 92/96/EEC of 10 November 1992 on the coordination of laws, regulations and administrative provisions relating to direct life assurance and amending Directives 79/267/EEC and 90/619/EEC (third life assurance directive) (OJ L 360, 9.12.1992, p. 1).

[8] OJ L 160, 30.6.2000, p. 1.

2. Directive concerning the insolvency of insurance undertakings

(3) Coordination rules should also be established to ensure that the reorganisation measures, adopted by the competent authority of a Member State in order to preserve or restore the financial soundness of an insurance undertaking and to prevent as much as possible a winding-up situation, produce full effects throughout the Community. The reorganisation measures covered by this Directive are those affecting pre-existing rights of parties other than the insurance undertaking itself. The measures provided for in Article 20 of Directive 73/239/EEC and Article 24 of Directive 79/267/EEC should be included within the scope of this Directive provided that they comply with the conditions contained in the definition of reorganisation measures.

(4) This Directive has a Community scope which affects insurance undertakings as defined in Directives 73/239/EEC and 79/267/EEC which have their head office in the Community, Community branches of insurance undertakings which have their head office in third countries and creditors resident in the Community. This Directive should not regulate the effects of the reorganisation measures and winding-up proceedings vis-à-vis third countries.

(5) This Directive should concern winding-up proceedings whether or not they are founded on insolvency and whether they are voluntary or compulsory. It should apply to collective proceedings as defined by the home Member State's legislation in accordance with Article 9 involving the realisation of the assets of an insurance undertaking and the distribution of their proceeds. Winding-up proceedings which, without being founded on insolvency, involve for the payment of insurance claims a priority order in accordance with Article 10 should also be included in the scope of this Directive. Claims by the employees of an insurance undertaking arising from employment contracts and employment relationships should be capable of being subrogated to a national wage guarantee scheme; such subrogated claims should benefit from the treatment determined by the home Member State's law (lex concursus) according to the principles of this Directive. The provisions of this Directive should apply to the different cases of winding-up proceedings as appropriate.

(6) The adoption of reorganisation measures does not preclude the opening of winding-up proceedings. Winding-up proceedings may be opened in the absence of, or following, the adoption of reorganisation measures and they may terminate with composition or other analogous measures, including reorganisation measures.

(7) The definition of branch, in accordance with existing insolvency principles, should take account of the single legal personality of the insurance undertaking. The home Member State's legislation should determine the way in which the assets and liabilities held by independent persons who have a permanent authority to act as agent for an insurance undertaking should be treated in the winding-up of an insurance undertaking.

(8) A distinction should be made between the competent authorities for the purposes of reorganisation measures and winding-up proceedings and the supervisory authorities of the insurance undertakings. The competent authorities may be administrative or judicial authorities depending on the Member State's legislation. This Directive does not purport to harmonise national legislation concerning the allocation of competences between such authorities.

(9) This Directive does not seek to harmonise national legislation concerning reorganisation measures and winding-up proceedings but aims at ensuring mutual recognition of Member States' reorganisation measures and winding-up legislation concerning insurance undertakings as well as the necessary cooperation. Such mutual recognition is implemented in this Directive through the principles of unity, universality, coordination, publicity, equivalent treatment and protection of insurance creditors.

(10) Only the competent authorities of the home Member State should be empowered to take decisions on winding-up proceedings concerning insurance undertakings (principle of unity). These proceedings should produce their effects throughout the Community and should be recognised by all Member States. All the assets and liabilities of the insurance undertaking should, as a general rule, be taken into consideration in the winding-up proceedings (principle of universality).

(11) The home Member State's law should govern the winding-up decision concerning an insurance undertaking, the winding-up proceedings themselves and their effects, both substantive and procedural, on the persons and legal relations concerned, except where this Directive provides otherwise. Therefore all the conditions for the opening, conduct and closure of winding-up proceedings should in general be governed by the home Member State's law. In order to facilitate its application this Directive should include a non-exhaustive list of aspects which, in particular, are subject to the general rule of the home Member State's legislation.

(12) The supervisory authorities of the home Member State and those of all the other Member States should be informed as a matter of urgency of the opening of winding-up proceedings (principle of coordination).

(13) It is of utmost importance that insured persons, policy-holders, beneficiaries and any injured party having a direct right of action against the insurance undertaking on a claim arising from insurance operations be protected in winding-up proceedings. Such protection should not include claims which arise not from obligations under insurance contracts or insurance perations but from civil liability caused by an agent in negotiations for which, according to the law applicable to the insurance contract or operation, the agent himself is not responsible under such insurance contract or operation. In order to achieve this objective Member States should ensure special treatment for insurance creditors according to one of two optional methods provided for in this Directive. Member States may choose between granting insurance claims absolute precedence over any other claim with respect to assets representing the technical provisions or granting insurance claims a special rank which may only be preceded by claims on salaries, social security, taxes and rights "in rem" over the whole assets of the insurance undertaking. Neither of the two methods provided for in this Directive impedes a Member State from establishing a ranking between different categories of insurance claims.

(14) This Directive should ensure an appropriate balance between the protection of insurance creditors and other privileged creditors protected by the Member State's legislation and not harmonise the different systems of privileged creditors existing in the Member States.

(15) The two optional methods for treatment of insurance claims are considered substantially equivalent. The first method ensures the affectation of assets representing the technical provisions to insurance claims, the second method ensures insurance claims a position in the ranking of creditors which not only affects the assets representing the technical provisions but all the assets of the insurance undertaking.

(16) Member States which, in order to protect insurance creditors, opt for the method of granting insurance claims absolute precedence with respect to the assets representing the technical provisions should require their insurance undertakings to establish and keep up to date a special register of such assets. Such a register is a useful instrument for identifying the assets affected to such claims.

(17) In order to strengthen equivalence between both methods of treatment of insurance claims, this Directive should oblige the Member States which apply the method set out in

2. Directive concerning the insolvency of insurance undertakings 599

Article 10(1)(b) to require every insurance undertaking to represent, at any moment and independently of a possible winding-up, claims, which according to that method may have precedence over insurance claims and which are registered in the insurance undertaking's accounts, by assets allowed by the insurance directives in force to represent the technical provisions.

(18) The home Member State should be able to provide that, where the rights of insurance creditors have been subrogated to a guarantee scheme established in such home Member State, claims by that scheme should not benefit from the treatment of insurance claims under this Directive.

(19) The opening of winding-up proceedings should involve the withdrawal of the authorisation to conduct business granted to the insurance undertaking unless such authorisation has previously been withdrawn.

(20) The decision to open winding-up proceedings, which may produce effects throughout the Community according to the principle of universality, should have appropriate publicity within the Community. In order to protect interested parties, the decision should be published in accordance with the home Member State's procedures and in the Official Journal of the European Communities and, further, by any other means decided by the other Member States' supervisory authorities within their respective territories. In addition to publication of the decision, known creditors who are resident in the Community should be individually informed of the decision and this information should contain at least the elements specified in this Directive. Liquidators should also keep creditors regularly informed of the progress of the winding-up proceedings.

(21) Creditors should have the right to lodge claims or to submit written observations in winding-up proceedings. Claims by creditors resident in a Member State other than the home Member State should be treated in the same way as equivalent claims in the home Member State without any discrimination on the grounds of nationality or residence (principle of equivalent treatment).

(22) This Directive should apply to reorganisation measures adopted by a competent authority of a Member State principles which are similar "mutatis mutandis" to those provided for in winding-up proceedings. The publication of such reorganisation measures should be limited to the case in which an appeal in the home Member State is possible by parties other than the insurance undertaking itself. When reorganisation measures affect exclusively the rights of shareholders, members or employees of the insurance undertaking considered in those capacities, the competent authorities should determine the manner in which the parties affected should be informed in accordance with relevant legislation.

(23) This Directive provides for coordinated rules to determine the law applicable to reorganisation measures and winding-up proceedings of insurance undertakings. This Directive does not seek to establish rules of private international law determining the law applicable to contracts and other legal relations. In particular, this Directive does not seek to govern the applicable rules on the existence of a contract, the rights and obligations of parties and the evaluation of debts.

(24) The general rule of this Directive, according to which reorganisation measures and the winding-up proceedings are governed by the law of the home Member State, should have a series of exceptions in order to protect legitimate expectations and the certainty of certain transactions in Member States other than the home Member State. Such exceptions should concern the effects of such reorganisation measures or winding-up proceedings on certain contracts and rights, third parties' rights in rem, reservations of title, set-off, regulated markets, detrimental acts, third party purchasers and lawsuits pending.

(25) The exception concerning the effects of reorganisation measures and winding-up proceedings on certain contracts and rights provided for in Article 19 should be limited to the effects specified therein and should not include any other issues related to reorganisation measures and winding-up proceedings such as the lodging, verification, admission and ranking of claims regarding such contracts and rights, which should be governed by the home Member State's legislation.

(26) The effects of reorganisation measures or winding-up proceedings on a lawsuit pending should be governed by the law of the Member States in which the lawsuit is pending concerning an asset or a right of which the insurance undertaking has been divested as an exception to the application of the law of the home Member State. The effects of such measures and proceedings on individual enforcement actions arising from these lawsuits should be governed by the home Member State's legislation, according to the general rule of this Directive.

(27) All persons required to receive or divulge information connected with the procedures of communication provided for in this Directive should be bound by professional secrecy in the same manner as that established in Article 16 of Directive 92/49/EEC and Article 15 of Directive 92/96/EEC, with the exception of any judicial authority to which specific national legislation applies.

(28) For the sole purpose of applying the provisions of this Directive to reorganisation measures and winding-up proceedings concerning branches situated in the Community of an insurance undertaking whose head office is located in a third country the home Member State should be defined as the Member State in which the branch is located and the supervisory authorities and competent authorities as the authorities of that Member State.

(29) Where there are branches in more than one Member State of an insurance undertaking whose head office is located outside the Community, each branch should be treated independently with regard to the application of this Directive. In that case the competent authorities, supervisory authorities, administrators and liquidators should endeavour to coordinate their actions,

HAVE ADOPTED THIS DIRECTIVE:

TITLE I. SCOPE AND DEFINITIONS

Article 1. Scope

1. This Directive applies to reorganisation measures and winding-up proceedings concerning insurance undertakings.

2. This Directive also applies, to the extent provided for in Article 30, to reorganisation measures and winding-up proceedings concerning branches in the territory of the Community of insurance undertakings having their head office outside the Community.

Article 2. Definitions

For the purpose of this Directive:

(a) "insurance undertaking" means an undertaking which has received official authorisation in accordance with Article 6 of Directive 73/239/EEC or Article 6 of Directive 79/267/EEC;

(b) "branch" means any permanent presence of an insurance undertaking in the territory of a Member State other than the home Member State which carries out insurance business;

2. Directive concerning the insolvency of insurance undertakings

(c) "reorganisation measures" means measures involving any intervention by administrative bodies or judicial authorities which are intended to preserve or restore the financial situation of an insurance undertaking and which affect pre-existing rights of parties other than the insurance undertaking itself, including but not limited to measures involving the possibility of a suspension of payments, suspension of enforcement measures or reduction of claims;
(d) "winding-up proceedings" means collective proceedings involving realising the assets of an insurance undertaking and distributing the proceeds among the creditors, shareholders or members as appropriate, which necessarily involve any intervention by the administrative or the judicial authorities of a Member State, including where the collective proceedings are terminated by a composition or other analogous measure, whether or not they are founded on insolvency or are voluntary or compulsory;
(e) "home Member State" means the Member State in which an insurance undertaking has been authorised in accordance with Article 6 of Directive 73/239/EEC or Article 6 of Directive 79/267/EEC;
(f) "host Member State" means the Member State other than the home Member State in which an insurance undertaking has a branch;
(g) "competent authorities" means the administrative or judicial authorities of the Member States which are competent for the purposes of the reorganisation measures or the winding-up proceedings;
(h) "supervisory authorities" means the competent authorities within the meaning of Article 1(k) of Directive 92/49/EEC and of Article 1(l) of Directive 92/96/EEC;
(i) "administrator" means any person or body appointed by the competent authorities for the purpose of administering reorganisation measures;
(j) "liquidator" means any person or body appointed by the competent authorities or by the governing bodies of an insurance undertaking, as appropriate, for the purpose of administering winding-up proceedings;
(k) "insurance claims" means any amount which is owed by an insurance undertaking to insured persons, policy holders, beneficiaries or to any injured party having direct right of action against the insurance undertaking and which arises from an insurance contract or from any operation provided for in Article 1(2) and (3), of Directive 79/267/EEC in direct insurance business, including amounts set aside for the aforementioned persons, when some elements of the debt are not yet known. The premiums owed by an insurance undertaking as a result of the non-conclusion or cancellation of these insurance contracts and operations in accordance with the law applicable to such contracts or operations before the opening of the winding-up proceedings shall also be considered insurance claims.

TITLE II. REORGANISATION MEASURES

Article 3. Scope
This Title applies to the reorganisation measures defined in Article 2(c).

Article 4. Adoption of reorganisation measures – Applicable law
1. Only the competent authorities of the home Member State shall be entitled to decide on the reorganisation measures with respect to an insurance undertaking, including its branches in other Member States. The reorganisation measures shall not preclude the opening of winding-up proceedings by the home Member State.

2. The reorganisation measures shall be governed by the laws, regulations and procedures applicable in the home Member State, unless otherwise provided in Articles 19 to 26.
3. The reorganisation measures shall be fully effective throughout the Community in accordance with the legislation of the home Member State without any further formalities, including against third parties in other Member States, even if the legislation of those other Member States does not provide for such reorganisation measures or alternatively makes their implementation subject to conditions which are not fulfilled.
4. The reorganisation measures shall be effective throughout the Community once they become effective in the Member State where they have been taken.

Article 5. Information to the supervisory authorities

The competent authorities of the home Member State shall inform as a matter or urgency the home Member State's supervisory authorities of their decision on any reorganisation measure, where possible before the adoption of such a measure and failing that immediately thereafter. The supervisory authorities of the home Member State shall inform as a matter of urgency the supervisory authorities of all other Member States of the decision to adopt reorganisation measures including the possible practical effects of such measures.

Article 6. Publication

1. Where an appeal is possible in the home Member State against a reorganisation measure, the competent authorities of the home Member State, the administrator or any person entitled to do so in the home Member State shall make public its decision on a reorganisation measure in accordance with the publication procedures provided for in the home Member State and, furthermore, publish in the Official Journal of the European Communities at the earliest opportunity an extract from the document establishing the reorganisation measure. The supervisory authorities of all the other Member States which have been informed of the decision on a reorganisation measure pursuant to Article 5 may ensure the publication of such decision within their territory in the manner they consider appropriate.
2. The publications provided for in paragraph 1 shall also specify the competent authority of the home Member State, the applicable law as provided in Article 4(2) and the administrator appointed, if any. They shall be carried out in the official language or in one of the official languages of the Member State in which the information is published.
3. The reorganisation measures shall apply regardless of the provisions concerning publication set out in paragraphs 1 and 2 and shall be fully effective as against creditors, unless the competent authorities of the home Member State or the law of that State provide otherwise.
4. When reorganisation measures affect exclusively the rights of shareholders, members or employees of an insurance undertaking, considered in those capacities, this Article shall not apply unless the law applicable to these reorganisation measures provides otherwise. The competent authorities shall determine the manner in which the interested parties affected by such reorganisation measures shall be informed in accordance with the relevant legislation.

Article 7. Information to known creditors – Right to lodge claims

1. Where the legislation of the home Member State requires lodgement of a claim with a view to its recognition or provides for compulsory notification of a reorganisation measure to creditors who have their normal place of residence, domicile or head office in that State, the competent authorities of the home Member State or the administrator shall also inform known creditors who have their normal place of residence, domicile or head office in another Member State, in accordance with the procedures laid down in Articles 15 and 17(1).

2. Where the legislation of the home Member State provides for the right of creditors who have their normal place of residence, domicile or head office in that State to lodge claims or to submit observations concerning their claims, creditors who have their normal place of residence, domicile or head office in another Member State shall have the same right to lodge claims or submit observations in accordance with the procedures laid down in Articles 16 and 17(2).

TITLE III. WINDING-UP PROCEEDINGS

Article 8. Opening of winding-up proceedings – Information to the supervisory authorities

1. Only the competent authorities of the home Member State shall be entitled to take a decision concerning the opening of winding-up proceedings with regard to an insurance undertaking, including its branches in other Member States. This decision may be taken in the absence, or following the adoption, of reorganisation measures.

2. A decision adopted according to the home Member State's legislation concerning the opening of winding-up proceedings of an insurance undertaking, including its branches in other Member States, shall be recognised without further formality within the territory of all other Member States and shall be effective there as soon as the decision is effective in the Member State in which the proceedings are opened.

3. The supervisory authorities of the home Member State shall be informed as a matter of urgency of the decision to open winding-up proceedings, if possible before the proceedings are opened and failing that immediately thereafter. The supervisory authorities of the home Member State shall inform as a matter of urgency the supervisory authorities of all other Member States of the decision to open winding-up proceedings including the possible practical effects of such proceedings.

Article 9. Applicable law

1. The decision to open winding-up proceedings with regard to an insurance undertaking, the winding-up proceedings and their effects shall be governed by the laws, regulations and administrative provisions applicable in its home Member State unless otherwise provided in Articles 19 to 26.

2. The law of the home Member State shall determine in particular:
(a) the assets which form part of the estate and the treatment of assets acquired by, or devolving on, the insurance undertaking after the opening of the winding-up proceedings;
(b) the respective powers of the insurance undertaking and the liquidator;

(c) the conditions under which set-off may be invoked;
(d) the effects of the winding-up proceedings on current contracts to which the insurance undertaking is party;
(e) the effects of the winding-up proceedings on proceedings brought by individual creditors, with the exception of lawsuits pending as provided for in Article 26;
(f) the claims which are to be lodged against the insurance undertaking's estate and the treatment of claims arising after the opening of winding-up proceedings;
(g) the rules governing the lodging, verification and admission of claims;
(h) the rules governing the distribution of proceeds from the realisation of assets, the ranking of claims, and the rights of creditors who have obtained partial satisfaction after the opening of winding-up proceedings by virtue of a right in rem or through a set-off;
(i) the conditions for and the effects of closure of winding-up proceedings, in particular by composition;
(j) creditors' rights after the closure of winding-up proceedings;
(k) who is to bear the cost and expenses incurred in the winding-up proceedings;
(l) the rules relating to the voidness, voidability or unenforceability of legal acts detrimental to all the creditors.

Article 10. Treatment of insurance claims
1. Member States shall ensure that insurance claims take precedence over other claims on the insurance undertaking according to one or both of the following methods:
(a) insurance claims shall, with respect to assets representing the technical provisions, take absolute precedence over any other claim on the insurance undertaking;
(b) insurance claims shall, with respect to the whole of the insurance undertaking's assets, take precedence over any other claim on the insurance undertaking with the only possible exception of:
(i) claims by employees arising from employment contracts and employment relationships,
(ii) claims by public bodies on taxes,
(iii) claims by social security systems,
(iv) claims on assets subject to rights in rem.
2. Without prejudice to paragraph 1, Member States may provide that the whole or a part of the expenses arising from the winding-up procedure, as defined by their national legislation, shall take precedence over insurance claims.
3. Member States which have opted for the method provided for in paragraph 1(a) shall require that insurance undertakings establish and keep up to date a special register in line with the provisions set out in the Annex.

Article 11. Subrogation to a guarantee scheme
The home Member State may provide that, where the rights of insurance creditors have been subrogated to a guarantee scheme established in that Member State, claims by that scheme shall not benefit from the provisions of Article 10(1).

Article 12. Representation of preferential claims by assets
By way of derogation from Article 18 of Directive 73/239/EEC and Article 21 of Directive 79/267/EEC, Member States which apply the method set out in Arti-

cle 10(1)(b) of this Directive shall require every insurance undertaking to represent, at any moment and independently from a possible winding-up, the claims which may take precedence over insurance claims pursuant to Article 10(1)(b) and which are registered in the insurance undertaking's accounts, by assets mentioned in Article 21 of Directive 92/49/EEC and Article 21 of Directive 92/96/EEC.

Article 13. Withdrawal of the authorisation
1. Where the opening of winding-up proceedings is decided in respect of an insurance undertaking, the authorisation of the insurance undertaking shall be withdrawn, except to the extent necessary for the purposes of paragraph 2, in accordance with the procedure laid down in Article 22 of Directive 73/239/EEC and Article 26 of Directive 79/267/EEC, if the authorisation has not been previously withdrawn.
2. The withdrawal of authorisation pursuant to paragraph 1 shall not prevent the liquidator or any other person entrusted by the competent authorities from carrying on some of the insurance undertakings' activities in so far as that is necessary or appropriate for the purposes of winding-up. The home Member State may provide that such activities shall be carried on with the consent and under the supervision of the supervisory authorities of the home Member State.

Article 14. Publication
1. The competent authority, the liquidator or any person appointed for that purpose by the competent authority shall publish the decision to open winding-up proceedings in accordance with the publication procedures provided for in the home Member State and also publish an extract from the winding-up decision in the Official Journal of the European Communities. The supervisory authorities of all the other Member States which have been informed of the decision to open winding-up proceedings in accordance with Article 8(3) may ensure the publication of such decision within their territories in the manner they consider appropriate.
2. The publication of the decision to open winding-up proceedings provided for in paragraph 1 shall also specify the competent authority of the home Member State, the applicable law and the liquidator appointed. It shall be in the official language or in one of the official languages of the Member State in which the information is published.

Article 15. Information to known creditors
1. When winding-up proceedings are opened, the competent authorities of the home Member State, the liquidator or any person appointed for that purpose by the competent authorities shall without delay individually inform by written notice each known creditor who has his normal place of residence, domicile or head office in another Member State thereof.
2. The notice referred to in paragraph 1 shall in particular deal with time limits, the penalties laid down with regard to those time limits, the body or authority empowered to accept the lodgement of claims or observations relating to claims and the other measures laid down. The notice shall also indicate whether creditors whose claims are preferential or secured in rem need to lodge their claims. In the case of insurance claims, the notice shall further indicate the general effects of the winding-up proceedings on the insurance contracts, in particular, the date on

which the insurance contracts or the operations will cease to produce effects and the rights and duties of insured persons with regard to the contract or operation.

Article 16. Right to lodge claims
1. Any creditor who has his normal place of residence, domicile or head office in a Member State other than the home Member State, including Member States' public authorities, shall have the right to lodge claims or to submit written observations relating to claims.
2. The claims of all creditors who have their normal place of residence, domicile or head office in a Member State other than the home Member State, including the aforementioned authorities, shall be treated in the same way and accorded the same ranking as claims of an equivalent nature lodgeable by creditors who have their normal place of residence, domicile or head office in the home Member State.
3. Except in cases where the law of the home Member State allows otherwise, a creditor shall send copies of supporting documents, if any, and shall indicate the nature of the claim, the date on which it arose and the amount, whether he alleges preference, security in rem or reservation of title in respect of the claim and what assets are covered by his security. The precedence granted to insurance claims by Article 10 need not be indicated.

Article 17. Languages and form
1. The information in the notice referred to in Article 15 shall be provided in the official language or one of the official languages of the home Member State. For that purpose a form shall be used bearing the heading "Invitation to lodge a claim; time limits to be observed" or, where the law of the home Member State provides for the submission of observations relating to claims, "Invitation to submit observations relating to a claim; time limits to be observed", in all the official languages of the European Union.
However, where a known creditor is a holder of an insurance claim, the information in the notice referred to in Article 15 shall be provided in the official language or one of the official languages of the Member State in which the creditor has his normal place of residence, domicile or head office.
2. Any creditor who has his normal place of residence, domicile or head office in a Member State other than the home Member State may lodge his claim or submit observations relating to his claim in the official language or one of the official languages of that other Member State. However, in that event the lodgement of his claim or the submission of observations on his claim, as appropriate, shall bear the heading "Lodgement of claim" or "Submission of observations relating to claims", as appropriate, in the official language or one of the official languages of the home Member State.

Article 18. Regular information to the creditors
1. Liquidators shall keep creditors regularly informed, in an appropriate manner, in particular regarding the progress of the winding-up.
2. The supervisory authorities of the Member States may request information on developments in the winding-up procedure from the supervisory authorities of the home Member State.

TITLE IV. PROVISIONS COMMON TO REORGANISATION MEASURES AND WINDING-UP PROCEEDINGS

Article 19. Effects on certain contracts and rights
By way of derogation from Articles 4 and 9, the effects of the opening of reorganisation measures or of winding-up proceedings on the contracts and rights specified below shall be governed by the following rules:
(a) employment contracts and employment relationships shall be governed solely by the law of the Member State applicable to the employment contract or employment relationship;
(b) a contract conferring the right to make use of or acquire immovable property shall be governed solely by the law of the Member State in whose territory the immovable property is situated;
(c) rights of the insurance undertaking with respect to immovable property, a ship or an aircraft subject to registration in a public register shall be governed by the law of the Member State under whose authority the register is kept.

Article 20. Third parties' rights in rem
1. The opening of reorganisation measures or winding-up proceedings shall not affect the rights in rem of creditors or third parties in respect of tangible or intangible, movable or immovable assets – both specific assets and collections of indefinite assets as a whole which change from time to time – belonging to the insurance undertaking which are situated within the territory of another Member State at the time of the opening of such measures or proceedings.
2. The rights referred to in paragraph 1 shall in particular mean:
(a) the right to dispose of assets or have them disposed of and to obtain satisfaction from the proceeds of or income from those assets, in particular by virtue of a lien or a mortgage;
(b) the exclusive right to have a claim met, in particular a right guaranteed by a lien in respect of the claim or by assignment of the claim by way of a guarantee;
(c) the right to demand the assets from, and/or to require restitution by, anyone having possession or use of them contrary to the wishes of the party so entitled;
(d) a right in rem to the beneficial use of assets.
3. The right, recorded in a public register and enforceable against third parties, under which a right in rem within the meaning of paragraph 1 may be obtained, shall be considered a right in rem.
4. Paragraph 1 shall not preclude actions for voidness, voidability or unenforceability referred to in Article 9(2)(l).

Article 21. Reservation of title
1. The opening of reorganisation measures or winding-up proceedings against an insurance undertaking purchasing an asset shall not affect the seller's rights based on a reservation of title where at the time of the opening of such measures or proceedings the asset is situated within the territory of a Member State other than the State in which such measures or proceedings were opened.
2. The opening of reorganisation measures or winding-up proceedings against an insurance undertaking selling an asset, after delivery of the asset, shall not constitute grounds for rescinding or terminating the sale and shall not prevent the pur-

chaser from acquiring title where at the time of the opening of such measures or proceedings the asset sold is situated within the territory of a Member State other than the State in which such measures or proceedings were opened.
3. Paragraphs 1 and 2 shall not preclude actions for voidness, voidability or unenforceability referred to in Article 9(2)(l).

Article 22. Set-off
1. The opening of reorganisation measures or winding-up proceedings shall not affect the right of creditors to demand the set-off of their claims against the claims of the insurance undertaking, where such a set-off is permitted by the law applicable to the insurance undertaking's claim.
2. Paragraph 1 shall not preclude actions for voidness, voidability or unenforceability referred to in Article 9(2)(l).

Article 23. Regulated markets
1. Without prejudice to Article 20 the effects of a reorganisation measure or the opening of winding-up proceedings on the rights and obligations of the parties to a regulated market shall be governed solely by the law applicable to that market.
2. Paragraph 1 shall not preclude any action for voidness, voidability, or unenforceability referred to in Article 9(2)(l) which may be taken to set aside payments or transactions under the law applicable to that market.

Article 24. Detrimental acts
Article 9(2)(l) shall not apply, where a person who has benefited from a legal act detrimental to all the creditors provides proof that:
(a) the said act is subject to the law of a Member State other than the home Member State, and
(b) that law does not allow any means of challenging that act in the relevant case.

Article 25. Protection of third-party purchasers
Where, by an act concluded after the adoption of a reorganisation measure or the opening of winding-up proceedings, an insurance undertaking disposes, for a consideration, of:
(a) an immovable asset,
(b) a ship or an aircraft subject to registration in a public register, or
(c) transferable or other securities whose existence or transfer presupposes entry in a register or account laid down by law or which are placed in a central deposit system governed by the law of a Member State,
the validity of that act shall be governed by the law of the Member State within whose territory the immovable asset is situated or under whose authority the register, account or system is kept.

Article 26. Lawsuits pending
The effects of reorganisation measures or winding-up proceedings on a pending lawsuit concerning an asset or a right of which the insurance undertaking has been divested shall be governed solely by the law of the Member State in which the lawsuit is pending.

Article 27. Administrators and liquidators

1. The administrator's or liquidator's appointment shall be evidenced by a certified copy of the original decision appointing him or by any other certificate issued by the competent authorities of the home Member State.
A translation into the official language or one of the official languages of the Member State within the territory of which the administrator or liquidator wishes to act may be required. No legalisation or other similar formality shall be required.
2. Administrators and liquidators shall be entitled to exercise within the territory of all the Member States all the powers which they are entitled to exercise within the territory of the home Member State. Persons to assist or, where appropriate, represent administrators and liquidators may be appointed, according to the home Member State's legislation, in the course of the reorganisation measure or winding-up proceedings, in particular in host Member States and, specifically, in order to help overcome any difficulties encountered by creditors in the host Member State.
3. In exercising his powers according to the home Member State's legislation, an administrator or liquidator shall comply with the law of the Member States within whose territory he wishes to take action, in particular with regard to procedures for the realisation of assets and the informing of employees. Those powers may not include the use of force or the right to rule on legal proceedings or disputes.

Article 28. Registration in a public register

1. The administrator, liquidator or any other authority or person duly empowered in the home Member State may request that a reorganisation measure or the decision to open winding-up proceedings be registered in the land register, the trade register and any other public register kept in the other Member States.
However, if a Member State prescribes mandatory registration, the authority or person referred to in subparagraph 1 shall take all the measures necessary to ensure such registration.
2. The costs of registration shall be regarded as costs and expenses incurred in the proceedings.

Article 29. Professional secrecy

All persons required to receive or divulge information in connection with the procedures of communication laid down in Articles 5, 8 and 30 shall be bound by professional secrecy, in the same manner as laid down in Article 16 of Directive 92/49/EEC and Article 15 of Directive 92/96/EEC, with the exception of any judicial authorities to which existing national provisions apply.

Article 30. Branches of third country insurance undertakings

1. Notwithstanding the definitions laid down in Article 2(e), (f) and (g) and for the purpose of applying the provisions of this Directive to the reorganisation measures and winding-up proceedings concerning a branch situated in a Member State of an insurance undertaking whose head office is located outside the Community:
(a) "home Member State" means the Member State in which the branch has been granted authorisation according to Article 23 of Directive 73/239/EEC and Article 27 of Directive 79/267/EEC, and

(b) "supervisory authorities" and "competent authorities" mean such authorities of the Member State in which the branch was authorised.
2. When an insurance undertaking whose head office is outside the Community has branches established in more than one Member State, each branch shall be treated independently with regard to the application of this Directive. The competent authorities and the supervisory authorities of these Member States shall endeavour to coordinate their actions. Any administrators or liquidators shall likewise endeavour to coordinate their actions.

Article 31. Implementation of this Directive
1. Member States shall bring into force the laws, regulations and administrative provisions necessary to comply with this Directive before 20 April 2003. They shall forthwith inform the Commission thereof.
When Member States adopt these measures, they shall contain a reference to this Directive or shall be accompanied by such reference on the occasion of their official publication. The methods of making such reference shall be laid down by Member States.
2. National provisions adopted in application of this Directive shall apply only to reorganisation measures or winding-up proceedings adopted or opened after the date referred to in paragraph 1. Reorganisation measures adopted or winding up proceedings opened before that date shall continue to be governed by the law that was applicable to them at the time of adoption or opening.
3. Member States shall communicate to the Commission the text of the main provisions of domestic law which they adopt in the field governed by this Directive.

Article 32. Entry into force
This Directive shall enter into force on the day of its publication in the Official Journal of the European Communities.

Article 33. Addressees
This Directive is addressed to the Member States.

ANNEX

SPECIAL REGISTER REFERRED TO IN ARTICLE 10(3)
1. Every insurance undertaking must keep at its head office a special register of the assets used to cover the technical provisions calculated and invested in accordance with the home Member State's rules.
2. Where an insurance undertaking transacts both non-life and life business, it must keep at its head office separate registers for each type of business. However, where a Member State authorises insurance undertakings to cover life and the risks listed in points 1 and 2 of Annex A to Directive 73/239/EEC, it may provide that those insurance undertakings must keep a single register for the whole of their activities.
3. The total value of the assets entered, valued in accordance with the rules applicable in the home Member State, must at no time be less than the value of the technical provisions.
4. Where an asset entered in the register is subject to a right in rem in favour of a

2. Directive concerning the insolvency of insurance undertakings

creditor or a third party, with the result that part of the value of the asset is not available for the purpose of covering commitments, that fact is recorded in the register and the amount not available is not included in the total value referred to in point 3.

5. Where an asset employed to cover technical provisions is subject to a right in rem in favour of a creditor or a third party, without meeting the conditions of point 4, or where such an asset is subject to a reservation of title in favour of a creditor or of a third party or where a creditor has a right to demand the set-off of his claim against the claim of the insurance undertaking, the treatment of such asset in case of the winding-up of the insurance undertaking with respect to the method provided for in Article 10(1)(a) shall be determined by the legislation of the home Member State except where Articles 20, 21 or 22 apply to that asset.

6. The composition of the assets entered in the register in accordance with points 1 to 5, at the time when winding-up proceedings are opened, must not thereafter be changed and no alteration other than the correction of purely clerical errors must be made in the registers, except with the authorisation of the competent authority.

7. Notwithstanding point 6, the liquidators must add to the said assets the yield therefrom and the value of the pure premiums received in respect of the class of business concerned between the opening of the winding-up proceedings and the time of payment of the insurance claims or until any transfer of portfolio is effected.

8. If the product of the realisation of assets is less than their estimated value in the registers, the liquidators must be required to justify this to the home Member States' competent authorities.

9. The supervisory authorities of the Member States must take appropriate measures to ensure full application by the insurance undertakings of the provisions of this Annex.

3. Directive of the European Parliament and of the Council of 4 April 2001 on the reorganisation and winding up of credit institutions (2001/24/EC)

Official Journal No L 125, 05/05/2001 p. 15–23

THE EUROPEAN PARLIAMENT AND THE COUNCIL OF THE EUROPEAN UNION,

Having regard to the Treaty establishing the European Community, and in particular Article 47(2) thereof,

Having regard to the proposal from the Commission[1],

Having regard to the opinion of the Economic and Social Committee[2],

Having regard to the opinion of the European Monetary Institute[3],

Acting in accordance with the procedure laid down in Article 251 of the Treaty[4],

Whereas:

(1) In accordance with the objectives of the Treaty, the harmonious and balanced development of economic activities throughout the Community should be promoted through the elimination of any obstacles to the freedom of establishment and the freedom to provide services within the Community.

(2) At the same time as those obstacles are eliminated, consideration should be given to the situation which might arise if a credit institution runs into difficulties, particularly where that institution has branches in other Member States.

(3) This Directive forms part of the Community legislative framework set up by Directive 2000/12/EC of the European Parliament and of the Council of 20 March 2000 relating to the taking up and pursuit of the business of credit institutions[5]. It follows therefrom that, while they are in operation, a credit institution and its branches form a single entity subject to the supervision of the competent authorities of the State where authorisation valid throughout the Community was granted.

(4) It would be particularly undesirable to relinquish such unity between an institution and its branches where it is necessary to adopt reorganisation measures or open winding-up proceedings.

(5) The adoption of Directive 94/19/EC of the European Parliament and of the Council of 30 May 1994 on deposit-guarantee schemes[6], which introduced the principle of compulsory membership by credit institutions of a guarantee scheme in their home Member State, brings out even more clearly the need for mutual recognition of reorganisation measures and winding-up proceedings.

---

[1] OJ C 356, 31.12.1985, p. 55 and OJ C 36, 8.2.1988, p. 1.
[2] OJ C 263, 20.10.1986, p. 13.
[3] OJ C 332, 30.10.1998, p. 13.
[4] Opinion of the European Parliament of 13 March 1987 (OJ C 99, 13.4.1987, p. 211), confirmed on 2 December 1993 (OJ C 342, 20.12.1993, p. 30), Council Common Position of 17 July 2000 (OJ C 300, 20.10.2000, p. 13) and Decision of the European Parliament of 16 January 2001 (not yet published in the Official Journal). Council Decision of 12 March 2001.
[5] OJ L 126, 26.5.2000, p. 1. Directive as amended by Directive 2000/28/EC (OJ L 275, 27.10.2000, p. 37).
[6] OJ L 135, 31.5.1994, p. 5.

3. Directive concerning the insolvency of credit institutions

(6) The administrative or judicial authorities of the home Member State must have sole power to decide upon and to implement the reorganisation measures provided for in the law and practices in force in that Member State. Owing to the difficulty of harmonising Member States' laws and practices, it is necessary to establish mutual recognition by the Member States of the measures taken by each of them to restore to viability the credit institutions which it has authorised.

(7) It is essential to guarantee that the reorganisation measures adopted by the administrative or judicial authorities of the home Member State and the measures adopted by persons or bodies appointed by those authorities to administer those reorganisation measures, including measures involving the possibility of a suspension of payments, suspension of enforcement measures or reduction of claims and any other measure which could affect third parties' existing rights, are effective in all Member States.

(8) Certain measures, in particular those affecting the functioning of the internal structure of credit institutions or managers' or shareholders' rights, need not be covered by this Directive to be effective in Member States insofar as, pursuant to the rules of private international law, the applicable law is that of the home State.

(9) Certain measures, in particular those connected with the continued fulfilment of conditions of authorisation, are already the subject of mutual recognition pursuant to Directive 2000/12/EC insofar as they do not affect the rights of third parties existing before their adoption.

(10) Persons participating in the operation of the internal structures of credit institutions as well as managers and shareholders of such institutions, considered in those capacities, are not to be regarded as third parties for the purposes of this Directive.

(11) It is necessary to notify third parties of the implementation of reorganisation measures in Member States where branches are situated when such measures could hinder the exercise of some of their rights.

(12) The principle of equal treatment between creditors, as regards the opportunities open to them to take action, requires the administrative or judicial authorities of the home Member State to adopt such measures as are necessary for the creditors in the host Member State to be able to exercise their rights to take action within the time limit laid down.

(13) There must be some coordination of the role of the administrative or judicial authorities in reorganisation measures and winding-up proceedings for branches of credit institutions having head offices outside the Community and situated in different Member States.

(14) In the absence of reorganisation measures, or in the event of such measures failing, the credit institutions in difficulty must be wound up. Provision should be made in such cases for mutual recognition of winding-up proceedings and of their effects in the Community.

(15) The important role played by the competent authorities of the home Member State before winding-up proceedings are opened may continue during the process of winding up so that these proceedings can be properly carried out.

(16) Equal treatment of creditors requires that the credit institution is wound up according to the principles of unity and universality, which require the administrative or judicial authorities of the home Member State to have sole jurisdiction and their decisions to be recognised and to be capable of producing in all the other Member States, without any formality, the effects ascribed to them by the law of the home Member State, except where this Directive provides otherwise.

(17) The exemption concerning the effects of reorganisation measures and winding-up proceedings on certain contracts and rights is limited to those effects and does not cover

other questions concerning reorganisation measures and winding-up proceedings such as the lodging, verification, admission and ranking of claims concerning those contracts and rights and the rules governing the distribution of the proceeds of the realisation of the assets, which are governed by the law of the home Member State.

(18) Voluntary winding up is possible when a credit institution is solvent. The administrative or judicial authorities of the home Member State may nevertheless, where appropriate, decide on a reorganisation measure or winding-up proceedings, even after voluntary winding up has commenced.

(19) Withdrawal of authorisation to pursue the business of banking is one of the consequences which winding up a credit institution necessarily entails. Withdrawal should not, however, prevent certain activities of the institution from continuing insofar as is necessary or appropriate for the purposes of winding up. Such a continuation of activity may nonetheless be made subject by the home Member State to the consent of, and supervision by, its competent authorities.

(20) Provision of information to known creditors on an individual basis is as essential as publication to enable them, where necessary, to lodge their claims or submit observations relating to their claims within the prescribed time limits. This should take place without discrimination against creditors domiciled in a Member State other than the home Member State, based on their place of residence or the nature of their claims. Creditors must be kept regularly informed in an appropriate manner throughout winding-up proceedings.

(21) For the sole purpose of applying the provisions of this Directive to reorganisation measures and winding-up proceedings involving branches located in the Community of a credit institution of which the head office is situated in a third country, the definitions of "home Member State", "competent authorities" and "administrative or judicial authorities" should be those of the Member State in which the branch is located.

(22) Where a credit institution which has its head office outside the Community possesses branches in more than one Member State, each branch should receive individual treatment in regard to the application of this Directive. In such a case, the administrative or judicial authorities and the competent authorities as well as the administrators and liquidators should endeavour to coordinate their activities.

(23) Although it is important to follow the principle that the law of the home Member State determines all the effects of reorganisation measures or winding-up proceedings, both procedural and substantive, it is also necessary to bear in mind that those effects may conflict with the rules normally applicable in the context of the economic and financial activity of the credit institution in question and its branches in other Member States. In some cases reference to the law of another Member State represents an unavoidable qualification of the principle that the law of the home Member State is to apply.

(24) That qualification is especially necessary to protect employees having a contract of employment with a credit institution, ensure the security of transactions in respect of certain types of property and protect the integrity of regulated markets functioning in accordance with the law of a Member State on which financial instruments are traded.

(25) Transactions carried out in the framework of a payment and settlement system are covered by Directive 98/26/EC of the European Parliament and of the Council of 19 May 1998 on settlement finality in payment and securities settlement systems[7].

---

[7] OJ L 166, 11.6.1998, p. 45.

*(26) The adoption of this Directive does not call into question the provisions of Directive 98/26/EC according to which insolvency proceedings must not have any effect on the enforceability of orders validly entered into a system, or on collateral provided for a system.
(27) Some reorganisation measures or winding-up proceedings involve the appointment of a person to administer them. The recognition of his appointment and his powers in all other Member States is therefore an essential factor in the implementation of decisions taken in the home Member State. However, the limits within which he may exercise his powers when he acts outside the home Member State should be specified.
(28) Creditors who have entered into contracts with a credit institution before a reorganisation measure is adopted or winding-up proceedings are opened should be protected against provisions relating to voidness, voidability or unenforceability laid down in the law of the home Member State, where the beneficiary of the transaction produces evidence that in the law applicable to that transaction there is no available means of contesting the act concerned in the case in point.
(29) The confidence of third-party purchasers in the content of the registers or accounts regarding certain assets entered in those registers or accounts and by extension of the purchasers of immovable property should be safeguarded, even after winding-up proceedings have been opened or a reorganisation measure adopted. The only means of safeguarding that confidence is to make the validity of the purchase subject to the law of the place where the immovable asset is situated or of the State under whose authority the register or account is kept.
(30) The effects of reorganisation measures or winding-up proceedings on a lawsuit pending are governed by the law of the Member State in which the lawsuit is pending, by way of exception to the application of the lex concursus. The effects of those measures and procedures on individual enforcement actions arising from such lawsuits are governed by the legislation of the home Member State, in accordance with the general rule established by this Directive.
(31) Provision should be made for the administrative or judicial authorities in the home Member State to notify immediately the competent authorities of the host Member State of the adoption of any reorganisation measure or the opening of any winding-up proceedings, if possible before the adoption of the measure or the opening of the proceedings, or, if not, immediately afterwards.
(32) Professional secrecy as defined in Article 30 of Directive 2000/12/EC is an essential factor in all information or consultation procedures. For that reason it should be respected by all the administrative authorities taking part in such procedures, whereas the judicial authorities remain, in this respect, subject to the national provisions relating to them,*
HAVE ADOPTED THIS DIRECTIVE:

TITLE I. SCOPE AND DEFINITIONS

Article 1. Scope
1. This Directive shall apply to credit institutions and their branches set up in Member States other than those in which they have their head offices, as defined in points (1) and (3) of Article 1 of Directive 2000/12/EC, subject to the conditions and exemptions laid down in Article 2(3) of that Directive.
2. The provisions of this Directive concerning the branches of a credit institution having a head office outside the Community shall apply only where that institution has branches in at least two Member States of the Community.

Article 2. Definitions
For the purposes of this Directive:
– "home Member State" shall mean the Member State of origin within the meaning of Article 1, point (6) of Directive 2000/12/EC;
– "host Member State" shall mean the host Member State within the meaning of Article 1, point (7) of Directive 2000/12/EC;
– "branch" shall mean a branch within the meaning of Article 1, point (3) of Directive 2000/12/EC;
– "competent authorities" shall mean the competent authorities within the meaning of Article 1, point (4) of Directive 2000/12/EC;
– "administrator" shall mean any person or body appointed by the administrative or judicial authorities whose task is to administer reorganisation measures;
– "administrative or judicial authorities" shall mean such administrative or judicial authorities of the Member States as are competent for the purposes of reorganisation measures or winding-up proceedings;
– "reorganisation measures" shall mean measures which are intended to preserve or restore the financial situation of a credit institution and which could affect third parties' pre-existing rights, including measures involving the possibility of a suspension of payments, suspension of enforcement measures or reduction of claims;
– "liquidator" shall mean any person or body appointed by the administrative or judicial authorities whose task is to administer winding-up proceedings;
– "winding-up proceedings" shall mean collective proceedings opened and monitored by the administrative or judicial authorities of a Member State with the aim of realising assets under the supervision of those authorities, including where the proceedings are terminated by a composition or other, similar measure;
– "regulated market" shall mean a regulated market within the meaning of Article 1, point (13) of Directive 93/22/EEC;
– "instruments" shall mean all the instruments referred to in Section B of the Annex to Directive 93/22/EEC.

TITLE II. REORGANISATION MEASURES

A. Credit institutions having their head offices within the Community

Article 3. Adoption of reorganisation measures – applicable law
1. The administrative or judicial authorities of the home Member State shall alone be empowered to decide on the implementation of one or more reorganisation measures in a credit institution, including branches established in other Member States.
2. The reorganisation measures shall be applied in accordance with the laws, regulations and procedures applicable in the home Member State, unless otherwise provided in this Directive.
They shall be fully effective in accordance with the legislation of that Member State throughout the Community without any further formalities, including as against third parties in other Member States, even where the rules of the host Member State applicable to them do not provide for such measures or make their implementation subject to conditions which are not fulfilled.

3. Directive concerning the insolvency of credit institutions

The reorganisation measures shall be effective throughout the Community once they become effective in the Member State where they have been taken.

Article 4. Information for the competent authorities of the host Member State

The administrative or judicial authorities of the home Member State shall without delay inform, by any available means, the competent authorities of the host Member State of their decision to adopt any reorganisation measure, including the practical effects which such a measure may have, if possible before it is adopted or otherwise immediately thereafter. Information shall be communicated by the competent authorities of the home Member State.

Article 5. Information for the supervisory authorities of the home Member State

Where the administrative or judicial authorities of the host Member State deem it necessary to implement within their territory one or more reorganisation measures, they shall inform the competent authorities of the home Member State accordingly. Information shall be communicated by the host Member State's competent authorities.

Article 6. Publication

1. Where implementation of the reorganisation measures decided on pursuant to Article 3(1) and (2) is likely to affect the rights of third parties in a host Member State and where an appeal may be brought in the home Member State against the decision ordering the measure, the administrative or judicial authorities of the home Member State, the administrator or any person empowered to do so in the home Member State shall publish an extract from the decision in the Official Journal of the European Communities and in two national newspapers in each host Member State, in order in particular to facilitate the exercise of the right of appeal in good time.
2. The extract from the decision provided for in paragraph 1 shall be forwarded at the earliest opportunity, by the most appropriate route, to the Office for Official Publications of the European Communities and to the two national newspapers in each host Member State.
3. The Office for Official Publications of the European Communities shall publish the extract at the latest within twelve days of its dispatch.
4. The extract from the decision to be published shall specify, in the official language or languages of the Member States concerned, in particular the purpose and legal basis of the decision taken, the time limits for lodging appeals, specifically a clearly understandable indication of the date of expiry of the time limits, and the full address of the authorities or court competent to hear an appeal.
5. The reorganisation measures shall apply irrespective of the measures prescribed in paragraphs 1 to 3 and shall be fully effective as against creditors, unless the administrative or judicial authorities of the home Member State or the law of that State governing such measures provide otherwise.

Article 7. Duty to inform known creditors and right to lodge claims

1. Where the legislation of the home Member State requires lodgement of a claim with a view to its recognition or provides for compulsory notification of the measure to creditors who have their domiciles, normal places of residence or head offic-

es in that State, the administrative or judicial authorities of the home Member State or the administrator shall also inform known creditors who have their domiciles, normal places of residence or head offices in other Member States, in accordance with the procedures laid down in Articles 14 and 17(1).
2. Where the legislation of the home Member State provides for the right of creditors who have their domiciles, normal places of residence or head offices in that State to lodge claims or to submit observations concerning their claims, creditors who have their domiciles, normal places of residence or head offices in other Member States shall also have that right in accordance with the procedures laid down in Article 16 and Article 17(2).

B. Credit institutions having their head offices outside the Community

Article 8. Branches of third-country credit institutions
1. The administrative or judicial authorities of the host Member State of a branch of a credit institution having its head office outside the Community shall without delay inform, by any available means, the competent authorities of the other host Member States in which the institution has set up branches which are included on the list referred to in Article 11 of Directive 2000/12/EC and published each year in the Official Journal of the European Communities, of their decision to adopt any reorganisation measure, including the practical effects which that measure may have, if possible before it is adopted or otherwise immediately thereafter. Information shall be communicated by the competent authorities of the host Member State whose administrative or judicial authorities decide to apply the measure.
2. The administrative or judicial authorities referred to in paragraph 1 shall endeavour to coordinate their actions.

TITLE III. WINDING-UP PROCEEDINGS

A. Credit institutions having their head offices within the Community

Article 9. Opening of winding-up proceedings – Information to be communicated to other competent authorities
1. The administrative or judicial authorities of the home Member State which are responsible for winding up shall alone be empowered to decide on the opening of winding-up proceedings concerning a credit institution, including branches established in other Member States.
A decision to open winding-up proceedings taken by the administrative or judicial authority of the home Member State shall be recognised, without further formality, within the territory of all other Member States and shall be effective there when the decision is effective in the Member State in which the proceedings are opened.
2. The administrative or judicial authorities of the home Member State shall without delay inform, by any available means, the competent authorities of the host Member State of their decision to open winding-up proceedings, including the practical effects which such proceedings may have, if possible before they open or otherwise immediately thereafter. Information shall be communicated by the competent authorities of the home Member State.

3. Directive concerning the insolvency of credit institutions

Article 10. Law applicable
1. A credit institution shall be wound up in accordance with the laws, regulations and procedures applicable in its home Member State insofar as this Directive does not provide otherwise.
2. The law of the home Member State shall determine in particular:
(a) the goods subject to administration and the treatment of goods acquired by the credit institution after the opening of winding-up proceedings;
(b) the respective powers of the credit institution and the liquidator;
(c) the conditions under which set-offs may be invoked;
(d) the effects of winding-up proceedings on current contracts to which the credit institution is party;
(e) the effects of winding-up proceedings on proceedings brought by individual creditors, with the exception of lawsuits pending, as provided for in Article 32;
(f) the claims which are to be lodged against the credit institution and the treatment of claims arising after the opening of winding-up proceedings;
(g) the rules governing the lodging, verification and admission of claims;
(h) the rules governing the distribution of the proceeds of the realisation of assets, the ranking of claims and the rights of creditors who have obtained partial satisfaction after the opening of insolvency proceedings by virtue of a right in re or through a set-off;
(i) the conditions for, and the effects of, the closure of insolvency proceedings, in particular by composition;
(j) creditors' rights after the closure of winding-up proceedings;
(k) who is to bear the costs and expenses incurred in the winding-up proceedings;
(l) the rules relating to the voidness, voidability or unenforceability of legal acts detrimental to all the creditors.

Article 11. Consultation of competent authorities before voluntary winding up
1. The competent authorities of the home Member State shall be consulted in the most appropriate form before any voluntary winding-up decision is taken by the governing bodies of a credit institution.
2. The voluntary winding up of a credit institution shall not preclude the adoption of a reorganisation measure or the opening of winding-up proceedings.

Article 12. Withdrawal of a credit institution's authorisation
1. Where the opening of winding-up proceedings is decided on in respect of a credit institution in the absence, or following the failure, of reorganisation measures, the authorisation of the institution shall be withdrawn in accordance with, in particular, the procedure laid down in Article 22(9) of Directive 2000/12/EC.
2. The withdrawal of authorisation provided for in paragraph 1 shall not prevent the person or persons entrusted with the winding up from carrying on some of the credit institution's activities insofar as that is necessary or appropriate for the purposes of winding up.
The home Member State may provide that such activities shall be carried on with the consent, and under the supervision, of the competent authorities of that Member State.

Article 13. Publication
The liquidators or any administrative or judicial authority shall announce the decision to open winding-up proceedings through publication of an extract from the winding-up decision in the Official Journal of the European Communities and at least two national newspapers in each of the host Member States.

Article 14. Provision of information to known creditors
1. When winding-up proceedings are opened, the administrative or judicial authority of the home Member State or the liquidator shall without delay individually inform known creditors who have their domiciles, normal places of residence or head offices in other Member States, except in cases where the legislation of the home State does not require lodgement of the claim with a view to its recognition.
2. That information, provided by the dispatch of a notice, shall in particular deal with time limits, the penalties laid down in regard to those time limits, the body or authority empowered to accept the lodgement of claims or observations relating to claims and the other measures laid down. Such a notice shall also indicate whether creditors whose claims are preferential or secured in re need lodge their claims.

Article 15. Honouring of obligations
Where an obligation has been honoured for the benefit of a credit institution which is not a legal person and which is the subject of winding-up proceedings opened in another Member State, when it should have been honoured for the benefit of the liquidator in those proceedings, the person honouring the obligation shall be deemed to have discharged it if he was unaware of the opening of proceedings. Where such an obligation is honoured before the publication provided for in Article 13 has been effected, the person honouring the obligation shall be presumed, in the absence of proof to the contrary, to have been unaware of the opening of winding-up proceedings; where the obligation is honoured after the publication provided for in Article 13 has been effected, the person honouring the obligation shall be presumed, in the absence of proof to the contrary, to have been aware of the opening of proceedings.

Article 16. Right to lodge claims
1. Any creditor who has his domicile, normal place of residence or head office in a Member State other than the home Member State, including Member States' public authorities, shall have the right to lodge claims or to submit written observations relating to claims.
2. The claims of all creditors whose domiciles, normal places of residence or head offices are in Member States other than the home Member State shall be treated in the same way and accorded the same ranking as claims of an equivalent nature which may be lodged by creditors having their domiciles, normal places of residence, or head offices in the home Member State
3. Except in cases where the law of the home Member State provides for the submission of observations relating to claims, a creditor shall send copies of supporting documents, if any, and shall indicate the nature of the claim, the date on which it arose and its amount, as well as whether he alleges preference, security in re or reservation of title in respect of the claim and what assets are covered by his security.

Article 17. Languages

1. The information provided for in Articles 13 and 14 shall be provided in the official language or one of the official languages of the home Member State. For that purpose a form shall be used bearing, in all the official languages of the European Union, the heading "Invitation to lodge a claim. Time limits to be observed" or, where the law of the home Member State provides for the submission of observations relating to claims, the heading "Invitation to submit observations relating to a claim. Time limits to be observed".

2. Any creditor who has his domicile, normal place of residence or head office in a Member State other than the home Member State may lodge his claim or submit observations relating to his claim in the official language or one of the official languages of that other Member State. In that event, however, the lodgement of his claim or the submission of observations on his claim shall bear the heading "Lodgement of claim" or "Submission of observations relating to claims" in the official language or one of the official languages of the home Member State. In addition, he may be required to provide a translation into that language of the lodgement of claim or submission of observations relating to claims.

Article 18. Regular provision of information to creditors

Liquidators shall keep creditors regularly informed, in an appropriate manner, particularly with regard to progress in the winding up.

B. Credit institutions the head offices of which are outside the Community

Article 19. Branches of third-country credit institutions

1. The administrative or judicial authorities of the host Member State of the branch of a credit institution the head office of which is outside the Community shall without delay inform, by any available means, the competent authorities of the other host Member States in which the credit institution has set up branches on the list referred to in Article 11 of Directive 2000/12/EC and published each year in the Official Journal of the European Communities, of their decision to open winding-up proceedings, including the practical effects which these proceedings may have, if possible before they open or otherwise immediately thereafter. Information shall be communicated by the competent authorities of the first abovementioned host Member State.

2. Administrative or judicial authorities which decide to open proceedings to wind up a branch of a credit institution the head office of which is outside the Community shall inform the competent authorities of the other host Member States that winding-up proceedings have been opened and authorisation withdrawn.

Information shall be communicated by the competent authorities in the host Member State which has decided to open the proceedings.

3. The administrative or judicial authorities referred to in paragraph 1 shall endeavour to coordinate their actions.

Any liquidators shall likewise endeavour to coordinate their actions.

TITLE IV. PROVISIONS COMMON TO REORGANISATION MEASURES AND WINDING-UP PROCEEDINGS

Article 20. Effects on certain contracts and rights
The effects of a reorganisation measure or the opening of winding-up proceedings on:

(a) employment contracts and relationships shall be governed solely by the law of the Member State applicable to the employment contract;

(b) a contract conferring the right to make use of or acquire immovable property shall be governed solely by the law of the Member State within the territory of which the immovable property is situated. That law shall determine whether property is movable or immovable;

(c) rights in respect of immovable property, a ship or an aircraft subject to registration in a public register shall be governed solely by the law of the Member State under the authority of which the register is kept.

Article 21. Third parties' rights in re
1. The adoption of reorganisation measures or the opening of winding-up proceedings shall not affect the rights in re of creditors or third parties in respect of tangible or intangible, movable or immovable assets – both specific assets and collections of indefinite assets as a whole which change from time to time – belonging to the credit institution which are situated within the territory of another Member State at the time of the adoption of such measures or the opening of such proceedings.
2. The rights referred to in paragraph 1 shall in particular mean:

(a) the right to dispose of assets or have them disposed of and to obtain satisfaction from the proceeds of or income from those assets, in particular by virtue of a lien or a mortgage;

(b) the exclusive right to have a claim met, in particular a right guaranteed by a lien in respect of the claim or by assignment of the claim by way of a guarantee;

(c) the right to demand the assets from, and/or to require restitution by, anyone having possession or use of them contrary to the wishes of the party so entitled;

(d) a right in re to the beneficial use of assets.

3. The right, recorded in a public register and enforceable against third parties, under which a right in re within the meaning of paragraph 1 may be obtained, shall be considered a right in re.
4. Paragraph 1 shall not preclude the actions for voidness, voidability or unenforceability laid down in Article 10(2)(l).

Article 22. Reservation of title
1. The adoption of reorganisation measures or the opening of winding-up proceedings concerning a credit institution purchasing an asset shall not affect the seller's rights based on a reservation of title where at the time of the adoption of such measures or opening of such proceedings the asset is situated within the territory of a Member State other than the State in which the said measures were adopted or the said proceedings were opened.
2. The adoption of reorganisation measures or the opening of winding-up proceedings concerning a credit institution selling an asset, after delivery of the asset, shall not constitute grounds for rescinding or terminating the sale and shall not prevent

the purchaser from acquiring title where at the time of the adoption of such measures or the opening of such proceedings the asset sold is situated within the territory of a Member State other than the State in which such measures were adopted or such proceedings were opened.
3. Paragraphs 1 and 2 shall not preclude the actions for voidness, voidability or unenforceability laid down in Article 10(2)(l).

Article 23. Set-off
1. The adoption of reorganisation measures or the opening of winding-up proceedings shall not affect the right of creditors to demand the set-off of their claims against the claims of the credit institution, where such a set-off is permitted by the law applicable to the credit institution's claim.
2. Paragraph 1 shall not preclude the actions for voidness, voidability or unenforceability laid down in Article 10(2)(l).

Article 24. Lex rei sitae
The enforcement of proprietary rights in instruments or other rights in such instruments the existence or transfer of which presupposes their recording in a register, an account or a centralised deposit system held or located in a Member State shall be governed by the law of the Member State where the register, account, or centralised deposit system in which those rights are recorded is held or located.

Article 25. Netting agreements
Netting agreements shall be governed solely by the law of the contract which governs such agreements.

Article 26. Repurchase agreements
Without prejudice to Article 24, repurchase agreements shall be governed solely by the law of the contract which governs such agreements.

Article 27. Regulated markets
Without prejudice to Article 24, transactions carried out in the context of a regulated market shall be governed solely by the law of the contract which governs such transactions.

Article 28. Proof of liquidators' appointment
1. The administrator or liquidator's appointment shall be evidenced by a certified copy of the original decision appointing him or by any other certificate issued by the administrative or judicial authority of the home Member State.
A translation into the official language or one of the official languages of the Member State within the territory of which the administrator or liquidator wishes to act may be required. No legalisation or other similar formality shall be required.
2. Administrators and liquidators shall be entitled to exercise within the territory of all the Member States all the powers which they are entitled to exercise within the territory of the home Member State. They may also appoint persons to assist or, where appropriate, represent them in the course of the reorganisation measure or winding-up proceedings, in particular in host Member States and, specifically, in order to help overcome any difficulties encountered by creditors in the host Member State.

3. In exercising his powers, an administrator or liquidator shall comply with the law of the Member States within the territory of which he wishes to take action, in particular with regard to procedures for the realisation of assets and the provision of information to employees. Those powers may not include the use of force or the right to rule on legal proceedings or disputes.

Article 29. Registration in a public register
1. The administrator, liquidator or any administrative or judicial authority of the home Member State may request that a reorganisation measure or the decision to open winding-up proceedings be registered in the land register, the trade register and any other public register kept in the other Member States.
A Member State may, however, prescribe mandatory registration. In that event, the person or authority referred to in the preceding subparagraph shall take all the measures necessary to ensure such registration.
2. The costs of registration shall be regarded as costs and expenses incurred in the proceedings.

Article 30. Detrimental acts
1. Article 10 shall not apply as regards the rules relating to the voidness, voidability or unenforceability of legal acts detrimental to the creditors as a whole, where the beneficiary of these acts provides proof that:
– the act detrimental to the creditors as a whole is subject to the law of a Member State other than the home Member State, and
– that law does not allow any means of challenging that act in the case in point.
2. Where a reorganisation measure decided on by a judicial authority provides for rules relating to the voidness, voidability or unenforceability of legal acts detrimental to the creditors as a whole performed before adoption of the measure, Article 3(2) shall not apply in the cases provided for in paragraph 1 of this Article.

Article 31. Protection of third parties
Where, by an act concluded after the adoption of a reorganisation measure or the opening of winding-up proceedings, a credit institution disposes, for consideration, of:
– an immovable asset,
– a ship or an aircraft subject to registration in a public register, or
– instruments or rights in such instruments the existence or transfer of which presupposes their being recorded in a register, an account or a centralised deposit system held or located in a Member State,
the validity of that act shall be governed by the law of the Member State within the territory of which the immovable asset is situated or under the authority of which that register, account or deposit system is kept.

Article 32. Lawsuits pending
The effects of reorganisation measures or winding-up proceedings on a pending lawsuit concerning an asset or a right of which the credit institution has been divested shall be governed solely by the law of the Member State in which the lawsuit is pending.

Article 33. Professional secrecy

All persons required to receive or divulge information in connection with the information or consultation procedures laid down in Articles 4, 5, 8, 9, 11 and 19 shall be bound by professional secrecy, in accordance with the rules and conditions laid down in Article 30 of Directive 2000/12/EC, with the exception of any judicial authorities to which existing national provisions apply.

TITLE V. FINAL PROVISIONS

Article 34. Implementation

1. Member States shall bring into force the laws, regulations and administrative provisions necessary to comply with this Directive on 5 May 2004. They shall forthwith inform the Commission thereof.

National provisions adopted in application of this Directive shall apply only to reorganisation measures or winding-up proceedings adopted or opened after the date referred to in the first subparagraph. Measures adopted or proceedings opened before that date shall continue to be governed by the law that was applicable to them at the time of adoption or opening.

2. When Member States adopt these measures, they shall contain a reference to this Directive or shall be accompanied by such reference on the occasion of their official publication. The methods of making such reference shall be laid down by Member States.

3. Member States shall communicate to the Commission the texts of the main provisions of national law which they adopt in the field governed by this Directive.

Article 35. Entry into force

This Directive shall enter into force on the date of its publication.

Article 36. Addressees

This Directive is addressed to the Member States.

VIII. Mediation

Commission Recommendation of 4 April 2001 on the principles for out-of-court bodies involved in the consensual resolution of consumer disputes (notified under document number C(2001) 1016)
Official Journal No L 109, 19/04/2001 p. 56–61[1]

THE COMMISSION OF THE EUROPEAN COMMUNITIES,
Having regard to the Treaty establishing the European Community, and in particular Article 211 thereof,
Whereas:
(1) In order to ensure a high level of consumer protection and to promote consumer confidence, the Community should ensure that consumers have simple and effective access to justice and encourage and facilitate the settling of consumer disputes at an earlier stage.
(2) The continuing development of new forms of commercial practices involving consumers such as electronic commerce, and the expected increase in cross-border transactions, require that particular attention be paid to generating the confidence of consumers, in particular by ensuring easy access to practical, effective and inexpensive means of redress, including access by electronic means. The e-Europe Action Plan, agreed by the Feira European Council on 19 and 20 June 2000, recognised that for e-commerce to reach its full potential consumer confidence must be enhanced, in partnership with consumer groups, industry and Member States, by promoting access to alternative dispute resolution systems.
(3) On 30 March 1998 the Commission adopted Recommendation 98/257/EC on the principles applicable to the bodies responsible for out-of-court settlement of consumer disputes[2]. However the scope of that Recommendation was limited to procedures which, no matter what they are called, lead to the settlement of a dispute through the active intervention of a third party, who proposes or imposes a solution. It did not concern procedures that merely involve an attempt to bring the parties together to convince them to find a solution by common consent.
(4) The Council, in its Resolution of 25 May 2000 on a Community-wide network of national bodies for the extra-judicial settlement of consumer disputes[3], noted that those out-of-court bodies falling outside the scope of Recommendation 98/257/EC play a useful role for the consumer and invited the Commission to develop in close cooperation with Member States common criteria for the assessment of such bodies which should ensure, inter alia, their quality, fairness and effectiveness. In particular it indicated that Member States apply such criteria to include such bodies or schemes in the network referred to in Commission working document on the creation of a European extra-judicial network (EEJ-Net)[4].

---

[1] Text with EEA relevance.
[2] Commission Recommendation of 30 March 1998 on the principles applicable to the bodies responsible for out-of-court settlement of consumer disputes (OJ L 115, 17.4.1998, p. 31).
[3] OJ C 155, 6.6.2000, p. 1.
[4] SEC(2000) 405. See Internet site: http://europa.eu.int/comm/consumers/policy/developments/ acce_just/acce_just06_en.pdf

(5) Article 17 of Directive 2000/31/EC of the European Parliament and of the Council of 8 June 2000 on certain legal aspects of information society services, in particular electronic commerce in the internet market[5] stipulates that Member States should ensure their legislation does not hamper the use of out-of-court schemes available under national law, for dispute settlement.

(6) Electronic commerce facilitates cross-border transactions between business and consumers. Such transactions are frequently of low value and therefore the resolution of any dispute needs to be simple, quick and inexpensive. New technolgy can contribute to the development of electronic dispute settlement systems, providing a mechanism to effectively settle disputes across different jurisdictions without the need for face-to-face contact, and therefore should be encouraged through principles ensuring consistent and reliable standards to give all users confidence.

(7) The Council, in conclusions adopted on 29 May 2000[6], invited the Commission to draw up a Green Paper on alternative methods of settling disputes under civil and commercial law to take stock of and review the existing situation and initiate wide-ranging consultation.

(8) The European Parliament in its opinion on the proposal for a regulation on jurisdiction and the recognition and enforcement of judgments in civil and commercial matters[7], called for the extensive use of extra-judicial dispute resolution for consumers transactions, in particular where the parties are domiciled in different Member States and in view of the cost and delay associated with going to court. The Council and Commission in their statement for the adoption of the above-mentioned Regulation stressed that in general it is in the interest of consumers and undertakings to try to settle their disputes amicably before resorting to the courts and reiterated the importance of continuing the work on alternative methods of dispute settlement at European Community level.

(9) The principles set out in this Recommendation do not affect the principles laid down in Commission Recommendation 98/257/EC which should be respected by those out-of-court procedures which, no matter what they are called, lead to the settling of a dispute through the active intervention of a third party, who proposes or imposes a solution, usually by means of a binding or non-binding formal decision, upon the parties. The present principles should be respected by any other third party procedures, no matter what they are called, which facilitate the resolution of a consumer dispute by bringing the parties together and assisting them, for example by making informal suggestions on settlement options, in reaching a solution by common consent. The principles are limited to consumer dispute resolution procedures which are designed as an alternative to resolving the dispute in a court. Therefore customer complaint mechanisms operated by a business and conducted directly with the consumer, or where a third party carries out such services by or on behalf of a business, are excluded as they form part of the usual discussions between the parties prior to any dispute materialising that would be referred to a third party body responsible for dispute resolution or a court.

(10) The impartiality of these dispute resolution procedures must be guaranteed to ensure that all parties have confidence in its fairness. Whether it is an individual or a group re-

---

[5] OJ L 178, 17.7.2000, p. 1.
[6] SI (2000) 519.
[7] Opinion delivered on 21 September 2000 regarding Regulation (EC) No 44/2001 (OJ L 12, 16.1.2001, p. 1).

sponsible for the dispute resolution procedure, appropriate measures should be taken to ensure impartiality and to ensure the disclosure of information to the parties demonstrating their impartiality and competence to allow the parties to make an informed choice as to whether to participate in the procedure.

(11) In order to ensure that both parties have access to the information they need, the transparency of the procedure must be guaranteed. The agreed solution resolving the dispute should be recorded and made available to the parties by the body responsible for the procedure to avoid later uncertainty or misunderstanding.

(12) In order to enhance the effectiveness of these procedures in resolving cross-border disputes, they need to be easily accessible and available to both parties wherever they are situated. In particular electronic measures to facilitate this should be encouraged.

(13) If such procedures are to provide a realistic alternative to a dispute going through the courts, they should aim to overcome the associated problems of cost, delay, complexity and representation. Measures guaranteeing proportionate or no costs, easier access, efficiency, the monitoring of the progression of the dispute and keeping the parties informed are necessary to ensure its effectiveness.

(14) In accordance with Article 6 of the European Human Rights Convention, access to the courts is a fundamental right. Since Community law guarantees free movement of goods and services in the common market, it is a corollary of those freedoms that operators, including consumers, must be able, in order to resolve any disputes arising from their economic activities, to bring actions in the courts of a Member State in the same way as nationals of that State. Consumer dispute resolution procedures cannot be designed to replace court procedures. Therefore use of such procedures may not deprive consumers of their right to bring the matter before the courts unless they expressly agree to do so, in full awareness of the facts and only after the dispute has materialised.

(15) The fairness of the procedures should be safeguarded by allowing the parties to provide any necessary and relevant information. Depending on the organisation of the procedure, information provided by the parties should be treated as confidential unless they expressly agree otherwise, or, if an adversarial approach is used at any stage appropriate measures should ensure its fairness. Measures should be envisaged to encourage and monitor the parties' cooperation with the procedure, in particular by requiring information that may be necessary for the fair resolution of the dispute.

(16) Before the parties agree to a suggested solution on how to settle the dispute they should be allowed a reasonable amount of time to consider the details and any possible conditions or terms.

(17) In order to ensure that procedures are fair and flexible and that consumers have the opportunity to make a fully informed choice, they must be given clear and understandable information in order that they can reflect on whether to agree to a suggested solution, obtain advice if they wish or to consider other options.

(18) The Commission will include in its database of the out-of-court bodies responsible for resolving consumer disputes information provided by Member States regarding the use of such principles by consumer dispute resolution bodies falling within the scope of this recommendation in order to participate in the European extra-judicial network (EEJ-Net).

(19) Finally, the setting out of principles for bodies responsible for consumer dispute resolution procedures not covered by the principles in Recommendation 98/257/EC seems, in these circumstances, necessary at Community level to support and supplement, in an essential area, the initiatives taken by the Member States in order to realise, in accord-

ance with Article 153 of the Treaty, a high level of consumer protection. It does not go beyond what is necessary to ensure the smooth operation of consumer dispute resolution procedures. It is therefore consistent with the principle of subsidiarity,
HEREBY RECOMMENDS:
That the principles set out in Part II are respected by all existing and future bodies providing out-of-court consumer dispute resolution procedures falling within the scope of this recommendation as defined in Part I:

I. SCOPE

1. This recommendation applies to third party bodies responsible for out-of-court consumer dispute resolution procedures that, no matter what they are called, attempt to resolve a dispute by bringing the parties together to convince them to find a solution by common consent.

2. It does not apply to customer complaint mechanisms operated by a business and concluded directly with the consumer or to such mechanisms carrying out such services operated by or on behalf of a business.

II. PRINCIPLES

A. Impartiality

Impartiality should be guaranteed by ensuring that those responsible for the procedure:

(a) are appointed for a fixed term and shall not be liable to be relieved from their duties without just cause;

(b) have no perceived or actual conflict of interest with either party;

(c) provide information about their impartiality and competence to both parties prior to the commencement of the procedure.

B. Transparency

1. The transparency of the procedure should be guaranteed.

2. Information about the contact details, functioning and availability of the procedure should be readily available to the parties in simple terms so that they can access and retain it before submitting a dispute.

3. In particular, information should be made available on:

(a) how the procedure will operate, the types of disputes that can be dealt by it and any restrictions on its operation;

(b) the rules governing any preliminary requirements that the parties may have to meet, and other procedural rules, notably those concerning the operation of the procedure and the languages in which the procedure will be conducted;

(c) the cost, if any, to be borne by the parties;

(d) the timetable applicable to the procedure, particularly with regard to the type of dispute in question;

(e) any substantive rules that may be applicable (legal provisions, industry best practice, considerations of equity, codes of conduct);

(f) the role of the procedure in bringing about the resolution of a dispute;

(g) the status of any agreed solution for resolving the dispute.

4. Any agreed solution for resolving the dispute by the parties should be recorded

on a durable medium and should clearly state the terms and the grounds on which it is based. That record should be made available to both parties.
5. Information on the performance of the procedure should be made publicly available, including:
(a) the number and types of complaints it has received and their outcome;
(b) the time taken to resolve complaints;
(c) any systematic problems arising from complaints;
(d) the compliance record, if known, of agreed solutions.

C. Effectiveness
1. The effectiveness of the procedure should be guaranteed.
2. It should be easily accessible and available to both parties, for instance by electronic means, irrespective of where the parties are situated.
3. The procedure should be either free of charge to consumers, or any necessary costs should be both proportionate to the amount in dispute and moderate.
4. The parties should have access to the procedure without being obliged to use a legal representative. Nonetheless the parties should not be prevented from being represented or assisted by a third party at any or all stages of the procedure.
5. Once a dispute has been submitted it should be dealt with in the shortest possible time commensurate with the nature of the dispute. The body responsible for the procedure should periodically review its progress to ensure the parties' dispute is being dealt with expeditiously and appropriately.
6. The conduct of the parties should be reviewed by the body responsible for the procedure to ensure they are committed to seeking a proper, fair and timely resolution of the dispute. If one party's conduct is unsatisfactory, both parties should be informed in order to enable them to consider whether to continue the dispute resolution procedure.

D. Fairness
1. The fairness of the procedure should be guaranteed. In particular:
(a) the parties should be informed of their right to refuse to participate or to withdraw from the procedure at any time and access the legal system or other out-of-court redress mechanisms at any stage if they are dissatisfied with the performance or operation of the procedure;
(b) both parties should be able to freely and easily submit any arguments, information or evidence relevant to their case on a confidential basis to the procedure unless agreement has been given by the parties to pass such information to the other party. If at any stage, the third party suggests possible solutions for resolving the dispute, then each party should have the opportunity to present their viewpoint and comment on any argument, information or evidence presented by the other party;
(c) both parties should be encouraged to fully cooperate with the procedure, in particular by providing any information necessary for a fair resolution of the dispute;
(d) prior to the parties agreeing to a suggested solution for resolving the dispute, they should be allowed a reasonable period of time to consider this solution.
2. The consumer should be informed in clear und understandable language, before agreeing to a suggested solution, of the following points:
(a) he has the choice as to whether or not to agree to the suggested solution;

(b) the suggested solution may be less favourable than an outcome determined by a court applying legal rules;
(c) before agreeing to or rejecting the suggested solution he has the right to seek independent advice;
(d) use of the procedure does not preclude the option of referring his dispute to another out-of-court dispute resolution mechanism, in particular within the scope of Recommendation 98/257/EC, or of seeking legal redress through his own judicial system;
(e) the status of an agreed solution.

THIS RECOMMENDATION
is addressed to Member States in so far as it affects them, in relation to those procedures designed to facilitate the out-of-court settlement of consumer disputes and to any natural or legal person responsible for the creation or operation of such procedures.

Textes en langue française

I. Droits fondamentaux

Charte des droits fondamentaux de l'Union européenne (2000/C 364/01)

Journal officiel n° C 364 du 18/12/2000 p. 1–22

PRÉAMBULE

Les peuples de l'Europe, en établissant entre eux une union sans cesse plus étroite, ont décidé de partager un avenir pacifique fondé sur des valeurs communes.

Consciente de son patrimoine spirituel et moral, l'Union se fonde sur les valeurs indivisibles et universelles de dignité humaine, de liberté, d'égalité et de solidarité; elle repose sur le principe de la démocratie et le principe de l'État de droit. Elle place la personne au cœur de son action en instituant la citoyenneté de l'Union et en créant un espace de liberté, de sécurité et de justice.

L'Union contribue à la préservation et au développement de ces valeurs communes dans le respect de la diversité des cultures et des traditions des peuples de l'Europe, ainsi que de l'identité nationale des États membres et de l'organisation de leurs pouvoirs publics au niveau national, régional et local; elle cherche à promouvoir un développement équilibré et durable et assure la libre circulation des personnes, des biens, des services et des capitaux, ainsi que la liberté d'établissement.

A cette fin, il est nécessaire, en les rendant plus visibles dans une Charte, de renforcer la protection des droits fondamentaux à la lumière de l'évolution de la société, du progrès social et des développements scientifiques et technologiques.

La présente Charte réaffirme, dans le respect des compétences et des tâches de la Communauté et de l'Union, ainsi que du principe de subsidiarité, les droits qui résultent notamment des traditions constitutionnelles et des obligations internationales communes aux États membres, du traité sur l'Union européenne et des traités communautaires, de la Convention européenne de sauvegarde des droits de l'homme et des libertés fondamentales, des Chartes sociales adoptées par la Communauté et par le Conseil de l'Europe, ainsi que de la jurisprudence de la Cour de justice des Communautés européennes et de la Cour européenne des droits de l'homme.

La jouissance de ces droits entraîne des responsabilités et des devoirs tant à l'égard d'autrui qu'à l'égard de la communauté humaine et des générations futures.

En conséquence, l'Union reconnaît les droits, les libertés et les principes énoncés ci-après.

CHAPITRE I. DIGNITÉ

Article premier. Dignité humaine

La dignité humaine est inviolable. Elle doit être respectée et protégée.

Article 2. Droit à la vie
1. Toute personne a droit à la vie.
2. Nul ne peut être condamné à la peine de mort, ni exécuté.

Article 3. Droit à l'intégrité de la personne
1. Toute personne a droit à son intégrité physique et mentale.
2. Dans le cadre de la médecine et de la biologie, doivent notamment être respectés:
– le consentement libre et éclairé de la personne concernée, selon les modalités définies par la loi,
– l'interdiction des pratiques eugéniques, notamment celles qui ont pour but la sélection des personnes,
– l'interdiction de faire du corps humain et de ses parties, en tant que tels, une source de profit,
– l'interdiction du clonage reproductif des êtres humains.

Article 4. Interdiction de la torture et des peines ou traitements inhumains ou dégradants
Nul ne peut être soumis à la torture, ni à des peines ou traitements inhumains ou dégradants.

Article 5. Interdiction de l'esclavage et du travail forcé
1. Nul ne peut être tenu en esclavage ni en servitude.
2. Nul ne peut être astreint à accomplir un travail forcé ou obligatoire.
3. La traite des êtres humains est interdite.

CHAPITRE II. LIBERTÉS

Article 6. Droit à la liberté et à la sûreté
Toute personne a droit à la liberté et à la sûreté.

Article 7. Respect de la vie privée et familiale
Toute personne a droit au respect de sa vie privée et familiale, de son domicile et de ses communications.

Article 8. Protection des données à caractère personnel
1. Toute personne a droit à la protection des données à caractère personnel la concernant.
2. Ces données doivent être traitées loyalement, à des fins déterminées et sur la base du consentement de la personne concernée ou en vertu d'un autre fondement légitime prévu par la loi. Toute personne a le droit d'accéder aux données collectées la concernant et d'en obtenir la rectification.
3. Le respect de ces règles est soumis au contrôle d'une autorité indépendante.

Article 9. Droit de se marier et droit de fonder une famille
Le droit de se marier et le droit de fonder une famille sont garantis selon les lois nationales qui en régissent l'exercice.

Article 10. Liberté de pensée, de conscience et de religion
1. Toute personne a droit à la liberté de pensée, de conscience et de religion. Ce droit implique la liberté de changer de religion ou de conviction, ainsi que la liberté de manifester sa religion ou sa conviction individuellement ou collectivement, en public ou en privé, par le culte, l'enseignement, les pratiques et l'accomplissement des rites.
2. Le droit à l'objection de conscience est reconnu selon les lois nationales qui en régissent l'exercice.

Article 11. Liberté d'expression et d'information
1. Toute personne a droit à la liberté d'expression. Ce droit comprend la liberté d'opinion et la liberté de recevoir ou de communiquer des informations ou des idées sans qu'il puisse y avoir ingérence d'autorités publiques et sans considération de frontières.
2. La liberté des médias et leur pluralisme sont respectés.

Article 12. Liberté de réunion et d'association
1. Toute personne a droit à la liberté de réunion pacifique et à la liberté d'association à tous les niveaux, notamment dans les domaines politique, syndical et civique, ce qui implique le droit de toute personne de fonder avec d'autres des syndicats et de s'y affilier pour la défense de ses intérêts.
2. Les partis politiques au niveau de l'Union contribuent à l'expression de la volonté politique des citoyens ou citoyennes de l'Union.

Article 13. Liberté des arts et des sciences
Les arts et la recherche scientifique sont libres. La liberté académique est respectée.

Article 14. Droit à l'éducation
1. Toute personne a droit à l'éducation, ainsi qu'à l'accès à la formation professionnelle et continue.
2. Ce droit comporte la faculté de suivre gratuitement l'enseignement obligatoire.
3. La liberté de créer des établissements d'enseignement dans le respect des principes démocratiques, ainsi que le droit des parents d'assurer l'éducation et l'enseignement de leurs enfants conformément à leurs convictions religieuses, philosophiques et pédagogiques, sont respectés selon les lois nationales qui en régissent l'exercice.

Article 15. Liberté professionnelle et droit de travailler
1. Toute personne a le droit de travailler et d'exercer une profession librement choisie ou acceptée.
2. Tout citoyen ou toute citoyenne de l'Union a la liberté de chercher un emploi, de travailler, de s'établir ou de fournir des services dans tout État membre.
3. Les ressortissants des pays tiers qui sont autorisés à travailler sur le territoire des États membres ont droit à des conditions de travail équivalentes à celles dont bénéficient les citoyens ou citoyennes de l'Union.

Article 16. Liberté d'entreprise
La liberté d'entreprise est reconnue conformément au droit communautaire et aux législations et pratiques nationales.

Article 17. Droit de propriété
1. Toute personne a le droit de jouir de la propriété des biens qu'elle a acquis légalement, de les utiliser, d'en disposer et de les léguer. Nul ne peut être privé de sa propriété, si ce n'est pour cause d'utilité publique, dans des cas et conditions prévus par une loi et moyennant en temps utile une juste indemnité pour sa perte. L'usage des biens peut être réglementé par la loi dans la mesure nécessaire à l'intérêt général.
2. La propriété intellectuelle est protégée.

Article 18. Droit d'asile
Le droit d'asile est garanti dans le respect des règles de la convention de Genève du 28 juillet 1951 et du protocole du 31 janvier 1967 relatifs au statut des réfugiés et conformément au traité instituant la Communauté européenne.

Article 19. Protection en cas d'éloignement, d'expulsion et d'extradition
1. Les expulsions collectives sont interdites.
2. Nul ne peut être éloigné, expulsé ou extradé vers un État où il existe un risque sérieux qu'il soit soumis à la peine de mort, à la torture ou à d'autres peines ou traitements inhumains ou dégradants.

CHAPITRE III. ÉGALITÉ

Article 20. Égalité en droit
Toutes les personnes sont égales en droit.

Article 21. Non-discrimination
1. Est interdite, toute discrimination fondée notamment sur le sexe, la race, la couleur, les origines ethniques ou sociales, les caractéristiques génétiques, la langue, la religion ou les convictions, les opinions politiques ou toute autre opinion, l'appartenance à une minorité nationale, la fortune, la naissance, un handicap, l'âge ou l'orientation sexuelle.
2. Dans le domaine d'application du traité instituant la Communauté européenne et du traité sur l'Union européenne, et sans préjudice des dispositions particulières desdits traités, toute discrimination fondée sur la nationalité est interdite.

Article 22. Diversité culturelle, religieuse et linguistique
L'Union respecte la diversité culturelle, religieuse et linguistique.

Article 23. Diversité culturelle, religieuse et linguistique
L'égalité entre les hommes et les femmes doit être assurée dans tous les domaines, y compris en matière d'emploi, de travail et de rémunération.
Le principe de l'égalité n'empêche pas le maintien ou l'adoption de mesures prévoyant des avantages spécifiques en faveur du sexe sous-représenté.

Article 24. Droits de l'enfant
1. Les enfants ont droit à la protection et aux soins nécessaires à leur bien-être. Ils peuvent exprimer leur opinion librement. Celle-ci est prise en considération pour les sujets qui les concernent, en fonction de leur âge et de leur maturité.

2. Dans tous les actes relatifs aux enfants, qu'ils soient accomplis par des autorités publiques ou des institutions privées, l'intérêt supérieur de l'enfant doit être une considération primordiale.
3. Tout enfant a le droit d'entretenir régulièrement des relations personnelles et des contacts directs avec ses deux parents, sauf si cela est contraire à son intérêt.

Article 25. Droits des personnes âgées
L'Union reconnaît et respecte le droit des personnes âgées à mener une vie digne et indépendante et à participer à la vie sociale et culturelle.

Article 26. Intégration des personnes handicapées
L'Union reconnaît et respecte le droit des personnes handicapées à bénéficier de mesures visant à assurer leur autonomie, leur intégration sociale et professionnelle et leur participation à la vie de la communauté.

CHAPITRE IV. SOLIDARITÉ

Article 27. Droit à l'information et à la consultation des travailleurs au sein de l'entreprise
Les travailleurs ou leurs représentants doivent se voir garantir, aux niveaux appropriés, une information et une consultation en temps utile, dans les cas et conditions prévus par le droit communautaire et les législations et pratiques nationales.

Article 28. Droit de négociation et d'actions collectives
Les travailleurs et les employeurs, ou leurs organisations respectives, ont, conformément au droit communautaire et aux législations et pratiques nationales, le droit de négocier et de conclure des conventions collectives aux niveaux appropriés et de recourir, en cas de conflits d'intérêts, à des actions collectives pour la défense de leurs intérêts, y compris la grève.

Article 29. Droit d'accès aux services de placement
Toute personne a le droit d'accéder à un service gratuit de placement.

Article 30. Protection en cas de licenciement injustifié
Tout travailleur a droit à une protection contre tout licenciement injustifié, conformément au droit communautaire et aux législations et pratiques nationales.

Article 31. Conditions de travail justes et équitables
1. Tout travailleur a droit à des conditions de travail qui respectent sa santé, sa sécurité et sa dignité.
2. Tout travailleur a droit à une limitation de la durée maximale du travail et à des périodes de repos journalier et hebdomadaire, ainsi qu'à une période annuelle de congés payés.

Article 32. Interdiction du travail des enfants et protection des jeunes au travail
Le travail des enfants est interdit. L'âge minimal d'admission au travail ne peut être inférieur à l'âge auquel cesse la période de scolarité obligatoire, sans préjudice des règles plus favorables aux jeunes et sauf dérogations limitées.

Les jeunes admis au travail doivent bénéficier de conditions de travail adaptées à leur âge et être protégés contre l'exploitation économique ou contre tout travail susceptible de nuire à leur sécurité, à leur santé, à leur développement physique, mental, moral ou social ou de compromettre leur éducation.

Article 33. Vie familiale et vie professionnelle
1. La protection de la famille est assurée sur le plan juridique, économique et social.
2. Afin de pouvoir concilier vie familiale et vie professionnelle, toute personne a le droit d'être protégée contre tout licenciement pour un motif lié à la maternité, ainsi que le droit à un congé de maternité payé et à un congé parental à la suite de la naissance ou de l'adoption d'un enfant.

Article 34. Sécurité sociale et aide sociale
1. L'Union reconnaît et respecte le droit d'accès aux prestations de sécurité sociale et aux services sociaux assurant une protection dans des cas tels que la maternité, la maladie, les accidents du travail, la dépendance ou la vieillesse, ainsi qu'en cas de perte d'emploi, selon les modalités établies par le droit communautaire et les législations et pratiques nationales.
2. Toute personne qui réside et se déplace légalement à l'intérieur de l'Union a droit aux prestations de sécurité sociale et aux avantages sociaux, conformément au droit communautaire et aux législations et pratiques nationales.
3. Afin de lutter contre l'exclusion sociale et la pauvreté, l'Union reconnaît et respecte le droit à une aide sociale et à une aide au logement destinées à assurer une existence digne à tous ceux qui ne disposent pas de ressources suffisantes, selon les modalités établies par le droit communautaire et les législations et pratiques nationales.

Article 35. Protection de la santé
Toute personne a le droit d'accéder à la prévention en matière de santé et de bénéficier de soins médicaux dans les conditions établies par les législations et pratiques nationales. Un niveau élevé de protection de la santé humaine est assuré dans la définition et la mise en œuvre de toutes les politiques et actions de l'Union.

Article 36. Accès aux services d'intérêt économique général
L'Union reconnaît et respecte l'accès aux services d'intérêt économique général tel qu'il est prévu par les législations et pratiques nationales, conformément au traité instituant la Communauté européenne, afin de promouvoir la cohésion sociale et territoriale de l'Union.

Article 37. Protection de l'environnement
Un niveau élevé de protection de l'environnement et l'amélioration de sa qualité doivent être intégrés dans les politiques de l'Union et assurés conformément au principe du développement durable.

Article 38. Protection des consommateurs
Un niveau élevé de protection des consommateurs est assuré dans les politiques de l'Union.

CHAPITRE V. CITOYENNETÉ

Article 39. Droit de vote et d'éligibilité aux élections au Parlement européen
1. Tout citoyen ou toute citoyenne de l'Union a le droit de vote et d'éligibilité aux élections au Parlement européen dans l'État membre où il ou elle réside, dans les mêmes conditions que les ressortissants de cet État.
2. Les membres du Parlement européen sont élus au suffrage universel direct, libre et secret.

Article 40. Droit de vote et d'éligibilité aux élections municipales
Tout citoyen ou toute citoyenne de l'Union a le droit de vote et d'éligibilité aux élections municipales dans l'État membre où il ou elle réside, dans les mêmes conditions que les ressortissants de cet État.

Article 41. Droit à une bonne administration
1. Toute personne a le droit de voir ses affaires traitées impartialement, équitablement et dans un délai raisonnable par les institutions et organes de l'Union.
2. Ce droit comporte notamment:
– le droit de toute personne d'être entendue avant qu'une mesure individuelle qui l'affecterait défavorablement ne soit prise à son encontre;
– le droit d'accès de toute personne au dossier qui la concerne, dans le respect des intérêts légitimes de la confidentialité et du secret professionnel et des affaires;
– l'obligation pour l'administration de motiver ses décisions.
3. Toute personne a droit à la réparation par la Communauté des dommages causés par les institutions, ou par leurs agents dans l'exercice de leurs fonctions, conformément aux principes généraux communs aux droits des États membres.
4. Toute personne peut s'adresser aux institutions de l'Union dans une des langues des traités et doit recevoir une réponse dans la même langue.

Article 42. Droit d'accès aux documents
Tout citoyen ou toute citoyenne de l'Union ou toute personne physique ou morale résidant ou ayant son siège statutaire dans un État membre a un droit d'accès aux documents du Parlement européen, du Conseil et de la Commission.

Article 43. Médiateur
Tout citoyen ou toute citoyenne de l'Union ou toute personne physique ou morale résidant ou ayant son siège statutaire dans un État membre a le droit de saisir le médiateur de l'Union en cas de mauvaise administration dans l'action des institutions ou organes communautaires, à l'exclusion de la Cour de justice et du Tribunal de première instance dans l'exercice de leurs fonctions juridictionnelles.

Article 44. Droit de pétition
Tout citoyen ou toute citoyenne de l'Union ou toute personne physique ou morale résidant ou ayant son siège statutaire dans un État membre a le droit de pétition devant le Parlement européen.

Article 45. Liberté de circulation et de séjour
1. Tout citoyen ou toute citoyenne de l'Union a le droit de circuler et de séjourner librement sur le territoire des États membres.
2. La liberté de circulation et de séjour peut être accordée, conformément au traité instituant la Communauté européenne, aux ressortissants de pays tiers résidant légalement sur le territoire d'un État membre.

Article 46. Protection diplomatique et consulaire
Tout citoyen de l'Union bénéficie, sur le territoire d'un pays tiers où l'État membre dont il est ressortissant n'est pas représenté, de la protection des autorités diplomatiques et consulaires de tout État membre dans les mêmes conditions que les nationaux de cet État.

CHAPITRE VI. JUSTICE

Article 47. Droit à un recours effectif et à accéder à un tribunal impartial
Toute personne dont les droits et libertés garantis par le droit de l'Union ont été violés a droit à un recours effectif devant un tribunal dans le respect des conditions prévues au présent article.
Toute personne a droit à ce que sa cause soit entendue équitablement, publiquement et dans un délai raisonnable par un tribunal indépendant et impartial, établi préalablement par la loi. Toute personne a la possibilité de se faire conseiller, défendre et représenter.
Une aide juridictionnelle est accordée à ceux qui ne disposent pas de ressources suffisantes, dans la mesure où cette aide serait nécessaire pour assurer l'effectivité de l'accès à la justice.

Article 48. Présomption d'innocence et droits de la défense
1. Tout accusé est présumé innocent jusqu'à ce que sa culpabilité ait été légalement établie.
2. Le respect des droits de la défense est garanti à tout accusé.

Article 49. Principes de légalité et de proportionnalité des délits et des peines
1. Nul ne peut être condamné pour une action ou une omission qui, au moment où elle a été commise, ne constituait pas une infraction d'après le droit national ou le droit international. De même, il n'est infligé aucune peine plus forte que celle qui était applicable au moment où l'infraction a été commise. Si, postérieurement à cette infraction, la loi prévoit une peine plus légère, celle-ci doit être appliquée.
2. Le présent article ne porte pas atteinte au jugement et à la punition d'une personne coupable d'une action ou d'une omission qui, au moment où elle a été commise, était criminelle d'après les principes généraux reconnus par l'ensemble des nations.
3. L'intensité des peines ne doit pas être disproportionnée par rapport à l'infraction.

Article 50. Droit à ne pas être jugé ou puni pénalement deux fois pour une même infraction
Nul ne peut être poursuivi ou puni pénalement en raison d'une infraction pour laquelle il a déjà été acquitté ou condamné dans l'Union par un jugement pénal définitif conformément à la loi.

CHAPITRE VII. DISPOSITIONS GÉNÉRALES

Article 51. Champ d'application
1. Les dispositions de la présente Charte s'adressent aux institutions et organes de l'Union dans le respect du principe de subsidiarité, ainsi qu'aux États membres uniquement lorsqu'ils mettent en œuvre le droit de l'Union. En conséquence, ils respectent les droits, observent les principes et en promeuvent l'application, conformément à leurs compétences respectives.
2. La présente Charte ne crée aucune compétence ni aucune tâche nouvelles pour la Communauté et pour l'Union et ne modifie pas les compétences et tâches définies par les traités.

Article 52. Portée des droits garantis
1. Toute limitation de l'exercice des droits et libertés reconnus par la présente Charte doit être prévue par la loi et respecter le contenu essentiel desdits droits et libertés. Dans le respect du principe de proportionnalité, des limitations ne peuvent être apportées que si elles sont nécessaires et répondent effectivement à des objectifs d'intérêt général reconnus par l'Union ou au besoin de protection des droits et libertés d'autrui.
2. Les droits reconnus par la présente Charte qui trouvent leur fondement dans les traités communautaires ou dans le traité sur l'Union européenne s'exercent dans les conditions et limites définies par ceux-ci.
3. Dans la mesure où la présente Charte contient des droits correspondant à des droits garantis par la Convention européenne de sauvegarde des droits de l'homme et des libertés fondamentales, leur sens et leur portée sont les mêmes que ceux que leur confère ladite convention. Cette disposition ne fait pas obstacle à ce que le droit de l'Union accorde une protection plus étendue.

Article 53. Niveau de protection
Aucune disposition de la présente Charte ne doit être interprétée comme limitant ou portant atteinte aux droits de l'homme et libertés fondamentales reconnus, dans leur champ d'application respectif, par le droit de l'Union, le droit international et les conventions internationales auxquelles sont parties l'Union, la Communauté ou tous les États membres, et notamment la Convention européenne de sauvegarde des droits de l'homme et des libertés fondamentales, ainsi que par les constitutions des États membres.

Article 54. Interdiction de l'abus de droit
Aucune des dispositions de la présente Charte ne doit être interprétée comme impliquant un droit quelconque de se livrer à une activité ou d'accomplir un acte visant à la destruction des droits ou libertés reconnus dans la présente Charte ou à des limitations plus amples des droits et libertés que celles qui sont prévues par la présente Charte.

II. Compétence, reconnaissance et exécution

1. Matières civiles et commerciales

a) Règlement du Conseil du 22 décembre 2000 concernant la compétence judiciaire, la reconnaissance et l'exécution des décisions en matière civile et commerciale (n° 44/2001/CE)
Journal officiel n° L 012 du 16/01/2001 p. 1–23

LE CONSEIL DE L'UNION EUROPÉENNE,
vu le traité instituant la Communauté européenne, et notamment son article 61, point c), et son article 67, paragraphe 1,
vu la proposition de la Commission[1],
vu l'avis du Parlement européen[2],
vu l'avis du Comité économique et social[3],
considérant ce qui suit:
(1) La Communauté s'est donné pour objectif de maintenir et de développer un espace de liberté, de sécurité et de justice au sein duquel la libre circulation des personnes est assurée. Pour mettre en place progressivement un tel espace, il convient que la Communauté adopte, entre autres, les mesures dans le domaine de la coopération judiciaire en matière civile qui sont nécessaires au bon fonctionnement du marché intérieur.
(2) Certaines différences entre les règles nationales en matière de compétence judiciaire et de reconnaissance des décisions rendent plus difficile le bon fonctionnement du marché intérieur. Des dispositions permettant d'unifier les règles de conflit de juridictions en matière civile et commerciale ainsi que de simplifier les formalités en vue de la reconnaissance et de l'exécution rapides et simples des décisions émanant des États membres liés par le présent règlement sont indispensables.
(3) Cette matière relève du domaine de la coopération judiciaire en matière civile au sens de l'article 65 du traité.
(4) Conformément au principe de subsidiarité et au principe de proportionnalité tels qu'énoncés à l'article 5 du traité, les objectifs du présent règlement ne peuvent pas être réalisés de manière suffisante par les États membres et peuvent donc être mieux réalisés au niveau communautaire. Le présent règlement se limite au minimum requis pour atteindre ces objectifs et n'excède pas ce qui est nécessaire à cette fin.
(5) Les États membres ont conclu le 27 septembre 1968, dans le cadre de l'article 293, quatrième tiret, du traité, la convention de Bruxelles concernant la compétence judiciaire et l'exécution des décisions en matière civile et commerciale, qui a été modifiée par les conventions relatives à l'adhésion des nouveaux États membres à cette convention[4] (ci-

---

[1] JO C 376 du 28.12.1999, p. 1.
[2] Avis rendu le 21 septembre 2000 (non encore paru au Journal officiel).
[3] JO C 117 du 26.4.2000, p. 6.
[4] JO L 299 du 31.12.1972, p. 32, JO L 304 du 30.10.1978, p. 1, JO L 388 du 31.12.1982, p. 1, JO L 285 du 3.10.1989, p. 1, JO C 15 du 15.1.1997, p. 1. Pour le texte consolidé, voir JO C 27 du 26.1.1998, p. 1.

après dénommée «convention de Bruxelles»). Les États membres et les États de l'AELE ont conclu le 16 septembre 1988 la convention de Lugano concernant la compétence judiciaire et l'exécution des décisions en matière civile et commerciale, qui est une convention parallèle à la convention de Bruxelles de 1968. Ces conventions ont fait l'objet de travaux de révision et le Conseil a marqué son accord sur le contenu du texte révisé. Il y a lieu d'assurer la continuité des résultats obtenus dans le cadre de cette révision.
(6) Pour atteindre l'objectif de la libre circulation des décisions en matière civile et commerciale, il est nécessaire et approprié que les règles relatives à la compétence judiciaire, à la reconnaissance et à l'exécution des décisions soient déterminées par un instrument juridique communautaire contraignant et directement applicable.
(7) Il est important d'inclure dans le champ d'application matériel du présent règlement l'essentiel de la matière civile et commerciale, à l'exception de certaines matières bien définies.
(8) Il doit exister un lien entre les litiges couverts par le présent règlement et le territoire des États membres qu'il lie. Les règles communes en matière de compétence doivent donc s'appliquer en principe lorsque le défendeur est domicilié dans un de ces États membres.
(9) Les défendeurs non domiciliés dans un État membre sont généralement soumis aux règles nationales de compétence applicables sur le territoire de l'État membre de la juridiction saisie et les défendeurs domiciliés dans un État membre non lié par le présent règlement doivent continuer à être soumis à la convention de Bruxelles.
(10) Aux fins de la libre circulation des jugements, les décisions rendues dans un État membre lié par le présent règlement doivent être reconnues et exécutées dans un autre État membre lié par le présent règlement, même si le débiteur condamné est domicilié dans un État tiers.
(11) Les règles de compétence doivent présenter un haut degré de prévisibilité et s'articuler autour de la compétence de principe du domicile du défendeur et cette compétence doit toujours être disponible, sauf dans quelques cas bien déterminés où la matière en litige ou l'autonomie des parties justifie un autre critère de rattachement. S'agissant des personnes morales, le domicile doit être défini de façon autonome de manière à accroître la transparence des règles communes et à éviter les conflits de juridictions.
(12) Le for du domicile du défendeur doit être complété par d'autres fors autorisés en raison du lien étroit entre la juridiction et le litige ou en vue de faciliter une bonne administration de la justice.
(13) S'agissant des contrats d'assurance, de consommation et de travail, il est opportun de protéger la partie la plus faible au moyen de règles de compétence plus favorables à ses intérêts que ne le sont les règles générales.
(14) L'autonomie des parties à un contrat autre qu'un contrat d'assurance, de consommation et de travail pour lequel n'est prévue qu'une autonomie limitée quant à la détermination de la juridiction compétente doit être respectée sous réserve des fors de compétence exclusifs prévus dans le présent règlement.
(15) Le fonctionnement harmonieux de la justice commande de réduire au maximum la possibilité de procédures concurrentes et d'éviter que des décisions inconciliables ne soient rendues dans deux États membres. Il importe de prévoir un mécanisme clair et efficace pour résoudre les cas de litispendance et de connexité et pour parer aux problèmes résultant des divergences nationales quant à la date à laquelle une affaire est considérée comme pendante. Aux fins du présent règlement, il convient de définir cette date de manière autonome.

(16) La confiance réciproque dans la justice au sein de la Communauté justifie que les décisions rendues dans un État membre soient reconnues de plein droit, sans qu'il soit nécessaire, sauf en cas de contestation, de recourir à aucune procédure.

(17) Cette même confiance réciproque justifie que la procédure visant à rendre exécutoire, dans un État membre, une décision rendue dans un autre État membre soit efficace et rapide. À cette fin, la déclaration relative à la force exécutoire d'une décision devrait être délivrée de manière quasi automatique, après un simple contrôle formel des documents fournis, sans qu'il soit possible pour la juridiction de soulever d'office un des motifs de non-exécution prévus par le présent règlement.

(18) Le respect des droits de la défense impose toutefois que le défendeur puisse, le cas échéant, former un recours, examiné de façon contradictoire, contre la déclaration constatant la force exécutoire, s'il considère qu'un des motifs de non-exécution est établi. Une faculté de recours doit également être reconnue au requérant si la déclaration constatant la force exécutoire a été refusée.

(19) Pour assurer la continuité nécessaire entre la convention de Bruxelles et le présent règlement, il convient de prévoir des dispositions transitoires. La même continuité doit être assurée en ce qui concerne l'interprétation des dispositions de la convention de Bruxelles par la Cour de justice des Communautés européennes et le protocole de 1971[5] doit continuer à s'appliquer également aux procédures déjà pendantes à la date d'entrée en vigueur du présent règlement.

(20) Le Royaume-Uni et l'Irlande, conformément à l'article 3 du protocole sur la position du Royaume-Uni et de l'Irlande annexé au traité sur l'Union européenne et au traité instituant la Communauté européenne, ont notifié leur souhait de participer à l'adoption et à l'application du présent règlement.

(21) Le Danemark, conformément aux articles 1er et 2 du protocole sur la position du Danemark annexé au traité sur l'Union européenne et au traité instituant la Communauté européenne, ne participe pas à l'adoption du présent règlement, lequel ne lie donc pas le Danemark et n'est pas applicable à son égard.

(22) Étant donné que la convention de Bruxelles est en vigueur dans les relations entre le Danemark et les États membres liés par le présent règlement, cette Convention ainsi que le protocole de 1971 continuent à s'appliquer entre le Danemark et les États membres liés par le présent règlement.

(23) La Convention de Bruxelles continue également à s'appliquer en ce qui concerne les territoires des États membres qui entrent dans le champ d'application territorial de cette convention et qui sont exclus du présent règlement en vertu de l'article 299 du traité.

(24) Le même souci de cohérence commande que le présent règlement n'affecte pas les règles sur la compétence et la reconnaissance des décisions contenues dans des instruments communautaires spécifiques.

(25) Le respect des engagements internationaux souscrits par les États membres justifie que le présent règlement n'affecte pas les conventions auxquelles les États membres sont parties et qui portent sur des matières spéciales.

(26) Il convient d'apporter les assouplissements nécessaires aux règles de principe prévues par le présent règlement, pour tenir compte des particularités procédurales de certains

---

[5] JO L 204 du 2.8.1975, p. 28, JO L 304 du 30.10.1978, p. 1, JO L 388 du 31.12.1982, p. 1, JO L 285 du 3.10.1989, p. 1, JO C 15 du 15.1.1997, p. 1. Pour le texte consolidé, voir JO C 27 du 26.1.1998, p. 28.

États membres. À cette fin, il convient d'introduire dans le règlement certaines dispositions prévues par le protocole annexé à la convention de Bruxelles.

(27) Afin de permettre une transition harmonieuse dans certains domaines qui faisaient l'objet de dispositions particulières dans le protocole annexé à la convention de Bruxelles, le présent règlement prévoit, pendant une période transitoire, des dispositions prenant en considération la situation spécifique dans certains États membres.

(28) Au plus tard cinq ans après l'entrée en vigueur du présent règlement, la Commission présentera un rapport sur son application et proposera éventuellement, s'il en est besoin, des propositions d'adaptation.

(29) La Commission devra modifier les annexes I à IV relatives aux règles de compétence nationales, aux juridictions ou autorités compétentes et aux voies de recours en se fondant sur les amendements transmis par l'État membre concerné. Les modifications apportées aux annexes V et VI devront être adoptées conformément à la décision 1999/ 468/CE du Conseil du 28 juin 1999 fixant les modalités de l'exercice des compétences d'exécution conférées à la Commission[6],
A ARRÊTÉ LE PRÉSENT RÈGLEMENT:

CHAPITRE I. CHAMP D'APPLICATION

Article premier

1. Le présent règlement s'applique en matière civile et commerciale et quelle que soit la nature de la juridiction. Il ne recouvre notamment pas les matières fiscales, douanières ou administratives.
2. Sont exclus de son application:
a) l'état et la capacité des personnes physiques, les régimes matrimoniaux, les testaments et les successions;
b) les faillites, concordats et autres procédures analogues;
c) la sécurité sociale;
d) l'arbitrage.
3. Dans le présent règlement, on entend par «État membre» tous les États membres à l'exception du Danemark.

CHAPITRE II. COMPÉTENCE

Section I. Dispositions générales

Article 2

1. Sous réserve des dispositions du présent règlement, les personnes domiciliées sur le territoire d'un État membre sont attraites, quelle que soit leur nationalité, devant les juridictions de cet État membre.
2. Les personnes qui ne possèdent pas la nationalité de l'État membre dans lequel elles sont domiciliées y sont soumises aux règles de compétence applicables aux nationaux.

Article 3

1. Les personnes domiciliées sur le territoire d'un État membre ne peuvent être at-

---

[6] JO L 184 du 17.7.1999, p. 23.

traites devant les tribunaux d'un autre État membre qu'en vertu des règles énoncées aux sections 2 à 7 du présent chapitre.
2. Ne peuvent être invoquées contre elles notamment les règles de compétence nationales figurant à l'annexe I.

Article 4
1. Si le défendeur n'est pas domicilié sur le territoire d'un État membre, la compétence est, dans chaque État membre, réglée par la loi de cet État membre, sous réserve de l'application des dispositions des articles 22 et 23.
2. Toute personne, quelle que soit sa nationalité, domiciliée sur le territoire d'un État membre, peut, comme les nationaux, y invoquer contre ce défendeur les règles de compétence qui y sont en vigueur et notamment celles prévues à l'annexe I.

Section 2. Compétences spéciales

Article 5
Une personne domiciliée sur le territoire d'un État membre peut être attraite, dans un autre État membre:
1) a) en matière contractuelle, devant le tribunal du lieu où l'obligation qui sert de base à la demande a été ou doit être exécutée;
b) aux fins de l'application de la présente disposition, et sauf convention contraire, le lieu d'exécution de l'obligation qui sert de base à la demande est:
– pour la vente de marchandises, le lieu d'un État membre où, en vertu du contrat, les marchandises ont été ou auraient dû être livrées,
– pour la fourniture de services, le lieu d'un État membre où, en vertu du contrat, les services ont été ou auraient dû être fournis;
c) le point a) s'applique si le point b) ne s'applique pas;
2) en matière d'obligation alimentaire, devant le tribunal du lieu où le créancier d'aliments a son domicile ou sa résidence habituelle ou, s'il s'agit d'une demande accessoire à une action relative à l'état des personnes, devant le tribunal compétent selon la loi du for pour en connaître, sauf si cette compétence est uniquement fondée sur la nationalité d'une des parties;
3) en matière délictuelle ou quasi délictuelle, devant le tribunal du lieu où le fait dommageable s'est produit ou risque de se produire;
4) s'il s'agit d'une action en réparation de dommage ou d'une action en restitution fondées sur une infraction, devant le tribunal saisi de l'action publique, dans la mesure où, selon sa loi, ce tribunal peut connaître de l'action civile;
5) s'il s'agit d'une contestation relative à l'exploitation d'une succursale, d'une agence ou de tout autre établissement, devant le tribunal du lieu de leur situation;
6) en sa qualité de fondateur, de trustee ou de bénéficiaire d'un trust constitué soit en application de la loi, soit par écrit ou par une convention verbale, confirmée par écrit, devant les tribunaux de l'État membre sur le territoire duquel le trust a son domicile;
7) s'il s'agit d'une contestation relative au paiement de la rémunération réclamé en raison de l'assistance ou du sauvetage dont a bénéficié une cargaison ou un fret, devant le tribunal dans le ressort duquel cette cargaison ou le fret s'y rapportant:
a) a été saisi pour garantir ce paiement, ou
b) aurait pu être saisi à cet effet, mais une caution ou une autre sûreté a été donnée,

cette disposition ne s'applique que s'il est prétendu que le défendeur a un droit sur la cargaison ou sur le fret ou qu'il avait un tel droit au moment de cette assistance ou de ce sauvetage.

Article 6
Cette même personne peut aussi être attraite:
1) s'il y a plusieurs défendeurs, devant le tribunal du domicile de l'un d'eux, à condition que les demandes soient liées entre elles par un rapport si étroit qu'il y a intérêt à les instruire et à les juger en même temps afin d'éviter des solutions qui pourraient être inconciliables si les causes étaient jugées séparément;
2) s'il s'agit d'une demande en garantie ou d'une demande en intervention, devant le tribunal saisi de la demande originaire, à moins qu'elle n'ait été formée que pour traduire hors de son tribunal celui qui a été appelé;
3) s'il s'agit d'une demande reconventionnelle qui dérive du contrat ou du fait sur lequel est fondée la demande originaire, devant le tribunal saisi de celle-ci;
4) en matière contractuelle, si l'action peut être jointe à une action en matière de droits réels immobiliers dirigée contre le même défendeur, devant le tribunal de l'État membre sur le territoire duquel l'immeuble est situé.

Article 7
Lorsque, en vertu du présent règlement, un tribunal d'un État membre est compétent pour connaître des actions en responsabilité du fait de l'utilisation ou de l'exploitation d'un navire, ce tribunal ou tout autre que lui substitue la loi interne de cet État membre connaît aussi des demandes relatives à la limitation de cette responsabilité.

Section 3. Compétence en matière d'assurances

Article 8
En matière d'assurances, la compétence est déterminée par la présente section, sans préjudice des dispositions de l'article 4 et de l'article 5, point 5.

Article 9
1. L'assureur domicilié sur le territoire d'un État membre peut être attrait:
a) devant les tribunaux de l'État membre où il a son domicile, ou
b) dans un autre État membre, en cas d'actions intentées par le preneur d'assurance, l'assuré ou un bénéficiaire, devant le tribunal du lieu où le demandeur a son domicile, ou
c) s'il s'agit d'un coassureur, devant le tribunal d'un État membre saisi de l'action formée contre l'apériteur de la coassurance.
2. Lorsque l'assureur n'est pas domicilié sur le territoire d'un État membre, mais possède une succursale, une agence ou tout autre établissement dans un État membre, il est considéré pour les contestations relatives à leur exploitation comme ayant son domicile sur le territoire de cet État membre.

Article 10
L'assureur peut, en outre, être attrait devant le tribunal du lieu où le fait dommageable s'est produit s'il s'agit d'assurance de responsabilité ou d'assurance portant

sur des immeubles. Il en est de même si l'assurance porte à la fois sur des immeubles et des meubles couverts par une même police et atteints par le même sinistre.

Article 11
1. En matière d'assurance de responsabilité, l'assureur peut également être appelé devant le tribunal saisi de l'action de la personne lésée contre l'assuré, si la loi de ce tribunal le permet.
2. Les dispositions des articles 8, 9 et 10 sont applicables en cas d'action directe intentée par la victime contre l'assureur, lorsque l'action directe est possible.
3. Si la loi relative à cette action directe prévoit la mise en cause du preneur d'assurance ou de l'assuré, le même tribunal sera aussi compétent à leur égard.

Article 12
1. Sous réserve des dispositions de l'article 11, paragraphe 3, l'action de l'assureur ne peut être portée que devant les tribunaux de l'État membre sur le territoire duquel est domicilié le défendeur, qu'il soit preneur d'assurance, assuré ou bénéficiaire.
2. Les dispositions de la présente section ne portent pas atteinte au droit d'introduire une demande reconventionnelle devant le tribunal saisi d'une demande originaire conformément à la présente section.

Article 13
Il ne peut être dérogé aux dispositions de la présente section que par des conventions:
1) postérieures à la naissance du différend, ou
2) qui permettent au preneur d'assurance, à l'assuré ou au bénéficiaire de saisir d'autres tribunaux que ceux indiqués à la présente section, ou
3) qui, passées entre un preneur d'assurance et un assureur ayant, au moment de la conclusion du contrat, leur domicile ou leur résidence habituelle dans un même État membre, ont pour effet, alors même que le fait dommageable se produirait à l'étranger, d'attribuer compétence aux tribunaux de cet État sauf si la loi de celui-ci interdit de telles conventions, ou
4) conclues par un preneur d'assurance n'ayant pas son domicile dans un État membre, sauf s'il s'agit d'une assurance obligatoire ou qui porte sur un immeuble situé dans un État membre, ou
5) qui concernent un contrat d'assurance en tant que celui-ci couvre un ou plusieurs des risques énumérés à l'article 14.

Article 14
Les risques visés à l'article 13, point 5, sont les suivants:
1) tout dommage:
a) aux navires de mer, aux installations au large des côtes et en haute mer ou aux aéronefs, causé par des événements survenant en relation avec leur utilisation à des fins commerciales;
b) aux marchandises autres que les bagages des passagers, durant un transport réalisé par ces navires ou aéronefs soit en totalité, soit en combinaison avec d'autres modes de transport;
2) toute responsabilité, à l'exception de celle des dommages corporels aux passagers ou des dommages à leurs bagages,

a) résultant de l'utilisation ou de l'exploitation des navires, installations ou aéronefs, conformément au point 1 a) visé ci-dessus, pour autant que, en ce qui concerne les derniers, la loi de l'État membre d'immatriculation de l'aéronef n'interdise pas les clauses attributives de juridiction dans l'assurance de tels risques;
b) du fait de marchandises durant un transport visé au point 1 b) énoncé ci-dessus;
3) toute perte pécuniaire liée à l'utilisation ou à l'exploitation des navires, installations ou aéronefs conformément au point 1 a) visé ci-dessus, notamment celle du fret ou du bénéfice d'affrètement;
4) tout risque lié accessoirement à l'un de ceux visés aux points 1 à 3 énoncés ci-dessus;
5) sans préjudice des points 1 à 4, tous les «grands risques» au sens de la directive 73/239/CEE du Conseil[7], modifiée par les directives 88/357/CEE[8] et 90/618/CEE[9], dans leur dernière version en vigueur.

Section 4. Compétence en matière de contrats conclus par les consommateurs

Article 15

1. En matière de contrat conclu par une personne, le consommateur, pour un usage pouvant être considéré comme étranger à son activité professionnelle, la compétence est déterminée par la présente section, sans préjudice des dispositions de l'article 4 et de l'article 5, point 5:
a) lorsqu'il s'agit d'une vente à tempérament d'objets mobiliers corporels;
b) lorsqu'il s'agit d'un prêt à tempérament ou d'une autre opération de crédit liés au financement d'une vente de tels objets;
c) lorsque, dans tous les autres cas, le contrat a été conclu avec une personne qui exerce des activités commerciales ou professionnelles dans l'État membre sur le territoire duquel le consommateur a son domicile ou qui, par tout moyen, dirige ces activités vers cet État membre ou vers plusieurs États, dont cet État membre, et que le contrat entre dans le cadre de ces activités.
2. Lorsque le cocontractant du consommateur n'est pas domicilié sur le territoire d'un État membre, mais possède une succursale, une agence ou tout autre établissement dans un État membre, il est considéré pour les contestations relatives à leur exploitation comme ayant son domicile sur le territoire de cet État.
3. La présente section ne s'applique pas aux contrats de transport autres que ceux qui, pour un prix forfaitaire, combinent voyage et hébergement.

Article 16

1. L'action intentée par un consommateur contre l'autre partie au contrat peut être portée soit devant les tribunaux de l'État membre sur le territoire duquel est domiciliée cette partie, soit devant le tribunal du lieu où le consommateur est domicilié.
2. L'action intentée contre le consommateur par l'autre partie au contrat ne peut

---

[7] JO L 228 du 16.8.1973, p. 3. Directive modifiée en dernier lieu par la directive 2000/26/CE du Parlement européen et du Conseil (JO L 181 du 20.7.2000, p. 65).
[8] JO L 172 du 4.7.1988, p. 1. Directive modifiée en dernier lieu par la directive 2000/26/CE.
[9] JO L 330 du 29.11.1990, p. 44.

être portée que devant les tribunaux de l'État membre sur le territoire duquel est domicilié le consommateur.
3. Les dispositions du présent article ne portent pas atteinte au droit d'introduire une demande reconventionnelle devant le tribunal saisi d'une demande originaire conformément à la présente section.

Article 17
Il ne peut être dérogé aux dispositions de la présente section que par des conventions:
1) postérieures à la naissance du différend, ou
2) qui permettent au consommateur de saisir d'autres tribunaux que ceux indiqués à la présente section, ou
3) qui, passées entre le consommateur et son cocontractant ayant, au moment de la conclusion du contrat, leur domicile ou leur résidence habituelle dans un même État membre, attribuent compétence aux tribunaux de cet État membre, sauf si la loi de celui-ci interdit de telles conventions.

Section 5. Compétence en matière de contrats individuels de travail

Article 18
1. En matière de contrats individuels de travail, la compétence est déterminée par la présente section, sans préjudice de l'article 4 et de l'article 5, point 5.
2. Lorsqu'un travailleur conclut un contrat individuel de travail avec un employeur qui n'est pas domicilié dans un État membre mais possède une succursale, une agence ou tout autre établissement dans un État membre, l'employeur est considéré, pour les contestations relatives à leur exploitation comme ayant son domicile dans cet État membre.

Article 19
Un employeur ayant son domicile sur le territoire d'un État membre peut être attrait:
1) devant les tribunaux de l'État membre où il a son domicile, ou
2) dans un autre État membre:
a) devant le tribunal du lieu où le travailleur accomplit habituellement son travail ou devant le tribunal du dernier lieu où il a accompli habituellement son travail, ou
b) lorsque le travailleur n'accomplit pas ou n'a pas accompli habituellement son travail dans un même pays, devant le tribunal du lieu où se trouve ou se trouvait l'établissement qui a embauché le travailleur.

Article 20
1. L'action de l'employeur ne peut être portée que devant les tribunaux de l'État membre sur le territoire duquel le travailleur a son domicile.
2. Les dispositions de la présente section ne portent pas atteinte au droit d'introduire une demande reconventionnelle devant le tribunal saisi de la demande originaire conformément à la présente section.

Article 21
Il ne peut être dérogé aux dispositions de la présente section que par des conventions attributives de juridiction:

1) postérieures à la naissance du différend, ou
2) qui permettent au travailleur de saisir d'autres tribunaux que ceux indiqués à la présente section.

Section 6. Compétences exclusives

Article 22
Sont seuls compétents, sans considération de domicile:
1) en matière de droits réels immobiliers et de baux d'immeubles, les tribunaux de l'État membre où l'immeuble est situé.
Toutefois, en matière de baux d'immeubles conclus en vue d'un usage personnel temporaire pour une période maximale de six mois consécutifs, sont également compétents les tribunaux de l'État membre dans lequel le défendeur est domicilié, à condition que le locataire soit une personne physique et que le propriétaire et le locataire soient domiciliés dans le même État membre;
2) en matière de validité, de nullité ou de dissolution des sociétés ou personnes morales ayant leur siège sur le territoire d'un État membre, ou de validité des décisions de leurs organes, les tribunaux de cet État membre. Pour déterminer le siège, le juge applique les règles de son droit international privé;
3) en matière de validité des inscriptions sur les registres publics, les tribunaux de l'État membre sur le territoire duquel ces registres sont tenus;
4) en matière d'inscription ou de validité des brevets, marques, dessins et modèles, et autres droits analogues donnant lieu à dépôt ou à un enregistrement, les juridictions de l'État membre sur le territoire duquel le dépôt ou l'enregistrement a été demandé, a été effectué ou est réputé avoir été effectué aux termes d'un instrument communautaire ou d'une convention internationale.
Sans préjudice de la compétence de l'Office européen des brevets selon la convention sur la délivrance des brevets européens, signée à Munich le 5 octobre 1973, les juridictions de chaque État membre sont seules compétentes, sans considération de domicile, en matière d'inscription ou de validité d'un brevet européen délivré pour cet État;
5) en matière d'exécution des décisions, les tribunaux de l'État membre du lieu de l'exécution.

Section 7. Prorogation de compétence

Article 23
1. Si les parties, dont l'une au moins a son domicile sur le territoire d'un État membre, sont convenues d'un tribunal ou de tribunaux d'un État membre pour connaître des différends nés ou à naître à l'occasion d'un rapport de droit déterminé, ce tribunal ou les tribunaux de cet État membre sont compétents. Cette compétence est exclusive, sauf convention contraire des parties. Cette convention attributive de juridiction est conclue:
a) par écrit ou verbalement avec confirmation écrite, ou
b) sous une forme qui soit conforme aux habitudes que les parties ont établies entre elles, ou
c) dans le commerce international, sous une forme qui soit conforme à un usage dont les parties avaient connaissance ou étaient censées avoir connaissance et qui

est largement connu et régulièrement observé dans ce type de commerce par les parties à des contrats du même type dans la branche commerciale considérée.
2. Toute transmission par voie électronique qui permet de consigner durablement la convention est considérée comme revêtant une forme écrite.
3. Lorsqu'une telle convention est conclue par des parties dont aucune n'a son domicile sur le territoire d'un État membre, les tribunaux des autres États membres ne peuvent connaître du différend tant que le tribunal ou les tribunaux désignés n'ont pas décliné leur compétence.
4. Le tribunal ou les tribunaux d'un État membre auxquels l'acte constitutif d'un trust attribue compétence sont exclusivement compétents pour connaître d'une action contre un fondateur, un trustee ou un bénéficiaire d'un trust, s'il s'agit des relations entre ces personnes ou de leurs droits ou obligations dans le cadre du trust;
5. Les conventions attributives de juridiction ainsi que les stipulations similaires d'actes constitutifs de trust sont sans effet si elles sont contraires aux dispositions des articles 13, 17 et 21 ou si les tribunaux à la compétence desquels elles dérogent sont exclusivement compétents en vertu de l'article 22.

Article 24
Outre les cas où sa compétence résulte d'autres dispositions du présent règlement, le juge d'un État membre devant lequel le défendeur comparaît est compétent. Cette règle n'est pas applicable si la comparution a pour objet de contester la compétence ou s'il existe une autre juridiction exclusivement compétente en vertu de l'article 22.

Section 8. Vérification de la compétence et de la recevabilité

Article 25
Le juge d'un État membre, saisi à titre principal d'un litige pour lequel une juridiction d'un autre État membre est exclusivement compétente en vertu de l'article 22, se déclare d'office incompétent.

Article 26
1. Lorsque le défendeur domicilié sur le territoire d'un État membre est attrait devant une juridiction d'un autre État membre et ne comparaît pas, le juge se déclare d'office incompétent si sa compétence n'est pas fondée aux termes du présent règlement.
2. Le juge est tenu de surseoir à statuer aussi longtemps qu'il n'est pas établi que ce défendeur a été mis à même de recevoir l'acte introductif d'instance ou un acte équivalent en temps utile pour se défendre ou que toute diligence a été faite à cette fin.
3. L'article 19 du règlement (CE) n° 1348/2000 du Conseil du 29 mai 2000 relatif à la signification et à la notification dans les États membres des actes judiciaires et extrajudiciaires en matière civile ou commerciale[10] s'applique en lieu et place des dispositions du paragraphe 2 si l'acte introductif d'instance ou un acte équivalent a dû être transmis d'un État membre à un autre en exécution de ce règlement.

---

[10] JO L 160 du 30.6.2000, p. 37.

4. Lorsque les dispositions du règlement (CE) no 1348/2000 ne sont pas applicables, l'article 15 de la convention de La Haye du 15 novembre 1965 relative à la signification et à la notification à l'étranger des actes judiciaires et extrajudiciaires en matière civile ou commerciale s'applique si l'acte introductif d'instance ou un acte équivalent a dû être transmis en exécution de cette convention.

Section 9. Litispendance et connexité

Article 27
1. Lorsque des demandes ayant le même objet et la même cause sont formées entre les mêmes parties devant des juridictions d'États membres différents, la juridiction saisie en second lieu sursoit d'office à statuer jusqu'à ce que la compétence du tribunal premier saisi soit établie.
2. Lorsque la compétence du tribunal premier saisi est établie, le tribunal saisi en second lieu se dessaisit en faveur de celui-ci.

Article 28
1. Lorsque des demandes connexes sont pendantes devant des juridictions d'États membres différents, la juridiction saisie en second lieu peut surseoir à statuer.
2. Lorsque ces demandes sont pendantes au premier degré, la juridiction saisie en second lieu peut également se dessaisir, à la demande de l'une des parties, à condition que le tribunal premier saisi soit compétent pour connaître des demandes en question et que sa loi permette leur jonction.
3. Sont connexes, au sens du présent article, les demandes liées entre elles par un rapport si étroit qu'il y a intérêt à les instruire et à les juger en même temps afin d'éviter des solutions qui pourraient être inconciliables si les causes étaient jugées séparément.

Article 29
Lorsque les demandes relèvent de la compétence exclusive de plusieurs juridictions, le dessaisissement a lieu en faveur de la juridiction première saisie.

Article 30
Aux fins de la présente section, une juridiction est réputée saisie:
1) à la date à laquelle l'acte introductif d'instance ou un acte équivalent est déposé auprès de la juridiction, à condition que le demandeur n'ait pas négligé par la suite de prendre les mesures qu'il était tenu de prendre pour que l'acte soit notifié ou signifié au défendeur, ou
2) si l'acte doit être notifié ou signifié avant d'être déposé auprès de la juridiction, à la date à laquelle il est reçu par l'autorité chargée de la notification ou de la signification, à condition que le demandeur n'ait pas négligé par la suite de prendre les mesures qu'il était tenu de prendre pour que l'acte soit déposé auprès de la juridiction.

Section 10. Mesures provisoires et conservatoires

Article 31
Les mesures provisoires ou conservatoires prévues par la loi d'un État membre peuvent être demandées aux autorités judiciaires de cet État, même si, en vertu du

présent règlement, une juridiction d'un autre État membre est compétente pour connaître du fond.

CHAPITRE III. RECONNAISSANCE ET EXÉCUTION

Article 32
On entend par décision, au sens du présent règlement, toute décision rendue par une juridiction d'un État membre quelle que soit la dénomination qui lui est donnée, telle qu'arrêt, jugement, ordonnance ou mandat d'exécution, ainsi que la fixation par le greffier du montant des frais du procès.

Section 1. Reconnaissance

Article 33
1. Les décisions rendues dans un État membre sont reconnues dans les autres États membres, sans qu'il soit nécessaire de recourir à aucune procédure.
2. En cas de contestation, toute partie intéressée qui invoque la reconnaissance à titre principal peut faire constater, selon les procédures prévues aux sections 2 et 3 du présent chapitre, que la décision doit être reconnue.
3. Si la reconnaissance est invoquée de façon incidente devant une juridiction d'un État membre, celle-ci est compétente pour en connaître.

Article 34
Une décision n'est pas reconnue si:
1) la reconnaissance est manifestement contraire à l'ordre public de l'État membre requis;
2) l'acte introductif d'instance ou un acte équivalent n'a pas été signifié ou notifié au défendeur défaillant en temps utile et de telle manière qu'il puisse se défendre, à moins qu'il n'ait pas exercé de recours à l'encontre de la décision alors qu'il était en mesure de le faire;
3) elle est inconciliable avec une décision rendue entre les mêmes parties dans l'État membre requis;
4) elle est inconciliable avec une décision rendue antérieurement dans un autre État membre ou dans un État tiers entre les mêmes parties dans un litige ayant le même objet et la même cause, lorsque la décision rendue antérieurement réunit les conditions nécessaires à sa reconnaissance dans l'État membre requis.

Article 35
1. De même, les décisions ne sont pas reconnues si les dispositions des sections 3, 4 et 6 du chapitre II ont été méconnues, ainsi que dans le cas prévu à l'article 72.
2. Lors de l'appréciation des compétences mentionnées au paragraphe précédent, l'autorité requise est liée par les constatations de fait sur lesquelles la juridiction de l'État membre d'origine a fondé sa compétence.
3. Sans préjudice des dispositions du paragraphe 1, il ne peut être procédé au contrôle de la compétence des juridictions de l'État membre d'origine. Le critère de l'ordre public visé à l'article 34, point 1, ne peut être appliqué aux règles de compétence.

Article 36
En aucun cas, la décision étrangère ne peut faire l'objet d'une révision au fond.

Article 37
1. L'autorité judiciaire d'un État membre devant laquelle est invoquée la reconnaissance d'une décision rendue dans un autre État membre peut surseoir à statuer si cette décision fait l'objet d'un recours ordinaire.
2. L'autorité judiciaire d'un État membre devant laquelle est invoquée la reconnaissance d'une décision rendue en Irlande ou au Royaume-Uni et dont l'exécution est suspendue dans l'État membre d'origine du fait de l'exercice d'un recours, peut surseoir à statuer.

Section 2. Exécution

Article 38
1. Les décisions rendues dans un État membre et qui y sont exécutoires sont mises à exécution dans un autre État membre après y avoir été déclarées exécutoires sur requête de toute partie intéressée.
2. Toutefois, au Royaume-Uni, ces décisions sont mises à exécution en Angleterre et au pays de Galles, en Écosse ou en Irlande du Nord, après avoir été enregistrées en vue de leur exécution, sur requête de toute partie intéressée, dans l'une ou l'autre de ces parties du Royaume-Uni, suivant le cas.

Article 39
1. La requête est présentée à la juridiction ou à l'autorité compétente indiquée sur la liste figurant à l'annexe II.
2. La compétence territoriale est déterminée par le domicile de la partie contre laquelle l'exécution est demandée, ou par le lieu de l'exécution.

Article 40
1. Les modalités du dépôt de la requête sont déterminées par la loi de l'État membre requis.
2. Le requérant doit faire élection de domicile dans le ressort de la juridiction saisie. Toutefois, si la loi de l'État membre requis ne connaît pas l'élection de domicile, le requérant désigne un mandataire ad litem.
3. Les documents mentionnés à l'article 53 sont joints à la requête.

Article 41
La décision est déclarée exécutoire dès l'achèvement des formalités prévues à l'article 53, sans examen au titre des articles 34 et 35. La partie contre laquelle l'exécution est demandée ne peut, en cet état de la procédure, présenter d'observations.

Article 42
1. La décision relative à la demande de déclaration constatant la force exécutoire est aussitôt portée à la connaissance du requérant suivant les modalités déterminées par la loi de l'État membre requis.
2. La déclaration constatant la force exécutoire est signifiée ou notifiée à la partie

contre laquelle l'exécution est demandée, accompagnée de la décision si celle-ci n'a pas encore été signifiée ou notifiée à cette partie.

Article 43
1. L'une ou l'autre partie peut former un recours contre la décision relative à la demande de déclaration constatant la force exécutoire.
2. Le recours est porté devant la juridiction indiquée sur la liste figurant à l'annexe III.
3. Le recours est examiné selon les règles de la procédure contradictoire.
4. Si la partie contre laquelle l'exécution est demandée ne comparaît pas devant la juridiction saisie du recours formé par le requérant, les dispositions de l'article 26, paragraphes 2 à 4, sont d'application, même si la partie contre laquelle l'exécution est demandée n'est pas domiciliée sur le territoire de l'un des États membres.
5. Le recours contre la déclaration constatant la force exécutoire doit être formé dans un délai d'un mois à compter de sa signification. Si la partie contre laquelle l'exécution est demandée est domiciliée sur le territoire d'un autre État membre que celui dans lequel la déclaration constatant la force exécutoire a été délivrée, le délai est de deux mois et court à compter du jour où la signification a été faite à personne ou à domicile. Ce délai ne comporte pas de prorogation à raison de la distance.

Article 44
La décision rendue sur le recours ne peut faire l'objet que du recours visé à l'annexe IV.

Article 45
1. La juridiction saisie d'un recours prévu à l'article 43 ou 44 ne peut refuser ou révoquer une déclaration constatant la force exécutoire que pour l'un des motifs prévus aux articles 34 et 35. Elle statue à bref délai.
2. En aucun cas la décision étrangère ne peut faire l'objet d'une révision au fond.

Article 46
1. La juridiction saisie d'un recours prévu à l'article 43 ou 44 peut, à la requête de la partie contre laquelle l'exécution est demandée, surseoir à statuer, si la décision étrangère fait, dans l'État membre d'origine, l'objet d'un recours ordinaire ou si le délai pour le former n'est pas expiré; dans ce dernier cas, la juridiction peut impartir un délai pour former ce recours.
2. Lorsque la décision a été rendue en Irlande ou au Royaume-Uni, toute voie de recours prévue dans l'État membre d'origine est considérée comme un recours ordinaire pour l'application du paragraphe 1.
3. Cette juridiction peut également subordonner l'exécution à la constitution d'une garantie qu'elle détermine.

Article 47
1. Lorsqu'une décision doit être reconnue en application du présent règlement, rien n'empêche le requérant de demander qu'il soit procédé à des mesures provisoires, ou conservatoires, prévues par la loi de l'État membre requis, sans qu'il soit nécessaire que cette décision soit déclarée exécutoire au sens de l'article 41.

2. La déclaration constatant la force exécutoire emporte l'autorisation de procéder à des mesures conservatoires.
3. Pendant le délai du recours prévu à l'article 43, paragraphe 5, contre la déclaration constatant la force exécutoire et jusqu'à ce qu'il ait été statué sur celui-ci, il ne peut être procédé qu'à des mesures conservatoires sur les biens de la partie contre laquelle l'exécution est demandée.

Article 48
1. Lorsque la décision étrangère a statué sur plusieurs chefs de la demande et que la déclaration constatant la force exécutoire ne peut être délivrée pour le tout, la juridiction ou l'autorité compétente la délivre pour un ou plusieurs d'entre eux.
2. Le requérant peut demander que la déclaration constatant la force exécutoire soit limitée à certaines parties d'une décision.

Article 49
Les décisions étrangères condamnant à une astreinte ne sont exécutoires dans l'État membre requis que si le montant en a été définitivement fixé par les tribunaux de l'État membre d'origine.

Article 50
Le requérant qui, dans l'État membre d'origine, a bénéficié en tout ou en partie de l'assistance judiciaire ou d'une exemption de frais et dépens bénéficie, dans la procédure prévue à la présente section, de l'assistance la plus favorable ou de l'exemption la plus large prévue par le droit de l'État membre requis.

Article 51
Aucune caution ni aucun dépôt, sous quelque dénomination que ce soit, ne peuvent être imposés en raison, soit de la qualité d'étranger, soit du défaut de domicile ou de résidence dans le pays, à la partie qui demande l'exécution dans un État membre d'une décision rendue dans un autre État membre.

Article 52
Aucun impôt, droit ou taxe proportionnel à la valeur du litige n'est perçu dans l'État membre requis à l'occasion de la procédure tendant à la délivrance d'une déclaration constatant la force exécutoire.

Section 3. Dispositions communes

Article 53
1. La partie qui invoque la reconnaissance d'une décision ou sollicite la délivrance d'une déclaration constatant sa force exécutoire doit produire une expédition de celle-ci réunissant les conditions nécessaires à son authenticité.
2. La partie qui sollicite la délivrance d'une déclaration constatant la force exécutoire d'une décision doit aussi produire le certificat visé à l'article 54, sans préjudice de l'article 55.

Article 54
La juridiction ou l'autorité compétente d'un État membre dans lequel une décision

a été rendue délivre, à la requête de toute partie intéressée, un certificat en utilisant le formulaire dont le modèle figure à l'annexe V du présent règlement.

Article 55
1. À défaut de production du certificat visé à l'article 54, la juridiction ou l'autorité compétente peut impartir un délai pour le produire ou accepter un document équivalent ou, si elle s'estime suffisamment éclairée, en dispenser.
2. Il est produit une traduction des documents si la juridiction ou l'autorité compétente l'exige. La traduction est certifiée par une personne habilitée à cet effet dans l'un des États membres.

Article 56
Aucune légalisation ni formalité analogue n'est exigée en ce qui concerne les documents mentionnés à l'article 53, ou à l'article 55, paragraphe 2, ou, le cas échéant, la procuration ad litem.

CHAPITRE IV. ACTES AUTHENTIQUES ET TRANSACTIONS JUDICIAIRES

Article 57
1. Les actes authentiques reçus et exécutoires dans un État membre sont, sur requête, déclarés exécutoires dans un autre État membre, conformément à la procédure prévue aux articles 38 et suivants. La juridiction auprès de laquelle un recours est formé en vertu des articles 43 ou 44 ne refuse ou révoque une déclaration constatant la force exécutoire que si l'exécution de l'acte authentique est manifestement contraire à l'ordre public de l'État membre requis.
2. Sont également considérées comme des actes authentiques au sens du paragraphe 1, les conventions en matière d'obligations alimentaires conclues devant des autorités administratives ou authentifiées par elles.
3. L'acte produit doit réunir les conditions nécessaires à son authenticité dans l'État membre d'origine.
4. Les dispositions de la section 3 du chapitre III sont applicables, en tant que de besoin. L'autorité compétente de l'État membre dans lequel un acte authentique a été reçu établit, à la requête de toute partie intéressée, un certificat en utilisant le formulaire dont le modèle figure à l'annexe VI du présent règlement.

Article 58
Les transactions conclues devant le juge au cours d'un procès et exécutoires dans l'État membre d'origine sont exécutoires dans l'État membre requis aux mêmes conditions que les actes authentiques. La juridiction ou l'autorité compétente d'un État membre dans lequel une transaction a été conclue délivre, à la requête de toute partie intéressée, un certificat en utilisant le formulaire dont le modèle figure à l'annexe V du présent règlement.

CHAPITRE V. DISPOSITIONS GÉNÉRALES

Article 59
1. Pour déterminer si une partie a un domicile sur le territoire de l'État membre dont les tribunaux sont saisis, le juge applique sa loi interne.
2. Lorsqu'une partie n'a pas de domicile dans l'État membre dont les tribunaux sont saisis, le juge, pour déterminer si elle a un domicile dans un autre État membre, applique la loi de cet État membre.

Article 60
1. Pour l'application du présent règlement, les sociétés et les personnes morales sont domiciliées là ou est situé:
a) leur siège statutaire;
b) leur administration centrale, ou
c) leur principal établissement.
2. Pour le Royaume-Uni et l'Irlande, on entend par «siège statutaire» le registered office ou, s'il n'existe nulle part de registered office, le place of incorporation (le lieu d'acquisition de la personnalité morale) ou, s'il n'existe nulle part de lieu d'acquisition de la personnalité morale, le lieu selon la loi duquel la formation (la constitution) a été effectuée.
3. Pour déterminer si un trust a son domicile sur le territoire d'un État membre dont les tribunaux sont saisis, le juge applique les règles de son droit international privé.

Article 61
Sans préjudice de dispositions nationales plus favorables, les personnes domiciliées sur le territoire d'un État membre et poursuivies pour une infraction involontaire devant les juridictions répressives d'un autre État membre dont elles ne sont pas les nationaux peuvent se faire défendre par les personnes habilitées à cette fin, même si elles ne comparaissent pas personnellement. Toutefois, la juridiction saisie peut ordonner la comparution personnelle; si celle-ci n'a pas eu lieu, la décision rendue sur l'action civile sans que la personne en cause ait eu la possibilité de se défendre pourra ne pas être reconnue ni exécutée dans les autres États membres.

Article 62
En Suède, dans les procédures sommaires concernant les injonctions de payer (betalningsföreläggande) et l'assistance (handräckning), les termes «juge», «tribunal» et «juridiction» comprennent le service public suédois de recouvrement forcé (kronofogdemyndighet).

Article 63
1. Une personne domiciliée sur le territoire du Luxembourg et attraite devant le tribunal d'un autre État membre en application de l'article 5, point 1, a la faculté de décliner la compétence de ce tribunal lorsque le lieu final de livraison de la marchandise ou de la prestation de service se situe au Luxembourg.
2. Lorsqu'en application du paragraphe 1, le lieu final de livraison de la marchandise ou de la prestation de service se situe au Luxembourg, toute convention attributive de juridiction, pour être valable, doit être acceptée par écrit ou verbalement avec confirmation écrite, au sens de l'article 23, paragraphe 1, point a).

3. Les dispositions du présent article ne sont pas applicables aux contrats de prestation de services financiers.
4. Les dispositions du présent article sont applicables pour une durée de six ans à compter de l'entrée en vigueur du présent règlement.

Article 64
1. Dans les litiges entre le capitaine et un membre d'équipage d'un navire de mer immatriculé en Grèce ou au Portugal, relatif aux rémunérations ou autres conditions de service, les juridictions d'un État membre doivent contrôler si l'agent diplomatique ou consulaire dont relève le navire a été informé du litige. Elles peuvent statuer dès que cet agent a été informé.
2. Les dispositions du présent article sont applicables pour une durée de six ans à compter de l'entrée en vigueur du présent règlement.

Article 65
1. La compétence judiciaire prévue à l'article 6, point 2, et à l'article 11 pour la demande en garantie ou la demande en intervention ne peut être invoquée ni en Allemagne ni en Autriche. Toute personne domiciliée sur le territoire d'un autre État membre peut être appelée devant les tribunaux:
a) d'Allemagne, en application de l'article 68 et des articles 72 à 74 du Code de procédure civile (Zivilprozessordnung) concernant la litis denuntiatio;
b) d'Autriche, conformément à l'article 21 du Code de procédure civile (Zivilprozessordnung) concernant la litis denuntiatio.
2. Les décisions rendues dans les autres États membres en vertu de l'article 6, point 2, et de l'article 11 sont reconnues et exécutées en Allemagne et en Autriche conformément au chapitre III. Les effets produits à l'égard des tiers, en application du paragraphe 1, par des jugements rendus dans ces États sont également reconnus dans les autres États membres.

CHAPITRE VI. DISPOSITIONS TRANSITOIRES

Article 66
1. Les dispositions du présent règlement ne sont applicables qu'aux actions judiciaires intentées et aux actes authentiques reçus postérieurement à son entrée en vigueur.
2. Toutefois, si l'action dans l'État membre d'origine a été intentée avant la date d'entrée en vigueur du présent règlement, les décisions rendues après cette date sont reconnues et exécutées conformément aux dispositions du chapitre III:
a) dès lors que l'action dans l'État membre d'origine a été intentée après l'entrée en vigueur de la convention de Bruxelles ou de la convention de Lugano à la fois dans l'État membre d'origine et dans l'État membre requis;
b) dans tous les autres cas, dès lors que les règles de compétence appliquées sont conformes à celles prévues soit par le chapitre II, soit par une convention qui était en vigueur entre l'État membre d'origine et l'État membre requis au moment où l'action a été intentée.

CHAPITRE VII. RELATIONS AVEC LES AUTRES INSTRUMENTS

Article 67
Le présent règlement ne préjuge pas de l'application des dispositions qui, dans des matières particulières, règlent la compétence judiciaire, la reconnaissance et l'exécution des décisions et qui sont contenues dans les actes communautaires ou dans les législations nationales harmonisées en exécution de ces actes.

Article 68
1. Le présent règlement remplace, entre les États membres, la convention de Bruxelles, sauf en ce qui concerne les territoires des États membres qui entrent dans le champ d'application territorial de cette convention et qui sont exclus du présent règlement en vertu de l'article 299 du traité.
2. Dans la mesure où le présent règlement remplace entre les États membres les dispositions de la convention de Bruxelles, toute référence faite à celle-ci s'entend comme faite au présent règlement.

Article 69
Sans préjudice des dispositions de l'article 66, paragraphe 2, et de l'article 70, le présent règlement remplace entre les États membres les conventions et le traité suivants:
– la convention entre la Belgique et la France sur la compétence judiciaire, sur l'autorité et l'exécution des décisions judiciaires, des sentences arbitrales et des actes authentiques, signée à Paris le 8 juillet 1899,
– la convention entre la Belgique et les Pays-Bas sur la compétence judiciaire territoriale, sur la faillite, ainsi que sur l'autorité et l'exécution des décisions judiciaires, des sentences arbitrales et des actes authentiques, signée à Bruxelles le 28 mars 1925,
– la convention entre la France et l'Italie sur l'exécution des jugements en matière civile et commerciale, signée à Rome le 3 juin 1930,
– la convention entre l'Allemagne et l'Italie sur la reconnaissance et l'exécution des décisions judiciaires en matière civile et commerciale, signée à Rome le 9 mars 1936,
– la convention entre la Belgique et l'Autriche sur la reconnaissance et l'exécution réciproques des décisions judiciaires et des actes authentiques en matière d'obligations alimentaires, signée à Vienne le 25 octobre 1957,
– la convention entre l'Allemagne et la Belgique concernant la reconnaissance et l'exécution réciproques en matière civile et commerciale des décisions judiciaires, sentences arbitrales et actes authentiques, signée à Bonn le 30 juin 1958,
– la convention entre les Pays-Bas et l'Italie sur la reconnaissance et l'exécution des décisions judiciaires en matière civile et commerciale, signée à Rome le 17 avril 1959,
– la convention entre l'Allemagne et l'Autriche sur la reconnaissance et l'exécution réciproques des décisions et transactions judiciaires et des actes authentiques en matière civile et commerciale, signée à Vienne le 6 juin 1959,
– la convention entre la Belgique et l'Autriche sur la reconnaissance et l'exécution réciproques des décisions judiciaires, sentences arbitrales et actes authentiques en matière civile et commerciale, signée à Vienne le 16 juin 1959,
– la convention entre la Grèce et l'Allemagne sur la reconnaissance et l'exécution réciproques des jugements, transactions et actes authentiques en matière civile et commerciale, signée à Athènes le 4 novembre 1961,

– la convention entre la Belgique et l'Italie concernant la reconnaissance et l'exécution des décisions judiciaires et d'autres titres exécutoires en matière civile et commerciale, signée à Rome le 6 avril 1962,
– la convention entre les Pays-Bas et l'Allemagne sur la reconnaissance et l'exécution mutuelles des décisions judiciaires et autres titres exécutoires en matière civile et commerciale, signée à La Haye le 30 août 1962,
– la convention entre les Pays-Bas et l'Autriche sur la reconnaissance et l'exécution réciproques des décisions judiciaires et des actes authentiques en matière civile et commerciale, signée à La Haye le 6 février 1963,
– la convention entre la France et l'Autriche sur la reconnaissance et l'exécution des décisions judiciaires et des actes authentiques en matière civile et commerciale, signée à Vienne le 15 juillet 1966,
– la convention entre l'Espagne et la France sur la reconnaissance et l'exécution de jugements et de sentences arbitrales en matière civile et commerciale, signée à Paris le 28 mai 1969,
– la convention entre le Luxembourg et l'Autriche sur la reconnaissance et l'exécution des décisions judiciaires et des actes authentiques en matière civile et commerciale, signée à Luxembourg le 29 juillet 1971,
– la convention entre l'Italie et l'Autriche sur la reconnaissance et l'exécution des décisions judiciaires en matière civile et commerciale, des transactions judiciaires et des actes notariés, signée à Rome le 16 novembre 1971,
– la convention entre l'Espagne et l'Italie en matière d'assistance judiciaire et de reconnaissance et d'exécution des jugements en matière civile et commerciale, signée à Madrid le 22 mai 1973,
– la convention entre la Finlande, l'Islande, la Norvège, la Suède et le Danemark sur la reconnaissance et l'exécution des décisions en matière civile, signée à Copenhague le 11 octobre 1977,
– la convention entre l'Autriche et la Suède sur la reconnaissance et l'exécution des jugements en matière civile, signée à Stockholm le 16 septembre 1982,
– la convention entre l'Espagne et l'Allemagne sur la reconnaissance et l'exécution de décisions et transactions judiciaires, et d'actes authentiques exécutoires en matière civile et commerciale, signée à Bonn le 14 novembre 1983,
– la convention entre l'Autriche et l'Espagne sur la reconnaissance et l'exécution des décisions et transactions judiciaires et des actes authentiques exécutoires en matière civile et commerciale, signée à Vienne le 17 février 1984,
– la convention entre la Finlande et l'Autriche sur la reconnaissance et l'exécution des jugements en matière civile, signée à Vienne le 17 novembre 1986, et
– le traité entre la Belgique, les Pays-Bas et le Luxembourg sur la compétence judiciaire, sur la faillite, sur l'autorité et l'exécution des décisions judiciaires, des sentences arbitrales et des actes authentiques, signé à Bruxelles le 24 novembre 1961, pour autant qu'il est en vigueur.

Article 70
1. Les conventions et le traité mentionnés à l'article 69 continuent à produire leurs effets dans les matières auxquelles le présent règlement n'est pas applicable.
2. Ils continuent à produire leurs effets en ce qui concerne les décisions rendues et les actes authentiques reçus avant l'entrée en vigueur du présent règlement.

Article 71
1. Le présent règlement n'affecte pas les conventions auxquelles les États membres sont parties et qui, dans des matières particulières, règlent la compétence judiciaire, la reconnaissance ou l'exécution des décisions.
2. En vue d'assurer son interprétation uniforme, le paragraphe 1 est appliqué de la manière suivante:
a) le présent règlement ne fait pas obstacle à ce qu'un tribunal d'un État membre, partie à une convention relative à une matière particulière, puisse fonder sa compétence sur une telle convention, même si le défendeur est domicilié sur le territoire d'un État membre non partie à une telle convention. Le tribunal saisi applique, en tout cas, l'article 26 du présent règlement;
b) les décisions rendues dans un État membre par un tribunal ayant fondé sa compétence sur une convention relative à une matière particulière sont reconnues et exécutées dans les autres États membres conformément au présent règlement.
Si une convention relative à une matière particulière et à laquelle sont parties l'État membre d'origine et l'État membre requis détermine les conditions de reconnaissance et d'exécution des décisions, il est fait application de ces conditions. Il peut, en tout cas, être fait application des dispositions du présent règlement qui concernent la procédure relative à la reconnaissance et à l'exécution des décisions.

Article 72
Le présent règlement n'affecte pas les accords par lesquels les États membres se sont engagés, avant l'entrée en vigueur du présent règlement, en vertu de l'article 59 de la convention de Bruxelles, à ne pas reconnaître une décision rendue, notamment dans un autre État contractant à ladite convention, contre un défendeur qui a son domicile ou sa résidence habituelle dans un pays tiers lorsque, dans un cas prévu à l'article 4 de cette convention, la décision n'a pu être fondée que sur une compétence visée à l'article 3, deuxième alinéa, de cette même convention.

CHAPITRE VIII. DISPOSITIONS FINALES

Article 73
Au plus tard cinq ans après l'entrée en vigueur du présent règlement, la Commission présente au Parlement européen, au Conseil et au Comité économique et social un rapport relatif à l'application du présent règlement. Ce rapport est accompagné, le cas échéant, de propositions visant à adapter le règlement.

Article 74
1. Les États membres notifient à la Commission les textes modifiant les listes figurant dans les annexes I à IV. La Commission adapte les annexes concernées en conséquence.
2. La mise à jour ou l'adaptation technique des formulaires, dont les modèles figurent dans les annexes V et VI, sont adoptées conformément à la procédure consultative visée à l'article 75, paragraphe 2.

Article 75
1. La Commission est assistée d'un comité.

2. Dans le cas où il est fait référence au présent paragraphe, les articles 3 et 7 de la décision 1999/468/CE s'appliquent.
3. Le comité adopte son règlement intérieur.

Article 76
Le présent règlement entre en vigueur le 1er mars 2002.

ANNEXE I

Règles de compétence nationales visées à l'article 3, paragraphe 2, et à l'article 4, paragraphe 2

Les règles de compétence nationales visées à l'article 3, paragraphe 2, et à l'article 4, paragraphe 2, sont les suivantes:
– en Belgique: l'article 15 du Code civil (Burgerlijk Wetboek) et l'article 638 du Code judiciaire (Gerechtelijk Wetboek),
– en Allemagne: l'article 23 du Code de procédure civile (Zivilprozessordnung),
– en Grèce: l'article 40 du Code de procédure civile (Κώδικας Πολιτικής Δικονομίας),
– en France: les articles 14 et 15 du Code civil,
– en Irlande: les dispositions relatives à la compétence fondée sur un acte introductif d'instance signifié ou notifié au défendeur qui se trouve temporairement en Irlande,
– en Italie: les articles 3 et 4 de la loi 218 du 31 mai 1995,
– au Luxembourg: les articles 14 et 15 du Code civil,
– aux Pays-Bas: l'article 126, troisième alinéa, et l'article 127 du Code de procédure civile (Wetboek van Burgerlijke Rechtsvordering),
– en Autriche: l'article 99 de la loi sur la compétence judiciaire (Jurisdiktionsnorm),
– au Portugal: les articles 65 et 65 A du Code de procédure civile (Código de Processo Civil) et l'article 11 du Code de procédure du travail (Código de Processo de Trabalho),
– en Finlande: le chapitre 10, article 1er, premier alinéa, deuxième, troisième et quatrième phrases, du Code de procédure judiciaire (oikeudenkäymiskaari/rättegångsbalken),
– en Suède: le chapitre 10, article 3, premier alinéa, première phrase, du Code de procédure judiciaire (rättegångsbalken),
– au Royaume-Uni: les dispositions relatives à la compétence fondée sur:
a) un acte introductif d'instance signifié ou notifié au défendeur qui se trouve temporairement au Royaume-Uni;
b) l'existence au Royaume-Uni de biens appartenant au défendeur;
c) la saisie par le demandeur de biens situés au Royaume-Uni.

ANNEXE II

Les juridictions ou autorités compétentes auprès desquelles les requêtes visées à l'article 39 sont présentées sont les suivantes:
– en Belgique, le tribunal de première instance ou rechtbank van eerste aanleg ou erstinstanzliches Gericht,
– en Allemagne, le président d'une chambre du Landgericht,
– en Grèce, le Μονομελές Πρωτοδικείο,

– en Espagne, le Juzgado de Primera Instancia,
– en France, le président du Tribunal de grande instance,
– en Irlande, la High Court,
– en Italie, la Corte d'appello,
– au Luxembourg, le président du tribunal d'arrondissement,
– aux Pays-Bas, le président de l'arrondissementsrechtbank,
– en Autriche, le Bezirksgericht,
– au Portugal, le Tribunal de Comarca,
– en Finlande, le käräjäoikeus/tingsrätt,
– en Suède, le Svea hovrätt,
– au Royaume-Uni:
a) en Angleterre et au pays de Galles, la High Court of Justice ou, s'il s'agit d'une décision en matière d'obligation alimentaire, la Magistrates' Court saisie par l'intermédiaire du Secretary of State;
b) en Écosse, la Court of Session ou, s'il s'agit d'une décision en matière d'obligation alimentaire, la Sheriff Court, saisie par l'intermédiaire du Secretary of State;
c) en Irlande du Nord, la High Court of Justice ou, s'il s'agit d'une décision en matière d'obligation alimentaire, la Magistrates' Court saisie par l'intermédiaire du Secretary of State;
d) à Gibraltar, la Supreme Court de Gibraltar ou, s'il s'agit d'une décision en matière d'obligation alimentaire, la Magistrates' Court saisie par l'intermédiaire de l'Attorney General de Gibraltar.

ANNEXE III

Les juridictions des États membres devant lesquelles les recours visés à l'article 43, paragraphe 2, sont portés sont les suivantes:
– en Belgique,
a) en ce qui concerne le recours du défendeur:
le tribunal de première instance ou rechtbank van eerste aanleg ou erstinstanzliches Gericht;
b) en ce qui concerne le recours du requérant:
la cour d'appel ou hof van beroep,
– en Allemagne, le Oberlandesgericht,
– en Grèce, le εφετείο,
– en Espagne, la Audiencia Provincial,
– en France, la Cour d'appel,
– en Irlande, la High Court,
– en Italie, la Corte d'appello,
– au Luxembourg, la Cour supérieure de justice siégeant en matière d'appel civil,
– aux Pays-Bas:
a) pour le défendeur: l'arrondissementsrechtbank;
b) pour le requérant: le gerechtshof,
– en Autriche, le Bezirksgericht,
– au Portugal, le Tribunal de Relação,
– en Finlande, le hovioikeus/hovrätt,
– en Suède, le Svea hovrätt,
– au Royaume-Uni:

a) en Angleterre et au pays de Galles, la High Court of Justice ou, s'il s'agit d'une décision en matière d'obligation alimentaire, la Magistrates' Court;
b) en Écosse, la Court of Session ou, s'il s'agit d'une décision en matière d'obligation alimentaire, la Sheriff Court;
c) en Irlande du Nord, la High Court of Justice ou, s'il s'agit d'une décision en matière d'obligation alimentaire, la Magistrates' Court;
d) à Gibraltar, la Supreme Court de Gibraltar ou, s'il s'agit d'une décision en matière d'obligation alimentaire, la Magistrates' Court.

ANNEXE IV

Les recours qui peuvent être formés en vertu de l'article 44 sont les suivants:
– en Belgique, en Grèce, en Espagne, en France, en Italie, au Luxembourg et aux Pays-Bas, le pourvoi en cassation,
– en Allemagne, la Rechtsbeschwerde,
– en Irlande, le recours sur un point de droit devant la Supreme Court,
– en Autriche, le Revisionsrekurs,
– au Portugal, le recours sur un point de droit,
– en Finlande, le recours devant le Korkein oikeus/högsta domstolen,
– en Suède, le recours devant le Högsta domstolen,
– au Royaume-Uni, un seul recours sur un point de droit.

ANNEXE V

Certificat visé aux articles 54 et 58 du règlement concernant les décisions et transactions judiciaires

(Français, francés, French, francese, ...)

1. État membre d'origine:
2. Juridiction ou autorité compétente délivrant le certificat
   2.1. Nom:
   2.2. Adresse:
   2.3. Tél./fax/e-mail:
3. Juridiction ayant prononcé la décision/approuvé la transaction judiciaire
   3.1. Type de juridiction:
   3.2. Lieu de la juridiction:
4. Décision/transaction judiciaire
   4.1. Date:
   4.2. Numéro de référence:
   4.3. Les parties en cause:
      4.3.1. Nom(s) du (des) demandeur(s):
      4.3.2. Nom(s) du (des) défendeur(s):
      4.3.3. Nom(s) de l'autre (des autres) partie(s), le cas échéant:
   4.4. Date de la signification ou notification de l'acte introductif d'instance au cas où la décision a été rendue par défaut:
   4.5. Texte de la décision/transaction judiciaire annexé au présent certificat
5. Nom des parties ayant bénéficié de l'assistance judiciaire.

La décision/transaction judiciaire est exécutoire dans l'État membre d'origine (articles 38 et 58 du règlement) contre:
Nom:

Fait à:
Date:
Signature et/ou cachet:

ANNEXE VI

Certificat visé à l'article 57, paragraphe 4, du règlement concernant les actes authentiques

(Français, francés, French, francese, ...)

1. État membre d'origine:
2. Autorité compétente délivrant le certificat
   2.1. Nom:
   2.2. Adresse:
   2.3. Tél./fax/e-mail:
3: Autorité ayant conféré à l'acte son authenticité
   3.1. Autorité intervenue dans l'établissement de l'acte authentique (s'il y a lieu):
      3.1.1. Nom et désignation de l'autorité:
      3.1.2. Lieu de l'autorité:
   3.2. Autorité ayant enregistré l'acte authentique (s'il y a lieu):
      3.2.1. Type d'autorité:
      3.2.2. Lieu de l'autorité:
4. Acte authentique
   4.1. Description de l'acte:
   4.2. Date:
      4.2.1. à laquelle l'acte a été établi:
      4.2.2. si elle est différente: à laquelle l'acte a été enregistré:
   4.3. Numéro de référence:
   4.4. Les parties en cause:
      4.4.1. Nom du créancier:
      4.4.2. Nom du débiteur:
5. Texte de l'obligation exécutoire en annexe au présent certificat.

L'acte authentique est exécutoire contre le débiteur dans l'État membre d'origine (article 57, paragraphe 1, du règlement)

Fait à:
Date:
Signature et/ou cachet:

b) Convention de Bruxelles du 27 septembre 1968 sur la compétence judiciaire et l'exécution des décisions en matière civile et commerciale (version consolidée)[1]

Journal officiel n° C 027 du 26/01/1998 p. 1–27

PRÉAMBULE[2]

LES HAUTES PARTIES CONTRACTANTES AU TRAITÉ INSTITUANT LA COMMUNAUTÉ ÉCONOMIQUE EUROPÉENNE,

DÉSIRANT mettre en œuvre les dispositions de l'article 220 dudit traité en vertu duquel elles se sont engagées à assurer la simplification des formalités auxquelles sont subordonnées la reconnaissance et l'exécution réciproques des décisions judiciaires,

SOUCIEUSES de renforcer dans la Communauté la protection juridique des personnes qui y sont établies,

CONSIDÉRANT qu'il importe à cette fin de déterminer la compétence de leurs juridictions dans l'ordre international, de faciliter la reconnaissance et d'instaurer une procédure rapide afin d'assurer l'exécution des décisions, des actes authentiques et des transactions judiciaires,

ONT DÉCIDÉ de conclure la présente convention et ont désigné à cet effet comme plénipotentiaires: [Plénipotentiaires désignés par les États membres]

LESQUELS, réunis au sein du Conseil, après avoir échangé leurs pleins pouvoirs reconnus en bonne et due forme,

SONT CONVENUS DES DISPOSITIONS QUI SUIVENT:

TITRE PREMIER. CHAMP D'APPLICATION

Article premier

La présente convention s'applique en matière civile et commerciale et quelle que soit la nature de la juridiction. Elle ne recouvre notamment pas les matières fiscales, douanières ou administratives[3].

Sont exclus de son application:

---

[1] Texte tel qu'il est modifié par la convention du 9 octobre 1978 relative à l'adhésion du royaume de Danemark, de l'Irlande et du Royaume-Uni de Grande-Bretagne et d'Irlande du Nord, ci-après dénommée «convention d'adhésion de 1978», par la convention du 25 octobre 1982 relative à l'adhésion de la République hellénique, ci-après dénommée «convention d'adhésion de 1982», par la convention du 26 mai 1989 relative à l'adhésion du royaume d'Espagne et de la République portugaise, ci-après dénommée «convention d'adhésion de 1989», et par la convention du 29 novembre 1996 relative à l'adhésion de la république d'Autriche, de la république de Finlande et du royaume de Suède, ci-après dénommée «convention d'adhésion de 1996».

[2] Le préambule de la convention d'adhésion de 1989 contient le texte suivant:
«CONSCIENTES que le 16 septembre 1988 les États membres de la Communauté et les États membres de l'Association européenne de libre-échange (AELE) ont conclu à Lugano la convention concernant la compétence judiciaire et l'exécution des décisions en matière civile et commerciale, qui étend les principes de la convention de Bruxelles aux États qui seront parties à cette convention.»

[3] La deuxième phrase ajoutée par l'article 3 de la convention d'adhésion de 1978.

1) l'état et la capacité des personnes physiques, les régimes matrimoniaux, les testaments et les successions;
2) les faillites, concordats et autres procédures analogues;
3) la sécurité sociale;
4) l'arbitrage.

TITRE II. COMPÉTENCE

Section première. Dispositions générales

Article 2

Sous réserve des dispositions de la présente convention, les personnes domiciliées sur le territoire d'un État contractant sont attraites, quelle que soit leur nationalité, devant les juridictions de cet État.

Les personnes qui ne possèdent pas la nationalité de l'État dans lequel elles sont domiciliées y sont soumises aux règles de compétence applicables aux nationaux.

Article 3

Les personnes domiciliées sur le territoire d'un État contractant ne peuvent être attraites devant les tribunaux d'un autre État contractant qu'en vertu des règles énoncées aux sections 2 à 6 du présent titre.

Ne peuvent être invoqués contre elles notamment:
– en Belgique: l'article 15 du code civil (Burgerlijk Wetboek) et l'article 638 du code judiciaire (Gerechtelijk Wetboek),
– au Danemark: l'article 246 paragraphes 2 et 3 de la loi sur la procédure civile (Lov om rettens pleje)[4],
– en république fédérale d'Allemagne: l'article 23 du code de procédure civile (Zivilprozessordnung),
– en Grèce: l'article 40 du code de procédure civile (Κώδικας Πολιτικής Δικονομίας),
– en France: les articles 14 et 15 du code civil,
– en Irlande: les dispositions relatives à la compétence fondée sur un acte introductif d'instance signifié ou notifié au défendeur qui se trouve temporairement en Irlande,
– en Italie: l'article 2 et l'article 4 n° 1 et n° 2 du code de procédure civile (Codice di procedura civile),
– au Luxembourg: les articles 14 et 15 du code civil,
– en Autriche: l'article 99 de la loi sur la compétence judiciaire (Jurisdiktionsnorm),
– aux Pays-Bas: l'article 126 troisième alinéa et l'article 127 du code de procédure civile (Wetboek van Burgerlijke Rechtsvordering),
– au Portugal: l'article 65 paragraphe 1 point c), l'article 65 paragraphe 2 et l'article 65 lettre A point c) du code de procédure civile (Código de Processo Civil) et l'article 11 du code de procédure du travail (Código de Processo de Trabalho),

---

[4] Modification résultant d'une communication faite le 8 février 1988 conformément à l'article VI du protocole annexé et confirmée par la convention d'adhésion de 1989, annexe I point e) et paragraphe 1.

– en Finlande: oikeudenkäymiskaari/rättegångsbalken, chapitre 10 article 1er premier alinéa deuxième, troisième et quatrième phrases,
– en Suède: le chapitre 10 article 3 premier alinéa première phrase du code de procédure judiciaire (rättegångsbalken),
– au Royaume-Uni: les dispositions relatives à la compétence fondée sur:
a) un acte introductif d'instance signifié ou notifié au défendeur qui se trouve temporairement au Royaume-Uni;
b) l'existence au Royaume-Uni de biens appartenant au défendeur;
c) la saisie par le demandeur de biens situés au Royaume-Uni[5].

Article 4
Si le défendeur n'est pas domicilié sur le territoire d'un État contractant, la compétence est, dans chaque État contractant, réglée par la loi de cet État, sous réserve de l'application des dispositions de l'article 16.
Toute personne, quelle que soit sa nationalité, domiciliée sur le territoire d'un État contractant, peut, comme les nationaux, y invoquer contre ce défendeur les règles de compétence qui y sont en vigueur et notamment celles prévues à l'article 3 deuxième alinéa.

Section 2. Compétences spéciales

Article 5
Le défendeur domicilié sur le territoire d'un État contractant peut être attrait, dans un autre État contractant:
1) en matière contractuelle, devant le tribunal du lieu où l'obligation qui sert de base à la demande a été ou doit être exécutée; en matière de contrat individuel de travail, ce lieu est celui où le travailleur accomplit habituellement son travail; lorsque le travailleur n'accomplit pas habituellement son travail dans un même pays, l'employeur peut être également attrait devant le tribunal du lieu où se trouve ou se trouvait l'établissement qui a embauché le travailleur[6];
2) en matière d'obligation alimentaire, devant le tribunal du lieu où le créancier d'aliments a son domicile ou sa résidence habituelle ou, s'il s'agit d'une demande accessoire à une action relative à l'état des personnes, devant le tribunal compétent selon la loi du for pour en connaître, sauf si cette compétence est uniquement fondée sur la nationalité d'une des parties[7];
3) en matière délictuelle ou quasi délictuelle, devant le tribunal du lieu où le fait dommageable s'est produit;

---

[5] Deuxième alinéa tel qu'il est modifié par l'article 4 de la convention d'adhésion de 1978, par l'article 3 de la convention d'adhésion de 1982, par l'article 3 de la convention d'adhésion de 1989 et par l'article 2 de la convention d'adhésion de 1996.
[6] Le paragraphe 1 tel qu'il est modifié, dans sa version française, par l'article 5 paragraphe 1 de la convention d'adhésion de 1978 et tel qu'il est modifié par l'article 4 de la convention d'adhésion de 1989.
[7] Le paragraphe 2 tel qu'il est modifié par l'article 5 paragraphe 3 de la convention d'adhésion de 1978.

4) s'il s'agit d'une action en réparation de dommage ou d'une action en restitution fondées sur une infraction, devant le tribunal saisi de l'action publique, dans la mesure où, selon sa loi, ce tribunal peut connaître de l'action civile;
5) s'il s'agit d'une contestation relative à l'exploitation d'une succursale, d'une agence ou de tout autre établissement, devant le tribunal du lieu de leur situation;
6) en sa qualité de fondateur, de trustee ou de bénéficiaire d'un trust constitué soit en application de la loi, soit par écrit ou par une convention verbale, confirmée par écrit, devant les tribunaux de l'État contractant sur le territoire duquel le trust a son domicile[8];
7) s'il s'agit d'une contestation relative au paiement de la rémunération réclamé en raison de l'assistance ou du sauvetage dont a bénéficié une cargaison ou un fret, devant le tribunal dans le ressort duquel cette cargaison ou le fret s'y rapportant:
a) a été saisi pour garantir ce paiement ou
b) aurait dû être saisi à cet effet, mais une caution ou autre sûreté a été donnée; cette disposition ne s'applique que s'il est prétendu que le défendeur a un droit sur la cargaison ou sur le fret ou qu'il avait un tel droit au moment de cette assistance ou de ce sauvetage[9].

Article 6
Ce même défendeur peut aussi être attrait:
1) s'il y a plusieurs défendeurs, devant le tribunal du domicile de l'un d'eux;
2) s'il s'agit d'une demande en garantie ou d'une demande en intervention, devant le tribunal saisi de la demande originaire, à moins qu'elle n'ait été formée que pour traduire hors de son tribunal celui qui a été appelé;
3) s'il s'agit d'une demande reconventionnelle qui dérive du contrat ou du fait sur lequel est fondée la demande originaire, devant le tribunal saisi de celle-ci;
4) en matière contractuelle, si l'action peut être jointe à une action en matière de droits réels immobiliers dirigée contre le même défendeur, devant le tribunal de l'État contractant où l'immeuble est situé[10].

Article 6 bis[11]
Lorsque, en vertu de la présente convention, un tribunal d'un État contractant est compétent pour connaître des actions en responsabilité du fait de l'utilisation ou de l'exploitation d'un navire, ce tribunal ou tout autre que lui substitue la loi interne de cet État connaît aussi des demandes relatives à la limitation de cette responsabilité.

Section 3. Compétence en matière d'assurances

Article 7
En matière d'assurances, la compétence est déterminée par la présente section, sans préjudice des dispositions de l'article 4 et de l'article 5 paragraphe 5.

---

[8] Le paragraphe 6 ajouté par l'article 5 paragraphe 4 de la convention d'adhésion de 1978.
[9] Le paragraphe 7 ajouté par l'article 5 paragraphe 4 de la convention d'adhésion de 1978.
[10] Le paragraphe 4 ajouté par l'article 5 de la convention d'adhésion de 1989.
[11] Article ajouté par l'article 6 de la convention d'adhésion de 1978.

Article 8[12]
L'assureur domicilié sur le territoire d'un État contractant peut être attrait:
1) devant les tribunaux de l'État où il a son domicile ou
2) dans un autre État contractant, devant le tribunal du lieu où le preneur d'assurance a son domicile, ou
3) s'il s'agit d'un coassureur, devant le tribunal d'un État contractant saisi de l'action formée contre l'apériteur de la coassurance.
Lorsque l'assureur n'est pas domicilié sur le territoire d'un État contractant, mais possède une succursale, une agence ou tout autre établissement dans un État contractant, il est considéré pour les contestations relatives à leur exploitation comme ayant son domicile sur le territoire de cet État.

Article 9
L'assureur peut, en outre, être attrait devant le tribunal du lieu où le fait dommageable s'est produit s'il s'agit d'assurance de responsabilité ou d'assurance portant sur des immeubles. Il en est de même si l'assurance porte à la fois sur des immeubles et des meubles couverts par une même police et atteints par le même sinistre.

Article 10
En matière d'assurance de responsabilité, l'assureur peut également être appelé devant le tribunal saisi de l'action de la personne lésée contre l'assuré si la loi de ce tribunal le permet.
Les dispositions des articles 7, 8 et 9 sont applicables en cas d'action directe intentée par la victime contre l'assureur lorsque l'action directe est possible.
Si la loi relative à cette action directe prévoit la mise en cause du preneur d'assurance ou de l'assuré, le même tribunal sera aussi compétent à leur égard.

Article 11
Sous réserve des dispositions de l'article 10 troisième alinéa, l'action de l'assureur ne peut être portée que devant les tribunaux de l'État contractant sur le territoire duquel est domicilié le défendeur, qu'il soit preneur d'assurance, assuré ou bénéficiaire.
Les dispositions de la présente section ne portent pas atteinte au droit d'introduire une demande reconventionnelle devant le tribunal saisi d'une demande originaire conformément à la présente section.

Article 12[13]
Il ne peut être dérogé aux dispositions de la présente section que par des conventions:
1) postérieures à la naissance du différend ou
2) qui permettent au preneur d'assurance, à l'assuré ou au bénéficiaire de saisir d'autres tribunaux que ceux indiqués à la présente section, ou
3) qui, passées entre un preneur d'assurance et un assureur ayant, au moment de la conclusion du contrat, leur domicile ou leur résidence habituelle dans un même

---

[12] Le texte tel qu'il est modifié par l'article 7 de la convention d'adhésion de 1978.
[13] Le texte tel qu'il est modifié par l'article 8 de la convention d'adhésion de 1978.

État contractant, ont pour effet, alors même que le fait dommageable se produirait à l'étranger, d'attribuer compétence aux tribunaux de cet État sauf si la loi de celui-ci interdit de telles conventions, ou

4) conclues par un preneur d'assurance n'ayant pas son domicile dans un État contractant, sauf s'il s'agit d'une assurance obligatoire ou qui porte sur un immeuble situé dans un État contractant, ou

5) qui concernent un contrat d'assurance en tant que celui-ci couvre un ou plusieurs des risques énumérés à l'article 12 bis.

Article 12 bis[14]
Les risques visés à l'article 12 paragraphe 5 sont les suivants:
1) tout dommage:

a) aux navires de mer, aux installations au large des côtes et en haute mer ou aux aéronefs, causé par des événements survenant en relation avec leur utilisation à des fins commerciales;

b) aux marchandises autres que les bagages des passagers, durant un transport réalisé par ces navires ou aéronefs soit en totalité, soit en combinaison avec d'autres modes de transport;

2) toute responsabilité, à l'exception de celle des dommages corporels aux passagers ou à leurs bagages,

a) résultant de l'utilisation ou de l'exploitation des navires, installations ou aéronefs, conformément au paragraphe 1 point a) ci-dessus, pour autant que la loi de l'État contractant d'immatriculation de l'aéronef n'interdise pas les clauses attributives de juridiction dans l'assurance de tels risques;

b) du fait de marchandises durant un transport visé au paragraphe 1 point b) ci-dessus;

3) toute perte pécuniaire liée à l'utilisation ou à l'exploitation des navires, installations ou aéronefs conformément au paragraphe 1 point a) ci-dessus, notamment celle du fret ou du bénéfice d'affrètement;

4) tout risque lié accessoirement à l'un de ceux visés aux paragraphes 1 à 3 ci-dessus.

Section 4. Compétence en matière de contrats conclus par les consommateurs[15]

Article 13
En matière de contrat conclu par une personne pour un usage pouvant être considéré comme étranger à son activité professionnelle, ci-après dénommée «le consommateur», la compétence est déterminée par la présente section, sans préjudice des dispositions de l'article 4 et de l'article 5 paragraphe 5:

1) lorsqu'il s'agit d'une vente à tempérament d'objets mobiliers corporels;

2) lorsqu'il s'agit d'un prêt à tempérament ou d'une autre opération de crédit liés au financement d'une vente de tels objets;

3) pour tout autre contrat ayant pour objet une fourniture de services ou d'objets mobiliers corporels si:

---

[14] L'article ajouté par l'article 9 de la convention d'adhésion de 1978.
[15] Le texte tel qu'il est modifié par l'article 10 de la convention d'adhésion de 1978.

a) la conclusion du contrat a été précédée dans l'État du domicile du consommateur d'une proposition spécialement faite ou d'une publicité
et que
b) le consommateur a accompli dans cet État les actes nécessaires à la conclusion de ce contrat.
Lorsque le cocontractant du consommateur n'est pas domicilié sur le territoire d'un État contractant, mais possède une succursale, une agence ou tout autre établissement dans un État contractant, il est considéré pour les contestations relatives à leur exploitation comme ayant son domicile sur le territoire de cet État.
La présente section ne s'applique pas au contrat de transport.

Article 14
L'action intentée par un consommateur contre l'autre partie au contrat peut être portée soit devant les tribunaux de l'État contractant sur le territoire duquel est domiciliée cette partie, soit devant les tribunaux de l'État contractant sur le territoire duquel est domicilié le consommateur.
L'action intentée contre le consommateur par l'autre partie au contrat ne peut être portée que devant les tribunaux de l'État contractant sur le territoire duquel est domicilié le consommateur.
Ces dispositions ne portent pas atteinte au droit d'introduire une demande reconventionnelle devant le tribunal saisi d'une demande originaire conformément à la présente section.

Article 15
Il ne peut être dérogé aux dispositions de la présente section que par des conventions:
1) postérieures à la naissance du différend ou
2) qui permettent au consommateur de saisir d'autres tribunaux que ceux indiqués à la présente section ou
3) qui, passées entre le consommateur et son cocontractant ayant, au moment de la conclusion du contrat, leur domicile ou leur résidence habituelle dans un même État contractant, attribuent compétence aux tribunaux de cet État sauf si la loi de celui-ci interdit de telles conventions.

Section 5. Compétences exclusives

Article 16
Sont seuls compétents, sans considération de domicile:
1) a) en matière de droits réels immobiliers et de baux d'immeubles, les tribunaux de l'État contractant où l'immeuble est situé;
b) toutefois, en matière de baux d'immeubles conclus en vue d'un usage personnel temporaire pour une période maximale de six mois consécutifs, sont également compétents les tribunaux de l'État contractant dans lequel le défendeur est domicilié, à condition que le propriétaire et le locataire soient des personnes physiques et qu'ils soient domiciliés dans le même État contractant[16];

---

[16] Le paragraphe 1 tel qu'il est modifié par l'article 6 de la convention d'adhésion de 1989.

2) en matière de validité, de nullité ou de dissolution des sociétés ou personnes morales ayant leur siège sur le territoire d'un État contractant, ou des décisions de leurs organes, les tribunaux de cet État;
3) en matière de validité des inscriptions sur les registres publics, les tribunaux de l'État contractant sur le territoire duquel ces registres sont tenus;
4) en matière d'inscription ou de validité des brevets, marques, dessins et modèles, et autres droits analogues donnant lieu à dépôt ou à un enregistrement, les juridictions de l'État contractant sur le territoire duquel le dépôt ou l'enregistrement a été demandé, a été effectué ou est réputé avoir été effectué aux termes d'une convention internationale;
5) en matière d'exécution des décisions, les tribunaux de l'État contractant du lieu de l'exécution.

Section 6. Prorogation de compétence

Article 17[17]

Si les parties, dont l'une au moins a son domicile sur le territoire d'un État contractant, sont convenues d'un tribunal ou de tribunaux d'un État contractant pour connaître des différends nés ou à naître à l'occasion d'un rapport de droit déterminé, ce tribunal ou les tribunaux de cet État sont seuls compétents. Cette convention attributive de juridiction est conclue:
a) par écrit ou verbalement avec confirmation écrite, soit
b) sous une forme qui soit conforme aux habitudes que les parties ont établies entre elles, soit
c) dans le commerce international, sous une forme qui soit conforme à un usage dont les parties avaient connaissance ou étaient censées avoir connaissance et qui est largement connu et régulièrement observé dans ce type de commerce par les parties à des contrats du même type dans la branche commerciale considérée.
Lorsqu'une telle convention est conclue par des parties dont aucune n'a son domicile sur le territoire d'un État contractant, les tribunaux des autres États contractants ne peuvent connaître du différend tant que le tribunal ou les tribunaux désignés n'ont pas décliné leur compétence.
Le tribunal ou les tribunaux d'un État contractant auxquels l'acte constitutif d'un trust attribue compétence sont exclusivement compétents pour connaître d'une action contre un fondateur, un trustee ou un bénéficiaire d'un trust, s'il s'agit de relations entre ces personnes ou de leurs droits ou obligations dans le cadre du trust.
Les conventions attributives de juridiction ainsi que les stipulations similaires d'actes constitutifs de trust sont sans effet si elles sont contraires aux dispositions des articles 12 et 15 ou si les tribunaux à la compétence desquels elles dérogent sont exclusivement compétents en vertu de l'article 16.
Si une convention attributive de juridiction n'a été stipulée qu'en faveur de l'une des parties, celle-ci conserve le droit de saisir tout autre tribunal compétent en vertu de la présente convention.
En matière de contrats individuels de travail, la convention attributive de juridic-

---

[17] Le texte tel qu'il est modifié par l'article 11 de la convention d'adhésion de 1978 et par l'article 7 de la convention d'adhésion de 1989.

tion ne produit ses effets que si elle est postérieure à la naissance du différend ou si le travailleur l'invoque pour saisir d'autres tribunaux que celui du domicile du défendeur ou celui indiqué à l'article 5 point 1.

Article 18
Outre les cas où sa compétence résulte d'autres dispositions de la présente convention, le juge d'un État contractant devant lequel le défendeur comparaît est compétent. Cette règle n'est pas applicable si la comparution a pour objet de contester la compétence ou s'il existe une autre juridiction exclusivement compétente en vertu de l'article 16.

Section 7. Vérification de la compétence et de la recevabilité

Article 19
Le juge d'un État contractant, saisi à titre principal d'un litige pour lequel une juridiction d'un autre État contractant est exclusivement compétente en vertu de l'article 16, se déclare d'office incompétent.

Article 20
Lorsque le défendeur domicilié sur le territoire d'un État contractant est attrait devant une juridiction d'un autre État contractant et ne comparaît pas, le juge se déclare d'office incompétent si sa compétence n'est pas fondée aux termes de la présente convention.
Le juge est tenu de surseoir à statuer aussi longtemps qu'il n'est pas établi que ce défendeur a été mis à même de recevoir l'acte introductif d'instance ou un acte équivalent en temps utile pour se défendre ou que toute diligence a été faite à cette fin[18].
Les dispositions de l'alinéa précédent seront remplacées par celles de l'article 15 de la convention de La Haye, du 15 novembre 1965, relative à la signification et à la notification à l'étranger des actes judiciaires et extrajudiciaires en matière civile ou commerciale, si l'acte introductif d'instance a dû être transmis en exécution de cette convention.

Section 8. Litispendance et connexité

Article 21[19]
Lorsque des demandes ayant le même objet et la même cause sont formées entre les mêmes parties devant des juridictions d'États contractants différents, la juridiction saisie en second lieu sursoit d'office à statuer jusqu'à ce que la compétence du tribunal premier saisi soit établie.
Lorsque la compétence du tribunal premier saisi est établie, le tribunal saisi en second lieu se dessaisit en faveur de celui-ci.

Article 22
Lorsque des demandes connexes sont formées devant des juridictions d'États con-

---

[18] Le deuxième alinéa tel qu'il est modifié par l'article 12 de la convention d'adhésion de 1978.
[19] Le texte tel qu'il est modifié par l'article 8 de la convention d'adhésion de 1989.

tractants différents et sont pendantes au premier degré, la juridiction saisie en second lieu peut surseoir à statuer.

Cette juridiction peut également se dessaisir, à la demande de l'une des parties, à condition que sa loi permette la jonction d'affaires connexes et que le tribunal premier saisi soit compétent pour connaître des deux demandes.

Sont connexes, au sens du présent article, les demandes liées entre elles par un rapport si étroit qu'il y a intérêt à les instruire et à juger en même temps afin d'éviter des solutions qui pourraient être inconciliables si les causes étaient jugées séparément.

Article 23

Lorsque les demandes relèvent de la compétence exclusive de plusieurs juridictions, le dessaisissement a lieu en faveur de la juridiction première saisie.

Section 9. Mesures provisoires et conservatoires

Article 24

Les mesures provisoires ou conservatoires prévues par la loi d'un État contractant peuvent être demandées aux autorités judiciaires de cet État, même si, en vertu de la présente convention, une juridiction d'un autre État contractant est compétente pour connaître du fond.

TITRE III. RECONNAISSANCE ET EXÉCUTION

Article 25

On entend par décision, au sens de la présente convention, toute décision rendue par une juridiction d'un État contractant quelle que soit la dénomination qui lui est donnée, telle qu'arrêt, jugement, ordonnance ou mandat d'exécution, ainsi que la fixation par le greffier du montant des frais du procès.

Section première. Reconnaissance

Article 26

Les décisions rendues dans un État contractant sont reconnues dans les autres États contractants, sans qu'il soit nécessaire de recourir à aucune procédure.

En cas de contestation, toute partie intéressée qui invoque la reconnaissance à titre principal peut faire constater, selon la procédure prévue aux sections 2 et 3 du présent titre, que la décision doit être reconnue.

Si la reconnaissance est invoquée de façon incidente devant une juridiction d'un État contractant, celle-ci est compétente pour en connaître.

Article 27

Les décisions ne sont pas reconnues:
1) si la reconnaissance est contraire à l'ordre public de l'État requis;
2) si l'acte introductif d'instance ou un acte équivalent n'a pas été signifié ou notifié au défendeur défaillant, régulièrement et en temps utile, pour qu'il puisse se défendre[20];
3) si la décision est inconciliable avec une décision rendue entre les mêmes parties dans l'État requis;

4) si le tribunal de l'État d'origine, pour rendre sa décision, a, en tranchant une question relative à l'état ou à la capacité des personnes physiques, aux régimes matrimoniaux, aux testaments et aux successions, méconnu une règle de droit international privé de l'État requis, à moins que sa décision n'aboutisse au même résultat que s'il avait fait application des règles du droit international privé de l'État requis;
5) si la décision est inconciliable avec une décision rendue antérieurement dans un État non contractant entre les mêmes parties dans un litige ayant le même objet et la même cause, lorsque cette dernière décision réunit les conditions nécessaires à sa reconnaissance dans l'État requis[21].

Article 28
De même, les décisions ne sont pas reconnues si les dispositions des sections 3, 4 et 5 du titre II ont été méconnues ainsi que dans le cas prévu à l'article 59.
Lors de l'appréciation des compétences mentionnées à l'alinéa précédent, l'autorité requise est liée par les constatations de fait sur lesquelles la juridiction de l'État d'origine a fondé sa compétence.
Sans préjudice des dispositions du premier alinéa, il ne peut être procédé au contrôle de la compétence des juridictions de l'État d'origine; les règles relatives à la compétence ne concernent pas l'ordre public visé à l'article 27 paragraphe 1.

Article 29
En aucun cas, la décision étrangère ne peut faire l'objet d'une révision au fond.

Article 30
L'autorité judiciaire d'un État contractant, devant laquelle est invoquée la reconnaissance d'une décision rendue dans un autre État contractant, peut surseoir à statuer si cette décision fait l'objet d'un recours ordinaire.
L'autorité judiciaire, d'un État contractant devant laquelle est invoquée la reconnaissance d'une décision rendue en Irlande ou au Royaume-Uni et dont l'exécution est suspendue dans l'État d'origine du fait de l'exercice d'un recours peut surseoir à statuer[22].

Section 2. Exécution

Article 31
Les décisions rendues dans un État contractant et qui y sont exécutoires sont mises à exécution dans un autre État contractant après y avoir été déclarées exécutoires sur requête de toute partie intéressée[23].
Toutefois, au Royaume-Uni, ces décisions sont mises à exécution en Angleterre et au pays de Galles, en Écosse ou en Irlande du Nord, après avoir été enregistrées en

---

[20] Le paragraphe 2 tel qu'il est modifié par l'article 13 paragraphe 1 de la convention d'adhésion de 1978.
[21] Le paragraphe 5 ajouté par l'article 13 paragraphe 2 de la convention d'adhésion de 1978.
[22] Le deuxième alinéa ajouté par l'article 14 de la convention d'adhésion de 1978.
[23] Le texte tel qu'il est modifié par l'article 9 de la convention d'adhésion de 1989.

vue de leur exécution, sur requête de toute partie intéressée, dans l'une ou l'autre de ces parties du Royaume-Uni, suivant le cas[24].

Article 32
1. La requête est présentée:
– en Belgique, au tribunal de première instance ou à la «rechtbank van eerste aanleg»,
– au Danemark, au «byret»[25],
– en république fédérale d'Allemagne, au président d'une chambre du «Landgericht»,
– en Grèce, au «Μονομελές Πρωτοδικείο»,
– en Espagne, au «Juzgado de Primera Instancia»,
– en France, au président du tribunal de grande instance,
– en Irlande, à la «High Court»,
– en Italie, à la «corte d'appello»,
– au Luxembourg, au président du tribunal d'arrondissement,
– en Autriche, devant le «Bezirksgericht»,
– aux Pays-Bas, au président de «l'arrondissementsrechtbank»,
– au Portugal, au «Tribunal Judicial de Círculo»,
– en Finlande, devant le «Käräjäoikeus/tingsrätt»,
– en Suède, au «Svea hovrätt»,
– au Royaume-Uni:
a) en Angleterre et au pays de Galles, à la «High Court of Justice» ou, s'il s'agit d'une décision en matière d'obligation alimentaire, à la «Magistrates' Court» saisie par l'intermédiaire du «Secretary of State»;
b) en Écosse, à la «Court of Session», ou, s'il s'agit d'une décision en matière d'obligation alimentaire, à la «Sheriff Court», saisie par l'intermédiaire du «Secretary of State»;
c) en Irlande du Nord, à la «High Court of Justice» ou, s'il s'agit d'une décision en matière d'obligation alimentaire, à la «Magistrates' Court» saisie par l'intermédiaire du «Secretary of State»[26].
2. La juridiction territorialement compétente est déterminée par le domicile de la partie contre laquelle l'exécution est demandée. Si cette partie n'est pas domiciliée sur le territoire de l'État requis, la compétence est déterminée par le lieu de l'exécution.

Article 33
Les modalités du dépôt de la requête sont déterminées par la loi de l'État requis.

---

[24] Le deuxième alinéa ajouté par l'article 15 de la convention d'adhésion de 1978.
[25] La modification résultant d'une communication faite le 8 février 1988 conformément à l'article VI du protocole annexé, et confirmée par la convention d'adhésion de 1989, annexe I point e) paragraphe 2.
[26] Le premier alinéa tel qu'il est modifié par l'article 16 de la convention d'adhésion de 1978, par l'article 4 de la convention d'adhésion de 1982, par l'article 10 de la convention d'adhésion de 1989 et par l'article 3 de la convention d'adhésion de 1996.

1. b) Convention de Bruxelles

Le requérant doit faire élection de domicile, dans le ressort de la juridiction saisie. Toutefois, si la loi de l'État requis ne connaît pas l'élection de domicile, le requérant désigne un mandataire ad litem.
Les documents mentionnés aux articles 46 et 47 sont joints à la requête.

Article 34
La juridiction saisie de la requête statue à bref délai, sans que la partie contre laquelle l'exécution est demandée puisse, en cet état de la procédure, présenter d'observation.
La requête ne peut être rejetée que pour l'un des motifs prévus aux articles 27 et 28.
En aucun cas, la décision étrangère ne peut faire l'objet d'une révision au fond.

Article 35
La décision rendue sur requête est aussitôt portée à la connaissance du requérant, à la diligence du greffier, suivant les modalités déterminées par la loi de l'État requis.

Article 36
Si l'exécution est autorisée, la partie contre laquelle l'exécution est demandée peut former un recours contre la décision dans le mois de sa signification.
Si cette partie est domiciliée dans un État contractant autre que celui où la décision qui autorise l'exécution a été rendue, le délai est de deux mois et court du jour où la signification a été faite à personne ou à domicile. Ce délai ne comporte pas de prorogation à raison de la distance.

Article 37[27]
1. Le recours est porté, selon les règles de la procédure contradictoire:
– en Belgique, devant le tribunal de première instance ou la «rechtbank van eerste aanleg»,
– au Danemark, devant le «landsret»,
– en république fédérale d'Allemagne, devant l'«Oberlandesgericht»,
– en Grèce, devant l'«εφετείο»,
– en Espagne, devant l'«Audiencia Provincial»,
– en France, devant la cour d'appel,
– en Irlande, devant la «High Court»,
– en Italie, devant la «corte d'appello»,
– au Luxembourg, devant la Cour supérieure de justice siégeant en matière d'appel civil,
– en Autriche, au «Bezirksgericht»,
– aux Pays-Bas, devant l'«arrondissementsrechtbank»,
– au Portugal, devant le «Tribunal de Relação»,
– en Finlande, devant le «hovioikeus/hovrätt»,
– en Suède, devant le «Svea hovrätt»,

---

[27] Le texte tel qu'il est modifié par l'article 17 de la convention d'adhésion de 1978, par l'article 5 de la convention d'adhésion de 1982, par l'article 11 de la convention d'adhésion de 1989 et par l'article 4 de la convention d'adhésion de 1996.

– au Royaume-Uni:
a) en Angleterre et au pays de Galles, devant la «High Court of Justice» ou, s'il s'agit d'une décision en matière d'obligation alimentaire, devant la «Magistrates' Court»;
b) en Écosse, devant la «Court of Session» ou, s'il s'agit d'une décision en matière d'obligation alimentaire, devant la «Sheriff Court»;
c) en Irlande du Nord, devant la «High Court of Justice» ou, s'il s'agit d'une décision en matière d'obligation alimentaire, devant la «Magistrates' Court».
2. La décision rendue sur le recours ne peut faire l'objet:
– en Belgique, en Grèce, en Espagne, en France, en Italie, au Luxembourg et aux Pays-Bas, que d'un pourvoi en cassation,
– au Danemark, que d'un recours devant le «højesteret», avec l'autorisation du ministre de la justice,
– en république fédérale d'Allemagne, que d'une «Rechtsbeschwerde»,
– en Autriche, dans le cas d'un recours, que du «Revisionsrekurs» et, dans le cas d'une opposition, que du recours («Berufung») avec la faculté éventuelle d'une révision,
– en Irlande, que d'un recours sur un point de droit devant la «Supreme Court»,
– au Portugal, que d'un recours sur un point de droit,
– en Finlande, que d'un recours devant «korkein oikeus/högsta domstolen»,
– en Suède, que d'un recours devant «Högsta domstolen»,
– au Royaume-Uni, que d'un seul recours sur un point de droit.

Article 38
La juridiction saisie du recours peut, à la requête de la partie qui l'a formé, surseoir à statuer, si la décision étrangère fait, dans l'État d'origine, l'objet d'un recours ordinaire ou si le délai pour le former n'est pas expiré; dans ce dernier cas, la juridiction peut impartir un délai pour former ce recours.
Lorsque la décision a été rendue en Irlande ou au Royaume-Uni, toute voie de recours prévue dans l'État d'origine est considérée comme un recours ordinaire pour l'application du premier alinéa[28].
Cette juridiction peut également subordonner l'exécution à la constitution d'une garantie qu'elle détermine.

Article 39
Pendant le délai du recours prévu à l'article 36 et jusqu'à ce qu'il ait été statué sur celui-ci, il ne peut être procédé qu'à des mesures conservatoires sur les biens de la partie contre laquelle l'exécution est demandée.
La décision qui accorde l'exécution emporte l'autorisation de procéder à ces mesures.

Article 40
1. Si sa requête est rejetée, le requérant peut former un recours:
– en Belgique, devant la cour d'appel ou le «hof van beroep»,
– au Danemark, devant le «landsret»,
– en république fédérale d'Allemagne, devant l'«Oberlandesgericht»,

---

[28] Le deuxième alinéa ajouté par l'article 18 de la convention d'adhésion de 1978.

1. b) Convention de Bruxelles

– en Grèce, devant l'«εφετείο»,
– en Espagne, devant l'«Audiencia Provincial»,
– en France, devant la cour d'appel,
– en Irlande, devant la «High Court»,
– en Italie, devant la «corte d'appello»,
– au Luxembourg, devant la Cour supérieure de justice siégeant en matière d'appel civil,
– en Autriche, devant le «Bezirksgericht»,
– aux Pays-Bas, devant le «gerechtshof»,
– au Portugal, devant le «Tribunal da Relação»,
– en Finlande, devant le «hovioikeus/hovrätten»,
– en Suède, devant le «Svea hovrätt»,
– au Royaume-Uni:
a) en Angleterre et au pays de Galles, devant la «High Court of Justice» ou, s'il s'agit d'une décision en matière d'obligation alimentaire, devant la «Magistrates' Court»;
b) en Écosse, devant la «Court of Session» ou, s'il s'agit d'une décision en matière d'obligation alimentaire, devant la «Sheriff Court»;
c) en Irlande du Nord, devant la «High Court of Justice» ou, s'il s'agit d'une décision en matière d'obligation alimentaire, devant la «Magistrates' Court»[29].
2. La partie contre laquelle l'exécution est demandée est appelée à comparaître devant la juridiction saisie du recours. En cas de défaut, les dispositions de l'article 20 deuxième et troisième alinéas sont applicables alors même que cette partie n'est pas domiciliée sur le territoire d'un des États contractants.

Article 41[30]

La décision rendue sur le recours prévu à l'article 40 ne peut faire l'objet:
– en Belgique, en Grèce, en Espagne, en France, en Italie, au Luxembourg et aux Pays-Bas, que d'un pourvoi en cassation,
– au Danemark, que d'un recours devant le «højesteret», avec l'autorisation du ministre de la justice,
– en république fédérale d'Allemagne, que d'une «Rechtsbeschwerde»,
– en Irlande, que d'un recours sur un point de droit devant la «Supreme Court»,
– en Autriche, que d'un «Revisionsrekurs»,
– au Portugal, que d'un recours sur un point de droit,
– en Finlande, que d'un recours devant le «korkein oikeus/högsta domstolen»,
– en Suède, que d'un recours devant le «Högsta domstolen»,
– au Royaume-Uni, que d'un seul recours sur un point de droit.

Article 42

Lorsque la décision étrangère a statué sur plusieurs chefs de la demande et que

---

[29] Le premier alinéa tel qu'il est modifié par l'article 19 de la convention d'adhésion de 1978, par l'article 6 de la convention d'adhésion de 1982, par l'article 12 de la convention d'adhésion de 1989 et par l'article 5 de la convention d'adhésion de 1996.

[30] Le texte tel qu'il est modifié par l'article 20 de la convention d'adhésion de 1978, par l'article 7 de la convention d'adhésion de 1982, par l'article 13 de la convention d'adhésion de 1989 et par l'article 6 de la convention d'adhésion de 1996.

l'exécution ne peut être autorisée pour le tout, l'autorité judiciaire accorde l'exécution pour un ou plusieurs d'entre eux.
Le requérant peut demander une exécution partielle.

Article 43
Les décisions étrangères condamnant à une astreinte ne sont exécutoires dans l'État requis que si le montant en a été définitivement fixé par les tribunaux de l'État d'origine.

Article 44[31]
Le requérant qui, dans l'État d'origine, a bénéficié en tout ou en partie de l'assistance judiciaire ou d'une exemption de frais et dépens bénéficie, dans la procédure prévue aux articles 32 à 35, de l'assistance la plus favorable ou de l'exemption la plus large prévue par le droit de l'État requis.
Le requérant qui demande l'exécution d'une décision rendue au Danemark par une autorité administrative en matière d'obligation alimentaire peut invoquer dans l'État requis le bénéfice des dispositions du premier alinéa s'il produit un document établi par le ministère de la justice danois et attestant qu'il remplit les conditions économiques pour pouvoir bénéficier en tout ou en partie de l'assistance judiciaire ou d'une exemption de frais et dépens.

Article 45
Aucune caution ni aucun dépôt, sous quelque dénomination que ce soit, ne peuvent être imposés en raison, soit de la qualité d'étranger, soit du défaut de domicile ou de résidence dans le pays, à la partie qui demande l'exécution dans un État contractant d'une décision rendue dans un autre État contractant.

Section 3. Dispositions communes

Article 46
La partie qui invoque la reconnaissance ou demande l'exécution d'une décision doit produire:
1) une expédition de celle-ci réunissant les conditions nécessaires à son authenticité;
2) s'il s'agit d'une décision par défaut, l'original ou une copie certifiée conforme du document établissant que l'acte introductif d'instance ou un acte équivalent a été signifié ou notifié à la partie défaillante[32].

Article 47
La partie qui demande l'exécution doit en outre produire:
1) tout document de nature à établir que, selon la loi de l'État d'origine, la décision est exécutoire et a été signifiée;
2) s'il y a lieu, un document justifiant que le requérant bénéficie de l'assistance judiciaire dans l'État d'origine.

---

[31] Le texte tel qu'il est modifié par l'article 21 de la convention d'adhésion de 1978 et par la convention d'adhésion de 1989, annexe I point e) paragraphe 3.

[32] Le paragraphe 2 tel qu'il est modifié par l'article 22 de la convention d'adhésion de 1978.

Article 48
À défaut de production des documents mentionnés à l'article 46 paragraphe 2 et à l'article 47 paragraphe 2, l'autorité judiciaire peut impartir un délai pour les produire ou accepter des documents équivalents ou, si elle s'estime suffisamment éclairée, en dispenser.

Il est produit une traduction des documents si l'autorité judiciaire l'exige; la traduction est certifiée par une personne habilitée à cet effet dans l'un des États contractants.

Article 49
Aucune légalisation ni formalité analogue n'est exigée en ce qui concerne les documents mentionnés aux articles 46, 47 et à l'article 48 deuxième alinéa, ainsi que, le cas échéant, la procuration ad litem.

TITRE IV. ACTES AUTHENTIQUES ET TRANSACTIONS JUDICIAIRES

Article 50
Les actes authentiques reçus et exécutoires dans un État contractant sont, sur requête, déclarés exécutoires dans un autre État contractant, conformément à la procédure prévue aux articles 31 et suivants. La requête ne peut être rejetée que si l'exécution de l'acte authentique est contraire à l'ordre public de l'État requis[33].

L'acte produit doit réunir les conditions nécessaires à son authenticité dans l'État d'origine.

Les dispositions de la section 3 du titre III sont, en tant que de besoin, applicables.

Article 51
Les transactions conclues devant le juge au cours d'un procès et exécutoires dans l'État d'origine sont exécutoires dans l'État requis aux mêmes conditions que les actes authentiques.

TITRE V. DISPOSITIONS GÉNÉRALES

Article 52
Pour déterminer si une partie a un domicile sur le territoire de l'État contractant dont les tribunaux sont saisis, le juge applique sa loi interne.

Lorsqu'une partie n'a pas de domicile dans l'État dont les tribunaux sont saisis, le juge, pour déterminer si elle a un domicile dans un autre État contractant, applique la loi de cet État.

... [34]

Article 53
Le siège des sociétés et des personnes morales est assimilé au domicile pour l'application de la présente convention. Toutefois, pour déterminer ce siège, le juge saisi applique les règles de son droit international privé.

---

[33] Le premier alinéa tel qu'il est modifié par l'article 14 de la convention d'adhésion de 1989.
[34] Le troisième alinéa supprimé par l'article 15 de la convention d'adhésion de 1989.

Pour déterminer si un trust a son domicile sur le territoire d'un État contractant dont les tribunaux sont saisis, le juge applique les règles de son droit international privé[35].

TITRE VI. DISPOSITIONS TRANSITOIRES

Article 54[36]

Les dispositions de la présente convention ne sont applicables qu'aux actions judiciaires intentées et aux actes authentiques reçus postérieurement à l'entrée en vigueur de la présente convention dans l'État d'origine et, lorsque la reconnaissance ou l'exécution d'une décision ou d'un acte authentique est demandée, dans l'État requis.

Toutefois, les décisions rendues après la date d'entrée en vigueur de la présente convention dans les rapports entre l'État d'origine et l'État requis à la suite d'actions intentées avant cette date sont reconnues et exécutées conformément aux dispositions du titre III si les règles de compétence appliquées sont conformes à celles prévues soit par le titre II soit par une convention qui était en vigueur entre l'État d'origine et l'État requis lorsque l'action a été intentée[37].

---

[35] Le deuxième alinéa ajouté par l'article 23 de la convention d'adhésion de 1978.

[36] Le texte tel qu'il est remplacé par l'article 16 de la convention d'adhésion de 1989.

[37] La convention d'adhésion de 1978 contient dans son titre V les dispositions transitoires suivantes:

«Article 34

1. La convention de 1968 et le protocole de 1971 modifiés par la présente convention ne sont applicables qu'aux actions judiciaires intentées et aux actes authentiques reçus postérieurement à l'entrée en vigueur de la présente convention dans l'État d'origine et, lorsque la reconnaissance ou l'exécution d'une décision ou d'un acte authentique est demandée, dans l'État requis.

2. Toutefois, dans les rapports entre les six États parties à la convention de 1968, les décisions rendues après la date d'entrée en vigueur de la présente convention à la suite d'actions intentées avant cette date sont reconnues et exécutées conformément aux dispositions du titre III de la convention de 1968 modifiée.

3. En outre, dans les rapports entre les six États parties à la convention de 1968 et les trois États mentionnés à l'article 1er de la présente convention, de même que dans les rapports entre ces trois derniers, les décisions rendues après la date d'entrée en vigueur de la présente convention dans les rapports entre l'État d'origine et l'État requis à la suite d'actions intentées avant cette date sont reconnues et exécutées conformément aux dispositions du titre III de la convention de 1968 modifiée, si la compétence était fondée sur des règles conformes aux dispositions du titre II modifié ou aux dispositions prévues par une convention qui était en vigueur entre l'État d'origine et l'État requis lorsque l'action a été intentée.»

La convention d'adhésion de 1982 contient en son titre V les dispositions transitoires suivantes:

«Article 12

1. La convention de 1968 et le protocole de 1971, modifiés par la convention de 1978 et par la présente convention, ne sont applicables qu'aux actions judiciaires intentées et aux actes authentiques reçus postérieurement à l'entrée en vigueur de la présente convention dans l'État d'origine et, lorsque la reconnaissance ou l'exécution d'une décision ou d'un acte authentique est demandée, dans l'État requis.

2. Toutefois, dans les rapports entre l'État d'origine et l'État requis, les décisions rendues après la date d'entrée en vigueur de la présente convention à la suite d'actions intentées

1. b) Convention de Bruxelles

Si, par un écrit antérieur au 1er juin 1988 pour l'Irlande ou au 1er janvier 1987 pour le Royaume-Uni, les parties en litige à propos d'un contrat étaient convenues d'appliquer à ce contrat le droit irlandais ou le droit d'une partie du Royaume-Uni, les tribunaux de l'Irlande ou de cette partie du Royaume-Uni conservent la faculté de connaître de ce litige[38].

Article 54 bis[39]

Pendant trois années à compter du 1er novembre 1986 pour le Danemark et à compter du 1er juin 1988 pour l'Irlande, la compétence en matière maritime dans

---

avant cette date sont reconnues et exécutées conformément aux dispositions du titre III de la convention de 1968, modifiée par la convention de 1978 et par la présente convention, si la compétence était fondée sur des règles conformes aux dispositions du titre II modifié de la convention de 1968 ou aux dispositions prévues par une convention qui était en vigueur entre l'État d'origine et l'État requis lorsque l'action a été intentée.»

La convention d'adhésion de 1989 contient dans son titre VI les dispositions transitoires suivantes:

«Article 29

1. La convention de 1968 et le protocole de 1971, modifiés par la convention de 1978, la convention de 1982 et par la présente convention, ne sont applicables qu'aux actions judiciaires intentées et aux actes authentiques reçus postérieurement à l'entrée en vigueur de la présente convention dans l'État d'origine et, lorsque la reconnaissance ou l'exécution d'une décision ou d'un acte authentique est demandée, dans l'État requis.

2. Toutefois, dans les rapports entre l'État d'origine et l'État requis, les décisions rendues après la date d'entrée en vigueur de la présente convention à la suite d'actions intentées avant cette date sont reconnues et exécutées conformément aux dispositions du titre III de la convention de 1968, modifiée par la convention de 1978, la convention de 1982 et par la présente convention, si la compétence était fondée sur des règles conformes aux dispositions du titre II modifié de la convention de 1968 ou aux dispositions prévues par une convention qui était en vigueur entre l'État d'origine et l'État requis lorsque l'action a été intentée.»

La convention d'adhésion de 1996 contient dans son titre V les dispositions transitoires suivantes:

«1. La convention de 1968 et le protocole de 1971, tels que modifiés par la convention de 1978, la convention de 1982, la convention de 1989 et la présente convention, ne sont applicables qu'aux actions judiciaires intentées et aux actes authentiques reçus postérieurement à l'entrée en vigueur de la présente convention dans l'État d'origine et, lorsque la reconnaissance ou l'exécution d'une décision ou d'un acte authentique est demandée, dans l'État requis.

2. Toutefois, les décisions rendues après la date d'entrée en vigueur de la présente convention, dans les rapports entre l'État d'origine et l'État requis, à la suite d'actions intentées avant cette date sont reconnues et exécutées conformément aux dispositions du titre III de la convention de 1968, telle que modifiée par la convention de 1978, la convention de 1982, la convention de 1989 et la présente convention, si la compétence était fondée sur des règles conformes aux dispositions du titre II modifié de la convention de 1968 ou aux dispositions prévues par une convention qui était en vigueur entre l'État d'origine et l'État requis lorsque l'action a été intentée.»

[38] Cet alinéa remplacera l'article 35 du titre V de la convention d'adhésion de 1978, qui avait été étendu à la République hellénique par l'article 1er paragraphe 2 de la convention d'adhésion de 1982. La convention d'adhésion de 1989 a prévu, à son article 28, la suppression de ces deux dernières dispositions.

[39] Cet article a été ajouté par l'article 17 de la convention d'adhésion de 1989. Il correspond à l'article 36 du titre V de la convention d'adhésion de 1978 qui a été étendu à la République

chacun de ces États est déterminée non seulement conformément aux dispositions du titre II, mais également conformément aux paragraphes 1 à 6 ci-après. Toutefois, ces dispositions cesseront d'être applicables dans chacun de ces États au moment où la convention internationale pour l'unification de certaines règles sur la saisie conservatoire des navires de mer, signée à Bruxelles le 10 mai 1952, sera en vigueur à son égard.

1) Une personne domiciliée sur le territoire d'un État contractant peut être attraite pour une créance maritime devant les tribunaux de l'un des États mentionnés ci-dessus lorsque le navire sur lequel porte la créance ou tout autre navire dont elle est propriétaire a fait l'objet d'une saisie judiciaire sur le territoire de ce dernier État pour garantir la créance, ou aurait pu y faire l'objet d'une saisie alors qu'une caution ou une autre sûreté a été donnée, dans les cas suivants:

a) si le demandeur est domicilié sur le territoire de cet État;
b) si la créance maritime est née dans cet État;
c) si la créance maritime est née au cours d'un voyage pendant lequel la saisie a été faite ou aurait pu être faite;
d) si la créance provient d'un abordage ou d'un dommage causé par un navire, par exécution ou omission d'une manoeuvre ou par inobservation des règlements, soit à un autre navire, soit aux choses ou personnes se trouvant à bord;
e) si la créance est née d'une assistance ou d'un sauvetage;
f) si la créance est garantie par une hypothèque maritime ou un mort-gage sur le navire saisi.

2) Peut être saisi le navire auquel la créance maritime se rapporte ou tout autre navire appartenant à celui qui était, au moment où est née la créance maritime, propriétaire du navire auquel cette créance se rapporte. Toutefois, pour les créances prévues au paragraphe 5 points o), p) ou q), seul le navire sur lequel porte la créance pourra être saisi.

3) Des navires seront réputés avoir le même propriétaire lorsque toutes les parts de propriété appartiennent à une même ou aux mêmes personnes.

4) En cas d'affrètement d'un navire avec remise de la gestion nautique, lorsque l'affréteur répond seul d'une créance maritime se rapportant au navire, celui-ci peut être saisi ou tout autre navire appartenant à cet affréteur, mais aucun autre navire appartenant au propriétaire ne peut être saisi en vertu de cette créance maritime. Il en est de même dans tous les cas où une personne autre que le propriétaire est tenue d'une créance maritime.

5) On entend par «créance maritime» l'allégation d'un droit ou d'une créance ayant l'une ou plusieurs des causes suivantes:

a) dommages causés par un navire soit par abordage, soit autrement;
b) pertes de vies humaines ou dommages corporels causés par un navire ou provenant de l'exploitation d'un navire;
c) assistance et sauvetage;
d) contrats relatifs à l'utilisation ou la location d'un navire par charte-partie ou autrement;

---

hellénique par l'article 1er paragraphe 2 de la convention d'adhésion de 1982. La convention d'adhésion de 1989, à son article 28, a prévu la suppression de ces deux dernières dispositions.

e) contrats relatifs au transport des marchandises par un navire en vertu d'une charte-partie, d'un connaissement ou autrement;
f) pertes ou dommages aux marchandises et bagages transportés par un navire;
g) avarie commune;
h) prêt à la grosse;
i) remorquage;
j) pilotage;
k) fournitures, quel qu'en soit le lieu, de produits ou de matériel faites à un navire en vue de son exploitation ou de son entretien;
l) construction, réparations, équipement d'un navire ou frais de cale;
m) salaires des capitaines, officiers ou hommes d'équipage;
n) débours du capitaine et ceux effectués par les chargeurs, les affréteurs et les agents pour le compte du navire ou de son propriétaire;
o) la propriété contestée d'un navire;
p) la copropriété d'un navire ou sa possession, ou son exploitation, ou les droits aux produits d'exploitation d'un navire en copropriété;
q) toute hypothèque maritime et tout mort-gage.
6) Au Danemark, l'expression «saisie judiciaire» couvre, en ce qui concerne les créances maritimes visées au paragraphe 5 points o) et p), le forbud pour autant que cette procédure soit la seule admise en l'espèce par les articles 646 à 653 de la loi sur la procédure civile (Lov om rettens pleje).

TITRE VII. RELATIONS AVEC LES AUTRES CONVENTIONS

Article 55
Sans préjudice des dispositions de l'article 54 deuxième alinéa et de l'article 56, la présente convention remplace entre les États qui y sont parties les conventions conclues entre deux ou plusieurs de ces États, à savoir:
– la convention entre la Belgique et la France sur la compétence judiciaire, sur l'autorité et l'exécution des décisions judiciaires, des sentences arbitrales et des actes authentiques, signée à Paris le 8 juillet 1899,
– la convention entre la Belgique et les Pays-Bas sur la compétence judiciaire territoriale, sur la faillite, ainsi que sur l'autorité et l'exécution des décisions judiciaires, des sentences arbitrales et des actes authentiques, signée à Bruxelles le 28 mars 1925,
– la convention entre la France et l'Italie sur l'exécution des jugements en matière civile et commerciale, signée à Rome le 3 juin 1930,
– la convention entre le Royaume-Uni et la France sur l'exécution réciproque des jugements en matière civile et commerciale, accompagnée d'un protocole, signée à Paris le 18 janvier 1934[40],
– la convention entre le Royaume-Uni et la Belgique sur l'exécution réciproque des jugements en matière civile et commerciale, accompagnée d'un protocole, signée à Bruxelles le 2 mai 1934[41],
– la convention entre l'Allemagne et l'Italie sur la reconnaissance et l'exécution des décisions judiciaires en matière civile et commerciale, signée à Rome le 9 mars 1936,

---

[40] Tiret ajouté par l'article 24 de la convention d'adhésion de 1978.
[41] Tiret ajouté par l'article 24 de la convention d'adhésion de 1978.

– la convention entre le royaume de Belgique et l'Autriche sur la reconnaissance et l'exécution réciproques des décisions judiciaires et des actes authentiques en matière d'obligations alimentaires, signée à Vienne le 25 octobre 1957[42],
– la convention entre la république fédérale d'Allemagne et le royaume de Belgique concernant la reconnaissance et l'exécution réciproques en matière civile et commerciale des décisions judiciaires, sentences arbitrales et actes authentiques, signée à Bonn le 30 juin 1958,
– la convention entre le royaume des Pays-Bas et la République italienne sur la reconnaissance et l'exécution des décisions judiciaires en matière civile et commerciale, signée à Rome le 17 avril 1959,
– la convention entre la république fédérale d'Allemagne et l'Autriche sur la reconnaissance et l'exécution réciproques des décisions et transactions judiciaires et des actes authentiques en matière civile et commerciale, signée à Vienne le 6 juin 1959[43],
– la convention entre le royaume de Belgique et l'Autriche sur la reconnaissance et l'exécution réciproques des décisions judiciaires, sentences arbitrales et actes authentiques en matière civile et commerciale, signée à Vienne le 16 juin 1959[44],
– la convention entre le Royaume-Uni et la république fédérale d'Allemagne sur la reconnaissance et l'exécution réciproques des jugements en matière civile et commerciale, signée à Bonn le 14 juillet 1960[45],
– la convention entre le Royaume-Uni et l'Autriche sur la reconnaissance et l'exécution réciproques des décisions judiciaires en matière civile et commerciale, signée à Vienne le 14 juillet 1961, ainsi que le protocole de modification signé à Londres le 6 mars 1970[46],
– la convention entre le royaume de Grèce et la république fédérale d'Allemagne sur la reconnaissance et l'exécution réciproques des jugements, transactions et actes authentiques en matière civile et commerciale, signée à Athènes le 4 novembre 1961[47],
– la convention entre le royaume de Belgique et la République italienne concernant la reconnaissance et l'exécution des décisions judiciaires et d'autres titres exécutoires en matière civile et commerciale, signée à Rome le 6 avril 1962,
– la convention entre le royaume des Pays-Bas et la république fédérale d'Allemagne sur la reconnaissance et l'exécution mutuelles des décisions judiciaires et autres titres exécutoires en matière civile et commerciale, signée à La Haye le 30 août 1962,
– la convention entre le royaume des Pays-Bas et l'Autriche sur la reconnaissance et l'exécution réciproques des décisions judiciaires et des actes authentiques en matière civile et commerciale, signée à La Haye le 6 février 1963[48],
– la convention entre la France et l'Autriche sur la reconnaissance et l'exécution des décisions judiciaires et des actes authentiques en matière civile et commerciale, signée à Vienne le 15 juillet 1966[49],

---

[42] Tiret ajouté par l'article 7 de la convention d'adhésion de 1996.
[43] Tiret ajouté par l'article 7 de la convention d'adhésion de 1996.
[44] Tiret ajouté par l'article 7 de la convention d'adhésion de 1996.
[45] Tiret ajouté par l'article 24 de la convention d'adhésion de 1978.
[46] Tiret ajouté par l'article 7 de la convention d'adhésion de 1996.
[47] Tiret ajouté par l'article 8 de la convention d'adhésion de 1982.
[48] Tiret ajouté par l'article 7 de la convention d'adhésion de 1996.

1. b) Convention de Bruxelles

– la convention entre le Royaume-Uni et la République italienne sur la reconnaissance et l'exécution réciproques des jugements en matière civile et commerciale, signée à Rome le 7 février 1964, accompagnée d'un protocole signé à Rome le 14 juillet 1970[50],
– la convention entre le Royaume-Uni et le royaume des Pays-Bas sur la reconnaissance et l'exécution réciproques des jugements en matière civile, signée à La Haye le 17 novembre 1967[51],
– la convention entre l'Espagne et la France sur la reconnaissance et l'exécution de jugements et de sentences arbitrales en matière civile et commerciale, signée à Paris le 28 mai 1969[52],
– la convention entre le Luxembourg et l'Autriche sur la reconnaissance et l'exécution des décisions judiciaires et des actes authentiques en matière civile et commerciale, signée à Luxembourg le 29 juillet 1971[53],
– la convention entre l'Italie et l'Autriche sur la reconnaissance et l'exécution des décisions judiciaires en matière civile et commerciale, des transactions judiciaires et des actes notariés signée à Rome le 16 novembre 1971[54],
– la convention entre l'Espagne et l'Italie en matière d'assistance judiciaire et de reconnaissance et exécution de jugements en matière civile et commerciale, signée à Madrid le 22 mai 1973[55],
– la convention entre la Finlande, l'Islande, la Norvège, la Suède et le Danemark sur la reconnaissance et l'exécution des décisions en matière civile, signée à Copenhague le 11 octobre 1977[56],
– la convention entre l'Autriche et la Suède sur la reconnaissance et l'exécution des jugements en matière civile, signée à Stockholm le 16 septembre 1982[57],
– la convention entre l'Espagne et la république fédérale d'Allemagne sur la reconnaissance et l'exécution de décisions et transactions judiciaires, et d'actes authentiques exécutoires en matière civile et commerciale, signée à Bonn le 14 novembre 1983[58],
– la convention entre l'Autriche et l'Espagne sur la reconnaissance et l'exécution des décisions et transactions judiciaires et des actes authentiques exécutoires en matière civile et commerciale, signée à Vienne le 17 février 1984[59],
– la convention entre la Finlande et l'Autriche sur la reconnaissance et l'exécution des jugements en matière civile, signée à Vienne le 17 novembre 1986[60],
et pour autant qu'il est en vigueur:
– le traité entre la Belgique, les Pays-Bas et le Luxembourg sur la compétence judi-

---

[49] Tiret ajouté par l'article 7 de la convention d'adhésion de 1996.
[50] Tiret ajouté par l'article 24 de la convention d'adhésion de 1978.
[51] Tiret ajouté par l'article 24 de la convention d'adhésion de 1978.
[52] Tiret ajouté par l'article 18 de la convention d'adhésion de 1989.
[53] Tiret ajouté par l'article 7 de la convention d'adhésion de 1996.
[54] Tiret ajouté par l'article 7 de la convention d'adhésion de 1996.
[55] Tiret ajouté par l'article 7 de la convention d'adhésion de 1996.
[56] Tiret ajouté par l'article 7 de la convention d'adhésion de 1996.
[57] Tiret ajouté par l'article 7 de la convention d'adhésion de 1996.
[58] Tiret ajouté par l'article 18 de la convention d'adhésion de 1989.
[59] Tiret ajouté par l'article 7 de la convention d'adhésion de 1996.
[60] Tiret ajouté par l'article 7 de la convention d'adhésion de 1996.

ciaire, sur la faillite, sur l'autorité et l'exécution des décisions judiciaires, des sentences arbitrales et des actes authentiques, signé à Bruxelles le 24 novembre 1961.

Article 56
Le traité et les conventions mentionnés à l'article 55 continuent à produire leurs effets dans les matières auxquelles la présente convention n'est pas applicable.
Ils continuent à produire leurs effets en ce qui concerne les décisions rendues et les actes reçus avant l'entrée en vigueur de la présente convention.

Article 57
1. La présente convention n'affecte pas les conventions auxquelles les États contractants sont ou seront parties et qui, dans des matières particulières, règlent la compétence judiciaire, la reconnaissance ou l'exécution des décisions[61].
2. En vue d'assurer son interprétation uniforme, le paragraphe 1 est appliqué de la manière suivante:
a) la présente convention ne fait pas obstacle à ce qu'un tribunal d'un État contractant partie à une convention relative à une matière particulière puisse fonder sa compétence sur une telle convention, même si le défendeur est domicilié sur le territoire d'un État contractant non partie à une telle convention. Le tribunal saisi applique, en tout cas, l'article 20 de la présente convention;
b) les décisions rendues dans un État contractant par un tribunal ayant fondé sa compétence sur une convention relative à une matière particulière sont reconnues et exécutées dans les autres États contractants conformément à la présente convention.
Si une convention relative à une matière particulière et à laquelle sont parties l'État d'origine et l'État requis détermine les conditions de reconnaissance et d'exécution des décisions, il est fait application de ces conditions. Il peut, en tout cas, être fait application des dispositions de la présente convention qui concernent la procédure relative à la reconnaissance et à l'exécution des décisions[62].
3. La présente convention ne préjuge pas l'application des dispositions qui, dans des matières particulières, règlent la compétence judiciaire, la reconnaissance ou l'exécution des décisions et qui sont ou seront contenues dans les actes des institutions des Communautés européennes ou dans les législations nationales harmonisées en exécution de ces actes[63].

Article 58[64]
Jusqu'au moment où la convention concernant la compétence judiciaire et l'exécution des décisions en matière civile et commerciale, signée à Lugano le 16 sep-

---

[61] Le paragraphe 1 tel qu'il est modifié par l'article 25 paragraphe 1 de la convention d'adhésion de 1978 et par l'article 19 de la convention d'adhésion de 1989.

[62] Le paragraphe 2 ajouté par l'article 19 de la convention d'adhésion de 1989. Ce paragraphe correspond à l'article 25 paragraphe 2 de la convention d'adhésion de 1978 qui a été étendu à la République hellénique par l'article 1er paragraphe 2 de la convention d'adhésion de 1982. La convention d'adhésion de 1989 a prévu, à son article 28, la suppression de ces deux dernières dispositions.

[63] Le paragraphe ajouté par l'article 25 paragraphe 1 de la convention d'adhésion de 1978.

[64] Le texte tel qu'il est modifié par l'article 20 de la convention d'adhésion de 1989.

tembre 1988, produira ses effets à l'égard de la France et de la Confédération suisse, les dispositions de la présente convention ne portent pas préjudice aux droits reconnus aux ressortissants suisses par la convention entre la France et la Confédération suisse sur la compétence judiciaire et l'exécution des jugements en matière civile, signée à Paris le 15 juin 1869.

Article 59

La présente convention ne fait pas obstacle à ce qu'un État contractant s'engage envers un État tiers, aux termes d'une convention sur la reconnaissance et l'exécution des jugements, à ne pas reconnaître une décision rendue, notamment dans un autre État contractant, contre un défendeur qui avait son domicile ou sa résidence habituelle sur le territoire de l'État tiers lorsque, dans un cas prévu par l'article 4, la décision n'a pu être fondée que sur une compétence visée à l'article 3 deuxième alinéa.

Toutefois, aucun État contractant ne peut s'engager envers un État tiers à ne pas reconnaître une décision rendue dans un autre État contractant par une juridiction dont la compétence est fondée sur l'existence dans cet État de biens appartenant au défendeur ou sur la saisie par le demandeur de biens qui y existent:

1) si la demande porte sur la propriété ou la possession desdits biens, vise à obtenir l'autorisation d'en disposer ou est relative à un autre litige les concernant ou
2) si les biens constituent la garantie d'une créance qui fait l'objet de la demande[65].

TITRE VIII. DISPOSITIONS FINALES

Article 60

... [66]

Article 61[67]

La présente convention sera ratifiée par les États signataires. Les instruments de ratification seront déposés auprès du secrétaire général du Conseil des Communautés européennes.

---

[65] Le deuxième alinéa ajouté par l'article 26 de la convention d'adhésion de 1978.
[66] L'article 21 de la convention d'adhésion de 1989 a prévu la suppression de l'article 60 modifié par l'article 27 de la convention d'adhésion de 1978.
[67] La ratification des conventions d'adhésion de 1978 et 1982 était régie par les articles 38 et 14 de ces conventions.
La ratification de la convention d'adhésion de 1989 est régie par l'article 31 de la même convention qui s'établit comme suit:
«Article 31
La présente convention sera ratifiée par les États signataires. Les instruments de ratification seront déposés auprès du secrétaire général du Conseil des Communautés européennes.»
La ratification de la convention d'adhésion de 1996 est régie par l'article 15 de la même convention qui s'établit comme suit:
«Article 15
La présente convention sera ratifiée par les États signataires. Les instruments de ratification seront déposés auprès du secrétaire général du Conseil de l'Union européenne.»

Article 62[68]
La présente convention entrera en vigueur le premier jour du troisième mois suivant le dépôt de l'instrument de ratification de l'État signataire qui procédera le dernier à cette formalité.

Article 63
Les États contractants reconnaissent que tout État qui devient membre de la Communauté économique européenne aura l'obligation d'accepter que la présente convention soit prise comme base pour les négociations nécessaires pour assurer la mise en œuvre de l'article 220 dernier alinéa du traité instituant la Communauté économique européenne dans les rapports entre les États contractants et cet État. Les adaptations nécessaires pourront faire l'objet d'une convention spéciale entre les États contractants, d'une part, et cet État, d'autre part.

Article 64[69]
Le secrétaire général du Conseil des Communautés européennes notifiera aux États signataires:

---

[68] L'entrée en vigueur des conventions d'adhésion de 1978 et 1982 était régie par les articles 39 et 15 de ces conventions.
L'entrée en vigueur de la convention d'adhésion de 1989 est régie par l'article 32 de la même convention qui s'établit comme suit:
«Article 32
1. La présente convention entrera en vigueur le premier jour du troisième mois après la date à laquelle deux États signataires, dont l'un est le royaume d'Espagne ou la République portugaise, auront déposé leurs instruments de ratification.
2. À l'égard de tout autre État signataire, la présente convention produira ses effets le premier jour du troisième mois qui suivra le dépôt de son instrument de ratification.»
L'entrée en vigueur de la convention d'adhésion de 1996 est régie par l'article 16 de la même convention qui s'établit comme suit:
«Article 16
1. La présente convention entre en vigueur le premier jour du troisième mois après la date à laquelle deux États signataires, dont l'un est la république d'Autriche, la république de Finlande ou le royaume de Suède, auront déposé leurs instruments de ratification.
2. À l'égard de tout autre État signataire, la présente convention produira ses effets le premier jour du troisième mois qui suivra le dépôt de son instrument de ratification.»

[69] Les notifications concernant les conventions d'adhésion de 1978 et 1982 sont régies par les articles 40 et 16 de ces conventions.
Les notifications concernant la convention d'adhésion de 1989 sont régies par l'article 33 de la même convention qui s'établit comme suit:
«Article 33
Le secrétaire général du Conseil des Communautés européennes notifiera aux États signataires:
a) le dépôt de tout instrument de ratification;
b) les dates d'entrée en vigueur de la présente convention pour les États contractants.»
Les notifications concernant la convention d'adhésion de 1996 sont régies par l'article 17 de la même convention qui s'établit comme suit:
«Article 17
Le secrétaire général du Conseil de l'Union européenne notifie aux États signataires:
a) le dépôt de tout instrument de ratification;
b) les dates d'entrée en vigueur de la présente convention pour les États contractants.»

1. b) Convention de Bruxelles 695

a) le dépôt de tout instrument de ratification;
b) les dates d'entrée en vigueur de la présente convention;
c) ...[70];
d) les déclarations reçues en application de l'article IV du protocole;
e) les communications faites en application de l'article VI du protocole.

Article 65
Le protocole qui, du commun accord des États contractants, est annexé à la présente convention, en fait partie intégrante.

Article 66
La présente convention est conclue pour une durée illimitée.

Article 67
Chaque État contractant peut demander la révision de la présente convention. Dans ce cas, une conférence de révision est convoquée par le président du Conseil des Communautés européennes.

Article 68[71]
La présente convention, rédigée en un exemplaire unique en langue allemande, en langue française, en langue italienne et en langue néerlandaise, les quatre textes

---

[70] L'article 22 de la convention d'adhésion de 1989 a prévu la suppression du point c) modifié par l'article 28 de la convention d'adhésion de 1978.
[71] L'indication des textes faisant foi des conventions d'adhésion résulte des dispositions suivantes:
– en ce qui concerne la convention d'adhésion de 1978, de l'article 41 de la même convention qui s'établit comme suit:
«Article 41
La présente convention, rédigée en un exemplaire unique en langue allemande, en langue anglaise, en langue danoise, en langue française, en langue irlandaise, en langue italienne et en langue néerlandaise, les sept textes faisant également foi, sera déposée dans les archives du secrétariat du Conseil des Communautés européennes. Le secrétaire général en remettra une copie certifiée conforme à chacun des gouvernements des États signataires.»
– en ce qui concerne la convention d'adhésion de 1982, de l'article 17 de la même convention qui s'établit comme suit:
«Article 17
La présente convention, rédigée en un exemplaire unique en langues allemande, anglaise, danoise, française, grecque, irlandaise, italienne et néerlandaise, les huit textes faisant également foi, sera déposée dans les archives du secrétariat du Conseil des Communautés européennes. Le secrétaire général en remettra une copie certifiée conforme à chacun des gouvernements des États signataires.»
– en ce qui concerne la convention d'adhésion de 1989, de l'article 34 de la même convention qui s'établit comme suit:
«Article 34
La présente convention, rédigée en un exemplaire unique, en langues allemande, anglaise, danoise, espagnole, française, grecque, irlandaise, italienne, néerlandaise et portugaise, les dix textes faisant également foi, sera déposée dans les archives du secrétariat général du Conseil des Communautés européennes. Le secrétaire général en remettra une copie certifiée conforme à chacun des gouvernements des États signataires.»

faisant également foi, sera déposée dans les archives du secrétariat général du Conseil des Communautés européennes. Le secrétaire général en remettra une copie certifiée conforme à chacun des gouvernements des États signataires[72].

– en ce qui concerne la convention d'adhésion de 1996 de l'article 18 de la même convention qui s'établit comme suit :
«Article 18
La présente convention, rédigée en un exemplaire unique en langues allemande, anglaise, danoise, espagnole, finnoise, française, grecque, irlandaise, italienne, néerlandaise, portugaise et suédoise, les douze textes faisant également foi, est déposée dans les archives du Secrétariat général du Conseil de l'Union européenne. Le secrétaire général en remet une copie certifiée conforme à chacun des gouvernements des États signataires.»

[72] L'établissement des textes faisant foi de la convention de 1968 dans les langues officielles des États membres adhérents résulte :
– en ce qui concerne la convention d'adhésion de 1978 de l'article 37 de la même convention qui s'établit comme suit :
«Article 37
Le secrétaire général du Conseil des Communautés européennes remet aux gouvernements du royaume de Danemark, de l'Irlande et du Royaume-Uni de Grande-Bretagne et d'Irlande du Nord une copie certifiée conforme de la convention de 1968 et du protocole de 1971, en langue allemande, en langue française, en langue italienne et en langue néerlandaise.
Les textes de la convention de 1968 et du protocole de 1971, établis en langue anglaise, en langue danoise et en langue irlandaise sont annexés à la présente convention. Les textes établis en langue anglaise, en langue danoise et en langue irlandaise font foi dans les mêmes conditions que les textes originaux de la convention de 1968 et du protocole de 1971.»
– en ce qui concerne la convention d'adhésion de 1982 de l'article 13 de la même convention qui s'établit comme suit :
«Article 13
Le secrétaire général du Conseil des Communautés européennes remet au gouvernement de la République hellénique une copie certifiée conforme de la convention de 1968, du protocole de 1971 et de la convention de 1978, en langues allemande, anglaise, danoise, française, irlandaise, italienne et néerlandaise.
Les textes de la convention de 1968, du protocole de 1971 et de la convention de 1978, établis en langue grecque, sont annexés à la présente convention. Les textes établis en langue grecque font foi dans les mêmes conditions que les autres textes de la convention de 1968, du protocole de 1971 et de la convention de 1978.»
– en ce qui concerne la convention d'adhésion de 1989 de l'article 30 de la même convention qui s'établit comme suit :
«Article 30
1. Le secrétaire général du Conseil des Communautés européennes remet aux gouvernements du royaume d'Espagne et de la République portugaise une copie certifiée conforme de la convention de 1968, du protocole de 1971, de la convention de 1978 et de la convention de 1982, en langues allemande, anglaise, danoise, française, grecque, irlandaise, italienne et néerlandaise.
2. Les textes de la convention de 1968, du protocole de 1971, de la convention de 1978 et de la convention de 1982, établis en langues espagnole et portugaise, figurent aux annexes II, III, IV et V à la présente convention. Les textes établis en langues espagnole et portugaise font foi dans les mêmes conditions que les autres textes de la convention de 1968, du protocole de 1971, de la convention de 1978 et de la convention de 1982.»
– en ce qui concerne la convention d'adhésion de 1996, de l'article 14 de la même convention qui s'établit comme suit :

1. b) Convention de Bruxelles

En foi de quoi les plénipotentiaires soussignés ont apposé leur signature en bas de la présente convention.[73]

«Article 14
1. Le secrétaire général du Conseil de l'Union européenne remet aux gouvernements de la république d'Autriche, de la république de Finlande et du royaume de Suède une copie certifiée conforme de la convention de 1968, du protocole de 1971, de la convention de 1978, de la convention de 1982 et de la convention de 1989, en langues allemande, anglaise, danoise, espagnole, française, grecque, irlandaise, italienne, néerlandaise et portugaise.
2. Les textes de la convention de 1968, du protocole de 1971, de la convention de 1978, de la convention de 1982 et de la convention de 1989, établis en langues finnoise et suédoise font foi dans les mêmes conditions que les autres textes de la convention de 1968, du protocole de 1971, de la convention de 1978, de la convention de 1982 et de la convention de 1989.»

[73] Les conventions d'adhésion de 1978, 1982 et 1989 ont été signées par les plénipotentiaires respectifs des États membres. La signature par le plénipotentiaire du royaume de Danemark de la convention d'adhésion de 1989 est accompagnée par le texte suivant:
«Sans préjudice de faire, lors de la ratification, une réserve territoriale concernant les îles Féroé et le Groenland, avec toutefois la possibilité d'étendre ultérieurement la portée de la convention pour y inclure ces deux territoires.»

c) Convention de Lugano du 16 septembre 1988 concernant la compétence judiciaire et l'exécution des décisions en matière civile et commerciale

Journal officiel n° L 319 du 25/11/1988 p. 9–33

PRÉAMBULE

LES HAUTES PARTIES CONTRACTANTES À LA PRÉSENTE CONVENTION,

SOUCIEUSES de renforcer sur leurs territoires la protection juridique des personnes qui y sont établies,

ESTIMANT qu'il importe à cette fin de déterminer la compétence de leurs juridictions dans l'ordre international, de faciliter la reconnaissance et d'instaurer une procédure rapide afin d'assurer l'exécution des décisions, des actes authentiques et des transactions judiciaires,

CONSCIENTES des liens qui existent entre elles et qui ont été consacrés dans le domaine économique par les accords de libre-échange conclus entre la Communauté économique européenne et les États membres de l'Association européenne de libre-échange,

PRENANT EN CONSIDÉRATION la convention de Bruxelles, du 27 septembre 1968, concernant la compétence judiciaire et l'exécution des décisions en matières civile et commerciale, telle qu'adaptée par les conventions d'adhésion lors des élargissements successifs des Communautés européennes,

PERSUADÉES que l'extension des principes de cette convention aux États parties au présent instrument renforcera la coopération judiciaire et économique en Europe,

DÉSIREUSES d'assurer une interprétation aussi uniforme que possible de celui-ci,

ONT DÉCIDÉ dans cet esprit de conclure la présente convention et

SONT CONVENUES DES DISPOSITIONS QUI SUIVENT:

TITRE PREMIER. CHAMP D'APPLICATION

Article premier

La présente convention s'applique en matières civile et commerciale et quelle que soit la nature de la juridiction. Elle ne recouvre notamment pas les matières fiscales, douanières ou administratives.

Sont exclus de son application:

1) l'état et la capacité des personnes physiques, les régimes matrimoniaux, les testaments et les successions;
2) les faillites, concordats et autres procédures analogues;
3) la sécurité sociale;
4) l'arbitrage.

TITRE II. COMPÉTENCE

Section première. Dispositions générales

Article 2

Sous réserve des dispositions de la présente convention, les personnes domiciliées

1. c) Convention de Lugano

sur le territoire d'un État contractant sont attraites, quelle que soit leur nationalité, devant les juridictions de cet État.

Les personnes qui ne possèdent pas la nationalité de l'État dans lequel elles sont domiciliées y sont soumises aux règles de compétence applicables aux nationaux.

Article 3
Les personnes domiciliées sur le territoire d'un État contractant ne peuvent être attraites devant les tribunaux d'un autre État contractant qu'en vertu des règles énoncées aux sections 2 à 6 du présent titre.

Ne peuvent être invoqués contre elles notamment:
– en Belgique: l'article 15 du Code civil (Burgerlijk Wetbök) et l'article 638 du Code judiciaire (Gerechtelijk Wetbök),
– au Danemark: l'article 246 paragraphes 2 et 3 de la loi sur la procédure civile (Lov om rettens pleje),
– en république fédérale d'Allemagne: l'article 23 du Code de procédure civile (Zivilprozessordnung),
– en Grèce: l'article 40 du Code de procédure civile (Κώδικας Πολιτικής Δικονομίας),
– en France: les articles 14 et 15 du Code civil,
– en Irlande: les dispositions relatives à la compétence fondée sur un acte introductif d'instance signifié ou notifié au défendeur qui se trouve temporairement en Irlande,
– en Islande: l'article 77 du Code de procédure civile (Lög um meðferð einkamála í héraði),
– en Italie: l'article 2 et l'article 4 nos 1 et 2 du Code de procédure civile (Codice di procedura civile),
– au Luxembourg: les articles 14 et 15 du Code civil,
– aux Pays-Bas: l'article 126 troisième alinéa et l'article 127 du Code de procédure civile (Wetbök van Burgerlijke Rechtsvordering),
– en Norvège: l'article 32 du Code de procédure civile (tvistemålsloven),
– en Autriche: l'article 99 de la loi sur la compétence judiciaire (Jurisdiktionsnorm),
– au Portugal: l'article 65 paragraphe 1 point c), l'article 65 paragraphe 2 et l'article 65A point c) du Code de procédure civile (Código de Processo Civil) et l'article 11 du Code de procédure du travail (Código de Processo de Trabalho),
– en Suisse: le for du lieu du séquestre (Gerichtsstand des Arrestortes/foro del luogo del sequestro) au sens de l'article 4 de la loi fédérale sur le droit international privé (Bundesgesetz über das internationale Privatrecht/legge federale sul diritto internazionale privato),
– en Finlande: la deuxième, la troisième et la quatrième phrases de l'article 1er du chapitre 10 du Code de procédure judiciaire (oikeudenkäymiskaari/rättegångsbalken),
– en Suède: la première phrase de l'article 3 du chapitre 10 du Code de procédure judiciaire (Rättegångsbalken),
– au Royaume-Uni: les dispositions relatives à la compétence fondée sur:
a) un acte introductif d'instance signifié ou notifié au défendeur qui se trouve temporairement au Royaume-Uni;
b) l'existence au Royaume-Uni de biens appartenant au défendeur;
c) la saisie par le demandeur de biens situés au Royaume-Uni.

Article 4
Si le défendeur n'est pas domicilié sur le territoire d'un État contractant, la compétence est, dans chaque État contractant, réglée par la loi de cet État, sous réserve de l'application des dispositions de l'article 16.

Toute personne, quelle que soit sa nationalité, domiciliée sur le territoire d'un État contractant, peut, comme les nationaux, y invoquer contre ce défendeur les règles de compétence qui y sont en vigueur et notamment celles prévues à l'article 3 deuxième alinéa.

Section 2. Compétences spéciales

Article 5
Le défendeur domicilié sur le territoire d'un État contractant peut être attrait, dans un autre État contractant:
1) en matière contractuelle, devant le tribunal du lieu où
l'obligation qui sert de base à la demande a été ou doit
être exécutée; en matière de contrat individuel de travail, ce lieu est celui où le travailleur accomplit habituellement son travail, et, si le travailleur n'accomplit pas habituellement son travail dans un même pays, ce lieu est celui où se trouve l'établissement qui a embauché le travailleur;
2) en matière d'obligation alimentaire, devant le tribunal du lieu où le créancier d'aliments a son domicile ou sa résidence habituelle ou, s'il s'agit d'une demande accessoire à une action relative à l'état des personnes, devant le tribunal compétent selon la loi du for pour en connaître, sauf si cette compétence est uniquement fondée sur la nationalité d'une des parties;
3) en matière délictuelle ou quasi délictuelle, devant le tribunal du lieu où le fait dommageable s'est produit;
4) s'il s'agit d'une action en réparation de dommage ou d'une action en restitution fondées sur une infraction, devant le tribunal saisi de l'action publique, dans la mesure où, selon sa loi, ce tribunal peut connaître de l'action civile;
5) s'il s'agit d'une contestation relative à l'exploitation d'une succursale, d'une agence ou de tout autre établissement, devant le tribunal du lieu de leur situation;
6) en sa qualité de fondateur, de trustee ou de bénéficiaire d'un trust constitué soit en application de la loi, soit par écrit ou par une convention verbale, confirmée par écrit, devant les tribunaux de l'État contractant sur le territoire duquel le trust a son domicile;
7) s'il s'agit d'une contestation relative au paiement de la rémunération réclamée en raison de l'assistance ou du sauvetage dont a bénéficié une cargaison ou un fret, devant le tribunal dans le ressort duquel cette cargaison ou le fret s'y rapportant:
a) a été saisi pour garantir ce paiement ou
b) aurait pu être saisi à cet effet, mais une caution ou autre sûreté a été donnée;
cette disposition ne s'applique que s'il est prétendu que le défendeur a un droit sur la cargaison ou sur le fret ou qu'il avait un tel droit au moment de cette assistance ou de ce sauvetage.

Article 6
Ce même défendeur peut aussi être attrait:
1) s'il y a plusieurs défendeurs, devant le tribunal du domicile de l'un d'eux;

2) s'il s'agit d'une demande en garantie ou d'une demande en intervention, devant le tribunal saisi de la demande originaire, à moins qu'elle n'ait été formée que pour traduire hors de son tribunal celui qui a été appelé;
3) s'il s'agit d'une demande reconventionnelle qui dérive du contrat ou du fait sur lequel est fondée la demande originaire, devant le tribunal saisi de celle-ci;
4) en matière contractuelle, si l'action peut être jointe à une action en matière de droits réels immobiliers dirigée contre le même défendeur, devant le tribunal de l'État contractant où l'immeuble est situé.

Article 6 bis
Lorsque, en vertu de la présente convention, un tribunal d'un État contractant est compétent pour connaître des actions en responsabilité du fait de l'utilisation ou de l'exploitation d'un navire, ce tribunal ou tout autre que lui substitue la loi interne de cet État connaît aussi des demandes relatives à la limitation de cette responsabilité.

Section 3. Compétence en matière d'assurances

Article 7
En matière d'assurances, la compétence est déterminée par la présente section, sans préjudice des dispositions de l'article 4 et de l'article 5 point 5.

Article 8
L'assureur domicilié sur le territoire d'un État contractant peut être attrait:
1) devant les tribunaux de l'État où il a son domicile ou
2) dans un autre État contractant, devant le tribunal du lieu où le preneur d'assurance a son domicile ou
3) s'il s'agit d'un coassureur, devant le tribunal d'un État contractant saisi de l'action formée contre l'apériteur de la coassurance.
Lorsque l'assureur n'est pas domicilié sur le territoire d'un État contractant, mais possède une succursale, une agence ou tout autre établissement dans un État contractant, il est considéré pour les contestations relatives à leur exploitation comme ayant son domicile sur le territoire de cet État.

Article 9
L'assureur peut, en outre, être attrait devant le tribunal du lieu où le fait dommageable s'est produit s'il s'agit d'assurance de responsabilité ou d'assurance portant sur des immeubles. Il en est de même si l'assurance porte à la fois sur des immeubles et des meubles couverts par une même police et atteints par le même sinistre.

Article 10
En matière d'assurance de responsabilité, l'assureur peut également être appelé devant le tribunal saisi de l'action de la personne lésée contre l'assuré si la loi de ce tribunal le permet.
Les dispositions des articles 7, 8 et 9 sont applicables en cas d'action directe intentée par la victime contre l'assureur lorsque l'action directe est possible.
Si la loi relative à cette action directe prévoit la mise en cause du preneur d'assurance ou de l'assuré, le même tribunal sera aussi compétent à leur égard.

Article 11

Sous réserve des dispositions de l'article 10 troisième alinéa, l'action de l'assureur ne peut être portée que devant les tribunaux de l'État contractant sur le territoire duquel est domicilié le défendeur, qu'il soit preneur d'assurance, assuré ou bénéficiaire.

Les dispositions de la présente section ne portent pas atteinte au droit d'introduire une demande reconventionnelle devant le tribunal saisi d'une demande originaire conformément à la présente section.

Article 12

Il ne peut être dérogé aux dispositions de la présente section que par des conventions:

1) postérieures à la naissance du différend ou

2) qui permettent au preneur d'assurance, à l'assuré ou au bénéficiaire de saisir d'autres tribunaux que ceux indiqués à la présente section ou

3) qui, passées entre un preneur d'assurance et un assureur ayant, au moment de la conclusion du contrat, leur domicile ou leur résidence habituelle dans un même État contractant, ont pour effet, alors même que le fait dommageable se produirait à l'étranger, d'attribuer compétence aux tribunaux de cet État sauf si la loi de celui-ci interdit de telles conventions ou

4) conclues par un preneur d'assurance n'ayant pas son domicile dans un État contractant, sauf s'il s'agit d'une assurance obligatoire ou qui porte sur un immeuble situé dans un État contractant ou

5) qui concernent un contrat d'assurance en tant que celui-ci couvre un ou plusieurs des risques énumérés à l'article 12 bis.

Article 12 bis

Les risques visés à l'article 12 point 5 sont les suivants:

1) tout dommage:

a) aux navires de mer, aux installations au large des côtes et en haute mer ou aux aéronefs, causé par des événements survenant en relation avec leur utilisation à des fins commerciales;

b) aux marchandises autres que les bagages des passagers, durant un transport réalisé par ces navires ou aéronefs soit en totalité, soit en combinaison avec d'autres modes de transport;

2) toute responsabilité, à l'exception de celle des dommages corporels aux passagers ou à leurs bagages:

a) résultant de l'utilisation ou de l'exploitation des navires, installations ou aéronefs, conformément au point 1 sous a) ci-avant, pour autant que la loi de l'État contractant d'immatriculation de l'aéronef n'interdise pas les clauses attributives de juridiction dans l'assurance de tels risques;

b) du fait de marchandises durant un transport visé au point 1 sous b) ci-avant;

3) toute perte pécuniaire liée à l'utilisation ou à l'exploitation des navires, installations ou aéronefs conformément au point 1 sous a) ci-avant, notamment celle du fret ou du bénéfice d'affrètement;

4) tout risque lié accessoirement à l'un de ceux visés aux points 1 à 3 ci-avant.

Section 4. Compétence en matière de contrats conclus par les consommateurs

Article 13
En matière de contrat conclu par une personne pour un usage pouvant être considéré comme étranger à son activité professionnelle, ci-après dénommée «le consommateur», la compétence est déterminée par la présente section, sans préjudice des dispositions de l'article 4 et de l'article 5 point 5:
1) lorsqu'il s'agit d'une vente à tempérament d'objets mobiliers corporels;
2) lorsqu'il s'agit d'un prêt à tempérament ou d'une autre opération de crédit liés au financement d'une vente de tels objets;
3) pour tout autre contrat ayant pour objet une fourniture de services ou d'objets mobiliers corporels si:
a) la conclusion du contrat a été précédée dans l'État du domicile du consommateur d'une proposition spécialement faite ou d'une publicité et que
b) le consommateur a accompli dans cet État les actes nécessaires à la conclusion de ce contrat.
Lorsque le cocontractant du consommateur n'est pas domicilié sur le territoire d'un État contractant, mais possède une succursale, une agence ou tout autre établissement dans un État contractant, il est considéré pour les contestations relatives à leur exploitation comme ayant son domicile sur le territoire de cet État.
La présente section ne s'applique pas au contrat de transport.

Article 14
L'action intentée par un consommateur contre l'autre partie au contrat peut être portée soit devant les tribunaux de l'État contractant sur le territoire duquel est domiciliée cette partie, soit devant les tribunaux de l'État contractant sur le territoire duquel est domicilié le consommateur.
L'action intentée contre le consommateur par l'autre partie au contrat ne peut être portée que devant les tribunaux de l'État contractant sur le territoire duquel est domicilié le consommateur.
Ces dispositions ne portent pas atteinte au droit d'introduire une demande reconventionnelle devant le tribunal saisi d'une demande originaire conformément à la présente section.

Article 15
Il ne peut être dérogé aux dispositions de la présente section que par des conventions:
1) postérieures à la naissance du différend ou
2) qui permettent au consommateur de saisir d'autres tribunaux que ceux indiqués à la présente section ou
3) qui, passées entre le consommateur et son cocontractant ayant, au moment de la conclusion du contrat, leur domicile ou leur résidence habituelle dans un même État contractant, attribuent compétence aux tribunaux de cet État sauf si la loi de celui-ci interdit de telles conventions.

Section 5. Compétences exclusives

Article 16

Sont seuls compétents, sans considération de domicile:
1) a) en matière de droits réels immobiliers et de baux d'immeubles, les tribunaux de l'État contractant où l'immeuble est situé;
b) toutefois, en matière de baux d'immeubles conclus en vue d'un usage personnel temporaire pour une période maximale de six mois consécutifs, sont également compétents les tribunaux de l'État contractant dans lequel le défendeur est domicilié, à condition que le locataire soit une personne physique et qu'aucune des parties ne soit domiciliée dans l'État contractant où l'immeuble est situé;
2) en matière de validité, de nullité ou de dissolution des sociétés ou personnes morales ayant leur siège sur le territoire d'un État contractant, ou des décisions de leurs organes, les tribunaux de cet État;
3) en matière de validité des inscriptions sur les registres publics, les tribunaux de l'État contractant sur le territoire duquel ces registres sont tenus;
4) en matière d'inscription ou de validité des brevets, marques, dessins et modèles, et autres droits analogues donnant lieu à dépôt ou à un enregistrement, les juridictions de l'État contractant sur le territoire duquel le dépôt ou l'enregistrement a été demandé, a été effectué ou est réputé avoir été effectué aux termes d'une convention internationale;
5) en matière d'exécution des décisions, les tribunaux de l'État contractant du lieu de l'exécution.

Section 6. Prorogation de compétence

Article 17

1. Si les parties, dont l'une au moins a son domicile sur le territoire d'un État contractant, sont convenues d'un tribunal ou de tribunaux d'un État contractant pour connaître des différends nés ou à naître à l'occasion d'un rapport de droit déterminé, ce tribunal ou ces tribunaux de cet État sont seuls compétents. Cette convention attributive de juridiction est conclue:
a) par écrit ou verbalement avec confirmation écrite, soit
b) sous une forme qui soit conforme aux habitudes que les parties ont établies entre elles, soit
c) dans le commerce international, sous une forme qui soit conforme à un usage dont les parties avaient connaissance ou étaient censées avoir connaissance et qui est largement connu et régulièrement observé dans ce type de commerce par les parties à des contrats du même type dans la branche commerciale considérée.
Lorsqu'une telle convention est conclue par des parties dont aucune n'a son domicile sur le territoire d'un État contractant, les tribunaux des autres États contractants ne peuvent connaître du différend tant que le tribunal ou les tribunaux désignés n'ont pas décliné leur compétence.
2. Le tribunal ou les tribunaux d'un État contractant auxquels l'acte constitutif d'un trust attribue compétence sont exclusivement compétents pour connaître d'une action contre un fondateur, un trustee ou un bénéficiaire d'un trust, s'il s'agit de relations entre ces personnes ou de leurs droits ou obligations dans le cadre du trust.

3. Les conventions attributives de juridiction ainsi que les stipulations similaires d'actes constitutifs de trust sont sans effet si elles sont contraires aux dispositions des articles 12 et 15 ou si les tribunaux à la compétence desquels elles dérogent sont exclusivement compétents en vertu de l'article 16.
4. Si une convention attributive de juridiction n'a été stipulée qu'en faveur de l'une des parties, celle-ci conserve le droit de saisir tout autre tribunal compétent en vertu de la présente convention.
5. En matière de contrats individuels de travail, les conventions attributives de juridiction ne produisent leurs effets que si elles sont postérieures à la naissance du différend.

Article 18
Outre les cas où sa compétence résulte d'autres dispositions de la présente convention, le juge d'un État contractant devant lequel le défendeur comparaît est compétent. Cette règle n'est pas applicable si la comparution a pour objet de contester la compétence ou s'il existe une autre juridiction exclusivement compétente en vertu de l'article 16.

Section 7. Vérification de la compétence et de la recevabilité

Article 19
Le juge d'un État contractant, saisi à titre principal d'un litige pour lequel une juridiction d'un autre État contractant est exclusivement compétente en vertu de l'article 16, se déclare d'office incompétent.

Article 20
Lorsque le défendeur domicilié sur le territoire d'un État contractant est attrait devant une juridiction d'un autre État contractant et ne comparaît pas, le juge se déclare d'office incompétent si sa compétence n'est pas fondée aux termes de la présente convention.
Le juge est tenu de surseoir à statuer aussi longtemps qu'il n'est pas établi que ce défendeur a été mis à même de recevoir l'acte introductif d'instance ou un acte équivalent en temps utile pour se défendre ou que toute diligence a été faite à cette fin. Les dispositions de l'alinéa précédent seront remplacées par celles de l'article 15 de la convention de La Haye, du 15 novembre 1965, relative à la signification et à la notification à l'étranger des actes judiciaires et extrajudiciaires en matière civile ou commerciale, si l'acte introductif d'instance a dû être transmis en exécution de cette convention.

Section 8. Litispendance et connexité

Article 21
Lorsque des demandes ayant le même objet et la même cause sont formées entre les mêmes parties devant des juridictions d'États contractants différents, la juridiction saisie en second lieu sursoit d'office à statuer jusqu'à ce que la compétence du tribunal premier saisi soit établie.
Lorsque la compétence du tribunal premier saisi est établie, le tribunal saisi en second lieu se dessaisit en faveur de celui-ci.

Article 22

Lorsque des demandes connexes sont formées devant des juridictions d'États contractants différents et son pendantes au premier degré, la juridiction saisie en second lieu peut surseoir à statuer.

Cette juridiction peut également se dessaisir, à la demande de l'une des parties, à condition que sa loi permette la jonction d'affaires connexes et que le tribunal premier saisi soit compétent pour connaître des deux demandes.

Sont connexes, au sens du présent article, les demandes liées entre elles par un rapport si étroit qu'il y a intérêt à les instruire et à juger en même temps afin d'éviter des solutions qui pourraient être inconciliables si les causes étaient jugées séparément.

Article 23

Lorsque les demandes relèvent de la compétence exclusive de plusieurs juridictions, le dessaisissement a lieu en faveur de la juridiction première saisie.

Section 9. Mesures provisoires et conservatoires

Article 24

Les mesures provisoires ou conservatoires prévues par la loi d'un État contractant peuvent être demandées aux autorités judiciaires de cet État, même si, en vertu de la présente convention, une juridiction d'un autre État contractant est compétente pour connaître du fond.

TITRE III. RECONNAISSANCE ET EXÉCUTION

Article 25

On entend par décision, au sens de la présente convention, toute décision rendue par une juridiction d'un État contractant quelle que soit la dénomination qui lui est donnée, telle qu'arrêt, jugement, ordonnance ou mandat d'exécution, ainsi que la fixation par le greffier du montant des frais du procès.

Section première. Reconnaissance

Article 26

Les décisions rendues dans un État contractant sont reconnues dans les autres États contractants, sans qu'il soit nécessaire de recourir à aucune procédure.

En cas de contestation, toute partie intéressée qui invoque la reconnaissance à titre principal peut faire constater, selon la procédure prévue aux sections 2 et 3 du présent titre, que la décision doit être reconnue.

Si la reconnaissance est invoquée de façon incidente devant une juridiction d'un État contractant, celle-ci est compétente pour en connaître.

Article 27

Les décisions ne sont pas reconnues:
1) si la reconnaissance est contraire à l'ordre public de l'État requis;
2) si l'acte introductif d'instance ou un acte équivalent n'a pas été signifié ou notifié au défendeur défaillant, régulièrement et en temps utile, pour qu'il puisse se défendre;

3) si la décision est inconciliable avec une décision rendue entre les mêmes parties dans l'État requis;
4) si le tribunal de l'État d'origine, pour rendre sa décision, a, en tranchant une question relative à l'état ou à la capacité des personnes physiques, aux régimes matrimoniaux, aux testaments et aux successions, méconnu une règle de droit international privé de l'État requis, à moins que sa décision n'aboutisse au même résultat que s'il avait fait application des règles du droit international privé de l'État requis;
5) si la décision est inconciliable avec une décision rendue antérieurement dans un État non contractant entre les mêmes parties dans un litige ayant le même objet et la même cause, lorsque cette dernière décision réunit les conditions nécessaires à sa reconnaissance dans l'État requis.

Article 28
De même, les décisions ne sont pas reconnues si les dispositions des sections 3, 4 et 5 du titre II ont été méconnues ainsi que dans le cas prévu à l'article 59.
La reconnaissance d'une décision peut en outre être refusée dans l'un des cas prévus aux articles 54 ter paragraphe 3 et 57 paragraphe 4.
Lors de l'appréciation des compétences mentionnées aux alinéas précédents, l'autorité requise est liée par les constatations de fait sur lesquelles la juridiction de l'État d'origine a fondé sa compétence.
Sans préjudice des dispositions des premier et deuxième alinéas, il ne peut être procédé au contrôle de la compétence des juridictions de l'État d'origine; les règles relatives à la compétence ne concernent pas l'ordre public visé à l'article 27 point 1.

Article 29
En aucun cas, la décision étrangère ne peut faire l'objet d'une révision au fond.

Article 30
L'autorité judiciaire d'un État contractant, devant laquelle est invoquée la reconnaissance d'une décision rendue dans un autre État contractant, peut surseoir à statuer si cette décision fait l'objet d'un recours ordinaire.
L'autorité judiciaire d'un État contractant devant laquelle est invoquée la reconnaissance d'une décision rendue en Irlande ou au Royaume-Uni et dont l'exécution est suspendue dans l'État d'origine du fait de l'exercice d'un recours peut surseoir à statuer.

Section 2. Exécution

Article 31
Les décisions rendues dans un État contractant et qui y sont exécutoires sont mises à exécution dans un autre État contractant après y avoir été déclarées exécutoires sur requête de toute partie intéressée.
Toutefois, au Royaume-Uni, ces décisions sont mises à exécution en Angleterre et au pays de Galles, en Écosse ou en Irlande du Nord, après avoir été enregistrées en vue de leur exécution, sur requête de toute partie intéressée, dans l'une ou l'autre de ces parties du Royaume-Uni, suivant le cas.

Article 32

1. La requête est présentée:
- en Belgique, au tribunal de première instance ou rechtbank van eerste aanleg,
- au Danemark, au byret,
- en république fédérale d'Allemagne, au président d'une chambre du Landgericht,
- en Grèce, au «Μονομελές Πρωτοδικείο»,
- en Espagne, au Juzgado de Primera Instancia,
- en France, au président du tribunal de grande instance,
- en Irlande, à la High Court,
- en Islande, à la héraðsdómari,
- en Italie, à la corte d'appello,
- au Luxembourg, au président du tribunal d'arrondissement,
- aux Pays-Bas, au président de l'arrondissementsrechtbank,
- en Norvège, au herredsrett ou byrett en tant que namsrett,
- en Autriche, au Landesgericht ou au Kreisgericht,
- au Portugal, au Tribunal Judicial de Círculo,
- en Suisse:
a) s'il s'agit de décisions portant condamnation à payer une somme d'argent, au juge de la mainlevée
(Rechtsöffnungsrichter/giudice competente a pronunciare sul rigetto dell'opposizione), dans le cadre de la procédure régie par les articles 80 et 81 de la loi fédérale sur la poursuite pour dettes et la faillite
(Bundesgesetz über Schuldbetreibung und Konkurs/legge federale sulla esecuzione e sul fallimento);
b) s'il s'agit de décisions qui ne portent pas condamnation à payer une somme d'argent, au juge cantonal d'exequatur compétent (zuständiger kantonaler Vollstreckungsrichter/giudice cantonale competente a pronunciare l'exequatur),
- en Finlande, au ulosotonhaltija/överexekutor,
- en Suède, au Svea hovrätt,
- au Royaume-Uni:
a) en Angleterre et au pays de Galles, à la High Court of Justice ou, s'il s'agit d'une décision en matière d'obligation alimentaire, à la Magistrates' Court saisie par l'intermédiaire du Secretary of State;
b) en Écosse, à la Court of Session ou, s'il s'agit d'une décision en matière d'obligation alimentaire, à la Sheriff Court, saisie par l'intermédiaire du Secretary of State;
c) en Irlande du Nord, à la High Court of Justice ou, s'il s'agit d'une décision en matière d'obligation alimentaire, à la Magistrates' Court saisie par l'intermédiaire du Secretary of State.
2. La juridiction territorialement compétente est déterminée par le domicile de la partie contre laquelle l'exécution est demandée. Si cette partie n'est pas domiciliée sur le territoire de l'État requis, la compétence est déterminée par le lieu de l'exécution.

Article 33

Les modalités du dépôt de la requête sont déterminées par la loi de l'État requis.
Le requérant doit faire élection de domicile dans le ressort de la juridiction saisie.
Toutefois, si la loi de l'État requis ne connaît pas l'élection de domicile, le requérant désigne un mandataire ad litem.

1. c) Convention de Lugano

Les documents mentionnés aux articles 46 et 47 sont joints à la requête.

Article 34
La juridiction saisie de la requête statue à bref délai, sans que la partie contre laquelle l'exécution est demandée puisse, en cet état de la procédure, présenter d'observation.
La requête ne peut être rejetée que pour l'un des motifs prévus aux articles 27 et 28.
En aucun cas, la décision étrangère ne peut faire l'objet d'une révision au fond.

Article 35
La décision rendue sur requête est aussitôt portée à la connaissance du requérant, à la diligence du greffier, suivant les modalités déterminées par la loi de l'État requis.

Article 36
Si l'exécution est autorisée, la partie contre laquelle l'exécution est demandée peut former un recours contre la décision dans le mois de sa signification.
Si cette partie est domiciliée dans un État contractant autre que celui où la décision qui autorise l'exécution a été rendue, le délai est de deux mois et court du jour où la signification a été faite à personne ou à domicile. Ce délai ne comporte pas de prorogation à raison de la distance.

Article 37
1. Le recours est porté, selon les règles de la procédure contradictoire:
– en Belgique, devant le tribunal de première instance ou la rechtbank van eerste aanleg,
– au Danemark, devant le landsret,
– en république fédérale d'Allemagne, devant l'Oberlandesgericht,
– en Grèce, devant l'εφετείο
– en Espagne, devant l'Audiencia Provincial,
– en France, devant la cour d'appel,
– en Irlande, devant la High Court,
– en Islande, devant le héraðsdómari,
– en Italie, devant la corte d'appello,
– au Luxembourg, devant la cour supérieure de justice siégeant en matière d'appel civil,
– aux Pays-Bas, devant l'arrondissementsrechtbank,
– en Norvège, devant le lagmannsrett,
– en Autriche, devant le Landesgericht ou le Kreisgericht,
– au Portugal, devant le Tribunal da Relação,
– en Suisse, devant le tribunal cantonal Kantonsgericht/tribunale cantonale,
– en Finlande, devant le hovioikeus/hovrätt,
– en Suède, devant le Svea hovrätt,
– au Royaume-Uni:
a) en Angleterre et au pays de Galles, devant la High Court of Justice ou, s'il s'agit d'une décision en matière d'obligation alimentaire, devant la Magistrates' Court;
b) en Écosse, devant la Court of Session ou, s'il s'agit d'une décision en matière d'obligation alimentaire, devant la Sheriff Court;

c) en Irlande du Nord, devant la High Court of Justice ou, s'il s'agit d'une décision en matière d'obligation alimentaire, devant la Magistrates' Court.
2. La décision rendue sur le recours ne peut faire l'objet:
– en Belgique, en Grèce, en Espagne, en France, en Italie, au Luxembourg et aux Pays-Bas, que d'un pourvoi en cassation,
– au Danemark, que d'un recours devant le højesteret, avec l'autorisation du ministre de la justice,
– en république fédérale d'Allemagne, que d'une Rechtsbeschwerde,
– en Irlande, que d'un recours sur un point de droit devant la Supreme Court,
– en Islande, que d'un recours devant le Hæstiréttur,
– en Norvège, que d'un recours (kjæremål ou anke) devant le Høyesteretts kjæremålsutvalg ou Høyesterett,
– en Autriche, dans le cas d'un recours, que du Revisionsrekurs et, dans le cas d'une opposition, que du recours (Berufung) avec la faculté éventuelle d'une Revision,
– au Portugal, que d'un recours sur un point de droit,
– en Suisse, que d'un recours de droit public devant le tribunal fédéral (staatsrechtliche Beschwerde beim Bundesgericht/ricorso di diritto pubblico davanti al tribunale federale),
– en Finlande, que d'un recours devant le korkein oikeus/högsta domstolen,
– en Suède, que d'un recours devant le högsta domstolen,
– au Royaume-Uni, que d'un seul recours sur un point de droit.

Article 38
La juridiction saisie du recours peut, à la requête de la partie qui l'a formé, surseoir à statuer, si la décision étrangère fait, dans l'État d'origine, l'objet d'un recours ordinaire ou si le délai pour le former n'est pas expiré; dans ce dernier cas, la juridiction peut impartir un délai pour former ce recours.
Lorsque la décision a été rendue en Irlande ou au Royaume-Uni, toute voie de recours prévue dans l'État d'origine est considérée comme un recours ordinaire pour l'application du premier alinéa.
Cette juridiction peut également subordonner l'exécution à la constitution d'une garantie qu'elle détermine.

Article 39
Pendant le délai du recours prévu à l'article 36 et jusqu'à ce qu'il ait été statué sur celui-ci, il ne peut être procédé qu'à des mesures conservatoires sur les biens de la partie contre laquelle l'exécution est demandée.
La décision qui accorde l'exécution emporte l'autorisation de procéder à ces mesures.

Article 40
1. Si sa requête est rejetée, le requérant peut former un recours:
– en Belgique, devant la cour d'appel ou le hof van beroep,
– au Danemark, devant le landsret,
– en république fédérale d'Allemagne, devant l'Oberlandesgericht,
– en Grèce, devant l'εφετείο

1. c) Convention de Lugano

– en Espagne, devant l'Audiencia Provincial,
– en France, devant la cour d'appel,
– en Irlande, devant la High Court,
– en Islande, devant le héraðsdómari,
– en Italie, devant la corte d'appello,
– au Luxembourg, devant la cour supérieure de justice siégeant en matière d'appel civil,
– aux Pays-Bas, devant le gerechtshof,
– en Norvège, devant le lagmannsrett,
– en Autriche, devant le Landesgericht ou le Kreisgericht,
– au Portugal, devant le Tribunal da Relação,
– en Suisse, devant le tribunal cantonal (Kantonsgericht/tribunale cantonale),
– en Finlande, devant le hovioikeus/hovrätt,
– en Suède, devant le Svea hovrätt,
– au Royaume-Uni:
a) en Angleterre et au pays de Galles, devant la High Court of Justice ou, s'il s'agit d'une décision en matière d'obligation alimentaire, devant la Magistrates' Court,
b) en Écosse, devant la Court of Session ou, s'il s'agit d'une décision en matière d'obligation alimentaire, devant la Sheriff Court,
c) en Irlande du Nord, devant la High Court of Justice ou, s'il s'agit d'une décision en matière d'obligation alimentaire, devant la Magistrates' Court.
2. La partie contre laquelle l'exécution est demandée est appelée à comparaître devant la juridiction saisie du recours. En cas de défaut, les dispositions de l'article 20 deuxième et troisième alinéas sont applicables alors même que cette partie n'est pas domiciliée sur le territoire d'un des États contractants.

Article 41
La décision rendue sur le recours prévu à l'article 40 ne peut faire l'objet:
– en Belgique, en Grèce, en Espagne, en France, en Italie, au Luxembourg et aux Pays-Bas, que d'un pourvoi en cassation,
– au Danemark, que d'un recours devant le højesteret, avec l'autorisation du ministre de la justice,
– en république fédérale d'Allemagne, que d'une Rechtsbeschwerde,
– en Irlande, que d'un recours sur un point de droit devant la Supreme Court,
– en Islande, que d'un recours devant le Hæstiréttur,
– en Norvège, que d'un recours (kjæremål ou anke) devant le Høyesteretts kjæremålsutvalg ou Høyesterett,
– en Autriche, que d'un Revisionsrekurs,
– au Portugal, que d'un recours sur un point de droit,
– en Suisse, que d'un recours de droit public devant le tribunal fédéral (staatsrechtliche Beschwerde beim Bundesgericht/ricorso di diritto pubblico davanti al tribunale federale),
– en Finlande, que d'un recours devant le korkein oikeus/högsta domstolen,
– en Suède, que d'un recours devant le högsta domstolen,
– au Royaume-Uni, que d'un seul recours sur un point de droit.

Article 42
Lorsque la décision étrangère a statué sur plusieurs chefs de la demande et que

l'exécution ne peut être autorisée pour le tout, l'autorité judiciaire accorde l'exécution pour un ou plusieurs d'entre eux.
Le requérant peut demander une exécution partielle.

Article 43
Les décisions étrangères condamnant à une astreinte ne sont exécutoires dans l'État requis que si le montant en a été définitivement fixé par les tribunaux de l'État d'origine.

Article 44
Le requérant qui, dans l'État d'origine, a bénéficié en tout ou en partie de l'assistance judiciaire ou d'une exemption de frais et dépens, bénéficie, dans la procédure prévue aux articles 32 à 35, de l'assistance la plus favorable ou de l'exemption la plus large prévue par le droit de l'État requis.
Le requérant qui demande l'exécution d'une décision rendue au Danemark ou en Islande par une autorité administrative en matière d'obligation alimentaire peut invoquer dans l'État requis le bénéfice des dispositions du premier alinéa s'il produit un document établi respectivement par le ministère de la justice danois ou par le ministère de la justice islandais, et attestant qu'il remplit les conditions économiques pour pouvoir bénéficier en tout ou en partie de l'assistance judiciaire ou d'une exemption de frais de dépens.

Article 45
Aucune caution ni aucun dépôt, sous quelque dénomination que ce soit, ne peut être imposé en raison, soit de la qualité d'étranger, soit du défaut de domicile ou de résidence dans le pays, à la partie qui demande l'exécution dans un État contractant d'une décision rendue dans un autre État contractant.

Section 3. Dispositions communes

Article 46
La partie qui invoque la reconnaissance ou demande l'exécution d'une décision doit produire:
1) une expédition de celle-ci réunissant les conditions nécessaires à son authenticité;
2) s'il s'agit d'une décision par défaut, l'original ou une copie certifiée conforme du document établissant que l'acte introductif d'instance ou un acte équivalent a été signifié ou notifié à la partie défaillante.

Article 47
La partie qui demande l'exécution doit en outre produire:
1) tout document de nature à établir que, selon la loi de l'État d'origine, la décision est exécutoire et a été signifiée;
2) s'il y a lieu, un document justifiant que le requérant bénéficie de l'assistance judiciaire dans l'État d'origine.

Article 48
À défaut de production des documents mentionnés à l'article 46 point 2 et à l'article 47 point 2, l'autorité judiciaire peut impartir un délai pour les produire ou ac-

cepter des documents équivalents ou, si elle s'estime suffisamment éclairée, en dispenser.
Il est produit une traduction des documents si l'autorité judiciaire l'exige; la traduction est certifiée par une personne habilitée à cet effet dans l'un des États contractants.

Article 49
Aucune légalisation ni formalité analogue n'est exigée en ce qui concerne les documents mentionnés aux articles 46, 47 et 48 deuxième alinéa, ainsi que, le cas échéant, la procuration ad litem.

TITRE IV. ACTES AUTHENTIQUES ET TRANSACTIONS JUDICIAIRES

Article 50
Les actes authentiques reçus et exécutoires dans un État contractant sont, sur requête, déclarés exécutoires dans un autre État contractant, conformément à la procédure prévue aux articles 31 et suivants. La requête ne peut être rejetée que si l'exécution de l'acte authentique est contraire à l'ordre public de l'État requis.
L'acte produit doit réunir les conditions nécessaires à son authenticité dans l'État d'origine.
Les dispositions de la section 3 du titre III sont, en tant que de besoin, applicables.

Article 51
Les transactions conclues devant le juge au cours d'un procès et exécutoires dans l'État d'origine sont exécutoires dans l'État requis aux mêmes conditions que les actes authentiques.

TITRE V. DISPOSITIONS GÉNÉRALES

Article 52
Pour déterminer si une partie a un domicile sur le territoire de l'État contractant dont les tribunaux sont saisis, le juge applique sa loi interne.
Lorsqu'une partie n'a pas de domicile dans l'État dont les tribunaux sont saisis, le juge, pour déterminer si elle a un domicile dans un autre État contractant, applique la loi de cet État.

Article 53
Le siège des sociétés et des personnes morales est assimilé au domicile pour l'application de la présente convention. Toutefois, pour déterminer ce siège, le juge saisi applique les règles de son droit international privé.
Pour déterminer si un trust a son domicile sur le territoire d'un État contractant dont les tribunaux sont saisis, le juge applique les règles de son droit international privé.

TITRE VI. DISPOSITIONS TRANSITOIRES

Article 54
Les dispositions de la présente convention ne sont applicables qu'aux actions judiciaires intentées et aux actes authentiques reçus postérieurement à l'entrée en vi-

gueur de la présente convention dans l'État d'origine et, lorsque la reconnaissance ou l'exécution d'une décision ou d'un acte authentique est demandée, dans l'État requis.

Toutefois, les décisions rendues après la date d'entrée en vigueur de la présente convention dans les rapports entre l'État d'origine et l'État requis à la suite d'actions intentées avant cette date sont reconnues et exécutées conformément aux dispositions du titre III si les règles de compétence appliquées sont conformes à celles prévues soit par le titre II soit par une convention qui était en vigueur entre l'État d'origine et l'État requis lorsque l'action a été intentée.

Si, par un écrit antérieur à l'entrée en vigueur de la présente convention, les parties en litige à propos d'un contrat étaient convenues d'appliquer à ce contrat le droit irlandais ou le droit d'une partie du Royaume-Uni, les tribunaux de l'Irlande ou de cette partie du Royaume-Uni conservent la faculté de connaître de ce litige.

Article 54 bis
Pendant trois années suivant l'entrée en vigueur de la présente convention à l'égard respectivement du Danemark, de la Grèce, de l'Irlande, de l'Islande, de la Norvège, de la Finlande et de la Suède, la compétence en matière maritime dans chacun de ces États est déterminée non seulement conformément aux dispositions du titre II, mais également conformément aux points 1 à 7 ci-après. Toutefois, ces dispositions cesseront d'être applicables dans chacun de ces États au moment où la convention internationale pour l'unification de certaines règles sur la saisie conservatoire des navires de mer, signée à Bruxelles le 10 mai 1952, sera en vigueur à son égard.

1. Une personne domiciliée sur le territoire d'un État contractant peut être attraite pour une créance maritime devant les tribunaux de l'un des États mentionnés ci-avant lorsque le navire sur lequel porte la créance ou tout autre navire dont elle est propriétaire a fait l'objet d'une saisie judiciaire sur le territoire de ce dernier État pour garantir la créance, ou aurait pu y faire l'objet d'une saisie alors qu'une caution ou une autre sûreté a été donnée, dans les cas suivants:
a) si le demandeur est domicilié sur le territoire de cet État;
b) si la créance maritime est née dans cet État;
c) si la créance maritime est née au cours d'un voyage pendant lequel la saisie a été faite ou aurait pu être faite;
d) si la créance provient d'un abordage ou d'un dommage causé par un navire, par exécution ou omission d'une manoeuvre ou par inobservation des règlements, soit à un autre navire, soit aux choses ou personnes se trouvant à bord;
e) si la créance est née d'une assistance ou d'un sauvetage;
f) si la créance est garantie par une hypothèque maritime ou un mort-gage sur le navire saisi.

2. Peut être saisi le navire auquel la créance maritime se rapporte ou tout autre navire appartenant à celui qui était, au moment où est née la créance maritime, propriétaire du navire auquel cette créance se rapporte. Toutefois, pour les créances prévues au point 5 sous o), p) ou q), seul le navire sur lequel porte la créance pourra être saisi.

3. Des navires seront réputés avoir le même propriétaire lorsque toutes les parts de propriété appartiennent à une même ou aux mêmes personnes.

4. En cas d'affrètement d'un navire avec remise de la gestion nautique, lorsque l'affréteur répond seul d'une créance maritime se rapportant au navire, celui-ci peut

être saisi ou tout autre navire appartenant à cet affréteur, mais aucun autre navire appartenant au propriétaire ne peut être saisi en vertu de cette créance maritime. Il en est de même dans tous les cas où une personne autre que le propriétaire est tenue d'une créance maritime.

5. On entend par «créance maritime», l'allégation d'un droit ou d'une créance ayant l'une ou plusieurs des causes suivantes:
a) dommages causés par un navire soit par abordage, soit autrement;
b) pertes de vies humaines ou dommages corporels causés par un navire ou provenant de l'exploitation d'un navire;
c) assistance et sauvetage;
d) contrats relatifs à l'utilisation ou à la location d'un navire par charte-partie ou autrement;
e) contrats relatifs au transport des marchandises par un navire en vertu d'une charte-partie, d'un connaissement ou autrement;
f) pertes ou dommages aux marchandises et bagages transportés par un navire;
g) avarie commune;
h) prêt à la grosse;
i) remorquage;
j) pilotage;
k) fournitures, quel qu'en soit le lieu, de produits ou de matériel faites à un navire en vue de son exploitation ou de son entretien;
l) construction, réparations, équipement d'un navire ou frais de cale;
m) salaires des capitaine, officiers ou hommes d'équipage;
n) débours du capitaine et ceux effectués par les chargeurs, les affréteurs et les agents pour le compte du navire ou de son propriétaire;
o) la propriété contestée d'un navire;
p) la copropriété d'un navire ou sa possession, ou son exploitation, ou les droits aux produits d'exploitation d'un navire en copropriété;
q) toute hypothèque maritime et tout mort-gage.

6. Au Danemark, l'expression «saisie judiciaire» couvre, en ce qui concerne les créances maritimes visées au point 5 sous o) et p), le forbud pour autant que cette procédure soit la seule admise en l'espèce par les articles 646 à 653 de la loi sur la procédure civile (Lov om rettens pleje).

7. En Islande, le terme «saisie» est réputé englober, en ce qui concerne les créances maritimes visées au point 5 sous o) et p) du présent article, une lögbann, lorsque cette procédure est la seule possible pour une telle créance en vertu du chapitre III de la loi en matière de saisie et d'injonction (lög um kyrrsetningu og lögbann).

TITRE VII. RELATION AVEC LA CONVENTION DE BRUXELLES ET LES AUTRES CONVENTIONS

Article 54 ter
1. La présente convention n'affecte pas l'application par les États membres des Communautés européennes de la convention concernant la compétence judiciaire et l'exécution des décisions en matières civile et commerciale, signée à Bruxelles le 27 septembre 1968, et du protocole concernant l'interprétation par la Cour de justice de ladite convention, signé à Luxembourg le 3 juin 1971, tels que modifiés par les conventions relatives à l'adhésion à ladite convention et audit protocole des

États adhérents aux Communautés européennes, l'ensemble de ces conventions et du protocole étant ci-après dénommé «la convention de Bruxelles».
2. Toutefois, la présente convention s'applique en tout état de cause:
a) en matière de compétence, lorsque le défendeur est domicilié sur le territoire d'un État contractant à la présente convention qui n'est pas membre des Communautés européennes ou lorsque les articles 16 ou 17 de la présente convention confèrent une compétence aux tribunaux d'un tel État contractant;
b) en matière de litispendance ou de connexité telles que prévues aux articles 21 et 22 de la présente convention, lorsque les demandes sont formées dans un État contractant qui n'est pas membre des Communautés européennes et dans un État contractant qui est membre des Communautés européennes;
c) en matière de reconnaissance et d'exécution, lorsque soit l'État d'origine soit l'État requis n'est pas membre des Communautés européennes.
3. Outre les motifs faisant l'objet du titre III, la reconnaissance ou l'exécution peut être refusée si la règle de compétence sur la base de laquelle la décision a été rendue diffère de celle résultant de la présente convention et si la reconnaissance ou l'exécution est demandée contre une partie qui est domiciliée sur le territoire d'un État contractant qui n'est pas membre des Communautés européennes, à moins que la décision puisse par ailleurs être reconnue ou exécutée selon le droit de l'État requis.

Article 55
Sans préjudice des dispositions de l'article 54 deuxième alinéa et de l'article 56, la présente convention remplace entre les États qui y sont parties les conventions conclues entre deux ou plusieurs de ces États, à savoir:
– la convention entre la France et la Confédération suisse sur la compétence judiciaire et l'exécution des jugements en matière civile, signée à Paris le 15 juin 1869,
– le traité entre la Confédération suisse et l'Espagne sur l'exécution réciproque des jugements ou arrêts en matières civile et commerciale, signé à Madrid le 19 novembre 1896,
– la convention entre la Confédération suisse et le Reich allemand relative à la reconnaissance et à l'exécution de décisions judiciaires et de sentences arbitrales, signée à Berne le 2 novembre 1929,
– la convention entre le Danemark, la Finlande, l'Islande, la Norvège et la Suède sur la reconnaissance et l'exécution de jugements, signée à Copenhague le 16 mars 1932,
– la convention entre la Confédération suisse et l'Italie sur la reconnaissance et l'exécution de décisions judiciaires, signée à Rome le 3 janvier 1933,
– la convention entre la Suède et la Confédération suisse sur la reconnaissance et l'exécution des décisions judiciaires et sentences arbitrales, signée à Stockholm le 15 janvier 1936,
– la convention entre le royaume de Belgique et l'Autriche sur la reconnaissance et l'exécution réciproques des décisions judiciaires et des actes authentiques en matière d'obligations alimentaires, signée à Vienne le 25 octobre 1957,
– la convention entre la Confédération suisse et la Belgique sur la reconnaissance et l'exécution de décisions judiciaires et de sentences arbitrales, signée à Berne le 29 avril 1959,
– la convention entre la république fédérale d'Allemagne et l'Autriche sur la reconnaissance et l'exécution réciproques des décisions et transactions judiciaires, et

des actes authentiques en matières civile et commerciale, signée à Vienne le 6 juin 1959,
– la convention entre le royaume de Belgique et l'Autriche sur la reconnaissance et l'exécution réciproques des décisions judiciaires, sentences arbitrales et actes authentiques en matières civile et commerciale, signée à Vienne le 16 juin 1959,
– la convention entre l'Autriche et la Confédération suisse sur la reconnaissance et l'exécution des décisions judiciaires, signée à Berne le 16 décembre 1960,
– la convention entre la Norvège et le Royaume-Uni sur la reconnaissance réciproque et l'exécution de jugements en matière civile, signée à Londres le 12 juin 1961,
– la convention entre le Royaume-Uni et l'Autriche sur la reconnaissance et l'exécution réciproques des décisions judiciaires en matières civile et commerciale, signée à Vienne le 14 juillet 1961, accompagnée d'un protocole signé à Londres le 6 mars 1970,
– la convention entre le royaume des Pays-Bas et l'Autriche sur la reconnaissance et l'exécution réciproques des décisions judiciaires et des actes authentiques en matières civile et commerciale, signée à La Haye le 6 février 1963,
– la convention entre la France et l'Autriche sur la reconnaissance et l'exécution des décisions judiciaires et des actes authentiques en matières civile et commerciales signée à Vienne le 15 juillet 1966,
– la convention entre le Luxembourg et l'Autriche sur la reconnaissance et l'exécution des décisions judiciaires et des actes authentiques en matières civile et commerciale, signée à Luxembourg le 29 juillet 1971,
– la convention entre l'Italie et l'Autriche sur la reconnaissance et l'exécution réciproques des décisions et transactions judiciaires, et des actes authentiques en matières civile et commerciale, signée à Rome le 16 novembre 1971,
– la convention entre la Norvège et la république fédérale d'Allemagne sur la reconnaissance et l'exécution de jugements et de documents exécutoires en matières civile et commerciale, signée à Oslo le 17 juin 1977,
– la convention entre le Danemark, la Finlande, l'Islande, la Norvège et la Suède sur la reconnaissance et l'exécution de jugements en matière civile, signée à Copenhague le 11 octobre 1977,
– la convention entre l'Autriche et la Suède sur la reconnaissance et l'exécution des jugements en matière civile, signée à Stockholm le 16 septembre 1982,
– la convention entre l'Autriche et l'Espagne sur la reconnaissance et l'exécution réciproques des décisions et transactions judiciaires, et des actes authentiques en matières civile et commerciale, signée à Vienne le 17 février 1984,
– la convention entre la Norvège et l'Autriche sur la reconnaissance et l'exécution des jugements en matière civile, signée à Vienne le 21 mai 1984 et
– la convention entre la Finlande et l'Autriche sur la reconnaissance et l'exécution des jugements en matière civile, signée à Vienne le 17 novembre 1986.

Article 56
Le traité et les conventions mentionnés à l'article 55 continuent à produire leurs effets dans les matières auxquelles la présente convention n'est pas applicable.
Ils continuent à produire leurs effets en ce qui concerne les décisions rendues et les actes reçus avant l'entrée en vigueur de la présente convention.

Article 57
1. La présente convention n'affecte pas les conventions auxquelles les États contractants sont ou seront parties et qui, dans des matières particulières, règlent la compétence judiciaire, la reconnaissance ou l'exécution des décisions.
2. La présente convention ne fait pas obstacle à ce qu'un tribunal d'un État contractant partie à une convention visée au paragraphe 1 puisse fonder sa compétence sur une telle convention, même si le défendeur est domicilié sur le territoire d'un État contractant non partie à une telle convention. Le tribunal saisi applique, en tout cas, l'article 20 de la présente convention.
3. Les décisions rendues dans un État contractant par un tribunal ayant fondé sa compétence sur une convention visée au paragraphe 1 sont reconnues et exécutées dans les autres États contractants conformément au titre III de la présente convention.
4. Outre les cas prévus au titre III, la reconnaissance ou l'exécution peut être refusée si l'État requis n'est pas partie à une convention visée au paragraphe 1 et que la personne contre laquelle la reconnaissance ou l'exécution est demandée est domiciliée dans cet État, sauf si la décision peut être reconnue ou exécutée au titre de toute autre règle de droit de l'État requis.
5. Si une convention visée au paragraphe 1 à laquelle sont parties l'État d'origine et l'État requis détermine les conditions de reconnaissance et d'exécution des décisions, il est fait application de ces conditions. Il peut, en tout cas, être fait application des dispositions de la présente convention qui concernent la procédure relative à la reconnaissance et à l'exécution des décisions.

Article 58
(Sans objet)

Article 59
La présente convention ne fait pas obstacle à ce qu'un État contractant s'engage envers un État tiers, aux termes d'une convention sur la reconnaissance et l'exécution des jugements, à ne pas reconnaître une décision rendue, notamment dans un autre État contractant, contre un défendeur qui avait son domicile ou sa résidence habituelle sur le territoire de l'État tiers lorsque, dans un cas prévu par l'article 4, la décision n'a pu être fondée que sur une compétence visée à l'article 3 deuxième alinéa.
Toutefois, aucun État contractant ne peut s'engager envers un État tiers à ne pas reconnaître une décision rendue dans un autre État contractant par une juridiction dont la compétence est fondée sur l'existence dans cet État de biens appartenant au défendeur ou sur la saisie par le demandeur de biens qui y existent:
1) si la demande porte sur la propriété ou la possession desdits biens, vise à obtenir l'autorisation d'en disposer ou est relative à un autre litige les concernant ou
2) si les biens constituent la garantie d'une créance qui fait l'objet de la demande.

TITRE VIII. DISPOSITIONS FINALES

Article 60
Peuvent être parties à la présente convention:
a) les États qui, au moment de l'ouverture à la signature de la présente convention,

sont membres des Communautés européennes ou de l'Association européenne de libre-échange;
b) les États qui, après l'ouverture à la signature de la présente convention, deviennent membres des Communautés européennes ou de l'Association européenne de libre-échange;
c) les États invités à adhérer conformément à l'article 62 paragraphe 1 point b).

Article 61
1. La présente convention est ouverte à la signature des États membres des Communautés européennes ou de l'Association européenne de libre-échange.
2. La convention sera soumise à la ratification des États signataires. Les instruments de ratification seront déposés auprès du Conseil fédéral suisse.
3. La convention entrera en vigueur le premier jour du troisième mois après la date à laquelle deux États, dont un État membre des Communautés européennes et un État membre de l'Association européenne de libre-échange, auront déposé leurs instruments de ratification.
4. À l'égard de tout autre État signataire, la convention produira ses effets le premier jour du troisième mois qui suivra le dépôt de son instrument de ratification.

Article 62
1. Peuvent adhérer à la présente convention, après son entrée en vigueur:
a) les États visés à l'article 60 point b);
b) les autres États qui, sur demande d'un État contractant adressée à l'État dépositaire, auront été invités à adhérer. L'État dépositaire n'invitera l'État concerné à adhérer que s'il a obtenu, après les avoir informés du contenu des communications que cet État se propose de faire en application de l'article 63, l'accord unanime des États signataires ainsi que des États contractants mentionnés à l'article 60 points a) et b).
2. Si un État adhérent souhaite apporter des précisions au sens du protocole n° 1, des négociations seront entamées à cet effet. Une conférence de négociation sera convoquée par le Conseil fédéral suisse.
3. En ce qui concerne tout État adhérent, la convention produira ses effets le premier jour du troisième mois qui suivra le dépôt de l'instrument d'adhésion.
4. Toutefois, en ce qui concerne un État adhérent visé au paragraphe 1 points a) ou b), la convention ne produira d'effets que dans les rapports entre l'État adhérent et les États contractants qui n'auront pas formulé d'objection à cette adhésion avant le premier jour du troisième mois qui suivra le dépôt de l'instrument d'adhésion.

Article 63
Tout État adhérent devra, au moment du dépôt de son instrument d'adhésion, communiquer les informations requises pour l'application des articles 3, 32, 37, 40, 41 et 55 de la présente convention et fournir, le cas échéant, les précisions fixées lors des négociations aux fins du protocole n° 1.

Article 64
1. La présente convention est conclue pour une durée initiale de cinq ans à compter de son entrée en vigueur, conformément à l'article 61 paragraphe 3, même pour les États qui l'auront ratifiée ou qui y auront adhéré ultérieurement.

2. À l'expiration de la période initiale de cinq ans, la convention sera reconduite tacitement d'année en année.

3. Dès l'expiration de la période initiale de cinq ans, tout État partie pourra, à tout moment, dénoncer la convention en adressant une notification au Conseil fédéral suisse.

4. La dénonciation prendra effet à la fin de l'année civile qui suivra l'expiration d'une période de six mois à compter de la date de réception de la notification de la dénonciation par le Conseil fédéral suisse.

Article 65
Sont annexés à la présente convention:
– un protocole n° 1, relatif à certains problèmes de compétence, de procédure et d'exécution,
– un protocole n° 2, sur l'interprétation uniforme de la convention,
– un protocole n° 3, concernant l'application de l'article 57.
Ces protocoles font partie intégrante de la convention.

Article 66
Chaque État contractant peut demander la révision de la présente convention. À cet effet, le Conseil fédéral suisse convoque une conférence de révision dans un délai de six mois à compter de la demande de révision.

Article 67
Le Conseil fédéral suisse notifiera aux États qui auront été représentés à la conférence diplomatique de Lugano et aux États qui auront ultérieurement adhéré à la convention:
a) le dépôt de tout instrument de ratification ou d'adhésion;
b) les dates d'entrée en vigueur de la présente convention pour les États contractants;
c) les dénonciations reçues conformément à l'article 64;
d) toute déclaration reçue en application de l'article I bis du protocole n° 1;
e) toute déclaration reçue en application de l'article I ter du protocole n° 1;
f) les déclarations reçues en application de l'article IV du protocole n° 1;
g) les communications faites en application de l'article VI du protocole n° 1.

Article 68
La présente convention, rédigée en un exemplaire unique en langues allemande, anglaise, danoise, espagnole, finnoise, française, grecque, irlandaise, islandaise, italienne, néerlandaise, norvégienne, portugaise et suédoise, les quatorze textes faisant également foi, sera déposée dans les archives du Conseil fédéral suisse, qui en remettra une copie certifiée conforme à chacun des gouvernements des États qui auront été représentés à la conférence diplomatique de Lugano et à chaque État adhérent.

ANNEXE

Protocole n° I relatif à certains problèmes de compétence, de procédure et d'exécution

LES HAUTES PARTIES CONTRACTANTES SONT CONVENUES DES DISPOSITIONS SUIVANTES, QUI SONT ANNEXÉES À LA CONVENTION:

Article I
Toute personne domiciliée au Luxembourg, attraite devant un tribunal d'un autre État contractant en application de l'article 5 point 1, peut décliner la compétence de ce tribunal. Ce tribunal se déclare d'office incompétent si le défendeur ne comparaît pas.

Toute convention attributive de juridiction au sens de l'article 17 ne produit ses effets à l'égard d'une personne domiciliée au Luxembourg que si celle-ci l'a expressément et spécialement acceptée.

Article I bis
1. La Confédération suisse se réserve le droit de déclarer au moment du dépôt de l'instrument de ratification qu'un jugement rendu dans un autre État contractant n'est pas reconnu ni exécuté en Suisse lorsque les conditions suivantes sont réunies:
a) la compétence du tribunal qui a prononcé la décision est fondée uniquement sur l'article 5 point 1 de la présente convention;
b) le défendeur avait son domicile en Suisse au moment de l'introduction de l'instance; aux fins du présent article, une société ou personne morale est considérée comme domiciliée en Suisse lorsqu'elle a son siège statutaire et le centre effectif de ses activités en Suisse;
c) le défendeur s'oppose à la reconnaissance ou à l'exécution du jugement en Suisse, pour autant qu'il n'ait pas renoncé à se prévaloir de la déclaration prévue par le présent paragraphe.
2. Cette réserve ne s'appliquera pas dans la mesure où, au moment où la reconnaissance ou l'exécution est demandée, une dérogation aura été apportée à l'article 59 de la constitution fédérale suisse. Le gouvernement suisse communiquera de telles dérogations aux États signataires et
adhérents.
3. Cette réserve cessera de produire ses effets le 31 décembre 1999. Elle peut être levée à tout moment.

Article I ter
Tout État contractant pourra, par déclaration faite au moment de la signature ou du dépôt de son instrument de ratification ou d'adhésion, se réserver le droit, nonobstant l'article 28, de ne pas reconnaître ni exécuter les décisions rendues dans les autres États parties lorsque la compétence de la juridiction d'origine est fondée, en application de l'article 16 point 1 sous b), sur le seul domicile du défendeur dans l'État d'origine alors que l'immeuble est situé sur le territoire de l'État qui a formulé la réserve.

Article II
Sans préjudice de dispositions nationales plus favorables, les personnes domiciliées dans un État contractant et poursuivies pour une infraction involontaire devant les juridictions répressives d'un autre État contractant dont elles ne sont pas les nationaux peuvent se faire défendre par les personnes habilitées à cette fin, même si elles ne comparaissent pas personnellement.
Toutefois, la juridiction saisie peut ordonner la comparution personnelle; si celle-ci n'a pas eu lieu, la décision rendue sur l'action civile sans que la personne en cause ait eu la possibilité de se faire défendre pourra ne pas être reconnue ni exécutée dans les autres États contractants.

Article III
Aucun impôt, droit ou taxe, proportionnel à la valeur du litige, n'est perçu dans l'État requis à l'occasion de la procédure tendant à l'octroi de la formule exécutoire.

Article IV
Les actes judiciaires et extrajudiciaires dressés sur le territoire d'un État contractant et qui doivent être notifiés ou signifiés à des personnes se trouvant sur le territoire d'un autre État contractant sont transmis selon les modes prévus par les conventions ou accords conclus entre les États contractants.
Sauf si l'État de destination s'y oppose par déclaration faite au Conseil fédéral suisse, ces actes peuvent aussi être envoyés directement par les officiers ministériels de l'État où les actes sont dressés aux officiers ministériels de l'État sur le territoire duquel se trouve le destinataire de l'acte. Dans ce cas, l'officier ministériel de l'État d'origine transmet une copie de l'acte à l'officier ministériel de l'État requis, qui est compétent pour la remettre au destinataire. Cette remise est faite dans les formes prévues par la loi de l'État requis. Elle est constatée par une attestation envoyée directement à l'officier ministériel de l'État d'origine.

Article V
La compétence judiciaire prévue à l'article 6 point 2 et à l'article 10, pour la demande en garantie ou la demande en intervention, ne peut être invoquée dans la république fédérale d'Allemagne, en Espagne, en Autriche ni en Suisse. Toute personne domiciliée sur le territoire d'un autre État contractant peut être appelée devant les tribunaux de:
– la république fédérale d'Allemagne, en application des articles 68 et 72, 73 et 74 du code de procédure civile concernant la litis denuntiatio,
– l'Espagne, en application de l'article 1482 du code civil,
– l'Autriche, conformément à l'article 21 du code de procédure civile (Zivilprozessordnung) concernant la litis denuntiatio,
– la Suisse, en application des dispositions appropriées concernant la litis denuntiatio des codes de procédure civile cantonaux.
Les décisions rendues dans les autres États contractants en vertu de l'article 6 point 2 et de l'article 10 sont reconnues et exécutées dans la république fédérale d'Allemagne, en Espagne, en Autriche et en Suisse, conformément au titre III. Les effets produits à l'égard des tiers, en application de l'alinéa précédent, par des jugements rendus dans ces États sont également reconnus dans les autres États contractants.

Article V bis

En matière d'obligation alimentaire, les termes «juge», «tribunal» et «juridiction» comprennent les autorités administratives danoises, islandaises et norvégiennes. En matières civile et commerciale, les termes «juge», «tribunal» et «juridiction» comprennent le ulosotonhaltija/överexekutor finlandais.

Article V ter

Dans les litiges entre le capitaine et un membre de l'équipage d'un navire de mer immatriculé au Danemark, en Grèce, en Irlande, en Islande, en Norvège, au Portugal ou en Suède, relatifs aux rémunérations ou aux autres conditions de service, les juridictions d'un État contractant doivent contrôler si l'agent diplomatique ou consulaire dont relève le navire a été informé du litige. Elles doivent surseoir à statuer aussi longtemps que cet agent n'a pas été informé. Elles doivent, même d'office, se dessaisir si cet agent, dûment informé, a exercé les attributions que lui reconnaît en la matière une convention consulaire ou, à défaut d'une telle convention, a soulevé des objections sur la compétence dans le délai imparti.

Article V quater

(Sans objet)

Article V quinquies

Sans préjudice de la compétence de l'Office européen des brevets selon la convention sur la délivrance de brevets européens, signée à Munich le 5 octobre 1973, les juridictions de chaque État contractant sont seules compétentes, sans considération de domicile, en matière d'inscription ou de validité d'un brevet européen délivré pour cet État et qui n'est pas un brevet communautaire en application des dispositions de l'article 86 de la convention relative au brevet européen pour le marché commun, signée à Luxembourg le 15 décembre 1975.

Article VI

Les États contractants communiqueront au Conseil fédéral suisse les textes de leurs dispositions législatives qui modifieraient soit les articles de leurs lois qui sont mentionnés dans la convention, soit les juridictions qui sont désignées au titre III section 2.

Protocole n° 2 sur l'interprétation uniforme de la convention

PRÉAMBULE

LES HAUTES PARTIES CONTRACTANTES,
VU l'article 65 de la présente convention,
CONSIDÉRANT le lien substantiel qui existe entre cette convention et la convention de Bruxelles;
CONSIDÉRANT que la Cour de justice des Communautés européennes a été reconnue compétente par le protocole du 3 juin 1971 pour statuer sur l'interprétation des dispositions de la convention de Bruxelles;
EN PLEINE CONNAISSANCE des décisions rendues par la Cour de justice des Communautés européennes sur l'interprétation de la convention de Bruxelles jusqu'au moment de la signature de la présente convention;

CONSIDÉRANT que les négociations qui ont conduit à la conclusion de cette convention ont été fondées sur la convention de Bruxelles à la lumière de ces décisions;

SOUCIEUSES, dans le plein respect de l'indépendance des tribunaux, d'empêcher des interprétations divergentes et de parvenir à une interprétation aussi uniforme que possible, d'une part, des dispositions de la présente convention ainsi que, d'autre part, de ces dispositions et de celles de la convention de Bruxelles qui sont reproduites en substance dans cette convention,

SONT CONVENUES DE CE QUI SUIT:

Article premier

Les tribunaux de chaque État contractant tiennent dûment compte, lors de l'application et de l'interprétation des dispositions de la présente convention, des principes définis par toute décision pertinente rendue par des tribunaux des autres États contractants concernant des dispositions de ladite convention.

Article 2

1. Les parties contractantes conviennent de mettre en place un système d'échange d'informations concernant les décisions rendues en application de la présente convention ainsi que les décisions pertinentes rendues en application de la convention de Bruxelles. Ce système comprend:

– la transmission à un organisme central par les autorités compétentes des décisions rendues par des tribunaux de dernière instance et par la Cour de justice des Communautés européennes ainsi que d'autres décisions particulièrement importantes passées en force de chose jugée et rendues en application de la présente convention ou de la convention de Bruxelles,

– la classification de ces décisions par l'organisme central, y compris, dans la mesure nécessaire, l'établissement et la publication de traductions et de résumés,

– la communication par l'organisme central du matériel documentaire aux autorités nationales compétentes de tous les États signataires et adhérents à la présente convention ainsi qu'à la Commission des Communautés européennes.

2. L'organisme central est le greffier de la Cour de justice des Communautés européennes.

Article 3

1. Il est institué un comité permanent aux fins du présent protocole.
2. Le comité est composé de représentants désignés par chaque État signataire et adhérent.
3. Les Communautés européennes (Commission, Cour de justice et secrétariat général du Conseil) et l'Association européenne de libre-échange peuvent participer aux réunions à titre d'observateurs.

Article 4

1. À la demande d'une partie contractante, le dépositaire de la présente convention convoque des réunions du comité pour procéder à des échanges de vues sur le fonctionnement de la convention et en particulier sur:

– le développement de la jurisprudence communiquée conformément à l'article 2 paragraphe 1 premier tiret,

– l'application de l'article 57 de cette convention.
2. Le comité, à la lumière de ces échanges de vues, peut également examiner l'opportunité que soit entreprise une révision de la présente convention sur des points particuliers et faire des recommandations.

Protocole n° 3 concernant l'application de l'article 57

LES HAUTES PARTIES CONTRACTANTES SONT CONVENUES DE CE QUI SUIT:
1. Aux fins de la convention, les dispositions qui dans des matières particulières règlent la compétence judiciaire, la reconnaissance ou l'exécution des décisions et qui sont ou seront contenues dans des actes des institutions des Communautés européennes seront traitées de la même manière que les conventions visées à l'article 57 paragraphe 1.
2. Si, de l'avis d'un État contractant, une disposition d'un acte des institutions des Communautés européennes n'est pas compatible avec la convention, les États contractants envisageront sans délai d'amender celle-ci conformément à l'article 66, sans préjudice de l'application de la procédure instituée par le protocole n° 2.

DÉCLARATION

des représentants des gouvernements des États signataires de la convention de Lugano, membres des Communautés européennes, sur le protocole n° 3 concernant l'application de l'article 57 de la convention

Au moment de la signature de la convention concernant la compétence judiciaire et l'exécution des décisions en matières civile et commerciale faite à Lugano le 16 septembre 1988,
LES REPRÉSENTANTS DES GOUVERNEMENTS DES ÉTATS MEMBRES DES COMMUNAUTÉS EUROPÉENNES,
prenant en considération les engagements souscrits à l'égard des États membres de l'Association européenne de libre-échange,
soucieux de ne pas porter atteinte à l'unité du régime juridique ainsi établi par la convention,
déclarent qu'ils prendront toutes les dispositions en leur pouvoir pour assurer, lors de l'élaboration d'actes communautaires visés au paragraphe 1 du protocole n° 3 concernant l'application de
l'article 57, le respect des règles de compétence judiciaire et de reconnaissance et d'exécution des jugements instituées par la convention.

DÉCLARATION

des représentants des gouvernements des États signataires de la convention de Lugano, membres des Communautés européennes

Au moment de la signature de la convention concernant la compétence judiciaire et l'exécution des décisions en matières civile et commerciale faite à Lugano le 16 septembre 1988,

LES REPRÉSENTANTS DES GOUVERNEMENTS DES ÉTATS MEMBRES
DES COMMUNAUTÉS EUROPÉENNES
déclarent qu'ils considèrent approprié que la Cour de justice des Communautés européennes, en interprétant la convention de Bruxelles, tienne dûment compte des principes contenus dans la jurisprudence résultant de la convention de Lugano.

DÉCLARATION

des représentants des gouvernements des États signataires de la convention de Lugano qui sont membres de l'Association européenne de libre-échange

Au moment de la signature de la convention concernant la compétence judiciaire et l'exécution des décisions en matières civile et commerciale faite à Lugano le 16 septembre 1988,
LES REPRÉSENTANTS DES GOUVERNEMENTS DES ÉTATS MEMBRES
DE L'ASSOCIATION
EUROPÉENNE DE LIBRE-ÉCHANGE
déclarent qu'ils considèrent approprié que leurs tribunaux, en interprétant la convention de Lugano, tiennent dûment compte des principes contenus dans la jurisprudence de la Cour de justice des Communautés européennes et des tribunaux des États membres des Communautés européennes relative aux dispositions de la convention de Bruxelles qui sont reproduites en substance dans la convention de Lugano.

d) Proposition de Règlement du Conseil du 18 avril 2002 portant création d'un titre exécutoire européen pour les créances incontestées (COM/2002/0159 final)

(présentée par la Commission)

LE CONSEIL DE L'UNION EUROPÉENNE,
vu le traité instituant la Communauté européenne, et notamment son article 61, point c),
vu la proposition de la Commission[1],
vu l'avis du Parlement européen[2],
vu l'avis du Comité économique et social[3],
considérant ce qui suit:
(1) La Communauté s'est donné pour objectif de maintenir et de développer un espace de liberté, de sécurité et de justice, au sein duquel la libre circulation des personnes est assurée. À cette fin, la Communauté doit notamment adopter les mesures dans le domaine de la coopération judiciaire en matière civile qui sont nécessaires au bon fonctionnement du marché intérieur.
(2) Le 3 décembre 1998, le Conseil a adopté un plan d'action du Conseil et de la Commission concernant les modalités optimales de mise en œuvre des dispositions du traité d'Amsterdam relatives à l'établissement d'un espace de liberté, de sécurité et de justice (plan d'action de Vienne)[4].
(3) Lors de sa réunion de Tampere des 15 et 16 octobre 1999, le Conseil européen a approuvé le principe de la reconnaissance mutuelle des décisions judiciaires en tant que pierre angulaire de la création d'un véritable espace judiciaire.
(4) Le 30 novembre 2000, le Conseil a adopté un programme commun de la Commission et du Conseil relatif à des mesures de mise en œuvre du principe de reconnaissance mutuelle des décisions en matière civile et commerciale[5]. Ce programme prévoit dans une première phase la suppression de l'exequatur, c'est-à-dire la création d'un titre exécutoire européen, pour les créances incontestées.
(5) La notion de «créances incontestées» doit recouvrir toutes les situations dans lesquelles un créancier, en l'absence vérifiable de toute contestation du débiteur quant à la nature et au montant d'une créance pécuniaire, a obtenu soit une décision judiciaire contre ce débiteur soit un acte exécutoire nécessitant une acceptation expresse du débiteur, qu'il s'agisse d'une transaction conclue devant une juridiction ou d'un acte authentique.
(6) Il convient d'accélérer et de simplifier l'exécution dans un État membre autre que celui dans lequel la décision a été rendue en supprimant toutes les mesures intermédiaires à prendre avant l'exécution dans l'État membre où elle est demandée. Une décision qui a été certifiée en tant que titre exécutoire européen par la juridiction d'origine doit être traitée, aux fins de l'exécution, comme si elle avait été rendue dans l'État membre dans lequel l'exécution est demandée.
(7) Une telle procédure présentera des avantages importants par rapport à la procédure d'exequatur prévue par le règlement (CE) n° 44/2001 du Conseil du 22 décembre 2000

---

[1] JO C [...] du [...], p. [...].
[2] JO C [...] du [...], p. [...].
[3] JO C [...] du [...], p. [...].
[4] JO C 19 du 23.1.1999, p. 1.
[5] JO C 12 du 15.1.2001, p. 1.

concernant la compétence judiciaire, la reconnaissance et l'exécution des décisions en matière civile et commerciale[6], car elle permettra de se dispenser de l'intervention des autorités judiciaires d'un deuxième État membre avec les retards et les frais qui en résultent. Dans la plupart des cas, une traduction ne sera pas non plus nécessaire puisque des formulaires types multilingues doivent être utilisés pour la certification.

(8) Lorsqu'une juridiction d'un État membre a rendu une décision au sujet d'une créance incontestée en l'absence de participation du débiteur à la procédure, la suppression de tout contrôle dans l'État membre d'exécution est indissolublement liée et subordonnée à la garantie suffisante du respect des droits de la défense.

(9) Le présent règlement respecte les droits fondamentaux et les principes qui sont reconnus notamment par la Charte des droits fondamentaux de l'Union européenne. En particulier, il vise à assurer le plein respect du droit à accéder à un tribunal impartial, reconnu par l'article 47 de la Charte.

(10) Il convient d'établir les normes minimales auxquelles doit satisfaire la procédure conduisant à la décision afin de garantir que le débiteur soit informé, en temps utile et de telle manière qu'il puisse se défendre, de l'action en justice intentée contre lui, des conditions de sa participation active à la procédure pour contester la créance en cause et des conséquences d'une absence de participation.

(11) Eu égard aux différences considérables entre les États membres en ce qui concerne les règles de procédure civile, notamment celles qui régissent la signification et la notification des actes, il y a lieu de donner une définition autonome précise et détaillée de ces normes minimales. En particulier, un mode de signification ou de notification fondé sur une fiction juridique ou sur une présomption ne peut, sans la preuve du respect de ces normes minimales, être jugé suffisant aux fins de la certification d'une décision en tant que titre exécutoire européen.

(12) Les juridictions compétentes pour mener la procédure conduisant à la décision ont le devoir de s'assurer du plein respect des normes procédurales minimales avant de délivrer un certificat de titre exécutoire européen normalisé rendant cet examen et ses résultats transparents.

(13) La confiance mutuelle dans l'administration de la justice dans la Communauté fait en sorte qu'une juridiction d'un État membre peut considérer que toutes les conditions de la certification en tant que titre exécutoire européen sont remplies pour permettre l'exécution d'une décision dans tous les autres États membres, sans contrôle juridictionnel de l'application correcte des normes procédurales minimales dans l'État membre où la décision doit être exécutée.

(14) Le présent règlement n'impose pas aux États membres l'obligation d'adapter leur législation nationale aux normes procédurales minimales qu'il prévoit. Il les y incite en ne permettant une exécution plus efficace et plus rapide des décisions dans les autres États membres que si ces normes minimales sont respectées.

(15) La demande de certification en tant que titre exécutoire européen pour les créances incontestées doit être facultative pour le créancier, qui peut également opter pour le système de reconnaissance et d'exécution prévu par le règlement (CE) n° 44/2001 ou par d'autres instruments communautaires.

(16) Etant donné que les objectifs de l'action envisagée ne peuvent pas être réalisés de manière suffisante par les Etats membres et peuvent donc être mieux réalisés au niveau

---

[6] JO L 12 du 16.1.2001, p. 1.

communautaire, la Communauté peut prendre des mesures, conformément au principe de subsidiarité consacré à l'article 5 du traité. Conformément au principe de proportionnalité tel qu'énoncé audit article, le présent règlement n'excède pas ce qui est nécessaire pour atteindre ces objectifs.

(17) Il y a lieu d'arrêter les mesures nécessaires pour la mise en œuvre du présent règlement en conformité avec la décision 1999/468/CE du Conseil du 28 juin 1999 fixant les modalités de l'exercice des compétences d'exécution conférées à la Commission[7].

(18) [Conformément aux articles 1er et 2 du protocole sur la position du Royaume-Uni et de l'Irlande annexé au traité sur l'Union européenne et au traité instituant la Communauté européenne, le Royaume-Uni et l'Irlande ne participent pas à l'adoption du présent règlement qui ne les lie donc pas et n'est pas applicable à leur égard.]/[Conformément à l'article 3 du protocole sur la position du Royaume-Uni et de l'Irlande annexé au traité sur l'Union européenne et au traité instituant la Communauté européenne, le Royaume-Uni et l'Irlande ont notifié leur souhait de participer à l'adoption et à l'application du présent règlement.]

(19) Conformément aux articles 1er et 2 du protocole sur la position du Danemark annexé au traité sur l'Union européenne et au traité instituant la Communauté européenne, le Danemark ne participe pas à l'adoption du présent règlement qui ne le lie donc pas et n'est pas applicable à son égard,

A ARRÊTÉ LE PRÉSENT RÈGLEMENT:

CHAPITRE I. OBJET, CHAMP D'APPLICATION ET DÉFINITIONS

Article premier. Objet

Le présent règlement a pour objet de créer un titre exécutoire européen pour les créances incontestées en vue d'assurer la libre circulation des décisions, des transactions et des actes authentiques dans tous les États membres en établissant des normes minimales dont le respect rend inutile toute procédure intermédiaire dans l'État membre d'exécution préalablement à la reconnaissance et à l'exécution.

Article 2. Champ d'application

1. Le présent règlement s'applique en matière civile et commerciale et quelle que soit la nature de la juridiction. Il ne recouvre notamment pas les matières fiscales, douanières ou administratives.

2. Sont exclus de l'application du présent règlement:
(a) l'état et la capacité des personnes physiques, les régimes matrimoniaux, les testaments et les successions;
(b) les faillites, concordats et autres procédures analogues;
(c) la sécurité sociale;
(d) l'arbitrage.

3. Dans le présent règlement, on entend par «État membre» tous les États membres à l'exception du Danemark [du Royaume-Uni, de l'Irlande].

Article 3. Définitions

Aux fins du présent règlement,

---

[7] JO L 184 du 17.7.1999, p. 23.

1. on entend par «décision» toute décision rendue par une juridiction d'un État membre, quelle que soit la dénomination qui lui est donnée, telle qu'arrêt, jugement, ordonnance ou mandat d'exécution, ainsi que la fixation par le greffier du montant des frais du procès;
2. en Suède, dans les procédures sommaires concernant les injonctions de payer (betalningsföreläggande), les termes «juge», «tribunal» et «juridiction» comprennent le service public suédois de recouvrement forcé (kronofogdemyndighet);
3. on entend par «créance» une créance pécuniaire liquide et exigible;
4. une créance est réputée «incontestée» si le débiteur:
a) l'a expressément reconnue au cours d'une procédure judiciaire en l'acceptant ou en concluant une transaction devant la juridiction; ou
b) ne s'y est jamais opposé au cours de la procédure judiciaire, une déclaration du débiteur faisant exclusivement état de difficultés matérielles pour honorer une dette ne pouvant être considérée comme une objection à cet égard; ou
c) n'a pas comparu ou ne s'est pas fait représenter lors d'une audience relative à cette créance après l'avoir initialement contestée au cours de la procédure judiciaire; ou
d) l'a expressément reconnue dans un acte authentique;
5. une décision a «acquis force de chose jugée»:
a) si elle n'est susceptible d'aucun recours ordinaire; ou
b) si le délai de recours ordinaire contre elle a expiré sans qu'aucun recours de ce type n'ait été formé;
6. on entend par «recours ordinaire» tout recours susceptible d'entraîner l'annulation ou la modification de la décision faisant l'objet de la procédure de certification en tant que titre exécutoire européen, dont l'introduction est liée, dans l'État membre d'origine, à un délai déterminé par la loi et prenant cours en vertu de cette décision même;
7. on entend par «acte authentique»:
a) un acte reçu et dont l'authenticité:
i) porte sur son contenu, et
ii) a été établie par une autorité publique ou toute autre autorité habilitée à ce faire par l'État membre d'origine; ou
b) une convention en matière d'obligations alimentaires conclue avec des autorités administratives ou authentifiée par celles-ci;
8. on entend par «État membre d'origine» l'État membre dans lequel la décision à certifier en tant que titre exécutoire européen a été rendue;
9. on entend par «État membre d'exécution» l'État membre dans lequel l'exécution de la décision à certifier en tant que titre exécutoire européen est demandée;
10. on entend par «juridiction d'origine» la juridiction qui a rendu la décision à certifier en tant que titre exécutoire européen.

CHAPITRE II. LE TITRE EXÉCUTOIRE EUROPÉEN

Article 4. Suppression de l'exequatur

Une décision relative à une créance incontestée qui a été certifiée en tant que titre exécutoire européen dans l'État membre d'origine est reconnue et exécutée dans les autres États membres sans qu'une procédure spéciale soit requise dans l'État membre d'exécution.

Article 5. Conditions de la certification en tant que titre exécutoire européen

Lorsqu'une décision relative à une créance incontestée a été rendue dans un État membre, la juridiction d'origine la certifie, sur demande du créancier, en tant que titre exécutoire européen si les conditions suivantes sont remplies:
a) la décision est exécutoire et a acquis force de chose jugée dans l'État membre d'origine;
b) la décision n'est pas incompatible avec les sections 3, 4 ou 6 du chapitre II du règlement (CE) n° 44/2001;
c) dans le cas d'une créance incontestée au sens de l'article 3, point 4) b) ou c), du présent règlement, la procédure judiciaire dans l'État membre d'origine satisfait aux conditions procédurales énoncées au chapitre III;
d) lorsque la signification ou la notification des actes nécessaire en vertu du chapitre III doit être effectuée dans un État membre autre que celui d'origine, elle a eu lieu conformément aux dispositions de l'article 31.

Article 6. Titre exécutoire européen partiel

1. La juridiction d'origine ne certifie en tant que titre exécutoire européen que les parties d'une décision qui sont conformes aux dispositions du présent règlement lorsque cette décision porte:
a) sur plusieurs chefs de demande qui ne concernent pas tous des créances pécuniaires liquides et exigibles; ou
b) sur une créance pécuniaire liquide et exigible qui n'est pas incontestée dans son intégralité ou ne satisfait pas dans tous ses éléments aux conditions de la certification en tant que titre exécutoire européen.
2. La certification en tant que titre exécutoire européen peut n'être demandée que pour certaines parties d'une décision.

Article 7. Contenu du certificat de titre exécutoire européen

1. La juridiction d'origine délivre le certificat de titre exécutoire européen en utilisant le formulaire type figurant à l'annexe I.
2. Le certificat de titre exécutoire européen est rempli dans la langue de la décision.
3. Le nombre de copies certifiées conformes du certificat de titre exécutoire européen à délivrer au créancier est égal au nombre de copies certifiées conformes de la décision qui doivent lui être fournies conformément au droit de l'État membre d'origine.

Article 8. Recours

La décision statuant sur une demande de certificat de titre exécutoire européen n'est pas susceptible de recours.

Article 9. Certificat de titre exécutoire européen aux fins de mesures conservatoires

1. Lorsqu'une décision relative à une créance incontestée n'a pas encore acquis force de chose jugée, mais que toutes les autres conditions énoncées à l'article 5 sont réunies, la juridiction d'origine délivre, à la demande du créancier, un certificat de titre exécutoire européen aux fins de mesures conservatoires en utilisant le formulaire type figurant à l'annexe II.
2. Le certificat de titre exécutoire européen aux fins de mesures conservatoires permet de prendre toutes mesures conservatoires à l'encontre de la propriété du débiteur dans l'État membre d'exécution.

3. Rien n'empêche le créancier de se prévaloir de mesures provisoires, notamment conservatoires, conformément au droit de l'État membre d'exécution sans qu'un certificat de titre exécutoire européen ne soit nécessaire.

CHAPITRE III. NORMES MINIMALES APPLICABLES AUX PROCEDURES RELATIVES AUX CREANCES INCONTESTEES

Article 10. Champ d'application des normes minimales

Une décision relative à une créance qui est incontestée, au sens de l'article 3, point 4) b) ou c), du fait de l'absence d'objections ou du défaut de comparution à une audience ne peut être certifiée en tant que titre exécutoire européen que si la procédure judiciaire dans l'État membre d'origine satisfait aux conditions procédurales énoncées dans le présent chapitre.

Article 11. Modes de signification ou de notification de l'acte introductif d'instance

1. L'acte introductif d'instance ou un acte équivalent ainsi que la demande de certificat de titre exécutoire européen doivent avoir été signifiés ou notifiés au débiteur par l'un des modes suivants:

a) par signification ou notification à personne, le débiteur ayant signé un accusé de réception portant la date de réception;

b) par signification ou notification à personne, l'officier public compétent qui a procédé à la signification ou à la notification ayant attesté que le débiteur a reçu l'acte;

c) par signification ou notification par voie postale, le débiteur ayant signé et renvoyé un accusé de réception portant la date de réception; ou

d) par signification ou notification par des moyens électroniques comme la télécopie ou le courrier électronique, le débiteur ayant signé et renvoyé un accusé de réception portant la date de réception.

2. Aux fins du paragraphe 1, l'acte peut avoir été signifié ou notifié au représentant légal du débiteur ou à son représentant autorisé.

Article 12. Autres modes de signification ou de notification

1. Lorsque des efforts raisonnables pour signifier ou notifier à personne au débiteur l'acte introductif d'instance ou un acte équivalent ainsi que la demande de certificat de titre exécutoire européen au sens de l'article 11, paragraphe 1, point a) ou b), n'ont pas abouti, les autres modes de signification ou de notification ci-après sont admis:

a) notification ou signification à personne au domicile personnel du débiteur à des adultes domiciliés à la même adresse que celui-ci ou employés à cette adresse;

b) si le débiteur est un indépendant, une société ou une autre personne morale, signification ou notification à personne au domicile professionnel du débiteur à des adultes employés par le débiteur;

c) si le débiteur est un indépendant, une société ou une autre personne morale, dépôt de l'acte dans la boîte aux lettres du débiteur à son domicile, si la boîte aux lettres convient pour conserver le courrier en toute sécurité;

d) si le débiteur est un indépendant, une société ou une autre personne morale, dépôt de l'acte dans un bureau de poste ou auprès d'une autorité publique compéten-

1. d) Titre exécutoire européen (proposition de règlement)

te et communication écrite de ce dépôt dans la boîte aux lettres du débiteur à son domicile, si la boîte aux lettres convient pour conserver le courrier en toute sécurité et si la communication écrite mentionne clairement la nature judiciaire de l'acte et le fait que ladite communication vaut notification ou signification et a pour effet de faire courir les délais.
2. Aux fins du paragraphe 1, l'acte peut être avoir été signifié ou notifié au représentant légal du débiteur ou à son représentant autorisé.
3. Aux fins du présent règlement, les autres modes de signification ou de notification prévus au paragraphe 1 ne sont pas admis si l'adresse du domicile du débiteur n'est pas certaine.

Article 13. Preuve de la signification ou notification
La preuve de la signification ou de la notification conformément aux articles 11 et 12 est fournie à la juridiction d'origine. Cette preuve est établie:
a) par un accusé de réception émanant du débiteur dans les cas visés à l'article 11, paragraphe 1, points a), c) et d);
b) dans tous les autres cas, par un document signé par l'officier public compétent ayant procédé à la signification ou à la notification, qui indique:
i) la date et le lieu de la signification ou de la notification,
ii) le mode de signification ou de notification,
iii) si l'acte a été signifié ou notifié à une personne autre que le débiteur, le nom de cette personne et sa relation avec le débiteur.

Article 14. Modes de signification ou de notification des citations à comparaître
En cas de décision relative à une créance qui est incontestée, au sens de l'article 3, point 4) b) ou c), parce que le débiteur n'a pas comparu ou ne s'est pas fait représenter à une audience, si la citation à comparaître à cette audience n'a pas été signifiée ou notifiée en même temps que l'acte introductif d'instance ou l'acte équivalent, elle doit avoir été signifiée ou notifiée au débiteur:
a) conformément aux dispositions des articles 11, 12 et 13; ou
b) verbalement, à une audience précédente portant sur la même demande, si le procès-verbal de cette audience précédente l'atteste.

Article 15. Signification ou notification en temps utile pour pouvoir préparer la défense
1. Pour préparer sa défense et répondre à la demande, le débiteur doit avoir disposé d'un délai d'au moins quatorze jours civils ou, s'il est domicilié dans un État membre autre que l'État membre d'origine, d'au moins vingt-huit jours civils, à compter de la date de la signification ou de la notification de l'acte introductif d'instance ou d'un acte équivalent.
2. En cas de décision relative à une créance qui est incontestée, au sens de l'article 3, point 4) b) ou c), parce que le débiteur n'a pas comparu ou ne s'est pas fait représenter à une audience, si la citation à comparaître à cette audience n'a pas été signifiée ou notifiée en même temps que l'acte introductif d'instance ou l'acte équivalent, elle doit avoir été signifiée ou notifiée au débiteur au moins quatorze jours civils ou, si ce dernier est domicilié dans un État membre autre que l'État membre d'origine, au moins vingt-huit jours civils avant l'audience afin de lui permettre de comparaître ou de se faire représenter.

Article 16. Information en bonne et due forme du débiteur sur la créance
Afin de garantir que le débiteur soit dûment informé de la créance, l'acte introductif d'instance ou l'acte équivalent doit contenir les indications suivantes:
a) les noms et domiciles des parties;
b) le montant de la créance;
c) si des intérêts sont exigés, le taux d'intérêt et la période pour laquelle ces intérêts sont exigés, sauf si des intérêts légaux sont automatiquement ajoutés au principal en vertu du droit de l'État membre d'origine;
d) l'origine de l'action, avec au moins une brève description des circonstances invoquées à l'appui de la demande.

Article 17. Information en bonne et due forme du débiteur sur les formalités procédurales nécessaires pour contester la créance
Afin de garantir que le débiteur soit dûment informé des formalités procédurales nécessaires pour contester la créance, les éléments suivants doivent ressortir clairement de l'acte introductif d'instance ou de l'acte équivalent, ou d'un document l'accompagnant:
a) le délai imparti pour contester la créance et l'adresse à laquelle il y a lieu d'envoyer la déclaration d'opposition, ainsi que les conditions de forme à respecter à cet effet, y compris la nécessité d'être représenté par un avocat lorsque cela est obligatoire;
b) la possibilité qu'une décision soit rendue en faveur du créancier en cas de non-respect des conditions de contestation de la créance;
c) le fait, dans les États membres où tel est le cas, qu'en l'absence d'opposition de la part du débiteur, une décision en faveur du créancier peut être rendue
– sans examen par la juridiction de la justification de la créance, ou
– après un examen limité par la juridiction de la justification de la créance;
d) le fait, dans les États membres où tel est le cas,
– qu'une telle décision n'est pas susceptible de recours ordinaire, ou
– que la portée du contrôle juridictionnel lors d'un recours ordinaire est limitée;
e) la possibilité que ladite décision soit certifiée en tant que titre exécutoire européen sans que cette certification soit susceptible de recours et la possibilité qui en résulte d'une exécution dans tout autre État membre, sans aucune mesure intermédiaire dans l'État membre d'exécution.

Article 18. Information en bonne et due forme du débiteur sur les formalités procédurales nécessaires pour éviter une décision par défaut de comparution à une audience
Afin de garantir que le débiteur soit dûment informé des formalités procédurales nécessaires pour éviter une décision concernant une créance qui est incontestée du fait de son défaut de comparution à une audience, la juridiction doit avoir mentionné clairement dans la citation à comparaître ou dans un document l'accompagnant:
a) la date et le lieu de l'audience;
b) les conséquences possibles d'un défaut de comparution, telles qu'énoncées à l'article 17, points b) à e).

Article 19. Moyens de remédier au non-respect des normes minimales
1. Si la procédure dans l'État membre d'origine n'a pas satisfait aux conditions procédurales énoncées aux articles 11 à 18, il est remédié au non-respect de ces condi-

tions et une décision peut être certifiée en tant que titre exécutoire européen lorsque les conditions suivantes sont remplies:
a) la décision a été signifiée ou notifiée au débiteur dans le respect des dispositions des articles 11 à 14;
b) le débiteur a eu la possibilité d'exercer un recours ordinaire à l'encontre de la décision;
c) le délai imparti pour former ce recours ordinaire est d'au moins quatorze jours civils, ou, si le débiteur réside dans un État membre autre que l'État membre d'origine, d'au moins vingt-huit jours civils à compter de la date de signification ou de notification de la décision;
d) le débiteur a été dûment informé dans la décision ou dans un document l'accompagnant:
i) de la possibilité de former un recours ordinaire,
ii) du délai imparti pour former ce recours ordinaire, et
iii) du lieu où le recours ordinaire doit être formé et de la manière dont il doit l'être;
e) le débiteur a omis d'exercer le recours ordinaire à l'encontre de la décision dans le délai imparti.
2. Si la procédure dans l'État membre d'origine n'a pas satisfait aux conditions procédurales énoncées aux articles 11 à 14, il est remédié au non-respect de ces conditions et une décision peut être certifiée en tant que titre exécutoire européen s'il est établi que le débiteur a reçu personnellement l'acte devant être signifié ou notifié, en temps utile pour pouvoir préparer sa défense, en application de l'article 15 et conformément aux articles 16, 17 et 18.

Article 20. Normes minimales en matière de levée de la forclusion résultant de l'expiration des délais

1. Si une décision relative à une créance qui est incontestée, au sens de l'article 3, point 4) b) ou c), du fait de l'absence d'objections ou du défaut de comparution à une audience, a été certifiée en tant que titre exécutoire européen, le débiteur peut, à sa demande, être relevé de la forclusion résultant de l'expiration des délais de recours ordinaire contre la décision par la juridiction compétente de l'État membre d'origine, si les conditions suivantes sont remplies:
a) le débiteur, sans qu'il y ait eu faute de sa part:
i) n'a pas eu connaissance de la décision en temps utile pour exercer un recours ordinaire, ou
ii) n'a pas eu connaissance de l'acte introductif d'instance ou d'un acte équivalent en temps utile pour se défendre, à moins que les conditions énoncées à l'article 19, paragraphe 1, ne soient remplies, ou
iii) n'a pas eu connaissance de la citation à comparaître en temps utile pour pouvoir comparaître à une audience, à moins que les conditions énoncées à l'article 19, paragraphe 1, ne soient remplies;
b) les moyens de fond du débiteur n'apparaissent pas dénués de tout fondement.
2. Si une décision visée au paragraphe 1 ne peut faire l'objet d'un contrôle juridictionnel complet à la suite d'un recours ordinaire dans l'État membre d'origine, le débiteur peut, à sa demande, être relevé de la forclusion résultant de l'expiration des délais impartis pour contester la créance, ou exonéré des conséquences du défaut de comparution à une audience, pour autant que les conditions énoncées au paragraphe 1, points a) ii) ou iii) et b), soient remplies.

3. Aux fins du présent article, le débiteur dispose, pour former la demande de levée de la forclusion, d'un délai d'au moins quatorze jours civils ou, s'il est domicilié dans un État membre autre que l'État membre d'origine, d'au moins vingt-huit jours civils, à compter du moment où il a eu connaissance de la décision.

CHAPITRE IV. EXECUTION

Article 21. Procédure d'exécution

1. Sans préjudice des dispositions du présent chapitre, les procédures d'exécution sont régies par le droit de l'État membre d'exécution.
2. Le créancier est tenu de fournir aux autorités chargées de l'exécution dans l'État membre d'exécution:

a) une expédition de la décision, réunissant les conditions nécessaires pour en établir l'authenticité;

b) une expédition du certificat de titre exécutoire européen, réunissant les conditions nécessaires pour en établir l'authenticité;

c) au besoin, une traduction, dans la langue officielle ou dans l'une des langues officielles de l'État membre d'exécution ou dans une autre langue que l'État membre d'exécution aura déclaré pouvoir accepter, des parties du certificat de titre exécutoire européen, qui ne consistent pas en noms, adresses et chiffres inscrits ou en cases cochées. Chaque État membre indique les langues officielles de l'Union européenne, autres que la ou les siennes, dans lesquelles il accepte que le certificat soit complété. La traduction est certifiée conforme par une personne habilitée à cet effet dans l'un des États membres.

3. Aucune taxe ou sûreté supplémentaire, sous quelque dénomination que ce soit, ne peut être exigée en raison, soit de la qualité d'étranger, soit du défaut de domicile ou de résidence dans l'État membre d'exécution, du créancier qui demande l'exécution dans un État membre d'une décision certifiée en tant que titre exécutoire européen dans un autre État membre.
4. Le créancier n'est pas tenu de fournir une adresse postale dans l'État membre d'exécution ni d'avoir un représentant autorisé aux fins de l'exécution d'une décision certifiée en tant que titre exécutoire européen dans un autre État membre.

Article 22. Accès à la justice au cours de la procédure d'exécution

1. L'État membre d'exécution fait en sorte que le débiteur puisse demander un contrôle juridictionnel si la décision est inconciliable avec une décision rendue antérieurement dans un État membre ou dans un État tiers lorsque:

a) la décision antérieure a été rendue entre les mêmes parties dans un litige ayant le même objet et la même cause;

b) la décision antérieure réunit les conditions nécessaires à sa reconnaissance dans l'État membre d'exécution;

c) l'impossibilité de concilier les décisions n'aurait pas pu être invoqué au cours de la procédure judiciaire dans l'État membre d'origine.

2. La décision ou sa certification en tant que titre exécutoire européen ne peut faire l'objet d'une révision au fond dans l'État membre d'exécution.

Article 23. Suspension ou limitation de l'exécution

Si le débiteur a introduit une demande de levée de la forclusion au titre de l'arti-

cle 20, de révision ou d'annulation de la décision dans l'État membre d'origine ou de contrôle juridictionnel au titre de l'article 22, paragraphe 1, dans l'État membre d'exécution, la juridiction ou l'autorité compétente dans l'État membre d'exécution peut, à la demande du débiteur:
a) suspendre la procédure d'exécution; ou
b) limiter la procédure d'exécution à des mesures conservatoires; ou
c) subordonner l'exécution à la constitution d'une sûreté qu'elle détermine.

Article 24. Informations relatives aux procédures d'exécution
1. Afin de faciliter l'accès aux procédures d'exécution dans l'État membre d'exécution aux créanciers ayant obtenu un titre exécutoire européen, les États membres apportent leur coopération pour fournir au grand public et aux milieux professionnels des informations concernant:
a) les modes et procédures d'exécution dans les États membres, et
b) les autorités compétentes en matière d'exécution dans les États membres.
2. Les informations sont mises à la disposition du public notamment dans le cadre du réseau judiciaire européen en matière civile et commerciale, créé par la décision 2001/470/CE du Conseil[8].

CHAPITRE V. TRANSACTIONS JUDICIAIRES ET ACTES AUTHENTIQUES

Article 25. Transactions judiciaires
1. Les transactions relatives à des créances, conclues devant une juridiction au cours d'une procédure judiciaire et exécutoires dans l'État membre dans lequel elles ont été conclues, sont, à la demande du créancier, certifiées en tant que titres exécutoires européens par la juridiction devant laquelle elles ont été conclues.
2. La juridiction délivre le certificat de titre exécutoire européen en utilisant le formulaire type figurant à l'annexe III.
3. Les dispositions du chapitre II, à l'exception de l'article 5, et du chapitre IV, à l'exception de l'article 22, paragraphe 1, s'appliquent en tant que de besoin.

Article 26. Actes authentiques
1. Les actes authentiques relatifs à des créances, exécutoires dans un État membre, sont, à la demande du créancier, certifiés en tant que titres exécutoires européens par l'autorité ayant conféré à l'acte son authenticité.
2. L'autorité ayant conféré à l'acte son authenticité délivre le certificat de titre exécutoire européen en utilisant le formulaire dont le modèle figure à l'annexe IV.
3. Un acte authentique ne peut être certifié en tant que titre exécutoire européen que si les conditions suivantes sont remplies:
a) l'autorité qui a conféré à l'acte son authenticité a dûment informé le débiteur, avant qu'il n'ait consenti à ce que l'acte soit reçu, de son caractère directement exécutoire dans tous les États membres;
b) une disposition de l'acte signé par le débiteur atteste du fait que cette information a été communiquée.

---

[8] JO L 174 du 27.6.2001, p. 25.

4. Les dispositions du chapitre II, à l'exception de l'article 5, et du chapitre IV, à l'exception de l'article 22, paragraphe 1, s'appliquent en tant que de besoin.

CHAPITRE VI. DISPOSITIONS GENERALES

Article 27. Détermination du domicile
1. Pour déterminer si un débiteur a un domicile sur le territoire de l'État membre d'origine, la juridiction d'origine applique sa loi interne.
2. Lorsque le débiteur n'a pas de domicile dans l'État membre d'origine, la juridiction d'origine, pour déterminer s'il a un domicile dans un autre État membre, applique la loi de cet autre État membre.

Article 28. Domicile d'une société ou d'une autre personne morale
1. Pour l'application du présent règlement, les sociétés ou autres personnes morales et les associations de personnes physiques ou morales sont domiciliées à l'endroit:
a) de leur siège statutaire, ou
b) de leur administration centrale, ou
c) de leur principal établissement.
[2. Pour l'Irlande et le Royaume-Uni, on entend par «siège statutaire» le registered office ou, s'il n'existe nulle part de registered office, le place of incorporation (lieu d'acquisition de la personnalité morale) ou, s'il n'existe nulle part de lieu d'acquisition de la personnalité morale, le lieu selon la loi duquel la formation (constitution) a été effectuée.]
3. Pour déterminer si un trust a son domicile sur le territoire de l'État membre d'origine, la juridiction d'origine applique les règles de son droit international privé.

CHAPITRE VII. DISPOSITION TRANSITOIRE

Article 29. Disposition transitoire
1. Les dispositions du présent règlement ne sont applicables qu'aux actions judiciaires intentées et aux actes authentiques reçus postérieurement à son entrée en vigueur.
2. Aux fins du paragraphe 1, l'action judiciaire est réputée être intentée:
a) à la date à laquelle l'acte introductif d'instance ou un acte équivalent est déposé auprès de la juridiction, à condition que le créancier n'ait pas négligé par la suite de prendre les mesures qu'il était tenu de prendre pour que l'acte soit notifié ou signifié au débiteur, ou
b) si l'acte doit être notifié ou signifié avant d'être déposé auprès de la juridiction, à la date à laquelle il est reçu par l'autorité chargée de la notification ou de la signification, à condition que le créancier n'ait pas négligé par la suite de prendre les mesures qu'il était tenu de prendre pour que l'acte soit déposé auprès de la juridiction.

CHAPITRE VIII. RELATIONS AVEC D'AUTRES INSTRUMENTS

Article 30. Relation avec le règlement (CE) n° 44/2001
1. Rien n'empêche le créancier de demander la reconnaissance et l'exécution
(a) d'une décision relative à une créance incontestée, d'une transaction conclue devant une juridiction ou d'un acte authentique en vertu des chapitres III et IV du règlement (CE) n° 44/2001;

(b) d'une décision en vertu des dispositions régissant la reconnaissance et l'exécution des décisions dans des matières particulières qui sont contenues dans des actes communautaires ou dans des législations nationales harmonisées en exécution de ces actes conformément à l'article 67 du règlement (CE) n° 44/2001; ou
(c) d'une décision en vertu de conventions auxquelles les États membres sont parties et qui régissent la reconnaissance et l'exécution de décisions dans des matières particulières, conformément à l'article 71 du règlement (CE) n° 44/2001.
2. Si le créancier demande la certification en tant que titre exécutoire européen d'une décision, d'un acte authentique ou d'une transaction judiciaire, le présent règlement remplace aux fins de la procédure pertinente les chapitres III, IV et V du règlement (CE) n° 44/2001, ainsi que les dispositions relatives à la reconnaissance et à l'exécution des décisions, actes authentiques et transactions judiciaires contenues dans les conventions et le traité cités à l'article 69 du règlement (CE) n° 44/2001.

Article 31. Relation avec le règlement (CE) n° 1348/2000
1. Sous réserve du paragraphe 2, le présent règlement ne fait pas obstacle à l'application du règlement (CE) n° 1348/2000 du Conseil[9] lorsque, au cours de la procédure dans l'État membre d'origine, un acte judiciaire doit être transmis d'un État membre à un autre État membre pour y être signifié ou notifié.
2. Une décision rendue en application de l'article 19, paragraphe 2, du règlement (CE) n° 1348/2000 ne peut être certifiée en tant que titre exécutoire européen.
3. Lorsqu'un acte introductif d'instance ou un acte équivalent, une citation à comparaître ou une décision, doit être transmis d'un État membre à un autre État membre pour y être signifié ou notifié, la signification ou la notification au titre du règlement (CE) n° 1348/2000 doit satisfaire aux conditions énoncées au chapitre III du présent règlement, dans la mesure nécessaire pour permettre la certification en tant que titre exécutoire européen.
4. Dans le cas visé au paragraphe 3, l'attestation de l'accomplissement de la signification ou de la notification au titre de l'article 10 du règlement (CE) n° 1348/2000 est remplacée par le formulaire dont le modèle figure à l'annexe V du présent règlement.

CHAPITRE IX. DISPOSITIONS FINALES

Article 32. Règles de mise en œuvre
Les formulaires dont les modèles figurent aux annexes sont mis à jour et adaptés conformément à la procédure visée à l'article 33, paragraphe 2.

Article 33. Comité
1. La Commission est assistée par le comité institué par l'article 75 du règlement (CE) n° 44/2001.
2. Dans le cas où il est fait référence au présent paragraphe, les articles 3 et 7 de la décision 1999/468/CE s'appliquent.

---

[9] JO L 160 du 30.6.2000, p. 37.

Article 34. Entrée en vigueur
Le présent règlement entre en vigueur le 1er janvier 2004.

ANNEXE I. CERTIFICAT DE TITRE EXÉCUTOIRE EUROPÉEN – DÉCISION

1. État membre d'origine:
2. Juridiction qui a rendu la décision:
   2.1 Adresse:
   2.2 Tél./Fax/Courrier électronique
3. Décision
   3.1 Date:
   3.2 Numéro de référence:
   3.3 Parties
      3.3.1 Nom et adresse du(des) créancier(s):
      3.3.2 Nom et adresse du(des) débiteur(s):
4. Créance monétaire telle que certifiée
   4.1 Montant du principal:
      4.1.1 Devise X EURO X COURONNE SUÉDOISE X [LIVRE STERLING]
      4.1.2 Si la créance est échelonnée
         4.1.2.1 Principal de chaque versement
         4.1.2.2 Date d'échéance du premier versement
         4.1.2.3 Périodicité des versements suivants hebdomadaire X mensuel X autre (préciser) X
            4.1.2.4 Durée de la créance
               4.1.2.4.1 Indéterminée X
               4.1.2.4.2 Date d'échéance du dernier versement
      4.1.3 La créance porte sur une obligation solidaire des débiteurs X
   4.2 Intérêts
      4.2.1 Taux d'intérêt
         4.2.1.1 %
         4.2.1.2 % au-dessus du taux de base de la BCE
      4.2.2 Les intérêts doivent être perçus à compter du:
   4.3 Montant des frais remboursables si la décision le précise:
5. La décision est exécutoire dans l'État membre d'origine.
Oui X Non X
6. La décision a acquis force de chose jugée conformément à l'article 5, point a)
Oui X Non X
7. La décision a pour objet une créance incontestée au titre de l'article 3, paragraphe 4
Oui X Non X
8. La décision est conforme à l'article 5, point b)
Oui X Non X
Oui X Non X Pas nécessaire X9. Le cas échéant, la décision est conforme à l'article 5, point c)
10. Le cas échéant, la décision est conforme à l'article 5, point d)
Oui X Non X Pas nécessaire X
11. Le cas échéant, signification ou notification de l'acte introductif d'instance en vertu du chapitre III

1. d) Titre exécutoire européen (proposition de règlement)

Nécessaire Oui X Non X
11.1 Date et adresse de la signification ou de la notification:
    11.1.1 Domicile du débiteur inconnu X
11.2 L'acte a été remis
    11.2.1 à personne au débiteur (ou à son représentant), avec accusé de réception X
    11.2.2 à personne au débiteur, avec attestation de l'officier public compétent X
    11.2.3 par voie postale au débiteur, avec accusé de réception X
    11.2.4 par télécopie ou par courrier électronique, avec accusé de réception X
11.3 Autres modes de signification ou de notification
    11.3.1 La signification ou la notification à personne conformément aux points 11.2.1 ou 11.2.2 a été tentée sans succès
    Oui X Non X
    11.3.2 Dans l'affirmative, l'acte a été
        11.3.2.1 remis à un adulte domicilié à la même adresse que le débiteur X
            11.3.2.1.1 Nom
            11.3.2.1.2 Lien avec le débiteur
                11.3.2.1.2.1 Membre de la famille X
                11.3.2.1.2.2 Employé(e) de maison X
                11.3.2.1.2.3 Autre (préciser) X
        11.3.2.2 remis à un adulte au domicile professionnel du débiteur X
            11.3.2.2.1 Nom
            11.3.2.2.2 Employé(e) du débiteur Oui X Non X
        11.3.2.3 déposé dans la boîte aux lettres du débiteur conformément à l'article 12, paragraphe 1, point c) X
        11.3.2.4 déposé auprès d'une autorité publique conformément à l'article 12, paragraphe 1, point d) X
            11.3.2.4.1 Nom et adresse de cette autorité:
            11.3.2.4.2 Notification du dépôt conformément à l'article 12, paragraphe 1, point d) X
11.4 Preuve de la signification ou de la notification
    11.4.1 La signification ou la notification a été effectuée selon les points 11.2.2 ou 11.3 Oui X Non X
    11.4.2 Dans l'affirmative, la signification ou la notification a été attestée conformément à l'article 13
    Oui X Non X
11.5 Remèdes en matière de signification ou de notification en vertu de l'article 19, paragraphe 2, en cas de non-respect des points 11.2 à 11.4
    11.5.1 Il est établi que le débiteur a personnellement reçu l'acte
    Oui X Non X
11.6 Signification ou notification en temps utile
Le délai imparti au débiteur pour réagir à la créance était conforme à l'article 15, paragraphe 1
Oui X Non X
11.7 Information en bonne et due forme
Le débiteur a été informé conformément à l'article 16 et à l'article 17
Oui X Non X

12. Signification ou notification d'une citation à comparaître, le cas échéant conformément à l'article 14
Nécessaire Oui X Non X
    12.1 Date et adresse de la signification ou de la notification:
        12.1.1 Domicile du débiteur inconnu X
    12.2 La citation à comparaître a été signifiée ou notifiée
        12.2.1 à personne au débiteur (ou à son représentant), avec accusé de réception X
        12.2.2 à personne au débiteur, avec attestation de l'officier public compétent X
        12.2.3 par voie postale au débiteur, avec accusé de réception X
        12.2.4 par télécopie ou par courrier électronique, avec accusé de réception X
        12.2.5 verbalement lors d'une audience antérieure X
    12.3 Autres modes de signification ou de notification
        12.3.1 la signification ou la notification à personne selon les points 12.2.1 ou 12.2.2 a été tentée sans succès
    Oui X Non X
        12.3.2 Dans l'affirmative, la citation à comparaître a été
            12.3.2.1 remise à un adulte domicilié à la même adresse que le débiteur X
                12.3.2.1.1 Nom
                12.3.2.1.2 Lien avec le débiteur
                    12.3.2.1.2.1 Membre de la famille X
                    12.3.2.1.2.2 Employé(e) de maison X
                    12.3.2.1.2.3 Autre (préciser) X
            12.3.2.2 remise à un adulte au domicile professionnel du débiteur X
                12.3.2.2.1 Nom
                12.3.2.2.2 Employé(e) du débiteur Oui X Non X
            12.3.2.3 déposée dans la boîte aux lettres du débiteur conformément à l'article 12, paragraphe 1, point c) X
            12.3.2.4 déposée auprès d'une autorité publique conformément à l'article 12, paragraphe 1, point d) X
                12.3.2.4.1 Nom et adresse de cette autorité publique:
                12.3.2.4.2 Notification du dépôt conformément à l'article 12, paragraphe 1, point d) X
    12.4 Preuve de la signification ou de la notification
        12.4.1 La signification ou la notification a été effectuée selon les points 12.2.2 ou 12.3 Oui X Non X
        12.4.2 Dans l'affirmative, la signification ou la notification a été attestée conformément à l'article 13
    Oui X Non X
    12.5 Remèdes en matière de signification ou de notification au titre de l'article 19, paragraphe 2, en cas de non-respect des points 12.2 à 12.4
        12.5.1 Il est établi que le débiteur a personnellement reçu l'acte
Oui X Non X
    12.6 Signification ou notification en temps utile
Le délai compris entre la signification ou la notification de la citation à comparaître et l'audience était conforme aux dispositions de l'article 15, paragraphe 2
Oui X Non X
    12.7 Information en bonne et due forme

1. d) Titre exécutoire européen (proposition de règlement) 743

Le débiteur a été informé conformément à l'article 18
Oui X Non X
13. Remèdes en cas de non-respect des normes minimales de procédure au titre de l'article 19, paragraphe 1 13.1 Date et adresse de la signification ou de la notification de la décision:
Domicile du débiteur inconnu X
    13.2 La décision a été remise
        13.2.1 à personne au débiteur (ou à son représentant), avec accusé de réception X
        13.2.2 à personne au débiteur, avec attestation d'un officier public X
        13.2.3 par voie postale au débiteur, avec accusé de réception X
        13.2.4 par télécopie ou par courrier électronique, avec accusé de réception X
    13.3 Autres modes de signification ou de notification
        13.3.1 La signification ou la notification à personne selon les points 13.2.1 ou 13.2.2 a été tentée sans succès
Oui X Non X
        13.3.2 Dans l'affirmative, la décision a été
            13.3.2.1 remise à un adulte domicilié à la même adresse que le débiteur X
            13.3.2.1.1 Nom
            13.3.2.1.2 Lien avec le débiteur
                13.3.2.1.2.1 Famille X
                13.3.2.1.2.2 Employé(e) de maison X
                13.3.2.1.2.4 Autre (préciser) X
            13.3.2.2 remise à un adulte au domicile professionnel du débiteur X
            13.3.2.2.1 Nom
            13.3.2.2.2 Employé(e) du débiteur Oui X Non X
            13.3.2.3 déposée dans la boîte aux lettres du débiteur conformément à l'article 12, paragraphe 1, point c) X
            13.3.2.4 déposée auprès d'une autorité publique conformément à l'article 12, paragraphe 1, point d) X
                13.3.2.4.1 Nom et adresse de cette autorité:
                13.3.2.4.2 Notification du dépôt conformément à l'article 12, paragraphe 1, point d) X
    13.4 Preuve de la signification ou de la notification
        13.4.1 La signification ou la notification a été effectuée selon les points 13.2.2 ou 13.3 Oui X Non X
        13.4.2 Dans l'affirmative, la signification ou la notification a fait l'objet d'une attestation conformément à l'article 13
    Oui X Non X
    13.5 Le débiteur pouvait contester la décision par un recours ordinaire Oui X Non X
    13.6 Le délai imparti pour former un recours était conforme à l'article 19, paragraphe 1, point c)
Oui X Non X
    13.7 Le débiteur a été informé en bonne et due forme de la possibilité d'attaquer la décision en vertu de l'article 19, paragraphe 1, point d) Oui X Non X

Fait à:

Le:
Signature et/ou cachet:

ANNEXE II. CERTIFICAT DE TITRE EXÉCUTOIRE EUROPÉEN AUX FINS DE MESURES CONSERVATOIRES

1. État membre d'origine:
2. Juridiction qui a rendu la décision:
    2.1 Adresse:
    2.2 Tél./Fax/Courrier électronique
3. Décision
    3.1 Date:
    3.2 Numéro de référence:
    3.3 Parties
        3.3.1 Nom et adresse du(des) créancier(s):
        3.3.2 Nom et adresse du(des) débiteur(s):
4. Créance monétaire telle que certifiée
    4.1 Montant du principal:
        4.1.1 Devise X EURO X COURONNE SUÉDOISE X [LIVRE STERLING]
        4.1.2 Si la créance est échelonnée
            4.1.2.1 Principal de chaque versement
            4.1.2.2 Date d'échéance du premier versement
            4.1.2.3 Périodicité des versements suivants
            hebdomadaire X mensuel X bimestriel X autre (préciser) X
            4.1.2.4 Durée de la créance
                4.1.2.4.1 Indéterminée X
                4.1.2.4.2 Date d'échéance du dernier versement
        4.1.3 La créance porte sur une obligation solidaire des débiteurs X
    4.2 Intérêts
        4.2.1 Taux d'intérêt
            4.2.1.1 % ou
            4.2.1.2 % au-dessus du taux de base de la BCE
        4.2.2 Les intérêts doivent être perçus à compter du:
    4.3 Montant des frais remboursables si la décision le précise
5. La décision est exécutoire dans l'État membre d'origine.
Oui X Non X
6. La décision est exécutoire pendant une durée limitée Oui X Non X
    6.1 Dans l'affirmative, dernier jour où elle est exécutoire
7. La décision a pour objet une créance incontestée au titre de l'article 3, paragraphe 4
Oui X Non X
8. La décision est conforme à l'article 5, point b)
Oui X Non X
9. Le cas échéant, la décision est conforme à l'article 5, point c)
Oui X Non X Pas nécessaire X
10. Le cas échéant, la décision est conforme à l'article 5, point d)
Oui X Non X Pas nécessaire X

1. d) Titre exécutoire européen (proposition de règlement)

11. Le cas échéant, signification ou notification de l'acte introductif d'instance en vertu du chapitre III
Nécessaire Oui X Non X
   11.1 Date et adresse de la signification ou de la notification:
      11.1.1 Domicile du débiteur inconnu X
   11.2 L'acte a été remis
      11.2.1 à personne au débiteur (ou à son représentant), avec accusé de réception X
      11.2.2 à personne au débiteur, avec attestation de l'officier public compétent X
      11.2.3 par voie postale au débiteur, avec accusé de réception X
      11.2.4 par télécopie ou par courrier électronique, avec accusé de réception X
   11.3 Autres modes de signification ou de notification
      11.3.1 La signification ou la notification à personne conformément aux points 11.2.1 ou 11.2.2 a été tentée sans succès
      Oui X Non X
      11.3.2 Dans l'affirmative, l'acte a été
         11.3.2.1 remis à un adulte domicilié à la même adresse que le débiteur X
            11.3.2.1.1 Nom
            11.3.2.1.2 Lien avec le débiteur
               11.3.2.1.2.1 Membre de la famille X
               11.3.2.1.2.2 Employé(e) de maison X
               11.3.2.1.2.3 Autre (préciser) X
         11.3.2.2 remis à un adulte au domicile professionnel du débiteur X
            11.3.2.2.1 Nom
            11.3.2.2.2 Employé(e) du débiteur Oui X Non X
         11.3.2.3 déposé dans la boîte aux lettres du débiteur conformément à l'article 12, paragraphe 1, point c) X
         11.3.2.4 déposé auprès d'une autorité publique conformément à l'article 12, paragraphe 1, point d) X
            11.3.2.4.1 Nom et adresse de cette autorité:
            11.3.2.4.2 Notification du dépôt conformément à l'article 12, paragraphe 1, point d) X
   11.4 Preuve de la signification ou de la notification
      11.4.1 La signification ou la notification a été effectuée selon les points 11.2.2 ou 11.3 Oui X Non X
      11.4.2 Dans l'affirmative, la signification ou la notification a été attestée conformément à l'article 13
      Oui X Non X
   11.5 Remèdes en matière de signification ou de notification en vertu de l'article 19, paragraphe 2, en cas de non-respect des points 11.2 à 11.4
      11.5.1 Il est établi que le débiteur a personnellement reçu l'acte
      Oui X Non X
   11.6 Signification ou notification en temps utile
   Le délai imparti au débiteur pour réagir à la créance était conforme à l'article 15, paragraphe 1
   Oui X Non X
   11.7 Information en bonne et due forme
   Le débiteur a été informé conformément à l'article 16 et à l'article 17

Oui X Non X

12. Signification ou notification d'une citation à comparaître, le cas échéant conformément à l'article 14
Nécessaire Oui X Non X
    12.1 Date et adresse de la signification ou de la notification:
        12.1.1 Domicile du débiteur inconnu X
    12.2 La citation à comparaître a été signifiée ou notifiée
        12.2.1 à personne au débiteur (ou à son représentant), avec accusé de réception X
        12.2.2 à personne au débiteur, avec attestation de l'officier public compétent X
        12.2.3 par voie postale au débiteur, avec accusé de réception X
        12.2.4 par télécopie ou par courrier électronique, avec accusé de réception X
        12.2.5 verbalement lors d'une audience antérieure X
    12.3 Autres modes de signification ou de notification
        12.3.1 la signification ou la notification à personne selon les points 12.2.1 ou 12.2.2 a été tentée sans succès
Oui X Non X
        12.3.2 Dans l'affirmative, la citation à comparaître a été
            12.3.2.1 remise à un adulte domicilié à la même adresse que le débiteur X
            12.3.2.1.1 Nom
            12.3.2.1.2 Lien avec le débiteur
                12.3.2.1.2.1 Membre de la famille X
                12.3.2.1.2.2 Employé(e) de maison X
                12.3.2.1.2.3 Autre (préciser) X
            12.3.2.2 remise à un adulte au domicile professionnel du débiteur X
            12.3.2.2.1 Nom
            12.3.2.2.2 Employé(e) du débiteur Oui X Non X
            12.3.2.3 déposée dans la boîte aux lettres du débiteur conformément à l'article 12, paragraphe 1, point c) X
            12.3.2.4 déposée auprès d'une autorité publique conformément à l'article 12, paragraphe 1, point d) X
                12.3.2.4.1 Nom et adresse de cette autorité publique:
                12.3.2.4.2 Notification du dépôt conformément à l'article 12, paragraphe 1, point d) X
    12.4 Preuve de la signification ou de la notification
        12.4.1 La signification ou la notification a été effectuée selon les points 12.2.2 ou 12.3 Oui X Non X
        12.4.2 Dans l'affirmative, la signification ou la notification a été attestée conformément à l'article 13
Oui X Non X
    12.5 Remèdes en matière de signification ou de notification au titre de l'article 19, paragraphe 2, en cas de non-respect des points 12.2 à 12.4
        12.5.1 Il est établi que le débiteur a personnellement reçu l'acte
Oui X Non X
    12.6 Signification ou notification en temps utile
Le délai compris entre la signification ou la notification de la citation à comparaître et l'audience était conforme aux dispositions de l'article 15, paragraphe 2

1. d) Titre exécutoire européen (proposition de règlement)

Oui X Non X
12.7 Information en bonne et due forme
Le débiteur a été informé conformément à l'article 18
Oui X Non X
13. Remèdes en cas de non-respect des normes minimales de procédure au titre de l'article 19, paragraphe 1 13.1 Date et adresse de la signification ou de la notification de la décision:
Domicile du débiteur inconnu X
    13.2 La décision a été remise
        13.2.1 à personne au débiteur (ou à son représentant), avec accusé de réception X
        13.2.2 à personne au débiteur, avec attestation d'un officier public X
        13.2.3 par voie postale au débiteur, avec accusé de réception X
        13.2.4 par télécopie ou par courrier électronique, avec accusé de réception X
    13.3 Autres modes de signification ou de notification
        13.3.1 La signification ou la notification à personne selon les points 13.2.1 ou 13.2.2 a été tentée sans succès
    Oui X Non X
        13.3.2 Dans l'affirmative, la décision a été
            13.3.2.1 remise à un adulte domicilié à la même adresse que le débiteur X
                13.3.2.1.1 Nom
                13.3.2.1.2 Lien avec le débiteur
                    13.3.2.1.2.1 Famille X
                    13.3.2.1.2.2 Employé(e) de maison X
                    13.3.2.1.2.4 Autre (préciser) X
            13.3.2.2 remise à un adulte au domicile professionnel du débiteur X
                13.3.2.2.1 Nom
                13.3.2.2.2 Employé(e) du débiteur Oui X Non X
            13.3.2.3 déposée dans la boîte aux lettres du débiteur conformément à l'article 12, paragraphe 1, point c) X
            13.3.2.4 déposée auprès d'une autorité publique conformément à l'article 12, paragraphe 1, point d) X
                13.3.2.4.1 Nom et adresse de cette autorité:
                13.3.2.4.2 Notification du dépôt conformément à l'article 12, paragraphe 1, point d) X
    13.4 Preuve de la signification ou de la notification
        13.4.1 La signification ou la notification a été effectuée selon les points 13.2.2 ou 13.3 Oui X Non X
        13.4.2 Dans l'affirmative, la signification ou la notification a fait l'objet d'une attestation conformément à l'article 13
    Oui X Non X
13.5 Le débiteur pouvait contester la décision par un recours ordinaire Oui X Non X
13.6 Le délai imparti pour former un recours était conforme à l'article 19, paragraphe 1, point c)
Oui X Non X
13.7 Le débiteur a été informé en bonne et due forme de la possibilité d'attaquer la décision en vertu de l'article 19, paragraphe 1, point d)

Oui X Non X

Fait à:
Le:
Signature et/ou cachet:

ANNEXE III. CERTIFICAT DE TITRE EXÈCITOIRE EUROPÈEN – TRANSACTION JUDICIAIRE

1. État membre d'origine:
2. Juridiction devant laquelle la transaction a été conclue:
    2.1 Adresse:
    2.2 Tél./Fax/Courrier électronique:
3. Transaction judiciaire
    3.1 Date:
    3.2 Numéro de référence:
    3.3 Parties
        3.3.1 Nom et adresse du(des) créancier(s):
        3.3.2 Nom et adresse du(des) débiteur(s):
4. Créance monétaire telle que certifiée
    4.1 Montant du principal:
        4.1.1 Devise Euro X Couronne suédoise X [Livre sterling] X
        4.1.2 Si la créance est un paiement échelonné
            4.1.2.1 Principal de chaque versement
            4.1.2.2 Date d'échéance du premier versement
            4.1.2.3 Périodicité des versements suivants
            hebdomadaire X mensuelle X autre (préciser) X
            4.1.2.4 Durée de la créance
                4.1.1.4.1 Indéterminée X
                4.1.1.4.2 Date d'échéance du dernier versement
        4.1.3 La créance porte sur une obligation solidaire des débiteurs
    4.2 Intérêts
        4.2.1 Taux d'intérêt
            4.2.1.1 % ou
            4.2.1.2 % au-dessus du taux de base de la BCE
        4.2.2 Intérêts devant être perçus à compter de:
    4.3 Montant des frais remboursables si la transaction judiciaire le précise
5. La transaction judiciaire est exécutoire dans l'État membre d'origine
Oui X Non X

Fait à:
Le:
Signature et/ou cachet:

ANNEXE IV. CERTIFICAT DE TITRE EXÈCUTOIRE EUROPÈEN – ACTE AUTHENTIQUE

1. État membre d'origine:

1. d) Titre exécutoire européen (proposition de règlement)

2. Autorité ayant établi l'acte
   2.1 Nom:
   2.2 Adresse:
   2.3 Tél./Fax/Courrier électronique
   2.4 Notaire X
   2.5 Autorité administrative X
   2.6 Juridiction X
   2.7 Autre (préciser) X
3. Acte authentique
   3.1 Date:
   3.2 Numéro de référence:
   3.3 Parties
      3.3.1 Nom et adresse du(des) créanciers:
      3.3.2 Nom et adresse du(des) débiteurs:
4. Créance monétaire telle que certifiée
   4.1 Montant du principal:
      4.1.1 Devise Euro X Couronne suédoise X [Livre sterling] X
      4.1.2 Si la créance est un paiement échelonné
         4.1.2.1 Principal de chaque versement
         4.1.2.2 Date d'échéance du premier versement
         4.1.2.3 Périodicité des versements ultérieurs
         hebdomadaire X mensuelle X autre (préciser) X
         4.1.2.4 Durée de la créance
            4.1.1.4.1 Indéterminée X ou
            4.1.1.4.2 Date d'échéance du dernier versement
      4.1.3 La créance porte sur une obligation solidaire des débiteurs
   4.2 Intérêts
      4.2.1 Taux d'intérêt
         4.2.1.1 % ou
         4.2.1.2 % au-dessus du taux de base de la BCE
      4.2.2 Intérêts devant être perçus à compter de
   4.3 Montant des frais remboursables si l'acte authentique le précise
5. Le débiteur a été informé du caractère directement exécutoire de l'acte authentique conformément à l'article 26, paragraphe 3, avant de donner son consentement, Oui X Non X
6. L'acte authentique est exécutoire dans l'État membre d'origine
Oui X Non X

Fait à:
Le:
Signature et/ou cachet:

ANNEXE V. ATTESTATION D'ACCOMPLISSEMENT OU DE NON-ACCOMPLISSEMENT DE LA SIGNIFICATION OU DE LA NOTIFICATION DES ACTES
(Article 10 du règlement (CE) n° 1348/2000 du Conseil)

12. Accomplissement de la signification ou de la notification

12.1 Date et adresse auxquelles la signification ou la notification a été accomplie:
12.2 L'acte a été signifié ou notifié
    12.2.1 à personne au destinataire avec accusé de réception signé par le débiteur X
    12.2.2 à personne au destinataire avec attestation par un officier public compétent X
    12.2.3 par voie postale au destinataire avec l'accusé de réception ci-joint X
    12.2.4 par d'autres moyens de télécommunication avec l'accusé de réception ci-joint
        12.2.4.1 Télécopie X
        12.2.4.2 Courrier électronique X
        12.2.4.3 Autre (préciser) X
12.3 Autres modes de signification ou de notification
    12.3.1 La signification ou la notification à personne conformément aux points 12.2.1 ou 12.3.2 a été tentée sans succès Oui X Non X
        12.3.2.1 Dans l'affirmative, l'acte a été remis à un adulte domicilié à la même adresse que le destinataire X
            12.3.2.1.1 Nom
            12.3.2.1.2 Lien avec le destinataire
                12.3.2.1.2.1 Membre de la famille X
                12.3.2.1.2.2 Employé(e) de maison X
                12.3.2.1.2.3 Autre (préciser) X
        12.3.2.2 remis à un adulte au domicile professionnel du destinataire X
            12.3.2.2.1 Nom
            12.3.2.2.2 Employé(e) du destinataire Oui X Non X
        12.3.2.3 déposé dans la boîte aux lettres du destinataire X
        12.3.2.4 déposé auprès d'une autorité publique X
            12.3.2.4.1 Nom et adresse de cette autorité:
            12.3.2.4.2 Communication du dépôt dans la boîte aux lettres du destinataire X
        12.3.2.5 signifié ou notifié selon le mode particulier suivant (prière de préciser)
12.4 L'acte a été remis selon l'un des modes indiqués aux points 12.2 ou 12.3 (prière d'indiquer le mode précis), non au destinataire, mais à son représentant Oui X Non X
    12.4.1 Dans l'affirmative, nom et adresse du représentant
    12.4.2 Qualité du représentant
        12.4.2.1 Représentant autorisé, avocat X
        12.4.2.2 Représentant légal d'une personne morale X 12.4.2.3 Autre (préciser) X
12.5 La signification ou la notification a été effectuée conformément au droit de l'État membre où elle a été accomplie Oui X Non X
12.6 Le destinataire de l'acte a été informé (oralement/par écrit) qu'il peut refuser de l'accepter s'il n'est pas rédigé dans une langue officielle du lieu de signification ou de notification ou dans une langue officielle de l'État d'origine qu'il comprend Oui X Non X
13. INFORMATION donnée conformément à l'article 7, paragraphe 2

Il n'a pas été possible de procéder à la signification ou à la notification dans un délai d'un mois à compter de la réception X
14. *REFUS DE L'ACTE*
Le destinataire a refusé d'accepter l'acte en raison de la langue utilisée. L'acte est joint à la présente attestation X
15. Motif de défaut de signification ou de notification de l'acte
    15.1 Adresse inconnue X
    15.2 Destinataire introuvable X
    15.3 L'acte n'a pu être signifié ou notifié avant la date ou dans le délai indiqué au point 6.2 X
    15.4 Autres (prière de préciser) X

Les actes sont joints à la présente attestation.

Fait à:
Le:
Signature et/ou cachet:

e) Décision du Conseil du 28 mai 2001 relative à la création d'un réseau judiciaire européen en matière civile et commerciale (n° 2001/470/CE)

Journal officiel n° L 174 du 27/06/2001 p. 25-31

LE CONSEIL DE L'UNION EUROPÉENNE,

vu le traité instituant la Communauté européenne, et notamment son article 61, points c) et d), son article 66 et son article 67, paragraphe 1,
vu la proposition de la Commission[1],
vu l'avis du Parlement européen[2],
vu l'avis du Comité économique et social[3],
considérant ce qui suit:

(1) L'Union européenne s'est donné pour objectif de se maintenir et de se développer comme un espace de liberté, de sécurité et de justice au sein duquel est assurée la libre circulation des personnes.

(2) La mise en place progressive de cet espace, ainsi que le bon fonctionnement du marché intérieur, exigent d'améliorer, de simplifier et d'accélérer la coopération judiciaire effective entre les États membres dans les matières civiles et commerciales.

(3) Le plan d'action du Conseil et de la Commission concernant les modalités optimales de mise en œuvre des dispositions du traité d'Amsterdam relatives à l'établissement d'un espace de liberté, de sécurité et de justice[4], qui a été adopté par le Conseil le 3 décembre 1998 et approuvé par le Conseil européen de Vienne des 11 et 12 décembre 1998, reconnaît que le renforcement de la coopération judiciaire en matière civile représente une étape fondamentale dans la création d'un espace judiciaire européen au bénéfice tangible du citoyen de l'Union européenne.

(4) Une des mesures prévues au point 40, du plan d'action dans un délai de deux ans est d'examiner la possibilité d'étendre aux procédures civiles et commerciales le principe du réseau judiciaire européen en matière pénale.

(5) Dans les conclusions de sa réunion spéciale tenue à Tampere les 15 et 16 octobre 1999, le Conseil européen a recommandé la création d'un système d'information facile d'accès, dont l'entretien et la mise à jour seraient assurés par un réseau d'autorités nationales compétentes.

(6) Pour parvenir à améliorer, simplifier et accélérer la coopération judiciaire effective entre les États membres dans les matières civiles et commerciales, il est nécessaire de créer au niveau de la Communauté européenne une structure de coopération en réseau, à savoir le réseau judiciaire européen en matière civile et commerciale.

(7) Cette matière relève des mesures visées aux articles 65 et 66 du traité qui doivent être adoptées conformément à l'article 67.

(8) Afin d'assurer la réalisation des objectifs du réseau judiciaire européen en matière civile et commerciale, il est nécessaire que les règles concernant sa création soient établies par un instrument juridique communautaire contraignant.

---

[1] JO C 29 E du 30.1.2001, p. 281.
[2] Avis rendu le 5 avril 2001 (non encore paru au Journal officiel).
[3] JO C 139 du 11.5.2001, p. 6.
[4] JO C 19 du 23.1.1999, p. 1.

1. e) Réseau judiciaire européen (décision)   753

(9) Étant donné que les objectifs de la présente décision, à savoir l'amélioration de la coopération judiciaire entre les États membres ainsi que l'accès effectif à la justice des personnes confrontées à des litiges transfrontières, ne peuvent être réalisés de manière suffisante par les États membres et ne peuvent donc être réalisés qu'au niveau communautaire, la Communauté peut prendre des mesures, conformément au principe de subsidiarité consacré à l'article 5 du traité. Conformément au principe de proportionnalité tel qu'énoncé audit article du traité, la présente décision n'excède pas ce qui est nécessaire pour atteindre ces objectifs.

(10) Le réseau judiciaire européen en matière civile et commerciale créé par la présente décision vise à faciliter la coopération judiciaire entre les États membres en matière civile et commerciale, tant dans les domaines couverts par des instruments en vigueur que dans ceux où aucun instrument n'est encore applicable.

(11) Dans certains domaines spécifiques, des actes communautaires et des instruments internationaux relatifs à la coopération judiciaire en matière civile et commerciale prévoient déjà certains mécanismes de coopération. Le réseau judiciaire européen en matière civile et commerciale n'a pas pour but de remplacer ces mécanismes, et doit opérer dans le plein respect de ceux-ci. La présente décision s'appliquent en conséquence sans préjudice des actes communautaires ou des instruments internationaux relatifs à la coopération judiciaire en matière civile ou commerciale.

(12) Il y a lieu de mettre en place le réseau judiciaire européen en matière civile et commerciale de manière progressive, et sur la base de la collaboration la plus étroite entre la Commission et les États membres. Il y a également lieu qu'il profite des possibilités offertes par les technologies modernes de communication et d'information.

(13) Pour atteindre ses objectifs, il est nécessaire que le réseau judiciaire européen en matière civile et commerciale s'appuie sur des points de contact nommés par les États membres, ainsi qu'il soit assuré de la participation de leurs autorités ayant des responsabilités spécifiques dans le domaine de la coopération judiciaire en matière civile et commerciale. Des contacts entre eux et des réunions périodiques sont indispensables au fonctionnement du Réseau.

(14) Il est essentiel que les efforts pour la création d'un espace de liberté, de sécurité et de justice aboutissent à des bénéfices tangibles pour les personnes confrontées à des litiges transfrontières. Il est par conséquent nécessaire que le réseau judiciaire européen en matière civile et commerciale s'efforce également de favoriser l'accès à la justice. À cette fin, et grâce aux informations communiquées et actualisées par les points de contact, le réseau met en place de manière progressive un système d'information destiné au public, tant au grand public qu'aux spécialistes.

(15) La présente décision n'exclut pas la mise à disposition, à l'intérieur du réseau judiciaire européen en matière civile et commerciale ou à destination du public, d'autres informations que celles qu'elle mentionne. Par conséquent, les mentions faites dans le titre III ne doivent pas être considérées comme exhaustives.

(16) Le traitement des informations et des données se fait conformément à la directive 95/46/CE du Parlement européen et du Conseil du 24 octobre 1995 relative à la protection des personnes physiques à l'égard du traitement des données à caractère personnel et à la libre circulation de ces données[5], et à la directive 97/66/CE du Parlement européen

---

[5] JO L 281 du 23.11.1995, p. 31.

et du Conseil du 15 décembre 1997 concernant le traitement des données à caractère personnel et la protection de la vie privée dans le secteur des télécommunications[6].

(17) Afin de s'assurer que le réseau judiciaire européen en matière civile et commerciale reste un instrument efficace, incorpore les meilleures pratiques en matière de coopération judiciaire et de fonctionnement interne, et réponde aux attentes du public, il y a lieu de prévoir des évaluations périodiques du système, en vue de proposer, le cas échéant, les modifications nécessaires.

(18) En conformité avec l'article 3 du protocole sur la position du Royaume-Uni et de l'Irlande, annexé au traité sur l'Union européenne et au traité instituant la Communauté européenne, ces États ont notifié leur souhait de participer à l'adoption et à l'application de la présente décision.

(19) En conformité avec les articles 1er et 2 du protocole sur la position du Danemark, annexé au traité sur l'Union européenne et au traité instituant la Communauté européenne, cet État ne participe pas à l'adoption de la présente décision, laquelle, par conséquent, ne le lie pas et n'est pas applicable à son égard.

A ARRÊTÉ LA PRÉSENTE DÉCISION:

TITRE PREMIER. PRINCIPES DU RÉSEAU JUDICIAIRE EUROPÉEN EN MATIÈRE CIVILE ET COMMERCIALE

Article premier. Création

1. Un réseau judiciaire européen en matière civile et commerciale, ci-après dénommé «le réseau» est créé entre les États membres.
2. Dans la présente décision, les termes «États membres» signifient les États membres à l'exception du Danemark.

Article 2. Composition

1. Le réseau est composé:

a) des points de contact désignés par les États membres, conformément au paragraphe 2;

b) des instances et des autorités centrales prévues dans des actes communautaires, des instruments internationaux auxquels les États membres sont parties ou des règles de droit interne dans le domaine de la coopération judiciaire en matière civile et commerciale;

c) des magistrats de liaison, visés par l'action commune 96/277/JAI du 22 avril 1996 adoptée par le Conseil sur la base de l'article K.3 du traité sur l'Union européenne, concernant un cadre d'échange de magistrats de liaison visant à l'amélioration de la coopération judiciaire entre les États membres de l'Union européenne[7], ayant des responsabilités dans le domaine de la coopération civile et commerciale;

d) le cas échéant, de toute autre autorité judiciaire ou administrative ayant des responsabilités dans le domaine de la coopération judiciaire en matière civile et commerciale et dont l'appartenance au réseau est jugée utile par son État membre d'appartenance.

---

[6] JO L 24 du 30.1.1998, p. 1.
[7] JO L 105 du 27.4.1996, p. 1.

2. Chaque État membre désigne un point de contact. Chaque État membre peut toutefois désigner un nombre limité d'autres points de contact, s'il l'estime nécessaire en fonction de l'existence de systèmes juridiques différents, de la répartition interne des compétences, des missions qui seront confiées à ces points de contact, ou afin d'associer directement aux travaux des points de contact des organes judiciaires traitant fréquemment de litiges transfrontières.

Lorsqu'un État membre désigne plusieurs points de contact, il assure le fonctionnement de mécanismes de coordination appropriés entre eux.

3. Les États membres identifient les autorités mentionnées aux points b) et c) du paragraphe 1.

4. Les États membres désignent les autorités mentionnées au point d) du paragraphe 1.

5. Les États membres communiquent à la Commission, conformément à l'article 20, les noms et les adresses complètes des autorités mentionnées au paragraphe 1, avec l'indication:

a) des moyens de communication dont ils disposent;
b) de leurs connaissances linguistiques, et
c) le cas échéant, de leurs fonctions particulières dans le réseau.

Article 3. Missions et activités du réseau

1. Le réseau a pour mission de:

a) faciliter la coopération judiciaire entre les États membres en matière civile et commerciale, et notamment de concevoir, mettre en place de manière progressive, et tenir à jour un système d'information destiné aux membres du réseau;
b) concevoir, mettre en place de manière progressive, et tenir à jour un système d'information destiné au public.

2. Sans préjudice des autres actes communautaires ou des instruments internationaux relatifs à la coopération judiciaire en matière civile et commerciale, le réseau développe ses activités notamment aux fins suivantes:

a) le bon déroulement des procédures ayant une incidence transfrontière et faciliter les demandes de coopération judiciaire entre les États membres, en particulier lorsque ni un acte communautaire ni un instrument international n'est applicable;
b) l'application effective et concrète des actes communautaires ou des conventions en vigueur entre deux ou plusieurs États membres;
c) la mise en place et l'entretien d'un système d'information destiné au public sur la coopération judiciaire en matière civile et commerciale à l'intérieur de l'Union européenne, sur les actes communautaires et les instruments internationaux pertinents, et sur le droit interne des États membres, notamment en ce qui concerne l'accès aux systèmes juridictionnels.

Article 4. Modalités de fonctionnement du réseau

Le réseau remplit sa mission notamment selon les modalités suivantes:

1) il facilite l'établissement de contacts appropriés entre les autorités des États membres mentionnées à l'article 2, paragraphe 1, pour l'accomplissement des missions prévues à l'article 3;
2) il tient des réunions périodiques de ses points de contact et de ses membres selon les modalités prévues au titre II;
3) il élabore et tient à jour les informations concernant la coopération judiciaire

en matière civile et commerciale et les systèmes juridiques des États membres visées au titre III, selon les modalités prévues audit titre.

Article 5. Points de contact

1. Les points de contact sont à la disposition des autorités visées à l'article 2, paragraphe 1, points b), c) et d), pour remplir les missions visées à l'article 3.
Les points de contact sont également à la disposition des autorités judiciaires locales de leur État membre, aux mêmes fins, selon des modalités décidées par chaque État membre.
2. En particulier, les points de contact ont pour fonction de:
a) fournir toute information nécessaire à la bonne coopération judiciaire entre les États membres, conformément à l'article 3, aux autres points de contact, aux autorités mentionnées à l'article 2, paragraphe 1, points b), c) et d), ainsi qu'aux autorités judiciaires locales de leur État membre, afin de leur permettre d'établir de façon efficace une demande de coopération judiciaire et les contacts directs les plus appropriés;
b) rechercher des solutions aux difficultés qui peuvent se présenter à l'occasion d'une demande de coopération judiciaire, sans préjudice du paragraphe 4 du présent article et de l'article 6;
c) faciliter la coordination du traitement des demandes de coopération judiciaire dans l'État membre concerné, notamment lorsque plusieurs demandes des autorités judiciaires de cet État membre doivent être exécutées dans un autre État membre;
d) collaborer à l'organisation des réunions visées à l'article 9, et y participer;
e) collaborer à la réalisation et à la mise à jour des informations mentionnées au titre III, et notamment du système d'information destiné au public, selon les modalités prévues audit titre.
3. Lorsque qu'un point de contact reçoit d'un autre membre du réseau, une demande d'information à laquelle il n'est pas en mesure de donner une suite appropriée, il l'adresse au point de contact ou au membre du réseau le mieux placé pour le faire. Le point de contact reste disponible pour prêter toute assistance utile lors des contacts ultérieurs.
4. Dans les domaines où les actes communautaires ou les instruments internationaux régissant la coopération judiciaire prévoient déjà la désignation d'autorités chargées de faciliter la coopération judiciaire, les points de contact orientent les demandeurs vers ces autorités.

Article 6. Autorités compétentes aux fins des actes communautaires ou des instruments internationaux relatifs à la coopération judiciaire en matière civile et commerciale

1. L'intégration des autorités compétentes prévues dans les actes communautaires ou dans les instruments internationaux relatifs à la coopération judiciaire en matière civile et commerciale dans le réseau ne porte pas préjudice aux compétences qui leur sont attribuées par l'acte ou l'instrument qui prévoit leur désignation.
Les contacts au sein du réseau s'effectuent sans préjudice des contacts réguliers ou occasionnels entre ces autorités compétentes.
2. Dans chaque État membre, les autorités prévues par les actes communautaires ou les instruments internationaux relatifs à la coopération judiciaire en matière ci-

vile et commerciale et les points de contact du réseau entretiennent des échanges de vues et des contacts réguliers, afin d'assurer la diffusion la plus large de leurs expériences respectives.
3. Les points de contact du réseau se tiennent à la disposition des autorités prévues par les actes communautaires ou les instruments internationaux relatifs à la coopération judiciaire en matière civile et commerciale, afin de leur prêter toute assistance utile.

Article 7. Connaissances linguistiques des points de contact
Afin de faciliter le fonctionnement pratique du réseau, chaque État membre veille à ce que ses points de contact aient une connaissance suffisante d'une langue officielle des institutions de la Communauté européenne autre que la leur, compte tenu du fait qu'ils doivent pouvoir communiquer avec les points de contact des autres États membres.
Les États membres facilitent et encouragent la formation linguistique spécialisée du personnel des points de contact et favorisent les échanges de collaborateurs entre les points de contact implantés dans les États membres.

Article 8. Moyens de communication
Les points de contact utilisent les moyens technologiques les plus appropriés de façon à répondre le plus efficacement et le plus rapidement possible à toutes les demandes qui leur sont présentées.

TITRE II. RÉUNIONS AU SEIN DU RÉSEAU

Article 9. Réunions des points de contact
1. Les points de contact du réseau se réunissent au moins une fois par semestre, conformément aux dispositions de l'article 12.
2. Chaque État membre est représenté à ces réunions par un ou plusieurs points de contact, qui peuvent se faire accompagner par d'autres membres du réseau, sans en aucun cas excéder le chiffre de quatre représentants par État membre.
3. La première réunion des points de contact se tiendra au plus tard le 1er mars 2003, sans préjudice d'éventuelles réunions préparatoires.

Article 10. Objet des réunions périodiques des points de contact
1. Les réunions périodiques des points de contact ont pour but de:
a) leur permettre de se connaître et d'échanger leur expérience, notamment en ce qui concerne le fonctionnement du réseau;
b) offrir une plate-forme de discussion pour les problèmes pratiques et juridiques rencontrés par les États membres dans le cadre de la coopération judiciaire, notamment en ce qui concerne l'application des mesures adoptées par la Communauté européenne;
c) identifier les meilleures pratiques dans le domaine de la coopération judiciaire en matière civile et commerciale, et assurer la diffusion des informations y afférentes au sein du réseau;
d) échanger des données et des points de vue notamment sur la structure, l'organisation et le contenu des informations disponibles mentionnées au titre III ainsi que sur l'accès à celles-ci;

e) dégager des orientations pour l'élaboration progressive des fiches d'information mentionnées à l'article 15, notamment en ce qui concerne les sujets à traiter et la forme à donner à ces fiches;
f) identifier des initiatives spécifiques autres que celles mentionnées au titre III, mais ayant des finalités analogues.
2. Les États membres veillent à ce que l'expérience acquise avec le fonctionnement des mécanismes spécifiques de coopération prévus dans des actes communautaires ou des instruments internationaux en vigueur soit partagée lors des réunions des points de contact.

Article 11. Réunion des membres du réseau
1. Des réunions ouvertes à tous les membres du réseau auront lieu afin de leur permettre de se connaître et d'échanger leur expérience, de leur offrir une plate-forme de discussion pour les problèmes pratiques et juridiques rencontrés et pour traiter de questions spécifiques.
Des réunions peuvent également être consacrées à des questions particulières.
2. Les réunions sont convoquées selon les besoins et conformément aux dispositions de l'article 12.
3. La Commission, en étroite coopération avec la présidence du Conseil et les États membres, fixe le nombre maximum de participants pour chaque réunion.

Article 12. Organisation et déroulement des réunions au sein du réseau
1. La Commission, en étroite coopération avec la présidence du Conseil et les États membres, est chargée de la convocation et de l'organisation des réunions mentionnées aux articles 9 et 11. Elle en assure la présidence et le secrétariat.
2. Avant chaque réunion, la Commission établit le projet d'ordre du jour en accord avec la présidence du Conseil et en consultation avec les États membres, par le biais de leurs points de contact respectifs.
3. Le projet d'ordre du jour est communiqué aux points de contact préalablement à la réunion. Ceux-ci peuvent demander que des modifications y soient apportées ou que des points supplémentaires y soient ajoutés.
4. À l'issue de chaque réunion, la Commission établit un compte rendu qui est communiqué aux points de contact.
5. Des réunions des points de contact et des membres du réseau peuvent aussi être organisées dans les États membres.

TITRE III. INFORMATIONS DISPONIBLES AU SEIN DU RÉSEAU ET SYSTÈME D'INFORMATION DESTINÉ AU PUBLIC

Article 13. Informations diffusées au sein du réseau
1. Les informations diffusées au sein du réseau comprennent:
a) les informations mentionnées à l'article 2, paragraphe 5;
b) toute autre information jugée utile par les points de contact pour le bon fonctionnement du réseau.
2. Aux fins des dispositions du paragraphe 1, la Commission mettra progressivement en place, en consultation avec les points de contact, un système électronique d'échange d'informations, sécurisé et à accès limité.

Article 14. Système d'information destiné au public

1. Un système d'information fondé sur l'Internet, destiné au public, comprenant le site propre du réseau, est mis en place progressivement conformément aux articles 17 et 18.
2. Ce système d'information comprend les éléments suivants:
a) les actes communautaires en vigueur ou en préparation relatifs à la coopération judiciaire en matière civile et commerciale;
b) les mesures nationales visant à mettre en œuvre, au plan interne, les instruments visés au point a) du présent paragraphe;
c) les instruments internationaux en vigueur relatifs à la coopération judiciaire en matière civile et commerciale auxquels les États membres sont parties, ainsi que les déclarations faites et les réserves exprimées dans le cadre de ces instruments;
d) les éléments pertinents de la jurisprudence communautaire dans le domaine de la coopération judiciaire en matière civile et commerciale;
e) les fiches d'information visées à l'article 15.
3. En ce qui concerne l'accès aux informations mentionnées au paragraphe 2, points a) à d), le réseau devrait, le cas échéant, établir sur son site propre, des liens vers les autres sites sur lesquels les informations originales se trouvent.
4. Par le même biais, le site propre au réseau facilitera l'accès à des initiatives analogues en matière d'information du public dans des domaines connexes, ainsi qu'à des sites contenant des informations sur les systèmes juridiques des États membres.

Article 15. Fiches d'information

1. Les fiches d'information sont établies par priorité sur des questions relatives à l'accès à la justice dans les États membres, et contiennent notamment des informations relatives aux modalités de saisine des tribunaux et à l'assistance judiciaire, sans préjudice des travaux déjà réalisés dans le cadre d'autres initiatives communautaires et dont le réseau tiendra le plus grand compte.
2. Les fiches d'information sont pratiques et concises. Elles sont établies dans une langue aisément compréhensible et contiennent des informations pratiques destinées au public. Elles sont progressivement établies sur, au moins, les sujets suivants:
a) les principes du système juridique et de l'organisation judiciaire des États membres;
b) les modalités de saisine des tribunaux, notamment en ce qui concerne les demandes de faible importance, et les procédures judiciaires subséquentes, y compris les voies et les procédures de recours;
c) les conditions et les modalités d'accès à l'assistance judiciaire, comprenant des descriptions des tâches des organisations non gouvernementales qui travaillent dans le domaine, en tenant compte des travaux déjà réalisés dans le cadre du dialogue avec les citoyens;
d) les règles nationales en matière de signification et de notification des actes;
e) les règles et les procédures pour l'exécution des décisions judiciaires d'un autre État membre;
f) les possibilités et les procédures pour l'obtention de mesures conservatoires, notamment la saisie des biens d'une personne en vue d'une exécution;
g) la possibilité de résoudre les litiges par des moyens alternatifs, et l'indication des centres d'information et d'assistance nationaux du réseau européen pour la résolution extrajudiciaire des litiges de consommation;

h) l'organisation et le fonctionnement des professions juridiques.
3. Le cas échéant, les fiches d'information comportent des éléments sur la jurisprudence pertinente des États membres.
4. Les fiches d'information peuvent comporter des informations plus détaillées à l'intention des spécialistes.

Article 16. Mise à jour des informations
Toutes les informations diffusées à l'intérieur du réseau et au public en vertu des articles 13 à 15 sont régulièrement actualisées.

Article 17. Rôle de la Commission dans le système d'information destiné au public
La Commission:
1) est responsable de la gestion du système d'information destiné au public;
2) établit, en consultation avec les points de contact, un site propre au réseau sur son site Internet;
3) fournit des informations sur les aspects pertinents du droit et des procédures communautaires, y compris sur la jurisprudence communautaire, conformément à l'article 14;
4) a) s'assure de la cohérence formelle des fiches d'information et veille à ce qu'elles comportent toutes les informations jugées nécessaires par le réseau;
b) s'assure ensuite de la traduction dans les autres langues officielles des institutions de la Communauté et les met à disposition sur le site propre du réseau.

Article 18. Rôle des points de contact dans le système d'information destiné au public
Les points de contact veillent à ce que:
1) les informations nécessaires à la constitution et au fonctionnement du système soient fournies à la Commission;
2) les informations introduites dans le système soient exactes;
3) les mises à jour éventuelles soient communiquées sans délai à la Commission dès qu'une information nécessite une modification;
4) les fiches d'information qui concernent leur État membre soient établies progressivement, conformément aux orientations mentionnées à l'article 10, paragraphe 1, point e);
5) les fiches d'information installées sur le site propre du réseau soient diffusées le plus largement possible dans leur État membre.

TITRE IV. DISPOSITIONS FINALES

Article 19. Réexamen
1. Au plus tard le 1er décembre 2005, et ensuite tous les cinq ans au moins, la Commission présente au Parlement européen, au Conseil et au Comité économique et social un rapport relatif à l'application de la présente décision, élaboré sur la base des informations communiquées préalablement par les points de contact. Ce rapport est accompagné, le cas échéant, de propositions visant à adapter la présente décision.
2. Le rapport examine notamment, parmi d'autres questions pertinentes, celle d'un éventuel accès direct du public aux points de contact du réseau, de l'accès et de

1. e) Réseau judiciaire européen (décision) 761

l'association des professions juridiques à ses travaux, et des synergies avec le réseau européen pour la résolution extrajudiciaire des litiges de consommation. Il examine également les relations entre les points de contact du réseau et les autorités compétentes prévues par les actes communautaires ou les instruments internationaux relatifs à la coopération judiciaire en matière civile et commerciale.

Article 20. Mise en place des éléments de base du réseau
Au plus tard le 1er juin 2002, les États membres communiquent à la Commission les informations visées à l'article 2, paragraphe 5.

Article 21. Date de mise en application
La présente décision est applicable à partir du 1er décembre 2002, à l'exception des articles 2 et 20 qui s'appliquent à partir de la date de la notification de la décision aux États membres qui en sont destinataires.

2. Matières matrimoniales et de responsabilité parentale

a) Règlement du Conseil du 29 mai 2000 relatif à la compétence, la reconnaissance et l'exécution des décisions en matière matrimoniale et en matière de responsabilité parentale des enfants communs (n° 1347/2000/CE)

Journal officiel n° L 160 du 30/06/2000 p. 19–29

LE CONSEIL DE L'UNION EUROPÉENNE,
vu le traité instituant la Communauté européenne, et notamment son article 61, point c), et son article 67, paragraphe 1,
vu la proposition de la Commission[1],
vu l'avis du Parlement européen[2],
vu l'avis du Comité économique et social[3],
considérant ce qui suit:
(1) Les États membres se sont donnés pour objectif de maintenir et de développer l'Union en tant qu'espace de liberté, de sécurité et de justice au sein duquel est assurée la libre circulation des personnes. Pour mettre en place progressivement un tel espace la Communauté adopte, entre autres, les mesures dans le domaine de la coopération judiciaire en matière civile nécessaires au bon fonctionnement du marché intérieur.
(2) Le bon fonctionnement du marché intérieur exige d'améliorer et de simplifier la libre circulation des jugements en matière civile.
(3) Cette matière relève désormais de l'article 65 du traité.
(4) Certaines différences entre les règles nationales en matière de compétence et de reconnaissance rendent plus difficiles la libre circulation des personnes ainsi que le bon fonctionnement du marché intérieur. Il est en conséquence justifié d'arrêter des dispositions permettant d'unifier les règles de conflit de juridictions en matière matrimoniale et en matière de responsabilité parentale en simplifiant les formalités en vue d'une reconnaissance rapide et automatique des décisions et de leur exécution.
(5) Conformément aux principes de subsidiarité et de proportionnalité énoncés à l'article 5 du traité, les objectifs du présent règlement ne peuvent pas être réalisés de manière suffisante par les États membres et peuvent donc être mieux réalisés au niveau communautaire. Le présent règlement n'excède pas ce qui est nécessaire pour atteindre ces objectifs.
(6) Le Conseil, par un acte du 28 mai 1998[4], a établi le texte d'une convention concernant la compétence, la reconnaissance et l'exécution des décisions en matière matrimoniale et en a recommandé l'adoption par les États membres selon leurs règles constitutionnelles respectives. Il y a lieu d'assurer la continuité des résultats obtenus dans le cadre de la conclusion de la convention. Son contenu substantiel est largement repris par le présent

---

[1] JO C 247 du 31.8.1999, p. 1.
[2] Avis rendu le 17 novembre 1999 (non encore paru au Journal officiel).
[3] JO C 368 du 20.12.1999, p. 23.
[4] JO C 221 du 16.7.1998, p. 1. Le jour même de l'établissement de la convention, le Conseil a pris acte du rapport explicatif relatif à la convention élaboré par Mme Alegría Borrás, lequel figure à la page 27 du Journal officiel précité.

2. a) matières matrimoniales et de responsabilité parentale. Règlement 1347/2000/CE

règlement, mais celui-ci contient un certain nombre de dispositions qui ne figurent pas dans la convention et qui sont destinées à le mettre en harmonie avec certaines dispositions de la proposition de règlement relatif à la compétence judiciaire, à la reconnaissance et à l'exécution des décisions en matière civile et commerciale.

(7) Pour atteindre l'objectif de la libre circulation des jugements en matière matrimoniale et en matière de responsabilité parentale au sein de la Communauté, il est nécessaire et approprié que la reconnaissance transfrontières des compétences et des jugements en matière de dissolution du lien matrimonial et de responsabilité parentale des enfants communs soit régie par un instrument juridique communautaire contraignant et directement applicable.

(8) Il convient que le présent règlement prévoie des mesures cohérentes et uniformes, permettant une circulation de personnes aussi ample que possible. De ce fait, il est nécessaire de l'appliquer également aux ressortissants d'États tiers qui présentent un lien d'attachement suffisamment fort avec le territoire de l'un des États membres, conformément aux critères de compétence prévus dans le règlement.

(9) Il y a lieu que le champ d'application du présent règlement inclue les procédures civiles, ainsi que les procédures non judiciaires, admises en matière matrimoniale dans certains États, à l'exclusion des procédures de nature purement religieuse. De ce fait, il convient de préciser que le terme «juridiction» englobe toutes les autorités, judiciaires ou non, compétentes en matière matrimoniale.

(10) Il importe que le présent règlement se limite aux procédures relatives au divorce, à la séparation de corps ou à l'annulation du mariage. La reconnaissance des décisions de divorce et d'annulation ne concerne que la dissolution du lien matrimonial. Le règlement ne concerne pas des questions telles que la faute des époux, les effets patrimoniaux du mariage et les obligations alimentaires ou d'autres mesures accessoires éventuelles, même si elles sont liées aux procédures susmentionnées.

(11) Le règlement couvre la responsabilité parentale des enfants communs pour les questions qui présentent un lien étroit avec une procédure de divorce, de séparation de corps ou d'annulation du mariage.

(12) Les critères de compétence retenus dans le présent règlement se fondent sur le principe qu'il doit exister un lien de rattachement réel entre l'intéressé et l'État membre exerçant la compétence. La décision d'inclure certains critères correspond au fait qu'ils existent dans différents ordres juridiques internes et qu'ils sont acceptés par les autres États membres.

(13) L'un des risques à prendre en compte dans le cadre de la protection des enfants communs dans les situations de crise conjugale est que l'un des parents emmène l'enfant dans un autre pays. Il importe donc de protéger les intérêts fondamentaux des enfants, conformément, en particulier, à la convention de La Haye du 25 octobre 1980 sur les aspects civils de l'enlèvement international d'enfants. Dès lors, la résidence habituelle licite est maintenue comme critère de compétence dans les cas où, en raison du déplacement de l'enfant ou du non-retour illicite de l'enfant, il y a eu une modification de fait de la résidence habituelle.

(14) Le présent règlement ne fait pas obstacle à ce que les juridictions d'un État membre adoptent, en cas d'urgence, des mesures provisoires ou conservatoires relatives aux personnes ou aux biens présents dans cet État.

(15) Le terme de «décision» ne vise que les décisions qui aboutissent à un divorce, une séparation de corps ou une annulation du mariage. Les actes authentiques reçus et exécutoires dans un État membre sont assimilés à de telles «décisions».

(16) La reconnaissance et l'exécution des décisions rendues dans un État membre reposent sur le principe de la confiance mutuelle. Les motifs de non-reconnaissance sont réduits au minimum nécessaire. Il convient que cette procédure comporte des dispositions visant à assurer le respect de l'ordre public de l'État requis et des droits de la défense et des parties intéressées, notamment les droits des enfants concernés, et à éviter la reconnaissance de décisions inconciliables.
(17) Il y a lieu que l'État requis ne contrôle ni la compétence de l'État d'origine, ni l'établissement des faits par la décision.
(18) Aucune procédure ne peut être requise pour la mise à jour dans un État membre des actes d'état civil sur le fondement d'une décision définitive rendue dans un autre État membre.
(19) Il y a lieu que les dispositions de la convention conclue en 1931 par les États nordiques puissent s'appliquer dans les limites énoncées par le présent règlement.
(20) L'Espagne, l'Italie et le Portugal ont conclu des concordats avant l'inclusion dans le traité des matières couvertes par le présent règlement. Il convient de permettre à ces États membres de ne pas violer leurs engagements internationaux avec le Saint-Siège.
(21) Il convient que les États membres restent libres d'établir entre eux des modalités pratiques d'application du règlement tant que des mesures communautaires ne sont pas prises à cet effet.
(22) Il y a lieu que les annexes I à III relatives aux juridictions et aux voies de recours soient modifiées par la Commission sur la base des amendements transmis par l'État membre concerné. Il convient que les modifications apportées aux annexes IV et V soient adoptées conformément à la décision 1999/468/CE du Conseil du 28 juin 1999 fixant les modalités de l'exercice des compétences d'exécution conférées à la Commission[5].
(23) Au plus tard cinq ans après l'entrée en vigueur du présent règlement, la Commission doit en examiner l'application en vue de proposer, le cas échéant, les modifications nécessaires.
(24) En conformité avec l'article 3 du protocole sur la position du Royaume-Uni et de l'Irlande, annexé au traité sur l'Union européenne et au traité instituant la Communauté européenne, ces États ont notifié leur souhait de participer à l'adoption et à l'application du présent règlement.
(25) En conformité avec les articles 1er et 2 du protocole sur la position du Danemark, annexé au traité sur l'Union européenne et au traité instituant la Communauté européenne, cet État ne participe pas à l'adoption du présent règlement, lequel, par conséquent, ne le lie pas et ne lui est pas applicable,
A ARRÊTÉ LE PRÉSENT RÈGLEMENT:

CHAPITRE I. CHAMP D'APPLICATION

Article premier
1. Le présent règlement s'applique:
a) aux procédures civiles relatives au divorce, à la séparation de corps ou à l'annulation du mariage des époux;
b) aux procédures civiles relatives à la responsabilité parentale à l'égard des enfants communs des époux à l'occasion de l'action matrimoniale visée au point a).

---

[5] JO L 184 du 17.7.1999, p. 23.

2. Sont assimilées aux procédures judiciaires les autres procédures officiellement reconnues dans un État membre. Le terme «juridiction» englobe toutes les autorités compétentes des États membres en la matière.

3. Dans le présent règlement, on entend par «État membre» tous les États membres à l'exception du Danemark.

CHAPITRE II. COMPÉTENCE JUDICIAIRE

Section I. Dispositions générales

Article 2
Divorce, séparation de corps et annulation du mariage
1. Sont compétentes pour statuer sur les questions relatives au divorce, à la séparation de corps et à l'annulation du mariage des époux, les juridictions de l'État membre:
a) sur le territoire duquel se trouve:
– la résidence habituelle des époux ou
– la dernière résidence habituelle des époux dans la mesure où l'un d'eux y réside encore ou
– la résidence habituelle du défendeur ou
– en cas de demande conjointe, la résidence habituelle de l'un ou l'autre époux ou
– la résidence habituelle du demandeur s'il y a résidé depuis au moins une année immédiatement avant l'introduction de la demande ou
– la résidence habituelle du demandeur s'il y a résidé depuis au moins six mois immédiatement avant l'introduction de la demande et s'il est soit ressortissant de l'État membre en question, soit, dans le cas du Royaume-Uni et de l'Irlande, s'il y a son «domicile»;
b) de la nationalité des deux époux ou, dans le cas du Royaume-Uni et de l'Irlande, du «domicile» commun.
2. Aux fins du présent règlement, le terme «domicile» doit s'entendre au sens des systèmes juridiques du Royaume-Uni et de l'Irlande.

Article 3. Responsabilité parentale
1. Les juridictions de l'État membre où la compétence est exercée en vertu de l'article 2 pour statuer sur une demande en divorce, en séparation de corps ou en annulation du mariage des époux sont compétentes pour toute question relative à la responsabilité parentale à l'égard d'un enfant commun des époux, lorsque l'enfant a sa résidence habituelle dans cet État membre.
2. Lorsque l'enfant n'a pas sa résidence habituelle dans l'État membre visé au paragraphe 1, les juridictions de cet État ont compétence en la matière si l'enfant a sa résidence habituelle dans l'un des États membres et que:
a) au moins l'un des époux exerce la responsabilité parentale à l'égard de l'enfant et
b) la compétence de ces juridictions a été acceptée par les époux et est dans l'intérêt supérieur de l'enfant.
3. La compétence prévue aux paragraphes 1 et 2 prend fin:
a) dès que la décision faisant droit à la demande en divorce, en séparation de corps ou en annulation du mariage ou la rejetant est passée en force de chose jugée ou

b) au cas où une procédure relative à la responsabilité parentale est encore en instance à la date visée au point a), dès qu'une décision relative à la responsabilité parentale est passée en force de chose jugée ou
c) dans les cas visés aux points a) et b), dès qu'il a été mis fin à la procédure pour une autre raison.

Article 4. Enlèvement d'enfants
Les juridictions compétentes au sens de l'article 3 exercent leur compétence conformément à la convention de La Haye du 25 octobre 1980 sur les aspects civils de l'enlèvement international d'enfants, et notamment à ses articles 3 et 16.

Article 5. Demande reconventionnelle
La juridiction devant laquelle la procédure est pendante en vertu des articles 2 à 4 est également compétente pour examiner la demande reconventionnelle, dans la mesure où celle-ci entre dans le champ d'application du présent règlement.

Article 6. Conversion de la séparation de corps en divorce
Sans préjudice de l'article 2, la juridiction de l'État membre qui a rendu une décision sur la séparation de corps est également compétente pour convertir cette décision en divorce, si la loi de cet État membre le prévoit.

Article 7. Caractère exclusif des compétences définies aux articles 2 à 6
Un époux qui:
a) a sa résidence habituelle sur le territoire d'un État membre ou
b) est ressortissant d'un État membre ou, dans le cas du Royaume-Uni et de l'Irlande, a son «domicile» sur le territoire de l'un de ces États membres
ne peut être attrait devant les juridictions d'un autre État membre qu'en vertu des articles 2 à 6.

Article 8. Compétences résiduelles
1. Lorsque aucune juridiction d'un État membre n'est compétente en vertu des articles 2 à 6, la compétence est, dans chaque État membre, réglée par la loi de cet État.
2. Tout ressortissant d'un État membre qui a sa résidence habituelle sur le territoire d'un autre État membre peut, comme les nationaux de cet État, y invoquer les règles de compétence applicables dans cet État contre un défendeur qui n'a pas sa résidence habituelle dans un État membre et qui ou bien n'a pas la nationalité d'un État membre ou, dans le cas du Royaume-Uni et de l'Irlande, n'a pas son «domicile» sur le territoire de l'un de ces États membres.

Section 2. Vérification de la compétence et de la recevabilité

Article 9. Vérification de la compétence
La juridiction d'un État membre saisie d'une affaire pour laquelle sa compétence n'est pas fondée aux termes du présent règlement et pour laquelle une juridiction d'un autre État membre est compétente en vertu du présent règlement se déclare d'office incompétente.

Article 10. Vérification de la recevabilité

1. Lorsque le défendeur qui a sa résidence habituelle dans un État autre que l'État membre où l'action a été intentée ne comparaît pas, la juridiction compétente est tenue de surseoir à statuer aussi longtemps qu'il n'est pas établi que ce défendeur a été mis à même de recevoir l'acte introductif d'instance ou un acte équivalent en temps utile afin de pourvoir à sa défense ou que toute diligence a été faite à cette fin.
2. L'article 19 du règlement (CE) n° 1348/2000 du 29 mai 2000 relatif à la signification et à la notification dans les États membres des actes judiciaires et extrajudiciaires en matière civile ou commerciale[6] s'applique à la place des dispositions du paragraphe 1 du présent article si l'acte introductif d'instance ou un acte équivalent a dû être transmis d'un État membre à un autre en exécution dudit règlement.
3. Lorsque les dispositions du règlement (CE) no 1348/2000 ne sont pas applicables, l'article 15 de la convention de La Haye du 15 novembre 1965 relative à la signification et à la notification à l'étranger des actes judiciaires et extrajudiciaires en matière civile ou commerciale s'applique si l'acte introductif d'instance ou un acte équivalent a dû être transmis à l'étranger en exécution de ladite convention.

Section 3. Litispendance et actions dépendantes

Article 11

1. Lorsque des demandes ayant le même objet et la même cause sont formées entre les mêmes parties devant des juridictions d'États membres différents, la juridiction saisie en second lieu sursoit d'office à statuer jusqu'à ce que la compétence de la juridiction première saisie soit établie.
2. Lorsque des demandes en divorce, en séparation de corps ou en annulation du mariage, n'ayant pas le même objet ni la même cause, sont formées entre les mêmes parties devant des juridictions d'États membres différents, la juridiction saisie en second lieu sursoit d'office à statuer jusqu'à ce que la compétence de la juridiction première saisie soit établie.
3. Lorsque la compétence de la juridiction première saisie est établie, la juridiction saisie en second lieu se dessaisit en faveur de celle-ci.
Dans ce cas, la partie ayant introduit la demande devant la juridiction saisie en second lieu peut porter cette action devant la juridiction première saisie.
4. Aux fins du présent article, une juridiction est réputée saisie:
a) à la date à laquelle l'acte introductif d'instance ou un acte équivalent est déposé auprès de la juridiction, à condition que le demandeur n'ait pas négligé par la suite de prendre les mesures qu'il était tenu de prendre pour que l'acte soit notifié ou signifié au défendeur ou
b) si l'acte doit être notifié ou signifié avant d'être déposé auprès de la juridiction, à la date à laquelle il est reçu par l'autorité chargée de la notification ou de la signification, à condition que le demandeur n'ait pas négligé par la suite de prendre les mesures qu'il était tenu de prendre pour que l'acte soit déposé auprès de la juridiction.

---

[6] Voir page 37 du présent Journal officiel.

Section 4. Mesures provisoires et conservatoires

Article 12
En cas d'urgence, les dispositions du présent règlement n'empêchent pas les juridictions d'un État membre de prendre des mesures provisoires ou conservatoires relatives aux personnes ou aux biens présents dans cet État, prévues par la loi de cet État membre même si, en vertu du présent règlement, une juridiction d'un autre État membre est compétente pour connaître du fond.

CHAPITRE III. RECONNAISSANCE ET EXÉCUTION

Article 13. Sens du terme «décision»
1. On entend par «décision», aux fins du présent règlement, toute décision de divorce, de séparation de corps ou d'annulation d'un mariage rendue par une juridiction d'un État membre, ainsi que toute décision concernant la responsabilité parentale des époux rendue à l'occasion d'une telle action matrimoniale, quelle que soit la dénomination de la décision, y compris les termes «arrêt», «jugement» ou «ordonnance».
2. Les dispositions du présent chapitre sont aussi d'application pour la fixation du montant des frais du procès au titre des procédures engagées en vertu du présent règlement et pour l'exécution de tout jugement concernant de tels frais.
3. Aux fins de l'application du présent règlement, les actes authentiques reçus et exécutoires dans un État membre ainsi que les transactions conclues devant une juridiction au cours d'une instance et exécutoires dans l'État membre d'origine sont reconnus et rendus exécutoires dans les mêmes conditions que les décisions visées au paragraphe 1.

Section 1. Reconnaissance

Article 14. Reconnaissance d'une décision
1. Les décisions rendues dans un État membre sont reconnues dans les autres États membres sans qu'il soit nécessaire de recourir à aucune procédure.
2. En particulier, et sans préjudice du paragraphe 3, aucune procédure n'est requise pour la mise à jour des actes d'état civil d'un État membre sur la base d'une décision rendue dans un autre État membre en matière de divorce, de séparation de corps ou d'annulation du mariage, qui n'est plus susceptible de recours selon la loi de cet État membre.
3. Toute partie intéressée peut demander, selon les procédures prévues aux sections 2 et 3 du présent chapitre, que soit prise une décision de reconnaissance ou de non-reconnaissance de la décision.
4. Si la reconnaissance d'une décision est invoquée de façon incidente devant une juridiction d'un État membre, celle-ci peut statuer en la matière.

Article 15. Motifs de non-reconnaissance
1. Une décision rendue en matière de divorce, de séparation de corps ou d'annulation du mariage n'est pas reconnue:
a) si la reconnaissance est manifestement contraire à l'ordre public de l'État membre requis;

b) si l'acte introductif d'instance ou un acte équivalent n'a pas été signifié ou notifié au défendeur défaillant en temps utile et de telle manière qu'il puisse pourvoir à sa défense, à moins qu'il ne soit établi que le défendeur a accepté la décision de manière non équivoque;
c) si elle est inconciliable avec une décision rendue dans une instance opposant les mêmes parties dans l'État membre requis ou
d) si elle est inconciliable avec une décision rendue antérieurement dans un autre État membre ou dans un État tiers dans une affaire opposant les mêmes parties, dès lors que cette première décision réunit les conditions nécessaires à sa reconnaissance dans l'État membre requis.
2. Une décision rendue en matière de responsabilité parentale des époux à l'occasion d'une action matrimoniale visée à l'article 13 n'est pas reconnue:
a) si la reconnaissance est manifestement contraire à l'ordre public de l'État membre requis eu égard aux intérêts supérieurs de l'enfant;
b) si, sauf en cas d'urgence, elle a été rendue sans que l'enfant, en violation des règles fondamentales de procédure de l'État membre requis, ait eu la possibilité d'être entendu;
c) si l'acte introductif d'instance ou un acte équivalent n'a pas été signifié ou notifié à la personne défaillante en temps utile et de telle manière que celle-ci puisse pourvoir à sa défense, à moins qu'il ne soit établi que cette personne a accepté la décision de manière non équivoque;
d) à la demande de toute personne faisant valoir que la décision fait obstacle à l'exercice de sa responsabilité parentale, si la décision a été rendue sans que cette personne ait eu la possibilité d'être entendue;
e) si elle est inconciliable avec une décision rendue ultérieurement en matière de responsabilité parentale dans l'État membre requis ou
f) si elle est inconciliable avec une décision rendue ultérieurement en matière de responsabilité parentale dans un autre État membre ou dans l'État tiers où l'enfant réside habituellement, dès lors que la décision ultérieure réunit les conditions nécessaires à sa reconnaissance dans l'État requis.

Article 16. Accord avec des États tiers
Un tribunal d'un État membre peut, sur la base d'un accord sur la reconnaissance et l'exécution des décisions, ne pas reconnaître une décision rendue dans un autre État membre lorsque, dans un cas prévu à l'article 8, la décision n'a pu être fondée que sur des critères de compétence autres que ceux énoncés aux articles 2 à 7.

Article 17. Interdiction du contrôle de la compétence du juge d'origine
Il ne peut être procédé au contrôle de la compétence de la juridiction de l'État d'origine. Le critère de l'ordre public visé à l'article 15, paragraphe 1, point a), et paragraphe 2, point a), ne peut être appliqué aux règles de compétence énoncées aux articles 2 à 8.

Article 18. Disparités entre les lois applicables
La reconnaissance d'une décision rendue en matière de divorce, de séparation de corps ou d'annulation du mariage ne peut être refusée au motif que la loi de l'État membre requis ne permettrait pas le divorce, la séparation de corps ou l'annulation du mariage sur la base de faits identiques.

Article 19. Interdiction de la révision au fond
En aucun cas, une décision ne peut faire l'objet d'une révision au fond.

Article 20. Sursis à statuer
1. La juridiction d'un État membre saisie d'une demande de reconnaissance d'une décision rendue dans un autre État membre peut surseoir à statuer si cette décision fait l'objet d'un recours ordinaire.
2. La juridiction d'un État membre saisie d'une demande de reconnaissance d'une décision rendue en Irlande ou au Royaume-Uni et dont l'exécution est suspendue dans l'État membre d'origine du fait de l'exercice d'un recours peut surseoir à statuer.

Section 2. Exécution

Article 21. Décisions exécutoires
1. Les décisions rendues dans un État membre sur l'exercice de la responsabilité parentale à l'égard d'un enfant commun des parties, qui y sont exécutoires et qui ont été signifiées ou notifiées, sont mises à exécution dans un autre État membre après y avoir été déclarées exécutoires sur requête de toute partie intéressée.
2. Toutefois, au Royaume-Uni, ces décisions sont mises à exécution en Angleterre et au pays de Galles, en Écosse ou en Irlande du Nord après avoir été enregistrées en vue de leur exécution, sur requête de toute partie intéressée, dans l'une ou l'autre de ces parties du Royaume-Uni, suivant le cas.

Article 22. Juridiction territorialement compétente
1. La requête en déclaration de constatation de la force exécutoire est présentée à la juridiction indiquée dans la liste figurant à l'annexe I.
2. La compétence territoriale est déterminée par la résidence habituelle de la personne contre laquelle l'exécution est demandée ou par la résidence habituelle de tout enfant concerné par la requête.
Lorsque aucune des résidences visées au premier alinéa ne se trouve dans l'État membre requis, la compétence territoriale est déterminée par le lieu d'exécution.
3. Dans le cas des procédures visées à l'article 14, paragraphe 3, la compétence territoriale est déterminée par la loi de l'État membre dans lequel la demande de reconnaissance ou de non-reconnaissance est présentée.

Article 23. Procédure d'exécution
1. Les modalités de dépôt de la requête sont déterminées par la loi de l'État membre requis.
2. Le requérant doit faire élection de domicile dans le ressort de la juridiction saisie. Toutefois, si la loi de l'État membre requis ne connaît pas l'élection de domicile, le requérant désigne un mandataire ad litem.
3. Les documents mentionnés aux articles 32 et 33 sont joints à la requête.

Article 24. Décision rendue par la juridiction
1. La juridiction saisie de la requête statue à bref délai, sans que la personne contre laquelle l'exécution est demandée puisse, à ce stade de la procédure, présenter d'observations.

2. La requête ne peut être rejetée que pour l'un des motifs prévus aux articles 15, 16 et 17.
3. En aucun cas, la décision ne peut faire l'objet d'une révision au fond.

Article 25. Notification de la décision
La décision rendue sur requête est aussitôt portée à la connaissance du requérant, à la diligence du greffier, suivant les modalités déterminées par la loi de l'État membre requis.

Article 26. Recours contre la décision autorisant l'exécution
1. L'une ou l'autre partie peut former un recours contre la décision relative à la demande de déclaration constatant la force exécutoire.
2. Le recours est porté devant la juridiction indiquée dans la liste figurant à l'annexe II.
3. Le recours est examiné selon les règles de la procédure contradictoire.
4. Si le recours est formé par la personne qui a demandé la déclaration constatant la force exécutoire, la partie contre laquelle l'exécution est demandée est appelée à comparaître devant la juridiction saisie du recours. En cas de défaut, les dispositions de l'article 10 s'appliquent.
5. Le recours contre la déclaration constatant la force exécutoire doit être formé dans un délai d'un mois à compter de sa signification. Si la partie contre laquelle l'exécution est demandée a sa résidence habituelle dans un État membre autre que celui dans lequel la déclaration constatant la force exécutoire a été délivrée, le délai est de deux mois et court à compter du jour où la signification a été faite à personne ou à domicile. Ce délai ne comporte pas de prorogation à raison de la distance.

Article 27. Juridictions de recours et voies de recours
La décision rendue sur le recours ne peut faire l'objet que du recours visé à l'annexe III.

Article 28. Sursis à statuer
1. La juridiction saisie du recours formé au titre de l'article 26 ou 27 peut, à la requête de la partie contre laquelle l'exécution est demandée, surseoir à statuer si la décision fait, dans l'État membre d'origine, l'objet d'un recours ordinaire ou si le délai pour le former n'est pas expiré; dans ce dernier cas, la juridiction peut impartir un délai pour former ce recours.
2. Lorsque la décision a été rendue en Irlande ou au Royaume-Uni, toute voie de recours prévue dans l'État membre d'origine est considérée comme un recours ordinaire aux fins de l'application du paragraphe 1.

Article 29. Exécution partielle
1. Lorsque la décision a statué sur plusieurs chefs de la demande et que l'exécution ne peut être autorisée pour le tout, la juridiction accorde l'exécution pour un ou plusieurs d'entre eux.
2. Le requérant peut demander une exécution partielle.

Article 30. Assistance judiciaire
Le requérant qui, dans l'État membre d'origine, a bénéficié en tout ou en partie de

l'assistance judiciaire ou d'une exemption de frais et dépens bénéficie, dans la procédure prévue aux articles 21 à 24, de l'assistance la plus favorable ou de l'exemption la plus large prévue par le droit de l'État membre requis.

Article 31. Caution, dépôt
Aucune caution ni aucun dépôt, sous quelque dénomination que ce soit, ne peuvent être imposés à la partie qui demande l'exécution dans un État membre d'une décision rendue dans un autre État membre en raison:
a) du défaut de résidence habituelle dans l'État membre requis ou
b) soit de sa qualité d'étranger, soit, lorsque l'exécution est demandée au Royaume-Uni ou en Irlande, du défaut de «domicile» dans l'un de ces États membres.

Section 3. Dispositions communes

Article 32. Documents
1. La partie qui invoque ou conteste la reconnaissance d'une décision ou sollicite la délivrance d'une déclaration constatant sa force exécutoire doit produire:
a) une expédition de celle-ci réunissant les conditions nécessaires à son authenticité et
b) un certificat visé à l'article 33.
2. En outre, s'il s'agit d'une décision par défaut, la partie qui invoque la reconnaissance ou sollicite la délivrance d'une déclaration constatant sa force exécutoire doit produire:
a) l'original ou une copie certifiée conforme du document établissant que l'acte introductif d'instance ou un acte équivalent a été signifié ou notifié à la partie défaillante ou
b) tout document indiquant que le défendeur a accepté la décision de manière non équivoque.

Article 33. Autres documents
La juridiction ou l'autorité compétente d'un État membre dans lequel une décision a été rendue délivre, à la requête de toute partie intéressée, un certificat en utilisant le formulaire dont le modèle figure à l'annexe IV (décisions en matière matrimoniale) ou à l'annexe V (décisions en matière de responsabilité parentale).

Article 34. Absence de documents
1. À défaut de production des documents mentionnés à l'article 32, paragraphe 1, point b), ou à l'article 32, paragraphe 2, la juridiction peut impartir un délai pour les produire ou accepter des documents équivalents ou, si elle s'estime suffisamment éclairée, en dispenser.
2. Il est produit une traduction des documents si la juridiction l'exige. La traduction est certifiée par une personne habilitée à cet effet dans l'un des États membres.

Article 35. Légalisation ou formalité analogue
Aucune légalisation ni formalité analogue n'est exigée en ce qui concerne les documents mentionnés aux articles 32 et 33 et à l'article 34, paragraphe 2, ou, le cas échéant, la procuration ad litem.

CHAPITRE IV. DISPOSITIONS GÉNÉRALES

Article 36. Relations avec les autres instruments

1. Sans préjudice des articles 38 et 42 et du paragraphe 2 du présent article, le présent règlement remplace entre les États membres les conventions existant au moment de son entrée en vigueur, conclues entre deux ou plusieurs États membres et qui portent sur des matières réglées par le présent règlement.

2. a) La Finlande et la Suède ont la faculté de déclarer que la convention du 6 février 1931 entre le Danemark, la Finlande, l'Islande, la Norvège et la Suède comprenant des dispositions de droit international privé sur le mariage, l'adoption et la garde des enfants ainsi que son protocole final s'appliquent en tout ou en partie, dans leurs relations mutuelles, en lieu et place des règles du présent règlement. Ces déclarations sont publiées au Journal officiel des Communautés européennes en annexe du présent règlement. Ces États membres peuvent déclarer y renoncer, en tout ou en partie, à tout moment[7].

b) Le principe de la non-discrimination en raison de la nationalité entre citoyens de l'Union européenne est respecté.

c) Dans tout accord à conclure entre les États membres visés au point a), portant sur des matières réglées par le présent règlement, les règles de compétence sont alignées sur celles prévues dans le présent règlement.

d) Les décisions rendues dans l'un des États nordiques qui a fait la déclaration visée au point a) en vertu d'un chef de compétence qui correspond à l'un de ceux prévus au chapitre II sont reconnues et exécutées dans les autres États membres conformément aux règles prévues au chapitre III.

3. Les États membres communiquent à la Commission:

a) une copie des accords visés au paragraphe 2, points a) et c), ainsi que des lois uniformes les mettant en œuvre;

b) toute dénonciation ou modification de ces accords ou de ces lois uniformes.

Article 37. Relations avec certaines conventions multilatérales

Dans les relations entre les États membres, le présent règlement prévaut sur les conventions suivantes dans la mesure où elles concernent des matières réglées par le présent règlement:

– convention de La Haye du 5 octobre 1961 concernant la compétence des autorités et la loi applicable en matière de protection des mineurs,

– convention de Luxembourg du 8 septembre 1967 sur la reconnaissance des décisions relatives au lien conjugal,

– convention de La Haye du 1er juin 1970 sur la reconnaissance des divorces et des séparations de corps,

– convention européenne du 20 mai 1980 sur la reconnaissance et l'exécution des décisions en matière de garde des enfants et le rétablissement de la garde des enfants,

– convention de La Haye du 19 octobre 1996 concernant la compétence, la loi applicable, la reconnaissance, l'exécution et la coopération en matière de responsa-

---

[7] Cette déclaration n'a été effectuée par aucun de ces États membres au moment de l'adoption du règlement.

bilité parentale et de mesures de protection des enfants, à condition que l'enfant concerné réside habituellement dans un État membre.

Article 38. Étendue des effets
1. Les accords et conventions mentionnés à l'article 36, paragraphe 1, et à l'article 37 continuent à produire leurs effets dans les matières auxquelles le présent règlement n'est pas applicable.
2. Ils continuent à produire leurs effets en ce qui concerne les décisions rendues et les actes authentiques reçus avant l'entrée en vigueur du présent règlement.

Article 39. Accords entre États membres
1. Deux ou plusieurs États membres peuvent conclure entre eux des accords ou arrangements visant à compléter les dispositions du présent règlement ou à en faciliter l'application.
Les États membres communiquent à la Commission:
a) une copie des projets d'accords et
b) toute dénonciation ou modification de ces accords.
2. En aucun cas les accords ou arrangements ne peuvent déroger aux chapitres II et III.

Article 40. Traités conclus avec le Saint-Siège
1. Le présent règlement est applicable sans préjudice du traité international (concordat) conclu entre le Saint-Siège et le Portugal, signé au Vatican le 7 mai 1940.
2. Toute décision relative à l'invalidité d'un mariage rendue en vertu du traité visé au paragraphe 1 est reconnue dans les États membres dans les conditions prévues au chapitre III.
3. Les dispositions des paragraphes 1 et 2 s'appliquent également aux traités internationaux (concordats) ci-après conclus avec le Saint-Siège:
a) «Concordato lateranense» du 11 février 1929 entre l'Italie et le Saint-Siège, modifié par l'accord, et son protocole additionnel, signé à Rome le 18 février 1984;
b) accord du 3 janvier 1979 entre le Saint-Siège et l'Espagne sur des questions juridiques.
4. En Italie ou en Espagne, la reconnaissance des décisions prévue au paragraphe 2 peut être soumise aux mêmes procédures et aux mêmes contrôles que ceux qui sont applicables aux décisions rendues par les juridictions ecclésiastiques conformément aux traités internationaux conclus avec le Saint-Siège et visés au paragraphe 3.
5. Les États membres communiquent à la Commission:
a) une copie des traités visés aux paragraphes 1 et 3;
b) toute dénonciation ou modification de ces traités.

Article 41. États membres ayant deux ou plusieurs systèmes juridiques
Au regard d'un État membre dans lequel deux ou plusieurs systèmes de droit ou ensembles de règles ayant trait aux questions régies par le présent règlement s'appliquent dans des unités territoriales différentes:
a) toute référence à la résidence habituelle dans cet État membre vise la résidence habituelle dans une unité territoriale;
b) toute référence à la nationalité ou, dans le cas du Royaume-Uni, au «domicile», vise l'unité territoriale désignée par la loi de cet État;

c) toute référence à l'autorité de l'État membre saisie d'une demande en divorce ou séparation de corps, ou en annulation du mariage, vise l'autorité d'une unité territoriale saisie d'une telle demande;
d) toute référence aux règles de l'État membre requis vise les règles de l'unité territoriale dans laquelle la compétence, la reconnaissance ou l'exécution sont invoquées.

CHAPITRE V. DISPOSITIONS TRANSITOIRES

Article 42
1. Les dispositions du présent règlement ne sont applicables qu'aux actions judiciaires intentées, aux actes authentiques reçus et aux transactions conclues devant une juridiction au cours d'une instance, postérieurement à son entrée en vigueur.
2. Toutefois, les décisions rendues après la date d'entrée en vigueur du présent règlement à la suite d'actions intentées avant cette date sont reconnues et exécutées conformément aux dispositions du chapitre III, si les règles de compétence appliquées sont conformes à celles prévues soit par le chapitre II, soit par une convention qui était en vigueur entre l'État membre d'origine et l'État membre requis lorsque l'action a été intentée.

CHAPITRE VI. DISPOSITIONS FINALES

Article 43. Réexamen
Au plus tard le 1er mars 2006, et ensuite tous les cinq ans, la Commission présente au Parlement européen, au Conseil et au Comité économique et social un rapport relatif à l'application du présent règlement, et notamment à l'application de ses articles 35 et 38 et de son article 39, paragraphe 2. Ce rapport est accompagné, le cas échéant, de propositions visant à adapter le présent règlement.

Article 44. Modification des listes des juridictions et des voies de recours
1. Les États membres notifient à la Commission les textes modifiant les listes des juridictions et des voies de recours qui figurent dans les annexes I à III. La Commission adapte les annexes concernées en conséquence.
2. La mise à jour ou l'adaptation technique des formulaires dont les modèles figurent dans les annexes IV et V sont adoptées selon la procédure consultative visée à l'article 45, paragraphe 2.

Article 45
1. La Commission est assistée par un comité.
2. Lorsqu'il est fait référence au présent paragraphe, les articles 3 et 7 de la décision 1999/468/CE s'appliquent.
3. Le comité adopte son règlement intérieur.

Article 46. Entrée en vigueur
Le présent règlement entre en vigueur le 1er mars 2001.

ANNEXE I

La requête prévue à l'article 22 est présentée aux juridictions ci-après:
- en Belgique, au «Tribunal de première instance»/«rechtbank van eerste aanleg»/ «erstinstanzliches Gericht»,
- en Allemagne:
  - dans le ressort du «Kammergericht» (Berlin), au «Familiengericht Pankow/ Weißensee»,
  - dans le ressort des autres «Oberlandesgerichte», au «Familiengericht» situé au siège de l'«Oberlandesgericht» concernée
- en Grèce, au «Μονομελές Πρωτοδικείο»,
- en Espagne, au «Juzgado de Primera Instancia»,
- en France, au président du «tribunal de grande instance»,
- en Irlande, à la «High Court»,
- en Italie, à la «Corte d'appello»,
- au Luxembourg, au président du «tribunal d'arrondissement»,
- aux Pays-Bas, au «voorzieningenrechter van de rechtbank»[8],
- en Autriche, au «Bezirksgericht»,
- au Portugal, au «Tribunal de Comarca» ou au «Tribunal de família»,
- en Finlande, au «käräjäoikeus»/«tingsrätt»,
- en Suède, au «Svea hovrätt»,
- au Royaume-Uni:
  a) en Angleterre et au pays de Galles, à la «High Court of Justice»,
  b) en Écosse, à la «Court of Session»,
  c) en Irlande du Nord, à la «High Court of Justice»,
  d) à Gibraltar, à la «Supreme Court».

ANNEXE II

Le recours prévu à l'article 26 est formé auprès des juridictions suivantes:
- en Belgique:
  a) la personne qui a demandé la déclaration constatant la force exécutoire peut introduire un recours devant la «cour d'appel» ou le «hof van beroep»;
  b) la personne contre laquelle l'exécution est demandée peut faire opposition devant le «tribunal de première instance»/«rechtbank van eerste aanleg»/«erstinstanzliches Gericht»;
- en Allemagne, devant le «Oberlandesgericht»,
- en Grèce, devant le «εφετείο»,
- en Espagne, devant la «Audiencia Provincial»,
- en France, devant la «cour d'appel»,
- en Irlande, devant la «High Court»,
- en Italie, devant la «Corte d'appello»,
- au Luxembourg, devant la «cour d'appel»,
- aux Pays-Bas:

---

[8] Modifié par le règlement 1185/2002/CE du Parlement européen et du Conseil (JO C 173 du 3.7.2002, p. 3).

a) si le recours est formé par la personne ayant demandé que la force exécutoire soit constatée ou par le défendeur qui a comparu: devant le «gerechtshof»;
b) si le recours est formé par le défendeur défaillant: devant le «arrondissementsrechtbank»;
– en Autriche, devant le «Bezirksgericht»,
– au Portugal, devant le «Tribunal da Relação»,
– en Finlande, devant le «hovioikeus»/«hovrätt»,
– en Suède, devant le «Svea hovrätt»,
– au Royaume-Uni:
a) en Angleterre et au pays de Galles, devant la «High Court of Justice»,
b) en Écosse, devant la «Court of Session»,
c) en Irlande du Nord, devant la «High Court of Justice»,
d) à Gibraltar, devant la «Court of Appeal».

ANNEXE III

La décision rendue sur le recours, visée à l'article 27, ne peut faire l'objet:
– en Belgique, en Grèce, en Espagne, en France, en Italie, au Luxembourg et aux Pays-Bas, que d'un pourvoi en cassation,
– en Allemagne, que d'un «Rechtsbeschwerde»,
– en Irlande, que d'un «recours sur un point de droit», devant la «Supreme Court»,
– en Autriche, que d'un «Revisionsrekurs»,
– au Portugal, que d'un «recours sur un point de droit»,
– en Finlande, que d'un recours devant le «korkein oikeus»/«högsta domstolen»,
– en Suède, que d'un recours devant le «Högsta domstolen»,
– au Royaume-Uni, que d'un recours sur un point de droit.

ANNEXE IV

Certificat visé à l'article 33 concernant les décisions en matière matrimoniale

1. Pays d'origine
2. Juridiction ou autorité délivrant le certificat
    2.1. Nom
    2.2. Adresse
    2.3. Tél./Fax/E-mail
3. Mariage
3.1. Épouse
    3.1.1. Nom et prénoms
        3.1.2. Pays et lieu de naissance
        3.1.3. Date de naissance
    3.2. Époux
        3.2.1. Nom, prénoms
        3.2.2. Pays et lieu de naissance
        3.2.3. Date de naissance
    3.3. Pays, lieu (s'il est connu) et date du mariage
        3.3.1. Pays

3.3.2. Lieu (s'il est connu)
3.3.3. Date
4. Juridiction ayant rendu la décision
    4.1. Nom de la juridiction
    4.2. Lieu de la juridiction
5. Décision
    5.1. Date
    5.2. Numéro de référence
    5.3. Type de décision
        5.3.1. Divorce
        5.3.2. Annulation du mariage
        5.3.3. Séparation de corps
    5.4. La décision a-t-elle été rendue par défaut?
        5.4.1. Non
        5.4.2. Oui[9]
6. Nom des parties ayant bénéficié de l'assistance judiciaire
7. La décision est-elle susceptible de recours selon la loi de l'État membre d'origine?
    7.1. Non
    7.2. Oui
8. Date d'effet légal dans l'État membre où la décision a été rendue
    8.1. le divorce
    8.2. la séparation de corps

Fait à:
Le:
Signature et/ou cachet:

ANNEXE V

Certificat visé à l'article 32 concernant les décisions en matière de responsabilité parentale

1. Pays d'origine
2. Juridiction ou autorité délivrant le certificat
    2.1. Nom
    2.2. Adresse
    2.3. Tél./Fax/E-mail
3. Parents
    3.1. Mère
        3.1.1. Nom et prénoms
        3.2.2. Date et lieu de naissance
    3.2. Père
        3.2.1. Nom et prénoms
        3.2.2. Date et lieu de naissance
4. Juridiction ayant rendu la décision

---

[9] Les documents mentionnés à l'article 42, paragraphe 2, doivent être joints.

4.1. Nom de la juridiction
4.2. Lieu de la juridiction
5. Décision
    5.1. Date
    5.2. Numéro de référence
    5.3. La décision a-t-elle été rendue par défaut?
        5.3.1. Non
        5.3.2. Oui[10]
6. Enfants concernés par la décision[11]
    6.1. Nom, prénoms et date de naissance
    6.2. Nom, prénoms et date de naissance
    6.3. Nom, prénoms et date de naissance
    6.4. Nom, prénoms et date de naissance
7. Nom des parties ayant bénéficié de l'assistance judiciaire
8. Attestation de force exécutoire signification
    8.1. La décision est-elle exécutoire selon la loi de l'État membre d'origine?
        8.1.1. Oui
        8.1.2. Non
    8.2. La décision a-t-elle été signifiée ou notifiée à la partie contre laquelle l'exécution est demandée?
        8.2.1. Oui
            8.2.1.1. Nom, prénoms de la partie
            8.2.1.2. Date de la signification
        8.2.2. Non

Fait à:
Le:
Signature et/ou cachet:

---

[10] Les documents mentionnés à l'article 42, paragraphe 2, doivent être joints.
[11] Si plus de quatre enfants sont concernés, utiliser un deuxième formulaire.

b) Proposition de Règlement du Conseil du 17 mai 2002 relatif à la compétence, la reconnaissance et l'exécution des décisions en matière matrimoniale et en matière de responsabilité parentale abrogeant le règlement (CE) n° 1347/2000 et modifiant le règlement (CE) n° 44/2001 en ce qui concerne les questions alimentaires (COM/2002/0222 final)

(présentée par la Commission)

Le Conseil de l'Union européenne,
vu le traité instituant la Communauté européenne, et notamment son article 61, point c), et son article 67, paragraphe 1,
vu la proposition de la Commission[1],
vu l'avis du Parlement européen[2],
vu l'avis du Comité économique et social[3],
considérant ce qui suit:
(1) La Communauté européenne s'est donné pour objectif de créer un espace de liberté, de sécurité et de justice au sein duquel est assurée la libre circulation des personnes; à cette fin, la Communauté adopte, notamment, les mesures dans le domaine de la coopération judiciaire en matière civile nécessaires au bon fonctionnement du marché intérieur.
(2) Le Conseil européen de Tampere a approuvé le principe de la reconnaissance mutuelle des décisions judiciaires comme pierre angulaire de la création d'un véritable espace judiciaire, et a identifié le droit de visite comme une priorité.
(3) Le règlement (CE) n° 1347/2000 du Conseil du 29 mai 2000[4] relatif à la compétence, la reconnaissance et l'exécution des décisions en matière matrimoniale et en matière de responsabilité parentale des enfants communs, établit les règles régissant la compétence, la reconnaissance et l'exécution des décisions en matière matrimoniale et en matière de responsabilité parentale des enfants communs, rendues à l'occasion d'actions matrimoniales.
(4) Le 3 juillet 2000, la France a présenté une initiative en vue de l'adoption d'un règlement du Conseil relatif à l'exécution mutuelle des décisions concernant le droit de visite des enfants[5]. Afin de faciliter l'application des règles relatives à la responsabilité parentale qui intervient fréquemment dans le cadre des actions matrimoniales, il convient de disposer d'un instrument unique en matière matrimoniale et en matière de responsabilité parentale.
(5) Afin de faciliter l'application des règles sur la responsabilité parentale qui interviennent souvent dans le cadre des actions matrimoniales, il est plus approprié d'avoir un seul instrument en matière de divorce et de responsabilité parentale.
(6) Le champ d'application du présent règlement couvre les procédures civiles, y compris les procédures considérées comme équivalentes à des procédures judiciaires, à l'exclusion des procédures purement religieuses. De ce fait, le terme «juridiction» englobe toutes les autorités, judiciaires ou non, compétentes dans les matières couvertes par le présent règlement.

---

[1] JO C [...] du [...], p. [...].
[2] JO C [...] du [...], p. [...].
[3] JO C [...] du [...], p. [...].
[4] JO L 160 du 30.6.2000, p. 19.
[5] JO C 234 du 15.8.2000, p. 7.

(7) Les actes authentiques et les transactions judiciaires exécutoires dans un État membre sont assimilés à des «décisions».

(8) En ce qui concerne les décisions de divorce, de séparation de corps ou d'annulation du mariage, le règlement ne s'applique qu'à la dissolution du lien matrimonial, et ne concerne pas des questions telles que la faute des époux, les effets patrimoniaux du mariage, les obligations alimentaires ou autres mesures accessoires éventuelles.

(9) En vue de garantir l'égalité de l'ensemble des enfants, le présent règlement couvre toutes les décisions en matière de responsabilité parentale, à l'exception des questions alimentaires qui relèvent du règlement (CE) n° 44/2001 du Conseil du 22 décembre 2000 concernant la compétence judiciaire, la reconnaissance et l'exécution des décisions en matière civile et commerciale[6] et des mesures prises à la suite d'infractions pénales commises par les enfants.

(10) Les critères de compétence établis par le présent règlement sont conçus en fonction de l'intérêt supérieur de l'enfant; ce sont donc en premier lieu les juridictions de l'État membre dans lequel l'enfant a sa résidence habituelle qui devraient être compétentes, sauf dans certains cas de changement de résidence de l'enfant ou suite à un accord conclu entre les titulaires de la responsabilité parentale.

(11) Le règlement (CE) n° 1348/2000 du Conseil du 29 mai 2000 relatif à la signification et à la notification dans les États membres des actes judiciaires et extrajudiciaires en matière civile et commerciale[7] est d'application pour la signification et la notification des actes dans le cadre d'une action judiciaire intentée en vertu du présent règlement.

(12) Le présent règlement ne fait pas obstacle à ce que les juridictions d'un État membre adoptent, en cas d'urgence, des mesures provisoires ou conservatoires relatives aux personnes ou aux biens présents dans cet État.

(13) Dans les cas d'enlèvement d'enfants, les juridictions de l'État membre où l'enfant a été déplacé ou est retenu sont habilitées à arrêter une mesure conservatoire provisoire de non-retour de l'enfant, qui sera remplacée par une décision de garde rendue par les juridictions de l'État membre de l'ancienne résidence habituelle de l'enfant. Si cette décision implique le retour de l'enfant, celui-ci est restitué sans qu'il soit nécessaire de recourir à aucune procédure pour la reconnaissance et l'exécution de ladite décision dans l'État membre où se trouve l'enfant enlevé.

(14) Les dispositions du règlement (CE) n° 1206/2001 du Conseil du 28 mai 2001 relatif à la coopération entre les juridictions des États membres dans le domaine de l'obtention des preuves en matière civile ou commerciale[8] peuvent être appliquées pour l'audition de l'enfant.

(15) La reconnaissance et l'exécution des décisions rendues dans un État membre reposent sur le principe de la confiance mutuelle. Les motifs de non-reconnaissance sont réduits au minimum nécessaire. Ils consistent à assurer le respect de l'ordre public de l'État d'exécution, à sauvegarder les droits de la défense et des parties intéressées, notamment les droits des enfants concernés, et à éviter la reconnaissance de décisions inconciliables.

(16) Aucune procédure n'est requise dans l'État membre d'exécution pour la reconnaissance et l'exécution des décisions concernant le droit de visite et des décisions concernant

---

[6] JO L 12 du 16.1.2001, p. 1.
[7] JO L 160 du 30.6.2000, p. 37.
[8] JO L 174 du 27.6.2001.

le retour de l'enfant qui ont été certifiées dans l'État membre d'origine conformément aux dispositions du présent règlement.

(17) Les autorités centrales coopèrent tant de manière générale que dans les cas particuliers, y compris en vue de favoriser le règlement à l'amiable des conflits familiaux. À cet effet, les autorités centrales participent au réseau judiciaire européen en matière civile et commerciale créé par la décision 2001/470/CE du Conseil du 28 mai 2001 relative à la création d'un réseau judiciaire européen en matière civile et commerciale[9].

(18) La Commission est habilitée à modifier les annexes I à III relatives aux juridictions et aux voies de recours sur la base des informations transmises par l'État membre concerné.

(19) Conformément à l'article 2 de la décision 1999/468/CE du Conseil, du 28 juin 1999 fixant les modalités de l'exercice des compétences d'exécution conférées à la Commission[10], les modifications apportées aux annexes IV à VII sont adoptées selon la procédure consultative prévue à l'article 3 de ladite décision.

(20) Compte tenu de ce qui précède, le règlement (CE) n° 1347/2000 est abrogé et remplacé.

(21) Le règlement (CE) n° 44/2001 est modifié pour conférer aux juridictions exerçant la compétence en matière de responsabilité parentale conformément aux dispositions dudit règlement, le pouvoir de trancher sur les questions alimentaires.

(22) Le Royaume-Uni et l'Irlande, en vertu de l'article 3 du protocole sur la position du Royaume-Uni et de l'Irlande annexé au traité sur l'Union européenne et au traité instituant la Communauté européenne, ont notifié leur souhait de participer à l'adoption et à l'application du présent règlement.

(23) Conformément aux articles 1er et 2 du protocole sur la position du Danemark annexé au traité sur l'Union européenne et au traité instituant la Communauté européenne, cet État ne participe pas à l'adoption du présent règlement, lequel, par conséquent ne le lie pas et ne lui est pas applicable.

(24) Conformément aux principes de subsidiarité et de proportionnalité, tels qu'établis à l'article 5 du traité instituant la Communauté européenne, les objectifs du présent règlement ne peuvent pas être réalisés de manière suffisante par les États membres et peuvent donc être mieux réalisés au niveau communautaire. Le présent règlement n'excède pas ce qui est nécessaire pour atteindre ces objectifs.

(25) Le présent règlement respecte les droits fondamentaux et observe les principes consacrés par la Charte des droits fondamentaux de l'Union européenne. Il veille notamment à assurer le respect des droits fondamentaux de l'enfant tels qu'énoncés à l'article 24 de la Charte des droits fondamentaux de l'Union européenne.

A ARRÊTÉ LE PRÉSENT RÈGLEMENT:

CHAPITRE I. CHAMP D'APPLICATION, DÉFINITIONS . ET PRINCIPES DE BASE

Article premier. Champ d'application

1. Le présent règlement s'applique aux procédures civiles relatives:
a) au divorce, à la séparation de corps ou à l'annulation du mariage des époux; et

---

[9] JO L 174 du 27.6.2001, p. 25.
[10] JO L 184 du 17.7.1999, p. 23.

b) à l'attribution, à l'exercice, à la délégation, au retrait total ou partiel de la responsabilité parentale.
2. Par dérogation aux dispositions du paragraphe 1, le présent règlement ne s'applique pas aux procédures civiles relatives aux
a) obligations alimentaires, et aux
b) mesures prises à la suite d'infractions pénales commises par des enfants.
3. Sont assimilées aux procédures judiciaires les autres procédures officiellement reconnues dans un État membre.

Article 2. Définitions
Aux fins du présent règlement,
1) le terme «juridiction» désigne toutes les autorités compétentes des États membres dans les matières relevant du champ d'application du présent règlement en vertu de l'article 1er;
2) le terme «État membre» désigne tous les États membres à l'exception du Danemark;
3) le terme «décision» désigne toute décision de divorce, de séparation de corps ou d'annulation d'un mariage, ainsi que toute décision concernant la responsabilité parentale rendue par une juridiction d'un État membre, quelle que soit la dénomination de la décision, y compris les termes «arrêt», «jugement» ou «ordonnance»;
4) le terme «État membre d'origine» désigne l'État membre où a été rendue la décision à exécuter.
5) le terme «État membre d'exécution» désigne l'État membre dans lequel est demandée l'exécution de la décision.
6) le terme «responsabilité parentale» désigne l'ensemble des droits et obligations conférés à une personne physique ou morale sur la base d'une décision judiciaire, d'une attribution de plein droit ou d'un accord en vigueur, à l'égard de la personne ou des biens d'un enfant. Elle comprend en particulier le droit de garde et le droit de visite;
7) le terme «titulaire de la responsabilité parentale» désigne toute personne exerçant la responsabilité parentale à l'égard d'un enfant;
8) le terme «droit de garde» couvre les droits et obligations concernant les soins de la personne d'un enfant, et en particulier le droit d'avoir son mot à dire pour décider de son lieu de résidence;
9) le terme «droit de visite» désigne le droit d'emmener l'enfant pour une période limitée dans un lieu autre que celui de sa résidence habituelle;
10) le terme «enlèvement d'enfant» désigne le déplacement ou le non-retour d'un enfant lorsque:
a) il a eu lieu en violation d'un droit de garde résultant d'une décision judiciaire, d'une attribution de plein droit ou d'un accord en vigueur en vertu du droit de l'État membre dans lequel l'enfant avait sa résidence habituelle immédiatement avant son déplacement ou son non-retour; et
b) sous réserve que le droit de garde était exercé effectivement, seul ou conjointement, au moment du déplacement ou du non-retour, ou l'eût été si de tels événements n'étaient survenus.

Article 3. Droit de l'enfant d'entretenir des relations personnelles avec ses deux parents
Tout enfant a le droit d'entretenir régulièrement des relations personnelles et des contacts directs avec ses deux parents, sauf si cela est contraire à son intérêt.

Article 4. Droit de l'enfant d'être entendu
Tout enfant a le droit d'être entendu sur toute question relative à la responsabilité parentale à son égard, en fonction de son âge et de sa maturité.

CHAPITRE II. COMPÉTENCE

Section 1. Divorce, séparation de corps et annulation du mariage

Article 5. Compétence générale
1. Sont compétentes pour statuer sur les questions relatives au divorce, à la séparation de corps et à l'annulation du mariage des époux, les juridictions de l'État membre:
a) sur le territoire duquel se trouve:
la résidence habituelle des époux, ou
la dernière résidence habituelle des époux dans la mesure où l'un d'eux y réside encore, ou
la résidence habituelle du défendeur, ou
en cas de demande conjointe, la résidence habituelle de l'un ou l'autre époux, ou
la résidence habituelle du demandeur s'il y a résidé depuis au moins une année immédiatement avant l'introduction de la demande, ou
la résidence habituelle du demandeur s'il y a résidé depuis au moins six mois immédiatement avant l'introduction de la demande et s'il est soit ressortissant de l'État membre en question, soit, dans le cas du Royaume-Uni et de l'Irlande, s'il y a son «domicile»;
b) de la nationalité des deux époux ou, dans le cas du Royaume-Uni et de l'Irlande, du «domicile» commun.
2. Aux fins du présent règlement, le terme «domicile» doit s'entendre au sens des systèmes juridiques du Royaume-Uni et de l'Irlande.

Article 6. Demande reconventionnelle
La juridiction devant laquelle la procédure est pendante en vertu de l'article 5 est également compétente pour examiner la demande reconventionnelle, dans la mesure où celle-ci entre dans le champ d'application du présent règlement.

Article 7. Conversion de la séparation de corps en divorce
Sans préjudice de l'article 5, la juridiction de l'État membre qui a rendu une décision sur la séparation de corps est également compétente pour convertir cette décision en divorce, si la loi de cet État membre le prévoit.

Article 8. Caractère exclusif des compétences définies aux articles 5 à 7
Un époux qui:
a) a sa résidence habituelle sur le territoire d'un État membre; ou
b) est ressortissant d'un État membre ou, dans le cas du Royaume-Uni et de l'Irlan-

de, a son «domicile» sur le territoire de l'un de ces États membres, ne peut être attrait devant les juridictions d'un autre État membre qu'en vertu des articles 5 à 7.

Article 9. Compétences résiduelles
1. Lorsque aucune juridiction d'un État membre n'est compétente en vertu des articles 5 à 7, la compétence est, dans chaque État membre, réglée par la loi de cet État.
2. Tout ressortissant d'un État membre qui a sa résidence habituelle sur le territoire d'un autre État membre peut, comme les nationaux de cet État, y invoquer les règles de compétence applicables dans cet État contre un défendeur qui n'a pas sa résidence habituelle dans un État membre et qui ou bien n'a pas la nationalité d'un État membre ou, dans le cas du Royaume-Uni et de l'Irlande, n'a pas son «domicile» sur le territoire de l'un de ces États membres.

Section 2. Responsabilité parentale

Article 10. Compétence générale
1. Les juridictions d'un État membre sont compétentes en matière de responsabilité parentale à l'égard d'un enfant qui réside habituellement dans cet État membre au moment où la juridiction est saisie.
2. Le paragraphe 1 s'applique sous réserve des dispositions des articles 11, 12 et 21.

Article 11. Compétence de l'État membre de l'ancienne résidence de l'enfant
1. En cas de changement de résidence d'un enfant, les juridictions de l'État membre de l'ancienne résidence de l'enfant restent compétentes lorsque:
a) ces juridictions ont rendu une décision en vertu de l'article 10;
b) l'enfant a résidé dans l'État de sa nouvelle résidence depuis moins de six mois à la date à laquelle le tribunal est saisi;
et que
c) l'un des titulaires de la responsabilité parentale continue de résider dans l'État membre de l'ancienne résidence de l'enfant.
2. Le paragraphe 1 ne s'applique pas si la nouvelle résidence de l'enfant est devenue sa résidence habituelle et si le titulaire de la responsabilité parentale visé au paragraphe 1, point c), a accepté la compétence des juridictions de cet État membre
3. Aux fins du présent article, la comparution d'un titulaire de la responsabilité parentale devant une juridiction ne vaut pas à elle seule acceptation de la compétence de ladite juridiction.

Article 12. Prorogation de compétence
1. Les juridictions de l'État membre où la compétence est exercée en vertu de l'article 5 pour statuer sur une demande en divorce, en séparation de corps ou en annulation du mariage des époux sont compétentes pour toute question relative à la responsabilité parentale à l'égard d'un enfant commun des époux:
a) lorsque l'enfant a sa résidence habituelle dans l'un des États membres;
b) au moins l'un des époux exerce la responsabilité parentale à l'égard de l'enfant;
et que
c) la compétence de ces juridictions a été acceptée par les époux et est dans l'intérêt supérieur de l'enfant.

2. Les juridictions d'un État membre sont compétentes lorsque:
a) leur compétence est acceptée par tous les titulaires de la responsabilité parentale à la date à laquelle la juridiction est saisie;
b) l'enfant a un lien étroit avec cet État membre du fait, en particulier, que l'un des titulaires de la responsabilité parentale y a sa résidence habituelle ou que l'enfant est un ressortissant de cet État membre;
et que
c) ladite compétence répond à l'intérêt supérieur de l'enfant.
3. La compétence prévue au paragraphe 1 prend fin:
a) dès que la décision faisant droit à la demande en divorce, en séparation de corps ou en annulation du mariage ou la rejetant est passée en force de chose jugée; ou
b) au cas où une procédure relative à la responsabilité parentale est encore en instance à la date visée au point a), dès qu'une décision relative à la responsabilité parentale est passée en force de chose jugée; ou
c) dans les cas visés aux points a) et b), dès qu'il a été mis fin à la procédure pour une autre raison.
4. Aux fins du présent article, la comparution d'un titulaire de la responsabilité parentale devant une juridiction ne vaut pas à elle seule acceptation de la compétence de ladite juridiction.

Article 13. Compétence fondée sur la présence de l'enfant
1. Lorsque la résidence habituelle de l'enfant ne peut être établie et qu'aucune juridiction d'un État membre n'est compétente en vertu des articles 11 ou 12, les juridictions de l'État membre dans lequel l'enfant est présent sont compétentes.
2. Le paragraphe 1 s'applique également aux enfants réfugiés ainsi qu'aux enfants qui, par suite de troubles prévalant dans leur pays, sont internationalement déplacés.

Article 14. Compétences résiduelles
Lorsqu'aucune juridiction d'un État membre n'est compétente en vertu des articles 10 à 13 ou 21, la compétence est, dans chaque État membre, réglée par la loi de cet État.

Article 15. Renvoi à une juridiction mieux placée pour connaître de l'affaire
1. Sur requête d'un titulaire de la responsabilité parentale, les juridictions d'un État membre compétentes pour connaître du fond peuvent, dans les cas exceptionnels où cela sert l'intérêt supérieur de l'enfant, renvoyer l'affaire aux juridictions d'un autre État membre:
a) dans lequel l'enfant avait auparavant sa résidence habituelle, ou
b) dont l'enfant possède la nationalité, ou
c) dans lequel un titulaire de la responsabilité parentale réside habituellement, ou
d) dans lequel sont situés des biens de l'enfant.
À cette fin, les juridictions de l'État membre compétentes pour connaître du fond sursoient à statuer et impartissent un délai durant lequel les juridictions de l'autre État membre doivent être saisies.
Les juridictions de l'autre État membre peuvent, si cela est dans l'intérêt supérieur de l'enfant, se déclarer compétentes dans un délai d'un mois à compter de la date à laquelle elles ont été saisies. Dans ce cas, la juridiction première saisie se déclare

incompétente. Dans le cas contraire, la juridiction première saisie exerce sa compétence.
2. Les juridictions coopèrent aux fins du présent article, par voie directe ou par l'intermédiaire des autorités centrales désignées conformément à l'article 55.

Section 3. Dispositions communes

Article 16. Saisine d'une juridiction
Une juridiction est réputée saisie:
a) à la date à laquelle l'acte introductif d'instance ou un acte équivalent est déposé auprès de la juridiction, à condition que le demandeur n'ait pas négligé par la suite de prendre les mesures qu'il était tenu de prendre pour que l'acte soit notifié ou signifié au défendeur; ou
b) si l'acte doit être notifié ou signifié avant d'être déposé auprès de la juridiction, à la date à laquelle il est reçu par l'autorité chargée de la notification ou de la signification, à condition que le demandeur n'ait pas négligé par la suite de prendre les mesures qu'il était tenu de prendre pour que l'acte soit déposé auprès de la juridiction.

Article 17. Vérification de la compétence
La juridiction d'un État membre saisie d'une affaire pour laquelle sa compétence n'est pas fondée aux termes du présent règlement et pour laquelle une juridiction d'un autre État membre est compétente en vertu du présent règlement se déclare d'office incompétente.

Article 18. Vérification de la recevabilité
1. Lorsque le défendeur qui a sa résidence habituelle dans un État autre que l'État membre où l'action a été intentée ne comparaît pas, la juridiction compétente est tenue de surseoir à statuer aussi longtemps qu'il n'est pas établi que ce défendeur a été mis à même de recevoir l'acte introductif d'instance ou un acte équivalent en temps utile afin de pourvoir à sa défense ou que toute diligence a été faite à cette fin.
2. L'article 19 du règlement (CE) n° 1348/2000 s'applique en lieu et place des dispositions du paragraphe 1 du présent article si l'acte introductif d'instance ou un acte équivalent a dû être transmis d'un État membre à un autre en exécution dudit règlement.
3. Lorsque les dispositions du règlement (CE) n° 1348/2000 ne sont pas applicables, l'article 15 de la convention de La Haye du 15 novembre 1965 relative à la signification et à la notification à l'étranger des actes judiciaires et extrajudiciaires en matière civile ou commerciale s'applique si l'acte introductif d'instance ou un acte équivalent a dû être transmis à l'étranger en exécution de ladite convention.

Article 19. Litispendance et actions dépendantes
1. Lorsque des demandes en divorce, en séparation de corps ou en annulation du mariage sont formées entre les mêmes parties devant des juridictions d'États membres différents, la juridiction saisie en second lieu sursoit d'office à statuer jusqu'à ce que la compétence de la juridiction première saisie soit établie.
2. Lorsque des actions concernant des questions de responsabilité parentale à l'égard d'un même enfant sont introduites auprès de juridictions d'États membres

différents, la juridiction saisie en second lieu sursoit d'office à statuer jusqu'à ce que la compétence de la juridiction première saisie soit établie.
3. Lorsque la compétence de la juridiction première saisie est établie, la juridiction saisie en second lieu se dessaisit en faveur de celle-ci.
Dans ce cas, la partie ayant introduit l'action auprès de la juridiction saisie en second lieu peut porter cette action devant la juridiction première saisie.

Article 20. Mesures provisoires et conservatoires
1. Sans préjudice du chapitre III, en cas d'urgence, les dispositions du présent règlement n'empêchent pas les juridictions d'un État membre de prendre des mesures provisoires ou conservatoires relatives aux personnes ou aux biens présents dans cet État, prévues par la loi de cet État membre même si, en vertu du présent règlement, une juridiction d'un autre État membre est compétente pour connaître du fond.
2. Les mesures visées au paragraphe 1 cessent d'avoir effet dès que les juridictions de l'État membre compétent pour connaître du fond ont rendu un jugement.

CHAPITRE III. ENLÈVEMENT D'ENFANTS

Article 21. Compétence
1. En cas d'enlèvement d'un enfant, les juridictions de l'État membre dans lequel l'enfant avait sa résidence habituelle immédiatement avant son déplacement ou son non-retour conservent leur compétence.
2. Le paragraphe 1 ne s'applique pas si l'enfant a acquis une résidence habituelle dans un autre État membre, et que:
a) chaque titulaire de du droit de garde a acquiescé au déplacement ou au non-retour; ou bien que
b) toutes les conditions suivantes sont remplies:
(i) l'enfant a résidé dans cet autre État durant une période d'au moins un an après que le titulaire du droit de garde a eu ou aurait dû avoir connaissance du lieu où se trouvait l'enfant;
(ii) au cours de la période visée au point (i), aucune demande de retour n'a été présentée au titre de l'article 22, paragraphe 1, ou qu'une décision n'impliquant pas le retour de l'enfant a été rendue au titre de l'article 24, paragraphe 3, ou qu'aucune décision de garde n'a été rendue dans un délai d'un an à compter de la date à laquelle la juridiction a été saisie conformément à l'article 24, paragraphe 2; et
(iii) l'enfant s'est intégré dans son nouvel environnement.

Article 22. Retour de l'enfant
1. Sans préjudice des autres moyens légaux dont il pourrait disposer, le titulaire d'un droit de garde peut présenter, par voie directe ou par l'intermédiaire d'une autre autorité centrale, une demande de décision portant retour de l'enfant à l'autorité centrale de l'État membre où se trouve l'enfant enlevé.
2. À la réception d'une demande de retour introduite au titre du paragraphe 1, l'autorité centrale de l'État membre où se trouve l'enfant enlevé:
a) prend les mesures nécessaires pour localiser l'enfant; et
b) assure le retour de l'enfant dans un délai d'un mois après sa localisation, à moins qu'une action judiciaire intentée en vertu du paragraphe 3 ne soit pendante.

L'autorité centrale de l'État membre où se trouve l'enfant enlevé communique toutes informations utiles à l'autorité centrale de l'État membre où l'enfant avait sa résidence habituelle immédiatement avant son déplacement ou son non-retour, et formule, s'il y a lieu, des recommandations pour faciliter le retour de l'enfant, ou fournit toutes les informations utiles et reste en contact pendant la durée de l'action intentée en vertu du paragraphe 3.
3. Le retour de l'enfant ne peut être refusé qu'en introduisant une demande de mesure conservatoire, dans le délai indiqué au paragraphe 2, devant les juridictions de l'État membre où se trouve l'enfant enlevé.

Article 23. Mesure conservatoire provisoire de non-retour de l'enfant
1. Les juridictions de l'État membre où se trouve l'enfant enlevé statuent à bref délai sur une demande de mesure conservatoire introduite au titre de l'article 22, paragraphe 3.
L'enfant est entendu au cours de la procédure, à moins que cela n'apparaisse inapproprié eu égard à son âge ou à son degré de maturité.
2. Les juridictions ne peuvent arrêter une mesure conservatoire de non-retour de l'enfant au titre du paragraphe 1 que si:
a) il existe un risque grave que le retour de l'enfant ne l'expose à un danger physique ou psychique, ou de toute autre manière ne le place dans une situation intolérable; ou
b) l'enfant s'oppose à son retour et a atteint un âge et une maturité où il se révèle approprié de tenir compte de son opinion.
3. La mesure arrêtée au titre du paragraphe 1 revêt un caractère provisoire. Les juridictions qui ont ordonné cette mesure peuvent à tout moment décider qu'elle cesse d'être applicable.
La mesure arrêtée au titre du paragraphe 1 est supplantée par la décision relative au droit de garde rendue au titre de l'article 24, paragraphe 3.

Article 24. Décision de garde
1. L'autorité centrale de l'État membre où se trouve l'enfant enlevé informe l'autorité centrale de l'État membre dans lequel l'enfant avait sa résidence habituelle immédiatement avant son déplacement ou son non-retour de toute mesure conservatoire prise conformément à l'article 23, paragraphe 1, dans un délai de deux semaines à compter de l'adoption de la mesure, et communique toutes informations utiles, en particulier, le cas échéant, le procès-verbal de l'audition de l'enfant.
2. L'autorité centrale de l'État membre dans lequel l'enfant avait sa résidence habituelle immédiatement avant son déplacement ou son non-retour saisit les juridictions dudit État membre, dans un délai d'un mois à compter de la réception des informations visées au paragraphe 1, en vue d'obtenir une décision de garde.
Tout titulaire de la responsabilité parentale peut également saisir les juridictions aux mêmes fins.
3. Les juridictions saisies conformément au paragraphe 2 rendent une décision relative au droit de garde à bref délai.
Tout au long de la procédure, la juridiction reste en contact, directement ou par l'intermédiaire des autorités centrales, avec la juridiction qui a arrêté, conformément à l'article 23, paragraphe 1, la mesure conservatoire de non-retour de l'enfant aux fins de contrôler la situation de ce dernier.
L'enfant est entendu au cours de la procédure, à moins que cela n'apparaisse inap-

proprié eu égard à son âge ou à son degré de maturité. À cette fin, la juridiction tient compte des informations transmises conformément au paragraphe 1 et applique, s'il y a lieu, les dispositions du règlement (CE) n° 1206/2001.

4. L'autorité centrale de l'État membre dans lequel l'enfant avait sa résidence habituelle immédiatement avant son déplacement ou son non-retour informe l'autorité centrale de l'État membre où se trouve l'enfant enlevé de la décision qui a été rendue en application du paragraphe 3, et fournit toutes les informations utiles en formulant, s'il y a lieu, des recommandations.

5. Une décision rendue en application du paragraphe 3 impliquant le retour de l'enfant et certifiée conformément aux dispositions du chapitre IV, section 3, est reconnue et mise à exécution sans qu'il soit nécessaire de recourir à aucune procédure, aux seules fins du retour de l'enfant.

Aux fins du présent paragraphe, la décision rendue en application du paragraphe 3 est exécutoire nonobstant tout recours.

Article 25. Frais et dépens

1. L'assistance dispensée par les autorités centrales est gratuite.
2. Les juridictions peuvent mettre à la charge de la personne qui a enlevé l'enfant tous les frais exposés, y inclus les frais juridiques, pour la localisation et le retour de l'enfant.

CHAPITRE IV. RECONNAISSANCE ET EXÉCUTION

Section I. Reconnaissance

Article 26. Reconnaissance d'une décision

1. Les décisions rendues dans un État membre sont reconnues dans les autres États membres sans qu'il soit nécessaire de recourir à aucune procédure.

Les dispositions du présent chapitre sont aussi d'application pour la fixation du montant des frais du procès au titre des procédures engagées en vertu du présent règlement et pour l'exécution de tout jugement concernant de tels frais.

Les actes authentiques reçus et exécutoires dans un État membre ainsi que les transactions conclues devant une juridiction au cours d'une instance et exécutoires dans l'État membre d'origine sont reconnus et rendus exécutoires dans les mêmes conditions que des décisions.

2. En particulier, et sans préjudice du paragraphe 3, aucune procédure n'est requise pour la mise à jour des actes d'état civil d'un État membre sur la base d'une décision rendue dans un autre État membre en matière de divorce, de séparation de corps ou d'annulation du mariage, qui n'est plus susceptible de recours selon la loi de cet État membre.

3. Sans préjudice de la section 3, toute partie intéressée peut demander, selon les procédures prévues à la section 2, que soit prise une décision de reconnaissance ou de non-reconnaissance de la décision.

La compétence territoriale de la juridiction indiquée dans la liste figurant à l'annexe I est déterminée par la loi de l'État membre dans lequel la demande de reconnaissance ou de non-reconnaissance est présentée.

4. Si la reconnaissance d'une décision est invoquée de façon incidente devant une juridiction d'un État membre, celle-ci peut statuer en la matière.

Article 27. Motifs de non-reconnaissance des décisions de divorce, de séparation de corps ou d'annulation du mariage

Une décision rendue en matière de divorce, de séparation de corps ou d'annulation du mariage n'est pas reconnue:
a) si la reconnaissance est manifestement contraire à l'ordre public de l'État membre requis;
b) si l'acte introductif d'instance ou un acte équivalent n'a pas été signifié ou notifié au défendeur défaillant en temps utile et de telle manière qu'il puisse pourvoir à sa défense, à moins qu'il ne soit établi que le défendeur a accepté la décision de manière non équivoque;
c) si elle est inconciliable avec une décision rendue dans une instance opposant les mêmes parties dans l'État membre requis; ou
d) si elle est inconciliable avec une décision rendue antérieurement dans un autre État membre ou dans un État tiers dans une affaire opposant les mêmes parties, dès lors que cette première décision réunit les conditions nécessaires à sa reconnaissance dans l'État membre requis.

Article 28. Motifs de non-reconnaissance des décisions en matière de responsabilité parentale

Une décision rendue en matière de responsabilité parentale n'est pas reconnue:
a) si la reconnaissance est manifestement contraire à l'ordre public de l'État membre requis eu égard aux intérêts supérieurs de l'enfant;
b) si, sauf en cas d'urgence, elle a été rendue sans que l'enfant, en violation des règles fondamentales de procédure de l'État membre requis, ait eu la possibilité d'être entendu;
c) si l'acte introductif d'instance ou un acte équivalent n'a pas été signifié ou notifié à la personne défaillante en temps utile et de telle manière que celle-ci puisse pourvoir à sa défense, à moins qu'il ne soit établi que cette personne a accepté la décision de manière non équivoque;
d) à la demande de toute personne faisant valoir que la décision fait obstacle à l'exercice de sa responsabilité parentale, si la décision a été rendue sans que cette personne ait eu la possibilité d'être entendue;
e) si elle est inconciliable avec une décision rendue ultérieurement en matière de responsabilité parentale dans l'État membre requis; ou
f) si elle est inconciliable avec une décision rendue ultérieurement en matière de responsabilité parentale dans un autre État membre ou dans l'État tiers où l'enfant réside habituellement, dès lors que la décision ultérieure réunit les conditions nécessaires à sa reconnaissance dans l'État requis.

Article 29. Interdiction du contrôle de la compétence du juge d'origine

Il ne peut être procédé au contrôle de la compétence de la juridiction de l'État d'origine. Le critère de l'ordre public visé à l'article 27, point a), et à l'article 28, point a), ne peut être appliqué aux règles de compétence énoncées aux articles 5 à 9, 10 à 14 et 21.

Article 30. Disparités entre les lois applicables
La reconnaissance d'une décision ne peut être refusée au motif que la loi de l'État membre requis ne permet pas le divorce, la séparation de corps ou l'annulation du mariage sur la base de faits identiques.

Article 31. Interdiction de la révision au fond
En aucun cas, une décision ne peut faire l'objet d'une révision au fond.

Article 32. Sursis à statuer
1. La juridiction d'un État membre saisie d'une demande de reconnaissance d'une décision rendue dans un autre État membre peut surseoir à statuer si cette décision fait l'objet d'un recours ordinaire.
2. La juridiction d'un État membre saisie d'une demande de reconnaissance d'une décision rendue en Irlande ou au Royaume-Uni et dont l'exécution est suspendue dans l'État membre d'origine du fait de l'exercice d'un recours peut surseoir à statuer.

Section 2. Requête en déclaration de constatation de la force exécutoire

Article 33. Décisions exécutoires
1. Les décisions rendues dans un État membre sur l'exercice de la responsabilité parentale à l'égard d'un enfant commun des parties, qui y sont exécutoires et qui ont été signifiées ou notifiées, sont mises à exécution dans un autre État membre après y avoir été déclarées exécutoires sur requête de toute partie intéressée.
2. Toutefois, au Royaume-Uni, ces décisions sont mises à exécution en Angleterre et au pays de Galles, en Écosse ou en Irlande du Nord après avoir été enregistrées en vue de leur exécution, sur requête de toute partie intéressée, dans l'une ou l'autre de ces parties du Royaume-Uni, suivant le cas.

Article 34. Juridiction territorialement compétente
1. La requête en déclaration de constatation de la force exécutoire est présentée à la juridiction indiquée dans la liste figurant à l'annexe I.
2. La compétence territoriale est déterminée par la résidence habituelle de la personne contre laquelle l'exécution est demandée ou par la résidence habituelle de tout enfant concerné par la requête.
Lorsqu'aucune des résidences visées au premier alinéa ne se trouve dans l'État membre requis, la compétence territoriale est déterminée par le lieu d'exécution.

Article 35. Procédure
1. Les modalités de dépôt de la requête sont déterminées par la loi de l'État membre d'exécution.
2. Le requérant doit faire élection de domicile dans le ressort de la juridiction saisie. Toutefois, si la loi de l'État membre d'exécution ne connaît pas l'élection de domicile, le requérant désigne un mandataire ad litem.
3. Les documents mentionnés aux articles 42 et 44 sont joints à la requête.

Article 36. Décision rendue par la juridiction
1. La juridiction saisie de la requête statue à bref délai, sans que la personne contre

laquelle l'exécution est demandée puisse, à ce stade de la procédure, présenter d'observations.
2. La requête ne peut être rejetée que pour l'un des motifs prévus aux articles 27, 28 et 29.
3. En aucun cas, la décision ne peut faire l'objet d'une révision au fond.

Article 37. Notification de la décision
La décision rendue sur requête est aussitôt portée à la connaissance du requérant, à la diligence du greffier, suivant les modalités déterminées par la loi de l'État membre d'exécution.

Article 38. Recours contre la décision autorisant l'exécution
1. L'une ou l'autre partie peut former un recours contre la décision relative à la demande de déclaration constatant la force exécutoire.
2. Le recours est porté devant la juridiction indiquée dans la liste figurant à l'annexe II.
3. Le recours est examiné selon les règles de la procédure contradictoire.
4. Si le recours est formé par la personne qui a demandé la déclaration constatant la force exécutoire, la partie contre laquelle l'exécution est demandée est appelée à comparaître devant la juridiction saisie du recours. En cas de défaut, les dispositions de l'article 18 s'appliquent.
5. Le recours contre la déclaration constatant la force exécutoire doit être formé dans un délai d'un mois à compter de sa signification. Si la partie contre laquelle l'exécution est demandée a sa résidence habituelle dans un État membre autre que celui dans lequel la déclaration constatant la force exécutoire a été délivrée, le délai est de deux mois et court à compter du jour où la signification a été faite à personne ou à domicile. Ce délai ne comporte pas de prorogation à raison de la distance.

Article 39. Juridictions de recours et voies de recours
La décision rendue sur le recours ne peut faire l'objet que du recours visé à l'annexe III.

Article 40. Sursis à statuer
1. La juridiction saisie du recours formé au titre de l'article 38 ou 39 peut, à la requête de la partie contre laquelle l'exécution est demandée, surseoir à statuer si la décision fait, dans l'État membre d'origine, l'objet d'un recours ordinaire ou si le délai pour le former n'est pas expiré; dans ce dernier cas, la juridiction peut impartir un délai pour former ce recours.
2. Lorsque la décision a été rendue en Irlande ou au Royaume-Uni, toute voie de recours prévue dans l'État membre d'origine est considérée comme un recours ordinaire aux fins de l'application du paragraphe 1.

Article 4. Exécution partielle
1. Lorsque la décision a statué sur plusieurs chefs de la demande et que l'exécution ne peut être autorisée pour le tout, la juridiction accorde l'exécution pour un ou plusieurs d'entre eux.
2. Le requérant peut demander une exécution partielle.

Article 42. Documents

1. La partie qui invoque ou conteste la reconnaissance d'une décision ou sollicite la délivrance d'une déclaration constatant sa force exécutoire doit produire:
a) une expédition de celle-ci réunissant les conditions nécessaires à son authenticité; et
b) un certificat visé à l'article 44.
2. En outre, s'il s'agit d'une décision par défaut, la partie qui invoque la reconnaissance ou sollicite la délivrance d'une déclaration constatant sa force exécutoire doit produire:
a) l'original ou une copie certifiée conforme du document établissant que l'acte introductif d'instance ou un acte équivalent a été signifié ou notifié à la partie défaillante; ou
b) tout document indiquant que le défendeur a accepté la décision de manière non équivoque.

Article 43. Absence de documents

1. À défaut de production des documents mentionnés à l'article 42, paragraphe 1, point b), ou paragraphe 2, la juridiction peut impartir un délai pour les produire ou accepter des documents équivalents ou, si elle s'estime suffisamment éclairée, en dispenser.
2. Il est produit une traduction des documents si la juridiction l'exige. La traduction est certifiée par une personne habilitée à cet effet dans l'un des États membres.

Article 44. Certificat concernant les décisions en matière matrimoniale et certificat concernant les décisions en matière de responsabilité parentale

La juridiction ou l'autorité compétente d'un État membre dans lequel une décision a été rendue délivre, à la requête de toute partie intéressée, un certificat en utilisant le formulaire dont le modèle figure à l'annexe IV (décisions en matière matrimoniale) ou à l'annexe V (décisions en matière de responsabilité parentale).

Section 3. Exécution des décisions relatives au droit de visite . et au retour d'un enfant

Article 45. Champ d'application

1. La présente section s'applique:
a) au droit de visite accordé à l'un des parents d'un enfant et
b) au retour d'un enfant ordonné par une décision de garde rendue en application de l'article 24, paragraphe 3.
2. Les dispositions de la présente section n'empêchent pas un titulaire de la responsabilité parentale d'invoquer la reconnaissance et l'exécution d'une décision conformément aux dispositions contenues dans les sections 1 et 2 du présent chapitre.

Article 46. Droit de visite

1. Le droit de visite mentionné à l'article 45, paragraphe 1, point a), accordé par une décision exécutoire rendue dans un État membre, est reconnu et mis à exécution dans tous les autres États membres sans qu'aucune procédure spéciale ne

soit requise si la décision respecte les règles de procédure et a été certifiée dans l'État membre d'origine conformément au paragraphe 2 du présent article.
2. La juridiction d'origine ne délivre le certificat visé au paragraphe 1 que si:
a) la décision n'a pas été rendue par défaut;
et si
b) l'enfant a eu la possibilité d'être entendu, à moins qu'une audition n'ait été jugée inappropriée eu égard à son âge ou à son degré de maturité.
La juridiction d'origine délivre, à la requête d'un titulaire d'un droit de visite, le certificat visé au paragraphe 1, en utilisant le formulaire dont le modèle figure à l'annexe VI (certificat concernant le droit de visite).
Le certificat est rempli dans la langue de la décision.

Article 47. Retour de l'enfant
1. Le retour de l'enfant visé à l'article 45, paragraphe 1, point b), résultant d'une décision exécutoire rendue dans un État membre est reconnu et mis à exécution dans tous les autres États membres sans qu'aucune procédure spéciale ne soit requise si la décision respecte les règles de procédure et a été certifiée dans l'État membre d'origine conformément au paragraphe 2 du présent article.
2. La juridiction d'origine ne délivre le certificat visé au paragraphe 1 que si l'enfant a eu la possibilité d'être entendu, à moins qu'une audition n'ait été jugée inappropriée eu égard à son âge ou à son degré de maturité.
La juridiction d'origine délivre de sa propre initiative ledit certificat, en utilisant le formulaire dont le modèle figure à l'annexe VII (certificat concernant le retour).
Le certificat est rempli dans la langue de la décision.

Article 48. Recours
La délivrance d'un certificat au titre de l'article 46, paragraphe 1, ou de l'article 47, paragraphe 1, n'est pas susceptible de recours.

Article 49. Documents
La partie qui demande l'exécution d'une décision doit produire:
a) une expédition de celle-ci réunissant les conditions nécessaires à son authenticité; et
b) le certificat visé à l'article 46, paragraphe 1, ou à l'article 47, paragraphe 1;
Aux fins du présent article, le certificat visé à l'article 46, paragraphe 1, s'accompagne, s'il y a lieu, d'une traduction du point 10, concernant les modalités d'exercice du droit de visite.
La traduction est effectuée dans la langue officielle ou l'une des langues officielles de l'État membre d'exécution ou dans tout autre langue que ce dernier soit disposé à accepter. La traduction est certifiée par une personne habilitée à cet effet dans l'un des États membres.
Aucune traduction du certificat mentionné à l'article 47, paragraphe 1, n'est requise.

Section 4. Autres dispositions

Article 50. Procédure d'exécution
La procédure d'exécution est déterminée par le droit de l'État membre d'exécution.

Article 51. Modalités pratiques de l'exercice du droit de visite

1. Les juridictions de l'État membre d'exécution peuvent arrêter les modalités pratiques pour organiser l'exercice du droit de visite, si les modalités nécessaires n'ont pas été prévues dans la décision de l'État membre compétent pour connaître du fond, et pour autant que les éléments essentiels de ladite décision soient respectés.
2. Les modalités pratiques arrêtées conformément au paragraphe 1 cessent d'être applicables en exécution de la décision ultérieure rendue par les juridictions de l'État membre compétent pour connaître du fond.

Article 52. Assistance judiciaire

Le requérant qui, dans l'État membre d'origine, a bénéficié en tout ou en partie de l'assistance judiciaire ou d'une exemption de frais et dépens bénéficie, dans la procédure prévue aux articles 26, 33 et 51, de l'assistance la plus favorable ou de l'exemption la plus large prévue par le droit de l'État membre d'exécution.

Article 53. Caution, dépôt

Aucune caution ni aucun dépôt, sous quelque dénomination que ce soit, ne peuvent être imposés à la partie qui demande l'exécution dans un État membre d'une décision rendue dans un autre État membre en raison:
a) du défaut de résidence habituelle dans l'État membre requis; ou
b) soit de sa qualité d'étranger, soit, lorsque l'exécution est demandée au Royaume-Uni ou en Irlande, du défaut de «domicile» dans l'un de ces États membres.

Article 54. Légalisation ou formalité analogue

Aucune légalisation ni formalité analogue n'est exigée en ce qui concerne les documents mentionnés aux articles 42, 43 et 49 ou, le cas échéant, la procuration ad litem.

CHAPITRE V. COOPÉRATION ENTRE LES AUTORITÉS CENTRALES

Article 55. Désignation

Chaque État membre désigne une autorité centrale chargée de l'assister dans l'application du présent règlement.
Outre l'autorité centrale désignée conformément au paragraphe 1, un État membre dans lequel deux ou plusieurs systèmes de droit ou ensembles de règles ayant trait aux questions régies par le présent règlement s'appliquent dans des unités territoriales différentes peut désigner une autorité pour chaque unité territoriale et spécifier sa compétence territoriale. Dans ce cas, les communications peuvent être adressées soit directement à l'autorité territorialement compétente, soit à l'autorité centrale qui est chargée de les transmettre à l'autorité territorialement compétente et d'en informer l'expéditeur.

Article 56. Fonctions générales

Les autorités centrales établissent un système d'informations relatives aux législations et aux procédures nationales et prennent des mesures pour améliorer l'application du présent règlement et renforcer leur coopération, y compris en établissant des mécanismes transfrontaliers de médiation.

À cette fin, il est fait usage du réseau judiciaire européen en matière civile et commerciale créé par la décision 2001/470/CE.

Article 57. Coopération dans le cadre d'affaires spécifiques
Les autorités centrales coopèrent dans le cadre d'affaires spécifiques, notamment afin de garantir l'exercice effectif des droits liés à la responsabilité parentale à l'égard d'un enfant. À cette fin et conformément à leur législation, en agissant soit directement soit avec le concours d'autorités publiques ou d'autres organismes, elles:
a) échangent des informations:
(i) relatives à la situation de l'enfant,
(ii) à toute procédure en cours, ou
(iii) à toute décision rendue concernant l'enfant;
b) formulent, le cas échéant, des recommandations pour coordonner une mesure conservatoire arrêtée dans l'État membre où se trouve l'enfant et une décision rendue dans l'État membre compétent pour connaître du fond;
c) prennent toutes les mesures nécessaires pour localiser et restituer l'enfant, y compris en engageant une procédure à cette fin en application des articles 22 à 24;
d) fournissent des informations et une assistance aux titulaires de la responsabilité parentale qui demandent la reconnaissance et l'exécution d'une décision sur leur territoire, en particulier en matière de droit de visite et de retour de l'enfant;
e) facilitent les communications entre les juridictions, notamment en vue du renvoi d'une affaire en vertu de l'article 15, ou aux fins de statuer sur des cas d'enlèvement d'enfants en vertu des articles 22 à 24; et
f) œuvrent à la conclusion d'accords entre les titulaires de la responsabilité parentale en recourant à la médiation ou à d'autres moyens et organisent une coopération transfrontalière à cette fin.

Article 58. Méthode de travail
1. Tout titulaire de la responsabilité parentale peut adresser une demande d'assistance à l'autorité centrale de l'État membre dans lequel il réside habituellement ou à l'autorité centrale de l'État membre dans lequel l'enfant a sa résidence habituelle ou est présent. Si la demande d'assistance fait référence à une décision rendue en application du présent règlement, le titulaire de la responsabilité parentale est tenu d'y joindre les certificats correspondants figurant aux articles 44, 46, paragraphe 1 ou 47, paragraphe 1.
2. Chaque État membre indique à la Commission les langues officielles de l'Union européenne autres que la sienne dans lesquelles peuvent être rédigées les communications aux autorités centrales.
3. L'assistance dispensée par les autorités centrales en vertu de l'article 57 est gratuite.
4. Chaque autorité centrale supporte ses propres frais.

Article 59. Réunions
La Commission convoque les réunions des autorités centrales par l'intermédiaire du réseau judiciaire européen en matière civile et commerciale créé par la décision 2001/470/CE.

CHAPITRE VI. RELATIONS AVEC LES AUTRES INSTRUMENTS

Article 60. Relation avec les autres instruments

1. Sans préjudice de l'article 63 et du paragraphe 2 du présent article, le présent règlement remplace, pour les États membres, les conventions existant au moment de l'entrée en vigueur du présent règlement, qui ont été conclues entre deux ou plusieurs États membres et qui portent sur des matières réglées par le présent règlement.

2. a) La Finlande et la Suède ont la faculté de déclarer que la convention du 6 février 1931 entre le Danemark, la Finlande, l'Islande, la Norvège et la Suède comprenant des dispositions de droit international privé sur le mariage, l'adoption et la garde des enfants ainsi que son protocole final s'appliquent en tout ou en partie, dans leurs relations mutuelles, en lieu et place des règles du présent règlement. Ces déclarations sont publiées au Journal officiel des Communautés européennes en annexe du présent règlement. Lesdits États membres peuvent y renoncer, en tout ou en partie, à tout moment.

b) Le principe de la non-discrimination en raison de la nationalité entre citoyens de l'Union européenne est respecté.

c) Dans tout accord à conclure entre les États membres visés au point a), portant sur des matières réglées par le présent règlement, les règles de compétence sont alignées sur celles prévues dans le présent règlement.

d) Les décisions rendues dans l'un des États nordiques qui a fait la déclaration visée au point a) en vertu d'un chef de compétence qui correspond à l'un de ceux prévus aux chapitres II et III du présent règlement sont reconnues et exécutées dans les autres États membres conformément aux règles prévues au chapitre IV du présent règlement.

3. Les États membres communiquent à la Commission:

a) une copie des accords et des lois uniformes les mettant en œuvre visés au paragraphe 2, points a) et c) ;

b) toute dénonciation ou modification de ces accords ou de ces lois uniformes.

Article 61. Relations avec certaines conventions multilatérales

Dans les relations entre les États membres, le présent règlement prévaut sur les conventions suivantes dans la mesure où elles concernent des matières réglées par le présent règlement:

a) convention de La Haye du 5 octobre 1961 concernant la compétence des autorités et la loi applicable en matière de protection des mineurs;

b) convention de Luxembourg du 8 septembre 1967 sur la reconnaissance des décisions relatives au lien conjugal;

c) convention de La Haye du 1er juin 1970 sur la reconnaissance des divorces et des séparations de corps;

d) convention européenne du 20 mai 1980 sur la reconnaissance et l'exécution des décisions en matière de garde des enfants et le rétablissement de la garde des enfants;

e) convention de La Haye du 25 octobre 1980 sur les aspects civils de l'enlèvement international d'enfants; et

f) convention de La Haye du 19 octobre 1996 concernant la compétence, la loi applicable, la reconnaissance, l'exécution et la coopération en matière de responsabilité parentale et de mesures de protection des enfants.

Article 62. Traités conclus avec le Saint-Siège

1. Le présent règlement est applicable sans préjudice du traité international (concordat) conclu entre le Saint-Siège et le Portugal, signé au Vatican le 7 mai 1940.
2. Toute décision relative à l'invalidité d'un mariage rendue en vertu du traité visé au paragraphe 1 est reconnue dans les États membres dans les conditions prévues au chapitre IV, section 1.
3. Les dispositions des paragraphes 1 et 2 s'appliquent également aux traités internationaux (concordats) ci-après conclus avec le Saint-Siège:
a) «Concordato lateranense» du 11 février 1929 entre l'Italie et le Saint-Siège, modifié par l'accord, et son protocole additionnel, signé à Rome le 18 février 1984;
b) accord du 3 janvier 1979 entre le Saint-Siège et l'Espagne sur des questions juridiques.
4. En Italie ou en Espagne, la reconnaissance des décisions prévue au paragraphe 2 peut être soumise aux mêmes procédures et aux mêmes contrôles que ceux qui sont applicables aux décisions rendues par les juridictions ecclésiastiques conformément aux traités internationaux conclus avec le Saint-Siège et visés au paragraphe 3.
5. les États membres communiquent à la Commission:
a) une copie des traités visés aux paragraphes 1 et 3;
b) toute dénonciation ou modification de ces traités.

CHAPITRE VII. DISPOSITIONS TRANSITOIRES

Article 63

1. Les dispositions du présent règlement ne sont applicables qu'aux actions judiciaires intentées, aux actes authentiques reçus et aux transactions conclues devant une juridiction au cours d'une instance, postérieurement à la date de sa mise en application telle que prévue à l'article 71.
2. Les décisions rendues après la date de mise en application du présent règlement à la suite d'actions intentées avant cette date, mais après la date d'entrée en vigueur du règlement (CE) n° 1347/2000 du Conseil, sont reconnues et exécutées conformément aux dispositions du chapitre IV du présent règlement, si les règles de compétence appliquées sont conformes à celles prévues soit par les chapitres II et III du présent règlement ou du règlement (CE) n° 1347/2000, soit par une convention qui était en vigueur entre l'État membre d'origine et l'État membre requis lorsque l'action a été intentée.
3. Les décisions rendues avant la date de mise en application du présent règlement à la suite d'actions intentées après la date d'entrée en vigueur du règlement (CE) n° 1347/2000 sont reconnues et exécutées conformément aux dispositions du chapitre IV du présent règlement pour autant qu'il s'agisse d'une décision de divorce, de séparation de corps ou d'annulation du mariage, ou d'une décision relative à la responsabilité parentale des enfants communs rendue à l'occasion d'une telle action matrimoniale.
4. Les décisions rendues avant la date de mise en application du présent règlement, mais après la date d'entrée en vigueur du règlement (CE) n° 1347/2000, à la suite d'actions intentées avant la date d'entrée en vigueur du règlement (CE) n° 1347/2000 sont reconnues et exécutées conformément aux dispositions du chapitre IV du présent règlement pour autant qu'il s'agisse d'une décision de divorce, de

séparation de corps ou d'annulation du mariage, ou d'une décision relative à la responsabilité parentale des enfants communs rendue à l'occasion d'une telle action matrimoniale, et que les règles de compétence appliquées sont conformes à celles prévues soit par les chapitres II ou III du présent règlement ou du règlement (CE) n° 1347/2000, soit par une convention qui était en vigueur entre l'État membre d'origine et l'État membre requis lorsque l'action a été intentée.

CHAPITRE VIII. DISPOSITIONS FINALES

Article 64. États membres ayant deux ou plusieurs systèmes juridiques

Au regard d'un État membre dans lequel deux ou plusieurs systèmes de droit ou ensembles de règles ayant trait aux questions régies par le présent règlement s'appliquent dans des unités territoriales différentes:

a) toute référence à la résidence habituelle dans cet État membre vise la résidence habituelle dans une unité territoriale;

b) toute référence à la nationalité ou, dans le cas du Royaume-Uni, au «domicile», vise l'unité territoriale désignée par la loi de cet État;

c) toute référence à l'autorité d'un État membre vise l'autorité de l'unité territoriale concernée au sein de cet État;

d) toute référence aux règles de l'État membre requis vise les règles de l'unité territoriale dans laquelle la compétence, la reconnaissance ou l'exécution sont invoquées.

Article 65. Informations relatives aux autorités centrales et aux langues acceptées

1. Les États membres notifient à la Commission dans un délai de trois mois à compter de l'entrée en vigueur du présent règlement:

a) les noms, adresses et moyens de communication des autorités centrales désignées conformément à l'article 55;

b) les langues acceptées pour les communications entre autorités centrales conformément à l'article 58, paragraphe 2; et

c) les langues acceptées pour le certificat concernant le droit de visite conformément à l'article 49, paragraphe 2.

Les États membres communiquent à la Commission toute modification apportée à ces informations.

La Commission met ces informations à la disposition du public.

Article 66. Modification des annexes I, II et III

Les États membres notifient à la Commission les textes modifiant les listes des juridictions et des voies de recours qui figurent aux annexes I à III.

La Commission adapte les annexes concernées en conséquence.

Article 67. Modification des annexes IV à VII

Toute modification apportée aux formulaires dont les modèles figurent aux annexes IV à VII est adoptée selon la procédure visée à l'article 68, paragraphe 2.

Article 68. Comité

1. La Commission est assistée par un comité composé de représentants des États membres et présidé par les représentants de la Commission.

2. b) matière matrimoniale et de responsabilité parentale (proposition de règlement)

2. Lorsqu'il est fait référence au présent paragraphe, il y a lieu d'appliquer la procédure consultative visée à l'article 3 de la décision 1999/468/CE conformément aux dispositions de son article 7, paragraphe 3.
3. Le comité adopte son règlement intérieur.

Article 69. Abrogation du règlement (CE) n° 1347/2000
1. Le règlement (CE) n° 1347/2000 est abrogé à compter de la date de mise en application du présent règlement telle que prévue à l'article 71.
2. Toute référence au règlement (CE) n° 1347/2000 du Conseil s'entend comme faite au présent règlement conformément à la table de correspondance figurant à l'annexe VIII.

Article 70. Modification du règlement (CE) n° 44/2001
L'article 5, paragraphe 2, du règlement (CE) n° 44/2001 est remplacé par le texte suivant:
«2) en matière d'obligation alimentaire, devant le tribunal du lieu où le créancier d'aliments a son domicile ou sa résidence habituelle ou, s'il s'agit d'une demande accessoire à une action relative à l'état des personnes, devant le tribunal compétent selon la loi du for pour en connaître, sauf si cette compétence est uniquement fondée sur la nationalité d'une des parties, ou, s'il s'agit d'une demande accessoire à une action en matière de responsabilité parentale, devant le tribunal compétent pour en connaître selon le règlement (CE) n° ... [relatif à la compétence, la reconnaissance et l'exécution des décisions en matière matrimoniale et en matière de responsabilité parentale]*.
* JO L ...»

Article 71. Entrée en vigueur
Le présent règlement entre en vigueur le 1er juillet 2003.
Le présent règlement s'applique à compter du 1er juillet 2004, à l'exception de l'article 65, qui s'applique à compter du 1er juillet 2003.

ANNEXE I

La requête prévue aux articles 26 et 33 est présentée aux juridictions ci-après:
– en Belgique, au «tribunal de première instance»/«rechtbank van eerste aanleg»/«erstinstanzliches Gericht»,
– en Allemagne:
– dans le ressort du «Kammergericht» (Berlin), au «Familiengericht Pankow/Weißensee»,
– dans le ressort des autres «Oberlandesgerichte», au «Familiengericht» situé au siège de l'«Oberlandesgericht» concerné
– en Grèce, au «Μονομελές Πρωτοδικείο»,
– en Espagne, au «Juzgado de Primera Instancia»,
– en France, au président du «tribunal de grande instance»,
– en Irlande, à la «High Court»,
– en Italie, à la «Corte d'appello»,
– au Luxembourg, au président du «tribunal d'arrondissement»,
– aux Pays-Bas, au président du «arrondissementsrechtbank»,

– en Autriche, au «Bezirksgericht»,
– au Portugal, au «Tribunal de Comarca» ou au «Tribunal de Familia»,
– en Finlande, au «käräjäoikeus»/«tingsrätt»,
– en Suède, au «Svea hovrätt»,
– au Royaume-Uni:
a) en Angleterre et au pays de Galles, à la «High Court of Justice»;
b) en Écosse, à la «Court of Session»;
c) en Irlande du Nord, à la «High Court of Justice»;
d) à Gibraltar, à la «Supreme Court».

ANNEXE II

Le recours prévu à l'article 38 est formé auprès des juridictions suivantes:
– en Belgique:
a) la personne qui a demandé la déclaration constatant la force exécutoire peut introduire un recours devant la «cour d'appel» ou le «hof van beroep»;
b) la personne contre laquelle l'exécution est demandée peut faire opposition devant le «tribunal de première instance»/«rechtbank van eerste aanleg»/«erstinstanzliches Gericht»,
– en Allemagne, devant le «Oberlandesgericht»,
– en Grèce, devant le «Εφετείο»,
– en Espagne, devant la «Audiencia Provincial»,
– en France, devant la «cour d'appel»,
– en Irlande, devant la «High Court»,
– en Italie, devant la «Corte d'appello»,
– au Luxembourg, devant la «cour d'appel»,
– aux Pays-Bas:
a) si le recours est formé par la personne ayant demandé que la force exécutoire soit constatée ou par le défendeur qui a comparu: devant le «gerechtshof»;
b) si le recours est formé par le défendeur défaillant: devant le «arrondissementsrechtbank»,
– en Autriche, devant le «Bezirksgericht»,
– au Portugal, devant le «Tribunal da Relação»,
– en Finlande, devant le «hovioikeus»/«hovrätt»,
– en Suède, devant le «Svea hovrätt»,
– au Royaume-Uni:
a) en Angleterre et au pays de Galles, devant la «High Court of Justice»;
b) en Écosse, devant la «Court of Session»;
c) en Irlande du Nord, devant la «High Court of Justice»;
d) à Gibraltar, devant la «Court of Appeal».

ANNEXE III

La décision rendue sur le recours, visée à l'article 39, ne peut faire l'objet:
– en Belgique, en Grèce, en Espagne, en France, en Italie, au Luxembourg et aux Pays-Bas, que d'un pourvoi en cassation,
– en Allemagne, que d'un «Rechtsbeschwerde»,
– en Irlande, que d'un recours sur un point de droit devant la «Supreme Court»,

– en Autriche, que d'un «Revisionsrekurs»,
– au Portugal, que d'un recours sur un point de droit,
– en Finlande, que d'un recours devant le «korkein oikeus»/«högsta domstolen»,
– en Suède, que d'un recours devant le «Högsta domstolen»,
– au Royaume-Uni, que d'un recours sur un point de droit.

ANNEXE IV

Certificat visé à l'article 44 concernant les décisions en matière matrimoniale

1. Pays d'origine
2. Juridiction ou autorité délivrant le certificat
    2.1. Nom
    2.2. Adresse
    2.3. Téléphone/Télécopie/Adresse électronique
3. Mariage
    3.1. Épouse
        3.1.1. Nom, prénoms
        3.1.2. Pays et lieu de naissance
        3.1.3. Date de naissance
    3.2. Époux
        3.2.1. Nom, prénoms
        3.2.2. Pays et lieu de naissance
        3.2.3. Date de naissance
    3.3. Pays, lieu (facultativement) et date du mariage
        3.3.1. Pays du mariage
        3.3.2. Lieu du mariage (facultativement)
        3.3.3. Date du mariage
4. Juridiction ayant rendu la décision
    4.1. Nom de la juridiction
    4.2. Situation de la juridiction
5. Décision
    5.1. Date
    5.2. Numéro de référence
    5.3. Type de décision
        5.3.1. Divorce
        5.3.2. Annulation du mariage
        5.3.3. Séparation de corps
    5.4. La décision a-t-elle été rendue par défaut?
        5.4.1. Non
        5.4.2. Oui[11]
6. Nom des parties ayant bénéficié de l'assistance judiciaire
7. La décision est-elle susceptible de recours selon la loi de l'État membre d'origine?

---

[11] Les documents mentionnés à l'article 42, paragraphe 2, doivent être joints.

7.1. Non
7.2. Oui
8. Date d'effet légal dans l'État membre où a été rendue la décision
    8.1. Divorce
    8.2. Séparation de corps

Fait à :
Le :
Signature et/ou cachet :

ANNEXE V

Certificat visé à l'article 44 concernant les décisions en matière de responsabilité parentale

1. Pays d'origine
2. Juridiction ou autorité délivrant le certificat
    2.1. Nom
    2.2. Adresse
    2.3. Téléphone/Télécopie/Adresse électronique
3. Titulaires de la responsabilité parentale
    3.1. Mère
        3.1.1. Nom, prénoms
        3.2.2. Date et lieu de naissance
    3.2. Père
        3.2.1. Nom, prénoms
        3.2.2. Date et lieu de naissance
    3.3. Autre
        3.2.1. Nom, prénoms
        3.2.2. Date et lieu de naissance
4. Juridiction ayant rendu la décision
    4.1. Nom de la juridiction
    4.2. Situation de la juridiction
5. Décision
    5.1. Date
    5.2. Numéro de référence
    5.3. La décision a-t-elle été rendue par défaut ?
        5.3.1. Non
        5.3.2. Oui[12]
6. Enfants concernés par la décision[13]
    6.1. Nom, prénoms et date de naissance
    6.2. Nom, prénoms et date de naissance
    6.3. Nom, prénoms et date de naissance
    6.4. Nom, prénoms et date de naissance

---

[12] Les documents mentionnés à l'article 42, paragraphe 2, doivent être joints.
[13] Si plus de quatre enfants sont concernés, utiliser un deuxième formulaire.

7. Nom des parties ayant bénéficié de l'assistance judiciaire
8. Attestation du caractère exécutoire et de la signification/notification
    8.1. La décision est-elle exécutoire selon la loi de l'État membre d'origine?
        8.1.1. Oui
        8.1.2. Non
    8.2. La décision a-t-elle été signifiée ou notifiée à la partie contre laquelle l'exécution est demandée?
        8.2.1. Oui
            8.2.1.1. Nom, prénoms de la partie
            8.2.1.2. Date de la signification
        8.2.2. Non

Fait à:
Le:
Signature et/ou cachet:

ANNEXE VI

Certificat visé à l'article 46, paragraphe 1, concernant les décisions en matière de droit de visite

1. Pays d'origine
    2.1. Nom2. Juridiction ou autorité délivrant le certificat
    2.2. Adresse
    2.3. Téléphone/Télécopie/Adresse électronique
3. Parents
    3.1. Mère
        3.1.1. Nom, prénoms
        3.2.2. Date et lieu de naissance
    3.2. Père
        3.2.1. Nom, prénoms
        3.2.2. Date et lieu de naissance
4. Juridiction ayant rendu la décision
    4.1. Nom de la juridiction
    4.2. Situation de la juridiction
5. Décision
    5.1. Date
    5.2. Numéro de référence
6. Enfants concernés par la décision[14]
    6.1. Nom, prénoms et date de naissance
    6.2. Nom, prénoms et date de naissance
    6.3 Nom, prénoms et date de naissance
    6.4. Nom, prénoms et date de naissance
7. La décision est exécutoire selon la loi de l'État membre d'origine
8. La décision n'a pas été rendue par défaut

---

[14] Si plus de quatre enfants sont concernés, utiliser un deuxième formulaire.

9. Les enfants ont eu la possibilité d'être entendus, à moins qu'une audition n'ait été jugée inappropriée eu égard à leur âge ou à leur degré de maturité
10. Modalités d'exercice du droit de visite
    10.1. Date
    10.2. Lieu
    10.3. Obligations spécifiques des titulaires de la responsabilité parentale lorsqu'ils prennent les enfants avec eux et les ramènent
        10.3.1. Responsabilité des frais de transport
        10.3.2. Autres
    10.4. Restrictions éventuelles attachées à l'exercice du droit de visite
11. Nom des parties ayant bénéficié de l'assistance judiciaire

Fait à:
Le:
Signature et/ou cachet:

ANNEXE VII

Certificat visé à l'article 47, paragraphe 1, concernant le retour

1. Pays d'origine
2. Juridiction ou autorité délivrant le certificat
    2.1. Nom
    2.2. Adresse
    2.3. Téléphone/Télécopie/Adresse électronique
3. Titulaires de la responsabilité parentale
    3.1. Mère
        3.1.1. Nom, prénoms
        3.2.2. Date et lieu de naissance
    3.2. Père
        3.2.1. Nom, prénoms
        3.2.2. Date et lieu de naissance
    3.3. Autre
        3.3.1. Nom, prénoms
        3.3.2. Date et lieu de naissance
4. Juridiction ayant rendu la décision
    4.1. Nom de la juridiction
    4.2. Situation de la juridiction
5. Décision
    5.1. Date
    5.2. Numéro de référence
6. Enfants concernés par la décision[15]
    6.1. Nom, prénoms et date de naissance
    6.2. Nom, prénoms et date de naissance
    6.3. Nom, prénoms et date de naissance

---

[15] Si plus de quatre enfants sont concernés, utiliser un deuxième formulaire.

6.4. Nom, prénoms et date de naissance
7. Les enfants ont eu la possibilité d'être entendus, à moins qu'une audition n'ait été jugée inappropriée eu égard à leur âge ou à leur degré de maturité
8. La décision prévoit le retour de l'enfant
9. Personne ayant la garde des enfants
10. Nom des parties ayant bénéficié de l'assistance judiciaire

Fait à:
Le:
Signature et/ou cachet:

ANNEXE VIII

Table de correspondance avec le règlement (CE) n° 1347/2000

Articles abrogés	Articles correspondants du nouveau texte
1	1, 2
2	5
3	12
4	
5	6
6	7
7	8
8	9
9	17
10	18
11	16, 19
12	20
13	2, 26
14	26
15	27, 28
16	
17	29
18	30
19	31
20	32
21	33
22	26, 34
23	35

24	36
25	37
26	38
27	39
28	40
29	41
30	52
31	53
32	42
33	44
34	43
35	54
36	60
37	61
38	
39	
40	62
41	64
42	63
43	
44	66, 67
45	68
46	71
Annexe I	Annexe I
Annexe II	Annexe II
Annexe III	Annexe III
Annexe IV	Annexe IV
Annexe V	Annexe V

III. Signification et notification

1. Règlement du Conseil du 29 mai 2000 relatif à la signification et à la notification dans les États membres des actes judiciaires et extrajudiciaires en matière civile et commerciale (n° 1348/2000/CE)
Journal officiel n° L 160 du 30/06/2000 p. 37–43

LE CONSEIL DE L'UNION EUROPÉENNE,
vu le traité instituant la Communauté européenne, et notamment son article 61, point c), et son article 67, paragraphe 1,
vu la proposition de la Commission[1],
vu l'avis du Parlement européen[2],
vu l'avis du Comité économique et social[3],
considérant ce qui suit:
(1) L'Union s'est fixé pour objectif de maintenir et de développer un espace de liberté, de sécurité et de justice au sein duquel est assurée la libre circulation des personnes. Pour mettre progressivement en place un tel espace, la Communauté adopte, entre autres, les mesures dans le domaine de la coopération judiciaire en matière civile nécessaires au bon fonctionnement du marché intérieur.
(2) Le bon fonctionnement du marché intérieur exige d'améliorer et d'accélérer la transmission entre les États membres des actes judiciaires et extrajudiciaires en matière civile ou commerciale aux fins de signification ou de notification.
(3) Cette matière relève désormais de l'article 65 du traité.
(4) Conformément au principe de subsidiarité et au principe de proportionnalité tels qu'énoncés à l'article 5 du traité, les objectifs du présent règlement ne peuvent pas être réalisés de manière suffisante par les États membres et peuvent donc être mieux réalisés au niveau communautaire. Le présent règlement n'excède pas ce qui est nécessaire pour atteindre ces objectifs.
(5) Le Conseil, par un acte[4] du 26 mai 1997, a établi le texte d'une convention relative à la signification et à la notification dans les États membres de l'Union européenne des actes judiciaires et extrajudiciaires en matière civile ou commerciale et en a recommandé l'adoption par les États membres selon leurs règles constitutionnelles respectives. Cette convention n'est pas entrée en vigueur. Il y a lieu d'assurer la continuité des résultats obtenus dans le cadre de la conclusion de la convention. Son contenu substantiel est largement repris dans le présent règlement.
(6) L'efficacité et la rapidité des procédures judiciaires dans le domaine civil impliquent que la transmission des actes judiciaires et extrajudiciaires est effectuée directement et par des moyens rapides entre les entités locales désignées par les États membres. Toutefois, les

---

[1] JO C 247 E du 31.8.1999, p. 11.
[2] Avis rendu le 17 novembre 1999 (non encore publié au Journal officiel).
[3] JO C 368 du 20.12.1999, p. 47.
[4] JO C 261 du 27.8.1997, p. 1. Le même jour que celui où la convention a été établie, le Conseil a pris acte du rapport explicatif relatif à la convention, lequel figure à la page 26 du Journal officiel précité.

États membres peuvent indiquer leur intention de ne désigner qu'une entité d'origine ou une entité requise ou une seule entité chargée des deux fonctions pendant cinq ans. Ce mandat est cependant renouvelable tous les cinq ans.

(7) La rapidité de la transmission justifie l'utilisation de tout moyen approprié, tout en respectant certaines conditions quant à la lisibilité et à la fidélité du document reçu. La sécurité de la transmission exige que l'acte à transmettre soit accompagné d'un formulaire devant être rempli dans la langue du lieu où la signification ou la notification a lieu ou dans une autre langue acceptée par l'État requis.

(8) Afin d'assurer l'efficacité du règlement, la possibilité de refuser la signification ou la notification des actes est limitée à des situations exceptionnelles.

(9) La rapidité de la transmission justifie que la signification ou la notification de l'acte ait lieu dans les jours qui suivent la réception de l'acte. Toutefois, si au bout d'un mois la signification ou la notification n'a pas pu avoir lieu, il importe que l'entité requise en informe l'entité d'origine. L'expiration de ce délai n'implique pas que la demande soit retournée à l'entité d'origine lorsqu'il apparaît que la signification ou la notification est possible dans un délai raisonnable.

(10) Afin de défendre les intérêts du destinataire, il convient que la signification ou la notification se fasse dans la langue ou l'une des langues officielles du lieu où elle sera effectuée ou dans une autre langue de l'État membre d'origine que le destinataire comprend.

(11) Compte tenu des différences existant entre les États membres quant à leurs règles de procédure, la date prise en compte aux fins de la signification ou de la notification varie d'un État membre à l'autre. Dans ces conditions, et compte tenu des difficultés qui pourraient surgir, il convient que le présent règlement prévoie que c'est la législation de l'État membre requis qui détermine la date de signification ou de notification. Toutefois, lorsqu'un acte doit être signifié ou notifié dans un délai déterminé dans le cadre d'une procédure à introduire ou en cours dans l'État membre d'origine, la date à prendre en considération à l'égard du requérant est celle fixée par la législation de cet État membre. Tout État membre peut toutefois déroger aux dispositions ci-dessus pendant une période transitoire de cinq ans, pour des motifs valables. Il peut renouveler cette dérogation tous les cinq ans pour des raisons tenant à son système juridique.

(12) Le présent règlement prévaut, dans les rapports entre les États membres qui y sont parties, sur les dispositions visant la matière couverte par elle et contenues dans des accords ou arrangements bilatéraux ou multilatéraux ayant le même champ d'application, conclus par les États membres, notamment le protocole annexé à la convention de Bruxelles du 27 septembre 1968[5] et la convention de La Haye du 15 novembre 1965. Il ne fait pas obstacle au maintien ou à la conclusion par les États membres d'accords ou d'arrangements visant à accélérer ou à simplifier la transmission des actes, pour autant qu'ils soient compatibles avec ses dispositions.

(13) Il importe que les données transmises en application du présent règlement bénéficient d'un régime de protection approprié. La matière relève du champ d'application de la directive 95/46/CE du Parlement européen et du Conseil du 24 octobre 1995 relative à la protection des personnes physiques à l'égard du traitement des données à caractère personnel et à la libre circulation de ces données[6] et de la directive 97/66/CE du Parlement

---

[5] Convention de Bruxelles du 27 septembre 1968 concernant la compétence judiciaire et l'exécution des décisions en matière civile et commerciale (JO L 299 du 31.12.1972, p. 32; version consolidée: JO C 27 du 26.1.1998, p. 1).

européen et du Conseil du 15 décembre 1997 concernant le traitement des données à caractère personnel et la protection de la vie privée dans le secteur des télécommunications[7].
(14) Les mesures nécessaires pour la mise en œuvre du présent règlement sont arrêtées en conformité avec la décision 1999/468/CE du Conseil du 28 juin 1999 fixant les modalités de l'exercice des compétences d'exécution conférées à la Commission[8].
(15) Ces mesures comprennent aussi l'établissement et la mise à jour d'un manuel à l'aide des moyens modernes adéquats.
(16) Au plus tard trois ans après l'entrée en vigueur du présent règlement, il importe que la Commission en examine l'application en vue de proposer, le cas échéant, les modifications nécessaires.
(17) En conformité avec l'article 3 du protocole sur la position du Royaume-Uni et de l'Irlande, annexé au traité sur l'Union européenne et au traité instituant la Communauté européenne, ces États ont notifié leur souhait de participer à l'adoption et à l'application du présent règlement.
(18) En conformité avec les articles 1er et 2 du protocole sur la position du Danemark, annexé au traité sur l'Union européenne et au traité instituant la Communauté européenne, cet État ne participe pas à l'adoption du présent règlement, lequel, par conséquent, ne le lie pas et ne lui est pas applicable,
A ARRÊTÉ LE PRÉSENT RÈGLEMENT:

CHAPITRE I. DISPOSITIONS GÉNÉRALES

Article premier. Champ d'application
1. Le présent règlement est applicable en matière civile ou commerciale lorsqu'un acte judiciaire ou extrajudiciaire doit être transmis d'un État membre à un autre pour y être signifié ou notifié.
2. Le présent règlement ne s'applique pas lorsque l'adresse du destinataire de l'acte n'est pas connue.

Article 2. Entités d'origine et entités requises
1. Chaque État membre désigne les officiers ministériels, autorités ou autres personnes, ci-après dénommés «entités d'origine», compétents pour transmettre les actes judiciaires ou extrajudiciaires aux fins de signification ou de notification dans un autre État membre.
2. Chaque État membre désigne les officiers ministériels, autorités ou autres personnes, ci-après dénommés «entités requises», compétents pour recevoir les actes judiciaires ou extrajudiciaires en provenance d'un autre État membre.
3. Tout État membre peut désigner soit une seule entité d'origine et une seule entité requise, soit une seule entité chargée des deux fonctions. Les États fédéraux, les États dans lesquels plusieurs systèmes de droit sont en vigueur et les États ayant des unités territoriales autonomes ont la faculté d'en désigner plusieurs. Cette désignation est valable pendant une période de cinq ans et peut être renouvelée tous les cinq ans.

---

[6] JO L 281 du 23.11.1995, p. 31.
[7] JO L 24 du 30.1.1998, p. 1.
[8] JO L 184 du 17.7.1999, p. 23.

4. Chaque État membre communique à la Commission les informations suivantes:
a) les noms et adresses des entités requises visées aux paragraphes 2 et 3;
b) l'indication de leur ressort de compétence territoriale;
c) les moyens de réception dont ces entités disposent et
d) les langues qui peuvent être utilisées pour compléter le formulaire type figurant en annexe.
Les États membres notifient à la Commission toute modification ultérieure de ces informations.

Article 3. Entité centrale

Chaque État membre désigne une entité centrale chargée:
a) de fournir des informations aux entités d'origine;
b) de rechercher des solutions aux difficultés qui peuvent se présenter à l'occasion de la transmission des actes aux fins de signification ou de notification;
c) de faire parvenir, dans des cas exceptionnels, à la requête de l'entité d'origine, une demande de signification ou de notification à l'entité requise compétente.
Les États fédéraux, les États dans lesquels plusieurs systèmes juridiques sont en vigueur et les États ayant des unités territoriales autonomes ont la faculté de désigner plusieurs entités centrales.

CHAPITRE II. ACTES JUDICIAIRES

Section 1. Transmission et signification ou notification des actes judiciaires

Article 4. Transmission des actes

1. Les actes judiciaires sont transmis directement et dans les meilleurs délais entre les entités désignées conformément à l'article 2.
2. La transmission des actes, demandes, confirmations, accusés de réception, attestations et toute autre pièce entre les entités d'origine et les entités requises peut être effectuée par tout moyen approprié, sous réserve que le contenu du document reçu soit fidèle et conforme à celui du document expédié et que toutes les mentions qu'il comporte soient aisément lisibles.
3. L'acte à transmettre est accompagné d'une demande établie au moyen du formulaire type figurant en annexe. Ce formulaire est complété dans la langue officielle de l'État membre requis ou, s'il existe plusieurs langues officielles dans cet État membre, dans la langue officielle ou l'une des langues officielles du lieu où il doit être procédé à la signification ou à la notification, ou dans toute autre langue que l'État membre requis aura indiqué qu'il peut l'accepter. Chaque État membre indique la ou les langues officielles de l'Union européenne, autres que la sienne ou les siennes, dans laquelle ou lesquelles il accepte que le formulaire soit complété.
4. Les actes ainsi que toutes les pièces transmises sont dispensés de légalisation et de toute formalité équivalente.
5. Lorsque l'entité d'origine souhaite que lui soit retourné un exemplaire de l'acte avec l'attestation visée à l'article 10, elle adresse l'acte à signifier ou à notifier en double exemplaire.

1. Règlement relatif à la signification et à la notification

Article 5. Traduction de l'acte

1. Le requérant est avisé par l'entité d'origine à laquelle il remet l'acte aux fins de transmission que le destinataire peut refuser de l'accepter s'il n'est pas établi dans l'une des langues indiquées à l'article 8.
2. Le requérant prend en charge les frais éventuels de traduction préalables à la transmission de l'acte, sans préjudice d'une éventuelle décision ultérieure de la juridiction ou de l'autorité compétente sur la prise en charge de ces frais.

Article 6. Réception de l'acte par l'entité requise

1. À la réception de l'acte, l'entité requise adresse par les moyens les plus rapides un accusé de réception à l'entité d'origine, dans les meilleurs délais et, en tout cas, dans les sept jours qui suivent cette réception en utilisant le formulaire type figurant en annexe.
2. Si la demande de signification ou de notification ne peut aboutir sur la base des informations ou des pièces transmises, l'entité requise se met en relation, par les moyens les plus rapides, avec l'entité d'origine afin d'obtenir les renseignements ou les pièces qui font défaut.
3. Si la demande de signification ou de notification sort manifestement du champ d'application du présent règlement ou si le non-respect des conditions de forme requises rend impossible la signification ou la notification, la demande et les pièces transmises sont retournées, dès leur réception, à l'entité d'origine, accompagnées de l'avis de retour dont le formulaire type figure en annexe.
4. L'entité requise qui reçoit un acte pour la signification ou la notification duquel elle n'est pas territorialement compétente transmet cet acte, ainsi que la demande, à l'entité requise territorialement compétente du même État membre si la demande remplit les conditions visées à l'article 4, paragraphe 3, et elle en informe l'entité d'origine au moyen du formulaire type figurant en annexe. L'entité requise territorialement compétente avise l'entité d'origine de la réception de l'acte conformément aux dispositions du paragraphe 1.

Article 7. Signification ou notification des actes

1. L'entité requise procède ou fait procéder à la signification ou à la notification de l'acte soit conformément à la législation de l'État membre requis, soit selon la forme particulière demandée par l'entité d'origine, sauf si cette méthode est incompatible avec la législation de cet État membre.
2. Toutes les formalités nécessaires à la signification ou à la notification sont effectuées dans les meilleurs délais. En tout état de cause, s'il n'a pas été possible de procéder à la signification ou à la notification dans un délai d'un mois à compter de la réception, l'entité requise en informe l'entité d'origine au moyen de l'attestation dont le formulaire type figure en annexe, laquelle est complétée selon les règles prévues à l'article 10, paragraphe 2. Le délai est calculé conformément à la législation de l'État membre requis.

Article 8. Refus de réception de l'acte

1. L'entité requise avise le destinataire qu'il peut refuser de recevoir l'acte à signifier ou à notifier s'il est établi dans une langue autre que l'une des langues suivantes:
a) la langue officielle de l'État membre requis ou, s'il existe plusieurs langues offi-

cielles dans cet État membre requis, la langue officielle ou l'une des langues officielles du lieu où il doit être procédé à la signification ou à la notification ou
b) une langue de l'État membre d'origine comprise du destinataire.
2. Si l'entité requise est informée que le destinataire refuse de recevoir l'acte conformément au paragraphe 1, elle en informe immédiatement l'entité d'origine au moyen de l'attestation visée à l'article 10 et lui retourne la demande ainsi que les pièces dont la traduction est demandée.

Article 9. Date de la signification ou de la notification
1. Sans préjudice de l'article 8, la date de la signification ou de la notification d'un acte effectuée en application de l'article 7 est celle à laquelle l'acte a été signifié ou notifié conformément à la législation de l'État membre requis.
2. Toutefois, lorsqu'un acte doit être signifié ou notifié dans un délai déterminé dans le cadre d'une procédure à introduire ou en cours dans l'État membre d'origine, la date à prendre en considération à l'égard du requérant est celle fixée par la législation de cet État membre.
3. Tout État membre peut déroger aux dispositions des paragraphes 1 et 2 pendant une période de transition de cinq ans, pour des motifs valables.
Il peut renouveler cette période de transition tous les cinq ans pour des raisons tenant à son système juridique. Il communique à la Commission la teneur d'une telle dérogation et les circonstances de l'espèce.

Article 10. Attestation et copie de l'acte signifié ou notifié
1. Lorsque les formalités relatives à la signification ou à la notification de l'acte ont été accomplies, une attestation est établie au moyen du formulaire type figurant en annexe et est adressée à l'entité d'origine. Lorsqu'il a été fait application de l'article 4, paragraphe 5, cette attestation est accompagnée d'une copie de l'acte notifié ou signifié.
2. L'attestation est établie dans la langue officielle ou l'une des langues officielles de l'État membre d'origine ou dans une autre langue que l'État membre d'origine aura indiqué qu'il peut l'accepter. Tout État membre indique la ou les langues officielles de l'Union européenne, autres que la sienne ou les siennes, dans laquelle ou lesquelles il accepte que le formulaire soit complété.

Article 11. Frais de signification ou de notification
1. Les significations ou notifications d'actes judiciaires en provenance d'un autre État membre ne peuvent donner lieu au paiement ou au remboursement de taxes ou de frais pour les services de l'État membre requis.
2. Le requérant est tenu de payer ou de rembourser les frais occasionnés par:
a) l'intervention d'un officier ministériel ou d'une personne compétente selon la loi de l'État membre requis;
b) l'emploi d'une forme particulière.

Section 2. Autres moyens de transmission et de signification ou de notification des actes judiciaires

Article 12. Transmission par voie consulaire ou diplomatique
Chaque État membre a la faculté, en cas de circonstances exceptionnelles, d'utili-

ser la voie consulaire ou diplomatique pour transmettre, aux fins de signification ou de notification, des actes judiciaires aux entités d'un autre État membre désignées en application de l'article 2 ou de l'article 3.

Article 13. Signification ou notification des actes par les agents diplomatiques ou consulaires
1. Chaque État membre a la faculté de faire procéder directement et sans contrainte par les soins de ses agents diplomatiques ou consulaires à la signification ou à la notification d'actes judiciaires aux personnes résidant sur le territoire d'un autre État membre.
2. Tout État membre peut faire savoir, conformément à l'article 23, paragraphe 1, qu'il est opposé à l'usage de cette faculté sur son territoire, sauf si l'acte doit être signifié ou notifié à un ressortissant de l'État membre d'origine.

Article 14. Signification ou notification par la poste
1. Chaque État membre a la faculté de procéder directement par la poste à la signification ou à la notification des actes judiciaires aux personnes résidant dans un autre État membre.
2. Tout État membre peut préciser, conformément à l'article 23, paragraphe 1, sous quelles conditions il acceptera la signification ou la notification des actes judiciaires par la poste.

Article 15. Demande directe de signification ou de notification
1. Le présent règlement ne fait pas obstacle à la faculté, pour toute personne intéressée à une instance judiciaire, de faire procéder à la signification ou à la notification d'actes judiciaires directement par les soins des officiers ministériels, fonctionnaires ou autres personnes compétents de l'État membre requis.
2. Tout État membre peut faire savoir, conformément à l'article 23, paragraphe 1, qu'il est opposé à la signification ou à la notification des actes judiciaires sur son territoire en application du paragraphe 1.

CHAPITRE III. ACTES EXTRAJUDICIAIRES

Article 16. Transmission
Les actes extrajudiciaires peuvent être transmis aux fins de signification ou de notification dans un autre État membre conformément aux dispositions du présent règlement.

CHAPITRE IV. DISPOSITIONS FINALES

Article 17. Modalités d'application
Les mesures nécessaires pour la mise en œuvre du présent règlement concernant les matières qui sont citées ci-après sont arrêtées en conformité avec la procédure consultative visée à l'article 18, paragraphe 2:
a) établir et mettre à jour annuellement un manuel contenant les informations communiquées par les États membres conformément à l'article 2, paragraphe 4;
b) établir un répertoire, dans les langues officielles de l'Union européenne, des actes susceptibles d'être notifiés ou signifiés en application du présent règlement;

c) mettre à jour ou apporter des modifications techniques au formulaire type figurant en annexe.

Article 18. Comité
1. La Commission est assistée par un comité.
2. Dans le cas où il est fait référence au présent paragraphe, les articles 3 et 7 de la décision 1999/468/CE s'appliquent.
3. Le comité adopte son règlement intérieur.

Article 19. Défendeur non comparant
1. Lorsqu'un acte introductif d'instance ou un acte équivalent a dû être transmis dans un autre État membre aux fins de signification ou de notification selon les dispositions du présent règlement et que le défendeur ne comparaît pas, le juge est tenu de surseoir à statuer aussi longtemps qu'il n'est pas établi:
a) ou bien que l'acte a été signifié ou notifié selon les formes prescrites par la législation de l'État membre requis pour la signification ou la notification des actes dressés dans ce pays et qui sont destinés aux personnes se trouvant sur son territoire;
b) ou bien que l'acte a été effectivement remis au défendeur ou à sa résidence selon un autre mode prévu par le présent règlement
et que, dans chacune de ces éventualités, soit la signification ou la notification, soit la remise a eu lieu en temps utile pour que le défendeur ait pu se défendre.
2. Chaque État membre a la faculté de faire savoir, conformément à l'article 23, paragraphe 1, que ses juges, nonobstant les dispositions du paragraphe 1, peuvent statuer si toutes les conditions ci-après sont réunies, même si aucune attestation constatant soit la signification ou la notification, soit la remise n'a été reçue:
a) l'acte a été transmis selon un des modes prévus par le présent règlement;
b) un délai, que le juge appréciera dans chaque cas particulier et qui sera d'au moins six mois, s'est écoulé depuis la date d'envoi de l'acte;
c) aucune attestation n'a pu être obtenue nonobstant toutes les démarches effectuées auprès des autorités ou entités compétentes de l'État membre requis.
3. Les paragraphes 1 et 2 ne font pas obstacle à ce que, en cas d'urgence, le juge ordonne toute mesure provisoire ou conservatoire.
4. Lorsqu'un acte introductif d'instance ou un acte équivalent a dû être transmis dans un autre État membre aux fins de signification ou de notification, selon les dispositions du présent règlement, et qu'une décision a été rendue contre un défendeur qui n'a pas comparu, le juge a la faculté de relever le défendeur de la forclusion résultant de l'expiration des délais de recours, si les conditions ci-après sont réunies:
a) le défendeur, sans qu'il y ait eu faute de sa part, n'a pas eu connaissance dudit acte en temps utile pour se défendre et de la décision en temps utile pour exercer un recours;
b) les moyens du défendeur n'apparaissent pas dénués de tout fondement.
La demande tendant au relevé de la forclusion doit être formée dans un délai raisonnable à partir du moment où le défendeur a eu connaissance de la décision.
Chaque État membre a la faculté de préciser, conformément à l'article 23, paragraphe 1, que cette demande est irrecevable si elle n'est pas formée dans un délai qu'il indiquera dans sa communication, ce délai ne pouvant toutefois être inférieur à un an à compter du prononcé de la décision.

5. Le paragraphe 4 ne s'applique pas aux décisions concernant l'état ou la capacité des personnes.

Article 20. Relation avec des accords ou arrangements auxquels les États membres sont parties

1. Pour la matière couverte par son champ d'application, le présent règlement prévaut sur les dispositions contenues dans des accords ou arrangements bilatéraux ou multilatéraux conclus par les États membres, notamment l'article IV du protocole annexé à la convention de Bruxelles de 1968 et la convention de La Haye du 15 novembre 1965.
2. Le présent règlement ne fait pas obstacle au maintien ou à la conclusion par les États membres d'accords ou d'arrangements visant à accélérer ou à simplifier la transmission des actes, pour autant qu'ils soient compatibles avec le présent règlement.
3. Les États membres transmettent à la Commission:
a) une copie des accords ou arrangements, visés au paragraphe 2, conclus entre les États membres ainsi que les projets d'accords ou arrangements qu'ils entendent conclure et
b) toute dénonciation ou modification de ces accords ou arrangements.

Article 21. Assistance judiciaire

Le présent règlement ne porte pas atteinte à l'application, dans les relations entre les États membres parties à ces conventions, de l'article 23 de la convention du 17 juillet 1905 relative à la procédure civile, de l'article 24 de la convention du 1er mars 1954 relative à la procédure civile ni de l'article 13 de la convention du 25 octobre 1980 tendant à faciliter l'accès international à la justice.

Article 22. Protection des informations transmises

1. Les informations, notamment les données à caractère personnel, transmises dans le cadre de l'application du présent règlement ne peuvent être utilisées par les entités requises qu'aux fins pour lesquelles elles ont été transmises.
2. Les entités requises assurent la confidentialité de ces informations, conformément à leur législation nationale.
3. Les paragraphes 1 et 2 n'affectent pas les dispositions nationales permettant aux personnes concernées d'être informées de l'usage qui a été fait des informations transmises en application du présent règlement.
4. Le présent règlement ne préjuge pas de l'application des directives 95/46/CE et 97/66/CE.

Article 23. Communication et publication

1. Les États membres communiquent à la Commission les informations visées aux articles 2, 3, 4, 9, 10, 13, 14 et 15, à l'article 17, point a), et à l'article 19.
2. La Commission publie au Journal officiel des Communautés européennes les informations visées au paragraphe 1.[9]

---

[9] Les informations sont publiées dans cette collection.

Article 24. Réexamen

Au plus tard le 1er juin 2004, et ensuite tous les cinq ans, la Commission présente au Parlement européen, au Conseil et au Comité économique et social un rapport relatif à l'application du présent règlement portant notamment sur l'efficacité des entités désignées en application de l'article 2 ainsi qu'à l'application pratique de l'article 3, point c), et de l'article 9. Ce rapport est accompagné, le cas échéant, de propositions visant à adapter le présent règlement à l'évolution des systèmes de notification.

Article 25. Entrée en vigueur

Le présent règlement entre en vigueur le 31 mai 2001.

ANNEXE

DEMANDE DE SIGNIFICATION OU DE NOTIFICATION D'ACTES

(Article 4, paragraphe 3, du règlement (CE) no 1348/2000 du Conseil relatif à la signification et à la notification dans les États membre des actes judiciaires et extra judiciaires en matière civile ou commerciale[10])

Numéro de référence:

1. ENTITÉ D'ORIGINE
   1.1. Nom:
   1.2. Adresse:
      1.2.1. Numéro/boite postale et rue:
      1.2.2. Code postale et lieu:
      1.2.3. Pays:
   1.3. Téléphone:
   1.4. Télécopieur*[11]:
   1.5. Courrier électronique*:

2. ENTITÉ REQUISE
   2.1. Nom:
   2.2. Adresse:
      2.2.1. Numéro/boite postale et rue:
      2.2.2. Code postale et lieu:
      2.2.3. Pays:
   2.3. Téléphone:
   2.4. Télécopieur*[12]:
   2.5. Courrier électronique*:

3. REQUÉRANT
   3.1. Nom:

---

[10] JO L 160 du 30.6.2000, p. 37.
[11] * Facultatif.
[12] * Facultatif.

3.2. Adresse:
   3.2.1. Numéro/boite postale et rue:
   3.2.2. Code postale et lieu:
   3.2.3. Pays:
3.3. Téléphone:
3.4. Télécopieur*[13]:
3.5. Courrier électronique*:

4. DESTINATAIRE
   4.1. Nom:
   4.2. Adresse:
      4.2.1. Numéro/boite postale et rue:
      4.2.2. Code postale et lieu:
      4.2.3. Pays:
   4.3. Téléphone:
   4.4. Télécopieur*[14]:
   4.5. Courrier électronique*:
   4.6. Numéro d'identification/numéro de sécurité sociale/numéro de société ou équivalent*:

5. MODE DE SIGNIFICATION OU DE NOTIFICATION
   5.1. Selon la législation de l'État membre requis
   5.2. Selon la forme particulière suivante
      5.2.1. Si cew mode est incompatible avec la législation de l'État membre requis, l'acte doit être signifié ou notifié conformément à cette législation
         5.2.1.1. Qui
         5.2.1.2. Non

6. ACTE À SIGNIFIER OU À NOTIFIER
   6.1. Nature de l'acte
      6.1.1. Judiciaire
         6.1.1.1. Convocation
         6.1.1.2. Jugement
         6.1.1.3. Appel
         6.1.1.4. Autre
      6.1.2. Extrajudiciaire
   6.2. Date ou délai indiqué dans l'acte*:
   6.3. Langue de l'acte:
      6.3.1. Original DE, EN, DA, ES, FI, FR, EL, IT, NL, PT, SV, autres:
      6.3.2. Traduction DE, EN, DA, ES, FI, FR, EL, IT, NL, PT, SV, autres:
   6.4. Nombre de pièce

---

[13] * Facultatif.
[14] * Facultatif.

7. UN EXEMPLAIRE DE L'ACTE DOIT ÊTRE RETOURNÈ AVEC L'ATTESTATION DE SIGNIFICATION OU DE NOTIFICATION (ARTICLE 4 paragraphe 5, du règlement)
    7.1. Qui (dans ce cas, l'acte à signifier doit être envoyé en double exemplaire)
    7.2. Non

1. Aux temps de l'article 7, paragraphe 2, du règlement, vous êtes tenu d'accomplir toutes les formalités requises pour la signification ou la notification des actes dans les meilleurs délais. En tous état de cause, s'il ne vous est pas possible de procéder à la signification ou à la notification dans le mois qui suit la réception de la demande, vous devez en informer cette entité au moyen de l'attestation prévue au point 13.
2. S'il n'est pas possible de faire aboutir la demande en l'état des informations ou des pièces transmises, vous êtes tenu, aux termes de l'article 6, paragraphe 2 du règlement, de vous mettre en relation par les moyens les plus rapides avec cette entité afin d'obtenir les renseignements ou les pièces qui font défaut.

Fait à:
Le:
Signature et/ou cachet:
Numéro de référence de l'entité requise:

ACCUSÉ DE RÉCEPTION
(Article 6, paragraphe 1, du règlement (CE) no 1348/2000)

Cet accusé de réception doit être envoyé par les moyens de transmission les plus rapides dans les meilleurs délais après la réception de l'acte et, en tout cas, dans les sept jours qui suivent la réception.

8. DATE DE LA RÉCEPTION

Fait à:
Le:
Signature et/ou cachet:

AVIS DE RETOUR DE LA DEMANDE ET DE L'ACTE
(Article 6, paragraphe 3, du règlement (CE) no 1348/2000)

La demande et l'acte doivent être retournés dès réception.

9. MOTIF DE RETOUR:
    9.1. Est manifestement hors du champ d'application du règlement:
        9.1.1. l'ate n'est de nature ni civile ni commerciale
        9.1.2. la signification ou la notification n'est pas demendée par un État membre à un autre État membre
    9.2. Non-respect des conditions de forme requises rendant la signification ou la notification impossible:

1. *Règlement relatif à la signification et à la notification*

    9.2.1. l'acte est difficile à lire
    9.2.2. la langue utilisée pour remplir le formulaire est incorrecte
    9.2.3. l'acte reçu n'est pas une copie fidèle et conforme
    9.2.4. autres (prière de donner des précisions):
9.3. Le mode de signification ou de notification est incompatible avec la législation de cet État membre (article 7, paragraphe 1, du règlement)

Fait à:
Le:
Signature et/ou cachet:

AVIS DE RETRANSMISSION DE LA DEMANDE ET DE L'ACTE À L'ENTITÉ REQUISE TERRITORIALEMENT COMPÉTANTE
(Article 6, paragraphe 4, du règlement (CE) no 1348/2000)

La demande et l'acte ont été envoyés à l'entité requise suivante, territorialement compétente pour la signification ou la notification:

10. ENTITÉ REQUISE
    10.1. Nom:
    10.2. Adresse:
        10.2.1. Numéro/boite postale et rue:
        10.2.2. Code postale et lieu:
        10.2.3. Pays:
    10.3. Téléphone:
    10.4. Télécopieur*[15]:
    10.5. Courrier électronique*:

Fait à:
Le:
Signature et/ou cachet:

Numéro de référence de l'entité requise compétente:

AVIS DE RÉCEPTION DE L'ENTITÉ REQUISE TERRITORIALEMENT COMPÉTANTE À L'ENTITÉ D'ORIGINE
(Article 6, paragraphe 4, du règlement (CE) no 1348/2000)

Cet avis doit être envoyé par les moyens de transmission les plus rapides, dans les meilleurs délais après la réception de l'acte et, en tout cas, dans les sept jours qui suivent la réception.

11. DATE DE RÉCEPTION:

---

[15] * Facultatif.

Fait à:
Le:
Signature et/ou cachet:

ATTESTATION D'ACCOMPLISSEMENT OU DE NON-ACCOMPLISSEMENT DE LA SIGNIFICATION OU LA NOTOFICATION DES ACTES
(Article 10 du règlement (CE) no 1348/2000)

La signification ou la notification est effectuée dans les meilleurs délais. En tout cas, s'il n'a pas été possible de l'effectuer dans le mois qui a suivi la réception de la demande, l'entité requise en informe l'entité d'origine (conformément à l'article 7, paragraphe 2, du règlement).

12. ACCOMPLISSEMENT DE LA SIGNIFICATION OU LA NOTOFICATION
    12.1. Date et adresse auxquelles la signification ou la notification a été accomplie:
    12.2. L'acte a été:
        12.2.1. signifié ou notifié selon la législation de l'État membre requis, à savoir:
            12.2.1.1. délivré
                12.2.1.1.1. au destinataire lui-même
                12.2.1.1.2. à une autre personne
                    12.2.1.1.2.1. Nom
                    12.2.1.1.2.2. Adresse
                        12.2.1.1.2.2.1. Numéro/boîtepostale et rue
                        12.2.1.1.2.2.2. Code postale et lieu
                        12.2.1.1.2.2.3. Pays
                    12.2.1.1.2.3. Lien avec le destinataire famille/employé/autres
                12.2.1.1.3. au domicile du destinataire
            12.2.1.2. notifié par la poste
                12.2.1.2.1. sans accusé de réception
                12.2.1.2.2. avec l'accusé de réception ci-joint
                    12.2.1.2.2.1. du destinataire
                    12.2.1.2.2.2. d'une autre personne
                        12.2.1.2.2.2.1. Nom
                        12.2.1.2.2.2.2. Adresse
                            12.2.1.2.2.2.2.1. Numéro/boîtepostale et rue
                            12.2.1.2.2.2.2.2. Code postale et lieu
                            12.2.1.2.2.2.2.3. Pays
                        12.2.1.2.2.2.3. Lien avec le destinataire famille/employé/autres
            12.2.1.3. autre mode (prière de préciser)
        12.2.2. signifié ou notifié selon le mode particulier suivant (prière de préciser)

12.3. Le destinataire de l'acte a été informé (oralement/par écrit) qu'il peut refuser de l'accepter s'il n'est pas rédigé dans une langue officielle du lieu de signification ou de notification ou dans une langue officielle de l'État d'origine qu'il comprend.

13. INFORMATION DONNÉE CONFORMÉMENT À L'ARTICLE 7; PARAGRAPHE 2
Il n'a pas été possible de procéder à la signification ou la notification dans un délai d'un mois à compter de la réception.

14. REFUS DE L'ACTE
Le destinataire a refusé d'accepter l'acte en raison de la langue utilisée. L'acte est joint à la présente attestation.

15. MOTIF DU DÉFFAUT DE SIGNIFICATION OU DE NOTIFICATION DE L'ACTE
15.1. Adresse inconnue
15.2. Destinataire introuvable
15.3. L'acte n'a pas être signifié ou notifié avant la date ou dans le délai indiqué au point 6.2
15.4. Autres (prière de préciser):

L'acte est joint à la présente attestation

Fait à:
Le:
Signature et/ou cachet:

2. Communications des États membres conformément à l'article 23 du règlement (CE) N° 1348/2000 du Conseil du 29 mai 2000 relatif à la signification et à la notification dans les Etats membres des actes judiciaires et extrajudiciaires en matière civile et commerciale (Version consolidée)

Journal Officiel n° C 151 du 22/05/2001 p. 4–17[1]

Introduction

Le présent Journal officiel contient une partie des informations qui doivent faire l'objet d'une publication en vertu de l'article 23, paragraphe 2, du règlement (CE) n° 1348/2000[2]. Il s'agit des informations communiquées par les États membres en vertu des articles 2 (entités d'origine), 3, 4, 9, 10, 13, 14, 15 et 19 du règlement (CE) n° 1348/2000. Les informations concernant les entités requises sont publiées à part dans un manuel[3].

Il importe également de préciser que le Danemark n'est pas lié par le règlement.

Le fait qu'un État membre ne communique aucun régime linguistique particulier en ce qui concerne l'article 14 signifie implicitement que le régime linguistique de l'article 8 est applicable.

BELGIQUE

Article 2 – Entités d'origine
1. Greffiers des justices de paix et tribunal de police
2. Greffiers des tribunaux de première instance
3. Greffiers des tribunaux de commerce
4. Greffiers des tribunaux du travail
5. Greffiers des cours d'appel et des cours du travail
6. Greffiers de la Cour de cassation
7. Ministère public en ce compris l'auditorat du travail
8. Huissiers de justice

Article 3 – Entité centrale
L'entité centrale est la Chambre nationale des huissiers de justice.
Chambre nationale des huissiers de justice
Avenue Henri Jaspar 93
B-1060 Bruxelles
Tél. (32-2) 5380092
Fax (32-2) 5394111

---

[1] La première mise à jour de ces informations a été publiée dans le Journal Officiel n° C 202 du 18/07/2001 p. 10–15. La deuxième mise à jour de ces informations a été publiée dans le Journal Officiel n° C 282 du 6/10/2001 p. 2. La troisième mise à jour de ces informations a été publiée dans le Journal Officiel n° C 13 du 17/01/2002 p. 2–5. La version consolidée des communications est mise à jour régulièrement sur le site Europa: http://europa.eu.int/comm/justice_home/unit/civil_reg1348_fr.htm.

[2] JO L 160 du 30 juin 2000, p. 37.

[3] JO L 298 du 15 novembre 2001, p. 1.

E-mail: Chambre.Nationale@huissiersdejustice.be
Nationale.Kamer@gerechtsdeurwaarders.be
Des informations peuvent être communiquées par courrier postal, par télécopieur, par courrier électronique ou par téléphone.
Connaissances linguistiques: français, néerlandais, allemand et anglais.

Article 4 – Transmission des actes
Le formulaire de demande (formulaire type) est également accepté en anglais, en plus du français, du néerlandais et de l'allemand.

Article 9 – Date de la signification ou de la notification
La Belgique entend déroger au système tel que prévu par l'article 9, paragraphes 1er et 2 en étendant le champ d'application du paragraphe 2 qui se lirait, dès lors, de la façon suivante:
«Toutefois, pour la signification et la notification d'un acte judiciaire et extrajudiciaire, la date à prendre en considération à l'égard du requérant est celle fixée par la législation de l'Etat membre d'origine».
Justification
La Belgique estime que des considérations de sécurité juridique pour le requérant justifient la fixation en ce qui le concerne de la date de la délivrance de l'acte et cela, sans préjudice de la protection de l'autre partie telle qu'elle est organisée par le paragraphe 1er de l'article 9.
Dans sa forme actuelle, le paragraphe 2 peut porter atteinte aux droits du requérant. En effet, même dans des situations où aucun délai n'a été fixé par la loi pour agir, il est important, pour les actes judiciaires et extrajudiciaires, que l'on reconnaisse un effet à l'accomplissement d'un acte.
Ainsi si une partie à un procès qui a perdu en premier degré d'instance, veut interjeter appel, elle doit avoir la possibilité de le faire sans attendre l'accomplissement de la formalité de la signification du jugement.
Ainsi également si une personne souhaitant interrompre une prescription, fait signifier un acte interruptif (acte extrajudiciaire).

Article 10 – Attestation et copie de l'acte signifié ou notifié
La Belgique accepte que le formulaire de l'attestation soit complété en anglais, en plus du français, du néerlandais et de l'allemand.

Article 13 – Signification ou notification des actes par les agents diplomatiques ou consulaires
La Belgique s'oppose à l'usage sur son territoire de la faculté prévue par l'article 13, paragraphe 1.

Article 14 – Signification ou notification par la poste
Conditions sous lesquelles la Belgique accepte la signification ou la notification des actes judiciaires par la poste:
– lettre recommandée à la poste avec accusé de réception ou équivalent,
– exigence de traduction conformément à l'article 8,
– utilisation du formulaire suivant:

Signification ou notification par la voie postale – Art. 14 du Règlement (CE) n° 1348/2000 du Conseil relatif à la signification et à la notification dans les Etats membres des actes judiciaires et extrajudiciaires en matière civile et commerciale[4]

Numéro de référence:

1. ENTITE D'ORIGINE
   1.1. Nom:
   1.2. Adresse:
      1.2.1. Numéro/boîte postale et rue:
      1.2.2. Code postal et lieu:
      1.2.3. Pays:
   1.3. Téléphone:
   1.4. Télécopieur (*):
   1.5. Courrier électronique (*):
2. REQUERANT
   2.1. Nom:
   2.2. Adresse:
      2.2.1. Numéro/boîte postale et rue:
      2.2.2. Code postal et lieu:
      2.2.3. Pays:
   2.3. Téléphone:
   2.4. Télécopieur (*):
   2.5. Courrier électronique (*):
3. DESTINATAIRE
   3.1. Nom:
   3.2. Adresse:
      3.2.1. Numéro/boîte postale et rue:
      3.2.2. Code postal et lieu:
      3.2.3. Pays:
   3.3. Téléphone:
   3.4. Télécopieur (*):
   3.5. Courrier électronique (*):
   3.6. Numéro d'identification/numéro de sécurité sociale/numéro de société ou équivalent (*):
4. MODE DE SIGNIFICATION OU DE NOTIFICATION: voie postale
5. ACTE FAISANT L'OBJET DE LA SIGNIFICATION OU DE LA NOTIFICATION PAR LA VOIE POSTALE
   5.1. Nature de l'acte:
      5.1.1. Judiciaire
         5.1.1.1. Convocation
         5.1.1.2. Jugement
         5.1.1.3. Appel
         5.1.1.4. Autre

---

[4] J.O.L. 160 du 30.06.2000, p. 37.

5.1.2. Extrajudiciaire
5.2. Langue de l'acte
   5.2.1. Original: DE, EN, DA, ES, FI, FR, EL, IT, NL, PT, SV, autres:
   5.2.2.(*) Traduction: DE, EN, DA, ES, FI, FR, EL, IT, NL, PT, SV, autres:
5.3. Nombres de pièces

6. EMPLOIS DES LANGUES

L'entité d'origine informe le destinataire qu'il peut refuser l'acte s'il n'est pas rédigé dans la ou l'une des langues du lieu de signification ou de notification ou dans une langue de l'Etat d'origine qu'il comprend et qu'il y a lieu de renvoyer l'acte à l'entité d'origine en précisant la raison du refus.

Fait à:
Le:
Signature et/ou cachet:

(*) Optional.

Article 15 – Demande directe de signification ou de notification
La Belgique ne s'oppose pas à la possibilité de signification ou de notification directe qui est prévue à l'article 15, paragraphe 1.

Article 19 – Défendeur non comparant
En Belgique, les juges, nonobstant les dispositions du paragraphe 1, peuvent statuer si toutes les conditions prévues au paragraphe 2 sont réunies.
Le relevé de forclusion prévu au paragraphe 4 doit être formé dans un délai d'un an, à compter du prononcé de la décision.

ALLEMAGNE

Article 2 – Entités d'origine
Sont désignées comme entités d'origine des actes judiciaires, les juridictions chargées de signifier ou de notifier les actes (article 4, paragraphe 1, n° 1, ZustDG).
L'entité d'origine des actes extrajudiciaires est le tribunal d'instance (Amtsgericht), dans le ressort duquel la personne qui signifie ou notifie les actes a son domicile ou sa résidence permanente; dans le cas d'actes notariés, il peut s'agir également du tribunal d'instance dans le ressort duquel le notaire qui a établi l'acte a son étude; dans le cas de personnes morales, on tient compte, au lieu du domicile ou de la résidence habituelle, du siège social; par règlement, les gouvernements des Länder peuvent désigner un Amtsgericht comme entité d'origine des ressorts de plusieurs Amtsgerichte (article 4, paragraphe 1, n° 2, ZustDG).

Article 3 – Entité centrale
Dans chaque Land, le rôle d'entité centrale est confié à l'instance désignée par le gouvernement du Land (article 4, paragraphe 3, ZustDG).

Liste des autorités centrales et des moyens de communication disponibles

L'adresse postale devrait comporter en premier, le cas échéant, le code postal et la localité et/ou le numéro de boîte postale.

Pour le courrier, il convient d'indiquer le code postal et la localité ou le numéro de boîte postale.

Pour le courrier express et les colis (y compris les petits paquets) l'adresse complète doit être indiquée.

	Adresse postale	Adresse complète
A. BADE-WURTEMBERG Tel. (49-761) 205-0 Fax (49-761) 205-1804 EMail: Poststelle@AGFreiburg.justiz.bwl.de	Amtsgericht Freiburg D-79095 Freiburg im Breisgau	Amtsgericht Freiburg Holzmarkt 2 D-79098 Freiburg im Breisgau
B. BAVIÈRE Tel. (49-89) 5597-01 Fax (49-89) 5597-2322 E-Mail: poststelle@stmj.bayern.de	Bayerisches Staatsministerium der Justiz D-80097 München	Bayerisches Staatsministerium der Justiz Justizpalast Prielmayerstraße 7 D-80335 München
C. BERLIN Tel. (49-30) 9013-0 Fax (4930) 9013-2000 E-Mail: poststelle@senjust.verwalt-berlin.de	Senatsverwaltung für Justiz Salzburger Straße 21-25 D-10825 Berlin	Senatsverwaltung für Justiz Salzburger Straße 21-25 D-10825 Berlin
D. BRANDEBOURG Tel. (49-331) 866-0 Fax (49-331) 866-3080/3081 E-Mail: Poststelle@mdje.brandenburg.de	Ministerium der Justiz und für Europaangelegenheiten des Landes Brandenburg D-14460 Potsdam	Ministerium der Justiz und für Europaangelegenheiten des Landes Brandenburg Heinrich-Mann-Allee 107 D-14473 Potsdam
E. BRÊME Tel.: (49-421) 361 4204 Fax (49-421) 361 6713 E-Mail: office@landgericht.bremen.de	Landgericht Bremen Postfach 107843 D-28078 Bremen	Landgericht Bremen Domsheide 16 D-28195 Bremen

2. Communications des États membres

F. HAMBOURG Tel.: (49-40) 42843-0 Fax (49-40) 42843-2383 E-Mail: poststelle@ag. justiz.hamburg.de	Amtsgericht Hamburg D-20348 Hamburg	Amtsgericht Hamburg Sievekingplatz 1 D-20355 Hamburg
G. HESSE Tel.: (49-611) 32-0 Fax (49-611) 32-2763 E-Mail: poststelle@ hmdj.hessen.de	Hessisches Ministerium der Justiz Postfach 3169 D-65021 Wiesbaden	Hessisches Ministerium der Justiz Luisenstraße 13 D-65185 Wiesbaden
H. MECKLENBOURG- POMÉRANIE OCCIDENTALE Tel.: (49-385) 588-0 Fax (49-611) 588-3453 E-Mail: poststelle@jm. mv-regierung.de	Justizministerium Mecklenburg-Vorpommern D-19048 Schwerin	Justizministerium Mecklenburg-Vorpommern Demmlerplatz 14 D-19053 Schwerin
I. BASSE-SAXE Tel.: (49-511) 120-0 Fax (49-511) 120-5170/ 5185 E-Mail: Henning.Baum@mj. niedersachsen.de	Niedersächsisches Justizministerium Postfach 201 D-30002 Hannover	Niedersächsisches Justizministerium Waterlooplatz 1 D-30169 Hannover
J. RHÉNANIE DU NORD-WESTPHALIE Tel.: (49-211) 4971-0 Fax (49-211) 4971-548 E-Mail: poststelle@ olg-duesseldorf.nrw.de	Oberlandesgericht Düsseldorf Postfach 300210 D-40402 Düsseldorf	Oberlandesgericht Düsseldorf Cecilienallee 3 D-40474 Düsseldorf
K. RHÉNANIE- PALATINAT Tel.: (49-6131) 16-0 Fax (49-6131) 16-4887 E-Mail: Poststelle@ justiz.rlp.de	Ministerium der Justiz Postfach 3260 D-55022 Mainz	Ministerium der Justiz Ernst-Ludwig-Straße 3 D-55116 Mainz
L. SARRE Tel.: (49-681) 501-00 Fax (49-681) 501-5855 E-Mail: poststelle@mdj. x400.saarland.de	Ministerium der Justiz Postfach 102451 D-66024 Saarbrücken	Ministerium der Justiz Zähringerstraße 12 D-66119 Saarbrücken

M. SAXE Tel.: (49-351) 446-0 Fax (49-351) 446-3070/ 1170 E-Mail: lippert@olg.sachsen.de	Oberlandesgericht Dresden Postfach 120732 D-01008 Dresden	Oberlandesgericht Dresden Augustusstraße 2 D-01067 Dresden
N. SAXE-ANHALT Tel.: (49-391) 567-01 Fax (49-391) 567-6180 E-Mail: Altrichter@mj.lsa-net.de	Ministerium der Justiz Postfach 3429 D-39043 Magdeburg	Ministerium der Justiz Hegelstr. 40–42 D-39104 Magdeburg
O. SCHLESWIG-HOLSTEIN Tel.: (49-431) 988-0 Fax (49-431) 988-3870 E-Mail: poststelle@jumi.landsh.de	Ministerium für Justiz, Frauen, Jugend und Familie Lorentzendamm 35 D-24103 Kiel	Ministerium für Justiz, Frauen, Jugend und Familie Lorentzendamm 35 D-24103 Kiel
P. THURINGE Tel.: (49-361) 3795-000 Fax (49-361) 3795-888 E-Mail: poststelle@tjm.thueringen.de	Thüringer Justizministerium Postfach 100151 D-99001 Erfurt	Thüringer Justizministerium Werner-Seelenbinder-Straße 5 D-99096 Erfurt

Compétence territoriale:
A. Bade-Wurtemberg
B. Bavière
C. Berlin
D. Brandebourg
E. Brême
F. Hambourg
G. Hesse
H. Mecklenbourg-Poméranie occidentale
I. Basse-Saxe
J. Rhénanie du Nord-Westphalie
K. Rhénanie-Palatinat
L. Sarre
M. Saxe
N. Saxe-Anhalt
O. Schleswig-Holstein
P. Thuringe

Les moyens de communication suivants sont disponibles.
Pour la réception et l'expédition: poste et distribution de courrier privée, télécopie.
Pour les communications informelles: téléphone et courrier électronique.
L'anglais est admis en plus de l'allemand.

2. Communications des États membres

Article 4 - Transmission des actes
Les langues à utiliser pour compléter le formulaire de demande sont l'allemand et l'anglais.

Article 9 - Date de la signification ou de la notification
La République fédérale d'Allemagne n'entend actuellement pas déroger à l'article 9, paragraphe 1, ou à l'article 9, paragraphe 2.

Article 10 - Attestation et copie de l'acte signifié ou notifié
Le formulaire (attestation) peut être rempli en anglais, en plus de l'allemand.

Article 13 - Signification ou notification des actes par les agents diplomatiques ou consulaires
Sur le territoire de la République fédérale d'Allemagne, la notification ou la signification par des agents diplomatiques ou consulaires au sens de l'article 13, paragraphe 1, du règlement, n'est pas autorisée, sauf lorsque l'acte doit être signifié ou notifié à un ressortissant de l'État d'origine (article 1er de la ZustDG).

Article 14 - Signification ou notification par la poste
Sur le territoire de la République fédérale d'Allemagne, la signification ou la notification d'actes directement par la poste, au sens de l'article 14, paragraphe 1, du règlement, n'est autorisée que sous la forme de lettres recommandées avec accusé de réception et à la condition supplémentaire que l'acte à signifier ou à notifier soit rédigé dans l'une des langues suivantes ou qu'une traduction dans l'une de ces langues lui soit jointe: allemand, ou l'une des langues officielles de l'État membre d'origine, si le destinataire est un ressortissant de cet État membre (article 2, paragraphe 1, ZustDG).

Article 15 - Demande directe de signification ou de notification
Sur le territoire de la République fédérale d'Allemagne, les significations et notifications à l'initiative des parties au sens de l'article 15, paragraphe 1, du règlement ne sont pas admises (article 3 de la ZustDG).

Article 19 - Défendeur non comparant
Lorsque les conditions édictées à l'article 19, paragraphe 2, sont remplies, les juridictions allemandes peuvent statuer sur un litige si l'acte introductif d'instance ou un acte équivalent a été publiquement signifié ou notifié en République fédérale d'Allemagne.
Le relevé de la forclusion, au sens de l'article 19, paragraphe 4, du règlement, ne peut pas être demandé plus d'une année après l'expiration du délai non respecté.

GRECE

Article 2 - Entités d'origine
Sont désignées comme entités d'origine, les parquets de la Cour de cassation, des cours d'appel et des tribunaux de première instance.

Article 3 - Entité centrale
L'entité centrale désignée est le ministère de la justice.
Υπουργείο Δικαιοσύνης/Ipourgio Dikeosinis
Mesogíon 96
GR-11527 Athènes
Tél. (30-10) 7714186
Fax (30-10) 7715994
Les fonctionnaires compétents relevant de l'autorité centrale sont Mme Argyro Eleftheriadou, Mme Eirini Kouzeli et M. Georgios Kouvelas.
Les responsables en question connaissent le grec, l'anglais et le français.

Article 4 - Transmission des actes
La Grèce accepte que le formulaire de demande (formulaire type) soit complété en français ou en anglais, en plus du grec.

Article 9 - Date de la signification ou de la notification
La Grèce n'entend pas déroger aux paragraphes 1 et 2 de l'article 9.

Article 10 - Attestation et copie de l'acte signifié ou notifié
La Grèce accepte que le formulaire de l'attestation soit complété en français ou en anglais, en plus du grec.

Article 13 - Signification ou notification des actes par les agents diplomatiques ou consulaires
La Grèce n'a pas de réserve à formuler en ce qui concerne cet article.

Article 14 - Signification ou notification par la poste
La signification ou la notification des actes judiciaires par la poste est acceptée à condition qu'elle soit effectuée par lettre recommandée et qu'elle soit réceptionnée par le destinataire ou son représentant légal désigné, ou encore par son conjoint, ses enfants, ses frères et sœurs ou ses parents.

Article 15 - Demande directe de signification ou de notification
La Grèce n'émet pas de réserve en ce qui concerne cet article.

Article 19 - Défendeur non comparant
En Grèce, les juges, nonobstant les dispositions du paragraphe 1, ne sont pas tenus de statuer si toutes les conditions prévues au paragraphe 2 sont réunies.
Le relevé de forclusion prévu au paragraphe 4 doit être formé dans un délai de trois ans, à compter du prononcé de la décision.

ESPAGNE

Article 2 - Entités d'origine
En Espagne, les entités d'origine sont les «Secretarios Judiciales de los distintos Juzgados y Tribunales».

Article 3 - Entité centrale
L'entité centrale désignée par l'Espagne est la sous-direction générale de coopération juridique internationale du ministère de la justice.
Subdirección General de Cooperación Jurídica Internacional
Ministerio de Justicia
San Bernardo, 62
E-28015 Madrid
Fax (34) 913904457
Le moyen de réception accepté à l'heure actuelle est le courrier postal.
Connaissances linguistiques: espagnol, français et anglais.

Article 4 - Transmission des actes
L'Espagne accepte que le formulaire de demande (formulaire type) soit complété en anglais, français et portugais, en plus de l'espagnol.

Article 9 - Date de la signification ou de la notification
Conformément à l'article 9, paragraphe 3, l'Espagne n'appliquera pas les dispositions du paragraphe 2 de l'article en question.
Les motifs de cette dérogation sont le besoin de sécurité juridique et le droit à la protection judiciaire effective. Le système juridique espagnol ne peut admettre que la date de signification retenue soit différente de celle prévue au paragraphe 1, c'est-àdire la date à laquelle le document est notifié au destinataire conformément à la législation de l'Etat membre requis.
En Espagne, aucune procédure civile n'est soumise à un délai déterminé, mais la durée de la procédure commence à courir le lendemain de la date de notification du document.

Article 10 - Attestation et copie de l'acte signifié ou notifié
En ce qui concerne l'attestation à laquelle l'article 10 fait référence, aucune autre langue n'est acceptée.

Article 13 - Signification ou notification des actes par les agents diplomatiques ou consulaires
L'Espagne ne s'oppose pas à la signification par les agents diplomatiques ou consulaires, aux conditions prévues à l'article 13, paragraphe 1.

Article 14 - Signification ou notification par la poste
L'Espagne accepte les significations ou notifications par le Service officiel des postes («Servicio Oficial de Correos») avec accusé de réception. Les règles de traduction prévues aux articles 5 et 8 du règlement devront également être respectées.

Article 15 - Demande directe de signification ou de notification
L'Espagne ne s'oppose pas à la possibilité de signification ou de notification directe qui est prévue à l'article 15, paragraphe 1.

Article 19 - Défendeur non comparant
L'Espagne indique que les juges ont la possibilité d'annuler le sursis accordé dans la procédure et de statuer en dépit des dispositions de l'article 19, paragraphe 1, dès lors que les conditions fixées au paragraphe 2 sont réunies.

En ce qui concerne la faculté du juge de relever la forclusion, l'Espagne précise que la demande tendant au relevé de la forclusion est irrecevable si elle est formée après l'expiration d'un délai d'un an à compter de la date de la décision.

FRANCE

Article 2 - Entités d'origine
1. Les huissiers de justice.
2. Les services (greffes, secrétariats-greffes ou secrétariats) des juridictions compétents en matière de notification d'actes.

Article 3 - Entité centrale
L'entité centrale est le Bureau de l'entraide judiciaire civile et commerciale.
Bureau de l'entraide judiciaire civile et commerciale
Direction des affaires civiles et du sceau
13, place Vendôme
F-75042 Paris Cedex 01
Tél. (33) 144861483 - (33) 144861401
Fax (33) 144861406
Connaissances linguistiques: français et anglais.

Article 4 - Transmission des actes
La France accepte que le formulaire de demande (formulaire type) soit complété en anglais, en plus du français.

Article 9 - Date de la signification ou de la notification
L'Etat français entend déroger au paragraphe 2 de l'article 9.
Teneur de la dérogation
Extension du domaine du paragraphe 2 par la suppression des deux conditions suivantes:
- acte intervenant dans le cadre d'une procédure,
- acte dont le délai de notification ou signification est déterminé.

En conséquence, le paragraphe 2 devra se lire ainsi: «Toutefois, pour la signification et la notification d'un acte judiciaire ou extrajudiciaire, la date à prendre en considération à l'égard du requérant est celle fixée par la législation de l'Etat membre d'origine».
Motifs de la dérogation
La date de la signification ou de la notification sera, à l'égard du requérant, la date de la transmission de l'acte par l'entité d'origine française.
Cette date est importante non seulement pour des actes intervenant dans le cadre d'une procédure mais également pour les actes extrajudiciaires, actes d'huissier de justice précisément exigés par la loi pour que soit fixée avec certitude leur date de délivrance dont dépend la conservation ou de l'exercice d'un droit.
Il en est ainsi notamment de certains actes en matière de baux commerciaux (con-

gé, renouvellement du bail, changement d'affectation) ou de baux ruraux (congé, droit de reprise, droit de préemption), ainsi qu'en matière de sûretés ou de voies d'exécution (saisies ou expulsion).

Par ailleurs, des effets juridiques peuvent être attachés à la date d'un acte dont le délai de délivrance n'est pas imposé par la loi, que l'acte soit judiciaire, il en est ainsi de la date de signification d'un jugement qui est le point de départ des délais des voies de recours, ou extrajudiciaire, ainsi un commandement de payer qui peut interrompre une prescription ou faire courir les intérêts de retard.

Dans de telles hypothèses, il convient, dans un souci de sécurité juridique, que le requérant connaisse sans tarder et avec certitude la date de délivrance de l'acte.

Article 10 – Attestation et copie de l'acte signifié ou notifié
La France accepte que le formulaire de l'attestation soit complété en anglais, en plus du français.

Article 13 – Signification ou notification des actes par les agents diplomatiques ou consulaires
La France n'entend pas s'opposer à l'usage sur son territoire de la faculté prévue par l'article 13, paragraphe 1.

Article 14 – Signification ou notification par la poste
Lettre recommandée avec accusé de réception, contenant un bordereau des pièces envoyées, ou autre mode garantissant la date d'envoi et de remise ainsi que le contenu du pli.

Article 15 – Demande directe de signification ou de notification
La France ne s'oppose pas à la possibilité de signification ou de notification directe qui est prévue à l'article 15, paragraphe 1.

Article 19 – Défendeur non comparant
En France, les juges, nonobstant les dispositions du paragraphe 1, peuvent statuer si toutes les conditions prévues au paragraphe 2 sont réunies.
Le relevé de forclusion prévu au paragraphe 4 doit être formé dans un délai d'un an, à compter du prononcé de la décision.

IRLANDE

Article 2 – Entités d'origine
En Irlande, les entités d'origine seront les *county registrars* qui sont au nombre de 26 et qui sont attachés au *Circuit Court office* dans chaque comté.

Article 3 – Entité centrale
The Master,
The High Court,
Four Courts
Dublin 7
Ireland
Les communications en anglais ou en gaélique peuvent être effectuées par la poste

ou par télécopie adressée au *Central Office of the High Court* au numéro (353-1) 8725669. La communication par téléphone au *Central Office of the High Court* au numéro (353-1) 8886000 est également possible.

Article 4 – Transmission des actes
L'Irlande accepte que le formulaire de demande (formulaire type) soit complété en anglais ou en gaélique.

Article 9 – Date de la signification ou de la notification
L'Irlande entend déroger aux dispositions de cet article. Le fait que différentes dates de signification ou de notification puissent, dans certaines circonstances, s'appliquer dans la relation entre le demandeur et le destinataire pose des difficultés et l'introduction à l'heure actuelle d'une règle telle que celle qui est prévue dans cet article ne serait pas, eu égard notamment au manque de clarté qui caractérise sa formulation, conforme à la pratique juridique actuelle.

Article 10 – Attestation et copie de l'acte signifié ou notifié
L'Irlande accepte que le formulaire de l'attestation soit complété en anglais ou en gaélique.

Article 13 – Signification ou notification des actes par les agents diplomatiques ou consulaires
L'Irlande ne s'y oppose pas.

Article 14 – Signification ou notification par la poste
L'Irlande accepte la signification ou notification d'actes judiciaires par la poste lorsque l'envoi est effectué par courrier recommandé pré-payé et que la distribution est assurée par une entreprise qui retourne le courrier non distribué.

Article 15 – Demande directe de signification ou de notification
En ce qui concerne le paragraphe 2 de cet article, l'Irlande ne s'oppose pas à la possibilité qu'une personne intéressée à une instance judiciaire fasse procéder à la signification ou à la notification d'actes judiciaires directement par les soins d'un *solicitor* en Irlande.

Article 19 – Défendeur non comparant
Nonobstant les dispositions du paragraphe 1, une juridiction irlandaise peut statuer, même si elle n'a reçu aucune attestation de signification ou de remise, si toutes les conditions énoncées au paragraphe 2 ont été remplies.
En ce qui concerne l'article 19, paragraphe 4, c'est à la juridiction qu'il appartient de s'assurer que la demande tendant au relevé a été introduite dans un délai raisonnable après que le défendeur a eu connaissance de la décision.

ITALIE

Article 2 – Entités d'origine
1. Services uniques des officiers judiciaires auprès des Cours d'appel (Uffici Unici degli Ufficiali Giudiziari costituiti presso le Corti di Appello).

2. Services uniques des officiers judiciaires auprès des tribunaux ordinaires qui ne sont pas siège de Corte di Appello et auprès de leurs sections détachées (Uffici Unici degli Ufficiali Giudiziari costituiti presso i Tribunali Ordinari che non siano sede di Corte di Appello e presso le relative Sezioni distaccate).

Article 3 - Entité centrale
L'entité centrale est le Service unique des officiers judiciaires auprès de la Cour d'appel de Rome.
Ufficio Unico degli Ufficiali Giudiziari presso la Corte di Appello di Roma
via C. Poma, 5
I-00195 Roma
Tel. (39) 0637517334
Fax: (39) 063724667
Les actes à notifier en Italie doivent parvenir par la voie postale et seront renvoyés aux entités d'origine par la même voie.
Connaissances linguistiques: italien, français et anglais.

Article 4 - Transmission des actes
Les langues à utiliser pour compléter le formulaire de demande (formulaire type) sont le français et l'anglais, en plus de l'italien.

Article 9 - Date de la signification ou de la notification
Aucune dérogation n'est invoquée.

Article 10 - Attestation et copie de l'acte signifié ou notifié
Le formulaire qui certifie l'accomplissement des formalités relatives à la notification ou à la signification peut être rédigé, outre en italien, également en français ou en anglais.

Article 13 - Signification ou notification des actes par les agents diplomatiques ou consulaires
L'Italie est opposée aux notifications et/ou aux significations directes d'actes judiciaires par les soins d'agents diplomatiques ou consulaires aux personnes résidant sur le territoire d'un autre État membre (sauf si l'acte est notifié ou signifié à un ressortissant italien qui réside dans un autre État membre).
L'Italie s'oppose à la notification et/ou à la signification d'actes judiciaires effectués par des agents diplomatiques ou consulaires d'un Etat membre aux personnes qui résident en Italie, sauf si l'acte doit être notifié ou signifié à un citoyen de cet Etat membre.

Article 14 - Signification ou notification par la poste
La condition indispensable pour pouvoir accepter les actes par la poste est que l'acte soit accompagné de sa traduction en langue italienne.

Article 15 - Demande directe de signification ou de notification
Rien ne fait obstacle à ce qu'une personne intéressée à une procédure judiciaire puisse faire signifier directement les actes judiciaires par les soins des officiers publics de l'État membre requis.

Article 19 – Défendeur non comparant
L'Italie entend ne pas procéder aux communications visées aux paragraphes 2 et 4.

LUXEMBOURG

Article 2 – Entités d'origine
Les huissiers de justice compétents pour les significations des actes.
Les greffiers des juridictions compétents en matière de notification des actes.

Article 3 – Entité centrale
L'entité centrale est le Parquet Général près la Cour supérieure de Justice.
Parquet Général près la Cour supérieure de Justice
Boîte Postale 15
L-2010 Luxembourg
Tél. (352) 475981-336
Fax (352) 470550
E-mail: Parquet.General@mj.etat.lu
Connaissances linguistiques: français et allemand

Article 4 – Transmission des actes
Le Luxembourg accepte que le formulaire de demande (formulaire type) soit complété en allemand, en plus du français.

Article 9 – Date de la signification ou de la notification
Le Luxembourg ne fait pas de déclaration, alors qu'il appliquera les 2 paragraphes de l'article 9 tel que libellé dans le règlement.

Article 10 – Attestation et copie de l'acte signifié ou notifié
Le Luxembourg accepte que le formulaire de l'attestation soit complété en allemand, en plus du français.

Article 13 – Signification ou notification des actes par les agents diplomatiques ou consulaires
Le Luxembourg déclare être opposé à ce que ses agents diplomatiques et consulaires procèdent directement sur le territoire d'un autre Etat membre à la signification ou à la notification d'actes judiciaires et extrajudiciaires.
Le Luxembourg déclare être également opposé à l'usage de cette faculté sur son territoire par des agents diplomatiques et consulaires d'autres Etats membres, sauf si l'acte doit être signifié ou notifié à un ressortissant de l'Etat membre d'origine.

Article 14 – Signification ou notification par la poste
Seule la notification des actes judiciaires par la poste sera acceptée (une signification d'acte judiciaire doit être faite par un huissier de justice selon les lois luxembourgeoises).
La notification des actes par la poste est soumise à la condition qu'elle soit faite par lettre recommandée avec un avis de réception et que les règles relatives à la traduction des textes prévues par le règlement soient appliquées.

2. Communications des États membres

Article 15 – Demande directe de signification ou de notification
Le Luxembourg ne s'oppose pas à la faculté prévue à l'article 15, étant entendu que l'huissier de justice dans l'Etat requis n'est pas responsable quant à la régularité de la forme et du contenu de l'acte qui lui a été transmis directement par la personne intéressée, mais seulement responsable des formalités et modalités de signification qu'il appliquera dans l'Etat requis.

Article 19 – Défendeur non comparant
Le Luxembourg déclare que nonobstant les dispositions du paragraphe 1 de l'article 19, ses juges peuvent statuer si les conditions visées au paragraphe 2 sont réunies.
Le Luxembourg précise en vertu du paragraphe 4 de l'article 19, que la demande tendant au relevé de la forclusion peut être déclarée irrecevable, si elle n'est pas formée dans un délai raisonnable, à apprécier par le juge, à partir du moment où l'intéressé a eu connaissance de la décision ou à partir de celui où l'impossibilité d'agir a cessé, sans pouvoir être formée plus d'un an après le prononcé de la décision.

PAYS-BAS

Article 2 – Entités d'origine
1. Les huissiers de justice.
2. Les tribunaux (juridiction cantonale, tribunal d'arrondissement, cour de justice et haute cour) (kantongerecht, arrondissementsrechtbank, gerechtshof en Hoge Raad), s'ils assument une fonction légale pour la convocation de personnes ou la signification d'actes.

Article 3 – Entité centrale
Jusqu'à l'entrée en vigueur de la nouvelle loi sur les huissiers de justice (au milieu de 2001), l'entité centrale est la Koninklijke Vereniging van Gerechtsdeurwaarders (Association royale des huissiers de justice); ce sera ensuite la Koninklijke Beroepsorganisatie van Gerechtsdeurwaarders (Organisation professionnelle royale des huissiers de justice).
L'adresse de ces deux entités est la suivante:
Varrolaan 100, 3584 BW Utrecht
Postbus 8138
3503 RC Utrecht
Nederland
Tél. (31-30) 689 89 24
Fax (31-30) 689 99 24
E-mail: kbvg@kbvg.nl
L'entité centrale peut recevoir et communiquer des actes par courrier, par télécopie, par courrier électronique ou par téléphone en langue néerlandaise ou anglaise.

Article 4 – Transmission des actes
Le formulaire de demande (formulaire type) peut aussi être rempli en anglais, outre le néerlandais.

Article 9 – Date de la signification ou de la notification
Les Pays-Bas entendent déroger aux paragraphes 1 et 2 de l'article 9. La formulation précise sera communiquée après approbation par le Parlement.

Article 10 – Attestation et copie de l'acte signifié ou notifié
Le formulaire de l'attestation peut également être rempli en anglais, outre le néerlandais.

Article 13 – Signification ou notification des actes par les agents diplomatiques ou consulaires
Les Pays-Bas ne s'opposent pas à ce qu'un État membre ait la faculté de faire procéder directement et sans contrainte par les soins de ses agents diplomatiques ou consulaires à la signification ou à la notification d'actes judiciaires aux personnes résidant sur le territoire néerlandais.

Article 14 – Signification ou notification par la poste
Les Pays-Bas acceptent la signification ou la notification des actes judiciaires par la poste sous les conditions suivantes :
a) la signifcation ou la notification des actes judiciaires par la poste à des personnes se trouvant aux Pays-Bas doit se faire par envoi recommandé ;
b) les actes expédiés par la poste à des personnes résidant aux Pays-Bas doivent être établis ou traduits en néerlandais ou dans une langue comprise par le destinataire de l'acte.

Article 15 – Demande directe de signification ou de notification
Les Pays-Bas ne sont pas opposés à la demande directe de signification ou de notification.

Article 19 – Défendeur non comparant
Nonobstant le paragraphe 1, les juges néerlandais pourront statuer (en application des dispositions d'exécution actuellement en cours d'élaboration) si toutes les conditions du paragraphe 2 sont remplies.
Si la demande à cet effet est formée dans un délai d'un an à compter du prononcé de la décision, un nouveau délai peut être accordé à compter de cette date.

AUTRICHE

Article 2 – Entités d'origine
Les entités d'origine sont les tribunaux de district, les juridictions de première instance, les tribunaux régionaux supérieurs, le Tribunal du travail et des affaires sociales de Vienne, le Tribunal du commerce de Vienne, le Tribunal des mineurs de Vienne et la Cour suprême.

Article 3 – Entité centrale
L'autorité centrale est le Ministère fédéral de la justice.
Bundesministerium für Justiz
Postfach 63
A-1016 Wien, ou

2. Communications des États membres

Bundesministerium für Justiz
Museumstraße 7
A-1070 Wien, ou
Bundesministerium für Justiz
Neustiftgasse 2
A-1070 Wien
Tél. (43-1) 52152-2292
(43-1) 52152-2115
(43-1) 52152-2130
Fax (43-1) 52152-2829
E-Mail ihor.tarko@bmj.gv.at
barbara.goeth@bmj.gv.at
georg.lukasser@bmj.gv.at
Connaissances linguistiques: allemand et anglais.

Article 4 - Transmission des actes
La république d'Autriche accepte que le formulaire de demande (formulaire type) soit complété en anglais, en plus de l'allemand.

Article 9 - Date de la signification ou de la notification
La république d'Autriche n'entend pas déroger aux paragraphes 1 et 2 de l'article 9.

Article 10 - Attestation et copie de l'acte signifié ou notifié
La république d'Autriche accepte que le formulaire de l'attestation soit complété en anglais, en plus de l'allemand.

Article 13 - Signification ou notification des actes par les agents diplomatiques ou consulaires
La république d'Autriche n'entend pas s'opposer à l'usage sur son territoire de la faculté prévue par l'article 13, paragraphe 1.

Article 14 - Signification ou notification par la poste
Conformément à l'article 14, paragraphe 2, les significations ou notifications par la poste qui émanent d'un autre État membre et auxquelles il est procédé dans la république d'Autriche sont acceptées sous les conditions suivantes:
1. Les actes judiciaires faisant l'objet d'une signification ou notification par la poste doivent être rédigés dans la langue officielle du lieu de signification ou de notification ou être accompagnés d'une traduction certifiée dans cette langue.
2. Si ce régime linguistique n'est pas respecté, le destinataire de la signification ou de la notification a le droit de la refuser. S'il fait usage de ce droit, la signification ou notification est réputée ne pas avoir eu lieu.
Le destinataire doit être informé par écrit de son droit de refuser la réception.
3. Le destinataire peut également faire usage de son droit de refuser la réception en déclarant dans un délai de trois jours à l'entité qui a signifié ou notifié l'acte judiciaire ou à l'entité qui l'a envoyé qu'il n'est pas disposé à l'accepter. Le délai commence à courir à compter de la signification ou de la notification; la durée de l'acheminement par la poste n'est pas comprise dans ce délai, seul le cachet de la poste faisant foi.

4. Les envois par la poste doivent se faire en utilisant les «accusés réception internationaux» usuels du trafic postal international.
Il est recommandé d'utiliser le texte ci-après pour les informations à porter à la connaissance du destinataire de la signification ou de la notification:
«Das angeschlossene Schriftstück wird Ihnen unter Anwendung der Verordnung (EG) Nr. 1348/2000 des Rates vom 29. Mai 2000 über die Zustellung gerichtlicher und außergerichtlicher Schriftstücke in Zivil- oder Handelssachen in den Mitgliedstaaten, ABl. L 160 vom 30. Juni 2000, S. 37 ff. zugestellt.
Sie sind berechtigt, die Annahme des Schriftstückes zu verweigern, wenn dieses nicht in deutscher Sprache abgefasst oder nicht mit einer beglaubigten Übersetzung in diese Sprache versehen ist. Sollten Sie von diesem Annahmeverweigerungsrecht Gebrauch machen wollen, müssen Sie innerhalb von drei Tagen ab der Zustellung gegenüber der Stelle, die das Schriftstück zugestellt hat, oder gegenüber der Absendestelle unter Rücksendung des Schriftstückes an eine dieser Stellen erklären, dass Sie zur Annahme nicht bereit sind.»
(»L'acte judiciaire joint vous est signifié/notifié en application du règlement (CE) n°1348/2000 du Conseil du 29 mai 2000 relatif à la signification et la notification dans les États membres des actes judiciaires et extrajudiciaires en matière civile et commerciale.
Vous avez le droit de refuser de recevoir l'acte précité, si celui-ci n'est pas rédigé en langue allemande ou n'est pas accompagné d'une traduction certifiée dans cette langue. Si vous faites usage de ce droit, vous devez déclarer dans un délai de trois jours à compter de la signification ou de la notification à l'entité qui a signifié ou notifié l'acte ou à l'entité qui l'a envoyé que vous refusez de l'accepter, en renvoyant l'acte en question à l'une de ces entités.»)

Article 15 – Demande directe de signification ou de notification
La république d'Autriche déclare qu'elle est opposée à la signification ou à la notification d'actes judiciaires sur son territoire directement par les soins des officiers ministériels, fonctionnaires ou autres personnes compétents de l'État membre requis.

Article 19 – Défendeur non comparant
Les juges autrichiens peuvent, nonobstant les dispositions du paragraphe 1, statuer dans les conditions prévues au paragraphe 2.
La République d'Autriche n'indique aucun délai au sens de l'article 19, paragraphe 4, dernier alinéa, du règlement sur les significations et notifications pour le dépôt d'une demande tendant au relevé de la forclusion.

PORTUGAL

Article 2 – Entités d'origine
Le Portugal désigne comme entités d'origine les «Tribunal de Comarca» (tribunal cantonal) en la personne du greffier.

Article 3 – Entité centrale
Au Portugal, l'entité centrale est la Direcção-Geral da Administração da Justiça (Direction générale de l'administration de la justice).
Direcção Geral da Administração da Justiça

Av. 5 de Outubro, n° 125
P-1069 – 044 Lisboa
Portugal
Tél. (351) 217906233-44
Fax (351) 217906249
Connaissances linguistiques: portugais, espagnol, français et anglais.

Article 4 – Transmission des actes
Le Portugal accepte que le formulaire de demande (formulaire type) soit complété en espagnol, en plus du portugais.

Article 9 – Date de la signification ou de la notification
Le Portugal déclare qu'il entend déroger à l'application du paragraphe 2, étant donné l'imprécision et l'ambiguïté que peut comporter la détermination de deux dates de signification ou de notification différentes, à fixer par référence à deux ordres juridiques distincts, au détriment de la sécurité juridique.

Article 10 – Attestation et copie de l'acte signifié ou notifié
Le Portugal accepte l'emploi de l'espagnol, en plus du portugais, pour compléter le formulaire d'attestation d'accomplissement des formalités demandées.

Article 13 – Signification ou notification des actes par les agents diplomatiques ou consulaires
Le Portugal n'a pas de réserve à formuler en ce qui concerne cet article.

Article 14 – Signification ou notification par la poste
Le Portugal déclare accepter les significations et notifications par la poste, pour autant qu'elles soient effectuées par lettre recommandée avec accusé de réception et soient accompagnées d'une traduction conformément aux dispositions de l'article 8 du règlement.

Article 15 – Demande directe de signification ou de notification
Pour des raisons de sécurité juridique, le Portugal déclare qu'il s'oppose à cette forme de signification/notification sur son territoire.

Article 19 – Défendeur non comparant
Le Portugal déclare qu'il ne fera pas usage de la faculté conférée par l'article 19, paragraphe 2. Par conséquent, les juges portugais ne pourront faire usage de la faculté prévue par cette disposition.
Le Portugal déclare que le délai pour présenter la demande tendant au relevé de la forclusion résultant de l'expiration des délais de recours est d'un an à compter de la date de la décision attaquée (cf. article 19, paragraphe 4).

FINLANDE

Article 2 – Entités d'origine
Les entités d'origine sont les tribunaux de première instance, les cours d'appel, la Cour suprême et le Ministère de la justice.

Article 3 – Entité centrale
L'entité centrale est le Ministère de la justice.
Adresse de rue:
Oikeusministeriö
Eteläesplanadi 10
FIN-00130 Helsinki
Adresse postale:
Oikeusministeriö
PL 25
FIN-00023 Valtioneuvosto
Tél. (358-9) 16067628
Fax (358-9) 16067524
E-Mail: central.authority@om.fi
Les actes peuvent être transmis par la poste, par fax ou par e-mail.
Connaissances linguistiques: finnois, suédois et anglais.

Article 4 – Transmission des actes
La Finlande accepte que le formulaire de demande soit complété en anglais, en plus du finnois et du suédois.

Article 9 – Date de la signification ou de la notification
Conformément au paragraphe 3, la Finlande entend déroger aux dispositions des paragraphes 1 et 2. Dans leur forme actuelle, ces dispositions ne comportent aucune ratio legis explicable dans le contexte du système juridique finlandais et ne peuvent dès lors être appliquées dans la pratique.

Article 10 – Attestation et copie de l'acte signifié ou notifié
La Finlande accepte que le formulaire de l'attestation soit complété en anglais, en plus du finnois et du suédois.

Article 13 – Signification ou notification des actes par les agents diplomatiques ou consulaires
La Finlande ne s'oppose pas à cette forme de signification/notification.

Article 14 – Signification ou notification par la poste
La Finlande accepte la signification/notification d'actes par la poste, sous réserve que le destinataire signe un accusé de réception ou renvoie un avis de réception. Tout document autre qu'une signification/citation peut également être envoyé par la poste à l'adresse indiquée par le destinataire à l'entité compétente.

Article 15 – Demande directe de signification ou de notification
La Finlande ne s'oppose pas à cette forme de signification/notification.

Article 19 – Défendeur non comparant
La Finlande entend ne pas procéder à la communication visée au paragraphe 2 de l'article; en conséquence, les juridictions finlandaises ne peuvent pas statuer conformément au paragraphe 2. Pour la même raison, il ne sera pas nécessaire de procéder à la communication visée au paragraphe 4.

SUEDE

Article 2 - Entités d'origine
Les entités d'origine sont les juridictions, les bureaux du service public de recouvrement forcé et les autres autorités suédoises chargées de signifier ou de notifier des actes dans les procédures judiciaires et autres de nature civile ou commerciale.

Article 3 - Entité centrale
L'entité centrale est le Ministère de la justice.
Justitiedepartementet
Enheten för brottmålsärenden och internationellt rättsligt samarbete
Centralmyndigheten
S-103 33 Stockholm
Tél. (46-8)-405 45 00
Fax (46-8)-405 46 76
E-Mail birs@justice.ministry.se
Les informations peuvent êtres reçues par courrier, par télécopie ou par d'autres moyens, selon les dispositions arrêtées dans chaque cas. Des contacts peuvent également être pris par téléphone.
Connaissances linguistiques: le suédois et l'anglais peuvent être utilisés.

Article 4 - Transmission des actes
Le formulaire de demande est également accepté en anglais, en plus du suédois.

Article 9 - Date de la signification ou de la notification
La Suède n'a pas l'intention d'appliquer au requérant l'article 9, paragraphe 2, en ce qui concerne la date de signification ou de notification, car il n'est pas usuel, dans l'ordre juridique suédois, que la signification ou la notification intervienne à des dates différentes pour le requérant et le destinataire.

Article 10 - Attestation et copie de l'acte signifié ou notifié
Le formulaire d'attestation est également accepté en anglais, en plus du suédois.

Article 13 - Signification ou notification des actes par les agents diplomatiques ou consulaires
La Suède accepte la signification ou la notification des actes par des agents diplomatiques ou consulaires.

Article 14 - Signification ou notification par la poste
La Suède ne pose aucune condition particulière pour l'acceptation d'une signification ou d'une notification par la poste.

Article 15 - Demande directe de signification ou de notification
La Suède ne fait pas obstacle à la faculté, pour toute personne intéressée à une instance judiciaire, de faire procéder à la signification ou à la notification d'actes judiciaires directement par les soins des officiers ministériels, fonctionnaires ou autres personnes compétents. Les autorités suédoises ne sont cependant pas tenues de prêter leur concours à une telle démarche.

Article 19 - Défendeur non comparant
Les juridictions suédoises ne peuvent statuer lorsque les conditions de l'article 19, paragraphe 2, sont remplies sans que celles de l'article 19, paragraphe 1, le soient également. La Suède n'a pas l'intention de faire une déclaration conformément à l'article 19, paragraphe 4.

ROYAUME-UNI

Article 2 - Entités d'origine
1. Angleterre et Pays de Galles: l'entité d'origine est «The Senior Master, for the Attention of the Foreign Process Department, Royal Courts of Justice».
2. Ecosse: les entités d'origine sont les «Messengers-at-Arms» (huissiers de justice) et les «accredited Solicitors» (avocats agréés pour un domaine du droit (par exemple: droit des affaires, droit commercial, droit pénal ...))
3. Irlande du Nord: l'entité d'origine est «The Master (Queen's Bench and Appeals), Royal Courts of Justice».
4. Gibraltar: l'entité d'origine est «The Registrar of the Supreme Court of Gibraltar».

Article 3 - Entité centrale
1. Angleterre et Pays de Galles: The Senior Master
For the Attention of the Foreign Process Department (Room E10)
Royal Courts of Justice
Strand
London WC2A 2LL
United Kingdom
Tél. (44-20) 79476691
Fax (44-20) 79476237
2. Ecosse: Scottish Executive Civil Justice and International Division
Hayweight House
Lauriston Street
Edinburgh EH3 9DQ
Scotland
United Kingdom
Tél. (44-131) 2216760
Fax (44-131) 2216894
Courrier électronique: David.Berry@scotland.gsi.gov.uk
3. Irlande du Nord: The Master (Queen's Bench and Appeals)
Royal Courts of Justice
Chichester Street
Belfast BT1 3JF
United Kingdom
Tél. (44-28) 90724706
Fax (44-28) 90235186
4. Gibraltar: The Registrar of the Supreme Court of Gibraltar
Supreme Court
Law Courts
277 Main Street

Gibraltar
Téléphone (350) 78808
Télécopieur (350) 77118
La communication s'effectuera par courrier postal, télécopie, courrier électronique et téléphone et l'entité centrale sera responsable du contrôle des traductions.

Article 4 - Transmission des actes
Le Royaume-Uni accepte que le formulaire de demande soit complété en français, en plus de l'anglais.

Article 9 - Date de la signification ou de la notification
Le Royaume-Uni envisage de déroger à ces dispositions au motif que l'article ne ferait qu'accroître la complexité de sa législation nationale relative aux délais et aux périodes imposés. Il est important de pouvoir identifier avec certitude la date de la signification ou de la notification car elle détermine la date à partir de laquelle une partie est en mesure de demander un jugement par défaut. Le Royaume-Uni considère que le sens précis de cette disposition, ainsi que son application prévue dans la pratique, ne sont pas suffisamment explicites; cette disposition pourrait donc accroître le risque de confusion. Par conséquent, le Royaume-Uni est d'avis que cette question relève davantage du droit national, au moins jusqu'à ce qu'il soit possible d'évaluer son fonctionnement pratique dans les autres Etats membres après la mise en œuvre du règlement.

Article 10 - Attestation et copie de l'acte signifié ou notifié
Le Royaume-Uni accepte que le formulaire de l'attestation soit complété en français.

Article 13 - Signification ou notification des actes par les agents diplomatiques ou consulaires
Le Royaume-Uni n'entend pas s'opposer à l'usage sur son territoire de la faculté prévue par l'article 13, paragraphe 1.

Article 14 - Signification ou notification par la poste
La signification ou notification d'un document par la poste n'est acceptable que par envoi recommandé. Une signature doit être obtenue du destinataire ou de toute autre personne disposée à accuser réception au nom du destinataire, comme preuve de la remise du document.
Le destinataire peut refuser la signification ou notification du document principal si elle n'est pas accompagnée d'une traduction anglaise certifiée conforme ou d'une traduction certifiée conforme dans une langue qu'il comprend.

Article 15 - Demande directe de signification ou de notification
1. Angleterre, Pays de Galles et Irlande du Nord: l'Angleterre, le Pays de Galles et l'Irlande du Nord s'opposent à la possibilité de signification ou de notification directe qui est prévue à l'article 15, paragraphe 1.
2. Ecosse: l'Ecosse ne s'oppose pas à la possibilité de signification ou de notification directe qui est prévue à l'article 15, paragraphe 1.
3. Gibraltar: Gibraltar ne s'oppose pas à la possibilité de signification ou de notification directe qui est prévue à l'article 15, paragraphe 1.

Article 19 – Défendeur non comparant

Au Royaume-Uni, conformément à la disposition existante de la convention de La Haye, les juges, nonobstant les dispositions du paragraphe 1, peuvent statuer si toutes les conditions prévues au paragraphe 2 sont réunies.

Délai dans lequel, à compter du prononcé de la décision, le relevé de forclusion prévu au paragraphe 4 doit être formé:

1. Angleterre, Pays de Galles et Irlande du Nord: lorsque le tribunal examine la possibilité d'annuler un jugement rendu par défaut, il doit s'assurer que la demande d'annulation a été introduite dans les plus brefs délais.
2. Ecosse: le délai ne doit pas dépasser un an à compter de la date de la décision – la convention de La Haye est ainsi respectée et le délai est intégré dans les règles de procédure nationales.
3. Gibraltar: lorsque le tribunal examine la possibilité d'annuler un jugement rendu par défaut, il doit s'assurer que la demande d'annulation a été introduite dans les plus brefs délais.

3. Décision de la Commission, du 25 septembre 2001, établissant un manuel d'entités requises et un répertoire des actes susceptibles d'être notifiés ou signifiés, en application du règlement (CE) n° 1348/2000 du Conseil relatif à la signification et à la notification dans les États membres des actes judiciaires et extrajudiciaires en matière civile et commerciale (2001/781/CE)

Journal officiel n° L 298 du 15/11/2001 p. 1–478[1]

LA COMMISSION DES COMMUNAUTÉS EUROPÉENNES,
vu le traité instituant la Communauté européenne,
vu le règlement (CE) n° 1348/2000 du Conseil du 29 mai 2000 relatif à la signification et à la notification dans les États membres des actes judiciaires et extrajudiciaires en matière civile et commerciale[2], et notamment son article 17, points a) et b),
considérant ce qui suit:
(1) L'établissement et la publication d'un manuel contenant les informations relatives aux entités requises prévues par l'article 2 du règlement (CE) n° 1348/2000 sont nécessaires pour la mise en oeuvre dudit règlement.
(2) L'article 17, point b), du règlement (CE) n° 1348/2000 prévoit également l'établissement, dans les langues officielles de l'Union européenne, d'un répertoire des actes susceptibles d'être notifiés ou signifiés sur la base dudit règlement.
(3) La Commission, sur la base des informations fournies par les États membres, a ainsi établi le manuel et le répertoire mentionnés à l'article 17 du règlement (CE) n° 1348/ 2000, qui figurent à l'annexe de la présente décision.
(4) Le règlement (CE) n° 1348/2000 prévoit la publication du manuel au Journal officiel des Communautés européennes. Il est opportun d'y publier aussi le répertoire.
(5) Pour la réalisation des objectifs du règlement (CE) n° 1348/2000, il est essentiel que les entités d'origine disposent d'un manuel mis à jour aussi régulièrement que possible. Par conséquent, et sans préjudice de la mise à jour annuelle prévue à l'article 17, point a), dudit règlement, il est nécessaire que la Commission rende accessible sur son site Internet une version du manuel actualisée régulièrement sur la base des modifications notifiées par les États membres. Il est opportun de faire de même avec le répertoire.
(6) Les mesures prévues dans la présente décision sont conformes à l'avis du comité consultatif établi à l'article 18 du règlement (CE) n° 1348/2000,

---

[1] Décision de la Commission du 3 avril 2002 établissant un manuel d'entités requises et un répertoire des actes susceptibles d'être notifiés ou signifiés, en application du règlement (CE) n° 1348/2000 du Conseil relatif à la signification et à la notification dans les États membres des actes judiciaires et extrajudiciaires en matière civile et commerciale (2002/350/CE), Journal officiel n° L 125 du 13/05/2002 p. 1–855
«Article premier
L'annexe I de la décision 2001/781/CE [manuel mentionné à l'article 17, point a), du règlement (CE) n° 1348/2000] est modifiée conformément à l'annexe I de la présente décision.
Article 2
L'annexe II de la décision 2001/781/CE [répertoire mentionné à l'article 17, point b), du règlement (CE) n° 1348/2000] est modifiée conformément à l'annexe II de la présente décision.»
[2] JO L 160 du 30.6.2000, p. 37.

A ARRÊTÉ LA PRÉSENTE DÉCISION:

Article premier

1. Le manuel mentionné à l'article 17, point a), du règlement n° (CE) 1348/2000 figure à l'annexe I de la présente décision.
2. Le répertoire mentionné à l'article 17, point b), du règlement n° (CE) 1348/2000 figure à l'annexe II de la présente décision.

Article 2

1. Le manuel et le répertoire visés à l'article 1er sont publiés sur le site Europa.
2. Sans préjudice de la mise à jour annuelle du manuel visé au paragraphe 1 de l'article 1er, la Commission effectue des mises à jour régulières sur la base des modifications notifiées par les États membres.

Les États membres sont destinataires de la présente décision.

ANNEXE I. MANUEL CONTENANT LES INFORMATIONS RELATIVES AUX ENTITÉS REQUISES TABLE DES MATIÈRES

Une version actualisée du manuel est disponible sur le site Internet de la Commission (http://europa.eu.int/comm/justice_home/unit/civil_reg1348_fr.htm).

ANNEXE II. RÉPERTOIRE DES ACTES SUSCEPTIBLES D'ÊTRE NOTIFIÉS OU SIGNIFIÉS TABLE DES MATIÈRES

Une version actualisée du répertoire est disponible sur le site Internet de la Commission (http://europa.eu.int/comm/justice_home/unit/civil_reg1348_fr.htm).

IV. Aide judiciaire

Proposition de directive du Conseil du 18 janvier 2002 visant à améliorer l'accès à la justice dans les affaires transfrontalières, par l'établissement de règles minimales communes relatives à l'aide judiciaire et à d'autres aspects financiers des procédures civiles (COM/2002/0013 final)

(présentée par la Commission)

LE CONSEIL DE L'UNION EUROPÉENNE,
vu le traité instituant la Communauté européenne, et notamment son article 61, c,
vu la proposition de la Commission[1],
vu l'avis du Parlement européen[2],
vu l'avis du Comité économique et social[3],
vu l'avis du Comité des régions[4],
considérant ce qui suit:
(1) L'Union européenne s'est donné pour objectif de maintenir et de développer un espace de liberté, de sécurité et de justice au sein duquel est assurée la libre circulation des personnes.
(2) L'article 65 point c du traité instituant la Communauté européenne prévoit, parmi ces mesures, celles qui visent à éliminer les obstacles au bon déroulement des procédures civiles, au besoin en favorisant la compatibilité des règles de procédure civile applicables dans les Etats membres.
(3) Le Conseil européen, réuni à Tampere les 15 et 16 octobre 1999, a invité le Conseil à établir des normes minimales garantissant un niveau approprié d'aide juridique pour les affaires transfrontalières dans l'ensemble de l'Union.
(4) Le manque de ressources d'une personne impliquée dans un litige, en demande ou en défense, pas plus que les difficultés induites par l'incidence transfrontalière d'un litige, ne doivent constituer des obstacles à un accès effectif à la justice.
(5) La proposition de directive est avant tout destinée à garantir un niveau approprié d'aide judiciaire dans les affaires transfrontalières, mais, en vue de garantir ce niveau approprié, il est nécessaire de fixer certaines normes minimales communes. La directive du conseil est l'instrument législatif le mieux approprié pour atteindre cet objectif.
(6) La directive vise tous litiges en matière civile, y compris les domaines du droit commercial, du droit du travail et du droit de la consommation.
(7) Toute personne impliquée dans un litige en matière civile doit pouvoir faire valoir ses droits en justice même si sa situation financière personnelle l'empêche de pouvoir faire face aux coûts des procédures.
(8) L'aide judiciaire doit comporter au minimum l'assistance effective d'un avocat et l'exonération ou la prise en charge des frais de procédure.

---

[1] JO C [...] [...], p. [...].
[2] JO C [...] [...], p. [...].
[3] JO C [...] [...], p. [...].
[4] JO C [...] [...], p. [...].

(9) L'aide judiciaire peut être considérée comme appropriée quand elle permet au bénéficiaire un accès effectif à la justice.

(10) L'aide judiciaire étant accordée par l'Etat membre du for, à l'exception de l'aide précontentieuse apportée par un avocat local si le candidat à l'aide n'a pas sa résidence habituelle dans l'Etat membre du for, celui-ci doit appliquer sa propre législation, dans le respect des principes de la directive.

(11) La complexité et les différences des systèmes judiciaires des Etats membres, ainsi que les coûts inhérents au caractère transfrontalier des litiges ne devraient pas entraver l'accès à la justice. Il convient donc que l'aide judiciaire couvre les coûts directement liés au caractère transfrontalier d'un litige.

(12) Les citoyens de l'Union, quel que soit leur lieu de résidence, doivent pouvoir bénéficier de l'aide judiciaire s'ils remplissent les conditions prévues par la directive. Il en va de même pour les ressortissants de pays tiers qui sont en situation régulière de séjour sur le territoire d'un Etat membre

(13) Si l'aide judiciaire est accordée, elle doit couvrir toute la procédure, y compris les frais encourus pour qu'un jugement soit déclaré exécutoire ou soit exécuté; le bénéficiaire doit continuer à percevoir cette aide si un appel est formé contre lui.

(14) Il convient d'organiser la coopération judiciaire civile entre les Etats membres, en vue de favoriser l'information du public et des professionnels, et de simplifier et rendre plus rapide la transmission des demandes d'aide judiciaire d'un Etat membre à l'autre.

(15) L'accord européen sur la transmission des demandes d'assistance judiciaire signé à Strasbourg en 1977, qui prévoit que les parties contractantes notifient les autorités expéditrices et réceptrices ainsi que les mécanismes de transmission des demandes par ces autorités reste applicable aux relations entre les Etats membres et les Etats tiers parties à cet accord. En revanche, la présente directive remplace l'accord en ce qui concerne les relations entre Etats membres.

(16) Les mécanismes de notification et de transmission prévus par la directive s'inspirent directement de ceux institués par l'accord européen. Il convient de fixer un délai, non prévu par l'accord de 1977, pour la transmission des demandes d'aide judiciaire. La fixation d'un délai relativement court concourt au bon fonctionnement de la justice.

(17) La création d'un formulaire standard pour la transmission des demandes d'aide judiciaire dans les cas de litiges transfrontaliers serait de nature à rendre les procédures plus aisées et plus rapides.

(18) Compte tenu des différences de coûts afférents aux litiges et de niveaux de vie entre les Etats membres, il convient de laisser à ces derniers la liberté de définir des seuils au-delà desquels une personne serait présumée pouvoir faire face aux coûts des procédures, de manière à atteindre les objectifs de la directive.

(19) L'objectif de la directive ne pourrait toutefois pas être atteint si la possibilité n'était pas laissée aux candidats à l'aide judiciaire de prouver qu'ils ne peuvent faire face aux charges des procédures même si leurs ressources dépassent le seuil fixé par l'Etat membre du for.

(20) La possibilité de recourir à des mécanismes ou accords privés qui assurent l'accès effectif à la justice n'est pas une forme d'aide judiciaire. Cette possibilité peut cependant conduire à présumer que la personne concernée peut faire face aux charges de la procédure malgré sa situation financière défavorable.

(21) Il convient de ménager la possibilité pour les Etats membres de rejeter les demandes d'aide judiciaire concernant des actions manifestement non fondées, sans pour autant procéder à un préjugement de l'affaire en vue d'évaluer les chances de succès du candidat à l'aide judiciaire.

(22) Le champ d'application de la directive ne concerne pas les personnes morales à l'exception de celles à but non lucratif telles que les associations de consommateurs qui sont amenées à entreprendre des actions en justice en vue de protéger des intérêts généraux juridiquement reconnus. Ce principe concourt à la réalisation des objectifs de la directive relative aux actions en cessation en matière de protection des intérêts des consommateurs (directive 98/27/CE du 19 mai 1998.)[5]

(23) L'aide judiciaire doit être accordée aux mêmes conditions qu'il s'agisse de procédures judiciaires traditionnelles ou de procédures extrajudiciaires telles que la médiation, dès le moment où l'utilisation de ces dernières est promue par la loi.

(24) La perspective pour une partie à un litige d'être tenue au paiement des frais de justice ou d'avocat même si elle obtient gain de cause constitue une entrave à l'accès à la justice. Le remboursement équitable de ces frais, à charge de la partie qui a succombé, pallie cet inconvénient. La protection des parties faibles, notamment dans le domaine du droit du travail et du droit de la consommation peut justifier des exceptions à ce principe.

(25) Il convient de préciser que l'établissement de normes minimales ne fait pas obstacle à ce que les Etats membres prévoient des dispositions plus favorables pour les personnes candidates à l'aide judiciaire.

(26) Etant donné que les objectifs de l'action envisagée ne peuvent pas être réalisés de manière suffisante par les Etats membres et peuvent donc être mieux réalisés au niveau communautaire, la Communauté peut prendre des mesures, conformément au principe de subsidiarité consacré à l'article 5 du traité. Conformément au principe de proportionnalité énoncé au même article, la directive n'excède pas ce qui est nécessaire pour atteindre ces objectifs.

(27) La présente directive respecte les droits fondamentaux et observent les principes qui sont reconnus notamment par la Charte des droits fondamentaux de l'Union européenne. En particulier, elle vise à promouvoir l'application du principe de l'octroi d'une aide judiciaire à ceux qui ne disposent pas de ressources suffisantes, dans la mesure où cette aide serait nécessaire pour assurer l'effectivité de l'accès à la justice, énoncé à l'article 47, troisième alinéa, de la Charte.

(28) [Le Royaume-Uni et l'Irlande, conformément aux articles 1er et 2 du protocole sur la position du Royaume-Uni et de l'Irlande annexé au traité sur l'Union européenne et au traité instituant la Communauté européenne, ne participent pas à l'adoption de la présente directive.] [Le Royaume-Uni et l'Irlande, en vertu de l'article 3 du protocole sur la position du Royaume-Uni et de l'Irlande annexé au traité sur l'Union européenne et au traité instituant la Communauté européenne, ont notifié leur souhait de participer à l'adoption et à l'application de la présente directive.]

(29) Le Danemark, conformément aux articles 1er et 2 du protocole sur la position du Danemark annexé au traité sur l'Union européenne et au traité instituant la Communauté européenne, ne participe pas à l'adoption de la présente directive et n'est donc pas lié par celle-ci ni soumis à son application.

A ARRÊTÉ LA PRÉSENTE DIRECTIVE:

Article Premier. Objectifs et champ d'application

La présente directive vise à améliorer l'accès à la justice dans les affaires transfron-

---

[5] JO L 166 du 11 juin 1998 p. 51.

talières, par l'établissement de règles minimales communes relatives à l'aide judiciaire et à d'autres aspects des procédures civiles.
Elle vise toute procédure en matière civile quelle que soit la nature de la juridiction.

Article 2
Au sens de la présente directive, on entend par:
Aide judiciaire: tous moyens mis à la disposition d'une personne en vue de lui assurer un accès effectif à la justice au cas où ses ressources financières seraient insuffisantes pour faire face aux charges d'un litige.
Procédure en matière civile: toute procédure concernant un litige dans le domaine du droit civil, y compris le droit commercial, le droit du travail et le droit de la consommation.
Charges du litige: frais de justice et honoraires d'avocat.

Article 3. Droit a l'aide judiciaire
Toute personne physique impliquée dans un litige en matière civile, en demande ou en défense, a le droit de recevoir une aide judiciaire appropriée lorsqu'elle n'a pas les ressources suffisantes, au sens de l'article 13 pour faire valoir ses droits en justice, sans préjudice des dispositions de l'article 14.
L'aide judiciaire comprend notamment l'assistance effective d'un avocat et/ou d'une autre personne habilitée par la loi à assurer la représentation en justice, pour apporter une aide précontentieuse et représenter la personne concernée en justice, ainsi que l'exonération ou la prise en charge des frais de justice.
Les Etats membres peuvent prévoir l'obligation pour le bénéficiaire de l'aide judiciaire de rembourser celle-ci, en tout ou en partie, à la fin de la procédure, si sa situation financière s'est entre-temps sensiblement améliorée.

Article 4. Responsabilité de l'aide judiciaire
L'aide judiciaire est accordée par l'Etat membre du for conformément à sa législation et dans le respect des dispositions de la présente directive.

Article 5. Prise en charge des frais liés au caractère transfrontalier de la procédure
L'aide judiciaire accordée dans l'Etat du for inclut les frais supplémentaires directement liés au caractère transfrontalier du litige.
Ces frais concernent notamment les interprétations et les traductions, ainsi que les frais de déplacement dans la mesure où la présence physique des personnes concernées à l'audience est obligatoire.
L'Etat membre de résidence du candidat à l'aide judiciaire accorde l'aide judiciaire en vue de couvrir les frais encourus dans cet Etat membre, en particulier l'accès à l'assistance d'un avocat local.

Article 6. Non-discrimination
Les Etats membres accordent le bénéfice de l'aide judiciaire, sans discrimination, aux citoyens de l'Union et aux ressortissants de pays tiers en situation régulière de séjour dans l'un des Etats membres.

Article 7. Continuité de l'aide judiciaire
L'aide judiciaire est accordée au bénéficiaire en vue de couvrir les frais encourus

Directive relatif à l'aide judiciaire (proposition)

pour qu'un jugement soit déclaré exécutoire ou soit exécuté dans l'Etat du for, sans préjudice des dispositions de l'article 3 paragraphe 3.
Les dispositions de l'article 50 du Règlement n°44/2001 du Conseil sur la compétence judiciaire, la reconnaissance et l'exécution des décisions en matière civile et commerciale s'appliquent en matière d'exequatur.
L'aide judiciaire continue d'être accordée au cas où une voie de recours serait exercée contre le bénéficiaire. Un nouvel examen de la demande est prévu au cas où la voie de recours est exercée par le bénéficiaire.

Article 8. Traitement des demandes
Les autorités nationales compétentes pour statuer sur les demandes d'aide judiciaire veillent à assurer la plus grande transparence dans le traitement des demandes. Toute décision de rejet doit être motivée.
Les Etats membres garantissent la possibilité d'un recours contre une décision de rejet de la demande d'aide judiciaire.

Article 9. Introduction et transmission des demandes d'aide judiciaire
Les candidats à l'aide judiciaire qui résident habituellement dans un autre Etat membre que celui du for peuvent présenter leur demande d'aide judiciaire dans l'Etat membre de leur résidence habituelle.
Les autorités compétentes de l'Etat membre de résidence transmettent cette demande aux autorités compétentes de l'Etat membre du for dans un délai de huit jours.
Les documents transmis en application de la présente directive sont dispensés de la légalisation et de toute formalité analogue.
Aucune rémunération ne peut être perçue par les Etats membres pour les services rendus conformément au paragraphe (2).
Les autorités expéditrices peuvent refuser de transmettre une demande manifestement non recevable, en particulier si la procédure ne relève pas de la matière civile.
Les demandes d'aide judiciaire transmises selon la procédure prévue par la présente directive sont rédigées dans la langue de l'autorité réceptrice ou dans une autre langue acceptée par celle-ci.
Les dispositions de la présente directive remplacent celles de l'accord européen sur la transmission des demandes d'assistance judiciaire signé à Strasbourg en 1977 en ce qui concerne les relations entre les Etats membres.

Article 10. Notifications a la Commission
Les Etats membres notifient à la Commission la liste des autorités compétentes pour l'expédition et la réception des demandes, qui sera publiée au Journal Officiel des Communautés européennes.
Les Etats membres notifient à la Commission la liste des langues officielles de l'Union européenne, autre que la sienne ou les siennes, dans laquelle ou lesquelles ils acceptent que les demandes d'aide judiciaire soient transmises aux autorités concernées.

Article 11. Formulaire standard
Dans le but de faciliter la transmission des demandes, un formulaire standard sera créé par la Commission, assistée par le comité prévu au règlement 1348/2000[6] du

Conseil, relatif à la signification et à la notification dans les Etats membres des actes judiciaires et extrajudiciaires en matière civile ou commerciale.

Article 12. Procédure d'urgence
Les Etats membres veillent à ce que les demandes d'aide judiciaire introduites par des personnes qui ne résident pas dans l'Etat membre du for soient examinées dans un délai raisonnable avant l'audience.

Article 13. Conditions de ressources financières
Les Etats membres accordent l'aide judiciaire aux personnes physiques parties à un litige relevant de leurs juridictions, qui ne peuvent faire face aux charges du litige en raison de leur situation financière personnelle.

Les Etats membres peuvent établir des seuils de ressources au-dessus desquels le candidat à l'aide judiciaire est présumé pouvoir faire face aux charges du litige. Ces seuils doivent être établis en prenant en compte différents éléments objectifs tels que le coût de la vie et les coûts des procédures.

Le candidat à l'aide judiciaire qui ne répond pas aux conditions du paragraphe précédent peut cependant apporter la preuve qu'il ne pourrait pas faire face aux charges du litige, notamment en raison des différences de coût de la vie entre les Etats membres de résidence et du for, auquel cas l'aide doit lui être accordée

Le candidat à l'aide judiciaire est présumé pouvoir faire face aux charges du litige s'il est en mesure, dans le cas concret, de recourir à des mécanismes de droit privé par lesquels les honoraires d'avocat ne seront pas dus en cas de perte du procès, et par lesquels les frais de justice seront pris en charge par un tiers dans ce cas.

Article 14. Conditions liées au fond du litige
Les Etats membres peuvent prévoir que les demandes d'aide judiciaire relative à une action judiciaire qui apparaîtrait manifestement non fondée puissent être rejetées par les autorités concernées.

Article 15. Application aux personnes morales
L'aide judiciaire est accordée aux personnes morales sans but lucratif établies sur le territoire d'un Etat membre lorsque l'action judiciaire vise la protection d'intérêts généraux juridiquement reconnus et lorsqu'elles n'ont pas les ressources suffisantes pour faire face aux charges des procédures, sans préjudice des dispositions de l'article 14.

Article 16. Procedures extrajudiciaires
Le bénéfice de l'aide judiciaire doit être étendu à la résolution du litige par un moyen extrajudiciaire lorsque l'utilisation de ce moyen est promue par la loi ou lorsque les parties en litige y sont renvoyées par le juge.

Article 17. Remboursement des frais de justice et honoraires d'avocat
Les Etats membres prévoient que la partie gagnante a droit au remboursement équitable, à la charge de la partie perdante, d'une partie ou de la totalité des charges du litige.

---

[6] JO L 160 du 30 juin 2000, p. 37.

Les Etats membres peuvent prévoir des exceptions à ce principe en vue d'assurer une protection adéquate des parties faibles.

Les Etats membres peuvent prévoir que lorsque la partie perdante a bénéficié de l'aide judiciaire, le remboursement n'est pas dû ou est pris en charge par l'Etat.

Article 18. Information
Les autorités nationales compétentes collaborent en vue d'assurer l'information du public et des professionnels quant aux différents systèmes d'aide judiciaire, notamment via le réseau judiciaire européen en matière civile et commerciale créé par la décision n° 2001/470/CE du Conseil.

Article 19. Dispositions plus favorables
Les dispositions de la présente directive ne font pas obstacle à ce que les Etats membres prévoient des dispositions plus favorables pour les personnes candidates à l'aide judiciaire.

Article 20
La présente directive entre en vigueur le [vingtième] jour suivant celui de sa publication au Journal officiel des Communautés européennes.

Article 21
Les Etats membres mettent en vigueur les dispositions législatives, réglementaires et administratives nécessaires pour se conformer à la présente directive au plus tard le 1 janvier 2004. Ils en informent immédiatement la Commission.

Lorsque les Etats membres adoptent ces dispositions, celles-ci contiennent une référence à la présente directive ou sont accompagnées d'une telle référence lors de leur publication officielle. Les modalités de cette référence sont arrêtées par les Etats membres.

Article 22
Les Etats membres sont destinataires de la présente directive conformément au traité instituant la Communauté européenne.

V. Preuve

Règlement du Conseil du 28 mai 2001 relatif à la coopération entre les juridictions des États membres dans le domaine de l'obtention des preuves en matière civile ou commerciale (n° 1206/2001/CE)
Journal officiel n° L 174 du 27/06/2001 p. 1–24

LE CONSEIL DE L'UNION EUROPÉENNE,
vu le traité instituant la Communauté européenne, et notamment son article 61, point c), et son article 67, paragraphe 1,
vu l'initiative de la République fédérale d'Allemagne[1],
vu l'avis du Parlement européen[2],
vu l'avis du Comité économique et social[3],
considérant ce qui suit:
(1) L'Union européenne s'est fixé pour objectif de maintenir et de développer un espace de liberté, de sécurité et de justice au sein duquel est assurée la libre circulation des personnes. Pour mettre progressivement en place un tel espace, la Communauté adopte, entre autres, les mesures dans le domaine de la coopération judiciaire en matière civile nécessaires au bon fonctionnement du marché intérieur.
(2) Le bon fonctionnement du marché intérieur exige d'améliorer, et en particulier de simplifier et d'accélérer, la coopération entre les juridictions des États membres dans le domaine de l'obtention de preuves.
(3) Le Conseil européen, réuni à Tampere les 15 et 16 octobre 1999, a rappelé la nécessité d'élaborer de nouvelles dispositions de droit procédural dans les affaires transfrontières, et notamment en matière d'obtention de preuves.
(4) Cette matière relève de l'article 65 du traité.
(5) Étant donné que les objectifs du présent règlement ne peuvent pas être réalisés de manière suffisante par les États membres et peuvent donc mieux être réalisés au niveau communautaire, la Communauté peut prendre des mesures, conformément au principe de subsidiarité consacré à l'article 5 du traité. Conformément au principe de proportionnalité tel qu'énoncé audit article du traité, le présent règlement n'excède pas ce qui est nécessaire pour atteindre ces objectifs.
(6) Jusqu'à présent, aucun acte juridique contraignant n'est en vigueur entre tous les États membres dans le domaine de l'obtention de preuves. La convention de La Haye du 18 mars 1970, sur l'obtention des preuves à l'étranger en matière civile ou commerciale n'est en vigueur qu'entre onze États membres de l'Union européenne.
(7) Étant donné que, en matière civile et commerciale, pour statuer sur une affaire engagée devant une juridiction d'un État membre, il est souvent nécessaire de procéder à des actes d'instruction dans un autre État membre, l'action de la Communauté ne peut se limiter au domaine de la transmission des actes judiciaires et extrajudiciaires, couvert par le règlement (CE) n° 1348/2000 du Conseil du 29 mai 2000 relatif à la signification et à la

---

[1] JO C 314 du 3.11.2000, p. 1.
[2] Avis rendu le 14 mars 2001 (non encore paru au Journal officiel).
[3] Avis rendu le 28 février 2001 (non encore paru au Journal officiel).

notification dans les États membres des actes judiciaires et extrajudiciaires en matière civile et commerciale[4]. Il est donc nécessaire de continuer à améliorer la coopération entre les juridictions des États membres dans le domaine de l'obtention de preuves.

(8) Pour qu'une procédure judiciaire en matière civile ou commerciale soit utile, il faut que la transmission et le traitement des demandes visant à faire procéder à un acte d'instruction se fassent de manière directe et par les moyens les plus rapides entre les juridictions des États membres.

(9) La rapidité de la transmission des demandes visant à faire procéder à un acte d'instruction justifie l'utilisation de tout moyen approprié, tout en respectant certaines conditions quant à la lisibilité et à la fidélité du document reçu. Pour garantir un degré maximal de clarté et de sécurité juridique, les demandes visant à faire procéder à un acte d'instruction doivent être transmises au moyen d'un formulaire à remplir dans la langue de l'État membre de la juridiction requise ou dans une autre langue acceptée par cet État membre. Pour les mêmes raisons, il convient, dans la mesure du possible, d'utiliser des formulaires également pour les autres communications entre les juridictions concernées.

(10) Il est nécessaire qu'une demande visant à faire procéder à un acte d'instruction soit exécutée rapidement. Si elle ne peut pas être exécutée dans un délai de quatre-vingt-dix jours après sa réception par la juridiction requise, celle-ci est tenue d'en informer la juridiction requérante en précisant les raisons qui empêchent une exécution rapide de la demande.

(11) Afin d'assurer l'efficacité du présent règlement, la possibilité de refuser l'exécution d'une demande visant à faire procéder à un acte d'instruction doit être limitée à des situations exceptionnelles étroitement définies.

(12) Il y a lieu que la juridiction requise exécute la demande conformément au droit de l'État membre dont elle relève.

(13) Il y a lieu que les parties et, le cas échéant, leurs représentants puissent être présents lors de l'exécution de l'acte d'instruction, si cela est prévu par le droit de l'État membre dont relève la juridiction requérante, afin de pouvoir suivre la procédure dans des conditions analogues à celles qui existeraient si l'exécution de l'acte avait lieu dans l'État membre dont relève la juridiction requérante. Il convient également qu'ils aient le droit de demander à participer à l'exécution de l'acte, de manière à avoir un rôle plus actif dans le processus d'obtention des preuves. Néanmoins, il importe que les conditions de leur participation soient fixées par la juridiction requise conformément au droit de l'État membre dont elle relève.

(14) Il y a lieu que les représentants de la juridiction requérante puissent être présents lors de l'exécution de l'acte d'instruction, si cela est compatible avec le droit de l'État membre dont relève la juridiction requérante, afin de mieux pouvoir évaluer les preuves. Il convient également qu'ils aient le droit de demander à participer à l'exécution de l'acte, dans les conditions fixées par la juridiction requise, conformément au droit de l'État membre dont elle relève, de manière à avoir un rôle plus actif dans le processus d'obtention des preuves.

(15) Afin de faciliter l'obtention des preuves, il importe qu'une juridiction d'un État membre puisse, conformément au droit de l'État membre dont elle relève, procéder directement à un acte d'instruction dans un autre État membre, si ce dernier l'accepte, et dans les conditions définies par l'organisme central ou l'autorité compétents de l'État membre requis.

(16) Conformément à l'article 10, l'exécution de la demande ne devrait donner lieu à

---

[4] JO L 160 du 30.6.2000, p. 37.

aucune demande de remboursement des taxes de frais. Toutefois, si la juridiction requise demande le remboursement, il n'y a pas lieu que les honoraires versés aux experts et aux interprètes, tout comme les frais résultant de l'application de l'article 10, paragraphes 3 et 4, soient supportés par cette juridiction. Dans un tel cas, la juridiction requérante doit prendre les mesures nécessaires afin d'assurer le remboursement sans délai. Lorsque l'avis d'un expert est requis, la juridiction requise peut, avant d'exécuter la demande, demander à la juridiction requérante une consignation ou avance adéquate par rapport aux frais nécessaires.

(17) Il y a lieu que le présent règlement prévale sur les dispositions visant la matière qu'il couvre contenues dans des conventions internationales conclues par les États membres. Il ne fait pas obstacle à la conclusion entre États membres d'accords ou d'arrangements visant à améliorer davantage la coopération dans le domaine de l'obtention de preuves.

(18) Il importe que les données transmises en application du présent règlement bénéficient d'un régime de protection. Étant donné que la directive 95/46/CE du Parlement européen et du Conseil du 24 octobre 1995 relative à la protection des personnes physiques à l'égard du traitement des données à caractère personnel et à la libre circulation de ces données[5] et la directive 97/66/CE du Parlement européen et du Conseil du 15 décembre 1997 concernant le traitement des données à caractère personnel et la protection de la vie privée dans le secteur des télécommunications[6] sont applicables, il n'est pas nécessaire de prévoir des dispositions spécifiques dans le présent règlement.

(19) Les mesures nécessaires pour la mise en œuvre du présent règlement sont arrêtées en conformité avec la décision 1999/468/CE du Conseil du 28 juin 1999 fixant les modalités de l'exercice des compétences d'exécution conférées à la Commission[7].

(20) Il importe, en vue du bon fonctionnement du présent règlement, que la Commission en examine l'application en vue de proposer, le cas échéant, les modifications nécessaires.

(21) En conformité avec l'article 3 du protocole sur la position du Royaume-Uni et de l'Irlande annexé au traité sur l'Union européenne et au traité instituant la Communauté européenne, le Royaume-Uni et l'Irlande ont notifié leur souhait de participer à l'adoption et à l'application du présent règlement.

(22) Le Danemark, conformément aux articles 1er et 2 du protocole sur la position du Danemark annexé au traité sur l'Union européenne et au traité instituant la Communauté européenne, ne participe pas à l'adoption du présent règlement, lequel ne lie donc pas le Danemark et n'est pas applicable à son égard,
A ARRÊTÉ LE PRÉSENT RÈGLEMENT:

CHAPITRE I. DISPOSITIONS GÉNÉRALES

Article premier. Champ d'application

1. Le présent règlement est applicable en matière civile ou commerciale, lorsqu'une juridiction d'un État membre, conformément aux dispositions de sa législation, demande:
a) à la juridiction compétente d'un autre État membre de procéder à un acte d'instruction ou

---

[5] JO L 281 du 23.11.1995, p. 31.
[6] JO L 24 du 30.1.1998, p. 1.
[7] JO L 184 du 17.7.1999, p. 23.

b) à procéder directement à un acte d'instruction dans un autre État membre.
2. La demande ne doit pas viser à obtenir des moyens de preuve qui ne sont pas destinés à être utilisés dans une procédure judiciaire qui est engagée ou envisagée.
3. Dans le présent règlement, les termes «État membre» désignent les États membres à l'exception du Danemark.

Article 2. Communication directe entre les juridictions
1. Les demandes visées à l'article 1er, paragraphe 1, point a), ci-après dénommées «demandes», sont transmises directement par la juridiction devant laquelle la procédure est engagée ou devant laquelle il est envisagé de l'engager, ci-après dénommée «juridiction requérante», à la juridiction compétente d'un autre État membre, ci-après dénommée «juridiction requise», en vue de faire procéder à l'acte d'instruction demandé.
2. Chaque État membre établit une liste des juridictions compétentes pour procéder à des actes d'instruction conformément au présent règlement. Cette liste indique également la compétence territoriale et, le cas échéant, la compétence spéciale desdites juridictions.

Article 3. Organisme central
1. Chaque État membre désigne un organisme central chargé:
a) de fournir des informations aux juridictions;
b) de rechercher des solutions aux difficultés qui peuvent se présenter à l'occasion d'une demande;
c) de faire parvenir, dans des cas exceptionnels, à la requête d'une juridiction requérante, une demande à la juridiction compétente.
2. Les États fédéraux, les États dans lesquels plusieurs systèmes juridiques sont en vigueur et les États ayant des unités territoriales autonomes ont la faculté de désigner plusieurs organismes centraux.
3. Chaque État membre charge également l'organisme central visé au paragraphe 1 de statuer sur les demandes relevant de l'article 17, ou désigne à cette fin une ou plusieurs autorités compétentes.

CHAPITRE II. TRANSMISSION ET EXÉCUTION DES DEMANDES

Section I. Transmission de la demande

Article 4. Forme et contenu de la demande
1. La demande est établie au moyen du formulaire type A ou, le cas échéant, du formulaire type I figurant en annexe. Elle contient les indications suivantes:
a) la juridiction requérante et, le cas échéant, la juridiction requise;
b) les nom et adresse des parties et, le cas échéant, de leurs représentants;
c) la nature et l'objet de l'instance et un exposé sommaire des faits;
d) l'acte d'instruction demandé;
e) s'il s'agit d'une demande visant à l'audition d'une personne:
– les nom et adresse des personnes à entendre,
– les questions à poser aux personnes à entendre ou les faits sur lesquels elles doivent être entendues,

– le cas échéant, la mention d'un droit de refus de témoigner prévu par la législation de l'État membre dont relève la juridiction requérante,
– le cas échéant, la demande de déposition sous serment ou de déclaration sur l'honneur et, le cas échéant, l'indication de la forme spéciale à utiliser,
– le cas échéant, toute autre information jugée nécessaire par la juridiction requérante;
f) s'il s'agit d'une demande relative à un autre acte d'instruction, les pièces ou autres objets à examiner le cas échéant;
g) le cas échéant, la demande visée à l'article 10, paragraphes 3 et 4, et aux articles 11 et 12 ainsi que les renseignements nécessaires à l'application de ces dispositions;
2. La demande ainsi que toutes les pièces jointes à celle-ci sont dispensées de légalisation et de toute formalité équivalente.
3. Les pièces que la juridiction requérante estime nécessaire de joindre à la demande pour l'exécution de celle-ci doivent être accompagnées d'une traduction dans la langue dans laquelle la demande a été formulée.

Article 5. Langues
La demande et les communications visées dans le présent règlement sont formulées dans la langue officielle de l'État membre requis ou, s'il existe plusieurs langues officielles dans cet État membre, dans la langue officielle ou dans une des langues officielles du lieu où il doit être procédé à l'acte d'instruction demandé ou dans toute autre langue que l'État membre requis aura indiqué pouvoir accepter. Chaque État membre indique la ou les langues officielles des institutions de la Communauté européenne, autres que la sienne ou les siennes, dans laquelle ou lesquelles il accepte que le formulaire soit complété.

Article 6. Transmission des demandes et des autres communications
Les demandes ainsi que les communications visées dans le présent règlement sont transmises par le moyen le plus rapide que l'État membre requis a déclaré pouvoir accepter. Il peut être fait usage de tout moyen approprié, sous réserve que le contenu du document reçu reflète fidèlement celui du document expédié et que toutes les mentions qu'il comporte soient lisibles.

Section 2. Réception de la demande

Article 7. Réception de la demande
1. La juridiction requise compétente adresse, au moyen du formulaire type B figurant en annexe, un accusé de réception à la juridiction requérante dans les sept jours qui suivent la réception de la demande. Si celle-ci ne remplit pas les conditions prévues à l'article 5 et à l'article 6, la juridiction requise en fait mention dans l'accusé de réception.
2. Si l'exécution d'une demande établie au moyen du formulaire type A figurant en annexe et remplissant les conditions visées à l'article 5 ne relève pas de la compétence de la juridiction à laquelle elle a été transmise, celle-ci transmet la demande à la juridiction compétente de l'État membre dont elle relève et en informe la juridiction requérante au moyen du formulaire type A figurant en annexe.

Article 8. Demande incomplète

1. Si la demande ne peut être exécutée parce qu'elle ne contient pas toutes les indications nécessaires visées à l'article 4, la juridiction requise en informe la juridiction requérante sans tarder et, au plus tard, dans les trente jours suivant la réception de la demande au moyen du formulaire type C figurant en annexe et lui demande de lui transmettre les indications manquantes, en les mentionnant de manière aussi précise que possible.

2. Si la demande ne peut être exécutée parce qu'une consignation ou une avance est nécessaire, conformément à l'article 18, paragraphe 3, la juridiction requise en informe la juridiction requérante sans tarder et, au plus tard dans les trente jours suivant la réception de la demande au moyen du formulaire type C figurant en annexe, informe la juridiction requérante de la manière de procéder à la consignation ou à l'avance; la juridiction requise accuse réception de la consignation ou de l'avance sans tarder, au plus tard dans les dix jours suivant la réception de la consignation ou de l'avance en utilisant le formulaire type D.

Article 9. Demande complétée

1. Lorsque, conformément à l'article 7, paragraphe 1, la juridiction requise a mentionné, dans l'accusé de réception, que la demande ne remplit pas les conditions visées à l'article 5 et à l'article 6, ou lorsqu'elle a informé la juridiction requérante, conformément à l'article 8, que la demande ne peut être exécutée parce qu'elle ne contient pas toutes les indications nécessaires visées à l'article 4, le délai visé à l'article 10, paragraphe 1, commence à courir à compter de la réception, par la juridiction requise, de la demande dûment complétée.

2. Lorsque la juridiction requise a demandé une consignation ou une avance conformément à l'article 18, paragraphe 3, ledit délai commence à courir à compter du moment où la consignation ou l'avance est effectuée.

Section 3. Exécution de l'acte d'instruction par la juridiction requise

Article 10. Dispositions générales relatives à l'exécution de la demande

1. La juridiction requise exécute la demande sans tarder et, au plus tard, dans les quatre-vingt-dix jours suivant la réception de la demande.

2. La juridiction requise exécute la demande conformément au droit de l'État membre dont cette juridiction relève.

3. La juridiction requérante peut demander que la demande soit exécutée selon une forme spéciale prévue par le droit de l'État membre dont elle relève, au moyen du formulaire type A figurant en annexe. La juridiction requise défère à cette demande, à moins que la forme demandée ne soit pas compatible avec le droit de l'État membre dont elle relève ou en raison de difficultés pratiques majeures. Si la juridiction requise, pour l'une des raisons susmentionnées, ne défère pas à la demande, elle en informe la juridiction requérante au moyen du formulaire type D figurant en annexe.

4. La juridiction requérante peut demander à la juridiction requise de recourir aux technologies de communication modernes pour procéder à l'acte d'instruction, en particulier à la vidéoconférence et à la téléconférence.

La juridiction requise défère à cette demande, à moins que cela ne soit incompatible avec le droit de l'État membre dont elle relève ou en raison de difficultés pratiques majeures.

Si la juridiction requise, pour l'une des raisons susmentionnées, ne défère pas à cette demande, elle en informe la juridiction requérante au moyen du formulaire type D figurant en annexe.
Si les moyens techniques visés ci-dessus ne sont pas accessibles dans la juridiction requérante ou dans la juridiction requise, les juridictions peuvent d'un commun accord les rendre disponibles.

Article 11. Exécution en présence et avec la participation des parties

1. Si cela est prévu par le droit de l'État membre dont relève la juridiction requérante, les parties et, le cas échéant, leurs représentants ont le droit d'être présents lorsque la juridiction requise procède à l'acte d'instruction.
2. Dans sa demande, la juridiction requérante informe la juridiction requise de la présence des parties et, le cas échéant, de leurs représentants ainsi que, s'il y a lieu, du fait que leur participation est demandée, au moyen du formulaire type A figurant en annexe. Cette information peut également être fournie à tout autre moment opportun.
3. Si la participation des parties et, le cas échéant, de leurs représentants à l'exécution de l'acte d'instruction est demandée, la juridiction requise détermine, en conformité avec l'article 10, les conditions de leur participation.
4. La juridiction requise informe les parties et, le cas échéant, leurs représentants du moment et du lieu où aura lieu la procédure et, s'il y a lieu, des conditions de leur participation, en utilisant le formulaire type E figurant en annexe.
5. Les paragraphes 1 à 4 ne font pas obstacle à ce que la juridiction requise puisse demander aux parties et, le cas échéant, à leurs représentants d'être présents ou de participer à l'exécution de l'acte d'instruction, si cette possibilité est prévue par le droit de l'État membre dont elle relève.

Article 12. Exécution en présence et avec la participation de représentants de la juridiction requérante

1. Si cela est compatible avec le droit de l'État membre dont relève la juridiction requérante, des représentants de cette dernière ont le droit d'être présents lorsque la juridiction requise procède à l'acte d'instruction.
2. Aux fins du présent article, le terme «représentants» englobe les magistrats désignés par la juridiction requérante, conformément au droit de l'État membre dont elle relève. La juridiction requérante peut aussi désigner, conformément au droit de l'État membre dont elle relève, toute autre personne, par exemple un expert.
3. Dans sa demande, la juridiction requérante informe la juridiction requise de la présence de ses représentants et, s'il y a lieu, du fait que leur participation est demandée, au moyen du formulaire type A figurant en annexe. Cette information peut également être fournie à tout autre moment opportun.
4. Si la participation des représentants de la juridiction requérante à l'exécution de l'acte d'instruction est demandée, la juridiction requise détermine, en conformité avec l'article 10, les conditions de leur participation.
5. La juridiction requise informe la juridiction requérante, au moyen du formulaire type F figurant en annexe, du moment et du lieu où aura lieu l'acte d'instruction et, s'il y a lieu, des conditions de la participation.

Article 13. Mesures coercitives
Si nécessaire, la juridiction requise applique les mesures coercitives requises pour l'exécution de la demande dans les cas et dans la mesure où le droit de l'État membre dont relève la juridiction requise le prévoit pour l'exécution d'une demande aux mêmes fins émanant d'une autorité nationale ou d'une des parties concernées.

Article 14. Cas de refus d'exécution
1. Une demande visant à l'audition d'une personne n'est pas exécutée si la personne invoque le droit de refuser de déposer ou une interdiction de déposer:
a) en vertu du droit de l'État membre dont relève la juridiction requise ou
b) en vertu du droit de l'État membre dont relève la juridiction requérante, lorsque cela a été indiqué dans la demande ou, le cas échéant, confirmé par la juridiction requérante à la demande de la juridiction requise.
2. Outre les motifs prévus au paragraphe 1, l'exécution d'une demande ne peut être refusée que si:
a) la demande sort du champ d'application du présent règlement défini à l'article 1er, ou
b) l'exécution de la demande, selon le droit de l'État membre dont relève la juridiction requise, n'entre pas dans les attributions du pouvoir judiciaire, ou
c) la juridiction requérante n'a pas déféré à la requête de la juridiction requise de compléter sa demande conformément à l'article 8 dans les trente jours suivant la requête, ou
d) une consignation ou une avance demandée conformément à l'article 18, paragraphe 3, n'a pas été effectuée dans les soixante jours suivant la demande, par la juridiction requise, de consignation ou de versement d'avance.
3. L'exécution ne peut être refusée au seul motif que la juridiction requise oppose, en vertu du droit de l'État membre dont elle relève, la compétence exclusive d'une juridiction dudit État dans l'affaire en cause ou soutient que sa législation n'admet pas le droit d'action visée par la demande.
4. Si l'exécution de la demande est refusée pour l'un des motifs visés au paragraphe 2, la juridiction requise en informe la juridiction requérante, au moyen du formulaire type H figurant en annexe, dans les soixante jours suivant la réception de la demande par la juridiction requise.

Article 15. Avis de retard
Si la juridiction requise n'est pas en mesure d'exécuter la demande dans les quatre-vingt-dix jours suivant sa réception, elle en informe la juridiction requérante au moyen du formulaire type G figurant en annexe, en précisant les raisons du retard et en indiquant le délai nécessaire, selon ses estimations, pour exécuter la demande.

Article 16. Procédure suivant l'exécution de la demande
La juridiction requise transmet sans tarder les pièces attestant l'exécution de la demande à la juridiction requérante et lui renvoie, le cas échéant, les pièces qu'elle lui a envoyées. Les pièces sont accompagnées d'une confirmation d'exécution, établie au moyen du formulaire type H figurant en annexe.

Section 4. Exécution directe de l'acte d'instruction par la juridiction requérante

Article 17

1. Lorsqu'une juridiction souhaite procéder directement à un acte d'instruction dans un autre État membre, elle présente une demande à l'organisme central ou à l'autorité compétente de cet État, visés à l'article 3, paragraphe 3, au moyen du formulaire type I figurant en annexe.
2. L'exécution directe de l'acte d'instruction n'est possible que si elle peut avoir lieu sur une base volontaire, sans qu'il soit nécessaire de recourir à des mesures coercitives. Lorsque, dans le cadre de l'exécution directe d'un acte d'instruction, une personne est entendue, la juridiction requérante informe cette personne que l'acte sera exécuté sur une base volontaire.
3. L'acte d'instruction est exécuté par un magistrat ou par toute autre personne, par exemple un expert, désignés conformément au droit de l'État membre dont relève la juridiction requérante.
4. Dans un délai de trente jours à compter de la réception de la demande, l'organisme central ou l'autorité compétente de l'État membre requis indiquent à la juridiction requérante, au moyen du formulaire type J, s'il est déféré à cette demande et, le cas échéant, dans quelles conditions, conformément à la loi de l'État membre dont ils relèvent, l'acte doit être exécuté.
En particulier, l'organisme central ou l'autorité compétente peuvent charger une juridiction de l'État membre dont ils relèvent de participer à l'exécution de l'acte d'instruction afin de veiller à la bonne application du présent article et des conditions qui ont été fixées.
L'organisme central ou l'autorité compétente encouragent le recours aux technologies de communication, telles que la vidéoconférence et la téléconférence.
5. L'organisme central ou l'autorité compétente ne peuvent refuser l'exécution directe de la mesure d'instruction que si:
a) la demande sort du champ d'application du présent règlement tel que défini à l'article 1er, ou
b) la demande ne contient pas toutes les informations nécessaires en vertu de l'article 4, ou
c) l'exécution directe demandée est contraire aux principes fondamentaux du droit de l'État membre dont ils relèvent.
6. Sous réserve des conditions fixées conformément au paragraphe 4, la juridiction requérante exécute la demande conformément au droit de l'État membre dont elle relève.

Section 5. Frais

Article 18

1. L'exécution d'une demande conformément à l'article 10 ne peut donner lieu au remboursement de taxes ou de frais.
2. Toutefois, si la juridiction requise en fait la demande conformément au droit de l'État membre dont elle relève, la juridiction requérante, sous réserve de l'obligation des parties de supporter les frais conformément au droit de l'État membre dont elle relève, s'assure sans délai du remboursement:

– des honoraires versés aux experts et aux interprètes et
– des frais résultant de l'application de l'article 10, paragraphes 3 et 4.
L'obligation, pour les parties, de supporter ces honoraires ou frais est régie par le choix de l'État membre de la juridiction requérante.
3. Lorsque l'avis d'un expert est requis, la juridiction requise peut, avant d'exécuter la demande, demander à la juridiction requérante une consignation ou avance adéquate par rapport aux frais nécessaires. Dans tous les autres cas, la consignation ou l'avance n'est pas une condition de l'exécution de la demande.
La consignation ou l'avance est effectuée par les parties si cela est prévu par la législation de l'État membre de la juridiction requérante.

CHAPITRE III. DISPOSITIONS FINALES

Article 19. Modalités d'application
1. La Commission établit et met régulièrement à jour un manuel, également disponible sous forme électronique, contenant les informations communiquées par les États membres conformément à l'article 22 ainsi que la liste des accords ou arrangements en vigueur, conformément à l'article 21.
2. La mise à jour ou la modification technique des formulaires types figurant en annexe sont effectuées en conformité avec la procédure consultative visée à l'article 20, paragraphe 2.

Article 20. Comité
1. La Commission est assistée par un comité.
2. Dans le cas où il est fait référence au présent paragraphe, les articles 3 et 7 de la décision 1999/468/CE s'appliquent.
3. Le comité adopte son règlement intérieur.

Article 21. Relation avec des accords ou arrangements auxquels les États membres sont ou seront parties
1. Pour la matière couverte par son champ d'application, le présent règlement prévaut, dans les rapports entre les États membres qui y sont parties, sur les dispositions contenues dans des accords ou arrangements bilatéraux ou multilatéraux conclus par les États membres, et en particulier la convention de La Haye du 1er mars 1954 relative à la procédure civile et la convention de La Haye du 18 mars 1970 sur l'obtention des preuves à l'étranger en matière civile ou commerciale.
2. Le présent règlement ne fait pas obstacle au maintien ou à la conclusion par les États membres d'accords ou d'arrangements entre deux ou plusieurs d'entre eux visant à faciliter davantage l'obtention de preuves, pour autant qu'ils soient compatibles avec le présent règlement.
3. Les États membres transmettent à la Commission:
a) au plus tard le 1er juillet 2003, une copie des accords ou arrangements maintenus entre les États membres dont il est question au paragraphe 2;
b) une copie des accords ou arrangements, visés au paragraphe 2, conclus entre les États membres ainsi que les projets d'accords ou d'arrangements qu'ils ont l'intention d'arrêter, et
c) toute dénonciation ou modification de ces accords ou arrangements.

Article 22. Communication

Chaque État membre communique à la Commission au plus tard le 1er juillet 2003:
1) la liste visée à l'article 2, paragraphe 2, comportant l'indication de la compétence territoriale et, le cas échéant, de la compétence spéciale des juridictions;
2) les noms et adresses des organismes centraux et des autorités compétentes visés à l'article 3 ainsi qu'une indication de leur compétence territoriale;
3) les moyens techniques dont les juridictions figurant sur la liste visée à l'article 2, paragraphe 2, disposent pour assurer la réception des demandes;
4) les langues qui peuvent être utilisées pour la demande visée à l'article 5.

Les États membres communiquent à la Commission toute modification ultérieure de ces informations.

Article 23. Réexamen

Au plus tard le 1er janvier 2007, et ensuite tous les cinq ans, la Commission présente au Parlement européen, au Conseil et au Comité économique et social un rapport relatif à l'application du présent règlement, portant notamment sur l'application pratique de l'article 3, paragraphe 1, point c), et paragraphe 3, ainsi que sur les articles 17 et 18.

Article 24. Entrée en vigueur

1. Le présent règlement entre en vigueur le 1er juillet 2001.
2. Le présent règlement s'applique à dater du 1er janvier 2004, à l'exception des articles 19, 21 et 22, qui s'appliquent à dater du 1er juillet 2001.

ANNEXE

FORMULAIRE A

Demande de procéder à un acte d'instruction

l'article 4 du règlement (CE) no 1206/2001 du Conseil du 28 mai 2001 relatif à la coopération entre les juridictions des États membres dans le domaine de l'obtention des preuves en matière civile ou commerciale (JO L 174 du 27.6.2001, p. 1)

1. Référence de la juridiction requérante:
2. Référence de la juridiction requise;
3. Juridiction requérante:
    3.1. Nom:
    3.2. Adresse:
        3.2.1. Numéro et rue/boîte postale:
        3.2.2. Code postal et lieu:
        3.2.3. Pays:
    3.3. Téléphone:
    3.4. Télécopieur:
    3.5. Courrier électronique:
4. Juridiction requise:
    4.1. Nom:

4.2. Adresse:
    4.2.1. Numéro et rue/boîte postale:
    4.2.2. Code postal et lieu:
    4.2.3. Pays:
4.3. Téléphone:
4.4. Télécopieur:
4.5. Courrier électronique:
5. Requérant/demandeur dans l'instance:
    5.1. Nom:
    5.2. Adresse:
        5.2.1. Numéro et rue/boîte postale:
        5.2.2. Code postal et lieu:
        5.2.3. Pays:
    5.3. Téléphone:
    5.4. Télécopieur:
    5.5. Courrier électronique:
6. Représentants du requérant/demandeur:
    6.1. Nom:
    6.2. Adresse:
        6.2.1. Numéro et rue/boîte postale:
        6.2.2. Code postal et lieu:
        6.2.3. Pays:
    6.3. Téléphone:
    6.4. Télécopieur:
    6.5. Courrier électronique:
7. Défendeur dans l'instance:
    7.1. Nom:
    7.2. Adresse:
        7.2.1. Numéro et rue/boîte postale:
        7.2.2. Code postal et lieu:
        7.2.3. Pays:
    7.3. Téléphone:
    7.4. Télécopieur:
    7.5. Courrier électronique:
8. Représentants du défendeur:
    8.1. Nom:
    8.2. Adresse:
        8.2.1. Numéro et rue/boîte postale:
        8.2.2. Code postal et lieu:
        8.2.3. Pays:
    8.3. Téléphone:
    8.4. Télécopieur:
    8.5. Courrier électronique:
9. Présence et participation des parties:
    9.1. Les parties et, le cas échéant, leurs représentants seront présents à l'instruction
    9.2. La participation des parties et, le cas échéant, de leurs représentants est requise

10. Présence et participation des représentants de la juridiction requérante:
   10.1. Les représentants seront présents à l'instruction
   10.2. La participation des représentants est requise
      10.2.1. Nom:
      10.2.2. Dénomination:
      10.2.3. Fonction:
      10.2.4. Mission:
11. Nature et objet de l'instance et exposé sommaire des faits (éventuellement, en annexe):
12. Acte d'instruction à exécuter:
   12.1. Description de l'acte d'instruction à exécuter (éventuellement, en annexe):
   12.2. Audition de témoins:
      12.2.1. Nom et prénom:
      12.2.2. Adresse:
      12.2.3. Téléphone:
      12.2.4. Télécopieur:
      12.2.5. Courrier électronique:
      12.2.6. Questions à poser aux témoins ou faits sur lesquels ils doivent être entendus (éventuellement, en annexe):
      12.2.7. Droit de refus de témoigner prévu par la législation de l'État membre dont
      relève la juridiction requérante (éventuellement, en annexe):
      12.2.8. Je vous prie de recevoir la déposition:
         12.2.8.1. Sous serment
         12.2.8.2. Avec déclaration sur l'honneur
      12.2.9. Toute autre information jugée nécessaire par la juridiction requérante (éventuellement, en annexe):
   12.3. Autre acte d'instruction:
      12.3.1. Documents à examiner et description de l'acte d'instruction demandé (éventuellement, en annexe):
      12.3.2. Objets à examiner et description de l'acte d'instruction demandé (éventuellement, en annexe):
13. Je vous prie de bien vouloir exécuter la demande
   13.1. Selon une forme spéciale (article 10, paragraphe 3) prévue par le droit de l'État membre dont relève la juridiction requérante et/ou en recourant aux technologies de la communication (article 10, paragraphe 4) décrits en annexe:
   13.2. Les informations ci-après sont nécessaires pour en permettre l'application:

Fait à:
Le:

Avis de transmission de la demande
article 7, paragraphe 2, du règlement (CE) no 1206/2001 du Conseil du 28 mai 2001 relatif à la coopération entre les juridictions des États membres dans le domaine de l'obtention des preuves en matière civile ou commerciale (JO L 174 du 27.6.2001, p. 1)

14. La demande ne relève pas de la compétence de la juridiction visée au point 4 et a été transmise à:
   14.1. Nom de la juridiction compétente:
   14.2. Adresse:
      14.2.1. Numéro et rue/boîte postale:
      14.2.2. Code postal et lieu:
      14.2.3. Pays:
   14.3. Téléphone:
   14.4. Télécopieur:
   14.5. Courrier électronique:

Fait à:
Le:

FORMULAIRE B

Accusé de réception d'une demande de procéder à un acte d'instruction

article 7, paragraphe 1, du règlement (CE) n₀ 1206/2001 du Conseil du 28 mai 2001 relatif à la coopération entre les juridictions des États membres dans le domaine de l'obtention des preuves en matière civile ou commerciale (JO L 174 du 27.6.2001, p. 1)

1. Référence de la juridiction requérante:
2. Référence de la juridiction requise:
3. Nom de la juridiction requérante:
4. Juridiction requise:
4.1. Nom:
4.2. Adresse:
4.2.1. Numéro et rue/boîte postale:
4.2.2. Code postal et lieu:
4.2.3. Pays:
4.3. Téléphone:
4.4. Télécopieur:
4.5. Courrier électronique:
5. La demande a été reçue le ... (date de réception) par la juridiction visée au point 4.
6. La demande ne peut pas être traitée parce que:
6.1. La langue utilisée pour remplir le formulaire n'est pas acceptée (article 5)
6.1.1. Veuillez utiliser une des langues suivantes:
6.2. Le document n'est pas lisible (article 6)
Fait à:
Le:

FORMULAIRE C

Demande d'informations supplémentaires en vue de procéder à un acte d'instruction

article 8, paragraphe 1, du règlement (CE) n₀ 1206/2001 du Conseil du 28 mai 2001 relatif à la coopération entre les juridictions des États membres dans le domaine de l'obtention des preuves en matière civile ou commerciale (JO L 174 du 27.6.2001, p. 1)

1. Référence de la juridiction requise:
2. Référence de la juridiction requérante:
3. Nom de la juridiction requérante:
4. Nom de la juridiction requise:
5. Les indications suivantes sont indispensables à l'exécution de la demande:
6. La demande ne peut être exécutée avant qu'une consignation ou une avance ait été effectuée conformément à l'article 18, paragraphe 3. La consignation ou l'avance devrait être effectuée de la manière suivante:

Fait à:
Le:

FORMULAIRE D

Accusé de réception de la consignation ou de l'avance

article 8, paragraphe 2, du règlement (CE) n₀ 1206/2001 du Conseil du 28 mai 2001 relatif à la coopération entre les juridictions des États membres dans le domaine de l'obtention des preuves en matière civile ou commerciale (JO L 174 du 27.6.2001, p. 1)

1. Référence de la juridiction requérante:
2. Référence de la juridiction requise:
3. Nom de la juridiction requérante:
4. Nom de la juridiction requise:
5. La consignation ou l'avance a été reçue le ... (date de réception) par la juridiction figurant au point 4 ci-dessus.

Fait à:
Le:

FORMULAIRE E

Avis de demande de formes spéciales et/ou de recours aux techniques de communication modernes

article 10, paragraphes 3 et 4, du règlement (CE) no 1206/2001 du Conseil du 28 mai 2001 relatif à la coopération entre les juridictions des États membres dans le domaine de l'obtention des preuves en matière civile ou commerciale (JO L 174 du 27.6.2001, p. 1)

1. Référence de la juridiction requise:
2. Référence de la juridiction requérante:
3. Nom de la juridiction requérante:
4. Nom de la juridiction requise:
5. Il ne peut être déféré à la demande d'exécuter la demande suivant la forme visée au point 13.1 de celle-ci (formulaire A), parce que:
   5.1. La forme demandée est incompatible avec le droit de l'État membre dont relève la juridiction requise
   5.2. L'application de la forme demandée n'est pas possible en raison de difficultés pratiques majeures
6. Il ne peut être déféré à la demande d'exécuter la demande en recourant aux moyens techniques visés au point 13.1 de celle-ci (formulaire A), parce que:
   6.1. Le recours aux techniques de communication est incompatible avec le droit de l'État membre dont relève la juridiction requise
   6.2. L'utilisation de la technologie de la communication n'est pas possible en raison de difficultés pratiques majeures

Fait à:
Le:

FORMULAIRE F

Notification de la date, de l'heure et du lieu fixés pour procéder à l'acte d'instruction et des conditions de la participation

article 11, paragraphe 4, et article 12, paragraphe 5, du règlement (CE) no 1206/2001 du Conseil du 28 mai 2001 relatif à la coopération entre les juridictions des États membres dans le domaine de l'obtention des preuves en matière civile ou commerciale (JO L 174 du 27.6.2001, p. 1)

1. Référence de la juridiction requérante:
2. Référence de la juridiction requise:
3. Juridiction requérante:
   3.1. Nom:
   3.2. Adresse:
      3.2.1. Numéro et rue/boîte postale:
      3.2.2. Code postal et lieu:
      3.2.3. Pays:

3.3. Téléphone:
3.4. Télécopieur:
3.5. Courrier électronique:
4. Juridiction requise:
   4.1. Nom:
   4.2. Adresse:
      4.2.1. Numéro et rue/boîte postale:
      4.2.2. Code postal et lieu:
      4.2.3. Pays:
   4.3. Téléphone:
   4.4. Télécopieur:
   4.5. Courrier électronique:
5. Date et heure fixée pour procéder à l'acte d'instruction:
6. Lieu fixé pour procéder à l'acte d'instruction, s'il diffère de celui indiqué au point 4 ci-dessus:
7. Éventuellement, conditions de la participation des parties et, le cas échéant, de leurs représentants:
8. Éventuellement, conditions de la participation des représentants de la juridiction requérante:

Fait à:
Le:

FORMULAIRE G

Avis de retard

article 15 du règlement (CE) no 1206/2001 du Conseil du 28 mai 2001 relatif à la coopération entre les juridictions des États membres dans le domaine de l'obtention des preuves en matière civile ou commerciale (JO L 174 du 27.6.2001, p. 1)

1. Référence de la juridiction requise:
2. Référence de la juridiction requérante:
3. Nom de la juridiction requérante:
4. Nom de la juridiction requise:
5. Il n'a pas été possible d'exécuter la demande dans les quatre-vingt-dix jours suivant sa réception pour les raisons suivantes:
6. Selon les estimations, la demande sera exécutée d'ici au ... (indiquer la date prévue).

Fait à:
Le:

FORMULAIRE H

Information concernant la suite réservée à la demande

aux articles 14 et 16 du règlement (CE) no 1206/2001 du Conseil du 28 mai 2001 relatif à la coopération entre les juridictions des États membres dans le domaine de l'obtention des preuves en matière civile ou commerciale (JO L 174 du 27.6.2001, p. 1)

1. Référence de la juridiction requise:
2. Référence de la juridiction requérante:
3. Nom de la juridiction requérante:
4. Nom de la juridiction requise:
5. La demande a été exécutée
Les pièces suivantes, constatant l'exécution de la demande, sont transmises ci-joint:
6. L'exécution de la demande a été refusée parce que:
   6.1. La personne à entendre a invoqué le droit de refuser de déposer ou une interdiction de déposer:
      6.1.1. Selon le droit de l'État membre dont relève la juridiction requise
      6.1.2. Selon le droit de l'État membre dont relève la juridiction requérante
   6.2. La demande n'entre pas dans le champ d'application du présent règlement
   6.3. L'exécution de la demande, selon le droit de l'État membre dont relève la juridiction requise, n'entre pas dans les attributions du pouvoir judiciaire
   6.4. La juridiction requérante n'a pas déféré à la requête du .... (date de la requête) de la juridiction requise de transmettre des informations supplémentaires
   6.5. La consignation ou l'avance demandée conformément à l'article 18, paragraphe 3, n'a pas été effectuée

Fait à:
Le:

FORMULAIRE I

Demande d'exécution directe de l'acte d'instruction

article 17 du règlement (CE) no 1206/2001 du Conseil du 28 mai 2001 relatif à la coopération entre les juridictions des États membres dans le domaine de l'obtention des preuves en matière civile ou commerciale (JO L 174 du 27.6.2001, p. 1)

1. Référence de la juridiction requérante:
2. Référence de l'organisme central/l'autorité compétente:
3. Juridiction requérante:
   3.1. Nom:
   3.2. Adresse:
      3.2.1. Numéro et rue/boîte postale:
      3.2.2. Code postal et lieu:
      3.2.3. Pays:

3.3. Téléphone:
3.4. Télécopieur:
3.5. Courrier électronique:
4. Organisme central/autorité compétente de la juridiction requise:
   4.1. Nom:
   4.2. Adresse:
      4.2.1. Numéro et rue/boîte postale:
      4.2.2. Code postal et lieu:
      4.2.3. Pays:
   4.3. Téléphone:
   4.4. Télécopieur:
   4.5. Courrier électronique:
5. Requérant/demandeur dans l'instance:
   5.1. Nom:
   5.2. Adresse:
      5.2.1. Numéro et rue/boîte postale:
      5.2.2. Code postal et lieu:
      5.2.3. Pays:
   5.3. Téléphone:
   5.4. Télécopieur:
   5.5. Courrier électronique:
6. Représentants du requérant/demandeur:
   6.1. Nom:
   6.2. Adresse:
      6.2.1. Numéro et rue/boîte postale:
      6.2.2. Code postal et lieu:
      6.2.3. Pays:
   6.3. Téléphone:
   6.4. Télécopieur:
   6.5. Courrier électronique:
7. Défendeur dans l'instance:
   7.1. Nom:
   7.2. Adresse:
      7.2.1. Numéro et rue/boîte postale:
      7.2.2. Code postal et lieu:
      7.2.3. Pays:
   7.3. Téléphone:
   7.4. Télécopieur:
   7.5. Courrier électronique:
8. Représentants du défendeur:
   8.1. Nom:
   8.2. Adresse:
      8.2.1. Numéro et rue/boîte postale:
      8.2.2. Code postal et lieu:
      8.2.3. Pays:
   8.3. Téléphone:
   8.4. Télécopieur:
   8.5. Courrier électronique:

9. L'acte d'instruction est exécuté par:
   9.1. Nom:
   9.2. Dénomination:
   9.3. Fonction:
   9.4. Mission:
10. Nature et objet de l'instance et exposé sommaire des faits (éventuellement, en annexe):
11. Acte d'instruction à exécuter
   11.1. Description de l'acte d'instruction à exécuter (éventuellement, en annexe):
   11.2. Audition de témoins:
      11.2.1. Nom et prénoms:
      11.2.2. Adresse:
      11.2.3. Téléphone:
      11.2.4. Télécopieur:
      11.2.5. Courrier électronique:
      11.2.6. Questions à poser aux témoins ou faits sur lesquels ils doivent être entendus (éventuellement, en annexe):
      11.2.7. Droit de refus de témoigner prévu par la législation de l'État membre dont relève la juridiction requérante (éventuellement, en annexe):
   11.3. Autre acte d'instruction (éventuellement, en annexe):
12. La juridiction requérante demande que l'acte d'instruction soit exécuté directement en recourant aux technologies de la communication suivantes (éventuellement, en annexe):

Fait à:
Le:

FORMULAIRE J

Information transmise par l'organisme central/l'autorité compétente

article 17 du règlement (CE) no 1206/2001 du Conseil du 28 mai 2001 relatif à la coopération entre les juridictions des États membres dans le domaine de l'obtention des preuves en matière civile et commerciale (JO L 174 du 27.6.2001, p. 1)

1. Référence de la juridiction requérante:
2. Référence de l'organisme central/l'autorité compétente:
3. Nom de la juridiction requérante:
4. Organisme central/autorité compétente:
   4.1. Nom:
   4.2. Adresse:
      4.2.1. Numéro et rue/boîte postale:
      4.2.2. Code postal et lieu:
      4.2.3. Pays:
   4.3. Téléphone:
   4.4. Télécopieur:
   4.5. Courrier électronique:
5. Information transmise par l'organisme central/l'autorité compétente:

5.1. L'exécution directe conformément à la demande est acceptée

5.2. L'exécution directe conformément à la demande est acceptée, sous réserve des conditions suivantes (éventuellement, en annexe)

5.3. L'exécution directe conformément à la demande n'est pas acceptée pour les raisons suivantes:

    5.3.1. La demande sort du champ d'application du présent èglement

    5.3.2. La demande ne contient pas toutes les informations nécessaires en vertu de l'article 4

    5.3.3. L'exécution directe de l'acte d'instruction demandée est contraire aux principes fondamentaux du droit de l'État membre dont relève l'organisme central/l'autorité compétente

Fait à:
Le:

VI. Actions en cessation

Directive du Parlement européen et du Conseil du 19 mai 1998 relative aux actions en cessation en matière de protection des intérêts des consommateurs (98/27/CE)

Journal officiel n° L 166 du 11/06/1998 p. 51-55

LE PARLEMENT EUROPÈEN ET LE CONSEIL DE L'UNION EUROPÈENNE,

vu le traité instituant la Communauté européenne, et notamment son article 100 A,

vu la proposition de la Commission[1],

vu l'avis du Comité économique et social[2],

statuant conformément à la procédure visée à l'article 189 B du traité[3],

(1) considérant que certaines directives figurant dans la liste annexée à la présente directive fixent des règles en matière de protection des intérêts des consommateurs;

(2) considérant que les mécanismes existant actuellement, tant sur le plan national que sur le plan communautaire, pour assurer le respect de ces directives ne permettent pas toujours de mettre un terme, en temps utile, aux infractions préjudiciables aux intérêts collectifs des consommateurs; que, par intérêts collectifs, on entend des intérêts qui ne sont pas une simple accumulation d'intérêts de particuliers auxquels il a été porté atteinte par une infraction; que cela est sans préjudice des recours individuels formés par des particuliers lésés par une infraction;

(3) considérant que, dans la mesure où l'objectif de faire cesser des pratiques illicites au regard des dispositions nationales applicables est concerné, l'efficacité des mesures nationales transposant les directives susmentionnées, y compris les mesures de protection qui vont au-delà du niveau requis par ces directives, pour autant qu'elles soient compatibles avec le traité et autorisées par ces directives, peut être entravée lorsque celles-ci produisent des effets dans un État membre autre que celui où elles ont leur origine;

4 considérant que ces difficultés peuvent être nuisibles au bon fonctionnement du marché intérieur, leur conséquence étant qu'il suffit de déplacer le lieu d'origine d'une pratique illicite dans un autre pays pour la faire échapper à toute forme d'application de la loi; que ceci constitue une distorsion de concurrence;

5. considérant que ces mêmes difficultés sont de nature à affecter la confiance des consommateurs dans le marché intérieur et peuvent limiter le champ d'action des organisations représentatives des intérêts collectifs des consommateurs ou des organismes publics indépendants chargés de la protection des intérêts collectifs des consommateurs lésés par des pratiques qui constituent une violation du droit communautaire;

6. considérant que de telles pratiques dépassent souvent les frontières entre les États membres; qu'il est nécessaire et urgent de rapprocher dans une certaine mesure les dispo-

---

[1] JO n° C 107 du 13.4.1996, p. 3 et JO n° C 80 du 13.3.1997, p. 10.
[2] JO n° C 30 du 30.1.1997, p. 112.
[3] Avis du Parlement européen du 14 novembre 1996 (JO n° C 362 du 2.12.1996, p. 236), position commune du Conseil du 30 octobre 1997 (JO n° C 389 du 22.12.1997, p. 51) et décision du Parlement européen du 12 mars 1998 (JO n° C 104 du 6.4.1998). Décision du Conseil du 23 avril 1998.

sitions nationales permettant de faire cesser les pratiques illicites susmentionnées, abstraction faite du pays où la pratique illicite a produit ses effets; que, en ce qui concerne la compétence, l'action envisagée ne porte pas atteinte aux règles du droit international privé ni aux conventions en vigueur entre les États membres, tout en respectant les obligations générales des États membres découlant du traité, notamment celles qui ont trait au bon fonctionnement du marché intérieur;

7. considérant que l'objectif de l'action envisagée ne peut être atteint que par la Communauté; qu'il incombe par conséquent à celle-ci d'agir;

8. considérant que l'article 3 B, troisième alinéa, du traité impose à la Communauté de ne pas aller au-delà de ce qui est nécessaire pour atteindre les objectifs du traité; que, conformément à cette disposition, il importe de tenir compte dans la mesure du possible des spécificités des ordres juridiques nationaux, en laissant aux États membres la possibilité de choisir entre différentes options aux effets équivalents; que les tribunaux ou autorités administratives compétents pour statuer sur les recours visés à l'article 2 de la présente directive ont le droit d'examiner les effets de décisions antérieures;

9. considérant qu'une option devrait consister à imposer à un ou plusieurs organismes publics indépendants, spécifiquement chargés de la protection des intérêts collectifs des consommateurs, d'exercer les droits d'actions visés à la présente directive; qu'une autre option devrait prévoir l'exercice de ces droits par les organisations ayant pour but de protéger les intérêts collectifs des consommateurs, selon les critères établis par la législation nationale;

10. considérant que les États membres devraient pouvoir choisir l'une de ces options ou cumuler les deux, en désignant au plan national les organismes et/ou les organisations qualifiés aux fins de la présente directive;

11. considérant que, aux fins de la lutte contre les infractions intracommunautaires, le principe de reconnaissance mutuelle doit s'appliquer à ces organismes et/ou organisations; que les États membres doivent communiquer à la Commission, à la demande de leurs entités nationales, le nom et l'objet de leurs entités nationales qualifiées pour intenter une action dans leur propre pays conformément aux dispositions de la présente directive;

12. considérant qu'il appartient à la Commission d'assurer la publication d'une liste de ces entités qualifiées au Journal officiel des Communautés européennes; que, sauf publication d'une déclaration contraire, une entité qualifiée est présumée avoir la capacité pour agir si son nom figure sur cette liste;

13. considérant qu'il convient que les États membres puissent exiger une consultation préalable à l'initiative de la partie qui entend entamer une action en cessation, afin de permettre à la partie défenderesse de mettre fin à l'infraction contestée; qu'il convient que les États membres puissent exiger que cette consultation préalable se fasse conjointement avec un organisme public indépendant désigné par eux-mêmes;

14. considérant que, dans le cas où les États membres ont établi qu'il devrait y avoir consultation préalable, il convient de fixer un délai limite de deux semaines après réception de la demande de consultation, au-delà duquel, au cas où la cessation de l'infraction ne serait pas obtenue, la partie demanderesse est en droit de saisir le tribunal ou l'autorité administrative compétents sans autre délai;

15. considérant qu'il convient que la Commission présente un rapport sur le fonctionnement de la présente directive et, en particulier, sa portée et le fonctionnement de la consultation préalable;

16. considérant que l'application de la présente directive est sans préjudice de l'application des règles communautaires en matière de concurrence,

ONT ARRÊTÉ LA PRÈSENTE DIRECTIVE:

Article premier. Champ d'application

1. La présente directive a pour objet de rapprocher les dispositions législatives, réglementaires et administratives des États membres relatives aux actions en cessation, mentionnées à l'article 2, visant à protéger les intérêts collectifs des consommateurs inclus dans les directives énumérées en annexe, afin de garantir le bon fonctionnement du marché intérieur.

2. Aux fins de la présente directive, on entend par infraction tout acte qui est contraire aux directives énumérées en annexe telles que transposées dans l'ordre juridique interne des États membres et qui porte atteinte aux intérêts collectifs visés au paragraphe 1.

Article 2. Actions en cessation

1. Les États membres désignent les tribunaux ou autorités administratives compétents pour statuer sur les recours formés par les entités qualifiées au sens de l'article 3 visant:
a) à faire cesser ou interdire toute infraction, avec toute la diligence requise et le cas échéant dans le cadre d'une procédure d'urgence;
b) le cas échéant, à obtenir la prise de mesures telles que la publication de la décision, en tout ou en partie, sous une forme réputée convenir et/ou la publication d'une déclaration rectificative, en vue d'éliminer les effets persistants de l'infraction;
c) dans la mesure où le système juridique de l'État membre concerné le permet, à faire condamner le défendeur qui succombe à verser au trésor public ou à tout bénéficiaire désigné ou prévu par la législation nationale, en cas de non-exécution de la décision au terme du délai fixé par les tribunaux ou les autorités administratives, une somme déterminée par jour de retard ou toute autre somme prévue par la législation nationale aux fins de garantir l'exécution des décisions.
2. La présente directive est sans préjudice des règles de droit international privé en ce qui concerne le droit applicable, qui devrait donc normalement être, soit le droit de l'État membre où l'infraction a son origine, soit celui de l'État membre où l'infraction produit ses effets.

Article 3. Entités qualifiées pour intenter une action

Aux fins de la présente directive, on entend par «entité qualifiée» tout organisme ou organisation dûment constitué conformément au droit d'un État membre, qui a un intérêt légitime à faire respecter les dispositions visées à l'article 1er et, en particulier:
a) un ou plusieurs organismes publics indépendants, spécifiquement chargés de la protection des intérêts visés à l'article 1er, dans les États membres où de tels organismes existent et/ou
b) les organisations dont le but est de protéger les intérêts visés à l'article 1er, conformément aux critères fixés par la législation nationale.

Article 4. Infractions intracommunautaires

1. Chaque État membre prend les mesures nécessaires pour que, en cas d'infraction ayant son origine dans cet État membre, toute entité qualifiée d'un autre État membre, lorsque les intérêts protégés par cette entité qualifiée sont lésés par l'infraction, puisse saisir le tribunal ou l'autorité administrative visés à l'article 2, sur

présentation de la liste prévue au paragraphe 3. Les tribunaux ou autorités administratives acceptent cette liste comme preuve de la capacité pour agir de l'entité qualifiée, sans préjudice de leur droit d'examiner si le but de l'entité qualifiée justifie le fait qu'elle intente une action dans une affaire donnée.
2. Aux fins de la lutte contre les infractions intracommunautaires et sans préjudice des droits reconnus à d'autres entités par la législation nationale, les États membres communiquent à la Commission, à la demande de leurs entités qualifiées, que lesdites entités sont qualifiées pour intenter une action au titre de l'article 2. Les États membres informent la Commission du nom et du but de ces entités qualifiées.
3. La Commission établit une liste des entités qualifiées visées au paragraphe 2, en précisant leur but. Cette liste est publiée au Journal officiel des Communautés européennes; toute modification de cette liste fait l'objet d'une publication immédiate, une liste actualisée étant publiée tous les six mois.

Article 5. Consultation préalable
1. Les États membres peuvent prévoir ou maintenir en vigueur des dispositions en vertu desquelles la partie qui entend introduire une action en cessation ne peut engager cette procédure qu'après avoir tenté d'obtenir la cessation de l'infraction en consultation soit avec la partie défenderesse, soit avec la partie défenderesse et une entité qualifiée, au sens de l'article 3, point a), de l'État membre dans lequel l'action en cessation est introduite. Il appartient à l'État membre de décider si la partie qui entend introduire une action en cessation doit consulter l'entité qualifiée. Si la cessation de l'infraction n'est pas obtenue dans les deux semaines suivant la réception de la demande de consultation, la partie concernée peut introduire une action en cessation, sans autre délai.
2. Les modalités de la consultation préalable arrêtées par les États membres sont notifiées à la Commission et publiées au Journal officiel des Communautés européennes.

Article 6. Rapports
1. Tous les trois ans et pour la première fois au plus tard cinq ans après l'entrée en vigueur de la présente directive, la Commission présente au Parlement européen et au Conseil un rapport sur l'application de la présente directive.
2. Dans son premier rapport, la Commission examine notamment:
– le champ d'application de la présente directive pour ce qui est de la protection des intérêts collectifs des personnes exerçant une activité commerciale, industrielle ou artisanale ou une profession libérale,
– le champ d'application de la présente directive tel que déterminé par les directives énumérées en annexe,
– la question de savoir si la consultation préalable prévue à l'article 5 a contribué à protéger effectivement les consommateurs.
Le cas échéant, ce rapport est assorti de propositions visant à modifier la présente directive.

Article 7. Dispositions assurant une faculté d'agir plus étendue
La présente directive ne fait pas obstacle au maintien ou à l'adoption par les États membres de dispositions visant à assurer au plan national une faculté d'agir plus étendue aux entités qualifiées ainsi qu'à toute autre personne concernée.

Article 8. Mise en œuvre

1. Les États membres mettent en vigueur les dispositions législatives, réglementaires et administratives nécessaires pour se conformer à la présente directive au plus tard trente mois après son entrée en vigueur. Ils en informent immédiatement la Commission.
Lorsque les États membres adoptent ces dispositions, celles-ci contiennent une référence à la présente directive ou sont accompagnées d'une telle référence lors de leur publication officielle. Les modalités de cette référence sont arrêtées par les États membres.
2. Les États membres communiquent à la Commission le texte des dispositions de droit interne qu'ils adoptent dans le domaine régi par la présente directive.

Article 9. Entrée en vigueur

La présente directive entre en vigueur le vingtième jour suivant celui de sa publication au Journal officiel des Communautés européennes.

Article 10. Destinataires

Les États membres sont destinataires de la présente directive.

Annexe. Liste des directives visées à l'Article 1er[4]

1. Directive 84/450/CEE du Conseil du 10 septembre 1984 relative au rapprochement des dispositions législatives, réglementaires et administratives des États membres en matière de publicité trompeuse[5].
2. Directive 85/577/CEE du Conseil du 20 décembre 1985 concernant la protection des consommateurs dans le cas de contrats négociés en dehors des établissements commerciaux[6].
3. Directive 87/102/CEE du Conseil du 22 décembre 1986 relative au rapprochement des dispositions législatives, réglementaires et administratives des États membres en matière de crédit à la consommation[7], modifiée en dernier lieu par la directive 98/7/CE du Parlement européen et du Conseil[8].
4. Directive 89/552/CEE du Conseil du 3 octobre 1989 visant à la coordination de certaines dispositions législatives, réglementaires et administratives des États membres relatives à l'exercice d'activités de radiodiffusion télévisuelle: articles 10 à 21[9], modifiée par la directive 97/36/CE du Parlement européen et du Conseil[10].
5. Directive 90/314/CEE du Conseil du 13 juin 1990 concernant les voyages, vacances et circuits à forfait[11].

---

[4] Les directives visées aux points 1, 6, 7 et 9 comportent des dispositions spécifiques concernant les actions en cessation.
[5] JO L 250 du 19.9.1984, p. 17.
[6] JO L 372 du 31.12.1985, p. 31.
[7] JO L 42 du 12.2.1987, p. 48.
[8] JO L 101 du 1.4.1998, p. 17.
[9] JO L 298 du 17.10.1989, p. 23.
[10] JO L 202 du 30.7.1997, p. 60.
[11] JO L 158 du 23.6.1990, p. 59.

6. Directive 92/28/CEE du Conseil du 31 mars 1992 concernant la publicité faite à l'égard des médicaments à usage humain[12].
7. Directive 93/13/CEE du Conseil du 5 avril 1993 concernant les clauses abusives dans les contrats conclus avec les consommateurs[13].
8. Directive 94/47/CE du Parlement européen et du Conseil du 26 octobre 1994 concernant la protection des acquéreurs pour certains aspects des contrats portant sur l'acquisition d'un droit d'utilisation à temps partiel de biens immobiliers[14].
9. Directive 97/7/CE du Parlement européen et du Conseil du 20 mai 1997 concernant la protection des consommateurs en matière de contrats à distance[15].

---

[12] JO L 113 du 30.4.1992, p. 13.
[13] JO L 95 du 21.4.1993, p. 29.
[14] JO L 280 du 29.10.1994, p. 83.
[15] JO L 144 du 4.6.1997, p. 19.

VII. Procédures d'insolvabilité

1. Règlement du Conseil du 29 mai 2000 relatif aux procédures d'insolvabilité (n° 1346/2000/CE)

Journal officiel n° L 160 du 30/06/2000 p. 1–13

LE CONSEIL DE L'UNION EUROPÉENNE,
vu le traité instituant la Communauté européenne, et notamment son article 61, point c), et son article 67, paragraphe 1,
vu l'initiative de la République fédérale d'Allemagne et de la République de Finlande,
vu l'avis du Parlement européen[1],
vu l'avis du Comité économique et social[2],
considérant ce qui suit:
(1) L'union européenne s'est fixé pour but d'établir un espace de liberté, de sécurité et de justice.
(2) Le bon fonctionnement du marché intérieur exige que les procédures d'insolvabilité transfrontalières fonctionnent efficacement et effectivement et l'adoption du présent règlement est nécessaire pour atteindre cet objectif qui relève du domaine de la coopération judiciaire civile au sens de l'article 65 du traité.
(3) Les activités des entreprises ont de plus en plus souvent des effets transfrontaliers et sont dès lors de plus en plus réglementées par le droit communautaire. L'insolvabilité de telles entreprises affectant également le bon fonctionnement du marché intérieur, il est nécessaire d'établir un acte communautaire qui exige la coordination des mesures à prendre concernant le patrimoine d'un débiteur insolvable.
(4) Il est nécessaire, pour assurer le bon fonctionnement du marché intérieur, d'éviter que les parties ne soient incitées à déplacer des avoirs ou des procédures judiciaires d'un État à un autre en vue d'améliorer leur situation juridique (forum shopping).
(5) Ces objectifs ne peuvent pas être réalisés d'une manière suffisante au niveau national et une action au niveau communautaire est donc justifiée.
(6) Conformément au principe de proportionnalité, le présent règlement devrait se limiter à des dispositions qui règlent la compétence pour l'ouverture de procédures d'insolvabilité et la prise des décisions qui dérivent directement de la procédure d'insolvabilité et qui s'y insèrent étroitement. Le présent règlement devrait, en outre, contenir des dispositions relatives à la reconnaissance de ces décisions et au droit applicable, qui satisfont également à ce principe.
(7) Les procédures d'insolvabilité relatives à la faillite d'entreprises insolvables ou d'autres personnes morales, les concordats et les autres procédures analogues sont exclues du champ d'application de la convention de Bruxelles de 1968 sur la compétence judiciaire et l'exécution des décisions en matière civile et commerciale[3], modifiée par les conventions relatives à l'adhésion à cette convention[4].

---

[1] Avis rendu le 2 mars 2000 (non encore paru au Journal officiel).
[2] Avis rendu le 26 janvier 2000 (non encore paru au Journal officiel).
[3] JO L 299 du 31.12.1972, p. 32.
[4] JO L 204 du 2.8.1975, p. 28; JO L 304 du 30.10.1978, p. 1; JO L 388 du 31.12.1982, p. 1; JO L 285 du 3.10.1989, p. 1; JO C 15 du 15.1.1997, p. 1.

(8) Pour réaliser l'objectif visant à améliorer et à accélérer les procédures d'insolvabilité ayant des effets transfrontaliers, il paraît nécessaire et approprié que les dispositions relatives à la compétence, à la reconnaissance et au droit applicable dans ce domaine soient contenues dans un acte juridique communautaire qui soit obligatoire et directement applicable dans tout État membre.

(9) Le présent règlement devrait s'appliquer aux procédures d'insolvabilité, que le débiteur soit une personne physique ou morale, un commerçant ou un particulier. Les procédures d'insolvabilité auxquelles s'appliquent le présent règlement sont énumérées aux annexes. Les procédures d'insolvabilité qui concernent les entreprises d'assurance et les établissements de crédit, les entreprises d'investissement qui fournissent des services impliquant la détention de fonds ou de valeurs mobilières de tiers, ainsi que les organismes de placement collectif, devraient être exclues du champ d'application du présent règlement. Ces entreprises ne sont pas couvertes par le présent règlement parce qu'elles sont soumises à un régime particulier et que les autorités de contrôle nationales disposent, en partie, de pouvoirs d'intervention très étendus.

(10) Les procédures d'insolvabilités n'impliquent pas nécessairement l'intervention d'une autorité judiciaire; l'expression «juridiction», utilisée dans le présent règlement devrait être prise au sens large et comprendre une personne ou un organe habilités par le droit national à ouvrir la procédure d'insolvabilité. Aux fins de l'application du présent règlement, les procédures (comprenant les actes et les formalités fixés par la loi) devraient non seulement se conformer aux dispositions du présent règlement, mais être officiellement reconnues et exécutoires dans l'État membre dans lequel les procédures d'insolvabilité sont ouvertes et être des procédures collectives d'insolvabilité qui entraînent le dessaisissement partiel ou total du débiteur ainsi que la désignation du syndic.

(11) Le présent règlement tient compte du fait que, en raison des divergences considérables entre les droits matériels, il n'est pas pratique de mettre en place une procédure d'insolvabilité unique ayant une portée universelle pour toute la Communauté. L'application sans exception du droit de l'État d'ouverture susciterait dès lors fréquemment des difficultés. Cela vaut notamment pour les sûretés très différenciées qui existent dans la Communauté. Par ailleurs, les droits préférentiels dont jouissent certains créanciers sont, dans certains cas, conçus de manière très différente. Le présent règlement devrait en tenir compte de deux manières en prévoyant, d'une part, des règles spéciales relatives à la loi applicable pour certains droits et situations juridiques particulièrement importants (par exemple, les droits réels et les contrats de travail) et en autorisant, d'autre part, outre une procédure d'insolvabilité principale de portée universelle, également des procédures nationales qui ne concernent que les actifs situés dans l'État d'ouverture.

(12) Le présent règlement permet d'ouvrir les procédures d'insolvabilité principales dans l'État membre où se situe le centre des intérêts principaux du débiteur. Ces procédures ont une portée universelle et visent à inclure tous les actifs du débiteur. En vue de protéger les différents intérêts, le présent règlement permet d'ouvrir des procédures secondaires parallèlement à la procédure principale. Des procédures secondaires peuvent être ouvertes dans l'État membre dans lequel le débiteur a un établissement. Les effets des procédures secondaires se limitent aux actifs situés dans cet État. Des règles impératives de coordination avec les procédures principales satisfont l'unité nécessaire au sein de la Communauté.

(13) Le centre des intérêts principaux devrait correspondre au lieu où le débiteur gère habituellement ses intérêts et qui est donc vérifiable par les tiers.

(14) Le présent règlement s'applique uniquement aux procédures dans lesquelles le centre des intérêts principaux du débiteur est situé dans la Communauté.

1. Règlement relatif aux procédures d'insolvabilité

(15) Les règles de compétence contenues dans le présent règlement ne fixent que la compétence internationale, c'est-à-dire qu'elles désignent les États membres dont les juridictions peuvent ouvrir une procédure d'insolvabilité. La compétence territoriale au sein de cet État membre doit être déterminée par la loi nationale de l'État concerné.

(16) La juridiction compétente pour ouvrir une procédure d'insolvabilité principale devrait être habilitée à ordonner des mesures provisoires et conservatoires dès le moment de la demande d'ouverture de la procédure. Des mesures conservatoires ordonnées tant avant qu'après le début de la procédure d'insolvabilité sont très importantes pour en garantir l'efficacité. Le présent règlement devrait prévoir à cet égard deux possibilités: d'une part, la juridiction compétente pour la procédure principale peut ordonner des mesures conservatoires provisoires également en ce qui concerne les biens situés sur le territoire d'autres États membres, d'autre part, un syndic provisoire désigné avant l'ouverture de la procédure principale peut, dans les États membres dans lesquels le débiteur possède un établissement, demander les mesures conservatoires prévues par la loi de ces États.

(17) Avant l'ouverture de la procédure d'insolvabilité principale, l'ouverture d'une procédure d'insolvabilité dans l'État membre où le débiteur a un établissement ne devrait pouvoir être demandée que par les créanciers locaux et les créanciers de l'établissement local ou lorsque le droit de l'État membre où le débiteur a son centre d'intérêt principal ne permet pas d'ouvrir une procédure principale. Cette limitation est justifiée par le fait que l'on vise à limiter au strict minimum les cas dans lesquels des procédures territoriales indépendantes sont demandées avant la procédure d'insolvabilité principale; si une procédure d'insolvabilité principale est ouverte, les procédures territoriales deviennent secondaires.

(18) Après l'ouverture de la procédure d'insolvabilité principale, le présent règlement ne fait pas obstacle à la demande d'ouverture d'une procédure d'insolvabilité dans l'État membre où le débiteur a un établissement. Le syndic de la procédure principale ou toute autre personne habilitée à cet effet par la législation nationale de cet État membre peut demander l'ouverture d'une procédure d'insolvabilité secondaire.

(19) Hormis la protection des intérêts locaux, les procédures d'insolvabilité secondaires peuvent poursuivre d'autres objectifs. Ce pourrait être le cas lorsque le patrimoine du débiteur est trop complexe pour être administré en bloc, ou lorsque les différences entre les systèmes juridiques concernés sont à ce point importantes que des difficultés peuvent résulter de l'extension des effets de la loi de l'État d'ouverture aux autres États où se trouvent les actifs. Pour cette raison, le syndic de la procédure principale peut demander l'ouverture d'une procédure secondaire dans l'intérêt d'une administration efficace du patrimoine.

(20) Les procédures principales et les procédures secondaires ne peuvent, toutefois, contribuer à une réalisation efficace de la masse que si toutes les procédures parallèles en cours sont coordonnées. La condition principale ici est une coopération étroite entre les différents syndics qui doit notamment comprendre un échange d'informations suffisant. Pour garantir le rôle prédominant de la procédure principale, le syndic de cette procédure devrait se voir conférer plusieurs possibilités d'influer sur les procédures secondaires en cours. Il devrait pouvoir, par exemple, proposer un plan de redressement ou un concordat ou demander la suspension de la liquidation de la masse dans la procédure secondaire.

(21) Tout créancier, ayant sa résidence habituelle, son domicile ou son siège dans la Communauté, devrait avoir le droit de déclarer ses créances dans toute procédure d'insolvabilité pendante dans la Communauté en ce qui concerne les biens du débiteur. Cela devrait s'appliquer également aux autorités fiscales et aux organismes de sécurité sociale. Aux fins de l'égalité de traitement des créanciers, il faut, toutefois, coordonner la réparti-

tion du produit de la réalisation. Chaque créancier devrait pouvoir effectivement conserver ce qu'il a obtenu dans une procédure d'insolvabilité, mais il ne devrait pouvoir participer à la répartition de la masse effectuée dans une autre procédure tant que les créanciers du même rang n'auront pas obtenu, en pourcentage, un dividende équivalent.

(22) Le présent règlement devrait prévoir la reconnaissance immédiate des décisions relatives à l'ouverture, au déroulement et à la clôture d'une procédure d'insolvabilité qui relève de son champ d'application, ainsi que des décisions qui ont un lien direct avec cette procédure d'insolvabilité. La reconnaissance automatique devrait entraîner dès lors l'extension à tous les autres États membres des effets attribués à cette procédure par la loi de l'État d'ouverture de la procédure. La reconnaissance des décisions rendues par les juridictions des États membres devrait reposer sur le principe de la confiance mutuelle. À cet égard, les motifs de non-reconnaissance devraient être réduits au minimum nécessaire. Il convient également de régler conformément à ce principe tout conflit qui existe lorsque les juridictions de deux États membres se considèrent comme compétentes pour ouvrir une procédure principale. La décision de la juridiction qui ouvre la première la procédure devrait être reconnue dans tous les autres États membres, sans que ceux-ci aient la faculté de soumettre la décision de cette juridiction à un contrôle.

(23) Le présent règlement, dans les matières visées par celui-ci, devrait établir des règles de conflit de lois uniformes qui remplacent – dans le cadre de leur champ d'application – les règles nationales du droit international privé; sauf disposition contraire, la loi de l'État membre d'ouverture de la procédure devrait être applicable (lex concursus). Cette règle de conflit de lois devrait s'appliquer tant à la procédure principale qu'aux procédures locales. La lex concursus détermine tous les effets de la procédure d'insolvabilité, qu'ils soient procéduraux ou substantiels, sur les personnes et les rapports juridiques concernés. Cette loi régit toutes les conditions de l'ouverture, du déroulement et de la clôture de la procédure d'insolvabilité.

(24) La reconnaissance automatique d'une procédure d'insolvabilité à laquelle est normalement applicable la loi de l'État d'ouverture peut interférer avec les règles en vertu desquelles les transactions sont réalisées dans ces États. Pour protéger la confiance légitime et la sécurité des transactions dans des États différents de celui de l'ouverture, il convient de prévoir des dispositions visant un certain nombre d'exceptions à la règle générale.

(25) Il est particulièrement nécessaire de prévoir pour les droits réels un rattachement particulier qui déroge à la loi de l'État d'ouverture, étant donné que ces droits revêtent une importance considérable pour l'octroi de crédits. La justification, la validité et la portée d'un tel droit réel devraient se déterminer dès lors normalement en vertu de la loi du lieu où il est situé et ne pas être affectés par l'ouverture d'une procédure d'insolvabilité. Le titulaire du droit réel devrait pouvoir ainsi continuer de faire valoir son droit de séparer la garantie de la masse. Si, en vertu de la loi de l'État de situation, les actifs sont soumis à des droits réels, mais que la procédure principale est effectuée dans un autre État membre, le syndic de la procédure principale devrait pouvoir demander l'ouverture d'une procédure secondaire dans la juridiction où sont nés les droits réels dans la mesure où le débiteur a un établissement dans cet État. Si une procédure secondaire n'est pas ouverte, l'excédent du produit de la vente du bien soumis aux droits réels doit être versé au syndic de la procédure principale.

(26) Si la loi de l'État d'ouverture n'admet pas la compensation, un créancier a néanmoins droit à une compensation si celle-ci est possible en vertu de la loi applicable à la créance du débiteur insolvable. La compensation devient ainsi une sorte de garantie régie par une loi dont le créancier concerné peut se prévaloir au moment de la naissance de la créance.

1. Règlement relatif aux procédures d'insolvabilité

(27) Il existe aussi un besoin de protection particulier en ce qui concerne les systèmes de paiement et les marchés financiers. Cela s'applique à la compensation et à la liquidation prévues dans ces systèmes, ainsi qu'à la cession de titres et aux sûretés constituées pour ces transactions, conformément, notamment, à la directive 98/26/CE du Parlement européen et du Conseil du 19 mai 1998 concernant le caractère définitif du règlement dans les systèmes de paiement et de règlement des opérations sur titres[5]. Seule la loi applicable au système ou au marché concerné devrait s'appliquer à ces transactions. Cette disposition vise à éviter toute modification des mécanismes de règlement et de liquidation des transactions prévus dans des systèmes de paiement ou de règlement ou sur les marchés financiers des États membres, en cas d'insolvabilité d'une des parties à une transaction. La directive 98/26/CE contient des dispositions particulières qui supplantent les dispositions générales du présent règlement.

(28) Aux fins de la protection des travailleurs et des emplois de travail, les effets de la procédure d'insolvabilité sur la poursuite ou la cessation des relations de travail et sur les droits et les obligations de chaque partie découlant de ces relations doivent être déterminés par la loi applicable au contrat en vertu des règles générales de conflit de lois. D'autres questions d'insolvabilité, telles que, par exemple, celle de savoir si les créances des travailleurs sont garanties par un privilège et quel est le rang éventuel de ce privilège, devraient être déterminées conformément à la loi de l'État d'ouverture.

(29) Dans l'intérêt des transactions, il convient, à la demande du syndic, de publier dans les autres États membres le contenu essentiel de la décision ouvrant la procédure. S'il existe un établissement sur le territoire de l'État membre concerné, une publication obligatoire peut être prescrite. Dans les deux cas, la publication ne devrait toutefois pas être une condition de la reconnaissance de la procédure menée dans un autre État membre.

(30) Dans certains cas, une partie des personnes concernées peut ne pas être au courant de l'ouverture de la procédure et agir de bonne foi en contradiction avec les nouvelles circonstances. Afin de protéger ces personnes qui, dans l'ignorance de l'ouverture de la procédure dans un autre État membre, exécutent une obligation au profit du débiteur alors qu'elle aurait dû être exécutée au profit du syndic de la procédure dans un autre État membre, il convient de prévoir le caractère libératoire de cette exécution ou de ce paiement.

(31) Le présent règlement devrait contenir des annexes qui concernent l'organisation des procédures d'insolvabilité. Ces annexes devant faire exclusivement référence à la législation des États membres, il existe des motifs spécifiques et légitimes pour que le Conseil se réserve le droit de les modifier afin de tenir compte de modifications éventuelles du droit interne des États membres.

(32) Conformément à l'article 3 du protocole sur la position du Royaume-Uni et de l'Irlande annexé au traité sur l'Union européenne et au traité instituant la Communauté européenne, le Royaume-Uni et l'Irlande ont notifié leur souhait de participer à l'adoption et à l'application du présent règlement.

(33) Conformément aux articles 1er et 2 du protocole sur la position du Danemark, annexé au traité sur l'Union européenne et au traité instituant la Communauté européenne, cet État membre ne participe pas à l'adoption du présent règlement. Par conséquent, le présent règlement ne lie pas le Danemark et n'est pas applicable à son égard,

A ARRÊTÉ LE PRÉSENT RÈGLEMENT:

---

[5] JO L 166 du 11.6.1998, p. 45.

CHAPITRE I. DISPOSITION GÉNÉRALE

Article premier. Champ d'application
1. Le présent règlement s'applique aux procédures collectives fondées sur l'insolvabilité du débiteur qui entraînent le dessaisissement partiel ou total de ce débiteur ainsi que la désignation d'un syndic.
2. Le présent règlement ne s'applique pas aux procédures d'insolvabilité qui concernent les entreprises d'assurance et les établissements de crédit, les entreprises d'investissement qui fournissent des services impliquant la détention de fonds ou de valeurs mobilières de tiers, ainsi qu'aux organismes de placement collectif.

Article 2. Définitions
Aux fins du présent règlement, on entend par:
a) «procédure d'insolvabilité»: les procédures collectives visées à l'article 1er, paragraphe 1. La liste de ces procédures figure à l'annexe A;
b) «syndic»: toute personne ou tout organe dont la fonction est d'administrer ou de liquider les biens dont le débiteur est dessaisi ou de surveiller la gestion de ses affaires. La liste de ces personnes et organes figure à l'annexe C;
c) «procédure de liquidation»: une procédure d'insolvabilité au sens du point a) qui entraîne la liquidation des biens du débiteur, y compris lorsque cette procédure est clôturée par un concordat ou une autre mesure mettant fin à l'insolvabilité, ou est clôturée en raison de l'insuffisance de l'actif. La liste de ces procédures figure à l'annexe B;
d) «juridiction»: l'organe judiciaire ou toute autre autorité compétente d'un État membre habilité(e) à ouvrir une procédure d'insolvabilité ou à prendre des décisions au cours de cette procédure;
e) «décision»: lorsqu'il s'agit de l'ouverture d'une procédure d'insolvabilité ou de la nomination d'un syndic, la décision de toute juridiction compétente pour ouvrir une telle procédure ou pour nommer un syndic;
f) «moment de l'ouverture de la procédure»: le moment où la décision d'ouverture prend effet, que cette décision soit ou non définitive;
g) «État membre dans lequel se trouve un bien»:
– pour les bien corporels, l'État membre sur le territoire duquel le bien est situé,
– pour les biens et les droits que le propriétaire ou le titulaire doit faire inscrire dans un registre public, l'État membre sous l'autorité duquel ce registre est tenu,
– pour les créances, l'État membre sur le territoire duquel se trouve le centre des intérêts principaux du tiers débiteur, tel qu'il est déterminé à l'article C, paragraphe 1;
h) «établissement»: tout lieu d'opérations où le débiteur exerce de façon non transitoire une activité économique avec des moyens humains et des biens.

Article 3. Compétence internationale
1. Les juridictions de l'État membre sur le territoire duquel est situé le centre des intérêts principaux du débiteur sont compétentes pour ouvrir la procédure d'insolvabilité. Pour les sociétés et les personnes morales, le centre des intérêts principaux est présumé, jusqu'à preuve contraire, être le lieu du siège statutaire.
2. Lorsque le centre des intérêts principaux du débiteur est situé sur le territoire d'un État membre, les juridictions d'un autre État membre ne sont compétentes

pour ouvrir une procédure d'insolvabilité à l'égard de ce débiteur que si celui-ci possède un établissement sur le territoire de cet autre État membre. Les effets de cette procédure sont limités aux biens du débiteur se trouvant sur ce dernier territoire.
3. Lorsqu'une procédure d'insolvabilité est ouverte en application du paragraphe 1, toute procédure d'insolvabilité ouverte ultérieurement en application du paragraphe 2 est une procédure secondaire. Cette procédure doit être une procédure de liquidation.
4. Une procédure territoriale d'insolvabilité visée au paragraphe 2 ne peut être ouverte avant l'ouverture d'une procédure principale d'insolvabilité en application du paragraphe 1 que:
a) si une procédure d'insolvabilité ne peut pas être ouverte en application du paragraphe 1 en raison des conditions établies par la loi de l'État membre sur le territoire duquel est situé le centre des intérêts principaux du débiteur ou
b) si l'ouverture de la procédure territoriale d'insolvabilité est demandée par un créancier dont le domicile, la résidence habituelle ou le siège se trouve dans l'État membre sur le territoire duquel est situé l'établissement concerné, ou dont la créance a son origine dans l'exploitation de cet établissement.

Article 4. Loi applicable
1. Sauf disposition contraire du présent règlement, la loi applicable à la procédure d'insolvabilité et à ses effets est celle de l'État membre sur le territoire duquel la procédure est ouverte, ci-après dénommé «État d'ouverture».
2. La loi de l'État d'ouverture détermine les conditions d'ouverture, le déroulement et la clôture de la procédure d'insolvabilité. Elle détermine notamment:
a) les débiteurs susceptibles de faire l'objet d'une procédure d'insolvabilité du fait de leur qualité;
b) les biens qui font l'objet du dessaisissement et le sort des biens acquis par le débiteur après l'ouverture de la procédure d'insolvabilité;
c) les pouvoirs respectifs du débiteur et du syndic;
d) les conditions d'opposabilité d'une compensation;
e) les effets de la procédure d'insolvabilité sur les contrats en cours auxquels le débiteur est partie;
f) les effets de la procédure d'insolvabilité sur les poursuites individuelles, à l'exception des instances en cours;
g) les créances à produire au passif du débiteur et le sort des créances nées après l'ouverture de la procédure d'insolvabilité;
h) les règles concernant la production, la vérification et l'admission des créances;
i) les règles de distribution du produit de la réalisation des biens, le rang des créances et les droits des créanciers qui ont été partiellement désintéressés après l'ouverture de la procédure d'insolvabilité en vertu d'un droit réel ou par l'effet d'une compensation;
j) les conditions et les effets de la clôture de la procédure d'insolvabilité, notamment par concordat;
k) les droits des créanciers après la clôture de la procédure d'insolvabilité;
l) la charge des frais et des dépenses de la procédure d'insolvabilité;
m) les règles relatives à la nullité, à l'annulation ou à l'inopposabilité des actes préjudiciables à l'ensemble des créanciers.

Article 5. Droits réels des tiers

1. L'ouverture de la procédure d'insolvabilité n'affecte pas le droit réel d'un créancier ou d'un tiers sur des biens corporels ou incorporels, meubles ou immeubles – à la fois des biens déterminés et des ensembles de biens indéterminés dont la composition est sujette à modification – appartenant au débiteur, et qui se trouvent, au moment de l'ouverture de la procédure, sur le territoire d'un autre État membre.
2. Les droits visés au paragraphe 1 sont notamment:
a) le droit de réaliser ou de faire réaliser le bien et d'être désintéressé par le produit ou les revenus de ce bien, en particulier en vertu d'un gage ou d'une hypothèque;
b) le droit exclusif de recouvrer une créance, notamment en vertu de la mise en gage ou de la cession de cette créance à titre de garantie;
c) le droit de revendiquer le bien et/ou d'en réclamer la restitution entre les mains de quiconque le détient ou en jouit contre la volonté de l'ayant droit;
d) le droit réel de percevoir les fruits d'un bien.
3. Est assimilé à un droit réel, le droit, inscrit dans un registre public et opposable aux tiers, permettant d'obtenir un droit réel au sens du paragraphe 1.
4. Le paragraphe 1 ne fait pas obstacle aux actions en nullité, en annulation ou en inopposabilité visées à l'article 4, paragraphe 2, point m).

Article 6. Compensation

1. L'ouverture de la procédure d'insolvabilité n'affecte pas le droit d'un créancier d'invoquer la compensation de sa créance avec la créance du débiteur, lorsque cette compensation est permise par la loi applicable à la créance du débiteur insolvable.
2. Le paragraphe 1 ne fait pas obstacle aux actions en nullité, en annulation ou en inopposabilité visées à l'article 4, paragraphe 2, point m).

Article 7. Réserve de propriété

1. L'ouverture d'une procédure d'insolvabilité contre l'acheteur d'un bien n'affecte pas les droits du vendeur fondés sur une réserve de propriété, lorsque ce bien se trouve, au moment de l'ouverture de la procédure, sur le territoire d'un autre État membre que l'État d'ouverture.
2. L'ouverture d'une procédure d'insolvabilité contre le vendeur d'un bien, après la livraison de ce bien, ne constitue pas une cause de résolution ou de résiliation de la vente et ne fait pas obstacle à l'acquisition par l'acheteur de la propriété du bien vendu, lorsque ce bien se trouve au moment de l'ouverture de la procédure sur le territoire d'un autre État membre que l'État d'ouverture.
3. Les paragraphes 1 et 2 ne font pas obstacle aux actions en nullité, en annulation ou en inopposabilité visées à l'article 4, paragraphe 2, point m).

Article 8. Contrat portant sur un bien immobilier

Les effets de la procédure d'insolvabilité sur un contrat donnant le droit d'acquérir un bien immobilier ou d'en jouir sont régis exclusivement par la loi de l'État membre sur le territoire duquel ce bien est situé.

Article 9. Systèmes de paiement et marchés financiers

1. Sans préjudice de l'article 5, les effets de la procédure d'insolvabilité sur les droits et obligations des participants à un système de paiement ou de règlement ou

à un marché financier sont régis exclusivement par la loi de l'État membre applicable audit système ou marché.

2. Le paragraphe 1 ne fait pas obstacle à l'exercice d'une action en nullité, en annulation ou en inopposabilité des paiements ou des transactions en vertu de la loi applicable au système de paiement ou au marché financier concerné.

Article 10. Contrat de travail
Les effets de la procédure d'insolvabilité sur un contrat de travail et sur le rapport de travail sont régis exclusivement par la loi de l'État membre applicable au contrat de travail.

Article 11. Effets sur les droits soumis à enregistrement
Les effets de la procédure d'insolvabilité concernant les droits du débiteur sur un bien immobilier, un navire ou un aéronef, qui sont soumis à inscription dans un registre public, sont régis par la loi de l'État membre sous l'autorité duquel ce registre est tenu.

Article 12. Brevets et marques communautaires
Aux fins du présent règlement, un brevet communautaire, une marque communautaire, ou tout autre droit analogue établi par des dispositions communautaires ne peut être inclus que dans une procédure visée à l'article 3, paragraphe 1.

Article 13. Actes préjudiciables
L'article 4, paragraphe 2, point m), n'est pas applicable lorsque celui qui a bénéficié d'un acte préjudiciable à l'ensemble des créanciers apporte la preuve que:
– cet acte est soumis à la loi d'un autre État membre que l'État d'ouverture,
et que
– cette loi ne permet en l'espèce, par aucun moyen, d'attaquer cet acte.

Article 14. Protection du tiers acquéreur
Lorsque, par un acte conclu après l'ouverture de la procédure d'insolvabilité, le débiteur dispose à titre onéreux:
– d'un bien immobilier,
– d'un navire ou d'un aéronef soumis à inscription dans un registre public, ou
– de valeurs mobilières dont l'existence suppose une inscription dans un registre prévu par la loi,
la validité de cet acte est régie par la loi de l'État sur le territoire duquel ce bien immobilier est situé, ou sous l'autorité duquel ce registre est tenu.

Article 15. Effets de la procédure d'insolvabilité sur les instances en cours
Les effets de la procédure d'insolvabilité sur une instance en cours concernant un bien ou un droit dont le débiteur est dessaisi sont régis exclusivement par la loi de l'État membre dans lequel cette instance est en cours.

CHAPITRE II. RECONNAISSANCE DE LA PROCÉDURE D'INSOLVABILITÉ

Article 16. Principe
1. Toute décision ouvrant une procédure d'insolvabilité prise par une juridiction d'un État membre compétente en vertu de l'article 3 est reconnue dans tous les autres États membres, dès qu'elle produit ses effets dans l'État d'ouverture.
Cette règle s'applique également lorsque le débiteur, du fait de sa qualité, n'est pas susceptible de faire l'objet d'une procédure d'insolvabilité dans les autres États membres.
2. La reconnaissance d'une procédure visée à l'article 3, paragraphe 1, ne fait pas obstacle à l'ouverture d'une procédure visée à l'article 3, paragraphe 2, par une juridiction d'un autre État membre. Dans ce cas cette dernière procédure est une procédure secondaire d'insolvabilité au sens du chapitre III.

Article 17. Effets de la reconnaissance
1. La décision d'ouverture d'une procédure visée à l'article 3, paragraphe 1, produit, sans aucune autre formalité, dans tout autre État membre les effets que lui attribue la loi de l'État d'ouverture, sauf disposition contraire du présent règlement et aussi longtemps qu'aucune procédure visée à l'article 3, paragraphe 2, n'est ouverte dans cet autre État membre.
2. Les effets d'une procédure visée à l'article 3, paragraphe 2, ne peuvent être contestés dans les autres États membres. Toute limitation des droits des créanciers, notamment un sursis des paiements ou une remise de dette résultant de cette procédure, ne peut être opposée, quant aux biens situés sur le territoire d'un autre État membre, qu'aux créanciers qui ont exprimé leur accord.

Article 18. Pouvoirs du syndic
1. Le syndic désigné par une juridiction compétente en vertu de l'article 3, paragraphe 1, peut exercer sur le territoire d'un autre État membre tous les pouvoirs qui lui sont conférés par la loi de l'État d'ouverture, aussi longtemps qu'aucune autre procédure d'insolvabilité n'y a été ouverte ou qu'aucune mesure conservatoire contraire n'y a été prise à la suite d'une demande d'ouverture d'une procédure d'insolvabilité dans cet État. Il peut notamment déplacer les biens du débiteur hors du territoire de l'État membre sur lequel ils se trouvent, sous réserve des articles 5 et 7.
2. Le syndic désigné par une juridiction compétente en vertu de l'article 3, paragraphe 2, peut, dans tout autre État membre faire valoir par voie judiciaire ou extrajudiciaire, qu'un bien mobilier a été transféré du territoire de l'État d'ouverture sur le territoire de cet autre État membre après l'ouverture de la procédure d'insolvabilité. Il peut également exercer toute action révocatoire utile aux intérêts des créanciers.
3. Dans l'exercice de ses pouvoirs, le syndic doit respecter la loi de l'État membre sur le territoire duquel il entend agir, en particulier quant aux modalités de réalisation des biens. Ces pouvoirs ne peuvent inclure l'emploi de moyens contraignants, ni le droit de statuer sur un litige ou un différend.

Article 19. Preuve de la nomination du syndic
La nomination du syndic est établie par la présentation d'une copie, certifiée con-

forme à l'original, de la décision qui le nomme, ou par tout autre certificat établi par la juridiction compétente.
Une traduction dans la langue officielle ou une des langues officielles de l'État membre sur le territoire duquel le syndic entend agir peut être exigée. Aucune légalisation ou autre formalité analogue n'est requise.

Article 20. Restitution et imputation
1. Le créancier qui, après l'ouverture d'une procédure visée à l'article 3, paragraphe 1, obtient par tout moyen, notamment par des voies d'exécution, satisfaction totale ou partielle en ce qui concerne sa créance sur des biens du débiteur qui se trouvent sur le territoire d'un autre État membre, doit restituer ce qu'il a obtenu au syndic, sous réserve des articles 5 et 7.
2. Afin d'assurer un traitement égal des créanciers, le créancier qui a obtenu, dans une procédure d'insolvabilité, un dividende sur sa créance, ne participe aux répartitions ouvertes dans une autre procédure, que lorsque les créanciers de même rang ou de même catégorie ont obtenu, dans cette autre procédure, un dividende équivalent.

Article 21. Publicité
1. Le syndic peut demander que le contenu essentiel de la décision ouvrant la procédure d'insolvabilité et, le cas échéant, de la décision qui le nomme soit publié dans tout autre État membre, selon les modalités de publication prévues dans cet État. Ces mesures de publicité indiquent en outre le syndic désigné et précisent si la règle de compétence appliquée est celle de l'article 3, paragraphe 1 ou 2.
2. Toutefois, la publication obligatoire peut être prévue par tout État membre sur le territoire duquel le débiteur a un établissement. Dans ce cas, le syndic ou toute autorité habilitée à cet effet dans l'État membre où la procédure visée à l'article 3, paragraphe 1, a été ouverte doit prendre les mesures nécessaires pour assurer cette publication.

Article 22. Inscription dans un registre public
1. Le syndic peut demander que la décision ouvrant une procédure visée à l'article 3, paragraphe 1, soit inscrite au livre foncier, au registre du commerce et à tout autre registre public tenu dans les autres États membres.
2. Toutefois, l'inscription obligatoire peut être prévue par tout État membre. Dans ce cas, le syndic ou toute autorité habilitée à cet effet dans l'État membre où la procédure visée à l'article 3, paragraphe 1, a été ouverte doit prendre les mesures nécessaires pour assurer cette inscription.

Article 23. Frais
Les frais des mesures de publicité et d'inscription prévues aux articles 21 et 22 sont considérés comme des frais et dépenses de la procédure.

Article 24. Exécution au profit du débiteur
1. Celui qui, dans un État membre, exécute une obligation au profit du débiteur soumis à une procédure d'insolvabilité ouverte dans un autre État membre, alors qu'il aurait dû le faire au profit du syndic de cette procédure, est libéré s'il ignorait l'ouverture de la procédure.

2. Celui qui a exécuté cette obligation avant les mesures de publicité prévues à l'article 21 est présumé, jusqu'à preuve contraire, avoir ignoré l'ouverture de la procédure d'insolvabilité; celui qui l'a exécutée après ces mesures de publicité est présumé jusqu'à preuve contraire, avoir eu connaissance de l'ouverture de la procédure.

Article 25. Reconnaissance et caractère exécutoire d'autres décisions
1. Les décisions relatives au déroulement et à la clôture d'une procédure d'insolvabilité rendues par une juridiction dont la décision d'ouverture est reconnue conformément à l'article 16 ainsi qu'un concordat approuvé par une telle juridiction sont reconnus également sans aucune autre formalité. Ces décisions sont exécutées conformément aux articles 31 à 51 (à l'exception de l'article 34, paragraphe 2) de la convention de Bruxelles concernant la compétence judiciaire et l'exécution des décisions en matière civile et commerciale, modifiée par les conventions relatives à l'adhésion à cette convention.
Le premier alinéa s'applique également aux décisions qui dérivent directement de la procédure d'insolvabilité et qui s'y insèrent étroitement, même si elles sont rendues par une autre juridiction.
Le premier alinéa s'applique également aux décisions relatives aux mesures conservatoires prises après la demande d'ouverture d'une procédure d'insolvabilité.
2. La reconnaissance et l'exécution des décisions autres que celles visées au paragraphe 1 sont régies par la convention visée au paragraphe 1, pour autant que cette convention soit applicable.
3. Les États membres ne sont pas tenus de reconnaître ou d'exécuter une décision visée au paragraphe 1, qui aurait pour effet de limiter la liberté individuelle ou le secret postal.

Article 26[6]. Ordre public
Tout État membre peut refuser de reconnaître une procédure d'insolvabilité ouverte dans un autre État membre ou d'exécuter une décision prise dans le cadre d'une telle procédure, lorsque cette reconnaissance ou cette exécution produirait des effets manifestement contraires à son ordre public, en particulier à ses principes fondamentaux ou aux droits et aux libertés individuelles garantis par sa constitution.

CHAPITRE III. PROCÉDURES SECONDAIRES D'INSOLVABILITÉ

Article 27. Ouverture
La procédure visée à l'article 3, paragraphe 1, qui est ouverte par une juridiction d'un État membre et reconnue dans un autre État membre (procédure principale) permet d'ouvrir, dans cet autre État membre, dont une juridiction serait compétente en vertu de l'article 3, paragraphe 2, une procédure secondaire d'insolvabilité sans que l'insolvabilité du débiteur soit examinée dans cet autre État. Cette procédure doit être une des procédures mentionnées à l'annexe B. Ses effets sont limités aux biens du débiteur situés sur le territoire de cet autre État membre.

---

[6] Voir la déclaration du Portugal concernant l'application des articles 26 et 37 (JO C 183 du 30.6.2000, p. 1).

1. Règlement relatif aux procédures d'insolvabilité

Article 28. Loi applicable
Sauf disposition contraire du présent règlement, la loi applicable à la procédure secondaire est celle de l'État membre sur le territoire duquel la procédure secondaire est ouverte.

Article 29. Droit de demander l'ouverture
L'ouverture d'une procédure secondaire peut être demandée par:
a) le syndic de la procédure principale;
b) toute autre personne ou autorité habilitée à demander l'ouverture d'une procédure d'insolvabilité en vertu de la loi de l'État membre sur le territoire duquel l'ouverture de la procédure secondaire est demandée.

Article 30. Avance de frais et dépens
Lorsque la loi de l'État membre où l'ouverture d'une procédure secondaire est demandée exige que l'actif du débiteur soit suffisant pour couvrir en tout ou en partie les frais et dépens de la procédure, la juridiction saisie d'une telle demande peut exiger du demandeur une avance de frais ou une garantie d'un montant approprié.

Article 31. Devoir de coopération et d'information
1. Sous réserve des règles limitant la communication de renseignements, le syndic de la procédure principale et les syndics des procédures secondaires sont tenus d'un devoir d'information réciproque. Ils doivent communiquer sans délai tout renseignement qui peut être utile à l'autre procédure, notamment l'état de la production et de la vérification des créances et les mesures visant à mettre fin à la procédure.
2. Sous réserve des règles applicables à chacune des procédures, le syndic de la procédure principale et les syndics des procédures secondaires sont tenus d'un devoir de coopération réciproque.
3. Le syndic d'une procédure secondaire doit en temps utile permettre au syndic de la procédure principale de présenter des propositions relatives à la liquidation ou à toute utilisation des actifs de la procédure secondaire.

Article 32. Exercice des droits des créanciers
1. Tout créancier peut produire sa créance à la procédure principale et à toute procédure secondaire.
2. Les syndics de la procédure principale et des procédures secondaires produisent dans les autres procédures les créances déjà produites dans la procédure pour laquelle ils ont été désignés, dans la mesure où cette production est utile aux créanciers de la procédure pour laquelle ils ont été désignés et sous réserve du droit de ceux-ci de s'y opposer ou de retirer leur production, lorsque la loi applicable le prévoit.
3. Le syndic d'une procédure principale ou secondaire est habilité à participer, au même titre que tout créancier, à une autre procédure, notamment en prenant part à une assemblée de créanciers.

Article 33. Suspension de la liquidation
1. La juridiction qui a ouvert la procédure secondaire suspend en tout ou en partie les opérations de liquidation, sur la demande du syndic de la procédure principale, sous réserve de la faculté d'exiger en ce cas du syndic de la procédure principale toute mesure adéquate pour garantir les intérêts des créanciers de la procédure se-

condaire et de certains groupes de créanciers. La demande du syndic de la procédure principale ne peut être rejetée que si elle est manifestement sans intérêt pour les créanciers de la procédure principale. La suspension de la liquidation peut être ordonnée pour une durée maximale de trois mois. Elle peut être prolongée ou renouvelée pour des périodes de même durée.

2. La juridiction visée au paragraphe 1 met fin à la suspension des opérations de liquidation:
– à la demande du syndic de la procédure principale,
– d'office, à la demande d'un créancier ou à la demande du syndic de la procédure secondaire, si cette mesure n'apparaît plus justifiée, notamment par l'intérêt des créanciers de la procédure principale ou de ceux de la procédure secondaire.

Article 34. Mesures mettant fin à la procédure secondaire d'insolvabilité

1. Lorsque la loi applicable à la procédure secondaire prévoit la possibilité de clôturer cette procédure sans liquidation par un plan de redressement, un concordat ou une mesure comparable, une telle mesure peut être proposée par le syndic de la procédure principale.
La clôture de la procédure secondaire par une mesure visée au premier alinéa ne devient définitive qu'avec l'accord du syndic de la procédure principale, ou, à défaut de son accord, lorsque la mesure proposée n'affecte pas les intérêts financiers des créanciers de la procédure principale.

2. Toute limitation des droits des créanciers, tels qu'un sursis de paiement ou une remise de dette, découlant d'une mesure visée au paragraphe 1 et proposée dans une procédure secondaire ne peut produire ses effets sur les biens du débiteur qui ne sont pas visés par cette procédure qu'avec l'accord de tous les créanciers intéressés.

3. Durant la suspension des opérations de liquidation ordonnée en vertu de l'article 33, seul le syndic de la procédure principale, ou le débiteur avec son accord, peut proposer dans la procédure secondaire des mesures prévues au paragraphe 1 du présent article; aucune autre proposition visant une telle mesure ne peut être soumise au vote ni homologuée.

Article 35. Surplus d'actif de la procédure secondaire

Si la liquidation des actifs de la procédure secondaire permet de payer toutes les créances admises dans cette procédure, le syndic désigné dans cette procédure transfère sans délai le surplus d'actif au syndic de la procédure principale.

Article 36. Ouverture ultérieure de la procédure principale

Lorsqu'une procédure visée à l'article 3, paragraphe 1, est ouverte après l'ouverture d'une procédure visée à l'article 3, paragraphe 2, dans un autre État membre, les articles 31 à 35 s'appliquent à la procédure ouverte en premier, dans la mesure où l'état de cette procédure le permet.

Article 37[7]. Conversion de la procédure antérieure

Le syndic de la procédure principale peut demander la conversion en une procédu-

---

[7] Voir la déclaration du Portugal concernant l'application des articles 26 et 37 (JO C 183 du 30.6.2000, p. 1).

re de liquidation d'une procédure mentionnée à l'annexe A antérieurement ouverte dans un autre État membre, si cette conversion s'avère utile aux intérêts des créanciers de la procédure principale.
La juridiction compétente en vertu de l'article 3, paragraphe 2, ordonne la conversion en une des procédures mentionnées à l'annexe B.

Article 38. Mesures conservatoires
Lorsque la juridiction d'un État membre compétente en vertu de l'article 3, paragraphe 1, désigne un syndic provisoire en vue d'assurer la conservation des biens du débiteur, ce syndic provisoire est habilité à demander toute mesure de conservation ou de protection sur les biens du débiteur qui se trouvent dans un autre État membre prévue par la loi de cet État, pour la période séparant la demande d'ouverture d'une procédure d'insolvabilité de la décision d'ouverture.

CHAPITRE IV. INFORMATION DES CRÉANCIERS ET PRODUCTION DE LEURS CRÉANCES

Article 39. Droit de produire les créances
Tout créancier qui a sa résidence habituelle, son domicile ou son siège dans un État membre autre que l'État d'ouverture, y compris les autorités fiscales et les organismes de sécurité sociale des États membres, ont le droit de produire leurs créances par écrit dans la procédure d'insolvabilité.

Article 40. Obligation d'informer les créanciers
1. Dès qu'une procédure d'insolvabilité est ouverte dans un État membre, la juridiction compétente de cet État ou le syndic nommé par celle-ci informe sans délai les créanciers connus qui ont leur résidence habituelle, leur domicile ou leur siège dans les autres États membres.
2. Cette information, assurée par l'envoi individuel d'une note, porte notamment sur les délais à observer, les sanctions prévues quant à ces délais, l'organe ou l'autorité habilité à recevoir la production des créances et les autres mesures prescrites. Cette note indique également si les créanciers dont la créance est garantie par un privilège ou une sûreté réelle doivent produire leur créance.

Article 41. Contenu de la production d'une créance
Le créancier envoie une copie des pièces justificatives, s'il en existe, et indique la nature de la créance, sa date de naissance et son montant; il indique également s'il revendique, pour cette créance, un privilège, une sûreté réelle ou une réserve de propriété, et quels sont les biens sur lesquels porte la garantie qu'il invoque.

Article 42. Langues
1. L'information prévue à l'article 40 est assurée dans la ou dans une des langue(s) officielle(s) de l'État d'ouverture. Un formulaire portant, dans toutes les langues officielles des institutions de l'Union européenne, le titre «Invitation à produire une créance. Délais à respecter», est utilisé à cet effet.
2. Tout créancier qui a sa résidence habituelle, son domicile ou son siège dans un autre État membre que l'État d'ouverture peut produire sa créance dans la ou dans une des langue(s) officielle(s) de cet autre État. Dans ce cas, la production de sa

créance doit néanmoins porter le titre « Production de créance » dans la ou dans une des langue(s) officielle(s) de l'État d'ouverture. En outre, une traduction dans la ou une des langue(s) officielle(s) de l'État d'ouverture peut lui être réclamée.

CHAPITRE V. DISPOSITIONS TRANSITOIRES ET FINALES

Article 43. Application dans le temps
Les dispositions du présent règlement ne sont applicables qu'aux procédures d'insolvabilité ouvertes postérieurement à son entrée en vigueur. Les actes accomplis par le débiteur avant l'entrée en vigueur du présent règlement continuent d'être régis par la loi qui leur était applicable au moment où ils ont été accomplis.

Article 44. Relations avec les conventions
1. Après son entrée en vigueur, le présent règlement remplace dans les relations entre les États membres, pour les matières auxquelles il se réfère, les conventions conclues entre deux ou plusieurs de ces États, à savoir:

a) la convention entre la Belgique et la France sur la compétence judiciaire, sur l'autorité et l'exécution des décisions judiciaires, des sentences arbitrales et des actes authentiques, signée à Paris, le 8 juillet 1899;

b) la convention entre la Belgique et l'Autriche sur la faillite, le concordat et le sursis de paiement (avec protocole additionnel du 13 juin 1973), signée à Bruxelles le 16 juillet 1969;

c) la convention entre la Belgique et les Pays-Bas sur la compétence judiciaire territoriale, sur la faillite, ainsi que sur l'autorité et l'exécution des décisions judiciaires, des sentences arbitrales et des actes authentiques, signée à Bruxelles, le 28 mars 1925;

d) le traité entre l'Allemagne et l'Autriche en matière de faillite et de concordat, signé à Vienne le 25 mai 1979;

e) la convention entre la France et l'Autriche sur la compétence judiciaire, la reconnaissance et l'exécution des décisions en matière de faillite, signée à Vienne le 27 février 1979;

f) la convention entre la France et l'Italie sur l'exécution des jugements en matière civile et commerciale, signée à Rome, le 3 juin 1930;

g) la convention entre l'Italie et l'Autriche en matière de faillite et de concordat, signée à Rome le 12 juillet 1977;

h) la convention entre le Royaume des Pays-Bas et la République fédérale d'Allemagne sur la reconnaissance et l'exécution mutuelles des décisions judiciaires et autres titres exécutoires en matière civile et commerciale, signée à La Haye, le 30 août 1962;

i) la convention entre le Royaume-Uni et le Royaume de Belgique sur l'exécution réciproque des jugements en matière civile et commerciale, et son protocole, signée à Bruxelles, le 2 mai 1934;

j) la convention entre le Danemark, la Finlande, la Norvège, la Suède et l'Islande, relative à la faillite, signée à Copenhague le 11 novembre 1933;

k) la convention européenne sur certains aspects internationaux de la faillite, signée à Istanbul le 5 juin 1990.

2. Les conventions visées au paragraphe 1 continuent à produire leurs effets en ce qui concerne les procédures ouvertes avant l'entrée en vigueur du présent règlement.

3. Le présent règlement n'est pas applicable:
a) dans tout État membre, dans la mesure où il est incompatible avec les obligations en matière de faillite résultant d'une convention conclue antérieurement à son entrée en vigueur par cet État avec un ou plusieurs pays tiers;
b) au Royaume-Uni de Grande-Bretagne et d'Irlande du Nord, dans la mesure où il est incompatible avec les obligations en matière de faillite et de liquidation de sociétés insolvables résultant d'accords avec le Commonwealth applicables au moment de l'entrée en vigueur du présent règlement.

Article 45. Modification des annexes
Le Conseil, statuant à la majorité qualifiée, à l'initiative d'un ou de plusieurs de ses membres ou sur proposition de la Commission, peut modifier les annexes.

Article 46. Rapport
Au plus tard le 1er juin 2012, et ensuite tous les cinq ans, la Commission présente au Parlement européen, au Conseil et au Comité économique et social un rapport relatif à l'application du présent règlement. Ce rapport est accompagné, le cas échéant, de propositions visant à adapter le présent règlement.

Article 47. Entrée en vigueur
Le présent règlement entre en vigueur le 31 mai 2002.

ANNEXE A

Procédures d'insolvabilité visées à l'article 2, point a)
BELGIQUE – BELGIË
– La faillite/Het faillissement
– Le concordat judiciaire/Het gerechtelijk akkoord
– Le règlement collectif de dettes/De collective schuldenregeling
DEUTSCHLAND
– Das Konkursverfahren
– Das gerichtliche Vergleichsverfahren
– Das Gesamtvollstreckungsverfahren
– Das Insolvenzverfahren
ΕΛΛΑΣ
– Πτώχευση
– Η ειδική εκκαθάριση
– Η προσωρινή διαχείριση εταιρίας. Η διοίκηση και η διαχείριση των πιστωτών
– Η υπαγωγή επιχείρησης υπό επίτροπο με οκσπό τη σύναψη συμβιβασμού με τους πιστωτές
ESPAÑA
– Concurso de acreedores
– Quiebra
– Suspensión de pagos
FRANCE
– Liquidation judiciaire
– Redressement judiciaire avec nomination d'un administrateur
IRELAND

- Compulsory winding-up by the Court
- Bankruptcy
- The administration in bankruptcy of the estate of persons dying insolvent
- Winding-up in bankruptcy of partnerships
- Creditors' voluntary winding-up (with confirmation of a court)
- Arrangements under the control of the Court which involve the vesting of all or part of the property of the debtor in the Official Assignee for realisation and distribution
- Company examinership

ITALIA
- Fallimento
- Concordato preventivo
- Liquidazione coatta amministrativa
- Amministrazione straordinaria
- Amministrazione controllata

LUXEMBOURG
- Faillite
- Gestion contrôlée
- Concordat préventif de faillite (par abandon d'actif)
- Régime spécial de liquidation du notariat

NEDERLAND
- Het faillissement
- De surseance van betaling
- De schuldsaneringsregeling natuurlijke personen

ÖSTERREICH
- Das Konkursverfahren
- Das Ausgleichsverfahren

PORTUGAL
- O processo de falência
- Os processos especiais de recuperação de empresa, ou seja:
- A concordata
- A reconstituição empresarial
- A reestruturação financeira
- A gestão controlada

SUOMI – FINLAND
- Konkurssi/konkurs
- Yrityssaneeraus/foeretagssanering

SVERIGE
- Konkurs
- Foeretagsrekonstruktion

UNITED KINGDOM
- Winding-up by or subject to the supervision of the court
- Creditors' voluntary winding-up (with confirmation by the court)
- Administration
- Voluntary arrangements under insolvency legislation
- Bankruptcy or sequestration

1. Règlement relatif aux procédures d'insolvabilité 905

ANNEXE B

Procédures de liquidation visées à l'article 2, point c)
BELGIQUE – BELGIË
– La faillite/Het faillissement
DEUTSCHLAND
– Das Konkursverfahren
– Das Gesamtvollstreckungsverfahren
– Das Insolvenzverfahren
ΕΛΛΑΣ
– Πτώχευση
– Η ειδική εκκαθάριση
ESPAÑA
– Concurso de acreedores
– Quiebra
– Suspensión de pagos basada en la insolvencia definitiva
FRANCE
IRELAND– Liquidation judiciaire
– Compulsory winding-up
– Bankruptcy
– The administration in bankruptcy of the estate of persons dying insolvent
– Winding-up in bankruptcy of partnerships
– Creditors' voluntary winding-up (with the confirmation of a court)
– Arrangements of the control of the Court which involve the vesting of all or part of the property of the debtor in the Official Assignee for realisation and distribution
ITALIA
– Fallimento
– Liquidazione coatta amministrativa
LUXEMBOURG
– Faillite
– Régime spécial de liquidation du notariat
NEDERLAND
– Het faillissement
– De schuldsaneringsregeling natuurlijke personen
ÖSTERREICH
– Das Konkursverfahren
PORTUGAL
– O processo de falência
SUOMI –/FINLAND
– Konkurssi//konkurs
SVERIGE
– Konkurs
UNITED KINGDOM
– Winding-up by or subject to the supervision of the court
– Creditors' voluntary winding-up (with confirmation by the court)
– Bankruptcy or sequestration

ANNEXE C

Syndics visés à l'article 2, point b
BELGIQUE – BELGIË
– Le curateur/De curator
– Le commissaire au sursis/De commissaris inzake opschorting
– Le médiateur de dettes/De schuldbemiddelaar
DEUTSCHLAND
– Konkursverwalter
– Vergleichsverwalter
– Sachwalter (nach der Vergleichsordnung)
– Verwalter
– Insolvenzverwalter
– Sachwalter (nach der Insolvenzordnung)
– Treuhänder
– Vorläufiger Insolvenzverwalter
ΕΛΛΑΣ
– Ο σύνδικος
– Ο προσωρινός διαχείριστής. Η διοικούσα επιτροπή των πιστωτών
– Ο ειδικός εκκαθαριστής
– Ο επίτροπος
ESPAÑA
– Depositario-administrador
– Interventor o Interventores
– Síndicos
– Comisario
FRANCE
– Représentant des créanciers
– Mandataire liquidateur
– Administrateur judiciaire
– Commissaire à l'exécution de plan
IRELAND
– Liquidator
– Official Assignee
– Trustee in bankruptcy
– Provisional Liquidator
– Examiner
ITALIA
– Curatore
– Commissario
LUXEMBOURG
– Curateur
– Commissaire
– Liquidateur
– Conseil de gérance de la section d'assainissement du notariat
NEDERLAND
– De curator in het faillissement
– De bewindvoerder in de surseance van betaling

— De bewindvoerder in de schuldsaneringsregeling natuurlijke personen
ÖSTERREICH
— Masseverwalter
— Ausgleichsverwalter
— Sachwalter
— Treuhänder
— Besondere Verwalter
— Vorläufige Verwalter
— Konkursgericht
PORTUGAL
— Gestor Judicial
— Liquidatário Judicial
— Comissão de Credores
SUOMI – FINLAND
— Pesänhoitaja/bofoervaltare
— Selvittäjä/utredare
SVERIGE
— Foervaltare
— God man
— Rekonstruktoer
UNITED KINGDOM
— Liquidator
— Supervisor of a voluntary arrangement
— Administrator
— Official Receiver
— Trustee
— Judicial factor

2. Directive du Parlement européen et du Conseil du 19 mars 2001 concernant l'assainissement et la liquidation des entreprises d'assurance (2001/17/CE)

Journal officiel n° L 110 du 20/04/2001 p. 28–39

LE PARLEMENT EUROPÉEN ET LE CONSEIL DE L'UNION EUROPÉENNE,

vu le traité instituant la Communauté européenne, et notamment son article 47, paragraphe 2, et son article 55,

vu la proposition de la Commission[1],

vu l'avis du Comité économique et social[2],

statuant conformément à la procédure visée à l'article 251 du traité[3],

considérant ce qui suit:

(1) La première directive 73/239/CEE du Conseil du 24 juillet 1973 portant coordination des dispositions législatives, réglementaires et administratives concernant l'accès à l'activité de l'assurance directe autre que l'assurance sur la vie, et son exercice[4], telle que complétée et modifiée par la directive 92/49/CEE[5], et la première directive 79/267/CEE du Conseil du 5 mars 1979 portant coordination des dispositions législatives, réglementaires et administratives concernant l'accès à l'activité de l'assurance directe sur la vie, et son exercice[6], telle que complétée par la directive 92/96/CEE[7], prévoient l'octroi d'un agrément unique aux entreprises d'assurance par l'autorité de surveillance de l'État membre d'origine. Cet agrément unique autorise l'entreprise d'assurance à mener ses activités dans la Communauté, par voie d'établissement ou de libre prestation de services, sans autre agrément de l'État membre d'accueil et sous la surveillance prudentielle des seules autorités de surveillance de l'État membre d'origine.

(2) Les directives en matière d'assurance qui prévoient l'octroi d'un agrément unique, valable pour l'ensemble de la Communauté, aux entreprises d'assurance ne comportent pas de règles de coordination en cas de liquidation. Les entreprises d'assurance ainsi que d'autres établissements financiers sont expressément exclus du champ d'application du règlement (CE) n° 1346/2000 du Conseil du 29 mai 2000 relatif aux procédures d'insolvabilité[8]. Aux fins du bon fonctionnement du marché intérieur et de la protection des

---

[1] JO C 71 du 19.3.1987, p. 5, et JO C 253 du 6.10.1989, p. 3.
[2] JO C 319 du 30.11.1987, p. 10.
[3] Avis du Parlement européen du 15 mars 1989 (JO C 96 du 17.4.1989, p. 99), confirmé le 27 octobre 1999, position commune du Conseil du 9 octobre 2000 (JO C 344 du 1.12.2000, p. 23) et décision du Parlement européen du 15 février 2001.
[4] JO L 228 du 16.8.1973, p. 3. Directive modifiée en dernier lieu par la directive 95/26/CE du Parlement européen et du Conseil (JO L 168 du 18.7.1995, p. 7).
[5] Directive 92/49/CEE du Conseil du 18 juin 1992 portant coordination des dispositions législatives, réglementaires et administratives concernant l'assurance directe autre que l'assurance sur la vie et modifiant les directives 73/239/CEE et 88/357/CEE (troisième directive «assurance non vie») (JO L 228 du 11.8.1992, p. 1).
[6] JO L 63 du 13.3.1979, p. 1. Directive modifiée en dernier lieu par la directive 95/26/CE.
[7] Directive 92/96/CEE du Conseil du 10 novembre 1992 portant coordination des dispositions législatives, réglementaires et administratives concernant l'assurance directe sur la vie et modifiant les directives 79/267/CEE et 90/619/CEE (troisième directive assurance vie) (JO L 360 du 9.12.1992, p. 1).

2. Directive concernant l'insolvabilité des entreprises d'assurance

créanciers, des règles coordonnées sont établies au niveau communautaire pour ce qui est des procédures de liquidation des entreprises d'assurance.

(3) Il convient que des règles de coordination soient établies pour faire en sorte que les mesures d'assainissement, adoptées par l'autorité compétente d'un État membre afin de préserver ou rétablir la santé financière d'une entreprise d'assurance et de prévenir autant que possible la liquidation, produisent tous leurs effets dans l'ensemble de la Communauté. Les mesures d'assainissement couvertes par la présente directive sont celles qui affectent les droits préexistants des parties autres que l'entreprise d'assurance elle-même. Les mesures visées à l'article 20 de la directive 73/239/CEE et à l'article 24 de la directive 79/267/CEE devraient entrer dans le champ d'application de la présente directive, pour autant qu'elles remplissent les conditions énoncées dans la définition des mesures d'assainissement.

(4) La présente directive a un champ d'application communautaire qui s'étend aux entreprises d'assurance, telles que définies dans les directives 93/239/CEE et 79/267/CEE, ayant leur siège statutaire dans la Communauté, ainsi qu'aux succursales communautaires d'entreprises d'assurance ayant leur siège statutaire dans un pays tiers et aux créanciers résidant dans la Communauté. La présente directive ne devrait pas régir les effets des mesures d'assainissement et des procédures de liquidation vis-à-vis des pays tiers.

(5) La présente directive devrait s'appliquer aux procédures de liquidation, qu'elles soient ou non fondées sur l'insolvabilité et qu'elles soient volontaires ou obligatoires. Elle devrait s'appliquer aux procédures collectives telles qu'elles sont définies par la législation de l'État membre d'origine conformément à l'article 9, entraînant la réalisation des actifs d'une entreprise d'assurance et la répartition du produit de ces actifs. Les procédures de liquidation qui, sans être fondées sur l'insolvabilité, impliquent pour le paiement de créances d'assurance un ordre de priorité conformément à l'article 10, devraient également relever du champ d'application de la présente directive. Un système national de garantie du paiement des salaires devrait pouvoir être subrogé dans les droits des membres du personnel d'une entreprise d'assurance découlant du contrat ou de la relation de travail. Le sort des créances faisant l'objet de subrogation devrait être régi par le droit de l'État membre d'origine (la lex concursus) conformément aux principes établis par la présente directive. Les dispositions de la présente directive devraient s'appliquer aux différents cas de procédure de liquidation ainsi qu'il convient.

(6) L'adoption de mesures d'assainissement n'exclut pas l'ouverture d'une procédure de liquidation. Une procédure de liquidation peut être ouverte en l'absence ou à la suite de l'adoption de mesures d'assainissement et ensuite être clôturée par un concordat ou d'autres mesures analogues, notamment des mesures d'assainissement.

(7) La définition d'une succursale, conformément aux principes en vigueur en matière d'insolvabilité, devrait tenir compte de l'unicité de la personnalité juridique de l'entreprise d'assurance. La législation de l'État membre d'origine devrait déterminer de quelle manière les éléments de l'actif et du passif détenus par des personnes indépendantes disposant d'un mandat permanent pour jouer le rôle d'un agent pour le compte de l'entreprise d'assurance devraient être traités lors de la liquidation d'une entreprise d'assurance.

(8) Il convient de faire une distinction entre les autorités compétentes aux fins des mesures d'assainissement et des procédures de liquidation et les autorités de surveillance des entreprises d'assurance. Les autorités compétentes peuvent être des autorités administra-

---

[8] JO L 160 du 30.6.2000, p. 1.

tives ou judiciaires selon la législation de l'État membre. La présente directive ne prétend pas harmoniser les législations nationales ayant trait à la répartition des compétences entre ces autorités.

(9) La présente directive ne cherche pas à harmoniser les législations nationales relatives aux mesures d'assainissement et aux procédures de liquidation, mais vise à assurer la reconnaissance mutuelle des mesures d'assainissement et des dispositions en matière de liquidation des entreprises d'assurance adoptées par les États membres, ainsi que la coopération requise. Cette reconnaissance mutuelle est mise en œuvre, dans la présente directive, par le biais des principes d'unité, d'universalité, de coordination, de publicité, de traitement équivalent et de protection des créanciers d'assurance.

(10) Il convient que les autorités compétentes de l'État membre d'origine soient seules habilitées à prendre des décisions concernant les procédures de liquidation des entreprises d'assurance (principe d'unité). Ces procédures devraient produire leurs effets dans toute la Communauté et être reconnues par l'ensemble des États membres. L'ensemble de l'actif et du passif de l'entreprise d'assurance devrait être, en règle générale, pris en compte dans ces procédures de liquidation (principe d'universalité).

(11) Les décisions visant à liquider une entreprise d'assurance, les procédures de liquidation elles-mêmes et leurs effets, tant matériels que procéduraux, sur les personnes et les relations juridiques concernées devraient relever de la législation de l'État membre d'origine (lex concursus), sauf disposition contraire de la présente directive. En conséquence, l'ensemble des conditions qui s'appliquent à l'ouverture, à la conduite et à la clôture des procédures de liquidation devrait en général relever de la loi de l'État membre d'origine. Afin de faciliter son application, la présente directive devrait comporter une liste non exhaustive des éléments qui sont plus particulièrement soumis à cette règle générale de la législation de l'État membre d'origine.

(12) Les autorités de surveillance de l'État membre d'origine et celles de l'ensemble des autres États membres devraient être informées de toute urgence de l'ouverture d'une procédure de liquidation (principe de coordination).

(13) Il est de la plus haute importance que les assurés, les preneurs d'assurance, les bénéficiaires ainsi que toute partie lésée disposant d'un droit d'action directe à l'encontre de l'entreprise d'assurance au titre d'une créance découlant d'opérations d'assurance soient protégés dans le cadre de procédures de liquidation. Cette protection ne devrait pas s'étendre aux créances qui ne découlent pas d'obligations résultant de contrats d'assurance ou d'opérations d'assurance mais de la responsabilité civile du fait d'un agent dans le cadre de négociations pour lesquelles, d'après la loi applicable au contrat ou à l'opération d'assurance, il n'est pas lui-même responsable aux termes du contrat ou de l'opération d'assurance en question. Pour atteindre cet objectif, les États membres devraient garantir un traitement particulier aux créanciers d'assurance selon une des deux méthodes prévues dans la présente directive. Les États membres peuvent choisir entre accorder un privilège absolu aux créances d'assurance par rapport à toute autre créance concernant les actifs représentatifs des provisions techniques et accorder un rang spécial aux créances d'assurance, qui ne peuvent alors être primées que par les créances sur les salaires, la sécurité sociale, les impôts et les droits réels, sur l'ensemble des actifs de l'entreprise d'assurance. Aucune des deux méthodes prévues par la présente directive n'empêche un État membre d'établir un rang entre les différentes catégories de créances d'assurance.

(14) La présente directive devrait chercher à assurer un bon équilibre entre la protection des créanciers d'assurance et celle d'autres créanciers privilégiés qui sont protégés par la

2. Directive concernant l'insolvabilité des entreprises d'assurance

législation des États membres et non pas à harmoniser les différents systèmes de créanciers privilégiés en place dans les États membres.

(15) Les deux méthodes proposées pour le traitement des créances d'assurance sont considérées comme fondamentalement équivalentes. La première méthode garantit l'affectation des actifs représentatifs des provisions techniques aux créances d'assurance, la seconde garantit aux créances d'assurance une place dans le classement des créanciers, qui affecte non seulement les actifs représentatifs des provisions techniques mais l'ensemble des actifs de l'entreprise d'assurance.

(16) Les États membres qui, pour protéger les créanciers d'assurance, optent pour la méthode qui consiste à accorder un privilège absolu aux créances d'assurance sur les actifs représentatifs des provisions techniques devraient exiger de leurs entreprises d'assurance la création et la tenue à jour d'un registre spécial de ces actifs. Un tel registre est un instrument utile permettant de déterminer les actifs affectés à ces créances.

(17) Afin de renforcer l'équivalence entre les deux méthodes de traitement des créances d'assurance, la présente directive devrait faire obligation aux États membres qui appliquent la méthode énoncée à l'article 10, paragraphe 1, point b), d'exiger que chaque entreprise d'assurance représente, à tout moment et indépendamment d'une éventuelle liquidation, les créances qui, en vertu de cette méthode, peuvent primer les créances d'assurance et qui sont enregistrées dans les comptes de l'entreprise d'assurance, par des actifs pouvant représenter les provisions techniques aux termes de directives en vigueur en matière d'assurance.

(18) L'État membre d'origine devrait être en mesure de prévoir que, lorsqu'un système de garantie établi dans cet État membre d'origine est subrogé dans les droits des créanciers d'assurance, les créances de celui-ci ne bénéficient pas du traitement des créances d'assurance prévu dans la présente directive.

(19) L'ouverture de procédures de liquidation devrait supposer le retrait de l'agrément accordé à l'entreprise d'assurance, à moins que cet agrément n'ait déjà été retiré auparavant.

(20) La décision d'ouvrir une procédure de liquidation, qui peut produire des effets dans l'ensemble de la Communauté en vertu du principe d'universalité, devrait faire l'objet d'une publicité appropriée dans la Communauté. Afin de protéger les parties intéressées, la décision devrait faire l'objet d'une publication, conformément aux procédures de l'État membre d'origine et au Journal officiel des Communautés européennes et, en outre, par tout autre moyen arrêté par les autorités de surveillance des autres États membres dans leurs territoires respectifs. Outre la publication de la décision, les créanciers connus résidant dans la Communauté devraient être individuellement informés de la décision et ces informations devraient au moins comporter les éléments spécifiés dans la présente directive. Les liquidateurs devraient également tenir régulièrement les créanciers informés du déroulement des procédures de liquidation.

(21) Les créanciers devraient être en droit de produire des créances ou de soumettre des observations écrites dans toute procédure de liquidation. Les créances des créanciers résidant dans un État membre autre que l'État membre d'origine devraient être traitées de la même manière que des créances équivalentes présentées dans l'État membre d'origine sans discrimination fondée sur la nationalité ou la résidence (principe de l'égalité de traitement).

(22) La présente directive devrait appliquer aux mesures d'assainissement adoptées par une autorité compétente d'un État membre des principes analogues, mutatis mutandis, à ceux prévus pour les procédures de liquidation. La publication de ces mesures d'assainis-

sement devrait être limitée au cas où un recours dans l'État membre d'origine peut être formé par des parties autres que l'entreprise d'assurance elle-même. Lorsque les mesures d'assainissement affectent exclusivement les droits des actionnaires, des associés ou des employés de l'entreprise d'assurance considérés en tant que tels, les autorités compétentes devraient déterminer de quelle manière les parties affectées devraient être informées conformément à la législation pertinente.

(23) La présente directive prévoit des règles coordonnées permettant de déterminer la loi applicable aux mesures d'assainissement et aux procédures de liquidation d'entreprises d'assurance. Elle ne vise pas à établir de règles de droit international privé déterminant la loi applicable aux contrats et aux autres relations juridiques. En particulier, elle ne vise pas à régir les règles applicables à l'existence du contrat, aux droits et obligations des parties et à l'évaluation des dettes.

(24) Le principe général de la présente directive, selon lequel les mesures d'assainissement et les procédures de liquidation sont régies par la loi de l'État membre d'origine, devrait connaître des exceptions pour protéger la confiance légitime et la sécurité de certaines transactions dans des États membres autres que l'État membre d'origine. Ces exceptions devraient concerner les effets des mesures d'assainissement ou procédures de liquidation sur certains contrats et droits, les droits réels des tiers, les réserves de propriété, la compensation, les marchés réglementés, les actes préjudiciables, les tiers acquéreurs et les instances en cours.

(25) L'exception concernant les effets des mesures d'assainissement et des procédures de liquidation sur certains contrats et droits, prévue à l'article 19, devrait être limitée aux effets qui y sont spécifiés et ne devrait pas couvrir les autres questions concernant les mesures d'assainissement et les procédures de liquidation, telles que le dépôt, la vérification, l'admission et le rang des créances relatives à ces contrats et à ces droits, qui devraient être régies par la législation de l'État membre d'origine.

(26) Les effets des mesures d'assainissement ou des procédures de liquidation sur une instance en cours devraient être régis par la loi de l'État membre dans lequel cette instance est en cours concernant un bien ou un droit dont l'entreprise d'assurance est dessaisie, par exception à l'application de la lex concursus. Les effets de ces mesures et procédures sur les actions en exécution forcée individuelles découlant de ces instances devraient être régies par la législation de l'État membre d'origine, conformément à la règle générale établie par la présente directive.

(27) Toutes les personnes appelées à recevoir ou à donner des informations dans le cadre des procédures de communication prévues dans la présente directive devraient être tenues au secret professionnel, tel qu'il est défini dans l'article 16 de la directive 92/49/CEE et l'article 15 de la directive 92/96/CEE, à l'exception des autorités judiciaires auxquelles s'appliquent des dispositions nationales spécifiques.

(28) À la seule fin d'appliquer les dispositions de la présente directive aux mesures d'assainissement et aux procédures de liquidation concernant les succursales situées dans la Communauté d'une entreprise d'assurance dont le siège statutaire se trouve dans un pays tiers, l'État membre d'origine devrait être défini comme étant celui dans lequel la succursale est située, et les autorités de surveillance et les autorités compétentes comme étant les autorités de cet État membre.

(29) Lorsqu'une entreprise d'assurance ayant son siège statutaire hors de la Communauté possède des succursales dans plusieurs États membres, chaque succursale devrait bénéficier d'un traitement individuel au regard de l'application de la présente directive. En pa-

reil cas, les autorités compétentes et les autorités de surveillance ainsi que les administrateurs et les liquidateurs devraient s'efforcer de coordonner leurs actions,
ONT ADOPTÉ LA PRÉSENTE DIRECTIVE:

TITRE I. CHAMP D'APPLICATION ET DÉFINITIONS

Article premier. Champ d'application
1. La présente directive s'applique aux mesures d'assainissement et aux procédures de liquidation concernant les entreprises d'assurance.
2. La présente directive est également applicable, dans la mesure prévue à l'article 30, aux mesures d'assainissement et aux procédures de liquidation concernant les succursales établies sur le territoire de la Communauté d'entreprises d'assurance ayant leur siège statutaire hors de la Communauté.

Article 2. Définitions
Au sens de la présente directive, on entend par:
a) «entreprise d'assurance», une entreprise ayant obtenu l'agrément officiel, conformément à l'article 6 de la directive 73/239/CEE ou à l'article 6 de la directive 79/267/CEE;
b) «succursale», toute présence permanente d'une entreprise d'assurance sur le territoire d'un État membre autre que l'État membre d'origine, qui exerce une activité d'assurance;
c) «mesures d'assainissement», les mesures comportant une intervention d'organes administratifs ou d'autorités judiciaires, qui sont destinées à préserver ou rétablir la situation financière d'une entreprise d'assurance et qui affectent les droits préexistants des parties autres que l'entreprise d'assurance elle-même, y compris, mais pas uniquement, les mesures qui comportent la possibilité d'une suspension des paiements, d'une suspension des mesures d'exécution ou d'une réduction des créances;
d) «procédure de liquidation», une procédure collective entraînant la réalisation des actifs d'une entreprise d'assurance et la répartition du produit entre les créanciers, les actionnaires ou les associés, selon le cas, ce qui implique nécessairement une intervention de l'autorité administrative ou judiciaire d'un État membre, y compris lorsque cette procédure collective est clôturée par un concordat ou une autre mesure analogue, que la procédure soit ou non fondée sur l'insolvabilité ou qu'elle soit volontaire ou obligatoire;
e) «État membre d'origine», l'État membre dans lequel une entreprise d'assurance a été agréée conformément à l'article 6 de la directive 73/239/CEE ou à l'article 6 de la directive 79/267/CEE;
f) «État membre d'accueil», l'État membre autre que l'État membre d'origine dans lequel une entreprise d'assurance a une succursale;
g) «autorités compétentes», les autorités administratives ou judiciaires des États membres compétentes pour les besoins des mesures d'assainissement ou des procédures de liquidation;
h) «autorités de surveillance», les autorités compétentes au sens de l'article 1er, point k), de la directive 92/49/CEE et de l'article 1er, point l), de la directive 92/96/CEE;
i) «administrateur», toute personne ou tout organe nommé par les autorités compétentes aux fins de gérer des mesures d'assainissement;

j) «liquidateur», toute personne ou tout organe nommé par les autorités compétentes ou par les organes statutaires d'une entreprise d'assurance, selon le cas, aux fins de gérer des procédures de liquidation;
k) «créance d'assurance», tout montant qui est dû par une entreprise d'assurance à des assurés, des preneurs d'assurance, des bénéficiaires ou à toute victime disposant d'un droit d'action direct à l'encontre de l'entreprise d'assurance et qui résulte d'un contrat d'assurance ou de toute opération visée à l'article 1er, paragraphes 2 et 3, de la directive 79/267/CEE dans l'activité d'assurance directe, y compris les montants mis en réserve pour les personnes précitées lorsque certains éléments de la dette ne sont pas encore connus. Les primes dues par une entreprise d'assurance résultant de la non-conclusion ou de l'annulation desdits contrats d'assurance ou opérations conformément à la loi applicable à ces contrats ou opérations avant l'ouverture de la procédure de liquidation sont aussi considérées comme des créances d'assurance.

TITRE II. MESURES D'ASSAINISSEMENT

Article 3. Champ d'application
Le présent titre s'applique aux mesures d'assainissement définies à l'article 2, point c).

Article 4. Adoption de mesures d'assainissement – Loi applicable
1. Seules les autorités compétentes de l'État membre d'origine sont habilitées à décider de la mise en œuvre de mesures d'assainissement concernant une entreprise d'assurance, y compris pour ses succursales établies dans d'autres États membres. Les mesures d'assainissement n'empêchent pas l'ouverture d'une procédure de liquidation par l'État membre d'origine.
2. Les mesures d'assainissement sont régies par les lois, règlements et procédures applicables dans l'État membre d'origine, sauf dispositions contraires des articles 19 à 26.
3. Les mesures d'assainissement produisent tous leurs effets dans toute la Communauté, selon la législation de l'État membre d'origine sans aucune autre formalité, y compris à l'égard des tiers dans les autres États membres, même si la législation de ces autres États membres ne prévoit pas de telles mesures d'assainissement ou bien soumet leur mise en œuvre à des conditions qui ne sont pas remplies.
4. Les mesures d'assainissement produisent leurs effets dans toute la Communauté dès qu'elles produisent leurs effets dans l'État membre où elles ont été prises.

Article 5. Information des autorités de surveillance
Les autorités compétentes de l'État membre d'origine informent d'urgence les autorités de surveillance de l'État membre d'origine de toute mesure d'assainissement, si possible avant son adoption ou, sinon, immédiatement après. Les autorités de surveillance de l'État membre d'origine informent d'urgence les autorités de surveillance de tous les autres États membres de la décision d'adoption des mesures d'assainissement, y compris des effets concrets que pourraient avoir ces mesures.

Article 6. Publicité
1. Lorsqu'un recours est possible dans l'État membre d'origine contre une mesure

d'assainissement, les autorités compétentes de l'État membre d'origine, l'administrateur ou toute personne habilitée à cet effet dans l'État membre d'origine assurent la publicité de la décision relative à une mesure d'assainissement conformément aux modalités prévues dans l'État membre d'origine en matière de publication et, en outre, en publiant dès que possible au Journal officiel des Communautés européennes un extrait du document établissant la mesure d'assainissement. Les autorités de surveillance de chaque autre État membre qui ont été informées de la décision relative à une mesure d'assainissement conformément à l'article 5 peuvent assurer la publicité de cette décision sur leur territoire de la manière qu'elles jugent appropriée.
2. La publicité visée au paragraphe 1 précise également l'autorité compétente de l'État membre d'origine et la loi applicable conformément à l'article 4, paragraphe 2, ainsi que le liquidateur désigné, le cas échéant. Elle est assurée dans la langue officielle ou dans une des langues officielles de l'État membre dans lequel l'information est publiée.
3. Les mesures d'assainissement s'appliquent indépendamment des dispositions concernant la publication énoncées aux paragraphes 1 et 2 et produisent tous leurs effets à l'égard des créanciers à moins que les autorités compétentes de l'État membre d'origine ou la législation de cet État n'en disposent autrement.
4. Lorsque les mesures d'assainissement affectent exclusivement les droits des actionnaires, associés ou employés d'une entreprise d'assurance considérés en tant que tels, le présent article ne s'applique pas, sauf si la loi applicable à ces mesures d'assainissement en dispose autrement. Les autorités compétentes déterminent la manière dont les parties intéressées affectées par ces mesures d'assainissement sont informées conformément à la législation pertinente.

Article 7. Informations aux créanciers connus et droit de production des créances
1. Lorsque la législation de l'État membre d'origine exige la production d'une créance en vue de sa reconnaissance ou prévoit une notification obligatoire de la mesure d'assainissement aux créanciers ayant leur résidence habituelle, leur domicile ou leur siège statutaire dans cet État, les autorités compétentes de l'État membre d'origine ou l'administrateur informent également les créanciers connus qui ont leur résidence habituelle, leur domicile ou leur siège statutaire dans un autre État membre, selon les modalités prévues à l'article 15 et à l'article 17, paragraphe 1.
2. Lorsque la législation de l'État membre d'origine prévoit le droit pour les créanciers ayant leur résidence habituelle, leur domicile ou leur siège statutaire dans cet État de produire leurs créances ou de présenter des observations relatives à leurs créances, les créanciers ayant leur résidence habituelle, leur domicile ou leur siège statutaire dans un autre État membre bénéficient également de ce même droit selon les modalités prévues à l'article 16 et à l'article 17, paragraphe 2.

TITRE III. PROCÉDURE DE LIQUIDATION

Article 8. Ouverture de la procédure de liquidation – Information des autorités de surveillance
1. Seules les autorités compétentes de l'État membre d'origine sont habilitées à prendre une décision concernant l'ouverture d'une procédure de liquidation à l'égard d'une entreprise d'assurance, y compris pour ses succursales dans d'autres

États membres. Cette décision peut être prise en l'absence ou à la suite de l'adoption de mesures d'assainissement.

2. Une décision concernant l'ouverture d'une procédure de liquidation d'une entreprise d'assurance, y compris de ses succursales dans d'autres États membres, adoptée conformément à la législation de l'État membre d'origine, est reconnue, sans aucune autre formalité, sur le territoire de tous les autres États membres et y produit ses effets dès que la décision produit ses effets dans l'État membre d'ouverture de la procédure.

3. Les autorités de surveillance de l'État membre d'origine sont informées d'urgence de la décision d'ouvrir une procédure de liquidation, si possible avant l'ouverture de cette procédure ou, sinon, immédiatement après. Les autorités de surveillance de l'État membre d'origine informent d'urgence les autorités de surveillance de tous les autres États membres de la décision d'ouvrir la procédure de liquidation, y compris des effets concrets que pourrait avoir cette procédure.

Article 9. Loi applicable

1. La décision d'ouvrir une procédure de liquidation d'une entreprise d'assurance, la procédure de liquidation et leurs effets sont régis par les lois, règlements et dispositions administratives applicables dans l'État membre d'origine, sauf dispositions contraires des articles 19 à 26.

2. La législation de l'État membre d'origine détermine en particulier:

a) les biens qui font l'objet du dessaisissement et le sort des biens acquis par l'entreprise d'assurance ou dont la propriété lui a été transférée après l'ouverture de la procédure de liquidation;

b) les pouvoirs respectifs de l'entreprise d'assurance et du liquidateur;

c) les conditions d'opposabilité d'une compensation;

d) les effets de la procédure de liquidation sur les contrats en cours auxquels l'entreprise d'assurance est partie;

e) les effets de la procédure de liquidation sur les poursuites individuelles, à l'exception des instances en cours, tel que prévu par l'article 26;

f) les créances à produire au passif de l'entreprise d'assurance et le sort des créances nées après l'ouverture de la procédure de liquidation;

g) les règles concernant la production, la vérification et l'admission des créances;

h) les règles de distribution du produit de la réalisation des biens, le rang des créances et les droits des créanciers qui ont été partiellement désintéressés après l'ouverture de la procédure de liquidation en vertu d'un droit réel ou par l'effet d'une compensation;

i) les conditions et les effets de la clôture de la procédure de liquidation, notamment par concordat;

j) les droits des créanciers après la clôture de la procédure de liquidation;

k) la charge des frais et des dépens de la procédure de liquidation;

l) les règles relatives à la nullité, à l'annulation ou à l'inopposabilité des actes préjudiciables à l'ensemble des créanciers.

Article 10. Sort des créances d'assurance

1. Les États membres veillent à ce que les créances d'assurance bénéficient d'un privilège par rapport à d'autres créances sur l'entreprise d'assurance selon l'une des méthodes ci-après ou selon les deux:

a) en ce qui concerne les actifs représentatifs des provisions techniques, les créances d'assurance bénéficient d'un privilège absolu par rapport à toute autre créance sur l'entreprise d'assurance;
b) en ce qui concerne l'ensemble des actifs de l'entreprise d'assurance, les créances d'assurance bénéficient d'un privilège par rapport à toute autre créance sur l'entreprise d'assurance, à la seule exception éventuelle:
– des créances détenues par les membres du personnel en raison de leur qualité de salariés,
– des créances détenues par des organismes publics au titre de l'impôt,
– des créances détenues par les régimes de sécurité sociale,
– des créances sur des actifs grevés de droits réels.
2. Sans préjudice du paragraphe 1, les États membres peuvent prévoir que la totalité ou une partie des dépens résultant de la procédure de liquidation, au sens de leur législation nationale, bénéficient d'un privilège par rapport aux créances d'assurance.
3. Les États membres qui ont opté pour la méthode prévue au paragraphe 1, point a), exigent des entreprises d'assurance la création et la tenue à jour d'un registre spécial, conformément aux dispositions figurant à l'annexe.

Article 11. Subrogation d'un système de garantie
L'État membre d'origine peut prévoir que, lorsqu'un système de garantie établi dans cet État membre est subrogé dans les droits des créanciers d'assurance, les créances de celui-ci ne bénéficient pas des dispositions de l'article 10, paragraphe 1.

Article 12. Représentation des créances privilégiées par des actifs
Par dérogation à l'article 18 de la directive 73/239/CEE et à l'article 21 de la directive 79/267/CEE, les États membres qui appliquent la méthode prévue à l'article 10, paragraphe 1, point b), de la présente directive exigent de chaque entreprise d'assurance que les créances qui peuvent être privilégiées par rapport aux créances d'assurance conformément à l'article 10, paragraphe 1, point b), et qui sont enregistrées dans la comptabilité de l'entreprise d'assurance soient représentées, à tout moment et indépendamment d'une éventuelle liquidation, par des actifs visés à l'article 21 de la directive 92/49/CEE et à l'article 21 de la directive 92/96/CEE.

Article 13. Retrait d'agrément
1. Lorsque l'ouverture d'une procédure de liquidation est décidée à l'encontre d'une entreprise d'assurance, l'agrément lui est retiré, sauf pour les besoins visés au paragraphe 2, conformément à la procédure prévue à l'article 22 de la directive 73/239/CEE et à l'article 26 de la directive 79/267/CEE, pour autant que l'agrément n'ait pas été retiré auparavant.
2. Le retrait de l'agrément en vertu du paragraphe 1 n'empêche pas le liquidateur ni toute autre personne habilitée à cet effet par les autorités compétentes de poursuivre certaines activités de l'entreprise d'assurance dans la mesure où cela est nécessaire ou approprié pour les besoins de la liquidation. L'État membre d'origine peut prévoir que ces activités sont effectuées avec l'accord et sous le contrôle des autorités de surveillance de l'État membre d'origine.

Article 14. Publicité

1. L'autorité compétente, le liquidateur ou toute personne désignée à cet effet par l'autorité compétente assurent la publicité de la décision d'ouverture de la liquidation conformément aux modalités prévues dans l'État membre d'origine en matière de publication et également par insertion au Journal officiel des Communautés européennes d'un extrait de la décision de liquidation. Les autorités de surveillance de tous les autres États membres qui ont été informées de la décision d'ouverture de la procédure de liquidation conformément à l'article 8, paragraphe 3, peuvent assurer la publicité de cette décision sur leur territoire de la manière qu'elles jugent appropriée.

2. La publicité de la décision d'ouverture de la procédure de liquidation visée au paragraphe 1 précise également l'autorité compétente de l'État membre d'origine, la loi applicable ainsi que le liquidateur désigné. Elle est assurée dans la langue officielle ou dans une des langues officielles de l'État membre dans lequel l'information est publiée.

Article 15. Information des créanciers connus

1. Lorsqu'une procédure de liquidation est ouverte, les autorités compétentes de l'État membre d'origine, le liquidateur ou toute personne désignée à cet effet par les autorités compétentes informent rapidement et individuellement par une note écrite le créancier connu qui a sa résidence habituelle, son domicile ou son siège statutaire dans un autre État membre.

2. La note visée au paragraphe 1 porte notamment sur les délais à observer, les sanctions prévues quant à ces délais, l'organe ou l'autorité habilité à recevoir la production des créances ou les observations relatives aux créances et les autres mesures prescrites. La note indique également si les créanciers dont la créance est garantie par un privilège ou une sûreté réelle doivent produire leur créance. Dans le cas des créances d'assurance, la note indique en outre les effets généraux de la procédure de liquidation sur les contrats d'assurance, en particulier, la date à laquelle les contrats d'assurance ou les opérations cessent de produire leurs effets et les droits et obligations de l'assuré concernant le contrat ou l'opération.

Article 16. Droit de produire des créances

1. Tout créancier qui a sa résidence habituelle, son domicile ou son siège statutaire dans un État membre autre que l'État membre d'origine, y compris les autorités publiques des États membres, a le droit de produire ses créances ou de présenter par écrit des observations relatives aux créances.

2. Les créances de tous les créanciers ayant leur résidence habituelle, leur domicile ou leur siège statutaire dans un autre État membre que l'État membre d'origine, y compris les autorités visées ci-dessus, bénéficient du même traitement et du même rang que les créances de nature équivalente susceptibles d'être présentées par les créanciers ayant leur résidence habituelle, leur domicile ou leur siège statutaire dans l'État membre d'origine.

3. À l'exception des cas où la loi de l'État membre d'origine en dispose autrement, le créancier envoie une copie des pièces justificatives, s'il en existe, et indique la nature de la créance, la date de sa naissance et son montant, s'il revendique, pour cette créance, un privilège, une sûreté réelle ou une réserve de propriété et quels sont les biens sur lesquels porte sa sûreté. Il n'est pas nécessaire d'indiquer le privilège accordé aux créances d'assurance au titre de l'article 10.

2. Directive concernant l'insolvabilité des entreprises d'assurance

Article 17. Langues et forme

1. L'information dans la notice prévue à l'article 15 est fournie dans la langue officielle de l'État membre d'origine ou l'une des langues officielles de cet État. À cet effet, un formulaire portant, dans toutes les langues officielles de l'Union européenne, le titre «Invitation à produire une créance. Délais à respecter», ou, lorsque la loi de l'État membre d'origine prévoit la présentation d'observations relatives aux créances, «Invitation à présenter des observations relatives à une créance. Délais à respecter», est utilisé à cet effet.

Cependant, lorsqu'un créancier connu détient une créance d'assurance, l'information dans la note visée à l'article 15 est fournie dans la langue officielle de l'État membre dans lequel celui-ci a sa résidence habituelle, son domicile ou son siège statutaire ou dans l'une des langues officielles de cet État.

2. Tout créancier qui a sa résidence habituelle, son domicile ou son siège statutaire dans un État membre autre que l'État membre d'origine peut produire sa créance, ou présenter des observations relatives à sa créance, dans la langue officielle de cet État membre ou l'une des langues officielles de cet État. Cependant, dans ce cas, la production de sa créance ou la présentation des observations sur sa créance, selon le cas, doit porter le titre «Production de créance» ou «Présentation d'observations relatives aux créances» dans la langue officielle de l'État membre d'origine ou l'une des langues officielles de cet État.

Article 18. Information régulière des créanciers

1. Les liquidateurs informent régulièrement les créanciers, sous une forme appropriée, notamment sur l'évolution de la liquidation.
2. Les autorités de surveillance des États membres peuvent demander des informations aux autorités de surveillance de l'État membre d'origine sur le déroulement de la procédure de liquidation.

TITRE IV. DISPOSITIONS COMMUNES AUX MESURES D'ASSAINISSEMENT ET AUX PROCÉDURES DE LIQUIDATION

Article 19. Effets sur certains contrats et droits

Par dérogation aux articles 4 et 9, les effets de l'adoption de mesures d'assainissement ou de l'ouverture d'une procédure de liquidation sur les contrats et les droits visés ci-après sont régis par les règles suivantes:
a) les contrats de travail et les relations de travail sont exclusivement régis par la loi de l'État membre applicable au contrat ou à la relation de travail;
b) un contrat donnant le droit de jouir d'un bien immobilier ou de l'acquérir est exclusivement régi par la loi de l'État membre sur le territoire duquel l'immeuble est situé;
c) les droits de l'entreprise d'assurance sur un bien immobilier, un navire ou un aéronef qui sont soumis à inscription dans un registre public sont régis par la loi de l'État membre sous l'autorité duquel le registre est tenu.

Article 20. Droits réels des tiers

1. L'adoption de mesures d'assainissement ou l'ouverture d'une procédure de liquidation n'affecte pas les droits réels d'un créancier ou d'un tiers sur des biens corporels ou incorporels, meubles ou immeubles – à la fois des biens déterminés et des

ensembles de biens indéterminés dont la composition est sujette à modification – appartenant à l'entreprise d'assurance et qui se trouvent, au moment de l'adoption de telles mesures ou de l'ouverture d'une telle procédure, sur le territoire d'un autre État membre.

2. Les droits visés au paragraphe 1 sont notamment:
a) le droit de réaliser ou de faire réaliser le bien et d'être désintéressé par le produit ou les revenus de ce bien, en particulier en vertu d'un gage ou d'une hypothèque;
b) le droit exclusif de recouvrer une créance, notamment en vertu de la mise en gage ou de la cession de cette créance à titre de garantie;
c) le droit de revendiquer le bien et/ou d'en réclamer la restitution entre les mains de quiconque le détient ou en jouit contre la volonté de l'ayant droit;
d) le droit réel de percevoir les fruits d'un bien.

3. Est assimilé à un droit réel, le droit, inscrit dans un registre public et opposable aux tiers, permettant d'obtenir un droit réel au sens du paragraphe 1.

4. Le paragraphe 1 ne fait pas obstacle aux actions en nullité, en annulation ou en inopposabilité énoncées à l'article 9, paragraphe 2, point l).

Article 21. Réserve de propriété

1. L'adoption de mesures d'assainissement ou l'ouverture d'une procédure de liquidation à l'encontre d'une entreprise d'assurance achetant un bien n'affecte pas les droits du vendeur fondés sur une réserve de propriété, lorsque ce bien se trouve, au moment de l'adoption de telles mesures ou de l'ouverture d'une telle procédure, sur le territoire d'un État membre autre que l'État d'adoption de telles mesures ou d'ouverture d'une telle procédure.

2. L'adoption de mesures d'assainissement ou l'ouverture d'une procédure de liquidation à l'encontre d'une entreprise d'assurance vendant un bien, après la livraison de ce bien, ne constitue pas une cause de résolution ou de résiliation de la vente et ne fait pas obstacle à l'acquisition par l'acheteur de la propriété du bien vendu, lorsque ce bien se trouve, au moment de l'adoption de telles mesures ou de l'ouverture d'une telle procédure, sur le territoire d'un État membre autre que l'État d'adoption de telles mesures ou d'ouverture d'une telle procédure.

3. Les paragraphes 1 et 2 ne font pas obstacle aux actions en nullité, en annulation ou en inopposabilité énoncées à l'article 9, paragraphe 2, point l).

Article 22. Compensation

1. L'adoption de mesures d'assainissement ou l'ouverture d'une procédure de liquidation n'affecte pas le droit d'un créancier d'invoquer la compensation de sa créance avec la créance de l'entreprise d'assurance, lorsque cette compensation est permise par la loi applicable à la créance de l'entreprise d'assurance.

2. Le paragraphe 1 ne fait pas obstacle aux actions en nullité, en annulation ou en inopposabilité visées à l'article 9, paragraphe 2, point l).

Article 23. Marchés réglementés

1. Sans préjudice de l'article 20, les effets d'une mesure d'assainissement ou de l'ouverture d'une procédure de liquidation sur les droits et obligations des participants à un marché réglementé sont régis exclusivement par la loi applicable audit marché.

2. Le paragraphe 1 ne fait pas obstacle à l'exercice d'une action en nullité, en annulation ou en inopposabilité, visée à l'article 9, paragraphe 2, point l), pour ne pas prendre en ligne de compte des paiements ou des transactions en vertu de la loi applicable audit marché.

Article 24. Actes préjudiciables
L'article 9, paragraphe 2, point l), n'est pas applicable lorsque la personne qui a bénéficié d'un acte juridique préjudiciable à l'ensemble des créanciers a apporté la preuve que:
a) ledit acte est soumis à la loi d'un État membre autre que l'État membre d'origine, et que
b) cette loi ne permet, par aucun moyen, d'attaquer cet acte dans l'affaire en cause.

Article 25. Protection des tiers acquéreurs
Lorsque, par un acte conclu après l'adoption d'une mesure d'assainissement ou l'ouverture d'une procédure de liquidation, l'entreprise d'assurance aliène, à titre onéreux,
a) un bien immobilier;
b) un navire ou un aéronef soumis à inscription dans un registre public, ou
c) des valeurs mobilières ou des titres dont l'existence ou le transfert suppose une inscription dans un registre ou sur un compte prévu par la loi ou qui sont placés dans un système de dépôts central régi par la loi d'un État membre,
la validité de cet acte est régie par la loi de l'État membre sur le territoire duquel ce bien immobilier est situé ou sous l'autorité duquel ce registre, ce compte ou ce système est tenu.

Article 26. Instances en cours
Les effets des mesures d'assainissement ou de la procédure de liquidation sur une instance en cours concernant un bien ou un droit dont l'entreprise d'assurance est dessaisie sont régis exclusivement par la loi de l'État membre dans lequel l'instance est en cours.

Article 27. Administrateurs et liquidateurs
1. La nomination d'un administrateur ou d'un liquidateur est établie par la présentation d'une copie, certifiée conforme à l'original, de la décision qui le nomme ou par tout autre certificat établi par les autorités compétentes de l'État membre d'origine.
Une traduction dans la langue officielle ou une des langues officielles de l'État membre sur le territoire duquel l'administrateur ou le liquidateur entend agir peut être exigée. Aucune légalisation ou autre formalité analogue n'est requise.
2. Les administrateurs et les liquidateurs sont habilités à exercer sur le territoire de tous les États membres tous les pouvoirs qu'ils sont habilités à exercer sur le territoire de l'État membre d'origine. Des personnes chargées de les assister ou, le cas échéant, de les représenter peuvent être désignées, conformément à la législation de l'État membre d'origine, dans le déroulement de la mesure d'assainissement ou de la procédure de liquidation, notamment dans les États membres d'accueil et en particulier afin d'aider à résoudre des difficultés éventuellement rencontrées par les créanciers dans l'État membre d'accueil.

3. Dans l'exercice de ses pouvoirs conformément à la législation de l'État membre d'origine, l'administrateur ou le liquidateur respecte la loi des États membres sur le territoire desquels il entend agir, en particulier quant aux modalités de réalisation des biens et quant à l'information des travailleurs salariés. Ces pouvoirs ne peuvent pas inclure l'emploi de la force ou le droit de statuer sur un litige ou un différend.

Article 28. Inscription dans un registre public

1. L'administrateur, le liquidateur ou toute autorité ou personne dûment habilitée dans l'État membre d'origine peut demander qu'une mesure d'assainissement ou la décision d'ouverture d'une procédure de liquidation soit inscrite au livre foncier, au registre du commerce et à tout autre registre public tenu dans les autres États membres.

Toutefois, si un État membre prévoit une inscription obligatoire, l'autorité ou la personne visée au premier alinéa prend les mesures nécessaires pour assurer cette inscription.

2. Les frais d'inscription sont considérés comme des frais et dépens de la procédure.

Article 29. Secret professionnel

Toutes les personnes appelées à recevoir ou à donner des informations dans le cadre des procédures de communication prévues aux articles 5, 8 et 30 sont tenues au secret professionnel, tel qu'il est prévu à l'article 16 de la directive 92/49/CEE et à l'article 15 de la directive 92/96/CEE, à l'exception des autorités judiciaires auxquelles s'appliquent les dispositions nationales en vigueur.

Article 30. Succursales d'entreprises d'assurance de pays tiers

1. Nonobstant les définitions figurant à l'article 2, points e), f) et g), et aux fins de l'application des dispositions de la présente directive aux mesures d'assainissement et aux procédures de liquidation concernant une succursale située dans un État membre d'une entreprise d'assurance dont le siège statutaire est situé en dehors de la Communauté, on entend par:
a) «État membre d'origine», l'État membre dans lequel la succursale a reçu l'agrément visé à l'article 23 de la directive 73/239/CEE et à l'article 27 de la directive 79/267/CEE, et par
b) «autorités de surveillance» et «autorités compétentes», les autorités de l'État membre dans lequel la succursale a reçu cet agrément.

2. Lorsqu'une entreprise d'assurance ayant son siège statutaire hors de la Communauté possède des succursales établies dans plus d'un État membre, chaque succursale bénéficie d'un traitement individuel au regard de l'application de la présente directive. Les autorités compétentes et les autorités de surveillance de ces États membres, de même que les administrateurs ou les liquidateurs, s'efforcent de coordonner leurs actions.

Article 31. Mise en œuvre de la directive

1. Les États membres mettent en vigueur les dispositions législatives, réglementaires et administratives nécessaires pour se conformer à la présente directive avant le 20 avril 2003. Ils en informent immédiatement la Commission.

Lorsque les États membres adoptent ces dispositions, celles-ci contiennent une référence à la présente directive ou sont accompagnées d'une telle référence lors de

leur publication officielle. Les modalités de cette référence sont arrêtées par les États membres.
2. Les dispositions nationales adoptées en application de la présente directive ne sont applicables qu'aux mesures d'assainissement ou procédures de liquidation adoptées ou ouvertes après la date visée au paragraphe 1. Les mesures d'assainissement adoptées ou les procédures de liquidation ouvertes avant cette date continuent d'être régies par la loi qui leur était applicable au moment de l'adoption ou de l'ouverture.
3. Les États membres communiquent à la Commission le texte des dispositions essentielles de droit interne qu'ils adoptent dans le domaine régi par la présente directive.

Article 32. Entrée en vigueur
La présente directive entre en vigueur le jour de sa publication au Journal officiel des Communautés européennes.

Article 33. Destinataires
Les États membres sont destinataires de la présente directive.

ANNEXE

REGISTRE SPÉCIAL DE L'ARTICLE 10, PARAGRAPHE 3

1. Toute entreprise d'assurance doit tenir à son siège statutaire un registre spécial des actifs représentant les provisions techniques calculées et placées conformément à la réglementation de l'État membre d'origine.
2. Si une entreprise d'assurance exerce cumulativement des activités d'assurance non-vie et d'assurance vie, elle doit tenir, à son siège social, un registre séparé pour chacune de ces activités. Toutefois, lorsqu'un État membre autorise des entreprises à exercer des activités d'assurance vie et à couvrir les risques visés aux points 1 et 2 de l'annexe A de la directive 73/239/CEE, il peut prévoir que ces entreprises d'assurance tiennent un registre unique pour l'ensemble de leurs activités.
3. À tout moment, le montant total des actifs inscrits, évalués conformément à la réglementation de l'État membre d'origine, doit être au moins égal au montant des provisions techniques.
4. Lorsqu'un actif inscrit au registre est grevé d'un droit réel au profit d'un créancier ou d'un tiers qui a pour résultat de rendre indisponible pour la couverture des engagements une partie du montant de cet actif, il est fait état de cette situation dans le registre et il n'est pas tenu compte du montant non disponible dans le total visé au paragraphe 3.
5. Lorsqu'un actif utilisé pour couvrir les provisions techniques est grevé d'un droit réel au profit d'un créancier ou d'un tiers, sans remplir les conditions du paragraphe 4, ou lorsqu'un tel actif est soumis à une réserve de propriété en faveur d'un créancier ou d'un tiers ou qu'un créancier est habilité à invoquer la compensation de sa créance avec celle de l'entreprise d'assurance, en cas de liquidation de l'entreprise d'assurance, le sort de cet actif en ce qui concerne la méthode prévue à l'article 10, paragraphe 1, point a), est déterminé par la législation de l'État membre d'origine, sauf lorsque les articles 20, 21 ou 22 s'appliquent audit actif.

6. La composition des actifs inscrits au registre conformément aux paragraphes 1 à 5, au moment de l'ouverture de la procédure de liquidation, ne doit plus être remise en cause, et aucune modification ne peut être apportée aux registres, exception faite de la correction d'erreurs purement matérielles, sauf autorisation de l'autorité compétente.

7. Nonobstant le paragraphe 6, les liquidateurs doivent ajouter auxdits actifs leur produit financier, ainsi que le montant des primes pures encaissées dans l'activité concernée entre l'ouverture de la procédure de liquidation et le paiement des créances d'assurance ou jusqu'au transfert de portefeuille.

8. Si le produit de la réalisation des actifs est inférieur à leur évaluation aux registres, les liquidateurs doivent être tenus d'en donner justification aux autorités compétentes de l'État membre d'origine.

9. Les autorités de surveillance des États membres doivent prendre les mesures appropriées pour veiller à ce que les entreprises d'assurance appliquent pleinement les dispositions de la présente annexe.

3. Directive du Parlement européen et du Conseil du 4 avril 2001 concernant l'assainissement et la liquidation des établissements de crédit (2001/24/CE)

Journal officiel n° L 125 du 05/05/2001 p. 15-23

LE PARLEMENT EUROPÉEN ET LE CONSEIL DE L'UNION EUROPÉENNE,

vu le traité instituant la Communauté européenne, et notamment son article 47, paragraphe 2,

vu la proposition de la Commission[1],

vu l'avis du Comité économique et social[2],

vu l'avis de l'Institut monétaire européen[3],

statuant conformément à la procédure visée à l'article 251 du traité[4],

considérant ce qui suit:

(1) Conformément aux objectifs du traité, il convient de promouvoir un développement harmonieux et équilibré des activités économiques dans l'ensemble de la Communauté en supprimant tout obstacle à la liberté d'établissement et à la libre prestation de services à l'intérieur de la Communauté.

(2) Parallèlement à la suppression de ces obstacles, il convient de se préoccuper de la situation susceptible de se produire en cas de difficultés dans un établissement de crédit, notamment lorsque cet établissement a des succursales dans d'autres États membres.

(3) La directive s'inscrit dans le contexte législatif communautaire réalisé par la directive 2000/12/CE du Parlement européen et du Conseil du 20 mars 2000 concernant l'accès à l'activité des établissements de crédit et son exercice[5]. Il en résulte que, pendant sa période d'activité, l'établissement de crédit et ses succursales forment une entité unique soumise à la surveillance des autorités compétentes de l'État où a été délivré l'agrément valable dans l'ensemble de la Communauté.

(4) Il serait particulièrement inopportun de renoncer à cette unité que l'établissement forme avec ses succursales lorsqu'il est nécessaire d'adopter des mesures d'assainissement ou d'ouvrir une procédure de liquidation.

(5) L'adoption de la directive 94/19/CE du Parlement européen et du Conseil du 30 mai 1994 relative aux systèmes de garantie des dépôts[6], qui a introduit le principe de l'adhésion obligatoire des établissements de crédit à un système de garantie de l'État membre d'origine, met encore plus en évidence la nécessité d'une reconnaissance mutuelle des mesures d'assainissement et des procédures de liquidation.

---

[1] JO C 356 du 31.12.1985, p. 55 et JO C 36 du 8.2.1988, p. 1.
[2] JO C 263 du 20.10.1986, p. 13.
[3] JO C 332 du 30.10.1998, p. 13.
[4] Avis du Parlement européen du 13 mars 1987 (JO C 99 du 13.4.1987, p. 211), confirmé le 2 décembre 1993 (JO C 342 du 20.12.1993, p. 30), position commune du Conseil du 17 juillet 2000 (JO C 300 du 20.10.2000, p. 13) et décision du Parlement européen du 16 janvier 2001 (non encore parue au Journal officiel). Décision du Conseil du 12 mars 2001.
[5] JO L 126 du 26.5.2000, p. 1. Directive modifiée par la directive 2000/28/CE (JO L 275 du 27.10.2000, p. 37).
[6] JO L 135 du 31.5.1994, p. 5.

(6) Il importe de confier aux autorités administratives ou judiciaires de l'État membre d'origine, la compétence exclusive de décider et d'appliquer les mesures d'assainissement prévues dans la législation et les usages en vigueur dans cet État membre. En raison de la difficulté d'harmoniser les législations et usages des États membres, il convient de mettre en place la reconnaissance mutuelle par les États membres des mesures prises par chacun d'entre eux pour restaurer la viabilité des établissements qu'il a agréés.

(7) Il est indispensable de garantir que les mesures d'assainissement prises par les autorités administratives ou judiciaires de l'État membre d'origine, ainsi que les mesures prises par les personnes ou organes désignés par ces autorités afin de gérer ces mesures d'assainissement produisent leurs effets dans tous les États membres, y compris les mesures qui comportent la possibilité d'une suspension de paiements, d'une suspension des mesures d'exécution ou d'une réduction des créances, ainsi que toute autre mesure susceptible d'affecter les droits préexistants des tiers.

(8) Certaines mesures, notamment celles qui affectent le fonctionnement de la structure interne des établissements de crédit ou les droits des dirigeants ou des actionnaires, n'ont pas besoin de la couverture de cette directive pour porter tous leurs effets dans les États membres dans la mesure où, en appliquant les règles de droit international privé, la loi applicable est celle de l'État d'origine.

(9) Certaines mesures, notamment celles qui sont liées au maintien des conditions de l'agrément, bénéficient déjà de la reconnaissance mutuelle conformément à la directive 2000/12/CE, dans la mesure où, au moment de leur adoption, elles ne portent pas préjudice aux droits préexistants des tiers.

(10) À cet égard, les personnes participant au fonctionnement de la structure interne des établissements de crédit, ainsi que les dirigeants et actionnaires de ces établissements, pris en ces qualités, ne doivent pas être considérés comme des tiers pour l'application de la présente directive.

(11) Une publicité informant les tiers de la mise en œuvre de mesures d'assainissement est nécessaire dans les États membres où se trouvent des succursales, quand ces mesures risquent d'entraver l'exercice de certains de leurs droits.

(12) Le principe de l'égalité de traitement entre les créanciers, quant à leurs possibilités de recours, exige que les autorités administratives ou judiciaires de l'État membre d'origine adoptent les mesures nécessaires pour que les créanciers de l'État membre d'accueil puissent exercer leurs droits de recours dans le délai prévu à cet effet.

(13) Une certaine coordination du rôle des autorités administratives ou judiciaires, en ce qui concerne les mesures d'assainissement et les procédures de liquidation des succursales des établissements de crédit dont le siège statutaire se situe en dehors de la Communauté, situées dans des États membres différents, doit être prévue.

(14) En l'absence ou en cas d'échec des mesures d'assainissement, les établissements de crédit en crise doivent être liquidés. Il convient, dans ce cas, de prévoir des dispositions visant à la reconnaissance mutuelle des procédures de liquidation et de leurs effets dans la Communauté.

(15) Le rôle important joué par les autorités compétentes de l'État membre d'origine avant l'ouverture de la procédure de liquidation peut se prolonger lors de la liquidation pour permettre un déroulement correct des procédures de liquidation.

(16) L'égalité des créanciers exige que l'établissement de crédit soit liquidé selon des principes d'unité et d'universalité qui postulent la compétence exclusive des autorités administratives ou judiciaires de l'État membre d'origine et la reconnaissance de leurs décisions qui doivent pouvoir produire sans aucune formalité, dans tous les autres États membres,

les effets que leur attribue la loi de l'État membre d'origine, sauf si la directive en dispose autrement.

(17) L'exception concernant les effets des mesures d'assainissement et des procédures de liquidation sur certains contrats et droits est limitée à ces effets et ne couvre pas les autres questions concernant les mesures d'assainissement et les procédures de liquidation, telles que la production, la vérification, l'admission et le rang des créances relatives à ces contrats et à ces droits et les règles de distribution du produit de la réalisation des biens, qui sont régies par la législation de l'État membre d'origine.

(18) La liquidation volontaire est possible lorsque l'établissement de crédit est solvable. Néanmoins, le cas échéant, les autorités administratives ou judiciaires de l'État membre d'origine peuvent décider une mesure d'assainissement ou une procédure de liquidation, même postérieurement à l'ouverture d'une liquidation volontaire.

(19) Le retrait de l'agrément bancaire est une des conséquences nécessaires de la mise en liquidation d'un établissement de crédit. Toutefois ce retrait ne doit pas empêcher certaines activités de l'établissement de se poursuivre dans la mesure où cela est nécessaire ou approprié pour les besoins de la liquidation. Cette poursuite de l'activité peut, toutefois, être subordonnée par l'État membre d'origine à l'accord et au contrôle de ses autorités compétentes.

(20) L'information individuelle des créanciers connus est aussi essentielle que la publicité pour leur permettre, si nécessaire, de produire leurs créances ou de présenter les observations relatives à leurs créances dans les délais prescrits. Cela ne doit donner lieu à aucune discrimination au détriment des créanciers domiciliés dans un autre État membre que l'État membre d'origine, fondée sur leur lieu de résidence ou la nature de leurs créances. L'information des créanciers doit se poursuivre régulièrement sous une forme appropriée pendant la procédure de liquidation.

(21) À la seule fin d'appliquer les dispositions de la présente directive aux mesures d'assainissement et aux procédures de liquidation concernant les succursales situées dans la Communauté d'un établissement de crédit dont le siège social se trouve dans un pays tiers, la définition de «État membre d'origine», de «autorités compétentes» et de «autorités administratives ou judiciaires» sont celles de l'État membre dans lequel la succursale est située.

(22) Lorsqu'un établissement de crédit ayant son siège social hors de la Communauté possède des succursales dans plusieurs États membres, chaque succursale bénéficie d'un traitement individuel au regard de l'application de la présente directive; en pareil cas, les autorités administratives ou judiciaires et les autorités compétentes ainsi que les administrateurs et les liquidateurs s'efforcent de coordonner leurs actions.

(23) S'il est important de retenir le principe selon lequel la loi de l'État membre d'origine détermine tous les effets des mesures d'assainissement ou des procédures de liquidation, qu'ils soient procéduraux ou substantiels, il faut cependant prendre en considération que ces effets peuvent entrer en conflit avec les règles normalement applicables dans le cadre de l'activité économique et financière de l'établissement de crédit et de ses succursales dans les autres États membres. Le renvoi à la loi d'un autre État membre représente dans certain cas un tempérament indispensable au principe de l'applicabilité de la loi de l'État d'origine.

(24) Ce tempérament est particulièrement nécessaire afin de protéger les travailleurs liés à l'établissement par un contrat de travail, d'assurer la sécurité des transactions portant sur certains biens ainsi que de préserver l'intégrité des marchés réglementés qui fonctionnent conformément au droit d'un État membre, sur lesquels sont négociés des instruments financiers.

(25) Les transactions effectuées dans le cadre d'un système de paiement et de règlement sont couvertes par la directive 98/26/CE du Parlement européen et du Conseil du 19 mai 1998 concernant le caractère définitif du règlement dans les systèmes de paiement et de règlement des opérations sur titres[7].

(26) L'adoption de la présente directive ne remet pas en question les dispositions de la directive 98/26/CE selon lesquelles une procédure d'insolvabilité ne doit avoir aucun effet sur l'opposabilité des ordres valablement introduits dans un système, ni sur les garanties données à un système.

(27) Dans certaines mesures d'assainissement ou procédures de liquidation est prévue la nomination d'une personne chargée de gérer ces mesures ou ces procédures. La reconnaissance de sa nomination et de ses pouvoirs dans tous les autres États membres est donc un élément essentiel pour la mise en œuvre des décisions prises dans l'État membre d'origine. Il importe toutefois de préciser dans quelles limites se situe l'exercice de ses pouvoirs lorsqu'elle agit ailleurs que dans l'État membre d'origine.

(28) Il importe de protéger les créanciers qui ont contracté avec l'établissement de crédit, avant l'adoption d'une mesure d'assainissement ou l'ouverture d'une procédure de liquidation, contre les dispositions relatives à la nullité, l'annulation ou l'inopposabilité prévues dans la loi de l'État membre d'origine, lorsque celui qui bénéficie de la transaction apporte la preuve que, dans la loi qui est applicable à cette transaction, il n'existe aucun moyen applicable en l'espèce permettant d'attaquer l'acte concerné.

(29) Il importe de sauvegarder la confiance des tiers acquéreurs dans le contenu des registres ou des comptes pour certains actifs faisant l'objet d'inscription dans ces registres ou ces comptes et par extension des acquéreurs de biens immobiliers, même après l'ouverture de la procédure de liquidation ou l'adoption d'une mesure d'assainissement. Le seul moyen de préserver cette confiance est de soumettre la validité de l'acquisition à la loi du lieu où se situe l'immeuble ou de l'État sous l'autorité duquel le registre ou le compte est tenu.

(30) Les effets des mesures d'assainissement ou des procédures de liquidation sur une instance en cours sont régis par la loi de l'État membre dans lequel cette instance est en cours par exception à l'application de la lex concursus. Les effets de ces mesures et procédures sur les actions en exécution forcée individuelles découlant de ces instances sont régis par la législation de l'État membre d'origine, conformément à la règle générale établie par la présente directive.

(31) Il importe de prévoir que les autorités administratives ou judiciaires de l'État membre d'origine informent sans délai les autorités compétentes de l'État membre d'accueil de l'adoption de toute mesure d'assainissement ou l'ouverture de toute procédure de liquidation, si possible avant l'adoption de la mesure ou l'ouverture de la procédure, ou, sinon, immédiatement après.

(32) Le secret professionnel tel que défini à l'article 30 de la directive 2000/12/CE est un élément essentiel à toutes les procédures d'information ou de consultation. Il doit pour cette raison être respecté par toutes les autorités administratives à ces procédures, tandis que les autorités judiciaires restent soumises, sur ce point, aux dispositions nationales les concernant,

ONT ARRÊTÉ LA PRÉSENTE DIRECTIVE:

---

[7] JO L 166 du 11.6.1998, p. 45.

TITRE I. CHAMP D'APPLICATION ET DÉFINITIONS

Article premier. Champ d'application

1. La présente directive s'applique aux établissements de crédit et à leurs succursales créées dans un État membre autre que celui du siège statutaire, tels qu'ils sont définis à l'article 1er, premier et troisième points, de la directive 2000/12/CE, sous réserve des conditions et exemptions prévues à l'article 2, paragraphe 3, de ladite directive.

2. Les dispositions de la présente directive visant les succursales d'un établissement de crédit qui a son siège statutaire hors de la Communauté s'appliquent seulement lorsqu'il existe des succursales de cet établissement dans au moins deux États membres de la Communauté.

Article 2. Définitions

Au sens de la présente directive, on entend par:
- «État membre d'origine»: l'État membre d'origine au sens de l'article 1er, point 6, de la directive 2000/12/CE,
- «État membre d'accueil»: l'État membre d'accueil au sens de l'article 1er, point 7, de la directive 2000/12/CE,
- «succursale»: une succursale au sens de l'article 1er, point 3, de la directive 2000/12/CE,
- «autorités compétentes»: les autorités compétentes au sens de l'article 1er, point 4, de la directive 2000/12/CE,
- «administrateur»: toute personne ou tout organe nommé par les autorités administratives ou judiciaires dont la fonction est de gérer des mesures d'assainissement,
- «autorités administratives ou judiciaires»: les autorités administratives ou judiciaires des États membres compétentes en matière de mesures d'assainissement ou de procédures de liquidation,
- «mesures d'assainissement»: les mesures qui sont destinées à préserver ou rétablir la situation financière d'un établissement de crédit et qui sont susceptibles d'affecter les droits préexistants de tiers, y compris les mesures qui comportent la possibilité d'une suspension des paiements, d'une suspension des mesures d'exécution ou d'une réduction des créances,
- «liquidateur»: toute personne ou tout organe nommé par les autorités administratives ou judiciaires dont la fonction est de gérer des procédures de liquidation,
- «procédures de liquidation»: les procédures collectives ouvertes et contrôlées par les autorités administratives ou judiciaires d'un État membre dans le but de la réalisation des biens sous la surveillance de ces autorités, y compris lorsque cette procédure est clôturée par un concordat ou une autre mesure analogue,
- «marché réglementé»: un marché réglementé au sens de l'article 1er, point 13, de la directive 93/22/CEE,
- «instruments»: tous les instruments visés dans la section B de l'annexe à la directive 93/22/CEE.

TITRE II. MESURES D'ASSAINISSEMENT

A. Établissements de crédit ayant leur siège statutaire à l'intérieur de la Communauté

Article 3. Adoption de mesures d'assainissement – loi applicable
1. Les autorités administratives ou judiciaires de l'État membre d'origine sont seules compétentes pour décider de la mise en œuvre dans un établissement de crédit, y compris pour les succursales établies dans d'autres États membres, d'une ou plusieurs mesures d'assainissement.
2. Les mesures d'assainissement sont appliquées conformément aux dispositions des lois, règlements et procédures applicables dans l'État membre d'origine, dans la mesure où la présente directive n'en dispose pas autrement.
Elles produisent tous leurs effets selon la législation de cet État membre dans toute la Communauté, sans aucune autre formalité, y compris à l'égard de tiers dans les autres États membres, même si les réglementations de l'État membre d'accueil qui leur sont applicables ne prévoient pas de telles mesures ou soumettent leur mise en œuvre à des conditions qui ne sont pas remplies.
Les mesures d'assainissement produisent leurs effets dans toute la Communauté dès qu'elles produisent leurs effets dans l'État membre où elles ont été prises.

Article 4. Informations à fournir aux autorités compétentes de l'État membre d'accueil
Les autorités administratives ou judiciaires de l'État membre d'origine sont tenues d'informer sans délai, par tous les moyens, les autorités compétentes de l'État membre d'accueil de leur décision d'adopter toute mesure d'assainissement, y compris des effets concrets que pourrait avoir cette mesure, si possible avant son adoption ou sinon, immédiatement après. La transmission est effectuée par les autorités compétentes de l'État membre d'origine.

Article 5. Informations à fournir aux autorités compétentes de l'État membre d'origine
Si les autorités administratives ou judiciaires de l'État membre d'accueil estiment nécessaire de mettre en œuvre, sur leur territoire, une ou plusieurs mesures d'assainissement, elles sont tenues d'en informer les autorités compétentes de l'État membre d'origine. La transmission est effectuée par les autorités compétentes de l'État membre d'accueil.

Article 6. Publication
1. Lorsque la mise en œuvre des mesures d'assainissement décidées conformément à l'article 3, paragraphes 1 et 2, est susceptible d'affecter les droits de tiers dans un État membre d'accueil et si un recours est possible dans l'État membre d'origine contre la décision ordonnant la mesure, les autorités administratives ou judiciaires de l'État membre d'origine, l'administrateur ou toute personne habilitée à cet effet dans l'État membre d'origine font publier un extrait de leur décision au Journal officiel des Communautés européennes et dans deux journaux à diffusion nationale de chaque État membre d'accueil, en vue notamment de permettre l'exercice des droits de recours en temps utile.

2. L'extrait de décision prévu au paragraphe 1 est envoyé, dans les meilleurs délais et par les voies les plus appropriées, à l'Office des publications officielles des Communautés européennes et aux deux journaux à diffusion nationale de chaque État membre d'accueil.
3. L'Office des publications officielles des Communautés européennes publie l'extrait douze jours au plus tard après son envoi.
4. L'extrait de la décision à publier doit mentionner, dans la ou les langues officielles des États membres concernés, notamment l'objet et la base juridique de la décision prise, les délais de recours, en particulier une indication aisément compréhensible de la date de l'expiration de ces délais, et, de façon précise, l'adresse des autorités ou de la juridiction compétentes pour connaître du recours.
5. Les mesures d'assainissement s'appliquent indépendamment des mesures prévues aux paragraphes 1 à 3 et produisent tous leurs effets à l'égard des créanciers, à moins que les autorités administratives ou judiciaires de l'État membre d'origine ou que la législation de cet État relative à ces mesures n'en disposent autrement.

Article 7. Devoir d'informer les créanciers connus et droit de produire des créances

1. Lorsque la législation de l'État membre d'origine exige la production d'une créance en vue de sa reconnaissance ou prévoit une notification obligatoire de la mesure aux créanciers ayant leur domicile, leur résidence habituelle ou leur siège statutaire dans cet État, les autorités administratives ou judiciaires de l'État membre d'origine ou l'administrateur informent également les créanciers connus qui ont leur domicile, leur résidence habituelle ou leur siège statutaire dans les autres États membres, selon les modalités prévues à l'article 14 et à l'article 17, paragraphe 1.
2. Lorsque la législation de l'État membre d'origine prévoit le droit, pour les créanciers ayant leur domicile, leur résidence habituelle ou leur siège statutaire dans cet État, de produire leurs créances ou de présenter les observations relatives à leurs créances, les créanciers ayant leur domicile, leur résidence habituelle ou leur siège statutaire dans les autres États membres bénéficient également de ce droit selon les modalités prévues à l'article 16 et à l'article 17, paragraphe 2.

B. Établissements de crédit ayant leur siège statutaire hors de la Communauté

Article 8. Succursales d'établissements de crédit de pays tiers

1. Les autorités administratives ou judiciaires de l'État membre d'accueil d'une succursale d'un établissement de crédit ayant son siège statutaire hors de la Communauté sont tenues d'informer sans délai par tous les moyens, les autorités compétentes des autres États membres d'accueil où l'établissement a créé des succursales figurant sur la liste visée à l'article 11 de la directive 2000/12/CE et publiée chaque année au Journal officiel des Communautés européennes, de leur décision d'adopter toute mesure d'assainissement, y compris des effets concrets que pourrait avoir cette mesure, si possible avant son adoption ou, sinon, immédiatement après. La transmission est effectuée par les autorités compétentes de l'État membre d'accueil dont les autorités administratives ou judiciaires décident l'application de la mesure.
2. Les autorités administratives ou judiciaires visées au paragraphe 1 s'efforcent de coordonner leurs actions.

TITRE III. PROCÉDURE DE LIQUIDATION

A. Établissements de crédit ayant leur siège statutaire à l'intérieur de la Communauté

Article 9. Ouverture d'une procédure de liquidation – Informations à fournir à d'autres autorités compétentes

1. Les autorités administratives ou judiciaires de l'État membre d'origine responsables de la liquidation sont seules habilitées à décider de l'ouverture d'une procédure de liquidation à l'égard d'un établissement de crédit, y compris pour les succursales établies dans d'autres États membres.

Une décision ouvrant une procédure de liquidation, prise par l'autorité administrative ou judiciaire de l'État membre d'origine, est reconnue sans aucune autre formalité, sur le territoire de tous les autres États membres et y produit ses effets dès qu'elle les produit dans l'État membre d'ouverture de la procédure.

2. Les autorités administratives ou judiciaires de l'État membre d'origine sont tenues d'informer sans délai, par tous les moyens, les autorités compétentes de l'État membre d'accueil de leur décision d'ouvrir une procédure de liquidation, y compris des effets concrets que pourrait avoir cette procédure, si possible avant l'ouverture de celle-ci ou, sinon, immédiatement après. La transmission est effectuée par les autorités compétentes de l'État d'origine.

Article 10. Loi applicable

1. L'établissement de crédit est liquidé, conformément aux dispositions des lois, règlements et procédures applicables dans l'État membre d'origine, dans la mesure où la présente directive n'en dispose pas autrement.

2. La loi de l'État membre d'origine détermine en particulier:

a) les biens qui font l'objet du dessaisissement et le sort des biens acquis par l'établissement de crédit après l'ouverture de la procédure de liquidation;

b) les pouvoirs respectifs de l'établissement de crédit et du liquidateur;

c) les conditions d'opposabilité d'une compensation;

d) les effets de la procédure de liquidation sur les contrats en cours auxquels l'établissement de crédit est partie;

e) les effets de la procédure de liquidation sur les poursuites individuelles à l'exception des instances en cours, comme le prévoit l'article 32;

f) les créances à produire au passif de l'établissement de crédit et le sort des créances nées après l'ouverture de la procédure de liquidation;

g) les règles concernant la production, la vérification et l'admission des créances;

h) les règles de distribution du produit de la réalisation des biens, le rang des créances et les droits des créanciers qui ont été partiellement désintéressés après l'ouverture de la procédure de liquidation en vertu d'un droit réel ou par l'effet d'une compensation;

i) les conditions et les effets de la clôture de la procédure de liquidation, notamment par concordat;

j) les droits des créanciers après la clôture de la procédure de liquidation;

k) la charge des frais et des dépenses de la procédure de liquidation;

l) les règles relatives à la nullité, à l'annulation ou à l'inopposabilité des actes préjudiciables à l'ensemble des créanciers.

3. Directive concernant l'insolvabilité des établissements de crédit

Article 11. Consultation des autorités compétentes avant une liquidation volontaire

1. Les autorités compétentes de l'État membre d'origine sont consultées, sous la forme la plus appropriée, avant toute décision de liquidation volontaire émanant des organes statutaires d'un établissement de crédit.
2. La liquidation volontaire d'un établissement de crédit ne fait pas obstacle à l'adoption d'une mesure d'assainissement ou à l'ouverture d'une procédure de liquidation.

Article 12. Retrait de l'agrément d'un établissement de crédit

1. Lorsque l'ouverture d'une procédure de liquidation est décidée à l'encontre d'un établissement de crédit en l'absence ou après l'échec de mesures d'assainissement, l'agrément de cet établissement est retiré, en respectant notamment la procédure prévue à l'article 22, paragraphe 9, de la directive 2000/12/CE.
2. Le retrait de l'agrément prévu au paragraphe 1 n'empêche pas la ou les personnes chargées de la liquidation de poursuivre certaines des activités de l'établissement de crédit dans la mesure où cela est nécessaire ou approprié pour les besoins de la liquidation.
L'État membre d'origine peut prévoir que ces activités sont menées avec l'accord et sous le contrôle des autorités compétentes de cet État membre.

Article 13. Publication

Les liquidateurs ou toute autorité administrative ou judiciaire assurent la publicité de la décision d'ouverture de la liquidation par insertion, au Journal officiel des Communautés européennes et dans au moins deux journaux à diffusion nationale de chaque État membre d'accueil, d'un extrait de la décision la prononçant.

Article 14. Informations à fournir aux créanciers connus

1. Lorsqu'une procédure de liquidation est ouverte, l'autorité administrative ou judiciaire de l'État membre d'origine ou le liquidateur informe rapidement et individuellement les créanciers connus qui ont leur domicile, leur résidence habituelle ou leur siège statutaire dans d'autres États membres, sauf dans les cas où la législation de l'État d'origine n'exige pas la production de la créance en vue de sa reconnaissance.
2. Cette information, assurée par l'envoi d'une note, porte notamment sur les délais à observer, les sanctions prévues quant à ces délais, l'organe ou l'autorité habilités à recevoir la production des créances ou les observations relatives aux créances et les autres mesures prescrites. Cette note indique également si les créanciers dont la créance est garantie par un privilège ou une sûreté réelle doivent produire leur créance.

Article 15. Exécution des engagements

Quiconque exécute un engagement au profit d'un établissement de crédit qui n'est pas une personne morale et qui fait l'objet d'une procédure de liquidation ouverte dans un autre État membre, alors qu'il aurait dû le faire au profit du liquidateur de cette procédure, est libéré s'il ignorait l'ouverture de la procédure. Quiconque a exécuté cet engagement avant les mesures de publicité prévues à l'article 13 est présumé, jusqu'à preuve du contraire, avoir ignoré l'ouverture de la procédure de liquidation; quiconque l'a exécuté après les mesures de publicité prévues à l'ar-ticle 13 est présumé, jusqu'à preuve du contraire, avoir eu connaissance de l'ouverture de la procédure.

Article 16. Droit de produire des créances

1. Tout créancier qui a son domicile, sa résidence habituelle ou son siège statutaire dans un État membre autre que l'État membre d'origine, y compris les autorités publiques des États membres, a le droit de produire ses créances ou de présenter par écrit les observations relatives à ses créances.
2. Les créances de tous les créanciers ayant leur domicile, leur résidence habituelle ou leur siège statutaire dans des États membres autres que l'État membre d'origine bénéficient du même traitement et du même rang que les créances de nature équivalente susceptibles d'être produites par les créanciers ayant leur domicile, leur résidence habituelle ou leur siège statutaire dans l'État membre d'origine.
3. À l'exception des cas où la législation de l'État membre d'origine prévoit une présentation des observations relatives aux créances, le créancier envoie une copie des pièces justificatives, s'il en existe, et indique la nature de la créance, sa date de naissance et son montant; il indique également s'il revendique pour cette créance un privilège, une sûreté réelle ou une réserve de propriété et quels sont les biens sur lesquels porte sa sûreté.

Article 17. Langues

1. L'information prévue aux articles 13 et 14 est assurée dans la ou dans une des langue(s) officielle(s) de l'État membre d'origine. Un formulaire portant, dans toutes les langues officielles de l'Union européenne, le titre «Invitation à produire une créance. Délais à respecter», ou, lorsque la loi de l'État membre d'origine prévoit une présentation des observations relatives aux créances, le titre «Invitation à présenter les observations relatives à une créance. Délais à respecter», est utilisé à cet effet.
2. Tout créancier qui a son domicile, sa résidence habituelle ou son siège statutaire dans un État membre autre que l'État membre d'origine peut produire sa créance, ou présenter ses observations relatives à sa créance, dans la ou dans une des langue(s) officielle(s) de cet autre État membre. Dans ce cas, la production de sa créance ou la présentation des observations relatives à sa créance doit néanmoins porter le titre «Production de créance» ou «Présentation des observations relatives aux créances») dans la ou dans une des langue(s) officielle(s) de l'État membre d'origine. De plus, une traduction de la production de créance ou de la présentation des observations relatives aux créances dans cette langue peut être exigée de lui.

Article 18. Informations à fournir régulièrement aux créanciers

Les liquidateurs informent régulièrement les créanciers, sous une forme appropriée, notamment sur la marche de la liquidation.

B. Établissements de crédit ayant leur siège statutaire hors de la Communauté

Article 19. Succursales d'établissements de crédit de pays tiers

1. Les autorités administratives ou judiciaires de l'État membre d'accueil d'une succursale d'un établissement de crédit ayant son siège statutaire hors de la Communauté sont tenues d'informer sans délai par tous les moyens, les autorités compétentes des autres États membres d'accueil où l'établissement a créé des succursales figurant sur la liste visée à l'article 11 de la directive 2000/12/CE et publiée chaque année au Journal officiel des Communautés européennes de leur décision d'ouvrir

une procédure de liquidation, y compris des effets concrets que pourrait avoir cette procédure, si possible avant l'ouverture de celle-ci ou, sinon, immédiatement après. La transmission est effectuée par les autorités compétentes de l'État membre d'accueil visé en premier lieu.
2. Les autorités administratives ou judiciaires qui décident l'ouverture d'une procédure de liquidation d'une succursale d'un établissement de crédit ayant son siège statutaire en dehors de la Communauté informent les autorités compétentes des autres États membres d'accueil de l'ouverture d'une procédure de liquidation et du retrait de l'agrément.
La transmission est effectuée par les autorités compétentes de l'État membre d'accueil qui a décidé l'ouverture de la procédure.
3. Les autorités administratives ou judiciaires visées au paragraphe 1 s'efforcent de coordonner leurs actions.
Les liquidateurs éventuels s'efforcent également de coordonner leurs actions.

TITRE IV. DISPOSITIONS COMMUNES AUX MESURES D'ASSAINISSEMENT ET AUX PROCÉDURES DE LIQUIDATION

Article 20. Effets sur certains contrats et sur certains droits:
Les effets d'une mesure d'assainissement ou de l'ouverture d'une procédure de liquidation sur:
a) les contrats de travail et les relations de travail sont régis exclusivement par la loi de l'État membre applicable au contrat de travail;
b) un contrat donnant le droit de jouir d'un bien immobilier ou de l'acquérir sont régis exclusivement par la loi de l'État membre sur le territoire duquel cet immeuble est situé. Cette loi détermine si un bien est meuble ou immeuble;
c) les droits sur un bien immobilier, un navire ou un aéronef qui sont soumis à inscription dans un registre public sont régis exclusivement par la loi de l'État membre sous l'autorité duquel le registre est tenu.

Article 21. Droits réels des tiers
1. La mise en œuvre de mesures d'assainissement ou l'ouverture d'une procédure de liquidation n'affecte pas le droit réel d'un créancier ou d'un tiers sur des biens corporels ou incorporels, meubles ou immeubles – à la fois des biens déterminés et des ensembles de biens indéterminés dont la composition est sujette à modification – appartenant à l'établissement de crédit, et qui se trouvent, au moment de la mise en œuvre de telles mesures ou de l'ouverture d'une procédure, sur le territoire d'un autre État membre.
2. Les droits visés au paragraphe 1 sont notamment:
a) le droit de réaliser ou de faire réaliser le bien et d'être désintéressé par le produit ou les revenus de ce bien, en particulier en vertu d'un gage ou d'une hypothèque;
b) le droit exclusif de recouvrer une créance, notamment en vertu de la mise en gage ou de la cession de cette créance à titre de garantie;
c) le droit de revendiquer le bien et/ou d'en réclamer la restitution entre les mains de quiconque le détient ou en jouit contre la volonté de l'ayant droit;
d) le droit réel de percevoir les fruits d'un bien.
3. Est assimilé à un droit réel, le droit, inscrit dans un registre public et opposable aux tiers, permettant d'obtenir un droit réel au sens du paragraphe 1.

4. Le paragraphe 1 ne fait pas obstacle aux actions en nullité, en annulation ou en inopposabilité visées à l'article 10, paragraphe 2, point l).

Article 22. Réserve de propriété
1. La mise en œuvre de mesures d'assainissement ou l'ouverture d'une procédure de liquidation à l'encontre d'un établissement de crédit achetant un bien n'affecte pas les droits du vendeur fondés sur une réserve de propriété, lorsque ce bien se trouve, au moment de la mise en œuvre de telles mesures ou de l'ouverture d'une telle procédure, sur le territoire d'un État membre autre que l'État de mise en œuvre de telles mesures ou d'ouverture d'une telle procédure.
2. La mise en œuvre de mesures d'assainissement ou l'ouverture d'une procédure de liquidation à l'encontre d'un établissement de crédit vendant un bien, après la livraison de ce bien, ne constitue pas une cause de résolution ou de résiliation de la vente et ne fait pas obstacle à l'acquisition par l'acheteur de la propriété du bien vendu, lorsque ce bien se trouve au moment de la mise en œuvre de telles mesures ou de l'ouverture d'une telle procédure sur le territoire d'un État membre autre que l'État de mise en œuvre de telles mesures ou d'ouverture d'une telle procédure.
3. Les paragraphes 1 et 2 ne font pas obstacle aux actions en nullité, en annulation ou en inopposabilité visées à l'article 10, paragraphe 2, point l).

Article 23. Compensation
1. La mise en œuvre de mesures d'assainissement ou l'ouverture d'une procédure de liquidation n'affecte pas le droit d'un créancier d'invoquer la compensation de sa créance avec la créance de l'établissement de crédit, lorsque cette compensation est permise par la loi applicable à la créance de l'établissement de crédit.
2. Le paragraphe 1 ne fait pas obstacle aux actions en nullité, en annulation ou en inopposabilité visées à l'article 10, paragraphe 2, point l).

Article 24. Lex rei sitae
L'exercice des droits de propriété sur des instruments ou d'autres droits sur de tels instruments dont l'existence ou le transfert suppose l'inscription dans un registre, dans un compte ou auprès d'un système de dépôt centralisé détenus ou situés dans un État membre est régi par la loi de l'État membre dans lequel est détenu ou situé le registre, le compte ou le système de dépôt centralisé dans lequel ces droits sont inscrits.

Article 25. Conventions de compensation et de novation
Les conventions de compensation et de novation («netting agreements») sont régies exclusivement par la loi applicable au contrat régissant ces conventions.

Article 26. Conventions de mise en pension
Les conventions de mise en pension («repurchase agreements») sont régies exclusivement par la loi applicable au contrat régissant ces conventions, sans préjudice de l'article 24.

Article 27. Marché réglementé
Les transactions effectuées dans le cadre d'un marché réglementé sont régies exclusivement par la loi applicable au contrat régissant ces transactions, sans préjudice de l'article 24.

3. Directive concernant l'insolvabilité des établissements de crédit

Article 28. Preuve de la nomination des liquidateurs

1. La nomination de l'administrateur ou du liquidateur est établie par la présentation d'une copie, certifiée conforme à l'original, de la décision qui le nomme ou par toute autre attestation établie par l'autorité administrative ou judiciaire de l'État membre d'origine.

Il peut être exigé une traduction dans la langue officielle ou une des langues officielles de l'État membre sur le territoire duquel l'administrateur ou le liquidateur veut agir. Aucune légalisation ou autre formalité analogue n'est requise.

2. Les administrateurs et les liquidateurs sont habilités à exercer sur le territoire de tous les États membres tous les pouvoirs qu'ils sont habilités à exercer sur le territoire de l'État membre d'origine. Ils peuvent, en outre, désigner des personnes chargées de les assister ou, le cas échéant, de les représenter dans le déroulement de la mesure d'assainissement ou de la procédure de liquidation, notamment dans les États membres d'accueil et, en particulier, afin de surmonter les difficultés éventuellement rencontrées par les créanciers de l'État membre d'accueil.

3. Dans l'exercice de ses pouvoirs, l'administrateur ou le liquidateur respecte la loi des États membres sur le territoire desquels il veut agir, en particulier quant aux modalités de réalisation des biens et quant à l'information des travailleurs salariés. Ces pouvoirs ne peuvent pas inclure le recours à la force ou le droit de statuer sur un litige ou un différend.

Article 29. Inscription dans un registre public

1. L'administrateur, le liquidateur ou toute autorité administrative ou judiciaire de l'État membre d'origine peut demander qu'une mesure d'assainissement ou la décision ouvrant une procédure de liquidation soit inscrite au livre foncier, au registre du commerce et dans tout autre registre public tenu dans les autres États membres. Toutefois, l'inscription obligatoire peut être prévue par tout État membre. Dans ce cas, la personne ou l'autorité visée au premier alinéa doit prendre les mesures nécessaires pour assurer cette inscription.

2. Les frais d'inscription sont considérés comme des frais et dépenses de la procédure.

Article 30. Actes préjudiciables

1. L'article 10 n'est pas applicable en ce qui concerne les règles relatives à la nullité, à l'annulation ou à l'inopposabilité des actes préjudiciables à l'ensemble des créanciers lorsque celui qui bénéficie de ces actes apporte la preuve que:
– l'acte préjudiciable à l'ensemble des créanciers est soumis à la loi d'un État membre autre que l'État membre d'origine, et que
– cette loi ne prévoit, en l'espèce, aucun moyen, d'attaquer cet acte.

2. Lorsqu'une mesure d'assainissement décidée par une autorité judiciaire prévoit des règles relatives à la nullité, à l'annulation ou à l'inopposabilité des actes préjudiciables à l'ensemble des créanciers réalisés avant l'adoption de la mesure, l'article 3, paragraphe 2, n'est pas applicable dans les cas prévus au paragraphe 1 du présent article.

Article 31. Protection des tiers

Lorsque, par un acte conclu après l'adoption d'une mesure d'assainissement ou l'ouverture d'une procédure de liquidation, l'établissement de crédit dispose à titre onéreux:

– d'un bien immobilier,
– d'un navire ou d'un aéronef soumis à immatriculation dans un registre public, ou
– des instruments ou des droits sur de tels instruments dont l'existence ou le transfert suppose une inscription dans un registre, un compte ou auprès d'un système de dépôts centralisé détenus ou situés dans un État membre,
la validité de cet acte est régie par la loi de l'État membre sur le territoire duquel ce bien immobilier est situé, ou sous l'autorité duquel ce registre, ce compte ou ce système de dépôts est tenu.

Article 32. Instances en cours
Les effets de mesures d'assainissement ou d'une procédure de liquidation sur une instance en cours concernant un bien ou un droit dont l'établissement de crédit est dessaisi sont régis exclusivement par la loi de l'État membre dans lequel cette instance est en cours.

Article 33. Secret professionnel
Toutes les personnes appelées à recevoir ou à donner des informations dans le cadre des procédures d'information ou de consultation prévues aux articles 4, 5, 8, 9, 11 et 19 sont tenues au secret professionnel, selon les règles et conditions prévues par l'article 30 de la directive 2000/12/CE, à l'exception des autorités judiciaires auxquelles s'appliqueraient les dispositions nationales en vigueur.

TITRE V. DISPOSITIONS FINALES

Article 34. Mise en œuvre
1. Les États membres mettent en vigueur les dispositions législatives, réglementaires et administratives nécessaires pour se conformer à la présente directive le 5 mai 2004. Ils en informent immédiatement la Commission.
Les dispositions nationales adoptées en application de la présente directive ne sont applicables qu'aux mesures d'assainissement ou aux procédures de liquidation adoptées ou ouvertes après la date visée au premier alinéa. Les mesures adoptées ou les procédures ouvertes avant cette date continuent d'être régies par la loi qui leur était applicable au moment de l'adoption ou de l'ouverture.
2. Lorsque les États membres adoptent ces dispositions, celles-ci contiennent une référence à la présente directive ou sont accompagnées d'une telle référence lors de leur publication officielle. Les modalités de cette référence sont arrêtées par les États membres.
3. Les États membres communiquent à la Commission le texte des dispositions essentielles de droit interne qu'ils adoptent dans le domaine régi par la présente directive.

Article 35. Entrée en vigueur
La présente directive entre en vigueur le jour de sa publication au Journal officiel des Communautés européennes.

Article 36. Destinataires
Les États membres sont destinataires de la présente directive.

VIII. Conciliation

Recommandation de la Commission du 4 avril 2001 relative aux principes applicables aux organes extrajudiciaires chargés de la résolution consensuelle des litiges de consommation (notifiée sous le numéro C(2001) 1016)

Journal officiel n° L 109 du 19/04/2001 p. 56–61[8]

LA COMMISSION DES COMMUNAUTÉS EUROPÉENNES,
vu le traité instituant la Communauté européenne, et notamment son article 211,
considérant ce qui suit:
(1) Afin d'assurer un niveau élevé de protection des consommateurs et de promouvoir leur confiance, la Communauté devrait veiller à ce que les consommateurs aient un accès simple et efficace à la justice ainsi qu'encourager et faciliter la résolution des litiges de consommation à un stade plus précoce.
(2) L'évolution permanente de nouvelles formes de pratiques commerciales associant les consommateurs, telles que le commerce électronique, ainsi que l'augmentation escomptée des transactions transfrontalières requièrent des efforts particuliers pour gagner la confiance des consommateurs, en particulier en assurant un accès aisé à des voies de recours pratiques, efficaces et peu coûteuses, notamment par voie électronique. Le plan d'action e-Europe, approuvé par le Conseil européen de Feira des 19 et 20 juin 2000, reconnaît la nécessité de renforcer la confiance des consommateurs pour pouvoir exploiter toutes les potentialités du commerce électronique, en partenariat avec les groupes de consommateurs, l'industrie et les États membres, en favorisant l'accès à d'autres systèmes de résolution des litiges.
(3) Le 30 mars 1998, la Commission a adopté la recommandation 98/257/CE concernant les principes applicables aux organes responsables pour la résolution extrajudiciaire des litiges de consommation[9]. Ladite recommandation se limite cependant aux procédures qui, indépendamment de leur dénomination, mènent à un règlement du litige par l'intervention active d'une tierce personne qui propose ou impose une solution. Elle ne vise donc pas les procédures qui se limitent à une simple tentative de rapprocher les parties pour les convaincre de trouver une solution d'un commun accord.
(4) Dans sa résolution du 25 mai 2000 relative à un réseau au niveau communautaire d'organes nationaux chargés du règlement extrajudiciaire des litiges de consommation[10], le Conseil a noté que les organes extrajudiciaires qui ne relèvent pas du champ d'application de la recommandation 98/257/CE jouaient un rôle utile pour le consommateur et il a invité la Commission à définir, en étroite coopération avec les États membres, des critères communs destinés à l'évaluation de ces organes qui devraient garantir, entre autres, leur qualité, leur caractère équitable et leur efficacité. Il a notamment suggéré que les États membres appliquent ces critères pour inclure ces organes ou systèmes dans le réseau

---

[8] Texte présentant de l'intérêt pour l'EEE
[9] Recommandation de la Commission du 30 mars 1998 concernant les principes applicables aux organes responsables pour la résolution extrajudiciaire des litiges de consommation (JO L 115 du 17.4.1998, p. 31).
[10] JO C 155 du 6.6.2000, p. 1.

visé par le document de travail de la Commission relatif à la création d'un réseau extrajudiciaire européen (réseau EJE)[11].

(5) L'article 17 de la directive 2000/31/CE du Parlement européen et du Conseil du 8 juin 2000 relative à certains aspects juridiques des services de la société de l'information, et notamment du commerce électronique, dans le marché intérieur[12] dispose que les États membres veillent à ce que leur législation ne fasse pas obstacle à l'utilisation des mécanismes de règlement extrajudiciaire pour le règlement des différends, disponibles dans le droit national.

(6) Le commerce électronique facilite les transactions transfrontalières entre les entreprises et les consommateurs. Ces transactions sont souvent de faible valeur et la résolution de tout litige doit donc être simple, rapide et peu coûteuse. Les nouvelles technologies peuvent contribuer à la conception de systèmes électroniques de résolution des litiges, offrant un mécanisme qui permet de résoudre effectivement des litiges impliquant des juridictions différentes sans qu'un face-à-face soit nécessaire, ce qui devrait donc être encouragé par des principes garantissant des normes cohérentes et fiables inspirant confiance à tous les utilisateurs.

(7) Dans des conclusions adoptées le 29 mai 2000[13], le Conseil a invité la Commission à élaborer un livre vert sur les modes alternatifs de règlement des conflits en matière civile et commerciale faisant le point de la situation existante et lançant une large consultation.

(8) Dans son avis sur la proposition de règlement concernant la compétence judiciaire, la reconnaissance et l'exécution des décisions en matière civile et commerciale[14], le Parlement européen a appelé à un recours étendu aux systèmes de résolution extrajudiciaires de litiges pour les transactions avec les consommateurs, notamment lorsque les parties résident dans des États membres différents et compte tenu des coûts et retards impliqués par les procédures judiciaires. Le Conseil et la Commission, dans leurs déclarations en faveur de l'adoption dudit règlement, ont souligné qu'il est généralement dans l'intérêt des consommateurs et des entreprises de parvenir à un règlement à l'amiable avant de saisir les tribunaux et ont à nouveau insisté sur l'importance de poursuivre les travaux sur les autres méthodes de résolution des litiges au niveau de la Communauté européenne.

(9) Les principes fixés dans la présente recommandation ne portent pas atteinte à ceux établis dans la recommandation 98/257/CE de la Commission qui devraient être respectés par les procédures extrajudiciaires qui, indépendamment de leur dénomination, mènent à un règlement du litige par l'intervention active d'une tierce personne qui propose ou impose une solution contraignante ou pas à l'égard des parties. Les présents principes devraient être respectées par toute autre procédure menée par une tierce personne qui, indépendamment de sa dénomination, facilite la résolution d'un litige de consommation en rapprochant les parties pour les convaincre de trouver une solution d'un commun accord, par exemple en proposant de manière informelle des possibilités de règlement. Les principes se limitent aux procédures de résolution des litiges de consommation qui sont destinées à remplacer les procédures judiciaires. Sont, par conséquent, exclus les services de réclamation des consommateurs gérés par une entreprise et fournis directement ou consomma-

---

[11] SEC(2000) 405, voir à l'adresse suivante: http://europa.eu.int/comm/consumers/policy/developments/acce_just/acce_just06_fr.pdf
[12] JO L 178 du 17.7.2000, p. 1.
[13] SI(2000) 519.
[14] Avis rendu le 21 septembre 2000; règlement (CE) n° 44/2001 du Conseil (JO L 12 du 16.1.2001, p. 1).

teur ou les cas où une tierce personne assure ce service pour l'entreprise ou en son nom, étant donné qu'ils relèvent des discussions généralement menées entre les parties avant la naissance d'un litige qui serait soumis à un organe tiers responsable de la résolution des litiges ou à un tribunal.

(10) L'impartialité de ces procédures de résolution des litiges doit être garantie afin d'assurer que toutes les parties feront confiance à leur équité. Lorsqu'une personne ou un groupe assume la responsabilité de la procédure, des mesures appropriées devraient être prises afin de garantir leur impartialité et d'assurer l'accès des parties à des renseignements prouvant leur impartialité et leur compétence pour que les parties puissent choisir de participer ou non à la procédure en connaissance de cause.

(11) Afin de garantir aux deux parties l'accès aux informations nécessaires, la transparence de la procédure doit être assurée. La solution convenue pour mettre fin au litige devrait être consignée et mise à la disposition des parties par l'organe responsable de la procédure.

(12) Pour renforcer l'efficacité de ces procédures en termes de résolution, notamment de litiges transfrontaliers, elles doivent être faciles d'accès et disponibles pour les deux parties où qu'elles se trouvent. Il faudrait notamment encourager les moyens électroniques destinés à faciliter ces conditions.

(13) Si ces procédures doivent apporter une solution de remplacement réaliste à une procédure judiciaire, elles devraient viser à surmonter les problèmes afférents en termes de coûts, de retards, de complexité et de représentation. Des mesures garantissant des coûts proportionnés ou nuls, un accès plus simple, l'efficacité, le suivi de l'évolution du litige et l'information des parties sont nécessaires pour en assurer l'efficacité.

(14) Conformément à l'article 6 de la convention européenne des droits de l'homme, l'accès aux tribunaux est un droit fondamental. Puisque le droit communautaire garantit la libre circulation des marchandises et des services dans le marché intérieur, la possibilité pour les opérateurs, y compris les consommateurs, de saisir les juridictions d'un État membre pour trancher les litiges auxquels leurs activités économiques peuvent donner lieu, au même titre que les ressortissants de cet État, constitue le corollaire de ces libertés. Les procédures de résolution des litiges de consommation ne peuvent pas avoir pour objectif de remplacer le système judiciaire. Par conséquent, le recours à ces procédures ne peut priver le consommateur de son droit d'accès aux tribunaux que lorsqu'il l'accepte expressément, en pleine connaissance de cause et postérieurement à la naissance du litige.

(15) L'équité de la procédure devrait être sauvegardée en permettant aux parties de fournir toute information utile et nécessaire. Selon l'organisation de la procédure, les informations fournies par les parties devraient être considérées comme confidentielles, sauf si elles en disposent expressément autrement ou si une procédure contradictoire est appliquée à tout moment, des mesures appropriées devant en assurer le caractère équitable. Des mesures devraient être envisagées pour favoriser et surveiller la coopération des parties à la procédure, notamment en exigeant les informations qui peuvent être nécessaires pour résoudre le litige de manière équitable.

(16) Avant que les parties n'acceptent une solution proposée au litige, elles devraient disposer d'un délai raisonnable pour examiner les détails et toute condition ou clause éventuelle.

(17) Afin d'assurer l'équité et la flexibilité de ces procédures et de permettre au consommateur de faire son choix en pleine connaissance de cause, des informations claires et compréhensibles doivent lui être fournies de sorte qu'il puisse accepter une solution proposée, demander conseil s'il le souhaite ou envisager d'autres possibilités.

(18) La Commission inclura, dans sa base de données sur les organes extrajudiciaires de résolution des litiges, des informations sur l'utilisation de ces principes par les organes de résolution des litiges de consommation couverts par la présente recommandation afin de participer au réseau extrajudiciaire européen (réseau EJE).
(19) Enfin, l'établissement de principes pour les organes chargés des procédures de résolution des litiges de consommation non couverts par les principes de la recommandation 98/257/CE semble, dans ces conditions, nécessaire au niveau communautaire pour soutenir et compléter, dans un domaine crucial, les initiatives prises par les États membres en vue d'assurer, conformément à l'article 153 du traité, un niveau élevé de protection des consommateurs. Il n'excède pas ce qui est nécessaire pour assurer le bon fonctionnement des procédures de résolution des litiges. Il est donc conforme au principe de subsidiarité,
RECOMMANDE:
que tout organe existant ou à créer ayant comme compétence la résolution des litiges de consommation relevant du champ d'application de la présente recommandation défini au point I respecte les principes décrits ci-après au point II:

I. CHAMP D'APPLICATION

1. La présente recommandation s'applique aux organes tiers responsables de procédures de résolution extrajudiciaire des litiges de consommation qui, indépendamment de leur dénomination, tentent de régler un litige en rapprochant les parties pour les convaincre de trouver une solution d'un commun accord.
2. Elle ne s'applique pas aux services de traitement des réclamations des consommateurs gérés par une entreprise et fournis directement au consommateur ou aux mécanismes chargés d'assurer ce service pour l'entreprise ou en son nom.

II. PRINCIPES

A. Impartialité
L'impartialité devrait être garantie en veillant à ce que les responsables de la procédure:
a) soient nommés pour une durée définie pendant laquelle ils ne peuvent pas être destitués sans juste motif;
b) n'aient aucun conflit d'intérêts supposé ou réel avec l'une des deux parties;
c) fournissent aux deux parties des renseignements sur leur impartialité et leur compétence avant le début de la procédure.

B. Transparence
1. La transparence de la procédure devrait être garantie.
2. Des informations formulées en termes simples concernant les modalités de contact, le fonctionnement et la disponibilité de la procédure devraient être directement accessibles pour les parties de sorte qu'elles puissent y accéder et les conserver avant d'entamer une procédure.
3. En particulier, des informations devraient être disponibles en ce qui concerne:
a) le déroulement de la procédure, les types de litiges pouvant être soumis et toute restriction concernant son déroulement;

b) les règles régissant toute exigence préliminaire que les parties doivent éventuellement remplir et d'autres règles de procédure, notamment celles concernant le déroulement de la procédure et les langues dans lesquelles la procédure sera menée;
c) les coûts éventuels pour les parties;
d) le calendrier applicable à la procédure, notamment en fonction du type de litige en cause;
e) toute règle de fond éventuellement applicable (dispositions juridiques, meilleures pratiques industrielles, équité, codes de conduite);
f) le rôle de la procédure dans la résolution d'un litige;
g) la valeur de tout accord permettant de résoudre le litige.
4. Toute solution convenue par les parties pour mettre un terme au litige devrait être consignée sur un support durable et préciser les conditions et les motifs sur lesquels elle se fonde. Cet acte devrait être accessible aux deux parties.
5. Les informations sur le fonctionnement de la procédure devraient être rendues publiques, notamment en ce qui concerne:
a) le nombre et le type de plaintes reçues et leur issue;
b) les délais requis pour résoudre les plaintes;
c) tout problème systématique lié aux plaintes;
d) le respect des accords, si cette information est disponible.

C. Efficacité

1. L'efficacité de la procédure devrait être garantie.
2. Elle devrait être facilement accessible et disponible pour les deux parties, par exemple par voie électronique, indépendamment de l'endroit où se trouvent les parties.
3. La procédure devrait être gratuite pour le consommateur ou tout coût nécessaire devrait être à la fois proportionné à la somme en cause et modéré.
4. Les parties devraient avoir accès à la procédure sans devoir faire appel à un représentant légal. Néanmoins, les parties devraient pouvoir être représentées ou assistées par un tiers à tout moment de la procédure.
5. Une fois soumis, le litige devrait être traité dans un délai aussi bref que possible, à la mesure de la nature du litige. L'organe responsable de la procédure devra examiner de manière périodique son évolution afin d'assurer que le litige soit traité de manière diligente et appropriée.
6. Le comportement des parties devrait être examiné par l'organe responsable de la procédure en vue de s'assurer qu'elles sont déterminées à trouver une solution appropriée, équitable et opportune au litige. En cas de conduite non satisfaisante de l'une des parties, les deux parties devraient en être informées afin qu'elles puissent examiner si la procédure de règlement du litige doit être poursuivie.

D. Équité

1. L'équité de la procédure devrait être assurée. En particulier:
a) les parties devraient être informées de leur droit de refuser de participer à la procédure ou de s'en retirer à tout moment et d'accéder au système judiciaire ou à d'autres voies de recours extrajudiciaires à tout moment si le déroulement ou le fonctionnement de la procédure ne leur donne pas satisfaction;
b) les deux parties devraient pouvoir soumettre librement et facilement tout argument, information ou élément de preuve pertinent en l'espèce à titre confidentiel,

sauf si les parties ont consenti à communiquer ces informations à l'autre partie. Si, à n'importe quel moment de la procédure, l'organe tiers propose une éventuelle solution pour résoudre le litige, chacune des parties doit avoir la possibilité de présenter son point de vue et de formuler des commentaires quant aux arguments, informations ou éléments de preuve soumis par l'autre partie;

c) les deux parties devraient être incitées à coopérer pleinement à la procédure, notamment en fournissant toutes les informations nécessaires pour résoudre le litige de manière équitable;

d) avant que les parties n'acceptent une solution proposée à leur litige, elles devraient bénéficier d'un délai raisonnable pour l'examiner.

2. Avant d'accepter la solution proposée, le consommateur devrait être informé en termes clairs et intelligibles des éléments suivants:

a) il est libre d'accepter ou de refuser la solution proposée;

b) la solution proposée peut être moins favorable que l'issue devant un tribunal qui appliquerait des règles légales;

c) avant d'accepter ou de refuser la solution proposée, il peut solliciter un avis indépendant;

d) le recours à ce type de procédure n'exclut pas la possibilité de soumettre le litige à un autre mécanisme de résolution extrajudiciaire des litiges, en particulier ceux relevant du champ d'application de la recommandation 98/257/CE, ou de demander réparation auprès de son propre système judiciaire;

e) la valeur de tout accord accepté.

Les États membres sont destinataires de LA PRÉSENTE RECOMMANDATION dans la mesure où elle les concerne, eu égard aux procédures destinées à faciliter la résolution des litiges de consommation et à toute personne physique ou morale responsable de la mise en place ou du fonctionnement de ces procédures.

Internationales Handelsrecht
Zeitschrift für das Recht des internationalen Warenkaufs und -vertriebs

6 Hefte pro Jahr (Februar, April, Juni, August, Oktober, Dezember) im Umfang von durchschnittlich 48 Seiten. Normalabonnement € 132,- jährlich; Vorzugsabonnement für Studenten und Referendare sowie Rechtsanwälte (bis zum 3. Jahr der Zulassung) € 82,- jährlich; Einzelheft € 25,-. Jeweils zuzügl. Versandkosten; MwSt. enthalten. Alle Hefte lassen sich im Internet über www.internationales-handelsrecht.net kostenpflichtig abrufen. Sie haben auch die Möglichkeit, sich dort ein Probeheft als pdf herunterzuladen sowie sich die Hefte im Abonnement per e-mail zusenden zu lassen.
ISSN 1617-5395

Kompetent.
Herausgegeben von RA Prof. Dr. Rolf Herber, RiOLG Prof. Dr. Ulrich Magnus und RA Prof. Dr. Burghard Piltz, renommierten Experten mit umfassender Erfahrung im internationalen Handelsrecht. In Zusammenarbeit mit auf dem Rechtsgebiet ausgewiesenen Fachleuten werden die praktischen Probleme des Rechts des internationalen Warenkaufs und -vertriebs auf dem aktuellen Stand von Rechtsprechung und Lehre behandelt.

Praxisgerecht.
In den Aufsätzen werden Themen mit praktischer Relevanz bearbeitet. Dabei wird stets darauf geachtet, dass die Bedeutung des Problems und das Ergebnis der Untersuchung für die Praxis klar herausgestellt werden.

Aktuell.
Die IHR informiert aktuell über den Stand und die Entwicklung des internationalen Handelsrechts unter besonderer Berücksichtigung des UN-Kaufrechts (CISG) sowie der neuesten deutschen und ausländischen Entscheidungen. Dabei wird die Rechtsprechung durch redaktionelle Beiträge ausgewertet und kommentiert. Besonderes Gewicht wird auf die Unterrichtung über die Rechtsprechung sowie auf Beiträge über die Rechtslage in anderen wichtigen Handelsländern gelegt. Somit werden schnelle Informationen über die Auslegung des CISG und das internationale Verfahrensrecht sowie die Bedeutung der besprochenen Entscheidungen für die Praxis geliefert.

Ihr Vorteil.
Als Anwalt in mittelständischen und großen Wirtschaftskanzleien, Syndikusanwalt, Richter, Jurist in der Rechtsabteilung eines international agierenden Unternehmens, eines Industrieverbandes oder einer IHK, oder als Wissenschaftler informieren Sie sich mit geringem Zeitaufwand zuverlässig über sämtliche praxisrelevanten Fragen des Rechts des internationalen Warenkaufs und -vertriebs.

Bestell-Coupon

O Ich möchte die IHR im Abonnement beziehen.

Jährlicher Bezugspreis (mit 6 Heften, durchschnittlich 48 Seiten) € 132,- bzw. € 82,- für Studenten, Referendare und Anwälte (bis zum 3. Jahr der Zulassung) zzgl. Versandkosten; MwSt. enthalten. Das Jahresabonnement verlängert sich jeweils um 1 Jahr, wenn es nicht 6 Wochen vor Jahresende gekündigt wird.

O Bitte senden Sie mir das kostenlose IHR-Probeheft.

Falls ich nicht innerhalb von 14 Tagen nach Erhalt des Probeheftes mitteile, dass ich das Abonnement nicht beziehen möchte, erhalte ich die IHR im regulären Abonnement.

Das Abonnement kann ich innerhalb von 14 Tagen schriftlich widerrufen.

Bestellungen und Informationen durch den **Buchhandel** oder bei:

Name, Vorname

Kanzlei / Firma

Straße

PLZ / Ort

Datum / Unterschrift

Sellier.
European Law Publishers

Geibelstraße 8
81679 München

Tel: 089/47 60 47
Fax: 089/470 43 27

www.sellier.de
info@sellier.de

Grundregeln des europäischen
Vertragsrechts
Teile I und II
Deutsche Ausgabe der
Principles of European Contract Law

von
Christian von Bar
Reinhard Zimmermann

2002. XXXVI, 572 Seiten. 16 x 24 cm.

In Leinen € (D) 119,- / sFr. 202,-
ISBN 3-935808-00-3

Broschierte Studienausgabe € (D) 39,- / sFr. 68,-
ISBN 3-935808-01-1

Das Werk
Die unter dem Vorsitz von Professor Dr. Ole Lando, Kopenhagen, von der Kommission für Europäisches Vertragsrecht (Commission on European Contract Law) ausgearbeiteten Grundregeln („Principles") sind das Ergebnis einer zwanzigjährigen Gemeinschaftsarbeit von Professoren aus sämtlichen Mitgliedsstaaten der Europäischen Union. Mit ihnen reagiert die Wissenschaft erstmalig auf das Bedürfnis der Praxis nach einer gesamteuropäischen Konzeption der allgemeinen Fragen des Vertragsrechts. Ihre gemeinschaftsweit einheitliche Formulierung ist von besonderer Bedeutung für die grenzüberschreitende Vertragspraxis einschließlich der Schiedsgerichtsbarkeit. Darüber hinaus wollen die „Principles" aber auch ein wesentlicher Baustein auf dem Wege zu einem Europäischen Zivilgesetzbuch sein. Sie enthalten das modernste derzeit zur Verfügung stehende System des Allgemeinen Vertragsrechts. Das Vertragsrecht gehört zu denjenigen Teilen der Privatrechtsordnung, in denen eine Vereinheitlichung innerhalb Europas besonders dringlich ist. Die mit diesem Band von Professor Dr. Christian von Bar und Professor Dr. Reinhard Zimmermann bei Sellier. European Law Publishers vorgelegte deutsche Übersetzung bringt den vollständigen Text der „Principles". Sie enthält den Text der auf neun Kapitel verteilten insgesamt 131 Artikel, die Kommentare und die Anmerkungen. Die Kommentare erläutern die Vorschriften und setzen sie zu anderen Teilbereichen der Grundregeln in Beziehung. Die Anmerkungen weisen auf die bestehenden nationalen Vertragsrechte und auf internationale Konventionen hin. So kann der Leser mit einem Blick erkennen, worin die Grundregeln mit den positiven Rechten übereinstimmen und worin sie von ihnen abweichen.

Die Übersetzer
Christian von Bar gehört der Kommission für Europäisches Vertragsrecht seit 1992 an. Er ist Professor für Bürgerliches Recht, Handels- und Wirtschaftsrecht, Internationales Privatrecht und Rechtsvergleichung an der Universität Osnabrück und Direktor des dortigen Instituts für Internationales Privatrecht und Rechtsvergleichung. *Christian von Bar* ist Chairman of Study Group on a European Civil Code, Leibniz-Preisträger der DFG, Honorary Bencher of Gray's Inn (London) und korrespondierendes Mitglied der British Academy.

Reinhard Zimmermann gehört der Kommission für Europäisches Vertragsrechtseit 1996 an. Er ist Direktor am Max-Planck-Institut für ausländisches und internationales Privatrecht in Hamburg und Professor für Bürgerliches Recht, Römisches Recht und Historische Rechtsvergleichung an der Universität Regensburg. *Reinhard Zimmermann* ist Leibniz-Preisträger der DFG, Ehrendoktor der Universität Chicago sowie korrespondierendes Mitglied der Bayerischen Akademie der Wissenschaften, der Königlich Niederländischen Akademie der Wissenschaften, der Royal Society of Edinburgh und der Accademia delle Scienze di Torino.

Bestellungen und Informationen durch den **Buchhandel** oder bei:

| Sellier.
European Law Publishers | Geibelstraße 8
81679 München | Tel: 089/476047
Fax: 089/4704725 | www.sellier.de
info@sellier.de |